Harvard College Observatory

The Draper Catalogue of Stellar Spectra

photograhed with the 8-inch Bache telescope as a part of the Henry Draper

memorial

Harvard College Observatory

The Draper Catalogue of Stellar Spectra
photograhed with the 8-inch Bache telescope as a part of the Henry Draper memorial

ISBN/EAN: 9783337367428

Printed in Europe, USA, Canada, Australia, Japan

Cover: Foto ©Andreas Hilbeck / pixelio.de

More available books at **www.hansebooks.com**

ANNALS

OF

THE ASTRONOMICAL OBSERVATORY OF HARVARD COLLEGE.

EDWARD C. PICKERING, Director.

VOL. XXVII.

THE DRAPER CATALOGUE

OF

STELLAR SPECTRA

PHOTOGRAPHED WITH THE 8-INCH BACHE TELESCOPE

AS A PART OF

THE HENRY DRAPER MEMORIAL.

CAMBRIDGE:
JOHN WILSON AND SON.
University Press.
1890.

PREFACE.

THE conditions under which the Henry Draper Memorial was established and is maintained by Mrs. Henry Draper will be found in the Preface to Volume XXVI. of these Annals. The present volume contains the results of the first investigation undertaken to perpetuate the name of Dr. Draper by a research in the branch of science to which he devoted the last years of his life. These results form a catalogue of the photographic spectra of more than ten thousand stars. Two causes have greatly increased the number of stars whose spectra can now be studied photographically. The first is the increase in sensitiveness of photographic plates. The second, the substitution, for a slit spectroscope, of a prism placed over the objective, thus saving a great portion of the light. Accordingly the spectra of stars of the sixth magnitude are contained in the present catalogue, although the exposures were limited to five or ten minutes. A third improvement adopted was the substitution of a photographic doublet for a telescopic objective of the usual form, thus enabling a single photograph to include a region ten degrees square. Three or four regions were usually taken on each plate. In some cases the spectra of as many as two hundred stars were shown on a single plate with sufficient distinctness to be measured. A description of the formation of the catalogue will be found in Volume XXVI. of these Annals. The classification of stellar spectra already in use proved insufficient to indicate all the differences found in the photographs. Letters were accordingly assigned arbitrarily to the various classes into which the photographs of the spectra could be divided. These arbitrary designations may be translated into any other system at will. Examples of the principal classes of spectra are illustrated in the Frontispiece. The difficulty in adopting the usual classification is increased by the fact that in many cases one type of spectrum passes insensibly into another. While therefore stars may in general be divided into four types as proposed by Secchi, many of them occupy intermediate positions. This matter will be discussed at length in another volume relating to the spectra of the brighter stars. In that case, as a much greater dispersion was used, many additional lines appear in the spectra of all the stars. All spectra bright enough to show any lines are included in the present catalogue. The classification of the faint stars is therefore somewhat uncertain. When the number measuring the brightness in the third column of Table II. exceeds 6.5 it is difficult to classify the spectrum with certainty. In expressing the wave-lengths of the lines of the spectrum the millionth of a millimetre has been adopted as a unit, following the general usage in Germany. This unit is preferred to the ten millionth of a millimetre adopted as a unit by Angström, and many other physicists.

To indicate the origin of this work the name Draper Catalogue has been assigned to it. The general adoption of this name will fulfil one of the objects of the Henry Draper Memorial.

EDWARD C. PICKERING,
Director of the Observatory of Harvard College.

CAMBRIDGE. MASS., U. S.,
September 25, 1890.

CONTENTS OF VOLUME XXVII.

	PAGE
Preface	iii
Description of Table I.	1
Table I. The Draper Catalogue	7
Description of Table II.	113
Table II. Details of Measurement of the Draper Catalogue	117
Description of Remarks	261
Remarks	262
Table III. Catalogue Residuals exceeding 9	374
Table IV. Index to Letters employed by Bayer	383
Table V. Number of Stars in Draper Catalogue	388

THE DRAPER CATALOGUE.

The present volume contains a catalogue of the photographic spectra of 10,351 stars, nearly all of them north of the parallel of declination —25°. The number of photographic plates discussed in this volume is 633, and the total number of spectra measured is 28,266. As this work forms a part of the Henry Draper Memorial, it is suggested that it be designated as the Draper Catalogue, and that reference be made to it by the letters D. C. followed by the number contained in the first column. A description of the preparation of this Catalogue, with a discussion of the results derived from it, will be found in Volume XXVI. of these Annals. A sufficient explanation is given below to permit an intelligent use of the Catalogue.

The photographs were taken by means of a Voigtländer lens having an aperture of 8 inches (20 cm.) and a focal length of 44 inches (115 cm.). This lens was mounted equatorially and moved by clockwork controlled electrically by an auxiliary clock. A prism 8 inches (20 cm.) square and having a refracting angle of 13° was fastened in front of the object glass. Its refracting edge was placed perpendicular to the axis of the earth. When directed to a star the image was spread by the prism into a line, red at one end and blue at the other. This line was allowed to trail slowly over the plate at right angles to its length, by giving a rate to the auxiliary clock slightly different from that of the apparent motion of the stars; in other words, by making it move a little faster or slower than sidereal time. Exposures of about five minutes were in general used for equatorial stars, and somewhat longer exposures for northern stars. Spectra were thus obtained 0.4 in. (1 cm.) in length and having a width of 0.04 in. (0.1 cm.). As the lens was a doublet, a region 10° square could be satisfactorily covered with it. Accordingly, photographic plates 8 inches by 10 (20 by 25 cm.) were employed. At each exposure the spectra were obtained of all the stars of sufficient brightness in a region 10° square. All stars brighter than the seventh magnitude would generally give images of sufficient intensity to be measured unless they were of a reddish color. Many stars of the eighth magnitude or fainter appeared on the plates with sufficient distinctness to be included. Three or four exposures were commonly made upon each plate. The total number of spectra on a single plate sometimes exceeded two hundred. The most sensitive plates obtainable were used. At first the "Allen and Rowell" plates were employed, but later the "Seed" Plates No. 21 were substituted for them. The plan of work was such that the entire sky north of $-25°$ was covered twice in the first cycle of photographs. The plates overlapped so that a spectrum which appeared near the corner of one plate would appear near the centre of another. The work was then repeated by a second similar cycle of plates. Each star should in general appear on four plates. Owing to the overlapping of the regions and the repetition of plates which were not satisfactory, this number is greatly increased for many of the stars, especially for those between $+50°$ and $+85°$. The faintest stars appear on only one plate. In this case a second independent measure was always made.

The first of the photographs discussed in this volume were taken by Mr. H. Helm Clayton, the later ones by Mr. Willard P. Gerrish; those taken during the latter part of the night by Mr. R. W. Gifford. The reduction of the plates was begun by Miss N. A. Farrar, but the greater portion of this work, the measurement and classification of all the spectra, and the preparation of the Catalogue for publication, has been in charge of Mrs. M. Fleming. Misses F. Cushman, E. Gill, E. F. Leland, A. E. Masters, J. T. Rugg, M. C. Stevens, L. D. Wells and L. Winlock have at different times aided in the numerical computations and clerical work.

If the spectra of a large number of stars are photographed, one form will be found to predominate. It consists of a nearly continuous spectrum traversed by a series of dark bands or lines arranged with great regularity. The intervals between the lines diminish with the wave-lengths. These lines appear to be due to the presence of hydrogen. They have the following designations and wave-lengths expressed in millionths of a millimetre: — C, 656.3; F, 486.1; G, 434.1; h, 410.2; H, 397.0; a, 388.9; β, 383.6; γ, 379.8; δ, 377.1; ϵ, 375.0; ζ, 373.4; η, 372.2; θ, 371.2. The first of these lines is in the red and does not appear in the photograph. The third is here called G for convenience. It must not be confounded with the adjacent broad band at wave-length 431 which appears in the solar spectrum and was called G by Fraunhofer. Stars having the spectrum described above belong to Type I. according to the usual classification of stellar spectra. The K line 393.4 is also generally visible, but its intensity differs in different stars. This intensity is indicated in Table II. in the column headed FK. When no other lines but those named above are visible the spectrum is indicated by the letter A. When other lines are detected the letter B is used, and the position and intensity of the lines are given in the remarks following the Catalogue. The lines most commonly seen have wave-lengths 402.6 and 447.1. Many of the stars in *Orion* and *Canis Major* belong to this class. The letter C denotes a spectrum of the first type, in which the lines G and h appear to be double. It is not certain that this appearance represents a real condition, as it is not confirmed by photographs taken with a higher dispersion. It may be due to defective focusing, or the presence of the band of wave-length 431 mentioned above may, in some cases, cause the G line to appear double. A few other stars of the first type give bright bands which are indicated by the letter D.

The letters E to L are used for different varieties of spectra of Type II. The brightest portions of the spectra are included between the lines K and F. The K line (wave-length 393.4) is nearly as intense as the H line in these spectra. The other lines are generally faint. When no lines are visible but F, H and K, and the spectrum undergoes no sudden change in intensity, the letter E is used. If other hydrogen lines are visible F is employed. The spectrum might then have been regarded as of the first type with the K line very strong, and the G and h lines rather faint. Additional lines in the spectrum are denoted by G. In many stars the spectrum is more intense for rays exceeding 431 in wave-length than for those whose wave-length is less. This is a property of nearly all of the spectra of the third type, and was at first supposed to indicate such a spectrum. These spectra were accordingly regarded as of the third type in the original examination of the plates. The letter H is used for these spectra. When additional dark lines are seen the letter I is used. If the spectrum is well defined bright bands are also visible, which may be due to a bright portion of the spectrum intercepted between two dark bands. The letter K is used for this class. Other varieties of this form of spectrum are indicated by the letter L.

When a spectrum is of the third type it is indicated by the letter M. The difference between this type and the second type is much less marked in the photographic than in the visible portion of the spectra. The most noticeable difference is that in spectra of the third type the intensity suddenly changes at the wave-length 476.2. Rays of greater wave-length than this are fainter than those that are shorter.

The letter N is reserved for spectra of the fourth type, although no star of this type is bright enough to appear in the Draper Catalogue owing to the red color of all such stars.

The letter O is used for stars whose spectra consist mainly of bright lines, and the letter P is reserved for planetary nebulæ. As the photographic spectra of classes O and P closely resemble each other, it will be convenient to regard them as forming a fifth type of spectrum. The only star of this type in the Draper Catalogue is D. C. 3889, whose spectrum belongs to Class O. All spectra not included in the above classes are indicated by the letter Q.

From this it appears that A, B, C, and D indicate varieties of the first type, E to L varieties of the second type, M the third type, N the fourth type, and O, P, and Q spectra which do not resemble those of any of the preceding types. All forms of spectra except A, E, and H require further explanation, which is accordingly given in the remarks following Table II. Nearly all of the fainter spectra are classified as A, E, or H, the additional lines, if present in the spectra, not being detected in the photograph, owing to the small dispersion. The observed brightness given in Table II. must therefore be considered in any attempt to discuss the frequency with which these various classes occur.

The principal results of the measures are given in Table I. The details will be found in Table II. and in the remarks following it. The explanation of the successive columns of Table I. is given below preceded by the heading of each.

D. C. A number for reference in designating the stars of the Draper Catalogue.

DM. The number by which the stars are designated in the Durchmusterung. The number of the zone is generally the same as the degree of declination given in the fifth column. When they differ owing to the precession, the number of the star in this column is placed in Italics. There can be no doubt to what zone in the Durchmusterung this number belongs, since the declination given for 1900 in the fifth column can never differ so much as 16′ from that for 1855. Moreover, the stars between 6^h and 18^h are all carried southward, and the remainder northward by the effect of precession.

H. P. The number of the star in the Harvard Photometry.

R. A. 1900. The right ascension of the star in minutes and tenths for 1900. The number of the hours of right ascension will be found at the top of each page.

Dec. 1900. The declination for 1900 in degrees and minutes.

No. The number of photographic images obtained of each star.

Sp. The character of the spectrum according to the classification described above, a ? being added when the results obtained from different plates are discordant after a second examination.

Magn. The mean of the photographic magnitudes after applying the corrections described in Volume XXVI. The scale is that of the Harvard Photometry for those stars of Type I. in which only the hydrogen lines are visible, or those classified as A. The quantity measured in each case is the intensity of the spectrum in the vicinity of the G line. Accordingly, when stars having different spectra are compared the results will not be the same as if the entire light of the stars were measured. In the latter case, the results will differ with the color of the star according to the method of measurement employed. This is a serious defect in the measures of the brightness of the stars in catalogues hitherto published. Since the present measures relate to rays of a single wave-length the same result should be obtained whether the method of comparison was by the photographic plate, the eye, or the thermopile. When the spectrum was denoted by H, I, K, or L, measures were made on both sides of the sudden change in intensity occurring near the G line. The result given in this column relates to the brighter portion, which is that having the greater wave-length. A similar change in intensity is found for spectra marked M at wave-length 476.2. The difference of these intensities with some additional measurements will be found in Volume XXVI., Tables XXXI. and XXXII. The spectra of stars of the second magnitude or brighter were generally too dense to be satisfactorily measured. The mean is inserted in the table when two or more measures exceeding 4.0 were made of spectra which were not near the edges of the plates. Otherwise, the letter B was inserted, and the individual measures are given in the remarks following Table II.

Resid. The residuals found by subtracting the photographic magnitude in the preceding column from the magnitudes given in the Durchmusterung, in the Argentine General Catalogue, and in the Harvard Photometry. When a star is not contained in the second of these catalogues, the magnitude given in the list of standards for the Uranometria Argentina or in the catalogue of the last-named work is substituted. As in other tables of these Annals, the residuals are expressed in tenths of a magnitude, negative values being indicated by Italics. When a residual exceeds 9, it is represented by p if positive, and by n if negative. The exact values of these large residuals are given in Table III. Positive residuals in general indicate that the star is of a bluish tint; negative residuals that it is of a reddish tint. Stars south of $+10°$ and not given in the Argentine Observatory catalogues named above, have F in the place of a residual. In this column, and occasionally in some of the others, reference is made to the remarks following Table II. by R.

As examples of the material furnished by the Draper Catalogue, the first line shows that D. C. 1 is DM. $+44°$ 4550, and is not contained in the Harvard Photometry. Its position for 1900 is in R. A. 0^h $0^m.0$, Dec. $+44°$ 40'. The spectrum appears on 7 plates and shows that it is of class A; that is, of the first type in which no lines are visible but those due to hydrogen. The photographic magnitude of the star is 6.39, and its magnitude in the DM. 6.3. In D. C. 4 the Italics in the second column show that this star is identical with DM. $+34°$ 5061, and not with DM. $+35°$ 5061.

In the case of D. C. 5 the last column shows that the magnitude, according to both the Cordoba and H. P. catalogues, is brighter than 5.0, but it is necessary to turn to Table III., p. 374, to find the exact residuals, which are *11* and *13*. The required magnitudes are accordingly 4.8 and 4.6 in these cases. D. C. 7 is DM. +12° 5063, and H. P. 4259. Its photographic magnitude is 6.23, and its magnitudes according to the DM., U. A., and H. P., 5.5, 5.5, and 5.8 respectively.

Many additional facts regarding these stars will also be found in Table II. and the remarks following it.

Specimens of a number of these classes of spectra are represented in the Frontispiece. They are all enlarged horizontally five times. A cylindrical lens serves to spread the spectrum vertically, so as to eliminate defects taking the form of horizontal lines. The class of spectrum, name of star, D. C. number, and plate number are given below: —

A.	α Cygni	D. C. 9220	Pl. 719	G.	η Bootis	D. C. 6602	Pl. 1350
A.	γ Cancri	D. C. 4677	Pl. 1135	G.	η Pegasi	D. C. 9890	Pl. 1084
B.	— Monocerotis	D. C. 3517	Pl. 2345	K.	μ Leonis	D. C. 5206	Pl. 2308
F.	42 Com. Beren.	D. C. 6358-9	Pl. 2419	M.	δ Virginis	D. C. 6271	Pl. 1879

The spectrum of α Cygni is inserted to show the ultra-violet portion of the spectra of Class A, although the central portion is so much over-exposed that some lines are not visible. The additional line seen between δ and ε has a wave-length of 376, as stated on page 356. Three lines are visible in this spectrum (see page 241), of shorter wave-length than those given on page 2 and known to be due to hydrogen. They are ι, 370.3; κ, 369.6; λ, 369.0. Two other lines, μ, 368.5 and ν, 368.2, are also seen in certain stars of Class A. The spectrum of η Bootis is given in like manner to show the ultra-violet portion of the spectrum of Class G. In the original negative the line of shortest wave-length is 359. The four lines to the left are the M group. The principal lines in D. C. 3517 are described on page 295. The line between H and α has somewhat shorter wave-length than K, with which at first it appears to be identical. The enlargement also shows lines of wave-lengths 465, 455, 414, and 400, which are barely visible in the original negative. The conspicuous line of wave-length 422.7 in spectrum M is not characteristic of all third type stars. The general appearance of a copy of a photograph varies so much with changes in exposure and development that it is difficult to convey a correct idea of the original negative by a paper print. These photographs are intended to show types, not individual lines. The latter will be discussed in another volume from spectra of the bright stars taken with the 11-inch Draper telescope on a scale fifteen times that of these spectra.

TABLE I.

THE DRAPER CATALOGUE.

0^h

D. C.	DM.	H. P.	R.A. 1900.	Dec. 1900.	No.	Sp.	Magn.	Resid.	D. C.	DM.	H. P.	R.A. 1900.	Dec. 1900.	No.	Sp.	Magn.	Resid.
			m.	° ′								m.	° ′				
1	4550	—	0.0	+44 40	7	A	6.39	1 ..	51	21	19	6.7	+47 36	1	H	6.46	n . 2
2	4525	—	0.0	− 1 4	1	H	6.81	23.	52	14	20	6.8	+22 56	1	H	6.58	6 . 0
3	1426	—	0.1	+68 19	9	A	6.31	7 ..	53	19	—	6.9	+53 4	4	A	6.47	0 ..
4	5061	—	0.1	+35 1	3	A	6.58	4 ..	54	14	21	7.1	−18 30	2	H	6.42	7 n n
5	6357	4259	0.3	− 6 16	3	H	5.87	7 n n	55	26	—	7.5	+45 33	2	F?	6.74	3 ..
6	6227	—	0.4	−10 10	1	H	7.10	4 7.	56	19	—	7.5	− 1 47	1	H	7.15	2 F .
7	5063	4260	0.6	+12 51	2	A	6.23	7 7 4	57	12	22	7.6	+37 9	1	E	5.77	p . 8
8	2363	—	0.9	+63 7	1	A	6.31	9 ..	58	30	—	7.8	+49 22	3	A	0.73	0 ..
9	2865	—	1.0	+57 53	3	F	5.96	5 ..	59	16	—	7.9	+61 29	5	A	6.25	5 ..
10	2107	1	1.2	+63 37	14	A	5.54	1 . 0	60	—	—	8.0	−23 2	1	H	6.49	. 4 .
11	546	—	1.4	+84 51	2	A	7.22	p ..	61	40	—	8.1	+49 10	2	A	6.63	4 ..
12	4704	—	1.4	+28 29	2	H	6.41	p ..	62	14	23	8.1	+14 38	6	A	3.46	n . 5
13	—	—	1.7	−23 40	1	H	6.38	. 1 .	63	13	24	8.2	+26 25	2	H	6.35	1 . 1
14	1140	—	1.9	+72 39	1	H	6.82	p ..	64	15	—	8.2	−21 11	1	A?	7.28	5 F .
15	6428	—	2.2	−17 57	1	H	6.37	1 1 .	65	29	25	8.3	+40 29	5	F	5.83	1 . 0
16	2	3	2.7	− 3 6	2	A	5.84	p 7 6	66	4	—	8.4	+75 28	2	A	6.70	4 ..
17	—	2	2.7	−23 4	2	A	5.94	. 0 p	67	19	—	8.7	+ 0 49	1	A?	7.22	4 2 .
18	2	—	2.9	+30 50	3	A	6.85	0 ..	68	—	—	8.7	−23 46	1	H?	6.93	. 1 .
19	3	4	3.1	− 3 0	1	H	7.09	6 7 8	69	21	27	8.8	+32 39	4	A	5.94	6 . 1
20	4	5	3.2	+28 33	10	A	n	n . R	70	25	—	8.8	−18 6	2	A	6.62	6 F .
21	5	—	3.2	− 9 23	1	H	7.00	5 8 .	71	25	—	9.0	+52 18	1	E?	6.71	7 ..
22	2	—	3.3	+73 41	5	A	6.49	5 ..	72	24	—	9.1	− 7 45	1	F	6.76	p F .
23	8	—	3.5	+36 4	2	F	6.36	2 ..	73	17	—	9.3	−21 45	1	H	6.77	2 2 .
24	3	6	3.5	−18 8	1	A	6.42	2 2 0	74	27	28	9.4	+19 30	3	H	6.11	n 9 n
25	3	8	3.7	+24 54	1	H	6.64	3 . 4	75	26	29	9.4	− 8 21	2	H	6.56	8 n n
26	5	—	3.7	+ 7 28	1	H	7.10	4 F .	76	30	—	9.4	−14 59	1	E	6.81	2 p .
27	1	—	3.8	+79 10	17	A	5.88	6 ..	77	29	—	9.5	+62 17	1	A	6.55	8 ..
28	3	9	3.8	+58 36	8	F	3.63	n . n	78	22	—	9.5	+ 0 44	2	E	6.87	3 2 .
29	3	—	3.8	+27 41	3	A	6.43	6 ..	79	32	—	9.6	−15 22	1	H	6.75	1 0 .
30	3	—	3.9	+64 32	1	A	6.54	5 ..	80	21	30	9.6	−19 30	2	K	6.00	n n n
31	7	10	3.9	+17 40	1	H	5.65	1 2 1	81	13	31	9.7	+21 43	3	A	5.99	0 . 0
32	1	—	4.2	+83 36	1	A	7.36	p ..	82	14	—	9.7	− 0 52	1	E?	7.31	7 F .
33	3	—	4.2	+16 59	2	A?	6.75	2 ..	83	29	—	9.7	−14 44	2	A	6.76	2 n .
34	11	—	4.3	+45 50	1	A	6.35	6 ..	84	30	33	9.8	−10 7	4	A	5.53	p 4 1
35	—	11	4.3	−28 33	2	E	6.50	. n n	85	19	32	9.9	+ 8 16	4	A	5.95	0 2 1
36	8	12	4.9	+10 36	3	A	5.47	3 0 1	86	33	—	10.0	+43 38	2	A	6.33	4 ..
37	18	—	4.0	− 9 32	1	A	6.90	4 F .	87	23	34	10.0	+26 43	5	A	5.89	6 . 0
38	12	—	5.0	+51 42	2	F?	6.46	6 ..	88	3	—	10.6	+84 24	4	A	6.87	p ..
39	17	13	5.1	+45 31	7	F	5.50	4 . 7	89	5	35	10.6	+76 24	17	A	6.00	5 . 2
40	16	—	5.2	+57 56	1	E	6.83	p ..	90	16	—	10.6	+60 27	1	E	6.57	3 ..
41	11	14	5.2	+56 36	4	A	6.02	7 . 7	91	26	—	10.8	+ 3 41	2	A	6.48	5 3 .
42	11	15	5.2	− 5 49	3	H	6.61	2 5 7	92	23	—	10.9	+ 7 34	1	H?	6.80	p F .
43	11	—	5.3	+59 6	6	A	6.01	p ..	93	41	36	11.1	+48 3	5	A	5.85	2 . 2
44	14	—	5.3	+51 46	1	A	6.81	p ..	94	35	—	11.5	+36 5	2	A	6.46	6 ..
45	10	—	5.6	+30 8	1	A	6.92	p ..	95	27	37	11.5	+ 7 41	3	F	6.75	6 6 7
46	13	16	5.6	−13 8	2	H	6.62	6 7 7	96	35	—	11.5	−18 58	1	A	6.02	4 R .
47	17	17	6.2	−16 1	4	F	5.54	3 4 6	97	21	38	11.6	+60 50	4	H	6.03	0 . 2
48	28	—	6.3	+57 39	2	E	6.83	p ..	98	27	—	11.6	+13 22	1	A	6.78	7 ..
49	15	—	6.4	+55 24	2	A	7.00	4 ..	99	24	—	11.7	−20 46	4	A	5.98	0 5 .
50	13	—	6.6	+65 34	1	A	6.41	6 ..	100	31	—	11.8	+56 21	1	A	6.71	5 ..

THE DRAPER CATALOGUE.

D. C.	DM.	H. P.	R.A. 1900.	Dec. 1900.	No.	Sp.	Magn.	Resid.	D. C.	DM.	H. P.	R.A. 1900.	Dec. 1900.	No.	Sp.	Magn.	Resid.
			m.	° ′								m.	° ′				
101	33	—	11.8	+52 41	1	A?	6.82	p . .	151	48	—	18.4	−19 26	1	A?	6.15	p r .
102	50	39	11.9	+47 24	3	A	5.54	5 . 3	152	51	—	18.7	+59 53	1	A	7.01	7 . .
103	34	40	11.9	+38 8	6	A	4.81	3 . 5	153	72	53	18.7	+43 43	1	A	6.58	1 . 0
104	5	—	12.1	+82 49	1	II	7.25	p . .	154	62	55	18.9	+51 28	6	A	5.32	7 . 1
105	24	—	12.3	+ 8 19	3	E	6.82	2 1 .	155	40	—	18.9	− 4 2	2	A	6.84	8 r .
106	24	—	12.5	+58 30	1	A	6.49	p . .	156	60	56	19.3	+61 17	9	A	5.39	7 . 0
107	46	—	12.5	+50 53	5	A	5.85	7 . .	157	55	—	19.4	+30 49	4	A	6.40	4 . .
108	30	—	12.5	−19 36	2	F?	6.50	5 1 .	158	49	—	19.4	− 2 47	1	II	6.95	n 6 .
109	39	—	12.6	+15 47	1	E	6.39	p . .	159	46	—	19.5	+13 45	1	II	6.83	2 2 .
110	7	—	12.7	+75 43	14	A	6.47	9 . .	160	61	57	19.7	+52 30	7	A	5.58	4 . 2
111	15	—	12.7	+72 23	6	A	6.68	3 . .	161	16	—	20.0	+71 15	7	F	6.38	2 . .
112	33	—	12.7	+30 44	1	A	6.98	p . .	162	57	58	20.3	+ 1 24	2	I	6.47	3 6 7
113	28	—	12.7	+ 1 8	2	II	6.72	3 3 .	163	53	—	20.6	+34 46	1	H	6.75	p . .
114	34	—	12.8	+12 13	1	H	6.82	3 0 .	164	10	—	20.7	+79 30	15	A	5.98	p . .
115	42	41	12.9	−14 1	1	H	6.40	0 2 1	165	69	—	20.8	+35 16	1	A	6.81	6 . .
116	47	—	13.0	+44 1	1	H?	6.23	3 . .	166	64	—	20.8	+19 37	2	A	6.11	4 . .
117	32	—	13.0	+ 3 14	1	F	6.73	8 2 .	167	46	—	21.1	+ 3 16	1	A	6.23	p 6 .
118	44	42	13.1	+36 14	6	A	4.64	1 . 0	168	74	—	21.2	+56 5	5	A	6.05	5 . .
119	25	—	13.2	+10 39	2	H	6.07	2 9 .	169	58	—	21.3	−19 15	1	H	6.70	3 0 .
120	31	—	13.3	−21 42	2	A	6.37	3 2 .	170	63	—	21.5	− 0 36	2	E	6.51	3 3 .
121	48	43	13.4	+43 14	5	A	5.73	2 . 2	171	91	—	21.8	+49 26	3	A	6.20	9 . .
122	35	44	13.4	+30 58	7	A	5.78	2 . 0	172	52	—	21.8	+24 29	2	F?	6.44	1 . .
123	49	—	13.5	+44 6	1	A	6.58	2 . .	173	85	—	22.1	+58 0	3	A	6.54	8 . .
124	38	—	13.6	− 8 37	3	A	6.66	2 n .	174	55	—	22.1	+25 44	1	E	6.90	6 . .
125	43	—	13.7	+50 8	1	A	6.94	6 . .	175	59	—	22.3	+15 28	2	A	6.34	4 4 .
126	30	—	14.0	+58 35	1	A	6.59	7 . .	176	61	—	22.6	−16 58	1	II	6.58	7 n .
127	48	45	14.4	− 9 23	4	K	5.03	n n n	177	67	—	22.6	−20 42	2	E	6.68	2 1 .
128	42	—	14.5	− 7 47	1	H	6.66	6 5 .	178	55	60	22.8	+17 21	2	I	6.40	n n n
129	79	—	14.8	+48 18	4	A	6.17	2 . .	179	92	59	22.9	+43 51	6	A	5.13	4 . 1
130	34	—	15.0	+ 5 44	1	A?	7.24	8 2 .	180	63	61	23.0	+15 54	1	H	6.64	6 . 1
131	84	—	15.2	+48 26	3	F	6.55	0 . .	181	50	—	23.2	+31 53	3	A	6.18	5 . .
132	42	46	15.2	+30 23	4	A	5.57	8 . 0	182	47	—	23.2	+ 9 39	3	F	6.23	3 1 .
133	45	48	15.5	+32 21	1	H	6.39	4 . 4	183	62	—	23.4	+36 45	1	II?	6.82	p . .
134	36	47	15.5	+ 7 38	4	I	6.35	2 n 8	184	57	63	23.4	−20 53	2	A?	6.63	3 2 2
135	20	—	15.8	+66 27	3	A	6.34	7 . .	185	75	—	23.5	−11 48	1	E	6.73	0 n .
136	45	49	15.8	+37 25	4	F	5.50	2 . 2	186	66	—	23.7	+36 21	1	II?	6.32	0 . .
137	44	—	15.8	+12 13	1	A	6.62	6 6 .	187	10	—	24.1	+80 49	4	A	6.95	9 . .
138	32	—	15.8	+10 25	3	A	6.43	8 1 .	188	66	—	24.2	+24 21	1	II?	6.94	6 . .
139	53	—	15.9	+35 19	1	A	6.76	3 . .	189	10	—	24.4	+76 28	7	H	6.40	1 . .
140	38	—	16.0	− 3 28	1	A	7.19	2 0 .	190	53	—	24.6	+64 12	2	A	6.48	5 . .
141	27	—	16.2	+67 16	3	H	6.56	1 . .	191	75	—	24.6	+37 47	1	E?	6.68	7 . .
142	50	—	16.7	−20 37	2	M	6.79	n r .	192	68	64	24.8	+59 25	8	F	5.85	2 . 2
143	43	—	17.1	+24 8	1	E	6.79	5 . .	193	75	65	24.8	+29 12	4	A	5.47	4 . 2
144	49	—	17.1	− 5 45	2	A	6.73	3 0 .	194	52	—	24.8	− 1 40	1	E?	7.00	8 n .
145	25	—	17.2	+12 57	1	H	6.78	6 4 .	195	84	66	24.8	−15 25	4	A	6.32	1 1 2
146	49	—	17.6	+28 55	3	A	6.67	8 . .	196	63	—	25.0	+ 4 18	1	F	6.28	7 2 .
147	60	52	17.7	−12 12	1	E	6.98	5 6 4	197	54	67	25.0	− 4 31	2	II	6.49	n 5 3
148	52	—	17.8	+61 45	1	A	6.99	p . .	198	101	—	25.1	+61 48	2	A	6.29	p . .
149	67	—	17.8	+43 58	2	A	6.63	4 . .	199	29	—	25.2	+69 14	1	E	7.13	1 . .
150	45	—	18.4	+60 23	3	F?	6.17	p . .	200	71	—	25.2	+27 31	1	E	6.86	p . .

0^h

D.C.	DM.	H.P.	R.A. 1900.	Dec. 1900.	No.	Sp.	Magn.	Resid.	D.C.	DM.	H.P.	R.A. 1900.	Dec. 1900.	No.	Sp.	Magn.	Resid.
			m.	° ′								m.	° ′				
201	—	68	25.4	−24 21	4	A	5.22	.0 0	251	59	—	R	R	R	R	R	...
202	104	—	25.5	+40 58	1	E	6.75	5 . .	252	*93*	—	30.6	+16 2	1	E?	6.39	p . .
203	69	—	25.6	+15 28	2	A	6.39	6 . .	253	*145*	—	30.7	+48 0	1	A	6.52	3 . .
204	68	—	25.6	−19 10	1	A	6.81	p F .	254	59	—	30.7	+12 40	2	E	6.43	1 0 .
205	67	—	25.7	+65 58	8	A	5.75	7 . .	255	84	78	30.8	+59 47	6	A	5.83	2 . 2
206	97	—	25.8	+43 24	4	A	6.22	5 . .	256	*110*	—	30.9	+44 6	1	A	6.43	6 . .
207	89	—	26.0	−10 38	1	F	6.44	8 p .	257	96	—	30.9	− 6 7	1	E	6.53	0 2 .
208	64	—	26.1	+38 26	1	A	6.38	9 . .	258	91	79	31.1	+26 42	3	A	6.22	3 . 1
209	*80*	70	26.1	+33 2	2	H	6.34	*3 . 1*	259	—	80	31.1	−23 24	2	H?	5.74	. 4 4
210	9	—	26.2	+85 46	1	H	7.32	p . .	260	105	82	31.3	+53 21	9	A	4.04	*1 . 3*
211	82	69	26.2	+53 59	7	A	4.98	*2 . 2*	261	113	81	31.3	+43 57	2	H	6.48	n . n
212	92	—	26.2	+52 17	2	H	6.26	*1 . .*	262	35	—	31.5	+72 21	7	F	6.35	3 . .
213	57	—	26.3	+10 59	1	F?	6.87	6 1 .	263	*101*	83	31.5	+33 11	3	A	4.46	*4 . 1*
214	69	—	26.6	− 2 21	3	A	6.30	p 5 .	264	92	—	31.5	+26 29	1	F?	6.95	p . .
215	101	—	26.7	+46 35	1	A	6.75	7 . .	265	76	84	31.6	+14 41	4	A	5.44	7 4 4
216	98	—	26.8	+57 47	2	A?	6.63	5 . .	266	113	—	31.7	+57 28	1	A	6.78	2 . .
217	73	—	26.9	+34 26	2	A	6.15	3 . .	267	*82*	—	31.8	+30 57	1	A	6.88	p . .
218	99	—	27.1	+42 57	5	A	6.13	4 . .	268	84	86	31.9	+23 28	2	H	6.63	*6 . 1*
219	24	—	27.3	+70 26	10	A	5.97	2 . .	269	86	87	32.0	+34 51	2	H	6.00	*3 . 5*
220	102	71	27.3	+62 23	9	B	4.66	*2 . 5*	270	138	—	32.1	+39 47	3	A	6.31	2 . .
221	79	73	27.3	+19 45	2	H	6.26	*8 . 8*	271	65	—	32.1	+10 53	2	A	6.67	6 2 .
222	64	72	27.3	+ 6 25	5	A	5.62	0 2 1	272	—	88	32.1	−25 19	1	F	5.95	*. 2 4*
223	68	—	27.4	+39 18	1	F	6.33	7 . .	273	13	85	32.2	+81 56	10	F	6.33	2 . 0
224	*76*	—	27.4	+27 1	3	A	6.40	4 . .	274	125	—	32.4	+46 51	1	H	6.70	4 . .
225	79	—	27.4	+22 38	1	H	6.83	7 . .	275	80	—	32.4	+ 2 35	1	H	6.88	*1 1 .*
226	90	—	27.6	+35 18	1	E	6.51	p . .	276	87	—	32.5	+25 34	1	A	6.89	p . .
227	*84*	—	27.6	+27 44	1	H?	6.56	4 . .	277	101	—	32.9	+56 58	1	A	6.02	p . .
228	101	—	27.7	+54 21	1	H	6.39	1 . .	278	75	89	33.0	− 1 3	1	H	7.06	*3 3 2*
229	74	—	27.7	+15 38	1	F	6.59	5 . .	279	92	—	33.1	+59 16	5	A	6.11	4 . .
230	*14*	—	27.9	+83 5	5	A	6.69	p . .	280	129	—	33.2	+46 25	1	A	6.55	4 . .
231	*76*	—	27.9	+60 0	1	A	7.01	8 . .	281	103	90	33.2	+28 47	4	H	5.34	*8 . 7*
232	60	—	28.4	− 1 10	2	E	6.46	p p .	282	*110*	—	33.3	+36 3	1	A?	6.80	9 . .
233	70	—	28.6	+66 12	8	A	6.02	5 . .	283	14	—	33.4	+76 20	3	H	6.66	3 . .
234	98	—	28.7	+53 51	1	A	6.78	5 . .	284	*124*	—	33.5	+44 7	1	A	6.63	p . .
235	39	—	28.8	+66 58	2	A	6.58	9 . .	285	192	91	33.6	+48 49	1	H	6.28	*8 . 7*
236	138	—	28.9	+47 22	1	A	6.66	7 . .	286	*84*	—	33.6	−20 51	2	A?	6.18	0 F .
237	11	—	29.2	+85 25	3	A	7.35	p . .	287	91	92	33.9	+30 10	4	K	4.79	n . n
238	109	—	29.4	+62 26	1	F	6.95	4 . .	288	84	—	34.0	+ 2 34	1	E	7.03	5 F .
239	82	—	29.4	− 7 3	2	A?	6.67	p 1 .	289	*113*	—	34.2	+36 15	1	H	6.72	9 . .
240	*9*	—	29.8	+84 8	8	F	6.87	9 . .	290	85	—	34.2	+20 43	2	H	6.52	3 . .
241	87	—	29.8	+36 17	1	H	6.62	0 . .	291	*32*	—	34.3	+70 10	4	A	6.35	6 . .
242	57	74	29.8	+12 50	2	H	6.78	*8 . 4*	292	70	—	34.4	+10 59	1	H	6.97	3 . .
243	100	—	30.0	+53 39	1	A	6.33	8 . .	293	87	93	34.6	+20 54	2	I	6.32	*8 . 8*
244	115	—	30.1	+52 16	1	A	6.52	p . .	294	113	—	34.7	−11 42	1	A?	6.24	7 7 .
245	62	75	30.1	− 4 9	4	F	5.59	6 1 3	295	*139*	94	34.8	+56 0	8	K	3.88	n . n
246	*79*	—	30.2	+35 6	2	A	6.81	9 . .	296	92	—	35.1	+23 30	2	A	6.63	*1 . .*
247	177	—	30.3	+48 29	1	A	6.57	1 . .	297	121	—	35.2	+85 59	1	A	6.81	p . .
248	70	—	30.4	+ 3 45	1	E	6.98	8 F .	298	114	—	35.3	− 8 12	1	H	6.96	7 F .
249	68	76	30.4	− 1 4	3	F	6.01	*2 0 0*	299	108	—	35.4	+56 36	1	E?	7.02	p . .
250	102	77	30.5	+53 38	9	A	5.10	*7 . 1*	300	109	—	35.5	−17 4	1	H	6.48	0 2 .

THE DRAPER CATALOGUE.

0^h

D.C.	DM.	H.P.	R.A. 1900. m.	Dec. 1900. ° '	No.	Sp.	Magn.	Resid.	D.C.	DM.	H.P.	R.A. 1900. m.	Dec. 1900. ° '	No.	Sp.	Magn.	Resid.
301	—	95	35.5	−24 21	1	II	6.02	.8 2	351	148	—	40.5	+54 46	4	A	6.17	p ..
302	81	—	35.6	+65 19	2	II	6.45	6 ..	352	132	—	40.6	−16 58	2	E?	6.38	1 2 .
303	126	—	35.6	+51 39	3	A	6.33	7 ..	353	160	113	40.7	+44 18	7	A	5.66	6 . 2
304	101	97	35.6	− 4 54	2	II	6.48	2 5 2	354	162	—	40.9	+44 53	1	A	6.64	9 ..
305	90	96	35.7	+38 55	2	I	5.94	4 . 3	355	29	114	41.1	+74 18	12	A	5.36	4 . 1
306	117	—	35.7	− 7 46	2	A?	6.86	1 F .	356	—	115	41.2	−23 4	1	H	5.84	. 0 2
307	91	—	35.8	+39 3	1	E	6.64	p ..	357	111	116	41.3	+14 55	1	M	6.29	n . 6
308	83	98	36.1	+65 36	5	II	6.20	2 . 3	358	25	—	41.5	+77 56	6	II	6.79	2 ..
309	103	—	36.1	+27 30	1	E?	6.91	p ..	359	37	—	41.6	+72 8	7	II	6.31	2 ..
310	94	—	36.1	+ 8 48	2	A?	6.56	4 2 .	360	96	117	41.8	+11 25	2	II	6.42	n . 7
311	100	—	36.3	+59 23	1	A	6.90	3 ..	361	101	118	41.9	+19 1	3	F	6.08	2 . 1
312	94	99	36.3	+24 5	3	A	6.07	1 . 1	362	18	—	42.0	+81 25	2	H	7.11	5 ..
313	1074	—	R	R	R	R	R	...	363	106	119	42.0	+23 43	5	K	5.33	n . 9
314	39	—	8.64	+70 50	3	A	6.37	6 ..	364	—	—	42.0	−24 46	1	II.	6.46	. p .
315	94	—	36.4	+88 21	1	F	6.33	p ..	365	104	—	42.2	+ 6 12	2	II	6.29	5 1 .
316	108	—	36.4	+26 38	1	A?	7.00	p ..	366	143	—	42.3	+50 54	5	A	6.45	p ..
317	164	100	36.5	+49 58	6	A	4.91	2 . 1	367	103	—	42.3	+18 22	1	F	6.85	7 ..
318	158	—	36.6	+40 9	1	E	6.55	4 ..	368	118	—	42.4	+25 44	1	H	6.85	2 ..
319	101	—	36.7	+32 4	2	A	6.64	p ..	369	115	—	42.4	+24 59	1	A	6.64	p ..
320	132	—	36.8	+58 13	7	A	5.95	5 ..	370	145	—	42.5	+35 57	1	E	6.71	7 ..
321	112	—	36.9	+57 3	1	E?	6.72	p ..	371	146	—	42.5	+35 40	1	E?	6.71	7 ..
322	152	—	37.0	+62 13	1	F	6.85	p ..	372	105	—	42.6	+20 23	1	E	6.52	0 ..
323	133	—	37.0	+51 48	2	A	6.66	3 ..	373	127	—	42.7	−18 37	2	II	6.46	0 4 .
324	9	—	37.2	+86 23	1	F	7.80	8 ..	374	241	—	42.8	+49 10	1	II	6.98	4 ..
325	99	—	37.4	+ 5 8	1	E	6.89	p F .	375	150	120	43.0	+57 17	9	F	4.78	9 . n
326	106	—	37.6	+16 7	1	H	6.09	6 ..	376	184	124	43.0	−22 16	3	A	5.41	8 4 1
327	43	—	37.8	+70 17	1	H	6.76	p ..	377	105	122	43.1	+ 6 45	1	II	6.50	5 5 5
328	140	—	37.8	−10 28	2	A?	6.60	4 0 .	378	123	123	43.1	+ 4 46	1	II?	6.14	1 2 4
329	146	102	37.9	+46 20	10	A	5.27	3 . 3	379	147	121	43.2	+50 25	5	A	4.98	2 . 0
330	85	—	37.9	− 4 24	1	E	6.54	p 5 .	380	53	—	43.5	+70 38	2	A?	6.51	8 ..
331	36	—	38.1	+75 23	1	H	6.40	p ..	381	107	125	43.5	+ 7 2	2	I	5.60	n n n
332	122	—	38.5	+32 46	2	A	6.49	3 ..	382	27	—	43.6	+77 25	11	F	6.38	3 ..
333	115	103	38.5	−18 32	7	K	3.86	R n n	383	46	—	43.6	+70 14	5	A?	6.14	9 ..
334	58	—	38.7	+66 37	2	II	6.23	6 ..	384	106	—	43.6	+17 47	1	II?	6.90	6 ..
335	131	—	38.7	+53 36	1	A	6.68	8 ..	385	76	126	43.7	+16 24	6	F	5.57	1 . 3
336	181	105	38.8	+47 19	7	A	5.65	2 . 1	386	127	—	43.8	+28 11	1	II	6.91	6 ..
337	126	106	38.8	−12 33	1	H	6.38	4 2 0	387	209	—	43.9	+45 58	1	II	6.65	4 ..
338	27	104	39.0	+74 26	12	A	5.56	1 . 0	388	176	—	44.0	+47 13	3	A	6.18	8 ..
339	124	—	39.0	+33 5	1	A	6.54	p ..	389	20	—	44.3	+82 15	1	A	7.31	p ..
340	183	107	39.2	+47 44	7	A	4.82	0 . 2	390	171	127	44.3	+40 32	7	B	4.69	0 . 3
341	128	109	39.2	−11 9	4	II	5.56	6 5 7	391	145	129	44.3	−14 6	1	H	6.16	9 3 4
342	143	110	39.6	+54 40	6	A	5.24	6 . 2	392	—	128	44.3	−24 41	1	H	6.06	. 0 0
343	127	111	39.8	−22 34	4	F	5.17	3 1 0	393	29	—	44.4	+78 4	1	II	6.05	p ..
344	157	—	40.0	+56 14	1	E?	6.86	7 ..	394	171	—	44.4	+55 50	1	E?	7.31	p ..
345	113	—	40.0	+23 3	1	A	6.58	4 ..	395	—	131	44.5	+27 16	2	F	6.20	9 . 6
346	109	—	40.0	− 0 18	1	F	6.66	1 n .	396	131	132	44.5	+27 10				
347	144	—	40.1	+54 26	1	II	7.04	p ..	397	99	130	44.6	+63 42	9	F	5.70	1 . 3
348	49	—	40.3	+68 47	7	F	6.09	3 ..	398	—	—	44.6	−23 55	2	A	5.78	. 7 .
349	121	—	40.3	+28 38	1	A	6.91	p ..	399	176	133	44.7	+44 27	8	A	5.95	8 . 1
350	128	112	40.4	−18 26	1	E	6.07	2 2 1	400	19	—	44.9	+79 17	7	A	6.69	p ..

ANNALS OF HARVARD COLLEGE OBSERVATORY.

0^h

D.C.	DM.	H.P.	R.A. 1900.	Dec. 1900.	No.	Sp.	Magn.	Resid.	D.C.	DM.	H.P.	R.A. 1900.	Dec. 1900.	No.	Sp.	Magn.	Resid.
			m.	° '								m.	° '				
401	172	—	45.0	+40 16	1	A	6.85	7..	451	163	—	49.6	+41 43	1	H?	6.96	8..
402	153	135	45.1	−11 11	4	F	5.64	2 1 3	452	146	141	49.6	+28 5	3	M?	6.26	3. 9
403	161	—	45.2	+50 58	5	A	6.33	4..	453	125	—	49.7	+23 33	2	H?	7.18	3..
404	15	—	45.3	+84 55	4	A	7.37	8..	454	23	—	49.9	+82 34	3	E	6.93	p..
405	123	—	45.3	+25 2	1	H	6.70	6..	455	28	—	49.9	+76 56	2	E?	6.85	p..
406	160	—	45.4	+63 14	2	F	6.42	6..	456	210	—	49.9	+39 51	1	A	6.79	4..
407	20	134	45.5	+83 10	16	A	5.45	p.1	457	126	—	49.9	+24 1	1	H	6.84	0..
408	164	—	45.8	+51 2	6	A	6.02	7..	458	148	—	50.0	+28 1	2	A	6.91	6..
409	140	—	45.8	+36 29	1	H	6.92	p..	459	135	—	50.2	+60 43	1	A	7.07	8..
410	134	—	45.8	+22 19	1	A?	6.98	p..	460	202	—	50.2	+46 21	1	E	6.75	7..
411	177	—	46.0	+40 48	2	A	6.75	5..	461	81	—	50.4	+68 15	5	F	6.11	6..
412	129	—	46.0	+32 7	1	H?	7.14	0..	462	234	—	50.5	+46 7	2	H	6.95	6..
413	138	—	46.1	− 5 35	1	H	6.63	6 6.	463	151	—	50.6	+56 45	1	A	6.72	6..
414	118	—	46.2	+ 2 50	1	F	6.83	6 1.	464	151	144	50.6	+26 40	5	A	6.20	2. 2
415	111	—	46.3	+22 5	1	A?	7.37	4..	465	167	146	50.6	− 7 58	2	H	6.41	2 4 4
416	106	—	46.3	+12 14	2	E	6.82	2 0.	466	144	142	50.7	+60 10	11	Q	B	R. R
417	173	—	46.3	− 9 57	1	E	6.55	1 3.	467	138	143	50.7	+58 38	9	H	5.65	6. 7
418	57	—	46.4	+68 20	3	A	6.61	8..	468	148	—	50.7	+34 41	2	A	6.15	8..
419	113	—	46.5	− 3 41	2	A	6.74	6 R.	469	41	—	50.8	+74 57	6	A	6.72	p..
420	191	—	47.0	+56 5	1	E?	7.11	6..	470	146	145	50.8	+59 50	9	A	5.52	8. 0
421	124	136	47.1	+60 34	11	F	5.38	4. 5	471	147	—	50.8	+59 30	1	A	7.01	p..
422	143	—	47.2	+56 41	2	A	6.92	5..	472	127	—	50.9	+13 24	1	H	6.73	2 2.
423	117	—	47.2	+20 52	1	A?	7.22	3..	473	114	—	51.0	− 4 16	1	H	6.59	7 F.
424	104	—	47.2	+13 6	2	A	6.73	6 5.	474	162	147	51.0	−11 49	2	H	6.38	4 7 8
425	189	—	47.3	+46 35	1	A	6.95	9..	475	175	148	51.1	+37 57	6	A	4.43	2. 5
426	134	—	47.4	+60 8	1	A	7.17	3..	476	137	—	51.3	+60 53	1	H	6.53	5..
427	198	—	47.4	+39 43	1	E	6.34	2..	477	187	—	51.4	+54 25	1	A	6.19	p..
428	159	—	47.4	+38 1	2	A	6.23	5..	478	55	—	51.6	+69 58	5	A	6.29	5..
429	272	—	47.6	+49 7	3	A	6.53	p..	479	152	—	51.6	+34 20	1	H	6.60	p..
430	227	—	47.7	+46 3	2	E	6.85	p..	480	132	—	51.7	− 3 16	1	E	6.44	6 5.
431	—	137	47.7	−24 33	1	H	5.96	. 3 4	481	155	—	51.9	+26 28	1	A	0.85	p..
432	106	—	47.9	+65 54	1	A	6.26	7..	482	153	150	51.9	+22 52	4	K	5.45	9. 8
433	114	138	47.9	− 1 42	4	H	6.05	8 8 n	483	—	—	51.9	−25 55	1	H	6.33	. 9.
434	148	—	48.0	+36 53	2	H	6.17	3..	484	237	—	52.0	+45 18	1	F	6.59	5..
435	116	—	48.0	+19 14	1	E?	6.86	6..	485	24	—	52.1	+80 1	1	F	6.28	2..
436	179	—	48.1	+52 9	5	A	6.16	1..	486	115	151	52.2	+65 49	11	A	5.73	3. 3
437	144	—	48.2	+56 28	1	A?	7.06	3..	487	199	—	52.2	+51 36	2	A	6.06	5..
438	144	—	48.2	+28 58	1	H	6.72	8..	488	157	152	52.4	+28 27	2	M?	6.31	3. 2
439	143	—	48.2	+28 33	1	A	6.61	p..	489	164	—	52.5	+36 58	2	A	6.27	p..
440	120	—	48.2	+ 3 33	1	E	6.73	6 F.	490	206	—	52.6	+45 3	2	A?	6.94	6..
441	—	—	48.3	−25 19	1	E	6.25	. 6.	491	148	—	52.6	+38 57	1	H	6.54	3..
442	144	—	48.4	+28 2	1	E	7.16	5..	492	177	—	52.6	−11 1	1	A	6.69	p F.
443	195	—	48.6	+55 47	1	A	6.96	2..	493	147	—	52.6	−19 33	3	A	6.22	p R.
444	147	—	48.6	− 5 4	1	F	6.63	1 1.	494	140	154	52.7	+33 26	2	H	6.45	2. 0
445	133	—	48.7	+24 57	1	H	6.79	2..	495	119	153	52.7	+13 9	2	H	6.58	6 2 2
446	136	—	48.8	+38 31	1	A	6.38	p..	496	131	—	52.7	− 2 19	1	H	6.55	1 2.
447	134	139	49.0	+58 26	5	H	5.64	6. 5	497	20	—	52.8	+84 4	14	A	6.38	6..
448	288	—	49.2	+48 52	2	A?	6.78	3..	498	301	—	53.0	+48 39	1	E	6.77	4..
449	122	140	49.3	+18 38	4	A	5.73	3. 1	499	215	—	53.0	+46 31	1	A	5.85	7..
450	181	—	49.3	− 9 17	2	A?	0.40	2 2.	500	131	—	53.0	+20 52	4	A	6.14	4..

THE DRAPER CATALOGUE.   13

$0^h - 1^h$

D. C.	DM.	H. P.	R.A. 1900.	Dec. 1900.	No.	Sp.	Magn.	Resid.	D. C.	DM.	H. P.	R.A. 1900.	Dec. 1900.	No.	Sp.	Magn.	Resid
			m.	° ′								m.	° ′				
501	134	—	53.1	+23 59	2	A?	7.09	9 . .	551	183	—	58.3	+56 35	1	H	7.22	2 . .
502	135	—	53.1	+ 6 18	1	II?	6.79	5 0 .	552	188	—	58.4	+57 27	1	A	6.63	p . .
503	25	—	53.3	+81 21	10	A	6.30	p . .	553	211	—	58.4	+53 40	2	A?	6.38	6 . .
504	150	—	58.6	+31 57	1	A	6.93	1 . .	554	171	—	58.5	+34 55	2	A	6.61	6 . .
505	65	—	53.7	+70 28	8	A	6.12	4 . .	555	17	—	58.6	+86 37	6	H	7.09	4 . .
506	176	—	53.7	− 6 25	1	E	6.67	1 0 .	556	329	—	58.6	+48 41	1	E?	6.87	9 . .
507	173	156	53.7	−11 55	4	II	6.21	3 3 4	557	141	—	58.6	+ 6 14	3	A	6.44	8 6 .
508	309	—	53.8	+48 26	1	A	6.57	1 . .	558	174	166	58.7	+ 0 50	5	A	6.07	1 2 1
509	174	157	53.8	−20 10	2	A	6.74	3 F 5	559	212	—	58.9	+50 29	5	A	6.20	6 . .
510	224	—	53.9	+30 37	1	A	6.59	4 . .	560	174	—	58.9	+20 9	3	F	6.14	4 . .
511	153	—	54.0	+31 59	1	A?	6.84	5 . .	561	249	—	59.0	+39 27	3	A	6.71	2 . .
512	272	—	54.2	+47 29	2	E?	6.56	0 . .	562	129	—	59.4	+05 26	1	E	6.65	3 . .
513	28	—	54.4	+78 52	2	A	7.33	8 . .	563	172	167	59.7	+ 5 7	1	H	6.64	6 7 2
514	193	159	54.4	+44 10	7	A	5.53	7 . 2	564	163	168	59.8	+14 24	6	F	5.83	3 . 1
515	227	—	54.5	+46 47	1	A	6.90	1 . .	565	78	—	0.0	+70 24	7	A	6.10	6 . .
516	179	—	54.6	+57 50	8	A	6.33	7 . .	566	206	—	0.0	+62 14	4	A	5.90	6 . .
517	160	—	54.8	+35 9	2	E?	7.01	3 . .	567	191	—	0.0	+57 14	3	E	6.22	8 . .
518	19	155	54.9	+85 43	17	K	5.85	3 . n	568	203	—	0.0	−14 17	1	H	6.61	4 F .
519	64	—	54.9	+63 49	8	A	6.06	9 . .	569	101	—	0.4	+32 28	1	E?	7.24	6 . .
520	229	—	54.9	+46 47	2	E	6.85	2 . .	570	156	169	0.4	+20 56	6	A	4.84	R . 2
521	190	—	55.0	+37 15	1	A	6.17	8 . .	571	157	170	0.4	+20 56				R .
522	198	—	55.2	+50 21	1	A	6.74	9 . .	572	33	—	0.6	+77 9	1	E	7.26	1 . .
523	212	—	55.4	+51 31	1	A	7.05	5 . .	573	181	—	0.6	+34 59	2	A	6.86	6 . .
524	181	—	55.4	+36 8	1	II	6.76	3 . .	574	229	—	0.6	−10 31	2	H	6.69	2 2 .
525	4	—	55.6	+88 29	2	A	6.55	9 . .	575	29	—	0.7	+79 29	8	H	6.40	0 . .
526	215	—	55.6	+44 55	1	A?	6.64	6 . .	576	181	—	0.7	+59 20	4	A	5.97	p . .
527	180	—	55.8	+57 17	5	A	6.25	6 . .	577	180	—	0.7	+31 39	1	H	6.98	2 . .
528	209	—	55.9	− 9 54	1	A?	6.65	4 . .	578	175	171	0.7	+ 4 22	4	F	6.05	7 1 1
529	80	—	56.3	+81 26	6	A	6.74	p . .	579	196	—	0.9	+56 24	1	H	7.11	5 . .
530	163	—	56.3	+24 46	2	E	6.89	4 . .	580	230	172	1.1	−10 28	5	A	5.59	4 1 2
531	63	—	56.5	+69 48	1	A	7.10	4 . .	581	30	—	1.2	+82 56	1	A	7.46	p . .
532	202	—	56.5	+50 30	6	A	6.32	6 . .	582	243	—	1.2	+55 51	2	A	6.71	8 . .
533	240	—	56.8	+52 19	2	A	6.41	9 . .	583	223	175	1.2	+54 27	6	H	5.64	1 . 4
534	216	—	57.0	+51 16	4	A	6.25	9 . .	584	183	—	1.3	+34 38	2	A	6.75	7 . .
535	169	—	57.1	+27 13	2	E?	6.95	5 . .	585	135	174	1.3	+12 25	2	I	6.07	5 . 6
536	243	—	57.3	+46 50	5	F	6.39	1 . .	586	—	—	1.3	−24 32	1	A?	6.16	. 1 .
537	209	160	57.3	+40 48	7	A	6.00	0 . 1	587	337	—	1.4	+49 2	4	A	6.23	5 . .
538	168	161	57.3	+31 16	5	A	5.34	2 . 3	588	165	—	1.4	+13 22	1	II	6.83	5 . .
539	153	—	57.3	+ 8 17	1	A	6.50	9 4 .	589	167	—	1.4	+ 7 50	1	A?	6.70	5 . .
540	157	—	57.4	+60 32	5	F	5.95	6 . .	590	70	—	1.8	+70 10	1	A	6.60	p . .
541	156	—	57.4	+25 47	2	II	7.05	0 . .	591	213	—	1.8	+37 31	2	A	6.22	7 . .
542	159	—	57.5	+ 8 36	1	II?	6.40	7 3 .	592	180	—	1.8	+19 37	1	A?	7.31	3 . .
543	51	—	57.6	+73 50	11	A	6.24	6 . .	593	128	—	1.8	+11 1	2	A	6.72	9 5 .
544	153	162	57.8	+ 7 21	6	H	5.58	n n n	594	224	—	2.1	+41 0	3	A	6.58	1 . .
545	185	—	58.0	+36 19	2	A	7.02	8 . .	595	234	176	2.2	+43 24	6	A	5.15	0 . 1
546	177	165	58.0	− 5 22	2	I	6.13	8 3 3	596	—	—	2.3	−24 32	1	A	5.91	. 5 .
547	153	163	58.1	+61 4	5	F	5.76	2 . 1	597	74	—	2.4	+69 10	3	F	6.26	p . .
548	220	164	58.1	+51 58	2	II	6.46	5 . 1	598	200	177	2.4	+57 44	6	A	5.58	9 . 1
549	327	—	58.2	+48 20	1	H	6.92	1 . .	599	229	—	2.4	+53 42	3	A	6.48	3 . .
550	245	—	58.2	+47 6	4	F	6.28	7 . .	600	240	—	2.4	+42 19	1	F	6.96	0 . .

D.C.	DM	H.P.	R.A. 1900	Dec. 1900	No.	Sp	Magn.	Resid.	D.C.	DM.	H.P.	R.A. 1900	Dec. 1900	No.	Sp	Magn.	Resid.
601	185	173	2.4	+31 29	1	A	6.43	5.2	651	161	—	6.7	− 2 47	1	H	6.35	23.
602	240	—	2.5	+44 17	3	A	6.81	8..	652	186	—	6.8	+61 10	7	A	5.82	8..
603	186	178	2.6	+20 12	4	A	5.56	1.1	653	238	—	6.9	+51 4	1	A	6.75	2..
604	238	179	2.7	−10 19	3	F	5.82	7 0 1	654	192	—	7.0	+22 43	1	A	7.03	5..
605	187	—	2.8	+28 21	1	F	6.91	4..	655	289	—	7.1	+46 39	1	A	7.25	5..
606	212	—	2.9	+ 1 28	1	E?	6.62	4 3.	656	158	—	7.1	+11 45	3	A	6.64	2 3.
607	190	181	3.2	+ 5 7	5	A	5.80	2 3 1	657	365	—	7.4	+48 44	1	A	6.72	8..
608	181	—	3.4	+29 54	1	A?	7.17	0..	658	197	—	7.4	+31 32	3	A	6.31	p..
609	207	—	3.5	+56 50	2	E	6.47	2..	659	223	—	7.4	+ 1 57	3	E	6.52	3 2.
610	240	183	3.5	−10 43	6	K?	4.97	n n n	660	204	—	7.5	+32 36	1	A	7.14	8..
611	34	180	3.6	+70 8	21	A	5.51	1.1	661	195	—	7.5	+29 33	1	H	6.77	3..
612	275	182	3.7	+46 42	9	A	4.43	0.1	662	36	—	7.6	+79 23	11	F	6.14	4..
613	194	—	3.7	+34 16	1	A	7.00	4..	663	188	—	7.7	+60 21	2	A	6.42	8..
614	178	—	3.7	+33 25	1	A	6.80	1..	664	187	—	7.7	+33 35	3	A	6.20	8..
615	177	—	3.7	+ 9 12	2	A	6.76	7 2.	665	204	—	8.1	+20 12	1	H	7.12	2..
616	77	184	3.9	+68 15	10	A	5.27	7.0	666	158	198	8.3	+24 8	5	I	5.66	n.n
617	236	—	3.9	+54 13	2	A	6.89	1..	667	193	—	8.4	+60 24	1	A	6.12	p..
618	98	—	4.0	+67 15	2	F	6.39	4..	668	188	—	8.4	+33 58	1	H?	7.25	2..
619	147	—	4.0	+63 39	1	A	6.37	p..	669	174	199	8.5	+ 7 8	10	A	5.49	B 7 5 R
620	239	—	4.0	+51 31	1	A	6.93	6..	670	175	200	8.5	+ 7 8				
621	348	—	4.0	+48 32	4	A	6.57	3..	671	374	—	8.6	+48 54	3	A	6.60	4..
622	182	—	4.0	+22 23	1	A?	7.28	2..	672	177	202	8.8	+15 36	8	A	5.74	8.2
623	193	185	4.1	+35 5	5	K?	4.57	n.n	673	210	—	8.8	− 5 23	3	E	6.65	7 r.
624	150	—	4.3	+23 16	2	A	6.68	1..	674	200	—	8.9	+30 1	3	A	6.64	9..
625	153	186	4.5	+19 7	4	E	6.11	3.5	675	90	201	9.0	+71 13	2	A	5.73	3.7
626	438	—	n	n	n	n	n	...	676	235	—	9.0	−14 0	1	E	6.26	7 7.
627	241	—	4.6	+51 35	1	F	6.16	8..	677	61	—	9.1	+73 28	6	F	6.16	8..
628	228	—	4.6	+50 28	2	E	6.84	3..	678	216	203	9.3	− 8 28	7	F	5.58	4 3 6
629	219	187	4.6	+41 33	3	E	6.49	3.8	679	181	204	9.5	+ 6 28	2	H	6.19	0 0 1
630	213	—	4.6	−12 13	1	H	6.63	9 r.	680	215	—	9.5	− 5 35	1	H	6.78	7 r.
631	256	—	4.9	+56 14	3	A	6.38	p..	681	35	—	9.6	+80 20	5	A	6.44	9..
632	186	190	4.9	+24 56	2	H	6.79	8.7	682	233	—	9.6	+61 22	1	A	6.98	6..
633	149	188	5.0	+63 40	7	A	5.40	6.0	683	162	205	9.7	− 1 31	5	F	6.00	2 2 2
634	236	189	5.0	+54 37	8	A	4.59	2.2	684	206	—	9.9	−16 21	1	H	6.64	4 r.
635	175	—	5.0	+15 0	1	H	6.84	4 6.	685	212	—	10.1	+19 53	2	A	6.36	4..
636	127	191	5.1	+64 29	7	A	5.34	6.2	686	36	—	10.2	+80 22	18	A	6.11	6..
637	227	192	5.1	− 9 26	1	H	6.55	3 1 1	687	357	—	10.5	+47 33	3	A	6.08	4..
638	221	194	5.4	+ 1 55	2	H	6.57	6 6 3	688	210	—	10.5	+ 0 23	5	A	6.19	6 5.
639	293	—	5.5	+46 6	3	A	6.70	3..	689	142	—	10.6	+ 9 15	1	E?	6.61	4 r.
640	201	193	5.5	+37 12	5	A	5.64	4.2	690	258	—	10.7	+43 55	1	A	6.98	5..
641	220	—	5.5	− 6 37	1	E	6.87	1 r.	691	223	—	10.7	+32 36	1	H	6.74	2..
642	181	195	5.6	+30 53	5	A	5.23	3.1	692	21	—	10.8	+86 25	1	A	8.00	8..
643	183	—	5.7	+ 9 1	1	E	6.86	8 1.	693	271	—	10.8	+42 25	2	A	7.01	0..
644	202	—	5.7	+10 26	1	H?	6.73	6 r.	694	204	—	11.0	+23 2	4	A	6.81	7..
645	190	197	6.1	+29 33	5	I	5.69	n.n	695	67	—	11.1	+72 52	2	A	6.77	p..
646	172	196	6.1	+20 30	4	H	5.67	n.8	696	—	—	11.1	−24 30	1	H	6.51	.7.
647	129	—	6.2	+64 28	1	A	6.59	8..	697	68	—	11.3	+72 21	2	H	6.56	1..
648	138	—	6.2	+ 0 46	1	H	6.61	4 0.	698	64	—	11.4	+71 52	2	H	6.65	2..
649	236	—	6.3	+50 59	1	E	7.10	p..	699	186	—	11.4	+20 33	1	E?	7.02	0..
650	161	—	6.3	+22 11	2	A	6.98	5..	700	108	—	11.5	+67 17	8	A	6.07	7..

THE DRAPER CATALOGUE.

1^h

D.C.	DM.	H.P.	R.A. 1900.	Dec. 1900.	No.	Sp.	Magn.	Resid.	D.C.	DM.	H.P.	R.A. 1900.	Dec. 1900.	No.	Sp.	Magn.	Resid.
			m.	° ′								m.	° ′				
701	*281*	—	11.5	+56 6	2	H	6.71	5..	751	182	—	17.0	+21 34	1	H	7.12	2..
702	229	—	11.5	+38 56	2	A	6.14	7..	752	290	—	17.4	+44 48	2	A	6.69	8..
703	172	206	11.5	− 3 2	5	H	6.04	*354*	753	141	—	17.4	+16 41	1	E	6.05	p..
704	258	—	11.7	+54 54	4	E	6.49	p..	754	*179*	—	17.5	− 0 58	1	E?	6.56	6 1.
705	392	—	11.8	+48 29	3	A	6.55	3..	755	71	—	17.6	+73 36	3	A	6.74	p:.
706	*196*	—	11.9	+31 14	1	H	6.93	*1*..	756	260	—	17.6	+35 59	3	A	6.48	2..
707	*174*	—	11.9	− 2 48	2	A	6.05	p *9*.	757	211	215	17.7	+ 6 53	1	E?	6.80	9 r 6
708	*40*	—	12.0	+77 2	6	H	6.46	*1*..	758	*229*	—	17.7	−19 36	3	A	6.22	7 3.
709	237	—	12.0	+57 16	3	E	6.18	8..	759	*42*	—	17.8	+77 9	1	F	7.11	9..
710	319	—	12.2	+46 53	1	H	6.86	*2*..	760	218	—	17.9	+ 8 39	1	E?	6.76	p..
711	*185*	207	12.7	+ 3 5	7	A	5.27	2 *1 2*	761	*237*	216	17.9	+37 12	5	A	5.88	1.*4*
712	224	—	12.7	− 8 11	3	E	6.56	9 4.	762	220	—	17.9	+33 43	2	A?	7.10	*8*..
713	220	—	13.1	+36·52	4	A	6.42	1..	763	*12*	—	18.0	+88 3	1	H	7.85	2..
714	*229*	—	13.1	+33 14	1	A	6.89	p..	764	267	—	18.1	+50 39	1	A	7.04	0..
715	39	—	13.2	+79 36	5	A	6.72	p..	765	102	—	18.4	+70 27	9	A	5.96	1..
716	245	—	13.2	+56 44	1	F?	6.92	p..	766	298	—	18.5	+42 37	4	A	6.29	2..
717	230	—	13.3	+32 59	1	H?	7.19	6..	767	200	—	18.5	+17 17	3	A	6.77	4..
718	—	—	13.6	−23 32	1	H?	6.48	.p	768	241	—	18.6	+36 22	2	A	6.77	5..
719	50	—	13.8	+75 43	14	A	6.08	1..	769	282	—	18.7	+54 23	2	A	7.24	8..
720	*66*	—	13.8	+74 3	5	A	6.56	2..	770	123	218	18.8	+67 36	8	I	5.59	*4.8*
721	260	208	13.8	+57 42	6	G	5.51	6.*3*	771	556	—	R	R	R	R	R	...
722	*58*	—	13.9	+76 12	1	A	7.18	*1*..	772	—	—	18.8	−24 52	2	A	6.26	.2.
723	220	209	13.9	+26 45	6	A.	4.83	1.*1*	773	244	220	19.0	− 8 42	9	I	5.03	n n n
724	283	—	14.1	+51 36	2	A	7.01	0..	774	248	219	19.2	+59 43	7	A	*3.73*	7.*9*
725	*176*	—	14.4	+64 8	5	A	5.85	8..	775	223	221	19.4	− 7 26	6	A	6.07	*1 2 1*
726	209	—	14.4	+60 25	2	A	6.47	8..	776	*225*	—	19.6	+28 2	1	F	6.86	8..
727	268	—	14.4	+54 26	1	A	6.89	1..	777	182	—	19.6	− 1 30	1	E	6.75	p r.
728	285	—	14.4	+51 18	1	A	6.60	2..	778	204	—	19.7	+ 2 50	1	A?	6.78	p r.
729	252	—	14.4	+41 27	2	A	7.01	0..	779	237	222	19.7	−16 11	1	H	6.49	*5 1 0*
730	205	—	14.6	+55 41	1	E?	7.10	6..	780	195	—	19.8	− 3 22	1	H	6.34	*5 1*.
731	*260*	—	14.6	+51 4	2	A?	6.70	*2*..	781	224	—	19.8	− 7 31	1	E	6.92	9 r.
732	171	211	14.7	− 1 2	3	E	6.21	*4 1 0*	782	270	—	20.0	− 6 28	3	A	6.24	8 3.
733	*281*	—	14.9	+54 6	3	A	6.58	7..	783	*226*	—	20.1	+23 0	4	F	6.45	1..
734	*49*	210	15.0	+78 12	14	F	6.04	0.*1*	784	302	223	20.4	+42 57	3	F	6.30	*3.2*
735	286	—	15.0	−10 24	2	A	6.50	7 *2*.	785	*228*	224	20.4	+34 4	3	A	6.53	0.*2*
736	223	—	15.0	−16 20	1	H?	6.54	*2 2*.	786	207	—	20.5	+ 2 27	1	E?	6.67	8 3.
737	259	—	15.3	+37 30	1	A	7.12	8..	787	167	—	20.7	+ 9 53	1	A	6.31	5 r.
738	*215*	212	15.5	+28 13	3	H	6.36	n.*6*	788	266	225	20.7	−15 7	5	H	5.74	*4 6 4*
739	*185*	—	15.5	− 3 46	1	A?	6.49	0 *1*.	789	*305*	—	20.8	+43 11	2	A	6.72	2..
740	248	—	15.5	−11 46	1	H	6.38	*1 1*.	790	*304*	—	20.9	+45 10	2	A	7.04	p..
741	*198*	—	15.8	− 1 50	1	E	6.45	9 r.	791	187	226	20.9	+18 39	5	F	5.67	*4.6*
742	334	—	15.9	+46 45	1	A?	7.05	7..	792	75	—	21.0	+73 41	1	H	6.45	p..
743	*168*	—	16.1	+11 2	2	H?	6.72	*2*..	793	238	—	21.0	+19 33	1	H	6.76	*1*..
744	256	—	16.3	− 6 41	1	H?	6.77	*3 2*.	794	230	—	21.2	+26 43	1	H	6.75	0..
745	*237*	214	16.4	+45 0	4	II	5.89	7. n	795	189	227	21.3	+18 44	3	H	6.41	*9.8*
746	*238*	—	16.4	+43 4	3	A	6.34	*2*..	796	234	—	21.4	+33 50	2	E	6.25	4..
747	69	—	16.6	+72 19	4	A?	6.53	*2*..	797	*189*	—	21.4	− 0 55	1	H	6.56	6 0.
748	*210*	—	16.6	+31 11	1	H	7.28	3..	798	307	228	21.6	+44 54	7	F	5.31	*3.5*
749	*197*	—	16.8	+18 10	2	H	7.00	9..	799	289	229	21.7	+40 35	3	A	6.55	*6.2*
750	274	—	17.0	+57 37	3	F	6.22	8..	800	*211*	—	21.7	+ 3 1	4	A	6.15	8 4.

16   ANNALS OF HARVARD COLLEGE OBSERVATORY.

1^h

D. C.	DM.	H. P.	R.A. 1900.	Dec. 1900.	No.	Sp.	Magn.	Resid.	D. C.	DM.	H. P.	R.A. 1900.	Dec. 1900.	No.	Sp.	Magn.	Resid.
801	487	—	^{m}R	^{o} $^\prime$R	1	A	6.37	p..	851	87	—	^{m}27.8	^{o} $^\prime$+71 54	4	E?	6.48	p..
802	239	—	21.8	+29 16	1	E	6.82	7..	852	298	—	28.0	− 9 31	4	A	5.97	p 5.
803	262	230	21.9	−13 34	3	F	5.35	6 1 4	853	229	—	28.1	+ 7 42	2	A	6.30	5 4.
804	8	213	22.0	+88 46	2	F?	B	R . R	854	277	243	28.5	+36 44	4	A	5.92	3 . 0
805	334	—	22.0	+39 48	4	A	6.24	3..	855	—	—	28.5	−24 41	1	H	6.51	. 5.
806	303	—	22.1	+47 14	2	A	6.86	4..	856	274	—	28.6	+62 34	1	H	6.05	1..
807	302	—	22.3	+43 32	2	A	6.27	2..	857	256	244	28.7	− 7 32	4	E	5.99	1 1 0
808	251	—	22.4	+ 4 51	1	A?	6.44	p F.	858	360	—	29.0	+55 32	3	A	6.17	p..
809	297	—	22.6	+54 45	1	E	7.19	8..	859	382	—	29.1	+52 50	4	A	6.24	4..
810	283	—	22.7	+41 44	2	A	6.91	1..	860	81	—	29.2	+73 47	7	A	5.99	5..
811	259	—	22.7	+36 34	1	E?	6.77	5:.	861	134	—	29.2	+67 6	6	A	6.26	p..
812	243	—	22.7	+30 2	1	E	6.37	p..	862	272	—	29.2	+32 37	2	H?	6.59	6..
813	286	—	22.9	+51 10	1	H	7.15	4..	863	224	—	29.4	+17 57	1	H	6.70	4..
814	221	—	22.9	− 2 33	1	H	6.35	p 4.	864	50	—	29.6	+80 55	12	A	6.37	p..
815	213	—	22.9	− 4 6	1	H	6.89	p F.	865	201	—	29.6	+12 3	1	A	6.62	2..
816	154	—	23.0	+16 34	1	E	6.45	8..	866	256	—	29.7	+ 0 27	1	E	6.66	p F.
817	218	231	23.1	+ 7 27	1	H	6.40	6 5 0	867	265	245	29.7	−16 11	6	A	5.46	3 2 0
818	265	—	23.3	−12 46	1	A	6.38	9 R.	868	277	—	29.9	+62 53	3	A	6.41	8..
819	193	—	23.5	+63 21	1	A	6.47	p..	869	265	—	29.9	+26 10	1	A?	6.75	6..
820	288	—	23.5	+41 46	1	A	7.06	4..	870	393	—	30.0	+46 36	3	A	6.00	4..
821	267	—	23.6	−12 2	1	A	6.83	9 F.	871	328	—	30.0	+40 34	1	H	6.90	1..
822	102	232	23.8	+69 45	8	F	5.96	1 . 1	872	248	—	30.0	+27 46	1	H	6.96	3..
823	228	—	23.8	+ 6 47	2	F	6.10	p 5.	873	69	—	30.1	+76 13	2	A	6.58	p..
824	175	233	23.9	+65 35	10	A	5.78	2 . 1	874	339	—	30.1	+54 11	2	A	6.49	5..
825	370	234	24.1	+46 30	5	H	6.18	4 . n	875	259	—	30.1	+33 20	1	A	6.49	0..
826	240	—	24.1	−18 27	1	E	6.22	1 3.	876	268	—	30.2	+59 7	2	A	6.50	7..
827	236	—	24.2	+22 18	2	A	6.33	2..	877	460	—	30.3	+48 12	2	H	6.87	5..
828	210	235	24.5	+17 51	4	A	5.75	5 . 2	878	240	—	30.4	+14 9	4	A?	5.93	7 5.
829	270	—	24.7	−13 44	1	E?	6.57	7 F.	879	86	246	30.5	+72 32	7	H	5.82	3 . 3
830	254	236	24.8	−22 8	6	A	5.11	1 2 0	880	176	247	30.5	+16 55	5	A	6.02	5 . 1
831	194	237	24.9	+ 5 38	3	H	5.91	9 9 7	881	463	—	30.7	+47 49	1	H	7.07	1..
832	280	—	24.9	− 6 7	1	F?	6.28	7 p.	882	202	—	30.8	+64 14	1	A	6.48	3..
833	103	—	25.2	+69 30	7	A	6.24	8..	883	244	—	30.8	+ 7 8	1	A	6.65	3 4.
834	258	—	25.2	+25 23	1	H	6.59	4..	884	84	—	31.0	+74 2	2	A	6.71	p..
835	275	—	25.3	+38 59	1	E	6.94	4..	885	332	248	31.0	+40 55	6	F	4.77	8 . 6
836	373	—	R	R	1	A	6.04	p..	886	270	249	31.1	−15 54	3	H	6.00	2 5 5
837	278	—	25.7	+38 15	3	A	6.80	2..	887	404	—	31.2	+46 27	1	A	7.15	5..
838	—	238	25.7	−26 43	1	H	6.46	. 3 4	888	304	—	31.4	+61 51	5	A	5.85	7..
839	231	239	26.2	+14 50	6	K	5.02	n . n	889	240	—	31.5	+ 7 20	1	E	6.55	3 1.
840	265	—	26.4	+34 18	2	B	6.05	6..	890	58	—	31.6	+77 28	12	A	6.08	4..
841	209	—	26.5	+59 56	1	A	6.76	7..	891	349	250	31.6	+57 28	4	H	6.18	2 . 4
842	276	—	26.6	−12 46	1	A	6.43	p 5.	892	466	—	31.6	+47 55	2	A?	6.92	p..
843	262	—	26.7	−19 32	2	A	6.30	7 2.	893	467	251	31.8	+48 7	6	K	5.10	n . n
844	290	—	26.8	−10 46	1	H	6.09	6 F.	894	205	252	31.8	+11 38	5	F?	5.99	0 5 4
845	49	—	26.9	+78 39	2	A	7.22	9..	895	470	—	32.3	+47 36	1	A	7.31	9..
846	320	—	27.0	+57 49	2	H	6.38	1..	896	296	—	32.4	+00 34	1	A	5.77	p..
847	292	240	27.1	+35 20	1	H	6.51	0 . 2	897	261	—	32.4	+20 46	1	A?	6.72	p..
848	113	—	27.4	+68 26	5	H	6.32	5..	898	341	—	32.5	+44 54	3	A	6.00	9..
849	260	241	27.4	+58 44	6	I	5.58	4 . 7	899	343	253	32.6	− 9 55	3	A	6.15	1 0 0
850	315	—	27.7	+40 22	1	E	6.95	0..	900	354	—	32.9	+54 6	3	A	6.45	p..

THE DRAPER CATALOGUE.

1ʰ

D.C.	DM.	H.P.	R.A. 1900.	Dec. 1900.	No.	Sp.	Magn.	Resid.	D.C.	DM.	H.P.	R.A. 1900.	Dec. 1900.	No.	Sp.	Magn.	Resid.
			m.	° '								m.	° '				
901	357	—	33.2	+51 46	1	A	7.31	3..	951	*518*	—	37.7	+49 0	2	A	6.83	5..
902	341	—	33.2	+40 41	1	A	6.65	7..	952	260	270	37.7	− 4 11	4	H	6.11	*8 9 7*
903	375	—	33.3	+55 17	3	A	6.78	8..	953	368	—	37.8	+54 23	2	H	6.59	9..
904	475	—	33.3	+47 45	1	A	7.41	p..	954	424	—	37.9	+52 42	1	A	6.52	p..
905	343	254	33.4	+43 52	2	K	5.73	*7.6*	955	491	—	38.0	+47 42	3	A	6.58	p..
906	*314*	—	33.4	+36 2	2	A	6.76	2..	956	334	—	38.2	+56 36	8	A	5.79	7..
907	404	—	33.5	+45 23	2	H	6.79	2..	957	301	—	38.2	+31 43	1	H	6.08	4..
908	273	—	33.8	+58 33	5	A	6.04	p..	958	*234*	—	38.3	− 7 34	1	A	6.27	n F.
909	362	—	33.8	+53 57	4	A	6.60	p..	959	283	—	38.3	− 7 35				n F.
910	363	—	33.8	+53 22	1	H	7.08	*1*..	960	*305*	—	38.5	+37 10	2	A	6.87	*4*..
911	29	—	33.9	+84 43	2	A	7.50	5..	961	*303*	—	38.7	+32 1	1	F	6.09	p..
912	51	—	34.0	+81 59	1	A	7.15	p..	962	55	—	38.8	+80 24	15	A	6.35	p..
913	*344*	—	34.0	+41 10	1	H	6.90	1..	963	*302*	—	38.8	− 7 59	1	A	6.69	8 F.
914	399	—	R	R	R	R	R	...	964	38	—	39.2	+83 50	1	A	7.47	n..
915	350	—	34.1	+54 26	1	A	6.84	7..	965	277	—	39.2	+27 58	1	E	6.46	p..
916	*272*	255	34.1	−21 47	5	A	5.68	3 0 0	966	282	—	39.4	+19 35	1	E	6.11	6..
917	—	—	34.2	−25 32	2	A	6.19	.4.	967	295	271	39.5	−16 28	7	G?	4.63	R n n
918	245	256	34.3	+15 54	1	I	6.49	0.4	968	*304*	—	39.6	+35 13	1	A?	6.66	6..
919	*378*	259	34.6	+40 4	5	A	5.08	*4.1*	969	57	—	39.7	+80 53	8	A	6.63	9..
920	345	258	34.7	+42 47	3	A	5.70	*3.1*	970	287	—	39.7	− 7 16	2	A?	6.42	6 0..
921	149	257	35.0	+67 32	7	A	5.42	7.1	971	*305*	—	40.1	+63 9	1	A	7.06	9..
922	*114*	260	35.2	+70 7	9	A	5.07	1.0	972	273	272	40.1	+ 8 39	6	O?	5.48	n n n
923	*92*	—	35.3	+74 6	4	H	6.54	3..	973	25	—	40.2	+86 26	1	A	7.75	p..
924	308	—	35.3	+60 32	2	A	6.12	4..	974	370	—	40.3	+43 13	1	A	6.87	6..
925	258	—	35.3	+ 8 16	3	A	6.35	3 1.	975	238	—	40.4	+63 22	5	G?	5.78	3..
926	*370*	—	35.6	+ 8 8	6	A	5.87	9..	976	*275*	—	40.4	+ 8 4	2	A	6.30	p 4.
927	*328*	261	35.7	+42 7	4	F	5.68	*4.5*	977	*266*	—	40.5	+ 3 10	2	A	6.43	4 4.
928	276	262	35.7	+25 14	3	E	6.31	*3.2*	978	268	—	40.7	+ 2 56	1	F	6.33	p 4.
929	72	—	35.9	+75 22	5	F	6.04	4..	979	349	—	40.9	+38 15	1	H?	7.23	*1*..
930	*306*	—	35.9	+00 3	1	F	5.71	p..	980	336	273	40.9	− 6 14	1	I	6.03	*2 6 3*
931	286	263	36.0	+29 32	3	A	6.30	*3.2*	981	—	274	41.0	−25 33	3	A	5.74	.*3 5*
932	312	—	36.1	+60 55	7	A	5.83	5..	982	357	—	41.2	+50 15	1	A	7.30	8..
933	*352*	—	36.1	+43 8	2	A	6.57	9..	983	196	275	41.2	+16 55	1	A	6.20	3. 3
934	298	265	36.2	+ 4 59	6	H	5.86	*9* n n	984	386	—	41.3	+53 81	2	A	6.43	8..
935	297	264	36.3	+34 44	5	A	5.50	*5.1*	985	373	—	41.4	+42 36	1	A	0.92	6..
936	483	—	36.4	+47 54	1	A	7.07	9..	986	447	—	41.6	+45 44	3	E	6.56	3..
937	*232*	—	36.4	+29 1	1	A	6.47	p..	987	283	—	41.7	+20 42	1	E?	6.57	p..
938	*307*	266	36.6	+60 3	7	A	5.54	5.0	988	241	—	41.8	+10 21	3	A	6.13	7 p.
939	*232*	—	36.7	+59 8	1	F	6.65	*1*..	989	390	—	41.9	+57 58	1	A	6.73	p..
940	*370*	—	R	R	R	R	R	...	990	404	—	42.0	+39 38	1	E?	7.34	p..
941	384	—	36.7	+39 53	1	H	7.19	*2*..	991	335	—	42.1	−14 23	2	A	6.11	7 5.
942	*315*	267	36.8	−11 40	5	F	5.87	*1 1 0*	992	*161*	—	42.2	+67 11	1	A	6.94	p..
943	309	—	37.1	+59 56	1	A	6.71	p..	993	*306*	—	42.5	−17 58	1	A	6.32	6 F.
944	279	268	37.1	+19 47	3	F	6.04	*7.6*	994	*84*	—	42.7	+75 6	4	F	6.47	3..
945	391	—	37.3	+55 23	3	A	6.37	7..	995	372	276	42.7	+37 27	2	A?	6.02	*6.5*
946	420	—	37.3	+52 23	3	A	6.36	6..	996	203	277	42.8	+16 27	7	A	5.73	*3.1*
947	*444*	269	37.4	+50 11	7	B	4.34	*2.1*	997	*316*	278	43.0	+32 12	1	F	5.69	5.3
948	287	—	37.4	−18 24	1	A	0.32	9 F.	998	166	—	R	R	1	E?	7.15	R..
949	*125*	—	37.5	+60 0	1	H	6.83	5..	999	508	279	43.3	+47 24	5	A	5.87	3. 1
950	*330*	—	37.7	+57 2	6	A	5.89	5..	1000	*270*	280	43.3	+ 3 11	3	F?	6.23	*3 3 3*

ANNALS OF HARVARD COLLEGE OBSERVATORY.

1^h

D. C.	DM.	H. P.	R.A. 1900.	Dec. 1900.	No.	Sp.	Magn.	Resid.	D. C.	DM.	H. P.	R.A. 1900.	Dec. 1900.	No.	Sp.	Magn.	Resid.
1001	61	—	m. 43.5	° ′ +81 28	1	H	7.26	5 . .	1051	331	—	m. 48.8	° ′ +58 47	3	F	6.22	p . .
1002	305	—	43.8	+26 0	2	A	6.25	3 . .	1052	111	—	48.9	+71 13	7	A	6.38	p . .
1003	294	—	43.9	+ 0 51	1	A	6.52	p F	1053	434	—	48.9	+40 12	1	H	6.80	0 . .
1004	164	—	44.0	+67 52	2	A	6.55	p . .	1054	306	295	49.1	+20 19	5	A	3.67	n n 9
1005	137	—	44.3	+70 16	1	A	6.81	4 . .	1055	394	—	49.3	+51 11	1	A	6.35	9 . .
1006	58	—	44.5	+80 25	1	H	7.20	4 . .	1056	383	—	49.4	+60 47	2	A?	6.43	9 . .
1007	416	—	44.6	+51 27	5	F?	6.20	1 . .	1057	16	—	49.6	+88 0	1	A	7.60	6 . .
1008	382	—	44.6	+37 49	1	E	7.18	2 . .	1058	354	296	50.0	+36 47	1	H	6.52	7 . 7
1009	243	281	44.6	+21 47	1	F	5.67	3 . 3	1059	468	—	50.1	+52 48	3	A	6.27	p . .
1010	65	—	44.7	+77 42	3	H	6.58	1 . .	1060	324	—	50.1	+29 52	2	A	6.37	p . .
1011	352	282	44.7	−11 10	8	A	5.07	4 3 3	1061	262	—	50.1	+ 5 55	1	A?	6.64	p F
1012	393	—	44.9	+54 25	1	A	6.74	7 . .	1062	355	297	50.2	+36 46	2	H	6.47	7 . 8
1013	463	—	44.9	+46 58	3	A	6.81	5 . .	1063	112	—	50.3	+72 40	3	H	6.59	6 . .
1014	350	—	45.0	+35 22	1	A	6.71	6 . .	1064	284	298	50.3	+23 5	1	H	6.03	5 . 1
1015	418	—	45.2	+51 19	1	F	7.30	p . .	1065	374	—	50.5	+41 24	3	A	6.46	5 . .
1016	307	—	45.2	− 7 12	1	F	6.37	p 5 .	1066	383	—	R	R	R	R	R	. . .
1017	365	—	45.3	+38 21	1	E	7.08	2 . .	1067	347	—	50.7	+ 1 21	4	F	5.95	2 3 .
1018	396	283	45.4	+54 30	7	B	5.33	4 . 2	1068	171	—	51.0	+67 5	2	A	6.59	p . .
1019	311	—	45.4	+25 22	1	E?	6.74	p . .	1069	398	—	51.4	+61 12	7	A	5.55	p . .
1020	465	—	45.5	+45 51	1	A	7.25	8 . .	1070	341	—	51.4	+59 8	6	A	6.01	p . .
1021	252	285	45.5	+10 33	4	A	5.89	4 3 1	1071	400	—	51.5	+61 3	2	A	5.98	p . .
1022	34	—	45.6	+84 16	1	H	7.26	8 . .	1072	435	—	51.5	+57 22	1	A	6.68	p . .
1023	379	284	45.7	+50 18	7	A	5.57	5 . 2	1073	175	—	51.6	+66 33	4	A	6.38	8 . .
1024	246	—	45.7	+24 10	1	E	6.54	5 . .	1074	574	—	51.7	+49 9	1	H	7.18	1 . .
1025	296	—	45.7	+20 3	1	A	6.01	p . .	1075	485	—	51.7	+46 86	1	H	6.65	2 . .
1026	405	—	45.9	+53 25	1	A	7.13	p . .	1076	61	—	51.9	+80 80	1	A	7.26	p . .
1027	76	—	46.2	+75 44	9	F	6.43	4 . .	1077	407	—	51.9	+41 12	2	A	6.40	5 . .
1028	481	—	46.2	+49 19	1	A	7.18	9 . .	1078	408	—	51.9	+40 16	1	E	6.80	1 . .
1029	381	—	46.4	+51 0	5	A	6.15	4 . .	1079	289	299	51.9	+17 20	3	F?	5.63	1 . 4
1030	384	—	46.4	+44 19	1	A	7.03	5 . .	1080	411	—	52.0	+40 54	1	E	7.20	1 . .
1031	285	—	46.4	− 4 42	2	A	6.43	9 F .	1081	328	—	52.0	+33 20	1	A	6.69	9 . .
1032	332	—	46.5	+36 57	1	E	6.92	1 . .	1082	310	—	52.0	+27 18	1	H	6.46	0 . .
1033	369	286	46.5	−10 50	6	K?	4.87	n n n	1083	—	302	52.0	−23 1	1	H	5.70	. 8 6
1034	310	—	46.6	− 7 22	1	H	6.37	4 0 .	1084	66	—	52.1	+78 24	2	A	7.11	p . .
1035	390	—	46.8	+40 59	1	H?	7.25	8 . .	1085	205	300	52.2	+64 8	6	A	5.16	3 . 0
1036	168	—	46.9	+67 40	3	A?	6.20	p . .	1086	429	—	52.2	+55 5	1	E	7.20	4 . .
1037	408	—	47.1	+55 7	4	A	5.98	6 . .	1087	576	301	52.2	+48 43	2	I	6.47	3 . 8
1038	320	287	47.2	+63 11	7	A	4.01	7 . 4	1088	409	—	52.2	+43 7	2	A	6.87	p . .
1039	394	288	47.3	+40 14	2	H	6.35	4 . 8	1089	403	—	52.2	−10 43	2	A	6.34	4 1 .
1040	312	289	47.3	+29 6	5	F	4.31	4 . 7	1090	311	—	52.3	+28 2	2	A	6.36	p . .
1041	243	291	48.0	+18 48	6	A	3.95	5 2 3	1091	288	303	52.4	+23 7	5	A	5.03	0 . 1
1042		292	48.0	+18 49					1092	330	—	52.5	− 7 10	1	A	6.57	p F .
1043	336	293	48.1	−17 26	5	A	5.82	4 0 1	1093	73	—	52.8	+77 20	8	H	6.38	1 . .
1044	169	290	48.2	+68 12	8	A	4.86	3 . 2	1094	382	—	52.8	+36 7	2	A	6.71	3 . .
1045	319	—	48.3	+25 17	1	A	6.74	8 . .	1095	91	—	52.9	+75 0	11	A	5.96	5 . .
1046	290	294	48.4	+ 2 42	5	I	5.45	9 7 7	1096	466	—	52.9	+55 13	1	A	7.30	6 . .
1047	62	—	48.5	+79 14	1	A	6.95	p . .	1097	206	—	R	R	R	R	R	. . .
1048	386	—	48.6	+56 36	3	A	6.42	p . .	1098	330	—	52.9	− 2 33	4	A	6.00	7 4 .
1049	87	—	48.7	+74 50	4	H	6.50	0 . .	1099	580	—	53.4	+48 50	2	A	6.93	p . .
1050	352	—	48.8	+61 53	2	B	6.59	p . .	1100	288	—	53.7	+24 21	1	E	6.39	p . .

$1^h - 2^h$

D.C.	DM.	H.P.	R.A. 1900.	Dec. 1900.	No.	Sp.	Magn.	Resid.	D.C.	DM.	H.P.	R.A. 1900.	Dec. 1900.	No.	Sp.	Magn.	Resid.
			m.	° '								m.	° '				
1101	153	304	53.8	+70 25	11	A	4.79	2.2	1151	307	327	58.1	− 0 21	5	A	5.41	6 1 0
1102	376	—	53.8	+59 28	5	A	6.20	8..	1152	356	328	58.2	−15 48	3	H	6.13	1 1 4
1103	322	—	54.1	+20 34	1	F?	5.97	5..	1153	453	—	58.3	+55 9	2	A	6.35	5..
1104	261	305	54.1	+11 49	5	A	6.01	2.2	1154	285	329	58.7	− 0 49	1	F	6.16	p 3 2
1105	108	—	54.4	+73 21	9	A	5.84	4..	1155	324	330	58.7	− 4 35	1	H	6.24	2 4 3
1106	452	—	54.4	+38 7	2	A	6.73	7..	1156	41	—	58.8	+85 16	6	H	7.20	5..
1107	382	—	54.6	+59 29	2	A	6.41	p..	1157	544	—	59.0	+50 9	2	A?	6.84	2..
1108	—	307	54.7	−26 55	1	E?	6.25	.4 6	1158	215	—	R	R	1	H	7.15	8..
1109	117	306	54.9	+71 56	14	A	4.38	4.3	1159	382	—	59.3	−12 21	1	E	6.58	2 1.
1110	63	308	55.0	+76 48	16	A	5.56	3.2	1160	321	—	59.6	+ 7 15	1	H	6.65	4 1.
1111	311	309	55.0	+ 2 38	4	E	6.25	3 2 4	1161	185	—	59.7	+66 30	1	A	6.28	p..
1112	356	313	55.1	−21 19	2	H	6.27	3 6 5	1162	600	—	59.8	+48 41	1	E	7.12	9..
1113	312	—	55.2	− 3 51	1	A	6.30	G F.	1163	511	—	59.8	+46 23	1	H	6.70	3..
1114	358	315	55.3	−21 34	4	M	5.47	n n n	1164	464	—	59.8	+39 17	1	E	6.89	9..
1115	144	—	55.4	+69 6	1	A	6.53	p..	1165	434	—	59.9	+41 3	3	A	6.52	8..
1116	282	311	55.4	+64 25	7	A	5.54	5.2	1166	—	331	0.0	−29 47	1	E	5.31	.4 7
1117	380	316	55.5	− 9 1	2	A?	6.36	6 7 6	1167	163	—	0.4	+71 5	5	F	6.26	9..
1118	274	312	55.6	+63 54	6	A	5.53	5.0	1168	408	—	0.4	+38 25	1	E?	6.73	p..
1119	439	314	55.6	+54 1	4	A	4.96	0.1	1169	324	—	0.5	+ 6 33	1	A	6.40	6 5.
1120	61	—	55.7	+80 11	8	A	6.54	p..	1170	603	—	0.6	+49 9	1	E?	6.98	p..
1121	145	—	55.7	+68 28	1	A	6.82	p..	1171	285	—	0.8	+23 52	1	H	6.48	8..
1122	492	—	55.7	+53 9	1	A	7.07	7..	1172	279	332	1.0	+22 11	5	A	5.23	8.0
1123	382	317	55.8	− 8 58	2	H?	6.56	7 8 6	1173	71	—	1.1	+79 13	3	A	6.52	8..
1124	86	310	55.9	+75 38	11	H	5.84	8.5	1174	455	—	1.1	+50 37	2	A	7.14	5..
1125	157	—	56.0	+70 43	2	E	6.77	5..	1175	359	—	1.1	+28 48	3	A	6.26	4..
1126	498	—	56.0	+46 22	4	A	6.70	6..	1176	349	—	1.1	+25 13	4	A	5.74	8..
1127	296	—	56.0	+22 54	1	E	6.38	6..	1177	445	—	1.2	+43 9	1	H	7.12	p..
1128	423	—	56.1	+60 13	2	A	6.47	p..	1178	430	—	1.2	−10 45	1	A	6.29	7 3.
1129	313	—	56.6	+ 7 23	1	A	6.00	7 4.	1179	388	—	1.3	− 4 50	1	E	6.03	7 F.
1130	440	—	56.8	+54 13	1	F	7.24	7..	1180	51	—	1.4	+83 6	9	H	6.53	5..
1131	112	—	56.9	+74 6	5	A	6.04	7..	1181	318	—	1.4	− 0 27	1	H?	6.26	p 0.
1132	317	320	56.9	+ 2 17	6	A	4.09	6 3 1	1182	63	—	1.5	+79 13	12	A	6.11	K..
1133		321	56.9	+ 2 17					1183	306	333	1.5	+23 0	7	K	4.13	n . n
1134	430	—	57.0	+51 10	2	A	6.90	7..	1184	494	—	1.7	+57 57	2	F	5.78	7..
1135	64	318	57.1	+80 49	17	A	5.72	4.3	1185	357	—	1.7	+26 46	3	A	6.68	3..
1136	285	—	57.1	+64 37	8	A	5.83	7..	1186	448	—	1.8	+42 41	1	A	6.87	9..
1137	369	323	57.1	+32 49	5	A	5.41	1.0	1187	415	—	1.9	+59 43	1	A	6.61	p..
1138	397	—	57.2	+59 45	1	F	6.66	5..	1188	361	—	1.9	+29 17	1	E	6.82	p..
1139	181	—	57.4	+68 7	1	F	6.91	p..	1189	338	—	2.0	− 4 41	1	H?	6.03	9 F.
1140	281	—	57.6	+63 54	1	E	6.48	p..	1190	449	—	2.2	+42 44	1	E	6.87	6..
1141	483	—	57.7	+51 29	4	A	6.38	3..	1191	431	—	2.3	+43 58	2	H	6.53	4..
1142	395	324	57.7	+41 51	8	K	4.05	n . n	1192	315	—	2.3	+17 33	2	A	6.30	p..
1143		325	57.7	+41 51					1193	71	—	R	R	R	R	R	R
1144	95	—	57.8	+74 23	4	A	6.40	p..	1194	486	334	2.5	+37 23	7	A	4.99	0.2
1145	304	—	57.8	− 2 52	1	A	6.10	9 7.	1195	293	—	2.5	− 1 5	2	A	6.51	p R.
1146	65	—	57.9	+80 50	10	A	6.36	3..	1196	459	—	2.6	+50 36	1	H	7.04	p..
1147	09	—	58.0	+78 51	7	F	6.51	8..	1197	416	—	2.8	+38 53	1	E	6.89	4..
1148	401	—	58.0	+59 52	1	E	6.71	5..	1198	411	—	2.9	+41 29	3	A	6.46	p..
1149	341	326	58.0	+25 28	3	F	5.87	1.1	1199	330	—	3.0	+ 8 23	2	A	6.30	p..
1150	341	—	58.0	−22 27	1	A	5.85	p p.	1200	422	—	3.3	+59 31	3	A	6.13	7..

D.C.	DM.	U.P.	R.A. 1900.	Dec. 1900.	No.	Sp.	Magn.	Resid.	D.C.	DM.	H.P.	R.A. 1900.	Dec. 1900.	No.	Sp.	Magn.	Resid.
1201	460	335	3.4	+58 22	2	H	6.63	6.2	1251	325	—	8.0	+25 8	1	E	6.44	p..
1202	437	—	3.4	−10 31	2	A	6.19	8 6.	1252	486	—	8.1	+54 4	1	A?	6.73	p..
1203	456	—	3.5	+42 23	1	E	6.76	4..	1253	539	—	8.3	+46 14	3	A	6.30	7..
1204	412	—	3.5	+41 32	1	A	6.66	p..	1254	233	—	8.3	+19 9	1	H	6.61	6..
1205	381	336	3.5	+34 31	9	A	3.96	n.9	1255	367	—	8.3	+ 4 33	2	A	5.94	p 9.
1206	337	—	3.6	+27 56	2	A	6.81	p..	1256	633	—	8.4	+48 20	1	H	6.82	0..
1207	355	337	3.7	+25 28	4	F	5.36	4.3	1257	396	354	8.4	−21 28	2	H	6.02	2 1 1
1208	247	—	3.9	+16 46	2	E?	6.35	4..	1258	121	—	8.5	+72 52	3	A	6.62	p..
1209	528	—	4.0	+52 45	2	A	7.12	p..	1259	500	—	8.5	+55 8	1	A	7.00	8..
1210	121	—	4.1	+73 34	5	H	6.22	3..	1260	70	—	8.6	+80 16	7	A	6.64	p..
1211	466	—	4.1	+50 35	3	A	6.74	5..	1261	376	—	8.0	+20 57	2	A	6.37	9..
1212	324	338	4.1	− 2 49	1	A	6.60	5 F 4	1262	874	—	8.9	+28 14	2	H	6.46	0..
1213	280	—	4.2	+ 5 31	1	E	6.49	p..	1263	411	—	9.3	− 5 44	1	H?	6.38	p F.
1214	390	—	4.4	+32 53	1	A	6.64	4..	1264	530	—	9.5	+51 24	1	A	7.00	p..
1215	438	—	4.6	+57 11	2	H?	6.07	4..	1265	590	—	9.5	+47 21	2	H	6.76	1..
1216	535	—	4.6	+55 39	1	F	6.95	p..	1266	54	—	9.6	+83 13	4	A	6.98	p..
1217	73	—	4.7	+78 42	10	A	6.35	9..	1267	303	—	9.6	+23 50	2	A	6.48	0..
1218	289	—	4.7	+ 3 18	3	A	6.33	8 5.	1268	313	—	9.7	+64 48	1	A	6.74	3..
1219	425	340	4.8	+38 34	7	A	5.49	6.1	1269	471	—	9.9	+56 36	2	E	6.22	4..
1220	—	342	4.9	−24 49	1	E	6.01	.46	1270	551	—	9.9	+52 16	1	H	7.16	7..
1221	277	341	5.1	+19 1	1	H	6.16	2.3	1271	614	—	10.0	+49 22	1	A	6.73	8..
1222	362	—	5.5	+25 27	1	H	6.44	4..	1272	409	356	10.0	+32 54	5	A	5.23	0.0
1223	347	—	5.6	+31 3	4	A	6.11	4..	1273	372	—	10.0	+26 11	1	A?	6.90	p..
1224	347	343	6.1	+ 8 6	4	E	5.80	5 1 1	1274	373	357	10.0	+25 19	2	F	5.89	2.1
1225	307	—	6.2	+64 23	3	A	6.51	5..	1275	329	358	10.0	+24 35	3	F	5.81	2.2
1226	380	—	6.3	−15 33	3	A	5.93	p 7.	1276	370	—	10.1	+ 0 15	3	A	6.08	p 7.
1227	474	—	6.4	+53 44	1	E	6.88	p..	1277	314	—	10.5	+65 8	1	F	6.70	5..
1228	447	346	6.4	−10 31	2	F	5.54	p p 5	1278	533	—	10.5	+57 34	1	A	6.73	p..
1229	346	—	6.5	+ 2 59	3	A	6.16	p 5.	1279	460	—	10.5	− 9 56	3	A	5.82	p 6.
1230	375	347	6.5	− 2 18	2	H?	6.05	3 1 1	1280	395	360	10.8	+33 46	4	F	5.63	6.6
1231	239	344	6.6	+66 3	5	F	6.06	1.0	1281	585	359	10.9	+57 26	3	H	6.26	1.3
1232	519	—	6.6	+58 6	2	E	6.24	4..	1282	486	—	11.0	+57 4	1	H	6.42	1..
1233	621	—	6.6	+48 55	1	A	7.18	3..	1283	315	—	11.1	+63 58	3	A	6.40	6..
1234	371	345	6.6	+29 50	2	F	5.57	6.3	1284	316	—	11.3	+63 29	3	A	6.45	6..
1235	496	—	6.8	+40 12	1	E	6.85	4..	1285	538	—	11.3	+51 20	1	A	6.85	p..
1236	121	—	R	R	R	R	R	...	1286	397	361	11.3	+33 23	6	A	4.37	3.2
1237	481	348	6.9	+50 36	4	I	5.96	1.6	1287	402	—	11.3	−10 17	1	A?	5.75	p p.
1238	447	349	6.9	+43 45	3	I	6.11	9.n	1288	90	—	11.5	+75 55	1	A	6.32	p..
1239	297	—	6.9	+23 43	1	H	6.33	4..	1289	435	—	11.5	+42 8	1	H	6.01	p..
1240	493	—	7.0	+40 3	1	H	6.84	2..	1290	382	—	11.6	+28 18	1	E	6.56	2..
1241	242	—	7.1	+65 52	2	F?	6.56	2..	1291	406	—	11.6	+ 2 7	1	E	6.52	p F.
1242	348	350	7.2	+20 44	2	F	5.52	0.1	1292	604	—	11.7	+47 42	1	A	6.51	7..
1243	402	—	7.3	+40 10	2	A	6.70	6..	1293	407	—	12.0	+ 1 25	1	E	6.47	p F.
1244	332	—	7.3	+19 20	1	A	6.81	p..	1294	393	363	12.0	− 6 53	3	A	5.54	0 2 0
1245	536	—	7.6	+47 2	3	F	6.41	2..	1295	476	—	12.1	+40 52	1	A	6.85	p..
1246	357	251	7.6	+14 48	1	H	6.34	3.1	1296	339	—	12.2	+18 0	1	E	6.70	6..
1247	494	—	7.7	+54 51	1	E?	6.94	p..	1297	68	—	12.3	+79 19	3	A	7.02	7..
1248	345	352	7.7	+ 8 28	6	I?	5.09	5 8 7	1298	387	—	12.3	+29 24	1	F	6.52	p..
1249	336	353	7.7	− 2 52	4	F	5.75	1 R 2	1299	466	—	12.4	+59 33	3	A	6.19	R..
1250	522	—	7.9	+58 1	1	A	6.74	8..	1300	467	—	12.5	+59 35				R..

THE DRAPER CATALOGUE.

D.C.	DM.	H.P.	R.A. 1900.	Dec. 1900.	No.	Sp.	Magn.	Resid.	D.C.	DM.	H.P.	R.A. 1900.	Dec. 1900.	No.	Sp.	Magn.	Resid.
			m.	° ′								m.	° ′				
1301	320	—	12.5	+63 52	5	A	5.93	p . .	1351	409	—	17.4	−18 7	1	H	5.97	0 0
1302	517	—	12.5	+39 49	2	A	6.69	2 . .	1352	425	—	17.5	+35 0	1	H	6.66	3 . .
1303	340	365	12.6	+19 26	6	A	5.39	6 . 2	1353	283	—	17.5	+17 9	1	A	6.65	7 . .
1304	552	364	12.8	+46 55	5	A	5.35	2 . 2	1354	11	—	17.6	+88 16	1	H	7.85	p . .
1305	589	—	12.8	+46 1	6	A	6 08	2 . .	1355	649	378	17.8	+49 33	4	H?	6.05	2 . 5
1306	410	366	12.8	+ 1 17	4	E	5 0	1 4 2	1356	—	380	17.9	−24 16	1	F	5.52	. 1 1
1307	548	—	12.9	+52 5	2	A	6.71	3 . .	1357	484	—	18.0	+59 33	1	A	6.61	6 . .
1308	648	—	12.9	+48 29	2	F	6.37	3 . .	1358	472	—	18.0	+38 53	1	F	6.69	8 . .
1309	360	367	13.2	+28 11	5	A	5.14	7 . 2	1359	433	—	18.0	+33 3	1	A	6.74	p . .
1310	329	368	13.3	+22 43	2	A	6.13	1 . 5	1360	472	—	18.2	+61 5	1	A	6.28	3 . .
1311	521	—	13.4	+39 23	4	A	5.79	p . .	1361	612	379	18.2	+56 10	3	A	6.21	1 . 0
1312	522	—	13.6	+50 30	2	E	6.44	6 . .	1362	566	—	18.3	+57 44	2	A	6.73	p . .
1313	342	—	13.6	+19 14	2	A	6.46	p . .	1363	539	—	18.3	+54 48	1	A	6.74	3 . .
1314	588	—	13.8	+55 27	1	E	6.60	2 . .	1364	444	—	18.3	−18 48	1	H	5.96	3 2
1315	422	—	13.9	− 7 55	1	E	6.26	p F	1365	139	—	18.4	+73 16	5	A	6.47	4 . .
1316	372	—	14.0	+30 54	1	H	6.58	7 . .	1366	470	—	18.4	− 6 39	1	E	5.57	p p .
1317	9	—	14.2	+88 42	1	A	7.60	4 . .	1367	140	—	18.8	+71 41	2	A	6.59	p . .
1318	557	—	14.2	+46 51	4	A	5.83	7 . .	1368	656	381	18.9	+49 50	4	I?	6.16	n . n
1319	392	—	14.2	+29 45	1	H	6.02	1 . .	1369	478	—	19.1	+36 40	1	A	6.57	6 . .
1320	507	—	14.3	+54 4	1	F	6.53	0 . .	1370	440	—	19.2	− 7 52	1	A?	6.46	p F
1321	353	370	14.3	− 3 26	3	M	5.49	R R R	1371	455	—	19.3	− 9 4	1	E	6.06	p F .
1322	144	—	14.4	+69 52	1	A	7.05	p . .	1372	438	—	19.4	−16 42	1	F	5.89	5 5 .
1323	640	369	14.4	+49 42	4	A	5.53	7 . 1	1373	316	382	19.5	+10 10	5	A	5.10	6 5 3
1324	—	371	14.5	−26 25	1	E?	6.37	. 1 2	1374	526	—	19.6	+53 51	1	H	6.88	p . .
1325	94	—	14.6	+75 40	3	A	6.51	p . .	1375	514	—	19.9	+40 26	1	A	6.70	p . .
1326	321	—	14.6	+64 47	2	A	6.49	5 . .	1376	55	—	20.0	+82 34	1	E	7.08	p . .
1327	438	—	14.6	− 4 48	3	A	5.75	p p .	1377	374	—	20.0	− 3 14	2	A	5.84	9 7 .
1328	568	—	14.8	+56 47	1	E	5.92	8 . .	1378	394	—	20.0	− 4 20	1	H	6.49	5 5 .
1329	530	—	14.8	+50 50	1	A	7.10	p . .	1379	347	—	20.2	+24 42	2	A	6.34	p . .
1330	502	—	14.8	+42 30	2	A	6.47	0 . .	1380	335	—	20.2	+11 32	1	H?	6.52	p . .
1331	393	—	15.0	+28 17	1	A	6.76	5 . .	1381	56	—	20.4	+83 24	4	H	6.89	p . .
1332	474	—	15.2	+44 9	2	A	6.43	1 . .	1382	218	384	20.8	+66 57	8	A	4.64	1 . 0
1333	69	—	15.3	+80 10	3	A	7.22	p . .	1383	437	—	20.8	+35 9	2	A	6.56	3 . .
1334	128	—	15.3	+73 3	1	A	6.73	8 . .	1384	319	—	20.8	+10 11	1	E	6.46	p . .
1335	598	373	15.3	+55 23	5	A	5.46	2 . 8	1385	402	—	20.9	+62 44	2	A	6.51	7 . .
1336	593	—	15.9	+56 56	1	E	6.42	6 . .	1386	631	—	21.0	+47 46	1	F	6.96	8 . .
1337	383	—	16.3	+15 5	1	E	6.74	9 . .	1387	332	—	21.0	+12 27	1	E?	6.57	p . .
1338	334	—	16.4	+22 25	1	H	6.23	6 . .	1388	338	—	21.0	+ 5 51	1	F	7.14	p 8 .
1339	556	—	16.6	+51 38	3	A	6.33	2 . .	1389	459	—	21.0	−11 5	1	E	6.49	p F .
1340	500	374	16.6	+40 57	6	A	5.59	7 . 4	1390	451	385	21.1	−12 44	4	A	4.78	1 1 1
1341	440	—	16.6	−20 22	1	H	5.99	7 7 .	1391	579	—	21.2	+52 6	1	A	6.91	p . .
1342	128	—	16.7	+62 36	1	A	6.45	9 . .	1392	666	—	21.2	+50 7	3	F	6.11	4 . .
1343	428	—	16.7	− 7 59	1	H	6.26	p F .	1393	521	—	21.2	+40 36	1	A	6.75	9 . .
1344	355	375	16.8	− 0 4	1	H	5.96	5 2 2	1394	426	386	21.2	−15 47	4	A	5.55	4 4 1
1345	535	—	16.9	+54 55	2	F?	6.54	1 . .	1395	321	—	21.4	+10 7	1	E?	5.91	p 8 .
1346	605	—	16.9	+45 43	1	A	6.64	p . .	1396	427	387	21.5	+31 22	3	H	6.15	5 . 5
1347	544	—	17.1	+37 49	2	A	6.43	6 . .	1397	484	—	22.0	+38 23	1	F	6.58	6 . .
1348	281	—	17.1	+16 25	3	A	6.32	7 . .	1398	455	—	22.0	−20 30	1	H	5.94	1 1 .
1349	322	376	17.1	− 1 20	3	F	5.47	3 4 1	1399	293	—	22.1	+16 12	2	A?	6.49	3 . .
1350	448	377	17.1	−11 14	3	A	5.44	1 0 1	1400	323	—	22.1	+ 9 46	1	E	5.76	p 9 .

ANNALS OF HARVARD COLLEGE OBSERVATORY.

D. C.	DM.	H. P.	R.A. 1900.	Dec. 1900.	No.	Sp.	Magn.	Resid.	D. C.	DM.	H. P.	R.A. 1900.	Dec. 1900.	No.	Sp.	Magn.	Resid.
1401	557	—	22.3	+55 5	4	A	6.15	3..	1451	454	398	26.8	+34 6	1	H	6.20	2.3
1402	417	388	22.3	+29 14	8	A	5.44	1.1	1452	353	399	27.1	− 1 28	3	H?	5.90	303
1403	84	—	22.6	+77 13	1	H	6.72	8..	1453	215	—	27.2	+67 55	4	F	6.22	p..
1404	388	389	22.8	+ 8 1	6	A	4.38	100	1454	449	400	27.4	−15 41	6	F	4.97	523
1405	431	—	22.9	+ 1 31	1	E	6.27	56.	1455	419	—	27.5	+14 36	3	E	6.26	2..
1406	499	—	23.0	+36 54	3	A	6.52	0..	1456	111	—	27.7	+75 6	1	A	6.89	6..
1407	423	—	23.0	+29 29	4	F	6.32	p..	1457	458	—	27.7	+33 55	1	F	6.00	9..
1408	560	—	23.1	+37 47	2	A	6.63	6..	1458	223	—	27.9	+67 2	2	E?	6.79	2..
1409	45	—	23.3	+85 22	5	A	7.10	p..	1459	59	—	28.0	+83 11	1	E	7.17	p..
1410	354	390	23.5	+23 2	5	A	5.95	0.1	1460	696	—	28.0	+40 38	3	A	6.46	5..
1411	561	—	23.7	+55 6	2	E?	6.05	1..	1461	506	—	28.0	+38 18	1	H	6.73	3..
1412	75	—	23.8	+79 17	2	A	6.65	9..	1462	325	—	28.0	+18 28	3	A	6.68	3..
1413	491	—	23.8	+38 42	1	A	6.63	4..	1463	462	—	28.2	+34 42	3	A	6.03	4..
1414	468	—	23.9	−11 47	1	F?	6.18	87.	1464	140	401	28.5	+72 23	8	H?	5.82	8.5
1415	590	—	24.0	+52 44	1	A	6.97	5..	1465	701	—	28.5	+40 25	1	A	6.93	9..
1416	385	—	24.2	+ 9 7	2	H	6.36	10.	1466	396	—	28.9	+ 8 33	1	H	6.06	pF.
1417	445	—	24.3	+33 23	1	H	6.44	1..	1467	570	—	29.0	+40 9	1	A?	6.70	p..
1418	182	—	24.4	+70 30	1	E	6.61	p..	1468	340	—	29.0	+11 10	4	A	6.29	67.
1419	554	—	24.4	+39 43	1	A?	6.54	3..	1469	534	—	29.1	+44 12	1	A	6.58	8..
1420	619	—	24.7	+45 57	3	A	6.60	7..	1470	481	—	29.1	−12 46	2	A?	6.33	74.
1421	439	—	24.7	−21 29	1	A?	6.22	87.	1471	480	—	29.1	−20 26	1	H	6.29	41.
1422	358	391	24.8	+24 48	4	F	5.99	2.2	1472	573	—	20.2	+30 15	6	A	5.82	p..
1423	183	—	24.9	+70 52	2	H	6.42	1..	1473	280	—	29.4	+65 19	1	H	6.55	5..
1424	365	392	25.0	+19 25	5	A	5.71	7.4	1474	519	—	29.4	+59 25	1	A	5.71	p..
1425	424	—	25.1	+61 17	1	E	6.08	3..	1475	519	402	29.4	+36 53	2	H	6.52	5.5
1426	567	—	25.1	+55 1	2	F?	6.45	1..	1476	551	—	29.5	+40 16	1	A	7.20	p..
1427	474	—	25.1	+42 7	2	A	6.51	p..	1477	—	404	29.5	−28 40	2	A	4.05	.42
1428	620	—	25.3	+46 9	3	A	6.85	4..	1478	469	403	29.7	+34 15	1	M	6.10	5.5
1429	—	393	25.3	−23 7	1	H?	6.29	.40	1479	392	405	29.7	+ 7 3	2	H	6.50	563
1430	380	—	25.4	+17 16	1	H	6.35	1..	1480	471	—	29.8	+34 17	3	A	5.93	p..
1431	471	—	25.4	− 5 29	1	A	5.78	pF.	1481	484	406	29.8	− 8 17	1	A	6.06	155
1432	424	—	25.7	+27 7	1	H	6.70	6..	1482	217	—	29.9	+67 38	2	F	6.80	9..
1433	378	—	25.7	− 0 11	5	A	5.89	65.	1483	521	—	29.9	+59 39	1	A	6.46	2..
1434	505	—	25.8	+59 33	2	A	6.61	9..	1484	177	—	30.1	+68 52	2	A	6.77	p..
1435	585	—	25.8	+58 0	1	A	6.89	6..	1485	577	—	30.1	+39 46	1	A	6.39	p..
1436	219	—	25.9	+06 59	1	A	6.93	p..	1486	495	—	30.2	+41 58	3	A	6.13	p..
1437	—	396	25.9	−22 59	1	H	6.20	.12	1487	438	—	30.2	+28 58	3	A	6.57	4..
1438	497	394	26.0	+35 43	2	H	6.11	5.8	1488	426	—	30.3	− 3 59	1	H	6.04	pp.
1439	468	—	26.0	− 8 26	1	A	6.31	pF.	1489	498	—	30.4	−17 43	1	A?	6.32	9F.
1440	189	—	26.1	+70 12	1	F?	7.05	p..	1490	398	408	30.5	+ 6 24	2	H	5.94	610
1441	560	—	26.2	+39 49	4	A	6.12	7..	1491	484	—	30.5	− 9 47	2	A?	6.10	67.
1442	559	—	26.2	+39 37	1	A	6.09	6..	1492	418	409	30.6	+ 5 10	4	H?	5.56	357
1443	438	397	26.3	+ 1 50	2	H	6.22	757	1493	515	—	30.7	+38 18	4	F	5.98	2..
1444	415	—	26.3	+ 0 40	1	A	5.82	pF.	1494	719	—	30.8	+49 48	2	A	6.03	5..
1445	588	—	26.4	+51 52	2	A	6.31	2..	1495	418	—	30.8	+31 10	1	H	6.23	1..
1446	394	—	26.4	+28 8	1	E?	7.01	9..	1496	366	—	30.8	+ 6 0	1	E?	6.09	pF.
1447	502	—	26.5	+39 6	1	E	6.59	9..	1497	602	—	30.9	+52 23	1	A	7.16	p..
1448	348	—	26.5	+21 34	1	E	6.42	p..	1498	489	413	31.0	− 8 16	1	H	5.56	321
1449	546	—	26.8	+42 28	1	E	6.67	3..	1499	131	—	R	R	1	A?	7.19	p..
1450	480	—	26.8	+41 23	1	A	6.81	7..	1500	444	—	31.1	+62 9	3	A	6.03	5..

THE DRAPER CATALOGUE.

2^h

D. C.	DM.	H. P.	R.A. 1900.	Dec. 1900.	No.	Sp.	Magn.	Resid.	D. C.	DM.	H. P.	R.A. 1900.	Dec. 1900.	No.	Sp.	Magn.	Resid.
			m.	° ′								m.	° ′				
1501	582	—	31.1	+39 27	5	A	5.96	8 . .	1551	117	—	36.0	+74 58	5	A	6.47	7 . .
1502	473	—	31.1	+32 27	1	F	6.14	4 . .	1552	602	426	36.1	+42 16	1	A	6.76	R . n
1503	444	—	31.2	+29 59	2	E	6.97	8 . .	1553	612	—	36.1	+39 50	1	A	6.54	p . .
1504	375	410	31.2	+24 13	4	F	6.19	R . 1	1554	377	—	36.1	− 1 8	4	E	5.81	4 p .
1505	376	411	31.2	+24 13				n . 1	1555	224	428	36.2	+67 24	6	A	5.72	9 . 2
1506	*360*	412	31.2	+12 1	5	F	6.09	n 2 5	1556	490	—	36.7	+32 29	1	E?	6.79	6 . .
1507	402	414	31.3	+ 7 18	2	H	6.50	0 9 4	1557	403	428	36.7	+19 35	7	A	5.49	3 . 3
1508	363	—	31.4	− 1 4	1	A	6.51	p F .	1558	*421*	—	36.8	− 3 39	1	H	6.09	2 4 .
1509	461	—	31.8	−15 5	1	E	5.40	p R .	1559	*478*	—	36.8	−14 59	3	A?	6.16	1 0 .
1510	*455*	—	32.0	+ 2 0	1	E	6.47	p F .	1560	*563*	—	37.1	+44 0	1	F	6.93	p . .
1511	588	—	32.1	+37 19	2	F	6.07	4 . .	1561	*614*	—	37.1	+43 7	2	A	6.37	4 . .
1512	39	—	32.2	+86 37	1	E	7.05	p . .	1562	360	430	37.1	+10 19	4	A	6.04	p 5 3
1513	95	—	32.2	+78 46	1	A	7.23	8 . .	1563	746	429	37.3	+48 48	6	G	4.96	*8 . 8*
1514	*448*	—	32.3	+62 10	4	A	6.32	7 . .	1564	577	—	37.3	+41 5	2	A	6.75	3 . ,
1515	591	—	32.3	+37 40	5	A	5.81	7 . .	1565	566	431	37.5	+43 52	4	F	6.28	*7 . 7*
1516	527	—	32.6	+38 43	1	F	6.73	p . .	1566	424	432	37.6	+27 17	5	A	4.86	1 . *2*
1517	171	—	32.7	+69 16	3	A	6.50	p . .	1567	622	—	37.8	+46 26	1	E	6.85	4 . .
1518	421	—	32.7	+30 25	1	H	6.77	5 . .	1568	504	—	38.0	+34 42	3	A	6.50	8 . .
1519	405	—	32.7	+ 7 16	2	E	6.40	9 1 .	1569	441	—	38.0	+25 14	4	A	5.96	7 . .
1520	*436*	416	32.7	− 3 49	2	H	5.84	2 2 1	1570	452	—	38.0	+20 44	1	A	6.77	4 . .
1521	302	417	33.1	+21 32	8	A	5.55	2 . *2*	1571	422	433	38.1	+2 48	6	A	3.88	*4 7 3*
1522	*86*	415	33.3	+81 2	9	H?	6.33	*4 . 4*	1572	*426*	—	38.5	− 2 58	1	H	6.34	4 5 .
1523	609	—	33.4	+52 22	2	A	6.61	9 . .	1573	*455*	—	38.6	+29 8	2	E	6.87	6 . .
1524	*406*	—	33.4	+ 3 1	1	H?	6.13	p 4 .	1574	167	—	38.9	+71 57	1	H	6.90	6 . .
1525	*722*	—	33.6	+49 8	4	A	6.33	4 . .	1575	457	434	39.0	+14 58	5	A	5.57	*4 4 2*
1526	407	—	33.7	+ 8 29	1	E	6.70	p F .	1576	524	—	39.0	− 6 26	1	H	6.17	8 F .
1527	089	—	33.9	+55 51	2	A	6.66	8 . .	1577	515	—	39.0	− 8 20	1	H	6.11	7 7 .
1528	551	—	34.1	+43 40	2	A?	6.08	3 . .	1578	589	—	39.4	+40 30	1	F?	6.80	9 . .
1529	497	—	34.1	− 9 21	1	E?	6.10	p p .	1579	519	436	39.4	−14 17	8	A	4.27	*3 2 0*
1530	522	—	34.3	−10 15	1	E	6.30	5 4 .	1580	*541*	—	39.5	+60 9	1	F	6.42	*2 . .*
1531	453	—	34.4	+29 21	2	A	6.77	7 . .	1581	567	—	39.5	+58 39	2	A	6.53	3 . .
1532	406	418	34.4	− 0 6	6	B	4.14	*4 1 0*	1582	*377*	435	39.5	+12 1	7	A	5.54	*3 1 3*
1533	*596*	—	34.5	+55 4	1	A	6.95	3 . .	1583	350	437	39.5	+ 9 41	6	A	4.78	*8 5 4*
1534	403	—	34.5	+31 53	1	A	6.53	8 . .	1584	95	—	39.6	+81 50	1	E	7.15	p . .
1535	*605*	—	34.6	+47 8	1	F	6.06	5 . .	1585	*628*	—	39.6	+40 10	1	A	6.70	p . .
1536	322	—	34.6	+16 18	1	A	6.80	9 . .	1586	179	—	39.9	+69 13	5	A	5.95	5 . .
1537	462	—	34.7	+61 56	1	A	6.59	4 . .	1587	458	—	40.1	+20 16	1	A	6.66	6 . .
1538	501	420	34.7	−12 18	4	F	5.13	*4 5 1*	1588	437	—	40.1	+ 4 17	2	E	5.98	p 3 .
1539	*548*	—	34.8	+61 10	3	E	6.61	5 . .	1589	145	—	40.3	+72 30	1	E?	6.71	8 . .
1540	443	419	34.8	+26 38	6	A	5.38	1 . 0	1590	518	438	40.5	−19 0	6	F	4.84	*8 3 1*
1541	*430*	—	34.9	+26 12	1	A?	6.95	p . .	1591	*606*	—	40.7	+55 11	3	A	6.40	9 . .
1542	374	421	35.0	+ 5 41	3	E	6.17	8 2 1	1592	538	—	40.7	+41 46	2	A	6.86	6 . .
1543	*525*	422	35.3	− 9 53	2	E	5.95	*2 3 1*	1593	*403*	—	40.7	−20 49	1	F	6.28	7 7 .
1544	337	—	35.5	+18 23	4	A	6.50	5 . .	1594	553	—	40.8	+35 35	2	H	6.51	3 . .
1545	508	—	35.7	+58 26	1	A	6.54	p . .	1595	*513*	—	40.9	+85 9	4	F?	6.16	3 . .
1546	425	—	35.7	+ 4 26	1	H	6.38	p F .	1596	50	—	41.0	+85 28	1	A	7.34	p . .
1547	*473*	—	35.7	−14 53	3	E?	6.28	5 4 .	1597	576	—	41.0	+43 50	1	E	6.53	0 . .
1548	508	424	35.8	+54 41	5	A	5.58	5 . 1	1598	*630*	—	41.1	+51 9	2	A	6.70	9 . .
1549	*616*	425	35.9	+53 6	3	H	6.40	*4 . 3*	1599	444	—	41.1	+30 59	1	E	6.68	p . .
1550	610	427	35.9	+39 46	4	F	5.34	*4 . 4*	1600	577	—	41.4	+43 47	2	A	6.78	7 . .

ANNALS OF HARVARD COLLEGE OBSERVATORY.

2^h

D. C.	DM.	H. P.	R.A. 1900.	Dec. 1900.	No.	Sp.	Magn.	Resid.	D. C.	DM.	H. P.	R.A. 1900.	Dec. 1900.	No.	Sp.	Magn.	Resid.
			m.	° ′								m.	° ′				
1601	385	—	41.4	+11 51	1	A?	6.92	p ..	1651	723	—	46.5	+48 9	1	II	6.62	1..
1602	636	—	41.6	+50 29	2	A	6.99	8..	1652	509	453	46.5	−21 25	3	II	5.75	8 9 n
1603	579	—	41.7	+43 13	2	A	6.82	4..	1653	641	454	47.2	+52 22	7	G	4.03	7.9
1604	351	—	41.8	+64 14	1	II	6.88	3..	1654	101	—	47.3	+76 40	4	II	6.60	2..
1605	471	—	41.8	+29 17	3	E	6.57	8..	1655	652	—	47.3	+46 44	2	A	6.35	6..
1606	347	—	41.8	+18 59	1	H	7.06	3..	1656	654	—	47.4	+50 45	2	H	6.75	3..
1607	86	—	41.9	+79 41	8	A	6.47	5..	1657	655	455	47.4	+37 56	3	F	5.00	4.2
1608	462	439	41.9	+28 50	5	K?	5.70	5. n	1658	497	—	47.4	+31 14	1	F	6.43	6..
1609	702	—	42.0	+48 46	2	A	6.67	3..	1659	406	—	47.4	+ 6 3	2	A	6.44	p F.
1610	13	—	42.2	+83 35	1	A	7.85	7..	1660	306	—	47.5	+65 24	1	A	6.00	4..
1611	120	—	42.2	+74 20	2	A	6.77	5.	1661	522	—	47.6	+32 80	1	A	6.89	6..
1612	718	—	42.2	+56 40	1	E	6.32	2..	1662	400	—	47.6	+16 5	4	F	6.41	1..
1613	479	—	42.2	−22 4	1	H	6.61	0 1.	1663	646	—	47.7	+42 11	1	E	6.56	2..
1614	610	—	42.7	+55 5	1	A	7.20	3..	1664	544	—	47.7	−13 11	2	II?	6.20	4 1.
1615	448	—	42.7	+30 43	1	II	6.58	6..	1665	591	456	48.0	+61 7	6	F	5.88	0.3
1616	—	442	42.7	−22 55	1	E?	6.15	.3 8	1666	569	—	48.0	− 9 51	2	A	6.20	3 2.
1617	442	441	42.9	+17 52	1	H	6.55	6.5	1667	153	—	48.4	+72 16	1	A	6.46	5..
1618	200	—	43.0	+68 28	6	F	6.17	3..	1668	737	—	48.8	+47 56	1	A	6.57	4..
1619	396	440	43.0	+24 47	5	A	5.56	4.4	1669	454	—	49.3	+17 20	1	II?	6.55	4..
1620	560	—	43.2	+36 54	1	F	6.12	4..	1670	455	—	49.4	+27 19	4	A	6.31	9..
1621	470	—	43.2	− 4 8	2	A	6.34	p r .	1671	570	—	49.5	+41 23	1	F?	6.81	2..
1622	521	—	43.3	+33 31	3	A	6.53	6..	1672	801	—	49.6	+49 23	1	A	6.78	9..
1623	390	—	R	R	R	R	R	...	1673	570	—	49.7	+64 1	1	II	6.78	3..
1624	552	—	43.4	+60 1	1	E	6.51	4..	1674	597	—	49.8	+60 43	1	A	6.87	9..
1625	714	443	43.4	+55 29	6	K?	5.45	n . n	1675	665	—	49.8	+50 51	1	H	6.50	0..
1626	636	—	43.5	+51 52	2	A	6.66	8..	1676	658	457	49.8	+46 45	2	A	6.55	6.8
1627	300	—	43.7	+65 13	1	A	6.40	6..	1677	450	—	49.9	+ 3 5	1	H	6.28	p 7.
1628	855	444	43.7	+17 3	4	A	5.45	3 1 2	1678	457	458	50.2	+17 55	2	E?	6.75	8. n
1629	89	—	44.0	+80 40	1	H	7.07	9..	1679	477	—	50.3	+28 45	2	A	6.91	1..
1630	471	445	44.1	+26 51	7	A	4.15	5.4	1680	512	—	50.4	+ 1 37	4	F	6.42	p 4.
1631	651	—	44.2	+57 53	3	A	5.73	5..	1681	458	459	50.8	+17 37	3	F	5.87	6.4
1632	646	446	44.2	+37 55	7	F	4.84	0.4	1682	450	460	50.9	+ 7 50	3	E	6.32	5 0 3
1633	511	—	44.3	+32 25	1	A	6.89	p ..	1683	596	—	51.0	+53 24	1	A	6.68	p ..
1634	569	—	44.4	+36 32	1	E	6.22	3..	1684	509	461	51.2	+31 32	7	A	5.08	3.1
1635	490	—	44.4	+31 33	5	A	6.10	4..	1685	553	464	51.5	− 9 18	5	I	4.93	n n 9
1636	354	—	44.7	+64 15	1	H	6.93	5..	1686	502	463	51.6	− 4 7	5	A	5.17	1 1 0
1637	648	447	45.0	+46 25	4	H	6.50	5.7	1687	540	—	51.7	+59 11	1	A	6.85	4..
1638	359	—	45.0	+18 44	2	E	6.71	5..	1688	580	—	51.7	+41 43	1	A	6.61	p ..
1639	576	—	45.1	+35 53	1	A	6.91	p ..	1689	608	—	51.9	+00 53	2	A	6.63	6..
1640	559	—	45.2	+60 3	1	A	6.61	p ..	1690	512	—	52.2	+32 5	1	II	6.49	1..
1641	48	—	45.3	+84 15	1	A	7.31	p ..	1691	480	466	52.3	+20 16	4	F	6.09	1.2
1642	113	—	45.3	+75 15	1	A	6.95	p ..	1692	681	465	52.4	+39 16	6	A	4.88	2.2
1643	527	440	45.4	+34 39	4	M?	5.82	n . n	1693	629	—	52.7	+54 48	2	A	6.40	p ..
1644	—	450	45.4	−24 59	1	II	6.20	.2 1	1694	103	462	52.8	+79 1	7	M?	6.24	6.6
1645	—	451	45.6	−28 22	3	A	5.01	.6 3	1695	550	468	52.9	+34 47	4	I?	5.80	4.8
1646	640	—	45.7	+52 35	3	A	6.27	7..	1696	90	—	53.1	+80 1	1	A	7.03	p ..
1647	783	—	45.8	+48 24	3	A	6.09	5..	1697	582	—	53.1	+59 17	1	A	6.30	7..
1648	480	452	46.0	+14 40	6	A	5.39	6 3 1	1698	669	467	53.1	+46 49	2	E?	6.26	5.7
1649	492	—	46.4	+29 46	1	A	6.77	p ..	1699	639	—	53.2	+40 38	1	II	6.45	1..
1650	587	—	46.5	+53 23	2	A	6.78	p ..	1700	397	—	53.2	+21 13	3	A	6.40	5..

THE DRAPER CATALOGUE.

$2^h - 3^h$

D.C.	DM.	H.P.	R.A. 1900.	Dec. 1900.	No.	Sp.	Magn.	Resid.	D.C.	DM.	H.P.	R.A. 1900.	Dec. 1900.	No.	Sp.	Magn.	Resid.
			m.	° ′								m.	° ′				
1701	131	—	53.4	+74 45	7	A	6.46	7 . .	1751	*627*	—	59.0	+44 1	1	A	6.53	p . .
1702	553	—	53.5	+33 26	1	E	6.88	p . .	1752	628	—	59.3	+36 24	4	A	6.42	1 . .
1703	484	472	53.5	+20 56	7	A	4.75	6 2 2	1753	*572*	492	59.3	− 7 59	3	A	5.06	9 2 3
1704		473	53.5	+20 56					1754	431	490	59.6	+24 52	5	A	5.24	8 . 1
1705	676	—	53.6	+42 45	1	A	7.12	4 . .	1755		491	59.6	+24 52				
1706	—	475	53.6	−24 1	1	E?	5.12	. p p	1756	477	—	59.7	+27 29	1	A	6.91	p . .
1707	665	470	53.7	+51 57	5	A	5.06	6 . 0	1757	574	—	59.8	+33 37	1	A	6.65	9 . .
1708	470	474	53.7	− 3 11	6	A	5.17	3 0 2	1758	710	—	0.0	+45 22	2	A	6.69	p . .
1709	675	471	53.8	+37 45	4	A	5.73	p . 2	1759	578	—	0.4	+33 15	1	A	6.54	p . .
1710	585	—	53.9	−10 11	2	F	6.10	4 1 .	1760	*525*	—	0.7	+62 0	2	A	6.45	1 . .
1711	76	—	54.2	+82 31	4	F	6.93	p . .	1761	778	—	0.8	+56 38	1	E?	6.52	5 . .
1712	477	—	54.2	+30 43	1	A	6.78	7 . .	1762	*522*	—	0.8	+30 9	1	F	6.37	p . .
1713	455	477	54.3	+ 8 30	5	A	4.63	2 2 0	1763	681	—	0.9	+51 50	3	A	5.96	8 . .
1714	*637*	—	54.5	+40 2	1	E	6.89	4 . .	1764	436	494	0.9	+12 48	1	H	6.18	n *2 3*
1715	*475*	478	54.7	− 2 52	4	A	5.35	8 0 0	1765	*168*	493	1.0	+74 1	11	A	4.90	3 . *2*
1716	165	—	54.8	+73 33	4	A	6.74	7 . .	1766	692	—	1.0	+46 55	4	A	6.21	2 . .
1717	471	—	54.9	+17 36	4	A	6.42	4 . .	1767	632	—	1.3	+36 15	1	E	7.02	0 . .
1718	606	—	55.1	+53 58	1	A	6.33	p . .	1768	493	—	1.3	+28 45	1	A	6.61	9 . .
1719	—	480	55.2	−25 41	1	A?	5.69	. 2 *3*	1769	94	—	1.6	+79 47	5	H	6.79	5 . .
1720	*526*	—	55.4	+32 1	1	F?	6.49	0 . .	1770	617	—	1.6	+41 13	1	A	6.70	p . .
1721	617	—	55.5	+38 31	4	A	6.45	4 . .	1771	673	496	1.6	+40 34	7	A	в	n . n
1722	91	—	55.7	+79 55	2	A	7.08	p . .	1772	606	497	1.6	− 6 28	1	II	6.07	*8 3 6*
1723	*477*	481	56.0	+26 4	6	A	5.82	0 . 1	1773	857	495	1.8	+49 14	6	F	4.88	*6 . 8*
1724	97	476	56.2	+81 5	14	A	5.76	*3* . 2	1774	493	—	1.8	+17 30	4	A	5.90	8 . .
1725	562	—	56.2	− 8 3	1	H?	6.26	*3 2* .	1775	375	—	2.5	+64 31	2	A	6.29	7 . .
1726	503	—	56.4	+26 14	2	A	6.45	8 . .	1776	*585*	—	2.5	+35 4	1	A	6.71	p . .
1727	403	—	56.7	+21 59	1	E?	6.92	p . .	1777	631	408	2.7	+44 29	7	K	5.12	*6* . n
1728	760	—	57.1	+47 28	2	A	6.36	6 . .	1778	171	—	3.5	+73 51	1	H?	7.10	*1* . .
1729	*692*	—	57.1	+38 1	2	A	6.53	5 . .	1779	376	—	3.5	+64 43	1	A	6.79	p . .
1730	420	—	57.1	+ 3 58	5	A	5.57	p *8* .	1780	*549*	—	3.5	+32 6	1	H	6.89	p . .
1731	419	482	57.1	+ 3 42	5	M	4.63	n n n	1781	499	500	3.6	+28 42	5	A	5.72	3 . *2*
1732	*537*	—	57.2	− 6 53	1	E	6.22	1 5 .	1782	663	—	3.7	+52 47	1	A	6.52	5 . .
1733	*616*	—	57.3	+36 3	1	A	7.01	1 . .	1783	715	—	3.7	+37 59	1	A	6.68	p . .
1734	*367*	—	57.5	+65 3	1	A	6.95	7 . .	1784	*418*	—	3.8	+19 0	1	A	6.26	7 . .
1735	*654*	483	57.6	+53 7	5	G	4.01	*8 . 9*	1785	109	499	4.2	+78 30	8	A	6.31	7 . 3
1736	468	—	57.6	+27 53	3	A	6.43	1 . .	1786	480	—	4.2	+27 27	4	A	6.11	4 . .
1737	696	—	57.8	+37 43	3	A	6.20	8 . .	1787	172	—	4.4	+73 30	1	II	6.94	*1* . .
1738	568	486	57.8	− 8 5	1	H	5.86	1 *3 5*	1788	689	—	4.5	+51 49	3	A	6.29	p . .
1739	767	484	58.0	+56 19	5	I	5.56	*6 . 6*	1789	634	—	4.5	+44 39	2	A	6.78	7 . .
1740	699	—	58.0	+39 54	1	II	6.79	0 . .	1790	516	502	4.6	+26 31	1	II	6.45	*4 . 6*
1741	—	487	58.0	−24 1	4	A	4.60	. *5 5*	1791	553	—	4.7	+31 51	1	II?	6.83	2 . .
1742	841	—	58.1	+49 20	1	II	6.88	p . .	1792	491	—	4.7	+ 2 41	1	H	6.58	p F .
1743	738	—	58.2	+55 41	2	II	6.45	*1* . .	1793	724	503	4.8	+39 14	5	I?	5.60	*4 . 9*
1744	531	—	58.2	+31 33	1	A	6.78	p . .	1794	722	—	5.1	+45 45	2	A?	6.54	5 . .
1745	127	—	58.5	+75 41	1	A	6.76	p . .	1795	445	—	5.2	+11 30	4	A	5.67	8 5 .
1746	*187*	—	58.7	+72 10	1	A	6.90	p . .	1796	*724*	—	5.3	+46 1	1	E	6.95	3 . .
1747	663	—	58.8	+40 44	1	A	6.35	0 . .	1797	*631*	—	5.5	+42 1	4	B	5.61	9 . .
1748	630	489	58.8	+38 27	5	M	5.19	n . n	1798	419	—	5.6	+21 47	1	A	6.77	p . .
1749	390	488	58.9	+63 41	6	A	5.77	2 . 0	1799	477	505	5.9	+19 21	3	K	5.31	n . *8*
1750	604	—	58.9	+40 12	1	E?	6.35	1 . .	1800	452	—	5.9	+12 40	1	II	6.38	*1* 0 .

3ᵇ

D.G.	DM.	H.P.	R.A. 1900.	Dec. 1900.	No.	Sp.	Magn.	Resid.	D.G.	DM.	H.P.	R.A. 1900.	Dec. 1900.	No.	Sp.	Magn.	Resid.
			m.	° ′								m.	° ′				
1801	862	—	6.1	+48 38	1	A	6.82	p ..	1851	690	—	11.3	+38 56	4	A	5.54	p ..
1802	523	507	6.3	+26 58	5	A	5.65	6.1	1852	899	521	11.5	+49 51	5	A	5.38	3.1
1803	782	—	6.4	+47 50	3	A	6.40	0 ..	1853	520	—	11.5	+30 46	2	E	6.38	1 ..
1804	107	—	6.5	+81 48	2	H	6.93	5 ..	1854	900	—	11.7	+49 24	1	A	7.18	3 ..
1805	599	—	6.5	+34 57	1	A	6.96	8 ..	1855	656	—	11.7	+44 21	2	A	6.38	p ..
1806	876	—	6.8	+49 12	2	A	6.63	8 ..	1856	627	523	11.7	− 9 31	1	F	6.20	3 3 1
1807	447	—	6.8	+16 7	1	A	6.74	3 ..	1857	902	522	12.0	+49 43	4	A	5.25	5.2
1808	203	—	7.0	+69 37	2	A	6.64	p ..	1858	469	—	12.0	+22 28	1	A	6.68	8 ..
1809	336	—	7.5	+66 0	4	A	6.19	8 ..	1859	524	—	12.2	+30 39	1	A	6.93	p ..
1810	651	—	7.5	+60 45	1	A	6.98	p ..	1860	619	524	12.5	+33 51	5	K	6.08	n.n
1811	115	506	7.6	+77 22	11	A	5.58	6.1	1861	886	—	12.7	+48 17	2	A	6.77	7 ..
1812	737	—	7.6	+39 44	3	A	6.21	p ..	1862	693	—	12.8	+38 41	1	A	6.58	7 ..
1813	457	510	7.7	− 1 34	4	F	5.75	5 4 3	1863	180	—	12.9	+78 48	4	F	6.65	3 ..
1814	—	512	7.8	−29 23	1	F	4.88	.n n	1864	738	—	12.9	+50 36	2	F?	6.44	6 ..
1815	230	—	8.0	+69 4	1	A	6.93	p ..	1865	241	—	13.0	+70 55	1	A	6.87	6 ..
1816	82	—	8.1	+83 11	1	II	7.12	4 ..	1866	559	—	13.1	+61 38	3	A	6.36	1 ..
1817	798	511	8.2	+56 45	3	F	6.09	1.2	1867	716	—	13.1	+51 15	2	A	6.35	p ..
1818	59	504	8.4	+84 34	11	H?	6.32	3.4	1868	469	525	13.3	− 1 17	1	H	6.40	2 7 7
1819	638	—	8.4	+42 8	2	I	6.51	3 ..	1869	549	—	13.7	+62 23	1	F	6.80	7 ..
1820	144	—	8.6	+74 52	4	A	6.63	8 ..	1870	—	530	13.9	−22 52	1	H	5.55	.3 6
1821	798	—	R	R	R	R	R	...	1871	540	526	14.0	+26 43	2	II	6.35	4.5
1822	725	—	8.7	+50 35	4	A	6.04	7 ..	1872	459	—	14.1	+18 42	1	A	6.66	6 ..
1823	79	—	8.8	+83 41	1	A?	7.16	p ..	1873	518	529	14.1	+ 3 1	3	E	5.60	3 5 6
1824	338	—	8.8	+65 17	4	A	6.23	3 ..	1874	651	531	14.1	−18 55	1	E	5.76	1 0 1
1825	664	—	8.8	+36 53	1	A	6.82	2 ..	1875	516	528	14.3	+28 41	3	K	5.76	6.n
1826	120	—	8.9	+76 41	2	II	7.05	p ..	1876	442	—	14.4	+23 20	1	A	6.78	2 ..
1827	653	—	8.9	+36 6	2	A	6.86	1 ..	1877	684	—	14.5	+52 21	1	A	6.76	7 ..
1828	729	513	9.0	+50 35	4	II	5.96	0.8	1878	536	—	14.5	+25 18	1	H	6.64	1 ..
1829	512	514	9.2	+30 11	4	A	5.27	5.2	1879	685	—	14.6	+52 16	1	H	6.76	7 ..
1830	527	515	9.2	+20 41	5	A	4.94	4 3 0	1880	677	—	14.6	+45 1	1	E	6.74	p ..
1831	515	—	9.3	+26 7	1	A	6.85	p ..	1881	119	—	14.7	+78 8	3	F	6.87	6 ..
1832	731	—	9.6	+50 50	2	A	6.55	p ..	1882	893	—	14.7	+48 43	3	F	6.19	3 ..
1833	591	—	9.6	+32 29	3	F?	6.19	3 ..	1883	750	532	14.7	+42 58	6	A	5.14	3.3
1834	611	—	9.8	+34 40	1	A	6.65	9 ..	1884	510	—	14.7	+19 30	1	A	6.71	8 ..
1835	610	—	9.8	+34 19	4	A	6.00	5 ..	1885	671	—	15.1	+60 56	1	A	6.93	p ..
1836	205	—	10.5	+69 22	6	A	6.02	5 ..	1886	584	533	15.1	−22 7	4	K?	5.46	n n n
1837	576	—	10.5	+31 49	2	H	6.33	2 ..	1887	197	—	15.2	+71 20	2	A	7.03	6 ..
1838	895	—	10.6	+49 59	2	A	6.89	8 ..	1888	—	536	15.2	−24 29	1	II	6.61	.7 7
1839	743	—	10.6	+40 7	4	A	5.87	9 ..	1889	672	—	15.5	+54 52	1	E	6.79	2 ..
1840	—	518	10.7	−26 28	1	E?	6.17	.1 2	1890	754	—	15.5	+42 28	1	A	6.47	p ..
1841	722	—	10.8	+46 34	1	A?	6.90	4 ..	1891	543	535	15.5	+20 47	5	A	5.12	1.1
1842	674	517	11.0	+43 39	5	A	5.40	6.0	1892	461	538	15.9	+ 3 19	1	H	6.33	0 1 8
1843	736	—	11.0	+42 18	2	A	6.61	p ..	1893	391	534	16.0	+64 14	1	H	6.63	6.n
1844	660	—	11.0	+36 0	2	A	6.81	2 ..	1894	899	537	16.1	+48 51	6	A	5.38	8.2
1845	636	520	11.0	− 6 17	3	A	5.94	1 7 1	1895	500	539	16.2	+27 15	2	H	6.30	6.7
1846	624	519	11.0	− 0 11	5	A	5.03	0 1 2	1896	198	—	16.3	+71 51	3	A	6.70	5 ..
1847	511	—	11.1	+28 24	1	A	6.46	p ..	1897	728	—	16.4	+51 24	1	A	6.60	p ..
1848	340	516	11.2	+65 17	7	B	4.89	4.1	1898	—	540	16.5	−26 58	1	H?	6.40	.2 1
1849	614	—	11.2	− 8 18	1	A?	6.76	7 F.	1899	903	—	16.7	+48 15	2	A	6.17	8 ..
1850	736	—	11.3	+50 11	1	A	6.74	p ..	1900	725	—	16.8	+40 51	1	A	7.05	3 ..

THE DRAPER CATALOGUE.

3ʰ

D. C.	DM.	H. P.	R.A. 1900	Dec. 1900	No.	Sp.	Magn.	Resid.	D. C.	DM.	H. P.	R.A. 1900	Dec. 1900	No.	Sp.	Magn.	Resid.
			m.	° ′								m.	° ′				
1901	552	—	16.8	+29 27	1	A	6.87	8 ..	1951	430	554	21.8	+ 9 23	4	A	4.36	*4 9 6*
1902	551	542	17.0	+20 23	2	H	6.12	n . *9*	1952	607	553	21.9	+58 32	3	A	5.34	*3 . 5*
1903	—	543	17.0	−23 59	1	H?	5.88	. *2 1*	1953	835	—	22.0	+47 58	3	A	6.65	9 ..
1904	917	541	17.1	+49 30	8	F	n	n . n	1954	656	556	22.0	+33 28	7	A	5.58	*4 . 1*
1905	548	—	17.1	+26 32	2	A	6.50	5 ..	1955	*603*	—	22.2	+59 2	2	A	5.90	7 ..
1906	625	—	17.2	−20 40	1	A	6.53	11 ..	1956	945	555	22.2	+49 10	7	A	4.90	*4 . 1*
1907	906	—	17.4	+48 46	2	A	6.97	p ..	1957	—	558	22.2	−27 40	1	H	6.83	. *2 2*
1908	817	—	17.8	+47 32	2	A	6.86	4 ..	1958	*684*	557	22.4	+55 7	5	A	5.20	*4 . 2*
1909	—	545	18.0	−25 57	1	A	5.78	. 7 5	1959	714	—	22.4	+44 42	1	F	6.84	5 ..
1910	733	—	18.1	+40 24	1	E	6.75	7 ..	1960	697	—	22.4	+35 28	1	H	6.81	7 ..
1911	636	544	18.2	+33 11	4	A	5.44	1 . 2	1961	760	—	22.5	+46 37	3	A	6.20	3 ..
1912	657	—	18.3	+53 35	2	A	6.23	1 ..	1962	*568*	—	22.6	+30 2	1	A	6.57	2 ..
1913	151	—	18.4	+74 54	2	A	7.04	9 ..	1963	495	559	22.6	+22 28	1	A	6.68	*7 . 6*
1914	481	546	18.4	+24 22	2	H	6.34	*5 . 7*	1964	273	—	22.7	+67 14	1	F	6.69	8 ..
1915	532	—	18.4	+ 4 31	1	A	6.73	p *1* .	1965	933	—	22.7	+48 53	2	A	6.03	p ..
1916	123	—	18.5	+77 40	1	H	7.18	*1* . .	1966	840	—	22.7	+47 38	1	A	6.86	p ..
1917	691	—	18.5	+52 58	2	A	6.57	4 ..	1967	*761*	—	22.7	+47 10	1	A	7.11	8 ..
1918	736	—	18.6	+40 54	5	A	6.05	5 ..	1968	347	—	23.0	+65 58	1	A	6.66	p ..
1919	*755*	—	18.7	+51 4	1	E	6.80	8 ..	1969	667	561	23.3	−11 38	1	H	6.49	*5 6 7*
1920	737	—	18.7	+40 37	1	A	6.60	4 ..	1970	*90*	—	23.4	+83 2	3	A	7.03	p ..
1921	447	—	18.7	+21 41	1	A	6.47	3 ..	1971	702	—	23.4	+46 42	2	A	6.55	4 ..
1922	556	547	18.7	+20 27	4	A	5.70	1 . *1*	1972	844	—	23.5	+47 46	3	A	5.64	p ..
1923	*695*	—	18.8	+45 10	1	A	6.89	7 ..	1973	843	560	23.5	+47 30	6	E	5.63	*8 . n*
1924	526	—	18.8	+28 18	2	B	6.46	7 ..	1974	772	—	23.7	+42 40	3	A	6.74	8 ..
1925	913	549	18.9	+48 45	5	A	5.72	8 . 2	1975	698	—	23.8	+36 18	1	E?	6.92	3 ..
1926	929	—	19.0	+49 24	3	A	6.66	6 ..	1976	*952*	—	23.9	+50 9	2	F?	6.74	3 ..
1927	*821*	—	19.1	+48 2	2	A	6.57	5 ..	1977	552	—	23.9	+ 2 54	1	E?	6.78	*3 0* .
1928	757	—	19.4	+50 30	1	A	7.04	5 ..	1978	693	—	24.0	+41 52	3	A	6.63	3 ..
1929	511	550	19.4	+ 8 40	4	K	4.78	n n n	1979	450	—	24.0	+16 25	1	E	6.39	p ..
1930	*250*	—	19.7	+60 7	1	A	7.23	1 ..	1980	*178*	—	24.2	+73 0	8	A	6.18	5 ..
1931	826	—	19.8	+47 34	1	A	6.86	6 ..	1981	938	—	24.3	+48 51	4	A	5.88	6 ..
1932	661	—	19.8	−14 21	1	E?	6.46	*2 4* .	1982	*126*	—	24.4	+78 6	1	A	7.10	p ..
1933	828	—	20.0	+47 52	3	A	6.29	4 ..	1983	348	—	24.5	+65 12	3	A	6.62	4 ..
1934	645	—	20.0	+34 59	1	A	6.96	p ..	1984	846	—	24.5	+47 31	2	A	6.41	p ..
1935	125	—	20.1	+76 16	2	A	7.03	p ..	1985	696	—	24.6	+41 25	3	E	6.46	9 ..
1936	657	—	20.2	+59 54	2	A	5.96	7 ..	1986	*942*	—	24.7	+49 4	3	A	6.13	9 ..
1937	936	—	20.5	+49 16	5	A	6.45	p ..	1987	606	562	24.7	− 7 9	1	H	6.57	*4 5 4*
1938	532	—	20.5	+28 23	1	H	6.56	4 ..	1988	943	—	24.8	+48 24	5	A	6.14	9 ..
1939	*270*	—	20.8	+68 6	2	A	6.81	p ..	1989	772	—	24.9	+40 26	4	A	6.05	5 ..
1940	920	552	20.9	+48 43	7	A	5.05	p . 0	1990	602	564	24.9	−13 1	3	A	5.69	*3 1 0*
1941	831	—	20.9	+47 24	3	A	6.68	p ..	1991	513	—	24.9	+27 23	2	A	6.46	R ..
1942	660	551	21.0	+59 36	4	A	4.92	*4 . 7*	1992	514	—	25.0	+27 23				R ..
1943	204	—	21.1	+71 31	1	A	6.94	p ..	1993	847	—	25.0	+47 41	7	A	5.51	p ..
1944	*941*	—	21.4	+50 6	1	A	6.79	9 ..	1994	452	563	25.0	+10 59	6	A	5.41	*1 2 3*
1945	484	—	21.4	+18 25	2	A	6.35	1 ..	1995	515	565	25.3	+27 14	3	A	5.72	*0 . 1*
1946	*730*	—	21.5	+44 2	1	H	6.83	2 ..	1996	776	—	25.4	+42 25	4	A	6.58	p ..
1947	944	—	21.7	+49 31	6	A	5.46	p ..	1997	*703*	—	25.4	+36 9	1	A	6.76	7 ..
1948	927	—	21.8	+48 44	3	A	6.79	p ..	1998	486	567	25.4	+12 35	3	K?	5.11	*n 8 8*
1949	732	—	21.8	+43 25	2	B	6.72	8 ..	1999	502	—	25.4	+ 5 51	2	H	6.49	*2 2* .
1950	477	—	21.8	+12 23	1	A	5.92	p 6 .	2000	619	—	25.5	+58 26	2	A	5.99	p ..

ANNALS OF HARVARD COLLEGE OBSERVATORY.

3ʰ

D. C.	DM.	H. P.	R.A. 1900.	Dec. 1900.	No.	Sp.	Magn.	Resid.	D. C.	DM.	H. P.	R.A. 1900.	Dec. 1900.	No.	Sp.	Magn.	Resid.
2001	778	566	25.5	+45 44	6	F	5.64	4.2	2051	795	—	31.2	+42 15	5	A	6.08	6..
2002	666	570	25.5	−11 59	1	H?	6.78	2 1 1	2052	696	580	31.2	−11 32	2	II	6.29	555
2003	674	571	25.6	− 5 25	5	A	4.76	2 1 0	2053	963	—	31.3	+48 54	3	A	6.26	7..
2004	730	—	25.7	+57 32	1	F	6.78	2..	2054	558	—	31.3	+30 48	1	E?	6.33	8..
2005	776	—	25.7	+40 36	4	A	6.10	p..	2055	757	—	31.4	+44 28	2	A	6.38	R..
2006	734	568	25.8	+44 32	3	A	6.08	4.1	2056	759	—	31.5	+44 28				n..
2007	783	—	25.9	+37 44	1	H?	6.98	2..	2057	699	582	31.7	−17 48	5	A	5.03	0 3 3
2008	693	569	26.0	+54 38	4	A	5.87	1.2	2058	572	581	31.8	+ 0 6	5	F	5.05	856
2009	560	—	26.0	− 0 50	2	A	6.41	6 n.	2059	803	—	31.9	+56 8	4	A	6.26	7..
2010	850	—	26.2	+47 36	3	E?	6.34	p..	2060	803	—	32.2	+42 13	2	A?	6.66	5..
2011	767	—	26.3	+47 5	1	A	7.16	p..	2061	586	—	32.2	+15 5	4	A	6.14	4..
2012	674	572	26.3	+35 6	3	A	5.64	4.1	2062	222	—	32.6	+69 32	4	A	6.59	6..
2013	675	—	26.8	+59 43	2	E	6.16	8..	2063	523	—	32.8	+22 20	3	A	5.90	9..
2014	811	573	26.9	+39 34	4	A	5.56	4.2	2064	968	—	32.9	+48 38	1	A	7.12	9..
2015	487	—	26.9	+11 12	2	A	6.12	p 7.	2065	637	—	33.1	+58 31	2	A	6.64	1..
2016	949	—	27.1	+48 17	3	A	6.69	8..	2066	527	—	33.2	+24 23	2	A	6.24	p..
2017	528	574	27.1	+ 9 2	4	A	5.74	5 3 2	2067	602	584	33.2	+20 35	3	A	6.02	0.2
2018	786	—	27.2	+37 41	3	A	6.16	8..	2068	492	—	33.4	+21 32	2	A	6.12	p..
2019	143	—	27.4	+75 24	3	H	6.57	1..	2069	168	—	33.5	+74 13	2	H	6.76	0..
2020	—	—	27.7	−25 57	1	A	5.78	.5.	2070	597	583	33.5	+62 54	2	M?	6.66	n.n
2021	697	576	28.2	− 9 48	6	K	4.83	n n n	2071	51	575	33.6	+86 20	9	F	6.47	5.7
2022	749	—	28.5	+38 15	2	A	6.63	4..	2072	647	585	33.6	− 7 43	3	H	6.34	324
2023	473	577	28.5	+24 7	6	A	5.84	4.1	2073	91	—	33.7	+83 14	5	A	6.78	5..
2024	801	—	28.6	+55 32	2	F	6.35	6..	2074	577	—	33.7	+ 2 26	2	A	6.22	p 8.
2025	749	—	n	n	R	n	n	...	2075	690	—	33.8	+33 48	1	E	6.55	1..
2026	794	—	28.7	+37 41	1	A	6.88	6..	2076	484	586	33.8	+16 13	1	II	6.59	6.2
2027	787	—	28.8	+42 34	2	A?	6.82	7..	2077	110	—	33.9	+80 0	1	E	7.18	6..
2028	616	—	28.8	+31 41	2	E?	6.58	1..	2078	713	—	34.0	− 5 57	2	A	6.43	60.
2029	773	—	28.9	+46 46	4	A	6.40	7..	2079	813	—	34.2	+40 51	1	F?	6.55	4..
2030	774	—	29.1	+46 14	1	II	7.15	5..	2080	699	587	34.5	+59 39	1	H	6.86	9.n
2031	857	578	29.1	+37 51	7	A	4.82	5.6	2081	562	—	34.5	+28 27	3	A	6.26	7..
2032	619	—	29.4	+31 21	2	A	6.53	5..	2082	811	588	34.6	+37 16	6	A	5.52	2.4
2033	623	579	29.4	−21 58	5	A	4.45	6 1 2	2083	581	589	34.7	+ 2 44	2	H	5.88	120
2034	511	—	29.5	+ 6 5	1	II?	6.75	5 0.	2084	591	590	34.7	− 3 43	1	II	6.79	623
2035	128	—	29.6	+76 50	3	A	6.92	6..	2085	529	—	34.8	+25 0	5	A	5.80	9..
2036	689	—	29.6	+34 36	1	A	6.85	7..	2086	654	—	34.9	− 7 6	2	A	6.12	9 F.
2037	704	—	29.8	−10 12	4	A	6.15	31.	2087	133	—	35.0	+77 48	8	A	6.40	8..
2038	824	—	29.9	+56 23	1	E	6.46	1..	2088	814	—	35.2	+37 16	1	A	6.72	8..
2039	353	—	30.0	+65 19	1	A	6.80	p..	2089	564	—	35.2	+28 23	3	A	6.19	8..
2040	579	—	30.0	+29 40	1	A	6.52	9..	2090	715	593	35.7	− 5 32	5	A	5.24	3 6 2
2041	682	—	30.4	+34 1	1	H	6.85	2..	2091	876	591	35.8	+47 28	8	A	n	R.n
2042	826	—	30.5	+56 37	3	A	5.87	6..	2092	698	594	36.0	+33 39	6	A	5.11	5.1
2043	693	—	30.5	+34 43	1	A	6.70	7..	2093	659	—	36.1	+32 38	2	A	6.49	3..
2044	548	—	30.5	+28 54	3	A	6.10	7..	2094	821	—	36.4	+40 41	1	A	7.10	7..
2045	773	—	30.8	+43 13	1	E	6.87	p..	2095	284	592	36.5	+66 53	5	F	5.83	4.0
2046	829	—	30.8	+39 45	3	A	6.27	7..	2096	689	—	36.5	−12 7	1	H?	6.23	65.
2047	518	—	31.0	+22 54	2	A	6.13	9..	2097	578	595	36.6	+19 23	4	A	5.31	2.1
2048	962	—	31.1	+48 45	2	A	6.42	p..	2098	134	—	36.8	+78 0	4	A	7.18	8..
2049	437	—	31.2	+63 33	1	E	6.67	3..	2099	984	—	36.9	+48 13	1	H	6.77	5..
2050	865	—	31.2	+47 15	2	A	6.71	p..	2100	812	—	36.9	+42 17	1	H	6.71	8..

THE DRAPER CATALOGUE. 29

D. C.	DM.	H. P.	R.A. 1900.	Dec. 1900.	No.	Sp.	Magn.	Resid.	D. C.	DM.	H. P.	R.A. 1900.	Dec. 1900.	No.	Sp.	Magn.	Resid.
2101	687	—	m. 36.9	° ′ −19 54	3	A	6.32	3 5 .	2151	835	—	m. 41.3	° ′ +40 13	1	H	6.60	6 . .
2102	704	—	37.0	+33 48	1	A?	6.90	9 . .	2152	262	—	41.4	+70 13	1	A	7.00	4 . .
2103	553	—	37.2	+ 8 20	1	A?	6.65	6 F .	2153	707	619	41.4	−12 25	2	H	5.78	n n n
2104	604	596	37.3	+63 2	4	F	5.56	3 . 6	2154	534	—	41.4	+23 50	1	A	6.23	R . .
2105	732	—	37.3	−14 41	1	A	6.41	8 4 .	2155	536	—	41.5	+23 48				R . .
2106	809	—	37.4	+50 14	1	A	6.59	7 . .	2156	717	—	41.5	+33 18	5	A?	6.21	8 . .
2107	804	597	37.7	+45 48	5	A	6.10	4 . 0	2157	650	—	41.5	+31 54	3	F	6.18	3 . .
2108	642	600	38.0	+31 59	7	A	4.38	6 . 4	2158	537	—	41.5	+23 30	2	A	6.18	p . .
2109	582	601	38.0	+19 21	1	A?	6.41	4 . 0	2159	824	—	41.6	+42 34	2	A	6.62	p . .
2110	707	—	38.1	+54 45	2	A	6.39	1 . .	2160	541	618	41.6	+23 48	9	A	B	R . R
2111	742	599	38.1	+36 9	7	A	5.43	1 . 2	2161	286	—	41.8	+68 12	5	A	5.95	5 . .
2112	744	—	38.2	+35 33	1	A?	7.06	4 . .	2162	714	—	41.9	+52 21	2	F	6.71	2 . .
2113	881	—	38.3	+47 20	2	A	6.51	p . .	2163	174	—	42.0	+74 23	1	H	7.27	1 . .
2114	815	602	38.4	+42 16	8	G?	4.77	7 . 8	2164	802	—	42.0	+46 30	1	A	7.15	8 . .
2115	69	—	38.5	+84 22	1	A	7.27	p . .	2165	762	—	R	R	R	R	R	. . .
2116	728	604	38.5	−10 6	5	I	4.81	n n n	2166	842	—	42.2	+40 23	1	A?	6.65	7 . .
2117	790	—	38.6	+45 2	1	E?	6.94	9 . .	2167	818	620	42.3	+43 39	4	A	5.96	2 . 0
2118	621	603	38.6	+20 37	5	A	5.06	5 . 1	2168	719	—	42.3	+34 0	1	E	6.90	6 . .
2119	742	—	38.7	+41 43	3	A	6.39	p . .	2169	563	—	42.5	+23 8	5	A	5.13	p . .
2120	101	—	38.8	+82 26	2	E	7.37	p . .	2170	553	—	42.6	+24 3	4	A	6.26	p . .
2121	257	508	38.8	+70 34	6	A	5.39	3 . 1	2171	—	623	42.6	−23 32	4	F	5.01	. n 7
2122	729	609	38.8	−10 48	3	A	5.57	4 3 0	2172	486	622	42.8	+10 50	4	A	4.95	2 3 1
2123	505	—	38.9	+23 59	4	A	5.37	p . .	2173	715	—	42.9	+52 11	2	E	6.66	1 . .
2124	811	606	39.0	+45 22	7	A	5.52	7 . 1	2174	296	—	43.0	+67 16	1	A	6.89	p . .
2125	507	608	39.0	+23 48	8	A	4.03	7 . 2	2175	801	624	43.1	+44 40	4	F	6.18	4 . 3
2126	546	—	39.2	+24 32	6	A	5.38	9 . .	2176	494	—	43.1	+ 9 21	2	II	6.06	2 1 .
2127	575	—	39.3	+28 21	2	A	6.56	p . .	2177	667	626	43.2	+32 48	7	A	5.12	7 . 1
2128	547	610	39.3	+24 10	8	A	4.72	3 . 3	2178	557	625	43.3	+23 45	8	A	4.00	0 . 2
2129	526	611	39.5	− 1 29	4	A	5.18	6 2 1	2179	561	—	43.4	+24 5	3	A	5.97	p . .
2130	824	—	39.7	+55 37	5	A	5.84	7 . .	2180	—	627	43.4	−24 11	2	A	5.82	. 5 n
2131	774	—	39.7	+51 24	1	C?	6.60	1 . .	2181	833	—	43.5	+37 35	4	A	6.23	3 . .
2132	259	607	39.8	+71 2	7	A	4.73	4 . 1	2182	562	—	43.5	+23 57	1	A	6.44	p . .
2133	516	613	39.9	+24 4	8	A	4.17	6 . 2	2183	602	—	43.5	− 0 4	1	II	6.31	2 0 .
2134	545	—	39.0	+22 51	4	A	6.18	p . .	2184	644	—	43.7	+62 2	3	A	6.30	7 . .
2135	602	—	39.9	+ 2 19	3	E	6.45	p 3 .	2185	572	—	43.7	+22 15	3	A	6.26	p . .
2136	503	614	39.9	− 0 36	1	E	5.81	4 1 1	2186	741	—	43.8	+34 32	3	F	6.87	6 . .
2137	553	—	40.0	+24 15	2	A	5.74	p . .	2187	563	—	43.8	+23 25	4	A	5.63	p . .
2138	556	—	40.1	+24 13	2	A	6.14	9 . .	2188	567	—	44.0	+24 3	1	A	6.39	p . .
2139	775	—	40.2	+51 13	3	A	6.55	4 . .	2189	535	628	44.0	+21 57	5	A	5.58	9 . 4
2140	539	616	40.3	+ 5 44	5	A	5.24	5 5 5	2190	569	—	44.1	+23 33	3	A	5.86	p . .
2141	369	612	40.4	+65 13	3	M	6.08	n . n	2191	481	—	R	R	1	A?	6.42	7 . .
2142	809	—	40.4	+43 46	3	A	6.51	5 . .	2192	624	629	44.3	+25 17	6	A	5.16	8 . 3
2143	649	—	40.4	+32 0	3	A	6.32	5 . .	2193	574	—	44.3	+ 9 7	3	A	6.31	5 F .
2144	522	615	40.4	+23 39	7	A	4.37	1 . 2	2194	578	—	44.5	+24 12	1	A	6.30	p . .
2145	612	—	40.8	+63 0	5	A	5.75	7 . .	2195	204	—	44.9	+73 47	1	H	7.05	5 . .
2146	594	—	40.9	+13 13	3	A	6.28	7 . .	2196	570	—	45.0	+23 40	2	A	6.13	p . .
2147	825	617	41.0	+50 26	4	A	5.89	1 . 2	2197	847	—	45.4	+40 30	1	A	6.55	6 . .
2148	797	—	41.1	+45 3	2	F	6.99	8 . .	2198	583	—	45.4	+24 52	4	A	6.19	p . .
2149	562	—	41.1	+24 13	4	A	6.34	p . .	2199	134	—	45.5	+81 36	3	II	7.17	6 . .
2150	846	—	41.3	+56 49	4	A	6.00	p . .	2200	849	—	45.5	+50 46	1	A	6.75	6 . .

30   ANNALS OF HARVARD COLLEGE OBSERVATORY.

3ʰ

D. C.	DM.	H. P.	R.A. 1900.	Dec. 1900.	No.	Sp.	Magn.	Resid.	D. C.	DM.	H. P.	R.A. 1900.	Dec. 1900.	No.	Sp.	Magn.	Resid.
2201	728	632	45.5	+34 3	6	A	5.42	p . 3	2251	599	—	51.5	+24 12	1	H	6.44	4 . .
2202	667	—	45.5	+ 1 16	3	E	6.42	6 5 .	2252	773	—	51.6	+34 32	3	A	6.17	8 . .
2203	752	631	45.6	+57 40	4	A	5.85	2 . 0	2253	564	651	51.7	+ 5 45	4	A	6.11	9 3 2
2204	539	633	45.7	+21 44	1	H?	6.87	3 . D	2254	793	—	51.8	−10 3	3	A	5.72	8 6 .
2205	516	634	45.7	+12 45	5	A	5.76	p 6 2	2255	827	—	51.9	+38 33	2	H	6.53	0 . .
2206	751	—	45.7	−10 3	1	A	6.51	3 F .	2256	826	—	52.4	+44 12	2	A	6.93	8 . .
2207	135	—	45.8	+81 18	4	F	7.00	8 . .	2257	775	652	52.4	+35 30	0	A	4.38	2 . 3
2208	222	—	45.8	+71 31	5	A	6.21	3 . .	2258	504	—	52.4	+23 48	2	A	6.28	p . .
2209	582	—	45.8	+30 52	7	A	6.05	5 . .	2259	920	—	52.5	+47 52	2	A	6.57	p . .
2210	631	—	45.9	+25 41	1	A	6.60	p . .	2260	655	—	53.0	+26 55	2	A	6.40	4 . .
2211	121	—	46.4	+80 57	1	H	7.33	5 . .	2261	160	—	53.1	+76 8	1	E	7.03	5 . .
2212	1015	—	46.4	+48 21	3	H	6.39	2 . .	2262	829	—	53.1	+38 31	3	A	5.96	8 . .
2213	594	635	46.6	+ 6 15	5	A	5.94	2 0 2	2263	125	650	53.3	+80 26	14	F	5.49	6 . 3
2214	523	636	47.4	+17 2	5	F	5.78	3 . 2	2264	839	—	53.4	+55 45	3	A	6.48	p . .
2215	641	—	47.5	+25 23	4	A	5.76	8 . .	2265	904	—	53.4	+39 44	2	A	6.29	p . .
2216	708	—	47.5	− 5 21	1	E?	6.43	6 E .	2266	781	653	53.4	−13 48	5	M?	5.04	R D D
2217	769	640	47.7	− 5 39	4	A	5.23	5 5 2	2267	792	—	53.8	+41 50	1	A	6.76	7 . .
2218	857	—	47.8	+56 37	2	A	6.32	7 . .	2268	789	654	53.9	− 5 45	1	H?	6.28	3 1 5
2219	666	638	47.8	+31 35	7	A?	3.86	9 . 8	2269	643	—	54.1	+62 9	1	A	6.95	5 . .
2220	736	—	47.9	+59 20	2	I	6.70	3 . .	2270	524	—	54.2	+10 2	3	A	6.39	5 2 .
2221	803	637	48.0	+51 55	2	E?	6.61	1 . 0	2271	882	—	54.3	+50 22	1	A	6.90	p . .
2222	726	—	48.1	+52 21	2	E	6.51	0 . .	2272	142	—	54.4	+78 40	5	A	6.84	p . .
2223	1019	—	48.1	+48 45	2	A?	6.42	6 . .	2273	685	—	54.5	+58 40	1	F	6.74	p . .
2224	550	—	48.1	+21 38	3	A	6.35	p . .	2274	909	—	54.6	+39 50	2	E?	6.64	4 . .
2225	695	—	48.2	− 6 55	3	A	5.77	8 9 .	2275	805	—	54.7	+36 44	4	A	5.90	p . .
2226	673	—	48.3	+ 1 50	3	A	5.89	8 p .	2276	544	—	54.9	+17 0	4	A	5.80	7 . .
2227	628	639	48.6	+62 47	5	A	5.01	2 . 2	2277	143	—	55.0	+78 10	1	A	7.45	p . .
2228	768	641	48.6	+60 49	3	H	6.18	4 . n	2278	184	—	55.0	+74 55	1	F	6.69	8 . .
2229	527	—	48.7	+16 19	1	A	6.44	6 . .	2279	911	—	55.1	+39 42	2	A	6.54	8 . .
2230	691	—	48.7	−18 43	3	H	6.36	4 1 .	2280	617	—	55.1	+22 57	3	A	5.83	p . .
2231	912	642	48.8	+47 35	6	A	5.41	6 . 0	2281	666	655	55.1	+17 55	3	F	5.70	3 . 0
2232	591	—	49.1	+30 46	3	F	6.05	5 . .	2282	186	—	55.2	+74 22	1	H	6.07	3 . .
2233	138	—	49.2	+77 54	3	H	6.96	0 . .	2283	539	657	55.2	+12 13	5	B	3.83	R . 2
2234	860	643	49.2	+50 24	7	F	5.71	0 . 2	2284	210	—	55.3	+73 42	2	H	6.75	4 . .
2235	—	644	49.2	− 3 14	6	F	5.41	4 7 6	2285	795	—	55.3	+41 34	1	A	6.86	6 . .
2236	631	645	49.2	− 3 14					2286	609	—	55.3	+28 13	1	A	6.16	5 . .
2237	—	646	49.5	−24 55	1	A	4.96	. 6 3	2287	643	658	55.3	+19 55	1	H	6.76	2 . 2
2238	768	647	50.0	+34 47	5	B	5.26	9 . 2	2288	—	660	55.7	−24 18	2	A	4.82	. 4 2
2239	779	—	50.4	+41 35	3	A	6.33	7 . .	2289	834	—	55.8	+38 49	1	A	6.83	5 . .
2240	125	—	50.5	+79 30	5	A	7.02	p . .	2290	303	656	55.9	+68 24	2	H	6.81	8 . 7
2241	855	—	50.5	+43 2	3	A	6.64	8 . .	2291	690	659	56.1	+58 53	4	F	5.55	6 . 7
2242	602	—	50.5	+22 23	1	A	6.83	pᵥ .	2292	1029	—	56.1	+48 34	1	E	6.57	4 . .
2243	752	—	50.6	−12 24	1	A	6.13	0 0 .	2293	528	661	56.4	+ 9 43	4	A	5.61	2 3 3
2244	128	—	50.7	+80 41	3	A	7.09	p . .	2294	572	662	56.5	− 1 50	4	A	5.45	1 1 2
2245	760	—	50.7	+57 9	2	A	6.27	7 . .	2295	866	—	56.6	+87 47	1	A	6.73	3 . .
2246	718	—	50.9	+53 42	3	A	6.35	4 . .	2296	734	—	56.7	+54 48	2	E?	6.54	5 . .
2247	605	648	50.9	+22 12	5	A	5.65	4 . 1	2297	884	—	57.0	+.43 43	1	F	6.83	9 . .
2248	792	—	51.0	+36 12	1	F?	6.61	4 . .	2298	146	—	57.2	+78 46	4	H	6.98	2 . .
2249	895	649	51.1	+39 43	7	A	B	R . R	2299	552	—	57.2	+ 3 34	2	E?	6.48	p 3 .
2250	607	—	51.2	+22 54	5	A	5.67	p . .	2300	391	—	57.3	+65 14	5	A	6.10	5 . .

3ʰ—4ʰ

D.C.	DM	H.P.	R.A. 1900.	Dec. 1900.	No.	Sp.	Magn.	Resid.	D.C.	DM	H.P.	R.A. 1900.	Dec. 1900.	No.	Sp.	Magn.	Resid.
			m.	° ′								m.	° ′				
2301	669	—	57.4	+61 48	2	E	6.64	4 . .	2351	310	688	2.8	+68 16	1	H	6.71	2 . 3
2302	632	664	57.5	− 0 33	3	E	6.01	2 4 5	2352	149	—	3.0	+81 11	3	A	7.02	p . .
2303	212	—	57.7	+73 18	3	E	6.77	3 . .	2353	637	—	3.0	+22 52	2	A	6.23	8 . .
2304	836	—	57.7	+38 31	1	A	6.78	6 . .	2354	561	—	3.1	+17 1	1	F	6.25	p . .
2305	623	—	57.8	+27 54	1	A	6.61	p . .	2355	672	691	3.3	+19 20	1	I	5.86	3 . 1
2306	581	665	57.8	+ 5 42	5	A	4.46	5 6 5	2356	648	—	3.4	+13 8	3	A	5.61	7 6 .
2307	796	—	58.0	+35 39	1	F?	6.86	4 . .	2357	150	—	3.6	+81 23	5	A	6.81	p . .
2308	276	—	58.2	+71 5	2	A	7.08	4 . .	2358	848	—	3.6	+38 59	2	A	6.64	2 . .
2309	813	—	58.3	+36 49	1	A	6.92	9 . .	2359	627	—	3.7	+23 48	1	A	6.88	p . .
2310	714	—	58.3	+32 18	3	A	6.32	2 . .	2360	281	—	3.8	+70 58	2	A	6.92	1 . .
2311	609	666	58.4	+23 50	3	H?	5.76	2 . 2	2361	850	—	4.0	+38 13	1	A	6.88	6 . .
2312	584	668	58.4	+ 5 9	4	A	5.39	8 0 1	2362	129	—	4.3	+80 9	1	H	7.44	9 . .
2313	592	669	58.5	+ 7 55	2	A	6.10	2 2 5	2363	807	692	4.6	+33 19	1	I	6.49	3 . 5
2314	585	670	58.7	+21 49	4	K	5.24	2 . 8	2364	903	—	4.7	+40 39	1	A	6.55	4 . .
2315	732	667	58.8	+53 45	2	H	6.58	6 . 1	2365	686	693	4.7	+26 13	2	F?	5.25	6 . 4
2316	840	—	58.9	+46 40	3	A	6.53	7 . .	2366	796	695	4.7	−16 39	3	A	5.29	2 2 1
2317	645	672	58.9	+ 2 33	2	E	5.77	0 1 3	2367	852	—	4.8	+46 15	1	A	7.00	p . .
2318	676	—	59.0	+17 15	1	A	6.45	1 . .	2368	33	—	4.9	+88 2	1	A	7.90	6 . .
2319	769	674	59.0	−20 25	2	E	5.94	1 1 3	2369	594	—	4.9	+18 10	1	E	5.95	5 . .
2320	676	673	59.1	+62 4	2	E	6.55	1 . 4	2370	104	684	5.0	+83 34	14	A	5.38	4 . 0
2321	1101	671	59.1	+50 5	8	A	4.61	4 . 1	2371	63	678	5.1	+85 17	7	F	6.72	2 . 0
2322	776	—	59.2	+33 59	2	A?	6.30	p . .	2372	592	—	5.2	+15 42	2	A	6.29	p . .
2323	587	—	59.4	+21 44	3	E	5.95	5 . .	2373	567	—	5.4	+16 22	1	A	6.00	4 . .
2324	780	—	59.8	+60 37	1	E	6.87	9 . .	2374	758	696	5.5	− 7 11	2	H	6.47	4 7 7
2325	810	—	0.0	+68 7	1	A	6.61	8 . .	2375	150	—	5.6	+77 50	4	H	6.89	1 . .
2326	708	—	0.3	+32 6	3	A	6.46	0 . .	2376	1128	—	R	R	1	E	6.88	6 . .
2327	633	677	0.5	+27 21	5	A	5.30	2 . 1	2377	601	697	6.0	+ 5 16	2	E?	6.24	2 0 5
2328	785	—	0.6	+33 11	3	A	6.16	8 . .	2378	837	698	6.0	− 9 5	1	H	6.41	4 4 6
2329	650	—	0.7	+14 8	1	E?	6.53	p . .	2379	1059	—	6.3	+48 49	1	H	6.73	3 . .
2330	619	680	0.8	+28 43	4	F	5.48	1 . 3	2380	749	—	6.5	+54 15	4	A	6.49	5 . .
2331	771	679	0.9	+53 6	1	H?	7.22	1 . 7	2381	823	—	6.8	+35 13	1	A	6.91	p . .
2332	908	—	1.0	+50 41	1	E?	6.60	p . .	2382	569	699	6.8	+17 2	1	H	6.00	0 . 4
2333	127	—	1.1	+80 17	6	H	6.55	2 . .	2383	785	—	6.9	+57 13	2	A	6.17	3 . .
2334	811	—	1.1	− 9 8	1	F	6.16	1 1 .	2384	151	—	7.0	+78 46	2	A	7.03	p . .
2335	896	—	1.1	+42 56	3	A	6.27	R . .	2385	649	700	7.0	+22 9	3	A	5.86	1 . 3
2336	897	—	1.3	+42 56				R . .	2386	764	701	7.0	− 7 6	4	F?	4.52	1 5 4
2337	1108	—	1.3	+49 56	4	A	6.39	9 . .	2387	195	—	7.1	+74 22	2	A?	6.92	p . .
2338	939	682	1.4	+47 26	8	A	4.52	0 . 2	2388	801	706	7.2	−20 37	2	A	5.80	2 2 3
2339	740	681	1.5	+54 34	3	F	6.12	1 . 4	2389	861	—	7.4	+39 13	1	F?	6.78	1 . .
2340	815	—	1.5	+41 14	1	A	6.85	7 . .	2390	897	703	7.4	+37 43	1	H	6.43	4 . 0
2341	881	683	1.7	+37 28	2	H	6.57	6 . 4	2391	1063	702	7.5	+48 9	5	K	5.16	n . n
2342	881	—	1.8	+45 58	2	A	6.55	7 . .	2392	113	694	8.0	+83 6	12	H	6.04	n . 2
2343	882	686	1.9	+37 47	2	F	5.73	2 . 0	2393	316	—	8.1	+66 51	3	A	6.31	p . .
2344	726	—	1.9	+32 12	1	A	6.69	8 . .	2394	687	705	8.1	+61 36	4	A	5.49	0 . 1
2345	147	—	2.0	+81 44	5	A	6.56	9 . .	2395	912	707	8.1	+40 14	4	F	6.05	n . n
2346	657	—	2.0	+14 54	2	A	5.09	8 . .	2396	549	—	8.1	+ 9 58	2	A	6.16	p 3 .
2347	818	—	2.2	+41 15	4	A	6.57	4 . .	2397	651	—	8.1	+ 8 38	1	A	6.41	4 3 .
2348	560	689	2.3	+17 4	1	H	6.15	6 . 1	2398	173	—	8.2	+75 52	8	A	6.32	5 . .
2349	550	—	2.3	+16 16	1	F?	6.34	p . .	2399	617	708	8.2	+ 7 28	2	A	5.75	3 1 5
2350	239	685	2.6	+71 52	3	H	6.57	3 . 4	2400	899	—	8.3	+37 17	1	H	6.32	1 . .

4^h

D. C.	DM.	H. P.	R.A. 1900.	Dec. 1900.	No.	Sp.	Magn.	Resid.	D. C.	DM.	H. P.	R.A. 1900.	Dec. 1900.	No.	Sp.	Magn.	Resid.
2401	564	710	8.3	+12 30	2	II?	6.37	4 2 2	2451	—	741	14.4	−23 13	1	A	6.24	.0 1
2402	857	—	8.4	+36 15	1	A	6.72	1 . .	2452	912	—	14.6	+38 1	1	F	6.98	5 . .
2403	652	712	8.5	+ 9 1	3	A?	5.91	n 7 9	2453	624	739	14.6	+18 29	2	F	5.91	1 . 0
2404	600	—	8.6	− 1 24	1	E	6.20	p 8 .	2454	829	—	14.7	− 8 21	1	A	6.26	p 7 .
2405	787	709	8.8	+57 37	2	II	6.03	0 . 1	2455	921	—	14.8	+45 13	1	A	6.74	p . .
2406	750	711	8.9	+53 22	7	A	5.08	1 . 1	2456	682	742	14.9	+14 52	5	A	5.33	6 . 2
2407	899	—	9.2	+56 56	2	A	6.07	p . .	2457	980	—	15.2	+39 42	1	H	6.64	8 . .
2408	550	713	9.2	+ 9 46	4	A	5.28	4 3 3	2458	665	—	15.2	+13 38	2	F?	6.13	4 . .
2409	133	704	9.6	+80 35	11	II	6.16	5 . 5	2459	707	—	15.3	+61 48	1	E	6.79	1 . .
2410	727	—	9.6	+58 32	2	C?	6.34	8 . .	2460	631	743	15.3	+ 5 54	1	H	6.59	1 4 6
2411	867	714	9.6	−10 30	2	II	6.09	n 9 n	2461	672	—	15.4	+ 8 59	1	A	6.26	7 5 .
2412	905	—	10.1	+45 57	1	A	6.55	4 . .	2462	740	—	15.6	+20 49	1	E?	6.42	6 . .
2413	603	715	10.1	+15 9	3	F?	6.19	1 . 2	2463	838	—	15.6	−16 40	1	A	6.19	6 8 .
2414	657	716	10.1	+ 8 39	3	A	4.36	10 1	2464	629	—	15.7	+18 11	2	F?	6.45	6 . .
2415	613	717	10.1	+ 5 57	2	E?	6.54	R 1 5	2465	875	744	15.7	− 6 29	1	A?	6.27	5 4 0
2416	614	718	10.2	+ 5 57				n	2466	250	—	15.8	+71 82	3	A	6.86	6 . .
2417	1150	719	10.7	+50 3	7	A	4.89	1 . 3	2467	687	—	15.9	+14 11	2	E?	6.33	p . .
2418	780	721	10.7	− 7 47	3	H?	5.19	5 8 7	2468	798	746	15.9	− 7 50	3	A	5.39	9 6 2
2419	721	—	10.9	+ 0 12	1	A	6.72	8 F .	2469	667	—	16.1	+13 21	1	A	6.43	p . .
2420	820	—	10.9	−16 42	2	A	6.54	5 3 .	2470	764	—	16.3	+53 17	1	E	6.82	2 . .
2421	433	720	11.2	+64 54	4	F	5.86	1 . 4	2471	831	749	16.3	−20 52	4	A	5.43	4 0 1
2422	844	—	11.2	+41 54	4	A	6.14	3 . .	2472	327	—	16.4	+67 49	1	E	7.20	9 . .
2423	689	—	11.2	+19 25	1	A	6.61	p . .	2473	668	748	16.4	+13 50	4	A	5.68	0 . 1
2424	607	—	11.2	+15 58	1	II	6.24	9 . .	2474	919	—	16.5	+51 42	3	A	6.29	3 . .
2425	938	—	11.4	+43 29	1	A	6.82	2 . .	2475	707	747	16.5	+25 23	4	A	5.32	4 . 2
2426	724	722	11.4	+20 10	4	A	5.14	6 . 5	2476	779	692	16.5	+ 2 10	1	A	6.72	8 F .
2427	1155	723	11.7	+49 48	3	A	5.44	6 . 2	2477	946	—	16.6	+42 12	5	A	6.26	2 . .
2428	134	—	11.9	+80 42	3	A	6.56	8 . .	2478	879	—	16.7	− 6 31	2	A	6.12	p 7 .
2429	321	—	12.0	+67 30	1	H	6.90	9 . .	2479	986	—	16.9	+50 37	1	A	6.29	6 . .
2430	618	725	12.4	+21 20	5	A	5.82	2 . 4	2480	690	—	17.1	+14 51	1	H	6.54	p . .
2431	862	726	12.4	− 6 43	2	II?	6.62	2 3 5	2481	712	750	17.2	+17 18	3	I	5.00	n . n
2432	143	—	12.6	+79 28	3	E?	7.16	8 . .	2482	861	—	17.5	+41 30	1	A	6.71	3 . .
2433	973	724	12.6	+50 41	4	E?	5.30	8 . 1	2483	751	751	17.6	+20 45	4	A	5.09	5 . 2
2434	909	—	12.8	+37 46	1	F	6.63	4 . .	2484	586	752	17.7	+16 32	3	A	5.55	4 . 0
2435	558	—	13.0	+ 0 15	1	A	6.26	p 4 .	2485	601	—	17.8	+11 9	2	A	6.22	6 5 .
2436	868	—	13.0	+55 18	1	A	6.65	R . .	2486	851	—	17.9	+34 5	1	A	6.05	3 . .
2437	869	—	13.1	+55 16				n . .	2487	853	753	18.0	+33 54	4	A	5.57	4 . 0
2438	800	727	13.1	+60 30	1	H	6.57	9 . 9	2488	684	754	18.0	+24 4	2	A	6.04	5 . 2
2439	852	—	13.4	+41 35	1	E	6.66	2 . .	2489	854	755	18.1	+33 44	2	F?	5.85	2 . 1
2440	733	731	13.5	+ 0 55	5	A	5.30	9 . 2	2490	714	756	18.4	+17 13	3	A	5.10	3 . 4
2441	623	732	13.6	+21 32	5	A	5.14	7 . 3	2491	570	757	18.4	+ 9 14	3	A	5.26	1 1 2
2442	905	730	13.7	+56 16	3	A	5.84	5 . 1	2492	800	—	18.7	+57 22	2	A	5.98	9 . .
2443	672	—	13.8	+23 31	1	A	6.63	9 . .	2493	818	758	18.7	− 3 58	5	A	5.31	2 3 0
2444	860	733	13.9	+34 20	4	II	5.80	8 . 7	2494	633	—	19.1	+18 49	2	F	5.81	7 ., .
2445	612	737	14.1	+15 24	6	I?	4.85	n . 9	2495	140	—	19.2	+80 40	5	A	6.76	6 . .
2446	655	736	14.2	+27 7	2	II	5.65	1 . 5	2496	571	—	19.3	+ 9 50	1	A	6.76	p F .
2447	579	—	14.2	+16 18	1	E	6.34	p . .	2497	258	—	19.4	+69 9	1	A	6.43	6 . .
2448	872	735	14.3	+46 16	7	A	5.08	0 . 2	2498	642	760	19.4	+22 4	2	A	4.32	0 . 3
2449	663	738	14.3	+13 48	4	A	5.53	2 . 2	2499	643	761	19.5	+21 58	2	A?	5.57	4 . 1
2450	793	734	14.4	+59 23	2	A	5.90	6 . 1	2500	776	762	19.8	+31 13	4	II?	6.11	n . 7

4^h

D.C.	DM.	H.P.	R.A. 1900.	Dec. 1900.	No.	Sp.	Magn	Resid.	D.C.	DM.	H.P.	R.A. 1900.	Dec. 1900.	No.	Sp.	Magn.	Resid.
			m.	° '								m.	° '				
2501	719	763	19.8	+17 42	3	A	4.73	0.5	2551	990	785	26.4	+42 51	5	A?	6.32	2.3
2502	621	—	20.0	+15 43	2	A	6.34	5..	2552	671	—	26.5	+ 5 33	3	A	6.71	8 2.
2503	234	—	20.2	+73 2	1	C	6.98	p..	2553	817	—	26.7	+57 13	2	A	6.27	5..
2504	884	—	20.2	+46 39	1	H	6.50	5..	2554	674	—	26.7	+ 5 11	1	E	6.49	7 2.
2505	696	764	20.3	+22 35	4	A	4.73	2.1	2555	169	—	26.8	+76 20	2	E	7.03	p..
2506	625	765	20.6	+15 23	5	A	4.79	2.2	2556	265	—	26.8	+71 16	1	A	6.73	p..
2507	753	—	20.8	+ 0 47	1	A	6.42	p F.	2557	713	787	26.8	- 0 16	1	I	5.91	9 5 n
2508	697	768	20.9	+14 29	4	II?	5.53	5.6	2558	904	—	26.9	-13 52	3	A	6.22	5 n.
2509	683	—	21.0	+62 29	1	H	6.85	p..	2559	861	—	27.0	- 4 36	1	E?	6.84	6 F.
2510	687	—	21.0	+ 8 22	1	A	5.85	7 6.	2560	339	—	27.1	+08 5	2	F	6.86	6..
2511	830	—	21.2	+52 9	1	A?	6.76	7..	2561	515	786	27.1	+64 3	4	A	5.71	6.3
2512	721	—	21.2	+19 37	1	F	6.56	p..	2562	812	—	27.2	+59 12	2	A	6.50	7..
2513	699	769	21.3	+22 46	4	A	5.45	8.0	2563	1204	—	27.2	+49 54	4	A	6.59	5..
2514	724	—	21.3	+17 58	2	A	6.00	9..	2564	780	—	27.2	+ 0 46	1	A	6.47	p F.
2515	114	—	21.5	+83 50	2	II	7.12	3..	2565	146	—	27.3	+80 38	1	II	7.47	5..
2516	753	—	21.8	+ 1 52	1	II	6.62	3 1.	2566	149	—	27.4	+79 34	1	E	7.56	9..
2517	227	767	21.9	+72 20	6	C	6.09	1.1	2567	809	788	27.6	- 3 25	4	A	5.69	1 3 4
2518	577	771	22.0	+10 59	2	A	5.57	8 7 2	2568	750	—	27.8	+17 48	2	A	5.85	7..
2519	647	770	22.1	+21 24	3	A	5.82	7.1	2569	901	—	27.9	+55 18	1	E	6.80	6..
2520	157	—	22.4	+78 48	4	A	6.78	7..	2570	621	—	27.9	+16 7	1	E?	6.69	8..
2521	605	772	22.5	+30 9	2	E	6.12	1.1	2571	720	789	28.2	+14 38	5	A	5.51	5 2 1
2522	383	—	22.6	+35 2	1	F?	6.86	1..	2572	603	—	28.2	+13 2	1	E	6.43	6 4.
2523	584	—	22.6	+ 9 50	1	F	6.86	9 F.	2573	666	790	28.4	+28 46	4	A	5.64	1.0
2524	648	—	22.6	+ 7 56	1	A	6.60	4 F.	2574	600	—	28.4	+ 9 12	1	II	6.51	3 1.
2525	605	774	22.7	+16 8	2	H	6.29	n.n	2575	679	791	28.8	+ 5 21	5	A	5.72	3 3 1
2526	702	—	22.7	+14 30	4	F?	5.98	5..	2576	884	—	28.8	- 8 28	3	A	6.19	8 6.
2527	640	773	22.8	+18 58	4	K	4.83	n.n	2577	150	—	28.9	+79 27	8	A	6.14	9..
2528	631	775	22.8	+15 44	2	E?	5.64	n.n	2578	816	—	28.9	+59 53	2	F	6.76	7..
2529	632	776	22.9	+15 39	5	A	3.79	2.2	2579	335	—	29.0	+67 1	1	F	7.04	p..
2530	755	—	22.9	+ 1 38	1	H	6.47	00.	2580	838	792	29.0	- 6 57	5	A	5.51	3 2 1
2531	334	—	23.1	+67 25	3	A	6.39	9..	2581	887	794	29.4	- 8 27	1	II	6.26	n 9 7
2532	661	—	23.2	+27 10	4	A?	6.13	4..	2582	930	795	29.4	- 9 11	1	II	6.10	n 6 3
2533	598	777	23.2	+12 49	3	A	5.18	2 3 0	2583	1000	793	29.7	+41 4	5	II?	5.80	3.n
2534	757	778	23.4	+ 1 9	3	A	5.32	4 5 3	2584	742	—	29.8	+19 41	1	E?	6.31	2..
2535	731	—	23.6	+17 19	1	A	6.50	8..	2585	629	797	30.2	+16 19	7	K?	3.94	n.n
2536	732	—	23.7	+17 39	1	A	6.60	4..	2586	607	798	30.2	+ 9 57	3	A	4.49	2 1 1
2537	305	—	23.8	+70 8	1	A	7.00	8..	2587	695	—	30.3	+63 1	1	F	6.96	p..
2538	779	779	24.1	+53 42	4	F	5.46	5.0	2588	161	—	30.4	+78 58	1	E	7.39	7..
2539	806	—	24.2	+32 14	4	A	5.92	6..	2589	715	—	30.5	+23 9	1	E?	5.98	5..
2540	583	—	24.3	+10 18	1	A	5.96	p..	2590	880	—	30.6	-20 8	1	A	6.14	6 5.
2541	731	—	24.4	+19 37	1	E	6.51	p..	2591	744	—	30.7	+19 34	1	A	6.61	p..
2542	636	780	24.4	+15 25	4	A	5.84	2.2	2592	632	—	30.8	+11 12	1	E	6.62	3 5.
2543	803	782	24.5	-13 17	4	A	5.22	6 5 1	2593	656	—	31.0	+15 40	2	A?	6.54	5..
2544	1013	—	24.6	+39 48	5	A	6.02	6..	2594	830	—	31.0	- 3 49	2	A	6.14	1 4.
2545	590	—	24.6	+10 1	1	H	6.86	1 2.	2595	834	799	31.3	- 3 84	7	A	3.99	5 2 1
2546	637	783	24.8	+15 59	6	A	5.11	1.2	2596	149	—	31.6	+80 28	1	II	7.46	6..
2547	639	781	24.9	+15 39	4	A	5.69	2.2	2597	508	—	31.7	+10 39	1	A	6.87	p..
2548	690	784	25.0	+13 31	3	A	5.55	1.2	2598	—	802	31.7	-30 46	1	II?	5.52	n n
2549	645	—	26.2	+15 38	3	A	6.09	4..	2599	794	800	32.0	+53 17	6	A	5.59	2.1
2550	203	—	26.3	+71 41	2	A	7.04	p..	2600	865	801	32.0	+52 53	5	II	5.95	6.6

ANNALS OF HARVARD COLLEGE OBSERVATORY.

4ᵇ

D.C.	DM.	H.P.	R.A. 1900.	Dec. 1900.	No.	Sp.	Magn.	Resid.	D.C.	DM.	H.P.	R.A. 1900.	Dec. 1900.	No.	Sp.	Magn.	Resid.
			m.	° ′								m.	° ′				
2601	894	—	32.0	− 8 40	1	E	6.46	p p .	2651	168	—	39.5	+81 29	2	A	7.07	p . .
2602	174	—	32.1	+76 25	4	F	6.44	1 . .	2652	193	—	39.5	+75 33	2	H	6.76	2 . .
2603	798	803	32.1	+ 0 48	5	A	5.24	5 4 2	2653	1045	—	39.5	+42 9	1	F	6.51	2 . .
2604	731	—	32.4	+26 45	2	A	6.50	5 . .	2654	973	825	39.6	+56 35	4	A	5.72	1 . 3
2605	785	804	32.4	+20 30	4	A	5.74	3 . 1	2655	834	—	39.6	+ 0 23	2	A	6.66	1 F .
2606	828	—	32.5	+57 41	1	A	6.83	5 . .	2656	739	—	39.7	+23 27	2	F?	6.23	8 . .
2607	661	—	32.5	+15 51	4	A?	6.11	4 . .	2657	906	828	30.7	−18 51	4	A	5.56	4 1 0
2608	618	805	32.6	+12 19	5	A	4.52	5 0 2	2658	813	—	39.8	+53 6	1	F	6.47	5 . .
2609	963	806	32.6	− 2 40	4	A	5.50	4 3 2	2659	1045	—	39.8	+40 8	1	H	6.70	2 . .
2610	674	—	33.3	+25 2	4	A	6.24	1 . .	2660	928	826	39.9	+55 26	2	A	6.35	1 . 2
2611	88	—	33.4	+84 42	3	A	6.97	7 . .	2661	956	—	40.0	+41 7	2	A	6.65	4 . .
2612	343	—	33.4	+67 57	1	A	6.96	p . .	2662	880	—	40.1	+52 55	1	F	6.72	8 . .
2613	665	807	33.4	+15 36	4	A	5.21	1 . 1	2663	719	—	40.4	+18 33	1	H	6.56	1 . .
2614	937	—	33.4	−13 13	1	E	6.67	6 F .	2664	646	829	40.5	+11 31	4	A	5.70	0 . 1
2615	666	808	33.5	+15 43	5	A	5.01	3 . 2	2665	876	830	40.5	− 3 26	2	B	3.94	4 1 4
2616	681	810	33.6	+ 7 40	3	A	5.78	0 0 3	2666	536	—	40.8	+63 27	4	A	6.24	8 . .
2617	933	812	33.6	−14 30	4	I?	5.21	n n n	2667	884	—	41.4	− 3 8	2	A	6.09	p 7 .
2618	1128	800	33.9	+48 7	5	A	5.44	6 . 3	2668	155	824	41.6	+81 2	1	K?	5.98	5 . 7
2619	728	—	34.0	+29 47	1	A	6.87	4 . .	2669	728	—	41.9	+ 5 37	1	A	6.24	p 8 .
2620	121	—	34.1	+83 8	2	A	6.92	p . .	2670	741	—	42.0	+29 27	1	A?	7.02	5 . .
2621	955	813	34.3	−12 10	5	A	5.35	4 2 5	2671	695	—	42.0	+29 3	1	A	6.72	4 . .
2622	639	814	34.5	+12 0	4	A	5.30	7 . 0	2672	1251	—	42.1	+49 24	1	A	6.93	6 . .
2623	1226	—	34.6	+49 44	1	A	6.73	3 . .	2673	—	834	42.4	−28 16	1	A	5.86	. 5 0
2624	826	—	34.7	+59 20	3	A	6.32	6 . .	2674	543	831	42.7	+63 20	2	II	6.72	9 . 8
2625	986	816	34.7	−14 33	2	H	5.71	8 1 2	2675	840	832	42.8	+32 25	5	A	6.13	1 . 1
2626	954	—	35.0	+38 5	2	F?	6.38	2 . .	2676	816	833	42.8	+31 16	2	II	6.23	9 . 5
2627	680	815	35.0	+28 25	4	A	5.46	5 . 4	2677	742	—	42.9	+29 24	1	F?	6.87	1 . .
2628	189	811	35.4	+75 46	7	A	5.99	0 . 0	2678	707	—	42.9	+21 9	1	A?	6.77	p . .
2629	1230	817	35.8	+49 48	6	A	5.62	1 . 1	2679	954	—	43.1	−17 7	2	F	5.93	4 2 1
2630	1043	818	35.8	+43 10	6	A	5.57	1 . 3	2680	909	835	43.2	+37 19	3	H?	6.02	5 . 8
2631	—	820	35.9	−24 41	1	A?	6.21	2 4	2681	679	—	43.4	+ 3 29	1	A	6.48	p p .
2632	927	—	36.0	+38 14	1	A	6.58	4 . .	2682	986	—	43.4	− 0 41	1	A?	6.55	p F .
2633	988	821	36.1	−19 52	3	M?	6.05	n n n	2683	681	839	43.5	+ 3 25	2	A?	6.43	6 3 1
2634	739	819	36.2	+22 46	4	B	4.25	5 . 2	2684	354	—	43.6	+67 20	1	F	6.99	p . .
2635	628	—	36.8	+ 9 27	1	A	6.71	6 2 .	2685	1162	837	43.6	+48 35	4	H	6.20	4 . 4
2636	1023	—	36.9	+48 0	1	E	6.67	3 . .	2686	1044	—	43.6	− 5 50	2	F	5.93	4 4 .
2637	125	—	37.0	+83 2	5	A	6.78	p . .	2687	682	—	43.7	+ 3 31	1	A	6.33	p 7 .
2638	751	—	37.0	+ 2 48	1	A?	6.83	p F .	2688	956	—	44.0	−16 30	1	E	5.84	7 0 .
2639	876	—	37.1	+52 9	3	A	6.26	7 . .	2689	358	836	44.1	+66 10	8	A	4.70	3 . 3
2640	969	—	37.1	−12 40	1	A	6.48	4 3 .	2690	762	840	44.3	+ 6 47	3	F?	7 8 7	
2641	733	—	37.2	+23 55	1	II	6.20	5 . .	2691	1046	—	44.3	− 5 9	1	A	6.23	p F .
2642	1032	—	37.3	+40 36	5	A?	6.13	1 . .	2692	902	—	44.4	+45 41	1	A	6.29	2 . .
2643	155	—	37.8	+70 30	1	H	7.06	p . .	2693	983	—	44.6	+51 13	1	A?	6.95	p . .
2644	969	—	37.8	− 5 57	1	A?	6.48	3 F .	2694	905	—	44.6	− 9 11	1	A	6.75	9 F .
2645	347	—	38.1	+67 35	3	A	6.53	p . .	2695	789	—	44.7	+61 19	2	A	6.23	7 . .
2646	969	823	38.8	− 8 59	1	F?	6.61	4 2 6	2696	777	841	45.1	+ 8 44	3	A	4.50	4 1 2
2647	621	822	38.9	+10 58	4	A	5.60	0 3 3	2697	970	—	45.1	−18 56	1	F?	6.12	4 4 .
2648	172	—	39.2	+77 24	2	A	6.92	0 . .	2698	356	—	45.2	+67 23	1	A	6.64	9 . .
2649	929	827	39.3	− 8 41	4	A	5.86	1 1 2	2699	891	—	45.2	+52 39	4	A	5.92	p . .
2650	322	—	39.4	+70 45	8	A	6.09	2 . .	2700	583	—	R	R	n	R	R	. . .

THE DRAPER CATALOGUE.

4^h

D. C.	DM.	H. P.	R.A. 1900.	Dec. 1900.	No.	Sp.	Magn.	Resid.	D. C.	DM.	H. P.	R.A. 1900.	Dec. 1900.	No.	Sp.	Magn.	Resid.
			m.	o '								m.	o '				
2701	743	842	45.4	+18 41	3	A	5.04	5 6 1	2751	—	871	51.4	−25 54	1	H	6.18	. 5 2
2702	871	—	45.6	+ 0 59	2	A	6.17	p 7 .	2752	672	868	51.6	+17 0	2	H	6.45	8 . 6
2703	964	846	45.7	−16 23	2	K?	5.84	4 8 6	2753	1002	—	51.7	+37 11	3	A	6.59	4 . .
2704	1081	843	45.8	+42 25	7	A	5.83	4 . 3	2754	777	869	51.7	+23 48	2	H	6.23	0 . 2
2705	952	844	45.9	+36 33	4	H	6.02	n . n	2755	264	—	51.8	+73 37	2	H	6.95	7 . .
2706	745	845	45.9	+ 5 26	3	B	3.97	0 3 0	2756	906	—	51.9	+52 59	1	I	6.67	3 . .
2707	178	—	46.0	+77 36	4	E	7.08	4 . .	2757	187	—	52.0	+76 42	1	E	6.75	p . .
2708	587	—	R	R	1	E	6.29	p . .	2758	265	864	52.0	+73 55	7	A	5.86	4 . 1
2709	728	—	46.2	+13 29	1	E	6.48	3 1 .	2759	717	872	52.0	+24 54	4	A	5.06	3 . 0
2710	668	847	46.2	+ 9 49	1	H	6.06	1 2 1	2760	984	—	52.2	− 8 36	1	E?	6.21	9 F .
2711	66	—	46.3	+86 10	3	A	7.61	4 . .	2761	1005	873	52.5	+37 44	5	A	5.01	7 . 1
2712	701	849	46.5	+27 44	4	A	6.08	1 . 2	2762	853	—	52.6	+60 56	4	F	6.05	p . .
2713	941	848	46.9	+55 6	3	A	5.37	4 . 4	2763	370	—	52.7	+66 41	2	F	6.23	8 . .
2714	777	850	46.9	+14 5	1	H	6.33	n . 9	2764	1003	874	53.1	−14 24	3	A	5.64	7 7 0
2715	960	—	46.9	− 8 34	1	A	6.61	7 F .	2765	1080	—	53.2	− 2 22	2	A	6.15	1 5 .
2716	357	—	47.3	+67 38	3	A	6.63	4 . .	2766	1133	—	53.4	+39 15	5	F?	6.10	3 . .
2717	992	—	47.4	+51 26	4	A	6.43	6 . .	2767	796	—	53.4	+14 24	3	A	5.88	6 . .
2718	1116	852	47.7	+43 54	6	A	5.95	3 . 1	2768	872	875	53.4	+ 1 33	3	K	5.62	0 9 9
2719	996	—	47.8	+51 41	1	B?	6.86	p . .	2769	952	—	53.5	+55 26	1	A	6.65	8 . .
2720	282	—	48.0	+71 28	2	A	6.94	p . .	2770	716	—	53.7	+27 9	2	A?	6.35	8 . .
2721	1068	854	48.0	− 5 37	5	A	4.98	6 2 7	2771	1001	—	53.7	−16 56	2	A?	6.58	8 R .
2722	898	853	48.2	+52 42	4	A	5.49	p . 4	2772	1196	—	54.0	+48 40	1	F	6.77	p . .
2723	909	—	48.4	+51 57	1	A	6.91	p . .	2773	1024	—	54.1	+45 46	1	A	6.75	2 . .
2724	847	—	48.8	+ 1 25	2	A	6.07	p 8 .	2774	163	—	54.2	+79 22	1	A	7.40	p . .
2725	811	—	49.0	+19 20	4	A	6.23	8 . .	2775	722	—	54.2	+62 57	1	H	6.71	R . .
2726	810	857	49.1	+ 2 17	4	B	4.02	5 3 1	2776	723	—	54.2	+62 57				R . .
2727	288	—	49.2	+69 47	1	A	6.89	9 . .	2777	1077	—	54.2	+44 15	2	A	6.48	p . .
2728	829	856	49.3	+53 35	5	A	4.66	3 . 2	2778	856	876	54.5	+60 18	4	K	5.19	2 . n
2729	675	858	49.3	+11 16	3	A	5.47	8 . 3	2779	1013	878	54.5	−16 32	3	A	5.59	0 4 2
2730	1271	—	49.4	+49 46	1	A	6.40	5 . .	2780	1166	877	54.8	+43 41	6	F	4.10	R . 9
2731	683	859	49.4	+10 0	2	A	4.86	4 1 1	2781	1006	882	55.1	−10 25	3	E	5.88	4 1 2
2732	755	860	49.4	+ 7 38	1	H	6.40	7 4 8	2782	688	—	55.2	+10 46	1	A	6.42	p . .
2733	928	—	49.5	− 3 23	1	E	6.64	0 3 .	2783	736	881	55.3	+ 3 28	3	A	5.90	R 3 1
2734	229	—	49.6	+74 7	3	H	6.79	7 . .	2784	1047	883	55.3	−12 41	4	A	5.11	3 R 2
2735	1077	—	49.6	+47 44	1	A	6.86	8 . .	2785	361	—	55.4	+68 50	4	F	6.52	0 . .
2736	930	—	49.7	+86 1	3	E	6.34	2 . .	2786	952	—	55.4	+46 31	1	A	6.90	7 . .
2737	803	861	49.7	+ 0 19	4	A	5.78	5 6 1	2787	1142	879	55.5	+40 56	7	I?	5.27	n . n
2738	709	—	50.1	+24 27	1	F	6.24	3 . .	2788	1005	—	55.7	− 2 13	1	H	6.40	1 3 .
2739	787	—	50.2	+14 54	2	A	5.44	p . .	2789	1142	—	55.9	+42 25	1	A	6.36	p . .
2740	855	862	50.4	+33 0	4	K	4.87	n . n	2790	856	—	56.0	+54 44	1	F	6.79	p . .
2741	769	—	50.6	+ 5 15	1	A	6.09	p 6 .	2791	1044	—	56.2	+41 18	4	A	6.06	4 . .
2742	991	866	50.6	−16 55	1	H	6.03	2 3 3	2792	74	863	56.3	+85 50	12	A	6.88	9 . 5
2743	740	865	50.7	+13 21	3	K	5.55	6 . n	2793	1292	—	56.4	+49 22	1	A?	6.98	9 . .
2744	248	—	50.8	+72 16	1	E	6.71	p . .	2794	826	—	56.4	− 0 51	1	A?	6.36	p 5 .
2745	857	—	50.8	+ 1 28	1	A?	6.82	7 F .	2795	1036	—	56.4	−11 21	1	E	6.29	7 F .
2746	992	867	50.8	−16 35	1	A?	6.19	2 R 5	2796	208	—	56.5	+75 33	7	A	6.61	7 . .
2747	818	—	51.0	+ 3 2	1	E	6.88	p F .	2797	948	884	56.6	− 7 20	4	B	4.87	0 4 2
2748	357	—	51.3	+60 2	1	A	6.78	2 . .	2798	923	887	56.7	+ 0 34	3	H	6.21	0 4 1
2749	1122	—	51.3	+39 55	1	A?	6.79	5 . .	2799	137	—	56.7	+82 9	1	E	7.31	R . .
2750	1091	870	51.4	− 5 20	5	A	5.66	4 2 3	2800	138	—	56.8	+82 8				R . .

36 ANNALS OF HARVARD COLLEGE OBSERVATORY.

$4^h - 5^h$

D. C.	DM.	H. P.	R.A. 1900.	Dec. 1900.	No.	Sp.	Magn.	Resid.	D. C.	DM.	H. P.	R.A. 1900.	Dec. 1900.	No.	Sp.	Magn.	Resid.
			m.	° ′								m	° ′				
2801	1031	—	56.8	+37 7	1	A	6.62	7 ..	2851	566	—	1.3	+63 27	3	A	6.45	6 ..
2802	886	—	56.8	+ 1 28	3	A	5.72	8 8 .	2852	1226	—	1.4	+49 0	3	A	6.30	7 ..
2803	1032	—	57.0	+45 38	5	A	6.35	4 ..	2853	779	900	1.5	+18 30	3	E	5.54	3.4
2804	751	888	57.1	+21 27	4	A	5.00	2.3	2854	1044	906	1.8	— 4 47	4	A	5.23	240
2805	1130	—	57.1	— 5 39	1	A	6.53	7 3 .	2855	885	903	1.9	+20 17	4	A	5.21	1.2
2806	990	889	57.1	—20 12	4	A	4.74	6 8 3	2856	755	904	2.0	+24 8	4	A	5.40	3.0
2807	1177	—	57.3	+43 35	1	A	6.48	p ..	2857	766	905	2.0	+21 34	4	A	6.04	3.2
2808	804	885	57.4	+58 50	4	A	5.25	R . R	2858	1063	—	2.0	—18 15	4	A	5.80	2 5 .
2809	805	886	57.5	+58 53				B . .	2859	367	—	2.1	+67 33	1	A	7.00	1 ..
2810	857	—	57.5	+61 2	1	H	6.63	1 ..	2860	858	—	2.1	+53 35	3	A	6.61	p ..
2811	748	—	57.5	+ 3 19	1	A	6.38	p F .	2861	736	—	2.2	+ 9 21	1	E?	6.26	5 2 .
2812	772	—	57.9	+30 22	1	H	6.57	1 ..	2862	751	—	2.3	+28 9	1	A	6.61	4 ..
2813	959	—	58.0	+46 46	1	H?	6.75	3 ..	2863	866	907	2.5	+ 8 22	2	A	5.45	450
2814	1050	—	58.0	+41 44	2	A	6.61	p ..	2864	1035	—	2.7	— 8 47	2	A	6.16	p 7 .
2815	879	—	58.1	+32 11	2	A	6.19	4 ..	2865	1076	909	2.8	—12 37	1	E	5.98	3 3 2
2816	—	892	58.1	—26 25	1	H?	5.82	.48	2866	1162	910	2.9	— 5 13	3	A	3.61	R 8 7
2817	1300	—	58.2	+49 55	1	A	6.44	p ..	2867	763	—	3.2	+61 20	1	A	7.03	p ..
2818	301	—	58.3	+69 43	1	A	6.99	p ..	2868	970	908	3.3	+46 50	5	F?	5.91	1.3
2819	1013	—	58.3	— 8 48	3	A?	6.23	8 F .	2869	822	—	3.4	+29 40	1	F	6.37	1 ..
2820	1301	—	58.5	+49 50	1	A	6.09	p ..	2870	863	—	3.5	+53 5	1	A	6.67	p ..
2821	1214	—	58.5	+48 31	1	A	6.87	p ..	2871	1067	—	3.5	+37 11	4	E?	6.34	1 ..
2822	—	895	58.5	—22 57	1	H	6.40	. 3 4	2872	732	911	3.5	+27 55	4	A	6.16	7 . 2
2823	302	—	58.7	+69 30	1	H	6.69	2 ..	2873	1037	—	3.6	— 8 48	2	A	5.26	p p .
2824	1024	891	58.8	+51 29	3	A	5.55	4.7	2874	871	—	3.7	+67 21	3	A	6.62	4 ..
2825	732	894	58.8	+15 16	3	A	4.72	6 . 0	2875	785	—	3.7	+ 3 6	1	A	6.03	p 8 .
2826	725	893	58.9	+27 48	2	A	6.26	2.0	2876	734	—	3.8	+27 26	1	H?	6.50	7 ..
2827	1305	—	59.1	+49 48	1	A	7.19	p ..	2877	743	912	3.8	+ 9 42	3	A	5.49	5 4 2
2828	958	—	59.3	+55 24	1	F	6.75	5 ..	2878	766	—	3.9	+61 44	5	A	5.91	8 ..
2829	1091	—	59.3	+44 36	1	A?	6.48	8 ..	2879	864	—	3.9	+53 20	1	E?	6.83	7 ..
2830	973	—	59.3	+35 48	3	A	6.41	1 ..	2880	752	914	4.0	+15 28	3	A	5.32	3 . 5
2831	1027	—	59.3	—14 31	2	A	5.81	7 8 .	2881	734	—	4.2	+62 34	3	A	6.13	6 ..
2832	1075	—	59.4	— 6 10	2	F?	6.28	9 F .	2882	972	—	4.2	+46 49	1	A	6.86	p ..
2833	1058	896	59.5	+41 7	9	A	n	R . R	2883	187	—	4.4	+77 58	1	A	7.34	p ..
2834	953	—	59.5	+33 47	2	A	6.25	8 ..	2884	373	—	4.4	+67 15	1	F	7.14	4 . ;
2835	818	—	59.6	+22 56	2	A	6.13	p ..	2885	1040	917	4.4	— 8 53	5	A	4.40	2 2 0
2836	847	—	59.6	+19 40	2	A	6.11	4 ..	2886	1062	—	4.5	+45 32	1	H	6.74	p ..
2837	274	890	59.7	+73 49	7	A	5.36	1 . 1	2887	871	—	4.5	+31 55	1	A	6.43	p ..
2838	862	—	59.7	+54 52	1	A	6.59	9 ..	2888	238	—	4.6	+74 25	3	A	6.77	4 ..
2839	1122	—	59.7	+50 9	1	E	6.44	p ..	2889	217	—	4.8	+75 50	1	A	7.17	4 ..
2840	1170	—	59.7	+43 2	1	F	6.19	6 ..	2890	830	—	5.0	+29 37	1	A	6.32	7 ..
2841	783	—	59.7	+26 17	3	A	6.50	0 ..	2891	867	919	5.0	— 0 41	2	H?	6.21	5 3 2
2842	—	897	59.7	—24 32	3	A	5.46	. 3 0	2892	180	—	5.1	+78 15	3	F	7.14	9 ..
2843	998	898	59.9	— 3 11	4	A	5.79	2 7 2	2893	812	—	5.1	+30 42	1	H	6.68	3 ..
2844	500	—	0.1	+64 47	4	F	6.42	5 ·.	2894	735	—	5.2	+62 59	3	A	6.38	p ..
2845	258	—	0.4	+72 37	4	A	6.57	p ..	2895	1205	—	5.3	+39 59	3	A	6.31	8 ..
2846	190	—	0.5	+76 21	9	A	6.06	6 ..	2896	833	—	5.3	+29 48	1	A	6.42	1 ..
2847	730	—	0.5	+62 21	3	A	6.27	7 ..	2897	280	918	5.9	+73 9	8	A	5.68	1 . 0
2848	825	—	0.7	+22 24	1	F	6.63	4 ..	2898	869	—	6.0	+53 54	1	A	6.78	p ..
2849	1000	901	1.2	—22 30	5	K?	4.76	n n n	2899	759	920	6.0	+15 55	1	H	6.30	7 . n
2850	—	902	1.2	—26 17	1	A	6.57	.45	2900	169	913	6.1	+79 7	11	F	5.46	3.4

THE DRAPER CATALOGUE.

D. C.	DM.	H. P.	R.A. 1900.	Dec. 1900.	No.	Sp.	Magn.	Resid.	D. C.	DM.	H. P.	R.A. 1900.	Dec. 1900.	No.	Sp.	Magn.	Resid.
			m.	° '								m.	° '				
2901	1043	—	6.2	+51 19	1	A	6.70	p ..	2951	1240	—	11.6	+40 21	1	II	6.75	1 ..
2902	979	—	6.3	+46 52	1	B	6.71	9 ..	2952	1000	942	11.6	+33 17	4	K?	5.69	6 . 7
2903	1213	—	6.3	+40 5	1	E	6.45	p ..	2953	141	—	11.8	+83 47	10	A	6.46	6 ..
2904	1165	923	6.3	− 2 37	2	E?	6.10	1 3 1	2954	828	—	11.8	+58 14	1	A	7.04	p ..
2905	857	—	6.4	+59 16	2	II	6.60	1 ..	2955	1002	—	11.8	+33 39	4	A	5.80	7 ..
2906	1091	—	6.5	+37 14	1	E	6.47	4 ..	2956	1248	944	12.1	+40 2	5	F	5.24	3 . 2
2907	1063	922	6.6	+38 22	6	A	5.05	2 . 1	2957	1069	—	12.3	−17 16	1	E	5.73	p p .
2908	974	—	6.6	+ 0 24	1	A	6.01	p p .	2958	1008	946	12.4	+33 39	4	A	5.08	p . 2
2909	975	924	6.6	+ 0 55	1	E	6.12	4 2 2	2959	380	—	12.5	+67 27	1	C	6.74	p ..
2910	872	921	6.7	+53 6	4	A	5.87	6 . 3	2960	994	—	12.6	+34 47	2	A	6.55	p ..
2911	1092	925	6.7	−11 58	1	H	6.38	1 1 5	2961	1028	948	12.7	− 6 57	5	A	3.83	2 1 2
2912	1047	—	7.0	+36 55	4	A	6.17	8 ..	2962	1010	—	12.8	+33 53	3	A	6.20	p ..
2913	1095	927	7.7	−11 59	5	A	4.45	6 0 3	2963	187	—	13.1	+78 13	7	F	6.53	5 ..
2914	827	—	7.9	+30 18	1	F	6.57	9 ..	2964	998	—	13.1	+46 52	2	A	6.46	5 ..
2915	1136	—	8.0	+50 27	1	A	6.59	p ..	2965	1255	—	13.1	+39 41	1	A	6.44	9 ..
2916	1047	—	8.1	+51 52	1	F	6.56	p ..	2966	1116	951	13.1	−13 37	1	II	5.92	1 1 2
2917	888	928	8.1	+ 2 45	2	I	5.63	8 5 n	2967	882	—	13.2	+54 9	1	II	6.69	4 ..
2918	895	—	8.2	+31 18	1	H	6.58	2 ..	2968	1253	947	13.3	+40 59	6	A	5.33	5 . 0
2919	938	—	8.3	+ 1 51	3	A	6.25	6 3 .	2969	816	950	13.3	+22 0	4	II	5.77	3 . 6
2920	1072	929	8.4	−16 19	5	A	3.55	R 2 3	2970	870	—	13.4	+59 11	1	H	6.90	1 ..
2921	870	—	8.6	+60 4	1	E	6.72	p ..	2971	1013	949	13.4	+33 52	4	A	5.32	6 . 2
2922	1092	931	8.7	−13 3	5	A	4.36	3 2 2	2972	893	—	13.4	+20 1	1	II	6.36	1 ..
2923	220	—	8.8	+75 4	1	E	7.09	4 ..	2973	945	—	13.5	+32 41	1	F	6.59	8 ..
2924	922	930	8.8	+32 35	4	A	5.11	4 . 1	2974	1255	—	13.8	+40 47	3	A	6.42	p ..
2925	1059	—	8.8	− 8 10	2	A	5.81	p p .	2975	1253	—	13.9	+42 24	1	A	6.61	5 ..
2926	989	—	9.0	+46 19	2	A?	6.00	5 ..	2976	195	945	14.0	+77 53	7	A	6.16	8 . 1
2927	299	—	9.1	+71 37	3	H	6.46	3 ..	2977	1255	—	14.0	+42 16	1	A	6.71	7 ..
2928	379	—	9.2	+67 53	2	A	6.85	7 ..	2978	1146	—	14.0	+37 20	4	A	6.24	p ..
2929	977	—	9.3	+55 25	1	A	6.60	7 ..	2979	916	952	14.0	+ 2 30	3	A	5.92	2 0 5
2930	1077	932	9.3	+45 54	8	F	n	n . R	2980	1182	—	R	R	R	R	R	...
2931	877	935	9.4	+ 5 3	1	E?	6.44	4 3 5	2981	183	—	14.4	+81 38	1	H	7.42	p ..
2932	864	—	9.5	+22 10	4	A	5.91	9 ..	2982	898	—	14.4	+19 30	3	A	6.21	3 ..
2933	878	—	9.7	+54 18	1	A?	6.94	p ..	2983	1051	955	14.4	−18 14	2	II?	5.82	5 6 1
2934	980	934	9.7	+34 12	4	A	5.65	p . 3	2984	241	—	14.6	+74 27	3	A	6.64	5 ..
2935	1063	936	9.7	− 8 19	6	F	B	R R R	2985	859	957	14.6	− 1 31	2	E?	5.90	6 8 5
2936	78	916	9.9	+85 36	13	A	6.63	4 . 4	2986	1102	954	14.7	+41 43	5	A	5.10	9 . 0
2937	837	939	10.3	− 1 31	1	A	6.40	1 1 4	2987	758	—	14.7	+27 51	3	A	6.06	4 ..
2938	183	—	10.4	+78 10	5	II	6.80	1 ..	2988	879	953	14.9	+57 27	4	A	5.48	2 . 2
2939	385	—	10.5	+66 38	1	H	6.33	5 ..	2989	1182	—	14.9	+44 59	2	A	6.54	9 ..
2940	901	—	10.5	+33 13	3	A	6.46	p ..	2990	869	956	14.9	+20 29	5	A	5.67	3 . 1
2941	756	940	10.5	+11 14	6	A	5.51	5 4 1	2991	1055	—	14.9	−18 37	6	A	5.66	R R .
2942	874	937	10.8	+58 1	4	A	5.94	6 . 4	2992	1056	—	15.0	−18 37				R R .
2943	742	938	11.0	+62 33	2	H	6.70	7 . 9	2993	1127	959	15.0	−13 16	5	A	4.30	7 2 0
2944	1239	941	11.1	+42 41	2	II	6.42	4 . 4	2994	579	—	15.3	+63 17	1	E?	7.07	1 ..
2945	265	—	11.2	+72 12	1	E	7.30	p ..	2995	989	—	15.4	+55 59	1	H	6.96	5 ..
2946	—	943	11.4	−27 3	1	A	5.60	. 2 9	2996	806	—	15.4	+ 9 38	2	A	6.21	8 5 .
2947	185	—	11.5	+78 53	1	E	7.28	p ..	2997	1132	960	15.4	−12 25	5	A	5.13	p 6 1
2948	957	—	11.5	+ 1 50	2	A	6.07	7 6 .	2998	—	961	15.4	−27 28	1	A	5.44	. 7 3
2949	1117	—	11.5	−11 28	1	A	5.79	p 9 .	2999	1225	—	15.5	− 5 28	3	A	6.18	8 5 .
2950	—	—	11.5	−23 0	1	A	5.94	. p	3000	242	—	15.6	+74 13	5	A	6.30	8 ..

ANNALS OF HARVARD COLLEGE OBSERVATORY.

5^h

D.C.	DM.	H.P.	R.A. 1900.	Dec. 1900.	No.	Sp.	Magn.	Resid.	D.C.	DM.	H.P.	R.A. 1900.	Dec. 1900.	No.	Sp.	Magn.	Resid.
			m. s.	° ′								m. s.	° ′				
3001	351	—	15.7	+70 9	5	A	6.37	3..	3051	884	—	20.9	+60 11	2	A	6.37	6..
3002	1268	958	15.7	+40 56	6	A	5.35	6.1	3052	1048	984	21.0	+34 24	2	I	5.95	0.7
3003	1160	—	15.8	+37 35	1	E	6.08	5..	3053	1247	—	21.1	− 5 37	3	A	5.88	17.
3004	857	—	16.1	+ 3 54	3	A	6.30	pF.	3054	923	—	21.2	+ 6 47	3	A	6.08	p9.
3005	1135	963	16.2	−21 20	5	A	4.66	3 2 1	3055	928	986	21.3	+17 53	4	B	5.22	8.2
3006	933	962	16.4	+ 8 20	4	A	5.60	9 5 2	3056	961	—	21.3	+ 2 51	1	A	6.18	pF.
3007	929	—	16.5	− 0 31	6	A	5.73	7 p.	3057	822	—	21.5	+15 11	3	A	5.99	5..
3008	173	—	16.6	+79 46	7	A	6.51	p..	3058	847	987	21.6	+21 51	3	B	4.79	p.0
3009	930	964	16.7	− 0 28	6	B	4.63	2 5 0	3059	896	—	21.6	+ 7 5	1	A	6.25	pF.
3010	899	—	16.9	+ 5 18	1	A	6.64	9 F.	3060	962	988	21.6	+ 3 0	4	B	4.48	8 5 2
3011	788	—	17.0	+28 51	5	A	6.14	9..	3061	1173	989	21.7	−19 47	1	A	6.35	4 3 5
3012	1135	—	17.2	−13 51	2	A	6.37	8 5.	3062	912	985	21.8	+53 20	2	A	6.43	9.5
3013	1181	—	17.4	+41 44	2	A	6.61	p..	3063	1208	—	21.9	+42 12	1	H	6.21	7..
3014	936	—	17.5	+ 2 42	2	A	6.28	pF.	3064	903	—	21.9	+ 3 45	2	A	6.33	9 F.
3015	871	966	17.6	+ 3 27	4	A	4.71	6 5 3	3065	826	990	22.0	+15 48	3	A	5.46	5.0
3016	—	967	17.7	−24 52	3	E	5.89	.1 6	3066	1250	—	22.0	− 2 27	3	A	6.27	p9.
3017	1175	965	17.9	+37 17	3	H?	5.92	6.7	3067	193	—	22.1	+78 18	4	F	7.06	6..
3018	765	—	17.9	+16 36	4	A	5.92	9..	3068	897	—	22.1	− 1 27	1	A	6.40	pF.
3019	1035	—	17.9	+ 0 58	1	A	6.52	pF.	3069	390	—	22.6	+67 56	3	F	6.50	5..
3020	954	968	18.2	+31 8	4	A	5.68	R. R	3070	915	—	22.6	+53 5	2	A	6.77	9..
3021	955	969	18.2	+31 3				R. R	3071	903	—	22.9	+13 37	2	A	5.98	5..
3022	905	—	18.2	+ 5 14	2	A	6.14	9 8.	3072	1021	991	22.9	+ 1 13	2	A	6.22	p 6 2
3023	190	—	18.4	+78 15	5	A	6.89	8..	3073	1064	—	23.1	+35 3	1	A?	6.46	6..
3024	1107	971	18.5	− 8 30	3	A	5.91	8 7 1	3074	839	992	23.1	+25 4	4	A	5.32	2.1
3025	1031	—	18.6	+34 45	1	H	6.00	4..	3075	900	—	23.3	− 0 4	2	A	6.41	6 8.
3026	920	970	18.6	+17 17	3	F	5.50	0.3	3076	909	—	23.4	+29 7	2	E	6.22	8..
3027	936	—	18.6	− 0 15	5	A	5.63	9 6.	3077	862	—	23.4	+18 18	2	A	6.30	7..
3028	883	—	18.8	− 0 57	1	H	6.86	3 0.	3078	700	—	23.5	+10 4	1	E	6.66	p..
3029	1119	972	18.9	−14 1	3	A	4.84	p 9 3	3079	1321	—	23.7	+39 46	2	E?	6.54	R..
3030	1064	973	19.1	− 7 53	3	H	5.33	n 9 n	3080	1322	—	23.8	+39 46				R..
3031	906	—	19.3	+53 31	1	A	6.63	p..	3081	1206	—	23.8	+41 23	2	H?	6.21	5..
3032	948	—	19.3	+20 30	1	E	6.47	p..	3082	1115	—	23.9	− 3 24	3	A	5.99	8 p.
3033	947	—	19.4	+ 2 15	3	A	6.15	p 8.	3083	249	—	24.0	+74 15	3	A	6.53	5..
3034	886	974	19.4	− 0 59	1	H	6.21	2 6 n	3084	889	—	24.0	+57 10	2	F	6.62	0..
3035	1235	975	19.4	− 2 29	6	B	3.93	2 5 4	3085	1096	994	24.0	−20 51	6	K	4.07	R n n
3036	1435	—	R	R	R	R	R	...	3086	1278	—	24.1	+48 52	2	A?	6.68	8..
3037	1005	977	19.6	+ 1 45	5	B	4.84	2 6 2	3087	969	—	24.3	+20 29	1	A	6.27	p..
3038	919	979	19.7	+ 6 16	5	B	B	R R R	3088	250	—	24.4	+74 38	1	E	7.08	4..
3039	1356	—	19.9	+49 11	1	E	6.93	8..	3089	1110	995	24.4	− 3 32	1	H	6.39	1 1 4
3040	795	978	20.0	+28 32	4	A	B	R. R	3090	1364	—	24.6	+49 19	1	E	6.43	1..
3041	1117	981	20.0	−17 3	4	A	5.50	8 4 2	3091	1092	—	24.6	− 7 21	3	A	6.40	4 4.
3042	1040	—	20.2	+34 18	4	A	5.78	8..	3092	1168	—	24.7	+47 8	1	F	6.81	7..
3043	775	—	20.3	+16 36	3	A	5.93	p..	3093	837	—	24.7	+15 17	4	A	5.94	6..
3044	187	—	20.4	+81 19	1	E	7.46	p..	3094	1032	999	24.7	+ 1 42	6	A	5.67	p 7 1
3045	1273	—	20.4	+48 9	2	F?	6.77	6..	3095	913	997	24.7	− 1 11	2	I	5.96	5 n n
3046	1272	—	20.4	+43 17	4	A	5.95	8..	3096	534	—	25.0	+64 50	4	A	6.50	p..
3047	889	—	20.6	− 1 35	2	A	6.05	pF.	3097	1083	—	25.3	+51 22	1	A	6.75	p..
3048	759	980	20.7	+62 59	1	H	6.51	5.7	3098	182	—	25.4	+79 17	1	H	7.50	p..
3049	1056	—	20.7	+ 0 25	1	B	5.81	p 9.	3099	800	—	25.4	+10 10	1	A	6.41	p..
3050	898	983	20.8	+30 7	3	A	5.84	4.0	3100	939	1000	25.4	+ 5 52	6	A	4.24	p 6 1

THE DRAPER CATALOGUE.

5ʰ

D.C.	DM.	H.P.	R A 1900.	Dec. 1900.	No.	Sp.	Magn.	Resid.	D.C.	DM.	H.P.	R.A. 1900.	Dec. 1900.	No.	Sp.	Magn.	Resid.
			m	° ′								m.	° ′				
3101	968	—	25.5	+52 34	2	A	6.57	p ..	3151	1167	—	29.4	− 4 52	1	A	6.63	9 2 .
3102	1099	—	25.5	− 7 31	2	A?	6.17	2 7 .	3152	879	1019	29.6	+ 9 52	5	A	3.46	0 0 0
3103	203	—	25.6	+76 43	1	E	7.15	6 ..	3153		1020	29.6	+ 9 52				
3104	1035	—	25.9	+56 11	3	A	6.41	p ..	3154	1171	—	29.6	− 4 33	1	A	6.59	p F .
3105	934	—	25.9	+14 51	2	E	6.29	7 ..	3155	818	1018	29.7	+10 10	3	A	5.79	7 . 3
3106	948	1002	26.0	+ 3 13	5	A	5.13	p 0 4	3156	80	996	29.9	+85 9	2	H	7.20	n . 8
3107	313	—	26.1	+71 36	2	H	6.64	2 ..	3157	1173	—	29.9	− 4 10	2	A	6.19	8 F .
3108	1024	1001	26.2	+32 8	4	A	5.04	2 . 0	3158	1231	—	30.0	+41 46	1	A	6.26	p ..
3109	201	—	26.3	+77 29	4	A	6.96	p ..	3159	1234	1021	30.1	− 6 5	6	A	4.62	8 n 1
3110	875	1003	26.3	+18 32	2	H	5.96	n . n	3160	298	—	30.2	+73 56	6	A	6.40	4 ..
3111	252	998	26.4	+74 59	1	F?	6.49	0 . 1	3161	972	—	30.2	+19 29	1	A?	6.41	p ..
3112	1218	—	26.4	+42 2	6	A	6.08	7 ..	3162	314	—	30.3	+71 35	1	E	6.79	p ..
3113	794	1004	26.4	+16 59	5	A	5.50	6 . 0	3163	1315	1023	30.3	− 5 27	2	D?	4.83	8 2 4
3114	592	—	26.5	+63 25	1	A	6.87	p ..	3164	1319	1024	30.4	− 5 29	2	D?	4.88	1 3 0
3115	1207	—	26.5	− 6 47	2	A	6.07	7 6 .	3165	1184	—	30.4	− 4 29	4	A	5.59	p p .
3116	1027	—	26.7	+32 13	3	A	6.09	n . .	3166	1185	1025	30.4	− 4 54	5	B	4.56	1 9 0
3117	1301	—	26.8	+43 52	3	A	6.41	8 ..	3167	1186	—	30.5	− 4 26	2	A	5.84	p R .
3118	1105	1006	26.8	−20 56	5	A	5.67	3 2 3	3168	1241	1027	30.5	− 5 59	6	B	B	R R R
3119	1028	—	26.9	+32 44	3	A	6.16	5 ..	3169	1146	—	30.6	− 3 19	5	A	6.13	9 7 .
3120	983	1005	26.9	− 0 23	6	B	B	R R R	3170	1044	—	30.7	+56 18	2	F	6.66	2 ..
3121	401	—	27.0	+66 38	5	A	6.10	9 ..	3171	1188	1026	30.7	− 4 55	5	A	5.50	5 6 5
3122	1083	—	27.0	+34 39	4	A	5.98	9 ..	3172	870	—	30.9	+26 52	4	A	5.68	p ..
3123	1030	—	27.1	+32 40	1	A	6.00	9 ..	3173	1330	—	31.0	− 5 41	1	A?	6.58	p F .
3124	1106	1007	27.1	− 7 23	5	B	4.55	4 5 1	3174	806	—	31.2	+61 53	3	A	6.42	4 ..
3125	1288	—	27.2	+48 58	1	H	6.93	6 ..	3175	969	1029	31.2	− 1 16	5	A	B	R R R
3126	854	—	27.4	+24 33	2	A	6.34	7 ..	3176	822	1028	31.3	+16 59	4	A	5.72	5 . 3
3127	362	—	27.5	+70 18	5	A	6.28	7 ..	3177	1334	—	31.3	− 5 48	3	A	5.98	p R .
3128	482	—	27.6	+65 3	1	A	6.90	p ..	3178	1131	—	31.3	− 7 28	1	A?	6.77	2 F .
3129	536	—	27.6	+64 6	4	A	5.85	9 ..	3179	898	1030	31.4	+ 9 15	6	H	5.28	7 8 9
3130	877	1008	27.6	+18 29	2	A	5.56	6 . 3	3180	908	1032	31.7	+21 5	6	A	3.37	3 . 4
3131	206	—	27.7	+76 25	2	A	7.09	p ..	3181	1255	—	31.7	− 6 8	5	A	5.48	9 p .
3132	989	—	27.7	+20 24	4	A	6.07	2 ..	3182	1016	—	31.9	+ 8 53	4	A	6.06	9 3 .
3133	935	1010	27.7	− 1 40	5	A	5.20	8 p 0	3183	1240	—	32.1	+41 18	1	H	6.01	p ..
3134	281	—	27.9	+72 8	2	E?	6.90	p ..	3184	963	1033	32.2	+30 26	4	A	5.72	3 . 1
3135	177	—	28.0	+80 21	1	H	7.45	8 ..	3185	485	1031	32.4	+65 38	2	H	6.36	4 . 6
3136	939	—	28.1	− 1 48	2	A	6.00	p F .	3186	1262	—	32.5	− 6 0	3	A	5.61	p p .
3137	947	1012	28.2	+14 15	4	B	5.48	2 . 2	3187	1238	1036	32.5	−11 50	4	A	5.75	7 7 2
3138	1166	1014	28.3	−17 54	5	F	3.41	n 7 7	3188	894	—	32.6	+60 34	2	A	6.47	5 ..
3139	914	1009	28.4	+54 20	2	H	6.59	6 . 6	3189	953	1035	32.6	+ 7 29	4	A	5.85	3 5 2
3140	943	—	28.5	− 1 14	5	A	5.08	p p .	3190	982	—	32.6	− 1 30	1	A	6.40	p F .
3141	1178	1013	28.7	+47 40	5	A	6.05	0 . 1	3191	1342	—	32.7	− 5 0	2	A?	6.58	p p .
3142	1058	—	28.8	+ 1 20	2	A	6.22	p 6 .	3192	1275	—	32.8	+37 56	1	E	6.43	6 ..
3143	339	—	29.0	+69 55	1	H	6.60	5 ..	3193	1196	—	32.9	− 4 52	4	A	6.18	8 5 .
3144	964	1015	29.0	+ 3 42	5	A	5.31	9 5 0	3194	947	—	33.0	+29 10	2	A	5.82	4 ..
3145	949	—	29.0	− 1 6	4	A	6.03	p R .	3195	934	—	33.2	+53 26	2	I	6.13	2 ..
3146	950	—	29 0	− 1 32	1	A	6.20	p 3 .	3196	987	—	33.2	− 1 13	1	A?	6.15	p F .
3147	1296	—	29.2	+ 2 57	3	A	6.10	p F .	3197	257	—	33.3	+74 34	1	E?	6.87	3 ..
3148	954	1016	29.3	+23 58	4	B	5.19	7 . 2	3198	1156	—	33.3	+45 39	1	A	6.54	p ..
3149	958	—	29.3	+ 5 35	2	A	6.04	p 9 .	3199	1198	—	33.3	− 4 9	2	A	6.49	p F .
3150	877	1017	29.4	+ 9 25	6	B	4.54	5 5 1	3200	902	1037	33.5	+25 50	5	A	4.95	7 . 1

ANNALS OF HARVARD COLLEGE OBSERVATORY.

5^h

D.C.	DM.	H.P.	R.A. 1900.	Dec. 1900.	No.	Sp.	Magn.	Resid.	D.C.	DM.	H.P.	R.A. 1900.	Dec. 1900.	No.	Sp.	Magn.	Resid.
			m.	° ′								m.	° ′				
3201	918	—	33.5	+21 42	3	A	6.05	p..	3251	1240	—	37.2	−12 21	2	A	5.93	p F.
3202	181	—	33.7	+80 34	3	A	7.14	8..	3252	1208	—	37.2	−16 46	1	A	5.94	6 6.
3203	406	—	33.7	+66 35	1	II	6.63	p..	3253	1105	1050	37.3	+ 1 26	2	H	5.87	2 6 6
3204	1326	1039	33.7	− 2 39	5	A	4.00	0 0 3	3254	994	—	37.5	+52 8	1	E	6.16	p..
3205	1275	—	33.8	− 6 38	4	A	5.40	p p .	3255	604	—	37.9	+63 34	1	F?	6.82	6..
3206	898	—	33.9	+11 28	1	A	6.27	p..	3256	1293	1053	38.0	− 6 51	2	E?	6.12	4 3 1
3207	1002	1040	33.9	+ 4 4	5	B	4.50	4 4 1	3257	1194	1054	38.0	−22 25	2	A	5.96	5 4 3
3208	1183	—	33.9	− 8 31	1	F?	6.36	6 F.	3258	1058	1051	38.1	+56 5	5	A	5.86	2.1
3209	1142	1041	34.0	− 7 16	5	A	4.93	1 3 1	3259	1012	—	38.1	− 1 39	1	H?	6.85	p 0.
3210	1369	—	34.1	+40 50	1	E	6.25	p..	3260	1398	1052	38.2	+49 47	6	A	5.20	5.2
3211	1048	—	34.1	+31 18	5	A	5.83	6..	3261	1005	—	38.2	+ 6 51	1	E?	6.75	G F.
3212	319	—	34.3	+71 53	1	H?	6.85	p..	3262	194	—	38.4	+81 20	1	H	6.96	p..
3213	397	—	34.3	+67 15	1	E	6.99	p..	3263	856	—	38.4	+58 46	1	A	6.95	3..
3214	396	—	34.4	+67 55	1	F	7.15	p..	3264	1059	—	38.4	+56 53	3	A	6.29	3..
3215	1166	1043	34.5	− 3 37	2	A	5.94	6 8 1	3265	938	—	38.4	+18 49	1	E	6.61	p..
3216	1050	—	34.6	+56 33	2	H	6.32	2..	3266	1139	—	38.5	+33 35	1	F?	6.40	6..
3217	81	—	34.7	+85 17	1	H	7.61	4..	3267	1278	—	38.9	+44 45	1	A	6.54	8..
3218	1107	—	34.8	− 9 46	2	A	6.10	4 6.	3268	1403	—	38.9	+40 28	3	A	6.12	5..
3219	816	—	34.9	+61 26	1	II	6.44	1..	3269	1172	1055	39.0	−18 36	3	A	5.66	3 3 3
3220	1056	—	34.9	+31 8	1	A	6.43	p..	3270	1111	—	39.2	+51 28	1	H	6.10	3..
3221	1333	—	34.9	− 1 59	1	E?	6.75	p F.	3271	942	—	39.4	+54 26	1	H	6.59	1..
3222	1199	—	34.9	−17 54	3	A	6.14	6 6.	3272	884	—	39.4	+12 51	2	A	6.18	8..
3223	192	—	35.0	+81 45	1	A	6.98	p..	3273	784	—	39.6	+62 46	4	A	5.71	8..
3224	954	—	35.0	+20 27	5	A	5.77	R..	3274	1012	—	39.6	+ 6 19	1	A	6.44	9 7.
3225	953	—	35.0	+29 26				n..	3275	1224	—	39.6	−14 34	1	A	6.51	p F.
3226	1376	—	35.1	+43 0	1	F	5.97	p..	3276	963	—	39.7	+25 53	1	A?	6.40	p..
3227	1207	—	35.2	+35 35	1	A	6.41	4..	3277	1025	1056	39.7	+ 3 58	1	A	6.08	9 5 1
3228	1168	—	35.3	− 3 29	1	A	6.54	p p.	3278	1302	—	39.7	− 6 54	1	F?	6.47	8 F.
3229	989	—	35.4	+52 25	1	C	6.01	p..	3279	1403	—	R	R	R	R	R	
3230	1147	—	35.4	−20 30	1	A?	6.09	9 F.	3280	1396	—	40.1	+42 30	1	H	6.12	7..
3231	841	1044	35.5	+16 29	6	A	5.05	5.1	3281	152	—	40.3	+82 44	5	E	7.06	5..
3232	982	—	35.7	+54 48	4	A	6.22	8..	3282	1172	—	40.4	+34 10	1	E	6.35	p..
3233	1270	—	35.7	+44 48	1	A	6.34	p..	3283	1211	1057	40.4	−22 28	5	F	4.50	5 n 7
3234	1337	—	35.7	− 2 53	5	A	6.00	p 8.	3284	211	—	40.5	+76 51	3	E	7.22	9..
3235	1007	—	35.8	+23 16	4	A	6.03	8..	3285	324	—	40.7	+71 17	6	A	6.53	2..
3236	1004	1047	35.8	− 1 11	5	B	4.91	p 8 2	3286	1112	—	40.7	+51 7	1	E	6.40	p..
3237	1338	1045	35.8	− 2 0	5	A	R	n n n	3287	497	—	41.0	+65 44	1	E	6.41	6..
3238		1046	35.8	− 2 0					3288	926	—	41.0	+15 47	2	A	5.99	2..
3239	1005	—	35.9	− 1 32	1	F?	6.25	p F.	3289	954	1059	41.4	+ 9 29	1	H?	6.26	3 1 5
3240	368	—	36.0	+70 47	1	A	6.62	p..	3290	1126	1062	41.4	+ 1 9	1	E?	6.47	0 1 2
3241	1152	—	36.0	+ 0 17	2	A	6.11	p 4.	3291	1025	1061	41.5	+14 28	5	A	5.83	2.1
3242	1256	—	36.1	+41 40	1	E	6.11	9..	3292	1004	1060	41.6	+17 42	3	A	6.00	1.5
3243	1258	—	36.1	−10 29	1	A	5.69	p 9.	3293	1416	—	41.9	+39 30	1	A	6.30	1..
3244	602	—	36.4	+63 15	1	H	6.62	7..	3294	1065	—	42.0	+56 53	3	A	6.12	5..
3245	236	—	36.6	+75 42	2	A?	7.01	5..	3295	979	1064	42.0	+13 52	3	A	4.91	4.3
3246	1346	—	36.7	− 2 58	1	F?	6.24	p 5.	3296	412	1058	42.2	+68 26	2	H	6.32	1.0
3247	928	—	37.0	+18 57	1	A	5.96	p..	3297	499	—	42.3	+65 7	1	A	6.65	p..
3248	855	—	37.0	+10 30	1	A	6.61	6..	3298	1418	1063	42.3	+39 9	5	I	5.50	8.9
3249	1040	—	37.1	+ 2 19	1	A	6.17	p 6.	3299	1105	—	42.4	+20 50	2	A	5.77	p..
3250	1015	1049	37.2	+23 10	4	A	5.85	5.2	3300	902	—	42.4	+12 23	1	A	6.07	p..

THE DRAPER CATALOGUE.

5^h

D. C.	DM.	H. P.	R.A. 1900.	Dec. 1900.	No.	Sp.	Magn.	Resid.	D. C.	DM.	H. P.	R.A. 1900.	Dec. 1900.	No.	Sp.	Magn.	Resid.
			m.	° '								m.	° '				
3301	1232	1065	42.4	−14 51	6	A	4.01	0 4 3	3351	1304	—	48.9	+41 19	1	F	5.76	p . .
3302	1027	1066	42.6	+ 6 25	3	A	5.64	1 3 3	3352	964	—	48.9	+11 45	2	A	6.17	p . .
3303	1281	—	42.8	−10 34	1	A	5.39	p p	3353	1107	—	49.0	+ 8 2	1	A	6.45	p F .
3304	970	1067	42.9	+24 32	3	I	5.57	3 . 5	3354	1126	1090	49.1	+19 44	2	A	5.46	8 . 3
3305	1117	—	43.0	+51 29	1	H	6.15	1 . .	3355	1032	—	49.3	+55 39	2	A?	6.40	7 . .
3306	1235	1068	43.0	− 9 42	4	A	B	R R R	3356	1044	—	49.6	+ 5 51	2	E	6.44	7 F .
3307	1022	—	43.2	+55 14	1	A	6.45	p . .	3357	1208	—	49.6	+ 0 57	1	H	6.62	4 1 .
3308	1003	—	43.2	+21 6	2	A	5.87	p . .	3358	1281	—	49.6	− 4 5	4	A	6.17	8 6 .
3309	945	—	43.2	+11 57	1	F	6.07	p . .	3359	1293	—	49.7	−19 40	1	H?	6.45	1 4 .
3310	1362	—	43.4	+43 59	1	A	6.48	8 . .	3360	915	—	49.8	+60 22	1	F	6.32	8 . .
3311	1111	—	43.4	+31 45	1	A	6.18	8 . .	3361	1055	1091	49.8	+ 7 23	5	M?	n	R R R
3312	863	—	43.5	+58 55	5	A	5.83	7 . .	3362	1212	—	49.9	−15 45	2	A	6.55	p p .
3313	1244	1070	43.6	− 4 7	2	A?	6.14	4 4 4	3363	1321	—	50.1	−11 48	1	A?	6.58	6 3 .
3314	912	1071	43.9	+12 37	4	A	4.78	3 6 0	3364	952	—	50.2	+28 56	2	A	6.17	3 . .
3315	1336	1072	44.2	+37 16	2	H	6.22	n . n	3365	419	—	50.4	+67 0	3	C	6.36	6 . .
3316	1095	—	44.5	− 0 43	1	A?	6.81	p F .	3366	1289	1092	50.5	− 4 38	4	H	6.54	5 5 6
3317	1429	1073	44.6	+39 7	6	I?	5.17	n . n	3367	1288	—	50.5	− 4 51	4	A	6.50	p p .
3318	978	1074	44.6	+ 9 51	2	H	6.31	3 1 6	3368	1291	—	50.6	− 4 49	5	A	6.10	9 4 .
3319	1052	1076	44.9	+ 4 24	1	H	6.43	4 1 4	3369	—	—	50.7	−26 41	1	A	6.26	. 7 .
3320	1278	—	44.9	−19 26	1	A	6.25	9 F .	3370	1218	—	50.8	+ 0 49	1	A	6.47	p F .
3321	1251	1077	45.0	−14 30	3	A	6.04	5 2 4	3371	1033	1094	50.9	+24 14	2	A	5.99	0 . 0
3322	1054	—	45.1	+ 4 55	1	A	6.50	p F .	3372	1016	1096	51.0	+ 9 29	5	A	5.74	8 7 4
3323	1047	—	45.2	+14 25	1	A	6.48	p . .	3373	975	1098	51.2	+11 30	1	I	6.22	3 3 1
3324	1318	—	45.3	+38 32	1	A	6.08	p . .	3374	507	—	51.3	+65 31	2	A	6.16	8 . .
3325	1148	—	45.3	+ 2 0	1	H	6.17	p 2 .	3375	970	1093	51.3	+54 17	6	K?	4.81	8 . n
3326	1435	—	45.7	+39 33	4	A	6.09	p . .	3376	1469	—	51.3	+40 47	1	A	6.30	p . .
3327	—	1080	45.7	−23 0	4	A	5.64	. 6 1	3377	247	—	51.4	+75 35	2	H	6.81	6 . .
3328	920	1078	46.0	+59 52	5	A	5.12	6 . 1	3378	1036	—	51.5	+55 19	2	A	6.10	4 . .
3329	1106	—	46.0	+10 30	1	A	6.31	5 . .	3379	1039	—	51.5	+24 36	1	E	6.44	p . .
3330	1027	1079	46.5	+55 41	4	A	5.10	1 . 1	3380	1428	1097	51.6	+49 55	1	H	6.14	1 . 1
3331	1110	1081	46.5	+19 50	2	A	5.36	1 . 2	3381	1052	1099	51.8	+25 57	4	A	4.77	4 . 3
3332	1187	1083	46.5	− 7 33	6	A	5.15	8 7 1	3382	1286	1101	51.8	−14 11	7	F	4.38	4 6 7
3333	1060	1082	46.7	+14 9	2	A	5.33	7 7 3	3383	1216	—	52.0	+45 37	3	A	6.22	p . .
3334	1304	—	46.7	−11 40	3	A	6.41	6 F .	3384	1269	1103	52.0	−22 52	1	E	6.25	5 2 2
3335	350	—	47.0	+69 35	3	E	6.07	6 . .	3385	500	—	52.2	+65 3	1	E	6.75	5 . .
3336	890	1084	47.0	+27 35	4	A	4.64	9 . 1	3386	1328	1100	52.2	+44 57	7	A	3.54	n . n
3337	1211	1086	47.0	−20 54	7	I	4.82	5 n 8	3387	1082	—	52.2	+ 4 59	1	H	6.84	p F .
3338	1449	—	47.1	+40 22	1	E?	6.50	p . .	3388	1130	—	52.3	+51 4	3	A	6.07	7 . .
3339	1246	1087	47.2	−22 58	1	H	6.30	6 2 4	3389	1227	—	52.3	+ 0 1	3	A	6.61	p F .
3340	1151	1085	47.3	+ 1 50	3	H	5.89	1 4 9	3390	311	—	52.4	+74 1	2	E?	7.06	2 . .
3341	1156	—	47.4	+20 17	1	A	6.01	p . .	3391	1217	1102	52.5	+45 56	3	M	5.63	8 . n
3342	1255	—	47.4	− 9 5	7	A	5.78	2 6 .	3392	1380	1104	52.9	+37 13	5	A	3.49	5 . 8
3343	413	—	47.5	+66 5	1	H	6.57	1 . .	3393	1332	—	53.0	+44 36	1	H?	6.23	8 . .
3344	1193	—	47.5	−15 32	1	A	6.35	0 6 .	3394	1078	—	53.1	− 1 0	1	A	6.31	6 3 .
3345	960	—	47.6	+11 48	1	A	6.62	9 . .	3395	1226	—	53.1	−15 25	3	A	6.40	8 n .
3346	966	—	48.3	+53 33	1	A	6.43	p . .	3396	968	1107	53.2	+12 48	1	H	6.13	1 4 .
3347	1128	—	48.3	+51 46	4	A	6.21	8 . .	3397	1171	1108	53.2	+ 1 40	4	A	5.94	6 2 2
3348	1139	—	48.5	+31 41	4	A	5.96	2 . .	3398	1227	1106	53.4	+47 54	6	A	5.72	3 . 2
3349	1162	1080	48.5	+20 16	4	F	5.09	1 . 5	3399	1130	—	53.6	+22 28	1	A	6.23	p . .
3350	1434	—	48.8	− 5 43	4	A	6.58	4 F .	3400	1200	—	53.7	+33 8	1	E	6.39	5 . .

$5^h - 6^h$

D. C.	DM.	H. P.	R.A. 1900.	Dec. 1900.	No.	Sp.	Mag	Resid.	D. C.	DM.	H. P.	R.A. 1900.	Dec. 1900.	No.	Sp.	Magn.	Resid
			m.	° ′								m.	° ′				
3401	1072	—	53.7	+21 36	1	A	6.17	p ..	3451	1116	1127	59.7	+ 4 10	1	H	6.18	2 0 5
3402	1239	1109	53.7	+ 0 32	6	A	5.23	5 5 0	3452	1104	—	59.7	- 1 35	1	A	6.20	p 7 .
3403	1225	—	53.9	+45 10	1	A	6.34	p ..	3453	1341	—	59.7	-13 41	3	A	6.29	p F .
3404	1285	1111	54.3	- 9 34	6	A	5.25	3 5 1	3454	1357	—	0.3	+41 52	1	H	6.06	2 ..
3405	1135	—	54.4	+22 54	1	A	6.38	6 ..	3455	196	—	0.4	+79 21	5	A	7.05	8 ..
3406	299	—	54.5	+72 38	2	A?	6.92	p ..	3456	226	—	0.5	+76 31	1	H	6.94	6 ..
3407	1093	—	54.6	+ 4 0	1	A	6.63	p F .	3457	1349	1130	0.5	-16 29	5	A	5.21	1 3 5
3408	1083	1113	54.6	- 1 27	3	A	6.20	p 6 0	3458	1360	—	0.6	+36 16	1	A	0.47	3 ..
3409	1164	—	54.7	+31 2	4	A	6.08	4 ..	3459	1486	—	0.7	+42 41	1	A	6.17	6 ..
3410	945	—	54.7	+27 35	1	A	6.06	7 ..	3460	1308	1131	0.7	-10 14	4	A	6.13	1 3 2
3411	1097	—	54.9	+ 4 49	1	H	6.69	p F .	3461	1248	—	0.9	+45 33	1	A	6.39	6 ..
3412	1441	1112	55.0	+49 55	5	A	5.70	3 . 3	3462	897	1129	1.1	+58 57	1	H?	5.90	1 . 6
3413	1236	—	55.1	+47 49	1	E	6.67	0 ..	3463	1350	—	1.4	-18 14	1	A?	0.47	p F .
3414	1256	1114	55.1	- 3 5	6	H	5.72	0 5 n	3464	1362	1133	1.6	- 4 11	5	A	5.09	9 8 1
3415	1421	—	55.6	+43 22	1	H	6.12	p ..	3465	1331	1134	1.6	-14 56	6	A	4.83	2 4 2
3416	1140	—	55.6	+22 24	3	A	5.93	8 ..	3466	1152	1132	1.8	+14 47	5	A	4.61	0 1 2
3417	1248	—	55.7	- 7 29	1	H	6.32	7 F .	3467	1297	—	1.9	- 3 20	3	A	6.12	9 9 .
3418	1337	—	55.7	-12 54	3	F	6.22	2 4 .	3468	1369	—	2.0	+41 34	1	A	6.46	p ..
3419	1473	1115	56.1	+42 56	2	E	6.02	4 . 2	3469	1412	—	2.1	- 6 11	3	A	6.35	4 6 .
3420	937	—	56.3	+59 24	1	H	6.41	3 ..	3470	1386	—	2.2	-11 10	3	A	5.94	p p .
3421	1423	—	56.3	+43 47	1	A	6.53	p ..	3471	202	—	2.3	+80 24	6	E	7.07	7 ..
3422	1166	—	56.3	+32 38	2	E	6.19	3 ..	3472	—	1136	2.3	-23 6	5	A	5.23	. 6 2
3423	1146	—	56.6	+51 35	4	A	6.18	1 ..	3473	—	1137	2.3	-29 45	1	A?	5.76	. 1 2
3424	1205	—	56.8	- 3 41	1	F	6.74	p F .	3474	1466	—	2.4	+48 10	1	A	0.02	p ..
3425	1064	1116	56.9	+ 9 39	6	A	4.58	4 1 3	3475	—	—	2.6	-24 55	1	H	6.31	. 9 .
3426	630	—	57.1	+63 27	1	H	6.62	1 ..	3476	517	1135	2.8	+05 44	2	H	0.36	7 n
3427	1235	—	57.1	+45 34	1	A	6.44	6 ..	3477	1353	1141	2.8	-21 48	2	H	6.22	1 1 n
3428	1195	—	57.1	+ 1 42	3	A	6.22	p 6 .	3478	1107	—	3.2	+ 9 30	1	H	6.56	p F .
3429	1349	1117	57.1	-10 36	6	B	4.94	7 7 1	3479	1202	—	3.4	+ 8 41	4	A	6.11	p 7 .
3430	—	1118	57.1	-25 25	3	A	5.67	. 6 2	3480	1361	1140	3.4	-19 9	2	H	6.21	4 3 7
3431	1091	—	57.2	+46 33	1	E	6.55	4 ..	3481	1275	—	3.6	-15 52	2	A	6.70	p F .
3432	1353	—	57.2	+44 16	1	E	6.18	p ..	3482	1041	—	3.7	+52 40	2	A	5.92	8 ..
3433	1257	—	57.3	- 7 18	1	A?	6.77	2 n .	3483	1261	—	3.7	+47 55	1	A	6.52	7 ..
3434	1186	1119	57.6	+19 41	4	A	5.04	6 . 1	3484	1226	—	3.7	+23 8	2	E	5.58	9 ..
3435	1477	—	57.8	+42 59	4	A	5.92	9 ..	3485	1139	1142	3.8	+ 2 31	4	A	5.54	p 8 0
3436	1009	1120	57.8	+11 41	4	A	5.82	7 7 1	3486	1393	—	3.8	-11 8	3	A	6.31	9 6 .
3437	1170	1121	58.0	+23 16	3	H	5.03	1 . 7	3487	1352	1139	3.9	+48 44	6	A	5.74	3 . 1
3438	1233	1122	58.0	+20 8	3	A	5.01	1 . 2	3488	1209	—	4.0	- 7 55	3	A	6.36	4 5 .
3439	1315	—	58.0	-14 30	1	H	6.26	7 4 .	3489	1232	—	4.4	+23 1	1	A	5.93	p ..
3440	1339	—	58.2	+48 15	2	A	6.22	6 ..	3490	1112	—	4.5	+ 9 29	1	A	6.41	p F .
3441	1458	—	58.3	- 2 29	2	E?	6.40	p 8 .	3491	1144	—	4.6	+ 2 54	2	A	6.43	p 6 .
3442	1343	—	58.8	-16 2	1	H	6.44	p F .	3492	1280	—	4.6	-15 41	1	E	6.70	p F .
3443	1236	—	59.0	+33 36	3	A	5.77	5 ..	3493	1523	—	4.7	- 5 41	3	A	5.98	3 6 .
3444	—	1125	59.2	-26 17	2	H	6.02	. 5 n	3494	1327	1143	4.8	-22 24	4	A	5.21	p 7 3
3445	390	—	59.3	+70 15	1	E	7.11	p ..	3495	1316	—	4.9	-18 6	3	A	5.97	4 7 .
3446	1334	—	59.4	+35 24	1	A?	6.36	3 ..	3496	284	—	5.0	+76 52	1	H	6.95	5 ..
3447	1391	1124	59.4	- 6 42	5	A?	5.13	9 7 1	3497	1348	1144	5.0	-14 34	3	H	5.98	p 0 3
3448	1377	1123	59.6	+39 20	6	A	5.58	4 . 3	3498	1147	—	5.1	+ 2 56	1	A	6.33	p 6 .
3449	1085	1126	59.6	+ 5 26	1	F	6.14	3 2 4	3499	435	—	5.5	+66 11	3	F	6.74	p ..
3450	1322	—	59.6	-14 5	1	H	6.56	p 9 .	3500	1330	1148	5.5	-22 45	5	F	5.78	7 2 1

THE DRAPER CATALOGUE.

6^h

D.C.	DM.	H.P.	R.A. 1900.	Dec. 1900.	No.	Sp.	Magn.	Resid.	D.C.	DM.	H.P.	R.A. 1900.	Dec. 1900.	No.	Sp.	Magn.	Resid.
3501	1202	—	5.7	−15 2	2	A	6.00	p p .	3551	1180	—	10.3	+ 3 59	2	A	6.18	p F .
3502	1163	1145	5.8	+51 12	1	H	6.05	0 . 3	3552	1349	—	10.4	+ 0 51	1	A	6.42	p F .
3503	1151	1147	5.8	+13 40	3	A	5.68	8 . 0	3553	1181	1171	10.5	+ 4 19	3	A	6.06	9 9 4
3504	368	—	6.0	+69 30	1	A	6.59	4 . .	3554	1234	1172	10.5	− 0 28	4	F	5.84	7 3 2
3505	1253	1150	6.0	+19 49	4	A	5.53	5 8 1	3555	1431	1173	10.5	− 4 53	5	A	5.72	9 6 3
3506	1035	1152	6.2	+16 9	5	A	4.93	9 6 1	3556	1275	1175	10.7	+ 1 12	3	A?	6.29	2 3 0
3507	1187	1153	6.2	+14 14	5	B	4.42	4 3 2	3557	1368	1176	10.7	− 9 0	7	A	5.02	7 p 5
3508	1439	—	6.2	− 6 44	4	A	5.79	5 p .	3558	959	1168	10.8	+59 3	5	A	4.57	4 . 3
3509	1178	—	6.5	+ 7 26	1	E?	6.15	p F .	3559	1084	1174	10.8	+12 18	4	F?	5.29	8 . 2
3510	1392	—	6.6	+41 44	1	A	6.11	p . .	3560	1429	—	10.8	−11 52	4	A	6.21	6 5 .
3511	1443	1154	6.6	+37 11	1	E	6.07	9 . 5	3561	1156	—	10.9	+ 5 8	2	A	6.54	p F .
3512	—	1156	6.6	−27 8	1	H	6.15	. 2 4	3562	1475	—	10.9	− 6 10	1	E	6.58	p p .
3513	938	1149	6.7	+00 2	2	H	5.76	0 . 3	3563	1411	1177	11.1	−13 41	6	A	4.76	4 7 0
3514	1393	—	6.8	− 4 38	4	A	5.60	8 9 .	3564	1278	—	11.2	+ 1 6	3	A	6.27	7 8 .
3515	1299	—	6.8	−15 46	3	A	6.33	7 6 .	3565	1173	1178	11.6	+ 9 59	5	A	5.38	9 5 2
3516	1411	—	6.9	−10 13	1	A	6.35	9 F .	3566	1216	—	11.6	+ 7 6	4	A	6.17	p G .
3517	1446	1157	7.0	− 6 31	6	B	4.80	4 p 2	3567	1415	1179	11.7	−16 35	5	A	5.49	p 9 4
3518	—	1158	7.2	−26 27	3	A	5.69	. 6 2	3568	1233	—	11.9	+14 5	3	A	6.11	9 . .
3519	435	—	7.5	+68 21	1	A	6.81	p . .	3569	1168	—	11.9	+ 5 8	2	A?	5.64	9 9 .
3520	1048	—	7.5	+10 20	1	A	5.91	p . .	3570	1436	—	12.1	−12 0	2	A?	6.43	6 R .
3521	1120	—	7.6	+18 43	2	A	6.26	2 . .	3571	1170	—	12.2	+29 49	1	B	6.37	6 . .
3522	371	—	7.8	+09 21	7	A	4.77	1 . .	3572	1235	1180	12.4	+14 25	3	A	5.98	0 . 0
3523	1512	—	7.8	− 2 29	4	A	6.10	9 6 .	3573	1364	—	12.8	−22 40	2	A	6.25	8 4 .
3524	1387	—	7.9	−13 36	2	A	6.67	8 F .	3574	878	—	12.9	+61 48	1	H	6.54	4 . .
3525	79	—	8.2	+86 46	1	H	7.35	4 . .	3575	1455	1181	12.9	−10 41	1	A?	6.64	4 n 1
3526	1346	—	8.2	− 8 42	4	A?	6.33	4 F .	3576	951	—	13.0	+60 49	1	A	6.53	5 . .
3527	1308	—	8.4	−17 44	4	A	5.97	5 8 .	3577	964	—	13.2	+59 24	4	A	5.94	p . .
3528	373	—	8.5	+69 36	4	A	6.42	4 . .	3578	1203	—	13.2	+17 21	3	A	5.93	6 . .
3529	311	—	8.6	+72 12	1	F	7.40	n . .	3579	1184	—	13.2	+ 9 6	1	H	6.46	5 2 .
3530	1182	—	8.6	+17 57	3	A	5.97	5 . .	3580	1426	1183	13.2	−16 46	4	H	6.01	0 2 9
3531	1211	—	8.6	+14 32	1	A	6.33	p . .	3581	237	—	13.3	+77 58	1	H	7.24	5 . .
3532	869	1159	8.7	+61 33	1	H	6.14	6 . 7	3582	1110	—	13.3	+11 12	2	A	6.37	p . .
3533	912	—	8.7	+58 52	1	A	6.50	p . .	3583	1576	—	13.4	− 5 37	3	A	6.45	7 F .
3534	436	—	8.8	+68 43	2	A?	6.77	4 . .	3584	1405	—	13.4	−19 9	3	A	6.09	9 8 .
3535	1241	1160	8.8	+22 33	4	M	5.01	n . n	3585	1105	—	13.5	+12 47	1	A	5.88	p . .
3536	1345	—	8.9	− 3 43	3	F	6.46	0 2 .	3586	1008	1182	13.7	+53 30	2	F	5.73	1 . 2
3537	1154	1161	9.0	+29 33	3	K	5.14	7 . 6	3587	1200	—	13.8	+13 30	1	H	6.48	n 5 . n
3538	1270	1162	9.0	+10 12	3	F	5.34	9 4 2	3588	1199	—	13.8	+13 29				
3539	1213	—	9.0	+14 38	2	A	6.44	p . .	3589	1407	1186	13.9	−19 56	6	A?	5.17	3 7 1
3540	1170	—	9.0	+ 3 56	1	A	6.63	p F .	3590	1115	—	14.1	+56 2	1	E	6.81	p . .
3541	1461	—	9.1	− 6 47	1	H?	6.72	p F .	3591	1411	1184	14.1	− 9 21	1	H	6.45	6 4 7
3542	1332	—	9.1	− 7 13	4	A	6.37	1 p .	3592	1536	—	14.2	+42 23	1	A	6.36	1 . .
3543	1173	1163	9.4	+13 53	5	A	5.40	9 p 3	3593	1386	—	14.4	− 8 32	5	A	5.94	9 9 .
3544	1060	1164	9.6	+16 11	5	A	5.19	5 7 2	3594	963	—	14.6	+57 1	1	H	6.97	1 . .
3545	1421	1165	9.6	− 4 32	5	A	5.41	6 8 2	3595	1355	1190	14.7	−20 53	7	A	5.53	8 7 1
3546	1172	—	10.0	+30 9	2	A	6.37	6 . .	3596	1190	1187	14.8	+29 35	2	A	5.97	4 . 0
3547	1460	1170	10.0	− 6 14	5	K?	5.26	3 n n	3597	1243	—	14.9	+ 7 45	4	A	6.40	8 6 .
3548	1122	1166	10.1	+46 28	2	A	6.20	3 . 2	3598	1373	1188	14.9	− 7 47	6	A	5.19	3 7 1
3549	1081	1169	10.1	+12 35	4	A	5.20	7 . 1	3599	1564	1189	15.0	− 2 54	4	H	6.20	7 8 n
3550	1172	—	10.3	+ 6 6	4	A	5.66	p 8 .	3600	1128	—	15.3	+11 47	1	A	5.77	p 8 .

6^h

D. C.	DM.	H. P.	R.A. 1900.	Dec. 1900.	No.	Sp.	Magn.	Resid.	D. C.	DM.	H. P.	R.A. 1900.	Dec. 1900.	No.	Sp.	Magn.	Resid.
			m.	° ′								m.	° ′				
3601	1378	—	15.3	− 7 49	1	A	6.51	p 7 .	3651	247	—	21.0	+77 59	5	A	6.69	8 . .
3602	1450	—	15.4	−13 57	3	A	6.09	9 F .	3652	1422	—	21.2	− 7 50	1	A	5.81	p p .
3603	968	—	15.6	+59 46	2	E	6.81	7 . .	3653	971	—	21.4	+60 13	3	A	6.10	p . .
3604	1211	—	15.7	+30 1	1	A	6.47	5 . .	3654	1242	—	21.6	− 1 26	3	A	5.77	7 G .
3605	201	—	15.8	+79 33	2	E	7.16	3 . .	3655	1510	—	21.6	− 4 32	2	A	6.34	7 4 .
3606	1467	—	15.9	− 4 33	3	A	6.49	8 F .	3656	1421	—	21.8	+ 0 54	1	A	6.02	p p .
3607	1423	—	15.9	− 9 51	4	A	6.50	7 F .	3657	1429	—	21.9	− 7 26	2	A	6.17	5 R .
3608	1197	1192	16.2	+ 2 19	1	A	6.37	6 1 2	3658	1428	—	22.0	+20 34	2	A	5.87	9 . .
3609	202	—	16.5	+79 3	6	H	6.96	0 . :	3659	932	—	22.1	+58 15	2	H	6.39	1 . .
3610	—	1195	16.5	−30 2	1	B	3.45	. 2 4	3660	1238	1211	22.1	+30 34	2	F	5.18	8 . 0
3611	1460	1196	16.8	−11 44	4	F	5.43	5 R 1	3661	1237	1212	22.1	+ 2 58	1	H	6.33	2 1 5
3612	210	—	16.9	+80 38	3	H	7.05	2 . .	3662	1426	1214	22.1	+ 0 21	1	I	5.76	1 1 6
3613	401	1191	16.9	+70 37	7	A	5.83	2 . 1	3663	208	1209	23.1	+79 40	16	A	6.25	1 . 1
3614	922	—	16.9	+58 29	1	E	6.54	p . .	3664	200	—	23.1	+79 13	4	A	7.17	8 . .
3615	1304	1194	16.9	+22 34	4	M	4.85	N . N	3665	1441	1216	23.1	+20 17	7	A	4.08	2 . 1
3616	1224	—	17.0	+17 37	1	A	6.45	6 . .	3666	1244	—	23.1	+ 1 58	2	A	5.97	p 8 .
3617	1123	—	17.0	+12 37	1	A	5.83	p . .	3667	1526	1217	23.1	− 4 42	3	B	4.71	7 7 3
3618	923	—	17.2	+58 39	2	F	6.64	p . .	3668	177	—	23.4	+82 12	8	A	6.17	5 . .
3619	1488	1193	17.2	+49 20	1	H	6.58	6 . N	3669	1451	—	23.4	+41 28	2	A	6.21	8 . .
3620	226	—	17.4	+78 16	10	A	6.44	p . .	3670	1504	—	23.4	−13 6	1	A?	6.57	8 6 .
3621	1229	—	17.5	+ 4 15	2	F	6.63	p 1 .	3671	1649	—	24.0	+39 50	2	A	6.29	7 . .
3622	923	—	R	R	R	R	R	R . .	3672	1138	—	24.0	+28 17	1	A	6.41	4 . .
3623	243	—	17.8	+76 11	1	A	7.28	p . .	3673	1574	1220	24.0	− 6 58	4	B	3.99	R 2 1
3624	317	—	17.8	+72 5	1	A	6.90	p . .	3674	1575	1221	24.0	− 6 58				R
3625	1125	1198	18.0	+56 20	4	A	5.91	3 . 5	3675	45	—	24.4	+87 24	1	A	8.10	8 . .
3626	1221	1199	18.0	+ 3 49	3	A	5.86	p 5 2	3676	1259	—	24.6	+ 9 6	1	A	6.71	2 1 .
3627	1413	—	18.0	− 3 14	3	A	6.02	p p .	3677	227	1215	24.9	+78 4	7	I?	6.64	6 . 9
3628	927	1197	18.1	+58 28	2	H	6.39	4 . 9	3678	258	—	24.9	+75 48	1	E?	7.07	5 . .
3629	1414	—	18.1	− 3 28	2	E	6.54	p 8 .	3679	1320	—	25.1	+32 14	1	A	6.64	2 . .
3630	1467	1201	18.3	−17 55	7	B	R	R R R	3680	1282	—	25.2	+ 4 25	1	E	6.68	p F .
3631	1484	—	18.4	− 4 38	2	A	6.39	6 R .	3681	1500	—	25.2	−16 57	1	A	6.43	9 F .
3632	1213	—	18.5	+29 46	2	A	6.22	6 . .	3682	340	1219	25.4	+73 46	8	F	6.29	3 . 1
3633	1236	1200	18.5	+ 4 38	6	A	4.66	2 1 3	3683	406	—	25.5	+70 35	2	A?	6.56	6 . .
3634	1316	1202	18.6	+ 8 56	3	A	5.79	6 8 2	3684	1493	—	25.5	−10 1	1	A	6.05	3 4 .
3635	1423	—	18.7	−14 47	2	A	6.26	p . .	3685	1204	—	25.6	+11 19	4	A	5.54	p . .
3636	1461	—	19.2	−16 24	2	A	6.54	7 4 .	3686	1157	—	25.8	+46 34	1	A	6.60	4 . .
3637	1347	—	19.4	+23 23	3	A	5.70	p . .	3687	1178	—	25.9	+15 58	1	A	6.44	2 . .
3638	1231	—	19.5	− 1 22	3	A	6.20	p p .	3688	1097	—	26.0	+52 33	1	A	6.92	1 . .
3639	1478	1204	19.5	−11 28	3	H	6.04	0 4 5	3689	1324	1223	26.0	+32 31	4	A	5.81	0 . 2
3640	1435	—	19.5	−19 43	3	A	6.67	3 2 .	3690	1519	—	26.0	−13 5	3	A	5.75	5 9 .
3641	1273	1205	19.8	+ 7 8	1	H	6.15	p R 1	3691	1209	1224	26.2	+11 36	4	A	5.32	2 . 4
3642	1470	—	19.8	−12 54	6	A	5.65	7 9 .	3692	1280	—	26.3	+ 5 50	1	A	6.64	4 F .
3643	1467	—	19.9	−16 10	1	A	6.74	7 R .	3693	1286	—	26.5	+17 51	2	F	5.90	6 . .
3644	1332	—	20.1	+ 1 33	1	A	5.82	p p .	3694	1278	—	26.8	+ 6 6	1	A	6.39	p F .
3645	1287	1208	20.2	− 0 52	3	A	6.24	2 1 4	3695	1518	1226	26.8	−12 19	2	H	5.58	6 0 3
3646	1169	1206	20.3	+11 11	1	A	5.87	p . R	3696	—	1228	26.8	−27 42	2	A?	5.58	. 5 1
3647	1299	—	20.4	+47 28	5	A	6.25	8 . .	3697	1356	—	27.2	+33 6	3	A	6.16	3 . .
3648	1227	—	20.6	+ 2 19	2	A	6.12	8 9 .	3698	996	—	27.5	+59 44	3	A	6.26	7 . .
3649	1601	—	20.6	− 2 56	2	A	6.45	6 3 .	3699	1678	1232	27.5	− 5 48	3	A	5.88	2 1 2
3650	1501	—	20.7	− 4 46	1	A	6.58	p F .	3700	943	—	27.6	+58 11	1	E	6.74	1 . .

THE DRAPER CATALOGUE.

6ʰ

D. C.	DM.	H. P.	R.A. 1900.	Dec. 1900.	No.	Sp.	Magn.	Resid.	D. C.	DM.	H. P.	R.A. 1900.	Dec. 1900.	No.	Sp.	Magn.	Resid.
			m.	° ′								m.	° ′				
3701	1134	—	27.6	+56 27	2	F	6.41	4 . .	3751	1492	1258	33.5	−18 9	3	H	5.37	5 5 7
3702	1337	1231	27.6	+ 7 24	5	A	4.57	4 4 3	3752	135	—	34.1	+84 47	2	E?	7.41	8 . .
3703	—	1235	27.6	−23 21	6	A	4.24	. 8 0	3753	1554	—	34.1	−16 47	3	A	5.72	6 9 .
3704	1520	1236	28.1	−11 6	1	A	6.59	4 2 3	3754	1356	—	34.2	+13 5	2	A	5.63	p . .
3705	593	—	28.5	+64 49	1	E?	7.24	7 . .	3755	1556	—	34.3	−16 10	1	A	6.34	p F .
3706	893	1233	28.6	+61 34	3	F	6.26	2 . 2	3756	1143	—	34.4	+56 47	1	A	6.87	p . .
3707	1274	1238	28.6	− 1 9	4	A	4.81	p 9 2	3757	1525	1254	34.7	−14 3	3	I	5.94	4 7 9
3708	359	1230	28.8	+71 50	6	II	6.34	3 . 2	3758	1061	—	35.1	+54 13	1	E	6.64	9 . .
3709	1391	—	28.8	+19 30	1	A	6.36	8 . .	3759	1338	—	35.1	+ 6 28	1	A	5.99	p 9 .
3710	217	—	29.0	+80 21	4	II	7.20	1 . .	3760	—	1257	35.4	−23 36	2	A	5.48	. p 3
3711	1168	1239	29.0	+28 6	4	A	5.18	1 . 3	3761	1220	1256	35.5	+10 0	4	A	4.21	2 ʀ 4
3712	1303	—	29.0	+ 2 59	1	E?	6.88	6 F .	3762	46	—	35.6	+87 32	1	II	8.10	4 . .
3713	—	1228	R	R	R	R	R	. . .	3763	1242	—	35.6	+16 30	3	A	5.89	p . .
3714	263	—	29.1	+75 50	1	A	7.17	p . .	3764	1518	1255	35.8	+44 38	1	H	6.38	9 . ɴ
3715	212	1225	29.2	+79 41	16	F	5.73	2 . 2	3765	1546	1258	36.0	+ 0 36	4	A	5.56	9 7 1
3716	1136	1237	29.2	+56 56	4	A	5.77	4 . 0	3766	1056	—	36.1	+58 24	2	H	6.78	3 . .
3717	455	—	29.4	+66 15	1	E	7.37	1 . .	3767	1346	—	36.1	+ 6 13	1	F	6.69	p 7 .
3718	896	—	29.4	+61 34	3	F	6.39	9 . .	3768	1229	—	36.2	+51 34	1	A	6.65	7 . .
3719	1097	—	29.4	+55 26	1	A	6.95	0 . .	3769	1585	—	36.3	−12 5	1	E	6.38	9 F .
3720	1357	—	29.4	+ 7 39	1	A	6.05	p 9 .	3770	389	—	36.4	+69 44	1	A	6.69	p . .
3721	441	—	29.8	+67 24	1	A	6.79	p . .	3771	1357	1260	36.6	+17 45	4	A	5.18	3 5 2
3722	988	—	29.8	+57 16	1	E	7.08	4 . .	3772	1351	—	36.6	+ 6 27	2	A	5.89	p 8 .
3723	264	—	30.0	+75 9	1	A	7.39	6 . .	3773	1359	—	36.9	+ 3 21	1	A	6 38	9 F .
3724	249	—	30.1	+76 41	2	II	7.10	4 . .	3774	233	—	37.1	+78 12	1	E	6.80	p . .
3725	1491	—	30.1	+ 0 58	5	A	5.76	8 5 .	3775	1362	—	37.2	+ 2 59	1	A	6.88	p ʀ .
3726	1335	—	30.7	+ 4 35	1	F	6.04	p F .	3776	1601	1262	37.2	− 9 4	1	H	6.11	2 3 7
3727	1458	1242	30.8	−22 53	6	A	4.45	6 4 0	3777	259	—	37.4	+77 20	7	A	6.88	9 . .
3728	867	—	31.3	+62 1	3	A	6.13	p . .	3778	1015	1261	37.4	+59 33	4	A	5.06	1 . 4
3729	1448	—	31.3	−16 1	1	F	6.54	p F .	3779	1494	—	37.5	+36 12	4	A	5.98	7 . .
3730	1480	—	31.6	+41 40	2	A	6.46	5 . .	3780	1478	—	37.5	−15 54	1	A?	6.20	p F .
3731	1363	—	31.6	+30 58	1	A	6.73	3 . .	3781	1406	1263	37.8	+25 13	4	K	4.66	ɴ . ɴ
3732	1710	1246	31.6	− 5 8	3	A	5.48	3 4 3	3782	1004	1264	38.3	+57 17	1	H	6.13	0 . 7
3733	1665	1245	31.9	+39 59	4	B	5.06	p . 0	3783	1390	1266	38.3	+13 20	1	H	5.58	5 4 ɴ
3734	1223	1249	31.9	+16 29	6	A	ᴅ	ʀ . ʀ	3784	1414	—	38.3	+ 4 2	2	A	5.53	9 9 .
3735	1309	1250	32.0	+ 6 13	2	F	5.84	7 9 2	3785	1349	—	38.6	+50 29	1	A	6.44	9 . .
3736	1480	—	32.0	−18 35	1	II	5.96	5 4 .	3786	234	—	38.7	+78 8	4	A	7.20	1 . .
3737	1293	1248	32.1	+29 4	4	A	5.52	7 . 0	3787	1600	—	39.1	+42 22	1	A	6.76	2 . .
3738	1139	—	32.2	+56 58	1	A	6.87	p . .	3788	1736	—	39.1	+39 5	1	A	6.49	5 . .
3739	1585	1247	32.2	+42 35	1	I?	6.04	ɴ . 8	3789	1595	1269	39.5	+43 40	4	E	5.78	1 . 4
3740	1502	1251	32.3	−19 10	4	K?	4.91	7 8 7	3790	1396	1272	39.7	+13 0	4	F	3.98	3 . 6
3741	460	—	32.4	+66 17	1	E	6.97	0 . .	3791	1122	1267	39.9	+55 49	4	F	5.96	0 . 5
3742	1334	—	32.5	+ 5 3	2	E?	6.04	p 5 .	3792		1268	39.9	+55 49				
3743	1140	—	32.6	+56 10	1	A	6.41	p . .	3793	1436	1271	40.0	+48 53	3	II	6.16	7 . 9
3744	1323	—	32.6	+ 2 21	1	A	6.82	7 F .	3794	1429	—	40.3	+ 4 42	1	F	6.34	p F .
3745	1566	—	33.1	−12 54	1	A	6.27	5 3 .	3795	454	1270	40.5	+67 41	9	A	5.06	1 . 2
3746	1196	1252	33.3	+28 21	4	A	5.61	4 . 1	3796	1379	—	40.6	+ 2 36	1	A?	6.78	p F .
3747	1361	—	33.3	+ 4 43	1	A	6.74	p 9 .	3797	1591	1275	40.7	−16 34	5	A?	ʀ	ʀ ʀ ʀ
3748	1386	—	33.4	+ 7 0	1	E?	6.50	p F .	3798	1486	1277	41.1	+ 8 42	4	A	5.54	5 p 1
3749	1365	—	33.5	+ 4 47	1	A	6.09	p p .	3799	1611	—	41.2	−17 4	1	F	6.03	p F .
3750	1443	—	33.5	+ 1 42	1	E	6.27	5 4 .	3800	1573	1278	41.4	−14 42	6	A	5.26	9 4 0

ANNALS OF HARVARD COLLEGE OBSERVATORY.

6ʰ

D. C.	DM.	H. P.	R.A. 1900.	Dec. 1900.	No.	Sp.	Magn.	Resid.	D.C.	DM.	H. P.	R.A. 1900.	Dec. 1900.	No.	Sp.	Magn.	Resid.
3801	1349	—	41.5	+18 13	2	A	5.70	8..	3851	1437	—	46.4	+ 3 9	4	A	6.03	p 7.
3802	1577	—	R	R	1	A	5.68	p n.	3852	1448	—	46.5	+ 5 13	1	E	6.54	7 F.
3803	1576	—	R	R	R	R	R	...	3853	—	—	46.5	−25 40	1	A?	5.39	. p.
3804	1644	1282	41.9	−10 1	3	A	5.48	8 5 0	3854	1775	—	46.7	− 6 51	1	A?	6.37	9 F.
3805	1579	—	41.9	−14 26	1	A	6.41	p 8.	3855	1367	—	46.9	+50 8	1	A	6.54	p..
3806	1496	1280	42.0	+ 8 9	2	H	6.00	7 7 n	3856	1568	—	47.1	+49 1	1	A	6.48	6..
3807	1584	1283	42.3	−14 20	5	A	5.17	p 3 3	3857	1638	1299	47.1	+38 38	3	A	5.80	5.3
3808	1499	—	42.3	+ 8 7	1	H?	6.45	R F.	3858	1549	—	47.2	+41 1	1	E?	6.80	6..
3809	1500	—	42.4	+ 8 8				R F.	3859	1543	1301	47.4	+ 8 30	5	A	5.85	4 5 1
3810	1397	1284	42.7	+ 2 31	4	I?	5.50	6 3 7	3860	1615	—	47.6	+43 4	1	A	6.47	p..
3811	1558	1286	42.8	− 8 54	1	A	6.51	n 9 n	3861	1433	—	47.6	+32 38	1	A	5.94	p..
3812	1576	—	42.8	−20 55	4	E	5.73	3 9.	3862	1202	—	47.9	+45 57	2	H	6.65	2..
3813	894	1279	42.9	+60 0	8	A	5.01	2.1	3863	1551	—	48.0	+44 2	2	A	6.28	2..
3814	1754	—	42.9	+39 35	1	F	6.54	3..	3864	1638	—	48.3	−16 6	1	A?	6.19	p n.
3815	1236	—	42.9	+27 18	1	A	6.81	9..	3865	1357	—	48.4	+29 57	1	E	6.67	p..
3816	1414	1285	43.1	+32 43	1	H	6.29	5.6	3866	1426	—	48.4	+21 17	1	H?	6.57	7..
3817	1504	—	43.1	+23 19	1	A	6.13	p..	3867	982	1302	48.6	+58 34	6	H	5.34	3.8
3818	1484	—	43.2	+22 25	1	A	6.53	p..	3868	1451	—	48.7	+24 23	1	H	6.50	2..
3819	1626	—	43.2	−17 24	1	A	6.38	6 R.	3869	1641	—	48.8	+38 2	1	E	6.68	1..
3820	1386	—	43.3	− 1 12	2	A	5.81	9 4.	3870	1428	—	49.0	+21 41	1	F	6.02	p..
3821	1567	—	43.5	− 7 39	1	E	6.47	5 p.	3871	1462	1305	49.0	+13 19	4	A	4.86	4.1
3822	1536	1287	43.7	+41 54	2	H	5.96	8.n	3872	1591	1306	49.0	−18 55	6	A	5.58	4 5 1
3823	1531	—	43.9	+ 1 6	3	A	5.82	p 8.	3873	1258	—	49.1	+51 7	1	A	6.60	p..
3824	1732	—	44.1	+40 30	1	A	6.75	7..	3874	1203	1304	49.1	+46 25	4	A	5.80	5.1
3825	1298	1290	44.1	+16 19	4	A	5.49	p.1	3875	1554	—	49.1	+44 47	1	F	6.99	p..
3826	1028	1289	44.2	+59 34	3	F	5.93	1.5	3876	1496	—	49.2	+25 30	2	F?	5.74	5..
3827	1776	—	44.3	− 2 10	2	A	5.60	5 5.	3877	1863	—	49.2	− 5 44	2	A	6.38	0 3.
3828	1599	1291	44.4	−15 2	5	A	5.16	3 7 1	3878	1616	1308	49.2	−20 6	6	A	4.72	7 6 3
3829	1395	—	44.7	− 1 13	1	A?	6.70	p F.	3879	—	—	49.2	−24 34	1	A	5.96	p..
3830	1546	—	44.8	+41 41	1	E	6.91	9..	3880	1487	1307	49.4	− 1 0	4	A	5.56	8 4 4
3831	1434	—	44.8	+ 5 47	2	A	6.39	p 6.	3881	1205	—	49.5	+46 49	1	H	6.51	0..
3832	1140	—	44.9	+52 47	1	E	7.07	p..	3882	1681	1309	49.6	−11 55	5	M?	5.45	n n n
3833	273	—	45.1	+75 19	1	F	7.35	1..	3883	1270	—	49.7	+27 25	1	E	6.56	9..
3834	206	1288	45.5	+77 6	12	I?	5.83	n.n	3884	1446	—	49.7	− 1 38	1	A	6.40	3 3.
3835	1613	—	45.5	+42 44	1	A	6.62	p..	3885	—	—	49.8	−24 25	2	A?	5.72	.R.
3836	—	1294	45.5	−26 58	1	A	5.53	.p 7	3886	—	1312	49.9	−24 4	2	M?	5.37	.n n
3837	1249	—	45.6	+51 37	1	F	6.41	p..	3887	430	1303	50.0	+70 57	4	H	6.32	3 ; 5
3838	1405	1293	45.6	+21 53	4	A	5.07	9.1	3888	1405	—	50.0	+18 37	1	A	6.61	p..
3839	1347	—	45.6	+15 12	1	F?	6.04	p..	3889	—	1311	50.0	−23 48	1	O	6.18	.p 2
3840	1462	—	45.7	− 0 25	3	A	6.04	7 5.	3890	466	—	50.1	+67 27	1	H	6.94	1..
3841	1359	—	45.8	+44 58	2	A	6.49	5..	3891	1502	—	50.2	+25 8	1	F	6.84	7..
3842	1469	—	45.8	+25 47	1	A	6.20	8..	3892	1562	—	50.2	+ 8 27	4	A	6.05	8 7.
3843	1645	—	45.8	−17 11	1	A	6.13	p R.	3893	1408	—	50.3	+18 56	1	F	6.61	p..
3844	1518	—	45.9	+23 44	1	H	6.48	0..	3894	1367	1310	50.4	+45 14	5	A	4.85	p.1
3845	1592	1296	45.9	+ 7 16	3	A	5.98	9 7 2	3895	1433	—	50.5	+33 50	1	E	6.20	1..
3846	—	1297	46.1	−27 13	1	A	6.10	.9 4	3896	1624	1314	50.7	−20 17	4	A	5.72	p 8 2
3847	1771	—	46.2	+38 59	2	F	6.14	2..	3897	280	—	50.8	+75 33	2	F	7.01	0..
3848	1481	1295	46.2	+34 5	6	A	3.88	7.2	3898	281	—	50.8	+75 23	6	E	6.78	0..
3849	427	—	46.3	+70 13	1	A	6.70	p..	3899	398	—	50.8	+69 47	2	H	6.84	0..
3850	1636	1298	46.3	+38 34	3	A	6.26	1.0	3900	1558	—	50.9	+41 51	1	A?	6.76	2..

THE DRAPER CATALOGUE. 47

$6^h - 7^h$

D. C.	DM.	H. P.	R.A. 1900.	Dec. 1900.	No.	Sp.	Magn.	Resid.	D. C.	DM.	H. P.	R.A. 1900.	Dec. 1900.	No.	Sp.	Magn.	Resid.
			m.	° '								m.	° '				
3901	1437	—	50.9	+21 3	1	F	6.32	p ..	3951	1602	—	55.6	− 8 16	3	A	5.59	5 6 .
3902	1335	1313	50.9	+10 5	3	A	5.49	6 . 2	3952	*1644*	—	55.8	−20 1	3	A	6.14	6 5 .
3903	1509	—	51.0	+25 5	1	A	6.74	8 . .	3953	1451	1327	55.9	+18 8	1	A	6.45	p . .
3904	*1610*	1315	51.3	−20 1	5	A?	5.06	0 n 7	3954	*1667*	—	55.9	− 9 4	1	E?	6.46	3 2 .
3905	1741	1316	51.5	−13 55	2	H?	5.72	7 2 5	3955	1542	—	56.0	+25 35	1	A	6.19	8 . .
3906	1602	1317	51.6	−22 40	5	A	5.20	8 7 0	3956	1471	—	56.1	+21 57	1	A	6.52	p . .
3907	1661	1318	51.7	−16 56	5	A	4.46	p 4 0	3957	1545	—	56.3	+25 30	1	E	6.64	9 . .
3908	1152	—	51.8	+52 41	1	II	6.82	0 . .	3958	*1472*	—	56.3	+20 59	1	A	6.62	p . .
3909	1361	—	51.8	+12 2	2	A	6.17	8 5 .	3959	*1513*	—	56.3	+ 4 58	2	A	6.39	6 4 .
3910	378	—	51.9	+71 54	5	F	6.72	p . .	3960	1502	1326	56.4	+24 21	2	II?	5.59	2 . 3
3911	1799	—	51.9	+39 40	1	A	6.54	8 . .	3961	1479	1327	56.6	+17 53	1	A	6.45	4 . 2
3912	1651	—	51.9	+20 37	1	A?	6.52	p . .	3962	1431	1328	56.6	+15 28	1	H	6.54	5 . 6
3913	1423	—	51.9	+18 2	1	F	6.05	p . .	3963	1514	—	56.6	+ 5 42	1	A	6.39	6 2 .
3914	558	—	52.2	+65 54	1	A	6.96	5 . .	3964	1395	—	56.7	+12 48	1	F	6.53	p . .
3915	1629	—	52.2	+42 26	1	A	5.01	6 . .	3965	1509	—	56.8	− 1 12	1	H	6.21	p 4 .
3916	1531	—	52.2	+22 37	1	E	6.63	7 . .	3966	1783	—	57.0	+40 44	1	II	6.75	2 . .
3917	*1642*	—	52.2	− 8 3	1	H?	6.46	1 3 .	3967	1926	1330	57.0	− 5 35	1	II	6.53	n 9 n
3918	1656	—	52.3	+38 12	1	H	6.33	2 . .	3968	—	1331	57.0	−25 4	3	A	5.35	. 6 6
3919	1405	—	52.6	+26 13	3	A	6.40	1 . .	3969	1441	1329	57.2	+29. 31	1	E?	6.02	3 . 0
3920	1628	—	52.7	+37 14	1	F	6.52	R . .	3970	1645	—	57.6	+37 44	1	F	6.73	3 . .
3921	1620	—	52.8	+37 14				R . .	3971	1591	—	57.6	+19 21	1	A	6.66	6 . .
3922	1632	—	52.9	+42 1	1	H	6.66	9 . .	3972	1165	—	57.7	+52 53	3	A	6.00	7 . .
3923	1616	—	53.0	−22 4	1	A	5.91	p p .	3973	1391	—	57.7	+47 54	4	A	6.14	7 . .
3924	227	—	53.1	+80 42	5	A	7.14	p . .	3974	—	1333	57.7	−27 47	1	II	5.38	. n n
3925	*1155*	—	53.1	+54 59	2	B	6.20	8 . .	3975	240	—	57.8	+78 56	12	A	6.50	2 . .
3926	1411	—	53.3	+26 3	4	A	5.80	7 . .	3976	1496	1332	57.9	+ 9 17	3	A	5.66	8 7 3
3927	1539	—	53.3	+ 7 45	2	A	6.00	p 6 .	3977	1788	1336	57.9	− 4 6	5	A	4.84	2 7 0
3928	1036	—	53.4	+42 13	1	II	7.01	8 . .	3978	1545	—	58.1	+35 41	1	F	6.76	p . .
3929	—	1320	53.4	−24 30	2	A	5.51	. 4 3	3979	1428	1335	58.1	+11 6	2	K?	6.07	u . 9
3930	1770	—	53.7	+40 30	1	A	6.65	7 . .	3980	1687	1334	58.2	+20 48	5	II?	4.90	n . 9
3931	—	—	53.7	−27 24	1	A	5.64	. p .	3981	1464	—	58.3	+18 49	1	A	6.81	8 . .
3932	51	1292	53.9	+87 12	2	M?	6.80	n . n	3982	1776	—	58.3	+ 0 29	1	A	6.61	p F .
3933	1544	1322	54.0	+ 7 27	4	A	6.03	p 8 3	3983	1413	—	58.6	+30 30	1	E?	0.88	4 . .
3934	1094	—	54.5	+53 31	2	A	6.73	7 . .	3984	—	1337	58.8	−23 41	0	A	3.50	. 1 5
3935	—	1324	54.5	−25 17	3	A	5.25	. 8 2	3985	1451	—	58.9	+29 52	1	F?	6.82	p . .
3936	482	1319	54.6	+70 54	1	H	6.92	4 . 4	3986	1665	—	59.1	+ 1 38	2	A	5.97	8 6 .
3937	1566	—	54.6	+23 37	1	A	6.18	p . .	3987	1943	—	59.1	− 5 10	1	A	6.43	6 2 .
3938	1412	—	54.6	+15 41	1	A	6.34	p . .	3988	1818	—	59.2	− 9 58	2	A	6.00	3 8 .
3939	—	1325	54.7	−28 50	4	A?	u	. R R	3989	1625	1340	59.2	−15 29	5	A	4.16	1 3 1
3940	1383	—	54.8	+50 40	1	E	7.05	p . .	3990	1500	—	59.3	+49 37	1	E	6.83	7 . .
3941	1569	—	54.8	+44 36	1	H	6.93	8 . .	3991	1454	—	59.3	+29 40	1	II	6.67	p . .
3942	1460	—	54.8	+32 32	1	F	6.14	7 . .	3992	1566	1338	59.3	+22 47	3	A	5.56	p . 2
3943	1491	—	54.8	+24 38	1	A	6.79	p . .	3993	1524	1339	59.6	+34 38	1	E	5.90	1 . 2
3944	1469	—	54.9	+17 7	1	A	6.35	p . .	3994	1503	—	59.8	+21 8	1	A	6.57	p . .
3945	1454	—	55.2	+33 50	1	A	6.55	9 . .	3995	1310	—	59.9	+28 21	1	E?	6.71	p . .
3946	1502	—	55.2	+ 2 4	1	F	6.17	p 8 .	3996	1558	—	59.9	+14 37	1	A?	6.49	4 . .
3947	1384	—	55.3	+12 33	1	E	6.57	p . .	3997	1492	—	0.5	+17 54	1	A	6.15	9 . .
3948	1218	—	55.4	+46 7	1	A	6.70	p . .	3998	350	—	0.6	+72 49	2	K	6.77	7 . .
3949	1089	—	55.4	−21 28	2	F?	5.97	7 7 .	3999	1584	—	0.9	+44 11	1	H	6.58	4 . .
3950	1408	—	55.2	+11 55	1	A	6.32	7 . .	4000	1530	1341	0.9	+34 9	1	II	6.45	4 . 3

7ʰ

D.O.	DM	H.P.	R.A. 1900.	Dec. 1900.	No.	Sp.	Magn.	Resid.	D.C.	DM	H.P.	R.A. 1900.	Dec. 1900.	No.	Sp.	Magn.	Resid.
			m. s	° ′								m. s	° ′				
4001	1314	—	1.1	+28 21	2	A	5.86	9..	4051	1500	—	6.6	+32 8	1	A	6.14	7..
4002	1862	—	1.1	−10 30	1	A	6.14	9 6.	4052	1337	—	6.6	+27 26	1	F	6.36	4..
4003	1534	—	1.7	+34 39	1	E	6.70	p..	4053	1609	—	6.7	+25 55	1	A	6.15	p..
4004	*1533*	—	1.7	+33 58	1	H	6.60	0..	4054	1580	—	6.8	+ 5 39	1	H?	6.24	3 3.
4005	1587	—	1.8	+44 25	1	F	6.68	8..	4055	1636	1359	6.8	− 0 19	4	A	4.11	1 5 1
4006	1660	—	1.8	+37 36	1	A	6.63	1..	4056	1184	—	6.9	+52 43	1	A?	6.47	5..
4007	1548	1344	1.8	+ 5 4	3	A	5.64	0 9 1	4057	1828	—	6.9	−17 10	1	A?	5.68	p p.
4008	1790	1345	2.0	−11 8	4	F?	5.19	6 8 1	4058	1502	—	7.0	+32 18	1	A	6.59	4..
4009	1788	—	2.0	−12 14	2	F	5.98	9 n.	4059	1065	1356	7.2	+50 49	4	H	6.14	n.8
4010	*352*	1343	2.4	+71 59	4	H	6.72	8.3	4060	1650	—	7.4	+19 6	1	F	6.41	p..
4011	1698	—	2.4	+38 46	1	E	6.83	7..	4061	1767	1362	7.4	−20 43	4	A	5.53	7 8 1
4012	1607	1346	2.4	+ 7 38	1	E	6.00	1 1 0	4062	1342	—	7.5	+28 40	1	A	6.21	p..
4013	1571	—	2.7	+36 45	2	A	6.37	4..	4063	246	—	7.7	+78 6	5	F	7.02	0..
4014	1397	1347	2.7	+16 6	2	A	6.19	4.6	4064	1417	1361	7.7	+16 20	1	H	6.34	8.9
4015	1505	—	2.9	+17 50	1	H	6.55	7..	4065	—	—	8.1	−25 46	2	A	5.39	.p.
4016	1663	—	2.9	+ 8 2	1	A	6.40	p r.	4066	1128	—	R	R	1	H	6.98	8..
4017	1467	—	3.0	+11 5	1	A	6.47	p 9.	4067	1419	1363	8.4	+47 25	4	F	5.93	2.3
4018	—	—	3.2	−23 41	2	A?	5.58	.7.	4068	1408	—	8.4	+45 35	1	E	6.79	2..
4019	913	—	3.3	+62 26	2	A	6.80	p..	4069	1576	—	8.4	+24 53	1	A	6.04	p..
4020	1174	—	3.3	+55 47	1	A	6.71	5..	4070	296	—	8.8	+75 16	9	A	6.42	6..
4021	1594	—	3.5	+25 54	1	E	6.60	4..	4071	1420	—	9.0	+47 49	1	A	6.82	4..
4022	366	—	3.8	+73 29	2	H	6.99	5..	4072	1469	—	9.0	+12 18	2	H	6.17	3..
4023	1629	—	4.0	+19 0	1	A	6.41	p..	4073	1609	1364	9.1	+ 3 18	3	A?	6.13	1 2 6
4024	1528	—	4.2	+21 25	1	E?	6.22	8..	4074	—	—	9.6	−27 11	2	A	5.50	.p.
4025	1803	—	4.3	+40 13	1	E	6.60	p..	4075	1188	1365	9.7	+52 18	1	I	6.41	2.4
4026	—	1350	4.3	−26 14	3	G?	2.92	.8 n	4076	1489	—	9.7	+29 26	1	A	6.32	p..
4027	1892	—	4.6	−10 11	2	A	5.70	p n.	4077	1350	—	9.7	+28 5	1	H	6.51	0..
4028	—	—	4.6	−23 53	1	E?	5.28	.p.	4078	1978	1033	1366	9.7	−10 8	4	E	5.45	p 9 5
4029	1882	1348	4.7	+39 30	2	K	6.19	8.n	4079	1500	—	9.8	+48 39	1	F	6.77	p..
4030	1598	—	4.8	+44 0	2	A	6.48	2..	4080	1751	—	9.9	+20 2	1	E	6.32	p..
4031	1486	—	4.8	+33 17	1	E	6.49	8..	4081	201	1360	10.0	+82 36	9	M	6.03	5.7
4032	1439	1349	4.8	+30 25	3	M	5.64	0.n	4082	250	—	10.1	+78 27	2	H	7.16	7..
4033	1802	1353	5.0	−16 4	3	A	5.79	2 8 2	4083	—	1368	10.2	−26 10	3	A	4.70	.7 2
4034	1119	—	5.1	+54 38	2	A	6.44	4..	4084	1411	—	10.7	+50 41	1	A	6.85	p..
4035	1442	—	5.1	+30 38	1	E	6.43	p..	4085	1497	—	10.7	+33 17	1	E	6.49	5..
4036	1505	—	5.2	+31 32	1	A	6.68	p..	4086	1592	—	10.7	+24 43	1	A	6.29	p..
4037	1327	1351	5.2	+27 2	3	A	5.65	1.1	4087	—	1370	10.7	−26 35	3	B	4.04	.2 3
4038	1840	1354	5.2	− 4 5	4	H	5.59	1 2 6	4088	1415	—	10.8	+45 18	1	E	6.99	6..
4039	*1676*	—	5.3	−16 4	1	E	6.09	9 p.	4089	1612	1367	10.9	+49 38	7	A	5.00	3.2
4040	1295	1352	5.6	+51 36	1	I	6.41	4.8	4090	1908	—	10.9	+30 5	1	I	6.44	2..
4041	—	—	5.6	−25 4	2	A?	5.20	.p.	4091	251	—	11.0	+78 15	10	A	6.67	3..
4042	230	—	5.7	+80 48	5	H	7.01	4..	4092	1630	1369	11.1	+41 4	4	A	5.92	1.1
4043	1411	—	5.8	+47 48	2	A	6.66	1..	4093	1527	—	11.1	+31 53	1	A	5.98	7..
4044	1413	—	6.1	+47 27	1	E	6.81	4..	4094	*1732*	—	11.4	−16 3	1	A	5.74	p r.
4045	1609	—	6.1	+22 27	1	E	6.68	p..	4095	—	—	11.5	−23 33	1	A	5.68	.p.
4046	1558	1355	6.3	+24 17	2	A?	5.79	2.0	4096	103	—	11.6	+86 36	1	A?	7.60	6..
4047	1634	—	6.3	− 0 8	4	A	5.46	9 5.	4097	1309	—	11.6	+51 41	1	A	7.06	6..
4048	242	—	6.4	+81 26	11	A	5.62	7..	4098	1797	—	11.6	−14 10	1	A	5.86	p r.
4049	1480	—	6.4	+48 40	1	A	6.47	p..	4099	1185	—	11.7	+55 5	1	A	6.55	p..
4050	1577	1357	6.5	+ 5 50	4	A	5.64	4 7 4	4100	1520	1371	11.7	+31 9	5	A	5.90	6.0

THE DRAPER CATALOGUE.

7ʰ

D. C.	DM.	H. P.	R.A. 1900.	Dec. 1900.	No.	Sp.	Magn.	Resid.	D. C.	DM.	H. P.	R.A. 1900.	Dec. 1900.	No.	Sp.	Magn.	Resid.
4101	1734	1372	11.7	−15 24	4	A	5.25	8 7 0	4151	1872	1389	17.2	− 8 48	1	E	5.71	9 p 5
4102	1594	—	11.9	+ 6 51	2	A	5.65	p p .	4152	1593	—	17.3	+18 28	1	E	6.41	6 . .
4103	1731	—	12.1	+38 52	1	II	6.79	6 . .	4153	1561	—	17.3	+17 36	1	A	6.35	p . .
4104	1914	—	12.2	−13 31	1	F	5.57	p F .	4154	2079	—	17.3	− 2 48	1	A?	5.70	8 8 .
4105	1443	1373	12.4	+16 43	7	A	4.02	1 . 4	4155	254	—	17.4	+78 55	5	A	7.01	2 . .
4106	—	1374	12.4	−23 8	3	A	5.22	. 0 5	4156	1660	1387	17.4	+25 15	4	II?	5.66	7 . 7
4107	2055	—	12.6	− 5 39	1	A?	5.93	p F .	4157	1918	—	17.4	− 0 4	2	A?	5.76	p p .
4108	485	—	13.2	+67 26	1	E?	6.64	p . .	4158	502	1385	17.5	+66 32	13	A	6.15	0 . 0
4109	1506	—	13.4	+33 47	1	A	6.40	8 . .	4159	1698	1388	17.5	+23 9	4	A	5.83	7 . 3
4110	1048	—	13.5	+60 5	5	A	6.23	3 . .	4160	2089	1390	17.5	− 5 48	2	A	5.48	4 7 3
4111	322	—	13.6	+74 3	1	A	6.79	7 . .	4161	1621	—	17.6	+36 30	1	E	6.82	7 . .
4112	300	—	13.7	+75 48	5	A	6.62	p . .	4162	1806	1391	17.8	−18 50	6	B	4.96	p 7 1
4113	1009	—	14.0	+42 50	1	II	6.62	1 . .	4163	304	—	17.9	+75 0	1	E	6.89	7 . .
4114	1422	1376	14.1	+45 24	3	A	5.86	1 . 3	4164	1589	—	18.2	+21 39	1	A	6.37	p . .
4115	1367	—	14.1	+28 17	1	F	6.36	p . .	4165	1374	—	18.3	+27 50	4	A	5.84	p . .
4116	1645	1377	14.2	+22 10	6	A	4.13	6 . 5	4166	1522	—	18.4	+48 45	2	A	6.32	p . .
4117	1684	—	14.3	+ 7 19	3	E	5.95	p 4 .	4167	1564	—	18.8	+15 43	3	A	5.72	p . .
4118	375	—	14.5	+73 16	7	A	6.62	R . .	4168	305	—	18.9	+75 31	2	A	7.21	8 . .
4119	376	—	14.7	+73 16				R . .	4169	1795	—	19.0	+20 12	1	A	6.41	p . .
4120	1541	—	14.5	+15 21	2	A	6.09	7 . .	4170	1623	1392	19.2	+49 25	7	A	4.57	1 . 0
4121	—	1380	14.5	−24 23	3	E	4.77	. 8 0	4171	633	—	19.4	+64 3	2	A	6.38	p . .
4122	—	1381	14.5	−24 47	3	A	4.16	. 4 1	4172	1578	1393	19.4	+11 52	4	A	5.52	3 3 1
4123	1420	1379	14.6	+50 20	2	A	6.74	5 . 1	4173	1526	—	19.5	+33 4	1	E	6.54	p . .
4124	1511	—	14.6	+29 55	1	A	6.32	p . .	4174	1385	1394	19.5	+28 0	5	M?	4.88	9 . 9
4125	630	—	14.7	+64 19	1	A	6.98	6 . .	4175	1449	—	19.7	+47 51	1	A	6.72	p . .
4126	1192	1378	14.7	+55 28	6	A	5.15	3 . 0	4176	1545	—	19.7	+32 6	1	A	6.19	p . .
4127	1706	—	14.7	+37 51	1	E?	6.88	2 . .	4177	1798	—	19.7	+20 43	1	A	6.27	7 . .
4128	1917	—	14.8	−17 21	1	A	5.78	p p .	4178	1810	1398	20.1	−16 0	3	A	5.19	6 8 3
4129	—	1383	14.8	−26 25	1	H	5.72	. 3 3	4179	1855	—	20.1	−22 43	3	A	5.43	p p .
4130	408	—	14.9	+66 0	1	A	7.07	2 . .	4180	1643	1397	20.2	+ 9 28	2	H?	5.66	3 1 7
4131	1898	—	14.9	−16 13	2	F	5.39	5 8 .	4181	—	1399	20.2	−29 7	2	B	3.54	6 n
4132	1927	—	15.4	+39 11	1	II	6.84	5 . .	4182	480	1395	20.5	+68 40	7	II	6.28	8 . 5
4133	1707	1382	15.4	+36 57	2	II?	6.07	8 . 8	4183	1945	—	20.6	+30 32	1	II	0.99	0 . .
4134	1649	—	15.5	+ 3 46	2	A	5.73	p p .	4184	2001	—	20.6	−13 33	2	F?	5.32	p p .
4135	1137	—	15.6	+54 17	1	E	7.04	p . .	4185	1887	—	20.6	−14 41	1	A	5.66	p F .
4136	1704	—	15.7	+42 51	1	A	6.62	p . .	4186	1760	—	20.8	+38 52	1	A	6.89	2 . .
4137	1775	1384	16.1	+20 38	1	I	5.97	0 . n	4187	1270	—	20.9	+46 43	2	A	6.00	1 . .
4138	1846	—	16.3	−14 11	2	A	5.56	6 6 .	4188	2112	—	20.9	− 5 35	2	A	6.03	3 4 .
4139	252	—	16.4	+81 6	6	II	6.66	3 . .	4189	1596	—	21.0	+21 45	1	E	6.22	6 . .
4140	324	—	16.4	+74 21	3	A	0.90	9 . .	4190	1532	—	21.0	+10 49	3	A	5.77	p . .
4141	1646	—	16.5	+41 35	1	A	6.61	7 . .	4191	1943	—	21.0	− 4 20	2	A	5.54	p p .
4142	2080	—	16.6	− 5 43	2	A	5.63	p p .	4192	1805	1400	21.1	+20 27	3	A	5.89	6 . 2
4143	39	—	16.8	+87 58	1	A?	8.00	5 . .	4193	1925	—	21.1	−21 47	1	A	5.87	p 8 .
4144	—	—	16.8	−26 47	2	E	5.41	. p .	4194	1588	—	21.2	+11 12	3	A	5.67	p . .
4145	1915	—	16.9	+ 0 22	3	A	5.44	p 0 .	4195	—	—	21.2	−25 1	3	A	5.22	. p .
4146	286	—	17.1	+77 9	3	H	7.09	3 . .	4196	1538	1401	21.5	+48 24	5	A	5.38	6 . 1
4147	1205	—	17.1	+52 5	1	II	6.46	4 . .	4197	1721	—	21.5	− 0 16	1	A	5.96	p 9 .
4148	2086	—	17.1	− 5 23	1	E	6.08	p F .	4198	1002	1402	21.8	+21 39	4	A	5.45	4 . 1
4149	1852	1386	17.2	+40 52	2	I	6.30	5 . n	4199	1774	1403	21.8	+ 8 29	4	A	3.35	4 4 3
4150	1781	—	17.2	+20 44	1	E?	6.82	p . .	4200	1535	—	21.9	+29 37	1	F	6.52	p . .

ANNALS OF HARVARD COLLEGE OBSERVATORY.

7^h

D. C.	DM.	H. P.	R.A. 1900.	Dec. 1900.	No.	Sp.	Magn.	Resid.	D. C.	DM.	H. P.	R.A. 1900.	Dec. 1900.	No.	Sp.	Magn.	Resid.
			m.	° ′								m	° ′				
4201	1564	—	21.9	+26 26	1	E	6.70	6 . .	4251	1069	—	28.8	+60 45	5	A	6.44	3 . .
4202	1734	—	22.0	+19 15	1	II	6.76	4 . .	4252	1620	1426	28.8	+31 11	4	A?	6.03	5 . 6
4203	1630	1404	22.3	+49 53	4	F	5.76	2 . 4	4253	1966	—	28.8	−14 8	1	E	5.56	p F .
4204	933	—	22.6	+62 43	5	A	6.51	5 . .	4254	1711	—	28.9	+43 15	2	A	6.27	2 . .
4205	1665	—	22.6	+24 52	1	H	6.64	p . .	4255	1944	—	28.9	−19 12	1	A	5.41	8 8 .
4206	1720	1407	22.6	+ 7 9	2	A	4.80	p p 5	4256	—	1428	28.9	−24 30	2	A	5.06	. 9 1
4207	1562	1405	22.7	+31 59	5	A	4.67	3 . 5	4257	1719	—	29.0	+ 3 35	3	A	5.50	p 9 .
4208	1980	1408	22.7	−17 40	3	A	5.58	4 6 0	4258	1971	1429	29.2	−14 18	2	H?	5.66	1 5 7
4209	1660	1406	22.8	+ 9 8	2	I	5.41	4 3 8	4259	203	—	29.8	+77 0	2	E	7.01	p . .
4210	1874	1410	22.8	−22 53	3	E	5.07	9 6 3	4260	312	—	29.3	+75 48	2	E	6.92	8 . .
4211	405	—	22.9	+71 48	2	A	6.80	5 . .	4261	1286	1427	29.3	+46 24	2	H	6.80	8 . n
4212	934	—	23.1	+61 58	1	II	6.69	3 . .	4262	1723	—	29.6	+ 2 56	2	A	6.03	p F .
4213	1633	—	23.1	+49 5	1	A	6.53	p . .	4263	1424	1430	29.8	+27 7	5	M?	5.57	n . n
4214	1306	1409	23.1	+28 19	5	A	5.04	p . 1	4264	2007	1431	29.8	−22 5	4	F?	4.83	6 4 8
4215	1217	—	23.2	+52 12	2	A	6.36	6 . .	4265	1773	—	30.0	+ 7 48	2	A	5.85	p p .
4216	1579	—	23.2	+15 20	2	A	5.84	p . .	4266	—	1432	30.1	−23 15	3	F	5.22	. p 0
4217	1951	1411	23.2	−11 21	2	A	5.64	7 9 2	4267	1653	—	30.5	+48 59	5	A	5.97	4 . .
4218	1669	—	23.3	+41 5	1	A	6.25	5 . .	4268	1729	—	31.2	+ 6 5	1	E	5.84	9 8 .
4219	1773	—	23.4	+38 24	1	A	6.78	0 . .	4269	1167	—	31.3	+54 7	3	A	6.11	9 . .
4220	1878	—	23.5	−22 30	1	A	5.60	p p .	4270	1090	—	31.4	+59 46	2	F?	6.61	6 . .
4221	1400	1412	23.6	+28 7	3	H	5.76	8 . 7	4271	1023	—	31.4	+17 7	1	F	6.30	p . .
4222	1722	—	23.7	+42 6	1	H	6.86	1 . .	4272	1999	—	31.4	−14 16	3	E	5.48	p 5 .
4223	2069	—	23.8	− 9 50	2	A	5.70	p p .	4273	—	1433	31.4	−28 9	3	A	4.72	. 6 3
4224	—	—	24.0	−28 57	1	E	5.49	. 8 .	4274	1452	—	31.7	+50 44	1	E	6.86	4 . .
4225	1507	1413	24.2	+12 13	1	H	5.87	9 9 0	4275	2020	—	31.9	−14 15	1	A	5.51	R R R
4226	1441	—	24.3	+50 21	1	E	6.74	p . .	4276	2021	1435	32.0	−14 13				R R R
4227	1738	1414	24.3	− 1 42	1	H	5.95	5 0 3	4277	1662	1434	32.0	+35 17	1	I .	6.61	8 . n
4228	1996	—	24.6	− 7 21	1	E	5.77	1 5 .	4278	1979	1437	32.3	− 3 53	4	F	5.46	2 2 4
4229	1925	—	24.8	−14 47	1	A?	5.66	p p .	4279	1907	—	32.3	−19 29	4	A?	5.35	4 8 .
4230	1958	—	25.2	+39 6	3	A	6.31	7 . .	4280	1720	—	32.5	+ 2 9	1	E?	6.07	p F .
4231	1688	—	25.3	+ 5 28	1	A	5.74	p F .	4281	1093	—	32.6	+57 18	1	H	6.43	1 . .
4232	1897	1416	25.6	−22 49	3	A	4.87	p 8 1	4282	1640	1436	32.7	+34 49	5	F	5.16	2 . 5
4233	284	—	25.9	+76 1	3	F	7.05	3 . .	4283	2207	—	33.0	− 6 44	1	E?	5.07	p p .
4234	1596	1415	26.0	+17 18	1	II	6.00	2 . 4	4284	1730	—	33.1	+24 28	4	A	5.96	p . .
4235	2085	1417	26.0	− 9 34	2	K	5.95	3 R 0	4285	2053	—	33.1	−14 13	2	A	5.76	p p .
4236	1327	—	26.2	+51 32	1	H	6.75	3 . .	4286	1690	—	33.3	+41 24	2	A	6.36	2 . .
4237	381	—	26.4	+73 49	3	F	6.95	5 . .	4287	586	—	33.4	+65 31	1	A	6.96	p . .
4238	1708	—	26.9	+ 2 57	1	A	6.08	p F .	4288	1599	—	33.5	+32 14	1	F	6.69	3 . .
4239	1691	1419	26.9	+ 2 8	4	A	5.34	5 6 2	4289	1214	—	33.6	+55 1	1	H	6.80	1 . .
4240	579	—	27.1	+65 18	1	H	6.65	2 . .	4290	1701	1440	33.7	+17 55	1	H	6.25	8 . n
4241	1964	—	27.3	− 8 40	1	H?	5.96	0 2 .	4291	1561	1439	33.8	+48 22	2	II	6.47	7 . 7
4242	213	—	27.7	+81 55	7	A	6.79	4 . .	4292	1739	1442	34.1	+ 5 30	4	F	B	B R R
4243	1549	—	27.7	+48 55	1	E	6.63	4 . .	4293	—	1443	34.1	−25 8	3	A	4.72	. 7 4
4244	1756	—	27.8	− 1 49	2	A	5.70	p p .	4294	733	—	R	R	R	R	R	. . .
4245	1510	1421	27.9	+16 3	5	A	5.26	4 . 3	4295	207	—	34.6	+77 14	1	II	7.42	6 . .
4246	1715	1422	27.9	+ 3 30	3	A	5.56	9 6 0	4296	1103	1441	34.6	+58 57	9	A	6.12	1 . 2
4247	1581	1423	28.2	+32 7	5	A	B	R . R	4297	—	1445	34.7	−26 34				
4248		1424	28.2	+32 7					4298	—	1446	34.7	−20 34	2	A	3.86	. 6 0
4249	1563	—	28.6	+10 47	1	A	5.72	p p .	4299	1742	—	34.8	+ 5 28	2	A	5.49	p p .
4250	1227	1425	28.7	+56 0	1	H	6.41	4 . 3	4300	—	—	35.3	−26 38	1	E	5.71	. R .

THE DRAPER CATALOGUE.

D. C.	DM.	H.P.	R.A. 1900.	Dec. 1900.	No.	Sp.	Magn.	Resid.	D. C.	DM.	H.P.	R.A. 1900.	Dec. 1900.	No.	Sp.	Magn.	Resid.
			m.	° '								m.	° '				
4301	—	—	35.4	−26 41	R	R	R	.R	4351	1601	—	44.6	+33 30	4	A	6.02	5..
4302	*1971*	—	35.7	−23 3	1	A	5.59	p R.	4352	1676	—	44.7	+31 52	1	A	6.88	1..
4303	2118	—	35.8	− 7 57	2	A	5.76	5 5.	4353	1323	—	44.8	+46 12	3	A	6.40	4..
4304	*2082*	1447	35.8	−15 2	1	H	5.75	*4 4 6*	4354	*2164*	—	44.9	−13 6	2	F?	5.72	p p.
4305	1657	—	36.2	+34 14	1	E	6.70	*2*..	4355	2247	—	45.1	−13 50	1	E	6.27	9 F.
4306	1758	—	36.3	+ 3 52	3	A	5.53	p 9.	4356	2146	1473	45.1	−16 59	1	H	5.78	*8 1 1*
4307	592	—	36.4	+65 24	2	E	6.50	8..	4357	—	1474	45.1	−24 37	2	Q?	4.81	. n n
4308	1460	1448	36.5	+50 40	8	A	5.14	7 . 1	4358	865	—	45.4	+72 7	2	E?	6.95	0..
4309	2172	1452	36.5	− 9 19	3	H	4.88	*9 9 7*	4359	1072	—	45.5	+58 29	2	A	6.64	9..
4310	438	—	36.6	+69 24	3	A	6.61	6..	4360	168	—	45.8	+84 41	7	A	6.99	8..
4311	2118	—	R	R	R	R	R	....	4361	*273*	—	46.0	+77 55	2	F	7.04	7..
4312	474	—	36.8	+70 27	3	H	6.73	1..	4362	*386*	—	46.1	+71 57	3	A	6.77	5..
4313	1590	1453	37.0	+29 7	5	I	5.47	*5* . n	4363	1854	—	46.1	+19 35	1	H	6.46	0..
4314	270	—	37.1	+78 29	1	H?	7.41	6..	4364	1808	1476	46.5	+ 2 1	4	A	4.97	*7 7 0*
4315	593	1450	37.1	+65 42	3	H	6.39	*2 . 5*	4365	1498	1479	47.2	+47 38	1	H	6.61	*5 . 3*
4316	733	—	37.4	+63 4	9	A	6.25	8..	4366	1497	—	47.2	+28 18	1	A	6.16	9..
4317	649	—	37.7	+64 17	8	A	6.82	8..	4367	2267	1482	47.2	−13 38	3	E	5.82	*1 1 3*
4318	1218	—	38.0	+55 54	2	A	6.61	7..	4368	1499	1481	47.4	+27 2	4	A	5.07	*1 . 2*
4319	1759	1457	38.4	+24 38	4	II?	4.62	*9* . n	4369	1499	1480	47.5	+47 50	2	H	6.47	n . 7
4320	227	—	38.9	+81 36	1	II	7.27	*1* ..	4370	2280	1483	47.8	− 5 10	3	E	5.88	*2 5 2*
4321	1761	—	38.9	+ 2 39	1	F	6.08	p 8.	4371	2250	1484	47.8	−14 36	2	E	5.76	*5 3 2*
4322	1463	1459	39.2	+28 16	6	K?	D	R . R	4372	338	1478	48.2	+74 11	8	H?	6.41	n . *8*
4323	1893	—	39.2	+20 33	1	A	5.97	5..	4373	1580	—	48.3	+16 18	1	A	6.39	6..
4324	1082	—	39.3	+60 33	1	H	6.97	0..	4374	1253	—	48.4	+56 46	6	A	6.30	7..
4325	651	—	39.6	+64 37	1	E?	6.04	p..	4375	265	1477	49.1	+79 45	15	A	5.03	*8 . 3*
4326	—	1462	39.8	−28 43	3	A	4.98	*. 8 8*	4376	2031	—	49.1	+39 33	1	A	6.74	3..
4327	238	1455	39.9	+80 31	7	I	6.58	*1 . 2*	4377	1705	—	49.1	+85 41	2	A	6.11	4..
4328	1769	1460	40.0	+37 46	2	II	6.48	n . n	4378	1946	1486	49.8	+20 9	4	A	5.03	p . 3
4329	1733	1463	40.3	+18 45	3	H	6.24	n . n	4379	*1806*	—	50.1	+23 54	3	A	6.17	5..
4330	—	1464	40.4	−24 26	3	E	5.44	. p 0	4380	1815	—	50.1	+ 9 8	3	A	5.93	p 6.
4331	1670	1465	40.8	+11 0	3	A	5.27	*3 3 2*	4381	606	—	51.1	+65 2	4	F	6.50	6..
4332	*2193*	—	40.9	−14 22	3	A	5.71	R R.	4382	*1622*	—	51.2	+32 56	1	H	6.22	7..
4333	2194	—	40.9	−14 27				R R.	4383	1693	—	51.3	+44 15	1	H	6.63	*1* ..
4334	1585	1466	41.0	+38 40	1	II	6.60	n . n	4384	1500	1487	51.3	+16 3	1	I	6.24	*2 . 3*
4335	2199	1469	41.4	−14 20	3	A	5.51	*5 0 3*	4385	1754	—	51.7	+43 47	1	E	6.03	9..
4336	1084	—	41.5	+60 34	8	A	6.33	4..	4386	2284	—	52.0	−20 12	1	A?	6.34	8 F.
4337	2135	—	42.1	−12 26	1	A?	6.03	*8 9*.	4387	113	—	52.5	+86 0	2	A	7.85	6..
4338	1812	—	42.6	+23 24	1	II	6.13	4..	4388	2087	1492	52.6	−22 37	4	G?	4.95	*7 1 7*
4339	2027	—	42.9	−22 17	3	A	5.64	*7 9*.	4389	1879	—	52.7	+ 7 29	1	A	5.90	*9 8*.
4340	1320	—	43.2	+46 3	1	A	6.55	5..	4390	1598	1491	52.8	+16 46	1	H	6.30	*3 . 0*
4341	240	1467	43.3	+80 7	5	H	7.11	*6 . 2*	4391	1130	1489	53.0	+59 20	8	F	5.97	0 . *3*
4342	1177	—	43.3	+54 23	6	E	6.16	1..	4392	169	1485	53.1	+84 21	15	A	6.06	*1 . 4*
4343	2106	1471	43.3	−11 57	2	A	5.88	*1 R 5*	4393	1105	1490	53.2	+60 36	8	A	5.92	*2 . 1*
4344	429	—	43.4	+71 21	6	A	6.66	1..	4394	1833	1494	53.2	+ 2 29	2	H	5.92	*1 1 6*
4345	1226	—	43.4	+55 0	1	E	6.45	7..	4395	1860	—	53.3	+ 3 12	2	E?	6.33	p 7.
4346	303	—	43.6	+77 50	10	A	6.46	5..	4396	1188	—	53.4	+54 43	3	F	6.36	*5*..
4347	1656	—	43.7	+26 31	1	II	6.60	4...	4397	1021	—	53.6	+61 16	4	A	6.73	*2*..
4348	1482	—	43.8	+23 27	3	A	6.33	p..	4398	749	1493	53.7	+63 21	6	F	6.22	*2 . 2*
4349	—	1472	43.9	−25 42	2	E	4.84	. *5 1*	4399	607	—	53.9	+65 25	1	E	6.55	4..
4350	1228	—	44.6	+55 29	6	A	6.02	5..	4400	1811	—	54.0	+13 30	1	H	6.53	0..

52   ANNALS OF HARVARD COLLEGE OBSERVATORY.

$7^h - 8^h$

D. C.	DM.	H. P.	R.A. 1900.	Dec. 1900.	No.	Sp.	Magn.	Resid.	D. C.	DM.	H. P.	R.A. 1900.	Dec. 1900.	No.	Sp.	Magn.	Resid.
			m.	° ′								m.	° ′				
4401	517	—	54.3	+ 67 57	1	A	6.91	6 . .	4451	1868	—	0.6	+ 2 28	2	A	6.37	p F .
4402	1118	1495	54.5	+ 57 33	4	F	6.43	1 . 1	4452	2363	—	0.7	− 9 50	1	A	6.30	3 F .
4403	1771	—	54.7	+ 41 41	1	E?	7.01	0 . .	4453	1301	1509	1.0	+ 51 48	8	A	5.02	1 . 2
4404	1896	—	54.7	+ 19 7	2	A	6.31	7 . .	4454	1706	—	1.1	+ 49 19	2	A	6.58	2 . .
4405	1812	1497	54.8	+ 25 40	2	H?	6.35	1 . 5	4455	269	—	1.2	+ 79 49	5	A	7.15	6 . .
4406	2157	1498	54.8	− 3 24	1	H	5.89	n 3 8	4456	1801	—	1.2	+ 38 53	2	E	6.74	1 . .
4407	1100	—	54.9	+ 54 25	3	F	6.62	7 . .	4457	1746	—	1.3	+ 36 32	1	A	7.02	7 . .
4408	1976	—	55.0	+ 20 5	1	A	6.46	5 . .	4458	1254	—	1.6	+ 55 34	5	F?	6.38	6 . .
4409	1866	—	55.1	+ 23 53	1	H	6.38	1 . .	4459	2222	1512	1.6	− 8 57	5	A	5.68	3 8 1
4410	1731	1499	55.1	+ 17 35	1	H	6.10	3 . 1	4460	307	—	1.8	+ 76 9	2	A	7.33	5 . .
4411	231	—	55.2	+ 82 3	1	E	7.30	p . .	4461	1102	1510	1.9	+ 58 33	1	H	6.64	4 . 6
4412	1731	—	55.4	+ 35 41	1	H	6.91	4 . .	4462	1753	—	1.9	+ 34 21	1	A	6.80	4 . .
4413	1611	—	55.4	+ 16 27	1	A	6.54	p . .	4463	1862	1511	1.0	+ 21 53	5	F?	5.97	6 . 8
4414	1817	—	55.4	+ 12 57	2	A	6.23	p . .	4464	1269	—	2.3	+ 56 6	1	F	7.06	8 . .
4415	2118	1501	55.4	− 18 7	6	A	4.77	5 4 2	4465	1819	—	2.5	+ 42 45	2	H	6.62	1 . .
4416	1816	—	55.7	+ 25 22	3	A	5.94	p . .	4466	524	1513	2.9	+ 68 46	7	II	6.01	n . 5
4417	1612	—	55.8	+ 16 43	3	A	5.60	8 . .	4467	2395	1514	2.9	− 20 16	5	A	5.28	5 6 3
4418	2379	—	55.8	− 2 36	2	A	5.85	p R .	4468	1282	—	3.1	+ 52 25	1	E	6.71	8 . .
4419	1857	1502	55.9	+ 5 9	3	A	5.34	p 7 3	4469	1831	—	3.1	+ 13 56	1	F	6.18	3 3 .
4420	1882	1503	56.2	− 1 7	2	H	5.76	5 6 9	4470	1090	—	3.2	+ 32 30	1	E	6.69	1 . .
4421	1843	—	56.4	+ 9 11	1	H	6.31	4 3 .	4471	—	1515	3.3	− 24 1	5	G	3.82	. 6 9
4422	1242	—	56.8	+ 55 2	3	A	6.57	9 . .	4472	1208	—	3.4	+ 54 50	3	A	6.46	2 . .
4423	1195	—	56.8	+ 53 57	3	E	6.48	5 . .	4473	1696	—	3.4	+ 29 23	1	E?	6.42	3 . .
4424	1707	—	57.0	+ 44 8	2	A	6.78	5 . .	4474	1221	—	3.5	+ 53 32	3	E	6.55	4 . .
4425	1734	—	57.0	+ 15 14	1	E	6.04	2 . .	4475	207	—	3.6	+ 83 25	4	E	7.41	8 . .
4426	1093	—	57.1	+ 58 4	2	A	0.74	8 . .	4476	1767	—	3.6	+ 35 46	1	E	6.46	0 . .
4427	1854	1504	57.1	+ 2 36	4	H	5.58	6 7 n	4477	2450	1516	3.6	− 2 41	3	H	5.20	4 3 7
4428	278	—	57.2	+ 77 55	2	E?	7.09	4 . .	4478	1728	—	4.1	+ 26 18	1	H	6.75	0 . .
4429	1767	—	57.2	+ 26 33	2	A	6.40	p . .	4479	2400	—	4.2	− 11 3	4	A	5.72	9 9 .
4430	1532	1505	57.4	+ 28 5	3	I?	5.69	3 . 7	4480	308	—	4.3	+ 76 3	2	E	7.07	4 . .
4431	1136	—	57.7	+ 59 33	5	A	6.28	7 . .	4481	1865	1517	4.4	+ 25 50	1	E	6.00	1 . 2
4432	1636	—	57.8	+ 33 19	2	B	6.39	4 . .	4482	1839	—	4.5	+ 14 48	1	E	6.60	p . .
4433	13	1449	58.0	+ 88 56	2	A	6.90	1 . 2	4483	2190	1518	4.5	− 18 57	6	B	4.31	2 8 1
4434	1989	—	58.0	+ 40 2	1	H	6.69	1 . .	4484	2065	—	4.7	+ 39 2	2	H	6.59	1 . .
4435	1754	—	53.0	+ 12 28	1	E	6.57	3 . .	4485	309	—	4.9	+ 76 32	1	H	7.49	8 . .
4436	325	—	58.5	+ 75 14	1	E	7.05	p . .	4486	1711	—	4.9	+ 49 15	1	H	6.93	1 . .
4437	1753	—	58.5	+ 21 19	1	A	6.67	3 . .	4487	1545	—	4.9	+ 47 14	1	A	6.91	3 . .
4438	1817	—	58.5	+ 13 58	1	H	6.68	p . .	4488	2280	—	4.9	− 15 57	4	A	5.28	3 8 .
4439	1806	—	58.6	+ 41 57	1	E?	7.01	8 . .	4489	235	—	5.2	+ 82 44	12	A	5.87	6 . .
4440	1911	—	59.0	+ 19 7	4	A	5.86	p . .	4490	1775	—	5.3	+ 14 56	3	A	5.86	4 . .
4441	1200	—	59.3	+ 54 24	1	F	7.04	p . .	4491	1276	—	5.4	+ 50 50	3	E	6.59	2 . .
4442	348	—	59.4	+ 74 40	2	E	7.33	9 . .	4492	1695	—	5.5	+ 32 47	1	E	6.84	1 . .
4443	1831	1507	59.5	+ 13 24	4	A	5.10	7 3 0	4493	1278	1519	5.8	+ 50 46	4	H?	6.32	6 . 4
4444	1740	—	59.6	+ 36 35	1	F	6.72	3 . .	4494	1746	—	5.9	+ 10 7	3	A	5.66	8 7 .
4445	1536	—	59.6	+ 27 40	4	A	6.06	p . .	4495	2420	—	6.1	− 13 30	4	A	5.75	4 2 .
4446	497	—	59.9	+ 70 0	5	E	6.57	1 . .	4496	1659	—	6.2	+ 16 49	1	E	6.80	7 . .
4447	2202	—	0.0	− 3 12	1	A?	6.39	6 F .	4497	541	—	6.3	+ 66 29	3	A	6.67	2 . .
4448	1770	—	0.2	+ 43 34	6	A	6.15	1 . .	4498	1621	—	6.3	+ 48 35	4	A	6.37	1 . .
4449	2228	—	0.2	− 19 26	5	A	5.73	7 p .	4499	R	1521	6.5	+ 17 56	R	R	R	R R R
4450	1887	1508	0.4	+ 22 56	2	H?	6.83	8 . 6	4500	1867	1522	6.5	+ 17 57	4	F	5.38	7 3 7

THE DRAPER CATALOGUE.

8^h

D. C.	DM.	H. P.	R.A. 1900.	Dec. 1900.	No.	Sp.	Magn.	Resid.	D. C.	DM.	H. P.	R.A. 1900.	Dec. 1900.	No.	Sp.	Magn.	Resid.
			m.	° ′								m.	° ′				
4501	R	1523	6.5	+17 57	R	R	R	R R R	4551	179	—	15.5	+84 47	1	E	7.71	6 . .
4502	2385	1524	6.6	−12 37	4	II	5.33	3 1 7	4552	996	—	15.5	+62 37	2	A	6.66	p . .
4503	2378	1527	6.7	− 7 28	3	II	5.87	4 2 6	4553	1815	1539	15.9	+43 31	4	M?	5.67	7 . n
4504	1850	—	6.8	+14 19	3	A	6.11	7 . .	4554	2037	—	16.0	+40 46	1	A	6.35	8 . .
4505	1664	1526	6.9	+29 57	4	A	5.32	3 . 3	4555	1246	1540	16.2	+53 33	7	A	5.57	4 . 2
4506	310	1520	7.0	+ 76 4	10	H?	6.08	1 . 4	4556	1879	—	16.3	+13 57	1	E	6.58	7 . .
4507	1119	1525	7.4	+60 41	5	A	6.17	6 . 1	4557	2017	—	16.3	− 1 17	2	A	6.10	9 6 .
4508	1602	—	7.4	+16 49	1	E	6.20	4 . .	4558	330	—	16.4	+77 24	3	F	6.97	7 . .
4509	674	—	7.5	+64 1	2	H	6.78	p . .	4559	2369	1542	16.9	−19 46	2	II	6.00	2 1 6
4510	1913	—	7.8	+23 27	4	A	6.48	0 . .	4560	287	—	17.1	+78 33	6	II	6.90	1 . .
4511	1783	—	7.9	+43 20	4	A	6.42	8 . .	4561	1223	—	17.5	+54 15	3	E	6.66	8 . .
4512	1804	—	8.2	+40 53	1	A	6.55	7 . .	4562	2512	—	17.6	− 5 52	2	A	5.93	4 5 .
4513	1805	—	8.3	+41 26	1	II?	6.86	7 . .	4563	1030	1544	17.7	+18 40	4	A	6.06	4 . 2
4514	1882	—	8.5	+17 58	3	A	6.40	p . .	4564	1859	—	18.0	+42 20	2	II	6.61	1 . .
4515	1792	—	8.6	+20 59	2	E	6.52	5 . .	4565	1819	1545	18.7	+35 22	1	II	6.76	3 . 7
4516	2324	1529	8.7	−15 29	3	II	5.70	3 0 6	4566	1836	—	19.1	+17 32	1	E	6.80	2 . .
4517	1868	—	8.8	+13 22	1	II	6.53	7 1 .	4567	1225	—	19.5	+53 50	1	A?	6.73	p . .
4518	1669	—	9.4	+16 23	1	A	6.24	p . .	4568	2333	—	19.7	− 3 26	1	E	5.84	2 4 .
4519	1124	1530	9.5	+59 58	6	A	5.71	3 . 3	4569	2050	—	20.1	+40 14	1	II	6.85	7 . .
4520	2015	—	9.5	+40 39	1	A?	6.75	p . .	4570	1842	1548	20.1	+17 23	2	F	6.45	2 . 2
4521	1704	—	9.5	+32 30	1	E	7.04	5 . .	4571	545	1547	20.4	+67 38	3	II	6.27	3 . 5
4522	409	—	9.6	+72 43	3	H	6.02	4 . .	4572	1002	1549	20.4	+28 14	1	II	6.31	3 . 4
4523	384	—	10.1	+75 9	5	H	6.50	1 . .	4573	1422	—	20.5	+51 14	1	E	7.05	p . .
4524	991	1532	10.6	+02 49	3	H?	6.38	4 . 7	4574	2053	1553	20.5	+ 7 53	2	H	5.75	6 1 7
4525	1215	—	10.6	+54 26	1	II	6.64	1 . .	4575	2262	1555	20.6	−22 50	2	A	5.80	4 1 3
4526	1265	—	10.7	+54 53	6	A	6.34	4 . .	4576	1398	1550	20.7	+46 0	3	E	6.50	5 . 3
4527	284	—	10.9	+78 15	2	A	7.00	4 . .	4577	1010	1551	20.7	+27 16	4	A	5.03	1 . 1
4528	1917	1533	11.1	+ 9 30	4	K?	5.06	n n n	4578	1920	1552	20.7	+24 52	2	A	6.44	1 . 1
4529	1785	—	11.4	+36 2	2	A	6.66	6 . .	4579	2339	1554	20.7	− 3 35	5	A	3.07	3 2 1
4530	927	—	11.8	+77 17	2	II	6.92	1 . .	4580	2522	—	20.9	−20 44	1	E?	6.28	5 2 .
4531	1760	—	12.1	+26 45	2	A	6.60	4 . .	4581	470	—	21.1	+68 52	5	A	6.40	3 . .
4532	2509	—	12.2	− 3 3	1	A	6.34	0 6 .	4582	1542	—	21.1	+50 2	2	E?	6.94	9 . .
4533	1112	1534	12.4	+58 3	5	A?	5.98	2 . 1	4583	1228	—	21.2	+54 11	3	E	6.52	8 . .
4534	1407	—	12.6	+51 35	1	E	6.86	p . .	4584	2514	—	21.2	−10 12	1	E	6.20	1 5 .
4535	1679	—	12.7	+15 59	2	A	6.44	1 . .	4585	2517	1559	21.3	−14 36	2	A	5.91	5 4 1
4536	2302	—	12.7	−15 58	4	A	5.91	4 9 .	4586	1825	—	21.4	+36 27	1	A	6.82	7 . .
4537	1217	—	12.9	+53 53	5	F	6.28	6 . .	4587	2345	—	21.5	− 3 40	3	A	5.89	3 3 .
4538	1762	—	12.9	+26 39	1	E	6.45	7 . .	4588	1826	—	21.7	+36 13	1	II	7.02	1 . .
4539	1927	—	12.9	+ 9 28	2	A	6.31	p F	4589	1054	1558	22.0	+61 3	10	I?	4.66	n . n
4540	1802	—	13.1	+35 22	1	E	6.81	7 . .	4590	2524	1560	22.0	−12 12	1	II	6.28	3 4 5
4541	2027	—	13.3	+40 12	1	E?	6.70	4 . .	4591	2106	—	22.7	+39 13	1	E	6.89	0 . .
4542	1687	—	13.5	+16 26	3	A	6.16	p . .	4592	1931	1561	22.7	+24 28	3	A	6.27	5 . 4
4543	2449	1535	13.7	−12 18	1	E	5.88	4 6 1	4593	2526	—	22.8	−14 36	1	A?	6.06	0 8 .
4544	464	—	14.0	+69 14	3	E	6.66	5 . .	4594	1703	—	22.9	+33 2	3	A	6.72	0 . .
4545	1589	1536	14.0	+27 33	4	F	5.58	1 . 5	4595	472	—	23.0	+69 30	2	II	6.79	3 . .
4546	1907	—	14.1	+24 8	1	E	6.69	p . .	4596	1231	—	23.0	+54 27	6	A	6.19	p . .
4547	1794	—	14.3	+36 6	2	A?	6.51	8 . .	4597	1899	1562	23.0	+14 32	2	A	5.73	5 5 2
4548	1817	1538	14.5	+17 11	4	II	6.47	5 . 6	4598	1283	—	23.5	+55 16	2	A	6.60	9 . .
4549	2471	—	14.5	− 9 52	1	F	6.05	2 7 .	4599	420	—	23.7	+73 47	2	A	7.00	3 . .
4550	1909	1537	14.6	+24 20	4	A	5.69	3 . 0	4600	549	—	23.7	+67 38	1	II	7.25	6 . .

ANNALS OF HARVARD COLLEGE OBSERVATORY.

8^h

D.C.	DM.	H.P.	R.A. 1900.	Dec. 1900.	No.	Sp.	Magn.	Resid.	D.C.	DM.	H.P.	R.A. 1900.	Dec. 1900.	No.	Sp.	Magn.	Resid.
4601	1583	—	23.7	+47 6	1	E?	7.11	1..	4651	2411	—	33.3	−11 23	1	E	6.14	9 6.
4602	1740	—	24.0	+49 40	1	E	6.93	p..	4652	1443	—	33.4	+51 47	1	II	6.41	6..
4603	2582	—	24.0	− 9 25	1	E	6.05	3 4.	4653	2026	1589	33.5	+ 3 42	3	I	5.66	8 8 n
4604	337	—	24.4	+77 21	4	E	6.89	3..	4654	—	1590	33.6	−25 54	2	A	5.08	.5 1
4605	2065	—	24.5	+40 23	1	F	6.35	8..	4655	270	—	33.8	+80 51	2	E	7.48	5..
4606	2066	—	24.6	+40 33	3	A	6.42	4..	4656	2149	—	34.0	+20 9	2	A	6.41	6..
4607	1431	—	24.7	+50 57	1	E	6.90	6..	4657	1422	1591	34.1	+46 11	6	II	6.12	4.5
4608	1870	—	24.8	+37 36	5	A	5.93	6..	4658	1776	—	34.1	+32 19	3	A	6.42	1..
4609	1259	—	25.1	+53 26	3	II?	6.45	0..	4659	2150	—	34.1	+19 54	1	E	6.91	3..
4610	342	—	25.2	+75 4	10	A	6.16	2..	4660	2091	—	34.3	+40 23	1	A	6.70	6..
4611	128	—	25.6	+85 25	7	E	7.43	1..	4661	2158	—	34.4	+20 22	1	A	6.47	R..
4612	638	1566	25.6	+65 29	5	A	5.52	3.2	4662	2159	—	34.4	+20 20				R..
4613	1940	1567	25.6	+24 25	3	A	6.07	3.3	4663	2171	1592	34.7	+19 54	3	A	6.31	9.n
4614	1963	1569	25.9	+18 26	1	II	6.91	9.n	4664	2345	1593	34.8	−22 19	3	II	5.71	4 1 6
4615	1170	—	26.0	+58 55	5	A	6.35	6..	4665	2172	—	35.0	+20 5	1	II	6.81	3..
4616	1742	—	26.1	+49 36	1	A	7.08	p..	4666	201	—	35.1	+78 3	7	F	7.01	0..
4617	1920	1570	26.5	+38 21	1	I	6.38	1.4	4667	480	—	35.1	+73 39	8	A	6.63	4..
4618	1816	—	26.5	+10 9	1	A	6.06	p..	4668	2175	—	35.2	+19 56	1	E	6.86	8..
4619	1836	1571	26.9	+36 46	2	F	6.52	2.4	4669	2420	1594	35.3	−12 7	1	II	5.93	2 6 7
4620	2109	1572	26.9	+20 47	2	II	6.52	p.n	4670	186	—	35.4	+84 16	5	D	7.30	7..
4621	2438	1574	27.0	−19 14	3	A	5.19	4 4 2	4671	1606	—	36.1	+47 16	2	E?	6.51	0..
4622	1946	1573	27.1	+24 25	1	H?	7.24	7.8	4672	2452	—	36.2	− 8 42	1	E	6.21	3 6.
4623	1601	—	27.3	+45 32	1	A	6.89	1..	4673	1759	—	36.3	+49 15	2	A?	6.33	5..
4624	1818	—	27.3	+10 26	1	A	5.91	9..	4674	427	—	36.7	+72 46	3	E	6.82	0..
4625	1592	—	27.5	+47 28	5	A	6.33	1..	4675	1847	—	37.0	+43 4	1	F	6.87	3..
4626	1743	—	27.8	+48 53	4	A	6.43	1..	4676	2554	1596	37.1	−15 35	2	II?	5.85	4 6 8
4627	1840	1576	28.3	+36 46	4	A	5.70	2.0	4677	1895	1597	37.5	+21 50	4	A	4.67	2.1
4628	253	—	28.4	+82 36	11	A	6.18	8..	4678	293	—	37.7	+78 33	3	H	6.95	5..
4629	1745	—	28.4	+49 35	1	E	6.88	6..	4679	1972	1598	37.7	+13 3	4	A	5.88	1 0 3
4630	1853	—	28.4	+41 22	1	II	6.91	1..	4680	1899	—	37.8	+37 17	3	A	6.45	6..
4631	370	1575	28.6	+73 59	5	II	6.46	1.2	4681	2039	1599	38.0	+ 3 46	5	A	4.19	8 4 0
4632	2077	1577	28.8	+ 4 48	1	II?	6.01	p 5 2	4682	1782	—	38.1	+32 26	1	A	6.59	2..
4633	2074	1579	29.0	− 1 49	4	A	5.62	9 8 0	4683	1784	—	38.5	+44 2	1	E	6.78	7..
4634	1834	—	29.6	+42 56	1	F	6.42	1..	4684	1766	—	38.7	+49 14	2	A	6.38	p..
4635	1955	—	30.2	+24 24	1	A	6.74	3..	4685	2029	—	38.7	+ 4 42	2	A	6.04	p 8.
4636	643	1580	30.3	+65 22	6	F	5.87	1.3	4686	2708	1600	38.7	− 6 52	5	II	5.39	9 5 6
4637	1997	1582	30.5	+ 6 58	2	A	5.85	2 4 1	4687	2027	1602	39.0	+18 32	4	K?	5.26	8 n n
4638	1597	—	30.6	+47 27	1	E	6.86	p..	4688	1903	—	39.2	+37 39	2	F	6.33	7..
4639	2540	1583	30.6	− 7 38	3	A	5.47	2 6 2	4689	1876	—	39.2	+31 4	1	E	6.48	2..
4640	1268	1581	30.9	+53 45	6	II	6.21	6.6	4690	1864	1603	39.4	+10 27	5	A	5.46	5 5 0
4641	1148	—	31.0	+60 17	5	A	6.17	6..	4691	2030	—	39.7	+ 6 3	1	F?	5.87	p 8.
4642	2083	—	31.4	+39 59	1	H	6.64	9..	4692	560	1601	39.8	+67 5	7	A	5.09	3.3
4643	698	1584	31.5	+64 40	.5	K?	5.62	9.8	4693	1254	—	40.4	+54 46	1	E	7.14	p..
4644	1269	—	31.6	+53 16	4	II	6.47	1..	4694	1824	1605	40.6	+29 7	5	K	4.85	6.6
4645	1837	1587	31.7	+10 0	4	A	5.68	3 5 2	4695	1909	—	40.6	+20 58	1	A?	6.52	5..
4646	1272	1585	31.8	+53 4	3	II	6.37	0.4	4696	272	—	40.9	+80 24	14	A	6.64	7..
4647	1885	—	31.9	+37 23	1	II	6.77	7..	4697	1647	—	41.1	+28 32	1	E	6.66	3..
4648	428	—	32.0	+73 31	6	A	6.31	2..	4698	1904	1607	41.5	+12 28	5	A	5.85	4.0
4649	2001	1588	32.3	+ 6 3	6	A	4.22	3 0 1	4699	2036	1608	41.5	+ 6 48	5	F	4.31	8 n 7
4650	1840	—	32.7	+ 9 56	3	A	5.99	p..	4700	—	1609	41.5	−25 1	1	H	5.75	.7 0

THE DRAPER CATALOGUE.

8^h

D. C.	DM.	H. P.	R.A. 1900.	Dec. 1900	No.	Sp.	Magn.	Resid.	D. C.	DM.	H. P.	R.A. 1900.	Dec. 1900.	No.	Sp.	Magn.	Resid.
			m.	° ′								m.	° ′				
4701	2673	1610	41.7	−13 11	2	G	5.47	7 n n	4751	1044	—	49.1	+42 4	1	A?	6.51	5 . .
4702	232	—	41.8	+83 6	3	H	7.24	2 . .	4752	2490	—	49.3	− 5 4	1	H?	6.08	1 3 .
4703	2130	1611	42.2	− 1 31	5	A	5.28	7 3 2	4753	1804	—	49.4	+44 3	1	A?	6.78	p . .
4704	1961	—	42.6	+38 43	1	A	6.18	6 . .	4754	1866	—	49.5	+26 48	1	A	6.65	6 . .
4705	273	—	42.8	+81 40	5	A?	7.12	5 . .	4755	1159	—	49.7	+58 36	3	A	6.11	9 . .
4706	1642	—	43.1	+45 3	1	F	6.49	p . .	4756	1666	1626	49.7	+28 19	2	H	6.01	5 . 8
4707	2040	1613	43.1	+ 6 13	9	A	4.46	3 3 2	4757	1973	—	49.7	+17 87	1	H	6.65	1 . .
4708	1898	—	43.6	+34 4	1	E	7.10	2 . .	4758	1458	—	49.8	+46 9	2	A	6.30	9 . .
4709	2160	—	44.3	+38 50	1	A	6.74	p . .	4759	1806	—	49.8	+44 38	1	H	6.88	p . .
4710	1765	—	44.3	+33 41	2	A	6.40	1 . .	4760	2088	—	49.8	−11 0	1	E	5.94	9 9 .
4711	2699	1614	44.3	− 3 5	5	A	5.25	5 5 1	4761	2174	—	49.9	+39 12	1	H	6.84	p . .
4712	1878	—	44.4	+85 26	1	E	6.76	2 . .	4762	589	—	50.0	+66 23	2	A	6.57	4 . .
4713	233	—	44.5	+83 8	8	F	6.63	4 . .	4763	1301	—	50.0	+55 14	1	A	6.85	7 . .
4714	1877	—	44.5	+41 18	1	E	6.62	9 . .	4764	1460	—	50.1	+51 8	1	A	6.05	p . .
4715	2037	—	44.6	+ 6 56	1	A	6.25	p 8 .	4765	1459	1628	50.1	+46 1	3	H?	6.25	3 . 3
4716	1674	—	44.8	+27 12	1	F	6.85	7 . .	4766	2125	1627	50.1	+40 35	4	F	5.97	0 . 2
4717	2500	—	44.8	− 8 13	1	E	6.26	5 5 .	4767	2060	1629	50.1	+ 6 19	8	K	4.42	n n n
4718	2110	—	45.1	+19 13	3	A	6.01	5 . .	4768	2013	—	50.4	+24 51	1	E	6.59	4 . .
4719	2057	—	45.1	+18 22	1	H	6.70	3 . .	4769	1807	—	50.5	+44 49	1	H	6.59	4 . .
4720	1027	1615	45.2	+62 20	3	A	5.73	0 . 1	4770	1784	—	50.5	+33 39	1	E	6.95	5 . .
4721	1198	—	45.2	+50 26	2	F	5.96	5 . .	4771	2601	—	50.6	− 7 36	2	A	5.32	p R .
4722	1794	1616	45.3	+44 6	4	I	5.78	3 . 6	4772	812	—	50.7	+63 44	2	A	6.17	p . .
4723	1649	—	45.4	+45 41	2	H	6.49	0 . .	4773	1905	—	50.8	+85 24	1	H	7.06	4 . .
4724	297	—	45.5	+78 32	9	F	6.74	2 . .	4774	1785	1631	50.8	+33 18	4	A	5.31	7 . 2
4725	1297	—	45.6	+55 20	1	H	6.55	9 . .	4775	1811	—	51.2	+32 50	1	A	6.44	8 . .
4726	1935	—	45.6	+42 23	1	H	6.11	1 . .	4776	2029	—	51.3	+22 15	1	H	6.93	2 . .
4727	1343	—	45.9	+52 44	2	E	6.37	4 . .	4777	—	1633	51.3	−27 18	2	A	5.19	. 2 4
4728	1781	—	46.0	+30 13	1	H	6.82	2 . .	4778	1981	—	51.4	+38 39	1	E	6.33	9 . .
4729	—	1621	46.3	−27 21	1	H	5.44	. n n	4779	2081	—	51.4	+ 4 37	1	H	6.09	9 4 .
4730	1770	1619	46.4	+32 51	4	A	5.67	3 . 0	4780	—	—	51.5	−23 27	1	A	5.84	. 9 .
4731	1659	—	46.5	+28 38	1	H	6.86	4 . .	4781	335	—	51.7	+76 48	1	H	6.80	7 . .
4732	2743	1623	46.6	− 6 49	5	A	5.45	9 6 1	4782	1945	1634	51.7	+15 43	6	A	5.23	5 . 0
4733	1660	1622	46.7	+28 43	2	H	6.11	1 . 1	4783	294	—	51.8	+79 45	11	A	6.87	1 . .
4734	1919	—	46.9	+37 26	1	E	6.37	5 . .	4784	1795	—	51.9	+30 38	2	E	6.08	4 . .
4735	2069	—	47.0	+18 34	1	F	6.76	2 . .	4785	1804	1635	52.0	+15 58	6	A	5.71	4 . 1
4736	2074	—	47.1	+ 5 42	4	A	5.86	p 9 .	4786	2099	—	52.0	+ 2 54	1	A	6.28	p 7 .
4737	1966	—	47.5	+17 45	1	F	6.70	p . .	4787	1889	—	52.1	+36 12	4	A	6.01	7 . .
4738	1291	—	47.7	+53 11	2	A	6.22	p . .	4788	1809	—	52.2	+44 49	1	E	6.94	p . .
4739	2164	—	47.7	+30 38	1	A	6.49	5 . .	4789	2093	1637	52.3	+ 9 46	1	H	6.16	2 3 1
4740	1883	—	47.7	+35 56	4	A	5.81	3 . .	4790	1707	1636	52.4	+42 87	6	A	D	n . R
4741	1793	—	48.0	+43 58	1	E	6.08	p . .	4791	1816	—	52.6	+32 45	1	H	7.09	6 . .
4742	673	1624	48.1	+64 59	5	I	6.03	0 . 4	4792	278	—	52.7	+81 26	4	E	7.23	7 . .
4743	132	—	48.2	+85 6	3	A	7.79	4 . .	4793	336	—	52.7	+76 5	1	A	7.27	p . .
4744	1907	1625	48.2	+30 58	2	H	5.98	7 . 6	4794	1463	—	52.7	+46 9	5	A	5.98	p . .
4745	2232	—	48.2	+20 21	1	E	6.62	6 . .	4795	2000	—	52.7	+18 42	2	A	6.16	6 . .
4746	1989	—	48.2	+14 14	1	F	6.23	6 . .	4796	2022	—	52.9	+24 22	1	A	6.84	7 . .
4747	2075	—	48.3	+17 55	1	A	6.60	9 . .	4797	1948	1639	53.0	+12 14	5	A	4.45	1 1 1
4748	1779	—	48.8	+33 8	1	F	6.59	p . .	4798	2112	—	53.0	+ 1 55	2	A	5.82	p p .
4749	1784	—	48.9	+49 28	1	E	6.98	8 . .	4799	1821	1640	53.4	+32 49	4	H	5.94	4 . 2
4750	1658	—	49.1	+45 3	1	H	6.69	p . .	4800	551	1638	53.5	+68 1	4	M	5.91	8 . 9

ANNALS OF HARVARD COLLEGE OBSERVATORY.

$8^h - 9^h$

D. C.	DM.	H. P.	R.A. 1900.	Dec. 1900.	No.	Sp.	Magn.	Resid.	D. C.	DM.	H.P.	R.A. 1900.	Dec. 1900.	No.	Sp.	Magn.	Resid.
			m.	° ′								m.	° ′				
4801	2003	—	53.5	+18 32	1	H	6.96	0 ..	4851	2200	1653	0.2	+38 51	5	H?	5.56	9.9
4802	2099	—	53.9	+ 9 22	1	E?	6.26	p F.	4852	1908	—	0.3	+38 28	1	H	6.68	p ..
4803	486	—	54.0	+71 42	4	A	6.71	0 ..	4853	1999	—	0.5	+38 40	2	F	6.18	p ..
4804	1877	—	54.1	+26 50	1	A?	6.55	7 ..	4854	1806	—	0.5	+33 45	1	E	7.00	8 ..
4805	2656	1642	54.1	−15 45	1	E	5.60	4 8 3	4855	1901	—	0.6	+16 15	1	A	6.94	6 ..
4806	1956	1641	54.2	+42 11	5	F	4.44	3 . 2	4856	2116	1654	0.7	+ 5 29	2	H	5.74	1 3 1
4807	1986	—	54.2	+38 0	1	H	6.43	1 ..	4857	2045	—	1.2	+23 44	1	E	7.03	p ..
4808	1825	—	54.2	+32 29	1	E	6.94	p ..	4858	492	—	1.3	+71 47	4	H?	6.77	3 ..
4809	196	1632	54.5	+84 35	15	F	6.29	3 . 1	4859	1642	—	1.3	+47 49	1	H	6.62	p ..
4810	1599	—	54.6	+50 7	1	E	6.74	p ..	4860	576	—	1.4	+67 4	1	A	6.84	p ..
4811	1901	—	55.1	+41 21	1	F	6.16	p ..	4861	1934	—	1.5	+31 37	1	H	7.03	3 ..
4812	2536	—	55.1	−18 49	1	F	5.72	3 9 .	4862	577	1655	1.6	+67 32	4	F	5.05	3 . 2
4813	2138	—	55.2	+40 6	2	F	6.10	4 ..	4863	2048	—	1.7	+23 23	2	F	6.38	1 ..
4814	1820	—	55.3	+32 39	4	A	5.71	6 ..	4864	1365	1656	1.9	+52 0	4	A	4.81	2 . 4
4815	1674	1643	55.0	+28 18	4	A	5.98	2 . 2	4865	1810	—	2.0	+32 57	3	E	0.42	3 ..
4816	1601	—	56.1	+50 22	2	A	6.04	p ..	4866	1817	1057	2.0	+30 3	2	H?	5.87	1 . 5
4817	1990	—	56.1	+17 30	1	A	6.75	7 ..	4867	1809	—	2.1	+49 43	1	H	6.83	7 ..
4818	282	—	56.3	+81 14	13	F?	6.04	7 ..	4868	1901	—	2.1	+26 1	3	A	6.55	7 ..
4819	1305	—	56.3	+53 30	1	H	6.63	4 ..	4869	2144	—	2.1	+ 2 59	1	A	0.23	p 6 .
4820	1716	—	56.4	+48 4	1	E	6.82	p ..	4870	557	—	2.2	+67 52	2	A	6.90	p ..
4821	199	—	56.6	+84 3	2	A	7.39	p ..	4871	1916	—	2.2	+36 43	1	E	6.62	7 ..
4822	1272	1644	56.7	+54 41	4	A	5.44	4 . 2	4872	2237	—	2.2	+ 0 59	1	A	6.22	p F .
4823	2124	—	56.7	+ 3 4	2	A	6.63	9 F .	4873	825	—	2.3	+62 51	1	E	6.81	p ..
4824	1633	1645	56.0	+47 34	6	A	3.59	1 . 1	4874	1984	1659	2.4	+11 4	6	A	5.27	2 1 3
4825	2029	1646	56.9	+24 50	4	A	5.16	1 . 4	4875	509	—	2.7	+69 27	1	E	7.04	p ..
4826	2449	1647	56.9	− 0 6	1	H	5.76	4 4 2	4876	723	1658	2.7	+63 55	4	D	5.01	0 . 2
4827	239	—	57.0	+83 45	1	E	7.92	p ..	4877	1949	—	2.7	+34 18	4	E	6.15	3 ..
4828	1808	—	57.1	+30 31	1	E	7.13	2 ..	4878	365	—	2.9	+75 41	2	H	7.16	2 ..
4829	1993	—	57.2	+38 14	1	E	6.43	9 ..	4879	1319	—	2.9	+55 22	1	E?	6.80	p ..
4830	1800	—	57.2	+33 17	1	E	6.64	0 ..	4880	1614	—	3.0	+50 14	1	E	6.54	p ..
4831	504	—	57.3	+68 52	3	A	6.55	7 ..	4881	1715	1660	3.0	+27 3	2	F	6.30	3 . 3
4832	2103	—	57.4	+39 8	1	H	6.74	3 ..	4882	243	—	3.1	+83 2	2	F	7.26	p ..
4833	2066	—	57.4	+ 7 41	1	H	6.00	5 2 .	4883	1371	—	3.2	+52 48	2	A	6.62	p ..
4834	2260	—	58.1	+20 29	1	E?	7.17	p ..	4884	1885	—	3.6	+43 21	1	E	6.92	p ..
4835	1820	—	58.2	+43 52	1	E	6.43	p ..	4885	1941	—	3.6	+31 7	1	E	6.98	5 ..
4836	1683	—	58.2	+28 18	2	A	6.16	3 ..	4886	2061	1661	3.6	+22 27	3	H	6.00	n . 8
4837	1478	—	58.3	+51 14	1	E	5.85	p ..	4887	300	—	3.8	+79 41	8	F	6.91	4 ..
4838	1801	1649	58.5	+48 55	6	F	5.03	9 . 1	4888	2588	1662	3.8	− 8 11	6	A	5.38	4 4 1
4839	1312	—	58.6	+55 48	1	A	6.76	1 ..	4889	205	—	4.2	+82 46	3	A	7.48	p ..
4840	1607	—	58.7	+50 42	1	H	6.80	p ..	4890	444	—	4.3	+72 4	4	H	6.80	5 ..
4841	2530	—	58.7	− 4 47	1	A	5.98	8 7 .	4891	1979	—	4.4	+11 58	3	A	6.04	p 6 .
4842	1837	—	58.8	+32 47	3	A	6.29	5 ..	4892	2505	1065	4.4	−11 57	2	A	5.98	1 2 2
4843	1217	1650	59.0	+59 45	3	A	5.96	2 . 1	4893	2167	—	4.5	+40 18	1	A	6.65	9 ..
4844	2040	—	59.2	+23 16	1	E	6.93	1 ..	4894	2765	—	4.5	−17 55	3	A	5.54	7 7 .
4845	1905	—	59.3	+36 36	2	A'	6.47	3 ..	4895	1946	1664	4.6	+31 23	1	E	6.83	3 . 3
4846	1608	—	59.5	+50 2	1	E	6.54	p ..	4896	2063	—	4.6	+22 24	2	H	6.43	1 ..
4847	573	1651	59.6	+67 17	3	M?	6.12	9 . 8	4897	1054	—	R	R	R	R	R	...
4848	2153	—	59.8	+19 49	1	E	7.11	9 ..	4898	2593	1667	4.7	− 8 23	1	F	5.91	6 2 8
4849	1302	—	0.1	+52 3	1	F	6.76	5 ..	4899	1055	—	4.8	+62 6	4	A	6.30	E . .
4850	2004	—	0.1	+17 47	1	E	6.95	p ..	4900	1054	—	4.8	+62 5				R . .

THE DRAPER CATALOGUE.

D. C.	DM.	H. P.	R.A. 1900.	Dec. 1900.	No	Sp.	Magn.	Resid.	D. C.	DM.	H. P.	R.A. 1900.	Dec. 1900.	No.	Sp.	Magn.	Resid.
			m.	° ′								m.	° ′				
4001	599	—	4.9	+66 8	1	E	6.47	p..	4951	370	—	11.5	+75 20	7	A	6.76	5..
4002	1488	—	5.0	+50 52	5	A	6.05	5..	4952	2068	—	11.5	+24 4	2	E	6.74	6..
4003	600	—	5.2	+66 12	1	A	6.42	p..	4953	2267	—	11.5	+ 1 9	1	E	6.32	5 4.
4004	359	—	5.3	+77 29	11	A	6.41	4..	4954	1990	—	11.6	+42 29	1	E	6.87	p..
4005	2701	—	5.5	−16 27	1	E	5.99	p p .	4955	2762	1679	11.7	− 5 56	2	H	5.08	1 / 3
4006	1815	—	5.6	+49 37	1	II	6.58	p..	4956	2804	—	11.7	−13 25	1	F	6.02	p 8.
4907	452	1668	5.8	+73 22	11	A	5.79	2. 0	4957	1729	—	11.8	+27 51	2	E	6.56	1..
4908	2512	—	5.9	−22 46	2	A	5.90	4 8.	4958	2623	1680	11.8	− 8 19	6	A	5.40	8 n 1
4909	289	—	6.3	+81 48	1	E	7.68	p..	4959	348	—	11.9	+76 6	4	A	6.93	p..
4010	2138	—	6.3	+18 27	2	A	6.26	5..	4960	1883	—	12.0	+29 0	1	E	7.17	2..
4011	1058	1669	6.4	+61 50	4	F	5.59	6 . 4	4961	2173	—	12.0	+ 2 22	1	E?	6.22	p F .
4012	581	—	6.6	+67 33	2	A	6.45	p..	4962	2072	—	12.1	+23 30	1	H	6.88	4..
4013	2120	—	6.7	+ 5 53	1	F	5.84	p 8 .	4963	2021	—	12.2	+38 32	1	E?	6.98	p..
4914	2003	—	6.9	+15 24	2	H	6.29	7..	4964	1380	—	12.3	+52 3	1	E?	7.01	p..
4915	1650	—	7.0	+47 24	1	E	6.71	8..	4965	1971	—	12.3	+35 47	4	A	6.51	p..
4916	2139	—	7.0	+ 4 17	4	A	5.68	p 7 .	4966	2808	—	12.4	−14 9	1	A?	6.11	5 0.
4917	1893	1671	7.3	+43 38	6	A	4.93	1 . 3	4967	2009	—	12.5	+11 55	4	A	6.05	p..
4918	2644	1672	7.4	−19 20	1	E	5.85	5 7 1	4968	1660	—	12.6	+47 23	3	A	6.08	p..
4919	1375	—	7.5	+56 2	2	A	6.41	p..	4969	1905	1681	12.6	+37 14	4	A	4.00	2 . 2
4920	2845	1673	7.5	− 6 42	3	A	5.80	5 5 3	4970	2194	—	12.6	+19 13	1	E	7.11	9..
4921	1320	—	7.7	+53 7	1	II	6.72	p..	4971	1114	—	13.0	+61 48	2	A	6.84	7..
4922	303	—	7.9	+78 23	2	II	7.11	8..	4972	2165	1682	13.4	+18 8	2	E	6.50	5 . 1
4923	1991	—	7.9	+21 42	2	A	6.02	5..	4973	1350	—	13.5	+52 53	4	A	6.00	9..
4924	557	—	8.3	+70 18	2	H	6.76	2..	4974	1495	—	13.8	+51 42	5	F?	6.24	3..
4925	2144	—	8.3	+ 4 15	1	E	6.18	p F .	4975	805	—	14.4	+78 51	3	E	7.10	3..
4926	1211	1674	8.5	+57 10	2	II	6.32	n . 7	4976	1214	1683	14.4	+57 8	1	II	6.22	4 . 2
4927	2065	—	8.6	+25 26	1	E	6.99	0..	4977	2158	—	14.6	+ 5 39	1	F?	5.99	p 6.
4928	2223	—	8.7	+39 2	2	F	6.04	p..	4978	2025	—	14.7	+38 37	3	A	5.80	9..
4929	1744	—	8.9	+48 38	1	E	6.67	p..	4979	2804	—	14.7	−10 53	1	F	5.94	9 7.
4930	1285	1675	9.0	+54 26	6	A	4.86	8 . 0	4980	1708	—	14.8	+45 47	3	H	6.43	4..
4931	1966	—	9.1	+35 3	2	II	6.41	1..	4981	206	—	14.9	+84 11	1	H	7.00	4..
4932	2167	1676	9.1	+ 2 44	5	A	4.03	3 2 1	4982	2194	—	15.0	+40 5	1	E	6.50	3..
4933	1897	—	9.4	+42 51	1	II	6.77	7..	4983	1979	1685	15.0	+34 49	4	K	4.98	n . n
4934	393	—	9.5	+74 26	7	H	6.68	2..	4984	2198	—	15.0	+19 33	1	E?	7.16	3..
4935	2067	—	9.7	+23 13	1	E	7.13	7..	4985	2609	1687	15.0	−11 33	3	H?	5.37	1 1 5
4936	2009	1677	9.7	+15 22	2	H	6.09	3 . 5	4986	2195	—	15.1	+40 43	2	A	6.40	4..
4937	1940	—	9.8	+41 13	1	A	6.70	p..	4987	1980	—	15.1	+35 23	1	E	7.06	7..
4938	2158	—	9.8	− 1 10	1	A	6.06	p 6 .	4988	2062	—	15.1	+17 33	1	E	7.25	5..
4939	287	—	10.2	+80 33	2	F	7.36	4..	4989	2084	—	15.3	+25 36	2	A	6.89	1..
4940	1326	—	10.3	+53 20	1	E	6.88	p..	4990	1848	—	15.4	+33 21	2	H	6.54	3..
4941	1182	—	10.4	+57 54	1	E	6.63	5..	4991	1805	—	15.6	+32 41	2	A	6.44	6..
4942	2766	—	10.5	− 8 4	1	E	6.41	6 F .	4992	2643	1688	15.6	− 9 8	3	H	5.53	5 3 6
4943	2793	—	10.7	−14 36	3	A	5.61	p 9 .	4993	1633	—	15.7	+49 57	3	A	6.21	6..
4944	1658	1678	10.8	+47 14	3	A	5.81	7 . 3	4994	1833	—	15.7	+48 51	2	E	6.73	6..
4945	2187	—	10.8	+19 14	2	F	6.66	3..	4995	2027	—	15.7	+15 48	3	A	6.22	5..
4946	2068	—	10.9	+23 20	1	E	7.28	6..	4996	1890	—	15.9	+28 56	1	H?	6.97	8..
4947	1839	—	11.0	+30 47	1	A	6.83	9..	4997	2065	—	15.9	+17 2	2	F	6.70	1..
4948	1969	—	11.3	+33 56	1	II	6.80	6..	4998	2074	—	15.9	+13 33	1	H	6.43	6 3.
4949	2226	—	11.4	+39 38	1	E	6.69	8..	4999	2193	—	16.0	+ 3 22	1	F	6.23	p 8.
4950	248	—	11.5	+83 7	3	E	7.44	p..	5000	2201	—	16.1	+19 11	1	E	7.31	2..

ANNALS OF HARVARD COLLEGE OBSERVATORY.

9^h

D. C.	DM.	H.P.	R.A. 1900.	Dec. 1900.	No.	Sp.	Magn.	Resid.	D. C.	DM.	H.P.	R.A. 1900.	Dec. 1900.	No.	Sp.	Magn.	Resid.
			m.	° ′								m.	° ′				
5001	2107	—	16.2	+40 40	1	H	6.75	7 . .	5051	1389	—	24.5	+55 42	2	A	6.75	7 . .
5002	2828	—	16.2	−15 11	1	A?	6.00	8 7 .	5052	1999	—	24.7	+34 5	2	H	6.55	1 . .
5003	2859	—	16.7	− 2 21	1	H	6.25	p F .	5053	2100	—	24.8	+22 16	1	E	6.63	4 . .
5004	561	—	17.0	+70 47	1	H	6.77	7 . .	5054	462	1705	25.4	+72 39	8	F	5.96	0 . 2
5005	1852	—	17.1	+33 22	1	E	6.94	6 . .	5055	1768	—	25.4	+27 50	4	A	6.41	3 . .
5006	1935	—	17.4	+33 55	2	E?	6.80	9 . .	5056	2015	1707	25.5	+35 33	1	II	6.16	5 . 7
5007	377	1689	17.5	+75 33	10	A	5.82	4 . 6	5057	565	1706	25.7	+70 16	8	II	5.34	1 . 7
5008	733	—	17.7	+64 23	2	II	6.64	1 . .	5058	1873	—	25.8	+44 11	1	E	6.73	6 . .
5009	2088	1691	17.7	+25 36	2	A	6.84	3 . 4	5059	597	—	26.0	+67 14	2	F	6.69	5 . .
5010	1635	—	17.9	+50 43	1	H	6.35	p . .	5060	1780	—	26.0	+48 36	1	E?	6.77	5 . .
5011	78	—	18.0	+87 18	1	A	7.70	3 . .	5061	2107	1710	26.1	+23 25	4	I	5.83	n . n
5012	2816	—	18.0	− 9 24	1	A	6.00	8 7 .	5062	402	—	26.2	+74 47	9	A	5.97	p . .
5013	1389	—	18.1	+52 1	3	A?	6.43	3 . .	5063	1401	1709	26.3	+52 8	6	F	4.14	n . 9
5014	1978	—	18.2	+37 2	3	A	6.19	8 . .	5064	262	—	26.4	+82 49	10	A	6.75	7 . .
5015	1938	—	18.3	+26 20	1	E?	7.00	0 . .	5065	312	—	26.4	+78 41	1	E	7.52	p . .
5016	1209	—	18.6	+54 28	2	A	6.20	p . .	5066	1657	—	26.5	+49 53	5	A	6.28	5 . .
5017	1939	1692	18.8	+26 37	3	I	5.62	n . n	5067	2014	1712	26.5	+10 9	2	H?	6.41	4 8 n
5018	2318	—	19.1	+20 14	2	H	6.71	4 . .	5068	2053	1711	26.6	+11 44	3	H	6.00	7 6 8
5019	2183	—	19.1	+18 8	1	A	6.90	1 . .	5069	1521	—	26.7	+45 57	1	E?	6.70	1 . .
5020	370	—	19.4	+77 30	1	C	6.93	p . .	5070	2856	1713	26.8	−10 6	1	E?	6.20	4 3 2
5021	2078	—	20.0	+17 1	1	H	6.60	3 . .	5071	1847	—	26.9	+52 52	2	A	6.52	p . .
5022	1640	—	20.2	+50 9	1	A	6.74	p . .	5072	1775	—	26.9	+27 27	1	H	6.76	2 . .
5023	1773	—	20.3	+48 13	2	A	6.57	9 . .	5073	2211	1714	26.9	− 0 44	4	A	4.73	1 1 1
5024	256	—	20.5	+83 22	8	F	6.80	4 . .	5074	1312	—	27.3	+54 29	1	H	6.64	8 . .
5025	1901	—	20.5	+41 28	1	H	6.76	5 . .	5075	1993	—	27.4	+36 56	1	H	6.52	3 . .
5026	1934	—	20.5	+36 55	2	E	6.47	8 . .	5076	1913	—	27.4	+28 49	4	E	6.31	7 . .
5027	456	—	20.6	+72 46	1	E	7.32	5 . .	5077	1734	—	27.5	+45 44	1	H	6.69	p . .
5028	2215	—	20.9	+19 31	1	H	6.66	8 . .	5078	1132	—	27.7	+61 20	5	F?	6.73	8 . .
5029	399	—	21.1	+74 24	1	II	6.97	p . .	5079	2708	1716	27.7	−18 58	2	A	5.71	5 4 0
5030	1915	—	21.1	+43 12	2	A	6.47	3 . .	5080	1683	—	27.8	+47 20	2	A	6.46	3 . .
5031	1963	—	21.4	+41 38	1	E	6.56	7 . .	5081	464	—	27.9	+72 32	4	A	6.09	3 . .
5032	1509	1696	22.1	+46 2	6	H	5.94	4 . 3	5082	403	—	28.0	+74 48	2	A?	6.98	p . .
5033	1386	—	22.2	+56 41	2	F	6.47	0 . .	5083	567	—	28.0	+70 5	4	A	6.70	8 . .
5034	1644	—	22.2	+50 28	1	H	6.94	8 . .	5084	1402	1715	28.0	+52 30	5	A	4.73	3 . 1
5035	459	—	22.5	+72 34	1	H	7.16	0 . .	5085	2004	1717	28.1	+36 51	4	I	5.44	6 . 7
5036	2680	1698	22.6	− 8 13	4	K	4.16	n n n	5086	1779	—	28.2	+27 48	1	II	6.86	p . .
5037	572	—	22.7	+67 58	4	A	6.63	2 . .	5087	470	—	28.4	+73 32	8	A	6.20	3 . .
5038	1388	—	22.7	+56 11	5	F	6.21	4 . .	5088	386	—	28.5	+75 39	4	II	6.83	0 . .
5039	2802	1700	22.7	−21 54	2	I	5.36	7 3 4	5089	851	—	28.6	+63 14	2	A?	6.67	7 . .
5040	302	1695	22.8	+81 46	13	K?	5.51	n . 9	5090	2036	1720	28.7	−20 41	2	H	5.98	n 4 8
5041	2802	1699	22.8	− 5 38	2	F	5.68	3 0 4	5091	1350	—	28.8	+53 45	1	E	6.98	p . .
5042	2188	1702	23.1	+ 9 30	1	E	5.86	6 0 3	5092	2224	1719	28.8	+40 4	3	II	5.65	9 . 2
5043	594	—	23.3	+67 19	2	A	6.70	7 . .	5093	2645	1721	28.8	−22 26	4	A	5.83	3 5 0
5044	845	1701	23.6	+63 30	8	F	4.44	9 . 7	5094	2226	—	29.1	+40 24	3	A	6.55	2 . .
5045	212	—	24.0	+84 18	2	E	7.56	9 . .	5095	1850	—	29.2	+48 56	1	F?	6.68	3 . .
5046	2201	—	24.0	+40 49	4	H	6.06	6 4 .	5096	1974	—	29.4	+26 38	1	E	6.50	p . .
5047	467	—	24.1	+73 27	1	E	7.39	7 . .	5097	568	—	29.5	+70 43	5	F?	6.63	4 . .
5048	1726	—	24.1	+45 12	2	A	6.44	8 . .	5098	2840	1723	29.5	− 5 28	2	H	6.58	1 n n
5049	2901	1704	24.1	− 2 19	3	F	5.10	1 3 2	5099	1224	—	29.6	+57 25	4	A	6.43	4 . .
5050	2268	—	24.4	− 1 46	2	A	5.80	9 8 .	5100	1314	—	29.6	+54 34	1	E?	6.84	7 . .

9ʰ

D.C.	DM.	H.P.	R.A. 1900.	Dec. 1900.	No.	Sp.	Magn.	Resid.	D.C.	DM.	H.P.	R.A. 1900.	Dec. 1900.	No.	Sp.	Magn.	Resid.
5101	2117	—	29.6	+13 6	2	A	6.23	3 6 .	5151	858	—	35.6	+63 23	1	F	6.82	7 . .
5102	1979	1722	29.7	+36 16	5	H	6.17	7 . 7	5152	1867	—	35.8	+49 34	1	H	6.93	1 . .
5103	471	—	30.1	+73 11	8	A	6.58	4 . .	5153	2241	1738	35.8	+40 13	3	II	6.25	4 . 7
5104	1198	—	30.2	+60 39	5	F?	6.51	0 . .	5154	2044	1740	35.8	+10 21	3	G?	4.26	6 0 5
5105	316	—	30.4	+79 16	5	F	7.19	3 . .	5155	1901	—	35.9	+26 22	1	II?	6.60	1 . .
5106	2077	—	30.5	+14 49	4	A	5.97	8 . .	5156	2226	—	35.9	+ 9 28	1	E	6.56	9 r .
5107	360	—	30.6	+75 53	1	II	6.87	4 . .	5157	1868	—	36.2	+48 53	6	A	5.98	5 . .
5108	213	—	30.8	+84 14	1	E?	7.96	n . .	5158	1345	—	36.3	+54 50	5	A	6.13	6 . .
5109	2011	1724	30.8	+31 37	1	H	6.78	n . n	5159	2042	—	36.7	+35 32	2	A?	6.31	2 . .
5110	1780	—	31.0	+28 13	1	II	6.86	4 . .	5160	2684	1741	36.7	−23 8	3	A	4.92	1 3 3
5111	2728	—	31.0	−19 8	2	A	6.16	5 4 .	5161	731	—	36.8	+65 26	7	F	6.24	1 . .
5112	315	—	31.2	+78 0	1	II	6.95	p . .	5162	363	—	36.9	+76 46	1	E	7.15	p . .
5113	602	—	31.2	+67 43	4	H	6.62	1 . .	5163	1920	—	37.0	+32 44	1	II	6.74	. .
5114	2120	—	31.3	+23 29	2	A	6.63	4 . .	5164	1898	—	37.0	+30 35	2	A?	6.68	6 . .
5115	216	—	31.5	+84 12	1	E?	R	n . .	5165	313	—	37.1	+81 25	1	E	7.71	p . .
5116	465	—	31.5	+72 12	2	F?	6.90	8 . .	5166	151	—	37.5	+84 51	1	H?	7.05	5 . .
5117	2109	1725	31.6	+16 54	1	II	6.20	1 . 3	5167	1901	1742	37.7	+30 27	3	A	5.48	2 . 4
5118	2160	1726	31.9	+ 7 17	2	II	6.05	2 6 n	5168	—	1743	37.7	−23 28	2	E	5.54	. 1 6
5119	528	—	32.1	+69 0	3	F?	7.10	9 . .	5169	2041	—	37.8	+42 31	3	A	6.74	2 . .
5120	2127	—	32.1	+25 8	1	E	6.39	1 . .	5170	752	—	38.2	+64 7	6	F	6.31	5 . .
5121	2232	1727	32.2	+40 42	5	A	5.27	2 . 0	5171	2136	1744	38.3	+14 29	2	H?	6.28	3 . 6
5122	1408	—	32.3	+52 47	1	H	6.67	p . .	5172	1802	—	39.4	+28 14	1	II	6.76	5 . .
5123	263	—	32.6	+83 47	4	A	7.84	7 . .	5173	1231	1745	39.5	+57 35	5	II	6.35	n . 8
5124	2111	—	32.6	+24 0	1	II	6.74	p . .	5174	—	1746	39.7	−27 19	1	A?	5.49	. 4 6
5125	2087	—	32.6	+14 48	1	E	6.34	5 . .	5175	2253	—	39.9	+40 17	1	E	6.85	5 . .
5126	2128	—	32.8	+13 10	1	E?	6.68	1 . .	5176	861	—	40.0	+63 43	3	II	6.85	2 . .
5127	1943	—	32.9	+43 36	1	E	6.68	2 . .	5177	2129	1747	40.2	+24 14	4	K	4.34	n . n
5128	2725	—	32.9	− 8 59	2	A	6.01	0 7 .	5178	736	—	41.0	+65 22	4	F	6.73	6 . .
5129	378	—	33.0	+77 40	1	E	6.88	9 . .	5179	2246	1750	41.3	+ 2 15	2	A?	5.57	0 4 1
5130	2207	1732	33.2	+ 5 6	3	II	5.74	7 6 9	5180	1209	—	41.5	+60 34	1	II	7.07	3 . .
5131	2351	—	33.3	+20 45	2	A	6.42	1 . .	5181	1329	—	41.7	+54 44	1	F?	6.99	4 . .
5132	2033	—	33.4	+35 41	1	E	6.66	3 . .	5182	617	—	41.9	+67 2	2	A	6.89	p . .
5133	2071	—	33.4	+11 14	2	A	6.27	p . .	5183	2239	—	41.9	+ 9 2	1	A	6.46	5 5 .
5134	1989	—	33.5	+25 49	1	E	6.60	1 . .	5184	2095	—	42.0	+12 3	2	A	6.37	6 . .
5135	608	—	33.6	+67 12	2	A	6.94	p . .	5185	1551	1751	42.1	+46 29	8	F	5.77	1 . 5
5136	531	1730	33.7	+69 42	4	II?	6.34	2 . 5	5186	637	—	42.6	+66 4	9	A	6.19	5 . .
5137	466	1731	33.8	+72 42	7	K	5.93	6 . 4	5187	1361	—	43.1	+53 22	1	II	6.73	5 . .
5138	2034	—	33.9	+35 48	1	E	6.61	4 . .	5188	3008	—	43.2	− 6 47	1	A	6.37	8 4 .
5139	317	—	34.2	+78 36	6	II?	6.79	0 . .	5189	83	—	44.0	+87 4	1	H	8.00	3 . .
5140	1307	—	34.3	+56 19	2	II	6.61	1 . .	5190	1268	1753	44.0	+59 30	7	F	4.56	6 . 6
5141	389	—	34.6	+75 3	8	A	6.52	3 . .	5191	2053	—	44.0	+31 33	1	E?	6.08	0 . .
5142	150	—	34.7	+84 57	2	A?	7.56	4 . .	5192	1769	—	44.2	+45 33	1	E?	6.84	p . .
5143	2231	1734	34.8	− 0 42	3	K	5.31	n n n	5193	2113	1755	44.2	+21 39	2	A	6.22	7 . 2
5144	2898	1735	34.9	−10 7	2	A	5.95	1 5 0	5194	222	—	44.3	+83 37	1	F	7.48	5 . .
5145	509	—	35.1	+70 54	1	E	7.27	7 . .	5195	473	—	45.3	+72 9	6	A	6.75	3 . .
5146	2136	—	35.1	+13 31	1	E	6.73	2 . .	5196	2240	—	45.3	+ 4 49	2	F?	6.30	3 1 .
5147	319	1733	35.4	+79 36	16	A	5.92	1 . 2	5197	1331	1756	45.4	+54 32	5	A	4.55	4 . 2
5148	379	—	35.4	+77 11	3	E	7.36	8 . .	5198	2105	—	45.5	+12 19	2	A	6.42	4 5 .
5149	2888	1737	35.4	−10 19	2	A	6.05	1 7 0	5199	327	—	46.1	+78 25	4	II	7.16	1 . .
5150	2917	1739	35.5	−13 53	5	A	4.99	8 4 1	5200	2794	1758	46.2	− 3 46	5	A	6.12	0 1 2

ANNALS OF HARVARD COLLEGE OBSERVATORY.

$9^h - 10^h$

D. C.	DM.	H. P.	R.A. 1900.	Dec. 1900.	No.	Sp.	Magn.	Resid.	D. C.	DM.	H. P.	R.A. 1900.	Dec. 1900.	No.	Sp.	Magn.	Resid.
			m.	° ′								m.	° ′				
5201	2076	—	46.3	+38 24	2	A	6.58	3..	5251	1009	—	57.8	+49 4	2	A?	6.98	2..
5202	2169	1757	46.3	+24 52	4	A	5.66	1.4	5252	2096	—	57.9	+38 33	1	H	6.63	1..
5203	2063	1759	46.7	−14 23	8	H?	5.36	4 n n	5253	1348	1785	58.0	+54 23	5	F	6.00	1.4
5204	319	—	46.9	+80 52	3	E?	7.38	0..	5254	143	—	58.2	+86 10	1	A	7.75	8..
5205	1220	—	46.9	+58 10	1	E?	7.19	2..	5255	749	—	58.4	+64 54	2	A?	6.74	8..
5206	2019	1760	47.1	+26 29	5	K?	5.37	n.n	5256	1384	—	58.6	+52 50	5	A	6.11	4..
5207	2280	1761	47.1	+ 2 55	5	A	5.05	0 3 0	5257	2311	1786	59.0	+ 3 42	2	A?	0.78	3 1 3
5208	2900	1762	47.5	− 7 38	6	A	5.29	7 1 0	5258	648	—	59.1	+65 48	1	E?	7.31	p..
5209	1151	—	47.6	+61 36	4	H	6.61	2..	5259	1450	—	59.1	+51 53	1	A	6.86	8..
5210	389	—	47.7	+77 6	4	F	7.06	3..	5260	—	1787	59.1	−24 50	1	A	6.34	.53
5211	2953	—	48.4	− 9 26	1	H?	6.30	8 R.	5261	3047	—	59.3	−17 37	5	A	6.00	8 5.
5212	320	—	48.6	+80 53	1	E	7.53	9..	5262	280	—	59.6	+82 53	2	H	7.35	3..
5213	1698	1765	49.2	+50 17	6	A	5.27	3.0	5263	—	1788	59.8	−23 48	3	A	6.01	.13
5214	478	1763	49.4	+73 21	9	M?	6.40	1.4	5264	598	—	59.9	+70 25	3	E	7.03	5..
5215	1431	—	49.4	+52 44	1	II	6.62	6..	5265	3073	1789	0.2	−12 35	10	A	4.87	4 3 2
5216	—	1768	49.6	−25 28	1	H	5.94	.6 8	5266	337	—	1.0	+77 57	1	A	7.04	p..
5217	2935	—	49.9	−22 1	2	E	6.16	9 1.	5267	1387	—	1.2	+53 42	1	A	6.73	p..
5218	1224	1767	50.2	+57 54	5	II?	6.31	1.5	5268	2259	—	1.5	+ 6 6	1	E	6.49	4 1.
5219	2810	1769	50.2	−18 32	1	H	6.11	6 5 8	5269	2110	1792	1.6	+35 44	7	A	4.86	5.3
5220	2289	—	50.6	+ 8 0	1	A	6.60	9 4.	5270	561	—	1.7	+69 10	4	H	7.03	0..
5221	1920	—	50.7	+32 51	1	F?	6.69	2..	5271	770	—	1.9	+64 26	1	A	6.54	3..
5222	2797	—	50.8	− 8 22	1	II?	6.21	8 7.	5272	2171	1793	1.9	+17 15	5	A	3.00	5 2 3
5223	2262	1770	51.1	+ 9 25	1	A	6.46	3 4 5	5273	2974	1794	2.4	−16 39	1	II	6.74	n 7 6
5224	1274	—	51.5	+59 26	1	H	6.96	1..	5274	1082	—	2.5	+32 6	2	F	6.44	1..
5225	2033	1771	51.6	+41 32	4	F	5.56	4.4	5275	2112	1795	2.6	+10 30	4	I	5.98	n n n
5226	1566	—	51.7	+45 53	1	H	6.70	1..	5276	427	—	2.7	+74 22	5	A	6.95	7..
5227	1438	—	52.2	+52 33	1	H	6.92	p..	5277	1577	—	2.7	+51 20	1	E	6.90	2..
5228	—	1772	52.2	−20 4	2	A?	6.28	.3 2	5278	2615	1796	2.9	+ 0 7	8	A	4.50	4 4 0
5229	1702	—	52.3	+50 37	4	A	6.24	8..	5279	2149	1797	3.1	+12 28	4	A		n. R
5230	225	—	52.6	+84 25	5	H	7.12	6..	5280	886	—	3.2	+63 25	1	H	6.92	4..
5231	399	—	52.7	+75 14	4	H	6.80	4..	5281	2098	—	3.8	−10 24	4	A	6.29	3 R.
5232	1824	—	52.8	+28 15	1	A?	6.76	3..	5282	3036	—	3.8	−15 7	5	A	5.98	5 7.
5233	2183	1775	52.9	+12 56	4	A	5.23	3.1	5283	1721	—	4.0	+50 0	1	H	6.64	6..
5234	1242	1774	53.0	+57 18	4	H	6.38	n.7	5284	2818	—	5.0	−11 36	4	A	6.36	4 5.
5235	481	—	53.1	+72 54	3	E	7.09	p..	5285	2072	—	5.1	− 7 55	4	A	6.04	2 2.
5236	550	—	53.5	+69 12	1	E	7.23	5..	5286	3101	1799	5.2	−12 19	8	F	5.78	1 2 4
5237	1940	1777	53.9	+30 8	1	II	6.62	6.7	5287	1725	—	5.4	+49 58	1	H	6.70	0..
5238	2148	1779	53.9	+21 49	1	A	6.02	1.1	5288	328	—	5.7	+79 26	14	A	6.33	4..
5239	2276	1780	54.5	+ 3 52	2	II	6.03	1 2 0	5289	2820	1800	5.7	−11 51	9	K?	4.93	n n n
5240	—	1781	54.5	−23 28	3	E	6.09	.1 0	5290	2217	—	6.2	+13 51	1	A?	6.03	4..
5241	552	—	54.9	+69 16	1	E	7.13	7..	5291	3096	—	6.3	− 6 49	5	A	6.01	p 3.
5242	2301	1782	54.9	+ 8 32	6	M?	6.23	n n n	5292	1461	—	6.5	+52 0	1	F?	7.01	8..
5243	1964	1783	55.3	+32 26	3	A?	6.06	3.1	5293	1244	—	6.7	+58 29	5	A	6.48	5..
5244	1245	—	55.7	+57 44	1	H	7.13	7..	5294	1585	—	7.4	+51 0	4	A	6.50	0..
5245	1231	—	56.4	+58 15	2	A?	6.84	6..	5295	380	—	7.5	+75 57	1	II	7.12	p..
5246	1246	—	56.6	+57 9	1	E?	7.02	8..	5296	2301	1802	7.6	+ 5 7	1	E	6.44	1 2 4
5247	2164	1784	57.2	+22 26	3	A	5.63	3.0	5297	2870	—	7.9	−18 39	1	II?	6.36	4 3.
5248	2079	—	57.3	+42 29	1	A	6.87	0..	5298	1246	1804	8.3	+60 31	3	II	6.77	5.6
5249	632	—	57.4	+67 46	3	II?	6.90	1..	5299	2165	—	9.0	+21 41	1	E	6.52	0..
5250	1234	—	57.6	+60 9	1	II	6.07	p..	5300	1250	—	9.2	+60 39	6	F	6.54	2..

10^h

D.C.	DM.	H.P.	R.A. 1900.	Dec. 1900.	No.	Sp.	Magn.	Resid.	D.C.	DM.	H.P.	R.A. 1900.	Dec. 1900.	No.	Sp.	Magn.	Resid.
			m.	° '								m.	° '				
5301	489	—	9.6	+73 35	9	F	6.36	1..	5351	337	—	17.2	+81 42	4	F	7.30	0..
5302	534	—	9.8	+71 34	8	A	6.13	2..	5352	3133	—	17.2	−17 32	1	E	6.38	8 R.
5303	603	—	9.8	+70 30	1	E	7.31	9..	5353	3147	—	17.3	−12 55	1	A	6.52	5 3.
5304	2122	—	10.3	+35 41	1	H	6.66	1..	5354	2120	1830	17.4	+34 25	3	A	5.93	1. 0
5305	*1981*	1808	10.6	+29 48	4	A	5.32	*7. 1*	5355	2987	—	17.4	−19 22	3	A	5.88	6 6.
5306	767	1807	10.8	+65 36	12	A	5.82	*0. 1*	5356	2301	—	18.1	+ 6 12	2	E	6.44	3 4.
5307	2338	1809	10.8	+18 14	1	E	6.60	4. 0	5357	2123	1832	18.4	+34 13	2	II	6.60	*8. 7*
5308	*491*	—	10.9	+72 57	6	H	7.00	6..	5358	2911	1833	18.4	− 3 35	6	A	5.85	5 4 1
5309	2005	1810	11.0	+43 25	5	A	3.85	*3. 2*	5359	152	—	18.6	+86 34	1	E?	7.80	6..
5310	2207	1811	11.0	+24 0	4	F	4.09	R.	5360	297	1831	19.0	+83 4	11	F	5.07	*1. 2*
5311	*2200*	1812	11.1	+23 55				B. *5*	5361	*2358*	—	19.1	+ 2 52	1	A	0.68	0 *2*.
5312	329	—	11.2	+79 17	5	A	7.11	9..	5362	*2361*	—	19.3	+ 2 54	1	A?	6.73	3 0.
5313	2228	1814	11.3	+14 13	1	H	6.53	*8. 6*	5363	60	—	19.4	+88 23	1	II	7.90	6..
5314	287	—	11.7	+83 19	7	H?	7.02	*2*..	5364	1404	—	19.7	+53 8	1	II	6.82	7..
5315	1732	—	11.7	+50 5	1	II	7.04	3..	5365	160	—	19.9	+85 45	3	A?	7.91	6..
5316	2207	—	11.8	+23 37	1	E	6.38	1..	5366	*1390*	—	20.0	+54 54	2	II	6.94	1..
5317	2885	—	11.8	−18 48	1	A	6.26	7 4.	5367	2351	1835	20.0	+ 0 17	1	H	6.76	*8 8 6*
5318	*1867*	—	12.6	+27 55	*2*	A	6.31	4..	5368	2128	1834	20.2	+34 18	6	A	4.95	*5.* 1
5319	3001	1815	12.6	− 7 34	7	A	5.73	*2 1 3*	5369	*161*	—	20.3	+84 55	4	A	7.34	*2*..
5320	*1473*	—	12.7	+51 55	2	A?	6.66	0..	5370	2365	—	20.8	+ 3 26	1	A	6.83	7 0.
5321	1973	—	12.8	+44 33	1	E	6.98	*5*..	5371	3146	1836	20.8	− 6 34	1	A	6.47	*5 5 5*
5322	*1940*	1818	13.2	+48 55	3	H	6.56	*6. 4*	5372	*2930*	—	20.8	−19 6	1	A	6.36	p F.
5323	*330*	—	13.4	+78 51	5	H	7.17	1..	5373	2320	—	21.0	+ 4 26	2	A	6.53	5 2.
5324	568	1817	13.4	+69 15	10	A	5.91	1. 0	5374	1263	—	21.1	+60 5	2	II	6.72	*2* ..
5325	—	1820	13.5	−28 30	2	H?	6.01	*25*	5375	3052	1837	21.2	−16 20	4	K?	5.49	n n n
5326	2345	—	13.6	+18 13	1	A	6.70	5..	5376	3062	—	21.3	− 5 56	1	A	6.48	7 4.
5327	1366	1819	13.8	+54 18	3	E	6.62	4. *1*	5377	901	—	21.5	+63 24	1	A	6.77	7..
5328	1367	—	14.1	+54 48	3	H	6.56	*1*..	5378	2123	—	21.6	+42 6	5	A	6.02	p..
5329	*2406*	1821	14.3	+19 59	3	F	5.31	6. *3*	5379	1961	1838	21.9	+49 21	3	A?	6.50	*3. 1*
5330	*2351*	1822	14.3	−12 2	4	A	6.33	2 1 *1*	5380	2080	1840	22.1	+37 13	6	I?	5.27	n. *9*
5331	2467	1823	14.4	+20 21	4	K	3.72	n. n	5381	2152	1841	22.3	+10 16	3	A	5.86	p 5 0
5332		1824	14.4	+20 21					5382	3153	—	22.6	−17 47	1	A	6.42	6 6..
5333	300	—	14.6	+82 1	1	H	7.55	5..	5383	671	—	22.8	+66 8	6	H	6.87	*3*..
5334	486	—	14.7	+72 41	3	A?	7.19	p..	5384	*436*	—	23.2	+73 50	6	H	7.08	*1*..
5335	*301*	—	14.9	+81 47	1	H?	7.03	p..	5385	307	—	23.4	+82 32	6	A	7.26	9..
5336	2897	—	15.0	− 8 34	1	A	6.26	0 4.	5386	*788*	—	23.4	+63 51	2	H	7.08	4..
5337	2114	—	15.1	+42 21	2	A	6.21	5..	5387	1394	—	23.4	+55 20	1	H	7.00	4..
5338	234	1816	15.2	+84 46	14	A	5.57	*6. 0*	5388	2021	—	23.4	+30 15	1	H	6.72	1..
5339	*2352*	1825	15.9	+ 2 47	4	A	6.31	*2 3 3*	5389	*2251*	—	23.4	+13 48	1	A	6.63	p..
5340	412	—	16.1	+75 18	1	H?	7.35	8..	5390	789	1843	23.6	+04 45	10	A	6.07	*1. 2*
5341	2847	1826	16.1	− 4 55	1	F	6.43	6 5 6	5391	437	—	23.7	+74 18	3	E	7.07	7..
5342	2076	—	16.3	+41 44	4	E	6.16	3..	5392	2929	—	23.7	− 3 14	2	B	6.09	6 3.
5343	3097	—	16.3	−13 17	2	A?	6.47	0 *2*.	5393	1604	—	24.0	+51 31	1	E?	6.90	*3*..
5344	3129	—	16.3	−17 29	1	E	6.43	*4 4*.	5394	1605	—	24.0	+51 5	2	E	6.58	4..
5345	2115	1827	16.4	+42 0	5	M	4.88	n. n	5395	*658*	—	24.2	+66 49	4	E	6.93	3..
5346	2192	1828	16.5	+15 29	3	A	5.89	4 4 3	5396	2357	1845	24.2	+39 26	5	A	5.72	*5.* 1
5347	237	—	16.8	+84 4	1	E	7.79	7..	5397	1479	1844	24.3	+57 30	9	F	5.60	*9. 7*
5348	*2904*	—	16.8	−23 13	1	E	6.34	*2 3*.	5398	*2097*	—	24.3	+40 59	1	H	6.90	6..
5349	664	1829	16.9	+66 4	15	A	5.12	*1. 1*	5399	2057	—	24.3	+29 5	1	H	6.72	3..
5350	*3045*	—	16.9	−22 2	2	A	6.31	4 *2*.	5400	*2305*	1846	24.4	− 2 14	6	A	5.23	*2 3 0*

10ʰ

D.C.	DM.	H.P.	R.A. 1900.	Dec. 1900.	No.	Sp.	Magn.	Resid.	D.C.	DM.	H.P.	R.A. 1900.	Dec. 1900.	No.	Sp.	Magn.	Resid.
5401	2323	—	24.6	+ 2 0	1	E	6.72	8 3 .	5451	3100	1875	33.7	−16 22	3	K	5.79	6 5 6
5402	3080	—	24.9	−21 32	1	E	6.67	5 p .	5452	2925	—	33.9	−11 56	4	A	5.88	6 5 .
5403	2003	1850	25.2	− 0 8	6	A	5.04	3 2 1	5453	359	—	34.5	+77 57	10	A	6.80	2 . .
5404	343	1847	25.7	+81 1	9	H	6.67	5 . 2	5454	2386	—	34.6	+18 35	1	E	6.86	7 . .
5405	404	—	26.0	+77 14	2	H	7.12	7 . .	5455	583	1876	34.7	+68 58	8	H?	6.40	n . 6
5406	3181	1854	26.1	−13 5	5	A	5.48	5 4 2	5456	1916	—	34.8	+28 2	1	F	6.21	3 . .
5407	438	—	26.2	+74 21	7	A	6.84	6 . .	5457	1427	—	35.1	+53 30	2	F	6.68	3 . .
5408	1999	1852	26.2	+32 54	4	A	5.81	3 . 1	5458	2236	—	35.1	+15 28	1	E?	7.14	p . .
5409	393	1851	26.6	+76 14	17	K	5.85	8 . 7	5459	678	1877	35.2	+66 14	10	H?	6.17	n . n
5410	2260	—	26.8	+24 57	1	A	6.49	3 . .	5460	2259	—	35.8	+17 24	1	E	6.70	8 . .
5411	2255	1856	26.9	+14 39	2	H	6.34	5 . 6	5461	586	1878	35.9	+69 36	11	I?	6.03	n . 8
5412	576	—	27.5	+69 22	1	E?	7.19	p . .	5462	2364	1879	36.3	− 1 13	2	H	6.75	3 3 6
5413	1381	—	27.5	+54 0	5	A	6.12	7 . .	5463	1621	—	36.9	+51 20	1	H	6.95	5 . .
5414	2101	1857	27.5	+40 57	6	A	4.90	3 . 2	5464	2390	—	37.1	+18 46	1	H	6.76	2 . .
5415	2166	1859	27.5	+ 9 49	6	A	3.90	1 1 0	5465	1280	1881	37.4	+57 43	5	A	5.71	1 . 0
5416	308	—	27.6	+82 6	1	H	7.30	4 . .	5466	2306	—	37.5	+18 55	1	H?	6.76	7 . .
5417	2154	1860	27.8	+35 31	4	A	5.49	5 . 0	5467	2375	—	37.5	+ 4 6	1	H	6.58	p 1 .
5418	2244	—	28.3	+23 52	1	E?	6.58	4 . .	5468	1927	1883	37.6	+26 51	4	A	5.53	2 . 1
5419	354	—	28.4	+78 36	4	F	7.20	6 . .	5469	1657	1882	37.7	+46 44	4	A	5.50	3 . 2
5420	2210	—	28.5	+20 49	1	E	6.67	8 . .	5470	2253	1884	38.0	+23 42	5	A	4.90	5 . 1
5421	579	—	28.8	+69 20	1	E	7.29	6 . .	5471	2384	1885	38.1	+ 5 16	1	H	6.74	5 5 7
5422	1277	1861	28.8	+57 30	8	F	5.63	6 . 4	5472	617	—	38.2	+67 56	1	A?	6.50	3 . .
5423	2274	—	28.8	+12 54	1	A	6.88	9 . .	5473	2368	—	38.4	+18 51	1	H	6.61	1 . .
5424	310	—	29.3	+82 27	1	E?	7.83	p . .	5474	2514	—	38.8	+20 17	3	A	6.21	6 . .
5425	2330	1863	29.6	+ 7 28	4	II	6.03	3 5 8	5475	1659	—	39.5	+46 5	1	A	7.00	0 . .
5426	2374	1864	29.8	+ 9 10	5	A	5.74	5 3 0	5476	2145	—	39.6	+41 50	1	E	6.81	4 . .
5427	1496	—	30.1	+52 38	2	A	6.77	1 . .	5477	1290	—	39.8	+57 26	2	F	6.63	2 . .
5428	2952	1865	30.2	−22 40	1	H	6.40	3 1 4	5478	1281	—	40.2	+57 53	1	H	6.73	4 . .
5429	2100	1866	30.6	+36 51	1	A	6.97	7 . 7	5479	2180	1886	40.3	+31 12	9	A	5.32	1 . 1
5430	2355	—	30.7	+19 10	1	A?	6.86	p . .	5480	154	—	40.7	+85 54	5	F	7.83	4 . .
5431	405	—	30.8	+76 58	2	A	7.11	p . .	5481	3134	—	40.8	−10 11	1	E	6.50	6 p .
5432	3137	—	30.8	−18 3	1	A	6.07	5 6 .	5482	· 410	—	40.9	+77 24	2	E	7.37	9 . .
5433	2266	—	30.9	+14 19	1	E	6.73	9 . .	5483	681	—	40.9	+66 8	1	E	6.87	p . .
5434	1278	—	31.0	+56 57	2	II	6.82	3 . .	5484	2371	1888	41.0	+19 25	1	I	5.86	3 . 2
5435	3108	—	31.3	−10 4	1	A	6.55	1 2 .	5485	2302	—	41.1	+13 16	1	A	6.23	8 7 .
5436	2918	—	31.5	−11 42	4	F	6.16	5 0 .	5486	1289	—	41.2	+60 38	2	A	6.67	5 . .
5437	2280	—	31.7	+13 23	1	A?	6.68	6 . .	5487	2294	1889	41.2	+14 43	2	H	6.00	3 2 4
5438	1274	—	31.9	+60 38	5	E	6.65	1 . .	5488	3124	1891	41.9	−16 46	4	A	5.54	7 3 1
5439	3094	—	32.2	−11 14	3	E	6.54	8 3 .	5489	803	1890	42.1	+65 40	15	A	6.16	3 . 1
5440	347	—	32.4	+81 45	1	E	7.48	9 . .	5490	1283	—	42.3	+57 51	1	F	7.13	6 . .
5441	2384	—	32.4	+17 48	1	A?	6.95	7 . .	5491	2179	—	42.7	+38 6	1	E?	6.68	3 . .
5442	626	—	32.5	+70 40	2	E	7.12	6 . .	5492	3186	—	42.7	−14 43				R R .
5443	406	—	32.7	+77 45	5	A?	7.15	8 . .	5493	3188	—	42.7	−14 44	3	A	6.24	R R .
5444	2061	1872	33.1	+32 30	4	G	5.51	7 . 7	5494	3189	—	42.8	−14 35				R R .
5445	2509	—	33.1	+20 8	1	E?	7.16	7 . .	5495	810	—	42.9	+64 19	2	I	6.63	4 . .
5446	440	—	33.2	+74 18	3	F	7.04	3 . .	5496	402	—	43.5	+76 32	10	A	6.72	5 . .
5447	2166	1873	33.4	+38 26	2	H	6.38	7 . 6	5497	2072	—	43.5	+29 57	2	H	6.47	0 . .
5448	1387	1871	33.5	+54 12	3	H	6.59	6 . 8	5498	2283	1892	44.0	+11 4	10	A	5.39	1 1 1
5449	349	—	33.6	+80 57	17	A	6.06	1 . .	5499	2279	—	44.1	+17 41	1	H	6.85	2 . .
5450	2144	1874	33.6	+16 39	2	A	5.85	7 . 7	5500	2999	—	44.3	− 3 30	2	A	6.54	2 2 .

$10^h - 11^h$

D. C.	DM.	H. P	R.A. 1900.	Dec. 1900.	No.	Sp.	Magn.	Resid.	D. C.	DM.	H. P.	R.A. 1900.	Dec. 1900.	No.	Sp.	Magn.	Resid.
			m.	° ′								m.	° ′				
5501	1931	—	44.4	+28 31	3	F	6.06	2 ..	5551	2293	—	53.3	+22 3	1	A	6.77	6 ..
5502	3138	1893	44.7	−15 40	7	K?	4.67	n n n	5552	2538	—	53.3	+20 10	1	H	6.81	0 ..
5503	1293	—	44.9	+56 46	2	A	6.57	9 ..	5553	1338	—	53.7	+59 28	1	H	6.91	1 ..
5504	1294	1894	45.0	+57 7	1	H	6.37	3 . 5	5554	2147	1913	53.9	+40 58	3	F	5.65	8 . 4
5505	2076	—	45.0	+32 34	1	E	6.74	6 ..	5555	2284	—	54.5	+12 14	1	F	6.52	0 1 .
5506	1296	1896	45.1	+59 51	3	I	6.36	6 . 7	5556	1529	—	54.6	+52 2	1	H	6.76	5 ..
5507	2279	—	45.3	+23 57	2	A	6.14	7 ..	5557	2068	1916	54.7	+43 27	1	H	6.17	0 . 1
5508	3018	1897	45.3	− 8 22	3	A	6.09	9 1 3	5558	2296	—	54.7	+22 34	1	A?	6.93	1 ..
5509	388	—	45.7	+79 52	2	H	7.33	2 ..	5559	824	—	54.8	+63 58	7	A	6.19	6 ..
5510	2266	—	45.9	+12 7	1	H	6.77	0 3 .	5560	3273	1918	54.9	−17 46	4	I?	5.39	n n n
5511	1439	1899	46.5	+53 6	2	H	6.02	R . R	5561	658	—	R	R	R	R	R	R ..
5512	1440	1900	46.5	+53 3				R . R	5562	2400	1919	55.2	+30 45	3	A	5.44	5 . 0
5513	1519	—	46.7	+52 36	2	E	6.72	2 ..	5563	507	—	55.3	+69 45	1	E	7.29	9 ..
5514	634	1898	46.8	+70 23	8	H	6.81	3 . 2	5564	2407	1921	55.4	+ 4 9	4	I	6.05	n 7 n
5515	2495	—	47.1	+ 1 33	4	A	6.42	5 0 .	5565	557	—	55.6	+70 56	2	A	7.07	8 ..
5516	412	—	47.2	+77 38	4	H	7.16	4 ..	5566	2384	1922	55.6	+ 6 38	6	A	5.12	1 2 0
5517	1945	—	47.4	+28 28	1	H	6.66	p ..	5567	1302	1923	55.9	+56 55	7	A	3.80	n . n
5518	1418	1901	47.6	+55 7	4	H	6.20	5 . 8	5568	411	—	56.1	+75 59	1	H	7.17	8 ..
5519	2172	1902	47.7	+34 45	4	K?	4.95	n . n	5569	2276	—	56.2	+15 34	1	H	6.84	p ..
5520	2058	1903	48.2	+43 43	4	A	4.70	5 . 2	5570	1345	—	56.3	+59 13	2	H	6.90	3 ..
5521	2459	—	48.4	− 1 43	1	H	6.80	1 3 .	5571	2097	—	56.4	+30 26	1	H	6.77	2 ..
5522	3125	1905	48.6	−19 36	3	H?	5.78	8 4 6	5572	2436	—	56.4	+17 53	1	E	7.05	p ..
5523	2460	1904	48.7	− 1 36	2	H	6.35	7 5 5	5573	1436	—	56.6	+55 34	1	E	6.85	7 ..
5524	2199	—	48.9	+31 6	2	E?	6.93	1 ..	5574	2546	—	56.6	+20 4	1	H	6.96	p ..
5525	2085	—	49.1	+30 11	2	E	6.32	7 ..	5575	359	—	56.7	+81 35	2	E	7.57	6 ..
5526	344	—	49.3	+80 20	2	E	7.35	p ..	5576	645	—	56.8	+70 35	5	H	6.82	5 ..
5527	2147	—	49.3	+26 1	4	F?	5.98	5 ..	5577	2471	1924	56.8	− 1 57	1	H	6.55	n n n
5528	3293	—	49.3	−13 14	2	H	6.42	1 3 .	5578	159	—	57.0	+86 5	3	A	7.78	5 ..
5529	2178	1906	49.4	+34 34	1	H	6.20	8 . 4	5579	2547	1925	57.0	+20 43	8	A	4.49	2 . 0
5530	808	—	49.8	+65 5	2	H	6.60	9 ..	5580	1161	1926	57.0	+62 18	7	K	4.10	n . n
5531	2181	1907	50.2	+34 2	3	H	5.93	4 . 7	5581	—	1927	57.0	−26 17	2	A	5.72	. 8 3
5532	2314	1908	50.2	+25 17	6	A	4.26	3 . 0	5582	419	—	57.7	+77 0	4	E	7.24	p ..
5533	1290	—	50.4	+58 2	3	H	6.81	5 ..	5583	2116	—	57.8	+29 29	2	H	6.77	2 ..
5534	347	—	50.6	+80 13	9	E	7.00	8 ..	5584	2728	—	58.1	− 0 13	1	A	6.71	8 2 .
5535	2420	—	50.6	+18 41	2	H	6.91	3 ..	5585	2171	—	58.3	+26 20	3	A	6.45	4 ..
5536	2501	1909	50.6	+ 1 16	3	F	6.45	2 2 4	5586	318	—	58.9	+83 18	1	H?	7.48	7 ..
5537	2279	1910	50.9	+22 54	2	H	6.63	4 . 4	5587	2414	1930	59.0	+38 47	2	A	6.03	2 . 2
5538	2152	—	51.2	+26 2	3	H	6.55	4 ..	5588	2192	—	59.2	+31 50	1	A	6.79	0 ..
5539	406	—	51.5	+76 16	4	E	7.00	3 ..	5589	817	—	59.3	+65 21	3	E	5.82	3 ..
5540	2291	—	51.8	+24 41	1	A?	7.09	6 ..	5590	2348	—	59.3	+13 12	1	A?	6.38	1 3 .
5541	640	—	51.9	+70 21	1	A	7.11	7 ..	5591	2455	1931	59.9	+ 7 53	6	F	5.10	1 3 4
5542	312	—	52.0	+83 46	4	E	7.62	9 ..	5592	360	—	0.4	+80 50	1	A	7.49	p ..
5543	367	1911	52.0	+78 18	10	H	6.45	2 . 1	5593	—	1932	0.5	−26 45	2	A	5.76	. n 6
5544	1299	—	52.2	+59 48	1	E?	7.11	6 ..	5594	2350	—	0.6	+13 7	1	H	6.83	p ..
5545	808	—	52.4	+78 13	2	E	7.25	8 ..	5595	—	1933	1.1	−26 45	2	A	5.96	. 4 4
5546	417	—	52.4	+77 10	1	A	7.81	p ..	5596	2452	—	1.5	+18 16	2	H	6.75	3 ..
5547	2427	—	52.4	+18 30	1	H	6.86	p ..	5597	515	—	1.6	+72 28	5	F	6.79	2 ..
5548	2101	—	52.4	+16 18	1	E	6.94	4 ..	5598	2176	—	1.7	+26 4	3	E	6.60	6 ..
5549	431	—	53.0	+75 20	1	H	7.40	6 ..	5599	2387	1934	1.9	+ 2 30	1	A	6.42	4 5 7
5550	348	—	53.3	+79 25	3	H?	7.19	1 ..	5600	325	—	2.2	+82 17	7	E	6.96	0 ..

ANNALS OF HARVARD COLLEGE OBSERVATORY.

11ʰ

D. C.	DM.	H. P.	R.A. 1900.	Dec. 1900.	No.	Sp.	Magn.	Resid.	D. C.	DM.	H. P.	R.A. 1900.	Dec. 1900.	No.	Sp.	Magn.	Resid.
			m.	° ′								m.	° ′				
5601	2284	—	2.2	+21 42	1	A	6.47	8..	5651	2475	—	8.8	+ 2 49	1	F	6.53	7 3.
5602	1466	—	2.3	+53 21	1	II	6.98	2..	5652	356	—	8.9	+78 51	8	H	7.12	1..
5603	2313	—	2.3	+23 52	2	A	6.08	4..	5653	2234	1951	9.0	+15 59	7	A	3.61	3.1
5604	161	—	2.5	+86 11	8	A	7.24	0..	5654	2573	—	9.1	+20 34	1	E?	6.82	9..
5605	375	—	2.5	+78 19	4	II	7.26	3..	5655	3210	—	9.2	−16 20	1	H	6.79	7 n.
5606	362	—	2.6	+81 29	4	E	7.27	9..	5656	2422	—	9.5	− 0 43	1	II	6.71	8 3.
5607	1851	—	3.0	+59 45	1	II	6.96	3..	5657	823	—	9.9	+65 27	1	H	7.21	2..
5608	2288	—	3.1	+21 34	1	II	6.92	9..	5658	2322	1952	9.9	+23 39	2	M	5.98	n. n
5609	632	1936	3.3	+67 45	7	A	5.97	5.0	5659	1979	—	10.0	+28 7	2	A?	6.41	4..
5610	1304	—	3.3	+58 24	2	H	6.84	2..	5660	1362	—	10.1	+59 40	1	A	7.01	p..
5611	2318	—	3.4	+17 45	1	II	6.80	0..	5661	421	—	10.3	+75 54	1	H	7.17	4..
5612	2344	1938	3.5	+25 12	6	A	5.51	5.1	5662	654	—	10.3	+69 45	1	E?	7.14	p.:
5613	2111	—	3.7	+30 35	1	H	6.78	4..	5663	1480	1953	10.3	+53 19	2	E?	6.28	2.1
5614	1223	—	3.8	+61 18	1	E	7.08	2..	5664	3141	—	10.3	−19 5	1	A	6.26	7 4.
5615	—	1942	3.9	−27 32	1	A	5.64	.22	5665	1318	—	10.5	+60 28	4	A	6.35	3..
5616	1425	—	4.0	+54 38	1	A?	6.84	3..	5666	438	—	10.6	+74 53	2	F?	6.58	8..
5617	1897	1941	4.0	+45 3	4	K	4.59	n. n	5667	2367	1954	10.6	+13 51	1	H	5.93	5 0 4
5618	2400	—	4.1	− 0 47	1	A	6.21	p 7.	5668	2378	—	10.8	+13 9	1	A	6.13	9..
5619	64	—	4.2	+88 11	2	A	7.10	4..	5669	3104	—	10.8	−22 22	1	F	6.31	8 6.
5620	2084	—	4.5	+33 4	1	II	6.89	6..	5670	252	—	11.0	+83 53	1	E	7.98	4..
5621	2224	—	4.8	+16 26	1	H	6.89	1..	5671	1807	1955	11.1	+50 2	1	II	6.69	7.7
5622	352	—	4.9	+79 26	1	H?	7.51	5..	5672	3312	—	11.1	− 2 55	1	E	6.35	p 5.
5623	2313	—	5.0	+23 14	1	A?	6.63	9..	5673	3085	—	11.5	− 3 25	1	A	6.19	8 5.
5624	3317	—	5.2	− 6 50	1	A?	6.62	4 1.	5674	1235	—	11.6	+60 49	1	II	6.63	1..
5625	2326	—	5.6	+21 52	1	H	6.87	1..	5675	3315	1956	11.6	− 3 6	4	A	4.84	1 6 3
5626	1426	—	5.7	+54 41	3	A	6.22	8..	5676	3344	1957	11.9	− 6 35	2	A	5.82	7 2 2
5627	602	1945	5.8	+68 50	7	A	6.05	2.6	5677	2409	1958	12.1	+ 2 34	1	I	6.28	8 6 9
5628	1353	—	5.8	+59 27	1	E	6.96	0..	5678	1933	—	12.4	+27 54	2	A	6.41	1..
5629	1226	—	6.1	+61 44	3	A	6.66	p..	5679	2189	—	12.4	+26 1	2	A	6.45	9..
5630	2301	—	6.5	+14 56	2	A	6.19	0..	5680	439	—	12.6	+75 37	1	H	7.31	5..
5631	603	—	6.7	+69 18	1	E	7.18	p..	5681	691	—	12.7	+67 13	6	A?	6.09	1..
5632	3095	1946	6.7	−22 17	4	A	4.76	0 2 4	5682	423	—	12.8	+76 43	1	E	7.40	9..
5633	635	—	6.9	+67 52	3	H	6.80	3..	5683	2343	—	12.8	+22 44	1	E	6.73	2..
5634	1446	—	6.9	+55 26	3	A	6.20	5..	5684	2132	1959	12.9	+32 6	4	G	4.67	n.9
5635	1309	—	7.0	+56 56	1	H	7.02	3..	5685		1960	12.9	+32 6				
5636	2162	—	7.1	+36 21	2	E	6.72	1..	5686	1172	—	13.1	+62 43	1	H	6.81	5..
5637	—	—	7.1	−26 16	1	H	6.57	3..	5687	2098	1961	13.1	+33 39	4	K?	5.15	n. n
5638	3321	1947	7.5	−17 57	2	A	5.97	2 2 2	5688	2319	—	13.2	+12 32	1	E?	6.27	7..
5639	1508	—	7.8	+55 56	1	E	6.76	7..	5689	3049	—	13.2	− 4 31	1	H?	6.79	4 p.
5640	3321	—	7.8	−13 23	1	E	6.07	5 p.	5690	—	—	13.6	−23 48	1	II	6.73	.2.
5641	2206	—	8.0	+33 59	1	H	6.70	1..	5691	2225	1962	13.7	+38 44	2	A	4.83	0.0
5642	3051	—	8.0	−12 15	1	A	6.53	7 F.	5692	2321	—	13.7	+14 49	1	A	6.29	p 4.
5643	—	—	8.3	−25 55	1	E	6.53	.n.	5693	2411	—	13.8	+ 2 12	1	II	6.47	0 2.
5644	526	—	8.4	+72 33	6	A	6.76	2..	5694	2099	—	14.1	+33 21	1	II	6.60	p..
5645	2572	—	8.5	+20 41	1	E	6.72	8..	5695	2428	—	14.3	− 1 6	1	H	6.16	8 p.
5646	456	—	8.7	+74 1	1	H	7.16	7..	5696	3345	1963	14.4	−14 14	3	K	4.74	9 9 8
5647	2761	1948	8.7	+ 0 29	4	A	5.16	1 5 3	5697	1368	—	14.6	+59 19	1	A	7.10	7..
5648	2332	—	8.8	+24 23	1	E	6.84	p..	5698	952	—	14.7	+62 54	1	E	7.11	9..
5649	2298	1949	8.8	+21 5	7	A	3.20	9.4	5699	692	1964	14.8	+67 38	6	II	6.58	4.2
5650	2476	1950	8.8	+ 8 37	1	I	6.16	8 1 4	5700	1912	—	15.0	+45 32	1	F	6.29	5..

11ᵇ

D.C.	DM	H.P.	R.A. 1900	Dec. 1900	No.	Sp.	Magn.	Resid.	D.C.	DM	H.P.	R.A. 1900	Dec. 1900	No.	Sp.	Magn.	Resid.
5701	*2475*	—	15.2	+17 52	2	A	6.40	8 . .	5751	—	—	22.6	−25 18	1	H	6.50	. 4 .
5702	1558	—	15.4	+52 18	1	E	6.86	3 . .	5752	2504	1978	22.8	+ 3 25	2	Π	5.38	*4 1 3*
5703	—	—	15.4	−27 47	1	H	6.68	. 4 .	5753	*2442*	—	22.8	− 1 9	1	II	6.26	8 3 .
5704	3265	—	15.5	− 9 45	1	H	6.80	*5* 1 .	5754	332	—	22.9	+82 39	1	E	7.79	5 . .
5705	1369	—	15.7	+59 1	1	E	7.30	5 . .	5755	2443	—	23.0	− 0 21	1	A	6.26	p 7 .
5706	2484	—	15.8	+ 5 25	1	E	6.54	p F .	5756	3272	—	23.2	−15 20	1	A	6.30	7 F .
5707	*2490*	—	15.8	+ 2 57	1	E	6.88	p F .	5757	*644*	—	23.3	+67 59	1	II	7.21	1 . .
5708	*385*	—	16.0	+77 56	7	F	6.95	*2* . .	5758	2506	—	23.3	+ 3 20	1	A?	6.78	p F .
5709	2437	1965	16.0	+ 6 35	6	A	4.05	3 1 1	5759	1183	1979	23.4	+62 19	5	F	6.04	4. *2*
5710	1316	—	16.1	+57 37	5	A	6.19	3 . .	5760	701	—	23.5	+67 29	3	F	6.97	2 . .
5711	3098	—	16.2	− 3 40	1	A	6.79	p p .	5761	*2433*	1980	23.7	+39 54	5	A	5.20	*2. 0*
5712	2440	—	16.3	+ 7 11	1	E	6.40	p 4 .	5762	*2270*	—	24.0	+30 58	2	A?	6.73	3 . .
5713	2482	—	16.7	+ 9 43	1	A	6.81	p 4 .	5763	645	—	24.1	+68 41	1	E	7.12	p . .
5714	*828*	1966	16.9	+64 53	7	A	5.83	2 . 1	5764	1324	1981	24.2	+57 17	3	A	6.23	*3 . 3*
5715	2421	—	17.3	+40 44	1	H?	6.75	*3* . .	5765	3128	—	24.2	− 3 54	1	E	6.94	9 R .
5716	2083	1967	17.4	+44 2	3	H?	6.05	7. *9*	5766	3258	—	24.3	−16 48	1	E	6.50	K F .
5717	3154	—	17.5	− 8 17	1	A	6.46	0 4 .	5767	3259	—	24.3	−16 49	1	E	6.50	n F .
5718	2443	—	18.1	+ 7 8	1	H	6.60	9 4 .	5768	183	—	24.4	+85 15	5	H	7.46	0 . .
5719	2782	—	18.2	+ 0 41	1	H	6.77	*6 3* .	5769	*2266*	1983	24.5	+15 59	1	II	6.24	0. *2*
5720	*3367*	1968	18.4	−18 14	2	E	5.57	*3 2 6*	5770	2512	—	24.5	+ 8 9	1	E	6.35	p 5 .
5721	*2234*	—	18.5	+37 46	1	E	6.53	3 . .	5771	*1468*	—	24.6	+54 55	1	II	6.84	*1* . .
5722	2851	—	18.5	+17 42	2	A	6.85	8 . .	5772	3298	—	24.6	− 9 31	1	E	6.60	4 F .
5723	2348	1969	18.7	+11 5	6	G	4.49	*4 5 5*	5773	—	1984	24.6	−23 55	2	A	5.63	. R 1
5724	*2418*	1970	18.9	+ 1 58	1	I	6.17	*2 2 7*	5774	—	—	24.7	−24 27	1	H	6.62	. p .
5725	3275	—	19.3	− 5 21	1	E	6.48	5 5 .	5775	2163	—	24.8	+30 32	2	E	6.33	5 . .
5726	369	—	19.5	+81 6	1	E	7.74	p . .	5776	373	1982	24.9	+81 41	10	A	5.78	4. 8
5727	3260	1971	19.6	−10 18	1	I	5.70	n *3 7*	5777	2001	—	25.0	+49 29	2	A	6.63	4 . .
5728	*2335*	1972	19.8	+11 59	1	H	6.37	*3 1 6*	5778	1880	—	25.0	+47 12	1	II	6.81	0 . .
5729	*3244*	1973	19.8	−17 8	3	A	4.35	*2 2 2*	5779	1326	—	25.1	+57 17	2	E	6.48	7 . .
5730	3136	—	19.8	−22 17	1	H	6.41	p F .	5780	2122	1985	25.1	+43 44	3	F	6.11	1. *2*
5731	2153	—	19.9	+30 19	1	E	6.92	5 . .	5781	3360	1987	25.2	− 2 27	2	K?	5.60	*6 3 6*
5732	2521	—	19.9	− 1 39	2	E?	6.10	p 7 .	5782	*2459*	1986	25.3	+18 58	3	H	6.14	4. 4
5733	*3372*	—	20.2	−18 3	1	E	6.57	6 6 .	5783	—	—	25.3	−25 15	1	II	6.55	. 3 .
5734	2154	—	20.3	+30 32	2	F	6.43	1 . .	5784	*2214*	—	25.4	+41 51	2	E?	6.51	8 . .
5735	1518	1974	20.4	+56 24	3	H	6.38	*2 . 5*	5785	*665*	1988	25.5	+69 58	9	M?	5.42	n . n
5736	2356	1975	20.4	+17 1	2	F	5.65	4. *1*	5786	·1952	—	25.5	+48 29	2	II	6.82	*3* . .
5737	2021	—	20.5	+27 19	1	F?	6.36	6 . .	5787	1330	—	25.7	+60 15	3	A	6.54	3 . .
5738	*2461*	—	20.5	+ 3 51	1	A	6.13	p 8 .	5788	2062	—	25.7	+49 20	2	A?	6.78	*3* . .
5739	356	—	20.6	+80 19	1	F	7.25	p . .	5789	*2193*	—	25.8	+32 51	1	Π	6.79	2 . .
5740	2468	—	20.7	+ 4 25	2	F?	5.93	p 6 .	5790	2513	—	26.2	+ 3 37	1	F	6.08	p F .
5741	2349	—	20.9	+23 16	1	E?	6.78	2 . .	5791	2505	—	26.4	+18 19	2	A	6.30	p . .
5742	2222	—	21.0	+34 0	3	E	6.33	5 . .	5792	2216	—	26.5	+42 1	1	H	6.91	6 . .
5743	*3205*	—	21.0	−20 2	1	A	6.34	7 4 .	5793	*2345*	1990	26.6	+14 55	1	E	6.09	3. 0
5744	*608*	—	21.5	+68 59	1	E	7.28	9 . .	5794	1240	1989	26.7	+61 38	4	F	5.71	*3. 1*
5745	3420	—	21.5	−20 48	1	A	6.03	p 9 .	5795	*3285*	—	26.8	−20 13	1	II	6.19	1 2 .
5746	2502	1976	21.7	+ 3 34	1	I	6.28	p *2 2*	5796	*2192*	—	26.9	+36 47	2	H	6.82	*3* . .
5747	661	—	21.9	+70 21	1	A	6.91	p . .	5797	*2447*	—	26.9	− 1 14	1	A	6.30	p R .
5748	3098	1977	22.2	−11 48	2	F?	5.78	*2 3 0*	5798	3307	—	26.9	− 5 55	1	H	6.73	*2 2* .
5749	1926	—	22.5	+45 26	1	H	6.74	1 . .	5799	—	1991	27.3	−28 43	1	E	5.65	. R *6*
5750	1927	—	22.5	+45 7	2	A	6.74	1 . .	5800	2507	—	27.7	+18 34	1	H	6.86	6 . .

11ʰ

D. C.	DM.	H. P.	R.A. 1900.	Dec. 1900.	No.	Sp.	Magn.	Resid.	D. C.	DM.	H. P.	R.A. 1900.	Dec. 1900.	No.	Sp.	Magn.	Resid.
			m.	° ′								m.	° ′				
5801	3250	—	27.7	− 7 16	1	II	6.42	10.	5851	2478	—	33.9	+ 6 36	1	II	6.85	pF.
5802	375	—	28.0	+81 22	1	E	7.81	p..	5852	1331	—	34.0	+58 81	5	A	5.86	4..
5803	3295	1995	28.2	−15 43	1	E	5.85	4 5 1	5853	—	—	34.0	−24 9	1	H	6.27	.2.
5804	170	—	28.3	+86 10	5	E	7.34	3..	5854	2483	—	34.4	+19 33	1	A	6.66	8..
5805	650	—	28.3	+68 8	1	A?	7.21	p..	5855	3470	—	34.5	−12 37	1	II	6.58	46.
5806	724	—	28.4	+65 48	1	E	6.91	3..	5856	3211	—	34.6	− 8 55	1	II?	6.74	5F.
5807	2195	—	28.6	+37 23	1	II	6.72	5..	5857	3420	—	34.8	−13 55	2	A	5.67	85.
5808	2372	—	29.0	+11 35	2	A	6.22	5..	5858	3323	—	34.8	−16 4	1	II	6.59	30.
5809	337	—	29.2	+81 50	1	E	7.74	R..	5859	384	—	35.0	+81 8	1	E	7.39	p..
5810	2521	1996	29.3	+ 3 37	3	A	5.60	661	5860	2378	—	35.0	+24 16	3	A	6.37	5..
5811	3006	—	29.3	− 4 58	1	F	6.08	97.	5861	2525	—	35.3	+ 5 41	1	A	6.84	pF.
5812	338	—	29.4	+81 51	R	E	R	R..	5862	2597	—	35.3	+ 1 31	1	A	6.62	74.
5813	2374	1998	29.5	+17 21	5	A	5.50	2.2	5863	2530	—	35.5	+ 9 18	1	A	6.61	pF.
5814	1473	1997	29.6	+55 20	4	A?	6.05	0.2	5864	3271	—	35.5	− 7 51	1	H?	6.91	1F.
5815	3099	—	29.7	− 4 24	1	A	6.59	pF.	5865	2391	2010	35.6	+21 54	3	H?	5.92	4.4
5816	669	—	29.8	+70 8	1	H	7.10	2..	5866	2270	2011	35.7	+34 46	4	G?	6.15	6.1
5817	2331	—	29.9	+20 59	1	H	6.72	2..	5867	1481	—	36.4	+55 43	1	II	7.10	6..
5818	3144	—	29.9	− 3 48	1	H	6.39	13.	5868	2179	2013	36.4	+32 18	4	F	5.81	2.1
5819	670	1999	30.2	+69 53	8	K	5.93	7.4	5869	2236	—	36.5	+41 48	2	A?	6.06	2..
5820	2377	2000	30.5	+11 28	3	A	6.17	6.0	5870	714	2015	36.9	+67 18	6	II?	6.12	8.6
5821	3132	—	30.5	−11 51	1	E	6.48	pF.	5871	2443	—	36.9	+12 51	1	E	6.58	4..
5822	2022	2001	31.0	+28 20	4	A	5.71	3.1	5872	2375	—	37.0	+22 46	3	A	6.30	2..
5823	2501	—	31.1	+ 3 51	1	E	6.78	7F.	5873	2530	—	37.0	+ 5 18	1	II	6.74	pF.
5824	2394	—	31.3	+25 35	2	A	6.49	3..	5874	—	—	37.0	−23 50	1	H	6.43	.6.
5825	302	—	31.4	+78 9	3	II	7.03	8..	5875	2539	—	37.3	+ 2 55	1	E	6.78	7F.
5826	2470	—	31.5	+ 6 40	1	II	6.55	83.	5876	2492	—	37.5	+18 48	2	E	6.41	6..
5827	3290	—	31.5	−16 18	1	II	6.54	5F.	5877	3399	—	37.7	− 2 59	1	A?	6.54	7F.
5828	3201	—	31.6	− 8 45	1	E	6.86	1F.	5878	260	—	38.0	+83 59	1	F	7.54	9..
5829	3202	2002	31.6	− 9 15	5	A	4.50	152	5879	336	—	38.1	+82 53	2	II	7.45	3..
5830	1677	—	31.8	+51 42	1	H	7.11	2..	5880	2033	—	38.2	+28 36	1	H	6.91	4..
5831	2458	2003	31.8	− 0 16	3	K	5.11	476	5881	1506	—	38.4	+52 58	1	A	6.72	3..
5832	972	—	32.1	+63 15	4	F	6.92	1..	5882	3388	—	38.5	−14 29	1	H	6.21	87.
5833	1943	—	32.2	+45 17	1	A	6.24	3..	5883	3340	—	38.8	− 6 7	1	II	6.08	43.
5834	2465	—	32.2	+ 6 50	1	A	6.35	p4.	5884	532	—	38.9	+73 42	3	II	7.18	4..
5835	1679	2004	32.4	+51 10	2	H	6.45	4.7	5885	2250	—	39.1	+25 47	2	II?	6.50	3..
5836	857	—	32.8	+64 43	2	A	6.79	9..	5886	3333	—	39.4	−20 8	1	H	6.54	74.
5837	2169	—	32.9	+32 27	1	E	6.64	9..	5887	363	—	39.5	+80 33	1	E	7.61	p..
5838	2110	2005	33.0	+44 10	4	A	5.76	2.3	5888	674	—	39.5	+70 29	4	A	6.91	4..
5839	2523	—	33.0	+ 9 26	1	II	6.56	22.	5889	2206	—	39.6	+29 18	3	A	6.80	7..
5840	3424	—	33.1	−17 39	1	H	6.63	4F.	5890	3460	2016	39.7	−17 47	2	II	5.42	425
5841	1804	2007	33.2	+47 23	3	F	6.28	2.1	5891	2545	2017	40.1	+ 8 49	4	A	4.94	140
5842	843	2006	33.3	+64 53	4	A	6.26	4.0	5892	172	—	40.2	+86 5	2	A?	8.00	2..
5843	2242	—	33.3	+34 12	1	H	6.70	4..	5893	2479	2019	40.7	+ 7 6	2	K	5.45	nnn
5844	2532	2008	33.3	+ 8 42	1	M?	6.26	248	5894	1693	—	40.8	+51 7	1	A	6.70	6..
5845	2546	—	33.3	− 1 53	1	H	6.45	33.	5895	1966	2018	40.8	+43 40	6	K?	4.92	9.n
5846	1947	—	33.5	+45 40	2	F	6.59	1..	5896	374	—	41.2	+79 16	1	F	7.50	p..
5847	455	—	33.6	+75 35	1	II	7.41	4..	5897	1544	2020	41.6	+56 11	6	II?	6.41	7.n
5848	2218	—	33.6	+40 48	1	E	7.30	3..	5898	851	—	41.7	+64 57	3	A	6.72	4..
5849	3466	2009	33.6	−12 39	3	F?	5.70	511	5899	1198	—	41.8	+61 58	5	A	6.23	3..
5850	974	—	33.8	+62 57	3	F	6.84	0..	5900	1862	—	42.6	+50 23	4	A	6.54	5..

THE DRAPER CATALOGUE.

11ʰ — 12ʰ

D.C.	DM.	H.P.	R.A. 1900.	Dec. 1900.	No.	Sp.	Magn.	Resid.	D.C.	DM.	H.P.	R.A. 1900.	Dec. 1900.	No.	Sp.	Magn.	Resid.
5901	2358	2022	42.8	+20 46	3	F	4.79	8.2	5951	3211	—	51.9	−11 33	1	E	6.59	6 R.
5902	2549	2023	42.8	+ 8 48	4	A	5.18	8 6 0	5952	2253	2046	52.1	+40 55	4	A	6.60	1.2
5903	2214	—	43.3	+28 59	1	E	6.92	1..	5953	—	—	52.5	−26 20	1	H?	6.37	.6.
5904	2216	—	43.5	+29 21	3	A	6.34	5..	5954	2546	—	52.6	+18 2	2	A	6.50	0..
5905	2381	—	43.5	+14 51	1	A	5.84	p..	5955	3322	—	52.7	− 7 59	1	H	6.51	1 3.
5906	662	—	43.7	+67 58	2	E	6.85	2..	5956	388	—	52.8	+81 11	2	E	7.50	5..
5907	—	2024	43.7	−26 11	1	II	0.17	.45	5957	667	—	52.8	+68 22	1	H	7.21	5..
5908	2383	2025	44.0	+15 8	3	A	B	R.R	5958	2174	—	53.0	+32 50	5	A?	6.29	4..
5909	2402	2026	44.1	+16 48	2	A	6.05	5.2	5959	3213	—	53.0	− 3 49	1	E	6.39	3 5.
5910	2284	2027	44.5	+35 29	5	F	5.95	7.4	5960	1989	—	53.4	+48 19	1	E	6.52	7..
5911	339	—	45.2	+83 13	5	A	7.42	6..	5961	—	2047	53.8	−25 21	1	A	5.90	.84
5912	3363	—	45.3	−15 18	1	II	6.35	20.	5962	2176	2048	54.1	+33 43	2	II	6.55	6.6
5913	434	—	45.4	+75 54	3	F	7.12	2..	5963	1207	—	54.2	+61 53	1	A	6.94	1..
5914	2489	2028	45.5	+ 2 20	4	G	4.40	N 7 7	5964	101	—	54.6	+87 33	1	A	7.35	6..
5915	1198	—	R	R	R	R	R	...	5965	870	—	54.7	+80 9	5	E	7.19	3..
5916	—	2029	45.6	−26 43	1	H	6.46	.30	5966	2279	—	54.8	+34 36	5	A	6.24	4..
5917	2465	2030	45.8	+12 50	1	A	6.48	2 3 4	5967	2556	2049	54.9	+ 4 13	4	A	5.18	6 6 0
5918	3152	2032	45.9	− 4 46	1	H	6.13	1 1 4	5968	2238	—	55.0	+37 17	3	F	6.82	p..
5919	628	—	46.0	+69 24	4	A?	6.64	4..	5969	389	—	55.1	+81 25	7	M?	6.86	7..
5920	2264	2031	46.0	+33 56	5	A	6.22	0.1	5970	1983	—	55.2	+45 11	3	A	6.79	0..
5921	3508	—	46.0	−12 46	1	F	6.58	5 F.	5971	636	—	55.5	+69 45	3	A?	6.81	2..
5922	3190	—	46.3	−11 38	1	E	6.39	1 F.	5972	3413	2050	55.6	− 9 52	1	E	6.00	4 0 5
5923	1491	—	46.9	+54 49	1	H	7.04	2..	5973	598	—	55.7	+70 47	6	A	5.19	3..
5924	2285	2034	46.9	+38 31	2	A?	6.63	1.2	5974	2181	—	55.7	+33 31	2	H	6.90	p..
5925	2367	—	47.3	+20 58	1	E	7.02	0..	5975	2502	2051	55.8	+ 7 11	4	A	4.75	3 1 4
5926	2307	—	47.6	+16 0	1	A	6.54	5..	5976	3295	2052	55.8	−19 6	4	A	5.23	5 3 1
5927	475	—	47.9	+73 51	1	H	7.35	1..	5977	2520	—	55.9	− 1 12	1	H	6.66	1 1.
5928	476	—	48.3	+74 19	8	F	6.65	1..	5978	2482	—	56.1	+12 56	1	A	6.38	8 4.
5929	1475	2036	48.6	+54 15	8	A	2.89	4.3	5979	381	—	56.2	+79 38	1	E	7.42	p..
5930	2208	—	48.6	+34 11	3	A	6.77	0..	5980	599	—	56.5	+71 25	1	H	7.88	2..
5931	2624	—	48.7	+ 1 7	2	A	6.27	5 3.	5981	803	—	56.5	+65 29	3	A	6.79	0..
5932	550	—	48.8	+72 28	3	E	7.11	0..	5982	2230	2053	56.5	+36 36	3	I	6.29	8 6 6
5933	2092	—	49.5	+49 28	1	H	7.23	3..	5983	2430	—	56.6	+22 39	2	F?	6.58	1..
5934	—	2037	49.7	−25 9	1	E	5.85	.02	5984	2179	2054	57.1	+43 36	7	A	5.39	3.3
5935	2560	2038	49.9	+ 9 0	1	E	6.26	8 2 7	5985	404	—	57.8	+78 15	2	E	7.61	p..
5936	1013	2039	49.9	+47 2	4	A	6.16	R. 4	5986	3499	—	57.8	− 7 7	1	H	6.72	4 1.
5937	1914	2040	50.0	+47 1				R.	5987	355	—	58.3	+82 15	4	II	7.29	3..
5938	666	—	50.3	+67 49	2	A?	7.00	0..	5988	608	—	58.5	+60 35	1	H	7.09	5..
5939	2319	2041	50.6	+16 12	6	A	5.49	5.1	5989	3192	—	58.5	− 4 55	1	A	6.28	9 7.
5940	1343	2043	50.7	+57 9	4	II	6.50	5.7	5990	2543	—	58.7	+ 6 8	2	E	6.09	p 6.
5941	2248	—	50.8	+41 12	1	H	7.10	2..	5991	430	—	58.8	+76 37	6	A?	6.97	7..
5942	2223	—	50.8	+35 54	3	F	6.58	1..	5992	3425	—	58.9	− 9 44	1	A	6.25	3 5.
5943	3358	2044	50.9	−16 35	4	A	5.09	3 3 1	5993	2437	2055	59.2	+22 1	4	A	5.82	2.1
5944	2225	—	51.1	+36 1	4	F	6.54	1..	5994	—	—	R	R	R	B	R	...
5945	2070	—	51.2	+27 15	2	A?	6.55	2..	5995	2430	—	59.6	+16 51	1	II?	6.80	8..
5946	2256	—	51.3	+42 35	1	II	6.97	0..	5996	176	—	59.8	+86 8	5	F	6.98	n..
5947	737	—	51.4	+65 47	2	II	6.66	2..	5997	400	—	0.0	+77 19	5	E	6.95	4..
5948	1204	2045	51.7	+62 6	4	II	6.65	4.4	5998	2284	—	0.0	+34 18	1	H	7.00	3..
5949	3532	—	51.8	−13 11	1	E	6.32	4 4.	5999	2583	2057	0.1	+ 9 18	3	I	5.03	8 8 7
5950	3210	—	51.9	− 4 13	1	E	6.54	3 2.	6000	461	2056	0.2	+77 28	10	II	6.19	4.4

ANNALS OF HARVARD COLLEGE OBSERVATORY.

12^h

D. C.	DM.	H. P.	R.A. 1900.	Dec. 1900.	No.	Sp.	Magn.	Resid.	D. C.	DM.	H. P.	R.A. 1900.	Dec. 1900.	No.	Sp.	Magn.	Resid.
			m.	° ′								m.	° ′				
6001	484	—	0.2	+74 0	1	E	7.31	1 ..	6051	1504	2072	9.8	+53 59	3	II	6.81	1.5
6002	1608	—	0.5	+52 29	1	E	6.82	4 ..	6052	3606	2073	9.8	−20 17	1	H	6.34	2 1 2
6003	999	2058	0.6	+63 30	4	H	6.74	7.5	6053	3468	2074	10.0	− 9 43	1	E	6.15	0 0 1
6004	3460	2059	0.9	− 2 34	1	H	0.45	1 3 0	6054	1943	2075	10.3	+47 40	1	E	6.91	4 . R
6005	644	—	1.1	+69 15	5	E	6.81	2 ..	6055	610	2076	10.4	+70 45	5	II	6.43	4 . 5
6006	3238	—	1.7	−11 41	1	B	6.34	0 4 .	6056	1363	2077	10.5	+57 35	5	A	3.71	4 . 3
6007	3291	—	1.9	−23 12	1	E	6.44	6 5 .	6057	3322	—	10.6	−22 47	1	F	6.20	6 5 .
6008	2491	—	2.1	+13 33	1	F	6.38	p 4 .	6058	3424	2078	10.7	−16 50	4	A	3.28	n 8 5
6009	2417	—	2.4	+23 36	1	H	6.88	1 ..	6059	2436	2079	10.9	+15 28	3	A	5.02	1 4 1
6010	2587	—	2.4	+ 5 4	1	H	6.94	p F .	6060	549	—	11.0	+73 7	4	H	6.71	2 . .
6011	—	—	2.5	−23 24	1	E	6.29	. 6 .	6061	1235	—	11.1	+60 49	1	E	6.98	5 . .
6012	3345	—	2.7	− 7 56	1	H	6.96	0 F .	6062	2284	2080	11.1	+41 13	3	H	6.85	n . 8
6013	2656	—	2.9	+ 1 11	1	E	6.72	8 F .	6063	3488	—	11.1	− 2 41	1	E	6.85	p F .
6014	2331	—	3.0	+31 37	1	A	6.93	3 . .	6064	2443	2081	11.2	+24 30	2	I	5.54	2 . 3
6015	2501	—	3.1	+40 13	3	A?	7.02	2 . .	6065	2213	2082	11.5	+33 37	3	H	6.13	n . n
6016	1568	—	3.1	+56 1	1	H?	6.96	R . .	6066	2516	—	11.7	+40 8	1	E	6.65	6 . .
6017	1569	—	3.2	+56 1				R . .	6067	380	—	11.9	+80 41	11	F?	6.33	R . .
6018	—	2060	3.3	−24 10	3	F	4.62	. 4 3	6068	381	—	11.9	+80 41				R . .
6019	3502	—	3.6	−17 52	1	E	6.67	5 8 .	6069	3442	—	11.9	−16 8	3	A	5.56	p 6 .
6020	3246	—	4.3	−11 17	1	H	6.49	5 R .	6070	1510	—	12.5	+53 45	3	H	6.88	8 . .
6021	2496	—	4.4	+39 11	3	A?	7.01	0 . .	6071	2275	2083	12.5	+29 30	2	A	7.52	1 . 1
6022	2517	2061	4.6	+ 2 28	1	H	6.52	1 1 4	6072	—	—	12.8	−23 27	1	E	6.34	. 7 .
6023	3219	—	4.7	− 4 40	1	E	6.58	2 F .	6073	3263	2085	13.0	− 3 23	1	F	5.94	9 6 1
6024	469	—	4.9	+75 13	7	F	6.30	4 . .	6074	2100	—	13.2	+27 52	1	E	7.01	5 . .
6025	2559	2062	5.0	+ 6 22	2	A?	5.59	9 5 1	6075	657	—	13.4	+69 21	1	H	7.54	2 . .
6026	3403	—	5.0	−16 58	2	E	6.38	6 3 .	6076	3514	—	13.4	−13 51	1	H	6.77	8 F .
6027	3487	2063	5.0	−22 3	4	K	4.63	n n n	6077	2219	—	13.5	+33 18	2	A	6.49	7 . .
6028	406	—	5.1	+77 57	5	H	7.09	1 . .	6078	2350	—	13.5	+30 49	3	A	6.43	1 . .
6029	3518	—	5.3	− 7 13	1	A	6.17	2 5 .	6079	2920	—	13.6	− 0 14	3	A	5.94	4 2 .
6030	—	—	5.3	−24 24	1	A	6.42	. p .	6080	107	2086	13.7	+87 0	2	F	6.85	3 . 5
6031	2446	2064	5.5	+17 22	2	A	6.05	0 . 3	6081	3603	—	13.8	−12 59	1	E	6.67	p F .
6032	2034	2065	5.7	+27 50	2	A	5.91	0 . 2	6082	2326	—	14.0	+26 34	1	A	6.20	4 . .
6033	2508	—	5.8	+40 27	3	A	6.68	4 . .	6083	2448	—	14.3	+23 35	2	A	5.88	4 . .
6034	3305	2066	5.9	−23 2	3	A?	5.36	6 4 2	6084	71	2092	14.4	+88 15	2	A	6.70	2 . 4
6035	3478	—	6.3	− 3 13	1	E	6.54	2 5 .	6085	470	2084	14.4	+75 43	12	A	5.28	5 . 1
6036	3429	—	6.3	−16 14	1	H	6.49	8 3 .	6086	2106	—	14.5	+28 43	1	F	6.46	0 . .
6037	356	2067	6.5	+82 16	8	H	6.81	1 . 5	6087	2589	—	14.8	+ 6 13	1	H	6.69	p F .
6038	2321	—	6.5	+34 50	1	H	6.70	3 . .	6088	2926	2088	14.8	− 0 6	4	A	4.21	n 2 2
6039	196	—	6.6	+85 38	3	A	7.08	5 . .	6089	2130	2087	14.9	+49 32	3	H	6.63	9 . n
6040	2583	—	6.6	+ 4 37	1	F	6.34	p 7 .	6090	2280	—	14.9	+29 1	2	A	6.47	5 . .
6041	2316	2068	6.7	+26 25	1	H	6.50	3 . 6	6091	3511	—	15.0	−21 37	1	E	6.22	3 3 .
6042	2265	—	6.9	+29 6	1	E	6.47	2 . .	6092	2324	—	15.3	+38 28	2	A	6.88	4 . .
6043	411	—	7.1	+78 0	11	A	6.31	p . .	6093	2114	2089	15.3	+27 11	1	H	6.15	n . 4
6044	2398	2069	7.1	+21 6	3	H	6.17	2 . 6	6094	2329	—	15.3	+26 34	1	A	6.20	1 . .
6045	412	2070	7.5	+78 10	13	A	5.12	0 . 0	6095	2604	2090	15.3	+ 3 53	1	H	5.78	6 3 6
6046	2440	2071	8.4	+10 50	4	A	5.87	6 0 .	6096	3514	2091	15.4	−21 39	4	A	5.12	1 2 4
6047	269	—	8.8	+84 4	2	F	7.69	2 . .	6097	742	—	15.6	+66 57	3	A	6.41	4 . .
6048	387	—	9.0	+79 0	1	F	7.59	p . .	6098	2592	2094	15.6	+18 21	2	I	5.55	n 5 7
6049	751	—	9.2	+66 40	1	H	7.03	2 . .	6099	2115	2093	15.7	+27 37	1	F	6.26	3 . 1
6050	3235	—	9.2	− 5 10	1	F	6.08	8 5 .	6100	2362	—	15.8	+16 5	1	A?	6.70	3 . .

THE DRAPER CATALOGUE.

12ʰ

D. C.	DM.	H. P.	R.A. 1900.	Dec. 1900.	No.	Sp.	Magn.	Resid.	D. C.	DM.	H. P.	R.A. 1900.	Dec. 1900.	No.	Sp.	Magn.	Resid.
6101	*3614*	2095	m. 15.8	° ′ −13 0	1	I	5.72	7 0 *3*	6151	*1444*	2122	m. 25.3	° ′ +58 57	4	A	5.47	2.1
6102	1371	2096	16.1	+58 25	2	II	6.44	*4.6*	6152	1631	2123	25.3	+52 5	2	E	6.71	*2.4*
6103	2495	—	16.4	+25 34	1	E?	6.74	8..	6153	1446	—	25.4	+59 19	1	II	6.55	*4..*
6104	*274*	—	16.5	+83 56	·1	H	7.58	*4..*	6154	*700*	2124	25.7	+09 45	2	M	6.29	n.n
6105	1227	—	16.8	+62 19	1	E?	7.25	3..	6155	2517	2125	26.0	+25 7	4	A	5.34	0.2
6106	1955	—	17.0	+47 44	2	II	6.61	*1*..	6156	1554	2126	26.1	+53 37	2	A?	6.58	*1.4*
6107	2469	—	17.0	+17 17	1	F	6.10	7..	6157	763	—	26.4	+66 27	5	A	6.32	2..
6108	2498	2097	17.2	+25 19	2	A	5.79	7.1	6158	*569*	—	26.7	+71 52	1	II	6.90	1..
6109	2337	2098	17.5	+26 24	4	A	5.60	*6.8*	6159	3489	2128	26.9	−15 38	3	A	4.83	*2 3 4*
6110	*2599*	—	17.5	+ 5 52	1	E	6.29	8 *3*.	6160	3552	2129	27.4	−13 16	2	A?	5.97	*3 1 3*
6111	1229	—	17.6	+62 2	1	II	7.05	3..	6161	666	—	27.5	+69 3	1	E	6.98	0..
6112	3557	—	18.0	− 6 44	1	II	6.72	1 3.	6162	570	—	27.7	+72 44	1	A	7.07	5..
6113	3268	—	18.1	− 4 25	1	H	6.74	*2 0*.	6163	473	—	28.0	+75 22	1	H	7.35	*4..*
6114	—	2100	18.2	−24 17	1	H	6.12	.*1 2*	6164	*3410*	—	28.1	−19 14	1	A	5.41	8 8.
6115	3187	—	18.3	− 5 34	1	H	6.68	5 F.	6165	*2528*	—	28.6	+24 50	3	A	6.11	2..
6116	2218	2101	18.9	+43 5	5	A	6.31	0.*4*	6166	3372	2131	28.6	− 8 54	4	A	5.20	0 *4 3*
6117	2343	—	19.1	+26 28	1	A	6.40	6..	6167	*2332*	2132	28.7	+33 48	1	F	6.70	n.n
6118	1626	2102	19.2	+52 7	4	II	5.61	*4.6*	6168	*2321*	2133	29.0	+41 53	4	F	5.21	*7.9*
6119	2344	2103	19.3	+26 39	3	A	5.50	*2.4*	6169	3401	2134	29.1	−22 50	3	K	4.20	n n n
6120	*2345*	—	19.5	+26 9	2	A	6.40	*1..*	6170	703	2135	29.2	+70 20	9	A	3.99	*7.2*
6121	*3467*	2104	20.0	−11 3	3	A	5.61	4 5 4	6171	559	—	29.4	+73 2	1	E	7.08	1..
6122	—	—	20.0	−25 26	1	H	6.44	.*6*.	6172	2475	2136	29.9	+23 10	4	A	4.85	0.*1*
6123	*2455*	2106	20.2	+24 29	1	II	6.64	*6.4*	6173	*2584*	2137	30.0	+18 56	3	II	5.68	n *3 7*
6124	1294	—	20.3	+61 14	1	E	7.13	*2..*	6174	2490	—	30.2	+22 26	1	H?	7.08	*6..*
6125	1373	—	20.3	+57 19	1	II	6.93	*5..*	6175	705	2141	30.5	+70 34	3	K	6.13	n.n
6126	*180*	—	20.4	+85 52	1	A	7.98	*4..*	6176	3521	—	30.7	−19 58	1	A	5.54	p *9*.
6127	896	2107	20.4	+64 22	3	H	6.51	*5.2*	6177	2551	—	30.9	+40 14	2	A	6.85	2..
6128	*276*	—	20.7	+83 59	1	E	6.71	3 .	6178	*400*	—	31.2	+80 48	10	F	6.78	0..
6129	3510	—	20.8	−14 23	1	II?	6.71	F.	6179	669	—	31.6	+69 34	1	E	7.14	*2..*
6130	2521	2108	21.0	+39 34	5	II	6.02	*6.7*	6180	3535	2142	31.7	− 5 17	3	A	5.75	1 *2 4*
6131	*2115*	2109	21.4	+27 49	3	A	5.49	*4.4*	6181	2504	2143	31.9	+17 38	1	II	6.75	n.n
6132	1533	—	21.8	+55 43	3	A	6.50	5..	6182	707	—	32.7	+70 44	1	II	6.92	*1..*
6133	*2288*	2110	22.0	+28 49	4	I	5.76	n.n	6183	*2631*	2145	33.0	+ 3 50	3	A	5.93	6 *4 4*
6134	2134	2111	22.0	+27 22	4	A	5.38	*2.3*	6184	2560	2146	33.3	+ 2 25	1	II	6.22	*2 1 1*
6135	565	—	22.1	+72 29	3	II	6.71	*2*..	6185	3068	2148	33.5	−17 42	1	E	6.08	*1 0 1*
6136	*2278*	—	22.2	+36 55	2	E	6.87	*2..*	6186	2812	2149	33.9	+41 25	2	A	6.56	*4.5*
6137	*2307*	2112	22.6	+41 55	3	A?	6.69	*2.7*	6187	2479	—	34.0	+23 12	1	II	7.13	*1..*
6138	*2138*	—	22.7	+26 47	3	A	6.42	1..	6188	3452	2150	34.1	− 7 26	2	H	5.57	*6 4 9*
6139	2352	—	22.7	+26 27	1	A	6.85	*3..*	6189	575	—	34.2	+72 41	1	A	7.02	p..
6140	1598	2114	22.8	+56 16	1	H	6.71	*7.3*	6190	2439	2152	34.2	+21 36	3	H	6.35	*7.*n
6141	*2631*	—	23.2	+ 4 57	1	A	5.74	pp.	6191	*389*	—	34.3	+79 46	10	F	6.77	*1..*
6142	2038	—	23.3	+45 21	2	A?	6.79	*2..*	6192	600	—	34.4	+68 5	1	E	7.51	p..
6143	2353	2116	23.8	+26 23	2	A?	6.65	*6.*R	6193	2205	2153	34.4	+30 31	3	A	6.35	*4.1*
6144	1925	—	23.9	+50 12	1	H	6.94	*4..*	6194	182	—	34.6	+86 17	5	A	7.40	*9..*
6145	2354	2117	23.9	+26 28	7	A	5.39	6.R	6195	501	—	35.6	+73 33	1	H	7.29	*3..*
6146	2464	2118	24.4	+24 39	3	F	5.74	0.*2*	6196	*2396*	—	35.7	+30 56	2	H	7.13	*1..*
6147	2424	2119	24.7	+21 27	5	A	5.80	0.*1*	6197	1416	—	35.9	+60 6	1	E	7.02	p..
6148	*3492*	2120	24.7	−15 57	3	A	3.40	n *4 3*	6198	671	—	36.1	+69 20	1	F	7.43	*6..*
6149	746	—	24.8	+67 27	1	E	7.39	*9..*	6199	3676	2154	36.1	−12 28	3	F	5.50	*2 2 2*
6150	365	—	25.3	+82 33	4	F	7.28	7..	6200	*2397*	—	36.2	+30 59	1	A?	6.93	*1..*

ANNALS OF HARVARD COLLEGE OBSERVATORY.

12ʰ

D.C.	DM.	H.P	R.A. 1900.	Dec. 1900.	No.	Sp	Magn.	Resid.	D C.	DM.	H.P	R.A. 1900.	Dec. 1900.	No.	Sp.	Magn.	Resid
6201	*2484*	—	36.6	+10 58	1	A	6.77	2 . .	6251	*715*	—	47.3	+69 50	1	A	6.80	p . .
6202	2601	2155	36.6	− 0 54	3	F	3.81	n R n	6252	2430	—	47.4	+16 40	3	A?	6.60	*1* . .
6203		2156	36.6	− 0 54					6253	*3593*	—	48.1	− 3 0	2	E	6.44	*2 2* .
6204	*3442*	—	36.6	−19 12	1	E	6.06	1 1 .	6254	*289*	2188	48.3	+83 58	15	A	4.98	R · 0
6205	462	—	36.9	+76 28	1	E	7.54	*3* . .	6255	*290*	2189	48.4	+83 57				R .
6206	*2485*	2157	36.9	+10 48	4	A	5.10	1 *1* 0	6256	*2519*	2184	48.4	+21 48	5	H	5.94	7 . *8*
6207	2568	2158	36.9	+ 7 22	2	A	5.65	4 2 0	6257	2772	—	48.6	+20 2	3	H	6.88	*4* . .
6208	1026	2159	37.2	+63 16	4	A	5.74	8 . 3	6258	3725	—	48.7	−17 29	1	E	6.43	R R .
6209	1814	—	37.5	+46 25	1	H	7.00	*2* . .	6259	3726	—	48.7	−17 30				R R .
6210	400	—	37.7	+79 34	2	E	7.51	p . .	6260	2614	—	48.8	+19 37	1	H	6.96	5 . .
6211	286	—	38.0	+84 12	7	E	7.15	*2* . .	6261	*2602*	2185	48.9	+12 58	2	A	6.38	*4* 1 0
6212	2383	—	38.4	+26 40	2	A?	6.80	0 . .	6262	588	—	49.1	+72 6	1	A	6.85	p . .
6213	1312	—	38.7	+61 42	1	H	6.79	*3* . .	6263	*3570*	2187	49.1	−11 6	2	A	5.94	1 2 *1*
6214	2385	—	38.7	+26 12	2	A?	6.60	0 . .	6264	*3449*	2186	49.2	− 9 0	1	M	6.01	7 *8* n
6215	711	—	39.1	+70 29	1	E	7.51	8 . .	6265	1426	—	49.3	+60 3	1	A	7.16	8 . .
6216	768	—	39.1	+66 29	2	F	7.12	*2* . .	6266	2369	2190	49.5	+34 5	4	A	6.45	1 . 0
6217	2305	—	39.4	+36 19	1	A	7.02	*3* . .	6267	1627	2191	49.6	+56 30	7	A	B	R . R
6218	2221	2162	39.8	+44 30	3	A	6.75	7 . *4*	6268	2522	—	49.7	+22 39	1	E	7.13	*1* . .
6219	*403*	—	40.2	+78 47	1	E	7.78	p . .	6269	2003	2192	50.4	+47 45	1	H	7.16	n . n
6220	*2570*	2163	40.3	+30 50	2	F	6.59	*5* . *7*	6270	3002	—	50.5	+ 0 36	1	H	6.91	*4 1* .
6221	*2504*	—	40.5	+14 55	2	A	6.50	p . .	6271	*2069*	2193	50.6	+ 3 57	3	M	5.36	n n n
6222	2639	2165	40.6	+ 8 13	1	A	5.55	4 1 *2*	6272	3605	—	50.6	−14 47	*2*	A	6.06	1 3 .
6223	2468	2166	41.3	+10 6	1	H	6.36	0 *3 5*	6273	*470*	—	51.1	+75 57	2	H	7.07	*3* . .
6224	2583	2167	41.6	+17 8	2	H	6.50	n *9* n	6274	3879	—	51.1	− 4 19	1	E?	6.59	G R .
6225	402	—	41.8	+81 10	11	A	5.82	5 . .	6275	3608	—	51.2	−14 25	1	H	6.81	*7* F .
6226	2660	—	42.0	+ 6 30	1	A?	6.09	0 *4* .	6276	1564	—	51.3	+55 30	1	E	6.30	p . .
6227	2420	—	42.2	+16 9	1	H	7.04	3 . .	6277	2632	—	51.3	− 0 24	1	E	6.61	p 1 .
6228	2512	2168	42.2	+12 30	*2* .	A	6.37	1 0 *5*	6278	*2580*	2195	51.4	+38 52	4	A	D	R . R
6229	395	—	42.4	+80 28	1	H	7.41	0 . .	6279		2196	51.4	+38 52				
6230	1034	2171	43.0	+63 20	6	A	5.84	2 . 1	6280	*778*	2197	51.5	+65 50	5	A	5.49	*5* . *2*
6231	2546	—	43.3	+14 6	2	A	6.28	2 5 .	6281	1556	2198	51.9	+54 39	4	A	5.91	3 . *2*
6232	764	2173	43.5	+67 20	3	H	6.59	n . *8*	6282	2234	—	52.1	+44 6	1	A	6.93	*4* . .
6233	2568	2175	43.9	+25 24	2	E	6.64	6 . *2*	6283	*2696*	—	52.1	+ 8 50	1	E	6.66	7 3 .
6234	2549	2174	43.9	+14 41	2	A	5.54	4 . 2	6284	3456	—	52.1	− 8 22	1	F	6.31	5 6 .
6235	630	—	44.1	+71 29	1	H	7.29	*3* . .	6285	*2604*	—	52.4	+ 1 58	1	E	6.57	p 3 .
6236	2163	2176	44.1	+49 1	3	A	6.46	*5* . *3*	6286	1833	2199	52.6	+46 44	1	H	6.90	*4* . *7*
6237	*1320*	2177	44.3	+60 52	3	F	6.15	*2* . *2*	6287	407	—	52.8	+79 1	1	H	7.74	*7* . .
6238	2153	2178	44.4	+28 6	4	A	5.86	3 . 1	6288	3482	2200	52.8	−22 31	1	H?	6.75	*4 2 1*
6239	3543	—	44.5	−15 20	1	A	5.85	7 p .	6289	677	—	52.9	+69 8	1	H	7.48	0 . .
6240	903	—	44.8	+65 17	1	H	7.15	8 . .	6290	*2490*	—	52.9	+ 9 53	1	E	6.76	p . .
6241	588	—	45.0	+72 42	1	H?	7.47	8 . .	6291	1407	—	53.0	+58 14	1	A	6.79	p . .
6242	2502	—	45.3	+23 24	1	H	7.13	*6* . .	6292	*703*	—	53.1	+67 47	1	H	7.10	*6* . .
6243	2373	2179	45.4	+38 4	2	A	5.83	2 . 1	6293	369	—	53.2	+83 3	7	H	7.27	2 . .
6244	2612	—	46.2	+19 43	1	H	7.06	*1* . .	6294	378	—	53.4	+82 41	3	F	7.54	p . .
6245	3569	—	46.3	− 8 47	1	H	6.65	*1* 1 .	6295	636	—	53.6	+71 17	1	F	6.93	9 . .
6246	*407*	—	46.6	+80 57	2	H	7.33	8 . .	6296	*2348*	—	53.8	+28 52	3	A	6.86	1 . .
6247	1087	—	46.7	+63 31	1	F	6.82	7 . .	6297	2531	—	53.8	+22 35	2	A?	7.18	*4* . .
6248	2156	2181	46.8	+28 6	4	E	5.76	*8* . *8*	6298	3605	—	53.8	− 5 33	1	A	6.58	7 F .
6249	2613	—	47.0	+19 42	2	A	6.86	*1* . .	6299	*2082*	2201	54.0	+17 57	3	M?	6.27	n . n
6250	2551	2182	47.2	+17 37	1	E	6.95	*7* . .	6300	495	—	54.2	+77 45	1	E	7.74	8 . .

12ʰ—13ʰ

D.C.	DM.	H.P.	R.A. 1900.	Dec. 1900.	No.	Sp.	Magn	Resid.	D.C.	DM.	H.P.	R.A. 1900.	Dec. 1900.	No.	Sp.	Magn.	Resid.
			m.	° ′								m.	° ′				
6301	913	—	54.4	+65 27	1	H	6.06	0 . .	6351	3608	—	4.4	−15 59	1	A	6.19	6 6 .
6302	680	—	54.5	+69 14	1	H	7.43	2 . .	6352	3636	—	4.5	− 9 48	1	H	6.60	1 3 .
6303	3384	2202	54.5	− 3 16	2	A	6.09	1 2 2	6353	2595	—	4.8	+17 22	1	H	7.00	2 . .
6304	2171	—	54.8	+28 37	1	E	6.86	4 . .	6354	3430	2224	4.8	− 5 0	4	A	4.58	3 1 2
6305	2496	—	54.8	+10 3	1	H	6.81	5 . .	6355	2407	2225	5.0	+37 57	2	H	0.98	9 . 7
6306	2641	—	55.0	− 0 39	1	H	6.86	p F	6356	521	—	5.1	+73 53	4	A	6.87	8 . .
6307	3635	—	55.2	−13 22	1	E	6.87	4 F .	6357	2611	2228	5.1	+39 4	4	A	6.04	3 . 3
6308	681	—	55.3	+69 19	1	E	7.58	4 . .	6358	2097	2226	5.1	+18 4	5	F	5.16	2 7 8
6309	398	—	55.4	+80 28	3	E	7.18	p . .	6359		2227	5.1	+18 4				
6310	638	—	55.5	+71 8	1	H	7.18	0 . .	6360	2614	2229	5.5	+39 2	3	A	6.14	1 . 0
6311	2434	2204	55.5	+31 20	5	H	6.22	n . n	6361	3640	—	5.6	− 9 34	1	E?	6.85	p p .
6312	3609	2203	55.5	− 2 50	1	E	6.75	5 7 7	6362	3612	—	5.8	−16 33	1	E?	6.54	7 F .
6313	2311	—	55.7	+32 18	1	H	7.14	3 . .	6363	1056	—	5.9	+62 47	4	A	6.11	3 . .
6314	2622	—	55.7	+18 55	3	E	6.51	0 . .	6364	2550	—	6.0	+21 46	2	F	6.82	2 . .
6315	473	2205	55.9	+76 0	7	H	6.46	5 . 3	6365	2414	—	6.1	+34 51	2	E	7.11	3 . .
6316	2702	—	56.1	+ 4 53	1	A	6.79	5 F .	6366	—	2230	6.3	−26 1	1	H?	6.28	. 3 4
6317	773	2206	56.2	+67 8	3	H	6.36	6 . 8	6367	2552	—	6.7	+22 28	2	A?	7.03	1 . .
6318	2573	—	56.2	+17 40	3	H	6.67	0 . .	6368	3613	2231	6.7	−15 39	4	F	5.60	1 3 5
6319	1408	2207	56.5	+56 55	4	F	5.52	5 . 7	6369	2327	—	7.3	+32 39	3	A	6.76	1 . .
6320	2529	2208	57.2	+11 30	5	K	4.72	n . n	6370	2193	2232	7.3	+28 22	5	F	5.16	2 . 8
6321	927	2209	57.9	+64 9	4	F	6.13	1 . 1	6371	2610	—	7.3	+24 48	3	H	6.84	3 . .
6322	2530	—	58.1	+23 10	3	A	6.70	0 . .	6372	1057	—	7.6	+63 42	1	E?	7.07	4 . .
6323	3629	2210	58.4	−20 3	1	E	5.84	3 1 2	6373	2505	2233	7.6	+12 5	1	H	6.52	5 . 8
6324	1439	—	58.6	+60 16	4	A	6.07	4 . .	6374	2703	—	7.6	+ 4 35	1	E?	6.84	9 F .
6325	412	—	58.7	+81 24	6	E	6.97	0 . .	6375	2648	2234	7.7	+19 17	1	H	6.71	2 . n
6326	373	—	58.9	+83 28	4	A	7.25	p . .	6376	3562	—	8.1	−18 18	2	A	6.07	2 7 .
6327	187	—	59.7	+86 25	2	A	7.80	3 . .	6377	2311	—	8.3	+43 9	2	H	7.27	3 . .
6328	2796	—	59.7	+ 0 50	1	H?	6.87	8 0 .	6378	2649	2235	8.4	+19 15	3	H	6.78	5 . 0
6329	3650	—	0.2	−21 32	1	E?	6.72	p F .	6379	2620	—	8.5	+38 50	2	E	7.04	2 . .
6330	2578	—	0.6	+13 46	1	H	7.03	4 . .	6380	3651	2236	8.8	−19 24	2	H	6.00	2 1 2
6331	581	—	0.8	+72 56	1	A	7.03	p . .	6381	2646	—	8.9	+ 1 59	1	H	6.92	1 1 .
6332	2337	2213	1.0	+36 20	10	A	5.32	2 . 0	6382	2311	—	9.1	+33 4	3	H	7.12	1 . .
6333	1847	2214	1.4	+45 48	3	H	6.57	6 . 9	6383	—	—	9.1	−23 45	1	E	6.58	. 3 .
6334	2487	2215	1.4	+21 42	4	F?	6.50	5 . 4	6384	2033	2237	9.2	+40 41	6	I	6.15	n . n
6335	2305	—	1.5	+29 34	4	A	6.47	3 . .	6385	1425	—	9.5	+57 14	2	E	6.82	2 . .
6336	2538	2216	1.5	+23 9	1	H	6.73	9 . 6	6386	2572	2238	9.5	+11 52	2	H	6.52	1 5 8
6337	2537	—	1.5	+22 48	2	A	6.68	2 . .	6387	720	2239	10.1	+67 49	1	H	7.05	3 . n
6338	583	2217	1.7	+73 33	7	A	6.21	2 . 1	6388	506	—	10.3	+77 44	5	A	6.78	8 . .
6339	2789	—	2.3	+ 1 8	1	E	6.77	4 1 .	6389	2352	—	10.5	+35 58	3	A	6.71	1 . .
6340	1275	2220	2.4	+62 35	2	H	6.65	6 . 4	6390	3053	2240	10.5	−19 26	2	H	6.05	1 3 6
6341	2185	2218	2.4	+29 10	5	K?	6.42	n . n	6391	587	—	10.7	+73 20	5	A	6.20	6 . .
6342	3623	2219	2.7	−10 12	1	H	5.95	2 4 8	6392	1456	—	11.0	+59 50	1	E	7.26	7 . .
6343	2187	—	3.2	+28 4	2	H	6.96	2 . .	6393	2374	2241	11.1	+41 23	6	A	6.14	1 . 4
6344	2599	—	3.2	+25 21	1	H	7.04	2 . .	6394	2504	—	11.2	+21 55	1	F	6.72	8 . .
6345	3491	2221	3.3	− 8 27	1	I	6.16	7 3 3	6395	404	—	11.3	+80 11	1	H	7.39	1 . .
6346	3515	2222	3.6	−22 35	1	H	6.10	n 3 n	6396	2674	—	11.3	− 0 52	1	F	6.61	6 2 .
6347	2697	—	3.8	+ 5 46	1	H	6.74	1 2 .	6397	2655	—	11.4	+19 36	2	H	6.86	2 . .
6348	3495	—	4.0	− 9 0	1	H	6.41	6 p .	6398	496	—	11.5	+81 0	9	A	6.85	1 . .
6349	3641	—	4.2	−19 35	1	E?	6.45	p F .	6399	2814	2243	11.7	+20 19	2	A	6.42	4 . 1
6350	2516	2223	4.3	+10 33	1	H	6.32	4 2 3	6400	2057	—	11.8	+19 26	1	H	6.91	3 . .

13^h

D. C.	DM.	H. P.	R.A. 1900.	Dec. 1900.	No.	Sp.	Magn.	Resid.	D. C.	DM.	H. P.	R.A. 1900.	Dec. 1900.	No.	Sp.	Magn.	Resid.
			m.	° ′								m.	° ′				
6401	*2531*	2244	11.8	+ 9 56	3	F	5.63	4 0 *5*	6451	2578	2266	20.3	+24 22	4	A	5.82	*3* . 1
6402	*2653*	—	11.8	+ 1 46	1	A	6.77	7 F .	6452	307	—	20.6	+84 25	6	A	7.18	8 . .
6403	2611	—	11.9	+17 34	1	E	6.70	3 . .	6453	2686	—	21.1	− 0 41	3	A	6.01	p 2 .
6404	3644	—	12.1	−10 57	2	A	6.54	3 4 .	6454	1603	2267	21.2	+55 30	6	A	4.52	5 . *3*
6405	2591	2245	12.3	+14 12	2	I?	6.23	7 *4 6*	6455	*3516*	2268	21.4	−12 11	1	M	6.28	n *6 8*
6406	*3040*	—	12.4	− 0 9	2	A	6.21	5 2 .	6456	1868	2270	22.0	+46 33	2	II?	6.60	*6* . *9*
6407	*3582*	—	12.5	− 8 12	1	E	6.86	*2* F .	6457	3668	2269	22.1	−15 27	2	II	5.80	*3 8* n
6408	2722	2246	12.6	+ 6 0	3	M	6.14	*9 7* n	6458	*949*	—	22.6	+63 46	3	II	6.55	*1* . .
6409	2380	2248	13.1	+41 6	6	A	5.28	n . *6*	6459	2621	2271	23.5	+14 19	3	F	5.61	1 *2 4*
6410	*694*	2250	13.2	+68 56	5	A	5.67	3 . 4	6460	*592*	2272	23.6	+72 55	4	M	6.67	7 . *6*
6411	3813	2247	13.2	−17 45	3	II	5.60	6 *3 3*	6461	985	2273	23.7	+65 15	5	F	6.33	n . *3*
6412	3554	2249	13.5	−22 39	5	K	4.58	R n n	6462	936	2274	23.8	+65 13				n . .
6413	418	—	13.6	+79 14	1	F	7.50	0 . .	6463	1622	—	24.0	+53 16	4	A	6.27	0 . .
6414	3486	—	13.6	−11 28	1	E	6.74	8 F .	6464	2400	2276	24.1	+41 15	1	II?	7.05	*8* . *5*
6415	3604	—	13.7	−19 28	1	II?	6.80	p F .	6465	1846	—	24.2	+51 6	1	F	7.20	3 . .
6416	2721	2251	13.8	+ 4 13	2	A	6.33	4 2 0	6466	2575	2277	24.3	+11 20	2	II	6.72	*3 7* n
6417	2410	—	13.9	+34 37	3	II	6.97	*8* . .	6467	*651*	—	24.4	+70 51	2	F	6.97	2 . .
6418	1994	2253	14.0	+50 12	6	A	5.07	*1* . 1	6468	1847	2278	24.7	+51 14	2	F	7.20	*5* . *9*
6419	2435	2254	14.5	+35 39	4	A	6.31	4 . 4	6469	1461	2279	24.8	+60 28	3	A	5.30	0 . 1
6420	*3652*	—	14.5	−11 9	1	A	6.74	p 4 .	6470	2122	—	24.8	+48 22	2	F	6.97	*2* . .
6421	*608*	—	14.7	+71 46	1	E	7.14	7 . .	6471	122	—	25.1	+87 5	1	E	7.80	p . .
6422	1802	—	15.1	+46 4	2	II	7.30	0 . .	6472	3706	2280	25.2	− 5 57	3	A	6.18	4 *4 1*
6423	2736	—	15.6	+ 5 22	2	A?	6.74	6 F .	6473	741	—	25.3	+70 38	1	II	7.11	2 . .
6424	2758	—	15.7	+ 3 28	3	A	5.96	p 7 .	6474	3830	—	25.9	−12 56	1	E?	6.57	2 4 .
6425	2647	2255	15.9	+40 40	2	II	7.10	n . n	6475	—	2281	26.0	−27 36	1	A	6.24	. 5 5
6426	3587	—	16.1	−18 58	3	A	6.01	3 4 .	6476	422	2286	26.1	+79 10	10	II	5.96	0 . 1
6427	*3329*	—	16.4	−18 13	1	E	6.62	4 F .	6477	*2262*	—	26.3	+26 54	2	F	6.85	0 . .
6428	2265	—	16.5	+44 31	2	F	6.83	*3* . .	6478	951	—	26.5	+64 42	1	A	6.89	1 . .
6429	390	—	16.6	+82 2	3	E	7.37	p . .	6479	*3877*	2282	26.6	−18 13	1	F	5.82	6 *5 2*
6430	*1288*	—	16.7	+61 56	1	E?	7.24	3 . .	6480	*311*	—	26.7	+83 49	6	E	6.99	5 . .
6431	2435	—	16.7	+38 23	2	E	7.03	*2* . .	6481	77	—	26.8	+88 4	1	II	7.95	5 . .
6432	2064	2256	16.7	+ 2 37	4	A	5.68	1 3 1	6482	3714	2283	26.8	− 5 45	1	M?	6.03	*5 9* n
6433	*2111*	—	16.8	+47 49	2	II	7.27	*8* . .	6483	2405	2287	27.0	+42 36	2	II	6.97	7 . *8*
6434	2722	—	17.0	+18 16	1	E?	6.80	p . .	6484	—	2284	27.0	−28 11	1	A	5.67	. *2 1*
6435	2625	—	17.2	+25 25	1	F	6.50	2 . .	6485	3730	2288	27.5	−14 51	1	II	6.36	*6 4 7*
6436	2787	2257	17.2	+ 5 41	3	B	5.81	7 *3 1*	6486	2066	—	27.7	+47 46	2	A	6.86	*3* . .
6437	*3650*	2258	17.6	−17 13	2	II	6.33	n *3 3*	6487	*2591*	—	27.7	+74 54	1	H	6.69	0 . .
6438	2209	2259	17.7	+44 26	3	A	6.38	0 . 0	6488	3711	2290	27.7	− 9 39	2	II	6.00	*2 2 5*
6439	3460	2260	18.1	− 4 24	1	H	6.84	*8 7 7*	6489	2421	—	27.9	+37 19	2	II?	7.22	7 . .
6440	2765	—	18.6	+ 3 14	2	H	6.78	p 0 .	6490	*2643*	2291	28.1	+24 52	2	H	6.64	*6* . *3*
6441	222	—	18.8	+85 17	8	E	7.31	*3* . .	6491	2462	—	28.3	+35 25	3	A	6.61	1 . .
6442	2053	—	18.8	+47 31	1	II	7.56	*6* . .	6492	*395*	—	28.4	+81 47	1	E	7.38	p . .
6443	*2671*	—	19.2	+ 1 55	1	E?	6.87	2 F .	6493	*654*	—	28.8	+70 56	1	F	7.17	1 . .
6444	3472	2261	19.3	− 4 30	3	F	6.08	2 *1 3*	6494	2430	—	28.9	+34 10	1	H	7.25	7 . .
6445	2302	2262	19.4	+37 33	1	II	7.23	n . *8*	6495	2764	2292	29.1	+ 4 10	6	A	4.98	0 *2 1*
6446	*2668*	—	19.5	+12 57	2	II	6.83	*3 1* .	6496	3843	2293	29.3	−12 42	4	A	5.83	*1* R *1*
6447	2346	—	19.8	+32 37	1	A	7.29	0 . .	6497	1880	—	29.6	+46 6	2	F	7.35	*1* . .
6448	1598	2264	19.9	+55 27	6	A	n	n . R	6498	*3076*	2294	29.6	− 0 5	7	A	4.01	*5 4 5*
6449		2265	19.9	+55 26					6499	2058	2295	30.0	+39 19	2	A	6.44	*2* . *1*
6450	3672	2263	19.9	−10 38	5	A	n	R R R	6500	*1667*	2298	30.3	+55 52	8	A	5.59	4 . *1*

THE DRAPER CATALOGUE.

13ʰ

D.C.	DM.	H.P	R.A. 1900.	Dec. 1900.	No.	Sp.	Magn.	Resid.	D.C.	DM.	H.P.	R.A. 1900.	Dec. 1900.	No.	Sp.	Magn.	Resid.
			m.	° ′								m.	° ′				
6501	2426	2207	30.3	+37 42	4	F	5.63	5.6	6551	1733	2325	40.1	+52 32	5	A	5.83	4.1
6502	3515	2296	30.3	− 4 53	1	H	6.33	2 2 5	6552	3735	—	40.2	−15 16	4	A	6.00	7 5.
6503	2227	2299	30.4	+49 32	6	A	4.91	1.1	6553	516	—	40.4	+75 8	1	A?	7.04	p..
6504	2587	—	30.5	+23 1	2	A?	6.63	1..	6554	1485	—	40.4	+60 89	3	A	6.70	2..
6505	2565	—	30.6	+10 43	1	II	6.72	3..	6555	3591	2326	40.6	−11 56	2	H	6.08	5 2 1
6506	2285	2300	30.9	+44 43	2	A	6.74	2.2	6556	1683	2327	41.6	+56 24	2	F	6.36	6.1
6507	491	—	31.2	+76 35	4	H?	7.02	3..	6557	2540	—	41.7	+31 22	3	E	6.61	3..
6508	—	2301	31.3	−25 59	1	A	5.48	.7 1	6558	2424	2331	42.0	+41 36	5	A	6.26	6.5
6509	397	—	32.1	+82 30	2	E	7.63	p..	6559	2678	2330	42.0	+39 0	4	II	6.76	8. n
6510	2652	2302	32.3	+25 7	1	H	6.59	6.7	6560	2494	2332	42.1	+26 12	6	F?	6.27	3.5
6511	193	—	32.4	+85 47	4	A?	7.61	1..	6561	466	2336	42.2	+78 34	8	I	6.43	6.1
6512	747	—	32.4	+70 37	4	A	6.71	3..	6562	421	—	42.3	+80 42	2	H	7.32	2..
6513	2014	—	32.5	+50 0	2	II	7.34	3..	6563	2732	2333	42.5	+17 57	6	F	5.23	6 6 7
6514	492	—	32.6	+76 17	5	A	7.01	0..	6564	2680	2334	42.7	+39 3	4	II	6.44	9.9
6515	2433	2304	33.0	+36 40	5	A	5.17	1.2	6565	1634	2337	42.9	+54 56	5	A	5.47	p.1
6516	—	2303	33.1	−29 3	1	E	6.34	.0 7	6566	2027	2338	43.6	+49 49	8	A	n	R.R
6517	2602	—	33.2	+14 48	1	A	6.34	6..	6567	2767	—	43.6	+ 8 27	1	A	6.45	p 5.
6518	2591	—	33.3	+23 2	1	E?	6.93	4..	6568	2440	2339	43.8	+42 33	2	H	7.47	n.8
6519	516	2305	33.4	+77 4	4	II	7.24	n.4	6569	2376	—	44.2	+33 29	1	II	7.10	2..
6520	790	—	34.0	+67 33	1	A	6.75	5..	6570	2547	2340	44.2	+31 41	4	II	6.38	9.6
6521	2612	—	34.2	+24 38	1	H	6.84	2..	6571	3987	2341	44.5	−17 39	1	I	5.08	3 3 5
6522	2697	—	34.3	+18 47	1	H	6.81	3..	6572	2245	—	44.6	+48 51	1	E?	7.33	2..
6523	2589	2306	34.7	+11 15	3	A	5.80	1 1 2	6573	2564	2343	44.6	+16 17	5	M	6.5	n n n
6524	659	2307	34.8	+71 45	5	I	6.29	5.7	6574	2814	—	44.7	+ 8 54	3	A?	6.09	8 6.
6525	2141	—	35.2	+48 25	1	F?	7.32	4..	6575	2578	2344	45.0	+21 46	3	I	5.95	9. n
6526	1640	2309	35.7	+53 26	5	A	5.44	4.1	6576	2715	—	45.0	+13 41	1	A?	6.28	8..
6527	2526	2308	35.8	+31 31	1	E?	7.28	n. n	6577	397	2345	45.1	+83 15	1	E	6.39	1.1
6528	2858	2310	35.9	+20 28	4	A	5.47	0.2	6578	2457	—	45.4	+37 6	5	A	6.48	0..
6529	2248	2311	36.0	+28 35	2	H	6.86	4.6	6579	2719	—	45.4	+19 7	2	F?	6.61	6..
6530	3645	—	36.0	−22 57	1	A	6.10	6 5.	6580	2579	—	45.6	+21 45	1	H	6.42	R..
6531	1859	—	36.3	+51 2	3	F	6.60	4..	6581	2580	—	45.7	+21 46				R..
6532	2600	2313	36.3	+23 1	3	II	6.30	8.5	6582	2359	—	46.0	+43 2	2	E	7.12	3..
6533	3674	2312	36.4	− 8 12	2	II	6.26	n 6 n	6583	500	—	46.4	+76 4	1	A?	0.92	6..
6534	417	—	36.7	+79 52	1	II	7.78	3..	6584	1318	2348	46.5	+61 59	4	H	6.47	5.4
6535	1456	2314	36.8	+57 42	4	A	6.15	1.0	6585	2492	2346	46.7	+35 16	6	A	6.89	4.0
6536	1625	2315	36.9	+55 12	3	M	6.07	6. n	6586	2493	2347	46.7	+35 10	2	H?	6.61	8.6
6537	464	—	37.2	+78 24	2	E	7.56	4..	6587	1533	2350	47.1	+59 2	4	A	6.25	3.1
6538	2793	—	37.3	+ 8 54	3	E	6.09	4 3.	6588	1663	—	47.3	+53 47	1	A	6.43	p..
6539	2775	2317	38.1	+ 4 2	2	H	6.03	3 2 3	6589	2496	2352	47.4	+34 57	5	H	6.11	4. n
6540	2431	2318	38.2	+42 10	1	E	7.11	n. 7	6590	2635	2351	47.4	+12 40	3	A	5.81	p. 3
6541	2474	—	38.3	+35 30	2	E?	6.86	4..	6591	2795	2353	48.4	+18 25	1	E	6.20	3.6
6542	953	2320	38.4	+65 20	5	A	5.70	3.1	6592	502	—	48.5	+76 4	4	A	6.94	1..
6543	3540	2319	38.7	− 5 0	1	A	6.33	7 2 1	6593	963	2356	48.5	+65 13	4	M	6.05	n. n
6544	816	—	39.0	+65 47	6	A	6.42	p..	6594	724	2357	48.6	+68 49	1	II	6.87	9.4
6545	2606	—	39.0	+23 12	1	H	6.68	4..	6595	2464	2355	48.7	+29 8	4	A	5.89	1.1
6546	3731	2321	39.1	−15 ´41	1	H	6.30	7 3 5	6596	2449	—	49.2	+42 41	1	A	6.47	2..
6547	1895	2323	39.3	+46 1	2	H	7.30	3.6	6597	2384	—	49.6	+33 20	1	II?	7.09	9..
6548	2254	—	39.6	+28 5	2	F	6.76	2..	6598	2758	2358	40.6	− 1 0	8	H	6.36	2 4 7
6549	519	—	39.7	+77 20	8	A	6.33	1..	6599	3728	2359	40.7	− 7 33	1	F	6.33	3 2 1
6550	—	2024	40.0	−25 37	1	A	5.64	.5 2	6600	422	—	49.9	+80 25	3	H	7.20	2..

ANNALS OF HARVARD COLLEGE OBSERVATORY.

13^h-14^h

D. C.	DM.	H. P.	R.A. 1900.	Dec. 1900.	No.	Sp.	Magn.	Resid.	D. C.	DM.	H. P.	R.A. 1900.	Dec. 1900.	No.	Sp.	Magn.	Resid.
6601	2461	—	49.9	+30 25	1	F?	6.82	5..	6651	3817	2384	5.4	−15 50	1	M	6.30	n 7 n
6602	2725	2360	49.9	+18 54	5	G	3.79	6.9	6652	1616	2386	5.7	+59 48	1	H	6.86	9.5
6603	1630	2362	50.1	+54 13	6	A	5.47	5.0	6653	2895	—	5.7	+ 1 17	2	A	6.42	6 6.
6604	431	—	50.4	+79 29	8	H	7.04	4..	6654	2737	2385	5.9	+25 34	5	F	5.24	4.4
6605	2680	—	51.1	+14 34	1	F	6.19	5..	6655	529	—	6.2	+75 4	8	A	6.01	7..
6606	2411	2363	51.2	+32 31	3	E	6.49	0.1	6656	2783	—	6.5	+ 1 50	1	E	6.52	1 2.
6607	2865	2364	51.4	+ 1 33	4	A	5.75	0 4 2	6657	2443	—	6.9	+32 45	1	H	6.69	2:.
6608	2473	—	51.5	+29 10	2	A	6.47	5..	6658	2867	2388	7.2	+ 2 53	4	A	4.88	1 5 1
6609	2508	—	51.6	+26 25	2	E	6.05	2..	6659	3878	2390	7.5	− 9 48	4	I	5.37	n n n
6610	2583	—	51.8	+16 24	1	H	6.89	3..	6660	774	—	7.6	+70 4	5	A	6.69	5..
6611	2278	2365	52.0	+27 59	2	H	6.06	n.n	6661	736	—	8.1	+69 20	1	H	7.03	5..
6612	452	—	52.4	+81 16	4	H	6.07	2..	6662	2796	—	8.5	− 0 22	3	F?	6.14	1 0.
6613	2503	—	52.4	+21 27	1	H	6.92	1..	6663	478	2396	9.2	+78 1	9	K	5.94	9.n
6614	—	2366	52.9	−24 29	2	A	5.11	.6 0	6664	2764	2392	9.3	+13 26	3	F	5.88	8 1 4
6615	2687	—	53.3	+16 54	1	E	6.80	5..	6665	—	2391	9.3	−28 49	1	A?	5.80	.6 3
6616	2651	2367	53.8	+15 8	1	H	6.34	4.7	6666	2595	—	9.4	+31 40	1	E?	6.58	6..
6617	2650	2368	53.9	+22 11	5	A	5.51	0.2	6667	2508	—	9.4	+20 35	1	F	6.52	5..
6618	1325	2370	54.3	+61 59	1	H	6.84	1.7	6668	1782	2395	9.9	+52 16	6	A	4.69	2.3
6619	—	2369	54.4	−24 31	1	A	5.26	.p 6	6669	2654	2394	9.9	+10 35	3	H	6.00	7 2 8
6620	2511	—	54.5	+26 18	2	A?	6.50	8..	6670	4046	2393	9.9	−17 44	4	A	5.39	6 5 1
6621	434	—	55.2	+79 28	2	H	7.41	3..	6671	2678	—	10.1	+22 21	3	A	6.30	2..
6622	453	—	55.2	+78 53	8	E	7.05	7..	6672	778	2399	10.2	+69 54	5	M?	6.49	n.n
6623	1676	—	55.3	+53 35	2	A	6.43	9..	6673	2472	2397	10.3	+42 0	2	H	6.71	6.7
6624	435	—	56.2	+79 11	2	E	7.29	8..	6674	2707	—	10.5	+24 9	1	A?	6.54	0..
6625	2835	2372	56.4	+ 9 22	5	A	5.80	2 5 1	6675	3843	2398	10.8	− 5 31	4	F	4.73	2 6 5
6626	2761	2373	56.6	+ 2 2	7	A	4.05	4 2 2	6676	2777	2400	11.1	+19 44	6	K	B	B.R
6627	2287	2375	56.7	+27 52	3	A	6.13	2.0	6677	3812	2401	11.3	− 2 44	4	A	5.98	4 5 1
6628	2813	—	56.8	+18 10	1	H?	6.80	0..	6678	2770	—	11.4	+19 23	4	A	5.93	8..
6629	2424	—	58.1	+32 9	1	E	6.79	7..	6679	3056	—	11.6	− 5 11	1	E?	6.23	8 7.
6630	3824	—	58.3	−21 56	1	F	6.01	5 3.	6680	1690	—	11.8	+52 59	1	A	6.17	8..
6631	2025	—	58.6	+11 16	2	A	6.17	8 2.	6681	2954	—	11.9	+20 35	2	F	6.47	5..
6632	2644	—	58.7	+22 59	3	F?	6.63	1..	6682	3846	—	11.9	−19 30	1	F	6.45	p F.
6633	2836	—	58.9	+ 5 23	1	E	6.34	2 2.	6683	1948	—	12.1	+46 1	1	H	6.90	4..
6634	407	—	59.1	+82 6	3	C	7.47	7..	6684	2760	2402	12.3	+40 13	2	F	6.35	1.1
6635	1889	2377	59.3	+51 27	7	A	5.83	2.4	6685	2451	—	12.3	+32 40	1	H	6.84	2..
6636	201	—	59.4	+86 14	5	F?	7.44	1..	6686	1949	2403	12.6	+46 33	11	A	4.13	1.2
6637	733	—	59.6	+60 10	1	A	6.38	1..	6687	1784	2404	12.7	+51 50	9	A	5.09	6.3
6638	1327	—	59.8	+62 10	1	E	6.00	2..	6688	1408	2405	12.8	+57 9				n.n
6639	2752	—	50.8	+10 39	1	A?	6.81	p..	6689	1409	2406	13.0	+57 9	4	F?	6.52	n.n
6640	3805	—	59.8	−15 51	1	A?	6.20	6 5.	6690	3789	—	13.1	−18 15	5	A	5.72	5 5.
6641	—	2378	0.7	−26 12	3	K	4.82	.n n	6691	—	2407	13.3	−25 22	1	H	6.14	.2 2
6642	3696	—	1.0	− 8 25	4	A	6.11	7 6.	6692	987	—	13.5	+65 18	2	A	6.95	2..
6643	3697	2380	1.4	− 8 50	4	A	5.78	8 2 1	6693	4018	2408	13.6	−12 55	5	A	4.77	0 2 2
6644	978	2381	1.7	+64 51	9	A	3.98	6.4	6694	1008	—	13.8	+51 46	4	A	6.04	8..
6645	3671	—	3.1	−11 21	1	A	6.14	4 p.	6695	2468	2409	13.8	+35 58	6	I?	6.75	5..
6646	2325	2382	3.9	+44 20	3	H	6.48	n.n	6696	2188	—	14.1	+48 27	5	E?	6.46	1..
6647	2177	—	4.1	+48 41	5	F?	6.62	1..	6697	2782	2411	14.4	+13 28	5	F	5.48	2 3 3
6648	2047	2383	4.6	+49 56	5	H	6.50	n.n	6698	2038	2410	14.4	− 1 48	3	H	5.87	9 3 7
6649	2660	—	5.1	+11 51	1	A?	6.82	p..	6699	1725	—	14.5	+55 53	5	A	6.51	8..
6650	529	—	5.3	+77 27	8	A	7.13	7..	6700	2913	2412	14.6	+ 0 51	4	A	6.04	3 5 1

THE DRAPER CATALOGUE.

14ʰ

D. C.	DM.	H. P.	R.A. 1900.	Dec. 1900.	No.	Sp.	Magn.	Resid.	D. C.	DM.	H. P.	R.A. 1900.	Dec. 1900.	No.	Sp.	Magn.	Resid.
			m.	° ′								m.	° ′				
6701	1788	—	15.1	+52 30	2	A	6.47	8 ..	6751	2565	2436	28.0	+38 45	6	A	3.45	6 . 5
6702	2637	2413	15.1	+16 46	5	H	6.02	7 . n	6752	2715	2435	28.0	+22 42	3	F	6.13	8 . 2
6703	2290	—	15.2	+49 3	1	A?	6.78	3 ..	6753	447	—	28.3	+78 57	7	F	7.02	2 ..
6704	1678	—	15.6	+55 20	5	A	6.18	3 ..	6754	1136	2438	28.4	+63 38	4	F	6.30	1 . 3
6705	2750	2414	15.7	+39 15	4	A	5.99	0 . 1	6755	1928	—	28.4	+51 28	1	H	6.60	p ..
6706	2605	—	15.8	+30 53	2	A	6.28	2 ..	6756	3892	—	28.5	−16 23	1	H	6.54	7 F.
6707	2943	2416	16.8	− 1 32	2	F?	6.30	4 n 4	6757	1547	2440	29.0	+60 39	5	A	6.25	0 . 1
6708	3171	—	17.7	− 0 11	3	A	6.14	9 7 .	6758	787	—	29.1	+68 31	1	E	7.07	1 ..
6709	777	—	18.0	+08 15	5	A	6.51	3 ..	6759	3003	2439	29.2	−20 0	3	A	6.01	7 8 4
6710	3729	2418	18.0	−11 15	1	H	6.59	3 1 3	6760	2545	—	29.3	+87 24	1	E	6.57	2 ..
6711	86	—	18.1	+87 52	1	A	8.05	5 ..	6761	1746	2441	29.4	+55 50	2	H	6.76	9 . 8
6712	2920	2419	18.1	+ 1 48	1	E?	6.42	1 1 1	6762	2417	—	29.9	+43 27	4	A	6.67	2 ..
6713	2882	2420	18.5	+ 8 54	4	A	5.01	0 2 0	6763	2474	—	29.9	+32 50	3	A	6.42	4 ..
6714	3862	—	18.5	−15 39	3	A	6.03	7 9 .	6764	2536	2442	30.3	+30 11	6	F	4.80	2 . 3
6715	1668	—	18.5	+53 59	1	F	6.78	7 ..	6765	2158	—	30.4	+47 13	5	A	6.19	0 ..
6716	2770	2421	18.6	+25 48	4	A	6.28	2 . 3	6766	3874	—	30.5	− 8 9	2	A?	6.26	7 R.
6717	842	—	18.8	+65 49	1	A	7.16	2 ..	6767	1695	—	30.7	+55 40	1	H	7.00	p ..
6718	2857	—	19.0	+ 8 42	3	A	5.79	p 8 .	6768	1519	2444	31.2	+57 30	3	F	6.63	3 . 5
6719	—	2422	19.1	−24 21	2	H	5.97	. 3 6	6769	2005	2443	31.2	+49 48	1	H	6.79	n . n
6720	781	—	19.2	+68 16	4	A	6.89	5 ..	6770	855	—	31.5	+65 50	3	F	6.86	2 ..
6721	2673	—	19.3	+11 42	1	H	6.52	5 ..	6771	2710	—	31.6	+23 41	1	A	6.38	1 ..
6722	2875	2423	19.3	+ 6 16	6	A	5.19	3 4 2	6772	3770	—	31.7	−11 53	1	E	6.48	5 1 .
6723	2858	—	19.4	+ 8 33	1	H	6.76	5 1 .	6773	2820	—	32.0	+13 18	2	A	6.33	9 ..
6724	2495	—	19.7	+41 18	1	A?	6.51	1 ..	6774	2348	—	32.1	+27 56	1	H	6.71	3 ..
6725	3880	—	19.9	−19 31	3	A	5.08	p p	6775	2844	—	32.5	+ 2 43	1	E?	6.58	3 2.
6726	2075	—	20.5	+50 0	1	E	6.99	3 ..	6776	482	—	33.0	+81 15	6	I	6.89	2 ..
6727	2927	—	20.9	+ 1 27	1	A	6.52	5 F.	6777	2422	—	33.1	+43 16	2	A?	6.57	4 ..
6728	1804	2426	21.8	+52 19	6	F	4.79	8 . 6	6778	2509	—	33.1	+36 22	1	E?	6.77	3 ..
6729	2810	2425	21.8	+19 40	5	A	5.45	p . 0	6779	2906	—	33.6	+18 44	2	H	6.66	6 ..
6730	3880	—	22.1	− 5 40	2	A	5.73	8 8 .	6780	483	—	34.3	+81 0	1	E?	7.59	p ..
6731	1131	—	22.3	+63 24	2	F	7.12	1 ..	6781	2376	2446	34.5	+44 4	1	H	6.83	8 . 8
6732	4055	—	22.4	−12 55	1	A	6.57	2 2 .	6782	1816	—	34.7	+52 0	1	H	6.76	0 ..
6733	—	2427	22.4	−29 3	1	A?	5.64	. 8 6	6783	1693	2447	35.1	+54 27	8	A	5.55	2 . 0
6734	2957	2428	23.1	− 1 47	2	G	5.50	5 1 6	6784	2204	2448	35.2	+44 50	7	A	5.23	1 . 1
6735	847	—	23.3	+66 26	2	E	7.17	4 ..	6785	2731	2451	35.8	+22 24	2	F	6.38	4 . 2
6736	4009	2429	23.4	− 6 27	1	H	6.42	7 5 5	6786	2760	—	35.9	+13 57	3	A	5.95	5 ..
6737	2504	—	23.5	+41 28	3	F	6.66	2 ..	6787	—	2449	36.0	+16 51	6	A	4.04	8 . 0
6738	1737	—	23.7	+56 29	2	A?	6.86	p ..	6788	2768	2450	36.0	+16 51				
6739	2331	—	24.1	+26 44				n ..	6789	—	2452	36.4	+14 9	5	A	4.02	5 . 2
6740	2332	—	24.2	+28 44	3	A	6.20	R ..	6790	2770	2453	36.4	+14 9				
6741	2941	2430	24.8	+ 1 16	2	A	5.57	5 8 2	6791	448	2458	36.5	+80 5	6	H	7.07	8 . n
6742	3917	—	25.0	−22 1	1	H	6.60	3 F.	6792	2903	2454	36.8	+ 8 35	3	K?	5.76	3 4 8
6743	2084	2432	25.2	+50 17	6	F?	6.31	5 . 7	6793	2729	2455	36.9	+12 5	2	H	6.22	9 2 6
6744	2482	—	25.5	+32 14	5	A	5.91	6 ..	6794	2816	—	37.3	+24 57	1	F?	6.34	p ..
6745	2508	—	25.7	+42 15	2	A?	6.66	4 ..	6795	—	2456	37.4	−24 34	1	A	5.46	. 3 3
6746	1432	—	26.2	+60 50	1	A	6.83	4 ..	6796	3936	2457	37.8	− 5 13	3	F	4.68	5 7 3
6747	2365	—	27.5	+43 49	4	A	6.40	4 ..	6797	1821	—	38.3	+51 48	2	H	6.71	5 ..
6748	2628	2433	27.0	+30 49	6	K?	4.98	n . n	6798	2931	—	38.6	− 2 5	1	E	6.75	2 F.
6749	527	2437	27.7	+76 8	12	Q?	5.60	7 . n	6799	2413	2459	39.0	+26 57	1	M	6.60	8 . n
6750	2388	2434	27.9	+27 8	4	A	6.20	0 . 3	6800	3986	—	39.4	− 9 16	1	H	6.65	4 n .

D.C.	DM.	H.P.	R.A. 1900.	Dec. 1900.	No.	Sp.	Magn.	Resid.	D.C.	DM.	H.P.	R.A. 1900.	Dec. 1900.	No.	Sp.	Magn.	Resid.
			m.	° ′								m.	° ′				
6801	1451	2460	39.5	+61 41	4	F	6.57	6.4	6851	1615	2493	48.9	+59 42	4	H	6.46	8.8
6802	—	2463	40.2	−25 1	1	A	5.25	.02	6852	2881	—	48.9	+19 34	1	H?	6.41	1..
6803	3844	2464	40.3	−22 43	1	H	6.30	012	6853	3827	2492	49.0	−11 29	1	H	6.39	635
6804	2972	2465	40.4	+ 1 9	2	A	5.72	831	6854	217	—	49.6	+86 22	2	I	7.65	8..
6805	2780	2466	40.5	+17 23	3	K	5.57	n.8	6855	1767	—	49.6	+56 9	3	A	6.81	4..
6806	4087	—	40.5	−20 45	2	E	6.58	22.	6856	2790	—	50.1	+15 44	1	H	6.64	9..
6807	2417	2467	40.6	+27 30	6	G?	n	n.R	6857	646	—	50.2	+73 27	6	A	6.91	p..
6808	2214	—	40.8	+45 36	2	F	6.54	3..	6858	2582	—	50.4	+30 28	1	A	6.73	1..
6809	2854	—	40.8	+19 18	2	A	6.56	1..	6859	2866	—	50.7	+12 50	3	A	6.11	4..
6810	2862	2468	41.2	+ 2 19	2	A	4.07	114	6860	595	2500	51.0	+74 34	10	L?	4.09	n.n
6811	2758	2470	41.4	+15 33	1	H?	6.64	n.4	6861	3089	2496	51.4	−11 0	1	H	6.54	n87
6812	—	2469	41.5	−25 12	1	A·	5.55	.52	6862	2796	2498	51.5	+14 51	4	A	5.44	883
6813	1454	—	41.6	+61 32	1	E	7.09	8..	6863	2531	—	51.9	+32 43	4	A	6.09	2..
6814	2981	—	42.0	+ 1 23	2	A	6.27	9F.	6864	3696	2499	52.0	− 3 56	4	A	4.59	221
6815	—	2471	42.0	−25 40	1	H	5.90	.23	6865	2530	—	52.2	+41 32	1	E?	6.86	1..
6816	—	2472	42.1	−26 13	1	A	5.62	.75	6866	3277	2501	52.4	+ 0 14	1	H	6.06	115
6817	2865	—	42.4	+ 2 28	1	A	6.57	pF.	6867	2764	—	52.5	+21 57	3	A	6.32	1..
6818	1011	—	43.3	+65 47	2	A	7.01	p..	6868	2715	2502	52.5	+16 48	1	H	6.35	3.6
6819	2886	—	43.8	− 0 26	2	A	5.66	p6.	6869	—	2503	52.8	−27 15	1	A	6.00	.12
6820	3986	2474	43.9	−13 44	4	A	5.32	741	6870	3994	—	52.9	−10 45	3	A	6.04	p.
6821	2779	2476	44.0	+24 47	2	E	6.10	1.1	6871	2126	2504	53.0	+50 3	5	F	5.96	0.4
6822	2046	2475	44.0	+ 6 23	1	A?	6.84	702	6872	3999	—	53.5	−10 44	2	H	6.49	33.
6823	1012	—	44.1	+65 3	1	H	6.95	8..	6873	3783	—	53.7	− 4 35	2	F	6.29	22.
6824	1567	—	44.5	+60 8	1	F	6.87	1..	6874	2803	—	54.4	+24 34	1	H	6.69	1..
6825	—	2477	44.5	−27 32	1	H	5.89	.n9	6875	405	—	55.0	+81 0	9	A	6.45	4..
6826	3026	—	44.9	+19 56	2	A	6.41	5..	6876	501	—	55.4	+78 34	5	H	7.04	5..
6827	2730	—	45.0	+10 55	1	E	6.42	p..	6877	2835	—	55.6	+40 2	1	H?	6.44	1..
6828	2593	2481	45.2	+38 13	2	A	6.28	1.3	6878	3938	2506	55.6	− 5 19	3	A	5.19	RR3
6829	2744	—	45.2	+23 27	1	H	6.73	3..	6879	2820	2508	55.8	+39 40	4	F?	5.72	2.3
6830	3065	2470	45.2	−15 35	1	F	5.65	363	6880	878	2510	56.0	+66 20	5	M?	6.12	n.n
6831	652	—	45.3	+72 23	4	A	7.06	3..	6881	1380	—	56.5	+62 4	2	A	6.80	0..
6832	3906	2480	45.4	−15 37	3	A	3.30	RR3	6882	1724	—	56.6	+54 15	1	H	6.46	R..
6833	2841	—	45.5	+25 9	2	A	6.14	9..	6883	1725	—	56.6	+54 16	3	A	6.46	R..
6834	1015	—	45.7	+65 39	1	H	7.16	3..	6884	3297	—	56.7	+ 0 14	1	H	6.31	02.
6835	2581	2482	45.7	+29 1	3	A	5.70	5.0	6885	3944	—	56.8	− 7 11	3	A	5.97	56.
6836	1993	2485	45.8	+46 32	4	F	5.98	0.4	6886	451	2516	56.9	+82 56	8	G?	5.72	3.1
6837	2786	2484	45.8	+24 20	2	F	5.99	2.2	6887	3946	—	57.1	− 7 27	2	A	5.97	p8.
6838	2991	2483	45.8	− 1 53	3	H	5.63	n34	6888	2102	2511	57.2	+47 40	6	A	5.98	3.2
6839	4106	—	46.0	−17 22	1	H	6.23	54.	6889	469	—	57.5	+79 56	2	A	7.43	8..
6840	1957	—	46.3	+51 48	3	F	6.49	2..	6890	547	—	57.5	+75 18	4	H?	7.15	2..
6841	2326	2487	46.3	+49 7	5	F	5.95	2.5	6891	1777	—	57.6	+56 1	2	A	6.86	1..
6842	2580	2488	46.6	+37 40	2	I	6.38	7.9	6892	3933	—	57.6	− 2 38	1	A	6.10	97.
6843	2870	2489	46.8	+19 31	4	G	5.49	569	6893	2861	2513	57.7	+25 24	3	H?	6.11	n.n
6844	1741	—	47.0	+52 49	1	H	6.87	4..	6894	2905	2512	57.9	+ 2 28	3	K	5.25	536
6845	3032	—	47.5	+20 43	1	A	6.52	8..	6895	2840	2515	58.2	+40 47	8	A	5.96	n..
6846	536	—	48.1	+76 29	5	A	7.04	5..	6896	832	—	58.3	+65 52	1	H	6.96	2..
6847	2784	—	48.2	+15 32	1	F	6.39	8..	6897	—	2514	58.3	−24 53	1	M?	5.21	.nn
6848	—	2490	48.5	−24 14	1	H	6.32	.56	6898	2391	—	58.8	+28 40	1	E	6.56	4..
6849	2705	—	48.7	+16 6	1	F	6.24	0..	6899	1582	2518	59.1	+60 36	6	A	5.79	2.0
6850	2507	—	48.8	+33 6	1	A?	6.50	4..	6900	2642	2517	59.1	+35 36	3	H	6.24	4.6

THE DRAPER CATALOGUE.

14ʰ – 15ʰ

D.C.	DM.	H.P.	R.A. 1900.	Dec. 1900.	No.	Sp.	Magn.	Resid.	D.C.	DM.	H.P.	R.A. 1900.	Dec. 1900.	No.	Sp.	Magn.	Resid.
6901	*2983*	—	59.2	+ 5 52	1	A	6.19	1 5 .	6951	2475	—	10.4	+43 26	4	A	6.39	6 . .
6902	706	—	59.6	+71 0	1	E	7.22	4 . .	6952	*4065*	2536	10.5	−22 2	2	II	5.91	1 1 1
6903	2251	2519	59.6	+45 2	4	F?	6.47	3 . 2	6953	2273	—	10.7	+48 20	1	II?	6.77	5 . .
6904	—	—	59.9	−25 24	1	E?	6.49	. 5 .	6954	3327	2538	10.7	+ 0 44	5	A?	5.44	5 6 0
6905	2618	—	0.0	+29 26	1	H	6.92	9 . .	6955	*2926*	—	11.0	+ 6 50	1	II	6.30	8 5 .
6906	*505*	—	0.2	+76 55	2	II	7.40	3 . .	6956	2670	—	11.3	+26 1	3	A	6.42	4 . .
6907	2447	2520	0.2	+27 20	3	K	5.63	9 . n	6957	2561	2541	11.5	+33 42	4	K	4.72	n . n
6908	664	—	0.4	+72 9	5	E	6.92	6 . .	6958	*3985*	2530	11.6	− 9 1	7	A	3.14	R 0 4
6909	2259	2521	0.5	+48 2	6	F?	5.29	8 . 4	6959	2818	—	11.8	+10 4	1	E	6.31	7 . .
6910	4026	2522	1.1	−15 52	2	II	5.90	6 4 5	6960	1990	—	12.8	+51 19	2	F	6.85	5 . .
6911	*4023*	—	1.2	−16 6	2	A	5.64	p p .	6961	*3337*	—	13.3	− 0 6	1	II	6.21	0 2 .
6912	886	—	1.4	+66 10	1	II	6.87	6 . .	6962	876	2545	13.4	+67 44	6	F	5.47	3 . 0
6913	335	—	1.6	+84 20	4	II	7.45	0 . .	6963	*2483*	—	13.8	+42 56	1	II	6.87	4 . .
6914	*1586*	—	1.9	+59 55	1	A	7.01	2 . .	6964	*2755*	2542	13.9	+20 57	3	II	6.49	3 . 9
6915	2262	2523	2.2	+48 32	6	A	5.25	3 . 4	6965	*2823*	—	14.0	+10 48	1	E	6.47	3 . .
6916	887	2528	2.4	+66 18	7	A	5.91	1 . 1	6966	789	—	14.1	+69 18	6	A	6.18	3 . .
6917	*2608*	2526	2.7	+36 50	4	A	6.44	3 . 1	6967	*2509*	—	14.1	+31 50	1	A	6.69	p . .
6918	*2024*	2525	2.8	+18 50	4	A	6.00	0 . 2	6968	2477	2543	14.1	+27 12	1	A?	6.05	1 . R
6919	2873	2527	2.9	+25 15	5	F	5.38	6 . 4	6969	2944	2544	14.2	+ 2 9	4	F	5.84	3 0 2
6920	*1730*	2529	3.4	+54 56	4	I?	5.97	5 . 8	6970	3866	—	15.3	− 4 46	1	II	6.18	5 8 .
6921	2901	—	4.1	+13 37	1	H	6.33	1 . .	6971	*2574*	—	15.4	+32 54	4	A?	6.34	5 . .
6922	2146	—	5.1	+50 27	2	II	6.84	0 . .	6972	*4182*	—	15.4	−15 1	1	A?	6.30	p p .
6923	602	—	5.6	+74 16	5	A	6.89	6 . .	6973	4088	2547	15.4	−15 12	3	A	6.03	0 4 0
6924	1766	—	5.6	+53 39	1	E?	6.98	1 . .	6974	*3047*	—	15.6	− 2 3	1	II	6.00	5 7 .
6925	1167	—	5.9	+63 30	3	F	6.89	2 . .	6975	4057	—	15.8	− 5 28	3	H	5.91	1 2 .
6926	571	—	6.3	+77 45	4	A?	7.59	2 . .	6976	*2647*	2549	16.0	+29 59	4	II	6.27	3 . 6
6927	*221*	—	6.4	+85 54	3	F	7.63	5 . .	6977	3067	2548	16.0	+ 1 4	3	II	6.02	1 0 5
6928	3030	—	6.4	− 1 53	1	H	6.30	7 F .	6978	2165	—	16.3	+50 34	2	A	6.84	2 . .
6929	4047	2531	6.5	−19 25	5	A	4.27	2 7 6	6979	2592	—	16.4	+41 20	1	II?	6.86	1 . .
6930	1554	—	6.7	+57 30	1	F	6.73	6 . .	6980	678	2555	17.2	+72 11	5	K	6.30	8 . n
6931	2804	—	7.0	+10 36	1	A	6.07	p . .	6981	722	—	17.2	+71 34	1	F	6.79	9 . .
6932	—	—	7.5	−23 33	2	E	5.98	. 6 .	6982	1869	2552	17.2	+52 17	4	A	5.38	1 . 2
6933	*4055*	—	7.6	−19 17	4	A?	5.70	8 8 .	6983	1495	—	17.3	+61 43	1	E	7.04	2 . .
6934	*4055*	—	7.9	−10 38	1	E?	6.19	8 8 .	6984	2453	—	17.3	+44 48	4	A	6.17	1 . .
6935	551	—	8.3	+76 22	1	A	7.28	7 . .	6985	2850	—	17.3	+24 42	2	A	6.49	5 . .
6936	—	—	n	R	n	R	n	. . .	6986	*2928*	—	17.7	+12 56	5	A	5.96	4 5 .
6937	827	—	8.5	+70 3	2	A?	6.95	2 . .	6987	2581	2554	17.8	+33 17	5	A	5.25	3 . 1
6938	4111	—	8.8	−13 50	1	A?	5.87	p F .	6988	1606	—	18.0	+60 44	1	A	6.93	5 . .
6939	2944	—	8.9	− 0 58	1	H	6.46	5 2 .	6989	609	—	18.2	+74 24	4	H	6.97	3 . .
6940	4285	—	8.9	−17 24	4	A	5.68	8 8 .	6990	*3040*	—	18.4	−12 1	3	II	5.96	0 2 .
6941	2789	2533	9.1	+23 22	6	A	6.25	2 . 1	6991	1873	—	18.6	+52 42	1	E	6.97	0 . .
6942	249	—	9.2	+85 31	3	H	7.54	5 . .	6992	2637	—	18.6	+34 34	1	A	6.05	p . .
6943	*3900*	—	9.3	− 3 0	1	A	6.20	4 p	6993	2961	2556	18.6	− 0 40	4	A	5.63	9 8 5
6944	143	2551	9.4	+87 37	1	H	7.55	6 . 5	6994	4138	2557	18.8	− 9 57	5	F	4.81	2 7 4
6945	823	—	9.7	+68 10	6	A	6.04	5 . .	6995	*2877*	2558	18.9	+39 56	2	H	6.74	n . 8
6946	1052	—	10.0	+64 0	1	E	6.93	R . .	6996	2653	2559	19.1	+30 39	5	F	5.50	3 . 5
6947	1053	—	10.1	+64 1				n . .	6997		2560	19.1	+30 39				
6948	2985	2535	10.2	+ 5 18	3	H	5.91	6 1 5	6998	2063	—	19.2	− 0 11	1	A	6.21	p n .
6949	1790	—	10.3	+56 26	2	A	7.01	3 . .	6999	2965	—	20.6	− 0 54	1	E	6.21	p F .
6950	2640	2537	10.3	+29 32	5	A	5.17	3 . 1	7000	1410	2564	20.7	+ 2 23	5	A	5.78	2 . 1

ANNALS OF HARVARD COLLEGE OBSERVATORY.

15ʰ

D. C.	DM.	H. P.	R.A. 1900.	Dec. 1900.	No.	Sp.	Magn.	Resid.	D. C.	DM.	H. P.	R.A. 1900.	Dec. 1900.	No.	Sp.	Magn.	Resid.
			m.	° '								m.	° '				
7001	2284	2562	20.7	+45 37	1	II	6.64	7.4	7051	1074	2593	29.6	+64 33	2	I	6.49	7.6
7002	2636	2561	20.7	+37 43	6	B	4.68	7.3	7052	4237	2589	29.9	−14 27	5	I	4.83	848
7003	679	2566	20.9	+72 11	6	A	B	n.R	7053	2321		2590	30.0	+10 53	7	A	4.05	7.0
7004	1192	2565	21.0	+63 42	3	II	6.85	8.n	7054		2501	30.0	+10 53				
7005	2858	2563	21.1	+15 47	1	II	6.19	n.7	7055	2077	2592	30.1	+ 2 0	1	H?	6.22	953
7006	2966	—	21.4	+19 50	2	H	6.46	3..	7056	2512	2594	30.4	+27 3	7	A	B	R.R
7007	2224	—	22.0	+47 25	1	E?	6.66	1..	7057	—	2595	30.9	−27 48	2	I	5.08	nn
7008	672	—	22.3	+73 50	4	F	7.23	0..	7058	3044	2596	31.0	+18 0	1	H	6.50	5.4
7009	2645	2568	22.4	+34 41	1	H	6.45	4.1	7059	2988	—	31.4	− 0 14	1	E?	6.21	66.
7010	1654	2569	22.7	+59 19	3	K	5.02	n.n	7060	2889	2598	31.5	+39 21	1	H	6.39	n.n
7011	2916	2570	23.3	+25 26	1	H	6.64	6.3	7061	—	—	31.5	−25 57	2	F	5.43	.p.
7012	2965	2571	23.6	+ 2 12	5	A?	5.28	p2a	7062	456	—	31.7	+82 14	2	E	7.36	8..
7013	2670	2572	23.7	+29 27	7	A	4.16	2.4	7063	2884	2597	31.7	+10 21	3	H	5.83	4.6
7014	1747	—	23.8	+54 21	3	A	6.22	3..	7064	2890	2599	31.8	+15 26	1	A	6.44	3.5
7015	4093	—	23.9	−17 5	1	H	6.08	99.	7065	2807	2600	31.9	+16 27	4	F	6.09	1.4
7016	2009	—	24.2	+50 57	1	A?	6.90	1..	7066	3989	—	32.0	−22 49	1	H	5.65	45.
7017	2875	—	24.8	+39 5	3	F?	6.74	3..	7067	478	—	32.1	+80 7	2	E	7.34	6..
7018	4246	—	24.8	−20 23	2	A	5.54	pp.	7068	2891	—	32.1	+15 15	1	A	6.41	6..
7019	4099	2573	25.0	−16 16	2	H	5.90	502	7069	1077	—	32.4	+64 14	1	A	7.03	p..
7020	2227	2574	25.0	+47 35	6	A	6.13	6.2	7070	4285	—	32.4	−20 41	1	II	5.83	06.
7021	1414	2580	25.8	+62 37	3	A	6.31	4.0	7071	1756	2604	32.6	+54 16	3	H	6.96	n.9
7022	1509	2575	25.9	+61 1	1	H	6.93	7.6	7072	2082	2602	32.8	+30 19	2	H?	6.72	2.3
7023	4128	—	25.9	−19 49	2	F	5.75	9p.	7073	3996	—	R	R	R	R	R	...
7024	3055	—	26.1	+ 8 55	1	F	5.94	8p.	7074	4118	2603	33.1	−18 58	3	A	5.70	211
7025	2300	—	26.2	+48 5	4	A	6.52	2..	7075	4031	2606	33.2	− 8 28	1	F?	5.96	p84
7026	1756	—	26.4	+55 33	3	A	6.33	2..	7076	1886	2607	33.3	+52 24	3	A	6.76	8.6
7027	2742	—	26.4	+31 39	2	A?	6.58	4..	7077	1766	2608	33.4	+54 57	5	A	5.64	4.2
7028	4135	—	26.4	−21 37	1	A?	5.92	pp.	7078	3996	—	33.5	−22 49	2	A?	5.55	pp.
7029	510	—	26.6	+81 24	1	H	7.31	5..	7079	1002	—	34.0	+65 36	2	A	7.11	3..
7030	2651	2578	26.7	+37 9	1	H?	6.77	3.2	7080	2907	2611	34.2	+40 41	4	H	6.00	n.6
7031	1415	—	26.8	+62 5	3	A	6.43	1..	7081	—	2610	34.3	−23 30	2	H	5.69	.05
7032	4135	2576	26.8	−21 39	5	A	5.37	160	7082	592	2616	34.4	+77 41	7	L?	6.28	n.n
7033	2055	—	26.9	+34 49	2	A	6.30	9..	7083	2607	—	34.7	+31 53	1	H	6.83	8..
7034	147	—	27.3	+87 23	1	H	7.85	1..	7084	2711	—	34.9	+35 0	2	H	6.81	1..
7035	2609	2583	27.3	+41 11	4	II	6.52	n.n	7085	1758	2612	35.0	+54 51	3	H	6.82	8.7
7036	4110	2577	27.3	−16 31	5	A	5.15	p62	7086	2493	—	35.0	+43 56	2	A	6.63	2..
7037	—	—	27.3	−24 9	2	A?	5.77	.p.	7087	480	—	35.1	+80 47	8	F	6.43	6..
7038	1416	—	27.6	+62 27	1	II	6.95	9..	7088	2253	2613	35.1	+47 8	3	A	5.94	4.2
7039	2053	2579	27.6	+36 57	2	F	6.37	1.2	7089	2665	2614	35.6	+36 58	5	B	4.80	5.0
7040	2797	2581	27.6	+16 24	4	A?	5.97	2.2	7090		2615	35.6	+36 58				
7041	2982	2582	27.8	− 0 51	2	H	5.86	101	7091	2206	2617	35.7	+50 45	8	H	6.32	3.3
7042	2611	2584	28.2	+41 15	7	A	5.12	3.1	7092	4226	—	35.7	−13 39	1	F	5.97	pp.
7043	—	2585	28.5	−27 42	1	II	5.88	.26	7093	3000	—	35.9	+19 0	1	H?	6.70	7..
7044	4171	2586	28.7	− 9 43	4	II	5.30	624	7094	517	—	36.0	+81 6	6	H	7.06	3..
7045	2750	2588	28.8	+31 42	6	B	4.40	2.1	7095	4188	2618	36.1	−19 21	2	II	5.75	538
7046	4100	—	29.0	− 5 21	1	H	6.03	57.	7096	1820	—	36.2	+56 13	2	A	7.01	5..
7047	4010	2587	29.0	− 8 51	8	A	4.96	560	7097	2816	2619	36.4	+16 21	1	H?	6.49	5.7
7048	2880	—	29.3	+17 29	4	A	6.45	3..	7098	563	—	36.7	+76 46	5	A	6.89	6..
7049	345	—	29.4	+84 13	7	F?	7.24	p..	7099	2666	—	36.8	+37 21	2	A	6.52	5..
7050	3037	—	29.5	+ 5 4	1	II	6.24	p8.	7100	2501	—	37.0	+44 11	1	H	7.03	2..

THE DRAPER CATALOGUE.

15^h

D.C.	DM.	H.P.	R.A. 1900.	Dec. 1900.	No.	Sp.	Magn.	Resid.	D.C.	DM.	H.P.	R.A. 1900.	Dec. 1900.	No.	Sp.	Magn.	Resid.
7101	*3133*	2621	37.1	+19 59	5	A	4.59	*1 2 0*	7151	1816	—	48.6	+53 13	3	A	6.54	0 . .
7102	2982	2620	37.1	+13 10	5	A	5.24	3 6 *1*	7152	—	—	48.7	−24 57	1	E?	5.30	. p .
7103	806	2024	37.4	+69 36	2	I?	6.79	*8 . 8*	7153	489	—	48.8	+80 26	3	F	7.48	5 . .
7104	3059	2622	37.4	+18 47	5	A	5.87	1 . *1*	7154	1081	—	49.1	+65 6	2	A	6.85	0 . .
7105	741	—	38.0	+71 28	1	II	7.09	1 . .	7155	2648	2658	49.2	+42 43	4	F	5.32	n . *8*
7106	463	—	38.1	+82 36	7	F	6.50	p . .	7156	*4195*	—	49.2	−19 6	2	A?	5.56	7 8 .
7107	808	—	38.4	+69 8	1	E	7.18	8 . .	7157-	—	2656	49.5	−25 59	1	F?	5.23	. p 3
7108	4171	2623	38.4	−15 21	5	A?	5.28	5 6 *2*	7158	*3116*	—	49.8	+ 8 52	2	A	6.01	p *4* .
7109	2722	2625	38.5	+26 36	8	A	4.13	*1* . 1	7159	1838	2661	50.0	+56 7	2	I	6.76	*4 . 9*
7110	2989	2626	39.1	+ 2 50	3	H	6.00	1 *2 4*	7160	3166	2660	50.2	+20 36	2	H	6.72	*5 . 7*
7111	3088	2627	39.3	+ 6 44	6	K?	4.23	n n n	7161	—	2662	50.7	−28 55	2	A?	4.64	. *1 6*
7112	2100	—	39.5	+46 4	1	E	6.75	0 . .	7162	530	—	50.8	+81 37	1	H	7.52	9 . .
7113	2014	—	39.8	+24 46	2	A	6.24	p . .	7163	4314	—	50.9	−14 32	1	H	5.46	p *9* .
7114	2621	2628	40.1	+32 50	2	H	6.54	*3 . 9*	7164	2709	—	51.1	+34 40	2	A	6.80	5 . .
7115	1808	2630	40.2	+52 40	3	A	5.34	*3 . 3*	7165	*3036*	2664	51.2	+18 55	4	A	6.03	*2 . 4*
7116	2906	2629	40.2	+17 34	5	A	6.02	*2 . 3*	7166	2542	2665	51.3	+43 26	2	H	6.87	n . n
7117	3072	—	40.4	+ 5 45	4	A	5.44	p *7* .	7167	531	—	51.4	+81 14	3	H	7.22	*2* . .
7118	3092	2631	40.9	− 1 30	4	A	5.08	4 7 3	7168	2849	2666	51.8	+16 0	6	F	4.54	7 *6 5*
7119	2911	2632	41.6	+15 44	5	A	3.84	*5 . 0*	7169	4364	—	51.9	−20 41	3	F	5.53	p *9* .
7120	3023	2633	41.6	+ 7 40	4	F	5.05	0 *2 6*	7170	2712	2607	52.1	+38 14	4	A	5.71	0 . *1*
7121	263	—	42.5	+85 10	6	H	7.34	*1* . .	7171	2652	2669	52.2	+42 51	3	A	5.47	5 . *2*
7122	—	—	42.5	−23 32	1	E	5.93	. p .	7172	1087	—	52.5	+65 34	1	H	7.21	*7* . .
7123	2939	2634	42.7	+14 25	3	A	5.55	4 6 *1*	7173	4302	2670	52.6	−13 50	4	B	4.84	*2 6 0*
7124	*523*	—	43.0	+80 56	5	H	7.11	*2* . .	7174	4364	—	n	n	R	R	R	. .
7125	3829	2635	43.7	− 3 31	5	A	5.52	5 6 0	7175	—	2668	52.6	−24 32	1	E	4.86	. p *5*
7126	2267	—	43.8	+47 18	1	H?	6.96	*2* . .	7176	—	2671	52.8	−25 49	3	B	3.53	. *1 4*
7127	3012	—	44.1	+13 1	1	A?	5.78	p . .	7177	825	—	53.4	+69 0	3	F	6.83	0 . .
7128	1777	—	44.2	+55 47	1	II	7.11	*6* . .	7178	2558	2673	53.5	+27 10	4	I	5.57	n . n
7129	3074	2636	44.2	+18 27	4	M?	5.86	n n n	7179	453	—	53.8	+83 15	8	A	6.78	5 . .
7130	*812*	—	44.4	+68 59	2	A	6.08	0 . .	7180	1691	2675	53.9	+59 12	3	A	6.32	*3 . 2*
7131	*4052*	2638	44.4	− 3 8	5	A	3.74	*1 4 2*	7181	*4330*	—	54.3	− 7 1	1	A?	5.87	*4* p .
7132	2477	2639	44.5	+28 28	1	M	6.56	R . R	7182	4068	2074	54.4	−22 20	5	B	2.98	R *6 5*
7133	—	2640	45.0	−25 27	3	F	4.91	. *4 1*	7183	4196	2676	54.7	−16 14	3	F?	5.52	7 *4 1*
7134	487	—	45.1	+80 18	9	F	6.00	1 . .	7184	470	—	55.1	+82 40	3	A?	7.44	8 . .
7135	*1225*	2644	45.1	+62 55	3	A	5.08	7 . 1	7185	2547	—	55.1	+43 30	1	H	6.87	9 . .
7136	1779	2642	45.2	+55 41	3	A	5.97	0 . 0	7186	*2695*	2679	55.2	+36 55	1	H	6.72	*9 . 9*
7137	3007	2641	45.2	+ 2 30	2	H	5.02	*2 1 4*	7187	*4163*	2677	55.3	− 8 7	3	A	5.23	*2 8 4*
7138	2737	2643	45.4	+26 23	6	F	5.67	n . n	7188	1793	2680	55.4	+55 1	5	A	5.28	*2 . 3*
7139	3069	2645	45.8	+ 4 46	5	A	4.04	*5 3 3*	7189	2239	2682	56.2	+50 10	4	A	6.12	*1 . 2*
7140	4058	2646	46.1	− 2 48	4	A	5.22	4 5 0	7190	3101	2683	56.7	+18 5	3	H	6.13	n . *8*
7141	813	—	46.9	+69 47	2	A	7.09	0 . .	7191	2603	2685	57.2	+33 37	3	F	6.13	*4 . 9*
7142	2829	2049	46.9	+21 17	3	I?	6.12	n . n	7192	269	—	57.4	+85 36	9	A	6.68	8 . .
7143	846	—	47.0	+70 41	1	F?	7.27	*2* . .	7193	579	—	57.4	+75 52	1	H	7.37	*9* . .
7144	*2052*	2652	47.5	+35 59	4	I	5.91	*9 . n*	7194	2942	—	57.4	+39 26	2	A	6.59	1 . .
7145	4249	2650	47.5	−19 52	4	A	4.97	4 5 0	7195	2738	2686	57.4	+30 7	4	A	4.90	0 . 1
7146	527	2657	47.6	+78 6	10	A	4.42	3 . 1	7196	2886	2687	57.9	+23 4	5	A	5.01	4 . 0
7147	—	2651	47.6	−25 2	2	F	4.90	. *6 2*	7197	2914	—	58.4	+22 30	1	A	6.58	*2* . .
7148	—	2653	47.9	−24 15	1	A	4.87	. *9 7*	7198	3131	—	58.8	+ 5 16	1	H	5.94	6 5 .
7149	—	2654	48.0	−23 41	3	E?	5.38	. 4 0	7199	762	—	58.9	+71 12	1	E?	7.18	*2* . .
7150	4174	2655	48.1	−16 27	4	H	5.14	*3 3 3*	7200	*4237*	2688	58.9	−11 6	5	F?	4.70	R n R

ANNALS OF HARVARD COLLEGE OBSERVATORY.

$15^h - 16^h$

D. C.	DM.	H. P.	R.A. 1900.	Dec. 1900.	No.	Sp.	Magn.	Resid.	D. C.	DM.	H. P.	R.A. 1900.	Dec. 1900.	No.	Sp.	Magn.	Resid.
			m.	o /								m.	o /				
7201	R	2689	58.9	−11 6	R	R	R	R R R	7251	3891	—	7.7	− 3 58	1	A	5.64	9 p .
7202	2142	2694	59.6	+46 19	10	A	4.77	7 . 1	7252	1253	—	8.2	+63 40	2	A	6.77	5 . .
7203	2708	2692	59.6	+36 55	3	F	6.62	3 . 7	7253	1658	—	8.3	+60 · 8	2	A	6.47	3 . .
7204	4308	2691	59.6	−19 31	5	B	3.03	R R 1	7254	3165	2722	8.3	+ 5 16	1	H	5.89	1 1 2
7205	4307	2690	59.6	−19 32				R R	7255	4096	2721	8.3	−11 35	1	H	5.69	1 1 1
7206	2291	—	59.7	+47 30	1	H	6.76	2 . .	7256	2603	—	8.7	+26 56	1	H?	6.25	3 . .
7207	457	—	59.9	+83 6	2	E	7.47	p . .	7257	2886	—	8.8	+21 49	2	A	6.42	4 . .
7208	858	—	0.0	+67 54	1	E?	7.25	5 . .	7258	—	—	8.8	−25 13	1	E?	5.35	. p .
7209	1095	—	0.0	+65 12	2	A	6.80	3 . .	7259	3903	2726	9.1	− 3 26	6	M	4.53	R n n
7210	1608	2696	0.1	+58 50	2	F	4.85	n . 6	7260	2736	—	9.6	+38 20	1	F?	6.68	1 . .
7211	352	—	0.2	+84 52	3	E	7.58	8 . .	7261	4242	2728	10.1	− 8 6	2	F?	5.91	0 2 2
7212	—	—	0.2	−23 20	1	F	5.04	. p .	7262	4383	2729	10.2	−14 36	2	A	5.56	7 7 4
7213	2731	—	0.4	+34 27	2	A	6.65	4 . .	7263	2750	2730	11.0	+34 6	5	E	5.86	2 . 6
7214	4234	2695	0.4	− 6 1	1	H?	5.93	4 9 5	7264	3075	2731	11.0	+19 3	1	H	6.66	7 . 8
7215	3134	—	0.8	+ 8 22	1	F	5.70	p 8 .	7265	4454	—	11.1	−21 3	1	H	5.68	p p .
7216	351	—	1.0	+83 55	8	A	6.84	9 . .	7266	3910	—	11.6	− 3 42	1	H?	5.69	3 p .
7217	4405	2698	1.0	−20 24	4	A	4.19	5 2 1	7267	718	—	11.9	+72 39	1	A	7.17	2 . .
7218	4342	2699	1.5	−18 48	1	F?	5.72	p p 5	7268	930	2735	12.0	+67 24	1	I	6.94	6 . 7
7219	4408	2700	1.6	−20 36	3	H	5.31	3 7 7	7269	—	2732	12.1	−28 22	1	A	5.21	. 3 2
7220	—	—	1.9	−24 11	1	A?	5.37	. p .	7270	468	—	12.2	+83 40	5	H	7.39	8 . .
7221	4425	2702	2.1	−12 28	2	A	5.28	5 7 3	7271	2803	2733	12.7	+29 23	4	A	5.79	1 . 0
7222	538	—	2.6	+81 7	3	A?	7.24	8 . .	7272	4086	2736	13.0	− 4 27	5	K?	4.41	n n n
7223	—	—	2.8	−23 25	1	A	4.90	. p .	7273	1856	—	13.4	+53 29	2	F	7.08	1 . .
7224	2958	2703	2.9	+10 10	1	A	5.51	7 5 1	7274	594	2739	13.4	+76 8	11	A	5.34	7 . 2
7225	2964	2706	3.6	+17 19	4	H	5.78	R . R	7275	2702	—	13.8	+32 2	1	E	6.84	4 . .
7226	2965	2707	3.6	+17 20				R . R	7276	—	2737	14.6	−23 56	2	A	5.03	. 1 3
7227	4437	—	3.8	−12 47	1	H	5.73	p F .	7277	586	—	15.0	+75 27	2	I	7.05	2 . .
7228	2300	—	4.0	+47 46	3	A	6.51	2 . .	7278	—	2738	15.1	−25 21	3	A	3.75	. 4 8
7229	—	—	4.1	−24 19	1	H	5.57	. p .	7279	1665	2741	15.6	+60 0	2	H	6.86	n . n
7230	2967	—	4.2	+17 30	4	A	6.00	5 . .	7280	2002	2740	15.8	+21 23	3	H?	6.55	1 . 3
7231	764	—	4.6	+71 24	1	E	7.38	8 . .	7281	542	—	16.0	+80 58	2	H	7.53	p . .
7232	3884	2708	4.6	− 3 12	1	H	6.74	4 2 2	7282	713	2746	16.2	+73 38	5	A	5.81	4 . 2
7233	863	—	5.2	+70 32	4	A	6.48	0 . .	7283	2491	2743	16.4	+49 17	1	H	6.93	9 . 8
7234	2699	2710	5.3	+36 45	4	K?	6.07	n . 9	7284	3005	2742	16.5	+39 57	4	F?	5.79	3 . 8
7235	707	—	5.5	+73 25	3	F?	6.94	2 . .	7285	2169	2745	16.7	+46 33	8	B	3.83	3 . 1
7236	2376	2713	5.6	+45 12	6	A	4.27	5 . 1	7286	3215	2744	17.1	+ 1 15	4	F	5.27	3 1 5
7237	864	2717	6.0	+68 4	5	A	5.29	7 . 1	7287	3086	2747	17.5	+19 23	6	A	4.33	n 5 5
7238	—	2712	6.0	−28 9	1	H?	5.52	. 6 0	7288	3174	—	17.5	− 1 51	2	A?	5.95	7 6 .
7239	4333	2714	6.1	−19 12	5	B	4.28	2 2 1	7289	1960	—	17.8	+52 16	2	A	6.46	3 . .
7240	—	2711	6.1	−27 40	2	F	4.98	. 3 3	7290	543	—	17.9	+81 24	1	H	7.61	6 . .
7241	4324	2715	6.6	− 9 48	4	A	4.97	3 2 2	7291	2845	2750	18.3	+31 8	4	K?	5.76	7 . n
7242	2971	—	6.7	+ 9 58	2	A	6.16	8 . .	7292	4365	2748	18.3	−19 40	3	H	5.22	2 4 6
7243	4180	2716	6.8	− 8 17	3	A	5.33	3 4 2	7293	2778	2751	18.6	+34 2	2	M	6.50	n . n
7244	616	2724	6.9	+77 4	9	A	5.58	4 . 1	7294	2774	2752	18.7	+33 56	2	M	6.50	n . n
7245	2982	2718	7.0	+16 56	4	A	6.05	1 . 1	7295	2710	2753	19.1	+32 34	4	A	6.19	3 . 1
7246	1867	—	7.2	+56 6	1	I	7.16	5 . .	7296	3164	2754	19.3	+ 7 10	2	A	5.55	4 6 1
7247	475	—	7.3	+82 49	1	E	7.50	p . .	7297	481	—	19.5	+82 20	4	A?	7.20	p . .
7248	2909	2719	7.3	+23 45	1	F	6.43	4 . 3	7298	—	2755	19.6	−23 13	3	B	4.96	. R 2
7249	541	—	7.5	+80 54	1	H	7.48	2 . .	7299	—	2756	19.6	−23 14				. R
7250	1622	2720	7.5	+58 5	2	A	6.19	5 . 1	7300	874	—	20.1	+70 36	1	E	7.41	1 . .

16ʰ

D. C.	DM.	H. P.	R.A. 1900.	Dec. 1900.	No.	Sp.	Magn.	Resid.	D. C.	DM.	H. P.	R.A. 1900.	Dec. 1900.	No.	Sp.	Magn.	Resid.
			m.	° ′								m.	° ′				
7301	596	2759	20.4	+75 59	10	F	5.29	0 . 3	7351	734	—	33.2	+72 49	3	H	7.12	8 . .
7302	3040	2757	20.8	+14 15	2	A	4.48	7 3 2	7352	3177	2791	33.2	+13 54	1	E	6.53	5 2 4
7303	4232	2758	21.2	−18 14	3	F	4.04	3 3 1	7353	2194	2793	33.3	+46 49	1	II	6.61	6 . 6
7304	3103	—	21.4	+ 2 44	1	A	6.33	9 9 .	7354	361	—	33.6	+83 55	9	A	6.64	6 . .
7305	1964	—	21.9	+52 31	2	A	6.57	1 . .	7355	1875	2796	33.8	+53 6				R . R
7306	2750	2760	21.9	+37 37	5	A	5.77	1 . 3	7356		2794	33.9	+53 8	5	A	4.37	
7307	845	2765	22.0	+69 20	2	I	6.48	n . n	7357	1876	2795	33.9	+53 8				R . R
7308	1845	2763	22.2	+55 26	3	A	5.57	1 . 1	7358	244	—	34.8	+86 26	1	A	7.80	9 . .
7309	4292	2761	22.3	− 7 23	1	H?	5.87	2 2 5	7359	627	2805	35.0	+77 38	6	II	6.91	4 . 7
7310	1905	—	22.4	+51 58	1	A	7.15	3 . .	7360	3000	—	35.1	+22 11	1	H	6.83	4 . .
7311	4243	2762	22.4	− 8 9	2	A	4.56	6 6 0	7361	—	—	35.5	−24 16	1	A	5.47	. 8 .
7312	1501	2766	22.6	+61 44	3	K	n	R . R	7362	3235	2799	35.6	+ 4 25	4	A?	5.53	R R R
7313	600	—	23.0	+76 22	5	A	6.95	2 . .	7363	3234	2798	35.6	+ 4 24				R R R
7314	2097	—	23.0	+51 22	1	E?	6.95	0 . .	7364	4018	2797	35.7	−17 33	2	I	5.93	6 4 7
7315	484	—	23.2	+82 20	1	A	7.62	p . .	7365	1289	—	35.9	+63 17	1	II	6.97	5 . .
7316	—	2764	23.2	−26 13	2	M	3.62	. n n	7366	1907	2803	36.0	+56 13	3	II	6.61	n . n
7317	485	—	24.0	+82 52	7	A?	7.02	p . .	7367	3108	—	36.0	− 0 48	2	A	6.36	1 1 .
7318	4433	2770	24.1	−14 20	1	H?	5.86	4 2 1	7368	4406	2800	36.0	−19 44	3	A	5.82	2 2 1
7319	—	2769	24.1	−24 54	1	A?	4.81	. 7 2	7369	2531	2802	36.1	+49 7	3	M?	6.50	n . n
7320	2834	—	24.6	+29 18	1	A	6.82	0 . .	7370	3063	2801	36.2	+12 35	4	A	5.93	1 5 0
7321	2714	2772	25.3	+42 6	2	M	6.41	n . n	7371	3254	—	36.5	+ 5 4	1	A	6.59	6 4 .
7322	4208	2771	25.4	−16 23	2	I	5.04	0 4 6	7372	3290	2804	36.7	+ 1 21	3	A	6.02	5 2 1
7323	3118	2773	25.9	+ 2 13	3	A	4.12	1 3 1	7373	2884	2807	37.5	+31 47	8	G	3.93	9 . 8
7324	2934	2774	26.0	+21 42	4	K	4.17	n . n	7374	2608	2808	37.5	+27 7	3	F?	6.35	4 . 6
7325	2106	2777	26.1	+51 39	1	H	6.91	7 . 5	7375	519	—	37.7	+80 0	5	F?	6.86	1 . .
7326	3283	2776	26.2	+20 42	3	I	6.02	0 . n	7376	628	—	37.8	+77 53	5	A	7.07	7 . .
7327	4381	2775	26.2	−21 15	3	A	4.63	9 1 1	7377	3982	—	38.0	− 3 57	1	A?	6.19	p F .
7328	789	—	26.5	+71 36	1	E	7.49	4 . .	7378	—	—	38.0	−27 16	1	E	6.24	. 6 .
7329	2983	—	26.9	+22 25	1	H	6.73	2 . .	7379	860	—	38.4	+69 22	1	E?	7.49	2 . .
7330	2514	2779	27.4	+49 10	3	A	6.23	4 . 1	7380	3029	2810	39.5	+39 7	7	K?	4.65	n . 9
7331	3223	2778	27.6	+ 5 44	3	A	5.54	4 5 0	7381	562	—	39.8	+77 57	6	F	7.02	2 . .
7332	2742	—	27.8	+33 44	1	H	6.95	1 . .	7382	2319	—	39.8	+50 9	1	F	6.79	3 . .
7333	3008	2780	27.9	+11 42	1	I	6.02	8 . n	7383	1501	—	40.0	+62 30	1	A	6.75	4 . .
7334	850	2781	28.2	+68 59	5	A	5.01	2 . 0	7384	733	—	40.1	+73 31	1	A	7.69	3 . .
7335	2422	2782	28.8	+45 50	5	A	5.66	0 . 4	7385	2830	2811	40.1	+34 13	3	A	6.80	3 . 5
7336	2834	—	29.6	+30 43	1	F	6.53	4 . .	7386	1145	2813	40.2	+64 47	4	K?	5.09	8 . n
7337	—	2783	29.7	−28 0	2	A	3.77	. 6 9	7387	365	—	40.5	+84 12	1	A	7.76	7 . .
7338	360	—	30.2	+84 47	2	A	7.70	8 . .	7388	3298	—	40.5	+ 1 11	5	A	5.82	p 6 .
7339	2795	—	30.2	+38 18	2	H	6.88	1 . .	7389	1872	—	40.9	+55 53	2	A	6.46	2 . .
7340	2305	—	30.3	+50 20	1	H	7.09	3 . .	7390	3013	2812	40.9	+15 56	1	II	6.59	5 5 n
7341	2724	2787	30.9	+42 39	5	A	4.41	4 . 2	7391	3271	2814	41.0	+ 8 46	1	H	5.96	4 1 5
7342	3053	2785	30.9	+17 15	4	A	6.00	2 . 1	7392	508	—	41.8	+79 25	4	A	7.56	2 . .
7343	1598	2789	31.0	+61 2	4	A	5.90	1 . 1	7393	3175	2815	42.2	+ 2 14	1	A	6.07	5 3 0
7344	498	2792	31.3	+79 11	10	A	5.43	1 . 1	7394	745	—	42.5	+72 51	1	H	7.62	6 . .
7345	1281	—	31.7	+63 2	2	A?	7.16	4 . .	7395	3272	2817	42.8	+ 5 25	2	A	4.89	4 8 6
7346	4350	2788	31.7	−10 22	4	A	3.32	3 7 5	7396	4486	—	42.8	−14 44	1	A?	5.81	3 3 .
7347	1599	—	32.0	+61 26	1	A	6.64	p . .	7397	883	—	42.9	+68 16	1	H	7.01	6 . .
7348	3029	—	32.1	+15 42	2	A	5.89	6 . .	7398	1702	2820	43.3	+56 57	2	A	5.47	5 . 6
7349	3086	—	32.4	+14 40	1	F	6.39	4 . .	7399	511	—	43.5	+79 6	6	I	6.96	7 . .
7350	4467	2790	32.6	− 6 20	3	A	5.94	3 5 1	7400	—	—	43.6	−24 28	1	II?	6.32	7 . .

82 ANNALS OF HARVARD COLLEGE OBSERVATORY.

$16^h - 17^h$

D. C.	DM.	H. P.	R.A. 1900.	Dec. 1900.	No.	Sp.	Magn.	Reskl.	D. C.	DM.	H.P.	R.A. 1900.	Dec. 1900.	No.	Sp.	Magn.	Reskl.
			m.	° ′								m.	° ′				
7401	4395	—	43.7	−15 30	1	F	5.90	6 6 .	7451	3083	—	56.5	+16 45	1	A	6.65	6 . .
7402	680	—	44.2	+74 5	3	A	6.59	1 . .	7452	3045	2845	56.7	+22 47	1	II	6.63	8 . 9
7403	4394	2821	44.3	−10 37	3	F	5.04	1 1 3	7453	689	—	56.8	+77 0	4	A?	7.08	1 . .
7404	3233	2822	45.0	+13 26	3	A	5.81	2 3 2	7454	3095	—	57.0	+15 5	3	A	5.86	3 . .
7405	4259	—	45.2	− 2 29	1	E?	5.95	2 5 .	7455	3337	—	57.2	+ 8 36	1	A	5.76	7 8 .
7406	3058	—	45.4	+15 34	1	H?	6.69	1 . .	7456	1934	2846	57.5	+56 50	1	II	6.92	9 . 7
7407	3256	2824	45.4	+ 7 25	3	A	5.38	6 4 0	7457	—	—	57.8	−25 33	1	F	5.99	. 8 .
7408	2220	2826	46.3	+46 10	8	A	5.06	1 . 1	7458	2817	2847	57.9	+33 42	3	A	5.23	1 . 1
7409	3323	2825	46.4	+ 1 23	6	A	5.57	4 2 1	7459	1689	—	58.2	+58 36	2	A	6.79	5 . .
7410	3051	—	46.6	+15 58	1	A	6.49	p . .	7460	3183	2848	58.2	+25 40	1	H	6.75	8 . 7
7411	4265	—	46.9	− 2 38	1	F?	6.45	6 R .	7461	3217	—	58.2	+19 33	1	A	6.71	3 . .
7412	2795	—	47.0	+32 44	1	H	6.69	1 . .	7462	751	2854	58.3	+73 17	6	A	0.14	1 . 1
7413	634	2833	47.5	+77 41	8	F?	6.02	0 . 1	7463	—	—	58.5	−25 30	1	A	6.24	. 5 .
7414	3069	2830	47.6	+24 50	2	II	6.24	9 . n	7464	3179	2849	58.6	+14 14	1	M	6.18	n . n
7415	3066	2829	47.6	+15 9	2	A	6.69	0 . 3	7465	3624	—	58.6	0 0	1	F	6.16	6 6 .
7416	872	—	47.9	+69 14	3	A	7.03	5 . .	7466	3180	—	58.7	+14 41	1	II	6.74	2 . .
7417	2624	—	47.9	+28 50	1	H?	6.81	0 . .	7467	695	—	58.8	+74 27	3	F	7.10	1 . .
7418	3261	—	48.3	+18 14	1	F	6.70	2 . .	7468	2018	—	58.9	+52 44	2	A	6.77	0 . .
7419	3072	—	48.8	+15 34	1	A	6.69	p . .	7469	3292	2852	59.1	+13 44	4	A	5.78	6 . 2
7420	3268	—	49.0	− 1 27	1	H?	5.85	7 7 .	7470	884	—	59.7	+69 20	2	F.	6.68	2 . .
7421	4231	—	49.1	−11 38	1	A	5.69	8 p .	7471	908	—	59.7	+68 48	1	A	7.22	3 . .
7422	2925	2834	49.2	+31 52	2	A	5.83	4 . 4	7472	1728	—	0.1	+60 47	2	II	6.93	4 . .
7423	4374	2831	49.2	− 6 0	1	H	5.73	4 2 1	7473	3629	2855	0.2	+ 0 49	2	II?	6.32	0 1 4
7424	3092	2832	49.3	+10 19	4	A	4.41	3 6 0	7474	4512	—	0.2	−21 25	1	A?	5.77	2 8 .
7425	3077	—	49.6	+15 48	1	H	6.74	6 . .	7475	2890	2858	0.3	+34 56	2	A	6.21	0 . 3
7426	3002	2836	50.6	+21 8	2	F	6.27	3 . 7	7476	3220	2856	0.4	+19 45	2	A	6.11	1 . 1
7427	3258	—	50.7	+13 47	1	F	6.33	0 4 .	7477	3224	2857	0.4	− 0 45	3	A	5.61	2 3 0
7428	4249	2835	50.8	−22 59	3	A	5.17	3 7 4	7478	—	—	0.6	−26 22	1	E	6.02	. 6 .
7429	3266	2837	51.0	+18 35	2	H	6.51	n 5 n	7479	3142	2859	0.8	+24 44	4	A	5.10	6 3 2
7430	4471	—	51.2	−19 22	2	A?	5.85	p p .	7480	641	—	0.9	+77 48	7	A	6.16	3 . .
7431	2234	—	51.5	+46 41	1	A?	6.05	4 . .	7481	1170	—	1.6	+64 45	2	II	6.69	2 . .
7432	3069	—	51.9	+16 27	1	F?	6.69	5 . .	7482	3292	2860	1.7	− 1 31	1	F	6.10	2 5 1
7433	893	—	52.1	+68 5	2	A	7.06	6 . .	7483	1729	—	1.9	+57 38	1	A	7.43	8 . .
7434	605	—	52.7	+75 32	2	F	7.46	5 . .	7484	2652	2862	2.0	+43 57	4	A	6.50	0 . 3
7435	3298	2838	53.0	+ 9 32	4	K	4.56	n n n	7485	3073	2861	2.1	+22 13	1	II	6.63	6 . 8
7436	4509	—	58.0	−14 42	1	E	6.01	2 5 .	7486	3280	2864	3.1	− 0 57	2	A	5.86	3 4 0
7437	—	—	54.0	−24 50	1	E	5.71	. 4 .	7487		2865	3.2	+54 36	3	A	5.44	6 . 2
7488	517	—	54.1	+79 40	7	H	7.21	4 . .	7488		2866	3.2	+54 36	4	F	5.44	6 . 2
7439	3136	—	54.6	+17 51	1	H?	6.80	4 . .	7489	612	—	3.6	+75 21	1	F	6.92	4 . .
7440	906	—	55.4	+70 37	3	A	6.46	5 . .	7490	4063	—	3.6	− 3 45	1	E?	6.34	4 4 .
7441	1157	2843	55.4	+65 17	4	F	5.27	0 . 6	7491	4445	2867	4.3	−10 23	2	F	5.70	4 1 1
7442	1521	—	55.4	+62 31	2	A	6.55	4 . .	7492	3108	2870	4.5	+40 30	4	A	0.43	2 . 1
7443	3332	—	55.6	+ 6 44	1	F?	6.15	8 6 .	7493	2827	2869	4.5	+36 4	4	A	5.76	3 . 3
7444	977	—	55.8	+67 38	3	A	6.30	2 . .	7494	4407	2868	4.6	−15 36	4	A	3.05	n 6 4
7445	4215	2842	55.8	− 4 4	1	H	5.84	0 3 8	7495	568	—	4.8	+81 1	6	H	6.80	5 . .
7446	1159	—	55.8	+65 11	2	A	6.60	1 . .	7496	613	2871	4.8	+75 26	5	A	6.08	3 . 5
7447	608	—	56.0	+75 34	4	A?	6.74	1 . .	7497	4678	—	5.1	−12 34	1	F	6.23	0 3 .
7448	498	2851	56.2	+82 12	9	K	4.90	9 . 4	7498	580	—	5.3	+78 16	1	II	7.86	9 . .
7449	690	—	56.2	+74 27	3	F	7.40	3 . .	7499	2178	—	5.8	+50 58	4	A	6.55	1 . .
7450	2047	2844	56.5	+31 4	5	A	3.88	4 . 1	7500	—	—	6.1	−25 7	1	A?	0.00	. 6 .

THE DRAPER CATALOGUE. 83

17^h

D.C.	DM.	H.P.	R.A. 1900.	Dec. 1900.	No.	Sp.	Magn.	Resid.	D.C.	DM.	H.P.	R.A. 1900.	Dec. 1900.	No.	Sp.	Magn.	Resid.
7501	—	—	6.2	−27 38	1	A	5.93	.4.	7551	2898	—	17.1	+32 47	1	H	6.54	5..
7502	3109	2872	6.3	+40 54	3	I?	6.35	n.n	7552	2293	2906	17.5	+46 20	3	M	7.05	n.n
7503	1640	—	7.0	+61 17	1	F	6.78	0..	7553	2695	—	17.5	+44 18	1	II	7.08	6..
7504	3140	2873	7.0	+24 21	2	A	6.44	2.2	7554	3004	—	17.5	+31 21	1	H	6.93	6..
7505	4488	—	7.9	−15 27	1	A	6.40	64.	7555	4343	—	17.6	−2 18	1	II	6.60	31.
7506	2032	2876	8.2	+52 32	3	A	6.24	2.0	7556	2728	—	17.7	+28 51	2	H	6.81	3..
7507	1170	2878	8.5	+65 50	5	A	3.61	6.3	7557	3091	—	17.7	+23 47	2	A	6.68	p..
7508	2187	—	9.0	+51 53	2	A	6.36	3..	7558	2506	—	17.8	+48 17	3	F	6.59	1..
7509	2604	—	9.1	+49 53	4	A	6.34	1..	7559	1343	—	18.3	+63 50	1	A	6.08	3..
7510	616	—	9.2	+75 15	1	F	7.25	2..	7560	3136	2907	18.4	+40 5	5	F	6.27	n.5
7511	—	2877	9.2	−26 27	2	I	5.32	.56	7561	4316	—	18.8	−18 22	1	E?	6.52	21.
7512	1954	—	9.3	+56 47	1	E	7.17	3..	7562	654	—	19.1	+77 27	1	II	7.17	3..
7513	3207	2879	10.1	+14 30	4	M	4.83	n.n	7563	3405	2908	19.2	+8 56	1	E?	6.71	567
7514	2509	—	10.6	+45 30	1	E	7.24	0..	7564	1937	2913	19.6	+53 31	2	II	6.78	8.8
7515	1869	—	10.9	+54 16	2	A	6.64	4..	7565	3100	2910	19.9	+23 3	3	A	5.96	2.2
7516	999	—	10.9	+66 23	1	A	7.07	p..	7566	3174	2911	20.0	+16 25	4	A	6.02	5.2
7517	759	—	11.0	+73 17	2	F?	7.34	5..	7567	3179	2912	20.0	+15 43	2	A	5.94	3.2
7518	3221	2880	11.0	+24 57	5	A	3.70	7.4	7568	925	—	20.2	+70 53	4	A	6.60	4..
7519	3283	2881	11.2	+2 18	2	A?	6.42	103	7569	—	2914	20.2	+37 14	8	A	4.36	4.3
7520	2844	2885	11.5	+36 55	5	K?	4.98	n.n	7570	—	2915	20.2	+37 14				
7521	3408	2883	11.5	+1 19	3	B	5.72	2p1	7571	—	2909	20.2	−24 6	3	A?	4.57	.11
7522	3255	2882	11.5	−0 20	2	I	5.86	n59	7572	1176	—	20.4	+65 45	1	E	7.46	0..
7523	1336	2887	11.7	+62 59	4	A	5.66	1.2	7573	2928	2917	20.7	+38 41	1	II?	6.83	1.4
7524	—	2884	11.9	−24 11	1	II	5.87	.n7	7574	—	—	20.7	−25 52	1	II	6.38	.1.
7525	3336	—	12.1	+18 8	2	A	6.75	7..	7575	3329	—	20.8	−1 33	1	II	6.70	02.
7526	378	—	12.3	+84 54	5	A?	7.16	p..	7576	1013	—	20.9	+66 39	1	II	7.28	3..
7527	2994	—	13.1	+26 0	1	A	6.75	7..	7577	2882	—	21.0	+37 2	2	II?	7.02	2..
7528	2864	2890	13.6	+33 13	5	B	4.81	2.1	7578	3183	—	21.2	+16 29	2	F	6.09	4..
7529	2993	—	13.7	+31 37	2	A	6.83	7..	7579	4275	2918	21.3	−5 0	3	F?	4.81	032
7530	3216	2880	13.7	+17 26	3	A	5.87	1.0	7580	4750	2919	21.4	−12 26	1	H	6.53	202
7531	3150	2801	13.9	+10 58	2	II	6.07	nnn	7581	536	—	21.5	+79 39	2	F	7.42	6..
7532	617	—	14.0	+75 13	1	A	7.35	1..	7582	3368	2920	21.5	+7 41	1	A	6.55	136
7533	3386	—	14.0	+6 11	1	E?	6.74	31.	7583	3422	2921	21.5	+4 14	1	I	5.98	nun
7534	4773	—	14.1	−17 39	2	A	6.23	21.	7584	1758	—	21.7	+57 5	1	A	6.52	2..
7535	2864	2893	14.2	+37 24	6	A	4.77	3.1	7585	2629	—	21.8	+49 36	1	E?	7.08	7..
7536	1742	—	14.9	+60 40	2	F	6.83	1..	7586	2400	—	22.0	+50 31	1	A?	7.09	3..
7537	2719	2896	14.9	+28 55	2	II	6.57	8.7	7587	2809	—	22.0	+26 57	2	A	6.15	3..
7538	2910	2898	15.0	+38 55	2	II	7.09	n.n	7588	2402	—	22.2	+50 47	1	II	7.10	1..
7539	4731	2895	15.0	−21 1	3	B	4.76	233	7589	3481	2922	22.5	+20 10	6	A	5.41	3.0
7540	4722	2897	15.2	−12 45	4	A	4.43	120	7590	3188	—	23.1	+16 32	1	H	6.80	2..
7541	1748	2901	15.3	+60 46	1	II	7.13	3.3	7591	2057	—	23.2	+52 53	2	E	6.82	3..
7542	2722	—	15.5	+28 7	3	A	6.03	5..	7592	2971	2923	23.2	+34 47	7	A	5.86	2.1
7543	—	2899	15.8	−24 54	3	B	3.43	.20	7593	3697	2925	23.7	+0 25	2	A	5.76	326
7544	3351	2900	15.9	+18 10	3	II	6.50	n.n	7594	2517	2926	24.1	+48 20	5	A	5.74	3.1
7545	3246	2902	16.1	+25 37	3	A	5.32	7.1	7595	1754	2928	24.4	+60 7	4	A	5.47	0.3
7546	3167	2904	16.8	+24 36	4	A	5.12	9.2	7596	1731	2930	24.5	+58 41	2	A	6.25	2.4
7547	2955	—	16.9	+35 28	1	A?	7.21	5..	7597	4290	—	25.0	−4 17	1	II	6.64	32.
7548	2896	2905	16.9	+32 37	2	E	5.04	2.5	7598	3300	2929	25.2	−0 58	1	F?	5.96	636
7549	1191	—	17.0	+64 7	1	A?	7.28	2..	7599	1014	—	25.3	+67 24	3	II	6.72	2..
7550	2521	—	17.0	+45 23	4	A?	6.87	4..	7600	—	2927	25.3	−23 53	1	A	4.83	41

84   ANNALS OF HARVARD COLLEGE OBSERVATORY.

17ᵇ

D. C.	DM.	H. P.	R.A. 1900.	Dec. 1900.	No.	Sp	Magn.	Resid.	D. C.	DM.	H. P.	R.A. 1900.	Dec. 1900.	No.	Sp.	Magn.	Resid.
			m.	° '								m.	° '				
7601	710	—	25.5	+74 45	3	A?	6.91	1..	7651	512	—	32.6	+83 26	4	E	7.21	3..
7602	540	—	25.8	+79 25	6	A	6.74	6..	7652	3033	2950	32.8	+30 51	7	A	5.95	0.3
7603	3234	—	25.8	+12 0	2	A	6.37	10.	7653	·634	—	32.9	+75 42	1	E?	7.81	5..
7604	3256	—	26.2	+17 36	1	II	6.80	2..	7654	3218	2952	33.4	+24 22	6	A	5.71	3.1
7605	2218	—	26.3	+51 26	1	E	6.95	5..	7655	2668	—	33.7	+49 31	2	A?	7.03	0..
7606	3337	2931	26.4	+ 2 48	1	II?	6.58	n 7 n	7656	1078	2955	33.9	+61 58	3	F	6.02	0.7
7607	2412	—	26.6	+50 58	1	F	6.50	3..	7657	2542	2954	34.0	+48 38	3	II	6.35	4.9
7608	1015	—	26.7	+67 51	1	F	7.20	6..	7658	2234	—	34.4	+51 3	2	A?	7.30	2..
7609	3034	2933	26.7	+26 11	6	K?	5.87	9.n	7659	3421	—	34.4	+13 23	2	E?	6.48	0..
7610	3047	2934	27.1	+31 13	4	II	6.48	7.7	7660	3338	—	34.8	− 0 35	1	A?	6.61	12.
7611	544	2941	27.2	+80 13	6	I	6.62	4.7	7661	2777	—	35.1	+43 40	3	A?	6.65	4..
7612	647	—	27.3	+76 8	1	II	7.53	5..	7662	2573	—	35.2	+45 38	1	E	7.54	2..
7613	3147	—	27.3	+33 58	2	E	6.84	3..	7663	1060	—	35.8	+55 48	2	A?	7.26	1..
7614	3241	—	27.6	+12 0	2	A	6.22	5 3.	7664	717	—	35.4	+74 17	1	II	6.87	1..
7615	2767	2936	27.9	+28 29	7	A	5.59	1.0	7665	2512	—	35.6	+47 12	1	C?	7.56	2..
7616	2065	2937	28.1	+52 23	6	K	4.19	n.n	7666	4808	2956	35.8	−12 49	3	A	4.43	130
7617	4461	2935	28.1	− 5 40	2	A	6.03	2 12	7667	2515	—	36.5	+47 17	1	E?	7.76	0..
7618	2989	—	28.4	+34 21	2	E?	6.70	2..	7668	2745	—	36.5	+44 4	5	A	6.56	2..
7619	3038	—	28.4	+26 31	2	A	6.60	4..	7669	2549	—	36.6	+48 30	1	F?	6.87	9..
7620	383	—	28.6	+84 42	4	II	7.38	3..	7670	2349	2959	36.6	+46 3	7	B	3.90	1.0
7621	1774	—	29.1	+57 57	1	II	7.13	4..	7671	3246	2958	36.6	+15 13	2	A	6.04	0.3
7622	3354	2939	29.1	+19 20	4	F	6.01	n.4	7672	666	—	36.7	+77 25	1	II	6.97	8..
7623	3218	2940	29.2	+16 25	2	II	6.29	n.8	7673	1961	—	36.7	+55 48	2	E	7.36	1..
7624	4411	—	29.2	−11 10	2	A	5.54	5 3.	7674	2678	—	37.3	+49 50	5	A	6.28	2..
7625	521	—	29.4	+82 49	4	A?	7.40	p..	7675	3256	2961	37.4	+16 0	5	F?	5.99	9.3
7626	1889	—	29.4	+54 26	3	A	6.59	9..	7676	4712	2960	37.4	−21 38	2	F?	5.52	3 05
7627	4660	—	29.5	−13 34	1	A	6.57	2 3.	7677	949	2964	37.5	+68 48	5	F	5.32	5.4
7628	3397	—	29.8	+13 14	1	II	6.83	3..	7678	933	—	37.6	+69 38	3	G	6.57	1..
7629	3424	2942	29.9	+ 9 39	2	A	5.46	p 3 4	7679	2781	—	37.7	+43 31	1	II	6.87	4..
7630	2066	—	30.0	+52 40	1	II	7.22	9..	7680	3160	—	37.8	+23 48	4	F	6.51	p..
7631	2850	2943	30.0	+41.19	3	II	6.56	n.7	7681	3312	—	37.8	+17 16	1	A	6.50	5..
7632	3220	—	30.0	+16 35	2	F	6.35	4..	7682	782	—	38.0	+73 7	2	A	6.98	8..
7633	1944	2945	30.2	+55 15	2	A?	5.45	2.5	7683	2882	—	38.1	+41 42	3	A	6.93	4..
7634	1945	2946	30.3	+55 15	2	A?	5.45	2.6	7684	2870	—	38.1	+27 40	1	A	6.36	7..
7635	2532	—	30.2	+47 59	2	A	6.92	4..	7685	799	—	38.5	+72 7	3	A?	6.97	3..
7636	3252	2944	30.3	+12 38	5	A	2.88	9.7	7686	3489	2962	38.5	+ 4 36	4	K	4.19	n n n
7637	2658	—	30.5	+49 26	3	A	6.86	1..	7687	3318	—	38.6	+17 44	1	A	6.70	p..
7638	3400	—	30.5	+13 12	1	A	6.53	p..	7688	720	—	38.7	+74 4	3	E?	7.19	2..
7639	713	—	31.2	+74 34	2	E	7.27	4..	7689	2887	—	38.7	+41 5	2	II	7.30	2..
7640	2096	—	31.2	+34 48	2	A	6.70	3..	7690	3091	—	38.7	+29 28	4	A?	6.40	0..
7641	2856	—	31.5	+40 50	2	A	6.70	0..	7691	3321	2965	38.8	+14 20	2	E	6.38	4.2
7642	511	—	31.7	+83 47	4	A?	7.30	9..	7692	1791	—	38.9	+57 22	2	II	7.08	1..
7643	3157	2948	31.7	+21 4	7	A	6.02	0.2	7693	800	2971	39.0	+72 31	5	I	6.49	5.5
7644	4621	2947	31.8	−15 20	4	A	3.98	2 3 3	7694	2243	2969	39.1	+51 52	1	H	6.31	3.1
7645	1780	—	31.8	+57 38	2	F	6.63	3..	7695	3237	2966	39.3	+24 22	4	F	6.32	1.3
7646	3412	—	32.1	+13 53	2	A?	6.43	5..	7696	3390	2967	39.5	+ 2 37	2	A	5.58	ⁿ 3 2
7647	2908	—	32.2	+37 22	2	A?	6.87	4..	7697	3391	2968	39.6	+ 2 37				n
7648	938	2951	32.4	+68 12	4	I	5.83	3.5	7698	1371	—	39.6	+63 44	2	F	6.92	0..
7649	4472	2949	32.4	− 8 3	3	A	4.83	0 1 1	7699	2042	—	39.6	+33 2	1	A	7.64	6..
7650	264	—	32.6	+86 58	1	F	7.65	9..	7700	2794	—	39.8	+43 13	1	A?	7.07	3..

THE DRAPER CATALOGUE.

17ʰ

D.C.	DM.	H.P.	R.A. 1900.	Dec. 1900.	No.	Sp.	Magn.	Resid.	D.C.	DM.	H.P.	R.A. 1900.	Dec. 1900.	No.	Sp.	Magn.	Resid.
7701	3329	2970	39.8	+14 27	3	A	6.28	*3 1 2*	7751	3100	—	46.1	+31 4	1	H?	7.48	2 . .
7702	3444	—	39.8	+13 51	1	F	6.43.	8 . .	7752	3357	—	46.2	+25 19	5	A	6.30	7 . .
7703	2757	—	40.1	+44 8	2	II	7.28	*8* . .	7753	3238	—	46.4	+39 38	1	H	7.84	n . .
7704	2944	—	40.6	+33 17	7	A	6.55	*1* . .	7754	1377	—	46.5	+63 8	1	H	7.41	*1* . .
7705	939	—	41.0	+09 11	2	F	6.93	1 . .	7755	3126	2987	46.5	+29 21	3	II	6.44	*4 . 7*
7706	2798	—	41.0	+43 11	1	A?	7.92	7 . .	7756	3227	2988	46.6	+22 20	6	A?	6.10	*4. 2*
7707	2588	—	41.2	+45 5	5	A	6.29	9 . .	7757	2408	2989	46.7	+50 48	7	A	5.18	*2. 0*
7708	3050	—	41.3	+35 16	1	H	7.41	*4* . .	7758	*2929*	—	46.9	+41 59	1	II	7.71	*4*. .
7709	—	2072	41.3	−27 48	2	K	5.48	. n *6*	7759	1911	—	47.0	+54 13	3	A	6.36	1 . .
7710	2094	—	41.5	+38 23	2	A	7.23	3 . .	7760	2956	—	47.1	+36 52	1	H	7.32	*3* . .
7711	1978	2975	41.9	+53 50	4	A	5.70	0 . 1	7761	3069	—	47.1	+30 1	6	A	6.44	8 . .
7712	2250	—	41.9	+51 50	1	II	7.11	7 . .	7762	2581	2991	47.4	+48 25	5	B?	6.32	*2 . 1*
7713	3090	2074	41.9	+31 33	7	A	6.15	3 . 3	7763	2777	—	47.5	+44 31	1	C?	7.28	*2* . .
7714	4770	—	41.9	−14 42	2	E?	6.01	2 1 .	7764	3295	—	47.6	+16 40	1	H	6.55	9 . .
7715	787	—	42.0	+73 1	2	E	6.98	p . .	7765	3225	—	48.0	+40 5	2	E	6.85	*1* . .
7716	3062	—	42.0	+35 56	1	E?	7.76	. .	7766	3300	—	48.1	+16 55	1	F?	6.70	0 . .
7717	2457	—	42.5	+50 5	2	F	7.14	*4* . .	7767	2780	—	48.2	+44 56	2	A?	7.04	2 . .
7718	2997	2978	42.6	+38 56	2	II	6.89	*9 . 7*	7768	1222	—	48.3	+64 47	2	A	6.99	0 . .
7719	2888	2976	42.6	+27 48	9	I?	4.39	*9 . 0*	7769	1573	—	48.3	+62 48	2	F	6.76	*5* . .
7720	3344	—	42.6	+25 48	1	E	6.50	5 . .	7770	3566	2992	48.4	+ 6 8	1	F	6.04	*1 2 1*
7721	3219	2980	42.7	+39 22	2	H	7.19	n . 7	7771	2995	—	48.5	+32 2	1	A	6.99	0 . .
7722	3334	2977	42.7	+17 46	5	A	5.82	*3 . 1*	7772	2905	—	48.6	+27 11	1	E?	6.85	8 . .
7723	3403	2979	42.9	+ 2 44	3	A	3.83	*3 0 0*	7773	—	—	48.7	−24 52	1	E	5.71	. *9* .
7724	3464	—	43.2	+18 56	5	A	6.29	2 . .	7774	3228	—	48.9	+40 0	2	H	6.04	7 . .
7725	3493	—	43.3	+ 3 50	2	A	6.38	5 2 .	7775	2379	2993	49.2	+46 41	2	I	7.00	*6 . 5*
7726	2937	—	43.4	+36 7	1	II	7.56	n . .	7776	2940	—	49.2	+42 53	2	A	6.97	0 . .
7727	2831	—	43.4	+28 58	1	A	6.77	7 . .	7777	961	—	49.6	+68 22	3	A?	7.05	7 . .
7728	805	2986	43.7	+72 13	7	F	4.77	R . *3*	7778	3283	—	49.6	+11 10	1	E?	6.72	*2 1* .
7729	804	2985	43.7	+72 12				R . 2	7779	796	—	49.8	+73 10	2	H	7.13	2 . .
7730	2008	—	43.9	+52 31	1	II?	6.02	6 . .	7780	2028	—	49.9	+56 8	2	A	6.71	5 . .
7731	2595	—	43.9	+45 54	1	A?	7.55	2 . .	7781	2941	—	49.9	+42 13	2	A	6.96	6 . .
7732	3570	2981	44.1	+20 36	4	II?	6.40	*6 . 5*	7782	963	—	50.0	+68 42	4	A	6.60	8 . .
7733	556	—	44.2	+79 15	6	F	6.95	3 . .	7783	2477	—	50.0	+50 24	2	II	7.24	8 . .
7734	3050	—	44.2	+34 10	7	A	6.13	4 . .	7784	3233	2997	50.0	+40 1	4	I	6.14	n *, 8*
7735	2810	—	44.3	+43 21	1	E	7.82	2 . .	7785	3098	—	50.0	+35 43	1	H	7.76	n . .
7736	389	—	44.4	+84 49	1	A?	8.05	7 . .	7786	4686	2994	50.1	−18 47	2	A	6.51	*5 2 0*
7737	701	—	44.4	+73 30	3	A	6.80	4 . .	7787	3495	—	50.3	+18 12	1	II?	6.80	p . .
7738	1984	—	44.4	+53 37	2	A	6.98	5 . .	7788	4779	—	50.3	−21 57	1	E	6.41	*8 6* .
7739	2537	2983	44.4	+47 39	5	A	6.37	*2 . 1*	7789	—	2905	50.4	−28 3	1	A	6.02	. *0 2*
7740	2939	—	44.4	+36 3	1	F	7.31	*1* . .	7790	4722	2996	50.5	−15 47	2	A	5.80	*1 1 4*
7741	2942	—	44.5	+36 35	1	II	7.47	n . .	7791	2951	—	51.0	+42 41	1	II	7.72	*2* . .
7742	3435	2082	44.5	+19 17	8	A	5.97	0 . 0	7792	1787	—	51.2	+60 25	3	A	6.57	*1* . .
7743	3353	2984	44.7	+25 40	6	II	6.00	*3 . 6*	7793	3813	2998	51.2	+ 0 42	2	E	6.02	*2 1 2*
7744	3214	—	44.8	+40 0	1	E	7.39	*4* . .	7794	3120	3000	51.4	+26 4	7	F	5.79	*1 . 2*
7745	2772	—	45.1	+44 8	1	H	7.68	*5* . .	7795	3381	—	51.5	+25 8	1	H?	6.84	p . .
7746	2541	—	45.3	+47 37	2	II	7.21	*4* . .	7796	4376	2999	51.5	− 4 4	1	II	6.40	*2 7 8*
7747	2949	—	45.5	+37 5	2	E	7.22	*2* . .	7797	3237	3001	51.6	+22 28	3	II	6.60	n . *8*
7748	3055	—	45.9	+34 39	1	II	7.80	6 . .	7798	3244	—	51.7	+40 26	1	E?	7.75	5 . .
7749	3264	—	45.9	+24 29	3	E	6.54	6 . .	7799	2033	3003	51.8	+56 55	6	K	5.34	n . n
7750	640	—	46.1	+75 34	2	I	7.41	*4* . .	7800	2620	—	51.8	+45 33	1	E?	7.69	3 . .

17^h-18^h

D. C.	DM.	H. P.	R.A. 1900.	Dec. 1900.	No.	Sp.	Magn.	Resid.	D. C.	DM.	H. P.	R A. 1900.	Dec. 1900.	No.	Sp.	Magn.	Resid.
			m.	° ′								m.	° ′				
7801	3004	—	51.8	+32 28	2	A	6.84	2..	7851	3597	—	56.0	+ 6 16	1	F	6.19	8 5.
7802	2621	—	51.9	+45 13	1	E?	7.34	4..	7852	668	—	56.1	+76 1	2	B	6.77	7..
7803	3816	—	52.0	+ 0 5	2	A	6.16	0 2.	7853	958	—	56.1	+69 38	2	A	7.04	3..
7804	3034	—	52.1	+38 37	1	E?	7.88	3..	7854	3494	—	56.1	+19 31	6	A	6.19	3..
7805	3578	—	52.1	+ 6 31	1	A	6.35	4 1.	7855	3097	—	56.4	+34 14	1	A	7.80	9
7806	2791	—	52.3	+44 1	1	E	7.78	2..	7856	3327	3021	56.4	+15 7	1	A?	6.49	0.2
7807	3502	—	52.3	+18 38	1	A?	6.36	1..	7857	2861	—	56.7	+43 14	2	II	7.22	7..
7808	—	3002	52.3	−28 45	1	E	6.15	.0 4	7858	3560	3023	56.7	+ 1 19	7	A	4.54	0 6 1
7809	670	—	52.8	+77 3	2	E	7.31	2..	7859	4952	—	56.7	−20 44	1	H?	6.53	0 5.
7810	2982	3004	52.8	+37 15	5	K?	5.54	n . n	7860	—	3022	56.7	−24 17	1	F	5.32	. 6 1
7811	3299	—	52.8	+11 4	2	A?	6.37	1 0.	7861	818	3034	56.9	+72 1	6	F?	5.73	3. 1
7812	3283	—	53.2	+24 1	1	E?	6.40	0..	7862	3006	3024	56.9	+33 14	1	H	7.34	n . n
7813	4632	3005	53.5	− 9 45	5	K	4.39	6 9 0	7863	2400	—	57.0	+46 50	1	F	7.41	4..
7814	1995	—	53.6	+56 0	4	A	6.39	1..	7864	4516	3012	57.0	−22 43	1	E?	6.80	p 7 2
7815	104	—	53.7	+88 16	1	A?	7.80	2..	7865	2638	3031	57.1	+45 31	2	I	6.94	9. n
7816	2995	—	53.7	+33 25	1	H	7.49	n ..	7866	—	3280	57.2	+21 36				
7817	—	3006	53.7	−23 48	3	A	4.48	. 9 1	7867	—	3027	57.2	+21 36	8	A?	4.84	6. 2
7818	2626	—	53.8	+45 1	3	A	6.40	2..	7868	4560	3025	57.4	− 5 21	1	A?	6.83	2 1 6
7819	2988	—	53.8	+37 46	1	H	7.28	8..	7869	3404	—	57.5	+25 30	1	II	6.74	5..
7820	2979	—	53.8	+36 51	1	E	7.27	0..	7870	647	—	57.7	+75 10	3	H	6.66	3..
7821	3156	3007	53.8	+29 15	6	K?	4.79	3. 9	7871	2502	—	57.7	+50 56	2	A?	7.25	8..
7822	3374	—	53.8	+14 31	1	E?	6.73	2..	7872	4549	3028	57.7	− 8 11	2	F	5.16	4 1 3
7823	667	3019	53.9	+76 58	9	F	5.48	3. 4	7873		3029	57.7	− 8 11				
7824	2627	—	53.9	+45 23	1	H?	7.34	n ..	7874	—	3030	57.7	−24 22	1	A?	5.37	. 7 3
7825	3112	—	53.9	+35 42	1	H	7.81	8..	7875	3009	3032	57.9	+33 20	1	II	7.34	n . 9
7826	740	—	54.3	+74 36	4	A?	6.46	3..	7876	4533	—	57.9	−22 50	1	A	6.55	8 R.
7827	2282	3009	54.3	+51 31	8	K	4.45	n . n	7877	2618	—	58.0	+48 24	1	E	7.92	1..
7828	2629	—	54.3	+45 53	2	F	6.90	5..	7878	3649	3033	58.1	+20 50	7	B	5.19	0. 1
7829	3017	—	54.4	+32 41	2	A	6.84	1..	7879	2125	—	58.2	+52 51	1	H	7.17	0..
7830	1710	—	54.7	+61 25	1	A	6.69	1..	7880	3262	—	58.2	+40 20	1	A	7.46	5..
7831	3093	3010	54.7	+30 11	6	F	4.69	2. 1	7881	4541	—	58.2	−22 30	1	H	6.45	p 4.
7832	2605	—	54.9	+48 19	1	E	7.87	6..	7882	2643	—	58.3	+45 21	1	A	7.14	1..
7833	2851	—	55.0	+43 26	4	A	6.37	8..	7883	3260	—	58.3	+22 56	5	A	5.97	7..
7834	2985	—	55.0	+36 53	1	H	7.72	7..	7884	2572	—	58.4	+47 23	2	F?	7.16	7..
7835	31 6	—	55.2	+85 30	1	H	7.41	2..	7885	3151	—	58.4	+26 22	1	H	6.85	5..
7836	3593	—	55.2	+ 6 34	1	A	6.70	8 3.	7886	2621	—	58.5	+48 29	1	H	7.62	8..
7837	3832	—	55.2	+ 0 38	1	A	6.51	6 3.	7887	3203	—	58.5	+40 11	1	II?	7.75	3..
7838	4217	3013	55.2	− 3 41	4	F?	5.12	1 2 6	7888	1287	—	58.7	+64 9	3	F	6.60	4..
7839	2086	3016	55.3	+36 17	2	II	6.72	7. 7	7889	3111	—	58.8	+30 33	3	F?	6.65	1..
7840	3570	3014	55.3	+ 4 23	4	A	4.88	4 5 1	7890	3508	—	58.9	+19 35	5	A	6.15	3..
7841	1587	—	55.5	+62 38	2	A	6.96	R ..	7891	2670	—	59.3	+47 52	2	II	7.32	1..
7842	1586	—	55.5	+62 37				n ..	7892	2870	—	59.5	+43 16	1	II	7.77	8..
7843	2972	—	55.6	+42 34	1	II	7.87	4..	7893	1399	—	59.6	+63 32	1	H	6.77	0..
7844	3335	3018	55.6	+16 46	4	K?	5.90	n 6 n	7894	2812	—	59.6	+44 15	2	F	6.08	5..
7845	564	—	55.7	+79 21	5	F	6.80	6..	7895	3578	—	59.6	+ 1 55	1	E?	6.57	1 1.
7846	3458	3017	55.7	+ 2 56	5	B	4.21	2 0 2	7896	2302	—	59.9	+51 38	1	E?	6.91	1..
7847	2119	—	55.8	+52 14	1	A	6.86	1..	7897	3160	—	59.9	+26 39	1	F?	6.70	3..
7848	4503	3011	55.8	−22 46	1	F	5.00	p p 8	7898	2625	—	0.0	+48 18	2	H?	7.57	4..
7849	616	—	56.0	+78 20	5	H	6.83	3..	7899	3113	—	0.1	+30 24	3	H	6.67	0..
7850	2635	3020	56.0	+45 28	5	A	6.21	2. 1	7900	2412	—	0.2	+46 14	1	II	7.90	2..

THE DRAPER CATALOGUE.

18^h

D. C.	DM.	H. P.	R.A. 1900.	Dec. 1900.	No.	Sp.	Magn.	Resid.	D. C.	DM.	H. P.	R.A. 1900.	Dec. 1900.	No.	Sp.	Magn.	Resid.
			m.	° '								m.	° '				
7901	621	—	0.3	+78 41	4	E	6.92	5 . .	7951	3133	—	4.4	+30 59	2	E?	6.68	8 . .
7902	3182	3037	0.4	+ 2 32	2	K	5.07	n 9 n	7952	3674	3051	4.4	+20 48	7	B	4.30	1 . 2
7903	2627	3041	0.5	+48 28	5	A	6.04	2 . R	7953	269	3077	4.5	+86 37	8	A	5.04	5 . 7
7904	3254	—	0.6	+23 56	3	A	6.31	8 . .	7954	2525	—	4.5	+50 49	2	I	6.80	3 . .
7905	2948	—	0.7	+27 6	1	F	6.60	0 . .	7955	2892	3055	4.5	+43 27	4	H	5.82	6 . 7
7906	4558	—	0.7	− 8 20	2	A	6.56	5 3 .	7956	2732	3057	4.6	+49 42	4	A	6.21	3 . 1
7907	3310	—	0.9	+39 20	3	A	7.01	0 . .	7957	3027	3054	4.6	+36 23	3	H	6.42	5 . 8
7908	4305	3038	0.9	− 4 46	1	H	6.48	5 4 7	7958	3675	3053	4.6	+20 1	5	A	5.37	1 . 2
7909	1781	—	1.0	+58 38	2	A	6.44	1 . .	7959	3010	3052	4.6	+ 3 58	2	F	6.18	0 2 5
7910	3382	—	1.1	+12 0	1	A	6.57	n n_1 .	7960	2988	—	4.7	+41 42	1	H?	6.91	1 . .
7911	3383	—	1.1	+12 0				R	7961	3327	—	4.8	+39 54	1	E?	7.79	n . .
7912	864	—	1.2	+71 37	2	H	7.04	p . .	7962	3342	—	4.8	+24 56	2	A	6.14	p . .
7913	2060	—	1.2	+56 25	2	A?	6.91	n . . R . .	7963	3613	3056	4.8	+ 3 6	2	F	6.18	3 0 5
7914	2061	—	1.2	+56 23					7964	3295	—	4.9	+40 54	1	H?	7.55	5 . .
7915	2995	—	1.2	+42 6	1	E?	7.61	1 . .	7965	1240	—	5.1	+65 42	3	A	6.53	3 . .
7916	3019	—	1.2	+33 16	1	E?	7.84	6 . .	7966	1077	—	5.3	+66 56	4	F?	6.88	4 . .
7917	4855	—	1.2	−21 27	1	E	5.97	4 7 .	7967	4886	—	5.3	−19 52	2	A	6.45	3 2 .
7918	1233	—	1.3	+65 57	1	F	7.11	1 . .	7968	2829	—	5.4	+44 6	2	E	6.93	0 . .
7919	3008	—	1.4	+37 50	1	E?	7.88	1 . .	7969	3138	—	5.4	+30 26	1	H	6.67	5 . .
7920	2996	—	1.5	+42 51	1	H	7.92	n . .	7970	3190	—	5.5	+29 56	1	E?	6.72	5 . .
7921	3276	—	1.5	+40 5	2	E	6.65	1 . .	7971	3010	—	5.6	+42 37	1	A?	7.57	6 . .
7922	1402	—	1.7	+63 36	1	A	6.92	p . .	7972	3620	3059	5.6	+ 3 18	2	H	6.38	4 6 7
7923	2998	—	1.8	+42 57	2	A	6.92	5 . .	7973	—	3058	5.6	−23 43	1	I	5.23	. 5 1
7924	3273	3042	1.8	+22 13	2	H	6.28	n . 9	7974	—	—	5.6	−28 56	1	E?	6.44	. 8 .
7925	—	3039	1.8	−28 28	1	H	5.61	. 2 9	7975	3390	3060	5.7	+16 27	2	F?	6.14	1 . 1
7926	2968	—	1.9	+41 56	3	A	6.53	2 . .	7976	2897	—	6.0	+43 31	1	H	7.67	3 . .
7927	3047	3043	2.1	+32 14	3	H	6.09	7 . 7	7977	1245	—	6.2	+64 12	2	H	6.68	3 . .
7928	5028	3040	2.1	−17 10	1	H	6.43	7 5 5	7978	404	—	6.4	+84 43	1	A	7.65	p . .
7929	2635	—	2.3	+48 8	2	A	7.17	5 . .	7979	3095	—	6.4	+38 28	1	H	7.03	3 . .
7930	3582	3044	2.5	+ 8 43	2	I	5.46	5 5 7	7980	3582	—	6.4	+18 28	1	A	6.66	5 . .
7931	3564	3045	2.6	+ 9 33	4	A	4.04	7 4 2	7981	3039	3061	6.5	+36 26	3	I	6.27	3 . 4
7932	2727	—	2.9	+49 20	2	H	7.53	0 . .	7982	655	—	6.6	+75 47	5	A	6.29	2 . .
7933	3265	—	2.9	+23 23	2	A	6.48	p . .	7983	3336	—	6.6	+39 51	1	A?	7.79	4 . .
7934	3365	—	2.9	+15 55	. 1	A?	6.84	3 . .	7984	3061	—	6.7	+32 20	1	H?	7.64	4 . .
7935	3567	—	3.0	+ 9 50	1	E?	6.31	8 F .	7985	1245	—	6.9	+65 52	2	A	7.06	4 . .
7936	3168	—	3.1	+31 45	1	E	7.63	6 . .	7986	3168	—	6.9	+35 9	1	F	7.21	1 . .
7937	2308	—	3.2	+51 56	1	H	6.91	2 . .	7987	3330	—	7.0	+39 3	1	A	7.44	5 . .
7938	3286	—	3.2	+40 22	2	A	7.00	0 . .	7988	294	—	7.2	+85 41	5	A	7.35	1 . .
7939	3128	3047	3.2	+30 33	5	F	5.54	5 . 1	7989	2531	—	7.3	+50 22	2	A?	6.89	1 . .
7940	3529	—	3.2	+13 3	2	F	6.33	4 3 .	7990	2649	—	7.3	+48 22	1	H?	7.72	4 . .
7941	2025	—	3.5	+55 5	1	H	7.10	1 . .	7991	570	3071	7.5	+79 59	11	F	5.38	R . R
7942	2729	—	3.6	+49 31	. 2	F	6.53	R . . R . .	7992	3199	—	7.5	+29 22	1	E	6.67	p . .
7943	2728	—	3.6	+49 28					7993	272	3062	7.6	+87 0	4	A	6.50	5 . 6
7944	2925	3048	3.6	+28 45	7	A	4.06	2 . 1	7994	571	3072	7.6	+79 50	R	F	R	R . R
7945	2638	—	3.8	+48 50	2	A	7.18	1 . .	7995	3100	—	7.6	+38 56	1	A	7.34	7 . .
7946	3178	3049	3.8	+26 5	7	A	5.41	5 . 2	7996	3528	—	7.7	+ 2 47	2	A?	6.53	3 4 .
7947		3050	3.8	+26 5					7997	4008	3062	7.8	−21 5	5	F	4.23	2 1 1
7948	2426	—	3.9	+46 16	1	F	7.35	2 . .	7998	2839	—	7.9	+44 34	1	H	7.28	3 . .
7949	3427	—	4.1	+14 16	3	A	6.11	4 3 .	7999	3343	—	7.9	+39 · 4	2	A	6.69	2 . .
7950	169	—	4.3	+87 26	1	A	7.75	3 . .	8000	4415	—	7.9	− 4 3	1	E?	6.74	11 . .

ANNALS OF HARVARD COLLEGE OBSERVATORY.

18^h

D. C.	DM.	H. P.	R.A. 1900.	Dec. 1900.	No.	Sp.	Magn.	Resid.	D. C.	DM.	H.P.	R.A. 1900.	Dec. 1900.	No.	Sp.	Magn.	Resid.
			m.	o '								m.	o '				
8001	1051	—	8.0	+67 23	1	II	7.09	4..	8051	3415	—	13.2	+11 51	1	F?	6.27	8..
8002	3044	3004	8.1	+33 26	4	A	5.82	3.1	8052	1252	3081	13.3	+64 22	5	F	5.30	3.3
8003	3532	—	8.1	+ 2 57	1	A	6.28	87.	8053	3062	—	13.4	+33 30	1	II	7.70	5..
8004	3199	3005	8.2	+31 22	3	M?	6.43	n.n	8054	3593	—	13.5	+13 44	3	A	5.95	14.
8005	1950	3006	8.4	+54 15	3	H	6.49	5.6	8055	2551	—	13.6	+50 30	1	A	7.09	3..
8006	527	—	8.7	+83 55	4	H	7.30	4..	8056	1089	—	13.8	+66 27	1	H	7.07	7..
8007	3405	—	8.8	+16 14	1	F	6.59	1..	8057	2668	—	13.8	+48 20	1	II	7.02	7..
8008	3379	—	8.8	+11 51	1	F	6.27	66.	8058	3023	3080	13.8	+18 6	3	A	5.83	6.2
8009	1727	—	8.9	+61 52	2	F	6.84	2..	8059	3461	—	13.8	+12 56	3	A	6.31	45.
8010	679	—	9.0	+77 29	1	F	7.18	9..	8060	2060	—	13.9	+53 15	1	E	6.37	9..
8011	2052	3070	9.0	+48 17	1	H	7.37	9.7	8061	2669	—	14.0	+48 6	1	H	7.52	8..
8012	3347	—	9.0	+21 51	1	H	6.07	3..	8062	3332	3082	14.0	+40 54	1	II	7.10	n.n
8013	5055	3068	9.3	−20 25	2	A?	5.89	673	8063	2761	—	14.3	+49 3	1	H	7.73	5..
8014	5054	3069	9.3	−20 46	5	A	5.35	442	8064	3629	3085	14.3	+ 7 13	2	H	6.50	778
8015	1052	—	9.4	+67 59	3	A?	7.11	4..	8065	3467	—	14.5	+12 9	1	F	6.32	5..
8016	3195	—	9.4	+26 12	1	H	6.85	2..	8066	3334	—	14.6	+40 17	2	A	7.20	0..
8017	3011	3067	9.5	+41 8	2	II	7.20	n.6	8067	4585	—	14.7	− 8 2	1	A	6.41	12.
8018	2655	—	9.6	+48 6	1	H	7.67	2..	8068	3426	—	14.8	+15 47	1	A	6.69	2..
8019	3186	—	9.7	+35 10	1	E	7.46	2..	8069	619	—	15.0	+81 27	5	F?	7.00	p..
8020	4804	—	9.7	−18 42	3	E?	6.21	63.	8070	3381	3087	15.1	+24 24	2	H	6.14	6.6
8021	3113	3073	9.8	+38 45	4	A	5.91	1.0	8071	2690	—	15.3	+45 6	1	F	7.19	0..
8022	1813	—	9.9	+60 23	4	A	6.02	2..	8072	985	—	15.5	+70 47	3	A	6.77	4..
8023	2750	—	9.9	+49 5	1	A	7.48	1..	8073	4926	3088	15.5	−18 55	1	G	6.06	111
8024	3013	—	9.9	+41 29	1	E?	7.61	6..	8074	2459	—	15.6	+46 23	1	E?	7.40	9..
8025	678	—	10.1	+76 7	2	F	7.03	2..	8075	984	3094	15.8	+68 43	3	H	6.49	5.4
8026	2753	—	10.3	+49 36	1	E?	7.98	8..	8076	3080	3089	15.8	+ 3 20	3	H	5.73	227
8027	2960	—	10.3	+28 12	1	H	6.91	1..	8077	3236	—	16.0	+29 37	2	II	6.77	3..
8028	3211	—	10.4	+31 28	2	F?	7.18	9..	8078	3388	—	16.0	+21 2	1	A	6.67	9..
8029	2918	—	10.5	+43 19	1	E?	7.67	3..	8079	3390	3091	16.1	+21 55	2	M?	6.17	2.n
8030	829	—	10.6	+72 8	2	F	7.00	8..	8080	4509	3090	16.1	− 2 56	5	K	4.62	nnn
8031	3030	—	10.7	+42 50	1	H	7.67	6..	8081	3237	—	16.2	+29 24	1	II?	6.82	p..
8032	4259	3075	10.7	− 3 39	2	A	6.39	221	8082	2676	—	16.4	+48 32	1	E	7.67	5..
8033	3213	—	10.8	+29 12	2	F	6.52	5..	8083	3094	3093	16.4	+36 1	4	K?	5.56	9.n
8034	2921	—	11.1	+43 16	1	H	7.87	1..	8084	3337	—	16.5	+22 45	3	A	6.03	p..
8035	576	—	11.3	+79 6	3	A	7.47	7..	8085	3704	—	16.5	+ 5 24	3	A	6.04	95.
8036	4203	—	11.6	− 3 2	1	H	6.04	13.	8086	2948	—	16.6	+43 49	1	E?	7.78	5..
8037	4886	—	11.6	−18 30	1	H	6.72	0 к.	8087	2980	—	16.6	+28 56	3	F	6.20	8..
8038	3452	—	11.7	+10 48	1	A	6.47	p..	8088	3745	—	16.8	+20 53	1	A?	6.52	p..
8039	—	3076	11.8	−27 5	1	II	6.10	.nn	8089	3003	—	16.9	+27 29	2	I?	6.56	4..
8040	3715	—	11.9	+21 1	2	A	6.62	p..	8090	3241	3096	17.1	+29 48	4	A	5.65	1.0
8041	4678	—	11.9	− 9 48	2	A?	6.55	41.	8091	2981	3097	17.1	+28 49	5	A	5.20	3.2
8042	3907	—	12.0	+ 0 58	1	A?	6.47	33.	8092	3395	—	17.3	+25 1	4	A	6.00	p..
8043	2758	—	12.4	+49 7	1	H	7.63	9..	8093	4673	—	17.5	−10 16	1	A	6.05	48.
8044	3673	—	12.4	+ 5 43	1	H?	6.59	p f.	8094	989	—	17.6	+68 42	4	A	6.20	6..
8045	681	—	12.5	+77 34	1	H	6.93	6..	8095	2357	3100	17.6	+51 18	1	H	7.35	n.n
8046	3035	3079	12.6	+42 8	4	A	5.34	2.0	8096	3104	—	17.6	+32 51	1	E?	6.69	6..
8047	2084	—	12.7	+45 10	1	F	6.54	3..	8097	3400	—	17.6	+21 27	2	F?	6.37	p..
8048	2604	—	12.9	+47 32	1	F	7.26	1..	8098	5024	3098	17.6	−12 3	3	A	5.63	143
8049	2080	—	13.0	+56 34	1	H	6.62	4..	8099	3106	—	17.7	+32 53	1	H	7.50	2..
8050	2549	—	13.0	+50 57	1	E	7.65	1..	8100	3316	3101	18.0	+23 14	2	H	6.48	0.8

THE DRAPER CATALOGUE.

18ʰ

D. C.	DM.	H. P.	R.A. 1900.	Dec. 1900.	No.	Sp.	Magn	Resid.	D. C.	DM	H. P.	R.A. 1900.	Dec. 1900.	No.	Sp.	Magn.	Resid.
8101	3442	3099	18.0	+11 59	4	A	5.92	1 2 0	8151	889	8120	22.2	+71 17	10	A	4.22	5.0
8102	4713	3102	18.2	− 8 59	3	H	5.09	4 2 1	8152	2481	—	22.2	+46 12	1	A?	7.75	2..
8103	3555	3104	18.4	+17 46	2	II	6.10	9.6	8153	3240	—	22.2	+35 17	1	H	6.91	3..
8104	2776	—	18.6	+40 40	1	H	7.18	7..	8154	3255	—	22.3	+26 10	2	A	6.40	7..
8105	3760	—	18.7	+20 55	1	II	6.82	5..	8155	622	—	22.4	+81 26	1	H	7.46	3..
8106	3511	—	18.7	+14 39	2	A	6.34	0..	8156	575	—	22.4	+80 37	1	H	7.27	7..
8107	4277	—	18.8	− 3 38	1	H?	5.74	8 9.	8157	693	—	22.4	+77 4	1	A	7.66	3..
8108	2782	3106	19.0	+49 4	2	M?	6.63	n.n	8158	1809	3116	22.4	+58 45	5	A	5.01	2.2
8109	621	—	19.1	+81 27	1	E?	7.06	p..	8159	2484	—	22.5	+46 50	1	A	7.26	0..
8110	2362	—	19.2	+51 14	1	H	7.80	n..	8160	2790	—	22.7	+49 48	1	H	7.84	6..
8111	3350	—	19.2	+40 20	1	F?	7.55	1..	8161	2692	—	22.7	+48 42	1	E	7.67	7..
8112	3247	—	19.2	+29 19	1	E?	6.77	p..	8162	3259	3115	22.7	+26 23	3	A	6.20	1.0
8113	3518	—	19.2	+14 51	1	A	6.14	p..	8163	839	3122	22.8	+72 42	8	F	4.24	4.5
8114	3411	3107	19.4	+21 43	6	K?	5.14	6.n	8164	—	—	22.8	−26 38	1	H?	5.96	.n.
8115	5134	3105	19.4	−20 35	1	II	5.94	6 8 n	8165	540	—	22.9	+82 54	5	A	6.50	p..
8116	2783	—	19.5	+49 31	1	E?	8.03	1..	8166	2713	—	23.1	+45 45	1	H	7.84	2..
8117	3159	—	n	n	n	n	n	...	8167	3206	—	23.1	+30 54	1	H	6.83	0..
8118	3010	—	19.5	+27 27	1	A?	6.66	p..	8168	3788	3117	23.1	+ 6 31	1	A?	6.65	p n n
8119	2365	—	19.8	+51 29	4	A	6.48	3..	8169	3790	3118	23.1	+ 6 8	3	A	5.54	p 5 2
8120	3769	—	19.8	+20 23	1	F	6.17	5..	8170	5071	3119	23.5	−14 38	5	A	4.87	1 1 2
8121	3486	—	19.8	− 1 38	1	F	6.15	3 2.	8171	2490	—	23.6	+40 44	1	E	7.55	4..
8122	1066	—	19.9	+67 23	1	H	6.99	0..	8172	3425	—	23.6	+24 37	2	A	6.09	7..
8123	2962	—	19.9	+43 53	1	H	7.88	4..	8173	3758	—.	23.6	+ 4 47	1	E?	6.64	n f.
8124	3192	—	20.1	+30 14	1	H?	6.87	p..	8174	3759	—	23.6	+ 4 46				n f.
8125	579	—	20.2	+79 21	1	H	7.45	9..	8175	822	—	24.0	+73 59	2	A	6.96	p..
8126	2474	—	20.2	+46 18	1	F?	7.10	1..	8176	5077	—	24.1	−14 39	2	A	6.11	7 4.
8127	2704	—	20.2	+45 9	1	F	7.44	4..	8177	4092	3121	24.3	−18 47	1	H	6.46	0 4 8
8128	3159	—	20.4	+38 18	3	A	6.66	3..	8178	4641	3123	24.5	− 2 3	2	H	6.10	3 3 6
8129	3160	—	20.6	+38 42	1	H	7.08	n..	8179	412	—	24.6	+84 37	6	F	7.04	5..
8130	3191	—	20.6	+34 27	1	H	7.70	0..	8180	1827	—	24.6	+60 25	1	E?	6.42	p..
8131	884	—	20.7	+71 28	3	F	6.59	p..	8181	667	—	24.7	+75 30	1	H	6.96	p..
8132	3118	—	20.7	+32 5	1	F?	7.64	2..	8182	1266	—	24.7	+64 47	1	H	6.64	9..
8133	3082	3108	20.8	+ 7 50	1	H	6.25	4 3 4	8183	2797	—	24.9	+49 45	1	E?	7.48	2..
8134	3410	3110	20.9	+39 27	7	A	5.23	1.3	8184	3595	—	25.0	+17 55	2	A?	6.15	3..
8135	3016	—	21.0	+27 20	5	A	6.06	4..	8185	3727	—	25.1	+ 4 0	1	H	6.08	9 8.
8136	3931	—	21.0	+ 0 44	1	F	6.37	6 5.	8186	3598	—	25.2	+17 57	1	H	6.75	p..
8137	2970	—	21.1	+43 51	1	H	7.78	n..	8187	3532	—	25.2	+10 25	1	A	6.46	3..
8138	3074	—	21.2	+42 25	3	A	6.56	1..	8188	2906	—	25.3	+44 12	1	E?	7.53	3..
8139	3358	—	21.3	+22 39	2	A?	5.83	p..	8189	2984	—	25.3	+43 52	1	F?	7.43	3..
8140	3533	—	21.4	+14 55	2	A	5.94	6..	8190	3269	—	25.3	+20 30	1	H	6.77	9..
8141	530	—	21.5	+83 39	1	H	7.56	2..	8191	3347	3125	25.5	+23 48	5	A	5.59	4.1
8142	2079	—	21.7	+53 15	3	A	6.04	5..	8192	3487	—	25.6	+11 8	1	H	6.72	p..
8143	3019	—	21.7	+27 38	1	H	6.91	p..	8193	4088	3124	25.6	−18 28	5	A	5.07	9 4 1
8144	—	3111	21.8	−25 26	2	K	4.49	n n	8194	1271	3126	25.7	+65 30	4	I?	5.81	8.8
8145	3684	—	21.9	+18 48	1	A	6.86	9..	8195	3774	—	25.7	+ 4 27	1·	II	6.33	9 7.
8146	3166	—	22.0	+38 23	2	A	7.03	5..	8196	608	—	25.8	+75 47	1	E	7.51	5..
8147	632	—	22.1	+79 1	5	F?	7.10	6..	8197	2494	—	25.8	+46 22	1	C?	7.15	7..
8148	3250	3113	22.1	+29 46	4	A	5.67	4.1	8198	4713	—	25.9	−10 52	3	E	5.81	3 4.
8149	3936	3112	22.1	+ 0 8	2	A	5.36	0 1 2	8199	3279	—	26.0	+31 47	1	A?	6.58	p..
8150	5203	—	22.1	−17 51	1	F?	5.97	7 6.	8200	2930	—	26.1	+43 52	1	H	7.73	7..

18^h

D.C.	DM.	H.P.	R.A. 1900.	Dec. 1900.	No.	Sp.	Magn.	Resid.	D.C.	DM.	H.P.	R.A. 1900.	Dec. 1900.	No.	Sp.	Magn.	Resid.
			m.	° ′								m.	° ′				
8201	275	—	26.2	+86 32	1	H	7.95	2..	8251	3418	—	31.7	+22 40	1	A	6.53	p..
8202	3501	—	26.2	− 0 33	1	A	6.46	5 p.	8252	3783	3138	31.7	+ 9 3	4	F?	5.51	2 2 0
8203	1899	—	26.3	+59 29	2	H	6.81	6..	8253	3855	3139	31.8	+ 6 36	3	F?	5.55	2 2 3
8204	1873	—	26.3	+57 20	1	F?	6.83	7..	8254	3755	—	31.9	+ 3 41	1	H?	6.68	9 3.
8205	3821	—	26.4	+20 46	1	E?	6.52	0..	8255	5076	—	31.9	−21 29	2	F?	5.82	5 4.
8206	2728	—	26.6	+45 55	1	E?	7.60	6..	8256	697	—	32.0	+77 4	2	A	7.01	p..
8207	3529	3127	26.6	+16 52	5	A	5.66	1.0	8257	3975	—	32.1	+ 0 52	1	H	6.52	3 4.
8208	5098	—	26.7	−14 43	1	A	6.06	9 F.	8258	5271	—	32.1	−17 19	1	E?	6.28	7 9.
8209	3504	—	26.8	− 1 4	2	A	5.56	p 7.	8259	3244	—	32.4	+30 31	1	H	6.83	2..
8210	3141	—	26.9	+32 35	1	A	6.49	p..	8260	3494	—	32.4	+22 1	2	A	6.07	8..
8211	—	—	27.0	−24 12	1	E	6.12	.p.	8261	4518	—	32.4	− 4 54	1	F	6.53	3 5.
8212	3737	—	27.1	+ 3 35	2	A	5.93	8 8.	8262	5139	—	32.4	−14 6	1	F	5.91	p 7.
8213	3013	—	27.2	+28 26	1	F?	6.66	8..	8263	—	3142	32.4	−23 36	1	A	5.18	.9 6
8214	3143	—	27.4	+32 11	1	A?	6.34	9..	8264	3495	—	32.5	+21 15	1	A?	6.77	p..
8215	894	—	27.5	+71 39	2	E	6.84	7..	8265	3530	—	32.5	+11 21	2	A	6.17	1..
8216	3785	—	27.7	+ 4 13	1	C?	6.13	p F.	8266	3521	3143	32.5	− 0 24	4	A	5.63	1 5 2
8217	—	3129	27.8	−24 6	1	H	6.37	.5 5	8267	1079	—	32.6	+67 41	1	H	6.75	3..
8218	2706	—	27.9	+48 14	1	F?	7.67	0..	8268	3531	—	32.7	+11 16	2	A	6.82	2..
8219	5106	3130	27.9	−14 56	2	A	5.51	p 9 3	8269	1882	—	32.8	+57 43	2	A?	6.78	7..
8220	4791	—	28.0	− 5 59	1	A	5.88	6 6.	8270	3154	3146	32.9	+33 23	6	A	5.84	5.0
8221	3363	3131	28.6	+23 33	1	H	6.58	6.6	8271	3846	—	32.9	+ 5 47	1	A?	5.99	8 8.
8222	3741	—	28.6	+ 8 12	2	F?	6.05	2 6.	8272	5081	3144	32.9	−21 8	1	E?	5.83	2 2 2
8223	3223	3132	29.0	+30 29	6	A	5.35	1.0	8273	—	—	32.9	−23 16	1	H	6.19	.R.
8224	696	—	29.3	+77 30	4	H	7.08	6..	8274	3100	—	33.0	+41 12	1	A	6.30	5..
8225	3226	—	29.4	+30 5	1	H	6.87	p..	8275	848	—	33.1	+72 59	1	A	7.03	7..
8226	3027	—	29.4	+17 39	1	E	6.55	9..	8276	4331	—	33.1	− 3 17	1	E	6.39	1 3.
8227	5189	—	29.4	−20 55	2	E	6.38	1 4.	8277	R	—	33.2	+79 34	6	A	6.74	R..
8228	4681	3133	29.5	−11 3	2	H	5.94	6 2 6	8278	3529	—	33.2	− 1 12	1	A	6.55	2 3.
8229	3227	—	29.6	+30 49	2	B	5.88	p..	8279	694	—	33.3	+76 8	2	H	7.28	5..
8230	5008	—	29.7	−18 38	1	A?	6.31	p F.	8280	3238	3147	33.6	+38 41	5	A	B	R.R
8231	4638	3134	29.8	− 8 10	4	K?	5.04	8 n n	8281	3302	—	33.6	+29 29	1	H	6.87	1..
8232	2232	—	29.9	+52 3	3	A	6.16	3..	8282	3027	3148	33.7	+43 8	2	A?	6.37	4.2
8233	3847	—	30.0	+20 23	4	A	5.94	6..	8283	1112	—	33.8	+66 16	1	A	6.52	7..
8234	3573	—	30.1	+10 49	2	A	6.07	6 6.	8284	3003	—	34.0	+15 0	2	A	6.19	3..
8235	3021	—	30.2	+28 12	1	F?	6.71	6..	8285	5223	—	34.0	−20 10	1	A	6.34	2 7.
8236	1029	—	30.4	+62 28	2	E	6.80	2..	8286	3037	—	34.1	+28 32	2	E	6.11	9..
8237	3291	—	30.4	+29 40	1	H	6.67	1..	8287	3313	—	34.2	+31 14	1	H	6.93	8..
8238	3483	—	30.5	+21 24	1	A	6.27	p..	8288	1439	—	34.5	+63 37	1	A	6.67	p..
8239	3801	—	30.6	+ 4 51	2	A	6.04	p 7.	8289	699	3150	34.6	+77 28	7	I	6.37	1.7
8240	587	—	30.7	+70 9	5	H	6.68	3..	8290	3037	—	R	n	n	R	R	...
8241	3293	—	30.8	+29 54	1	A	6.42	p..	8291	3891	—	34.7	+ 5 10	1	E	6.64	1 0.
8242	3740	3135	30.8	+18 7	6	A	5.65	5.0	8292	3320	—	34.9	+31 5	1	A?	6.93	p..
8243	2113	3136	30.9	+56 58	5	G?	5.54	1.7	8293	3879	—	34.9	+20 25	1	H	6.67	p..
8244	1276	—	31.0	+65 22	2	F	6.55	2..	8294	3880	—	35.0	+20 50	1	H	6.77	7..
8245	2508	—	31.0	+46 8	2	A	6.35	1..	8295	3798	—	35.0	+ 7 16	2	A?	6.60	1 1.
8246	3294	—	31.1	+35 43	1	A	6.81	4..	8296	3027	—	R	R	R	R	R	...
8247	3385	3137	31.4	+23 31	1	H	6.08	1.3	8297	3797	—	35.6	+ 8 46	2	A	6.46	8 6.
8248	3560	—	31.4	+16 54	2	E	6.20	1..	8298	—	3149	35.7	−23 56	1	F?	5.73	.9 5
8249	2238	3141	31.6	+52 16	2	I	6.26	8.9	8299	1283	3152	35.8	+65 23	4	A	6.10	1.3
8250	3245	3140	31.6	+34 22	4	A	5.78	6.1	8300	1276	—	35.8	+64 59	1	H	7.00	p..

THE DRAPER CATALOGUE.

18^h

D. C.	DM.	H. P.	R.A. 1900.	Dec. 1900.	No.	Sp.	Magn.	Resid.	D. C.	DM.	H. P.	R.A. 1900.	Dec. 1900.	No.	Sp.	Magn.	Resid.
			m.	° ′								m.	° ′				
8301	3741	—	35.9	+19 37	1	H	6.81	9 ..	8351	3191	—	40.8	+33 55	1	H	6.80	n ..
8302	5156	—	36.0	−14 40	1	H?	6.46	1 2.	8352	3190	—	40.8	+33 54				n ..
8303	852	—	36.1	+72 18	1	H	6.91	1 ..	8353	859	—	41.1	+72 53	1	H	6.92	p ..
8304	3262	—	36.2	+30 46	1	H	6.53	2 ..	8354	3509	3167	41.1	+39 34	3	A	4.54	2.1
8305	3324	—	36.3	+26 2	2	A	6.20	7 ..	8355		3168	41.1	+39 34				
8306	3446	—	36.4	+40 50	4	A	6.10	1 ..	8356	3510	3169	41.1	+39 30	3	A	4.54	1.1
8307	2258	—	36.6	+52 14	1	E	6.76	0 ..	8357		3170	41.1	+39 30				
8308	3264	—	36.6	+30 12	1	H	6.92	p ..	8358	3546	—	41.1	+15 37	1	F	6.09	4 ..
8309	1637	3153	36.7	+62 26	4	A	5.78	1.3	8359	3592	—	41.1	+11 23	1	H	6.57	1 5.
8310	3327	—	36.7	+31 32	1	A?	6.58	p ..	8360	789	—	41.2	+74 32	1	E?	6.97	p ..
8311	3254	—	36.8	+38 16	2	F?	6.28	9 ..	8361	3779	—	41.2	+10 53	1	H	6.81	2 ..
8312	3171	—	36.8	+33 35	1	E?	6.75	5 ..	8362	4701	—	41.2	− 8 13	1	A	6.41	6 F.
8313	4706	3151	36.8	− 9 9	5	F?	4.92	1 2 1	8363	4797	3164	41.2	−10 14	1	F	5.60	5 6 2
8314	855	—	37.0	+72 11	1	H	6.80	2 ..	8364	3222	3172	41.3	+37 30	7	A	4.68	n.n n.n
8315	1085	—	37.2	+67 41	2	A	6.80	7 ..	8365	3223	3173	41.3	+37 30				
8316	1840	—	37.2	+60 37	2	F	6.72	1 ..	8366	3550	—	41.3	+21 53	2	A	6.12	8 ..
8317	536	—	37.3	+83 6	10	A	5.83	4 ..	8367	3559	3165	41.3	− 1 3	2	A	5.41	7 8 4
8318	3271	—	37.4	+30 11	1	H	6.67	7 ..	8368	2126	3175	41.4	+53 47	6	A	6.16	2.1
8319	2263	3155	37.5	+52 6	8	A	5.77	1.0	8369	3926	3171	41.4	+20 27	7	F	4.91	8.7
8320	857	—	37.7	+72 18	1	H	6.76	3 ..	8370	3302	—	41.5	+34 55	1	A	6.51	5 ..
8321	1445	—	37.7	+63 26	1	H	6.77	5 ..	8371	3814	—	41.7	+18 23	2	A	6.85	5 ..
8322	3332	—	37.9	+31 31	3	A	5.85	7 ..	8372	3307	—	41.8	+34 7	1	H	6.85	p ..
8323	831	—	38.0	+73 12	1	H	6.78	2 ..	8373	4582	3174	41.8	− 4 51	1	H	4.83	3 3 4
8324	3537	—	38.1	+15 6	1	A	6.09	2 ..	8374	3349	3177	42.0	+26 34	3	I	5.82	9.9
8325	4686	3154	38.1	− 8 23	2	H	5.91	4 7 8	8375	5268	—	42.0	−20 22	1	E	6.09	9 p.
8326	3615	—	38.2	+14 45	1	A	6.29	6 ..	8376	4760	3176	42.1	− 5 48	1	K?	5.93	n R 4
8327	4859	—	38.4	− 6 55	1	E	6.32	3 4.	8377	3810	—	42.2	+24 25	1	A	6.45	9 ..
8328	3459	—	38.5	+40 37	2	A	6.70	1 ..	8378	702	—	42.5	+77 35	7	F?	6.55	4 ..
8329	3285	—	38.5	+34 38	4	A	5.95	p ..	8379	3823	3178	42.6	+18 4	6	A	4.52	4.0
8330	*3036*	—	38.5	+28 1	1	E?	6.76	7 ..	8380	2034	3180	42.9	+54 47	1	H	6.44	4.1
8331	1087	—	38.6	+67 4	1	H	7.04	p ..	8381	3613	—	42.9	+16 48	1	F?	6.15	p ..
8332	—	3156	38.6	−25 5	1	A?	5.35	.8 3	8382	5079	—	42.9	−18 42	1	H	6.20	7 5.
8333	858	—	38.7	+72 11	1	H	7.15	p ..	8383	3187	3179	43.0	+41 20	5	A	5.86	1.2
8334	3063	—	38.9	+28 12	1	H?	6.71	6 ..	8384	1845	3182	43.1	+60 56	1	H	6.68	7.4
8335	3762	—	39.9	+19 22	2	A	6.46	7 ..	8385	1771	—	43.3	+61 51	1	H	6.79	p ..
8336	3819	—	39.1	+ 8 31	1	E?	6.50	9 F.	8386	4013	—	43.3	− 6 7	1	A	6.08	p 9.
8337	*3279*	—	39.2	+31 2	1	A?	6.08	p ..	8387	3361	—	43.6	+35 46	1	A?	6.76	5 ..
8338	4869	—	39.3	− 6 38	1	H	6.57	4 F.	8388	906	—	43.7	+71 33	1	H	7.14	p ..
8339	5131	—	39.3	−21 7	1	H	6.03	8 7.	8389	5182	—	43.7	−19 15	1	F?	6.30	8 F.
8340	—	3157	39.4	−27 6	2	A	8.55	.1 3	8390	1020	—	43.8	+70 29	2	H	6.91	p ..
8341	3766	3158	39.8	+ 1 57	5	A	5.08	1 4 0	8391	3573	—	43.8	+15 17	1	A	6.19	7 ..
8342	3543	—	39.8	− 0 29	1	E	6.31	9 7.	8392	5277	3181	43.8	−20 26	1	H	6.09	8 6 6
8343	3281	—	39.9	+30 18	1	H	6.87	p ..	8393	1289	—	44.1	+64 42	1	H	6.99	7 ..
8344	1641	3163	40.0	+62 39	2	H	6.51	2.5	8394	3461	3183	44.1	+23 24	1	E?	6.48	3.5
8345	3348	3160	40.1	+31 50	3	F	5.01	4.4	8395	2551	—	44.2	+46 12	2	A	6.30	2 ..
8346	4787	—	40.3	−10 36	1	H?	6.49	5 F.	8396	3309	3184	44.2	+31 39	4	A	5.85	2.0
8347	4854	3159	40.5	+22 30	1	H	5.95	2 4 4	8397	1023	—	44.3	+70 41	2	H	6.87	6 ..
8348	3439	3161	40.5	+23 29	1	F	6.28	2.1	8398	2280	3187	44.5	+52 58	8	A	5.79	5.0
8349	3941	3162	40.5	+ 5 23	2	A	5.24	p 7 5	8399	4027	—	44.5	+ 0 44	1	A	5.72	8 9.
8350	2107	3166	40.7	+55 26	9	A	5.01	3.2	8400	678	—	44.6	+75 12	3	A	6.03	9 ..

18^h

D. C.	DM.	H. P.	R.A. 1900.	Dec. 1900.	No.	Sp.	Magn.	Resid.	D. C.	DM.	H. P.	R.A. 1900.	Dec. 1900.	No.	Sp.	Magn.	Resid.
			m. ° ′									m. ° ′					
8401	3560	—	44.6	+21 3	1	A	6.72	4 . .	8451	591	—	50.1	+80 11	1	F?	7.39	p . .
8402	3798	3185	44.6	+19 13	4	A	5.76	3 . 1	8452	3982	—	50.1	+20 14	1	F	6.46	3 . .
8403	3465	—	44.8	+23 57	2	A	6.14	8 . .	8453	3307	3207	50.2	+36 51	5	A	5.47	6 . 2
8404	4881	3186	44.8	−22 16	1	F?	5.81	p 9 3	8454	3524	3209	50.5	+22 32	3	G?	5.30	3 . 7
8405	2871	—	45.0	+49 19	1	F?	6.48	5 . .	8455	1926	—	50.6	+59 33	2	A	6.46	8 . .
8406	2767	—	45.1	+48 58	2	A	6.43	1 . .	8456	3978	3208	50.6	+ 6 30	1	H	5.99	2 2 3
8407	3545	3188	45.1	+24 56	1	A	6.19	2 . 4	8457	2086	3214	50.7	+50 35	6	I	5.77	6 . 9
8408	3583	—	45.2	+15 49	1	H?	6.09	7 . .	8458	3319	3210	51.0	+36 47	2	M	5.87	n . n
8409	4850	—	45.5	− 9 53	1	F?	5.90	4 5 .	8459	5154	—	51.1	−15 0	1	E?	6.26	p F .
8410	5347	—	45.5	−17 16	1	H	6.38	4 F .	8460	3257	3217	51.2	+33 51	2	A?	6.00	p . 0
8411	2770	3190	45.6	+48 39	6	A	6.20	2 . 2	8461	3916	3215	51.2	+ 4 4	4	A	4.51	R $_{R}14$
8412	2777	—	45.7	+45 9	1	A	7.24	6 . .	8462	3917	3216	51.2	+ 4 4				
8413	3215	—	45.8	+33 35	1	F?	6.65	9 . .	8463	3602	3212	51.2	− 1 56	1	A	5.60	9 9 4
8414	4390	—	45.8	− 3 22	1	E	6.29	p p .	8464	3730	—	51.4	+ 2 21	1	H	6.67	3 0 .
8415	3868	—	45.9	+26 19	1	F?	6.35	3 . .	8465	5339	3213	51.4	−20 47	3	A?	5.26	2 4 3
8416	3373	—	46.0	+31 31	2	A	6.38	6 . .	8466	3177	3221	51.7	+41 29	2	H	6.46	n . n
8417	3227	3191	46.1	+32 42	3	A	5.79	5 . 2	8467	3779	3220	51.7	+17 59	2	A	5.90	0 . 1
8418	4392	—	46.1	− 3 26	1	F	5.59	9 9 .	8468	4970	3219	51.7	− 5 58	2	H	5.93	9 5 8
8419	4892	—	46.1	−22 2	1	A	5.81	p p .	8469	5242	—	51.7	−19 17	1	H	6.40	6 8 .
8420	3228	3192	46.2	+32 26	5	A	5.33	2 . 2	8470	5201	3218	51.8	−21 14	4	K	4.91	9 n n
8421	1019	—	46.3	+68 38	1	F	7.07	7 . .	8471	1915	—	52.1	+57 20	1	H	6.73	4 . .
8422	3223	3193	46.3	+33 15	6	G	3.87	R . 3	8472	2793	3223	52.1	+48 44	4	F?	6.24	7 . 3
8423	—	—	46.3	−26 46	1	Π	6.21	. 6 .	8473	3580	—	52.2	+40 3	1	A	6.74	0 . .
8424	1096	—	46.9	+67 41	5	A?	6.62	4 . .	8474	1929	—	52.3	+59 53	2	E	6.51	5 . .
8425	1461	—	46.9	+63 9	1	H	6.81	7 . .	8475	3117	3224	52.3	+43 49	4	M?	5.63	n . n
8426	423	—	47.4	+84 32	1	A	7.95	6 . .	8476	3738	3222	52.3	+ 2 26	3	A	5.45	4 6 n
8427	3787	3194	47.5	+13 51	2	A	6.13	2 5 1	8477	5344	—	52.3	−20 33	1	F?	6.14	p p .
8428	4876	—	47.6	− 9 42	1	F?	6.20	4 5 .	8478	4928	—	52.4	−22 40	1	A	5.55	p p .
8429	282	—	47.7	+86 35	1	H	7.60	6 . .	8479	604	—	52.7	+79 50	11	A	6.29	2 . .
8430	1907	—	47.7	+57 43	1	H	6.93	p . .	8480	1844	—	52.9	+58 35	1	F?	6.79	p . .
8431	4848	—	47.7	−10 21	1	H	6.55	p F .	8481	3017	—	53.0	+44 5	1	A	6.73	4 . .
8432	3582	3197	48.0	+21 18	8	A	5.42	1 . 1	8482	3267	3225	53.3	+32 47	4	F?	5.74	p . 4
8433	5176	3195	48.0	−21 29	1	H	6.17	0 2 2	8483	3837	—	53.4	+ 1 4	1	H	6.57	4 F .
8434	3295	—	48.1	+36 25	5	A?	5.97	3 . .	8484	3989	—	53.5	+ 6 7	1	H	6.04	8 6 .
8435	4907	3196	48.1	−22 52	1	H	5.65	4 6 6	8485	5155	—	53.6	−18 42	1	H	6.36	6 4 .
8436	835	3204	48.2	+73 58	7	I?	5.93	6 . 5	8486	2585	—	53.7	+46 37	2	A	7.35	4 . .
8437	2042	—	48.2	+54 12	2	A	6.84	7 . .	8487	3799	3227	53.8	+17 14	2	F	6.10	3 4 9
8438	3003	—	48.5	+45 0	1	A	6.99	2 . .	8488	5172	3226	53.8	−12 58	1	A	5.02	5 7 3
8439	3167	3201	48.9	+41 16	3	A	5.82	7 . 3	8489	2799	—	54.1	+45 43	1	H	7.19	2 . .
8440	5143	3198	49.0	−15 43	4	A	5.38	3 1 3	8490	3838	—	54.2	+13 46	2	A	5.88	5 6 .
8441	4915	3200	49.1	+14 18	1	H	5.65	6 5 4	8491	—	—	54.2	−25 5	1	H	6.15	. 4 .
8442	—	3199	49.1	−26 25	2	B	2.77	. 4 5	8492	4007	—	54.3	+20 29	1	A	6.37	1 . .
8443	2294	3205	49.3	+52 50	5	I?	6.25	7 . 6	8493	796	—	54.4	+74 20	1	A?	6.82	p . .
8444	4863	—	49.4	−10 38	1	A?	6.29	p p .	8494	914	—	54.4	+71 39	5	A?	6.54	p . .
8445	682	3211	49.5	+75 19	12	A	5.44	4 . 2	8495	3858	3228	54.5	+19 39	3	A	6.11	3 . 1
8446	5225	—	49.6	−14 49	1	H	6.51	5 F .	8496	3841	3229	54.5	+13 30	5	A	6.04	7 2 8
8447	792	—	49.7	+74 37	2	H	6.93	6 . .	8497	3373	3230	54.6	+38 7	5	A	5.63	6 . 3
8448	1925	3206	49.7	+59 16	3	I	5.62	n . n	8498	1922	3233	55.1	+57 41	1	H	6.28	5 . 7
8449	5078	3202	49.7	−16 30	2	H?	5.94	7 1 3	8499	3595	—	55.1	+39 38	1	A	7.04	3 . .
8450	—	3203	49.9	−23 18	1	F	5.34	. p 6	8500	3736	3231	55.1	+14 56	6	I	5.41	n . n

$18^h - 19^h$

D.C.	DM.	H.P.	R.A. 1900.	Dec. 1900.	No.	Sp.	Magn.	Resid.	D.C.	DM.	H.P.	R.A. 1900.	Dec. 1900.	No.	Sp.	Magn.	Resid.
			m	° ′								m	° ′				
8501	3286	3232	55.2	+32 33	7	A	3.53	3 . 2	8551	5223	3257	59.9	−15 49	3	A	5.70	1 2 3
8502	3287	—	55.3	+32 59	1	A	6.54	9 . .	8552	3042	—	0.1	− 1 40	1	F?	6.45	1 4 .
8503	843	—	55.5	+73 57	1	II	6.86	9 . .	8553	3509	—	0.3	+34 0	1	H?	6.40	8 . .
8504	3544	3235	55.5	+40 33	4	A	5.65	9 . 5	8554	3549	—	0.5	+23 11	1	F	6.63	3 . .
8505	3419	—	55.5	+31 34	1	A?	6.33	p . .	8555	—	3258	0.7	−27 49	1	II	4.53	. 9 n
8506	915	3242	55.6	+71 10	7	I?	5.78	6 . n	8556	3899	3259	0.8	+13 43	5	A	3.54	6 . 4
8507	660	—	55.8	+78 43	1	E?	7.02	5 . .	8557	4876	3260	0.9	− 5 2	4	A	3.83	n 5 2
8508	1849	—	55.8	+58 4	2	A	6.34	3 . .	8558	845	—	1.1	+73 59	4	F?	6.61	2 . .
8509	3602	3239	55.9	+39 5	3	A?	6.11	1 . 1	8559	3453	3262	1.1	+31 36	1	II	5.88	1 . 2
8510	3421	—	55.9	+26 50	3	A	6.22	p . .	8560	5153	3261	1.1	−16 23	1	A?	5.80	3 R 1
8511	1309	3244	56.0	+65 8	2	II	6.15	7 . 4	8561	3148	—	1.2	+43 43	2	A	6.63	2 . .
8512	3132	—	56.1	+43 35	2	A	6.43	6 . .	8562	923	—	1.4	+71 22	1	E?	7.03	p . .
8513	661	—	56.3	+78 50	1	A?	6.68	8 . .	8563	1674	—	1.6	+62 33	1	II	6.80	1 . .
8514	1069	—	56.3	+62 16	1	A?	6.50	4 . .	8564	2825	—	1.6	+45 45	1	A	7.04	2 . .
8515	3212	—	56.3	+42 52	1	A	6.97	5 . .	8565	3040	3265	1.9	+24 6	5	A	5.74	3 . 1
8516	3424	3241	56.3	+32 0	2	H	5.89	1 . 8	8566	—	—	2.1	−24 49	2	A?	5.86	. 8 .
8517	4840	3240	56.3	− 5 53	3	K	5.18	5 n n	8567	712	—	2.2	+76 55	7	F	6.52	0 . .
8518	2705	—	56.5	+50 41	1	A?	7.30	n . .	8568	3787	3264	2.3	+10 55	2	A	4.72	5 9 4
8519	2906	—	56.5	+49 12	1	A	7.23	6 . .	8569	1808	—	2.4	+61 57	1	E	6.79	2 . .
8520	683	—	56.9	+75 39	12	A	6.04	5 . .	8570	5312	3263	2.4	−19 27	4	A	5.43	6 4 1
8521	3138	—	56.9	+43 7	1	A	7.12	2 . .	8571	2178	3268	2.6	+53 14	6	A	5.45	0 . 0
8522	3634	—	57.0	+21 22	1	A?	6.32	4 . .	8572	—	—	2.6	−25 14	1	F?	6.05	. p .
8523	4022	3245	57.0	+20 42	2	A?	6.17	2 . 2	8573	3193	3267	2.7	+28 28	5	A?	5.70	0 . 2
8524	4926	—	57.1	−10 52	1	H	6.19	3 7 .	8574	3594	—	2.9	+22 25	1	A	6.98	0 . .
8525	3429	3246	57.2	+26 9	7	A	5.65	6 . 1	8575	1040	—	3.0	+68 10	2	A	6.61	4 . .
8526	1864	—	57.3	+60 32	2	A	6.42	2 . .	8576	3232	3269	3.1	+41 16	2	A	6.15	1 . 2
8527	3607	—	57.3	+39 44	1	F	7.04	0 . .	8577	3958	—	3.2	+18 23	1	F	6.95	5 . .
8528	3287	—	57.3	+33 40	1	H	6.15	6 . .	8578	3752	3266	3.5	+16 43	2	A?	6.35	9 . 5
8529	871	—	57.4	+73 2	1	E	7.28	p . .	8579	3485	3272	3.7	+35 56	9	B	5.21	0 . 0
8530	3153	—	57.4	+28 16	1	II	6.06	9 . .	8580	3326	3271	3.7	+32 20	6	F?	5.47	5 . 6
8531	3444	—	57.5	+29 23	2	A	6.12	7 . .	8581	3672	3273	3.7	+21 32	3	F	6.49	3 . 3
8532	3219	—	57.6	+42 7	1	A?	7.21	6 . .	8582	5275	3270	3.8	−21 11	6	F	3.75	R 7 7
8533	3561	—	57.6	+22 8	2	A	6.08	4 . .	8583	3431	—	3.9	+34 14	1	II	6.40	. . .
8534	4460	3247	57.6	− 3 51	4	A	5.37	3 3 1	8584	3650	—	3.9	+24 34	3	A	6.11	4 . .
8535	2708	3249	57.7	+50 24	6	B	5.21	4 . 2	8585	547	—	4.0	+83 47	10	A	6.37	1 . .
8536	3299	—	57.7	+32 15	1	A	6.09	p . .	8586	603	—	4.1	+80 46	2	A	7.17	p . .
8537	4852	—	57.7	−11 20	1	H?	6.44	3 F .	8587	3596	—	4.1	+40 54	1	A	6.85	0 . .
8538	5250	—	57.7	−12 51	1	E	6.43	p F .	8588	4040	3274	4.1	+ 5 55	2	F?	5.64	6 1 3
8539	3295	3250	58.2	+32 29	2	A?	5.80	p . 3	8589	572	3279	4.7	+82 13	5	A	6.31	3 . 6
8540	3042	—	58.4	+44 14	1	A	7.08	1 . .	8590	3662	—	4.7	− 0 36	2	A	6.01	p 6 .
8541	3210	—	58.4	+41 21	1	A	7.41	2 . .	8591	3437	3275	5.1	+34 35	3	A?	6.23	3 . 4
8542	3865	3251	58.5	+ 1 40	3	A	5.75	2 5 0	8592	848	—	5.5	+73 13	1	A	6.93	8 . .
8543	2002	3254	58.6	+46 47	9	A	5.31	2 . 3	8593	3442	—	5.5	+30 24	4	A	6.29	7 . .
8544	5237	3252	58.7	−21 53	4	I	4.99	8 n n	8594	5428	—	5.4	−20 31	1	II	6.64	p p .
8545	2137	3255	58.8	+55 31	3	H	6.40	7 . 7	8595	2350	—	6.1	+52 16	1	I	6.91	7 . .
8546	3710	—	59.2	+25 41	1	A?	6.75	5 . .	8596	2734	—	6.1	+50 12	2	A	6.74	7 : .
8547	3648	—	59.4	+21 7	2	F?	6.27	4 . .	8597	5292	—	6.5	−21 50	1	II	6.42	6 5 .
8548	1018	—	59.5	+69 23	1	A	6.01	3 . .	8598	2089	—	6.9	+54 56	1	E	6.74	p . .
8549	4684	3256	59.7	− 4 11	1	II	5.94	2 3 3	8599	—	—	7.0	−26 5	1	II	6.03	. 3 .
8550	2326	—	59.8	+52 7	1	H	6.76	5 . .	8600	3258	—	7.3	+42 26	1	A	6.91	1 . .

D. C.	DM.	H. P.	R.A. 1900.	Dec. 1900.	No.	Sp.	Magn.	Resid.	D. C.	DM.	H. P.	R.A. 1900.	Dec. 1900.	No.	Sp.	Magn.	Resid.
			m. s.	° ′								m. s.	° ′				
8601	4887	3277	7.3	− 8 7	2	A	5.81	4 6 0	8651	3960	3303	12.8	+ 1 52	2	A	5.97	5 7 2
8602	3474	—	7.4	+26 34	1	F	6.15	p . .	8652	3398	3304	12.9	+37 57	5	I?	5.67	n . n
8603	2844	—	7.7	+48 16	1	A	7.12	1 . .	8653	690	—	13.0	+76 1	1	F	7.17	8 . .
8604	3497	3282	7.9	+31 7	7	A	5.85	2 . 1	8654	8719	—	13.2	+21 38	1	H	6.12	p . .
8605	3620	—	8.1	+40 16	3	A	5.78	5 . .	8655	3790	3305	13.2	+11 25	3	A	5.52	1 2 4
8606	3775	—	8.1	+16 40	3	A	6.20	8 . .	8656	5310	—	13.3	−15 42	1	A	6.25	2 4 .
8607	5021	—	8.1	−22 14	1	H	6.16	p F .	8657	3706	—	13.4	+25 4	1	A	6.64	p . .
8608	3690	3283	8.3	+21 23	6	A	5.90	1 . 1	8658	3647	—	13.4	+22 16	3	F?	6.23	p . .
8609	3354	—	8.5	+32 4	1	H	6.64	p . .	8659	3648	3308	13.5	+22 51	9	F?	5.39	7 . 2
8610	982	—	8.6	+71 55	1	A	6.75	4 . .	8660	4168	3306	13.5	+ 0 55	1	H	6.12	n 4 7
8611	3677	—	8.6	+39 15	1	A	7.24	1 . .	8661	1179	—	13.8	+66 57	2	A	6.28	p . .
8612	3824	3284	8.7	+ 2 7	2	A	5.02	6 7 2	8662	2053	3311	14.0	+46 49	2	F?	6.81	7 . 7
8613	2527	—	8.8	+51 51	1	A	7.06	2 . .	8663	1333	—	14.1	+65 6	1	F	6.70	9 . .
8614	3523	—	8.8	+36 0	2	A	6.41	4 . .	8664	3502	—	14.1	+30 50	4	A	6.28	6 . .
8615	3240	—	9.0	+29 3	2	A	6.37	6 . .	8665	607	—	14.4	+80 33	2	H	6.96	2 . .
8616	877	—	9.4	+72 7	1	F?	6.70	p . .	8666	180	—	14.5	+87 10	1	A	7.75	2 . .
8617	1326	—	9.4	+65 49	3	A	5.93	p . .	8667	3975	—	14.5	+19 26	3	A?	6.14	7 . .
8618	—	3286	9.4	−24 21	1	E?	5.92	. 8 5	8668	5063	3312	14.6	−22 36	1	F?	5.05	p 9 7
8619	—	3287	9.4	−25 20	1	F	5.04	. 4 2	8669	2216	3316	14.8	+53 11	6	K	4.94	4 . n
8620	2959	3288	9.5	+49 39	3	H	6.36	2 . 6	8670	3879	3314	15.0	+12 12	2	A	5.52	0 4 1
8621	984	—	9.7	+71 20	1	E	7.03	p . .	8671	3802	—	15.2	+11 21	3	A	6.02	6 . .
8622	2209	3289	9.7	+56 41	5	H	6.29	3 . n	8672	4936	3315	15.2	− 5 36	2	H?	6.13	n 5 9
8623	3757	—	9.7	+25 35	2	A	6.19	7 . .	8673	3409	—	15.3	+33 13	4	A?	6.04	8 . .
8624	3687	—	10.2	+24 50	2	A	6.64	8 . .	8674	3716	3317	15.4	− 1 4	5	A	5.63	3 3 0
8625	3458	3290	10.3	+36 14	1	F?	6.92	0 . 0	8675	609	—	15.5	+80 35	7	A	6.68	4 . .
8626	1961	—	10.4	+57 28	1	H	6.88	3 . .	8676	3413	3320	15.5	+37 16	3	A	6.05	2 . 1
8627	3490	3291	10.4	+39 58	5	B	4.40	1 . 1	8677	3544	—	15.6	+31 47	2	A?	6.13	p . .
8628	3956	3292	10.7	+20 2	2	H	6.21	2 . 1	8678	181	—	15.7	+87 42	1	A	7.80	2 . .
8629	3846	3293	10.8	+14 54	1	H	6.34	2 3 8	8679	3665	—	15.7	+40 11	1	A	6.65	0 . .
8630	3514	—	11.0	+31 40	1	H	6.48	5 . .	8680	5412	—	15.8	−19 25	1	A	5.45	p p .
8631	3307	—	11.0	+27 46	3	A	6.26	9 . .	8681	1702	—	15.9	+63 2	1	E	6.91	4 . .
8632	4038	3294	11.0	+21 3	6	A	5.59	4 . 2	8682	5322	3319	15.9	−18 2	5	A	4.79	8 6 9
8633	936	—	11.2	+72 5	1	E	7.00	5 . .	8683	5283	3321	16.0	−16 8	5	F?	5.19	5 3 5
8634	3491	3297	11.5	+30 21	1	H	6.92	n . 7	8684	5825	3322	16.1	−18 29	1	H	6.27	1 2 2
8635	4045	3295	11.5	+ 4 40	3	A	5.57	1 5 2	8685	722	—	16.2	+76 43	1	F	6.95	p . .
8636	578	—	11.7	+82 31	3	A	7.03	7 . .	8686	3417	3323	16.2	+37 9	1	F	7.22	n . 8
8637	2858	—	11.7	+48 32	1	F?	7.17	2 . .	8687	1184	—	16.3	+66 58	1	H	6.88	p . .
8638	938	—	11.8	+71 57	1	E?	6.75	p . .	8688	3550	—	16.6	+31 55	3	A?	6.59	5 . .
8639	5379	3296	11.8	−19 8	2	H	5.76	5 2 9	8689	3740	—	16.6	+22 1	5	A	6.17	5 . .
8640	3313	3299	11.9	+27 17	3	A	6.18	9 . 2	8690	812	—	16.8	+74 51	1	E?	7.08	9 . .
8641	8713	3300	11.9	+21 13	12	A	4.81	1 . 1	8691	1926	—	16.8	+60 46	1	A	6.63	4 . .
8642	3852	3298	11.9	+14 23	6	A	5.61	3 6 2	8692	5516	—	16.8	−20 49	1	H	6.48	5 F .
8643	3314	3301	12.0	+27 45	3	F	6.19	0 . 0	8693	3503	3324	16.9	+35 0	4	A	5.83	6 . 3
8644	1968	3302	12.1	+57 32	2	H	6.23	9 . 9	8694	4114	—	16.9	+20 46	1	A	6.27	p . .
8645	3494	—	12.1	+31 4	3	E	6.21	7 . .	8695	856	—	17.0	+73 40	2	A	6.95	8 . .
8646	3497	—	12.1	+26 41	1	H	6.25	p . .	8696	2123	—	17.4	+54 12	4	A	6.14	3 . .
8647	2865	—	12.4	+45 9	1	A	7.29	4 . .	8697	3802	—	17.4	+25 25	1	A	6.59	4 . .
8648	5387	—	12.4	−19 3	1	E?	6.31	p 7 .	8698	857	3328	17.5	+73 10	7	M?	5.62	n . n
8649	1120	3307	12.5	+67 29	8	L?	4.69	n . n	8699	3943	—	17.6	+17 34	2	F?	6.60	4 . .
8650	717	3313	12.8	+76 24	14	A	5.45	1 . 5	8700	3568	—	17.8	+29 43	1	A	6.82	4 . .

THE DRAPER CATALOGUE.

19ʰ

D.C.	DM.	H.P.	R.A. 1900.	Dec. 1900.	No.	Sp	Magn.	Resid.	D.C.	DM.	H.P.	R.A. 1900.	Dec. 1900.	No.	Sp	Magn.	Resid.
8701	—	3326	18.3	−28 3	1	E	5.82	.1 1	8751	*4028*	—	23.6	+20 2	3	A	6.31	p . .
8702	945	—	18.4	+71 9	1	A?	6.78	0 . .	8752	3976	—	23.6	+17 38	2	A	6.50	0 . .
8703	3896	—	18.6	+14 44	1	A	6.19	3 . .	8753	—	3355	23.6	−27 11	1	H	5.85	. R *2*
8704	*3811*	3329	18.7	+26 4	10	A	5.05	5 . 0	8754	5366	—	23.8	−15 34	1	E?	6.15	9 p .
8705	3434	3330	18.8	+33 19	1	H	6.39	*2 . 1*	8755	1999	—	24.0	+57 49	1	A?	6.43	1 . .
8706	1344	3336	19.0	+64 13	3	A	6.00	5 . 2	8756	3465	—	24.1	+37 44	2	E	6.28	1 . .
8707	—	—	19.1	−23 14	1	H	6.54	. p .	8757	660	—	24.2	+81 45	2	A	7.18	8 . .
8708	2400	—	19.2	+52 11	1	A	6.91	2 . .	8758	*3352*	—	24.2	+42 1	1	A?	7.36	1 . .
8709	—	3331	19.2	−24 42	3	A?	5.36	. 0 *3*	8759	3750	3357	24.6	+24 28	7	M	5.67	n . n
8710	—	3332	19.4	−24 9	1	H	5.82	. *2* 1	8760	3936	3359	24.8	+14 23	1	II	5.88	10 *2*
8711	*4000*	—	19.5	+20 4	5	A	5.09	5 . .	8761	2434	3361	25.0	+52 7	6	A	5.64	5 . 1
8712	815	—	19.6	+74 44	1	F	7.18	p . .	8762	*4030*	—	25.0	+20 4	5	A	5.95	p . .
8713	3325	—	19.8	+42 46	2	A	6.52	0 . .	8763	5410	—	25.0	−21 31	1	A	5.32	p *9* .
8714	*3411*	—	19.8	+33 1	1	II	6.34	6 . .	8764	734	—	25.1	+76 22	1	E	7.08	*6* . .
8715	3839	3337	19.8	+16 45	5	A	6.08	*3 . 1*	8765	4043	—	25.5	+ 3 14	1	A	5.63	p *7* .
8716	1345	3345	20.2	+65 31	9	A	4.79	5 . *2*	8766	728	—	25.6	+77 50	3	E	6.99	8 . .
8717	3584	3342	20.2	+29 26	11	B	4.87	3 . 0	8767	3873	—	25.8	+16 30	1	A	6.54	2 . .
8718	3842	3338	20.2	+16 46	2	A	6.15	5 . 4	8768	3987	—	25.9	+17 28	1	A	6.60	4 . .
8719	3833	3340	20.2	+11 43	1	H	6.02	*5 47*	8769	5425	—	26.3	−21 44	1	A?	6.17	p p .
8720	655	—	20.4	+81 5	1	A	7.59	7 . .	8770	3480	—	26.6	+33 31	1	H	6.65	R . .
8721	816	—	20.4	+74 7	1	E	7.06	p . .	8771	3410	3362	26.7	+27 45	11	Q?	4.31	R . n
8722	3542	—	20.4	+30 51	1	H?	6.33	7 . .	8772	3411	3363	26.7	+27 45		A?		R . n
8723	3379	—	20.4	+27 53	4	A	6.21	8 . .	8773	*3658*	3364	27.1	+36 1	4	A	5.99	5 . *2*
8724	4004	—	20.4	+19 44	1	A	6.66	5 . .	8774	2605	3365	27.2	+51 31	8	A	4.22	*2 . 3*
8725	*5105*	3339	20.4	−21 58	1	H	5.76	2 1 *3*	8775	3573	—	27.2	+26 24	2	II	6.35	1 . .
8726	3979	3343	20.5	+ 2 55	2	A	4.03	*8 6 5*	8776	3487	—	27.5	+33 16	3	A	6.26	7 . .
8727	5348	3341	20.5	−15 15	1	F	5.45	p 5 *3*	8777	3373	—	27.5	+28 30	1	A	6.82	p . .
8728	860	—	20.6	+73 22	3	A	6.47	p . .	8778	628	3371	27.8	+79 24	15	A	5.82	5 . 1
8729	*2994*	—	20.8	+50 5	5	A	6.28	3 . .	8779	3588	—	27.8	+36 30	1	H	6.37	R . .
8730	3229	3346	20.8	+43 12	1	E?	6.82	n . *8*	8780	3589	—	27.8	+36 30				n . .
8731	—	—	20.9	−24 15	1	E	6.27	. R .	8781	4175	—	27.8	+20 44	3	A	6.35	6 . .
8732	*4000*	—	21.1	+20 5	5	A	5.09	6 . .	8782	552	3378	27.9	+83 16	12	A	6.17	*2* . 1
8733	4010	3347	21.1	+19 37	4	H?	5.89	*9 . 7*	8783	3864	—	28.0	+25 23	2	H	6.44	2 . .
8734	3737	3348	21.3	+24 45	2	H	6.24	*1 . 2*	8784	3590	3366	28.1	+34 14	8	B	4.64	0 . 2
8735	731	—	21.4	+76 25	1	F	6.74	9 . .	8785	*3421*	—	28.1	+28 4	1	H?	6.66	*7* . .
8736	4206	3349	21.4	+ 0 9	3	F?	5.64	*6 2 8*	8786	2250	—	28.2	+50 26	2	A	6.21	*7* . .
8737	3827	—	21.6	+25 54	1	A	6.60	9 . .	8787	2905	—	28.3	+48 22	1	A	6.42	6 . .
8738	3328	—	21.8	+28 34	1	A	6.71	p . .	8788	2213	—	28.4	+55 56	3	A	6.41	*1* . .
8739	3907	3350	21.8	+12 40	1	F	5.88	1 3 *1*	8789	863	—	28.7	+73 9	2	A	6.78	*7* . .
8740	4015	3351	21.9	+19 54	9	A	5.53	6 . *1*	8790	*3034*	3367	28.7	+50 6	1	II	6.14	*1 . 4*
8741	949	—	22.1	+71 55	1	H	6.85	7 . .	8791	*3622*	—	29.1	+31 2	2	A	6.18	7 . .
8742	4017	—	22.1	+19 41	1	H	6.46	*3* . .	8792	4132	3368	29.2	+ 7 10	1	A?	5.55	*3 3 9*
8743	*4019*	—	22.2	+20 3	2	A	6.11	5 . .	8793	5122	3360	29.6	−10 47	1	II	6.04	*7 2 7*
8744	3782	—	22.4	+21 27	1	II?	6.47	*8* . .	8794	3474	—	29.7	+32 59	2	II	6.39	6 . .
8745	4139	—	22.4	+20 57	1	A?	6.27	p . .	8795	5444	—	29.7	−21 0	1	H	6.13	*7 9* .
8746	112	3426	22.5	+88 59	1	M	7.40	*9 . 9*	8796	3675	—	29.9	+25 51	1	A	6.55	*1* . .
8747	732	—	22.6	+76 36	1	H	6.99	3 . .	8797	—	3370	29.9	−24 56	2	A	5.25	. R 6
8748	3557	3352	22.6	+36 7	12	A?	5.26	*3 . 2*	8798	3650	—	30.2	+38 34	2	A?	6.23	*4* . .
8749	5362	—	22.9	−15 18	1	II?	5.90	p p .	8799	4003	3372	30.2	+19 33	10	A?	4.95	8 . 0
8750	*4020*	3353	23.0	+14 5	1	A	5.83	2 8 *4*	8800	629	—	30.5	+79 35	1	E	7.46	5 . .

19^h

D.C.	DM.	H.P.	R.A. 1900.	Dec. 1900.	No.	Sp.	Magn.	Resid.	D.C.	DM.	H.P.	R.A. 1900.	Dec. 1900.	No.	Sp.	Magn.	Resid.
			m.	° ′								m.	° ′				
8801	5521	3374	30.6	−19 5	1	F?	5.71	1 7 5	8851	3547	—	36.0	+33 44	6	A	5.93	6 . .
8802	—	3373	30.6	−25 6	2	A	4.60	. 1 0	8852	3731	—	36.1	+23 15	1	H	6.58	8 . .
8803	3872	3375	30.8	+15 24	1	H	6.84	8 . 2	8853	3413	3401	36.2	+42 35	4	A	5.29	7 . 0
8804	3051	3377	30.9	+29 14	8	F	5.86	1 . 5	8854	—	—	36.3	−25 6	1	H?	6.15	. 6 .
8805	3594	—	30.9	+27 0	1	F	6.20	7 . .	8855	2193	3404	36.4	+54 44	4	F?	5.89	1 . 2
8806	3308	—	31.0	+41 42	2	A	6.11	9 . .	8856	3733	—	36.4	+23 29	3	A	6.23	0 . .
8807	3397	—	31.0	+41 13	1	A	6.30	p . .	8857	4048	3402	36.5	+17 15	7	H	5.51	n . n
8808	3386	3382	31.4	+42 11	5	A	5.42	4 . 2	8858	4008	3400	36.5	+13 35	4	A	5.36	4 7 5
8809	3200	—	31.5	+43 43	2	A	6.03	8 . .	8859	5413	3403	36.8	−16 22	3	A	5.66	7 3 7
8810	5006	3380	31.5	− 7 15	6	A?	5.20	2 2 3	8860	831	—	37.2	+74 7	1	H	6.96	3 . .
8811	3782	3381	31.6	− 1 31	7	A	4.60	4 0 3	8861	3954	—	37.5	+11 58	2	A	5.72	p . .
8812	3620	—	31.7	+34 28	1	E	6.55	4 . .	8862	2049	3407	37.7	+45 17	6	F?	5.56	1 . 5
8813	3645	—	31.7	+31 4	1	E?	6.33	p . .	8863	3526	—	37.8	+32 50	1	A	6.49	5 . .
8814	1073	—	31.8	+70 47	1	H	6.47	2 . .	8864	3471	—	37.8	+27 9	3	A	6.28	8 . .
8815	2815	3384	31.8	+51 1	3	F?	5.08	0 . 4	8865	5444	3405	37.8	−15 42	2	A	5.65	4 2 1
8816	3741	—	31.8	+22 22	7	A	5.93	6 . .	8866	4204	—	37.9	+18 14	3	A	6.43	6 . .
8817	5479	3383	31.9	−14 31	1	E	5.86	3 1 3	8867	3055	3406	37.9	+11 35	4	E	5.60	0 1 3
8818	3619	3387	32.2	+36 43	3	A	5.77	2 . 2	8868	2241	—	38.1	+ 55 32	1	A	6.45	6 . .
8819	1053	3389	32.5	+60 31	7	I?	5.50	5 . 8	8869	3876	—	38.2	+39 47	1	A	6.24	7 . .
8820	2463	—	32.5	+52 17	1	H	6.51	2 . .	8870	2283	—	38.5	+56 29	1	A?	6.71	p . .
8821	3518	—	32.5	+33 14	2	H	6.54	p . .	8871	3878	3408	38.5	+40 1	3	A	6.07	1 . 0
8822	4861	3386	32.5	− 4 52	2	F?	5.73	7 1 1	8872	1991	—	38.7	+60 16	5	A	5.99	5 . .
8823	3849	—	32.8	+21 46	2	A	6.42	4 . .	8873	3447	—	38.8	+29 5	3	A	6.44	8 . .
8824	3918	3388	32.8	+16 14	2	H	6.24	n . 6	8874	3531	3409	38.9	+32 11	5	A	5.95	0 . 2
8825	3670	—	33.2	+29 7	6	A?	5.95	8 . .	8875	1225	—	39.1	+66 14	1	A	6.07	p . .
8826	1369	—	33.4	+65 19	2	M?	6.25	p . .	8876	3784	—	39.1	+22 15	2	A	6.18	8 . .
8827	3677	—	33.5	+38 10	2	A	5.93	6 . .	8877	2847	3410	39.1	+50 18	4	F	6.02	n . 5
8828	4168	—	33.5	+18 22	1	A	6.65	4 . .	8878	2848	3411	39.2	+50 17				R . .
8829	3185	3392	33.6	+44 29	3	I	5.81	5 . 6	8879	3706	—	39.3	+30 26	6	A	5.89	3 . .
8830	3925	—	33.6	+17 2	1	F	6.15	7 . .	8880	3856	—	39.5	+40 29	1	A·	5.95	7 . .
8831	3062	3393	33.7	+50 0	7	F?	5.08	2 . 6	8881	3933	3412	39.6	+25 32	2	A?	6.24	4 . 8
8832	329	—	33.8	+85 53	1	II	8.05	4 . .	8882	4059	3413	40.0	+18 3	2	A	5.88	1 3 2
8833	3680	—	33.8	+38 22	1	II	6.33	5 . .	8883	3572	—	40.1	+33 55	5	A	6.30	5 . .
8834	—	3390	33.8	−23 40	1	A	5.43	p 8	8884	5698	3414	40.6	−20 0	1	II	5.44	4 2 3
8835	2272	—	33.9	+56 40	1	F	6.27	2 . .	8885	3586	3417	40.7	+37 7	3	H?	5.85	4 . 8
8836	4097	—	38.0	+ 3 9	1	A	5.68	p 7 .	8886	2057	—	41.3	+57 46	2	E	6.03	2 . .
8837	—	3391	34.1	−28 40	1	II	6.03	2 . 2	8887	4048	3418	41.5	+10 22	3	K	4.60	n . n
8838	5420	—	34.2	−15 24	1	E?	6.00	8 8 .	8888	2291	—	41.6	+56 47	1	F	6.82	0 . .
8839	734	—	34.3	+78 3	2	F	6.40	6 . .	8889	3234	3419	41.9	+44 53	6	A	3.27	3 . 3
8840	4225	3394	34.3	+ 5 10	5	A?	5.38	4 3 4	8890	3786	—	42.0	+35 51	5	A?	5.83	n . .
8841	5498	—	34.4	−14 17	1	II	6.26	p 7 .	8891	3787	—	42.1	+35 50				n . .
8842	1057	—	34.8	+70 2	1	A	6.80	p . .	8892	3701	—	42.1	+34 46	1	A	6.25	4 . .
8843	3500	—	34.8	+32 11	2	A?	6.39	p . .	8893	3905	—	42.5	+39 38	1	A?	6.39	0 . .
8844	5399	3396	35.0	−16 31	1	H	6.19	7 7 6	8894	3587	3420	42.6	+33 30	5	F	5.58	2 . 6
8845	3509	—	35.1	+32 20	1	F	6.34	p . .	8895	4240	3421	42.9	+18 17	5	M?	5.44	n . n
8846	964	—	35.4	+71 23	3	F	6.48	2 . .	8896	114	—	43.3	+88 42	1	F	7.85	2 . .
8847	3684	3397	35.5	+29 56	8	I?	5.66	4 . 8	8897	3972	—	43.6	+25 8	1	F	6.54	3 . .
8848	829	—	35.6	+75 5	2	A	6.79	p . .	8898	3758	—	43.9	+38 9	4	A	5.75	3 . .
8849	4042	3399	35.6	+17 47	9	G?	5.26	n . n	8899	640	—	44.0	+79 46	1	A	7.12	9 . .
8850	3813	3398	35.6	− 0 52	3	A	5.81	0 1 3	8900	3904	3423	44.0	+11 34	1	II	5.97	2 6 3

THE DRAPER CATALOGUE.

19^h

D.C.	DM.	H.P.	R.A. 1900.	Dec. 1900.	No.	Sp.	Magn.	Resid.	D.C.	DM.	H.P.	R.A. 1900.	Dec. 1900.	No.	Sp.	Magn.	Resid.
			m.	° '								m.	° '				
8001	1079	3428	44.4	+69 6	7	A	5.76	4.0	8951	3817	3458	52.3	+38 13	4	A	4.83	7.1
8902	4254	3424	44.5	+18 53	4	A	5.03	0.0	8952	5516	3456	52.3	−15 45	7	A	5.20	11.2
8903	5149	3427	45.3	−11 1	4	A	5.74	2 1 1	8953	3798	3460	52.6	+34 49	5	I?	5.06	9.n
8904	2304	—	45.4	+56 40	1	A	6.42	6..	8954	4351	—	52.7	+20 44	1	A	5.77	p..
8905	3261	—	45.8	+44 7	2	A	6.28	p..	8955	—	3450	52.8	−26 28	1	II	5.57	.36
8906	3493	—	45.9	+28 12	5	A	6.32	5..	8956	2572	3463	53.1	+52 11	9	A	5.18	3.4
8907	4236	3429	45.9	+8 36	7	A	B	R R R	8957	3878	—	53.1	+35 59	5	A	5.93	5..
8908	4073	3432	46.2	+10 10	4	F?	5.76	3 1 6	8958	3820	—	53.2	+30 30	2	A	6.18	p..
8909	1400	—	46.4	+65 9	1	A	6.30	p..	8959	4081	3462	53.2	+16 31	6	A	5.63	2.8
8910	4175	—	46.4	+19 58	1	A	6.11	p..	8960	2092	—	53.4	+57 59	1	H	6.13	2..
8911	2121	—	46.5	+59 10	2	A?	6.55	1..	8961	3968	3464	53.7	+40 6	4	A	5.43	4.2
8912	4177	—	46.5	+19 47	1	A	6.26	p..	8962	4041	—	53.7	+26 1	2	F	6.45	p..
8913	4288	—	46.5	+9 23	1	E?	5.94	p 8	8963	4086	—	53.7	+16 13	1	A	6.29	7..
8914	1082	—	46.6	+68 11	5	A	6.17	2..	8964	445	—	53.8	+84 32	2	A	7.64	9..
8915	2303	—	46.6	+53 31	2	A	6.18	9..	8965	3744	—	53.8	+26 50	1	E?	6.60	p..
8916	3833	3433	46.8	+22 21	5	B	5.05	7.0	8966	3832	—	53.9	+38 11	2	A	6.28	5..
8917	3780	3435	47.0	+38 27	1	H	6.33	8.8	8967	2930	3465	54.0	+50 38	3	A	6.17	0.1
8918	3902	3437	47.2	+40 20	3	A	5.65	1.1	8968	2013	3468	54.1	+58 35	3	K?	5.87	8.7
8919	4337	3436	47.4	+0 45	6	G?	4.95	R R n	8969	2331	3469	54.2	+56 25	8	A	5.01	4.2
8920	3914	3438	47.8	+24 44	3	E	6.34	6.5	8970	4229	3466	54.3	+19 13	5	K	5.33	n..n
8921	4276	—	47.9	+18 25	1	E?	6.05	6..	8971	5159	—	54.5	−2 14	1	A	5.65	p p.
8922	4742	3439	48.1	−3 2	2	F	5.54	7 4 2	8972	3549	3470	54.6	+41 59	1	H	6.41	1.2
8923	2547	3440	48.2	+52 45	3	K?	6.10	8.n	8973	3837	3471	54.7	+30 42	5	A	5.40	4.0
8924	1070	3447	48.5	+70 1	11	K	4.95	n.n	8974	3972	3472	54.8	+22 50	4	A?	6.01	1.3
8925	2026	—	48.8	+60 57	2	F	6.63	5..	8975	3703	—	54.9	+37 50	2	A	5.83	9..
8926	2793	3442	49.0	+46 47	6	F	5.57	2.0	8976	3878	—	55.8	+31 33	4	A	6.41	5..
8927	4195	—	49.0	+20 5	1	F	6.11	n..	8977	687	—	56.0	+81 19	1	E	7.41	3..
8928	4196	—	49.0	+20 5				n..	8978	4060	—	56.1	+25 55	1	II	6.70	8..
8929	2939	3448	49.2	+47 41	4	A	5.59	2.2	8979	3025	3478	56.2	+45 30	4	A	5.97	2.8
8930	3820	3443	49.2	+23 50	5	A	4.03	0.1	8980	3806	3479	56.2	+36 46	5	B	5.22	6.0
8931	645	—	49.3	+79 17	1	A	6.65	9..	8981	3838	—	56.2	+29 38	1	F	6.57	4..
8932	5154	3441	49.3	−8 20	7	A?	5.31	9 p 0	8982	6618	3476	56.5	+23	3	A	5.52	3 2 3
8933	4261	3444	49.4	+8 12	4	H	5.75	6 5 9	8983	2728	3480	56.6	+51 47	5	A	5.69	8.3
8934	2703	—	49.6	+52 2	1	A	6.51	5..	8984	2106	—	56.9	+57 32	1	A	6.13	p..
8935	3871	3445	49.6	+0 1	6	A	5.54	5 4 1	8985	5138	—	56.9	−5 16	1	E	5.93	4 8.
8936	—	3446	49.7	−26 34	1	H	5.76	.78	8986	3853	—	57.0	+30 57	2	E	6.23	7..
8937	4351	—	49.8	+6 58	2	A	5.75	p 8	8987	3587	3481	57.0	+27 29	5	A	5.02	0.1
8938	3778	—	50.0	+34 19	1	H	6.40	4..	8988	2734	—	57.1	+51 52	1	A	6.11	p..
8939	2045	—	50.1	+47 34	3	A	6.08	7..	8989	3816	—	57.1	+36 19	2	A?	6.27	7..
8940	3931	—	50.2	+41 6	1	F	6.05	8..	8990	1584	—	57.3	+63 16	7	A	6.01	5..
8941	3829	3449	50.3	+24 4	5	A	5.60	3.0	8991	3075	3483	57.5	+24 31	5	A?	5.84	4.1
8942	4357	3450	50.4	+6 10	9	I?	4.83	8 9 8	8992	3077	3485	57.8	+24 39	5	A	5.76	3.4
8943	3802	—	51.1	+29 56	4	A	6.29	6..	8993	3862	—	58.0	+30 50	3	A	6.11	9..
8944	2084	3455	51.2	+57 16	6	A	5.06	3.0	8994	4027	—	58.1	+21 52	1	A?	6.42	1..
8945	4055	3453	51.5	+11 10	8	A	5.28	2 4 1	8995	1096	—	58.3	+68 9	1	A	6.61	9..
8946	648	—	51.8	+79 12	1	A	6.95	0..	8996	1216	—	58.5	+67 11	1	A	6.49	9..
8947	2137	3457	51.8	+59 27	6	A	5.76	0.2	8997	3158	3486	58.5	+49 49	2	II	5.99	9.8
8948	1253	—	52.1	+66 26	1	A	6.52	5..	8998	3595	—	58.6	+28 14	1	F	6.26	8..
8949	2920	—	52.2	+50 34	1	A	6.64	7..	8999	2070	—	58.7	+60 48	1	A	6.88	6..
8950	3048	—	52.3	+40 8	1	E?	6.40	p..	9000	4033	3487	58.9	+15 45	2	A	5.54	5 5 3

$19^h - 20^h$

D. C.	DM.	H. P.	R.A. 1900.	Dec. 1900.	No.	Sp.	Magn.	Resid.	D C.	DM.	H. P.	R.A. 1900.	Dec. 1900.	No.	Sp.	Magn.	Resid.
9001	1084	3493	59.0	+70 5	3	H	6.62	1.3	9051	5403	—	7.3	− 6 40	1	A	5.92	9 p .
9002	2307	—	59.2	+55 43	1	A	6.50	p . .	9052	2623	—	R	R	R	R	R	. . .
9003	4416	3489	59.2	+ 7 0	1	A	5.75	2 1 2	9053	4444	3518	7.5	+ 0 34	2	A	5.71	p 9 5
9004	3337	—	59.2	− 0 59	1	A	5.91	6 2 .	9054	660	—	7.6	+79 24	4	H	6.75	3 . .
9005	3872	3490	59.5	+29 38	2	H	6.42	4 . 6	9055	3825	3519	7.6	+26 31	1	F	6.15	4 . 4
9006	1086	—	59.7	+69 8	1	A	6.28	p . .	9056	3826	—	7.7	+26 36	1	F?	6.40	1 . .
9007	2115	—	59.7	+57 22	1	A	6.43	p . .	9057	3827	—	7.8	+26 27	1	H?	6.40	8 . .
9008	4121	3491	59.7	+16 48	1	E	6.15	7 . 2	9058	3828	3520	7.8	+26 11	2	A	5.75	4 . 1
9009	3980	—	59.8	+35 45	1	A?	6.21	8 . .	9059	3831	—	8.9	+26 59	1	H	6.65	p . .
9010	1097	—	59.8	+68 12	1	A	6.66	8 . .	9060	3045	—	9.0	+47 26	1	A?	6.31	p . .
9011	5509	3492	59.9	−12 57	2	A	5.72	5 p 8	9061	3935	—	9.3	+23 56	1	A	6.39	6 . .
9012	3875	—	0.3	+30 57	2	A?	6.43	p . .	9062	4227	3523	9.6	+14 53	5	A	5.07	1 3 0
9013	1405	3498	0.4	+64 32	3	M?	6.31	n . 9	9063	1233	—	9.8	+68 0	1	A	6.61	p . .
9014	3925	3497	0.7	+31 56	2	E?	6.33	3 . 8	9064	1983	3526	9.9	+61 46	4	F	5.96	2 . 3
9015	4277	3496	0.7	+19 42	1	I	5.96	5 . 6	9065	608	—	10.0	+83 7	1	E	7.47	p . .
9016	2344	—	0.8	+56 49	1	A	6.12	p . .	9066	2375	—	10.1	+57 5	1	A	6.52	9 . .
9017	1407	—	1.2	+64 21	2	H	6.43	1 . .	9067	1605	—	10.2	+63 14	1	A	6.52	p . .
9018	3004	3499	1.6	+47 57	3	A	5.85	4 . 2	9068	2195	—	10.2	+59 51	1	A	6.66	7 . .
9019	1102	—	1.8	+70 11	1	A	6.00	p . .	9069	2881	3527	10.2	+46 31	7	A	4.93	1 . 0
9020	3953	—	2.2	+35 31	1	F?	6.01	n . .	9070	3049	—	10.2	+29 54	1	A?	6.47	5 . .
9021	3955	—	2.2	+35 31				R . .	9071	3675	3525	10.2	+28 24	4	A	5.56	4 . 3
9022	1222	3506	2.4	+67 35	8	K?	5.78	7 . n	9072	4053	—	10.2	+24 32	1	H?	6.54	p . .
9023	3896	3500	2.5	+23 19	4	B	5.13	1 . 2	9073	3049	—	10.3	+36 18	1	A	6.07	9 . .
9024	337	—	3.0	+85 36	1	A	8.00	5 . .	9074	1235	—	10.5	+67 58	1	A	6.11	8 . .
9025	2324	—	3.1	+56 3	5	F?	6.03	5 . .	9075	2882	3528	10.5	+46 26	6	K?	5.16	n . n
9026	5285	—	3.1	−10 21	2	A	5.70	3 7 .	9076	3055	3529	10.8	+36 30	8	A	5.27	1 . 3
9027	1593	—	3.5	+63 36	7	A	5.98	5 . .	9077	5680	—	10.9	−12 39	1	A	5.63	p p .
9028	2623	3509	3.6	+52 51	7	A	5.98	1 . 3	9078	2358	—	11.0	+53 21	1	A	6.38	2 . .
9029	3881	3510	3.8	+34 8	1	A	5.95	0 . 2	9079	4165	3530	11.0	+25 17	6	A	4.71	5 . 1
9030	4189	3507	3.9	+10 26	1	A	6.01	0 4 0	9080	2876	3532	11.1	+56 16	14	A	4.62	1 . 2
9031	1970	3511	4.0	+61 42	2	I	6.14	n . 5	9081	3944	3531	11.2	+23 12	2	H	6.18	7 . 7
9032	3195	—	4.3	+49 57	1	A	6.24	5 . .	9082	762	—	11.5	+77 32	1	F	6.53	p . .
9033	4116	—	4.5	+26 0	1	F?	6.75	p . .	9083	2099	3530	11.6	+60 20	1	H	6.52	5 . 2
9034	1597	—	5.5	+63 25	1	A	6.57	9 . .	9084	3827	3533	11.6	+33 26	1	H	6.40	2 . 6
9035	4453	3512	5.5	+20 37	1	F?	6.42	0 . 2	9085	3666	3534	11.7	+27 30	4	H	5.96	n . n
9036	2144	—	5.7	+57 31	2	A	6.13	p . .	9086	2515	—	R	R	R	R	R	. . .
9037	934	—	5.8	+72 29	1	A	6.66	8 . .	9087	3113	—	12.1	+45 26	1	E?	6.49	6 . .
9038	3907	3513	5.8	+36 33	7	A	5.00	5 . 2	9088	5683	3537	12.1	−12 50	3	H?	5.43	9 9 9
9039	5382	—	5.8	− 9 9	1	A	5.66	8 8 .	9089	764	3545	12.8	+77 25	14	A	4.43	4 . 0
9040	1433	—	6.2	+66 1	4	A?	6.19	8 . .	9090	3059	3541	12.8	+47 24	2	H?	5.51	5 . n
9041	3911	3514	6.2	− 1 7	7	A	3.58	3 6 2	9091	3026	—	12.8	+27 29	1	A	6.01	p . .
9042	1415	—	6.4	+64 54	1	A	6.74	5 . .	9092	3977	—	12.4	+38 35	1	A	5.98	5 . .
9043	3646	—	6.4	+29 4	1	F	6.57	9 . .	9093	4075	3540	12.5	+24 22	2	H	6.19	2 . 7
9044	3645	—	6.4	+28 8	1	E?	6.51	6 . .	9094	5685	3538	12.5	−12 52	7	I	4.93	n n n
9045	3815	3515	6.4	+20 37	2	A	5.40	3 . 1	9095	3085	—	12.6	+28 13	1	A	6.36	p . .
9046	4417	—	6.8	+19 5	1	H	6.56	9 . .	9096	3236	—	12.8	+49 55	1	A?	6.29	0 . .
9047	3929	—	6.9	+30 29	1	F?	6.23	6 . .	9097	3119	3542	12.8	+45 16	2	A?	6.09	1 . 3
9048	4088	3517	7.0	+21 35	2	E?	6.42	4 . 2	9098	3978	—	12.8	+36 45	1	A	6.07	5 . .
9049	2336	—	7.1	+55 44	1	H	6.20	3 . .	9099	3695	—	13.4	+28 50	1	H	6.51	5 . .
9050	1975	—	7.3	+61 47	3	A	6.04	8 . .	9100	4115	—	13.8	+39 16	1	E?	6.24	7 . .

THE DRAPER CATALOGUE.

20^h

D. C.	DM.	H. P.	R.A. 1900.	Dec. 1900.	No	Sp.	Magn.	Resid.	D. C.	DM.	H. P.	R.A. 1900.	Dec. 1900.	No.	Sp.	Magn.	Resid.
			m.	° '								m.	° '				
9101	451	—	14.0	+84 23	12	A	6.44	6 . .	9151	2234	—	23.7	+59 51	1	A	6.66	6 . .
9102	4189	—	14.0	+25 20	1	F?	6.39	9 . .	9152	*3941*	3578	23.9	+38 7	4	A	5.65	*4 . 1*
9103	3871	3547	14.1	+37 43	2	Q	5.48	*2 . 6*	9153	2421	3581	24.0	+56 19	5	A	5.85	*8 . 3*
9104	943	—	14.3	+72 34	1	H	6.91	*1 . .*	9154	*3123*	3579	24.0	+49 3	3	A	5.96	*0 . 4*
9105	4103	—	14.6	+40 25	1	E?	5.75	5 . .	9155	*5831*	3577	24.1	−18 55	3	A	5.33	p 9 3
9106	*4059*	—	14.7	+85 56	1	A?	6.41	p . .	9156	462	—	24.4	+84 14	8	F?	6.93	1 . .
9107	3998	3550	14.8	+36 41	5	A	5.74	*4 . 1*	9157	*403*	—	24.5	+84 49	5	E	7.05	*2 . .*
9108	3967	3551	14.8	+34 40	4	H?	6.12	*7 . 9*	9158	*4057*	3583	25.3	+30 2	6	F	4.42	*2 . 3*
9109	4289	3549	14.8	+12 56	2	A	5.78	*2 . 7*	9159	*4141*	3585	25.5	+36 7	1	H	6.51	*3 . 5*
9110	5451	—	15.1	− 6 40	1	E	5.92	4 p	9160	4303	3584	25.5	+10 34	3	A	5.60	2 5 3
9111	5642	3552	15.1	−13 4	8	A	5.02	5 *2 3*	9161	2240	—	25.9	+59 24	1	H	6.16	p . .
9112	5626	3553	15.2	−15 6	1	F?	5.60	p p R	9162	1466	—	26.7	+65 25	5	A	6.07	*2 . .*
9113	4360	—	15.3	+13 14	1	A?	6.18	0 . .	9163	3196	—	26.7	+45 36	1	A	5.59	9 . .
9114	5620	3554	15.4	−15 5	6	G	4.22	R n *8*	9164	3142	3587	26.9	+48 37	7	A	4.86	*0 . 1*
9115	699	—	15.6	+81 55	1	H	7.24	3 . .	9165	2411	3590	27.0	+55 44	6	A	5.53	*5 . 4*
9116	*3139*	—	15.6	+46 0	2	A?	6.10	5 . .	9166	5423	3586	27.0	−10 12	1	A?	5.70	5 *3 1*
9117	2813	—	R	R	1	F?	6.55	8 . .	9167	847	—	27.2	+85 57	1	A	7.54	5 . .
9118	3992	—	15.7	+29 24	1	F	6.22	6 . .	9168	4272	3591	27.7	+25 28	1	H	6.34	*3 . 0*
9119	4204	3555	15.8	+17 29	1	H	6.85	*2 2 2*	9169	4611	—	27.8	+20 31	1	A	6.27	*7 . .*
9120	*2329*	3556	15.9	+55 5	8	A	5.55	4 . 1	9170	1821	3594	27.9	+62 40	9	A	4.73	*7 . 4*
9121	1281	3559	16.4	+06 31	5	E?	6.06	1 . 1	9171	4321	3592	28.4	+10 58	6	A	3.99	*2 2 1*
9122	*4021*	—	16.6	+39 5	2	A	5.99	8 . .	9172	706	—	28.7	+82 2	5	F?	6.80	6 . .
9123	4268	—	16.6	+14 48	2	A	6.19	3 . .	9173	4378	3597	29.2	+12 41	4	A	5.36	6 *4 2*
9124	2910	3558	16.7	+46 31	1	A	6.10	4 . 0	9174	2444	3598	29.3	+56 26	1	A	6.61	*3 . 3*
9125	3998	—	17.4	+30 16	1	H?	6.47	9 . .	9175	3136	—	29.3	+47 53	1	H	6.82	7 . .
9126	*3986*	3560	17.7	+24 7	5	A	5.56	*5 . 2*	9176	613	—	29.4	+82 31	1	A	7.33	p . .
9127	648	—	17.9	+80 9	1	A	6.99	8 . .	9177	4629	—	29.7	+20 38	1	A?	5.92	3 . .
9128	2000	3563	18.0	+61 56	10	A	5.78	*0 . 2*	9178	*6027*	—	29.9	−16 52	1	A?	5.08	5 8 .
9129	1115	—	18.3	+70 28	1	F	6.61	9 . .	9179	*4079*	3599	30.0	+34 54	2	H	6.51	n . n
9130	4159	3564	18.6	+39 56	8	Q	3.16	*4 . 9*	9180	4081	—	30.2	+34 20	1	H	6.65	6 . .
9131	3995	—	18.6	+34 40	1	E?	6.40	8 . .	9181	675	3608	30.5	+70 52	7	A	6.69	*6 . 7*
9132	3152	3566	18.0	+45 27	1	H	6.34	*5 . 5*	9182	2977	3601	30.6	+46 21	4	A	5.65	*4 . 0*
9133	4051	—	19.3	+38 54	1	H	6.39	6 . .	9183	4353	3600	30.6	+14 20	5	A	4.88	*4 3 2*
9134	4495	3568	19.5	+ 0 45	3	A	5.55	9 8 5	9184	2374	—	30.7	+54 27	1	H	6.54	5 . .
9135	1121	3572	19.6	+68 34	1	H	6.77	*8 . 7*	9185	2028	—	32.1	+61 25	2	A?	6.74	6 . .
9136	1618	3571	19.8	+63 41	1	M	6.37	*5 . 6*	9186	1126	—	32.2	+70 11	4	A	6.00	8 . .
9137	4062	3569	19.9	+31 52	5	H?	5.78	*8 . n*	9187	4056	—	32.2	− 0 15	2	F	5.71	9 7 .
9138	2839	—	20.0	+54 37	1	A	6.49	8 . .	9188	872	3614	32.8	+74 37	13	A	5.41	*1 . 3*
9139	3916	3570	20.0	+37 10	2	A	5.77	*2 . 1*	9189	*4302*	3606	32.8	+26 7	4	A	5.77	*2 . 2*
9140	650	—	20.2	+80 13	14	A	6.13	7 . .	9190	4389	3605	32.8	+14 15	5	F	4.38	*9 9 8*
9141	2341	—	20.5	+54 21	3	A	6.16	5 . .	9191	*4339*	3607	33.0	+11 2	5	A	5.47	*5 4 2*
9142	675	—	R	R	R	R	R	. . .	9192	*657*	—	33.1	+81 6	5	H?	7.00	5 . .
9143	*4559*	3573	21.3	+21 6	1	H	6.47	*9 . 6*	9193	4016	3608	33.2	− 1 27	4	H	5.42	7 9 n
9144	5685	3574	21.6	−18 32	4	A	5.06	3 4 1	9194	4159	3610	33.4	+31 13	4	A	5.98	R . R
9145	2397	—	21.8	+53 14	4	A	5.97	2 . .	9195	4160	3611	33.5	+31 10				R . R
9146	1009	—	21.9	+69 12	2	A	6.68	p . .	9196	5743	3609	33.7	−15 18	5	A	5.22	1 4 1
9147	*2344*	—	22.1	+55 7	1	A	6.00	9 . .	9197	4658	3616	34.0	+20 51	6	A	4.70	*0 . 1*
9148	2228	—	23.0	+50 17	5	A	5.89	5 . .	9198	5328	3613	34.0	− 2 46	1	A?	6.15	7 3 1
9149	5689	3575	23.1	−18 9	3	A	4.97	1 3 0	9199	4084	3619	34.2	+23 46	6	A	5.16	*1 . 1*
9150	4900	3576	23.2	− 3 41	1	A	5.09	7 6 5	9200	4600	3620	34.2	+ 9 44	2	A	5.81	*3 2 7*

20^h

D. C.	D M.	H. P.	R.A. 1900.	Dec. 1900.	No.	Sp.	Magn.	Resid.	D. C.	DM.	H. P.	R.A. 1900.	Dec. 1900.	No.	Sp.	Magn.	Resid.
			m.	° ′								m.	° ′				
9201	4064	3617	34.3	+ 0 8	1	II?	5.91	5 3 5	9251	3067	—	46.5	+46 17	1	A	6.25	4 . .
9202	617	—	34.4	+82 51	2	II	6.95	0 . .	9252	3211	—	46.6	+50 57	1	II?	6.60	3 . .
9203	2761	—	34.4	+52 37	1	II	6.37	1 . .	9253	3739	3665	46.6	+43 41	9	A	5.30	2 . 3
9204	4220	3622	34.4	+15 29	2	A	5.24	8 . 7	9254	5606	3664	46.8	− 5 52	5	A	5.50	5 3 0
9205	659	3627	34.5	+81 5	13	K?	6.06	3 . 5	9255	2178	—	46.9	+58 22	1	A	6.24	3 . .
9206	4305	3623	34.7	+21 28	2	A?	6.07	1 . 2	9256	3890	3667	47.2	+27 52	3	F	6.19	1 . 1
9207	4222	3624	35.0	+15 33	4	A	3.79	3 . 2	9257	5598	3666	47.2	− 0 21	5	A	5.25	1 2 4
9208	660	3630	35.2	+80 44	7	II	6.43	3 . 3	9258	1267	—	47.3	+67 39	1	II	7.05	5 . .
9209	2142	—	35.7	+60 24	1	A	5.52	p . .	9259	1663	3670	47.6	+63 40	3	A?	6.25	3 . 2
9210	4266	3625	35.9	+40 13	3	A	5.75	2 . 3	9260	1130	—	47.7	+69 17	1	A	7.18	2 . .
9211	3233	—	36.0	+45 19	1	A?	6.49	2 . .	9261	4017	3668	47.8	+26 43	5	II	5.73	7 . n
9212	1311	—	36.1	+67 9	1	A	6.54	9 . .	9262	3074	—	47.9	+32 28	1	A	5.94	8 . .
9213	2444	—	36.4	+55 39	1	E	6.05	5 . .	9263	627	—	48.1	+82 41	1	A	7.54	p . .
9214	4329	—	36.4	+25 43	1	II	6.35	6 . .	9264	2433	—	49.6	+54 40	1	H?	6.54	3 . .
9215	4378	—	36.4	+17 13	1	II	6.45	4 . .	9265	3755	3673	49.7	+44 0	7	B	4.67	7 . 1
9216	4131	—	36.5	+20 27	2	A	6.07	4 . .	9266	718	3683	49.8	+82 10	12	A	5.41	0 . 2
9217	4181	3629	37.0	+31 57	1	A	6.48	5 . 7	9267	3617	3675	49.8	+44 48	2	II	6.50	4 . n
9218	4187	—	37.3	+38 43	1	A	6.38	1 . .	9268	3922	—	49.8	+42 2	1	A	6.51	3 . .
9219	4107	—	37.4	+23 49	1	II	6.38	9 . .	9269	3909	—	50.1	+28 8	2	A	6.11	9 . .
9220	3541	3631	38.0	+44 56	11	A	n . R	9270	3911	3676	50.3	+27 40	2	II	6.26	n . .
9221	2272	3633	38.2	+60 9	2	F	6.17	0 . 3	9271	4354	—	50.7	+40 20	2	F?	6.60	2 . .
9222	3856	3632	38.3	+41 22	9	A?	5.65	3 . 1	9272	4572	3679	50.9	+13 21	3	II	6.38	8 8 n
9223	4403	3635	38.8	+14 43	3	A	4.79	6 3 2	9273	4501	3680	50.9	+12 12	3	A	5.84	1 1 4
9224	3353	3636	39.1	+49 59	9	A	5.34	4 . 1	9274	2187	—	51.3	+58 56	1	A	6.85	2 . .
9225	588	—	39.2	+83 16	13	A	5.94	3 . .	9275	3326	—	51.3	+45 51	1	A?	6.65	2 . .
9226	4124	—	39.4	+23 26	1	II?	6.43	p . .	9276	3932	—	51.6	+42 8	1	II?	6.46	4 . .
9227	716	—	40.0	+79 5	13	A?	6.27	6 . .	9277	3111	3684	51.8	+47 2	1	E	6.21	2 . 4
9228	800	—	40.1	+76 20	2	F	6.84	3 . .	9278	5741	3682	52.1	−16 25	1	A	5.79	0 1 2
9229	—	3638	40.2	−25 38	3	F	4.84	5 5	9279	672	3691	52.2	+80 11	13	K?	6.24	9 . 2
9230	5523	3639	40.4	−21 53	1	A	5.56	3 4 2	9280	3766	—	52.4	+43 59	1	A?	6.58	1 . .
9231	2154	3641	40.5	+60 14	4	A	5.75	4 . 4	9281	890	—	52.5	+74 16	3	A	6.60	7 . .
9232	4229	3640	40.6	+24 55	2	I	6.24	5 . n	9282	3911	—	52.6	+43 2	1	A	6.47	2 . .
9233	2477	—	40.7	+56 46	1	A	5.87	8 . .	9283	3232	—	53.1	+50 41	2	A	6.35	2 . .
9234	2408	—	40.8	+54 56	1	E	6.14	6 . .	9284	3639	—	53.1	+44 33	6	A	6.05	7 . .
9235	1499	—	41.5	+65 58	2	A	6.51	5 . .	9285	3233	3686	53.3	+50 20	3	A	6.24	7 . 3
9236	4167	3648	41.6	+30 21	6	I?	5.54	n . n	9286	3249	—	53.3	+48 48	1	H	6.83	6 . .
9237	1318	3650	41.9	+66 18	12	A	5.71	2 . 2	9287	474	—	53.4	+84 15	1	A	7.90	5 . .
9238	4255	3645	42.0	+15 46	2	K?	4.84	n . 6	9288	4364	3687	53.5	+40 47	8	A	3.93	1 . 2
9239		3646	42.0	+15 46					9289	2515	3692	53.6	+56 29	6	A	5.87	1 . 2
9240	4018	3648	42.1	+33 36	10	K	3.85	n . n	9290	4424	3690	53.8	+21 56	1	E?	6.67	n . 9
9241	5506	3647	42.3	− 9 52	3	A	3.55	6 2 2	9291	4473	3693	54.1	+ 3 55	2	E?	5.83	3 2 4
9242	2240	3653	42.6	+57 14	3	F	5.20	8 . 7	9292	3777	3694	54.8	+44 4	2	II	6.43	4 . 5
9243	4613	3651	42.8	+ 5 38	1	A	5.41	1 4 1	9293	3949	—	54.9	+41 33	3	A	5.71	p . .
9244	2050	3656	43.2	+61 26	9	K	4.88	n . n	9294	4425	3696	55.2	+16 26	1	A?	6.54	3 . 1
9245	4028	3654	43.2	+34 1	1	K	6.35	4 . n	9295	3426	3698	55.3	+50 4	10	A	5.50	0 . 0
9246	4267	3655	43.5	+36 8	1	A	4.62	1 . 0	9296	3956	—	55.8	+41 56	2	A	6.31	2 . .
9247	1127	—	43.9	+69 23	1	H	6.89	2 . .	9297	764	3702	55.9	+75 32	2	II	6.66	7 . 4
9248	3291	3662	45.5	+45 45	6	F?	5.72	1 . 7	9298	3133	3701	56.4	+47 8	11	F	5.18	1 . 6
9249	2057	3663	45.7	+51 32	6	A	6.01	0 . 4	9299	2201	3704	57.6	+59 3	1	II	6.55	n . 8
9250	4431	—	46.0	+17 40	1	A	6.25	3 . .	9300	3364	3705	57.6	+45 46	9	A	5.23	5 . 0

20ʰ—21ʰ

D.C.	DM.	H.P.	R.A. 1900.	Dec. 1900.	No.	Sp.	Magn.	Resid.	D.C.	DM.	H.P.	R.A. 1900.	Dec. 1900.	No.	Sp.	Magn.	Resid.
9301	3780	—	58.2	+43 47	1	II	6.53	5 . .	9351	4635	3739	10.8	+ 4 50	6	A	4.64	1 4 5
9302	6115	3706	58.7	−20 15	6	A?	5.26	3 2 1	9352	742	—	11.2	+78 15	5	A	6.67	8 . .
9303	506	—	59.0	+83 34	4	A	6.90	8 . .	9353	4666	—	11.3	+19 17	1	A?	6.71	5 . .
9304	2523	—	59.2	+56 40	3	A?	6.15	3 . .	9354	1708	—	11.7	+63 59	2	A	6.63	2 . .
9305	2273	—	59.3	+57 23	1	A	6.53	5 . .	9355	3348	—	12.2	+47 33	2	E?	6.36	1 . .
9306	3374	—	59.3	+45 27	3	F?	6.36	3 . .	9356	5903	3743	12.3	−18 24	5	A	5.25	6 3 2
9307	2524	3711	59.4	+56 16	9	A	5.65	2 . 3	9357	1152	—	12.7	+60 38	1	H	6.94	4 . .
9308	3087	—	0.1	+41 14	1	A?	6.35	6 . .	9358	5512	3744	12.9	− 4 57	3	A	5.88	1 1 1
9309	3159	—	0.3	+46 29	1	A	6.60	1 . .	9359	778	—	13.0	+75 53	3	A	6.45	4 . .
9310	6174	3712	0.3	−17 38	6	A	4.40	4 3 1	9360	4431	3745	13.5	+38 58	9	A	4.48	0 . 2
9311	725	—	0.6	+81 25	1	E	7.16	8 . .	9361	4046	3746	13.6	+42 16	4	A	5.94	5 . 1
9312	2859	3714	0.7	+52 53	1	II?	6.57	n . 4	9362	744	—	13.8	+78 34	7	A	6.52	3 . .
9313	4530	—	1.1	+14 56	1	E?	6.49	5 2 .	9363	4371	3747	13.8	+34 28	7	B	4.39	2 . 0
9314	3800	3716	1.3	+43 32	7	K?	5.56	n . n	9364	980	—	13.9	+72 45	1	II	7.32	0 . .
9315	824	—	1.6	+77 2	2	A	7.01	p . .	9365	2588	3748	13.9	+53 34	8	A	6.08	3 . 1
9316	4343	3717	2.1	+38 13	2	H	6.23	n . D	9366	4549	—	14.5	+17 24	1	A?	6.40	4 . .
9317	4344	3718	2.1	+38 13				n . D	9367	2309	—	14.6	+58 10	3	A?	6.21	3 . .
9318	2313	—	2.2	+59 51	1	E	6.91	1 . .	9368	4378	—	14.7	+29 19	1	H	6.62	8 . .
9319	4318	3719	2.3	+30 47	3	F	6.21	6 . 2	9369	3877	3750	14.8	+43 31	8	A?	5.03	3 . 0
9320	5933	3720	2.8	−21 36	4	A?	5.52	2 1 2	9370	4485	—	15.0	+40 37	1	A	6.15	3 . .
9321	4340	—	2.9	+15 16	1	A?	6.54	0 1 .	9371	4519	—	15.1	+39 19	1	A?	6.30	4 . .
9322	3292	3721	3.1	+47 15	2	H	6.26	n . n	9372	2593	—	15.3	+53 45	1	A	5.98	p . .
9323	4544	—	3.2	+14 16	1	A?	6.28	p 6 .	9373	4271	—	15.4	+37 49	1	II?	6.38	2 . .
9324	2226	—	3.9	+59 1	1	H	6.90	4 . .	9374	4521	3751	15.7	+21 37	3	F?	6.09	1 . 1
9325	5538	3723	4.2	−11 47	3	II	5.70	5 n n	9375	3345	3754	16.0	+49 6	9	A?	5.70	3 . 3
9326	4324	3724	4.4	+29 48	8	A?	5.63	5 . 1	9376	2111	3757	16.2	+62 10	8	A	B	R . K
9327	636	—	5.5	+82 35	2	F	7.28	p . .	9377	3042	—	16.2	+51 54	1	A?	6.66	5 . .
9328	4732	3726	5.5	+ 9 44	4	A	5.16	n 3 4	9378	318	—	16.3	+87 8	1	A?	7.05	0 . .
9329	4735	3727	5.6	+ 9 38	3	A	5.09	p p 8	9379	742	—	R	R	R	R	R	. . .
9330	1164	3728	5.8	+71 2	7	F	5.94	1 . 1	9380	2249	3758	16.5	+58 13	1	E	6.59	n . 9
9331	4485	—	6.0	+22 3	2	A	6.07	R . .	9381	4204	3755	16.5	+23 27	1	E?	6.58	7 . 8
9332	4486	—	6.0	+22 3				n . .	9382	688	—	16.7	+80 23	6	F	6.68	2 . .
9333	1288	—	6.4	+67 51	3	A	6.40	6 . .	9383	6245	3756	16.7	−17 15	4	II?	5.40	n n n
9334	3718	—	6.4	+45 6	3	A	6.39	4 . .	9384	833	3766	16.8	+76 36	4	II	6.89	9 . 7
9335	2830	3730	7.1	+53 9	8	A	5.57	1 . 1	9385	4134	3760	17.1	+32 11	2	A	5.80	1 . 2
9336	3322	—	7.1	+47 17	2	A	6.41	0 . .	9386	1527	3764	17.4	+64 27	9	B?	5.43	1 . 1
9337	1903	3731	7.4	+62 53	2	A	6.26	7 . 1	9387	4601	3761	17.5	+19 23	10	I?	5.34	9 . n
9338	800	3733	7.5	+77 43	17	A	5.71	4 . 1	9388	690	—	17.6	+80 48	19	A	5.95	3 . .
9339	679	—	8.2	+80 47	7	A	6.62	4 . .	9389	811	—	17.6	+78 10	5	A	6.08	3 . .
9340	2508	—	8.6	+53 21	1	A?	6.58	1 . .	9390	2224	3768	17.8	+60 15	2	A	6.67	2 . 1
9341	4348	3732	8.7	+29 40	12	K?	4.42	n . 9	9391	4811	3765	17.9	+ 6 23	3	A	5.04	1 5 1
9342	4375	—	8.8	+15 34	1	A	6.04	5 . .	9392	2227	3769	18.0	+60 21	1	II	6.47	3 . R
9343	1366	—	9.1	+66 18	1	A?	6.82	0 . .	9393	3357	3771	18.5	+48 58	1	A	6.63	n . 8
9344	2334	3736	9.3	+59 34	5	A	5.62	4 . 1	9394	1206	—	18.7	+69 7	1	E?	7.18	9 . .
9345	4470	—	9.4	+36 13	1	II	6.32	2 . .	9395	5923	3770	18.8	−13 19	2	F	5.37	6 3 0
9346	4746	3735	9.6	+ 9 36	6	F	5.11	4 7 5	9396	1302	—	19.0	+66 47	1	II	6.83	8 . .
9347	4354	—	9.9	+29 29	1	II?	6.52	5 . .	9397	3360	—	19.1	+49 3	1	A?	6.58	4 . .
9348	907	—	10.1	+74 50	2	H	6.83	2 . .	9398	4300	3773	19.4	+23 51	4	A	6.01	2 . .
9349	4879	—	10.1	+16 4	1	A?	6.54	3 . .	9399	2609	—	19.5	+53 48	1	II	6.98	2 . .
9350	4240	3741	10.8	+37 36	9	F	4.31	3 . 4	9400	319	3789	19.6	+86 37	4	A	7.14	1 . 3

D.C.	DM.	H.P.	R.A. 1900.	Dec. 1900.	No.	Sp.	Magn.	Resid.	D.C.	DM.	H.P.	R.A. 1900.	Dec. 1900.	No.	Sp.	Magn.	Resid.
9401	4394	—	19.7	+24 51	2	A	5.99	5..	9451	2589	—	28.6	+57 4	1	II	7.02	5..
9402	5063	3776	19.8	−10 11	1	A	5.95	5 2 3	9452	3457	—	28.7	+48 0	3	A	6.32	2..
9403	4531	3778	20.1	+25 45	6	F	5.93	9 . 1	9453	791	—	28.9	+75 58	1	II	7.22	1..
9404	5446	3777	20.1	− 3 59	1	A?	6.09	5 3 3	9454	1322	—	28.9	+67 51	4	A	6.45	9..
9405	4583	—	20.4	+25 27	1	II	6.19	8..	9455	5584	—	28.9	− 4 48	1	A	6.18	p 5 .
9406	3055	—	20.6	+51 13	1	A?	6.80	1 ..	9456	6287	3802	29.2	−20 31	2	H	5.84	4 2 1
9407	4151	—	20.6	+26 58	1	E	6.35	6..	9457	3553	3804	29.4	+49 30	5	A	5.71	3 . 0
9408	4215	—	20.8	+ 0 6	1	A	6.11	2 3 .	9458	1183	—	29.7	+70 23	3	A	6.49	7..
9409	4085	—	20.9	+29 1	1	F?	6.07	p . .	9459	823	—	29.9	+77 30	1	H	7.43	2..
9410	—	3779	20.9	−22 51	4	H?	4.78	. n n	9460	3865	3807	30.2	+45 9	6	L?	5.09	n . 9
9411	1032	—	21.2	+71 39	3	A	6.69	1..	9461	4359	3808	30.7	+38 5	2	H	6.03	n . n
9412	1536	—	21.3	+64 37	1	F	6.74	5..	9462	4107	—	30.9	+27 46	1	E?	6.16	5..
9413	603	—	21.5	+83 50	2	II	7.12	4..	9463	4346	—	30.9	+24 3	1	II	6.14	4..
9414	3376	—	21.5	+48 54	4	A	6.45	1..	9464	3091	—	31.0	+51 15	4	A	6.08	3..
9415	3305	3781	21.6	+46 17	7	A	6.12	1 . 0	9465	6251	3809	31.5	−19 54	6	A?	4.43	3 3 1
9416	4557	3782	21.7	+36 14	3	A	6.05	0 . 2	9466	1002	—	32.0	+65 18	1	II	7.10	4..
9417	4794	—	21.8	+18 58	2	II	6.06	6..	9467	4180	3810	32.4	− 0 50	3	A	5.81	4 4 4
9418	1582	—	22.0	+65 44	1	F	7.01	8..	9468	5701	3811	32.4	− 8 18	6	A	4.92	1 1 1
9419	2322	—	22.1	+57 39	1	A?	6.83	8..	9469	3562	—	32.6	+50 3	1	A?	0.74	3..
9420	1214	—	22.3	+69 7	4	A	6.31	7..	9470	4830	3812	32.7	+ 6 10	3	A?	5.51	5 2 1
9421	730	—	22.8	+81 36	4	A?	7.02	9..	9471	4612	3814	32.9	+39 57	0	A	5.36	4 . 3
9422	737	—	23.0	+82 6	1	E	6.85	7..	9472	4827	3813	33.0	+18 52	4	A	5.83	0 . 6
9423	5692	3783	23.0	−22 15	3	II?	5.04	7 3 5	9473	4884	3815	33.5	+ 5 19	4	F?	6.04	2 2 3
9424	4568	3784	23.2	+36 41	7	A?	5.36	4 . 3	9474	1829	—	33.6	+67 40	5	A	6.66	7..
9425	836	—	23.3	+76 40	11	A	6.19	3..	9475	3889	—	33.6	+44 14	2	A	5.88	0..
9426	3890	3786	23.3	+48 24	10	A	5.53	0 . 2	9476	4558	—	33.7	+38 52	1	H	6.64	2..
9427	4164	3785	23.3	+27 11	8	A	5.44	0 . 0	9477	2059	—	34.3	+53 36	2	II	6.08	2..
9428	2039	3787	23.4	+52 28	8	A?	5.91	1 . 2	9478	4754	3816	34.3	+19 48	1	A?	6.16	2 . .
9429	787	—	23.6	+76 7	1	II	6.93	2 . .	9479	4517	3817	34.5	+ 1 48	2	II	6.12	n 6 7
9430	4462	3788	23.8	+31 47	3	F?	6.28	5 . 6	9480	2300	—	34.6	+58 18	1	E	6.79	9..
9431	1169	—	24.1	+70 3	1	F?	6.30	p . .	9481	6340	3818	34.6	−17 7	6	G?	4.31	8 6 5
9432	2383	—	24.6	+59 19	1	II	6.95	6..	9482	2160	3819	35.2	+61 38	3	A	5.29	3 . 5
9433	2945	—	24.7	+52 52	2	A?	6.67	0 . .	9483	3003	—	35.2	+53 8	1	E	6.97	5..
9434	788	—	24.9	+75 32	1	II	7.36	6..	9484	613	—	35.4	+83 24	1	E	6.89	p . .
9435	3534	—	25.3	+49 20	1	II?	6.88	1..	9485	2617	3821	35.8	+57 2	4	F	5.70	5 . 2
9436	2544	—	25.7	+54 50	5	A	5.98	1 . .	9486	6102	3820	36.1	−14 29	2	H	6.11	6 5 8
9437	3558	3793	25.7	+46 6	3	II	6.33	9 . n	9487	4177	3823	36.3	+42 49	1	II	6.72	n . n
9438	1405	3796	25.8	+66 22	10	A	5.47	0 . 1	9488	6152	3824	37.1	−19 19	4	H?	5.27	3 3 6
9439	4583	3794	26.3	+11 43	3	F	5.84	2 . 1	9489	4850	3826	37.3	+ 5 14	1	II?	5.20	2 3 2
9440	5770	3795	26.3	− 6 1	6	K?	4.20	7 n n	9490	2595	3829	37.4	+54 25	1	H	6.74	7 . 5
9441	2953	—	26.6	+52 30	1	E	6.97	2 . .	9491	3407	—	37.5	+47 5	1	A?	5.56	p . .
9442	2957	3797	27.0	+52 31	6	A	6.02	3 . 1	9492	4611	—	37.6	+40 21	2	A	6.00	3..
9443	1173	3798	27.4	+70 7	9	A	3.85	8 . 4	9493	2409	—	37.6	+50 18	1	H	7.10	2..
9444	1407	—	27.4	+66 37	2	A	6.28	2 . .	9494	4604	3830	37.6	+10 21	3	A	5.76	5 3 2
9445	707	3803	27.8	+80 5	6	H?	0.46	5 . 5	9495	6270	3827	37.6	−20 4	1	H	6.19	3 1 0
9446	648	—	27.9	+82 33	1	H	7.33	7..	9496	6046	3828	37.7	−14 51	2	A	5.96	2 1 2
9447	2279	—	28.1	+58 58	1	II	6.05	2..	9497	4615	3832	38.4	+40 38	4	A	5.90	0 . 6
9448	3079	3800	28.1	+52 11	1	II	6.86	4 . 7	9498	3410	3833	38.6	+50 44	8	B	4.70	4 . 2
9449	3449	3799	28.1	+48 9	3	A	6.32	0 . 5	9499	6052	3831	38.6	−15 12	2	A	6.00	5 3 2
9450	2395	3801	28.3	+60 1	4	A	5.64	1 . 2	9500	4891	3836	39.2	+ 9 25	6	K	4.41	n n n

21ʰ THE DRAPER CATALOGUE. 103

D.C.	DM.	H.P.	R.A. 1900.	Dec. 1900.	No.	Sp.	Magn.	Resid.	D.C.	DM.	H.P.	R.A. 1900.	Dec. 1900.	No.	Sp.	Magn.	Resid.
9501	5628	—	39.2	− 5 11	1	A?	6.53	0 2 . .	9551	4919	—	48.9	+ 6 23	1	H?	6.29	2 0 .
9502	2374	—	39.3	+57 17	1	E	6.38	8 . .	9552	1664	—	49.1	+65 17	3	A	6.22	4 . .
9503	4408	3837	39.3	+37 50	4	A	5.05	4 . 1	9553	2640	—	49.1	+54 35	1	E?	6.84	2 . .
9504	614	—	39.5	+83 30	1	E	7.00	p . .	9554	1600	—	49.2	+64 27	1	H	7.00	1 . .
9505	4169	3840	39.6	+28 18	6	F	5.19	7 . 8	9555	5329	3871	49.4	− 3 46	1	E?	6.09	4 3 1
9506		3841	39.6	+28 18					9556	4711	—	49.5	+12 17	2	F	6.17	6 4 .
9507	5820	3838	39.6	− 9 32	2	H	6.10	6 6 9	9557	2727	—	49.9	+53 32	1	A	6.88	4 . .
9508	2314	—	39.7	+58 48	1	H	6.80	1 . .	9558	717	—	50.2	+80 12	1	E	6.94	p . .
9509	4582	3842	39.8	+16 54	3	H	5.47	n 7 n	9559	618	—	50.3	+83 35	6	A	6.72	5 . .
9510	4668	3839	39.8	+14 19	2	E	6.38	1 . 3	9560	1096	—	50.8	+72 1	3	A	6.03	4 . .
9511	4468	3843	40.2	+25 11	8	F?	4.98	9 . 8	9561	2216	—	50.0	+62 8	2	A?	6.70	8 . .
9512	1193	3847	40.4	+70 51	7	I?	5.64	6 . 8	9562	1371	—	51.0	+68 1	1	A?	6.91	1 . .
9513	2316	3845	40.4	+58 20	3	M?	6.04	R . n	9563	6037	—	51.3	−18 22	2	F?	6.17	6 5 .
9514	3422	—	40.6	+46 24	1	A?	6.25	3 . .	9564	2644	3873	51.5	+56 8	3	A?	6.46	3 . 4
9515	5833	3844	40.9	− 9 44	1	A?	5.10	p p p	9565	1003	3876	51.6	+73 14	8	A	6.39	1 . 2
9516	6087	3846	41.1	−11 49	3	A	5.56	1 1 2	9566	1097	—	51.6	+71 31	4	A	6.46	2 . .
9517	5943	3848	41.5	−16 35	4	A	3.51	R 7 5	9567	4696	3875	52.0	+11 36	6	A	5.89	6 8 1
9518	1082	3853	41.8	+71 52	5	I?	5.94	4 . 5	9568	5876	—	52.3	− 9 3	1	A	6.11	p 6 .
9519	4781	—	42.0	+13 15	1	A	6.43	6 . .	9569	1375	—	52.5	+67 18	1	F	6.84	0 . .
9520	2193	3854	42.2	+61 59	3	E?	6.06	1 . 1	9570	1680	—	52.7	+65 15	2	A	6.85	7 . .
9521	4414	3851	42.2	+ 2 14	3	A	5.32	3 5 3	9571	1007	—	52.9	+64 52	6	A	5.74	8 . .
9522	4204	—	42.3	+42 35	1	E?	6.82	3 . .	9572	5878	3877	53.0	− 5 54	2	F	6.23	3 3 0
9523	5827	—	42.4	− 6 23	1	A	5.32	0 p .	9573	6060	—	53.0	−13 9	1	H	6.22	p p .
9524	2288	3855	42.5	+60 40	6	A	5.02	6 . 5	9574	3618	—	53.2	+48 12	3	A?	6.09	4 . .
9525	3504	3856	43.1	+48 51	7	B	4.19	3 . 2	9575	768	—	53.3	+79 5	4	H	7.04	5 . .
9526	1357	—	43.4	+67 17	1	H	6.99	p . .	9576	2436	—	53.3	+59 19	2	A	6.45	6 . .
9527	6027	—	44.3	−13 11	1	A?	6.02	5 4 .	9577	720	—	53.4	+79 29	1	E	6.76	p . .
9528	4427	3858	44.4	+38 11	4	A	5.98	3 . 2	9578	—	—	53.6	−24 19	1	II	5.97	. 9 .
9529	2294	3859	44.5	+60 14	2	H	6.62	6 . n	9579	2007	3879	53.8	+63 9	2	H	6.46	8 . n
9530	2420	—	44.6	+59 14	1	E	6.95	0 . .	9580	1611	—	54.3	+65 9	1	E?	6.95	7 . .
9531	4793	—	44.8	+20 0	2	E	6.26	2 . .	9581	2320	—	54.3	+60 49	2	A?	6.58	9 . .
9532	1198	—	45.3	+69 41	6	A	6.01	7 . .	9582	1691	3882	54.7	+65 41	5	A	6.02	5 . 2
9533	4525	3861	45.4	+20 43	7	A	5.18	1 . 2	9583	4940	3881	55.1	+ 6 14	5	F?	5.88	1 2 1
9534	4612	3860	45.4	+16 49	2	F	5.60	1 . 3	9584	4323	—	55.5	+26 18	1	E	6.70	p . .
9535	616	—	45.7	+83 52	1	E	7.58	p . .	9585	3506	—	55.8	+48 39	1	H	6.92	4 . .
9536	6176	—	46.2	−19 5	2	A?	5.66	9 7 .	9586	721	—	55.9	+79 50	3	H	7.17	8 . .
9537	324	—	46.4	+86 33	1	A	7.90	3 . .	9587	2670	—	56.0	+57 10	1	A?	6.67	0 . .
9538	834	—	46.6	+77 47	9	A	6.45	6 . .	9588	4296	3884	56.0	+ 0 7	1	H	6.16	2 3 4
9539	1441	—	46.8	+66 20	3	A?	6.37	0 . .	9589	4737	3886	56.2	+12 38	5	A?	5.70	3 1 1
9540	4797	3863	46.9	+19 22	4	A	5.66	2 . 1	9590	4779	3885	56.2	+ 7 47	1	H	6.10	3 2 3
9541	4021	—	47.0	+39 5	3	A	6.11	4 . .	9591	4328	—	56.6	+26 21	1	E?	6.00	p . .
9542	5316	—	47.2	− 3 39	1	A	5.84	p 9 .	9592	946	—	56.9	+74 31	1	H	7.32	9 . .
9543	2208	—	47.8	+61 20	1	H	6.73	p . .	9593	6422	—	57.0	−17 27	1	H	6.03	8 R .
9544	6149	3864	47.9	−14 1	6	F?	5.36	4 0 2	9594	—	B	57.1	—	1	H	5.54	. 2 .
9545	4215	3865	48.0	+28 20	3	E	5.93	0 . 3	9595	4676	—	57.1	+10 29	3	A	6.06	4 5 .
9546	5785	3866	48.2	−10 47	2	A?	6.29	5 3 2	9596	2233	—	57.6	+62 0	1	A?	6.45	6 . .
9547	706	—	48.3	+80 15	1	E	6.85	p . .	9597	1009	3892	57.8	+72 42	0	F	5.63	6 . 4
9548	4635	3867	48.5	+25 27	5	A	6.94	6 . 1	9598	4584	—	57.9	+23 7	1	A?	6.08	p . .
9549	2639	3870	48.8	+55 20	5	A	5.22	8 . 3	9599	4548	—	57.9	+15 31	2	A	6.14	7 . .
9550	4879	3869	48.9	+19 13	4	A	5.51	3 . 2	9600	5688	3888	58.0	− 7 1	2	A?	6.07	1 3 6

21^h-22^h

D. C.	DM.	H. P.	R.A. 1900.	Dec. 1900.	No.	Sp.	Magn.	Resid.	D. C.	DM.	H. P.	R.A. 1900.	Dec. 1900.	No.	Sp.	Magn.	Resid.
			m.	° ′								m.	° ′				
9601	5681	3889	58.1	− 2 39	5	A?	4.80	5 1 *1*	9651	*1221*	—	5.1	+70 12	2	A?	6.50	3 . .
9602	3083	3890	58.2	+52 24	5	A?	5.64	*3* . 0	9652	4059	—	5.1	+44 21	2	A	6.13	8 . .
9603	4549	—	58.2	+15 18	1	II	6.59	9 . .	9653	4961	3913	5.2	+ 5 42	6	A	4.22	*8 6 4*
9604	4681	3891	58.4	+10 54	5	A	5.61	6 3 *2*	9654	5623	3914	5.2	− 4 23	1	A	5.84	p 7 0
9605	2441	3894	58.7	+57 31	3	A?	5.73	7 . *2*	9655	6196	3915	5.2	−12 4	4	A	5.11	6 5 3
9606	*4119*	3895	58.9	+44 10	6	A	5.63	4 . 0	9656	1109	—	5.3	+71 53	2	A	6.35	8 . .
9607	—	3893	58.9	−27 19	1	F	5.54	. 6 3	9657	2395	—	5.3	+58 48	1	A	6.50	0 . .
9608	201	—	59.2	+87 19	1	II	7.85	4 . .	9658	5625	—	5.3	− 4 46	1	II	6.23	*2 2* .
9609	*3583*	—	59.6	+49 11	1	A	6.83	2 . .	9659	4563	—	5.4	+22 38	1	H?	6.63	7 . .
9610	4242	3896	59.7	− 1 24	5	A?	5.58	4 1 *4*	9660	1815	—	R	R	n	R	R	. . .
9611	*4121*	—	59.8	+44 7	1	A	6.23	p . .	9661	4852	3917	5.5	+32 42	7	F	4.89	n . *5*
9612	*4525*	—	0.0	+25 11	1	A?	6.54	p . .	9662	*4946*	—	5.5	+19 8	1	A?	6.36	6 . .
9613	4122	—	0.1	+43 52	2	A?	6.03	7 . .	9663	6173	3916	5.5	−21 44	1	H?	5.87	1 5 2
9614	1712	—	0.2	+65 35	3	A	6.36	6 . .	9664	*4701*	3918	5.7	+11 8	1	II	6.42	*4 . 5*
9615	*4671*	3897	0.7	+26 12	1	H	6.50	*3* . *5*	9665	4014	—	5.8	+34 43	1	A?	6.75	0 . .
9616	4800	3898	0.7	+ 4 34	1	H	5.89	*9 6* n	9666	5093	3919	5.8	+20 30	3	A	6.19	*2* . *2*
9617	*4246*	3899	0.7	− 0 49	5	K?	4.35	n n n	9667	*4004*	—	5.8	+30 4	3	A	6.27	*2* . .
9618	2028	3904	0.8	+62 38	2	M?	6.41	*5* . n	9668	1815	—	6.7	+63 38	2	A?	6.47	7 . .
9619	*1802*	3903	0.9	+64 8	9	A	4.99	*5 . 6*	9669	4276	—	6.7	+27 14	1	A?	6.65	0 . .
9620	4284	3902	1.1	+28 28	5	A	5.08	2 . *2*	9670	4981	—	7.0	+ 6 24	1	H?	6.19	p 8 .
9621	6209	3901	1.1	−14 21	8	A	4.53	0 1 *2*	9671	*3722*	—	7.1	+48 11	2	A	5.02	9 . .
9622	4984	—	1.2	+ 9 36	1	II	6.36	8 6 .	9672	4592	—	7.1	+15 33	2	H	6.49	*2* . .
9623	*672*	—	1.5	+83 1	3	A	6.86	p . .	9673	6229	—	7.1	−14 42	2	F?	5.86	6 5 .
9624	4804	—	1.6	+ 4 42	1	H	6.29	p 7 *.*	9674	3602	3922	7.2	+50 20	6	A	5.52	5 . *1*
9625	4584	—	1.6	+ 1 57	1	A?	6.17	8 3 .	9675	—	3920	7.3	−26 50	1	A?	5.71 .	7 5
9626	4041	—	1.8	+44 37	3	A	6.31	7 . .	9676	2475	3923	7.4	+57 43	6	K?	5.25	n . n
9627	4043	3905	1.9	+44 31	1	H	6.38	n . n	9677	5732	3921	7.5	− 5 13	1	E?	5.88	8 8 4
9628	673	—	1.9	+82 23				R . .	9678	*1634*	—	7.6	+65 1	1	F?	6.55	p . .
9629	674	—	2.0	+82 23	6	F?	6.46		9679	1111	3925	7.9	+71 51	10	I?	5.58	*4 . 6*
9630	2029	3906	2.0	+62 19	1	II	6.40	*4* . n	9680	2045	—	7.9	+62 55	1	F?	6.76	p . .
9631	3692	—	2.0	+47 45	2	A	5.76	7 . .	9681	3767	—	8.0	+49 42	1	H	6.93	3 . .
9632	2246	3909	2.1	+61 48	4	A	5.24	8 . 0	9682	3612	—	8.0	+46 36	2	A	6.25	p . .
9633	4044	—	2.2	+44 46	3	A	6.19	1 . .	9683	2402	3929	8.1	+58 56	5	A?	5.29	3 . 0
9634	*6143*	—	2.2	−14 59	1	A	5.91	p p .	9684	—	3924	8.1	−25 41	1	A?	5.59	. 3 1
9635	4533	3907	2.3	+24 51	6	F	4.44	*4 . 4*	9685	2727	3926	8.2	+56 21	7	F	5.97	0 . *6*
9636	*4792*	—	2.5	+ 9 11	1	A?	6.26	8 6 .	9686	1112	—	8.3	+71 37	6	A	6.02	7 . .
9637	2679	—	2.7	+55 51	2	A	6.46	3 . .	9687	1228	3931	8.4	+69 38	9	F?	5.70	*2* . *2*
9638	4930	—	2.7	+18 59	3	A?	5.84	3 . .	9688	*4456*	3927	8.4	+34 7	1	II	6.30	*5 . 9*
9639	3248	—	2.9	+51 19	2	A?	6.95	0 . .	9689	4708	—	8.4	+10 22	1	A?	6.71	p . .
9640	4095	3910	3.1	+21 13	4	A	5.74	1 . 0	9690	2403	—	8.5	+58 34	2	A?	6.29	0 . .
9641	*4673*	—	3.4	+17 4	2	A?	6.40	9 . .	9691	*5864*	—	8.6	−21 54	1	A	5.96	p F .
9642	6227	3911	3.5	−19 1	1	A	5.46	5 4 3	9692	—	3928	8.6	−28 16	1	A	5.46	. 1 1
9643	*4540*	—	3.7	+25 3	2	A	6.04	p . .	9693	2358	3932	8.7	+60 16	2	II	6.07	*7 . 7*
9644	4472	—	3.7	+23 41	1	H?	6.63	2 . .	9694	4370	—	8.7	+26 49	1	II?	6.65	9 . .
9645	3114	—	3.8	+52 49	1	A	6.72	*5* . .	9695	6180	3930	8.8	−21 35	3	II?	5.95	*6* n *5*
9646	—	—	4.3	−28 47	1	F?	5.35	. p .	9696	767	—	9.0	+82 10	2	A	6.66	p . .
9647	3706	—	4.8	+47 27	2	A?	6.36	5 . .	9697	*4280*	3933	9.1	+28 7	1	II	6.41	0 . *3*
9648	4349	3912	4.8	+32 41	1	F	5.14	6 . 6	9698	—	—	9.2	−24 30	1		6.01	. 9 .
9649	1109	—	4.9	+71 53	1	A	6.49	7 . .	9699	2048	3934	9.3	+62 48	1	II	6.66	*2 . 6*
9650	4058	—	5.0	+44 22	3	A	6.28	6 . .	9700	4829	—	9.4	+ 7 28	2	F?	6.10	p 7 .

22ʰ

D.C.	DM.	H.P.	R.A. 1900.	Dec. 1900.	No.	Sp.	Magn.	Resid.	D.C.	DM.	H.P.	R.A. 1900.	Dec. 1900.	No.	Sp.	Magn.	Resid.
			m.	° ′								m.	° ′				
9701	*4711*	3935	9.5	+30 13	3	I	5.91	n.n	9751	*3894*	3953	16.9	+46 2	6	A	4.58	4.2
9702	2409	—	9.7	+58 48	1	A	6.45	p..	9752	2503	—	17.0	+57 54	1	H	6.33	9..
9703	4073	3936	9.7	+44 57	5	A	5.41	6.4	9753	*820*	—	17.1	+76 0	13	A?	6.24	6..
9704	5720	—	9.9	− 2 34	R	R	R	...	9754	*4786*	—	17.3	+15 8	2	B	5.94	p..
9705	1287	—	10.4	+68 23	1	A	6.37	9..	9755	4469	—	17.6	+41 36	4	A	6.26	2..
9706	4333	3937	10.5	+42 28	5	A	5.71	3.0	9756	5008	—	17.6	+ 5 58	1	A?	6.74	pF.
9707	2053	—	10.7	+62 40	4	A	5.81	p..	9757	822	—	17.7	+75 31	2	F	6.86	4..
9708	*4834*	—	11.0	+ 8 3	4	A	5.93	p4.	9758	1501	—	18.0	+66 28	1	A	6.57	9..
9709	1022	3943	11.1	+72 49	4	H	6.32	2.3	9759	*4849*	—	18.3	+ 5 9	1	A?	6.74	pF.
9710	4765	—	11.1	+11 15	1	A	6.37	p..	9760	*4353*	—	18.3	+ 0 7	1	A?	6.41	pF.
9711	1232	—	11.2	+69 38	1	A?	6.69	p..	9761	785	—	18.5	+79 11	1	E?	7.44	6..
9712	2741	3942	11.3	+56 33	10	A	4.65	5.4	9762	2070	—	18.6	+62 38	2	A	6.41	p..
9713	5726	—	11.4	− 2 6	3	A	5.97	35.	9763	*1759*	—	18.8	+66 12	1	A?	6.27	0..
9714	6148	3939	11.4	−13 20	1	H	5.72	310	9764	5139	3956	18.8	+20 20	2	F?	6.47	5.5
9715	5845	3940	11.5	− 8 17	5	H?	5.41	nnn	9765	5780	3957	18.9	− 5 20	4	A	5.08	011
9716	4526	3944	11.6	+37 15	4	I?	5.72	9.n	9766	857	—	19.2	+77 4	1	II	7.36	8..
9717	5048	3941	11.6	− 9 32	1	H	6.15	020	9767	1257	—	R	R	R	R	R	...
9718	2413	—	11.7	+58 36	1	A	6.14	p..	9768	4790	—	19.2	+14 46	2	A	6.09	9..
9719	2709	—	11.8	+55 19	1	F	6.30	p..	9769	2765	—	19.3	+56 47	6	A?	5.86	8..
9720	4601	—	11.9	+22 24	2	A	6.48	2..	9770	*4560*	—	19.5	+38 4	1	E?	6.53	3..
9721	*5900*	3945	11.9	− 5 54	3	II?	6.25	723	9771	2291	—	19.6	+61 55	4	A	5.77	7..
9722	4337	—	12.1	+28 41	1	II	6.71	3..	9772	3358	3959	19.7	+51 44	6	I	5.48	3.n
9723	4797	—	12.2	+12 23	1	A?	6.57	4..	9773	*2520*	—	20.2	+58 2	1	F?	6.34	p..
9724	131	—	12.3	+88 58	1	A	8.00	7..	9774	4872	3960	20.2	+ 0 53	4	F	4.92	403
9725	2746	—	12.8	+56 43	1	A?	5.97	5..	9775	3715	3962	20.4	+48 58	6	A	4.80	2.2
9726	*4333*	—	13.0	− 0 45	2	H?	6.26	73.	9776	—	3961	20.7	−24 11	1	A?	5.87	.44
9727	2272	—	13.1	+61 49	1	A	6.74	4..	9777	*630*	—	20.9	+84 0	7	A	6.78	2..
9728	4887	—	13.2	+13 27	1	H	6.53	3..	9778	6521	3963	21.2	−17 15	2	F?	5.98	554
9729	2714	—	13.3	+55 40	1	A	6.15	p..	9779	383	3908	21.3	+85 36	16	A	5.37	4.0
9730	505	—	13.6	+84 55	1	A	7.37	6..	9780	4873	—	21.3	+ 7 24	1	II?	6.75	p..
9731	*6355*	—	13.6	−13 48	1	II	6.17	31.	9781	*5873*	—	21.3	− 7 53	1	A	6.01	43.
9732	4617	—	14.1	+15 45	2	A	6.24	p..	9782	4730	—	21.4	+25 24	1	H?	5.49	p..
9733	1746	—	14.2	+65 38	2	A	6.46	5..	9783	4705	3964	21.5	+ 3 53	1	F	5.93	132
9734	4892	—	14.5	+13 35	1	II	6.68	8..	9784	384	—	21.7	+85 43	2	H	7.36	9..
9735	4537	—	14.6	+37 15	2	A	6.12	4..	9785	1234	—	21.7	+70 49	2	A	6.57	4..
9736	2059	3947	14.9	+62 18	1	H	6.50	5.3	9786	2876	—	21.9	+53 26	1	H	6.38	7..
9737	5855	3946	14.9	− 8 10	5	A	5.46	711	9787	4835	—	22.4	+36 57	4	A	6.22	3..
9738	4998	3948	15.5	+ 5 17	4	A	5.26	811	9788	2882	—	22.5	+53 36	1	H	6.53	p..
9739	4896	—	15.8	+13 32	1	II	6.63	1..	9789	860	—	22.8	+77 44	11	A	6.24	6..
9740	3065	—	15.9	+46 58	1	H	6.86	8..	9790	*4710*	3965	22.8	+ 4 12	2	K	5.78	n88
9741	4853	—	15.9	+ 7 41	2	F?	6.20	81.	9791	4841	3966	23.1	+39 19	6	A	6.12	1.0
9742	5897	3949	16.1	−22 5	2	H	6.11	467	9792	2750	—	23.2	+55 56	3	A	6.31	2..
9743	1426	—	16.3	+67 55	1	A	5.95	p..	9793	4804	—	23.2	+11 45	1	II	6.72	8..
9744	1646	—	16.4	+64 17	1	H	6.68	p..	9794	*1036*	—	23.4	+73 7	1	A	6.93	p..
9745	2755	—	16.4	+56 25	2	A	5.76	9..	9795	1240	3969	23.5	+70 16	2	I	6.11	1.4
9746	*6741*	3950	16.5	− 1 53	6	A	4.08	120	9796	1303	—	23.5	+68 32	2	A	6.52	p..
9747	4898	—	16.6	+13 52	1	H	6.08	9..	9797	4594	—	23.5	+24 18	4	A?	6.14	7..
9748	*4784*	3951	16.6	+11 42	5	A	5.07	4.0	9798	775	—	23.7	+81 26	6	F?	6.62	4..
9749	*4350*	—	16.6	+ 0 8	1	II	6.71	pF.	9799		3970	23.7	− 0 32				n R
9750	4209	3952	16.7	+27 50	9	A	4.86	1.0	9800	4365	3971	23.7	− 0 32	5	F	4.35	n 6

22ʰ

D.C.	DM.	H.P.	R.A. 1900.	Dec. 1900.	No.	Sp.	Magn.	Resid.	D.C.	DM.	H.P.	R.A. 1900.	Dec. 1900.	No.	Sp.	Magn.	Resid.
			m. s.	° ′								m. s.	° ′				
9801	850	—	23.9	+76 56	4	A?	6.67	6 ..	9851	4808	—	31.0	+ 7 16	1	H?	6.65	p F .
9802	1664	3974	23.0	+64 37	5	F	5.76	0 . 2	9852	2779	—	32.0	+55 33	3	A	5.97	8 ..
9803	4874	3973	24.1	+ 8 38	2	H	6.46	7 6 7	9853	4838	—	32.1	+12 4	1	H	6.62	2 1 .
9804	205	—	24.2	+87 35	2	A	7.15	3 ..	9854	5716	3999	32.6	− 4 44	3	H	6.05	7 8 5
9805	4880	—	24.6	+ 7 30	1	H	6.75	p ..	9855	4576	—	32.7	+23 29	1	E?	6.48	0 ..
9806	4713	3976	24.9	+ 3 56	3	F?	5.83	5 0 5	9856	2932	—	32.8	+53 54	1	A	6.28	p ..
9807	6231	—	24.9	−15 5	2	A	5.85	p 5 .	9857	4817	—	33.0	+38 55	1	H	6.59	p ..
9808	1852	—	25.0	+63 34	1	H	6.47	0 ..	9858	1049	4002	33.2	+73 7	12	F	5.52	0 . 2
9809	4815	—	25.1	+35 26	1	E	6.91	6 ..	9859	3770	4001	33.2	+51 1	7	A	5.05	5 . 2
9810	4371	—	25.1	− 0 22	1	H	6.61	p p .	9860	1050	—	33.6	+72 22	1	A	6.76	2 ..
9811	4700	—	25.2	+35 13	2	F?	6.06	4 ..	9861	4745	—	33.8	+ 4 1	2	A	6.23	3 7 .
9812	5850	3978	25.3	−11 11	5	A	5.02	2 1 2	9862	4185	—	33.9	+44 40	1	H	6.73	1 ..
9813	2548	3981	25.4	+57 54	6	F?	4.73	n . 7	9863	1319	—	34.3	+68 41	2	A	6.77	5 ..
9814	2547	3982	25.4	+57 53				n .	9864	2465	—	34.3	+58 24	1	A	6.29	7 ..
9815	3719	3980	25.4	+47 11	5	H?	6.09	n . n	9865	4898	—	34.6	+36 51	1	F	6.32	0 ..
9816	2897	—	25.5	+53 44	1	A	5.93	6 ..	9866	2821	4004	34.7	+56 17	1	M	6.56	2 . 2
9817	4708	3979	25.5	+32 4	6	A	5.32	7 . 2	9867	4826	4005	34.7	+38 32	4	B	4.93	1 . 1
9818	4726	—	25.6	+30 42	2	A	6.38	6 ..	9868	1789	—	34.9	+65 38	1	A	6.41	4 ..
9819	3396	—	25.9	+51 54	1	A	6.06	6 ..	9869	5021	4006	34.9	+19 10	2	A	6.26	2 . 2
9820	796	3986	26.0	+78 17	14	A	5.82	2 . 0	9870	978	—	35.0	+74 51	3	H	6.58	1 ..
9821	739	—	26.1	+80 11	4	H	6.94	6 ..	9871	4902	4008	35.0	+87 4	1	H?	6.52	5 . 5
9822	4420	3995	26.1	+42 36	6	B	4.52	5 . 1	9872	2102	4009	35.1	+63 4	7	A	5.85	1 . 2
9823	5460	—	26.1	− 3 25	1	A	6.44	1 2 .	9873	—	4007	35.1	−27 34	3	A	4.42	. 1 3
9824	5797	3984	26.1	− 7 4	1	H	6.37	1 2 2	9874	3780	—	35.4	+50 38	1	H	6.79	7 ..
9825	5855	—	26.4	−11 25	1	A	5.80	9 8 .	9875	5728	—	35.6	− 4 4	1	A	6.09	6 3 .
9826	2794	—	26.5	+56 43	2	A	6.27	8 ..	9876	4971	4010	35.9	+14 1	2	F?	6.08	3 . 3
9827	1256	—	26.8	+69 56	2	A	6.60	4 ..	9877	4266	4011	36.1	+43 46	4	H	5.80	n . n
9828	4769	—	26.8	+10 16	1	H?	6.60	p ..	9878	2950	4012	36.2	+53 20	1	H	6.13	1 . 1
9829	4835	—	26.9	+12 36	1	H	6.78	p ..	9879	4797	4013	36.4	+10 19	6	A	3.79	8 3 2
9830	2403	—	27.0	+61 7	1	F	6.48	5 ..	9880	5733	—	36.9	− 4 0	1	A	6.24	p n .
9831	4389	—	27.0	+29 2	3	A	6.30	4 ..	9881	4912	4014	37.0	+39 43	5	B?	5.10	1 . 1
9832	3875	3987	27.1	+49 46	6	A	3.94	1 . 0	9882	4436	4015	37.0	+28 48	10	A	4.83	3 . 1
9833	1257	—	27.3	+69 40	2	A?	6.44	9 ..	9883	4974	4016	37.0	+10 8	1	H	6.28	1 . 1
9834	509	—	27.5	+84 33	2	H	7.09	1 ..	9884	2958	—	37.5	+53 52	1	A	6.83	p ..
9835	4838	—	27.7	+12 32	1	F	6.22	8 2 .	9885	6038	—	37.8	− 8 50	2	F?	6.21	8 6 .
9836	4670	—	27.9	+15 20	1	H	6.60	1 ..	9886	4912	—	37.9	+ 0 41	1	A	6.12	p F .
9837	4871	3989	28.0	+39 16	4	A	6.14	1 . 5	9887	5838	4017	38.0	− 7 29	2	A	6.12	9 3 1
9838	5781	3990	28.9	− 2 5	1	H	6.40	1 2 5	9888	6324	4018	38.2	−19 21	2	H?	5.90	8 n n
9839	801	3992	29.0	+78 19	15	A	5.52	2 . 1	9889	2961	—	38.3	+53 43	1	A	6.18	p ..
9840	6251	3991	29.3	−21 13	3	F	5.83	1 1 6	9890	4741	4020	38.3	+29 42	11	G	4.16	n . n
9841	2769	—	29.8	+56 7	1	F?	5.81	5 ..	9891	2836	—	38.4	+57 5	1	F?	6.47	p ..
9842	1262	3995	30.1	+69 24	8	A?	5.95	0 . 0	9892	4670	—	38.4	+37 17	1	F	5.97	p ..
9843	4384	3994	30.2	− 0 38	6	A	4.28	4 2 1	9893	3903	—	38.7	+46 38	1	F?	6.35	1 ..
9844	2314	—	30.3	+61 16	3	A	6.08	4 ..	9894	4805	—	38.7	+10 26	1	F?	6.26	p ..
9845	1263	—	30.4	+69 51	1	A	5.91	3 ..	9895	1055	—	38.8	+72 44	1	A	6.62	7 ..
9846	836	3996	30.6	+75 43	14	A	5.66	0 . 0	9896	868	—	39.1	+77 30	3	A	6.88	p ..
9847	6554	—	30.7	−16 54	1	F?	6.28	7 4 .	9897	731	—	39.2	+80 52	5	F	6.67	0 ..
9848	4808	3997	31.4	+39 7	4	A?	5.19	5 . 1	9898	1702	—	39.2	+65 9	1	H	6.55	7 ..
9849	4781	—	31.6	+11 17	2	A	5.87	p 5 .	9899	2797	—	39.2	+55 53	1	A	6.06	9 ..
9850	3903	—	31.8	+49 33	2	A?	6.13	2 ..	9900	1704	—	39.6	+64 48	2	A	6.19	3 ..

THE DRAPER CATALOGUE.

22ʰ

D. C.	DM.	H. P.	R.A. 1900.	Dec. 1900.	No.	Sp.	Magn.	Resid.	D. C.	DM.	H. P.	R.A. 1900.	Dec. 1900.	No.	Sp.	Magn.	Resid.
			m.	° ′								m.	° ′				
9901	4594	4022	39.6	+41 18	2	I	6.11	9 . n	9951	703	4045	47.9	+82 37	14	K	5.93	9 . n
9902	870	—	39.8	+77 5	7	A	6.76	7 . .	9952	6371	4044	48.2	−12 9	3	A	5.46	4 5 3
9903	—	—	40.1	−25 46	1	A	5.84	. 7 .	9953	880	—	48.3	+76 42	1	A	6.65	p . .
9904	4298	—	41.0	+44 14	1	H?	6.63	5 . .	9954	2830	—	48.4	+56 10	1	II	6.36	7 . .
9905	2595	—	41.2	+57 37	1	F	5.88	8 . .	9955	4078	—	48.4	+46 1	1	F	6.35	1 . .
9906	5060	—	41.5	+ 7 4	1	F	6.30	7 F .	9956	756	—	48.5	+79 51	3	H	6.75	4 . .
9907	4875	4024	41.6	+11 40	7	F	5.15	4 9 n	9957	3062	—	48.5	+49 53	5	A	6.04	7 . .
9908	4300	4025	41.7	+44 1	6	A?	6.20	2 . 5	9958	704	—	48.6	+83 9	1	II	6.67	p . .
9909	4709	4026	41.7	+23 3	7	K?	5.34	n . n	9959	4957	—	48.6	+39 37	3	A	6.04	7 . .
9910	6486	4027	42.1	−20 8	1	H	6.19	3 8 7	9960	2595	—	49.1	+50 34	1	H	6.56	3 . .
9911	871	—	42.2	+77 58	9	A	6.59	6 . .	9961	1475	—	49.2	+67 26	2	F	6.54	8 . .
9912	335	—	42.3	+86 46	1	A	7.00	4 . .	9962	4331	4046	49.2	+44 13	4	A	5.90	1 . 2
9913	2856	—	42.4	+54 21	1	A	5.84	p . .	9963	6173	4047	49.3	−16 21	6	A	3.82	n 6 4
9914	6346	4028	42.4	−14 35	2	A	5.36	8 4 2	9964	6619	—	49.4	−16 48	1	II	5.94	3 1 .
9915	5111	—	42.5	+ 0 58	1	F?	6.16	6 F .	9965	4939	—	49.9	+ 0 32	2	A	5.91	9 4 .
9916	788	—	42.9	+81 22	1	II	6.91	8 . .	9966	513	—	50.0	+84 14	3	II?	7.09	2 . .
9917	2937	—	43.0	+54 13	1	A	6.54	p . .	9967	5885	4050	50.0	− 5 31	1	II	5.83	2 1 0
9918	789	—	43.2	+81 58	1	II	7.09	9 . .	9968	2837	—	50.2	+55 48	1	II	6.21	6 . .
9919	3295	—	43.2	+52 51	2	A	6.47	5 . .	9969	4961	4051	50.2	+ 8 17	4	A	4.83	1 4 2
9920	5923	4029	43.2	−11 5	1	A	5.89	4 3 4	9970	4956	4053	50.4	+36 33	1	F?	6.07	2 . 1
9921	750	—	43.3	+79 54	2	H	7.08	1 . .	9971	4917	4054	51.1	+35 50	4	A	5.86	1 . 3
9922	2612	—	43.5	+57 57	2	A	5.58	7 . .	9972	993	—	51.3	+74 4	1	II	6.66	8 . .
9923	4934	4030	43.7	+36 52	1	II	6.57	6 . 6	9973	858	—	51.7	+75 48	2	A	6.07	7 . .
9924	4809	—	43.8	+30 34	1	II?	6.63	p . .	9974	1283	—	51.7	+70 49	1	F	6.57	p . .
9925	700	—	43.9	+82 44	8	A?	6.70	p . .	9975	813	—	51.8	+78 22	1	II	7.01	7 . .
9926	1717	—	44.2	+64 32	1	E	6.24	8 . .	9976	4004	—	51.8	+11 18	1	A	6.27	6 . .
9927	6354	4031	44.3	−14 7	2	M?	5.21	n n n	9977	814	—	51.9	+78 32	1	F?	6.83	7 . .
9928	1546	—	44.5	+66 22	1	A	6.62	p . .	9978	2644	—	51.9	+57 40	3	A	6.26	7 . .
9929	2993	4032	44.6	+53 53	9	A?	5.81	2 . 2	9979	4949	4055	51.9	+41 4	6	A?	5.30	9 . 3
9930	4615	4034	45.2	+24 5	9	I?	4.73	8 . n	9980	1288	—	52.0	+69 45	1	A	6.59	4 . .
9931	1468	—	45.6	+68 2	6	F	6.14	4 . .	9981	2850	—	52.0	+55 44	1	A	6.25	8 . .
9932	2820	4035	45.6	+55 22	1	H	6.30	4 . 9	9982	5793	—	52.0	− 3 47	1	A?	6.19	8 n .
9933	2967	—	45.7	+54 18	1	A	6.24	p . .	9983	3887	4058	52.1	+49 12	2	II	6.48	n . n
9934	4623	4036	45.8	+41 26	5	A	5.94	2 . 1	9984	758	—	52.4	+79 42	1	H	7.12	7 . .
9935	1813	—	46.1	+66 0	2	A	6.32	7 . .	9985	1482	—	52.4	+67 42	1	II	6.75	7 . .
9936	1814	4037	46.1	+65 41	9	I?	4.95	n . n	9986	5036	4059	52.5	+20 14	2	H	6.21	n . 6
9937	4251	—	46.4	+44 24	1	A	6.58	p . .	9987	3085	4060	52.7	+48 9	6	B?	5.05	3 . 1
9938	3485	—	46.5	+51 31	1	A	6.20	p . .	9988	2607	—	52.8	+59 25	3	A?	6.36	9 . .
9939	4916	—	46.7	+ 4 15	1	F	6.33	7 6 .	9989	2855	—	52.9	+55 57	1	F?	6.46	p . .
9940	1469	—	46.9	+67 51	1	E	6.75	p . .	9990	1076	—	53.0	+72 18	1	A	6.46	p . .
9941	3044	—	46.9	+48 12	1	A?	6.32	7 . .	9991	4904	4061	53.1	+38 48	4	A	5.78	7 . 3
9942	4926	—	47.3	+40 47	2	F?	6.65	4 . .	9992	5589	—	53.1	− 2 56	1	II?	6.05	3 8 .
9943	988	—	47.4	+74 38	2	A	6.83	p . .	9993	2915	—	53.3	+56 28	1	H	6.56	p . .
9944	2450	4041	47.4	+61 10	4	F	5.90	1 . 1	9994	5858	—	53.3	− 1 57	1	A?	6.05	8 5 .
9945	5122	4039	47.4	+ 9 18	4	F	5.54	5 2 2	9995	517	—	53.5	+84 50	9	H	6.77	3 . .
9946	5908	4040	47.4	− 8 7	4	M?	5.41	n n n	9996	5092	—	53.7	+ 6 48	2	A	5.95	p 6 .
9947	3311	—	47.5	+52 30	1	II	6.22	8 . .	9997	739	—	53.9	+80 45	3	A	6.80	p . .
9948	4074	—	47.5	+46 12	1	A	6.55	4 . .	9998	4355	—	54.2	+43 18	1	A?	6.57	4 . .
9949	4521	4042	47.5	+42 47	2	II	6.32	n . n	9999	4869	4062	54.2	+11 12	2	A	5.97	1 . 1
9950	4573	—	47.5	+ 3 1	1	A	6.08	4 6 .	10000	4950	4063	54.3	+ 0 26	1	II	6.11	1 7 5

ANNALS OF HARVARD COLLEGE OBSERVATORY.

$22^h - 23^h$

D. C.	DM.	M. P.	R.A. 1900.	Dec. 1900.	No.	Sp.	Magn.	Resid.	D. C.	DM.	H. P.	R.A. 1900.	Dec. 1900.	No.	Sp.	Magn.	Resid.
			m. s	° ′								m. s	° ′				
10001	6318	—	54.3	−13 36	1	H	6.47	0 1 .	10051	4686	4092	3.6	+ 1 35	1	II	5.92	1 3 4
10002	1079	—	54.7	+72 36	4	H	6.72	1 . .	10052	2171	—	3.7	+63 6	7	A	5.88	3 . .
10003	2146	—	54.7	+63 10	1	H?	6.66	1 . .	10053	1758	—	3.8	+65 5	3	A	6.18	7 . .
10004	3514	4065	54.8	+52 6	1	A	6.66	7 . 3	10054	1931	—	3.9	+63 41	2	F?	6.47	2 . .
10005	3515	—	54.8	+51 47	2	A	6.21	8 . .	10055	6368	4093	4.1	−21 43	4	II?	4.92	5 n n
10006	2615	—	55.0	+59 16	5	A?	6.11	4 . .	10056	4981	4095	4.5	+ 8 8	1	M	5.50	2 1 1
10007	640	4071	55.2	+83 49	14	K?	5.92	9 . 9	10057	6360	—	4.5	−15 3	1	A	5.95	5 8 .
10008	2663	—	55.9	+57 14	1	A?	6.32	7 . .	10058	—	4096	4.5	−23 0	4	F?	5.37	. 5 5
10009	2923	4070	55.9	+56 24	7	G	6.14	1 . 5	10059	1006	4098	4.7	+74 51	15	II?	5.48	9 . n
10010	4859	4069	55.9	+30 33	1	A	6.43	4 . 1	10060	3950	—	4.8	+49 7	6	A?	6.51	9 . .
10011	4302	—	56.0	+44 50	2	A	6.59	1 . .	10061	5170	4097	5.0	+ 9 17	5	A	5.34	2 4 0
10012	—	4068	56.0	−23 20	1	A?	5.89	. 8 2	10062	5010	—	5.1	+37 9	1	F	6.42	9 . .
10013	4744	—	56.3	+38 10	2	A	6.13	6 . .	10063	1764	—	5.2	+64 41	4	A	6.06	7 . .
10014	866	—	n	n	1	E	6.88	p . .	10064	2491	—	5.2	+61 7	1	A	6.78	p . .
10015	5910	—	56.4	− 5 15	1	E?	6.38	4 3 .	10065	4945	—	5.2	+38 55	1	A	6.54	3 . .
10016	2927	4072	57.3	+56 34	1	II	6.27	2 . 2	10066	708	—	5.3	+80 6	2	A?	6.89	8 . .
10017	4664	4073	57.3	+41 47	9	A	3.92	2 . 1	10067	2552	4099	5.4	+58 47	8	A	5.70	4 . 3
10018	759	—	57.4	+79 48	1	II	6.67	8 . .	10068	769	—	5.5	+80 2	9	A	6.29	p . .
10019	4665	4076	58.0	+42 13	8	A	5.30	9 . 2	10069	6157	—	5.5	− 6 30	2	A?	6.27	7 6 .
10020	4378	—	58.2	+43 31	5	A	6.13	0 . .	10070	2958	—	5.8	+56 55	2	I	6.42	6 . .
10021	2629	—	58.3	+59 18	4	A	6.30	7 . .	10071	4692	4101	5.8	+43 0	5	A	6.19	2 . 3
10022	892	—	58.4	+76 20	3	A	6.98	3 . .	10072	1587	—	6.0	+66 42	8	A	6.25	5 . .
10023	2900	—	58.4	+54 42	4	A	5.97	5 . .	10073	1941	—	6.3	+64 0	2	F	6.58	2 . .
10024	2533	—	58.6	+59 5	2	A	6.60	9 . .	10074	3383	—	6.7	+52 31	1	II	6.67	5 . .
10025	4818	4077	58.8	+ 3 17	5	A	4.61	1 2 0	10075	4391	4102	6.7	+ 8 10	6	A	5.32	7 1 2
10026	1181	—	58.9	+72 10	1	A	6.80	p . .	10076	810	—	7.4	+82 3	1	H	6.00	p . .
10027	4480	4078	58.9	+27 32	7	M?	4.80	n . n	10077	1949	—	7.9	+64 11	3	A	6.13	9 . .
10028	2631	—	59.2	+50 54	5	A?	6.04	7 . .	10078	3964	4104	8.0	+48 51	9	A	4.80	2 . 1
10029	2070	—	59.2	+58 1	1	H	6.24	3 . .	10079	814	—	n	n	n	R	n	. . .
10030	781	—	59.6	+80 14	13	A	6.24	p . .	10080	2906	4105	8.3	+56 36	3	II	6.09	1 . 6
10031	1575	4082	59.7	+66 40	6	I	6.26	3 . 9	10081	1773	—	8.4	+64 15	1	E?	6.43	6 . .
10032	4028	4079	59.7	+49 30	8	I	5.65	3 . 7	10082	4002	—	8.5	+10 31	1	H	6.51	3 4 .
10033	4926	4080	59.8	+14 40	6	A	n	n . n	10083	6170	4106	9.1	− 6 33	3	M?	5.77	8 n n
10034	6018	4081	59.9	− 8 14	2	A	5.51	3 1 1	10084	823	—	9.3	+79 6	1	E	7.14	p . .
10035	2839	—	0.6	+56 10	2	A	6.26	3 . .	10085	4071	—	9.6	+50 5	8	A	6.09	4 . .
10036	2638	—	0.9	+58 12	1	II	6.44	8 . .	10086	816	—	R	R	4	A	6.89	8 . .
10037	—	4083	1.3	−24 17	2	II	5.22	. 8 4	10087	4179	—	10.4	+46 0	1	A	6.55	5 . .
10038	4907	4084	2.0	+ 8 52	1	I	6.06	0 n n	10088	5852	4108	10.4	− 4 3	6	A	5.39	1 0 2
10039	2170	—	2.1	+62 41	1	A	6.71	6 . .	10089	6156	4109	10.6	− 9 38	8	II	5.40	4 n 9
10040	2479	—	2.4	+60 55	2	E?	6.43	4 . .	10090	772	—	10.7	+79 22	1	E	7.00	p . .
10041	2545	4086	2.4	+58 53	8	A	4.96	3 . 0	10091	1779	—	10.7	+64 54	1	F?	6.04	1 . .
10042	4587	—	2.6	+32 18	4	A	5.97	3 . .	10092	1023	4112	11.0	+73 41	11	A	5.79	4 . 2
10043	5278	4087	2.6	+20 37	2	A	5.87	3 . 0	10093	1955	—	11.3	+63 44	4	A	6.20	8 . .
10044	4147	—	2.7	+45 33	6	A?	6.32	2 . .	10094	2929	—	11.4	+56 8	1	E?	6.41	p . .
10045	3371	4088	2.8	+52 17	1	II	6.36	9 . 2	10095	6076	4113	11.7	− 8 16	2	H	5.00	0 n n
10046	2546	—	3.0	+59 13	6	A?	5.93	0 . .	10096	1311	4115	11.8	+70 20	9	A	5.56	4 . 1
10047	4149	4090	3.1	+45 51	3	H	6.40	9 . 7	10097	5975	—	11.8	− 7 43	1	II	6.47	8 3 .
10048	1002	—	3.2	+75 3	9	A	6.32	p . .	10098	4648	4114	12.0	+ 2 44	7	I	5.03	n n n
10049	3944	4091	3.2	+48 45	7	F?	6.05	0 . 1	10099	3410	4116	12.1	+52 40	3	F	5.97	6 . 4
10050	4399	—	3.6	+44 1	4	A	6.36	1 . .	10100	2413	—	12.2	+61 25	4	A	6.01	5 . .

THE DRAPER CATALOGUE.

23^h

D.C.	DM.	H.P.	R.A. 1900.	Dec. 1900.	No.	Sp.	Magn.	Resid.	D.C.	DM.	H.P.	R.A. 1900.	Dec. 1900.	No.	Sp.	Magn.	Resid.
10101	6254	—	12.2	−16 43	1	E?	6.09	4 p .	10151	5024	—	19.9	+35 49	3	A	6.28	2 . .
10102	*2978*	—	12.4	+57 7	1	A	6.42	8 . .	10152	4904	4142	19.9	+31 50	8	A	5.54	5 . 0
10103	6461	4117	12.4	−12 16	3	A	5.73	6 9 6	10153	1988	—	20.3	+63 18	1	H	6.72	3 . .
10104	4368	4118	12.5	+44 37	1	A	6.23	0 . 3	10154	1315	—	18.2	+70 59	1	F	6.77	n . .
10105	825	—	12.7	+78 42	5	A	6.84	7 . .	10155	2444	4144	20.4	+61 44	4	M?	5.91	*6 . 7*
10106	6160	4119	12.7	− 9 44	10	A	4.45	p *2 1*	10156	4833	4143	20.4	+22 51	11	F	5.38	*9 . 8*
10107	3991	4120	13.1	+48 28	4	M?	6.14	n . n	10157	6420	4145	20.8	−21 12	5	H?	5.57	*1* n n
10108	647	—	13.2	+83 42	9	A	6.75	p . .	10158	4099	—	21.2	+38 48	1	A	6.33	p . .
10109	4373	—	13.2	+44 57	4	A	6.11	4 . .	10159	1607	—	21.4	+66 22	1	E	6.62	7 . .
10110	896	—	13.3	+77 37	6	A?	6.75	5 . .	10160	1376	—	21.5	+68 26	1	H	6.86	3 . .
10111	*5043*	4123	13.7	+41 18	7	A?	6.00	2 . 0	10161	*6291*	—	21.7	−15 48	1	F?	6.30	7 0 .
10112	6094	4124	13.8	−10 10	9	A	4.99	7 *2* 1	10162	2540	—	21.8	+60 32	3	A?	6.07	9 . .
10113	6168	—	13.8	−12 43	1	A	6.33	*9* p .	10163	4098	4146	21.8	+ 0 42	6	A	5.10	6 *4 1*
10114	6448	4125	13.8	−14 0	5	II?	5.55	*3 1 4*	10164	*1331*	—	22.0	+70 8	4	A?	6.17	6 . .
10115	1016	—	13.9	+74 46	11	A	5.99	6 . .	10165	4999	—	22.1	+ 0 34	1	E?	6.51	7 1 .
10116	5966	4126	14.2	− 5 40	4	F?	5.80	*4 2 1*	10166	4672	4147	22.3	+42 21	10	A	5.77	*4 . 0*
10117	4378	—	14.3	+44 36	4	A	6.40	4 . .	10167	4778	4148	22.7	+24 37	9	A	5.81	7 . *2*
10118	1514	4127	14.5	+67 34	10	II?	5.56	*4 . 7*	10168	5173	4149	22.9	+ 5 50	5	I	5.26	*6 n 9*
10119	5007	—	14.6	+35 17	2	A	6.16	5 . .	10169	1832	4150	23.0	+69 49	10	A	5.59	6 . 1
10120	4899	—	14.6	+34 15	4	A?	5.95	4 . .	10170	2454	—	23.6	+61 22	2	A	6.53	p . .
10121	*4110*	4128	14.8	+48 4	4	H	6.17	*2 . 9*	10171	1035	—	23.8	+73 34	4	A?	6.56	9 . .
10122	777	—	15.2	+79 21	14	A	6.42	p . .	10172	*834*	—	23.9	+79 0	1	F	6.59	p . .
10123	4997	4130	15.3	+ 4 50	1	H	5.84	*3 4 7*	10173	*836*	—	24.0	+79 15	5	A	6.07	8 . .
10124	*2577*	—	15.4	+59 5	1	H	6.75	p . .	10174	*5009*	4151	24.1	+12 12	8	II?	5.81	n n n
10125	2521	—	15.7	+60 36	3	B?	6.10	9 . .	10175	399	—	24.4	+85 52	13	A	6.71	8 . .
10126	*4810*	4132	15.7	+23 11	12	A	4.94	1 . *2*	10176	5999	4152	24.4	− 5 5	1	H	6.53	*3 2 2*
10127	1787	—	15.8	+64 17	2	A	6.48	8 . .	10177	1203	—	24.6	+71 41	1	F	6.79	p .
10128	1027	—	15.9	+73 23	1	A	6.69	p . .	10178	4241	—	24.6	+45 55	3	A?	6.50	5 . .
10129	—	4133	15.9	−27 32	1	H	5.99	*. 0 1*	10179	1037	—	24.8	+73 45	1	A	7.00	p . .
10130	2701	—	16.0	+50 44	3	A?	6.39	3 . .	10180	1022	—	25.0	+74 41	12	A	6.13	9 . .
10131	4440	—	16.0	+43 35	6	A	6.25	1 . .	10181	*5342*	—	25.0	+21 1	1	A?	6.22	8 . .
10132	4317	4131	16.1	+37 38	5	F	6.09	*1 . 3*	10182	4062	—	25.3	+30 49	1	A?	6.88	p .
10133	5073	—	16.2	− 5 13	1	A	6.13	9 6 .	10183	2748	4153	25.4	+57 59	5	B	5.05	7 . *2*
10134	4445	—	16.7	+43 31	2	A	6.42	9 . .	10184	4963	—	25.5	+30 18	1	II	6.82	8 . .
10135	*1974*	—	16.9	+64 12	2	A	6.58	4 . .	10185	4945	—	25.7	+21 29	1	F?	6.62	9 . .
10136	4897	4136	17.0	+31 16	13	A	5.52	3 . *1*	10186	*4856*	—	25.8	+38 6	1	II	6.38	4 . .
10137	911	—	17.2	+76 31	1	H	6.50	p . .	10187	2004	—	26.1	+63 51	1	A	6.48	4 . .
10138	*4538*	—	17.2	+28 9	1	A?	5.96	6 . .	10188	2462	—	26.2	+61 45	1	A	6.44	p .
10139	6406	4137	17.4	−15 35	6	A	5.33	0 0 0	10189	400	—	26.3	+85 27	1	II	7.28	7 . .
10140	4817	4138	17.7	+20 16	2	A	6.11	2 . 0	10190	5023	4154	26.3	+38 42	5	II	6.01	*2 . 7*
10141	6587	4139	17.7	−20 39	8	II?	5.11	*6* n n	10191	2005	—	26.4	+58 35	1	II	6.64	9 . .
10142	4660	—	17.8	+ 2 16	1	A	6.37	p 6 .	10192	*6141*	—	26.4	−21 56	2	A	5.96	p *3* .
10143	818	—	18.0	+81 18	2	F	7.00	p . .	10193	*4566*	4155	26.5	+28 7	1	II?	6.01	9 . *2*
10144	2710	4141	18.1	+59 35	3	H	6.36	*4 . 4*	10194	4568	—	26.7	+27 51	6	A?	6.19	1 . .
10145	6119	—	18.8	−22 19	2	A?	5.91	9 9 .	10195	908	—	26.8	+77 20	10	A	6.50	4 . .
10146	3151	—	19.0	+53 29	3	A	6.51	5 . .	10196	6510	—	27.0	−12 6	1	F?	5.78	*9* n .
10147	5165	—	19.3	+ 5 39	1	F?	6.34	p F .	10197	770	—	27.2	+80 27	3	A	6.01	p . .
10148	1799	—	19.6	+64 47	3	A?	6.37	4 . .	10198	*401*	—	27.5	+86 0	6	F	7.33	7 . .
10149	2999	—	19.6	+56 59	3	F	6.42	6 . .	10199	4948	—	27.5	+34 25	6	A?	6.15	3 . .
10150	5068	—	19.7	+40 34	2	A?	6.40	6 . .	10200	4971	—	27.5	+30 54	1	II	6.83	p . .

ANNALS OF HARVARD COLLEGE OBSERVATORY.

23^h

D. C.	DM.	H. P.	R.A. 1900.	Dec. 1900.	No.	Sp.	Magn.	Resid.	D. C.	DM.	H. P.	R.A. 1900.	Dec. 1900.	No.	Sp.	Magn.	Resid.
			m.	° ′								m.	° ′				
10201	344	4159	27.7	+86 45	9	A	6.27	3 . 7	10251	533	—	33.8	+84 37	2	F?	7.20	p . .
10202	1819	—	27.7	+65 11	6	A?	6.22	0 . .	10252	4880	—	33.9	+22 46	2	A	6.43	4 . .
10203	5655	—	27.8	− 3 34	1	A	6.44	4 2 .	10253	2490	—	34.1	+61 35	3	A?	6.36	1 . .
10204	909	—	27.9	+77 15	8	A	6.46	3 . .	10254	4180	4177	34.3	+49 55	10	A	5.21	5 . 1
10205	6428	—	28.0	−13 10	2	A	6.07	2 F .	10255	6471	4178	34.6	−14 47	11	A	5.37	1 2 2
10206	6437	4157	28.0	−21 28	9	A	4.96	8 5 3	10256	4979	—	34.8	+34 24	2	A	6.40	8 . .
10207	2758	—	28.1	+57 21	1	A	6.43	p . .	10257	5035	4180	34.8	+ 5 5	9	F	5.00	8 9 7
10208	1208	—	28.2	+71 27	9	A	6.28	5 . .	10258	1218	—	34.9	+71 24	1	A	6.73	p . .
10209	4764	—	28.4	+23 48	1	A	6.48	6 . .	10259	5095	4179	34.9	+ 9 7	4	A	5.84	2 5 4
10210	4952	4158	28.5	+21 57	2	H	6.27	3 . 9	10260	1082	—	35.0	+74 43	14	A	5.82	7 . .
10211	4953	—	28.6	+21 46	1	H	6.62	p . .	10261	1047	4181	35.0	+73 25	10	G	6.35	8 . 4
10212	4988	—	28.6	+17 16	1	E?	6.70	0 . .	10262	5098	—	35.1	+37 6	3	A	6.42	1 . .
10213	4956	—	28.7	+29 19	1	F?	6.72	9 . .	10263	928	4182	35.2	+77 4	16	K?	4.87	n . n
10214	4441	—	28.9	+44 31	2	H	6.63	1 . .	10264	2268	—	35.2	+68 10	6	A	6.23	5 . .
10215	5352	4160	28.9	+20 18	1	H	6.42	4 . 0	10265	4467	—	35.3	+44 31	2	A	6.53	5 . .
10216	2745	—	29.0	+59 29	3	A?	6.58	5 . .	10266	4956	—	35.3	+17 40	1	A?	6.75	4 . .
10217	4978	4162	29.0	+30 47	3	H	6.21	n . n	10267	4522	4183	35.4	+43 47	9	A	4.28	4 . 1
10218	5936	4161	29.0	− 1 48	7	A	5.86	1 0 0	10268	1033	—	35.6	+75 10	8	F	6.76	p . .
10219	4489	—	29.1	+43 21	5	A	6.37	5 . .	10269	5074	4184	35.6	+36 9	4	F	6.31	3 . 1
10220	3006	—	29.4	+54 56	1	A?	6.69	6 . .	10270	700	—	35.7	+79 16	3	A	6.85	p . .
10221	5114	4165	29.7	+39 42	8	A	5.64	4 . 1	10271	6166	—	35.7	− 8 28	1	A?	5.81	p n .
10222	4607	4164	29.7	+32 57	2	I	6.04	0 . 2	10272	3025	—	35.8	+54 35	1	A	6.84	p . .
10223	1109	—	29.9	+72 23	5	A	6.67	8 . .	10273	5076	—	36.0	+35 25	1	A	6.56	p . .
10224	3647	—	30.0	+52 3	1	A	6.86	p . .	10274	6585	4185	36.0	−12 14	1	H	6.28	2 1 2
10225	4932	—	30.0	+31 17	2	A	6.68	p . .	10275	2780	—	36.2	+57 17	3	A	6.33	6 . .
10226	4767	4166	30.0	+23 53	1	F	6.53	0 . 2	10276	4952	—	36.3	+32 0	2	F?	6.54	5 . .
10227	403	—	30.4	+85 38	9	A	6.87	9 . .	10277	6357	4186	36.4	−18 35	2	H?	6.21	9 4 5
10228	4982	—	30.4	+30 27	2	F?	6.68	8 . .	10278	4127	—	36.5	+46 18	1	A	6.70	3 . .
10229	6142	4167	30.4	− 8 1	1	A	6.41	1 1 1	10279	5143	—	36.5	+40 0	1	H	6.69	6 . .
10230	4165	—	30.5	+49 46	3	A	6.64	6 . .	10280	4127	—	36.6	+48 58	8	A	6.05	5 . .
10231	4935	—	30.5	+31 39	1	E	6.73	1 . .	10281	4791	—	36.6	+23 40	1	A	6.43	9 . .
10232	1327	4168	30.6	+71 5	1	H	6.43	4 . 2	10282	6358	4187	36.6	−18 23	5	H?	5.40	n 5 7
10233	4579	—	30.9	+27 19	1	A?	6.81	5 . .	10283	1034	—	36.9	+75 1	1	H	6.59	p . .
10234	4744	4170	31.3	+ 1 32	4	F	5.87	9 1 3	10284	5183	—	36.9	+ 6 42	4	A	5.67	8 2 .
10235	4671	4171	31.5	+32 21	2	F	6.09	7 . 4	10285	5138	—	37.0	+19 45	1	E	6.66	6 . .
10236	4932	—	R	n	n	R	R	. . .	10286	5037	4188	37.0	+ 1 14	10	A?	5.03	4 5 3
10237	5127	—	31.5	+20 7	1	A	6.61	p . .	10287	4530	—	37.3	+44 13	5	A	6.54	3 . .
10238	1542	—	32.0	+67 18	5	A	6.57	6 . .	10288	6345	4189	37.3	−16 0	2	H	5.89	6 2 4
10239	3486	—	32.3	+52 54	1	A	6.97	5 . .	10289	6476	4190	37.5	−15 6	11	A	4.66	1 1 0
10240	4960	—	32.3	+21 42	1	E?	6.47	8 . .	10290	2038	4191	37.6	+63 58	1	A	5.63	4 . p
10241	6439	4172	32.5	−13 37	2	A?	5.82	3 2 2	10291	2000	—	37.7	+61 7	1	H	6.63	1 . .
10242	4283	4174	32.6	+45 56	6	K	5.00	n . n	10292	4872	—	37.7	+15 47	1	H	6.44	1 . .
10243	4054	4173	32.6	+16 17	5	A	6.14	3 . 2	10293	1052	—	37.8	+73 34	1	A	6.79	p . .
10244	1508	—	32.7	+43 52	5	A	5.66	6 . .	10294	4124	—	37.8	+50 53	1	A	6.40	9 . .
10245	4952	4175	32.7	+17 51	12	A	5.47	3 . 1	10295	4763	—	38.1	+34 11	1	E	6.90	1 . .
10246	728	—	33.2	+82 39	2	H	6.99	5 . .	10296	3692	—	38.2	+51 23	2	H	6.65	1 . .
10247	4720	4176	33.2	+42 43	7	A	4.40	2 . 1	10297	3503	—	38.3	+52 36	5	A	6.13	4 . .
10248	5129	—	33.2	+20 2	2	A?	6.51	3 . .	10298	5268	4192	38.3	+ 9 46	1	H	6.31	n n 9
10249	4826	—	33.5	+41 57	3	A	6.29	7 . .	10299	4130	—	38.5	+50 21	1	A?	6.99	6 . .
10250	4972	—	33.6	+34 28	2	A	6.30	2 . .	10300	2787	—	38.6	+57 30	1	H	6.08	8 . .

THE DRAPER CATALOGUE.

23ʰ

D. C.	DM.	H. P.	R.A. 1900.	Dec. 1900.	No.	Sp.	Magn.	Resid.	D. C.	DM.	H. P.	R.A. 1900.	Dec. 1900.	No.	Sp.	Magn.	Resid.
			m.	° ′								m.	° ′				
10301	780	—	38.8	+80 45	7	A	6.78	p . .	10351	4649	4209	44.6	+28 17	6	A	5.98	2 . 1
10302	4627	4194	39.0	+28 49	8	II	5.76	6 . 9	10352	4698	—	44.8	+27 8	1	E	6.85	3 . .
10303	4973	—	39.0	+16 58	1	H	6.85	p . .	10353	6177	4211	45.1	−10 32	1	A?	6.59	1 8 3
10304	6500	4195	39.0	−18 50	9	A?	5.34	5 1 0	10354	4844	—	45.2	+24 18	2	F?	6.39	4 . .
10305	1935	—	39.2	+66 0	1	H	6.37	p . .	10355	4165	—	45.4	+51 4	4	F	6.40	4 . .
10306	4316	—	39.6	+45 49	1	II	6.50	8 . .	10356	5003	—	45.4	+17 3	2	F?	6.75	5 . .
10307	4747	—	39.8	+43 11	4	A	6.39	2 . .	10357	6507	4212	45.4	−14 58	1	H	6.21	2 2 4
10308	4693	—	40.1	+33 13	1	A	6.79	p . .	10358	4776	—	45.5	+42 52	1	A	6.97	5 . .
10309	5366	—	40.1	+20 51	1	II	6.52	0 . .	10359	3288	—	45.6	+53 39	3	F?	6.75	1 . .
10310	1393	—	40.3	+69 11	5	A	6.33	5 . .	10360	2064	—	46.1	+68 26	6	A	6.12	5 . .
10311	5277	—	40.3	+ 9 37	1	A	6.16	3 4 .	10361	5174	—	46.2	+39 30	2	F?	6.49	3 . .
10312	5147	—	40.4	+10 52	1	A?	6.36	2 . .	10362	6522	4213	46.2	−19 28	5	A	5.07	1 0 2
10313	893	—	40.6	+70 7	1	F	6.58	p . .	10363	4881	—	46.5	+41 31	3	A	6.03	1 . .
10314	4703	—	40.8	+32 44	2	A	6.39	p . .	10364	4780	—	46.8	+42 21	1	H	6.71	3 . .
10315	6500	4196	40.8	−19 14	6	A?	5.54	5 0 1	10365	5179	—	46.8	+40 11	1	A	6.55	7 . .
10316	2519	—	41.1	+62 7	1	A	6.35	p . .	10366	4900	—	46.8	+ 4 11	3	A?	6.43	p 1 .
10317	4321	4197	41.1	+45 52	7	I	5.04	7 . 9	10367	934	—	47.1	+77 3	9	F?	6.36	5 . .
10318	2294	—	41.2	+62 45	1	A	6.61	6 . .	10368	5124	—	47.1	+35 47	1	A	6.86	9 . .
10319	735	—	41.4	+82 15	1	A	7.36	8 . .	10369	838	—	47.3	+81 17	3	A	7.08	9 . .
10320	4703	—	R	R	R	R	R	. . .	10370	5386	4216	47.3	+21 7	2	H	6.57	8 . 4
10321	1948	4199	41.5	+66 13	10	B	5.83	5 . 2	10371	5231	4217	47.4	+18 34	2	M?	6.21	n . n
10322	2051	—	41.7	+63 45	1	E?	6.47	5 . .	10372	1047	—	47.5	+74 59	3	H	6.42	1 . .
10323	3044	—	42.0	+54 19	2	A	6.69	6 . .	10373	5004	4218	47.5	+10 23	4	A	5.58	4 3 3
10324	4147	—	42.0	+50 41	2	A	6.65	8 . .	10374	6527	—	47.5	−19 7	1	H	5.86	p p .
10325	2804	4201	42.1	+58 6	7	I?	5.74	4 . 5	10375	5387	—	47.6	+21 12	2	F?	6.57	9 . .
10326	6559	4200	42.1	−12 28	1	H	6.18	2 3 2	10376	6277	4219	47.7	− 9 33	1	II	6.10	1 5 2
10327	3085	—	42.2	+56 54	1	II	6.02	0 . .	10377	4308	—	47.8	+47 56	1	E	6.57	9 . .
10328	784	—	42.4	+80 49	4	A	6.91	p . .	10378	4999	4220	47.9	+17 21	1	H	6.80	3 . 0
10329	4773	—	42.5	+33 59	1	A	6.50	p . .	10379	5126	—	48.0	+36 23	2	II	6.57	1 . .
10330	4834	—	42.5	+25 1	1	II	6.54	5 . .	10380	4792	4221	48.0	+ 1 32	4	A	5.94	p 5 4
10331	4160	—	42.6	+46 16	9	A	5.85	7 . .	10381	706	—	48.1	+79 17	2	A	7.00	p . .
10332	217	—	42.8	+87 47	1	A	8.00	5 . .	10382	4989	—	48.1	+31 21	1	F	6.73	6 . .
10333	4989	—	42.8	+16 32	1	F?	6.95	n . .	10383	—	4222	48.2	−24 47	1	E?	6.36	. 1 3
10334	4990	—	42.8	+16 31				n . .	10384	4180	—	48.5	+50 58	1	II	6.70	3 . .
10335	5707	4203	42.8	− 3 19	1	II?	6.29	9 8 6	10385	5001	—	48.8	+17 26	1	II	6.80	2 . .
10336	1562	4204	43.1	+67 15	12	A	5.22	3 . 1	10386	2636	—	48.9	+60 18	3	A	6.57	3 . 0
10337	2055	—	43.3	+63 15	3	A	6.39	p . .	10387	5091	—	49.0	+38 44	1	II?	6.63	1 . .
10338	4836	—	43.5	+25 6	2	E	6.54	3 . .	10388	4781	—	49.3	+33 2	2	A	6.94	p . .
10339	793	—	43.7	+80 0	3	A	7.05	p . .	10389	3111	4224	49.4	+56 57	7	G?	5.66	7 . n
10340	—	4205	43.7	−28 41	2	A	5.80	. n n	10390	2562	—	49.7	+61 17	1	A	6.78	0 . .
10341	1861	—	43.8	+64 10	6	A	5.99	5 . .	10391	4994	—	49.8	+21 54	2	A	6.52	p . .
10342	5028	—	43.8	+31 9	2	E?	6.83	9 . .	10392	10	—	R	R	R	R	R	. . .
10343	539	—	44.0	+84 31	2	H	7.18	9 . .	10393	4666	—	49.9	+28 56	5	A	6.29	9 . .
10344	2533	4206	44.0	+61 40	8	F	5.05	1 . 5	10394	6198	—	49.9	−10 1	1	II	6.20	8 6 .
10345	2777	—	44.0	+59 25	7	A	5.80	6 . .	10395	1063	4226	50.0	+73 51	12	A	6.20	8 . 4
10346	2653	—	44.3	+58 25	5	A?	6.10	7 . .	10396	5216	4227	50.0	+ 6 31	2	A	6.20	6 1 1
10347	4908	—	44.3	+22 18	2	A	6.13	5 . .	10397	3115	—	50.5	+56 53	4	E	6.00	p . .
10348	5054	4207	44.4	+ 0 31	4	A	5.64	9 2 5	10398	3789	—	50.5	+52 11	1	H	6.56	2 . .
10349	736	—	44.5	+82 26	1	A	7.37	p . .	10399	5101	—	50.5	+ 7 40	2	A?	6.40	6 3 .
10350	5110	4208	44.6	+35 53	4	F	6.39	5 . 5	10400	4214	4228	50.6	+46 48	1	II	6.50	6 . 4

23ʰ

D. C.	DM.	H. P.	R.A. 1900.	Dec. 1900.	No.	Sp.	Magn.	Resid.	D. C.	DM.	H.P.	R.A. 1900.	Dec. 1900.	No.	Sp.	Magn	Resid.
			m.	° ′								m.	° ′				
10401	4363	—	50.6	+45 48	3	A	6.50	2 ..	10450	*1417*	—	55.9	+69 3	1	A	6.83	p ..
10402	406	—	50.8	+85 21	1	H	7.27	p ..	10451	*1418*	—	56.0	+60 1	4	A	6.65	9 ..
10403	5396	—	50.9	+20 37	4	F?	6.22	8 ..	10452	2656	—	56.3	+60 17	3	A	6.60	2 ..
10404	5053	—	51.0	+30 31	2	F?	6.78	2 ..	10453	4309	—	56.3	+49 25	2	II	6.58	*1 .,*
10405	4737	—	51.1	+32 55	3	A	6.46	5 ..	10454	*1185*	—	56.5	+73 3	11	A	6.22	3 ..
10406	*4999*	4229	51.6	+22 5	2	II	6.62	*6 . 5*	10455	1246	—	56.5	+71 41	2	A	6.09	2 ..
10407	743	4230	51.7	+82 38	13	A	6.07	*1 . 2*	10456	2657	4243	56.5	+60 40	8	A?	5.81	*2 . 1*
10408	*4909*	—	51.7	+ 4 10	2	II	6.58	6 3 .	10457	*4744*	—	56.5	+38 11	1	A	6.08	0 ..
10409	*4902*	4231	52.0	+42 6	5	F	6.34	*3 . 3*	10458	4920	4244	56.6	+41 49	6	A	5.89	*6 . 2*
10410	*3076*	4232	52.1	+55 9	7	F	5.90	*0 . 5*	10459	4844	—	56.6	+23 42	1	A	6.53	1 ..
10411	*851*	—	52.2	+79 12	4	F	6.80	p ..	10460	1984	—	56.7	+65 45	1	F	6.11	9 ..
10412	5002	—	52.2	+21 48	1	II	6.52	p ..	10461	1887	—	56.7	+64 54	1	II	6.34	p ..
10413	4331	—	52.3	+47 43	1	E	6.61	8 ..	10462	5749	4245	56.7	− 3 35	8	A?	5.49	*2 5 4*
10414	901	—	52.4	+75 45	2	B	6.56	p ..	10463	4734	4246	56.8	+26 34	5	E	6.35	*3 . 6*
10415	1127	—	52.4	+72 18	1	A	6.81	p ..	10464	6345	4247	56.8	− 6 35	4	II	6.17	n n n
10416	2573	—	52.5	+61 21	1	A	6.79	5 ..	10465	1985	—	56.9	+65 23	5	A	6.40	5 ..
10417	2795	—	52.5	+59 28	9	A?	6.02	7 ..	10466	5750	—	56.9	− 3 20	1	A	6.04	09 .
10418	1067	—	52.6	+73 18	1	E	7.04	p ..	10467	347	—	57.3	+86 29	2	A	7.80	8 ..
10419	4865	4233	52.6	+24 35	4	H	5.96	n . n	10468	4314	—	57.3	+49 56	1	A?	6.49	5 ..
10420	3119	—	52.7	+56 34	1	A	6.22	p ..	10469	5164	—	57.3	+ 8 24	3	A	6.32	*4 1 .*
10421	5013	—	52.7	+10 55	3	A	6.54	5 0 .	10470	4925	—	57.4	+15 43	1	E	6.34	7 ..
10422	4201	—	53.1	+49 53	2	II	6.64	1 ..	10471	5121	4249	57.4	+ 7 56	3	F	6.02	*3 3 0*
10423	6304	—	53.2	−16 25	1	A?	6.50	*4 2 .*	10472	1987	—	57.5	+65 33	7	F	6.12	2 ..
10424	5039	—	53.3	+34 26	3	A	6.40	2 ..	10473	748	—	57.6	+82 25	9	A	6.54	5 ..
10425	4678	—	53.3	+28 17	1	H	6.91	p ..	10474	799	—	57.6	+79 45	4	A	6.77	4 ..
10426	4202	4234	53.4	+50 50	1	M	6.80	n . n	10475	4817	—	57.6	+42 22	1	A	6.26	p ..
10427	4381	—	R	R	R	R	R	...	10476	5159	—	57.6	+35 16	1	A	6.86	1 ..
10428	5996	4235	53.6	− 4 7	4	F?	5.94	*7 8 9*	10477	6703	—	57.8	−20 37	3	A	6.34	*5 n .*
10429	5012	4236	53.7	+31 48	6	A?	6.05	*2 . 3*	10478	*4925*	—	58.0	+42 11	4	A	6.41	4 ..
10430	4381	—	53.8	+45 52	3	F	6.23	8 ..	10479	5034	4251	58.1	+16 59	1	II?	6.60	*6 . 0*
10431	*3082*	4237	53.9	+55 12	10	A	5.02	*0 . 0*	10480	1136	—	58.3	+72 36	7	A	6.56	4 ..
10432	*1068*	—	54.2	+74 15	1	A	7.16	3 ..	10481	*2356*	—	58.3	+63 5	6	F?	6.11	4 ..
10433	*3575*	—	54.2	+53 1	3	A	6.44	9 ..	10482	*5197*	—	58.3	+20 7	1	E	6.71	8 ..
10434	5227	4238	54.2	+ 6 18	9	F	5.20	*8 n n*	10483	1377	—	58.5	+69 45	1	A	6.94	p ..
10435	5180	—	54.3	+19 53	1	E?	6.56	p ..	10484	4373	—	58.6	+47 53	4	A	6.42	0 ..
10436	*3127*	—	54.4	+57 7	2	A	6.87	p ..	10485	4928	—	58.6	+41 29	1	E	6.76	9 ..
10437	*4747*	4239	54.4	+33 11	5	F	5.89	*1 . 1*	10486	*6417*	4252	58.6	−17 54	7	A	4.85	*1 5 2*
10438		4240	54.4	+33 11					10487	18	—	R	R	1	E	7.39	p ..
10439	4208	—	54.5	+50 17	4	A	6.52	7 ..	10488	2586	4253	59.1	+61 44	8	A	5.98	*4 . 1*
10440	*409*	—	54.7	+86 9	13	A	6.75	p ..	10489	6868	4254	59.2	−17 5	1	II	6.18	*0 3 4*
10441	5017	—	54.7	+10 43	3	A	6.57	4 0 .	10490	6194	4255	59.4	−11 4	2	H	6.29	*8 n n*
10442	5108	—	54.9	+38 18	3	A?	6.30	2 ..	10491	1679	4256	59.5	+66 86	6	A	0.00	0 . 2
10443	4231	—	55.1	+46 23	1	A	6.40	6 ..	10492	4933	4257	59.5	+41 33	7	A	6.12	*1 . 2*
10444	4727	—	55.3	+26 22	4	E	6.47	0 ..	10493	4827	—	59.5	+33 42	1	H	6.85	2 ..
10445	5071	—	55.4	+30 41	1	E	6.48	p ..	10494	*4828*	—	59.6	+34 7	3	F	6.47	*2 ..*
10446	*2685*	—	55.5	+59 1	2	H	6.10	2 ..	10495	2855	—	59.7	+57 58	3	F	5.96	5 ..
10447	2580	—	55.6	+61 37	2	E	5.94	p ..	10496	*5063*	—	59.8	+26 6	1	II	6.60	4 ..
10448	4538	4242	55.7	+44 42	6	A	5.97	0 . 1	10497	2667	4258	59.9	+60 46	7	A	5.72	3 . 3
10449	1588	—	55.8	+67 54	1	A?	6.70	p ..	10498	*4744*	—	59.9	+27 7	1	II	6.90	*1 ..*

The details of the measurements made in forming the Draper Catalogue will be found in Table II. The explanation of the successive columns is given below, preceded by the heading of each.

D.C. The number of the star in the Draper Catalogue, and therefore identical with the corresponding number in the first column of Table I.

Several objects which appeared only on one plate have been erroneously entered in Table I. generally owing to a mistake in the identification, or in the hour of right ascension. When an observation was found to relate to a star already in the Catalogue the measures were added to those of the latter star. The letter R was then inserted in each of the columns thus left vacant, and the correction is explained in the remarks following Table II. When the observation related to a star not in the Draper Catalogue, it was inserted in Table II. in the order of right ascension, the number of the star preceding it being repeated followed by the letter a. The corresponding correction is given in the remarks. D. C. 10154 should precede D. C. 10145, but the error was detected too late for correction.

Plate Numbers. Each photographic plate received a number in the order in which it was taken. In Volume XXVI. will be found tables by which we can determine from these numbers the dates and other facts relating to each plate. When a star appears on more than three plates, as many additional lines are assigned to it as may be required. The numbers or letters in the next four columns occupy the same relative positions in their respective columns as the numbers of the plates to which they relate. Two or more regions differing in declination by 10° are photographed on each plate. As the extent of the plate slightly exceeds 10°, it occasionally happens that two images of the same star appear on a plate, one near the top, the other near the bottom. The plate number is then repeated, and the first of the numbers in the following columns in that case refers to the image taken when the northern of the two regions was photographed. When a star appears only on one plate, a second measure of its spectrum was made. A single plate number is then given, but the results of the two measures are inserted in the following columns. Occasionally, after both measures were made, the star was found to be on other plates. The second measure on the first plate is then omitted.

Observed Brightness. The original measures of the brightness were made by direct comparison with a photographic band, dark at one end and transparent at the other, like a wedge of shade glass. Various corrections must be applied to the observed measures to give the brightness on a uniform scale. Thus, if the plate is a poor one all the spectra will appear too faint, and the number representing the stellar magnitude must be diminished to render it comparable with measures of a plate in which the photographic action is more intense. Again, polar stars, from their slow motion, form images more intense than those of equatorial stars of equal brightness, and accordingly the observed magnitudes of the former must be numerically increased.

The scale with which the spectra were compared was such that all measures were contained between the limits 4.0 and 8.0. A reading near 4.0 denotes that the spectrum is nearly opaque, so that the intensity cannot be measured with great accuracy. For brighter stars which cannot be measured with this scale the letter D is inserted in the place of a measurement. When the spectrum is less intense than 6.5 it is difficult to determine its character, and its class may be somewhat uncertain. The accuracy of the measurement of intensity is however not diminished, and is perhaps greater when the spectrum is faint. Measures of intensity could be taken when the scale reading is even fainter than 8.0, but have not been made, since the character of the spectrum could not be determined in this case.

When the spectra were near the edges of the plate they could not be measured with accuracy, and their character becomes more uncertain. The position of each spectrum was measured in rectangular co-ordinates to tenths of a centimetre. Differences in right ascension, or abscissas, were indicated by the letter H; differences in declination, or ordinates by the letter V; for the centre of the plate H = 14.8 and V = 11.7. A dash was substituted for the measure of brightness when V was not included between 2.5 and 22.5. In these cases the description of the spectrum is somewhat uncertain. If the spectrum was not included between H = 7.0 and 23.0 and V = 3.0 and 21.0, the observed brightness is printed in Italics. In this case also small differences in the spectrum are imperceptible. These limits were determined from an examination of the appearance of the spectra on several plates, and are not symmetrically arranged around the central point. When V is not included between 2.5 and 22.5 and the star appears on no other plate, two independent measures were made, and are given in the Catalogue in Italics.

When a star appeared on two plates, and was beyond the limits of measurements on one of these plates, it was measured a second time on the other plate, and the magnitude depends on two measures of the same image, the two measures of brightness on one plate being either preceded or followed by a dash, which indicates the plate not measured. The residuals for these stars follow the same rule. The values in the next two columns of Table II. were derived from the images on different plates.

Res. The residuals found by subtracting the mean photographic magnitude from the observed brightness of each spectrum, after applying the corrections required to reduce them all to the same scale. These residuals are expressed in tenths of a magnitude, negative values being indicated by Italics. Residuals greater than 9, if positive are represented by p, if negative by n. This occurs only in the cases of D.C. 1054, 5360, 9679, and 9951, where the residuals are 10, 10, *10*, and 11 respectively. If a residual exceeded 5, a second measure was made to see if the deviation was real or due to error in measurement. The results of the second measurements and the conclusions derived from them will be found in Volume XXVI. p. 110. As in the preceding column, B, R, and a dash denote respectively that the star was too bright for measurement, that a further reference to this case will be found in the remarks, p. 262, and that the spectrum was too near the edge of the plate for satisfactory measurement. In the case of polar stars the sum of the residuals will not always equal zero, for reasons explained in Volume XXVI. p. 95.

End. When the spectrum contains the series of lines due to hydrogen, the line of shortest wave-length visible in each spectrum is given in this column. Thus γ denotes that the line whose wave-length is 379.8, is the last one visible, and the spectrum is not distinct enough beyond that to show the line δ, whose wave length is 377.1. The three letters correspond to the three numbers in the second column. A comparison of these letters with the numbers in the third column serves to indicate the color of the star. When the hydrogen lines are not present, the last line visible is ordinarily K in the case of faint stars. For the brighter stars the presence of lines of shorter wave-length is indicated in the remarks.

F.K. The intensity of the line K, wave-length 393.7, and the presence or absence of the F line, wave-length 486.1, are indicated in this column. When the K line has the same intensity as the H line an H is inserted; when the K line is the more intense of the two the letter B is inserted; if fainter, its intensity is estimated assuming the intensity of the H line to be 10, and the number denoting this intensity is inserted. The presence of the F line is indicated by placing these letters or numbers in Italics. When the K line is absent the presence of the F line is indicated by an F. In other cases, according to the system just stated, the absence of the K line is indicated by the figure 0; if its presence is questioned the figure 1 is inserted; the figure 2 denotes that the line was certainly seen, but was very faint. When the presence of the F line is questioned on one plate and it was not seen in any of the other photographs of the same star, although some of them were more intense, it is assumed that the suspicion of its presence is unfounded. If the other photographs are fainter, a decision regarding the presence of the F line was reached from a re-examination of the plate. When the F line is questioned and confirmed on any other plates, its presence is assumed.

R. The last column refers to the remarks at the end of the Catalogue. The letter a denotes that these remarks contain additional information regarding the spectra. A line is described by its wave-length expressed in millionths of a millimetre, followed by its intensity on a scale such that the H line in the same spectrum shall be represented by 10. These wave-lengths were determined by estimating the position of the line with regard to the two adjacent hydrogen lines, and are therefore only approximate. When the h or G lines appeared fainter than usual, their wave-lengths, 410 and 434, are followed by a figure indicating the intensity. The letter b denotes that the spectrum of an adjacent star was superposed on that to be measured. More distant stars differing in declination by 10°, 20°, or 30° were also sometimes superposed in the different exposures. In this case the Italic letter *b* is used. The letter c refers to some discrepancy or other remark relating to the star catalogues on which the residuals in the last column of Table I. depend. The letter d denotes a discordance in the estimates of the type of the spectrum of a star on different plates. The letter r is used to refer to remarks not included in the above classes. The letter t is used to denote that more than two of these classes of remarks relate to one star.

TABLE II.

DETAILS OF MEASUREMENT OF THE DRAPER CATALOGUE.

118 ANNALS OF HARVARD COLLEGE OBSERVATORY.

D. C.	Plate Numbers.	Observed Brightness.	Res.	End.	F.K.	R.	D. C.	Plate Numbers.	Observed Brightness.	Res.	End.	F.K.	R.
1	175, 893, 905	6.6,6.6,6.7	320	βαβ	00π		32	929	7.0,6.9	10	ακ	0π	
	907, 960, 974	7.4,7.0,7.0	601	βαα	ππππ		33	959, 973	7.1,7.3	21	κκ	ππ	
	1563	7.0	1	β	0		34	960	7.1,6.8	12	αα	ππ	
2	176	6.9,6.9	00	κκ	ππ		35	176, 949	7.2,7.1	23	κκ	ππ	
3	186, 196, 834	7.0,6.8,7.1	032	ββα	000		36	176, 894, 949	5.5,5.7,5.8	011	δζδ	0FF	
	835, 843, 928	7.0,6.8,6.9	023	hπγ	FF0		37	894	7.1,7.2	01	κπ	π0	
	929, 950,1564	6.6,6.8,6.7	130	γγπ	0F0		38	905, 907	6.6,6.9	11	κα	ππ	d
4	910, 960,1562	7.0,7.2,7.1	010	κκκ	ππα	d	39	175, 893, 905	5.9,6.3,6.2	233	κκα	ππππ	ad
5	157, 176, 949	6.7,6.1,6.3	011	κεκ	ππα	α		907, 960, 974	5.9,5.9,6.1	132	κκκ	πππ	
6	176	7.2,7.3	01	πκ	0π			1563	6.3	2	κ	π	
7	959, 973	6.7,6.7	01	ακ	ππ	d	40	950	7.2,7.2	00	πκ	0π	
8	843	7.0,7.2	11	κπ	π0		41	186, 843, 907	6.5,6.7,6.9	426	βγβ	4F0	
9	186, 843, 950	6.9,6.6,6.5	122	κεκ	ππππ	ad		950	6.4	0	γ	F	
10	186, 186, 196	6.0,5.9,6.8	344	γγκ	20π	r	42	176, 894, 949	6.9,6.8,7.0	201	κκκ	ππππ	
	196, 829, 834	6.5,6.6,6.7	111	κγβ	π20		43	186, 186, 835	7.0,6.5,6.9	140	hβκ	05π	α
	835, 843, 875	6.3,6.3,6.2	001	γθα	FFF			843, 929, 950	6.7,6.6,6.5	221	hδπ	F0F	
	879, 928, 929	6.6,5.9,5.9	001	βγε	001		44	905	7.1,7.0	01	hπ	00	
	950,1564	5.7,6.2	12	ηβ	F0		45	973	7.3,7.2	10	hh	00	
11	929,1019	6.9,6.5	22	αα	10		46	197, 894	7.2,7.1	22	κκ	ππ	
12	973,1562	6.7,7.0	10	κκ	ππ		47	176, 197, 894	6.2,6.2,5.6	423	κκκ	ππππ	α
13	949	7.1,7.1	00	κκ	ππ	r		949	6.1	1	κ	π	
14	1564	7.0,7.2	11	πκ	0π		48	843, 950	7.0,6.9	22	πF	01	d
15	949	6.9,7.1	11	κκ	πππ		49	907, 950	7.5,7.2	22	ακ	ππ	nd
16	176, 949	5.8,6.5	21	γκ	0π	d	50	186	7.3,7.0	12	πα	00	
17	176, 949	6.3,6.6	10	βα	0π		51	960	7.1,7.0	10	κκ	ππ	
18	906, 973,1562	7.4,7.2,7.2	102	κκπ	ππ0		52	906	7.2,6.9	12	πκ	0π	
19	176	7.1,7.3	11	πκ	0π		53	843, 905, 907	7.1,6.7,7.0	202	παα	00π	
20	170, 175, 904	4.3, B,4.2	BBR	ζθδ	F00	r		950	7.0	1	π	0	
	906, 910, 959	D, D, B	BBD	θζθ	FFF		54	176, 894	6.8,6.6	21	πκ	0π	
	973,1562,1709	D, D, D	DBB	λζη	1FF		55	907, 960	7.5,7.0	34	ακ	0π	d
	1715	4.0	B	θ	F		56	176	7.2,7.3	01	κκ	ππ	
21	176	7.2,7.1	01	πR	0π		57	900	6.5,6.4	10	κκ	πππ	
22	834, 843, 928	7.1,6.8,6.6	220	πκγ	0π0		58	905, 907, 960	7.0,7.3,7.1	022	ακκ	0ππ	nd
	929, 950	6.7,6.9	24	γγ	0F		59	186, 835, 843	6.7,7.0,6.9	412	κκπ	ππ0	cr
23	960,1562	6.7,7.2	34	κG	π0	a		929, 950	6.8,6.9	23	ακ	ππ	
24	176	6.6,6.7	01	αβ	00	r	60	176	6.7,6.9	11	κκ	ππ	r
25	973	7.0,7.0	00	κκ	ππ		61	907, 960	7.2,7.0	22	πκ	0π	
26	176	7.2,7.1	01	πκ	0π		62	170, 197, 864	4.8,4.5,4.6	441	εεζ	0FF	α
27	196, 787, 795	6.4,6.5,5.9	110	γπα	505			894, 959, 973	D, D, B	BBB	κζμ	F1F	
	829, 834, 835	6.5,6.7,6.4	122	βαγ	π8π		63	959, 973	6.7,6.8	11	κκ	ππ	
	843, 848, 875	6.3,6.3,6.3	123	η,αε	3π8		64	176	7.5,7.6	10	hh	00	
	876, 879, 914	6.5,6.6,5.8	211	παβ	ππF		65	175, 177, 907	6.6,6.6,6.3	110	ακβ	0ππ	nd
	928, 929, 950	5.8,5.3,5.6	041	γηε	638			960, 974	6.1,6.7	41	βκ	ππ	
	1564,1576	5.8,6.4	14	βπ	8π		66	843, 950	6.9,7.0	33	γγ	F0	
28	186, 186, 829	4.2,4.2,4.4	333	κκκ	ππππ	ad	67	176	7.3,7.3	00	κh	π0	d
	835 843, 875	4.8,4.9,4.4	341	δδκ	Dπππ		68	176	7.2,7.3	01	κκ	ππ	r
	879, 950	4.8,4.0	00	δκ	Bπ		69	175, 906, 960	6.7,6.0,6.9	233	αεδ	001	
29	906, 973,1562	7.0,6.2,7.4	164	πβκ	0Fπ			974	6.7	0	γ	π	
30	843	7.3,7.3	00	hπ	00		70	176, 894	7.2,6.6	43	κκ	ππ	d
31	959	6.3,6.0	21	κκ	ππ		71	907	7.2,6.9	21	κπ	πππ	

THE DRAPER CATALOGUE.

D. C.	Plate Numbers.	Observed Brightness.	Res.	End.	F.K.	R.	D. C.	Plate Numbers.	Observed Brightness.	Res.	End.	F.K.	R.
72	894	6.9,7.1	11	κκ	ιιιι	a	108	176, 894	7.0,6.6	23	κκ	ηιι	d
73	176	7.0,7.1	01	ηκ	Οιι		109	959	7.0,6.8	11	κκ	ηιι	
74	906, 959, 973	6.6,6.4,6.7	022	ηκκ	Fηη	a	110	186, 196, 284	6.8,7.0,6.4	210	aαβ	000	d
75	176, 894	6.9,6.6	22	κκ	ιιιι	r		829, 835, 843	7.0,6.8,6.8	222	ηκδ	Οηϝ	
76	894	7.1,7.1	00	κκ	ηιι			875, 914, 928	7.1,6.5 —	32.	ηβa	ΟϝΟ	
77	835	7.3,7.4	10	ιιιι	00			928, 929, 929	6.6, — 6.6	0.1	βββ	000	
78	176, 894	7.0,7.0	01	κκ	ιιιι			950,1564	6.4,7.0	13	ϊκ	ϝη	
79	894	7.1,7.0	01	κκ	ιιιι		111	835, 843, 928	7.2,6.9,6.9	140	aκκ	ηιιιι	ad
80	176, 894	6.3,6.3	10	κκ	ιιιι	ar		929, 950,1564	6.9,7.0,7.0	120	χηκ	ηϝη	
81	906, 959, 973	6.2,6.6,6.5	311	δaβ	Οηιο		112	906	7.6,7.2	22	ιιιι	00	
82	176	7.4,7.4	00	κκ	ιιιι	d	113	176, 894	7.0,6.7	22	κκ	ηϝ	
83	176, 894	7.2,6.8	23	κβ	ιι6	r	114	894	6.9,7.0	01	κκ	ηιι	
84	176, 197, 894	5.5,6.5,5.9	221	γκδ	Οηϝ		115	894	6.8,6.7	10	κκ	ιιη	
	949	5.9	2	δ	5		116	960	6.9,6.8	10	κκ	ιιιι	
85	176, 197, 894	5.8,6.7,6.3	212	aηδ	80ιι		117	894	6.9,6.9	00	κκ	ηιιϝ	a
	949	6.3	1	α	ιι		118	170, 175, 177	5.8,5.6,5.5	442	δδβ	011	r
86	907, 974	6.8,7.0	01	βκ	Οιι			906, 960, 974	5.0,5.3,5.3	001	εζε	F22	
87	170, 906, 906	6.9,6.9,6.5	602	ββγ	000		119	176, 894	7.1,7.0	11	ηκ	Οη	
	959, 973	6.2,6.3	11	δγ	05		120	176, 894	6.5,6.9	12	aβ	ιιιι	
88	928, 929,1019	6.0,6.5,6.3	111	κγβ	ιι56		121	175, 177, 907	6.3,6.4,6.1	001	γβγ	ΟΟϝ	
	1564	6.5	1.	η	0			960, 974	6.4,6.4	01	γγ	FF	
89	186, 196, 284	6.4,6.5,6.3	114	γγγ	000	r	122	175, 177, 906	6.7,6.3,5.9	323	αβε	000	
	834, 834, 835	— 6.9,6.4	.11	ββϝ	002			959, 960, 973	6.2,6.3,6.0	031	βκγ	ηηϝ	
	843, 848, 875	6.3,6.4,6.5	242	δββ	Fηι2			974	—	.	α	ιι	
	870, 914, 928	7.0,6.2,6.2	201	ηεγ	ΟϝΟ		123	907	7.1,6.9	11	βa	00	
	929, 929, 950	5.9 — 5.5	1.5	ζηε	20F		124	176, 894, 949	7.2,6.8,6.9	413	κκκ	ιιηη	dr
	1564,1564	6.1 —	1.	γa	ϝ0		125	907	7.5,7.1	22	ηα	00	
90	929	6.9,6.9	00	κκ	ιιιι	ad	126	950	6.9,7.0	01	ββ	ϝ0	
91	894, 949	6.7,6.9	01	εκ	Οιι	d	127	176, 197, 894	5.2,5.6,5.4	021	κκκ	ηηβ	ad
92	894	6.9,7.0	01	κκ	ιιιι	r		949	5.6	0	κ	ιι	
93	175, 177, 907	6.3,6.6,6.2	111	βιγ	002		128	894	6.8,7.0	11	κη	ηιι	
	960, 960	6.6,6.5	11	γα	ιιιι		129	007, 918, 960	6.0,6.3,6.5	003	aβγ	015	
94	906, 960	7.0,7.0	12	ββ	Οιι			974	7.0	1	γ	ιι	
95	176, 894, 949	7.0 — 7.0	2.2	κκκ	ιιιιιι	ad	130	176	7.2,7.4	11	ηη	00	
96	894	6.9,6.9	00	κκ	ιιιι	r	131	907, 918, 900	7.0,6.7,7.0	111	κκκ	ηηηιι	a
97	835, 843, 875	6.7,6.7,6.8	112	κκϝ	ιιιϝ	6d	132	177, 906, 959	6.3,6.0,6.1	001	βγa	50η	
	929	6.5	2	κ	ιι			973	5.8	1	β	F	
98	894	6.9,6.9	00	γκ	ιιη		133	906	7.0,6.6	22	κκ	ηιι	
99	176, 197, 894	6.1,6.7,6.4	111	βηβ	00ιι	d	134	176, 197, 894	6.7,6.7 —	33.	ηκκ	Οηιι	ad
	949	6.9	3	κ	ιι			949	6.8	0	κ	η	
100	186	7.8,7.4	22	ηκ	Οιι		135	186, 829, 929	7.4,6.6,6.9	373	αηγ	ΟϝΟ	
101	907	7.3,7.0	12	aα	00		136	170, 907, 960	6.7,6.3,6.1	431	κκκ	ιιιιιι	a
102	007, 960, 974	6.1,6.0,6.2	210	δεγ	ΟϝI			974	6.4	1	κ	ιι	
103	170, 175, 177	6.0,6.0,5.5	460	δβγ	005		137	894	6.7,6.8	01	δa	00	
	007, 960, 974	5.5,5.2,5.4	232	βζε	122		138	176, 894, 949	6.6,6.4,6.9	120	βδκ	1ϝη	d
104	1019	6.9,6.9	00	ϝκ	Fιι		139	906	7.3,7.0	11	βκ	Οιι	
105	176, 894, 949	7.0,7.0,7.1	102	κκκ	ιιηιιι		140	176	7.3,7.3	00	ιιιι	00	
106	843	7.3,7.4	10	ιιιι	00		141	843, 029, 950	6.8,7.1,6.9	531	κβκ	ιιΟιι	d
107	177, 907, 950	6.3,6.1 —	11.	κβη	ιι00	dr	142	176, 894	7.2,7.0	21	κκ	ηιι	at
	960, 974	6.3,6.8	13	κκ	ηιι		143	906	7.5,7.0	23	ακ	ιιιι	a

D. C.	Plate Numbers.	Observed Brightness.	Res.	End.	F.K.	R.	D. C.	Plate Numbers.	Observed Brightness.	Res.	End.	F.K.	R.
144	176, 894	7.2,6.6	43	hγ	05		180	917	6.8,6.7	10	κκ	IIII	
145	894	6.9,6.9	00	κκ	IIII		181	177, 906, 918	7.0,6.6,6.3	101	κγα	II20	d
146	906, 959, 973	7.0,7.1,7.1	101	κακ	IIIII	d	182	176, 197, 894	6.6.6.4,6.5	351	κκκ	IIII//	ad
147	176	7.1,7.2	10	IIκ	0II		183	918	7.1,6.9	11	κκ	IIII	
148	929	7.2,7.4	11	bII	00		184	176, 894	7.3,6.6	44	κκ	II//	d
149	907, 918	7.2,6.6	21	βα	00		185	894	7.0,7.0	00	κκ	IIII	ar
150	835, 843, 929	6.9,7.0,6.6	101	κIIκ	II0II	ad	186	918	6.5,6.5	00	κκ	IIII	
151	197	6.9,7.1	11	κβ	II0		187	928, 929,1019	6.9,6.9,6.7	120	αγα	020	
152	929	7.3,7.4	01	δβ	00			1564	6.7	2	κ	II	
153	907	7.2,6.8	22	κκ	IIII		188	917	7.0,7.0	00	κκ	IIII	
154	177, 843, 907	5.6 — 5.5	3.2	δαε	000	ad	189	284, 835, 843	6.4,6.8,6.6	202	κκκ	IIII//	at
	950, 960, 974	6.2 — —	4..	ζγII	F10			914, 929, 950	6.8,6.6,6.3	230	κκα	II/IIH	
155	176, 894	7.1,6.9	12	IIα	0//		190	186, 950	7.1,6.9	12	γγ	00	
156	186, 186, 829	5.8,6.4,6.7	423	γγβ	015		191	918	6.9,6.8	01	κκ	IIII	a
	835, 843, 875	6.0,6.4,6.2	222	ζβδ	FFF		192	186, 186, 829	6.5,6.7,6.9	200	γβκ	01//	ad
	879, 929, 950	6.4,5.5,5.8	121	βηε	FF0			835, 843, 875	6.5,6.7,6.7	202	γIIγ	2F0	
157	177, 906, 960	6.9,6.5,7.4	233	αγκ	II0II	d		929, 950	6.1,6.4	12	αε	00	
	973	7.0	3	κ	H		193	177, 198, 906	6.0,6.2,5.8	221	γαγ	0IIH	
158	176	7.0,7.1	01	κκ	IIII			917	5.6	1	δ	5	
159	894	7.0,6.9	10	κκ	HII		194	894	7.2,7.2	00	κκ	IIII	ar
160	175, 177, 186	6.1,5.8,6.5	130	βγβ	000		195	176, 197, 894	7.3,6.4,6.5	871	κκκ	IIIH	ad
	829, 843, 907	6.9,6.5,5.8	201	εγδ	1F0			986	6.8	1	κ	//	
	950	6.2	2	δ	F		196	894	6.4,6.5	10	κκ	IIII	a
161	196, 835, 843	7.3,6.8,6.8	222	ακII	0H0	d	197	197, 894	7.0,6.9	22	κκ	II//	
	928, 929, 950	6.6,6.4,6.8	013	γεκ	02II		198	835, 929	7.0,6.7	11	κγ	II0	ad
	1564	6.7	0	H	0		199	929	7.4,7.2	11	κκ	IIII	
162	176, 894	6.7,6.5	12	κκ	IIII	a	200	917	6.9,6.9	00	κκ	IIII	
163	918	7.1,6.8	21	κκ	IIII		201	176, 197, 975	5.9,5.7,6.6	350	βββ	02F	
164	186, 196, 829	6.8,6.5,6.5	510	βγβ	00H	a		986	5.8	0	ζ	F	
	834, 835, 843	6.7,6.5,6.4	121	αγδ	0IIF		202	918	6.9,6.9	00	κκ	IIII	
	844, 848, 876	6.0,6.4,6.6	122	αβα	FII0		203	894, 917	6.6,6.4	11	δδ	2II	
	914, 928, 929	5.9,5.9,5.3	105	γεθ	F00		204	894	7.1,7.2	01	κII	II0	
	950,1019,1564	6.0,5.9,5.7	213	εγδ	FF0		205	186, 829, 835	6.1,6.9,6.4	411	γαδ	05F	a
165	906	7.4,7.0	22	βγ	II0			843, 875, 929	6.3,6.6 —	23.	γβε	FF2	
166	177, 906	6.9,6.6	00	αδ	00			929, 950	6.2,6.0	20	εε	0F	
167	894	6.3,6.5	11	δδ	F0		206	177, 198, 907	6.8,6.7,6.7	011	κκγ	IIII0	
168	186, 843, 907	6.4,6.7,6.7	524	ααα	082			918	6.3	0	κ	//	
	929, 950	6.7,6.6	32	βγ	00		207	894	6.6,6.8	11	κκ	IIII	
169	894	7.0,7.1	10	κκ	IIII		208	918	6.6,6.5	10	δβ	5II	
170	176, 894	6.7,6.6	11	κκ	II//		209	906, 918	6.8,6.5	10	κκ	IIII	
171	907, 918, 960	6.7,6.2,6.7	111	αγα	00II	r	210	1564	6.7	1	IIκ	0II	
172	906, 917	6.9,6.5	00	κκ	II//	a	211	175, 177, 186	5.3,5.5,5.6	103	γεε	000	
173	843, 929, 950	7.0,7.2,7.0	431	IIβII	0II0	d		829, 843, 907	6.2,6.3,5.1	142	εηζ	FFF	
174	917	6.9,7.0	01	κκ	IIH			950	5.5	1	κ	F	
175	894, 917	6.4,6.5	10	γκ	8II	ad	212	177, 907	6.7,6.7	11	κκ	IIII	c
176	894	6.8,7.0	11	κκ	IIII	r	213	894	7.0,7.0	00	κκ	IIII	
177	176, 894	7.2,6.8	23	κκ	II//	a	214	197, 894, 986	6.8 — 6.8	2.2	βδκ	00II	nd
178	906, 917	7.0,6.4	11	κκ	IIII	ar	215	918	6.9,6.8	01	ακ	0II	
179	177, 198, 907	5.6,5.6,5.6	200	γδε	002		216	929, 950	7.1,6.9	11	κκ	IIII	ad
	918, 960, 974	5.3,5.7,5.9	010	εδδ	122		217	906, 918	6.7,6.2	21	δβ	52	

THE DRAPER CATALOGUE.

D.C.	Plate Numbers.	Observed Brightness.	Res.	End.	F.K.	R.	D.C.	Plate Numbers.	Observed Brightness.	Res.	End.	F.K.	R.
218	177, 198, 907	6.8,6.7,6.6	010	ββз	000	d	253	918	6.7,6.5	11	αα	0π	
	918, 960	6.0,6.8	30	γκ	нπ		254	894, 917	6.5,6.6	01	κκ	πι	
219	186, 284, 829	6.8,6.3,6.8	230	βαα	0πF		255	186, 186, 835	6.5,6.7,6.5	202	αβκε	н75	ad
	835, 843, 848	6.5,6.5,6.5	114	ζεα	225			843, 875, 929	6.6,6.8,6.2	130	βκη	Fн3	
	875, 914, 914	6.6 — 6.2	2.1	γββ	10F		256	918	6.6,6.5	10	ββ	00	
	929	6.2	1	ε	2		257	894	6.7,6.8	01	κκ	πн	
220	186, 186, 829	5.8,5.1,5.6	341	βδε	F00	ad	258	906, 906, 917	6.8,6.6,6.2	111	βδδ	00F	
	835, 843, 875	5.6,5.6,5.4	111	βκζ	1πF		259	197, 975	6.4,7.3	23	κκ	πn	
	879, 929, 950	5.5,4.7,5.1	331	δζε	F11		260	177, 186, 283	v, 4.7,4.3	н30	γδδ	012	a
221	906, 917	6.6,6.5	12	κκ	πι			829, 843, 907	5.4,5.4, п	24в	γγγ	FFF	
222	176, 197, 894	6.1,5.8,6.0	452	γγδ	00F			909, 950, 976	4.0,4.8,4.1	435	εεδ	н1F	
	975, 986	6.4,6.0	31	γε	1F		261	907, 918	7.0,6.5	11	κκ	πι	
223	918	6.5,6.5	00	κκ	ιπ	a	262	284, 835, 843	6.4,6.7,6.8	121	βκκ	0πι	ad
224	906, 906, 917	7.0 — 6.3	1.2	βγε	010	a		875, 914, 929	6.9,6.5,6.3	211	καδ	нι0	
225	917	6.8,7.0	11	κκ	πι			950	6.9	5	h	F	
226	918	6.7,6.7	00	κκ	πι	a	263	177, 198, 918	5.1,4.7,5.0	133	εθε	F0F	a
227	917	6.6,6.6	00	κκ	Hι		264	917	7.0,7.0	00	κκ	ιπ	a
228	907	6.8,6.6	11	κκ	нπ		265	197, 198, 894	5.8,6.0,5.8	203	αβε	π0F	
229	917	6.7,6.7	00	κκ	нι	a		917	5.6	1	ζ	F	
230	844, 928, 929	6.9,6.5,6.3	310	нαγ	F52		266	929	7.0,7.3	12	βι	00	
	1019,1564	6.4,6.1	14	κн	н0		267	906	7.4,7.2	11	ιк	0н	
231	929	7.3,7.4	01	εн	00		268	906, 917	7.2,6.6	11	κκ	нπ	
232	894, 986	6.9,6.5	23	κκ	πн	a	269	906, 918	6.5,6.2	01	κκ	нπ	ad
233	186, 829, 835	6.5,6.9,6.5	313	απδ	π0F		270	177, 907, 918	7.1,7.0,6.1	124	κγδ	π0F	
	843, 875, 929	6.5,6.8,6.5	322	ββδ	0F0		271	894, 986	6.9,6.8	11	κκ	нн	d
	929, 950	6.4,6.4	11	εε	0F		272	986	6.5,6.5	00	κκ	нн	a
234	907	7.3,6.9	22	κα	πп		273	196, 835, 843	7.2,6.5,6.3	001	ακκ	0нн	ad
235	843, 950	7.0,7.1	33	нн	00	ad		844, 875, 879	6.5,6.0,6.3	231	ккг	нιF	
236	918	6.8,6.7	10	κκ	πιι			928, 929,1010	5.9,5.8,5.8	222	κκκ	ннн	
237	1019,1564,2242	6.7,6.7,6.7	133	ακιι	ннι0			1564	5.9	3	к	и	
238	929	7.1,7.4	21	βκ	пιι	a	274	918	7.0,6.7	12	κκ	πιι	
239	894, 986	6.8,7.1	11	κκ	нιι	ad	275	894	7.0,7.1	10	κκ	πιι	
240	140, 835, 844	7.1,6.9,6.5	613	κκιι	πιι0	ad	276	917	7.0,6.9	10	κκ	ιιι	b
	928, 929,1019	6.3,6.4,6.2	313	κκκ	ιιнн		277	929	6.9,7.1	11	δκ	0ιι	
	1521,1564	6.8,6.4	33	ιικ	0π		278	894	7.2,7.3	10	κκ	πн	
241	918	6.9,6.7	11	κκ	πιιι		279	186, 836, 843	6.8,6.7,7.0	230	ββα	0F0	
242	894, 917	6.9,6.9	00	κκ	нιι			929, 950	6.5,6.8	03	γh	F9	
243	907	6.8,6.5	21	γγ	52		280	918	6.7,6.6	01	κκ	πιιι	
244	907	7.0,6.7	21	βιι	00		281	177, 198, 906	6.0,6.2,5.6	132	κκκ	ιιнв	ad
245	197, 894, 975	5.9,6.0,6.9	422	κκκ	нιιιι	a		917	5.3	1	к	в	
	986	5.9	0	к	н		282	918	7.1,7.0	01	ιιн	00	
246	906, 918	7.5,6.7	33	αβ	ιι0	d	283	843, 950,1564	6.8,6.9,6.9	331	κιιιι	нF0	
247	918	6.7,6.6	01	κκ	нιι		284	918	6.8,6.7	10	κα	π0	
248	894	7.1,7.2	01	κκ	πιι	a	285	918	6.5,6.2	21	κκ	ιιн	
249	197, 894, 975	6.5,6.3,7.2	211	κκκ	πιιιι	ad	286	894, 975	6.8,7.5	01	κκ	κιιι	ad
250	177, 186, 283	5.3,5.9,5.5	312	εδδ	000	r	287	177, 198, 906	5.3,5.3,5.3	201	κκκ	ιιнв	ad
	829, 843, 907	6.2,6.2,5.3	021	δβζ	FH0			917	5.0	2	к	н	
	909, 950, 976	5.6,5.8,5.4	232	δγγ	11F		288	894	7.2,7.2	00	κκ	ιιн	
251	—	—	..	..	..	r	289	918	6.7,7.1	22	κκ	πιι	
252	917	6.3,6.7	22	κκ	πιι		290	906, 917	6.8,6.8	22	ιικ	Fн	

D. C.	Plate Numbers.	Observed Brightness.	Res.	End.	F.K.	R.	D. C.	Plate Numbers.	Observed Brightness.	Res.	End.	F.K.	R.
291	186, 835, 843	7.2,6.9,6.9	211	αγ11	0FF		331	843	6.8,7.0	11	κκ	μπ	
	929	6.5	0	β	0		332	906, 918	7.1,6.5	22	γα	11ιι	
292	894	7.1,7.1	00	κκ	μπ		333	197, 864, 894	4.6,5.4,4.1	111	ακκ	11Bβ	ar
293	906, 917	6.5,6.7	33	κκ	μμ	a		975, 975, 986	4.7— 4.8	4.5	κκκ	BBB	
294	197	6.9,7.1	11	κκ	μπ	ad		986	—		κ	B	
295	177, 186, 829	4.2,4.8,5.5	205	κκκ	BBB	ar	334	843, 014	6.9,6.7	10	κκ	11μ	
	907, 909, 929	4.0,4.0 —	22.	κκκ	BBB		335	907	7.2,6.8	22	βα	110	
	950, 976	4.5,4.1	23	κκ	Bμ		336	177, 198, 283	6.5,6.3,5.7	332	βγκ	00μ	ad
296	906, 917	7.2,6.6	11	αβ	μπ			907, 909, 918	6.0,6.0,5.3	004	γγε	05F	
297	918	7.0,7.0	00	κκ	μπ			976	6.5	3	α	0	
298	894	7.2,7.2	00	κκ	μπ		337	986	6.9,6.6	12	κκ	μμ	
299	909	7.3,7.3	00	κκ	μμ	a	338	186, 284, 829	6.4,5.8,6.4	331	βγε	202	
300	894	6.8,6.8	00	κκ	μμ			835, 843, 848	6.0,6.3,6.4	120	ζδβ	222	
301	986	6.6,6.5	01	κκ	μμ			875, 876, 879	5.9,5.5,6.2	072	εβγ	F52	
302	835, 929	7.0,6.9	22	κκ	μπ			914, 929, 950	5.7,5.5,5.8	112	δεε	F22	
303	177, 283, 907	6.7,6.8,6.6	221	ααβ	000		339	918	6.8,6.7	10	ακ	11ιι	
304	894, 986	6.9,6.6	22	κκ	μμ		340	177, 198, 283	5.4,5.3,5.3	012	βαβ	00F	a
305	907, 918	6.7,5.8	33	κκ	11ιι	a		907, 909, 918	5.2,5.3,4.6	013	ζεη	02F	
306	894, 986	7.0,7.3	11	κκ	μμ	d		976	5.4	0	δ	F	
307	918	6.9,6.7	11	κκ	μμ		341	197, 894, 975	6.0,6.3,6.8	351	κκκ	μμμ	
308	835, 843, 914	6.8,6.8,6.4	112	κκκ	μμμ			986	5.7	2	κ	B	
	929, 950	6.6,6.8	24	κκ	μμ		342	177, 186, 829	5.6,5.9,6.5	231	γγγ	00F	
309	917	7.0,6.9	10	κμ	μμ	a		907, 909, 976	5.7,5.5,5.9	121	ζδβ	0F0	
310	894, 986	6.8,6.7	11	κκ	μμ	ad	343	197, 894, 975	5.9 — 6.6	2.1	κκκ	μμ5	ad
311	929	7.2,7.3	10	βκ	1μ			986	5.7	0	κ	μ	
312	198, 906, 917	6.5,6.6,6.2	111	αδδ	025		344	909	7.3,7.0	12	κκ	μπ	d
313	—	—	..	..	..	r	345	917	6.7,6.6	01	αα	00	a
314	914, 914, 929	— 6.6,6.6	.11	απε	FF0		346	986	7.1,6.8	12	κκ	μμ	ar
315	918	6.5,6.5	00	κκ	11μ	a	347	909	7.5,7.2	12	κκ	μμ	
316	917	7.0,7.1	10	δκ	μπ		348	284, 835, 843	— 6.7,6.5	.13	κκκ	μμμ	ad
317	177, 283, 907	5.1,5.2,5.3	400	γδζ	002	a		848, 914, 929	6.8,6.5,6.5	302	κκκ	μμ11	
	909, 918, 976	5.3,5.2,5.5	020	ζζδ	1FF			950	6.6	3	h	F	
318	918	6.7,6.7	00	κκ	μμ	a	349	917	7.0,6.9	10	κμ	μ0	
319	906, 918	7.2,6.7	12	εκ	0ιι		350	986	6.4,6.5	01	κκ	μμ	a
320	186, 186, 829	7.0,6.4,7.0	240	ηββ	002		351	177, 186, 907	6.7,7.0,6.8	013	αηβ	000	a
	835, 875, 929	6.5,7.0,6.3	340	βηζ	F00			909	6.2	3	γ	0	
	950	6.5	2	δ	μ		352	894, 986	6.7,6.8	00	κκ	μμ	
321	909	7.0,7.0	00	κκ	μμ	r	353	177, 198, 283	6.2,6.0 —	11.	βγα	000	
322	929	7.0,7.3	12	κκ	μμ	a		907, 909, 918	6.2,6.2,5.5	113	δαγ	0μ5	
323	907, 909	6.9,7.1	11	ακ	μπ	d		976	6.5	2	γ	0	
324	2242	6.8,6.8	00	κκ	11μ	a	354	918	6.8,6.7	10	γκ	0	
325	986	7.3,7.0	12	κκ	11μ	d	355	186, 284, 829	6.4,5.7,6.0	541	δγζ	00F	a
326	917	6.8,6.8	00	κκ	μμ			835, 843, 848	5.9,6.2,6.3	031	θηη	FFF	
327	929	6.8,7.0	11	κκ	11π			875, 876, 879	5.5,5.6,5.8	244	δ3γ	VFF	
328	894, 986	6.9,6.9	01	κπ	110	d		914, 929, 950	5.6,4.9,5.6	052	δζζ	20F	
329	177, 198, 283	5.9,5.6,5.7	011	βγγ	05μ		356	986	6.3,6.4	10	κκ	μμ	
	907, 907, 909	— 5.6 —	.1.	γδα	22ιι		357	917	6.4,6.4	00	κκ	μμ	dr
	909, 918, 976	5.9,4.9,6.1	252	αεβ	μ20		358	843, 914, 929	6.8,6.8,6.9	412	κκκ	μμ11	
	976	—	.	h	0			950,1010,1564	6.9,6.8,6.9	210	κκ11	μμ0	
330	986	6.9,6.8	10	κκ	μμ		359	284, 835, 843	6.5,6.6,6.8	231	κκκ	μμ11	a

THE DRAPER CATALOGUE.

D. C.	Plate Numbers.	Observed Brightness.	Res.	End.	F.K.	R.	D. C.	Plate Numbers.	Observed Brightness.	Res.	End.	F.K.	R.
	875, 914, 929	6.0,6.3,6.3	231	ккк	ЛП11		395	908, 917	6.5,5.8	45	βκ	пн	at
	950	6.9	5	к	н		396						r
360	917, 986	6.5,6.6 —	01.	кк	нн		397	186, 186, 829	6.9,6.4,6.5	412	акк	Опн	ad
361	177, 906, 917	6.8,6.8,6.0	122	пακ	Опн	ad		835, 848, 875	6.3,6.6,6.6	223	ккβ	5н5	
362	929,1019	6.9,6.8	01	кк	нп			876, 879, 929	6.4,6.9,5.9	211	ккε	ПП2	
363	177, 198, 906	5.8,5.6,6.0	352	ккк	пвн	a	398	975, 986	7.2,6.2	11	кε	пн	r
	908, 917	5.6,5.4	40	кк	ПП		399	177, 198, 283	6.4,6.1,6.7	234	αβн	Ор0	
364	986	7.1,6.9	11	кк	нн	r		283, 907, 909	— 6.5,6.4	.10	hδα	000	
365	975, 986	7.3,6.6	10	кк	ПН			918, 976	5.6,6.9	53	δн	р0	
366	177, 283, 907	6.8,6.8,6.7	211	παβ	Он0	d	400	843, 844, 914	7.0,6.9,6.6	011	δhβ	ррр	r
	909, 918	6.7,6.8	13	ак	ап			928, 929,1019	6.8,6.5,6.7	202	βγβ	001	
367	917	7.0,6.9	10	кк	пн	a	1564		6.6	1	α	0	
368	917	6.9,6.9	00	кк	нн		401	918	7.0,7.0	00	пк	Он	
369	917	6.7,6.7	00	εк	Оп		402	895, 975, 986	6.5,6.6,5.6	324	ккк	ПППП	a
370	918	6.8,7.0	11	кк	пп		1002		6.5	3	к	п	
371	918	6.9,6.9	00	кк	нп		403	177, 283, 907	6.7,6.5,6.6	211	кка	ппп	ad
372	917	6.7,6.5	11	кк	пн			909, 918	6.6,6.8	14	βк	5п	
373	986, 986	6.8,7.0 —	11.	кк	пн		404	898, 929,1019	7.0,7.0,6.7	312	пкп	Оп0	
374	909	7.5,7.2	12	кк	пн		1564		6.7	4	п	0	
374a	909	7.4,7.5	01	кк	ПП	r	405	917	6.9,6.8	01	кк	пн	
375	177, 186, 186	— 5.7,5.2	.14	пкк	Овв	a	406	835, 929	7.1,6.8	11	пк	Оп	d
	829, 835, 875	5.7,5.8,5.7	123	ккк	ЛВП		407	140, 173, 196	— 5.7 —	.2.	αγκ	22н	r
	870, 909, 929	5.7 — 5.2	2.1	кок	ПГП			258, 834, 835	6.6,6.1,5.6	820	κγη	022	
376	975, 986,1002	6.6,5.6,6.5	134	αδκ	1рп	ad		844, 875, 879	5.7,5.0,5.3	346	δεβ	522	
377	986	6.8,6.7	01	кк	ПП			884, 898, 928	5.8,4.8,4.8	014	ββε	1р2	
378	986	6.5,6.3	11	кк	ПП			929,1019,1521	4.7,5.0,5.3	411	εεβ	221	
379	177, 283, 907	5.4,5.3,5.4	111	δδζ	Ор0	a	1564		5.2	1	δ	2	
	918, 976	5.3,5.3	32	ζε	рр		408	177, 283, 907	6.4,6.0,6.3	231	βγγ	р50	
380	835, 929	6.9,6.9	52	κγ	н0	d		909, 918, 976	6.2,6.5,6.8	242	δγα	рн0	
381	975, 986	6.6,5.9	01	кк	ПН	ar	409	918	7.2,7.0	11	кк	пн	
382	186, 196, 284	6.9,7.0,6.4	112	αпβ	н0н	ad	410	917	7.1,7.0	01	кп	н0	
	843, 844, 848	6.6,6.6,6.7	204	ккк	нпн		411	909, 918	7.5,6.6	33	ка	пн	d
	914, 928, 929	6.3,6.5,6.5	212	αβγ	нп8		412	908	7.0,6.9	10	кк	ПН	
	1019,1564	0.5,6.5	20	βп	50		413	986	7.1,6.8	12	кк	ПП	
383	835, 843, 848	6.8,6.9,6.8	013	εкк	ПППП	ad	414	986	7.2,7.0	11	кк	ПП	ad
	914, 929	6.5,6.4	01	αζ	50		415	908	7.2,7.3	10	кк	н0	
384	917	7.0,7.0	00	кк	пп		416	895, 917	7.5,6.7	32	кк	ПП	a
385	198, 880, 895	6.3,7.0,5.9	111	акк	пнпн	ad	417	986	7.0,6.8	11	кк	нк	
	908, 917,1002	— 5.5 —	.2.	нкн	нн		418	186, 835, 929	7.5,7.1,6.8	220	κhγ	п05	
386	917	6.9,7.0	01	кк	нн		419	986,1002	6.9,7.4	12	κα	н0	dr
387	918	6.7,6.8	01	кк	пн		420	909	7.5,7.3	11	кк	ПН	
388	198, 909, 918	6.3,7.1,6.0	353	ккδ	пппп	d	421	186, 284, 829	6.7,5.6,6.5	501	ккк	пнп	ad
389	1019	7.0,7.0	00	нк	Он			835, 848, 875	6.0,6.1,6.3	243	ккк	нпп	
390	177, 198, 283	5.2,4.9,5.4	124	δηε	000	a		876, 879, 914	6.1,6.6 —	21.	ккк	нпδ	
	907, 909, 918	5.3,5.2,5.0	212	ζδη	Орр			914, 929	5.8,5.7	10	кк	ПП	
	976	5.0	3	ε	р		422	909, 929	7.4,7.1	22	κβ	пн	d
391	986	6.6,6.5	01	кк	ПП		423	908	7.1,7.1	00	нн	00	
392	986	6.6,6.6	00	кк	ПП		424	917,1002	6.8,7.2	10	εк	Он	d
393	843	7.3,7.4	10	кк	пн		425	918	7.1,7.0	01	βп	н0	
394	909	7.6,7.6	00	кк	пн		426	929	7.5,7.5	00	βп	00	

D. C.	Plate Numbers.	Observed Brightness.	Res.	End.	F.K.	R.	D. C.	Plate Numbers.	Observed Brightness.	Res.	End.	F.K.	R.
427	918	6.5,6.5	00	κκ	ιιιι			848, 875, 876	6.5,*6.8*,6.3	*353*	κκκ	*ннн*	
428	283, 918	*6.8*,6.2	*22*	*αθ*	00			879, 914, 929	6.9,6.1,6.0	*110*	κκβ	*нн*ιι	
429	907, 909, 918	7.1,6.8,6.5	*211*	αβγ	0ιιιι		468	908, 918	6.2,6.1	*32*	*δδ*	50	
430	909, 918	7.6,6.6	*43*	κκ	ιιιι		469	284, 835, 914	6.8,7.0,6.6	*223*	βιια	0*ннн*	r
431	986	6.5,6.5	00	κκ	*нн*	a		929, 950,1019	6.9,6.9,*6.8*	*221*	βαιι	1*10*	
432	914	6.7,6.7	00	κκ	*ннн*		470	284, 829, 835	5.6,6.7,6.2	*212*	αγγ	0ғғ	
433	895, 075, 986	6.7,7.0,6.2	*122*	κκκ	ιι*нн*	a		848, 875, 876	6.4,6.6,6.3	*342*	*αδα*	*н*ғғ	
	1002	6.7	1	κ	*н*			879, 914, 929	6.8,6.0,5.9	*110*	αβε	0ғ0	
434	908, 918	— 6.2,6.5	.*12*	κκ	ιι*н*		471	929	7.4,7.3	10	ιιιι	00	
435	917	7.0,6.9	10	κκ	ιιιι		472	917	6.9,6.8	*01*	κκ	ιιιι	
436	177, 283, 907	6.5,6.4,6.5	200	αββ	ιιιι5		473	986	6.9,6.9	00	κκ	*н*ιι	
	909, 976	6.5,6.9	02	δκ	5ιι		474	986,1002	6.5,7.2	*32*	κκ	*нн*	
437	909	7.5,7.2	*12*	ιιια	00		475	177, 198, 283	*5.3,4.9,5.2*	*504*	βιβ	ιι*22*	
438	917	6.8,6.7	10	κκ	ιιπ			909, 918, 976	4.7,4.4,4.6	*225*	διδ	*222*	
439	917	6.7,6.6	*01*	βκ	0ιι		476	929	6.8.6.9	*10*	κκ	*н*ιι	
440	986	7.0,7.0	00	κκ	ιιιι	a	477	914	*0.8,6.8*	00	ιιa	0ғιι	
441	986	6.9,6.7	*11*	κκ	*н*ιι	r	478	284, 835, 848	6.6,6.6,6.9	*333*	βαιι	0ғғ	d
442	917	7.1,7.3	*11*	κκ	ιιιι			875, 929	7.1,6.5	41	κζ	*н*0	
443	909	7.3,7.2	10	ιικ	0ιι		479	918	6.8,6.8	00	κκ	ιιнι	
444	986	7.0,6.9	*01*	κκ	*н*ιι		480	986	6.8,6.7	*01*	κκ	*н*ιι	
445	917	6.9,6.8	*01*	κκ	ιιιι		481	917	6.9,6.9	00	ιικ	0ικ	
446	918	6.5,6.6	01	βκ	ιιιι		482	198, 283, 908	6.0,5.8,5.4	*011*	κκκ	*ннн*в	ad
447	829, 835, 848	*8.6*,6.5,*6.6*	*102*	ғκκ	ғ*нн*	a		917	5.6	1	κ	в	
	914, 929	*6.2*,6.3	03	κκ	*н*ιι		483	986	7.0,6.8	*11*	κκ	ιιн	r
448	909, 918	7.2,6.8	*01*	κκ	ιιιι	d	484	918	6.7,6.7	00	κκ	ιιιι	a
449	198, 283, 908	6.8,5.8,5.7	5*41*	β*δ*ε	000		485	835, 843, 844	6.7,6.4,6.4	*120*	κκα	*ннн*ι	nd
	917	5.7	*1*	ε	ғ			848, 875, 914	6.8,6.9,6.2	*151*	κκκ	*ннн*ι	
450	895,1002	6.9,7.0	*10*	κκ	*н*π	d		928, 929, 939	6.1,5.9,*6.3*	*123*	γκκ	ιι*н*ιι	
451	909	7.5,7.3	*11*	κκ	ιιιι			1019,1564	6.2,6.0	13	κκ	*н*ιι	
452	283, 908, 917	6.7,6.2,6.3	010	κκκ	*ннн*ιι	ad	486	186, 284, 829	*6.7,*5.4,6.7	*260*	β*γγ*	0ғғ	r
453	908, 917	7.2,7.1	*12*	κκ	нн			835, 848, 875	6.4,6.5,6.8	*135*	δβa	*2*ιι*2*	
454	929,1019,1564	6.8,6.6,6.6	*202*	κκιι	ιι*н*0	d		876, 879, 914	6.5,7.1,5.8	*134*	δaγ	0ғғ	
455	843,1019	7.1,7.0	*22*	κκ	ιιιι			929, 929	— 6.1	.1	εζ	r0	
456	918	7.0,6.9	10	κκ	ιιιι		487	283, 909	6.9,7.0	00	κβ	ιιιι	nd
457	917	7.0,6.8	*11*	κκ	ιιιι		488	908, 917	6.4,6.1	*32*	κκ	*нн*	nd
458	908, 917	7.0,6.7	*32*	ββ	ιι0		489	908, 918	— 6.3,6.6	.*21*	κκ	ιι*н*	d
459	929	7.3,7.5	*11*	ιαιι	00		490	909, 918	7.6,6.8	*23*	κa	ιι*н*	ad
460	918	6.8,6.9	*10*	κκ	ιιπ		491	918	6.8,6.6	*11*	κκ	нιι	
461	186, 835, 848	7.0,6.8,6.7	*204*	κκκ	ιι*нн*	ad	492	895	7.4,7.1	*21*	αβ	ιι0	
	914, 929	6.5,6.5	02	β*γ*	ιι*н*		493	895, 986,1002	6.9,6.8,6.7	*012*	αιικ	00ιι	dr
462	909, 918	7.6,6.8	*23*	κκ	ιι*н*		494	908, 918	6.4,6.5	*12*	κκ	*нн*	
463	909	7.2,6.8	*22*	β*a*	00		495	917,1002	6.7,7.0	00	κκ	ιι*н*	
464	198, 283, 908	6.8,6.5 —	02.	ηκβ	0ιι5		496	986	6.9,6.8	10	ικκ	ιιπ	
	908, 917	*6.3*,6.1	*22*	ββ	ғ*2*		497	140, 173, 834	6.7,6.7,6.8	7*10*	ββa	5ιι0	r
465	895,1002	6.0,7.0	*10*	κκ	ιιιι			835, 844, 875	6.4,6.2,6.1	*112*	εκβ	*нн*8	
466	186, 186, 284	*4.4,4.3*,4.0	rrr	γγε	011	ar		879, 884, 898	6.8,6.9,5.7	*021*	*н*ғ*н*		
	829, 835, 848	4.0,4.0,4.7	rrr	δδε	111			928, 929,1019	5.8,5.4,5.8	*362*	;δδ	ιι55	
	875, 876, 879	4.0,4.0,4.0	rrr	εδε	111			1521,1564	*6.4,5.9*	*33*	0γ3	0ιι	
	914, 929	4.0, D	ιιn	εγ	ιιғ		498	918	6.9,6.8	*01*	κκ	ιιιι	
467	284, 829, 835	6.1,6.9,6.3	*222*	κκκ	ιι*н*н	a	499	918	5.9,6.0	01	βγ	ғғ	

THE DRAPER CATALOGUE.

D.C.	Plate Numbers	Observed Brightness	Res.	End.	F.K.	R.	D.C.	Plate Numbers	Observed Brightness	Res.	End.	F.K.	R.
500	198, 283, 908	6.0,6.2,6.1	241	κβδ	н00	ad	532	177, 283, 909	6.8,6.3,6.5	132	αβδ	052	
	917	6.4	2	α	0			918, 931, 976	6.7,6.6,7.0	311	βγн	500	
501	908, 917	7.1,7.0	21	κκ	нн	d	533	909, 914	6.9,6.9	12	γα	05	
502	986	7.2,6.9	21	κκ	пн		534	914, 918, 931	6.7 — —	2..	пκκ	FHн	d
503	196, 829, 834	7.1,6.7,6.7	501	нακ	01н			976	7.0	2	κ	н	
	835, 843, 875	6.7,6.6,6.3	210	βϑδ	10F		535	908, 917	7.0,6.8	22	κκ	пн	
	914, 928, 929	— 5.8,6.5	.35	αγδ	u02		536	283, 909, 909	6.6 — 7.4	1.6	αεκ	нрн	ad
	1564	5.7	5	β	5			918, 931	6.0,6.5	51	κβ	нн	
504	008	6.7,6.8	01	αα	00		537	198, 283, 909	6.5,6.2,6.5	171	βγδ	052	
505	186, 284, 829	7.1,6.4,6.7	323	αβн	000			918, 931, 931	6.0 — 6.4	1.2	γнβ	F00	
	848, 875, 876	6.7,6.8,6.8	421	αβα	нн0			076	6.7	1	γ	0	
	914, 929	6.4,6.2	11	βγ	52		538	198, 283, 908	5.7,5.5,5.0	232	γδ̈	F0F	
506	986	7.1,6.9	11	κκ	пн	a		917, 918	5.7,5.8	32	γδ	F0	
507	895, 975, 986	6.9,7.2,6.4	122	κκκ	нннн		539	986	6.8,6.7	01	κα	нн	
	1002	7.0	2	κ	н		540	284, 835, 848	6.7,6.5,6.6	535	βκκ	Oнн	ad
508	918	6.7,6.6	01	αα	0н			914, 929	6.5,6.5	02	κζ	нн	
509	895,1002	7.4,7.4	00	пκ	0н	d	541	908, 917	7.2,6.8	33	κκ	нн	
510	918	6.8,6.7	10	βα	0н		542	986	6.7,6.7	00	κκ	пн	
511	908	6.6,6.7	10	ακ	0н		543	186, 284, 829	6.8,6.2,6.9	001	αβϑ	001	d
512	918, 931	6.4,7.0	32	κκ	нн			835, 843, 844	6.7,6.7,6.5	111	ακα	FHF	
513	929,1019	7.5,6.9	33	αн	00			875, 914, 929	6.9,6.4,6.2	311	κγε	н52	
514	177, 198, 283	6.3,5.9 —	11.	αδγ	н00			950,1019	6.6,6.2	31	δβ	5н	
	283, 909, 918	5.7,6.0,5.5	202	δγδ	0F0		544	178, 880, 895	6.5,6.8,6.0	510	κκκ	нHB	a
	976	6.3,6.5	1	γ	0			975, 986,1002	6.4,5.6,6.2	222	κκκ	нBн	
515	931	7.1,7.1	00	нн	00		545	908, 918	7.2,6.8	44	κγ	нн	d
516	835, 914, 929	7.0,6.8,7.0	213	κκδ	н55	d	546	895, 986	6.6,6.5	01	κκ	нн	a
517	908, 918	7.2,6.8	44	βκ	0н	ad	547	835, 848, 914	6.6,6.6,6.4	031	κκκ	нннн	ad
518	140, 173, 753	5.8,5.9,6.0	473	δκκ	пнн	ad		914, 929	6.0,6.5	34	κα	нн	
	774, 834, 835	6.5,6.1,5.6	411	пκκ	0пн		548	909, 914	7.0,6.9	22	κκ	нκ	
	844, 875, 879	5.5,5.1,5.6	044	κκκ	нннн		549	909	7.4,7.2	11	κκ	пн	
	884, 898, 928	6.0,4.9,5.5	112	κκκ	пнb		550	909, 909, 918	7.0 — 5.9	3.5	κκκ	ннн	ad
	929,1019,1521	5.3,4.9 —	13.	κκF	DHF			931	6.6	1	κ	н	
	1564,2242	5.3,5.2	14	κκ	нD		551	909	7.6,7.4	11	κκ	пн	
519	186, 284, 829	7.0,5.8,7.0	331	βγβ	000	ad	552	284	7.0,6.8	11	нα	00	
	835, 848, 876	6.7,6.8,6.9	021	γκγ	F5F		553	909, 914	7.1,6.6	44	κκ	нн	ad
	914, 929	6.5,6.4	12	γε	F0		554	908, 918	6.8,6.4	44	βγ	20	
520	909, 918	7.6,6.6	43	κκ	пн		555	140, 835, 844	6.9,6.8,6.6	211	пκκ	0нн	
521	918	6.3,6.4	01	γβ	00			875, 929,2242	6.7 — 6.0	0.1	гпκ	F0н	
522	909	7.1,7.1	00	αα	нп		556	918	7.0,6.9	10	ακ	0п	
523	909	7.5,7.3	11	αα	00		557	895, 986,1002	6.9,6.7,6.9	000	δκβ	ннн	d
524	918	7.0,6.9	10	κκ	нн		558	178, 895, 975	6.5,6.4,7.4	122	βδн	н50	a
525	140,2242	6.0,5.7	21	γγ	22			986,1002	6.4,6.5	01	κγ	н1	
526	918	6.8,6.7	10	βκ	FH		558a	909	7.5,7.4	10	κκ	пн	г
527	284, 848, 909	6.0,6.9 —	45.	ακκ	0нп	d	559	283, 909, 918	6.0,6.4,6.6	523	βγκ	0Fн	d
	914, 929	6.6,7.0	24	пγ	FH			931, 976	6.0,6.8	20	δκ	0н	
528	895	7.1,7.3	11	κн	п0		560	283, 908, 917	6.3,6.2,6.2	320	κκκ	нннн	a
529	173, 843, 928	7.3,6.9,6.9	013	αaβ	000	d	561	909, 918, 931	7.0,6.5,7.5	245	κκκ	нпп	d
	929,1019,1564	6.5,6.6,6.3	014	γγα	2Fн		562	929	6.9,6.9	00	κκ	нн	
530	908, 917	6.8,6.9	10	κκ	пн	d	563	895	7.1,7.1	00	κκ	нн	
531	929	7.1,7.4	21	βп	00		564	178, 283, 880	6.5,6.0,7.1	330	κκα	нннн	at

D. C.	Plate Numbers.	Observed Brightness.	Res.	End.	F.K.	R.	D. C.	Plate Numbers.	Observed Brightness.	Res.	End.	F.K.	R.
565	895, 917,1002	6.3,6.0,6.3	111	ккк	ннн		601	908	6.2,6.3	10	ββ	118	
	284, 835, 848	6.4,6.7,6.8	302	βββ	05r	d	602	909, 918, 931	7.5,6.7,7.0	320	κββ	11н0	
	875, 876, 914	6.7,6.8,6.3	201	κиγ	н0r		603	283, 908, 930	5.7,5.4,6.3	411	δεβ	22п	r
	929	6.3	1	δ	2			987	6.0	2	α	r	
566	284, 835, 914	5.9,6.7,6.4	200	βκδ	кин	r	604	895, 988,1002	6.5,6.3,6.3	111	ккк	нннн	ad
	929	6.4	2	δ	2		605	908	6.8,6.7	10	кк	ни	а
567	848, 909, 929	7.0 — 7.0	4.4	ккк	ннн	а	606	895	7.2,7.0	11	кк	нн	а
568	986	7.1,6.9	11	кк	ни		606a	1564	7.0,7.2	11	кк	пп	r
569	908	7.1,7.0	01	кк	ип	а	607	178, 880, 895	6.2,7.2,6.4	101	ккe	ии8	at
570	198, 283, 908	5.3,5.0,4.6	231	βδζ	0r0	r	608	908	7.0,7.0	00	ик	0н	
571						r	609	914, 929	6.7,7.2	43	кк	ни	
	917, 917, 930	— 5.2 —	.3.	γδδ	0r2		610	178, 880, 895	5.7,6.5,5.6	211	ккк	вив	ad
572	1019	7.2,7.2	00	кк	ии	а		919, 988,1002	6.3,5.3,5.3	222	ккк	ивн	
573	908, 918	6.9,6.8	23	βκ	1и	d	611	161, 173, 186	6.5,6.3,6.3	414	αγγ	п02	r
574	895,1002	7.1,7.4	12	кк	ни			196, 284, 829	6.4,5.6,6.0	431	βγδ	002	
575	835, 843, 844	6.8,6.6,6.4	111	ккк	нннн	ad		835, 843, 844	6.1,6.1,5.6	221	εζδ	rrr	
	875, 914, 929	6.9,6.2,6.3	421	ккк	ниии			848, 875, 876	6.1,5.8,5.5	115	γεδ	r22	
	1019,1564	6.4,6.3	21	кк	ни			877, 879, 914	5.6,5.7,5.5	451	γγδ	522	
576	835, 848, 914	6.7,6.9,6.6	121	γββ	2иr			928, 920, 939	5.3,5.0,5.0	243	γηβ	12п	
	929	6.6	3	ε	0			950,1019,1564	5.6,5.5,5.3	213	ηζγ	0rr	
577	908	6.8,6.8	00	кк	пи		612	172, 198, 283	5.2,5.3,4.8	151	εεη	0rr	
578	178, 880, 895	6.5,7.3,6.6	011	ккк	ниш	ad		909, 909, 918	— 4.5,4.6	.31	ηζ	0r1	
	1002	6.6	1	к	и			931, 976, 976	4.5,4.8 —	12.	ζr	rrr	
579	909	7.5,7.3	11	кк	нн		613	908	6.7,6.9	11	εα	ни	
580	178, 880, 895	6.3,7.1,6.2	211	γγδ	00r		614	908	6.6,6.8	11	γβ	5и	
	975,1002	6.7,5.9	02	αζ	rr		615	895, 988	7.0,7.4	22	δк	0п	d
581	929	7.0,7.2	11	ан	00		616	186, 284, 829	6.3,5.1,6.2	330	γδδ	00r	
582	909, 914	7.4,6.9	44	ки	п0	d		835, 848, 875	6.2,6.0,5.9	231	δδδ	rr2	
583	284, 848, 876	6.0,6.5,6.7	040	ккк	ппп	ad		876, 879, 914	5.7,6.4,5.6	411	γδδ	rrr	
	909, 914, 976	5.9,6.2,6.5	113	ккк	вни			929	5.5	0	η	0	
584	908, 918	6.7,6.8	21	βγ	п0		617	909, 914	7.5,7.2	33	κζ	иr	dr
585	895,1002	7.1,7.1	00	кк	ин	а	618	914, 929	6.6,6.8	22	кк	ни	ad
586	986	6.8,6.6	11	кк	ии	r	619	914	6.9,6.8	01	нк	rи	
587	283, 909, 918	6.2,6.6,6.3	300	αγγ	0rн		620	909	7.3,7.2	10	кк	пи	
	931	6.7	3	ε	0		621	283, 909, 918	6.6,7.1,6.6	311	αγκ	05п	
588	1002	7.3,7.2	10	кк	пп			931	6.9	1	δ	0	
589	895	7.2,7.1	01	κп	п0	bc	622	908	7.2,7.1	10	нн	00	
590	929	6.7,6.8	01	γβ	00		623	172, 283, 908	5.2,5.1,4.0	214	ккк	пни	ad
591	283, 918	6.7,6.3	11	αγ	00			918, 931	5.2,4.8	41	кк	ив	
592	908	7.2,7.2	00	пh	00		624	908, 987	п, 6.8,6.9	п01	ζк	5и	b
593	895,1002	7.0,7.3	21	кк	ни	d	625	283, 908, 930	6.0,6.1,7.0	613	ккк	пнн	
594	283, 909, 918	6.8,7.1,6.8	111	αβκ	01п	d		987	6.5	2	к	и	
595	198, 283, 909	5.3,5.3,5.5	221	γδδ	022		626	—	—	..	..	..	r
	918, 931, 976	5.6,5.3,5.5	313	γζδ	r22		627	909	6.5,6.5	00	кк	нн	а
596	988	6.3,6.5	21	кк	иn	r	628	909, 931	7.1,7.1	11	кк	нн	
597	895, 914, 929	6.8,6.5,6.7	113	ккк	пнн	ad	629	931, 976,1000	6.7,6.9,6.7	023	ккк	нии	а
598	284, 835, 848	6.0,6.5,6.5	212	εγγ	0rr		630	988	7.3,7.1	11	кк	нн	
	876, 914, 929	6.5,6.0,6.2	013	γδζ	520		631	284, 909, 914	6.6,7.0,6.7	133	αββ	п1r	
599	284, 900, 914	6.8,7.2,6.7	044	γββ	05н		632	908, 987	6.8,6.8	12	кк	ни	
600	931	7.2,7.2	00	кк	пп	а	633	284, 835, 848	5.5,6.2,6.5	100	δδζ	rrr	

THE DRAPER CATALOGUE.

D. C.	Plate Numbers	Observed Brightness	Res.	End.	F.K.	R.	D. C.	Plate Numbers	Observed Brightness	Res.	End.	F.K.	R.
	876, 879, 914	6.4,6.5,5.8	10*I*	δ*ae*	F2F		668	908	7.1,7.0	0*I*	κκ	ιιιι	
	929	5.7	0	θ	0		669	178, 178, 253	6.5— 5.7	6.2	κκβ	ιιιιιι	at
634	177, 283, 284	— — 5.4	..5	πG*e*	1F2	a	670						r
	848, 876, 882	6.2,5.5,5.8	4*I*0	ζδβ	222			880, 880, 895	6.8— 6.2	0.3	κκγ	ιιιι6	
	909, 976	4.5,4.7	44	ηζ	22			895, 919, 988	— 6.3,5.4	.25	βκκ	8ιι5	
635	1002	7.2,7.3	01	κκ	ιιιι			1002	6.2	3	ζ	8	
636	284, 835, 848	5.3,6.2,6.3	21*I*	ιδβ	0F*I*		671	283, 909, 931	6.9,6.9,6.8	0*I*0	πβγ	000	
	876, 879, 914	6.2,6.6,5.7	02*I*	δδδ	FFF		672	172, 178, 283	6.6,6.0,6.0	12*3*	κδδ	ιι00	d
	929	5.7	1	ε	0			880, 895, 930	7.1,6.3,6.4	010	κδδ	ιιF0	
637	895	7.0,7.2	*I*1	κκ	ιιιι			987,1002	6.0,6.3	01	δδ	FΓ	
638	895,1002	7.1,7.0	10	κκ	ιιιι		673	895, 988,1002	7.3,6.9,7.3	131	κκκ	ιιιιιι	d
639	909, 918, 931	7.3,6.8,6.8	10*I*	κ*a*β	ιιιι0	d	674	283, 908, 987	6.7,6.7,6.9	421	κγιι	ιι00	
640	172, 283, 909	6.4,5.8,6.1	020	κδδ	ιιFF		675	829, 914	6.4,6.2—	21.	αβ	ιι*I*	r
	931, 976	6.0,6.5	12	ηγ	00		676	988	6.8,6.9	01	κκ	ιι*II*	
641	988	7.5,7.3	1*I*	κκ	ιιιι	a	677	284, 829, 844	6.4,6.8,6.4	311	βκκ	0ιιιι	bd
642	283, 908, 930	5.3,5.2,5.7	41*I*	δ*ee*	852	ad		914, 929,1019	6.4,6.2,6.2	000	κγβ	ιι0F	
	931, 987	— 5.6	.2	*εκ*	2*II*		678	178, 253, 880	6.0,6.2,7.0	110	κκκ	ιιιιιι	ar
643	988	7.4,7.2	1*I*	κκ	πιι			895, 988, 988	6.1,6.3 —	02.	κκκ	ιιηιι	
644	988	7.3,7.2	10	κκ	πιι			1002	6.0	1	κ	ιι	
645	172, 283, 908	6.8,5.8,5.7	3*I*2	κκκ	ιιιι*D*	a	679	919, 988	7.2,6.7	01	κκ	ιι*II*	
	930, 987	6.1,5.8	10	κκ	ιιιι		680	988	7.3,7.3	00	κκ	ιιιι	
646	283, 908, 930	5.7,5.6,6.5	413	κκκ	ιιιιιι	a	681	844, 848, 879	6.9,6.6,6.7	443	κγ*a*	ιιι6	
	987	6.0	2	κ	ιι			914,1019	6.6,6.5	23	κκ	ιιιι0	
647	914	6.9,7.2	21	πκ	Fιι		682	929	7.1,7.4	21	βκ	1ιι	
648	988	7.2,6.9	21	κκ	ιιιι		683	178, 895, 919	6.8,6.6,6.9	312	κκκ	ιιιιιι	ad
649	909	7.5,7.4	10	κκ	ιιιι			988,1002	6.3,6.5	20	κκ	ιιιι	
650	283, 908	7.3,7.0	21	πκ	0ιι	d	684	1002	7.4,7.1	2*I*	κκ	ιιιι	
651	988	6.8,6.9	01	ικκ	ιιιι		685	283, 908	6.5,6.6	43	αγ	00	
652	284, 835, 848	5.8,6.7,6.6	213	γγ*a*	10F	r	686	161, 173, 186	6.8,6.8,6.8	214	ιιβ*a*	100	at
	876, 914, 914	7.0,6.5,6.1	322	ιι3γ	0FF			196, 829, 834	R, 6.5,6.7	R10	κ*a*ιι	ιιF6	
	929	6.5	4	ζ	0			835, 843, 844	6.6, R, 6.4	2R2	εγγ	ιιιιF	
653	909	7.1,7.1	00	*aιι*	00			875, 876, 877	6.3,6.9,6.5	140	γ*a*κ	FFιι	
654	908	6.9,6.9	00	*aιι*	00			914, 928, 929	6.0,5.4,5.6	163	γβ*e*	F10	
655	931	7.4,7.5	01	ιι*b*	00			939,1019,1564	5.9,5.8,5.7	114	βδβ	ιι21	
656	178, 895,1002	7.3,6.9,7.0	22*I*	κκκ	ιιιιιι	d	687	172, 283, 931	6.8,6.3,6.3	0*I*0	*a*βδ	0Fιι	
657	909	6.9,7.3	22	γπ	0*I*		688	178, 895, 919	6.8,6.8,7.1	112	βγγ	010	
658	283, 908, 931	6.4,6.3,6.8	322	βγπ	0F0			988,1002	6.6,6.7	*I*0	δ*ε*	ιιιι	
659	895, 988,1002	7.0,7.0,7.0	000	κκιι	ιιιιF		689	988	7.1,7.0	10	κκ	ιιιι	a
660	908	7.0,6.9	10	ιικ	0π		690	931	7.3,7.1	1*I*	ιιιι	00	
661	908	6.6,6.6	00	ιι*κ*	ιι*K*		691	908	6.5,6.6	01	κκ	ιιιι	
662	835, 843, 844	6.6,6.4,6.2	1*II*	κκκ	ιιιιιι	ad	692	2242	7.1,6.9	1*I*	κιι	ιι0	
	848, 875, 877	6.6,6.7,6.6	240	κκιι	ιι*RF*		693	909, 931	7.5,7.2	10	*κ*κ	ιιιι	d
	914, 929, 939	6.1,5.8,5.8	12*I*	κκκ	ιι*II*		694	283, 908, 930	6.3,6.3,7.1	512	γζζ	020	
	1019,1564	6.0,6.4	02	κκ	ιι0			987	6.6	1	β	0	
663	835, 929	7.0,7.0	23	κκ	ιιιι	d	695	914, 929	6.7,7.2	43	*a*ιι	10	
664	283, 908, 931	6.5,6.6,6.6	*I*01	ζδ*ε*	020		696	988	7.3,7.2	10	κκ	ιιιι	r
665	908	7.0,6.9	10	κκ	ιιιι		697	914,1019	6.7,6.8	21	κκ	ιιιι	
666	283, 283, 908	— 6.3,5.7	.32	κκκ	ιιιι*D*	a	698	914,1019	6.9,6.8	01	κκ	ιιιι	
	930, 987	6.2,6.0	02	κκ	ιιιι		699	908	6.9,6.9	00	κκ	ιιιι	
667	914	6.7,6.6	0*I*	*a*κ	Fιι		700	284, 835, 844	5.8,7.0,6.7	421	γG*a*	00F	r

ANNALS OF HARVARD COLLEGE OBSERVATORY.

D. C.	Plate Numbers.	Observed Brightness.	Res.	End.	F.K.	R.	D. C.	Plate Numbers.	Observed Brightness.	Res.	End.	F.K.	R.
	848, 876, 914	6.7,6.9,6.4	401	γηγ	ΗFF		734	186, 829, 835	6.7,6.6,6.8	304	KIIK	IIFII	ad
	929,1019	6.5,6.5	22	εβ	0F			843, 844, 848	6.3,6.4,6.5	122	KFII	IIYF	
701	909, 914	7.5,6.8	55	KK	ΠK			875, 876, 877	6.7,6.4,6.4	511	KKα	IIBI	
702	283, 931	6.3,6.6	22	γε	00			914, 929, 939	6.0,5.8,5.5	113	δγF	F21	
703	253, 895, 895	6.8,6.7 —	21	KKK	HHH	d		950,1019	6.0,6.0	11	Kε	II2	
	919, 988	6.9,6.4	32	KK	IIB		735	895, 988	7.1,7.0	10	KK	ΠII	d
704	284, 909, 914	6.6,7.0,6.7	224	IIKK	0HH	ad	736	988	7.2,7.1	01	KK	IIII	
	1000	6.7	4	K	II		737	931	7.3,7.5	11	hh	00	
705	283, 909, 931	6.7,7.0,6.8	111	Kγδ	II10	d	738	908, 930, 987	6.5,6.8,6.3	312	KIIK	II.II	a
706	908	6.8,6.7	10	KK	HII		739	988	7.0,7.0	00	IIII	00	
707	919, 988	7.1,6.6	10	IIK	0H	d	740	988	6.9,7.0	10	KK	ΠII	
708	843, 876, 914	6.6,6.9,6.3	313	KKK	IIHII	ad	741	988	6.9,7.0	10	KK	IIH	
	929, 950,1019	6.8,6.6,6.5	421	KKK	IIIII		742	931	7.3,7.2	10	IIh	00	
709	848, 909, 929	7.0 — 6.9	3.4	KKK	IIIIII		743	895, 988	7.3,7.0	12	KK	IIII	
710	931	7.1,7.0	10	KK	IIH		744	988	7.3,7.3	00	KK	HII	
711	178, 253, 880	5.7,5.7,6.7	001	δβζ	2F5		745	283, 909, 931	6.3,6.1,5.9	122	KKK	IIHD	a
	895, 919, 988	5.7,6.5,5.7	020	εγζ	2F1			976	6.8	3	K	II	
	1002	5.7	0	δ	1		746	909, 931, 976	6.9,6.4,7.0	120	IIγh	FF0	a
712	895, 988,1002	7.1,7.1,7.1	000	KKK	IIIIII	a	747	835, 914, 929	6.9,0.7,6.9	213	KβK	II6II	ad
713	283, 908, 909	6.6 — 7.2	2.3	αβK	II0H			1019	6.7	1	α	γ	
	931	6.6	1	γ	0		748	908	7.1,7.1	00	IIK	0II	
714	908	6.6,6.8	11	IIK	0H		749	908, 987	7.2,6.9	33	KK	IIII	
715	843, 844, 929	6.9,6.8,6.7	211	Khδ	IIF2	d	750	284, 848, 929	6.6,6.9,6.9	153	KKK	IIHII	a
	939,1019	6.5,6.6	00	Hα	0F		751	908	7.0,7.0	00	KK	IIH	
716	909	7.2,7.2	00	KK	IIΠ	a	752	283, 931	7.0,6.9	00	IIδ	00	
717	908	7.0,7.0	00	KK	IIII		753	987	6.9,6.8	10	KK	IIII	
718	988	7.2,7.2	00	KK	IIΠ	r	754	988	7.1,7.0	10	KK	IIII	r
719	173, 186, 284	6.9,6.9,5.8	032	KKγ	IIII5	at	755	284, 914,1019	6.8,6.8,6.9	121	αIIβ	0F0	
	829, 835, 844	6.8,6.6,6.4	000	hβα	F8H		756	283, 908, 931	6.9,6.4,6.6	012	IIIγ	000	
	848, 876, 914	6.5,6.5,6.3	420	KH3	II0II		757	988	7.2,7.3	01	KK	IIΠ	
	929, 929, 950	— 6.2,6.2	.11	δγβ	55II		758	895, 988,1002	7.0,6.7,6.9	120	KKK	IIIIH	d
	1019,1019	— 6.0	.1	γβ	1H		759	1019	6.9,7.2	21	KK	IIH	a
720	284, 835, 844	6.5,6.8,6.9	030	IIKK	IIHH	ad	760	988	7.2,7.2	00	KK	IIII	
	929,1019	7.0,6.5	41	βK	0H		761	172, 283, 909	6.2,6.1,6.9	525	βιβ	0FII	
721	284, 835, 848	5.8,6.4,6.4	003	KKK	IIHH	ad		931, 976	6.0,6.8	22	δII	00	
	876, 914, 929	6.4,5.9,6.4	125	KKK	HHII		762	908, 931	7.2,7.1	33	KΠ	II0	d
722	1019	7.1,7.2	01	HΠ	00		763	2242	6.9,6.8	10	KK	IIH	
723	172, 283, 908	5.6,5.2 —	11.	γδε	2F2		764	1000	6.9,6.9	00	KK	HH	
	908, 930, 987	5.0,5.1,5.1	331	δθε	202		765	284, 835, 844	6.3,6.6,6.4	300	γγδ	0HF	
724	909,1000	7.4,6.8	01	IIK	0II	ad		848, 876, 879	6.5,6.7,7.0	401	δβα	28H	
725	284, 835, 848	5.7,6.6,6.9	300	βγα	F2F			914, 929,1019	6.3,6.0,6.2	011	δεδ	F0F	
	876, 929	6.8,6.4	13	hδ	F0		766	283, 909, 931	6.4,6.9,6.7	222	Kαη	H5F	ad
726	914, 929	6.9,6.9	11	βj	F0			1000	6.1	1	δ	F	
727	909	7.4,7.0	22	KK	IIΠ		767	908, 930, 987	7.0,7.3,6.7	313	Khx	II1II	ad
728	909	6.9,7.0	10	αK	5II		768	908, 931	6.7,6.9	21	IIα	00	
729	909, 931	7.5,7.2	10	Kα	H0		769	909,1000	7.0,7.0	01	IIK	0II	d
730	909	7.5,7.3	11	KK	HII		770	284, 835, 844	5.4,6.4,6.0	311	KKK	IIIIII	a
731	931,1000	6.9,6.5	10	αΠ	00			848, 876, 914	6.4,6.2,5.9	221	KKK	IIHH	
732	895, 988,1002	6.8,6.5,6.8	121	KKK	IIHII	a		929,1019	6.2,6.1	43	KK	IIΠ	
733	284, 909,1000	6.8,6.9,6.5	101	βKK	0IIII	ad	771	—	—	..	..	..	r

THE DRAPER CATALOGUE.

D.C.	Plate Numbers	Observed Brightness	Res.	End.	F.K.	R.	D.C.	Plate Numbers	Observed Brightness	Res.	End.	F.K.	R.
772	253, 988	7.0,7.0	00	кк	нн	dr	811	931	7.1,7.0	10	кк	пн	
773	178, 253, 880	5.6,5.4,6.5	020	ккк	нвн	a	812	999	6.9,6.7	11	кк	пп	a
	895, 919, 919	5.5,6.5 —	13.	ккк	пнн		813	1000	7.0,7.0	00	кк	нн	
	988, 988,1002	— 5.2,5.8	.42	ккк	внв		814	988	6.8,6.9	01	кк	пн	
774	284, 284, 848	4.8 — 4.9	3.0	ζαθ	F12	r	815	988	7.4,7.4	00	кк	пн	
	876, 879, 914	4.0,4.7,4.1	722	ιη	252		816	987	6.7,6.6	10	кк	нп	
	929	4.7	6	ε	1		817	988	6.8,6.9	01	кк	нп	
775	178, 253, 895	6.6,6.6,6.8	002	пкк	пнп	ad	818	988	6.9,7.0	10	кп	н0	r
	919, 988,1002	7.0,6.5,6.7	211	ккп	пнл		819	914	6.9,7.0	01	нa	0п	
776	987	7.0,7.0	00	кк	нн	a	820	1000	7.0,7.0	00	пп	00	
777	988	7.3,7.2	10	кк	пн		821	988	7.4,7.4	00	пн	00	
778	988	7.3,7.2	10	кк	нн		822	284, 835, 844	6.5,6.4,6.5	521	ккк	пнн	ad
779	988	7.2,7.0	11	кк	ннн			848, 876, 914	6.7,6.8,6.1	212	ккк	ннпн	
780	988	6.8,6.9	01	кк	ннн			929,1019	6.3,6.0	21	кк	нн	
781	988	7.5,7.4	10	кк	пн		823	919, 988	7.1,6.6	10	кк	нп	a
782	253, 919, 988	6.9,7.3,6.7	111	пкк	0пн	d	824	284, 835, 844	5.5,6.7,6.4	421	δβα	05F	r
783	283, 908, 930	6.5,6.6,7.2	432	ккк	нпнн	a		848, 876, 914	6.5,6.6,6.2	300	αβγ	2FF	
	987	6.6	0	к	п			929, 929,1019	— 6.4 —	.4.	βγα	520	
784	909, 931,1000	6.0,6.6,6.0	212	ккк	ннн	a		1019	6.2	2	β	ν	
785	908, 931, 999	6.4,6.9,6.8	111	βкh	пп0	ad	825	172, 909, 931	6.6,6.4,6.2	322	ккк	нннн	ad
786	988	7.2,7.1	01	кк	пн	a		1000,1000	6.7 —	6.	кн	н0	
787	988	6.7,6.8	10	δβ	1п		826	911	7.0,6.9	10	кк	пн	a
788	178, 253, 919	6.7,6.2,6.7	412	ккк	ннпн		827	987, 999	6.6,6.7	11	γп	00	
	988,1002	6.2,6.5	12	кк	пн		828	172, 930, 987	6.5,6.4,5.9	201	βζδ	002	
789	931,1000	7.1,6.5	12	кк	пн	d		999	6.4	1	β	0	
790	909, 931	7.5,7.2	10	кк	пп	d	829	988	7.2,7.1	01	кк	пп	
791	172, 283, 908	6.5,6.0,6.1	125	ккк	ннпн	a	830	178, 253, 830	6.6,5.3,6.9	853	αδк	п2п	at
	930, 987	6.2,5.6	13	кк	пн			911, 919, 988	5.6,6.4,5.5	303	δγε	50F	
792	914	6.7,6.7	00	кк	нк		831	253, 919, 988	6.5,7.0,6.2	102	ккк	ннпн	
793	987	7.0,6.9	01	кк	нп		832	988	6.8,6.8	00	кк	нн	a
794	987	6.9,6.9	00	кк	нп		833	284, 835, 844	6.7,6.6,6.6	431	ακα	0нн	d
795	283, 908, 987	6.5,6.7,6.6	440	ккк	нкн	a		848, 914, 929	6.9,6.5,6.7	313	b.βγ	FF1	
796	931, 999	6.6,6.6	01	кк	пн	d		1019	6.5	1	γ	F	
797	988	7.1,7.0	10	кк	пп		834	987	6.8,6.7	01	кк	нп	
798	172, 283, 882	5.8,5.7,6.8	212	ккк	ннпн	ad	835	1000	6.0,6.9	00	пк	0п	
	909, 931, 976	5.8,5.2,6.0	131	ккк	ннп		836	—	—	..	..	..	r
	1000	5.4	2	к	н		837	283, 931,1000	7.1,7.1,6.8	100	bββ	020	
799	909, 931,1000	7.0,6.9,6.4	011	βαβ	0пн		838	988	7.1,7.4	12	кк	пп	
800	178, 253, 919	6.9,6.8,7.0	322	ακк	0пн	ad	839	159, 172, 830	5.9,6.0,6.2	410	ккк	пвв	ad
	988	6.4	2	ε	F			911, 930, 987	5.5,5.2,5.3	041	ккк	нвв	
802	987	7.0,6.9	01	кк	пн		840	931, 999	6.4,6.4	01	ηη	00	a
803	253, 919, 988	5.8,6.6,6.0	111	ккк	ннβ	a	841	1019	7.1,7.1	00	ан	00	
804	140,2242	4.0,4.0, в	RRB	кк	вв	ar	842	988	7.0,7.0	00	ан	0п	
805	283, 909, 931	6.5,6.7,6.6	101	кβε	пн0	a	843	911, 988	6.9,7.1	21	кк	нп	bd
	1000	6.2	0	δ	8		844	988	7.3,7.2	10	кк	нн	
806	931,1000	6.9,6.9	12	ββ	1п		845	929,1019	7.3,6.9	22	на	02	b
807	909, 931	6.7,6.5	00	βη	00		846	914,1019	6.8,6.9	12	кк	нн	
808	988	7.0,6.8	11	кк	пн		847	999	7.0,6.8	11	кк	нп	
809	909	7.5,7.5	00	кк	пп		848	844, 848, 914	6.8,6.8,6.6	051	ккк	пннн	ad
810	931,1000	7.2,6.8	01	кк	нл	d		929,1019	6.9,6.7	42	кк	пн	

130   ANNALS OF HARVARD COLLEGE OBSERVATORY.

D. C.	Plate Numbers.	Observed Brightness.	Res.	End.	F.K.	R.	D. C.	Plate Numbers.	Observed Brightness.	Res.	End.	F.K.	R.
849	284, 844, 848	6.0,6.3,6.4	213	κκκ	ιιнн	a	882	284	6.7,6.6	10	αβ	00	
	876, 914,1019	6.4,6.1,6.2	103	κκκ	ндв		883	·988	7.1,7.1	00	κιι	ιι0	
850	1000	6.0,6.9	00	κκ	ιιιι		884	844,1019	7.0,6.8	01	ιιιι	00	
851	844, 914, 929	6.8,6.5,6.9	133	κκκ	ιιвιι	ad	885	172, 254, 882	5.6,5.3,6.1	110	κκκ	ιιвιι	ad
	1019	6.6	0	κ	κ			931, 931,1000	— 4.9,4.7	.10	κκκ	ввιι	
852	159, 911, 919	6.9,6.5,7.0	311	αδγ	000		886	830, 911, 988	7.2,6.7,6.8	202	κκκ	ιικκ	
	988	6.5	0	β	8		887	931	7.3,7.4	10	ιιh	ιι	
853	830, 988	7.1,7.2	54	ιικ	0ιι	d	888	284, 844, 848	6.0,6.6,6.3	112	γββ	ιιнι	
854	172, 254, 931	6.8,6.6,5.8	124	ααζ	000			914,1019	6.5,6.1	11	βγ	10	
	1000	6.0	1	ζ	2		889	988	7.0,7.0	00	κκ	ιιιι	a
855	988	7.4,7.1	21	κκ	ιιιι	r	890	161, 186, 284	6.9,6.5,5.9	200	αβγ	000	ad
856	1019	6.9,7.0	01	κκ	ιιв			829, 844, 848	6.7,6.5,6.5	023	βαα	0нғ	
857	159, 253, 911	6.5,6.7,6.4	122	κκκ	ιιвιι	a		876, 877, 914	6.5,6.5,6.3	111	κγδ	ιιғғ	
	988	6.7	2	κ	ιι			929, 939,1019	6.1,5.8,6.1	171	εββ	12ɣ	
858	284, 914,1000	6.5,6.5,6.2	032	γκε	0ιι2	ad	891	284, 848, 914	6.7,6.9,6.6	341	κκғ	ιιнғ	
859	284, 909, 914	6.7,6.8,6.6	123	βββ	01ғ	nd		1019	6.9	4	κ	ιι	
	1000	6.0	1	ε	ғ		892	931,1000	7.0,6.9	11	κκ	ιιιι	d
860	173, 284, 835	6.5,6.1,6.7	322	γβκ	00ιι		893	172, 254, 291	5.4,5.5,5.8	401	κκκ	ιιιιιι	ad
	844, 914, 929	6.4,6.2,6.1	101	δδδ	ɣɣ0			882, 931,1000	6.5,4.9,5.5	145	ιικκ	ɣвв	
	1019	6.0	0	δ	ғ		894	159, 830, 911	6.3,7.1,6.5	210	κκκ	ιινιιι	at
861	284, 844, 848	6.2,6.8,7.0	203	βιιιι	00ғ	d		930, 987	6.9,6.3	31	δικ	0ιι	
	914, 929,1019	6.5,6.9,6.6	241	ακγ	ғιι0		895	1000	7.2,7.2	00	нн	00	
862	931, 999	7.2,6.7	33	κκ	ин		896	173	7.0,6.8	11	αβ	00	
863	987	7.0,6.8	11	κκ	ιιιι		897	999	7.2,7.2	00	ιια	00	
864	835, 843, 844	6.5,6.8,6.3	121	κhғ	ιιɣғ	ad	898	172, 931,1000	6.8,6.2,6.0	010	βγδ	0ғғ	
	875, 877, 884	6.7,6.8,6.9	311	βκκ	ɣιιιι		899	159, 911, 988	7.0,6.5,6.8	231	κκκ	ιιғιι	ad
	898, 914, 929	6.1,6.2,5.8	213	βδε	000		900	284, 914,1000	6.8,6.7,6.6	043	βκγ	0нғ	
	939,1019,1504	— 6.2,6.3	.10	αεκ	нғιι		901	1000	7.2,7.1	10	ιια	00	
865	987	6.9,6.9	01	κκ	ιιιι		902	1000	6.6,6.6	00	αβ	ғ0	
866	988	7.2,7.1	01	κκ	ιιβ		903	284, 909,1000	6.5,7.2,6.9	524	ιιнκ	00ιι	ad
867	159, 253, 830	6.2,5.8,7.2	033	αβκ	ғ2ιι		904	1000	7.3,7.3	00	нв	00	
	911, 919, 988	6.0,6.6,6.2	211	γβζ	ғ0ɣ		905	931,1000	5.9,5.7	10	κκ	ιιιι	nd
868	284, 914,1019	6.6,6.8,6.8	211	βκκ	0ιιιι	d	906	931,1000	6.9,7.2 —	12.	ειι	00	
869	930	7.4,7.2	11	hιι	00		907	931,1000	7.1,6.6	11	κκ	ιιιι	
870	931,1000,1000	6.5,6.3 —	33.	γκh	0нο		908	284, 844, 848	6.4,6.8,6.9	113	βακ	0ιιιι	ad
871	1000	6.9,6.8	01	ιικ	нιι			914,1019	6.4,6.7	23	αγ	ғғ	
872	987	7.2,7.0	11	κκ	ιιπ		909	284, 909, 914	6.8,7.2,6.9	133	κκκ	ιιιιιι	d
873	930,1019	6.0,7.0	45	κн	в0			1000	6.6	2	κ	ιι	
874	909, 914	7.2,6.7	44	κιι	нғ	d	910	1000	6.9,6.9	00	ιικ	0ιι	
875	999	6.9,6.9	00	κιι	ιι0		911	898, 929	6.8,7.0	00	ιια	00	
876	914,1019	6.9,7.0	21	κκ	ғιι		912	1019	6.8,6.9	10	ιια	00	
877	931,1000	7.1,6.7	10	κκ	ιιιι		913	1000	6.9,6.8	01	κκ	нιι	
878	159, 911, 930	6.3,6.7,6.6	220	ιιβκ	00ιι	ad	914	—	—	..	..	..	r
	987	6.0	2	δ	ғ		915	1000	6.6,6.7	10	ββ	ιι0	
879	173, 284, 835	6.5,6.2,6.4	240	κκκ	нηιι	a	916	253, 830, 911	5.9,7.4,6.5	520	κκβ	ιιιιιι	ad
	844, 914, 929	6.0,6.0,6.2	213	κκκ	нιιв			919, 988	6.6,6.6	12	κκ	ιιιι	
	1019	5.8	1	κ	ιι		917	253, 988	6.7,7.2	32	ακ	ιιιι	dr
880	172, 911, 930	6.7,6.8,6.6	230	κκγ	ιιπ0		918	987	6.7,6.7	00	κκ	ιιιιι	u
	987, 999	6.2,6.5	00	ζε	20		919	172, 254, 882	5.6,5.3,6.4	220	δεγ	ιι00	r
881	1000	7.0,6.9	10	κκ	ιιπ			931,1000	5.5,5.1	21	θζ	ғғ	

THE DRAPER CATALOGUE.

D.C.	Plate Numbers	Observed Brightness	Res.	End.	F.K.	R.	D.C.	Plate Numbers	Observed Brightness	Res.	End.	F.K.	R.
920	254, 931,1000	6.4,5.8,5.5	311	βδε	585			988	6.9	3	κ	II	
921	173, 284, 844	6.8,5.4,6.0	411	βδε	0F2		953	914,1000	6.8,6.8	44	κκ	HH	
	848, 876, 914	6.3,6.0,5.6	122	δγδ	FFF		954	914	7.0,7.3	12	HIII	F0	
	1019	5.8	2	η	F		955	931,1000,1007	6.7,6.7,6.7	122	βεβ	050	
922	173, 284, 844	5.8,5.4,5.8	233	γεδ	00F	r	956	284, 844, 848	6.0 — 6.7	1.3	ββγ	00F	d
	848, 876, 879	5.8,5.6,6.1	221	δδβ	FFF			876, 882, 914	6.7,7.1,6.3	111	ακγ	5IIF	
	914, 929,1019	5.4,5.3,5.1	011	ηζε	F2F			1000,1019	— 6.5	.3	hγ	F2	
923	844, 914, 939	6.8,6.5,6.8	133	κκH	IIHF	d	957	999	6.5,6.5	00	κκ	IIII	
	1019	6.6	0	κ	II		958	911	7.0,6.8	11	γβ	00	r
924	914,1019	6.7,6.4	01	ββ	F		959						r
925	830, 911, 088	7.4,7.1,6.8	220	κκκ	HIIη	d	960	931,1000	7.1,6.9	10	ηIII	00	
926	284, 844, 848	6.4,6.5,6.8	302	βαβ	0FF		961	909	6.6,6.4	11	κκ	HII	a
	876, 914,1019	7.0,6.2,6.3	221	αβγ	025		962	173, 829, 835	6.9,6.7,6.9	013	ακκ	00H	
927	254, 882, 931	6.3,7.2,5.8	221	κκκ	IIIIII	ad		843, 844, 848	6.7,6.5,6.8	111	αγκ	IIFH	
	1000	5.4	2	κ	H			875, 877, 879	6.6,6.7,7.2	203	ααK	FOH	
928	930, 987, 999	7.1,6.5,6.5	203	κκκ	IIIτII			884, 898, 914	7.0,5.8,6.4	211	κγγ	IIFF	
929	284, 844, 914	6.9,0.7,6.5	423	κκβ	IIIIII	d		929, 939,1019	5.9,6.0,6.1	200	εαδ	01F	
	939,1019	6.8,6.6	30	κκ	HII		963	911	7.2,6.9	12	βκ	IIII	
930	173	6.9,6.8	01	κκ	IIη	a	964	898	6.9,6.8	01	αII	00	
931	254, 987, 999	6.7,6.7,6.6	131	IIκκ	0IIII	d	965	999	7.0,6.8	11	κκ	IIη	a
932	173, 284, 844	6.9,6.1,6.5	011	IIκκ	0IIII	ad	966	999	6.7,6.5	11	κκ	IIII	
	848, 914, 914	6.7 — 6.5	2.2	Hαγ	FFF		967	159, 160, 253	5.3,6.0,4.9	033	κκκ	BHB	at
	1019	6.2	1	γ	F			830, 911, 919	5.8,5.0,6.0	232	κκκ	HBB	
933	931,1000	7.0,6.3	22	IIβ	0II			988	5.8	0	κ	D	
934	159, 253, 830	6.7,6.0,7.1	330	κκκ	IIHII	ar	968	999	7.1,7.0	01	HK	0II	
934a	1019	6.8,6.9	10	IIκ	0II	r	969	173, 835, 844	7.2,6.9,6.5	002	κκα	IIH5	d
935	172, 254, 881	6.4,6.4,6.9	143	γγγ	000	a		898, 914, 929	6.5,6.4,6.2	322	ββγ	FF2	
	931, 990	5.6,5.8	21	ζε	00			939,1019	6.5,6.5	21	IIβ	02	
936	1000	6.9,7.0	01	γα	0II		970	159, 911	7.1,7.0	01	hκ	0II	d
937	999	7.0,6.8	11	β3	II0		971	1019	7.1,7.4	21	IIh	00	
938	173, 284, 844	6.8,5.8,6.4	102	βδγ	00F	a	972	159, 160, 253	5.9,6.2,6.1	122	κκκ	IIHII	ad
	848, 876, 914	6.4,6.5,5.9	302	γβδ	F0γ			830, 911, 919	6.5,6.1,6.8	213	κκκ	IIDH	
	1019	6.0	1	ε	0		973	2242	6.7,6.3	10	ακ	0II	
939	1019	7.0,7.0	00	hκ	1II	a	974	1000	6.8,6.8	00	βκ	IIII	
941	1000	7.2,7.1	10	KE	IIII		975	173, 284, 844	6.9,5.9,6.4	020	κκκ	IIHH	at
942	159, 253, 911	6.6,6.4,6.4	101	κκκ	IIIIII	a		914,1019	6.2,6.1	10	κκ	HII	
	919, 988	6.9,6.7	13	IIκ	0H		976	159, 911	6.8,6.9	10	βδ	01	
943	1019	7.0,7.1	10	IIκ	0II		977	159, 911	7.1,6.9	11	κβ	II1	
944	930, 987, 999	6.8,6.4,6.2	223	κκκ	IIIIH	ad	978	911	7.0,6.8	11	κκ	IIII	a
945	284, 914,1000	6.8,6.7,6.3	131	ακβ	0HII		979	1000	7.2,7.2	00	IIκ	0II	
946	284, 914,1000	6.7,6.7,6.5	033	κκγ	IIIIII	ad	980	911	6.7,6.6	01	κκ	HII	a
947	172, 254, 284	4.8,4.7,5.0	203	δζδ	F00	ad	981	253, 932, 988	6.2,6.6,6.8	303	κκκ	HHR	at
	882, 931,1000	5.2,4.3,4.5	423	βζη	F0F		982	1000	7.2,7.3	10	βII	00	
	1007	4.8	2	κ	II		983	999	6.8,6.6	11	γκ	IIH	
948	911	7.1,7.0	01	κκ	IIη		984	284,1000	6.8,6.2	01	αγ	00	
949	1019	6.9,7.1	11	κκ	IIII		985	1000	6.8,6.9	10	βα	5II	
950	284, 844, 848	6.3,6.5,6.8	113	γαβ	0F1	r	986	931,1000,1007	6.8,6.5,6.8	001	KIIK	II1II	a
	876, 914,1019	7.0,6.4,6.1	111	κβ	IIFF		987	999	7.1,7.0	01	IIK	0II	a
951	931,1000	7.1,6.6	11	IIκ	0II	d	988	159, 291, 911	6.9,6.5,6.9	252	κκα	IIIIF	ad
952	253, 911, 919	6.7,6.6,7.0	112	κκκ	IIIIII	a	989	1019	7.0,7.2	11	hκ	FII	

D. C.	Plate Numbers.	Observed Brightness.	Res.	End.	F.K.	R.	D. C.	Plate Numbers.	Observed Brightness.	Res.	End.	F.K.	R.
990	1000	7.3,7.3	00	κκ	ιιιι			929, 939,1019	7.1,6.2,6.6	712	ιιιιβ	0f0	
991	253, 911	6.8,6.7	11	κδ	ιιιι	d	1028	1000	7.0,7.1	10	κιι	ιι0	
992	1019	7.0,7.3	12	ιιιι	00		1029	254, 914, 931	6.5 — 6.5	0.2	αβγ	ιιfιι	a
993	911	7.2,6.9	12	ιια	00			1000,1007	6.0,6.2	02	δδ	f0	
994	844, 914, 939	6.7,6.4,6.6	132	κκκ	ιιιιιι	d	1030	1000	6.9,7.0	01	ιικ	0ιι	
	1019	6.6	1	β	ιι		1031	911, 932	7.1,7.0	01	ιικ	0ιι	d
995	1000,1007	6.8,6.8	22	κκ	ιιιι		1032	1000	6.9,6.9	00	κκ	ιιιι	
996	159, 172, 254	6.9,6.6,6.2	701	ιιαβ	0ιι2		1033	159, 160, 314	5.4,5.8,6.1	115	κκκ	ιιιιιι	ad
	291, 830, 911	6.0,7.0,6.5	513	βκδ	fιι2			830, 911, 932	6.3,5.3,5.5	120	κκκ	ιιιιιι	
	999	6.0	2	δ	0		1034	911	7.0,7.0	00	κκ	ιιιι	
997	999	6.2,6.0	11	κκ	ββ	a	1035	1000	7.2,7.2	00	ιικ	0ιι	
999	172, 291, 931	6.4,6.0,6.0	211	βββ	ιι0ιι	a	1036	848, 914,1019	7.0,6.6,6.6	202	κβγ	ιιfv	ad
	1000,1007	5.9,6.1	11	ζβ	ff		1037	284, 848, 914	6.2,6.9,6.5	131	γββ	0ff	
1000	159, 314, 911	6.8,7.0,6.7	011	κκκ	ιιιιιι	d		1000	6.2	4	ε	2	
1001	929	6.8,7.2	22	ιικ	0ιι		1038	173, 284, 844	4.8,4.6,4.7	341	ζεκ	1ff	
1002	999, 999	— 6.6,6.8	.11	κγ	ιι0	d		848, 876, 914	5.5,4.9,4.1	404	εεη	fff	
1003	911	7.1,7.1	00	ακ	ιιιι		1019		4.1	2	η	f	
1004	914,1019	6.8,6.9	12	ιιιι	f0		1039	1000,1007	6.2,6.8	11	κκ	ιιιι	
1005	1019	6.9,7.0	01	κκ	ιιf		1040	254, 291, 881	4.7,5.3,5.7	132	κκκ	ιιιιιι	ar
1006	929	6.9,7.1	11	κκ	ιιιι			999,1006	4.9,4.8	20	κκ	ιιιι	
1007	254, 284, 914	6.8,6.8,6.6	223	καακ	ιιιιιιι	ad	1041	254, 291, 291	4.1 — 4.8	4.1	εββ	f0f	ar
	1000,1007	5.8 —	3.	κh	ιι0		1042						r
1008	1000	7.1,7.2	01	κκ	ηη			881, 999,1006	5.8,4.6,4.6	221	εεε	0ff	
1009	999	6.2,6.1	10	κκ	ιιιι	a	1043	159, 314, 830	6.4,6.6,7.2	100	ιιιικ	fιιιι	ad
1010	877, 939,1019	6.9,6.5,6.6	211	κκκ	ιιfιι			911, 932	6.3,7.0	25	κκ	ιιιι	
1011	159, 160, 253	5.5,6.0,6.0	214	κακ	ιιιιιι	ad	1044	173, 284, 844	5.8,4.8,5.6	122	εγη	00f	
	314, 314, 830	6.2 — 6.5	4.1	κhκ	ιιfιι			848, 876, 877	5.9,5.5,5.5	022	εδδ	1ff	
	911, 932	5.5,5.5	22	εγ	ιιιι			914,1019	5.5,5.0	21	ζη	ff	
1012	1000	6.5,6.6	01	δβ	00		1045	999	7.2,7.2	00	hh	00	
1013	931,1000,1007	6.9,6.9,7.0	121	ιικιι	0ιι0	ad	1046	159, 314, 830	5.7,6.2,6.6	311	κκκ	ιιιιιι	a
1014	999	7.1,7.1	00	κh	ιι0			911, 932	6.0,6.4	04	κκ	ιιιι	
1015	1000	7.2,7.1	10	κκ	ιιιι	a	1047	1019	6.8,6.8	00	δγ	ιι0	
1016	911	7.0,7.0	00	κκ	ιιιι		1048	914,1000,1019	6.8 — 7.0	2.2	κhκ	ιι0ιι	ad
1017	1000	7.0,7.1	10	κκ	ιιιι		1049	844, 914, 939	6.7,6.5,6.6	122	fκκ	fιιιι	
1018	254, 284, 848	5.9,5.8,6.4	321	βγκ	00ιι	a		1019	6.7	2	κ	ιι	
	876, 882, 914	6.3,6.5,6.0	001	κεδ	ιι0f		1050	844,1019	7.1,7.0	11	αα	20	a
	1000	4.9	2	ε	f		1051	844, 914,1019	6.7,6.7,6.8	212	κιικ	ιιιιιι	at
1019	999	7.3,7.1	11	κκ	ιιιι		1052	173, 284, 844	7.1,7.1,6.7	271	κβκ	70ιι	at
1020	1000	7.0,7.3	12	ιιιι	00			848, 914, 914	7.1,6.5 —	22.	κκα	ιιιιf	
1021	159, 830, 911	6.2,7.0,6.7	213	ακκ	ιιιιιι	ad	1053	1019	6.5	0	γ	2	
	932	6.5	1	α	f			1000	6.8,6.7	10	κκ	ιιιι	
1022	1564	6.9,7.1	11	κκ	ιιιι		1054	254, 291, 881	n, 5.4,4.7	ιιρ6	κδδ	202	
1023	172, 254, 284	6.2,5.7,6.2	023	ββγ	000			999,1006	4.0,4.1	11	ζη	22	
	882, 931,1000	6.9,5.7,5.4	100	γβη	05f		1055	1007	6.5,6.7	11	ιικ	0ιι	
	1007	5.8	0	η	ιι		1056	844,1019	7.0,6.8	01	κγ	ιι0	d
1024	999	7.1,6.9	11	κκ	ιιιι	a	1057	2242	6.6,6.6	00	αα	ιιιι	
1025	999	6.6,6.4	11	δκ	ιιιι		1058	1007	6.9,6.9	00	κκ	ιιιι	
1026	1000	6.9,7.0	01	γκ	0ιι		1059	914, 921,1000	6.6,6.5,6.2	321	κκδ	ιιιιf	ad
1027	173, 284, 844	7.1,6.4,6.7	110	κακ	ιι0ιι	ad	1060	999,1006	6.7,7.0	11	δκ	ιιιι	d
	848, 877, 914	7.0,6.7,6.5	231	καβ	ιιfιι		1061	932	7.2,7.2	00	κκ	ιιιι	

THE DRAPER CATALOGUE.

D. C.	Plate Numbers	Observed Brightness	Res.	End.	F.K.	R.	D. C.	Plate Numbers	Observed Brightness	Res.	End.	F.K.	R.
1062	1000,1007	6.3,6.5	34	κκ	ηπ		1101	161, 173, 284	5.6,5.3,5.4	046	βδδ	122	r
1063	844, 914,1019	6.9,6.8,6.8	111	κκιι	ιιπF			844, 848, 876	5.4,5.8,5.4	211	ζζγ	252	
1064	999	6.5,6.5	00	κκ	ιιιι			877, 914, 939	5.2,5.3 —	52.	δια	5r3	
1065	254,1000,1007	7.0,6.3 —	11.	αδβ	0r0			939,1019	4.8,4.9	00	δη	12	
1067	159, 830, 911	6.5,7.4,6.4	021	κπκ	ιιOιι	ad	1102	173, 284, 844	7.4,6.7,6.7	131	ηια	0π2	
	932	—	.	κ	ιι			914,1019	6.7,6.4	01	αβ	F2	
1068	914,1019	6.9,6.9	11	ηγ	Fιι		1103	999	6.5,6.4	01	κκ	ηκ	a
1069	173, 284, 844	6.3,5.7,6.4	412	βδζ	00F		1104	159, 291, 830	6.4,6.8,7.2	100	βακ	00π	d
	848, 914, 914	6.5,6.4 —	23.	αβα	FHF			911,1006	6.8,6.6	30	αα	55	
	1019	5.9	0	δ	F		1105	173, 284, 844	6.2,6.0,6.1	521	ββε	535	d
1070	173, 284, 284	7.3.6.4 —	11.	αγιι	0ιι0			848, 876, 877	6.7,6.7,6.6	021	κκα	ιιιιF	
	848, 914,1019	6.9,6.6,6.3	301	πβγ	FFF			914, 939,1019	6.2,5.9,5.8	111	γδδ	252	
1071	173, 284	6.8,6.5	33	βγ	00		1106	1000,1007	6.8,7.0	11	κh	ιι1	ad
1072	1019	6.9,7.2	21	πκ	0ιι		1107	844,1019	6.9,6.9	12	ιαα	00	
1073	284, 914,1019	6.3,6.7,6.9	213	αιια	ιιFF	a	1108	932	7.1,7.2	01	κκ	ιιιι	a
	1019	—	.	π	0		1109	161, 161, 173	5.2 — 4.9	0.4	δαζ	0r2	
1074	1000	7.0,7.1	10	κκ	ιιιι			284, 844, 848	4.8,4.8,5.8	405	δrδ	F2F	
1075	1007	7.0,6.9	10	κκ	ιιιι			848, 876, 876	— 5.2 —	.1.	βrα	22F	
1076	1019	7.0.7.1	10	βα	00			877, 877, 914	5.0 — 4.6	1.1	αιη	FFF	
1077	1000,1007	6.1,7.0	23	δκ	Fιι	ad		939,1019	4.3,4.0	15	ιθ	F2	
1078	1000	6.8,6.7	10	κκ	ιιη		1110	161, 173, 173	5.7,6.7 —	54.	ββ3	88ιι	at
1079	291, 999,1006	6.3,6.2,6.3	111	κκκ	ιιιιιι	ad		284, 835, 844	5.7,6.4 —	34.	βκγ	ιιαιι	
1080	1000	7.2,7.1	10	κκ	ιιιι	a		844, 848, 876	5.8,6.0,5.8	033	γβκ	ιιιιιι	
1081	999	7.1,7.1	00	hn	00			877, 879, 884	5.9,6.5,6.6	224	γπκ	ιιFιι	
1082	1006	7.0,7.0	00	κκ	βιι			914, 929, 939	5.6,5.7,4.9	125	γδε	5ιιη	
1083	932	6.6,6.6	00	κκ	ιιιι			1019	5.7	2	θ	8	
1084	929,1019	7.1,6.9	11	ιιh	0F		1111	159, 314, 911	6.8,6.7,6.7	021	κκκ	ιιηιι	r
1085	173, 284, 844	5.7,5.3,5.8	501	δεζ	20F			932	7.2	4	κ	ιι	
	876, 914,1019	6.3,5.8,5.5	321	δεε	FFF		1112	911, 932	7.2,6.9	12	κκ	ιιιι	r
1086	1000	7.0,7.0	00	κκ	ιιιι		1113	932	7.0.7.0	00	κιι	ιι0	
1087	1000,1007	6.5,6.6	21	κκ	ιιιι	a	1114	160, 830, 911	6.4,7.0,6.4	301	κκκ	ηιιιι	at
1088	1000,1007	7.0,7.0	22	ιια	00	d		932	6.3	0	κ	ιι	
1089	911, 932	7.0,7.0	00	κκ	ιιιι		1115	914	6.9,6.9	00	ιιβ	00	
1090	999,1006	6.8,6.9	00	δκ	0ιι	d	1116	173, 284, 844	6.0,5.5,6.3	622	αγε	202	r
1091	254, 291, 881	5.3,6.2,6.8	341	77β	ιι00	ad		848, 876, 914	6.6,6.6,6.2	022	εαγ	FFF	
	999,1006	5.3,5.6	20	κε	ιι2			1019	6.0	2	δ	2	
1092	911	7.3,7.1	11	ιιιι	00		1117	911, 932	6.8,7.2	22	κιι	ιιF	dr
1093	284, 844, 848	6.5,6.6,6.7	304	κκκ	ιιιιιι	a	1118	173, 844, 848	6.4,6.1,6.4	202	βκκ	0ηιι	d
	877, 914, 929	6.7,6.4,6.6	213	ιικκ	Fιιπ			876, 914,1019	6.6,6.1,5.9	211	κδδ	ιιF5	
	939,1019	6.3,6.4	11	κκ	ιιιι		1119	254, 882, 921	5.3,6.0,5.3	023	δζα	0FF	
1094	1000,1007	— 7.0,7.2	.11	ηια	05			1000	4.6	2	ζ	F	
1095	161, 173, 284	6.8,6.4,6.0	141	αβγ	020	d	1120	844, 848, 877	6.6,6.9,7.0	021	βαη	ιιr0	r
	844, 848, 876	6.3,6.6,6.5	021	γιιιι	F1F			898, 914, 929	0.4,6.6,6.4	311	ααγ	ιι22	
	877, 914, 929	6.6,6.3,6.3	013	βββ	2r0			939,1019	6.1,6.4	11	βγ	02	
	939,1019	5.9,5.8	02	δγ	F0		1121	1019	6.9,7.1	11	αιι	00	
1096	1000	7.0,7.2	11	κιι	ιι0		1122	1000	6.9,6.9	00	γκ	0ιι	
1098	160, 314, 911	7.0,6.7,7.0	004	κκα	ιιιι5	ad	1123	911, 932	7.2,7.2	00	κκ	ιιιι	
	932	6.2	4	δ	F		1124	161, 173, 284	6.5,6.4,5.9	022	κκκ	ιιιια	ad
1099	1000,1007	6.9,7.1	11	κκ	πιι	ad		844, 848, 876	6.1,6.4,6.4	020	κκκ	ιιιιιι	
1100	999	6.9,6.8	01	εκ	ιιπ			877, 914, 929	6.4,5.9,6.4	016	κκκ	ιιιιιι	

134   ANNALS OF HARVARD COLLEGE OBSERVATORY.

D. C.	Plate Numbers.	Observed Brightness.	Res.	End.	F.K.	R.	D. C.	Plate Numbers.	Observed Brightness.	Res.	End.	F.K.	R.
	939,1019	5.6,5.9	*11*	κκ	ιιн		1153	921,1000	6.2,6.3	*12*	ββ	ιι0	
1125	939,1019	— 6.9,6.0	.00	κκ	ειι	a	1154	932	6.9,6.6	*21*	κκ	ιιιι	a
1126	921,1000,1000	*7.0,6.8* —	22.	ιι,ικ	00ιι	d	1155	932	6.9,6.8	*01*	ϝκ	ϝιι	
	1007	6.6	*4*	β	0		1156	835, 898, 929	6.9,6.6,6.7	*221*	αϝκ	0ϝн	d
1127	1006	7.0,6.9	*01*	κκ	ιιιι			1019,1564,2242	6.3,*6*.7,6.7	*315*	κκιι	ιιн0	
1128	844,1019	7.0,6.9	*11*	αβ	0ϝ		1157	1000,1007	6.8,7.0	*11*	κκ	нιι	d
1129	932	7.1,7.2	01	κн	н0		1159	932	7.2,7.3	*10*	κκ	πιι	
1130	1000	7.0,7.1	*10*	κκ	ιιιι	a	1160	932	7.2,7.2	00	κκ	πн	
1131	284, 844, 914	6.8,6.6,6.8	*241*	ααα	0ϝ*2*	a	1161	939	*6.3,6.5*	*11*	ιιн	00	b
	939,1019	6.8,6.7	20	αβ	0ϝ		1162	1000	7.0,7.0	00	ιικ	0ιι	
1132	159, 160, 314	*4.5,5.0,4.5*	*213*	εεε	00ϝ	r	1163	1007	7.0,7.0	00	κκ	ιιιι	
1133						r	1164	921	*7.1,7.0*	*01*	κκ	нκ	
	830, 911, 932	*5.5,4.8,*4.9	112	δδε	0ϝϝ		1165	921,1000,1007	6.5,6.5,7.0	*201*	β*3*н	0ιι0	
1134	921,1000	6.9,6.8	01	κβ	ιιϝ	ad	1166	314	6.4,6.4	00	κκ	πιι	ar
1135	161, 173, 186	6.1,6.4 —	*11.*	γβκ	02ιι	ad	1167	173, 284, 844	7.0,6.7,6.5	*242*	κκκ	πнιι	d
	258, 835, 844	6.9,6.3,5.8	730	ωδε	0нϝ			914,1019	*6.4*,0.5	21	κκ	ειι	
	848, 875, 876	6.0,*5.9*,6.4	*313*	αγγ	ιιϝϝ		1168	1007	7.2,7.0	*11*	κκ	ιιιι	a
	877, 879, 884	5.9,6.0,0.3	*23.*	γββ	*2*ϝιι		1169	932	6.8,7.1	*12*	κн	ιι0	
	898, 914, 920	5.2,5.5,5.2	*123*	γβε	ϝϝγ		1170	921	7.1,7.0	*01*	κκ	ιιιι	
	939,1019	5.3,5.4	*11*	γε	ϝ*2*		1171	999	6.9,7.0	01	κκ	ιιιι	
1136	173, 284, 844	6.4,*5.6*,6.5	*541*	γβγ	002	r	1172	254, 291, 315	*5.4*,6.4,*6.0*	*442*	β*γ*β	ϝ0н	a
	848, 876, 914	*6.8,6.9*,6.5	122	βα*3*	ϝ0ϝ			999,1000	*5.4*,5.9	*31*	δε	ϝϝ	
	939,1019	*6.3*,6.2	31	βγ	ϝ0		1173	844, 914,1019	6.6,6.6,6.4	*100*	αβα	000	r
1137	254, 291, 881	5.7,6.3,6.9	*251*	γβγ	20ϝ		1174	921,1000	7.1,7.1	*11*	ιιιι	00	
	999,1007	5.7,5.8	*10*	ε*ζ*	ϝϝ		1175	920, 999,1006	*6.5,6.8*,6.7	011	δββ	ιιϝ0	
1138	1019	6.9,7.1	*11*	κκ	ιιιι		1176	201, 920, 999	6.5,*6.0*,6.*3*	001	βγκ	ϝ0ιι	ad
1139	1019	7.0,7.2	*11*	κκ	διι	a		1006	6.2	*1*	ε	ϝ	
1140	844	7.0,7.1	01	κκ	ιιϝн		1177	1000	7.0,7.2	*11*	κκ	ιιιι	
1141	254, 921,1000	6.8,6.5,6.1	1*11*	αβδ	00ϝ		1178	932	7.0,6.9	10	ακ	нιι	
	1007	—	.	α	0		1179	932	7.3,7.2	*01*	κκ	ιιπ	
1142	201, 254, 291	4.8,4.2,5.3	136	κκκ	ε*3*π	ar	1180	173, 835, 844	7.0,6.8,6.4	*011*	κκκ	ϰπн	a
1143						r		875, 884, 898	6.7,6.9,6.1	201	κκκ	ιιιιπ	
	315, 882, 921	*4.4,4.8,4.5*	*103*	κκκ	ιιнιι			929,1010,1564	6.0,5.9,6.*2*	*232*	κκκ	ιιιιιι	
	1000,1007	ν, *4.5*	ιι*l*	κκ	π*2*		1181	932	6.8,6.9	*10*	κκ	нн	
1144	173, 844, 939	6.8,6.8,6.7	*503*	κнα	πϝιι	ad	1182	173, 284, 835	6.9 — 7.0	1.5	απγ	500	at
	1019	6.8	3	γ	ϝ			844, 848, 877	ν, 6.5,6.4	ν*32*	γκδ	*5*π*2*	
1145	932	6.6,6.8	*11*	αα	ιιιι			884, 898, 914	6.9,5.7, ν	2*1*ν	πγγ	0*22*	
1146	173, 835, 844	6.9,6.7,6.4	010	ακα	4ιιϝ	d		929, 939,1019	5.9,5.5, ν	14ιι	γγε	*252*	
	848, 875, 877	6.7,*6*.7,6.7	*230*	καα	ιιιιιι		1183	201, 254, 291	*5.1,4.4,*5.3	*234*	κκκ	ειιιι	a
	898, 914, 939	6.0,*5.9,6*.1	1*41*	βαα	*225*			315, 920, 999	4.6, ν, *4.5*	1ν*1*	κκκ	ιιιιιι	
	1019	6.3	*2*	β	*5*			1006	4.6	*1*	κ	ν	
1147	844, 877, 898	6.7,6.8,*6.4*	0*22*	κκι	ннн	ad	1184	844,1019	6.4,6.2	01	κκ	ιιϝ	d
	914, 929, 930	6.5,6.4,6.1	*102*	αγκ	*5*ιιπ		1185	920, 999,1006	*7.0,7.4*,6.9	1*33*	κκγ	ιιιιϝ	d
	1019	6.6	*2*	β	*5*		1186	921	7.0,7.0	00	χιι	ιι0	
1148	1019	7.0,7.1	*10*	κκ	ϝιι		1187	1019	6.9,7.0	01	ℓιι	50	
1149	291, 999,1006	6.6,6.3,6.5	001	κκκ	нιιιι	a	1188	920	*7.1,7.0*	*01*	κκ	ιιιι	
1150	932	6.6,6.7	*10*	γκ	2ιι		1189	932	7.2,7.3	*10*	κκ	ιιϝιι	
1151	160, 314, 830	6.2,6.3,*6*.7	*220*	γκα	1ιιν		1190	921	7.0,7.0	00	κκ	πιι	
	911, 932	*6.3*,5.7	*33*	γ*ζ*	π*4*		1191	921,1007	6.5,7.0	*21*	κκ	ιιιι	
1152	314, 911, 932	6.8,*6.9*,6.9	*111*	κκκ	ιιιιιι		1192	920,1006	*6.9*,6.6	3*3*	ιιδ	0н	

THE DRAPER CATALOGUE.

D. C.	Plate Numbers.	Observed Brightness.	Res.	End.	F.K.	R.	D. C.	Plate Numbers.	Observed Brightness.	Res.	End.	F.K.	R.
1193	—	—	.	.	.	r	1230	932, 981	6.5,7.0	21	κκ	ιιιι	
1194	201, 254, 291	5.7,5.2,5.6	031	εδδ	222		1231	173, 844, 939	7.0,6.5,6.2	110	κιιβ	ιιFF	ad
	315, 921,1000	5.4,5.3,5.4	114	δδζ	0Fιι			1019,1019	— 6.5	.2	γβ	ιι5	
	1007	5.2	2	ζ	2		1232	844,1019	6.7,6.8	22	κκ	ιιιι	d
1195	932, 981	7.2,7.2	11	ιικ	Oπ	dr	1233	1000	7.0,7.1	10	δκ	Oιι	
1196	921	7.0,7.2	11	κκ	ιιιι		1234	920,1006	5.8,6.1	00	κκ	κιι	a
1197	921	7.0,7.1	10	κκ	ιιπ		1235	921	7.0,7.0	00	κκ	ιιιι	
1198	921,1007,1007	6.4,7.0 —	22.	βιιβ	000		1236	—	—	..	..	..	r
1199	932, 981	6.8,7.1	10	γκ	Oιι	d	1237	315, 921,1000	6.2,5.9,6.1	113	κκκ	ιιιιιι	a
1200	173, 844,1019	7.5,6.6,6.4	221	κκγ	ιιπ5	ad		1007	6.2	0	κ	ιι	
1201	921,1000	6.6,6.5	10	κκ	κιι		1238	921,1000,1007	6.1,6.2,6.4	120	κκκ	ιιιιπ	a
1202	932, 981	7.0,6.9	12	ακ	ιιιι	d	1239	920	6.7,6.5	11	κκ	πιι	
1203	921	6.8,7.0	11	κκ	ιιιι		1240	921	7.0,7.0	00	κκ	ιιιι	
1204	921	6.7,6.9	11	πιι	00		1241	844,1019	6.9,7.0	22	γκ	Fιι	ad
1205	201, 201, 254	4.7,4.8 —	01.	δ3δ	2ν0	r	1242	920,1006	5.7,6.2	11	κκ	ιιιι	a
	254, 291, 315	4.2,5.2,4.5	350	εζδ	022		1243	921,1007	6.7,7.2	21	κιι	ιι0	ad
	920, 999,1007	4.1,4.3,4.0	114	γεη	252		1244	920	7.2,7.0	11	κιι	ιι0	
1206	920,1006	7.1,7.3	01	κh	ιι0	d	1245	921,1000,1007	6.4,6.8,6.3	154	κβκ	ιιιιιι	ad
1207	201, 291, 920	6.5,6.2,5.4	412	κκγ	ιιιιπ	ad	1246	1006	7.0,6.9	01	κκ	ιιιι	
	1006	5.7	2	κ	π		1247	921	7.0,6.9	10	κκ	ιιιι	a
1208	920,1006	6.8,6.8	12	κκ	ιιπ	a	1248	160, 201, 256	6.0,5.7,6.5	026	κκκ	ιιιιιι	ad
1209	921,1000	7.0,7.1	12	κιι	ιι0	d		314, 932, 981	— 5.6,5.6	.02	κκκ	ιιιιb	
1210	173, 844, 914	6.0,6.5,6.4	211	κκκ	ιιππ	a	1249	160, 314, 932	6.9,6.6,6.0	223	κκκ	πιιιι	at
	939,1019	6.5,6.3	30	ιικ	γπ			981	6.6	1	κ	ιι	
1211	921,1000,1007	6.7,6.7,7.0	110	γδιι	0Γ0		1250	1019	7.0,7.2	11	Gιι	00	
1212	932	7.1,7.3	11	ιιιι	00		1251	1006	7.0,7.0	00	κκ	ιιιι	
1213	932	7.1,7.0	01	κκ	ιιιι		1252	921	6.8,6.7	10	κκ	ιιιι	
1214	920	7.0,6.7	12	ικ	Oιι		1253	921, 921,1007	— 6.5,6.5	.11	δκγ	0ιι1	ad
1215	844,1019	6.6,6.6	21	κιι	ιιF	ad	1254	920	6.9,6.9	00	κκ	ιιιι	
1216	921	6.9,7.0	01	κκ	κιι	a	1255	932, 981	6.6,6.6	11	ακ	ιιπ	ad
1217	161, 173, 835	6.8,7.3,6.8	131	ιιah	00F	r	1256	921	6.9,6.9	00	κκ	ιιιι	
	844, 877, 808	6.5,6.6,6.3	023	ααβ	F2F		1257	160, 981	7.2,7.0	00	κκ	ππ	
	914, 929, 939	6.4,6.4,5.8	023	δδα	F02		1258	844, 914,1019	7.0,6.8,6.8	021	κβκ	ιι55	ad
	1019	6.2	0	γ	F		1259	921	7.0,7.0	00	hιι	00	
1218	314, 932, 981	6.9,7.2,6.9	132	ιιακ	Oιιιι	ad	1260	844, 877, 898	6.8,7.0,6.5	103	ππα	ν05	
1219	201, 254, 291	6.0,5.8,6.2	220	ββγ	000			914, 929, 939	6.6,6.4,6.1	022	αββ	000	
	315, 921,1000	5.6,5.8,6.0	415	γδγ	0Fιι			1019	6.5	1	γ	2	
	1007	5.8	1	ζ	2		1261	920,1006	6.6,6.9	00	βκ	0ιι	
1220	932	6.8,6.9	10	κκ	ιιιι		1262	920,1006	6.8,6.9	11	κκ	ιιιι	
1221	920	6.5,6.4	01	κκ	ιιιι	r	1263	981	7.3,7.1	11	κκ	ιιπ	
1222	920	6.8,6.6	11	κκ	ιιιι		1264	921	7.0,7.1	10	πα	00	
1223	201, 920,1006	6.8,6.3,6.7	001	βαβ	0ιιF		1265	921,1007	6.9,7.0	01	κκ	ιιπ	
	1007	—	.	.	0		1266	844, 898, 929	6.7,6.6,6.8	222	κιιβ	ιι00	
1224	160, 314, 932	6.8,6.7,6.1	023	κκκ	ιιπιιι	a		1019	6.4	2	α	5	
	981	6.6	0	κ	ιι		1267	920,1006	6.8,7.0	10	κιι	ιι0	d
1225	844, 939,1019	6.9,6.8,6.8	210	ιιαβ	F0F		1268	844	7.2,7.4	11	πιι	00	
1226	314, 932, 981	6.7,6.8,6.7	021	κκκ	ιιιιιι	ad	1269	939,1019	6.6,6.5	11	κκ	ιιιι	
1227	921	6.9,6.9	00	κκ	ιιιι		1270	1000	7.0,7.0	00	κκ	ιιιι	
1228	932, 981	6.6,6.0	44	κκ	ιιιι	ar	1271	921	6.8,6.8	00	βα	01	
1229	314, 932, 981	6.7,7.0,6.8	131	κκβ	ιιπ0	ad	1272	201, 291, 315	5.8,6.0,5.9	112	δδγ	005	

136   ANNALS OF HARVARD COLLEGE OBSERVATORY.

D. C.	Plate Numbers	Observed Brightness	Res.	End.	F.K.	R.	D. C.	Plate Numbers	Observed Brightness	Res.	End.	F.K.	R.
	920,1007	5.3,5.7	.11	δ⁻	F2		1313	920,1006	6.7,7.1	01	KK	HH	d
1273	920	7.2,7.1	10	κπ	ιι0		1314	921	6.7,6.5	11	KK	IIII	
1274	920,1006	6.1,6.5	01	βκ	0н	ad	1315	981	7.2,7.0	11	KK	IIH	
1275	291, 920,1006	6.6,6.0,6.4	010	KKK	ιιIIII	a	1316	920	6.9,6.7	11	KK	IIII	
1276	314, 932, 981	6.9,6.8,6.6	113	κγε	ιι50		1317	2242	6.6,6.6	00	hıı	00	
1277	1019	6.9,7.0	01	KK	IIH	a	1318	286, 315, 921	5.9,6.0,6.0	321	βδδ	F00	r
1278	1019	7.0,7.2	11	κπ	ιι0		1319	920	6.9,6.8	01	KK	IIII	
1279	314, 932, 981	7.0,6.6,6.1	416	πβκ	00ιι	ad	1319a	1019	6.7,6.9	11	HK	0ιι	r
1280	291, 315, 920	6.4 — 5.8	1.0	κhκ	ιι0н	ad	1320	921	6.6,6.5	10	KK	11ιι	a
	1007	6.0	0	κ	II		1321	932, 981, 981	5.7,6.7 —	44.	KKF	DDF	nt
1281	844, 939,1019	6.7,6.7,6.7	221	FKK	FIIII		1322	1019	7.1,7.3	11	IIK	0ιι	
1282	939	6.7,6.7	00	KK	IIII		1323	315, 921, 934	5.5,5.5,6.5	417	εεıι	0F0	
1283	161, 844,1019	6.9,7.1,7.0	513	ακF	0IIF	d		1007	5.6	2	θ	F	
1284	173, 844,1019	7.4,7.1,6.8	111	κhβ	ιιF5		1324	932	7.2,7.3	10	KK	IIII	
1285	921	6.8,7.0	11	IIK	0π		1325	914, 939,1019	6.6,6.5,6.5	110	ιιγβ	F00	
1286	201, 291,315	4.8,5.5 —	34.	εδδ	0F0		1326	844,1019	6.9,6.9	12	Kπ	ιι0	ad
	315, 920,1007	5.1,4.5,4.5	213	ε͂ε	0FF		1327	314, 932, 981	6.7,6.6,6.1	225	αβδ	00F	
1287	981	6.5,6.8	12	KK	IIB		1328	939	6.3,6.1	11	KK	IIH	
1288	173	7.1,7.1	00	ιια	00	b	1329	921	7.2,7.1	10	HK	0ιι	
1289	921	7.0,7.1	10	KK	IIH		1330	921,1007	6.5,6.9	11	γβ	00	
1290	920	6.9,6.7	11	KK	IIH		1331	920	7.1,6.9	11	KII	ιι0	
1291	981	7.4,7.2	11	KK	IIII	a	1332	921,1007	6.5,6.8	01	ιια	IIB	
1292	1007	6.9,6.7	11	hα	00		1333	898, 929,1019	7.0,7.0,6.9	201	ιιαγ	005	
1293	981	7.3,7.2	01	KK	IIR	a	1334	1019	6.7,6.9	11	αα	F0	
1294	314, 932, 981	6.6,6.5,5.7	337	KKK	HHH	d	1335	161, 877, 921	6.5,6.5,5.3	102	ααK	0FII	ad
1295	921	7.0,7.0	00	IIII	00			939,1000	5.6,5.6	23	KK	IIH	
1296	920	7.0,7.0	00	KK	HII		1336	1019	6.7,6.9	11	KK	IIΠ	a
1297	914, 939,1019	6.9,6.9,6.9	210	ιιακ	00II		1337	981	7.6,7.3	12	KK	IIH	a
1298	920	6.8,6.7	10	KK	πιι	a	1338	920	6.5,6.5	00	KK	IIII	
1299	844, 939,1019	6.6,6.7,6.5	230	βιιδ	20F	r	1339	315, 921, 939	6.6,6.1,7.0	133	αεB	ιι20	
1300						r	1340	201, 286, 315	6.0,6.0,5.7	203	βπβ	Hιιιι	
1301	161, 173, 844	7.0,6.6,6.5	140	πβδ	00F			921,1007,1007	5.6 — 6.1	1.2	εεα	5πιι	
	939,1019	6.5,6.1	41	γγ	FF		1341	981	7.0,6.9	10	KK	IIII	
1302	286, 921	6.8,6.6	23	KK	IIII	d	1342	1019	6.7,6.8	01	αα	00	
1303	201, 291, 201	5.7,6.6 —	54.	δβα	000	a	1343	981	7.1,7.1	10	KK	ιιιι	
	315, 920,1006	5.8,5.8,6.1	211	εγε	FF0		1344	981	6.8,6.7	10	KK	HH	r
1304	286, 291, 315	5.5,5.8,5.6	411	γγδ	FF0		1345	921, 939	6.6,6.8	10	KK	HH	a
	921,1007	5.5,5.5	11	εε	FF		1346	1007	7.0,6.9	10	IIK	0ιι	
1305	286, 291, 315	6.1,6.8,6.4	211	γαγ	F00		1347	921,1007	6.6,6.8	00	KII	H0	ad
	921, 921,1007	— 6.1,6.2	.12	γγδ	0ιι5		1348	920, 981,1006	7.0,6.7,6.9	430	δκγ	ιιιι2	
1306	256, 314, 932	6.9,6.6,6.3	320	πKK	0ιιπ	ad	1349	256, 932, 981	6.4,6.2,6.1	012	αβK	ιιιιιι	ad
	981	5.9	0	κ	ιι		1350	256, 932, 981	6.5,6.4,5.9	134	KKK	ιιHH	ad
1307	921,1000	6.5,6.8	23	βκ	FII	d	1351	981	7.0,6.8	11	KK	HH	
1308	921,1007	6.4,6.7	10	KK	IIII	a	1352	920	6.9,6.8	01	KK	πιι	
1309	201, 291, 315	5.7,6.0,5.5	212	δγδ	000		1353	920	7.0,6.9	10	βιι	00	
	920,1006	5.6,5.7	20	δ͂	FF		1354	2242	6.9,6.8	10	KK	πιι	
1310	920,1006	6.3,6.8	11	δα	ιιπ	r	1355	315, 921, 934	6.1,5.9,6.9	326	KKK	ιιπιι	ad
1311	201, 315, 921	6.5,5.8,6.0	141	βγδ	F02			1007	6.3	0	κ	II	
	1007	6.5	4	ε	0		1356	932	6.3,6.4	01	KK	IIII	a
1312	921,1007	6.5,6.7	00	KK	πιι		1357	1019	6.9,7.0	01	IIII	00	

THE DRAPER CATALOGUE. 137

D. C.	Plate Numbers.	Observed Brightness.	Res.	End.	F.K.	R.	D. C.	Plate Numbers.	Observed Brightness.	Res.	End.	F.K.	R.
1358	921	6.9,6.8	01	κκ	ιιιι	a	1400	981	6.5,6.5	00	κκ	οιι	
1359	920	7.0,6.9	10	ιιιι	00		1400a	1019	6.6,6.8	11	ββ	f	r
1360	1019	6.7,6.5	11	βγ	00		1401	161, 877, 921	7.4,7.1,6.1	200	ιικε	οιι2	d
1361	921, 939,1019	6.4,6.3 —	22.	κgα	ιι01	ad		939	6.4	0	β	ιι	
1362	939, 1019	7.1,7.0	00	κιι	ιι0		1402	201, 286, 286	5.8,5.6 —	42.	δβg	8ιι0	
1363	921	6.8,6.7	10	γα	55			315, 920, 933	5.8,5.4,5.7	232	γδγ	01ιι	
1364	981	7.0,6.8	11	κκ	ιιιι			1006,1027	6.0,6.2	03	ζβ	ιιιι	
1365	173, 844, 914	7.0,6.9,6.7	310	ιικιι	0ιιF	d	1403	914	6.9,6.7	02	κκ	ιιιι	
	939,1019	6.9,6.4	51	κβ	ιι5		1404	201, 256, 292	5.0,5.0,5.4	224	ζεγ	r0F	
1366	981	6.3,6.5	11	κκ	ιιιι			883, 897, 981	6.2,4.9,5.4	103	δδζ	0FF	
1367	914,1019	6.8,6.8	11	αα	f0		1405	981	7.0,7.1	10	κκ	ιιιι	
1368	315, 921, 984	6.4,6.0,6.7	123	κκκ	ιιιιιι	ad	1406	286, 921,1007	6.7,6.6,6.7	312	αβκ	01ιι	
	1007	6.5	1	κ	ιι		1407	920, 933,1006	6.3,6.7,6.6	242	κκκ	ιιιιιι	ad
1369	921	6.9,6.6	21	βα	00			1027	6.9	2	ιι	0	
1370	981	7.3,7.3	00	κh	ιι0		1408	921,1007	6.8,7.0	00	κιι	ιι0	ad
1371	981	7.0,7.4	11	κκ	ιιιι		1409	140, 173, 844	7.5,7.1,6.7	821	αιιβ	005	
1372	981	6.8,6.8	00	κκ	ππ	a		1019,1057	6.1 —	4.	βκ	2ιι	
1373	201, 256, 883	5.6,6.0,7.0	310	εεβ	f01		1410	201, 286, 315	6.6,5.7,6.7	122	κγα	ιι00	r
	932, 981	5.8,6.0	22	βθ	1f			920, 933	5.9,6.5	35	εδ	22	
1374	921	6.8,7.0	11	κκ	ιιιι		1411	921,939	6.7,0.9	01	κκ	ιιιι	
1375	921	6.8,6.9	10	βα	00		1412	939,1019	6.1,6.8	33	gκ	0ιι	d
1376	1019	6.7,6.8	01	κκ	ιιιι	a	1413	921	6.8,6.8	00	βκ	0ιι	
1377	932, 981	6.1,7.0	43	αβ	ιι0		1414	981	7.1,7.0	01	κκ	ιιιι	a
1378	981	7.3,7.3	00	κκ	ιιιι		1415	921	7.0,7.0	00	κκ	ιιιι	
1379	920,1006	6.6,6.9	00	βιι	00		1416	897, 981	7.0,7.0	11	κκ	ιιιι	
1380	981	7.3,7.2	01	κκ	ππ		1417	920	6.8,6.5	12	κκ	ιιιι	
1381	844, 898, 920	6.6,6.5,6.7	222	fκιι	fιι0	a	1418	1019	6.7,6.8	01	κκ	λιι	
	1019	6.3	2	κ	ιι		1419	921	6.7,6.7	00	κκ	ιιιι	
1382	161, 173, 173	5.2,5.8 —	41.	δγιι	320	r	1420	921, 921,1007	— 6.8,6.8	.11	βκκ	1ιιιι	d
	844, 844, 877	— 5.4	..1	εβδ	225		1421	981	7.3,7.1	11	κκ	ιιιι	d
	939,1019	4.5,5.2	13	εζ	22		1422	286, 920, 933	5.7,6.0,6.5	334	κκκ	ιιιιιι	ad
1383	920,1007	6.6,7.1	12	βκ	0ιι	ad		1027	6.5	0	κ	ιι	
1384	981	7.4,7.0	22	κκ	ιιιι		1423	844,1019	6.7,6.7	12	κf	ιιf	
1385	844,1019	7.0,6.9	11	κα	ιιf	d	1424	201, 286, 315	6.4 — 5.0	1.4	βαβ	8ιιι	a
1386	921	7.1,7.0	01	κκ	ππ	a		920, 933	6.0,6.3	05	γγ	30	
1387	981	7.4,7.2	11	κκ	ιιιι		1425	1019	7.0,7.0	00	κκ	ιιιι	a
1388	981	7.0,6.8	11	κκ	ιιιι	a	1426	921, 939	6.5,6.7	01	κιι	ιι0	ad
1389	981	7.4,7.3	10	κκ	ππ		1427	315, 921	6.6,7.0	43	ββ	ιι1	
1390	256, 807, 932	5.5,5.2,5.7	332	γδβ	2ιι2		1428	286, 921, 921	6.9 — 6.7	3.2	αβκ	0ιιιι	d
	981	5.9	2	ε	f		1429	981	7.3,7.3	00	κκ	ππ	
1391	921	6.9,7.0	01	βκ	0ιι		1430	920	6.7,6.6	01	κκ	ιιιι	
1392	315, 921,1007	6.3,6.2,6.5	201	κκκ	ιιιιιι	a	1431	981	6.5,6.7	11	αβ	f0	
1393	921	6.9,6.9	00	βκ	0ιι		1432	920	7.0,6.9	10	κκ	ιιιι	
1394	256, 897, 932	6.6,6.4,6.4	011	κβα	ιιfιι		1433	150, 256, 292	7.1,6.6,6.9	123	αβκ	0ιιιι	d
	981	6.1	4	ζ	5			897,981	6.7,6.2	25	γζ	05	
1395	981	6.8,6.5	12	κκ	ιιπ		1434	939,1019	6.9,6.9	10	αα	05	
1396	201, 920,1007	6.6,6.2,7.0	324	κκκ	ιιιιπ	a	1435	1019	7.1,7.4	21	αιι	00	
1397	921	6.8,6.7	10	κκ	ιιιι	a	1436	939	7.0,7.1	01	ιιιι	00	
1398	981	6.8,7.0	11	κιι	ιιιι		1437	292	7.0,7.2	11	κκ	πιι	
1399	920, 981	— 7.2,7.2	.00	κκ	πιι	d	1438	920,934	6.2,6.6	11	κκ	ιιιι	

D. C.	Plate Numbers.	Observed Brightness.	Res.	End.	F.K.	R.	D. C.	Plate Numbers.	Observed Brightness.	Res.	End.	F.K.	R.
1439	981	7.3,7.0	21	βκ	5ıı		1482	939,1019	7.0,6.9	11	κπ	ıı0	ad
1440	1019	7.1,7.3	11	κκ	ııı	a	1483	844	7.0,7.2	11	αıı	ν0	
1441	315, 921, 934	6.1,6.2,6.6	611	βγγ	000		1484	939,1019	6.9,6.9	10	ııı	00	
	1007	6.9	4	β	0		1485	921	6.6,6.5	10	μα	0ıı	
1442	921	6.8,6.9	10	ıπ	00		1486	286, 315, 921	6.5,6.1,6.2	551	γβδ	00r	
1443	256, 292	7.0,7.0	11	κh	π0	d	1487	286, 920, 933	— 6.5,6.9	.33	βκγ	0ıı2	d
1444	981	6.7,6.5	11	δα	1ıı		1488	981	6.9,6.8	01	κκ	ıııı	
1445	921, 939	6.2,6.8	12	δα	20		1489	981	7.3,7.2	01	κκ	ııııı	
1446	920	7.3,7.2	01	κκ	ııı		1490	807, 981	6.7,6.5	22	κκ	ııı	
1447	921	6.8,6.7	10	κκ	ııı		1491	807, 981	7.1,6.6	43	αε	00	
1448	920	6.8,6.6	11	κκ	ııı		1492	150, 256, 897	7.0,6.8,6.0	441	κκκ	ııııπ	ad
1449	921	6.8,6.8	00	κκ	ıııı			981	5.7	6	κ	π	
1450	921	6.9,7.0	01	ακ	0ıı		1493	286, 315, 921	6.3,6.0,6.1	540	κκκ	ıııπ	a
1451	920	6.5,6.3	11	κκ	ππ			934	6.4	1	κ	π	
1452	256, 897, 981	6.9,6.5,6.6	101	κκκ	κπβ	d	1494	921,1007	6.6,7.1	12	δα	10	
1453	844, 877, 939	6.7,7.0,6.3	000	κπκ	β0π	nd	1495	920	6.5,6.4	01	κκ	νıı	
	1019	6.5	1	κ	π		1496	981	7.0,6.7	12	κκ	νııı	a
1454	150, 256, 292	6.4,5.8,5.7	221	κκκ	ıπκπ	a	1497	921	7.2,7.2	00	πh	00	
	890, 897, 981	6.7,5.9,5.6	023	κκκ	ıııππ		1498	981	6.5,6.5	00	κκ	ππκ	
1455	933, 981,1027	6.7,6.6,6.8	340	κκπ	πıı0	a	1499	—	—	..	..	..	r
1456	1019	6.8,7.0	11	ııı	00		1500	844, 939,1019	6.5,6.5,6.2	131	αγβ	5γγ	
1457	920	6.9,6.7	11	κκ	ııı	a	1501	286, 286, 315	6.2 — 6.0	4.4	γπβ	000	
1458	939,1019	6.9,7.0	00	γκ	γıı	a		921, 934	6.1,6.4	01	εβ	ν0	
1459	1019	6.7,6.9	11	κκ	ııı		1502	920	6.4,6.3	10	κκ	ıııı	a
1460	315, 921,1007	6.7,6.5,6.9	102	βδα	000		1503	920, 933	7.0,7.2	22	κıı	ıı0	d
1461	921	7.0,6.8	11	κκ	ııı		1504	286, 920, 933	5.8,6.2,6.7	434	ακκ	ııııπ	at r
1462	920, 933,1027	6.7,7.0,7.2	320	κβh	ıı00	ad	1505						
1463	286, 920, 934	6.5,6.8,7.1	001	ιβıı	000			1027	6.8	1	κ	ıı	
1464	161, 173, 844	7.0,6.4,6.0	432	κκκ	ııııπ	ad	1506	256, 897, 933	7.0 — 6.1	1.1	κκκ	ıııııı	ad
	877, 884, 898	6.6,6.5,6.0	113	κκκ	ııππβ			981,1027	6.3,7.2	56	κκ	ıπıı	
	939,1019	5.9,5.7	12	κκ	ππκ		1507	897, 981	7.0,7.3	10	κκ	ııııı	
1465	921	7.0,7.0	00	πκ	0ıı		1508	981	7.2,7.4	11	hh	00	
1466	981	7.5,7.4	10	κκ	πıı		1509	292	6.2,6.2	00	κκ	ııı	r
1467	921	6.8,6.9	10	ακ	πıı		1510	981	7.3,7.2	01	κκ	ıııı	
1468	201, 286, 897	6.7,6.4,7.5	417	βjκ	00π		1511	921, 934	6.3,6.4	01	κκ	ıııı	a
	981	6.7	3	δ	v		1512	2242	6.6,6.7	01	κκ	ıııı	
1469	921	6.8,6.6	11	γıı	00		1513	1019	7.0,7.2	11	κκ	ııı	b
1470	897, 981	7.1,7.1	11	κκ	ıπıı	d	1514	161, 173, 939	7.3,6.8,7.0	065	πακ	000	
1471	981	7.3,7.2	01	κκ	ııı			1019	6.8	2	β	0	
1472	201, 286, 286	6.1,6.1 —	44.	γδβ	0ν0	a	1515	201, 286, 315	6.6,6.1,5.8	146	βγδ	0ν0	
	315, 921, 934	5.9,6.0,6.5	403	βζγ	0vv			921, 934	6.0,6.1	01	ζβ	00	
1473	939	6.7,6.7	00	vκ	vπ		1516	921	6.9,6.9	00	κκ	ııı	a
1474	173	7.0,6.7	12	ββ	00		1517	844, 939,1019	6.9,6.5,6.8	111	αακ	π00	
1475	921, 934	6.8,6.8	11	κκ	ππ		1518	920	7.1,6.9	11	κκ	ıııı	
1476	921	7.3,7.4	01	hh	00		1519	897, 981	6.9,7.2	01	κκ	ııπ	
1477	150, 292	6.2,5.6	11	βα	0v		1520	897, 981	6.8,6.3	34	ııı	0v	
1478	286	5.8,6.2	22	κκ	ııı	dr	1521	201, 286, 315	5.8,5.4,6.2	511	δδγ	551	d
1479	807, 981	7.1,7.2	01	κκ	ııı			920, 933, 933	5.7,6.0 —	14.	εεκ	52ıı	
1480	286, 920, 934	5.8,6.0,6.5	012	γβκ	5ıπıı	d		1027,1027	6.4 —	4.	κıı	ıı0	
1481	897	6.8,6.6	11	ββ	00	r	1522	835, 844, 877	6.8,6.0,6.7	240	κκκ	ııııπ	ad

THE DRAPER CATALOGUE.

D. C.	Plate Number	Observed Brightness.	Res.	End.	F.K.	R.	D. C.	Plate Numbers.	Observed Brightness.	Res.	End.	F.K.	R.
	884, 898,914	6.7,6.3 —	*14.*	ғкк	ғн*ıı*		1559	292, 897, 981	6.7,6.5,6.5	*102*	ккк	ıı*ııı*	d
	929, 939,1019	*5.9,6.0,6.1*	*200*	ккк	*ııнıı*		1560	1009	*6.2,6.4*	*10*	кк	*нıı*	a
1523	921,1009	6.6,*6.9*	*10*	γ*α*	50		1561	286, 921	6.3,6.4	*11*	β*α*	Oғ	
1524	981	6.9,6.9	00	кк	пıı		1562	256, 286, 897	6.8,6.2,6.8	*112*	α*γ*δ	000	
1525	286, 315, 921	— 6.5,6.4	.*20*	*γβ*δ	Oпғ			981	*6.5*	*3*	γ	0	
	934	6.8	2	β	0		1563	208, 286, 315	5.3,5.2,5.0	*153*	ккк	*ııвв*	ad
1526	981	7.4,7.5	*10*	кк	ıı*п*			921, 934,1009	5.1,5.3,*5.1*	*111*	ккк	*ıııв*	
1527	921,1009	6.7,*6.8*	*01*	uh	00		1564	286, 921	6.8,6.7	*22*	к*α*	ıı*п*	
1528	286, 921	6.7,6.6	*22*	ııк	O*ıı*		1565	286, 921, 934	6.1,6.3,6.8	*072*	ккк	ıı*ııı*	ad
1529	981	7.1,6.8	*21*	кк	ıııı			1009	*6.5*	*1*	к	*ıı*	
1530	981	7.3,7.0	*21*	кк	ııн		1566	201, 315, 920	5.3,5.5,5.3	*212*	δ*εγ*	Oғ*ıı*	a
1531	920, 933	6.9,6.9	*11*	ıı*j*	00			933,1027	4.8,5.4	*11*	ο*ζ*	Oғ	
1532	150, 256, 292	5.0,5.0,5.3	*205*	*ζıα*	Oғн	a	1567	921	*7.0,6.9*	10	кк	ıı*п*	
	883,897,981	5.9,4.5,5.2	*223*	*εζη*	O2ғ		1568	286, 920, 934	6.5,6.8,6.7	*112*	β*γα*	000	
1533	921	6.9,7.0	01	βк	O*ıı*		1569	286, 920, 933	5.8,6.3,6.0	*110*	δδδ	*102*	
1534	920	6.8,6.7	10	γк	O*ıı*			1027	6.5	1	γ	ғ	
1535	921	7.1,7.0	*01*	кк	ıııı	a	1570	920	7.2,6.9	*12*	кк	ıııı	
1536	920	*7.3,7.1*	*11*	hh	00		1571	150, 256, 292	4.5,4.5,5.1	*535*	*ζεη*	22ғ	
1537	1019	*6.9,6.9*	00	н*α*	00			883, 897, 981	*5.6,5.0,4.5*	*352*	*εζζ*	ғ2*ν*	
1538	256, 292, 897	6.1,5.8,5.5	*033*	ккк	*ııнıı*	a	1572	897	7.1,6.8	*21*	кк	*нıı*	
	981	6.0	0	к	*ıı*		1573	920,933	7.0,7.0	*11*	кк	ııн	d
1539	939, 939,1019	*6.9,6.9,6.8*	*111*	ııкк	Oıııı	d	1574	1019	6.9,7.1	*11*	hк	O*ıı*	
1540	201, 286, 315	6.1,5.1,6.1	*032*	*γεγ*	ғ*30*		1575	256, 286, 933	6.9,5.7,5.5	*512*	α*δδ*	0*ғ*0	
	920, 933,1027	*5.9,5.3,5.8*	*310*	*γε*δ	5*22*			981,1027	*5.9,6.0*	*41*	δ*ε*	1ғ	
1541	920	7.2,7.2	00	пıı	00	r	1576	981	7.1,*6.9*	*11*	кк	нк	
1542	292, 897, 981	6.0,6.6,7.0	*121*	ккк	ıı*ııı*	d	1577	981	7.0,6.9	10	кк	ıı*п*	
1543	256, 897	6.8,6.7	*11*	кк	ıı*н*		1578	921	6.9,7.0	01	кк	ııн	a
1544	286, 920, 933	6.6,6.6,6.7	*121*	β*γγ*	100		1579	150, 256, 256	5.3,*5.4* —	*21.*	δ*γ*β	ғ*00*	
	1027	7.0	0	γ	0			292, 883, 890	5.3,*6.8,5.8*	*242*	*ιβγ*	005	
1545	939	6.9,6.7	*11*	α*α*	5п			897, 981	4.5,*5.1*	*51*	*ζ*δ	ғғ	
1546	981	7.3,7.0	*21*	кк	ıııı		1580	939	6.6,6.7	01	кк	ııн	a
1547	292, 897, 981	7.2,6.8,7.2	*120*	ккк	ııпп	d	1581	921,1009	6.7,6.6	*21*	к*j*	*ııı*	ad
1548	161, 877, 921	6.4,6.6,5.7	*212*	*γ*β*ε*	Oғғ	ar	1582	201, 256, 286	*6.0,6.4,5.5*	*401*	*ργε*	н05	
	939,1009	5.9,5.7	10	δ*ζ*	ғғ			897, 933, 981	— 5.7,*5.9*	.*04*	к*δζ*	*ıı22*	
1549	921, 939,1009	6.5,6.8,6.5	*111*	кғк	ıı*ғн*	a		1027	6.8	7	β	п	
1550	286, 315, 921	5.9,5.5,5.3	*732*	ккк	*нııı*	ad	1583	201, 256, 286	*5.4,5.0,5.1*	*203*	к*γε*	н*ıı*5	ad
	934	5.5	*2*	к	*в*			292, 897, 981	— 5.3,*5.5*	.*00*	G*ζε*	ғ8*н*	
1551	173, 844, 898	6.9,6.7,6.7	*414*	*γ*αıı	ıı*н*0		1584	1019	6.9,6.8	01	кк	пп	a
	939,1019	6.4,6.5	00	β*α*	ıı*н*		1585	921	6.8,6.9	*10*	β*κ*	]ıı	
1552	921	6.7,7.1	*22*	пıı	00	r	1586	161, 844, 877	6.6,6.5,6.7	*210*	α*3*α	2*55*	
1553	921	6.7,6.7	00	*γ*β	00	br		898,939	6.3,5.8	*42*	α*γ*	*12*	
1554	256, 292, 897	6.8,6.5,6.4	100	ккк	*нıı*н	a	1587	920	*7.0,6.9*	10	β*κ*	Oн	
	981	6.5	*1*	к	*ıı*		1588	292, 897	6.6,6.6	01	кк	ııп	a
1555	161, 173, 844	6.0,7.0,6.4	*632*	β*κ*β	2н*ıı*		1589	1019	6.8,6.8	00	кк	ııн	a
	877, 939,1019	6.5,5.8,6.2	*003*	*γ*δ*γ*	*222*		1590	150, 256, 292	5.9,5.5,5.6	*241*	ккк	*ııвıı*	a
1556	920	7.1,6.9	*11*	кк	ıı*п*			890, 897, 981	*6.7,6.3,5.6*	*172*	ккк	*ıııı*в	
1557	201, 286, 286	6.0,5.4 —	*31.*	*γε*h	0ғ0		1591	921, 939,1009	6.5,6.7,6.5	*101*	β*ρ*δ	ғ*25*	
	315, 920, 933	6.3,5.8,5.4	*202*	*γζζ*	ıı*ғ*0		1592	286, 921	6.9,6.8	*22*	β*ıı*	00	
	1027	6.3	3	δ	ғ		1593	981	*7.3,7.2*	01	кк	п*п*	ad
1558	897	6.8,6.6	*11*	кк	пп		1594	934,1008	6.8,*6.9*	*11*	кк	пп	

D. C.	Plate Numbers.	Observed Brightness.	Res.	End.	F.K.	R.	D. C.	Plate Numbers.	Observed Brightness.	Res.	End.	F.K.	R.
1595	286, 920, 934	6.2,6.4,6.4	21*1*	βκκ	ιιιι*ιι*	ad		1009	5.1	*1*	κ	B	
	1008	6.4	0	ιι	*1*		1633	1008	7.3,7.1	*11*	ιιιι	F0	
1596	1019	6.8,6.7	10	αα	00	br	1634	934	6.6,6.6	00	κκ	ιι H	a
1597	921	6.7,6.6	*01*	κκ	ιιιι	a	1635	151, 286, 933	6.7,6.0 —	00	βδκ	00ιι	
1598	921,1009	6.8,6.9	10	κβ	ιιιι	d		934,1008	6.7,6.3	*21*	αε	0*ιι*	
1599	1008	7.0,7.0	00	κκ	ιιн		1636	939	7.0,7.2	*11*	κκ	ιι*н*	
1600	286, 921	6.6,6.9	00	ιια	00		1637	286, 934,1009	6.3,6.7,6.9	0*11*	κκκ	ιιιιιι	d
1601	286	7.0,6.9	*01*	ιικ	0ιι			1009	—	.	κ	*ιι*	
1602	921,1009	7.2,7.1	*12*	ιιιι	00		1638	933,1008	6.9,7.0	*11*	κκ	ιιн	
1603	286,1009	6.8,7.0	*21*	βκ	0*ιι*	d	1639	1008	7.3,7.1	*11*	bн	00	
1604	939	7.0,7.1	10	ιικ	F*ιι*		1640	939	6.9,6.8	10	ιικ	0ιι	
1605	920, 933,1008	6.8,6.7,6.8	0*11*	κγκ	ιι0*ιι*		1641	1019	6.9,6.8	*01*	ιια	00	
1606	933	7.2,7.1	10	ικ	ιιιι		1642	939	6.9,6.8	10	αα	ιιιι	br
1607	173, 844, 877	7.2,6.5,6.7	*112*	ιικα	051	ad	1643	151, 286, 934	6.6,5.9,6.0	*222*	κκκ	ннн	ad
	898, 914, 939	6.4,6.4,6.0	*312*	βαγ	2*v2*			1008	6.0	*1*	κ	*ιι*	
	954,1019	6.2,6.3	20	αγ	δ*v*		1644	292	7.1,7.2	00	κκ	ιιιι	
1608	286, 920, 933	5.7,6.0,5.7	110	κκκ	в*нв*	ad	1645	150, 202, 897	6.7,5.8 —	*32*	κβγ	ιιF0	
	1008,1027	6.0,6.1	00	κκ	в*н*		1646	208, 921, 939	6.4,6.4,6.8	*312*	γγα	0FF	
1609	921,1009	6.8,6.9	10	κβ	ιιιι	d	1647	286, 921, 934	6.8,6.5,6.9	*331*	γκα	0*н*0	ad
1610	2242	6.9,6.8	10	ιι h	00		1648	151, 286, 324	6.0,5.5,6.2	*111*	γδα	ιι *л н*	a
1611	939,1019	6.8,6.7	1*1*	αα	0*v*			933, 952,1027	5.4,6.5,5.8	*131*	*ι,δθ*	000	
1612	939	6.6,6.6	00	κκ	ιιιι		1649	1008	7.2,7.0	*11*	βκ	5ιι	
1613	897	7.4,7.4	00	κκ	*ιιιι*		1650	921,1009	6.8,7.0	00	αβ	0*н*	
1614	921	7.2,7.2	00	ιιιι	00		1651	1009	7.0,6.8	*11*	κκ	ιιιι	
1615	1008	6.9,6.9	00	ιικ	0н		1652	292, 897, 952	6.4,6.8,6.8	230	κнκ	ιι0н	ad
1616	292	7.0,7.1	01	κκ	ιιιι		1653	161, 208, 315	6.0,5.2,5.2	*121*	κκκ	ιιιι*н*	ad
1617	933	6.7,6.6	*01*	κκ	α*ιι*			877, 021, 939	6.0,5.1,5.5	012	κκκ	нιιн	
1618	161, 173, 844	6.8,7.2,6.7	2*11*	κнκ	ιι0*ιι*	ad		1009	5.1	*1*	κ	*ιι*	
	877, 898, 939	6.8,6.7,6.0	*162*	κκκ	ιιιιιι		1654	877, 939, 954	6.9,6.4,6.4	*202*	κκκ	ιιιιιι	
1619	151, 286, 933	6.3,5.3,5.6	120	γδζ	*vv*0	r		1019	6.7	2	κ	*ιι*	
	1008,1027	6.1,6.0	20	βε	F0		1655	934,1009	6.6,6.7	*10*	χα	ιι2	ad
1620	934	6.4,6.6	*11*	κκ	*ιιιι*		1656	921,1009	6.9,6.9	*11*	κκ	нιι	d
1621	292, 897	7.1,6.9	10	κα	ιι1	ad	1657	286, 934,1009	5.7,5.8,5.9	*221*	δκκ	ιιвн	ad
1622	286, 934,1008	6.5,6.9,6.8	100	ακβ	н*нF*	d	1658	1008	6.8,6.7	01	κκ	ιιιι	a
1623	—	—	.	.	.	r	1659	292, 897	7.1,7.0	00	ιιβ	00	
1624	939	6.8,6.7	*01*	κκ	ιι*ιι*		1660	939	6.8,6.7	*01*	γγ	00	
1625	161, 208, 877	6.4,5.8,6.5	*210*	κκF	ιι*нF*	ad	1661	1008	7.3,7.1	*11*	βκ	F*ιι*	
	921, 939,1009	5.6,5.9,5.5	*112*	κκκ	*нιιιι*		1662	286, 933,1008	6.6,6.3,7.0	*222*	κκκ	ιιнн	a
1626	921,1009	6.8,6.8	*11*	κκ	*ιιιι*	ad	1627						
1627	939	6.6,6.5	01	αβ	F0		1027	6.8	*1*	κ	*н*		
1628	286, 933,1008	6.5,5.2,6.2	*234*	ενβ	F0*v*		1663	1009	6.9,6.9	00	κκ	ιιιι	
	1027	5.8	*1*	ε	F		1664	292, 897	7.0,6.9	00	κκ	ιι*н*	
1629	1019	6.8,6.9	*10*	κκ	ιι*ιι*		1665	161, 877, 884	6.5,6.8,7.0	*401*	κκκ	ιιιι*ιι*	ad
1629a	1008	6.8,6.7	*01*	αα	*ιι*ιι	r		898, 939, 939	6.5 — 5.9	5.*2*	κκκ	ιιιιιι	
1630	151, 151, 208	4.8 — 5.2	0.4	δγγ	0FF		1666	897, 952	6.8,7.2	*10*	κα	ιιιι	
	286, 933,1008	4.0,4.3,4.5	*110*	ζηε	F*v*2		1667	161	7.3,7.2	10	αα	00	
	1027	4.2	4	θ	F		1668	1009	6.9,6.8	01	αβ	F0	
							1669	1008	7.0,6.9	0*1*	κκ	ιιιι	
1631	161, 877, 939	6.5,6.8,6.2	*312*	βιιδ	1FF		1670	286, 933,1008	6.0,6.3,6.7	*201*	δγα	0F8	
1632	151, 201, 208	5.0,6.5,5.6	202	κκκ	*ιιιιн*	ad		1027	7.0	3	β	0	
	286, 315, 934	4.9,5.3,4.8	*204*	*ηβ*κ	*нιιιι*		1671	1009	7.1,7.2	01	κκ	ιιιι	a

THE DRAPER CATALOGUE. 141

D.C.	Plate Numbers.	Observed Brightness.	Res.	End.	F.K.	R.	D.C.	Plate Numbers.	Observed Brightness.	Res.	End.	F.K.	R.
1672	1009	7.1,7.0	01	κκ	ιιιι			939,1009	5.6,5.1	22	εθ	FF	
1673	939	6.9,7.0	10	κκ	ιιιι		1708	150, 292, 324	— 5.7,6.2	.20	ακα	0ιιιι	ad
1674	939	7.1,7.1	00	αιι	00			324, 897, 952	6.4,5.3,6.5	254	βδγ	000	
1675	1009	6.8,6.7	10	κκ	ιιιι		1709	151, 286, 934	6.6,5.7,5.8	313	βδγ	00F	
1676	286,1000	6.2,7.0	21	γκ	0н	d		1009	6.0	1	γ	2	
1677	952	7.2,7.1	01	κκ	ιικ		1710	897, 952	6.8,7.0	10	κπ	н0	ad
1678	933,1008	6.9,7.1	01	κκ	ιιв	r	1711	844, 898, 929	6.9,6.4,6.9	003	нкк	FΗΙΙ	d
1679	933,1008	7.1,7.1	21	κκ	ιιιι	d		1019	6.3	3	κ	ιι	
1680	292, 897, 897	7.0 — 7.4	1.4	κγκ	π0ιιι	d	1712	1008	7.2,7.0	11	ακ	0ιι	
	952	7.0	3	β	0		1713	151, 292, 324	5.5,5.5,5.2	124	δαε	000	
1681	933,1008,1027	5.9,6.4,6.3	111	κκκ	ιιιιιι	a		897, 952	5.2,5.5	00	εζ	20	
1682	292, 897, 952	6.9,6.7,7.4	142	κικ	π0ιι	d	1714	1009	7.3,7.2	01	κκ	ιιιι	
1683	1009	7.0,6.8	11	βα	Fπ		1715	292, 324, 897	5.8,6.5,5.8	221	καε	0π0	ad
1684	151, 208, 286	5.5,5.5,5.3	223	δδζ	00F			952	6.5	3	γ	0ιι	
	933, 934,1008	— 5.5,5.5	.01	hδι	F2F		1716	844, 898, 939	6.8,6.7,6.9	312	καα	F0	
	1027	—		ιι	0			1019	6.8	0	α	5	
1685	150, 292, 324	6.2,5.4,6.0	130	κκκ	ιιπιι	a	1717	286, 933,1008	6.5,6.5,6.7	101	γγα	π02	
	897, 952	5.8,5.8	21	κκ	ιιιι			1027	7.0	1	н	0	
1686	150, 292, 324	6.4,5.8,6.3	171	βγα	000		1718	1009	6.5,6.6	01	βκ	ιιιι	
	897, 952	5.0 —	2.	γγ	00		1719	292	6.7,6.6	10	нκ	0ιι	
1687	939	7.0,7.2	11	αα	00		1720	1008	6.8,6.8	00	κκ	ΗΙΙ	a
1688	1009	7.0,6.9	10	κα	н0		1721	208, 286, 934	6.8,6.8,6.6	252	κκα	ιιнн	ad
1689	898, 939	6.8,6.8	10	ιιιι	F0			1009	6.8	0	β	1	
1690	1008	6.8,6.8	00	κκ	ιιιι		1722	898, 939	6.7,6.7	01	κα	π0	
1691	286, 933,1008	5.7,6.2,6.4	401	κκκ	ιιιιιι	ad	1723	151, 286, 933	6.5,5.5,5.8	031	βεγ	000	
	1027	7.0	4	κ	ιι			1008,1008,1027	6.3,6.1,6.5	112	ζγδ	21F	
1692	151, 208, 286	5.2,5.7,5.2	235	εδδ	212		1724	161, 173, 258	6.2,6.0,6.5	033	βββ	555	
	286, 934,1009	— 4.7,5.3	.51	δεθ	FF2			275, 844, 848	6.4,5.7,6.5	412	αβκ	02н	
1693	939,1009	6.9,6.6	11	βη	н1			876, 877, 884	6.9,5.8,6.2	330	ιιββ	025	
1694	844, 877, 898	6.3,6.7,6.0	101	ιικκ	FΗΗ	at		898, 939, 954	4.9,5.1 —	43.	δγδ	532	
	914, 939, 954	6.2,6.0,5.8	100	κκκ	ιιιιιι			1019,1057	5.4,5.2	10	εβ	2ιι	
	1010	6.2	1	κ	ιι		1725	952	7.2,7.2	00	ιικ	0ιι	
1695	151, 286, 934	6.5,5.8,6.1	111	κκκ	ιιιιιι	ad	1726	208,1008	6.8,7.1	33	βκ	0ιι	dr
	1008	6.0	1	κ	ιι		1727	1008	7.4,7.2	11	κκ	ιιιι	
1696	1019	6.8,6.9	10	πα	00		1728	934,1009	6.7,6.6	01	κβ	н6	d
1697	939	6.6,6.5	01	αβ	20	b	1729	934,1009	6.9,6.9	00	ββ	555	
1698	934,1009	6.5,6.6	01	κκ	НН		1730	150, 292, 324	7.2,6.0,6.2	623	κββ	π00	
1699	1009	6.9,6.7	11	κκ	НН			897, 952	6.5,6.1	43	δδ	00	
1700	286, 933,1008	6.3,7.0,6.6	243	γκγ	0ιιιι	d	1731	150, 292, 324	5.7,5.4,5.4	012	κκκ	ιιнн	at
1701	173, 844, 877	7.2,6.8,6.9	102	καα	π00			897, 952	5.5,5.3	32	κκ	нн	
	898, 939, 954	6.4,6.4,6.3	101	γδα	FFF		1732	952	7.2,7.1	01	κκ	ιιιι	a
	1019	6.5	0	β	F		1733	1008	7.4,7.2	11	hh	00	
1702	1008	7.3,7.2	10	κκ	ιιιι		1734	939	7.0,7.2	11	αα	00	
1703						r	1735	161, 208, 877	5.2,4.4,5.4	104	κκκ	ιι55	a
1704	151, 208, 286	5.0,5.4,5.0	403	ζδζ	202	r		930,1009	4.1,4.1	21	κκ	н5	
	933, 933,1008	— 4.9,5.2	.11	ζεη	00F		1736	933,1008,1027	6.5,6.5,7.1	032	αβη	550	
	1027	5.3	1	δ	F		1737	208, 934,1009	6.5,6.5,6.9	313	γαπ	000	d
1705	286	7.0,6.9	01	κκ	ιιπ		1738	952	6.8	00	κκ	ιιιι	
1706	292	5.9,6.2	12	κκ	ιιιι		1739	161, 877, 898	6.6,6.4 —	01.	κκκ	ιιнπ	a
1707	161, 208, 877	6.2,5.2,6.4	033	βεγ	0F0			939,1009	6.1,5.7	30	κκ	ιιιι	

142   ANNALS OF HARVARD COLLEGE OBSERVATORY.

D. C.	Plate Numbers.	Observed Brightness.	Res.	End.	F.K.	R.	D. C.	Plate Numbers.	Observed Brightness.	Res.	End.	F.K.	R.
1740	1009	7.2,7.1	10	κκ	1111		1776	1008	7.0,7.0	00	γα	00	
1741	150, 292, 897	6.1,5.2,5.6	232	αδβ	0ιιιι		1777	151, 208, 286	5.1,5.3,5.3	534	κκκ	ΒΒΒ	ad
	952	—	.	β	2			287, 934,1009	6.4,5.5,5.2	612	κκκ	ιιββ	
1742	1009	7.2,7.1	10	κκ	1111			1010	5.2	2	κ	β	
1743	939,1009	6.8,6.6	01	κκ	1111		1778	954	6.8,6.9	01	ϝκ	ϝιι	
1744	1008	7.2,7.0	11	βκ	1111		1779	939	6.9,7.0	10	πκ	0ιι	
1745	939	6.7,6.6	10	ββ	50		1780	1008	7.3,7.1	11	κκ	1111	
1746	1019	7.0,7.0	00	α0	00		1781	151, 208, 933	6.7,6.2,5.8	320	βγγ	00ϝ	
1747	1009	6.8,6.6	11	εγ	ϝ0			953,1008	6.2,5.9	12	γ0	ιιγ	
1748	151, 208, 286	5.8,5.4,5.3	042	κκκ	ιιιιβ	at	1782	1009	6.8,6.7	10	αα	ιιιι	
	934,1009	5.6,5.6	00	κκ	ιιιι		1783	1009	7.1,7.0	01	ιιικ	0ιι	
1749	161, 258, 877	6.5,6.8,6.6	301	βαγ	000		1784	1008	6.7,6.6	10	δβ	0	
	884, 898, 939	6.8,5.9,6.1	001	αεδ	2ϝ0		1785	161, 258, 844	7.0,7.3,6.5	140	βκh	ιιιιϝ	
1750	1009	6.8,6.6	11	κκ	ιιιι			877, 898, 939	6.4,6.4,5.9	442	αβδ	ιι85	
1751	1009	6.8,6.9	10	hιι	00			954,1010	5.7,6.0	22	δβ	55	
1752	286, 934,1008	6.2,6.7 —	11.	γβ"	0ιιϝ		1786	208, 933, 953	6.7,6.3,6.6	020	γγα	000	
	1009	7.0	2	κ	ιι			1008	6.4	0	η	ϝ	
1753	202, 324, 952	5.9,6.1,5.9	101	κβε	ιι05	nd	1787	954	6.7,6.7	00	γκ	ϝιι	
.1754	151, 286, 933	5.7,5.1,5.4	211	δγη	0ϝ0	r	1788	208, 939,1009	6.7,6.9,6.3	032	αιιε	00ϝ	
1755						r	1789	1009,1010	6.9,6.9	22	κβ	ιι0	
	1008,1027	5.6,5.9	02	ιδ	ϝϝ		1790	1008	6.9,6.7	11	κκ	ιιιι	
1756	1008	7.3,7.2	10	hκ	0ιι		1791	1008	7.2,7.1	01	κκ	ιιιιι	
1757	1008	7.0,6.9	01	βα	ϝ0		1792	952	7.5,7.4	10	κκ	ιιιιι	
1758	1009,1010	6.8,6.8	22	ιικ	0ιι	d	1793	151, 208, 934	6.4,5.8,6.0	240	κκκ	ιιιιιι	ad
1759	1008	6.9,6.8	10	γβ	ϝ0			1009,1010	6.0,5.6	00	κκ	ιιιι	
1760	898, 939	6.4,6.8	12	ιικ	0ιι	d	1794	1009,1010	6.7,6.6	21	κβ	5ϝ	
1761	939	6.8,6.8	00	κκ	ιιιι		1795	151, 324, 952	6.3,6.4,6.3	122	βδδ	000	
1762	1008	6.7,6.7	00	κκ	ιιιιι	a		953	6.8	5	ιι	γ	
1763	208, 939,1009	6.2,6.6,6.1	231	γβη	0ϝϝ	a	1796	1010	6.8,6.9	10	κκ	ιιιι	
1764	952	7.0,7.0	00	κκ	ιιιιι		1797	151, 208,1009	5.9,5.9,6.0	221	γγη	00ϝ	a
1765	161, 173, 217	5.2,5.5,6.1	426	δγβ	200	r		1010	6.0	5	γ	ν	
	258, 844, 884	5.9,5.5,5.4	332	γβδ	212		1798	1008	7.2,7.1	01	αιι	00	
	877, 898, 939	5.3,4.9,4.7	221	εθε	ϝ2ϝ		1799	151, 208,1008	6.3,5.7,5.7	330	κκκ	ιιιιβ	a
	954,1019	4.6,5.0	01	ηγ	ϝϝ		1800	952	7.2,7.2	00	κκ	ιιιι	
1766	151, 286,1009	— 6.2,6.5	.20	βγε	005		1801	1009	7.1,7.1	00	ηα	00	
	1010	5.9	2	γ	ϝ		1802	151, 151, 208	6.7 — 6.4	4.1	βγε	000	a
1767	1008	7.3,7.3	00	ιικ	0ιι	r		953,1008	5.9,5.8	32	γ"	ϝ	
1768	1008	7.0,6.9	01	δα	ϝ0		1803	934,1009,1010	7.1,6.6,6.2	322	κκκ	ιιιιιι	d
1769	844, 898, 939	6.8,6.5,6.4	111	κκκ	ιιιιιι		1804	844,1019	6.8,6.8	21	κκ	ιιιι	
	954,1019	6.6,6.4	42	κκ	ιιιι		1805	1010	7.0,6.9	10	πκ	0ιι	
1770	1009	7.0,7.1	10	βα	10		1806	1009,1010	6.7,6.7	22	δβ	ϝϝ	
1771	151, 208, 286	4.0, ιι, β	ιιιιβ	ιε"	0ϝϝ	r	1807	1008	7.1,7.2	01	ιιικ	ϝβ	
	287, 934,1009	4.7, β, β	ιιββ	ε"η	ϝϝϝ		1808	898, 939	6.7,6.6	11	αγ	00	
	1010	β	β	ζ	ϝ		1809	161, 877, 898	7.1,6.7,6.6	034	αββ	001	
1772	952	7.0,7.0	00	κκ	ιιιιι			939	6.3	0	ε	0	
1773	208, 286, 287	5.0 — —	3..	κκκ	ΒΒιι	a	1810	898	7.0,7.2	11	ιικ	0ιι	
	934,1009,1010	5.5,5.2,4.7	410	κκκ	ιιββ		1811	161, 173, 217	5.5,6.7,6.7	746	γββ	5ιι5	
1774	933, 953,1008	6.2,6.5,6.0	203	γκγ	0ιι0	dr		258, 844, 877	6.5,6.2,5.8	343	ββ	5ιι5	
	1027	6.5	1	ιι	0			884, 898, 939	6.5,5.4,4.8	316	αεε	ιι25	
1775	898, 939	6.3,6.5	01	αγ	0ϝ			954,1019	4.9,5.4	31	δγ	55	

THE DRAPER CATALOGUE.

D. C.	Plate Numbers.	Observed Brightness.	Res.	End.	F.K.	R.	D. C.	Plate Numbers.	Observed Brightness.	Res.	End.	F.K.	R.
1812	208,1009,1010	6.7,6.6,6.2	100	γζγ	0ff		1847	1008	6.8,6.8	00	τβ	8ιι	
1813	247, 324, 952	6.2,6.7,6.6	200	κκκ	μηβ	a	1848	161, 258, 258	5.5,6.1,5.9	331	εγδ	000	n
	1028	6.6	0	κ	π			877, 884, 898	5.7,5.9,5.0	011	δα	fff	
1814	247	5.5,5.6	10	κκ	ηπ	a		939	5.0	0	δ	0	
1815	939	7.0,7.0	00	ακ	υπ		1849	247	7.1,7.1	00	hπ	00	
1816	1019	6.8,6.7	10	γκ	fπ		1850	1009	7.1,6.9	11	βκ	0π	
1817	161, 898, 939	6.9,6.6,6.3	331	πηκ	0fη	a	1851	151, 208,1009	6.6,5.9,5.9	120	γγδ	022	
1818	140, 173, 275	6.6,6.6,6.8	705	κκκ	ηππ	ad		1010	5.2	3	δ	f	
	835, 844, 875	6.5,5.9,6.5	224	κκκ	μηπ		1852	208, 205, 934	5.8,5.1,5.9	013	εγκ	0ππι	ar
	884, 898, 929	6.1,4.9,6.0	472	κκκ	μβπ			1009,1010	5.5,5.3	11	ιη	ff	
	1019,1057	5.5,5.4	31	κκ	βπ		1853	208,1008	7.0,6.7	00	κκ	πη	a
1819	1009,1010	6.5,6.8	43	κκ	ππ	a	1854	1010	7.1,7.0	01	αα	0π	
1820	161, 898, 939	7.1,6.5,6.6	300	πββ	0f0	a	1855	1009,1010	6.5,6.5	22	δδ	f0	
	954	6.5	1	α	f		1856	952	7.1,7.2	10	κκ	ππι	a
1821	—	—	.	.	.	r	1857	208, 034,1009	5.6,5.8,5.4	131	δαζ	fπf	
1822	208, 295,1009	6.5,5.8,6.2	011	γβζ	50f	b		1010	5.1	0	η	f	
	1010	6.1	2	β	f		1858	1009	7.1,7.0	10	hπ	f0	
1823	1019	6.7,6.8	01	κκ	ππ	br	1859	1008	7.3,7.2	10	βπ	00	
1824	161, 877, 898	7.0,7.0,6.5	212	ααβ	0ff		1860	151, 208, 287	6.9,6.7,6.8	201	κκκ	πηη	ad
	939	6.4	0	γ	0			1008,1010	6.3,6.0	11	κκ	ηπι	
1825	1010	6.8,6.8	00	hπ	00		1861	1009,1010	7.0,6.7	10	απ	00	
1826	939, 954	6.9,6.7	00	κκ	ππι	d	1862	1010	6.6,6.5	10	πκ	0π	
1827	1008,1010	7.1,6.9	10	αβ	0π		1863	877, 898, 939	7.0,6.8,6.6	330	πκκ	0ππ	ad
1828	208, 295,1009	6.4,5.8,6.2	000	κκκ	ηηβ	ad		954	6.4	0	κ	π	
	1010	5.9	1	κ	π		1864	1009,1010	6.5,6.5	22	κδ	π0	ad
1829	151, 208, 953	6.0,5.7,5.8	120	βδγ	00f		1865	939	6.9,6.9	00	ππι	00	
	1008	5.7	1	θ	f		1866	258, 898, 939	7.1,6.6,6.7	311	απι	0f0	
1830	151, 208, 287	5.4,5.3,6.7	239	γδα	0fπ		1867	1009,1010	6.5,6.7	11.	δα	fπ	
	953,1008	5.3,5.2	21	δθ	ff		1868	952	7.3,7.3	00	κκ	ππι	
1831	1008	7.2,7.2	00	ππι	00	r	1869	939	7.0,7.0	00	κε	ηπ	a
1832	1009,1010	6.6,6.6	22	ββ	20		1870	247	6.1,6.0	10	κκ	ππι	
1833	208,1008,1010	6.9,6.4,6.2	110	ακδ	πηπ	ad	1871	953,1008	6.9,6.7	00	κκ	ππι	d
1834	1008	7.0,6.9	01	κκ	ππι		1872	1008	7.1,7.0	10	γα	00	
1835	151, 208,1008	6.8,6.7,6.2	211	αβζ	0π2		1873	247, 324, 952	6.0,6.7,6.2	113	κκκ	πηη	n
	1010	5.8	2	γ	π		1874	952	6.9,6.7	11	κκ	ππι	
1836	161, 258, 877	6.6,6.8,6.8	310	αββ	000		1875	208, 953,1008	6.4,6.2,6.2	011	κκκ	ηηη	a
	898, 939, 954	6.3,6.1,5.9	300	δδβ	f01		1876	1008	7.3,7.0	12	βπ	00	
1837	1008,1010	6.6,6.4	01	κκ	πη		1877	1009	7.1,6.9	11	πα	10	
1838	1009,1010	6.9,7.0	23	ββ	88		1878	1008	6.9,7.1	11	κκ	ηη	
1839	151, 208,1009	6.6,6.4,6.1	201	πβζ	000		1879	1009	7.0,7.0	00	κκ	ππι	
	1010	5.8	0	δ	f		1880	1010	6.6,6.7	10	κκ	πιι	
1840	247	6.8,6.7	01	hκ	0π	a	1881	939, 954,1019	6.9,6.8,6.2	236	κπκ	π0π	ad
1841	1010	6.9,6.7	11	βα	2π		1882	027,1009,1010	6.6,6.5,5.9	102	κκκ	ππιη	a
1842	151, 208, 295	5.5,5.5,5.8	445	δδβ	ffπ		1883	151, 208, 287	5.3,5.3,6.7	448	δδα	220	
	1009,1010	5.8,5.6	13	ηζ	ff			295,1009,1010	5.1,5.3,5.1	020	βθζ	fff	
1843	1009,1010	7.0,6.5	10	κπ	π0	d	1884	1008	7.2,7.0	11	ακ	ππι	
1844	1008,1010	7.1,6.8	00	αβ	10		1885	898	7.0,7.1	10	πκ	00	
1845	247, 324, 952	6.3,7.2,6.6	023	βhα	00f		1886	247, 324, 952	6.8,6.8,6.5	211	κικ	π0π	ad
1846	247, 247, 324	5.6 —6.0	2.1	βπα	000			1028	6.6	0	κ	π	
	952,1028	5.8,6.0	20	δα	2π		1887	898, 939	6.9,7.0 —	01.		η0	

D. C.	Plate Numbers.	Observed Brightness.	Res.	End.	F.K.	R.	D. C.	Plate Numbers.	Observed Brightness.	Res.	End.	F.K.	R.
1888	247	7.1,7.2	10	κκ	ηιι	r		1028	5.3	3	κ	r	
1889	1009	7.0,7.0	00	κκ	μιι		1930	898	7.1,7.3	11	ιιιι	00	
1890	1009	6.8,6,8	00	ακ	ηιι		1931	1010	6.7,6.8	01	αβ	00	
1891	151, 208, 953	6.0,5.9 —	21.	βδγ	0f0	a	1932	247	6.8,6.9	01	κκ	ηιι	
	953,1008	5.4,5.5	30	τη	ff		1933	927,1009,1010	6.6,6.8,5.9	023	β₁δ	802	
1892	952	7.2,7.2	00	κκ	ιιιι		1934	1010	7.0,6.9	10	βκ	0ιι	
1893	939	6.8,6.8	00	πκ	fιι		1935	939, 954	6.9,6.7	00	ha	00	
1894	208, 287, 205	5.4,6.5,5.2	541	ειιδ	000	ad	1936	258, 898	6.7,6.4	33	βγ	00	
	927,1009,1010	5.8,5.6,5.2	111	κη	ηff		1937	208, 295, 927	6.9,6.5,6.7	020	δαα	00ιι	r
1895	953,1008	6.8,6.7	01	κκ	ιιιι			1009,1010	6.7,6.2	01	γι	ff	
1896	898, 939, 954	6.5,6.8,6.5	110	κκκ	ηηη	d	1938	1008	7.0,6.8	11	κκ	ιιιι	
1897	1009	6.8,6,9	10	ακ	ιιιι		1939	939,954	6.9,0.7	00	ιιιι	00	
1898	247	7.0,7.0	00	κκ	ιιπ		1940	293, 208, 287	5.5,5.3,6.0	023	δι3	ff0	a
1899	1009,1010	6.5,6.0	01	δδ	0f			295, 927,1009	5.1,5.4,5.2	211	δδι	0ff	
1900	1010	7.0,7.0	00	κκ	πη			1010	4.8	1	θ	f	
1901	1008	7.3,7.1	11	ιιπ	00		1941	927,1009,1010	7.0,7.1,6.4	012	αιιβ	00f	
1902	953,1008	6.7,6.5	00	fκ	fιι		1942	258, 884, 898	5.8,6.3,5.2	231	γβη	8fδ	
1903	247	6.3,6.5	11	κκ	ηη			939	4.8	4	γ	ιι	
1904	163, 203, 208	5,7, n, 4.0	nbn	κκκ	ι2ι	nr	1943	898	6.8,6.0	10	η3	00	
	287, 295, 927	— n, n	.bd	κκκ	ιιηd		1944	1009	7.1,7.0	01	κκ	ιιιι	
	1009,1010	b, n	db	κκ	bn		1945	953,1008	6.8,6.9	21	κα	ιιιι	ad
1905	953,1008	6.9,7.0	12	κη	η0	ad	1946	927	7.2,7.0	11	κκ	ιιιι	
1906	247	7.0,7.0	00	ιικ	0ιι		1947	203, 208, 295	6.1,5.5,5.3	240	γγγ	000	a
1907	1009,1010	7.2,6.9	10	εα	8f			927,1009,1010	5.9,5.8,5.4	211	εκδ	ffff	
1908	1009,1010	7.2,6.7	10	ηα	00		1948	927,1009,1010	7.0,7.1,6.7	100	α3β	fιιδ	
1909	247	6.2,6.5	21	κα	ηη		1949	1009,1010	6.9,6.8	21	β3	00	a
1910	1009	7.1,7.1	00	κκ	ιιη	a	1950	953	6.5,6.6	10	γα	0ιι	
1911	151, 208,1008	6.0,6.2,5.8	110	βγθ	0ff	.	1951	247, 287, 940	4.2,5.8,5.2	452	η3ζ	f00	r
	1010	5.3	2	ζ	f			1028	4.9	3	η	f	
1912	927,1009	6.5,6.4	01	βα	ηη		1952	258, 884, 898	5.9,6.6,5.8	523	βαζ	0ιιδ	a
1913	939, 954	7.0,6.7	01	κκ	ιιη		1953	927,1009,1010	6.9,7.0,6.5	010	ιιιιγ	00f	
1914	953,1008	6.9,6.7	00	κκ	ιιη		1954	203, 208, 287	6.0,6.3,6.8	214	β₁κ	ιι0ιι	r
1915	247	7.0,7.0	00	hκ	0ιι			295, 926,1008	5.6,0.0,5.9	020	γεδ	0f1	
1916	1019	7.0,7.2	11	κκ	ηη			1010	5.4	2	ζ	f	
1917	927,1009	6.8,6.8	00	αγ	ff		1955	258, 898	6.5,6.5	54	βγ	02	
1918	208, 295, 927	6.7,6.0,6.5	101	γ3η	00f		1956	203, 208, 287	5.3,5.2,6.0	124	δδγ	ff0	a
	1009,1010	6.3,5.9	11	δδ	12			295, 927,1009	4.7,5.1,5.2	110	δθε	fff	
1919	1009	7.2,6.9	12	κκ	ηη			1010	4.7	1	η	f	
1920	1010	6.6,6,5	10	γβ	f0		1957	247	6.8,7.1	21	κκ	ηιι	
1921	1008	6.9,6.8	10	δ3	00		1958	203, 208, 258	5.4,5.7 —	21.	δδγ	002	
1922	208, 295, 953	6.2,5.7,6.3	210	β3δ	ff0	a		927,1009	5.5,5.4	10	ζζ	ff	
	1008	6.3	2	η	ιι		1959	1010	6.8,6.7	10	κκ	πιι	a
1923	1010	6.9,6.7	11	βα	0ιι		1960	1010	6.8,6.8	00	κκ	ιιπ	
1924	953, 1008	7.0,6.8	00	κβ	π0	a	1961	927,1009,1010	6.5,6.8,5.8	033	κκη	ηnf	ad
1925	208, 295, 927	6.0,5.5,6.2	212	δγδ	f0f	a	1962	1008	6.9,6.9	00	κκ	ιιιι	
	1009,1010	6.0,5.7	01	ηζ	ff		1963	1008	7.1,7.0	10	κκ	ιιπ	
1926	927,1009,1010	6.9,6.9,6.6	001	κhα	η05	ad	1964	939	6.8,6.8		κκ	ιηη	ad
1927	927,1009	6.8,6.9	10	αα	f0	r	1965	1009,1010	6.9,6.5	00	α3	05	
1928	1010	6.9,6.9	00	ακ	ηη		1966	1010	6.8,6.7	10	β3	00	
1929	247, 324, 952	5.1,5.9,5.7	121	κκκ	nιιβ	nd	1967	1010	7.0,7.0	00	βκ	0π	

THE DRAPER CATALOGUE. 145

D. C.	Plate Numbers.	Observed Brightness.	Res.	End.	F.K.	R.	D. C.	Plate Numbers	Observed Brightness.	Res.	End.	F.K.	R.
1968	954	6.6,6.6	00	ακ	ғıı			1010	6.0	1	γ	ғ	
1969	247	6.8,6.9	01	κκ	ııн		2006	927,1009,1010	6.3,6.5,6.0	110	κGε	ıғғ	d
1970	898,1010,1057	6.5,6.5,6.5	021	ıιαн	0ıι0		2007	1010	6.9,7.0	01	κκ	ғıı	
1971	1009,1010	7.1,6.2	23	ııγ	00		2008	203, 208, 927	6.2,6.5,6.0	121	αβδ	002	
1972	927,1009,1010	6.0,5.9,5.5	100	ββγ	ғ10	r		1009	6.0	1	ε	2	
1973	208, 287, 295	6.3,6.6,5.2	233	αβh	000	ad	2009	247, 940	6.8,7.0	11	αβ	00	r
	927,1009,1010	6.0,5.8,5.4	111	κκκ	ıнн		2010	927,1009,1010	6.5,6.8,6.2	120	κκκ	ıпıп	ad
1974	927,1009,1010	7.0,6.9,6.9	122	κκн	ııπ0	ad	2011	1010	7.1,7.0	01	πκ	0ıı	
1975	1010	6.9,6.9	00	κκ	ıгıı	d	2012	287, 926,1010	6.7,6.2,5.4	302	καδ	ııғғ	d
1976	1009,1010	6.8,6.8	22	κα	ıι0	ad	2013	258, 898	6.9,6.6	33	κα	пıı	
1977	247	7.0,7.1	01	κκ	πıı		2014	203, 295, 927	6.3,5.4,6.0	211	αδδ	00ғ	
1978	927,1009,1010	6.8,6.8,6.9	223	κııп	н10	ad		1010	5.4	1	ε	2	
1979	953	7.0,7.0	00	κκ	πıı		2015	182, 940	6.5,6.9	21	αε	00	
1980	161, 217, 258	7.2,6.9,6.9	201	ıι3α	000	d	2016	927,1009,1010	7.0,7.0,6.5	001	βαδ	ғн0	
	877, 884, 898	6.6,6.9,6.0	311	ғııγ	ғ0ғ		2017	182, 247, 940	6.3,5.8,6.8	024	βγε	ıı00	
	939, 954	6.3,5.0	11	βδ	ғ2			1028	6.3	3	ε	0	
1981	295, 927,1009	5.5,6.3,6.5	224	γγε	0ғ8		2018	295, 927,1010	6.1,6.5,6.2	001	αβδ	0ғғ	a
	1010	5.5	2	δ	ғ		2019	898, 939, 954	6.5,6.4,6.2	111	κκκ	ıιнıı	
1982	939	6.9,6.9	00	πıı	00		2020	247	6.2,6.5	21	κκ	пıı	r
1983	898, 939, 954	6.9,6.6,6.5	221	αıια	0ғн		2021	182, 247, 247	5.3 — 5.4	2.2	κκκ	ьııπ	ad
1984	1009,1010	6.8,6.2	11	ββ	ııғ			274, 940,1028	5.7,5.4,5.7	221	κκκ	нıιн	
1985	927,1009,1010	6.9,6.7 —	11.	κκκ	ıнкıı	a	2022	927,1010	7.1,6.5	11	κα	ıгн	ad
1986	927,1009,1010	6.3,6.5,6.0	110	αβδ	ғ0ғ		2023	203, 287, 295	6.4,6.8 —	11.	βπα	00н	
1987	247	6.9,6.9	00	κκ	πıı			295, 926, 953	6.0,6.5,6.3	101	βγε	0ғ5	
1988	208, 295, 927	6.8,5.8,6.3	221	βγγ	00ғ		2024	927,1009	6.6,6.5	10	δκ	ғıг	ad
	1009,1010	6.7,5.9	31	γγ	ııғ		2026	1010	6.8,6.9	10	αα	ғ0	
1989	295, 927,1009	6.0,6.2,6.6	022	αγβ	ıι2н		2027	927,1010	7.0,6.9	12	κκ	пıı	ad
	1010	6.0	0	δ	ıг	d	2028	926,1010	7.0,6.8	22	ııh	ғ0	d
1990	247, 940,1028	6.0,6.7,6.5	122	ββκ	20н		2029	295, 927,1009	6.0,6.8,7.1	314	βhα	000	
1991	926, 953	7.1,7.0	00	πβ	00	r		1010	6.1	2	ε	ғ	
1992						r	2030	1010	7.0,7.1	10	κκ	ıгıı	
1993	203, 208, 287	6.2,5.9,6.4	212	βγβ	π00		2031	203, 287, 295	5.2,5.6,4.5	112	εγа	ғғ0	ar
	295, 927,1009	5.2,6.0,5.7	221	δζε	0ғн			305, 927,1009	4.9,5.2,5.0	211	γζβ	нғ1	
	1010	5.2	2	ζ	ғ			1010	4.7	0	η	1	
1994	182, 247, 287	5.5 — 6.8	4.5	γhα	ғғ0	a	2032	926,1010	6.9,6.8	23	απ	ғ0	
	940, 953,1028	5.7 — 6.3	3.1	δζγ	002		2033	182, 247, 274	5.5,4.7,5.5	323	δεγ	ғ0ғ	
1995	295, 926, 953	5.5,6.7,6.2	331	γβγ	0ғ2			940,1028	5.4,5.2	13	ηε	ғғ	
1996	295, 927,1000	6.7,6.8,6.7	212	αγıı	0ғ0		2034	247	7.0,7.0	00	κκ	ıгп	
	1010	6.7	2	н	ғ		2035	898, 939, 954	7.0,6.7,6.6	310	αγα	0н5	
1997	1010	6.8,6.7	10	ακ	28		2036	1010	6.9,6.8	01	βκ	0н	
1998	182, 940, 953	5.6,5.7,5.8	001	κκκ	вııн	ad	2037	182, 247, 274	6.7,6.7,7.0	122	βρκ	00н	d
1999	247, 940	6.7,7.2	10	κκ	ııгı			940	6.6	3	ε	0	
2000	258, 898	6.7,6.5	34	βγ	12		2038	954	6.6,6.5	01	κκ	ьн	
2001	151, 203, 295	6.1,6.3,5.4	021	καк	ıι0н	ad	2039	954	6.8,6.7	01	αк	0н	
	927,1009,1010	5.8,6.2,5.5	130	κκκ	ıιнıı		2040	926	7.1,7.2	01	αα	0п	
2002	247	7.0,7.3	21	κκ	ıгп		2041	1010	6.9,6.8	01	κκ	вн	
2003	182, 247, 274	5.2,5.0,5.5	211	δγβ	ғғн		2042	258, 898, 954	6.8 — 6.1	2.1	βδγ	00ғ	
	940,1028	5.3,6.0	23	δδ	ғ0		2043	1010	6.8,6.6	11	αα	0п	
2004	898	6.9,7.0	01	κκ	ıгн	a	2044	295, 926, 953	5.9,6.7,6.9	203	βнк	ıι0н	
2005	295, 927,1009	6.1,6.3,6.6	021	γδγ	0ғ0		2045	927	7.3,7.1	11	κκ	πıı	

146   ANNALS OF HARVARD COLLEGE OBSERVATORY.

D. C.	Plate Numbers	Observed Brightness.	Res.	End.	F.K.	R	D. C.	Plate Numbers	Observed Brightness.	Res.	End.	F.K.	R
2046	205, 927,1010	6.2,6.5,6.4	012	βββ	0ff			926, 953	6.5,6.4	00	γδ	0f	
2047	205, 926	6.2,6.8	00	βγ	ff		2086	182, 940	6.7,6.9	01	αιι	ιι0	
2048	927,1010	6.7,6.3	00	ββ	ff		2087	161, 217, 258	7.0,7.1,7.2	022	ααβ	000	r
2049	954	6.6,6.7	01	κκ	ιιн			877, 898, 939	6.6,6.4,6.0	332	βδγ	ff0	
2050	927,1010	7.0,6.6	00	αγ	00			954,1057	5.9,6.0	10	γβ	2f	
2051	203, 295, 305	6.4,5.8,6.5	225	γγιι	1f0		2088	1010	6.7,6.7	00	βκ	fιι	
	927,1010	6.3,6.1	11	γγ	ff		2089	295, 926, 953	6.0,6.9,6.9	212	βακ	0f5	
2052	247, 940	6.9,6.8	32	hκ	0ιι	d	2090	182, 247, 274	5.5,5.6,5.8	401	ζδγ	f0r	ad
2053	295, 927,1010	6.2,6.5,6.1	100	αγγ	ιιff			940,1028	5.7,6.8	36	εκ	fh	
2054	926	6.9,7.0	01	κκ	ιιιι		2091	163, 203, 287	5.8 η, 4.7	rdr	εηη	0r0	r
2055	927,1010	6.5,6.5	22	βε	2f	r		295, 305, 927	η, η, 4.0	ιιdη	ηζη	ffr	
2056						r		1010,1012	4.0,4.0	rr	θι	fl	
2057	182, 247, 274	5.3,5.6,5.8	510	εεγ	f00		2092	203, 287, 295	5.3,5.9,5.1	400	δκδ	0ιιf	ad
	940,1028	5.7,6.5	24	δα	f0			305, 926,1010	5.4,5.8,5.2	311	γεζ	0f2	
2058	182, 247, 274	5.5,5.4,5.8	112	κκκ	ВНН	а	2093	926,1010	7.0,6.6	11	κκ	ιιιι	d
	940,1028	5.6,6.0	11	κκ	нп		2094	1010	7.1,7.0	01	нκ	0ιι	
2059	258, 927, 954	7.2,6.5,6.5	201	αδβ	02н		2095	217, 258, 898	6.8,6.4,6.4	145	αββ	ιιнιι	ad
	1009	6.4	1	β	f			898, 954	— 5.4	4	βγ	ιιн	
2060	927,1010	6.8,6.8	22	κκ	ιιв	ad	2096	940	7.0,7.0	00	κκ	ιιιι	
2061	182, 295, 940	6.7,6.1,6.8	020	καβ	ιι02		2097	203, 295, 926	6.2,5.3,5.8	212	βεε	0ff	
	953	6.8	0	α	н			953	6.8	1	δ	f	
2062	258, 898, 939	7.0,6.6,6.9	413	κββ	ιιff	r	2098	898, 939, 954	7.0,6.9,6.7	111	ιιhιι	000	d
	954	6.6	2	ιι	0			1057	6.8	0	κ	ιι	
2063	203, 295, 926	6.6,5.9,6.6	010	βγγ	00f		2099	1010	6.6,6.7	10	κκ	hιι	
2064	1010	7.0,7.0	00	ιιιι	00		2100	927	7.1,7.0	01	κκ	ιι0ιι	ad
2065	898, 954	6.9,6.6	11	αf	5f	d	2101	182, 274, 940	7.1,7.2,7.0	012	κhκ	ιι0ιι	ad
2066	295, 926	— 7.0,6.8	.11	αα	ιι0		2102	305	6.9,6.9	00	βα	f0	
2067	295, 926, 953	5.7,6.7,7.0	404	γβκ	0fιι		2103	940	7.3,7.3	00	hh	00	
2068	295, 926	6.2,6.8	00	βκ	0ιι		2104	258, 384, 898	6.3,6.4,6.0	323	κκκ	ιιιι5	ad
2069	939, 954	6.8,6.4	11	κκ	ιιн			954	5.6	0	κ	ιι	
2070	898, 954	6.8,6.6	10	ff	ff	at	2105	940	7.2,7.2	00	ιια	0ιι	
2071	140, 173, 275	6.2,6.4 —	12.	κγκ	ннв	ad	2106	927	6.8,6.9	10	hκ	fιι	
	844, 884, 898	6.1,6.6,5.4	012	γβκ	ιιιιн		2107	287, 295, 305	6.8,5.0,6.4	074	κfκ	ιι0ιι	ad
	1019,1057,2242	— — 5.6	..1	hκε	fнιι			927,1010	6.2,5.9	21	δδ	62	
2072	182, 247, 940	6.6,7.0,7.1	430	κнκ	ιι0н	d	2108	163, 203, 287	5.8,4.4,5.8	166	;δκ	00н	ad
2073	173, 844, 898	7.3,6.8,6.3	111	πκβ	0нf			295, 305, 926	4.5,4.4,5.1	101	ζδθ	fιιf	
	1019,1057	6.2,6.0	21	βγ	ff			1010	4.2	2	ε	f	
2074	182, 940	6.8,6.9	00	αβ	00		2109	295	6.5,6.5	00	ακ	ιιιι	
2075	1010	6.5,6.6	01	κκ	ιιιι		2110	927, 954	6.5,6.6	11	αιι	f0	
2076	940	7.2,7.2	00	κκ	нκ		2111	203, 287, 295	6.0,6.3,5.4	010	γββ	000	
2077	1057	6.8,6.6	11	κκ	ιιн			305, 926, 927	5.4,6.1 —	01.	γγε	fff	
2078	182, 247	6.9,6.9	21	ιιв	0н	d		1010	5.3	1	ε		
2079	927	6.9,6.9	00	κκ	ιιн	а	2112	1010	7.0,7.1	10	ιικ	0п	
2080	954	6.9,6.9	00	fκ	fн		2113	927,1010	6.8,6.4	00	κγ	ιιf	
2081	295, 926, 953	6.1,6.9,7.0	202	βακ	00п		2114	163, 203, 287	6.0,4.7,5.7	262	κκκ	ιιнн	ad
2082	203, 287, 295	6.6,6.3,5.4	102	βκδ	8п0			295, 305, 927	4.6,5.1,4.9	121	нκнн		
	305, 927,1010	5.4,5.9,5.2	103	γζζ	0ff			1010,1012	4.9,5.3	24	κγ.	ιι0	
2083	182, 940	6.3,6.7	21	κκ	ιιιι		2115	1019	6.8,6.8	00	αα	00	
2084	247	7.0,7.2	11	κκ	нн		2116	182, 247, 274	5.1,5.9,5.3	472	κκκ	ιιιιв	а
2085	203, 287, 295	6.3,6.7,5.0	200	ιιαβ	0ιι0			940,1028	5.3,5.8	30	κκ	ιιιι	

THE DRAPER CATALOGUE.

D. C.	Plate Number	Observed Brightness.	Res.	End.	F.K.	R.	D. C.	Plate Numbers.	Observed Brightness.	Res.	End.	F.K.	R.
2117	1012	7.0,7.1	10	κκ	πιι		2146	182, 274, 940	6.5,7.2,6.8	341	βκγ	Fιι0	
2118	203, 295, 305	6.4,5.4,5.9	132	δγκ	0Fιι	d	2147	203, 295, 927	6.5,5.6,5.9	212	γγγ	00F	
	926, 953	6.0,6.7	35	δβ	Fιι			1010	6.0	3	δ	2	
2119	295, 927,1010	6.1,6.5,6.8	225	γδγ	0F0		2148	927,1010	7.2,7.0	11	κκ	πιι	a
2120	898,1057	6.9,6.7	01	κκ	πιι	d	2149	203, 305, 926	7.1,6.3,6.9	111	ααε	000	
2121	217, 258, 884	6.7,5.8,6.3	641	γδβ	022	r		953	7.0	1	ιι	0	
	898, 939, 954	5.5,5.4,4.9	203	δγε	2F2		2150	217, 258, 898	6.8,6.7,6.7	245	βββ	002	
2122	182, 274, 940	6.2,6.4,6.2	021	βββ	π05			954	6.1	0	δ	F	
2123	203, 295, 305	6.1 — 5.3	1.1	δδα	00H		2151	927	6.9,7.0	01	κικ	ιιιι	
	953	6.0	1	ζ	0		2152	898	7.0,6.9	10	κκ	ιιπ	
2124	203, 287, 295	5.8,6.2,5.4	200	γκβ	0ιι0	a	2153	940,1028	6.5,6.8	10	κκ	ιιιι	r
	305, 927,1010	5.7,5.6,5.5	321	γεη	0F0		2154	926	6.9,6.9	00	γβ	01	r
	1012	5.8	2	γ	1		2155						r
2125	163, 203, 287	5.7,4.3,5.1	142	εηε	0F0	r	2156	203, 295, 926	6 7,6.3,6.7	111	αβα	π00	ad
	295, 295, 305	— 4.2, D	.1B	ββ	0FF			1010,1012	6.3,6.5	11	κα	FH	
	926, 953	4.6,4.7	11	εη	γγ		2157	305, 926,1010	5.8,6.8,6.6	404	κκκ	ιιιιιι	a
2126	203, 287, 295	5.9,6.5 —	13.	εκβ	0ιι0		2158	305, 926	6.2,6.9	10	. h	00	
	295, 305, 953	5.4,5.3,6.0	011	βγδ	000		2159	927,1010	6.7,6.8	23	αβ	ιι0	
2127	295, 926	6.6,7.2	00	αιι	00		2160	163, 203, 287	4.9,4.0,4.9	ππππ	θθβ	0F1	r
2128	163, 203, 287	6.0,5.1,5.3	333	γζγ	00ιι			295, 295, 305	— ιι, D	.ππ	εθζ	0FF	
	295, 295, 305	— 4.7,5.3	.15	εεγ	0FF			926, 953,1011	4.0,4.5,4.4	ππκ	θηγ	F11	
	926, 953	5.9,5.2	51	εδ	0F		2161	217, 258, 884	6.9,6.5,7.0	232	ββκ	50ιι	
2129	182, 274, 940	5.8,5.8,5.7	002	εδδ	000			898, 954	6.3,5.5	43	δγ	F2	
	1028	6.2	1	δ	0		2162	927, 054	6.9,6.9	01	κκ	ιιH	a
2130	203, 217, 258	6.4,6.8,6.9	200	ββα	000		2163	054	6.9,7.1	11	FK	Fιι	
	927, 954	5.9,6.0	11	εγ	FF		2164	1010	7.0,7.1	10	αιι	00	
2131	927	6.9,6.8	01	ακ	1ιι		2166	927	7.0,7.0	00	hκ	Fιι	
2132	217, 258, 884	6.0,5.6,5.4	502	δεδ	222	b	2167	203, 927,1010	6.4,5.9,6.2	143	γδζ	052	ad
	898, 939, 954	4.4 — —	3..	ηoζ	2F2			1012	6.2	1	κ	ιι	
	954	4.4	2	ε	2		2168	1010	7.0,6.8	11	κκ	ιιιι	
2133	163, 203, 287	5.8,4.7,5.2	112	ζηδ	0FF		2169	163, 203 295	6.8,5.7,5.2	110	αεζ	0F0	ad
	295, 295, 305	— 4.3,4.0	.12	δηγ	0FF			305, 926	5.3,5.7	11	κε	ιιF	
	926 ,953	4.8,4.8	01	ζδ	FF		2170	203, 305, 926	6.8,6.4,7.0	111	κκβ	πιι0	
2134	203, 295, 305	6.9,6.3,6.2	001	ββα	000			1011	6.8	0	α	ιι	
	926	6.8	1	β	0		2171	182, 274, 940	— 6.1,5.8	.31	hκ	0ιιιι	ad
2135	182, 274, 940	6.8,7.2,7.2	221	κκκ	ιιιιH	a		1028	6.0	1	κ	ιι	
2136	1028	6.7,6.7	00	κκ	ιιιι		2172	182, 274, 305	5.3,5.4,5.3	212	ηα	FFF	
2137	203, 926	6.2,6.6	22	βγ	00	r		940	5.6 ·	0	θ	0	
2138	203, 926	6.7,6.9	11	ββ	00		2173	927, 954	6.8,6.9	11	κκ	ιιH	d
2139	927,1010,1012	6.9 — —	1..	απκ	10ιι	r	2174	954	6.8,6.8	00	πκ	0ιι	
2140	182, 274, 940	5.6,5.7 —	21.	εεδ	F00	a	2175	305, 927,1010	6.3,6.3,6.3	222	κκκ	ιιιιιι	ad
	940,1028	6.0,6.3	12	δγ	F0			1012	6.1	2	κ	ιι	
2141	217, 898, 954	6.8,6.3,6.0	120	HFK	0Fιι	at	2176	305, 940	6.9,7.2	11	κκ	ιιπ	
2142	927,1010,1012	6.7,6.6,6.6	120	γγα	F00		2177	163, 203, 295	6.6,5.3,5.3	042	βεε	020	
2143	295, 926,1010	6.1,6.9,6.6	203	βπγ	000	d		305, 926,1010	5.2,5.5,5.3	122	γηδ	FFF	
2144	163, 203, 287	5.9,4.9,5.4	012	δθγ	000	a		1012	5.6	3	β	2	
	295, 305, 926	4.8,4.0,5.0	440	εγη	FFF		2178	163, 203, 287	5.2,4.3,5.8	447	ζλγ	00F	
	953	5.1	2	ε	F			295, 295, 305	— 4.1, B	.0ιι	γζε	0FF	
2145	217, 258, 884	6.5,6.4,6.8	131	ββιι	15F			926,1011	4.5,4.7	21	ιη	FF	
	898, 954	6.2,5.8	41	γβ	22		2179	305, 926,1011	6.1,6.6,6.5	100	αβα	π01	r

D.C.	Plate Numbers	Observed Brightness	Res.	End.	F K.	R.	D.C.	Plate Numbers	Observed Brightness	Res.	End.	F.K.	R.
2180	940,1028	—7.0,6.9	.01	κβ	2u			1011	6.3	0	γ	F	
2181	295, 927,1010	6.2,6.5,6.3	011	ααβ	ΗFF	ad	2216	182	7.0,7.1	10	κκ	ιιιι	ar
	1012	6.4	0	κ	ιι		2217	182, 274, 940	5.6,5.8,5.8	312	ζγγ	FFF	
2182	1011	6.9,7.1	11	αιι	F0			1054	6.9	4	κ	ιι	
2183	940	7.0,7.0	00	ηκ	FH		2218	217, 954	7.1,6.6	22	κα	ΗF	
2184	258, 898, 954	7.0,6.4,6.6	303	αα11	020		2219	163, 203, 295	5.0, n, 4.2	413	0ιζ	r00	ad
2185	295, 305, 926	6.3,6.5,6.8	021	βββ	000			305, 926,1011	n, 4.0 —	n5.	ζζF	ΗFF	
2186	926,1010,1012	7.0,6.3,6.6	010	κβκ	ιιιιΗ	ad		1012	4.6	5	ζ	F	
2187	203, 295, 926	6.1,5.8,6.3	210	βββ	0FF		2220	898, 954	6.9,6.7	01	κκ	ιιιι	n
	1011	6.3	1	γ	F		2221	927, 954	6.7,6.9	21	κκ	ιιιι	
2188	926	7.1,7.0	01	αα	00		2222	927, 954	6.7,6.7	01	κιι	ιι0	dr
2189	203, 295, 305	6.2,5.5,5.4	123	γδα	00ιι		2223	927,1012	6.6,6.6	11	Fα	FF	d
	926,1011	6.5,6.4	22	γβ	FH		2224	305, 926,1011	6.4,7.0,7.0	001	κηκ	ιι0ιι	ad
2190	305, 926,1011	5.6,6.7,6.6	322	γββ	η0F		2225	182, 274, 940	6.2,6.6,6.5	220	ραα	000	
2192	163, 203, 295	6.7,5.8,5.4	002	αδγ	000	a	2226	182, 274, 940	6.4,6.5,6.6	100	βββ	000	
	305, 926,1011	5.0,5.9,5.7	210	δδδ	FFF		2227	217, 258, 884	6.0,5.8,6.1	121	δδγ	0γF	
2193	182, 305, 940	6.8 — 7.0	1.0	βκγ	0η0	d		898, 954	5.3,4.8	22	ηι	FF	
2194	1011	6.9,7.0	10	ηκ	FH		2228	258, 898, 954	6.7,6.5,6.5	623	ηκκ	0ηH	
2195	954	6.8,6.8	00	FK	FH		2229	1011	7.0,7.1	01	κκ	ιιιι	
2196	926,1011	6.8,6.7	00	βα	FF		2230	182, 274, 940	7.0,7.4,7.0	132	κκιι	ιιιιF	d
2197	927	6.9,7.0	11	βα	00		2231	203, 295, 305	6.1,5.1,5.5	222	γδδ	000	
2198	295, 305, 926	6.6,6.0,6.9	390	ιιαιι	0r0			927,1010,1012	5.4,5.4,5.5	310	ζδζ	FFF	
	1011	6.6	2	α	F		2232	305, 926,1011	6.3,6.5,6.5	221	κκκ	ιιιιιι	d
2199	898,1019,1057	6.8,6.6,6.8	132	FFιι	FFF		2233	939, 954,1057	6.8,6.5,6.6	010	ηκκ	0ιιιι	r
2200	927	7.0,7.0	00	κιι	ιι0		2234	163, 203, 217	6.9,6.2,6.9	201	ηκκ	ιιιιιι	ad
2201	203, 295, 305	5.9 — 5.5	1.1	γβκ	00ιι	at		295, 927,1010	5.6,5.7,5.8	032	ηκκ	ιιιιιι	
	926,1010,1012	6.0,5.5,5.6	010	γιδ	FFF			1012	5.8	0	κ	ιι	
2202	182, 274, 940	7.0,7.1,7.0	011	κκκ	ιιιιιι		2235	182, 182, 274	—5.9,6.2	.12	ηκκ	ιιιιιι	at
2203	217, 258, 8.8	6.7,6.5,6.5	145	ββγ	00F		2236	274, 940,1054	—6.0,6.7	.11	ηκκ	ιι2ιι	r
	954	6.0	1	δ	2		2237	1054	6.3,6.5	11	γβ	00	
2204	295	6.9,7.0	01	κκ	ιιιι		2238	163, 203, 295	6.6,5.7,5.6	223	αγβ	0FF	a
2205	182, 274, 305	6.2,6.4,5.9	110	γαγ	F0ιι			926,1012	5.8,5.5	10	γβ	FF	
	940,1011	6.4,6.3	01	εκ	1ιι		2239	295, 927,1012	6.5,6.4,6.5	230	βγβ	ΗFF	
2206	182	7.2,7.3	10	ηκ	0ιι		2240	898, 939, 954	6.6,6.8,6.6	100	ηιια	000	a
2207	844, 898,1019	7.0,6.8,6.4	033	ηκκ	FHιι	ad		1057,1069	6.6,6.8	01	βιι	η0	
	1057	6.6	2	κ	ιι		2241	305, 927,1012	7.0,6.6,6.7	441	ηζα	0FF	
2208	217, 258, 884	7.0,6.9,6.9	111	ηκκ	0ηη	d	2242	1011	7.4,7.4	00	ηηη	00	
	898, 954	6.2,6.1	11	γα	διι		2243	940	6.9,6.9	00	ιιη	00	
2209	203, 295, 305	6.6,5.8,6.3	132	γβα	00ιι		2244	898,1019,1057	6.9,6.6,6.6	230	ιιαα	216	
	926,1010,1011	6.4,6.6,6.5	341	διβ	F0ιι		2245	217, 954	6.9,6.7	43	βα	00	
	1012	—	.	α	1		2246	217, 927, 954	7.0,6.7,6.7	412	αγα	ΗFH	
2210	1011	7.2,7.1	01	αα	ιι0		2247	203, 295, 305	6.3,5.8,5.7	010	βαα	ιιιιιι	
2210a	1011	6.8,6.9	01	κκ	ηη	r		926,1011	6.2,6.3	11	γζ	ηη	
2211	1057	6.9,6.7	11	ηκ	0ιι		2248	1012	6.7,6.9	01	βα	F11	a
2212	927,1010,1012	6.6,6.5,6.3	112	κκκ	ιιιιιι	ad	2249	163, 203, 295	5.5, n, 4.0	nnn	0ζιι	0r1	r
2213	182, 274, 274	6.0,6.9 —	54.	δκα	0η0	a		305, 305, 927	4.0 — n	R.D	ζηη	F0F	
	940, 940	6.3,7.0	34	γδ	η0			1012	B	D	η	F	
2214	182, 295, 305	—5.8,5.8	.11	ηκα	0ηηη	ad	2250	203, 295, 305	6.4,6.0,5.6	131	γββ	0ιι0	
	926,1011	6.8,6.2	32	κδ	ηη			926,1011	6.4,6.0	12	δδ	FF	
2215	295, 305, 926	6.0,5.7,6.4	210	ββι	002								

THE DRAPER CATALOGUE.

D. C.	Plate Numbers	Observed Brightness	Res.	End.	F.K.	R.	D. C	Plate Numbers	Observed Brightness	Res.	End.	F.K.	R.
2251	1011	7.0,7.0	00	κκ	иπ		2290	898, 954	6.9,6.6	11	FK	ϜΗ	
2252	305, 926,1012	6.0,6.8,6.5	201	βκγ	Oηιι		2291	217, 258, 898	6.4,6.4,6.2	125	γκβ	DHII	ad
2253	182, 274, 940	6.5,6.8 —	21.	βπγ	000			954	5.4	2	κ	Η	
	940	6.8	0	β	0		2292	1012	6.6,6.7	10	κκ	ΗΗ	
2254	182, 274, 940	6.5,6.0,6.7	142	ακα	ιιιι1	d	2293	182, 274, 305	6.4,6.2,5.7	310	δγα	00ιι	
2255	927,1012	6.8,6.8	11	κκ	ιιιι			940	6.0	2	η	0	
2256	927,1012	7.2,7.1	10	ΙΙΚ	Oн	d	2294	182, 274, 940	6.0,6.0,6.5	113	γγγ	0F0	
2257	163, 203, 295	5.7,4.9,4.6	212	δδβ	00F	r		1054	6.4	3	γ	F	
	305, 926,1012	4.2,4.9,4.8	212	δδε	FF1		2295	1012	6.8,7.0	11	ββ	F0	
2258	926,1011	7.0,6.8	10	ιιγ	0F		2296	927, 954	6.8,6.6	10	κκ	ΗΙΙ	a
2259	927,1012	6.9,6.6	01	ιιβ	0F		2297	927	7.2,7.1	10	κκ	ΗΙΙΙ	a
2260	305,1011	6.6,6.8	12	ιιa	00		2298	898, 954,1057	6.8,6.6,6.6	100	κκκ	ΗΗΗ	
2261	954	6.7,6.7	00	κκ	ιιιι			1069	6.6	3	κ	Π	
2262	295, 927,1012	6.0,6.4,6.0	111	βδε	FF2		2299	274, 940	7.2,7.0	12	ιιιι	00	a
2263	161, 173, 217	5.9,6.3 —	12.	κκh	ιιιι.	ad	2300	217, 258, 258	6.8,7.0 —	10.	βαα	5Η0	
	258, 275, 341	5.9,6.0,5.5	121	γκκ	ιι8ιι			898, 954	6.4,6.0	30	αγ	F2	
	877, 884, 898	5.7,6.1,4.9	212	βγκ	518		2301	898, 954	6.7,6.7	01	κκ	ΙΙΗ	
	930, 054,1019	5.2,4.8,5.3	020	κκκ	55Η		2302	182, 274, 940	6.6,6.5,6.8	011	κκΗ	ΗΗF	a
	1057,1069	5.2,5.3	20	κβ	ΗΗ		2303	898, 954,1057	6.7,6.4,6.0	111	κκκ	ΗΗΗ	a
2264	217, 927, 954	7.0,6.0,6.8	522	ιιαΗ	0F0		2304	1012	6.9,7.0	01	ιικ	Oιι	
2265	927,1012	6.6,6.5	10	γδ	22		2305	1011	7.1,7.2	10	κκ	ΙΙΗ	
2266	182, 274, 940	5.8,5.7 —	10.	κκκ	ΙΙΗΗ	at	2306	182, 274, 940	5.2,5.4 —	24.	εβδ	F0ΙΙ	
	940,1054	5.7,6.4	11	κκ	ΗΗ			940,1054	5.2,5.0	16	γγ	Η2	
2267	927	7.2,7.1	10	ΙΙΚ	FΗ		2307	1012	7.0,7.1	10	κκ	ΙΙΙΙ	a
2268	182	6.7,7.1	22	κκ	ππ		2308	898, 954	7.0,7.0	00.	αβ	00	
2269	954	6.9,7.0	11	ΙΙΗ	00		2309	1012	7.0,7.2	11	ιιπ	F0	
2270	182, 274, 940	7.0,6.8,7.1	111	κκΗ	ΙΙΙΙ1	ad	2310	305, 926,1012	6.3,7.0,6.5	010	κΙΙΚ	Η0Η	ad
2271	1012	7.0,7.1	10	ακ	ΙΙΙΙ		2311	305, 926,1011	5.7,6.7,6.2	131	κκκ	ΗΗΗ	d
2272	898, 939, 054	6.7,6.6,6.4	200	βαβ	050	ad	2312	182, 274, 940	6.0,6.0,6.0	110	γεδ	00ιι	d
	1057,1069	6.5,6.5	12	βα	FΙΙ			1054	6.5	0	α	δ	
2273	954	6.8,6.8	00	κκ	ΗΙΙ	a	2313	274, 940	6.7,6.7	01	ακ	ΗΙΙ	ad
2274	927,1012	6.8,7.0	22	κκ	ΙΙΗ	ad	2314	203, 305, 926	6.0,5.3,6.0	101	κκκ	ΙΙΒΒ	a
2275	295, 305, 927	5.9,5.7,6.5	022	hβG	0F0			1011	5.7	1	κ	Η	
	1012	6.0	1	ε	F		2315	927, 954	6.8,6.7	00	κκ	ΙΙΗ	
2276	182, 305, 926	— 5.8,6.8	.13	ιιβιι	000		2316	305, 927,1012	6.8,6.8,6.3	403	κιιβ	ιι65	
	1011	6.2	2	δ	F		2317	274, 940	6.3,6.5	01	κκ	ΙΙΗ	a
2277	1057	7.0,7.1	01	κκ	ΙΙπ		2318	1011	7.0,7.1	01	αα	00	
2278	954	6.5,6.3	11	κκ	ΙΙΗ	a	2319	274, 940	6.9,6.6	22	κκ	ΙΙΙΙ	d
2279	927,1012	6.8,6.8	11	Ηδ	FF		2320	898, 954	6.6,6.6	10	ακ	FΗ	dr
2280	305, 926,1011	5.8,6.6,6.4	110	βιιΗ	ΗFF	a	2321	163, 203, 217	5.5,5.0 —	51.	εζγ	0F0	
2281	305, 926,1011	5.8,6.6,6.1	022	κκκ	ΗΗΗ	ad		289, 295, 927	4.8,4.8,5.1	132	εδη	FFF	
2282	954	6.5,6.3	11	κκ	ΗΙΙ			1012,1056	4.8,4.7	13	ιε	FF	
2283	182, 274, 305	4.3,4.5,4.0	110	ζεη	FFF	ar	2322	926,1012	6 9,6.5	00	κκ	ΙΙΗ	ad
	940,1011	4.3,4.5	20	εζ	12		2323	305, 926,1011	5.8,6.8,6.6	221	κκκ	ΗΗΗ	ad
2284	954,1057	6.4,6.6	11	κF	ΙΙF		2324	898	7.0,7.0	00	κκ	ΙΙΙΙ	
2285	927	7.2,7.2	00	hιι	00		2325	954	6.6,6.4	11	ΙΙΚ	0ιι	
2286	1011	6.7,6.7	00	βγ	25		2326	305, 926,1012	6.5,7.0,6.7	010	ΙΙΚΚ	0ΗΗ	ad
2287	205	6.9,6.8	01	κκ	ιιιι		2327	203, 289, 305	6.3,6.0,4.8	455	βγδ	00ν	
2288	940,1054	— 6.1,6.4	.21	βγ	00			926, 1011	5.9,5.6	02	γδ	ΙΙF	
2289	1012	7.0,7.0	00	κκ	ΙΙΙΙ		2328	305, 926,1012	6.2,6.7,6.4	010	κΙΙγ	ΙΙFF	d

150   ANNALS OF HARVARD COLLEGE OBSERVATORY.

D. C.	Plate Numbers	Observed Brightness	Res.	End.	F. K.	R.	D.C.	Plate Numbers	Observed Brightness	Res.	End.	F. K.	R.
2329	1011	7.2,7.1	01	κκ	ιιη			185, 258, 275	5.9,6.1,5.8	143	αβγ	020	
2330	203, 305, 926	6.5,5.3,6.2	421	κκκ	ηηη	a		844, 884, 898	5.5,5.0,4.0	278	γιθ	FFF	
	1011	5.8	2	κ	ιι			1019,1035,1057	4.8,5.3,4.4	223	ιδι	FFF	
2331	295	7.1,7.0	01	κκ	ηη			1119,1229	5.2,4.7	13	β	γη	
2332	289	6.6,6.7	10	κκ	ηη		2371	140, 173, 844	6.9,7.0,6.5	611	κκκ	ηηη	ad
2333	877, 898, 939	6.9,6.2,6.4	012	πκF	0ηF	d		884, 898,1019	6.9,5.7,5.8	123	κκκ	ηηη	
	954,1057,1069	5.9,5.9,6.5	112	κκκ	ηηη			1057	5.8	0	κ	η	
2334	274	6.8,6.8	00	κκ	ηη	a	2372	305,1011	6.5,6.8	11	ηδ	0F	
2335	305, 927,1012	6.4,6.5,6.3	211	ηγδ	0FF	r	2373	1011	6.7,6.7	00	κκ	ηη	
2336						r	2374	191, 941	7.0,7.0	11	κκ	ηη	d
2337	289, 927,1012	6.3,6.6,6.5	210	κηδ	ηFF	d	2375	939, 954,1057	6.8,6.5,6.6	101	κκκ	ηηη	
	1056	6.9	1	α	0			1069	6.6	2	κ	η	
2338	163, 203, 289	5.8,5.2,4.4	122	βγγ	00F	a	2377	191, 941	6.6,6.8	00	κκ	ηη	a
	295, 305, 927	4.8,4.6,4.3	425	γδι	F0F		2378	041	7.1,7.0	01	κκ	ηη	
	1012,1056	4.6,5.0	01	ηζ	FF		2379	1012	6.8,6.8	00	κκ	ηη	
2339	217, 927, 054	6.8,6.5,6.4	322	κκκ	ηηη	a	2380	217, 289, 927	7.2 — 6.8	3.1	ηηη	00F	
2340	1012	7.0,7.0	00	ηκ	0η			954	6.8	2	α	0	
2341	927,1012	6.8,6.9	12	κκ	ηη	d	2381	1012	7.1,7.1	00	ηη	00	
2342	927,1012	6.9,6.6	01	κγ	ηη		2382	1011	6.6,6.6	00	κκ	ηη	
2343	927,1012	6.2,5.8	11	κκ	ηη	a	2383	217, 954	6.9,6.5	23	ββ	18	
2344	1012	6.9,6.9	00	πκ	Fη		2384	954,1057	6.6,6.6	00	ηα	00	
2345	844, 898,1019	6.5,6.2,6.0	113	ηγβ	F2F	r	2385	289, 305,1011	6.3,5.7,6.5	221	κβ̇	ηηF	ad
	1035,1057	6.4,6.2	02	βγ	FF		2386	164, 101, 941	5.8,4.8,5.4	113	κκκ	ηηβ	ad
2346	305,1011	5.8,6.3	00	βα	0η			1054	5.6	1	β	8	
2347	305, 927,1012	7.0,6.8,6.6	511	ηκα	0ηη		2387	898, 954	6.9,6.5	21	κκ	55	
	1012	6.5	2	γ	δ		2388	191, 941	6.6,6.5	12	αγ	η0	
2348	1011	6.8,6.7	01	κκ	ηη		2389	1012	7.0,6.9	10	κκ	ηη	a
2349	1011	7.0,6.9	01	κκ	ηη	a	2390	1012	6.6,6.6	00	κκ	ηη	
2350	898, 954,1057	6.4,6.5,6.3	111	κκκ	ηηη		2391	289, 305, 927	4.9,5.4,5.3	341	κκκ	ηηη	ad
2351	954	6.6,6.6	00	κκ	ηη			1012,1056	5.3,5.6	11	κκ	δη	
2352	1019,1035,1057	6.8,6.8,6.5	010	ακα	0η0		2392	165, 173, 185	6.6,6.6,6.5	210	κκκ	ηηη	ad
2353	305,1011	6.3,6.8	00	ακ	ηη	ad		258, 275, 844	6.7,6.5,5.8	332	κκκ	ηηη	
2354	1011	6.9,6.8	10	κκ	ηη	a		884, 898,1019	6.0,4.8,5.5	472	κκκ	ηδη	
2355	1011	6.5,6.4	10	κκ	ηη	a		1035,1057,1229	5.9,5.4,5.8	101	κκκ	ηηη	
2356	305, 941,1011	5.7,6.4,6.0	032	γαι	FFF		2393	217, 954,1057	6.8,6.2,6.6	304	ββα	0Fη	
2357	898, 954,1019	6.4 — 6.5	1.0	ββα	501	r	2394	217, 275, 954	6.6,6.0,5.6	231	γαγ	00F	
	1035,1057	6.6,6.3	01	αβ	FF			954	—	.	G	0	
2358	927, 1012	7.1,6.7	11	κκ	ηη	ad	2395	289, 305,1012	6.5,6.4,5.7	345	κκκ	ηηηη	ad
2359	1011	6.9,7.0	10	ακ	ηη			1056	6.3	2	κ	η	
2360	898, 954	6.9,6.7	01	κκ	ηη	ad	2396	305, 941	6.3,6.7	00	κγ	ηη	ad
2361	1012	7.1,7.0	01	ακ	Fη		2397	941	7.0,6.9	10	βκ	0η	
2362	1057	6.9,7.0	10	ηκ	Fη		2398	217, 275, 341	6.8,6.8,6.7	101	βαη	000	
2363	1012	6.7,6.7	00	κκ	ηη	a		898, 954,1057	6.3,5.6 —	24.	αδκ	0Fη	
2364	1012	6.7,6.7	00	γγ	25			1057,1069	6.5,6.0	53	αβ	0η	
2365	305,1011	5.2,5.9	11	βκ	ηη	ad	2399	941,1054	6.4,6.8	11	βκ	ηη	
2366	164, 191, 941	6.6,5.8,6.0	000	κββ	ηFF	ad	2400	1012	6.5,6.5	00	κκ	ηη	
2367	1012	7.1,7.1	00	ηη	00		2401	305,1011	6.7,6.8	22	κκ	ηη	
2368	2242	6.9,6.9	00	κκ	ηη		2402	1012	6.9,6.9	00	κ̇	ηη	
2369	1011	6.6,6.5	01	κκ	ηη		2403	305, 941,1054	— 6.3,7.2	.21	ηκκ	0ηη	ad
2370	140, 165, 173	5.8,5.9,5.7	321	βγδ	000	r	2404	941	6.9,6.7	11	κκ	ηη	

THE DRAPER CATALOGUE.

D.C.	Plate Numbers.	Observed Brightness.	Res.	End.	F.K.	R.	D.C.	Plate Numbers.	Observed Brightness.	Res.	End.	F.K.	R.
2405	217, 954	6.8,6.3	22	κκ	ηπ		2440	289, 305,1011	5.5,5.5 —	11.	εζε	0π0	
2406	163, 203, 217	6.0,5.6,6.1	410	γδδ	0ϝ2			1011,1055	5.9,6.0	01	εδ	FF	
	289, 927, 954	5.0,5.3,5.7	105	γεδ	FFF		2441	289, 305,1011	5.4.5.3,5.8	011	εζε	0FF	
	1056	5.3	1	γ	F			1011,1055	— 5.8	.1	6δ	FF	
2407	217, 954	6.8,6.4	32	βγ	0F		2442	217, 954,1056	6.5,5.9,6.5	304	βγβ	32F	
2408	164, 305, 941	6.5,5.4,5.7	101	αβδ	0πF		2443	1011	7.3,7.1	11	αll	π0	
	1054	6.5	1	α	1		2444	289, 305,1012	6.3,5.6,5.9	321	κκκ	ηπβ	ad
2409	258, 275, 341	6.8,6.7,6.0	232	κππ	π0π	a		1055	6.5	0	κ	ll	
	877, 884, 898	6.4,6.5,5.8	111	κFκ	πFll		2445	164, 191, 289	5.8, π, 5.4	2κ2	κκκ	ηllπ	at
	939, 954,1035	6.2,5.5,6.0	410	κκκ	πllπ			305, 941,1011	5.0,5.4,5.3	002	κκκ	ηππ	
	1057,1069	5.8,5.8	21	κκ	llκ		2446	305,1011	5.7,6.2	00	κκ	πll	
2410	217, 954	7.1,6.6	22	κα	llF		2447	1011	7.0,6.9	01	κκ	ηll	
2411	191, 941	6.7,6.6	21	κκ	llll		2448	192, 289, 305	5.4,4.9,5.1	231	γβγ	Fllll	a
2412	1012	6.7,6.6	01	ηj	Fll			956,1012,1056	5.4,5.2,6.5	100	γηδ	llFF	
2413	305, 941,1011	6.2,7.1,6.5	143	κκκ	πllll	ad		1056	5.3	2	ε	1	
2414	164, 941,1054	5.8,4.8,5.3	312	βθε	llFF	a	2449	164, 305, 941	6.7,5.7,6.1	000	κκγ	πllll	
2415						r		1011	6.0	2	δ	ll	
2416	941, 941	— 7.3,6.9	.22	κκ	llll	r	2450	217, 954	6.8,6.0	10	αδ	52	
2417	163, 203, 217	6.0,5.5 —	22.	γγβ	020		2451	941	7.1,7.0	01	κκ	lllll	
	289, 927,1012	4.9,5.4,5.1	032	ηγ9	0ll2		2452	1012	7.1,7.2	01	κκ	πll	a
	1056	5.0	2	ε	F		2453	289,1011	6.2,6.5	00	κκ	llπ	a
2418	164, 191, 941	6.3,5.6,6.0	102	κκκ	llllll	ad	2454	941	6.9,6.9	00	κβ	π0	
2419	941	7.3,7.3	00	βll	00		2455	1012	6.7,7.0	21	ακ	ll	c
2420	191, 941	7.2,7.1	12	κα	π0	d	2456	164, 289, 305	6.4,5.8,5.5	021	κβα	π0F	
2421	217, 275, 954	6.5,6.8,5.5	223	κκκ	llπll	d		941,1011	5.8,5.8	01	γε	52	
	1057	6.2	4	κ	π		2457	1012	6.8,6.8	00	κκ	llll	
2422	289, 305,1012	6.6,6.2,6.1	312	ββα	0FF		2458	941,1011	6.7,6.7	01	κκ	llll	a
	1056	6.3	3	γ	F		2459	954	6.7,6.9	11	κκ	llll	
2423	289	6.9,6.9	00	κκ	llll		2460	941	7.3,7.0	21	κκ	llll	
2424	1011	6.9,6.8	10	κκ	llll		2461	941	6.9,6.7	11	βκ	0π	
2425	1012	6.9,7.0	01	ακ	Fll		2462	289	6.7,6.7	00	κκ	llll	a
2426	289, 305,1011	5.5,5.4,5.4	123	ζβδ	0F2		2463	941	6.9,6.9	00	llκ	Fll	
	1055	6.0	1	δ	F		2464	289,1011	6.9,6.9	21	κκ	llll	a
2427	289,1012,1056	5.4,5.0,5.8	110	εζε	F5F		2465	191	6.8,6.6	11	llκ	0ll	
2428	258, 884, 898	7.0,7.0,6.3	002	αδβ	012		2466	898, 954,1057	6.6,6.7,6.8	201	αllll	F00	
	939, 954,1035	— 6.2,6.2	.22	βαβ	05F		2467	941,1011	7.0,6.8	12	κκ	llll	
	1057,1069	6.1,6.3	10	βγ	F0		2468	164, 191, 941	6.5,5.7,6.3	113	αβδ	ll00	a
2429	954	6.8,6.8	00	κκ	llll		2469	1011	7.0,7.1	01	llll	00	
2430	289, 305,1011	5.8,6.1,6.4	320	εκγ	8llδ		2470	954	6.9,7.0	10	κκ	llH	
	1011,1055	— 0.7	1	βα	8ll		2471	164, 191, 941	6.7,6.1,5.9	113	βγε	00F	
2431	191, 941	7.2,7.1	12	κκ	llll			1054	7.1	3	κ	η	
2432	898, 954,1057	6.9,6.7,6.6	101	κκκ	llllll		2472	1057	7.1,7.1	00	κκ	llll	
2433	217, 289,1012	6.5,5.1,5.4	221	llκκ	0llll	ad	2473	164, 289, 941	6.8 — 6.3	0.1	κhα	ll08	
	1056	5.7	1	δ	F			1011	6.2	1	δ	ll	
2434	1012	6.8,6.8	00	κκ	llll	a	2474	289, 954,1056	0.0,6.6,0.8	322	βαα	llllF	
2435	941	6.9,6.7	11	ββ	55		2475	289, 305,1011	5.8,5.5,5.6	213	γγδ	0FF	
2436	954	6.6,6.9	21	llll	F0	r		1055	6.0	1	δ	F	
2437						r	2476	941	7.5,7.1	22	κκ	llll	
2438	954	6.6,6.6	00	llll	00		2477	289, 305, 956	6.4,6.4,6.8	023	βαll	0π0	
2439	1012	6.3,6.3	00	κκ	llπ			1012,1056	6.4,6.2	05	βj	FF	

152   ANNALS OF HARVARD COLLEGE OBSERVATORY.

D.C.	Plate Numbers	Observed Brightness.	Res.	End.	F.K.	R.	D.C.	Plate Numbers	Observed Brightness.	Res.	End.	F.K.	R.
2478	191, 941	6.6,6.7	10	κγ	π8		2518	164, 941	6.7,6.1	00	αδ	0F	
2479	289	6.3,6.4	01	κα	πιι		2519	289,1011,1055	5.8,*6.6*,6.7	*321*	βαβ	*5πF*	
2480	1011	7.2,7.1	*01*	κκ	πR		2520	898, 954,1057	6.7,6.1,6.5	*231*	κβα	π5H	
2481	289,1011,1055	5.3,5.4,6.0	0*22*	κκκ	BBH	a		1069	6.5	*2*	κ	π	
2482	289	6.8,6.9	*10*	πH	00		2521	289,1011	6.3,*6.7*	01	κα	πιπ	d
2483	289,1011,1011	5.8 — 6.2	*2.1*	δια	00F	a	2522	1012	7.0,*7.1*	*10*	κκ	πH	a
	1055	6.7	2	α	F		2523	941	7.5,7.3	*11*	κκ	πιι	a
2484	289, 941,1011	5.8 — 6.2	*1.0*	γκγ	0πH		2524	941	7.2,7.1	10	κπ	π0	
2485	941,1011	6.8,*6.8*	10	βκ	Fιι		2525	941, 955	6.8,*6.9*	00	κκ	HH	
2486	1012	6.7,7.0	*21*	κκ	πH		2526	164, 289, 941	7.0,*6.2*,6.5	*110*	κγβ	πιπιπ	d
2487	289, 289,1012	— 6.0,5.6	.*22*	πδδ	00F	a		955	*6.8*	2	γ	H	
	1055	6.2	*1*	γ	F		2527	289, 955,1011	4.8,*5.5,5.7*	*313*	κκκ	BBB	a
2488	289,1011	*6.4*,6.5	*11*	γκ	0H	ad		1055	5.6	0	κ	H	
2489	1012,1055	6.0,6.6	*10*	κκ	HH	a	2528	941, 955	6.1,*6.3*	01	κκ	πιπ	d
2490	289,1011,1055	5.3,5.6,6.1	*112*	δεδ	*225*		2529	164, 191, 289	4.7, R, R	2Rπ	δδε	*555*	r
2491	164, 941,1054	6.3,5.5,*6.8*	*134*	γδα	020			941, 955	4.3,*4.6*	02	γδ	*5πι*	
2492	217, 954	6.8,6.2	*12*	βγ	0F		2530	941	7.2,6.9	*12*	κκ	πιπ	
2493	164, 191, 941	6.7,5.4 —	2*3*.	αδδ	0*22*		2531	217, 954,1057	7.0,6.3,6.5	*202*	αγα	0πιπ	
	941,1054	6.0,*6.6*	11	δγ	*20*		2532	192, 289, 955	*6.6*,6.1,*6.9*	*232*	βπκ	00π	ad
2494	289,1011	6.0,6.5	*11*	κα	πH	ad		1011	*6.5*	*2*	κ	π	
2495	898, 954,1035	6.5,6.4,6.3	2*23*	βαβ	*55*F	r	2533	164, 941, 1035	6.0,5.6,*6.2*	*314*	γδα	0*21*	r
	1057,1069	6.2,6.6	01	γκ	Hπ		2534	164, 941, 941	6.2,6.0,5.9	*330*	γβδ	00F	a
2496	941	7.4,7.2	*11*	κα	π0		2535	289	6.7,6.9	*11*	απ	00	
2497	275	7.2,7.0	*11*	πκ	0π		2536	289	6.8,7.0	*11*	πκ	0π	
2498	1011,1055	5.1,4.9	2*2*	εδ	π*5*	r	2537	1057	6.9,6.8	10	ακ	0π	
2499	1011,1055	5.9,6.6	*32*	HH	*1*F	r	2538	217, 289, 954	6.4,5.2,5.9	*133*	κκγ	πιπιπ	ad
2500	289,1011,1012	6.0 — 6.7	*3.4*	κκκ	πιπιπ	d		1056	5.8	0	γ	F	
	1055	6.8	0	κ	π		2539	192, 289, 956	— 5.8,6.6	.*34*	πγπ	00F	a
2501	289,1011,1055	5.2,*5.3*,5.4	*201*	ζβζ	F*12*			1055	6.6	0	γ	F	
2502	289,1011	6.7,*6.9*	0*1*	κκ	πιπ	ad	2540	941	6.3,6.7	*22*	αβ	π0	
2503	341	7.4,7.3	0*1*	βπ	00		2541	289	6.8,6.8	00	κκ	πιι	
2504	1012	6.5,6.7	*11*	κκ	HH		2542	164, 289, 941	6.9,5.9,6.5	0*22*	κγγ	πιπιπ	ad
2505	289, 955,1011	5.3,*5.1,5.4*	*321*	εαβ	*8*Hπ	r		955	*6.6*	2	κ	π	
	1055	5.3	2	ε	8		2543	164, 191, 941	— 5.*8,5.9*	.10	κκκ	Hπιπ	a
2506	164, 191, 289	5.7, R, 5.3	2R2	γβδ	πιπH	r		1068	6.1	*1*	π	0	
	941,1011	5.4,5.3	1*1*	εε	*35*		2544	192, 289, 956	5.9,6.4,6.5	*322*	βαα	0πιπ	ad
2507	941	7.0,7.0	00	κκ	HH			1012,1056	*5.0*,6.6	*31*	κγ	HF	
2508	164, 289, 941	6.5,*6.0*,6.1	*210*	κκκ	πBH	ad	2545	941	7.5,7.3	*11*	κκ	πιπ	
	1011	*6.1*	*1*	κ	H		2546	164, 191, 289	6.4, R, 5.4	2R0	βπδ	00*3*	r
2509	1057	7.0,6.7	*21*	κκ	HH			941, 955,1055	5.6,5.6 —	0*1*.	δγγ	*255*	
2510	941	6.5,6.5	*11*	γγ	F0		2547	164, 289, 941	6.7,5.8,6.4	*122*	κβ*β*	π5H	
2511	289	6.9,6.7	*11*	κπ	π0			955	6.4	1	κ	π	
2512	289	6.8,6.9	*10*	κκ	πιπ	a	2548	164, 941, 955	6.4,6.0,6.5	*313*	βγα	*55*π	
2513	289, 955,1011	5.6,*6.3,6*.0	*130*	εαγ	0F*1*	ar	2549	289, 941, 955	6.0,7.0,6.7	*410*	αγh	Hπ*F*	
	1055	6.1	*1*	γ	π		2550	954,1057	*6.8*,6.9	01	αα	05	
2514	289,1011	6.3,*6.6*	00	ββ	0π		2551	192, 289, 956	*6.9*, π, 6.7	4π1	πκκ	0ππ	at
2515	898,1019	6.7,6.5	2*2*	κF	πF			1012,1056	*6.2*,0.4	*34*	κα	Hπ	
2516	941	7.3,7.1	1*1*	κκ	ππ		2552	191, 278, 941	7.3,7.*1*,7.1	2*12*	πππα	000	
2517	217, 275, 341	7.0,6.5,*6.7*	*222*	βακ	15π	d	2553	217, 954	7.0,6.0	*32*	hκ	0π	ad
	898, 954,1057	*6.0*,5.9,5.6	00*3*	βγβ	π*55*		2554	941	7.2,6.9	*12*	κκ	ιππ	

THE DRAPER CATALOGUE. 153

D. C.	Plate Numbers.	Observed Brightness.	Res.	End.	F.K.	R.	D. C.	Plate Numbers.	Observed Brightness.	Res.	End.	F.K.	R.
2555	954,1069	6.8,6.9	11	кк	н*п*		2593	289, 955	6.8,7.2	10	пh	00	
2556	1057	6.6,6.5	01	ηβ	00		2594	278, 941	6.5,6.9	12	нк	0*п*	
2557	941	6.5,6.5	00	кк	*ш*	a	2595	164, 164, 191	*5.3* — 4.4	1.0	βκζ	ш*п*0	at
2558	278, 941, 941	*6.8,7.0*,6.8	011	uαβ	0пv	r		278, 941, 941	4.4,*4.8* —	*12*.	κζ*п*	п*21*	
2559	191	7.3,7.2	01	кк	нн			1068	4.7	2	θ	F	
2560	954,1057	6.7,6.8	10	αк	F*п*	ad	2596	1057	7.0,6.9	01	FK	F*п*	
2561	217, 275, 954	6.5,6.4,5.7	110	γγδ	12F		2597	941	7.5,7.3	11	кп	н0	
	1057	5.8	1	γ	F		2598	278	*6.4,6.5*	01	кк	нв	
2562	954,1057	6.5,6.6	10	αβ	FF		2599	217, 289, 340	*6.5*,5.3,*6.0*	131	βαβ	п*в*п	r
2563	192, 289,1012	6.9,6.2,*6.7*	250	uκα	0нн			954,1014,1056	*6.0,5.7*,5.9	310	βγβ	н*ш*п	
	1056	7.1	1	β	F		2600	217, 289, 340	*6.8*,5.7,*6.5*	232	κκκ	ш*пш*	ad
2564	941	7.0,7.1	10	α*п*	n0			954,1056	*6.4*,6.2	31	кк	*ш*	
2565	1057	6.9,7.0	10	пк	F*п*		2601	941	7.2,7.0	11	кк	*п*п	
2566	1057	7.1,7.1	00	кк	п*в*		2602	341, 954,1057	6.7,6.0,*6.4*	013	пкк	F*пп*	ad
2567	191, 278, 941	6.1,*6.4,6.3*	020	βββ	00F			1069	6.2	2	к	*п*	
	1068	6.4	2	н	0		2603	164, 191, 278	6.2,5.7,5.7	210	βγδ	000	
2568	289, 955	5.9,6.7	23	γα	0F			941,1068	5.8,6.3	02	εγ	F0	
2569	954	6.9,6.9	00	пк	0*п*		2604	192, 955	6.8,7.0	10	нк	0*п*	ad
2570	941	*7.4,7.0*	22	кк	ш*п*	a	2605	192, 289, 955	6.0,5.8,6.5	022	βεγ	F0*5*	
2571	164, 192, 289	5.7,*5.4,5.4*	*322*	βγδ	8п*8*			1055	6.6	1	β	F	
	941, 955	5.5,5.5	10	ζζ	*85*		2606	1057	6.9,6.9	00	в*ш*	00	
2572	941	6.9,7.0	01	кк	*п*в		2607	192, 289, 941	6.5,6.2,7.0	124	ακα	ш*ш*п	ad
2573	192, 289, 955	5.9,5.6,6.2	030	γζβ	F0F			955	6.5	2	β	*δ*	
	1055	6.6	2	β	F		2608	164, 191, 192	5.3, в, *5.1*	4в*2*	γαβ	*202*	r
2574	941	7.2,6.9	12	кк	*п*п			941, 955	5.0,5.3	11	εδ	*22*	
2575	104, 191, 278	6.7,6.2,6.2	210	βββ	п*00*		2609	191, 278, 941	— 5.9,6.3	.*12*	hγβ	0п*δ*	
	941,1068	6.3,6.6	00	εα	*п*п			1068	6.3	*1*	к	*δ*	
2576	164, 191, 941	7.1,7.2,6.6	*363*	пкγ	0пF	d	2610	192, 289, 955	6.5,6.5,6.6	002	ββγ	0пF	d
2577	258, 275, 341	6.6,6.8,6.1	*132*	βββ	000			1055	7.2	2	к	u	
	884, 954,1035	6.8,5.4,*5.9*	1*32*	αεβ	п*23*		2611	898,1019,1057	6.3,6.4,6.2	010	βαβ	FF*5*	r
	1057,1069	5.9,6.0	20	εδ	FF		2612	1057	6.9,6.8	10	пк	0п	
2578	954,1057	6.9,6.7	11	п*α*	0*п*	a	2613	164, 192, 289	6.4,5.6,5.5	110	αγβ	0F0	
2579	1057	7.0,6.9	01	кк	ип	a		955	5.7	*1*	δ	F	
2580	104, 191, 278	6.5,5.8,6.1	*271*	αγκ	п0u	ad	2614	278	7.2,7.3	01	кк	п*ш*	
	941,1068	6.1,6.8	04	γα	F0		2615	164, 192, 289	6.0,5.3,5.4	*101*	βγγ	п*25*	
2581	941	6.9,6.9	00	кк	*п*п	r		941, 955	5.8,5.4	*32*	βε	*52*	
2582	941	6.9,6.6	*21*	кк	*ш*		2616	278, 941,1068	6.3,6.4,6.5	111	ββα	п*5*в	
2583	192, 289, 956	5.8,6.2 —	13.	кκκ	*пп*п	ad	2617	164, 191, 278	6.4,5.9,5.6	1*22*	кκκ	н*ш*ш	ad
	956,1056	*6.2*,6.0	2*2*	кк	*ш*			941	6.0	1	к	*н*	
2584	289	6.6,6.6	00	кк	*п*п		2618	192, 289, 340	5.3,5.2,*6.4*	2*36*	δδu	0v0	
2585	164, 191, 192	4.8, в, *в*	*3*кв	кκκ	*2*uв	at		956,1056	5.5,5.9	11	δζ	FF	
	289, 941, 955	4.5, в, в	2пп	кκκ	пвв		2619	192	7.0,7.2	11	*ш*п	00	
	1055	—	.	к	в		2620	185,1057	6.9,6.7	45	пк	0п	ad
2586	104, 941,1068	5.5,5.2,5.3	*120*	δεβ	*222*		2621	164, 191, 278	6.7,6.2,5.7	142	καγ	п*02*	
2587	1057	6.9,7.0	10	кк	вн	a		941,1068	6.0,6.1	02	γγ	F0	
2588	1057	7.0,6.9	01	кк	*ш*п	a	2622	164, 192, 941	6.2 — 5.9	2.1	βββ	п0F	
2589	289	6.2,6.3	10	κκ	*ш*п			955	6.1	2	δ	F	
2590	278	6.0,6.7	11	п*ш*	00	d	2623	1014	6.7,6.9	11	кк	0*п*	r
2591	289	6.9,6.9	00	кк	*п*п		2624	275, 954,1057	7.0,*6.5*,6,4	210	ккβ	п*пп*	
2592	941	7.0,6.9	10	кк	*п*п		2625	278,1068	6.9,6.1	66	кк	н*п*	a

D. C.	Plate Numbers	Observed Brightness	Res.	End.	F.K.	R.	D. C.	Plate Numbers	Observed Brightness	Res.	End.	F.K.	R.
2626	192, 956	6.4,6.8	12	κκ	πn	a	2662	1014	6.8,6.7	10	κκ	//11	a
2627	192, 289, 955	5.6,5.6,5.9	111	γγδ	FFF		2663	289	6.8,6.9	10	κκ	1111	
	1055	6.5	3	β	F		2664	164, 941, 955	6.7,6.3,6.4	111	αβγ	0FII	
2628	217, 275, 341	6.6,6.6,6.4	011	ααβ	8u1			1068	—		h	0	
	898, 954,1057	— 5.3,6.0	.43	κδγ	n55		2665	278,1068	4.7,4.6	32	ηζ	FF	a
	1069	5.8	2	δ	2		2666	217, 275, 954	6.9,6.8,6.4	222	αβα	000	
2629	192, 289, 340	5.6,5.3,6.2	142	δβγ	FF0			1057	6.5	3	γ	F	
	956,1014,1056	6.0,5.7,6.0	200	γδδ	2FF		2667	278,1068	6.5,7.1	11	βα	00	
2630	192, 289, 340	5.8,5.7,5.9	101	βδβ	005	ad	2668	165, 185, 258	6.8,6.4,6.5	411	κκκ	HnH	ad
	956,1014,1056	5.6,6.2,5.7	253	δκδ	FHF			275, 341, 884	6.6,5.8,6.4	420	κκF	111F	
2631	278	7.0,6.9	01	hn	00			898, 954,1035	5.4,5.4,5.5	103	κκκ	HHII	
2632	192	6.7,6.8	01	αγ	n0			1057,1069	5.6,5.8	21	κκ	III	
2633	191, 278, 941	6.8,6.7,6.6	202	κκκ	HHH	at	2669	278	6.6,6.8	11	γβ	0u	
2634	192, 289, 955	4.7,4.8,4.4	234	δγζ	FFF	a	2670	192	7.3,7.2	01	κκ	1111	
	1055	5.0	0	ζ	F		2671	192	6.9,7.0	01	κ11	H0	
2635	941	7.2,7.3	10	κH	n0		2672	1014	7.0,7.0	00	11K	110	
2636	289	6.8,6.7	10	κκ	πn	a	2673	278	6.7,6.7	00	ββ	11F	
2637	898,1019,1035	6.3,6.4,6.5	100	βαγ	FFH		2674	954,1057	6.7,6.7	00	FF	FF	r
	1057,1229	6.0,6.5	11	γκ	Fπ		2675	289, 340, 956	6.5,6.5,6.5	211	κκβ	1111H	a
2638	278	7.2,7.4	11	hh	00			1013,1055	6.4,6.8	00	a11	FF	
2639	289,1014,1056	6.0,6.3,6.9	303	11,3h	0FF	a	2676	955,1013	6.7,6.6	10	11K	011	d
2640	278	7.1,7.0	10	κκ	HH		2677	192	7.0,7.2	11	κκ	1111	a
2641	955	6.9,6.8	10	κκ	11n		2678	192	7.0,7.1	10	κ11	110	
2642	192, 289, 340	6.0,6.6,6.5	331	γκ11	Fn0	ad	2679	278,1034	6.4,7.0	21	κ11	H0	d
	956,1056	6.5,6.5	11	γδ	5F		2680	192, 956,1014	6.2,6.3,6.2	000	κκκ	11HII	ad
2643	1069	6.9,6.9	00	κκ	HII		2681	278	7.0,6.9	01	Gh	00	
2644	278	7.0,7.0	00	bα	00		2682	278	7.1,7.1	00	GG	00	
2645	954,1057,1069	6.4,6.6,6.6	021	ααK	11Hn		2683	278,1068	7.0,7.2	11	11K	0n	d
2646	278	7.1,7.2	10	κκ	111	a	2684	1057	6.9,6.9	00	κκ	HH	a
2647	164, 941, 955	6.5,6.3 —	22.	κκ11	H110	ad	2685	192, 289, 956	6.5,5.7,6.7	263	κκκ	11nH	ad
	1068	6.5	1	β	0			1014	6.3	0	κ	H	
2648	954,1069	6.6,6.8	01	αα	H0		2686	278, 307	6.5,6.7	10	κα	110	d
2649	164, 191, 278	6.9,6.9,6.1	263	11bκ	00H	ad	2687	278	6.8,6.8	00	βα	00	
	941	6.4	1	κ	H		2688	278	6.4,6.5	01	κκ	111	
2650	217, 275, 341	7.0,6.4,6.5	230	βαn	00n		2689	217, 275, 275	5.8,5.5,5.5	311	γβε	001	dr
	954, 954,1057	— 6.0,5.0	.10	γβδ	F0F			341, 954,1057	5.4,4.2 —	24.	ακε	0u1	
	1069,1069	— 6.3	.1	βγ	F0			1057,1069	4.8,4.6	23	ηε	F	
2651	898,1035	6.7,6.8	11	ππ	00		2690	278, 307,1068	4.5,5.2,4.5	044	κκα	n2H	at
2652	954,1069	6.5,6.7	10	κκ	HH		2691	278	6.7,6.8	10	κH	H0	
2653	1014	6.7,6.6	01	κκ	HH	a	2692	340	6.7,6.7	00	αK	0u	
2654	275, 340,1056	6.6,5.8 —	02.	κβα	20F		2693	1014	7.0,7.0	00	111	00	
	1057	6.0	2	γ	5		2694	278	7.3,7.3	00	311	00	
2655	278, 941	7.2,7.2	01	κα	H0	d	2695	275,1057	6.8,6.5	23	αβ	1F	
2656	289, 955	6.5,6.8	00	κκ	11H	ad	2696	278, 307,1068	5.1,5.4,5.3	111	δεζ	F2F	
2657	191, 278 941	6.3,6.0,6.4	221	κβγ	H00		2697	278	6.6,6.8	11	κκ	111	a
	1068	6.5	1	γ	0		2698	1057	6.6,6.5	01	αK	0H	
2658	1014	6.5,6.5	00	κκ	H11	a	2699	280, 340,1014	5.6,6.4,6.0	321	αγδ	0F2	
2659	192	6.8,6.9	10	κκ	1111			1056	6.4	2	β	F	
2660	1014,1056	6.2,6.8	12	απ	110		2701	192, 955,1013	5.1,5.6,5.7	203	δζα	55H	r
2661	192,1014	7.1,6.5	33	11K	0n	ad	2702	278,1034	6.7,6.9	10	αβ	n0	

THE DRAPER CATALOGUE.   155

D. C.	Plate Numbers.	Observed Brightness.	Res.	End.	F.K.	R.	D. C.	Plate Numbers.	Observed Brightness.	Res.	End.	F.K.	R.
2703	278,1034	6.2,7.0	23	κh	ιι0	a		1013	5.3	1	κ	β	
2704	192, 289, 340	— 6.5,6.0	.53	ιββ	00f		2741	278	6.5,6.6	10	ββ	00	
	956,1013,1014	6.2,6.1,5.6	104	γγδ	5f2		2742	278	6.5,6.8	12	κκ	ιι/ι	
	1056	6.2	1	γ	f		2743	192, 307, 955	6.0,6.3,6.0	102	κκκ	ιιιιιι	a
2705	192, 956,1013	6.2,6.2,6.4	011	κκκ	ιιιιιι	a	2744	1057	6.6,6.4	11	κκ	ιιιι	br
	1014	6.2	0	κ	ιι		2745	278	7.2,7.4	11	κκ	ιιιι	d
2706	278, 307,1068	4.5,5.2,4.3	155	ηκη	fιιf	ad	2746	278	6.8,6.8	00	κκ	ιιιι	r
2707	954,1035,1057	6.7,7.1,6.8	001	κκκ	ιι/ιι		2747	278	7.3,7.4	10	ιικ	0ιι	
	1069	6.9	1	κ	ιι		2748	1057	6.8,6.5	21	κκ	ιιιι	
2709	955	7.2,7.0	11	κκ	ιιιι		2749	1014	7.0,6.9	10	ιικ	0ιι	r
2710	307	6.8,6.8	00	hκ	0ιι		2750	278, 307, 307	5.8,6.7 —	42	δκg	0ιι0	d
2711	898,1057,2242	6.8,6.7,6.5	111	αβα	0f0			1034,1068	6.9,6.3	43	ιιδ	00	
2712	192, 340, 955	6.2,6.8,6.5	121	βιικ	ιι0ιι	ad	2751	278	6.9,7.0	10	κκ	ιιιι	
	1013	6.5	1	κ	ιι		2752	192, 955	6.8,7.0	10	κκ	ιι/ι	
2713	340,1014,1056	5.7,5.3,5.7	010	δ"γ	ff1	r	2753	956,1013,1014	7.0,6.8,6.7	111	ιικκ	0ιιιι	d
2714	307	6.9,7.2	21	κκ	ιιιι	r	2754	340,1013	6.8,6.6	00	κκ	ιιιι	
2715	278	7.1,7.2	10	ιιιι	00	d	2755	954,1069	6.8,6.9	11	ff	ff	
2716	954,1057,1069	6.7,6.6,6.6	212	ιιιιβ	00f		2756	1014	6.7,6.7	00	κκ	ιιιι	a
2717	289, 340,1014	6.2,6.9,6.5	310	καγ	ιι02	ad	2757	1057	6.5,6.3	11	κκ	ιιιι	a
	1056	6.9	1	ιι	0		2758	165, 217, 275	6.6,6.6,6.3	011	αβγ	000	
2718	192, 340, 956	6.5,6.3,6.3	411	βγδ	00f			341, 954,1057	6.3,5.5,5.7	121	βδε	0ff	
	1013,1014,1056	6.1,5.0,6.4	150	γδγ	1fιι			1069	5.9	0	δ	f	
2719	1014	6.9,6.9	00	γβ	00	a	2759	192, 340, 955	6.3,6.2,6.0	402	γβε	00f	
2720	1057,1069	6.7,7.1	10	κκ	ιι/ιι			1013	5.9	1	γ	f	
2721	278, 307, 307	5.3 — 6.6	1.1	κκγ	ιιιι8	ad	2760	1034	7.1,7.0	01	κκ	ιιιι	
	1034,1068	6.3,5.6	62	γε	ιι5		2761	192, 340, 956	5.1,5.6,5.0	113	δβδ	fff	
2722	289, 340,1014	5.3,6.0,5.5	220	βδδ	02f			1013,1014	5.4,5.3	11	εε	2f	
	1056	5.9	1	β	f		2762	275,1057,1069	6.4,6.2 —	51	κκκ	ιι/ιιιι	ad
2723	1014	6.9,7.0	01	gιι	f0			1069	6.7	3	ιι	0	
2724	278,1034	6.7,6.7	12	αβ	00		2763	341,1069	6.9,6.3	12	hκ	0ιι	a
2725	192, 340, 955	6.4,7.0,6.9	121	κιιf	ιι0f	ad	2764	278, 307,1068	6.0,6.4,7.0	214	γκιι	0ιι0	d
	1013	6.5	1	κ	f		2765	278,1068	6.7,7.0	10	κβ	ιι0	
2726	278, 307,1034	4.7,4.7,4.9	211	ηε;	ff0	a	2766	192, 340, 956	6.4,6.5,6.6	112	κκκ	ιιιιιι	ad
	1068	4.7	2	ε	f			1013,1014	6.3,6.0	13	κκ	ιιιι	
2727	1057	6.9,6.6	12	αα	ιιιι		2767	192, 307, 955	6.3,6.6,6.4	101	βαβ	00ν	
2728	289, 340, 341	4.6,4.9,5.9	115	γγα	f24	ar	2768	278, 307,1034	6.3,6.2,6.4	220	κκκ	ιιιιιι	a
	1014,1056	4.6,4.7	13	θε	ff		2769	1014	6.7,6.6	01	κγ	ιιιι	
2729	307, 955,1068	6.0,6.3 —	22.	δjγ	500		2770	955,1013	7.0,6.6	11	κγ	ιιf	
2730	1014	6.5,6.6	01	κα	ιιιι		2771	278,1034	6.9,7.0	11	ιικ	0ιι	r
2731	307,1068	5.7,5.6	11	δγ	f0		2772	1014	6.9,6.8	01	κκ	ιιιι	ab
2732	278	6.8,6.9	01	hκ	0ιι	r	2773	298	7.2,7.1	01	ιιιι	00	
2733	278	7.2,7.1	01	κκ	ιιιι		2774	1057	7.0,6.9	01	κκ	ππ	
2734	954,1057,1069	6.7,6.6,6.6	212	fff	fff	d	2775	1057	6.7,6.7	00	κκ	ιιιι	r
2735	1014	6.9,7.0	01	ιιιι	00		2776						
2736	192, 956,1013	6.6,6.7,6.5	111	κκκ	ιιιιιι	a	2777	1013,1014	6.8,6.5	11	ββ	00	r
2737	278, 307,1034	6.3,6.4,6.3	112	γιιδ	0ιι0		2778	275, 341,1057	5.8,6.0,5.5	223	ακκ	ιιβs	ad
	1068	6.9	3	α	0			1069	5.3	2	κ	β	
2738	955	6.9,6.7	11	κκ	ιιιι	a	2779	278, 307,1034	6.3,6.5,6.4	101	κκκ	ιιιιιι	d
2739	192, 955	5.8,6.0	10	βδ	0ν		2780	192, 298, 340	4.5,4.2,4.4	331	κκκ	ιιιιδ	ar
2740	192, 340, 956	5.2,5.3,5.0	112	κκκ	βιιιι	ad		956,1013,1014	ιι, 4.7,4.0	ιι42	κκκ	βιιιι	

156   ANNALS OF HARVARD COLLEGE OBSERVATORY.

D. C.	Plate Numbers	Observed Brightness	Res.	End.	F.K.	R.	D. C.	Plate Numbers	Observed Brightness	Res.	End.	F.K.	R.
2781	278, 307,1034	6.8,6.5,6.6	421	κκκ	ημιι		2816	278	6.5,6.7	11	κκ	ππι	
2782	307	7.2,7.1	10	ακ	0π		2817	1014	6.5,6.5	00	γγ	00	
2783	278,1034,1068	6.2,6.4,7.2	234	ββG	000	br	2818	1057	6.9,6.8	10	ακ	0ιι	
2784	278, 307,1034	5.7,5.8,5.9	021	δγβ	F82	r	2819	278, 307,1034	7.0,7.1,6.8	203	hκγ	0ιιο	ad
	1068	6.3	2	β	2		2820	1014	6.7,6.8	01	κκ	ιιιι	
2785	275, 954,1057	7.2,6.3,6.6	012	κκα	ιιιιιι	d	2821	1014	7.0,6.9	10	ββ	5.5	
	1069	6.6	1	κ	н		2822	278	7.0,7.2	11	κκ	ιιιι	
2786	1014	7.0,7.0	00	ιια	γ0		2823	1057	6.7,6.4	12	κκ	ιιιι	
2787	192, 298, 340	5.4,5.8,5.7	010	κκκ	κιιμ	ad	2824	192, 340,1014	5.9,5.7,5.5	321	ββγδ	ιιιι5	
	956, 956,1018	— 5.4,5.7	12	κκκ	ιιιιιι		2825	192, 298, 955	4.8,5.6,5.3	230	εβζ	ΓΗΓ	
	1014	5.3	1	κ	н		2826	955,1013	6.9,6.5	11	ιιγ	05	c
2788	1068	7.3,7.3	00	κκ	ππι		2827	1014	7.2,7.3	10	ιιιι	00	
2789	1014	6.5,6.5	00	ββ	γF	r	2828	1014	6.8,6.7	10	κκ	πιι	a
2790	1014	6.8,6.8	00	κκ	ιιιι	a	2829	1014	6.5,6.7	11	ββ	10	
2791	298, 340,1013	6.0,6.2,6.4	431	ιιββ	001		2830	192, 956,1013	6.8,6.7,6.5	202	ιαιιγ	005	
	1014	6.0	2	δ	2		2831	278, 307	6.4,6.7	00	εμ	00	d
2792	140, 165, 173	6.7,6.8 —	22.	ααβ	ιι11	a	2832	278,1034	6.8,7.1	00	κκ	ιιιι	a
	185, 275, 353	6.9,7.0 —	22.	ahβ	010		2833	192, 298, 340	4.0, B, 4.2	ιιιικ	θδι	ΡΓΓ	ar
	884, 898,1057	6.9,6.0,5.9	111	ιιγγ	05ιι			956, 956,1013	B, D, D	ιιιιD	ζζη	ΡΡΓ	
	1119,1229,2242	— — —	...	αGγ	ΓΡ0			1014,1091,1091	4.0,4.5,4.2	ΠΠΠ	χεε	γδιι	
2793	1014	7.0,7.1	10	κκ	ιιιι	r	2834	340,1013	6.8,6.5	01	ιιβ	05	
2794	1034	7.1,7.2	01	ιικ	0ιι		2835	340,1013	6.6,6.6	11	ιικ	0π	ad
2795	307	7.1,7.2	01	κκ	ιιιι		2836	340,1013	6.7,6.5	00	αγ	ιιΓ	
2796	217, 275, 341	7.1,7.2,6.9	110	ιιαα	000	br	2837	165, 217, 275	6.6,0.2,5.8	121	γγδ	000	
	954,1035,1057	6.3 — 6.6	0.3	αββ	Γιι0			954,1035,1057	5.1,6.0,4.7	054	δγζ	ΓΗΓ	
	1069	6.8	3	γ	2			1069	5.4	0	ε	Γ	
2797	278, 307,1034	5.6,5.6,5.4	213	γεζ	ΡΟΓ	a	2838	1014	6.6,6.6	00	ιιβ	ΓΗ	
	1068	6.0	2	γ	Γ		2839	1014	6.5,6.5	00	κκ	н	
2798	278, 307,1034	7.0,6.9,6.9	311	κκκ	ιιιιιι	r	2840	298, 340,1013	6.9,6.5,6.6	312	ιιακ	0ιιιι	ad
2799						r		1014	6.0	3	κ	н	
2800	1035	7.0,7.2	11	κκ	μιι		2841	192,1013,1013	7.1,6.5 —	43.	ιιιικ	00ιι	ad
2801	1014	6.8,6.8	00	bκ	0ιι		2842	278, 307,1068	6.0,6.4,6.9	213	ββγ	ιι00	
2802	278, 307,1034	6.4,6.4,6.4	211	γγδ	000		2843	278, 307,1034	6.2,6.5,6.9	113	βκβ	ιιιι0	ad
2803	298, 340, 956	7.0,6.6,6.7	221	ιιακ	00π	d		1068	6.6	1	κ	н	
	1013,1014	6.6,6.2	03	αγ	Γ0		2844	275, 341,1057	7.1,7.1,6.4	110	κιικ	ιι0ιι	ad
2804	192, 340, 955	5.2,5.5,5.7	111	εδγ	253			1069	6.6	1	κ	н	
	1013	5.4	0	ε	2		2845	275, 954,1057	6.9,6.5,6.4	310	αιιβ	0γ2	d
2805	278	7.0,7.1	01	ιιιι	00			1069	6.7	0	β	0	
2806	278, 307,1034	5.6,5.4,5.4	233	δδδ	ΓΓΓ		2846	165, 217, 275	6.7,6.9 —	03.	ιιβγ	100	
	1068	6.2	4	γ	0			341, 954,1035	6.0,5.6,6.3	312	γδβ	0γ2	
2807	1014	6.6,6.6	00	ββ	00			1057,1057,1069	6.2 — 5.6	5.4	γβ	ΓΓΓ	
2808	275, 341,1057	5.8,6.0,5.5	312	γγδ	00Γ	ar	2847	275,1057,1069	6.7,6.4,6.8	412	κβα	ιιΗΙΙ	
2809						r	2848	1013	7.0,7.0	00	κκ	ιιιι	a
	1069	5.6	0	ε	Γ		2849	278, 307, 345	5.7,5.4,5.8	241	κκκ	ιιιιιι	at
2810	1057	6.7,6.6	10	κκ	ιιιι			1034,1068	5.5,6.1	32	κκ	н	
2811	1034	7.2,7.1	10	ιικ	0π		2850	278	7.3,7.4	10	hн	00	
2812	1013	6.9,6.9	00	κκ	нв		2851	275,1057,1069	7.0,6.7,6.7	230	Gαα	0γ2	
2813	1014	6.9,6.8	01	κκ	ιιιι		2852	298, 340,1014	6.9,6.6,6.2	212	αβγ	ιι05	
2814	1013,1014	7.0,6.6	21	ιιβ	00		2853	192, 340,1013	5.8,6.3,5.8	021	κκκ	ιιιιιι	a
2815	340,1013	6.8,6.4	11	ακ	0н	ad	2854	278, 307,1034	5.6,5.9,6.5	224	γβγ	γ00	

THE DRAPER CATALOGUE.

D. C.	Plate Numbers	Observed Brightness	Res.	End.	F.K.	R.	D. C.	Plate Numbers	Observed Brightness	Res.	End.	F.K.	R.
	1068	6.0	2	β	0		2895	340,1013,1014	6.7,6.7,6.4	111	$\alpha\kappa\alpha$	IIu0	d
2855	192, 298, 340	5.5,5.9,5.6	012	$\beta\alpha\delta$	005		2896	340	6.9,7.0	10	KK	σII	
	1013	5.7	1	γ	2		2896a	1014	6.5,6.5	00	KK	III	r
2856	192, 298, 340	6.4,5.8,5.8	722	$\alpha\alpha\gamma$	0FF		2897	165, 217, 275	6.3,6.6,5.9	133	$\gamma\beta\gamma$	000	r
	1013	5.6	2	δ	F			341, 954,1035	6.1,5.5,6.1	113	$\gamma\gamma\gamma$	0FF	
2857	192, 298, 340	6.7,6.8,6.2	424	hnk	00u		— —	1057,1069	5.3,5.8	11	$e\delta$	FF	
	1013	6.3	1	α	F		2898	1014	6.8,6.8	00	$\alpha\alpha$	00	
2858	278, 307,1034	6.5,6.4,6.8	131	$\pi\delta\gamma$	0F0		2899	1042	7.1,7.1	00	KK	III	
	1068	6.8	0	β	0		2900	165, 185, 217	6.5,6.0,6.7	578	KKK	IIBH	at
2859	1057	6.9,6.9	00	KK	$\pi\pi$			275, 341, 898	5.8,5.5,4.8	013	KKα	IIBπ	
2860	340,1014,1069	6.8,6.5,7.1	111	KγII	IIπ0			954,1035,1057	4.7,5.3,5.3	313	KKK	IIBII	
2861	307	7.0,7.0	00	KK	πII			1069,1071	5.3,4.5	05	KK	$\pi\pi$	
2862	1013	6.9,7.0	10	IIK	0II		2901	1014	6.7,6.8	01	KK	III	
2863	307, 345	6.3,6.0	11	$\beta\alpha$	Yπ		2902	1014	6.7,6.9	11	$\alpha\beta$	18	a
2864	307,1034	7.1,6.9	11	hβ	00	r	2903	1014	6.7,6.5	11	KK	IIII	
2865	307	6.8,6.9	10	KK	IIII		2904	307,1034	6.8,7.0	11	KK	IIπ	
2866	307,1034,1068	4.4,4.6,4.4	021	$\delta\epsilon\gamma$	52π	r	2905	1057,1069	6.7,6.9	10	KF	IIF	
2867	1057	7.0,7.1	01	KK	III		2906	1014	6.5,6.8	21	KK	III	
2868	298, 340, 956	6.2,6.3,6.3	102	$\beta\alpha$K	IIuII	ad	2907	192, 298, 340	5.5,5.5,5.6	301	$\beta\beta\delta$	II3F	
	1014,1091	5.8,6.6	21	KK	IIH			1013,1014,1091	5.4,5.2,5.3	104	$e\zeta\delta$	222	
2869	1013	6.6,6.8	11	KK	III	a	2908	1034	6.7,6.9	11	$\gamma\alpha$	0II	r
2870	1014	6.7,6.7	00	$\alpha\alpha$	III		2909	1034	6.8,7.0	11	EK	III	
2871	192, 298,1013	6.5,7.0,6.8	022	KIIK	H0II	d	2910	340, 341,1014	5.9,6.9,5.6	333	$\delta\alpha\gamma$	F0F	
	1014	6.2	3	F	F			1069	6.6	3	γ	F	
2872	192, 298, 340	6.8,6.7,6.8	401	$\pi\beta\alpha$	005		2911	307	7.2,7.3	10	KK	$u\pi$	r
	1013	6.0	5	γ	5		2912	298,1013,1014	6.8,6.5,6.2	211	$\beta\beta\gamma$	0F0	ad
2873	307,1034	6.2,6.0	11	$\gamma\gamma$	00			1091	6.8	0	K	II	
2874	341,1057,1069	7.1,6.8,6.6	032	$\pi\beta\gamma$	00F		2913	276, 307, 345	5.2,5.3,5.3	201	$\gamma e\delta$	FFF	a
2875	1034	6.8,6.8	00	$\pi\beta$	00			1034,1092	5.2,5.3	11	$\zeta\gamma$	FF	
2876	1013	6.8,7.0	11	KK	III		2914	1013	6.9,6.9	00	KK	IIH	a
2877	298, 307, 345	6.4,6.1,6.0	311	$\delta\delta\beta$	00F		2915	1014	6.7,6.6	01	$\gamma\gamma$	FF	
2878	275, 341, 341	6.3,6.7 —	42.	$\delta\alpha\alpha$	050	a	2916	1014	6.6,6.6	00	KK	$H H$	a
	1057,1069	5.9,6.5	03	$\delta\gamma$	0F		2917	345,1034	6.4,6.3	11	KK	III	ar
2879	1014	6.9,6.8	01	KK	$H H$	a	2918	1013	6.9,6.9	00	KK	IIII	
2880	192,1042,1092	5.5,6.0,6.3	102	$\beta\beta\alpha$	IIHII		2919	276, 345,1034	6.8,7.1,6.8	122	K$\pi\beta$	II0II	
2881	275,1057,1069	6.6,6.3,6.6	322	K$\gamma\beta$	II2II		2920	276, 307, 345	4.3,4.6,4.4	110	$e\zeta\gamma$	FYF	r
2882	1014	6.9,7.0	01	Kα	HII			1034,1092	4.3,4.4	22	$e\delta$	FF	
2883	1057	7.0,6.9	01	IIK	0II		2921	1057	6.8,6.7	01	KK	III	
2884	1057	7.0,7.1	01	KK	III	a	2922	276, 307, 345	5.0,5.3,5.2	111	$\gamma e\zeta$	FF0	
2885	307, 345,1034	5.1,5.5,4.8	144	$\zeta\beta e$	FIIF	a		1034,1092	5.2,5.2	01	ζe	0F	
	1092,1092	5.6,5.3	30	$\alpha\beta$	IIH		2923	1069	7.0,7.2	11	KK	IIII	
2886	1014	6.9,6.8	01	KK	III		2924	298, 340,1013	5.5,5.4,5.6	122	$\delta e\delta$	455	
2887	340	7.0,6.9	01	IIK	0II			1091	6.0	2	β	5	
2888	954,1057,1069	6.5,6.7,6.6	022	$\alpha\alpha\beta$	I0F		2925	307,1034	6.8,6.5	12	IIγ	00	
2889	1069	7.1,7.2	01	$\pi\pi$	00		2926	1014,1014	6.7,6.7 —	00.	KII	π0	
2890	1013	6.6,6.7	01	$\beta\beta$	0II		2927	275,1035,1057	6.8,6.7,6.5	302	IIKII	0$u1$	
2891	307,1034	6.9,7.1	11	KK	III		2928	1057,1069	6.9,6.9	12	IIα	00	
2892	954,1057,1069	6.8,6.9,6.8	122	KIIK	H0II	d	2929	1014	6.6,6.6	00	Kβ	F0	
2893	1013	7.0,7.0	00	KK	III		2930	192, 298, 340	B, B —	BB.	KζK	IIFII	at
2894	275,1057,1069	6.8,6.5,6.9	412	KKK	IIHII	ad		340,1013,1014	B, B —	BU.	KKK	$\pi\pi\pi$	

D. C.	Plate Numbers	Observed Brightness	Res.	End.	F.K.	R.	D. C.	Plate Numbers	Observed Brightness	Res.	End	F.K	R.
2031	1014,1091 345	B, B 7.1,7.1	BB 00	κκ κκ	ββ βιι		2962 2963	298, 340,1013 275, 341, 954	6.6,6.8,6.5 7.1,6.6,5.9	110 212	ακ ικκ	ιιOβ Oιιβ	ad ad
2032	298, 340,1013 1042	6.4,6.2,6.2 7.0	131 4	γβε α	00F 0			1035,1057,1069 1071	6.3,6.3,6.4 6.4	220 3	γξκ κ	ιιββ ιι	
2033	1014	6.9,7.0	01	κκ	ιιβ		2964	298,1014	6.9,6.5	10	κα	ιι1	
2034	298, 340,1013 1001	5.9,6.2,5.8 6.7	302 3	βκα κ	OιιF β	dr	2965 2966	1014 307	6.5,6.7 6.7,6.9	11 11	ικ κκ	Oιι ιιβ	
2935	276, 307, 345 345,1034,1092	B, B — B, B, β	BB. BBB	κκε δ;β	βιι0 011	at	2967 2968	1014 298, 340,1013	6.7,6.7 5.8,5.8,5.8	00 002	κκ δδε	ιιβ 2ε2	
2936	140, 165, 173 185, 275, 353 844, 884, 898 1035,1057,1110 1229	6.4,6.6 — 6.8,6.8,6.3 — 6.7,5.6 6.5,5.6 — 5.6	21 032 .02 41 4	ββ βjγ αιιδ αδα γ	020 000 00F OFF 0		2069 2070 2971	1014,1091,1091 298, 340,1013 1042 1057 298, 340,1013	5.3 — 6.9 6.1,6.2,6.0 7.0 6.9,7.0 5.7,5.9,5.6	2.1 322 5 10 110	διιj κκκ κ κκ γδδ	202 ιιββ ιι βιι διι2	d
2937	345	7.0,7.2	11	ιιβ	00			1091	6.1	1	γ	5	
2938	954,1035,1057 1069,1071	6.6,6.7,6.6 6.4,6.8	121 43	κFκ κκ	ιιγβ βμ	a	2972 2973	1013 1013	6.8,6.7 6.9,6.9	01 00	κκ κκ	βιι βιι	a
2939	1069	6.5,6.6	01	κκ	ιιβ		2974	340,1013,1014	6.7,6.9,6.5	221	βjγ	052	
2940	298, 340,1013	7.0,7.0,6.7	001	βκβ	Oιι5	d	2075	1014	6.8,6.7	10	ιια	00	
2941	298, 307, 345 1042,1092,1092	6.0,6.0,5.9 6.5,6.7 —	122 34.	γjj β̂αj	F02 0ιι0	a	2076	275, 341, 954 1035,1057,1069	6.9,6.2,5.5 6.0,6.0,5.9	323 222	αγγ γjδ	ιι52 255	r
2942	275, 341,1057 1069	6.6,6.5,6.2 6.4	212 1	ιμ̂β δ	105 β		2977	1071 340	6.0.0 7.1,7.2	2 10	β ιιβ	ιι 00	
2943	1057,1069	6.8,6.9	11	κF	ιιF		2978	298,1013,1014	6.6,6.8,6.2	132	κβκ	ιιββ	d
2944	340,1014	7.0,6.4	21	ικ	Oιι	dr		1091	7.0	1	κ	β	
2945	1057	7.2,7.0	11	κκ	ιιιι		2979	276, 345,1034	6.6,6.5,6.8	211	κκα	βιιβ	at
2946	1092	6.7,6.9	11	βιι	00		2981	1057	6.9,6.8	10	Fκ	Fιι	
2947	1057	6.9,6.8	10	κκ	ιιβ		2982	298, 340,1013	— 6.9,6.5	.11	κκβ	ιιιιF	
2948	345,1034	7.0,6.6	23	αβ	00		2983	307,1034	6.8,6.7	10	κκ	ιι	
2949	345	6.5,6.6	10	αα	05		2984	165, 341,1057	7.3,6.9,6.5	111	ακα	1ιι5	
2950	307	6.8,7.1	12	ικ	Oιι	r	2985	307,1034	6.5,6.9	22	κκ	ιιβ	
2951	1014	6.9,6.9	00	κκ	ιιβ		2986	298, 340,1013	5.4,5.6,5.4	111	δεδ	OFF	a
2952	298, 340,1013 1091	6.0,6.1,6.0 6.7	210 3	κκκ κ	ιιιιβ ιι	ad	2987	1014,1091 298,1013,1042	6.5,5.8 6.4,6.4,6.9	01 202	ββ δεκ	F0 5ιιι	
2953	165, 185, 275 353, 884, 898 1035,1057,1119 1229	6.9,6.7,7.0 6.0,6.9,5.7 6.5,5.8,6.2 5.9	215 121 111 1	ββα βκγ γγα α	500 050 1Fβ 1	r	2988 2989 2990	275, 341,1057 1069 298,1014 298, 298, 340	6.5,5.9,5.9 5.6 7.1,6.5 6.2 — 6.2	153 3 12 0.0	βγδ ε βκ εββ	00F F ιι0 00F	
2954	1057	7.1,7.1	00	αα	00			1013,1042	6.1,6.2	11	δγ	F0	
2955	298, 340,1013 1091	6.1,6.2,6.1 6.8	210 3	δγδ α	F00 β		2991 2992	276, 307, 345	6.5,6.2,6.8	243	ακα	ιιιι0	dr r
2956	298, 340,1013 1014,1091	5.8,5.6,5.7 5.3,5.8	112 11	κκκ κκ	βββ ββ	a	2993	1034,1092,1092 276, 307, 345	6.3,6.9 — 5.1,5.3,4.9	32. 212	βκιι εεζ	0ιι0 Fιιγ	r
2957	1034	6.7,6.6	01	κκ	ιιιι			1034,1092	5.3,5.0	13	γε	0F	
2958	298, 340,1013 1091	5.4,5.5,5.5 5.9	211 1	εεε γ	FγF γ		2994 2995	1057 1014	7.0,7.1 7.0,6.9	01 10	κκ κκ	ιιβ ιιιι	a
2959	1057	6.7,6.6	10	ακ	0ιι		2996	298, 345	6.8,6.9	01	βκ	0ιι	ad
2960	298,1013	7.0,6.9	01	ακ	0ιι	d	2997	276, 307, 345	5.8,5.9,5.8	111	γγδ	000	
2961	276, 307, 345 1034,1092	4.2,5.1,4.4 4.5,4.8	212 20	ζεζ ζε	FFF FF	r	2998	1034,1092 345	6.2,6.0 6.4,6.5	21 01	δγ αα	0F 00	

THE DRAPER CATALOGUE.

D. C.	Plate Numbers	Observed Brightness	Res.	End.	F.K.	R.	D. C.	Plate Numbers	Observed Brightness	Res.	End.	F.K.	R.
2999	276, 345,1034	7.1,6.6,6.9	431	αβιι	000		3034	1092	7.2,7.0	11	κκ	ιιιι	
3000	165, 185, 275	6.8,7.0,6.8	210	βιιβ	000		3035	276, 307, 309	4.1,4.9,5.3	328	ηκκ	FHH	ad
	341,1057	6.9,6.2	32	βγ	00			345,1034,1092	4.5,4.6,4.5	113	ηγζ	FFF	
3001	275, 341,1035	7.1,6.8,6.7	101	αιιβ	ιιΟF		3037	276, 345, 345	5.3,5.5,5.5	000	δββ	FFδ	ad
	1057,1069	6.1,6.5	10	γβ	05			1034,1092	5.6,5.8	01	βκ	1ιι	
3002	298, 340,1013	5.9,5.8,5.8	102	δγδ	50F		3038	276, 309, 345	B, B, B	DBB	ηκδ	FHF	at
	1014,1091,1091	5.2 — 6.0	3.0	ζαγ	2ιιF			1034,1092	— B	.B	κη	ιιF	
3003	1014	6.8,6.9	10	κκ	ιιιι		3039	1014	7.0,7.0	00	κκ	ιιιι	
3004	276, 345,1034	7.0,6.7,7.1	230	κβιι	ιιΟΟ	d	3040	298, 340,1013	B, B, B	BBB	θιδ	FF1	r
3005	276, 307, 345	5.3,5.5,5.5	010	εδε	02F			1042	B	B	θ	F	
	1034,1092	5.7,5.9	12	δδ	0F		3041	276, 345,1034	6.1,6.5,6.3	021	γββ	FΟH	
3006	276, 307, 345	6.5,6.5,5.8	524	ακδ	ιιΗF	d		1092	6.5	0	β	0	
	1092	6.3	1	α	F		3042	298,1013,1025	6.0,6.0,6.5	312	γκα	1FH	
3007	276, 276, 307	6.6,6.4,6.2	423	βγκ	00H	ad		1091	6.6	1	β	F	
	345,1034,1092	6.1,6.5,6.7	301	βγβ	F00		3043	298,1042,1092	6.1,6.5,7.3	416	δκκ	0Hιι	ad
3008	185, 275, 341	6.9,6.9,6.3	213	ιικβ	0ιι5	b	3044	1057	6.9,6.9	00	κκ	HH	
	954,1057,1069	5.9,6.2,6.4	121	αγγ	BF2		3045	340,1014	7.0,7.0	21	κκ	ιιH	a
	1071	6.5	5	β	1		3046	298, 340,1014	6.6,6.5,6.1	210	αιιγ	0ιι0	
3009	276, 276, 307	5.4,5.1,5.3	301	γζκ	00H	ad		1026	6.3	4	β	ν	
	345,1034,1092	6.1,6.5,6.7	111	ζγζ	F00		3047	276, 345	6.9,6.4	34	κβ	ιι0	d
3010	345	7.3,7.3	00	hιι	00		3048	1009	6.8,6.8	00	Fκ	FH	
3011	298, 298, 340	— 6.7,6.5	.02	αγβ	10ιι		3049	345	6.4,6.6	11	ββ	00	a
	1013,1042	6.4,7.0	12	βιι	00		3050	298,1013,1042	6.4,6.0,6.6	021	γκκ	0Hιι	ad
3012	276, 345	7.2,6.9	23	ιικ	0ιι	d	3051	1057,1069	6.5,6.6	11	αβ	50	r
3013	1013,1014	7.0,6.6	21	ιικ	FH	ad	3052	298,1013	6.3,6.4	12	κκ	HH	ad
3014	345,1034	7.1,6.9	12	hκ	0H		3053	276, 345,1092	6.4,6.4,7.0	022	γαH	0F0	
3015	276, 345,1034	5.3,5.4,5.5	100	εεγ	F0F	a	3054	276, 345,1092	6.7,6.3,7.2	243	βγβ	000	
	1092	5.4	2	γ	0		3055	298,1013,1042	5.6,5.8,6.0	221	ζδγ	0FF	a
3016	276, 345,1092	6.8,6.5,7.2	232	κκκ	ιιnιι	ad		1092	6.0	0	β	F	
3017	298,1014,1091	6.2,6.1,6.8	202	κκκ	ιιHH	ad	3056	345	6.9,6.8	10	κα	ιιιι	
3018	298,1013,1042	6.2,6.3,6.5	301	γβιι	050		3057	298,1042,1092	6.3,6.8,7.0	312	γαβ	5F0	
	1092	7.2	5	α	ιι		3058	298,1013,1042	5.2,5.3,5.5	210	ζαδ	0FF	a
3019	1034	7.2,7.4	11	ιιιι	00		3059	345	6.8,7.0	11	ακ	0ιι	
3020	298, 340,1013	6.0,6.2,6.0	200	δγγ	0ιιF	r	3060	276, 309 345	4.8,5.3,5.1	221	εδη	00F	a
3021						r		1092	5.3	1	ζ	0	
	1042	6.5	2	β	5		3061	276	7.0,7.0	00	ιικ	0ιι	
3022	276, 345	6.9,6.5	33	αβ	00		3062	1014,1026	6.6,6.9	12	κκ	Hιι	d
3023	954,1035,1057	6.7,6.6,6.6	231	αγβ	000	r	3063	1026	6.9,7.0	01	κκ	ιιιι	
	1069,1071	6.5,6.7	32	βιι	F0		3064	276, 345	7.0,6.8	22	ιικ	0ιι	ad
3024	276, 345,1034	6.7 — 6.5	3.2	ακγ	ιιιιιι	d	3065	298,1042,1092	5.8,6.2,6.5	302	γβγ	FF2	
3025	1013	6.8,7.0	11	κκ	ιιιι		3066	276, 309, 345	6.9,7.0,6.7	113	ακκ	0ιιιι	d
3026	298,1013,1042	5.7,6.2,6.3	431	κκκ	ιιιιιι	a	3067	1035,1057,1069	6.9,6.7,6.8	111	κιικ	H1ιι	ad
3027	276, 276, 345	6.5,6.4,6.0	433	ββδ	00F	ad		1071	6.9	3	κ	H	
	1034,1092	6.0,6.6	41	βκ	0ιι		3068	345	7.1,7.1	00	ιικ	0ιι	
3028	276	7.4,7.3	01	κκ	ιιιι		3069	1035,1057,1069	6.8,6.5,6.6	011	κκβ	H115	ad
3029	276, 345,1092	5.5,5.6,5.8	100	δγβ	0FF	a	3070	1014,1069	7.0,7.0	22	κα	ιιF	
3030	276,1034,1092	5.7,6.0,6.6	223	κκκ	αHιι	a	3071	298,1042	6.4,6.9	22	αιι	00	
3031	1069	7.0,7.1	10	αα	00		3072	276, 309	6.8,6.7	11	κη	ιι0	
3032	1013	6.9,6.8	10	κκ	Hιι		3073	298	7.0,6.9	01	κκ	ιικ	
3033	276, 345,1034	6.9,6.7,6.8	311	ααιι	ιι00		3074	298,1013,1025	5.7,5.8,6.0	211	γαγ	2F1	r

ANNALS OF HARVARD COLLEGE OBSERVATORY.

D. C.	Plate Numbers	Observed Brightness	Res.	End.	F.K.	R.	D. C.	Plate Numbers	Observed Brightness	Res.	End.	F.K.	R.
	1042	5.9	1	γ	F		3114	1069	7.1,7.2	01	πκ	0π	
3075	309, 345	7.1,7.0	11	κα	π0	d	3115	345,1092	6.6,7.2	22	ββ	10	
3076	298,1013	6.8,6.5	01	κκ	Hπ	a	3116	277, 298,1025	6.9,6.8,6.5	121	αγβ	00F	cr
3077	298,1042	6.9,7.0	00	απ	00		3117	298,1014,1026	7.3,6.6,6.6	515	καβ	πιι0	
3078	309	7.1,7.3	11	κκ	πιι		3118	276, 309, 345	6.3,6.2,6.5	020	γββ	000	
3079	1014,1026	7.1,6.9	44	πκ	0H	dr		1092,1108	6.7,6.8	04	β'α	00	
3080						r	3119	277,1025,1001	6.9,6.7,7.0	201	πγb	000	
3081	1014,1026	6.6,6.7	32	κκ	HH		3120	276, 276, 309	4.8, B, B	RRD	γκα	FHII	at
3082	276, 309, 345	6.5,7.0,6.3	044	βκγ	0πF	d		345,1092,1108	B, D, B	ιιbιι	66ε	FFF	
3083	275,1057,1069	6.9,6.5,6.5	221	κπβ	π08	ad	3121	165, 341,1035	— 6.6,6.4	.00	αγβ	00π	
3084	1057,1069	6.9,6.8	22	HK	0H	d		1057,1069	6.4,6.0	43	βγ	π2	
3085	276, 276, 309	— 4.8,5.1	.13	κκκ	πDD	ar	3122	277, 298,1025	6.7,6.5,6.5	200	αββ	050	
	345,1092,1108	4.7,5.0,4.9	211	κκκ	DDD			1091	6.8	1	γ	H	
3086	340,1014	7.1,6.7	10	hh	0F		3123	298	6.6,6.6	00	ββ	00	
3087	1025	6.8,6.9	01	ακ	0π		3124	276, 309, 345	5.0,5.0,5.3	120	δεε	F0F	a
3088	1069	7.0,7.2	11	κκ	πιι			1092,1108	5.7,5.2	20	ζα	Fπ	
3089	276	6.8,7.0	11	κκ	πH		3125	1014	7.0,7.0	00	κκ	πιι	
3090	1014	6.5,6.5	00	κκ	ιιιι		3126	298,1025	6.9,6.9	00	αβ	00	
3091	276, 309, 345	7.1,7.0,7.0	201	πκπ	0πι0		3127	185, 341,1035	6.9,6.9,6.3	322	καβ	π0F	ad
3092	1014	6.8,7.0	11	κκ	πιι	a		1057,1069	6.5,6.4	40	βδ	5F	
3093	298,1042,1092	6.1,6.5,7.0	522	βαα	21π	d	3128	1069	7.0,7.3	12	πκ	0π	
	1108	6.8	3	κ	π		3129	165,1035,1057	6.5,6.6,6.0	342	ββα	0F1	r
3094	276, 309, 345	5.8,6.3,6.4	400	δαβ	0H0	d		1069	5.9	2	δ	F	
	345,1092,1108	6.5,6.8,6.1	122	βικ	00H		3130	298,1025	6.1,6.2	10	βκ	0F	ad
3095	309, 345	6.7,6.5	21	κκ	HH	ar	3131	1069,1071	6.8,7.0	32	βιι	50	
3096	165, 341,1057	7.3,7.0,6.8	104	καιι	H00	ad	3132	298,1025,1042	6.6,6.4,6.7	020	βγβ	1r0	
	1069	6.6	1	κ	H			1092	7.2	4	κ	π	
3097	1014	6.8,6.8	00	πκ	0π		3133	276, 309, 345	5.5,5.8,5.6	203	γαε	FHF	ad
3098	1057	7.0,7.1	01	πκ	0π			1092,1108	6.1,6.3	05	βκ	Fπ	
3099	309	7.0,6.9	10	bκ	0ιι		3134	1035,1057	6.9,6.9	22	ακ	0π	
3100	276, 309, 345	4.6,5.4,4.7	162	γγι	FF0	a	3135	1057	6.9,7.0	10	πκ	Fπ	
	1092,1108,1108	4.7 — 4.9	4.1	ζεε	FFF		3136	309, 345	6.8,6.5	22	κβ	π0	
3101	1014,1026	6.8,7.0	22	απ	F0	r	3137	298, 309,1042	6.0 — 6.3	1.1	γβγ	00F	a
3102	276, 309	6.7,6.8	00	κκ	πιι			1108	6.0	0	α	H	
3103	1069	7.0,7.2	11	κκ	ιιιι		3138	276, 309, 345	4.0,4.2,4.3	011	κκκ	HIIH	a
3104	1014,1026,1069	— 6.9,6.9	.11	ιιπβ	000			1092,1108	4.2,4.3	22	κκ	πιι	
3105	298,1024	6.8,7.1	11	κκ	πιι		3139	1014,1069	6.6,7.0	00	κF	ιιF	
3106	276, 309, 345	5.2,5.8,5.8	410	δγε	F00	ad	3140	276, 309, 345	5.5,5.6,5.5	113	δκζ	0π0	ad
	1092,1108	6.2,5.8	21	βκ	0H			1092,1108	6.2,5.9	22	δα	0π	
3107	1035,1057	6.8,6.5	01	κκ	πιι		3141	298,1014,1026	6.3,6.1,6.8	101	βακ	πHιι	ad
3108	277, 298,1025	5.7,5.6,5.7	301	ακh	05F	ad		1001,1117	6.7,6.8	11	ακ	πιι	
	1091	5.8	0	κ	H		3142	276, 309	6.8,6.7	11	κβ	π0	
3109	954,1035,1069	6.7,6.8,6.8	121	παα	0FF	r	3143	1035	6.9,6.8	10	FK	Fπ	
	1071	6.7	1	α	0		3144	276, 309, 345	5.7,6.0,5.7	113	δγγ	00F	
3110	1025,1042	6.9,6.3	34	κπ	πF	dr		1092,1108	6.4,5.9	20	βγ	02	
3111	1069	6.5,6.5	00	κπ	πιι	a	3145	276, 309, 345	6.8,6.6,6.4	33	απγ	000	r
3112	277, 298,1013	6.8,7.0,6.5	152	κακ	π0ιι	ad		1092	7.0	1	π	0	
	1014,1026,1117	6.0,6.2,7.1	263	γγκ	FFH		3146	276	6.6,6.8	11	γβ	0	
3113	277, 298,1025	6.0,5.9,6.2	121	κδβ	π20	d	3147	276, 309, 345	6.6,6.8,6.7	011	ακκ	0ιιιι	ad
	1042,1092	6.1,6.4	11	γγ	FF		3148	277, 298,1025	5.8,5.8,5.9	401	γγε	000	a

THE DRAPER CATALOGUE.

D.C.	Plate Numbers	Observed Brightness	Res.	End.	F.K.	R.	D.C.	Plate Numbers	Observed Brightness	Res.	End.	F.K.	R.
	1042	6.0	1	α	F			1108	6.8	2	κ	*H*	
3149	276, 345	6.7,6.5	22	αα	00		3183	1026	6.9,6.6	21	κκ	*HH*	
3150	276, 298, 309	5.0,5.5,5.2	031	δεε	000	a	3184	277, 298,1025	6.3,6.5,6.2	330	αβδ	182	
	345,1092,1108	5.0,5.2,5.0	221	ηεδ	FFF			1042	6.5	2	κ	*H*	
3151	276	7.2,7.1	01	ηη	00		3185	341,1069	7.0,6.5	11	ηκ	0*H*	
3152	276, 298, 345	— 4.4,4.1	.30	Gεε	FFF	ar	3186	276, 309, 345	6.1,6.4,6.2	021	δββ	00R	
3153						r	3187	276, 309, 345	6.4,6.3,6.6	111	α3α	F00	
	1092,1108	4.0,4.0	30	ζη	FF			1092	6.7	0	α	0	
3154	276	7.2,6.6	11	ηα	00		3188	1035,1069	6.8,6.9	11	κα	H8	ad
3155	309, 345,1108	6.2,6.4,6.5	102	αβκ	HOH		3189	276, 309,1092	6.2,6.3,6.6	111	ββκ	00H	ad
3156	898,1057	6.5,6.3	01	FK	FH			1108	6.7	3	κ	H	
3157	276, 345	6.8,6.8	11	ακ	0H		3190	309	7.0,7.0	00	ηα	00	
3158	1026	6.9,7.1	11	hη	00		3191	276, 345	7.2,7.2	11	hη	00	
3159	276, 309, 309	5.0 — 5.4	1.2	ζαδ	F00	at	3192	1091	7.0,7.2	11	κκ	*HH*	
	345,1092,1108	5.4,5.4,5.3	111	εεβ	0FH		3193	276, 309, 345	6.4,7.1,6.5	334	βκα	0H0	d
3160	165, 185, 275	7.0,6.9,6.8	242	HKK	0HH	ad		1108	7.2	4	κ	H	
	1035,1057,1069	6.9,6.3,6.6	311	KKα	HHH		3194	1025,1042	6.2,6.6	21	ακ	FH	d
3161	1025	7.0,7.0	00	HK	0K		3195	1014,1026	6.4,6.5	32	κκ	HH	a
3162	1035	7.0,7.0	00	KK	HH		3196	309	6.9,6.8	21	ηγ	00	
3163	1092,1108	5.7,5.5	10	KK	HH	at	3197	1069	6.9,6.9	00	KK	HH	a
3164	1092,1108	5.8,5.5	00	ββ	00	ar	3198	1026	7.2,7.3	10	HH	00	
3165	276, 345,1092	6.0,5.8,6.8	153	βκκ	0HH	at	3199	276, 345	7.1,7.1	11	αα	00	
	1108	6.5	3	κ	H		3200	277, 298,1025	5.4,5.8 —	53.	γδα	000	a
3166	276, 309, 345	4.9,5.6,5.1	242	ζβδ	FHF	ar		1025,1042	5.8,5.5	31	εδ	2F	
	1092,1108	5.4,5.2	10	εδ	0F		3201	277, 298,1025	6.8,7.0,6.5	241	αGγ	00F	
3167	276, 345	6.5,6.4	12	αα	00	r	3202	1035,1057,1071	6.6,6.7,7.0	414	ααK	05H	
3168	276, 309, 309	B, 4.6, H	BRB	Hγε	F0F	at	3203	1069	6.9,6.8	01	HK	FH	
	345,1092,1108	4.0,4.0, H	BBB	δζη	FF1		3204	276, 309, 345	4.4.4.7,4.6	111	δεθ	FFF	a
3169	276, 309, 345	6.5,7.0,6.4	134	γhα	00H	at		1092,1108	4.9,4.7	01	θε	FF	
	1092,1108	7.2,6.9	22	KK	HH		3205	276, 309, 345	5.8,6.1,6.3	201	δHK	01H	ad
3170	1026,1069	— 6.9,7.2	.21	KK	HH	a		1108	6.3	2	K	*H*	
3171	276, 309, 345	5.6,6.4,5.8	434	γKγ	8HH		3206	309	6.7,6.9	11	αK	HH	
	1092,1108	6.6,6.5	24	γβ	HH		3207	276, 309, 345	5.3,5.2,6.4	201	εζγ	F0F	a
3172	277, 298,1025	— 6.0,6.4	.22	hεβ	005			1092,1108	5.2,5.0	32	δζ	F1	
	1042	6.4	1	δ	F		3208	309	7.0,7.0	00	KK	HH	a
3173	276	7.2,7.0	11	αH	00		3209	276, 309, 345	5.4,5.5,5.6	111	ηηη	222	
3174	165,1035,1069	7.4,6.7,6.9	012	Kβα	HHH			1092,1108	6.3,5.3	43	γδ	22	
3175	276, 309, 345	B, B, B	BDB	εκζ	HHF	at	3210	1026	6.9,7.1	11	KK	HH	
	1092,1108	D, D	BD	ιδ	1F		3211	277, 298,1025	6.8,6.0,6.3	521	βαγ	00F	ad
3176	298,1025,1042	6.2,6.4,6.4	110	γαγ	HHδ			1042,1091	— 6.8	.2	αK	5H	
	1092	6.6	1	K	H		3212	1035	7.0,7.1	01	KK	HH	
3177	276, 309, 345	6.6 — 6.6	1.1	αHK	00H	dr	3213	1069	7.1,7.3	11	KK	HH	
3178	309	7.3,7.5	11	HH	00		3214	1057	7.1,7.0	10	KK	HH	
3179	276, 298, 309	5.5,6.2,5.7	231	KKK	HHH	a	3215	309, 345	6.7,7.5	21	KK	HH	
	345,1092,1108	5.8,6.1,6.0	102	KKK	HDH		3216	1035,1069	6.9,6.6	11	FK	FH	
3180	277, 298,1025	4.0,4.0,4.1	401	θεη	FFF	ar	3217	1057	6.7,6.8	10	FK	FH	
	1042,1042,1092	— 4.2 —	.1.	εθ	FF1		3218	309,1092	6.5,7.3	23	βK	0H	d
3181	276, 309, 345	5.7,6.2,6.0	312	δβ	00F	a	3219	1026	6.9,6.8	10	KK	HH	
	1092,1108	6.6,6.3	22	Hβ	00		3220	1025	7.0,6.9	01	αα	0H	
3182	276, 309, 345	6.6,6.5,6.5	112	βαβ	000		3221	309	7.4,7.3	10	KK	HH	

D.C.	Plate Numbers	Observed Brightness	Res.	End.	F.K.	R.	D.C.	Plate Numbers	Observed Brightness	Res.	End.	F.K.	R.
3222	276, 309,1108	6.9,6.6,7.0	131	ηκκ	0η*ιι*	ad	3262	1035	6.8,6.8	00	κκ	*ι*η	
3223	1035	6.8,6.8	00	ιιιι	00		3263	1057	7.0,7.0	00	κιι	η0	
3224	277, 298, 298	6.7,6.7 —	04.	βδη	FF0	r	3264	341,1035,1069	7.0,6.8,6.6	001	*ι*αιβ	005	
3225						r	3265	1025	7.2,7.2	00	κκ	ιιιι	
	1025,1042	5.9,6.4	40	δβ	F0		3266	1025	6.9,6.9	00	κκ	ηη	a
3226	1026	6.7,6.7	00	κκ	ηιι	a	3267	1026	7.2,7.3	10	ιιιι	00	
3227	298	6.9,6.9	00	βα	00		3268	277,1026,1117	6.9,6.6,7.2	133	κβκ	η2*u*	d
3228	345	7.1,7.4	12	ηιι	00	d	3269	309,1092,1108	6.0,7.1,6.4	440	γηβ	000	
3229	341	6.8,6.7	01	ιια	10		3270	1026	6.8,6.7	10	κκ	ηιι	
3230	309	6.8,6.9	10	κιι	η0		3271	1069	7.0,7.0	00	κκ	ιιιι	
3231	277, 298,1025	6.1,5.6,6.0	013	δδδ	0r1	a	3272	309,1108	6.5,6.9	22	ακ	0ιι	ad
	1042,1092,1108	5.6,5.7 —	22.	δδα	FFF		3273	165, 185,1035	6.5,6.5,6.3	252	βjγ	2ηF	
3232	277,1026,1069	— 6.5,6.6	30	αδβ	0FF			1069	6.3	3	γ	2	
	1117	7.2	4	π	0		3274	309	6.9,7.1	11	ηη	00	
3233	1026	7.0,7.1	10	ηη	00		3275	276	7.2,7.0	11	ηη	00	
3234	276, 309, 345	6.4,6.5,6.5	112	βκγ	0η0	ad	3276	1025	7.0,6.9	01	ακ	0ιι	
	1092,1108	7.1,6.8	22	κκ	ηιι		3277	309	6.6,6.7	10	ακ	0η	
3235	277, 298,1025	6.6,6.8,6.5	421	ααβ	000		3278	309	7.0,7.2	11	κκ	ηιι	a
	1042	7.0	3	η	0		3280	1026	6.9,6.8	01	ηκ	0*r*	
3236	276, 309, 345	5.4,5.4,5.5	011	γζ*e*	00F	a	3281	898,1035,1057	6.6,6.7,6.5	111	κκκ	ηιιιι	a
	1092,1108	5.9,5.6	11	γγ	FF			1119,1229	6.9,6.8	11	κκ	ιιη	
3237						at	3282	1025	6.8,6.9	01	κκ	ηιι	
3238	276, 309, 345	η, η, β	ηηη	κδδ	ηFF	r	3283	276, 309, 345	5.0,5.2,5.6	212	κκκ	*bιιιι*	a
	1092,1108	β, β	ηη	κζ	ιι1			1092,1108	5.5,5.5	12	κκ	ιιD	
3239	309	6.7,7.0	21	ηκ	0η	ad	3284	1057,1069,1071	6.9,6.9,7.1	032	κFκ	ηFD	
3240	1035	6.9,6.8	10	ηκ	0ιι		3285	165,1035,1057	7.4,6.5,6.5	031	βγα	025	
3241	309, 345	6.6,6.9	11	αιι	ιι0			1069,1069	6.7 —	0.	γβ	00	
3242	1026	6.9,6.8	01	κκ	ιιη		3286	1026	7.0,7.1	10	κκ	ιιιι	
3243	309	6.2,6.5	12	βγ	00		3287	1069	6.6,6.7	10	κκ	ηη	a
3244	1069	6.9,6.9	00	Fκ	Fη		3288	1092,1108	6.8,6.5	00	κα	η5	d
3245	1069,1071	6.8,6.9	22	κκ	ιιη	d	3289	1092	7.0,7.2	11	κκ	ιιιι	
3246	309	6.7,7.0	21	κκ	ιιη	a	3290	309	7.1,7.0	01	κιι	ιιιι	
3247	1025	6.5,6.6	10	αγ	FF		3291	309, 310,1026	— 6.5,6.6	.11	βββ	002	
3248	309	7.1,7.2	01	ιιιι	00			1092,1108	7.0,6.1	42	κβ	η5	
3249	309	6.6,6.9	12	αα	00		3292	310,1025,1092	6.8,6.4,7.0	022	βγκ	05ιι	
3250	277, 298,1025	6.2,6.8,6.3	641	βαβ	000	ad	3293	1026	7.2,7.1	10	ββ	00	
	1042	6.9	4	κ	η		3294	341,1035,1069	6.8,6.6,6.5	000	κββ	η0F	
3251	309, 345	7.3,6.0	77	πγ	η0		3295	309, 310,1108	5.5,5.8,5.3	111	γγδ	00F	a
3252	276	6.5,6.6	10	βα	η0		3296	1035,1069	6.5,6.6	11	κκ	ιιιι	
3253	309,1108	6.4,6.5	10	κκ	ηη		3297	341	7.2,7.2	00	κα	η0	
3254	1026	6.9,6.7	11	κκ	ιιιι		3298	277,1026,1070	6.3,6.1,6.1	121	κκκ	ηηιι	ad
3255	1069	7.1,7.1	00	ηκ	Fη	ad		1094,1117	6.1,6.4	11	κκ	ιιιι	
3256	309,1108	6.5,7.0	23	κα	η0	d	3299	310,1025	6.8,6.1	23	αδ	0r	
3257	276, 309	6.9,6.5	32	ακ	0η		3300	309	6.6,6.6	00	ηκ	0η	
3258	341,1026,1035	6.5,6.2,6.6	132	αγα	ιι25	r	3301	276, 309,1092	4.5,5.0,5.1	131	γ*e*γ	522	
	1069,1117	6.3 —	0.	γβ	25			1108,1118,1167	4.3,5.2,4.8	412	ζδ*e*	22ιι	
3259	276	7.4,7.3	01	κκ	ηιι		3302	309,1108,1108	6.0,6.4 —	22.	α*ι*β	ηηηη	
3260	277, 310,1026	5.8 — 5.8	2.1	γηδ	000		3303	309	5.8,6.3	32	βj	00	
	1091,1094,1117	5.8,5.8,5.8	021	γβγ	FFF		3304	277,1025,1093	6.2,6.2,6.7	313	κκκ	ηιιιι	a
3261	309	7.3,7.3	00	κκ	ιιιι		3305	1026	6.9,6.7	11	κκ	ηιι	

THE DRAPER CATALOGUE.

D. C.	Plate Numbers.	Observed Brightness.	Res.	End.	F.K.	R.	D. C.	Plate Numbers.	Observed Brightness.	Res.	End.	F.K.	R.
3306	309,1108,1118	в, в, 4.0	ввв	0ιι	ғ1ғ	ar		1167	6.3	0	α	ғ	
	1167	в	в	γ	1		3343	1069	6.8,6.8	00	кк	ннн	
3307	1026	7.0,7.1	10	ακ	нп		3344	1167	6.9,7.0	10	ηα	00	
3308	277,1025	6.4,6.9	45	βп	ғ0		3345	309	7.2,7.1	10	hπ	00	
3309	309	6.5,6.7	11	кк	пн	a	3346	1026	7.0,7.1	10	ββ	00	
3310	1026	7.1,7.3	11	ββ	00		3347	277,1026,1069	6.8,6.5,7.0	243	βδα	020	ad
3311	1025	6.7,6.7	00	пк	1п			1117	7.0	1	к	н	
3312	165, 185, 341	6.9,6.8,6.5	020	βαα	00н	r	3348	277, 310,1025	6.8,6.6,6.3	112	βαγ	н02	
	1035,1069	6.3,6.3	01	δδ	ғғ			1094	6.8	3	π	0	
3313	309,1167	6.9,6.5	21	пк	0н	d	3349	277, 310,1025	6.0,6.0,5.6	111	ккк	нпв	a
3314	309, 310,1093	5.3,5.7,5.8	011	δγβ	ғ01	r		1093	6.0	0	к	н	
	1108	5.1	2	ε	ғ		3350	299, 309,1070	7.0 — 7.3	1.2	hαп	0п0	
3315	1091,1094	6.9,6.7	00	кк	нн	r		1167	6.8	3	н	0	
3316	309	7.4,7.4	00	hh	00		3351	1026	6.5,6.5	00	кк	нп	a
3317	277, 310,1026	6.0,6.0,5.8	021	ккк	ннн	ad	3352	309,1108	6.4,7.0	33	βα	00	
	1091,1094,1117	5.8,5.5,6.1	012	ккк	нннн		3353	1167	6.9,6.9	00	αα	ғ0	
3318	309,1108	6.7,7.0	21	кк	нн		3354	1025,1093	6.0,6.4	01	пк	ғн	
3319	309	6.9,7.1	11	кк	пн	r	3355	1026,1069	6.8,7.0	22	βп	01	
3320	309	7.0,7.0	00	пк	0п		3356	299,1108	7.0,6.7	33	кк	нн	
3321	309,1070,1167	6.9,6.7,6.4	212	ккк	нннн	d	3357	309	7.2,7.2	00	кк	нп	
3322	1167	6.9,7.2	12	нк	0н		3358	299, 309,1070	6.5,6.9,6.7	010	кпк	н0н	ad
3323	1108	7.0,7.0	00	пк	0п			1167	6.5	2	к	н	
3324	1026	6.8,6.9	10	αα	ғ0		3359	299	6.7,7.1	22	кк	нн	
3325	309	6.7,6.8	01	кк	пн		3360	1035	6.9,6.6	12	кк	нн	a
3326	277,1026,1094	7.0,6.4,6.9	053	кβн	п20		3361	299, 309,1108	в, 4.0, в	ввв	ккк	ввв	at
	1117	6.9	0	α	н			1118,1167	4.0,4.1	вв	кк	вв	
3327	299, 309,1070	6.2,6.4,6.5	011	ακγ	ннғ		3362	299,1167	7.0,7.1	01	hβ	00	
	1167	6.2	2	β	0		3363	309	7.2,7.3	10	hп	00	
3328	165, 185, 341	6.1,5.9,6.0	142	βγα	210	r	3364	1025,1093	6.6,7.1	11	βк	ғп	d
	1035,1069	5.5,5.7	12	δδ	ғғ		3365	341,1035,1069	6.9,6.7,6.5	001	καβ	н02	
3329	1025	6.9,6.9	00	βк	0н		3366	299, 309,1070	7.1,7.3,7.2	322	ккк	нннн	
3330	341,1026,1069	6.2,5.4,5.7	432	βδδ	8ғғ	r		1167	6.5	5	к	н	
	1117	5.4	3	γ	2		3367	299, 309,1070	7.0,7.2,7.0	210	ккк	нннн	
3331	277,1025	6.6,6.7	23	βк	02			1167	6.8	2	α	ғ	
3332	299, 309,1070	5.5,5.7,5.8	011	кβγ	нғ2	ad	3368	299, 309,1070	6.6,6.8,6.6	210	ρкδ	0нғ	
	1108,1118,1167	5.6,6.4,5.8	201	δακ	ғғн			1118,1167	7.3,6.4	02	αδ	0ғ	
3333	310,1093	6.2,6.2	01	δβ	0ғ		3369	1167	6.9,7.2	12	hп	ғ0	r
3334	309,1070,1167	7.2,6.9,6.9	111	нкн	0нғ	d	3370	1167	6.9,7.0	10	ннн	00	
3335	1035,1057,1069	6.6,6.8,6.9	331	ακκ	ғнн	a	3371	1025,1093	6.6,6.8	01	кo	нғ	d
3336	277, 310,1025	5.8,5.5,5.2	210	δεε	ғ0ғ		3372	299, 309,1108	— 6.2,6.3	10	παγ	0нғ	
	1093	5.1	4	δ	ғ			1118,1167	6.5,6.6	44	βδ	0ғ	
3337	290, 299, 309	5.0,5.6,5.3	333	ккк	нпн	a	3373	309	6.7,6.8	01	кк	нп	a
	1070,1108,1118	5.6,5.7,6.1	111	ккк	нннн		3374	165,1069	6.9,6.6	22	кβ	п2	ad
	1167	5.6	1	к	п		3375	277, 300,1026	5.3 — 5.4	2.0	кпк	н0в	ad
3338	1026	7.3,7.2	01	кк	пн	a		1069,1096,1117	5.6,5.3,5.3	401	ккк	ввв	
3339	309	6.9,7.3	22	кк	нп		3376	1026	7.1,7.2	01	кк	нн	
3340	309,1108,1167	6.2,6.6,6.5	311	ккк	нкн	ar	3377	1069,1071	6.6,6.7	22	кн	нғ	
3341	1025	6.6,6.6	00	γδ	00		3378	1026,1069	6.5,6.7	22	αα	51	r
3342	299, 309,1070	6.3,6.0 —	24.	αββ	50п	r	3379	1025	6.9,7.1	11	кк	нн	
	1070,1108,1167	6.5,6.5 —	21.	βαβ	ғн0		3380	1026	6.8,6.8	00	кк	пн	

ANNALS OF HARVARD COLLEGE OBSERVATORY.

D C.	Plate Numbers.	Observed Brightness.	Res.	End.	F.K.	R.	D. C.	Plate Numbers.	Observed Brightness.	Res.	End.	F.K.	R.
3381	277, 310,1095	5.0,5.4,5.5	112	αλε	00ᵥ	a	3418	309,1070,1167	7.2,6.8,6.5	303	κκκ	ιιαβ	a
	1093	5.7	1	γ	ᵥ		3419	1026,1096	6.6,6.8	12	κκ	ιιn	a
3382	299, 309,1070	4.6,5.3,4.8	222	κδκ	ιιιιн	ad	3420	1035	6.8,6.9	01	κκ	ιιιι	
	1108,1108,1118	— 5.4,5.4	.33	γγκ	8ᴍιι		3421	1026	7.1,7.4	21	ιιн	00	
	1167	5.0	0	κ	ιι		3422	310,1025	6.9,6.7	00	κκ	ιιιк	
3383	310,1026,1094	6.9,6.7,6.8	122	αγα	0ғ0		3423	300,1026,1096	6.8,6.4,6.7	540	βδκ	02н	d
3384	1167	6.9,7.0	10	κκ	ᴍн			1117	6.8	0	α	ғ	
3385	1069	7.0,7.0	00	κκ	ιιн	a	3424	1167	7.2,7.3	01	κκ	ιιн	a
3386	277, 277, 300	4.6 — в	2.ᴅ	ζσε	2ғғ		3425	299, 309, 310	— 5.3,5.7	.23	G88	ғιι2	
	310,1026,1094	в, 4.0, в	ᴅ3в	θθθ	2ғғ			1108,1118,1167	5.1,5.3,5.0	040	εζθ	222	
	1117	в	ιι	θ	ғ		3426	1035	7.0,7.0	00	ᴦк	ғιι	
3387	1167	7.3,7.3	00	κκ	ιιн		3427	1026	7.1,7.2	01	ιιιι	00	
3388	1026,1094,1117	6.3 — 7.0	4.3	ζha	005		3428	299, 309,1167	6.7,6.5,6.8	231	κκβ	ππᵥ	
3389	309,1070,1167	7.3,7.1,7.0	101	ιιξ3	000		3429	299, 309,1070	— 5.5,5.5	.10	ε3θ	ғ0ᴦ	n
3390	1069,1071	7.0,6.9	11	κκ	ιιн	a		1108,1118,1167	5.9,6.1,5.4	311	βαε	ᴦᴠᴦ	
3391	310,1026,1094	6.3,6.0,6.3	133	κκκ	нннн	nt	3430	299,1070,1167	6.0,6.7,6.4	230	ρρε	05ғ	
3392	277, 310,1026	4.5, в, 4.4	1ιι1	θιδ	ғғғ	a	3431	1094	7.0,6.9	01	κκ	ᴅн	
	1094,1117	в, 4.0	n3	θη	ᴠғ		3432	1026	6.9,6.9	00	κκ	ιιιι	
3393	1026	6.9,7.0	01	κκ	ιιιι		3433	1070	7.3,7.3	00	ιιιι	00	r
3394	1167	6.8,6.8	00	δκ	ғв		3434	310, 310,1025	5.9 — 5.7	1.1	δεδ	00ᴦ	
3395	299,1070,1167	6.9,7.1,6.8	112	ιικᴀ	0ιιғ	r		1093	5.8	1	ζ·	ғ	
3396	309	6.0,6.8	21	κκ	ιιιι		3435	310,1026,1094	6.3,6.2,6.6	352	κᴦн	n50	
3397	299, 309,1108	6.3,6.3,6.6	121	κκα	ᴘιιιι			1117	7.1	4	α	н	
	1167	6.5	1	β	ιι		3436	309, 310,1093	6.0,6.6,7.0	303	α;κ	00ιι	
3398	277, 300, 310	6.5,6.3,6.1	042	ρ;δ	0ιι0			1108	6.5	2	γ	ғ	
	1026,1094,1117	6.6,5.7,6.4	240	αρ;ι	ᴊᴦᴠᴦ		3437	310,1025,1093	5.5,5.8,6.0	321	κκκ	ιιᴅιι	ad
3399	310	6.9,7.1	11	α;ι	00		3438	310,1025,1093	5.8,5.7,5.8	011	ιικκ	0ιιн	ad
3400	1025	6.9,6.9	00	κκ	нιι		3439	1167	6.9,6.8	10	κκ	ιιιι	
3401	1025	6.8,6.7	01	ιια	ғ0		3440	1094,1117	6.6,6.9	00	κιι	ιι0	d
3402	299, 309,1070	5.6,5.6,5.7	120	βιγ	0ғ0	a	3441	299,1167	6.8,6.8	11	κκ	ιιιι	
	1108,1118,1167	5.8,6.4,5.9	002	γγε	ғғғ		3442	1167	7.1,7.0	10	κκ	нн	b
3403	1026	7.0,7.1	10	ιιιι	ғ0		3443	310,1025,1094	6.3,6.3,6.4	201	ρ̂αγ	0ғғ	
3404	299, 309,1070	5.7,5.8,5.8	110	γβε	0ιι2	r	3444	1070,1167	7.0,6.6	22	κκ	ιιн	
	1108,1118,1167	6.0,6.4,5.8	170	δαδ	ғ0ᴦ		3445	1220	7.1,7.4	21	κκ	ιιπ	
3405	1025	6.9,7.0	10	ιικ	ғᴅ		3446	1025	6.9,6.8	10	πκ	0ιι	
3406	1035,1069	7.0,7.1	11	ιικ	0ιι		3447	299,1070,1108	5.4,5.9,6.0	122	βδκ	0ᴦιι	ad
3407	1167	7.1,7.1	00	ιικ	0ιι			1118,1167	6.2,5.4	23	γ	1ᴦ	
3408	299, 309,1167	6.7,6.8,6.5	202	ακγ	0ππᴠ	d	3448	300, 310,1026	6.0,6.0,6.5	222	βᴦκ	ι̂5ιι	ad
3409	310,1025,1093	6.7,6.3 —	13.	αγα	0ᴠ0	d		1094,1096,1117	5.9,6.2,6.5	102	γδκ	5ιι2	
	1094	7.0	4	κ	ιι		3449	1167	6.6,6.6	00	κκ	нн	a
3410	1093	6.9,6.9	00	ᴨκ	0н		3450	1167	7.3,7.0	·	ιικ	ιιιι	
3411	1167	7.2,7.1	01	κκ	ιιιι		3451	1167	6.7,6.6	10	κκ	ιιᴠ	
3412	300,1026,1094	6.1,6.2,6.0	221	γδγ	ғғғ		3452	1167	6.7,6.7	00	γβ̂	2ғ	
	1096,1117	6.2,6.4	10	β3	ιιғ		3453	299,1070,1167	6.7,7.1,6.6	023	ᴨκγ	0ιι2	
3413	1094	7.0,7.1	01	κκ	ιιн		3454	1026	6.8,6.8	00	κκ	нн	
3414	299, 309,1070	5.9,6.7,6.0	142	κκκ	ιιιιнн	ar	3455	1035,1057,1069	6.9,6.7,6.8	111	ααα	0ιι0	
	1108,1118,1167	6.2,6.5,6.1	641	κκκ	ᴅιιιι			1071,1119	6.9,7.0	32	ιικ	0ιι	
3415	1026	6.8,6.9	10	κκ	ιιιι		3456	1069	6.9,6.9	00	ιικ	ғιι	
3416	310,1025,1093	6.4,6.5,7.1	303	ααк	CFH		3457	299,1070,1108	5.3,5.9,6.4	315	δδκ	22ιι	ad
3417	1108	6.9,7.0	01	κκ	ιιн			1118,1167	6.3,5.8	20	β̂θ	22	

THE DRAPER CATALOGUE.

D. C.	Plate Numbers.	Observed Brightness.	Res.	End.	F.K.	R.	D. C.	Plate Numbers.	Observed Brightness.	Res.	End.	F.K.	R.
3458	1094	6.9,7.0	10	кп	н0		3498	1167	6.8,6.8	00	кк	пн	
3459	1117	6.9,6.9	00	ия	г0		3499	1035,1069,1071	6.9,7.0,6.8	201	кпк	н0н	d
3460	299,1070,1108 1167	6.7,6.6,7.0 6.3	212 4	каа γ	н30 я	ad	3500	194, 299,1070 1118,1167	6.6,6.2,6.6 7.4,6.3	111 22	нкк пк	0ии 0н	ad
3461	1026	7.0,7.2	11	вн	00		3501	299,1167	6.2,6.8	22	βδ	0ғ
3462	1035	6.4,6.3	01	кк	ни	d	3502	1026	6.7,6.7	00	кк	пи
3463	1167	7.1,7.0	10	пк	0н		3503	194, 310,1093	6.8,6.4,6.7	011	ββα	000
3464	194, 299,1070 1118,1167	5.9,5.4,5.6 6.2,5.6	100 10	αεζ γζ	н0ғ ғғ	a	3504 3505	1035 300, 310,1093	6.9,6.8 5.9,6.5,6.3	10 021	ακ δγβ	5н ғ0ғ
3465	194, 299,1070 1108,1118,1167	5.7,5.0,5.3 6.3,5.6,5.4	121 850	αδγ βγζ	022 н22		3506	1095 300, 310,1093	6.5 5.4,5.6,5.8	0 110	β βεδ	ғ ғ0ғ	ad
3466	194, 300, 310 1093,1108	— 5.4,5.1 5.3,5.3	.43 22	ξαε εк	0ни0 ғн	ad	3507	1095,1099 194, 300, 310 1093,1099	6.0,6.5 5.0,5.3,5.1 5.3,5.7	11 051 02	βк εβε εβ	5н ғн0 ғн	a
3467	299,1070,1167	6.5,6.7,6.5	111	кβγ	н02	ad	3508	194, 299,1070	6.5,5.9,6.6	023	αγβ	001
3468	1026	7.2,7.2	00	пн	00			1118	7.0	0	α	0
3469	299,1070,1167	6.6,7.1,6.7	122	ккн	пн0		3509	1167	6.7,6.5	11	ғк	ғп
3470	194,1070,1167	6.6,6.6,6.5	110	ккγ	пиғ	ad	3510	1026	6.9,6.8	01	па	00
3471	1035,1057,1069 1071,1119,1229	6.6,6.8,6.7 6.9,7.1,6.9	422 310	ккн ккк	нп0 вπн	ad	3511	310	6.8,6.7	01	кк	ни	a
3472	194, 299,1070 1118,1167	6.0,5.7,6.0 6.7,6.0	101 11	кγδ кδ	н52 н2	ad	3512 3513	1167 185,1035	6.9,7.0 6.7,6.4	10 22	кк пк	ип 0н	r d
3473	299	6.4,6.5	01	пн	00		3514	299,1070,1118	5.9,6.4,6.8	121	γδα	0ғ0
3474	1026	6.8,6.7	10	βк	0н			1167	6.2	0	δ	ғ
3475	1167	7.1,7.0	10	кк	ии	r	3515	299,1070,1167	6.5,7.1,7.0	221	αβκ	00и
3476	1069,1071	6.5,6.4	11	кк	ин		3516	194	7.0,7.2	11	нп	00
3477	1070,1167	7.1,6.7	22	кк	нн	r	3517	194, 299,1070	5.2,5.3,5.5	322	γζε	ғғғ	ad
3478	1167	7.0,7.0	00	ғк	ғи			1099,1118,1167	6.5,6.0,5.3	100	кδε	н0ғ
3479	194, 299,1118 1167	6.6,6.6,7.3 6.4	220 2	ккп ε	пн0 0	d	3518 3519	299,1070,1167 1035	6.1,6.6,6.5 7.0,7.2	210 11	пн	00ғ 00
3480	299,1167	6.7,6.8	10	кк	пн	r	3520	194	6.5,6.6	10	βα	00
3481	1070,1167	7.4,7.2	11	кк	иδ		3521	300,1093	6.7,7.1	10	ακ	ни	d
3482	1026,1096	6.3,6.7	23	δβ	ғ0		3522	165, 166, 185 341,1035,1069	5.6,5.9,5.4 5.9,4.7,4.8	013 731	δβδ αζδ	210 нғғ	r
3483	1094	6.8,7.0	11	нк	0н			1071	4.7	1	ε	ғ
3484	1093,1095	6.5,6.5	01	кк	ии		3523	299,1070,1118	6.4,6.6,7.4	001	βγн	0ғ0
3485	194, 299,1118 1167	6.7,5.7,6.5 5.9	512 1	γββ ζ	001 2			1167	6.5	1	ε	ғ
3486	299,1070,1167	6.9,6.9,6.6	203	кβδ	иғ2	d	3524	299,1167	7.1,7.2	10	κα	н0
3487	300, 310,1026 1094,1096,1117	6.0,6.3,6.6 6.0,6.3,6.3	102 101	βββ βββ	302 ғδғ		3525 3526	2242 194,1070,1070 1167	6.4,6.3 6.8,7.1 — 6.9,	01 32. 0	кк кка α	ни пп0 0	d
3488	299,1070,1167	6.5,7.2,6.8	231	ααα	000		3527	194, 299,1070	6.6,6.2,7.0	224	κρк	н0н	ad
3489	310	6.8,6.6	11	αβ	00			1167	6.6	0	к	и
3490	1167	6.9,6.8	10	gн	γ0		3528	165, 185,1035	7.3,6.9,6.7	050	кκγ	пнп
3491	194,1167	7.0,7.0	11	пк	0и	d		1071	6.7	4	α	н
3492	299	7.0,7.2	11	кк	пн		3529	1071	7.0,7.4	22	кк	пп	a
3493	299,1070,1167	6.2,6.8,6.3	132	ккк	нии	ad	3530	300,1093,1095	6.5,6.8,6.9	111	γпк	нғн
3494	194, 299,1070 1167	5.8,5.8,6.0 6.0	311 1	βγδ ε	нγ1 1		3531 3532	194 1035	7.0,6.9 6.6,6.5	01 01	hп кк	00 ии	r
3495	299,1070,1167	6.1,6.9,6.6	330	γβγ	нν		3533	1035	7.0,6.9	01	ακ	0н
3496	1069	6.9,6.9	00	кк	пи		3534	1035,1071	6.7,7.0	54	кк	ип	d
3497	299,1070,1167	6.2,6.8,6.5	221	ккк	ннн								

ANNALS OF HARVARD COLLEGE OBSERVATORY.

D. C.	Plate Numbers.	Observed Brightness.	Res.	End.	F.K.	R.	D. C.	Plate Numbers.	Observed Brightness.	Res.	End.	F.K.	R.
3535	200, 210,1093 1095	5.5,5.8,6.0 5.7	101 3	κκκ κ	ннн н	at	3567	194, 299,1070 1118,1167	6.0,5.6,6.4 7.0,6.2	333 21	κεβ κδ	ɪɪ0ғ ɪɪғ	nd
3536	299,1070,1167	6.8,7.2,6.7	023	κκκ	ɪɪнн	d	3568	194, 310,1093	6.7,6.9,7.1	001	βαα	000	
3537	300,1093,1095	5.7,6.0,5.8	203	κκκ	ɴнн	a	3569	299,1167	5.8,6.2	11	κκ	нн	dr
3538	300,1093,1095	5.9,6.2,6.2	201	κκκ	ɪɪнн	ad	3570	1070,1167	7.2,6.8	22	κκ	нн	ad
3539	194,1093	— 7.3,7.4	.01	hн	00		3571	300	6.8,6.6	11	βα	00	a
3540	1167	7.1,7.1	00	κн	ɪɪ0		3572	194, 310,1093	6.5,6.9,6.9	110	γακ	00ɪɪ	
3541	299	7.0,7.1	01	κκ	ɪɪɪɪ		3573	1070,1167	7.1,6.8	12	κκ	нн	d
3542	194, 299,1070 1167	7.1,6.5,7.1 6.9	022 0	ɪɪβκ α	00н н		3574 3575	1035 1070	7.0,6.9 7.2,7.2	01 00	ɪɪκ ɪɪκ	Oн Oɪɪ	
3543	194, 310,1093 1099	5.9,6.2,6.5 6.9	102 0	γββ α	00ғ 0	dr	3576 3577	1035 165, 185,1035 1071	7.0,6.9 7.1,6.4,6.4 6.5	01 170 5	ɪɪɪɪ βββ β	01ғ 0 0	
3544	300, 310,1093 1095,1099	5.8,6.0,6.0 6.4,6.4	201 23	δγγ ββ	ғ0ғ 01		3578	300, 310,1093	6.3,6.9,6.7	021	γαβ	ғ00	
3545	194, 299,1070 1118,1167	6.4,5.7,5.7 6.5,6.0	302 11	αγδ γδ	00ғ ғғ		3579 3580	1167 194, 299,1070 1167	7.0,6.8 6.6,6.4,7.0 6.5	11 204 1	κκ κκκ κ	ɪɪɪɪ ннɪɪ н	
3546	300,1095	6.8,7.2	11	βκ	0ɪɪ	d							
3547	194, 299,1070 1099,1167	5.7,5.6,6.0 6.8,5.9	302 11	κκκ κκ	ɪɪнɪɪ ɪɪн	ad	3581 3582	1229 194,1167	7.0,7.3 6.8,7.0	12 22	κκ κɪɪ	ғɪɪɪ н0	ad
3548	310,1094	6.7,6.7	11	κα	ɪɪ0	d	3583	299,1070,1167	6.8,7.0,6.9	001	καɪɪ	ɪɪғғ	
3549	194, 310,1093 1099	5.6,6.1,6.4 6.8	302 0	εββ κ	00ғ н	a	3584 3585	194, 299,1167 194	6.7,6.7,6.8 6.5,6.5	221 00	ɪɪκκ ββ	0ɪɪн 00	ad
3550	194, 299,1118 1167	6.7,6.0,6.5 6.0	413 1	αγβ ζ	000 ғ		3586 3587	1071,1096	6.3,5.8	54	κκ	ɪɪɪɪ	a r
3551	1118,1167	7.2,6.8	12	κα	ɪɪ0		3588	194	7.2,6.9	21	κκ	ғɪɪ	r
3552	194	7.0,7.2	11	ɪɪн	ғ0		3589	194, 299,1070 1099,1118,1167	5.3,5.8,5.8 7.0,6.8,6.0	720 132	δεε κnδ	ғɪɪғ н05	ad
3553	299,1118,1167	6.4,7.3,6.4	111	ακγ	0ɪɪғ	d							
3554	194, 299,1070 1167	6.3 — 6.5 6.4	2.2 1	κhκ κ	ɪɪ0ɪɪ н	ad	3590 3591	1071 1070	7.0,6.3 7.0,7.0	11 00	κκ κκ	ɪɪɪɪ ɪɪɪɪ	
3555	194, 299,1070 1118,1167	6.8,5.9,6.3 6.7,6.2	411 20	ɴβγ βδ	002 12		3592 3593	1096 194, 299,1070 1070,1167	7.0,7.0 6.1,6.2,7.0 — 6.6	00 615 .1	ɪɪκ βββγ ακ	0ɪɪ 0ɪɪн 0н	
3556	194, 299,1167	6.6,7.0,6.7	441	κκκ	ɪɪɪɪɪɪ	d							
3557	194, 299,1070 1070,1099,1167	6.0,6.1 — 6.3,7.2 —	41. 11.	γγγ βɪɪγ	ғ00 ғ00	a	3594 3595	1071 194, 299, 299 1070,1099,1118 1167	7.0,7.1 5.8,6.2,6.1 6.4,7.2,7.2 6.1	01 621 213 1	ɴɴ βκκ δκκ κ	ғɪɪɪɪ ғɪɪɪɪ ғɪɪɪɪ н	ad
3558	165, 166, 185 1035,1071	5.6,5.9,5.5 5.1,4.7	012 11	γβγ ζδ	022 ғғ		3596	300,1095	6.4,6.8	11	γα	ғ0	
3559	194, 310,1093 1099	5.6,6.1,6.7 6.7	305 1	κκα κ	ɪɪ5 ɪɪ	ad	3597	194, 299,1118 1167	7.1,6.9,7.5 6.6	130 2	κhɪɪ β	ɪɪ00 ғ	ad
3560	194, 299,1070 1167	7.2,6.5,6.8 6.6	210 2	hβγ β	0ɪɪғ ғ		3598	194, 299,1070 1099,1118,1167	5.7,5.6,5.9 6.6,6.5,5.9	212 212	ζγζ κγɴ	00ғ ɪɪɪғ	ad
3561	299,1167	7.0,6.8	22	κα	ɪɪ0		3599	194, 299,1070 1167	6.8,6.5,7.0 6.6	103 1	κκғ κ	ɪɪɪɪғ н	r
3562	299	6.8,7.0	11	κκ	ɪɪɪɪ								
3563	194, 299,1070 1099,1118,1167	5.5,5.2,5.4 — 5.8,5.5	011 .22	δεε κδζ	ғғғ ɪɪғғ		3600 3601	194 194	6.4,6.4 7.2,7.3	00 01	βγ hɴ	00 00	
3564	194,1167,1167	6.9 — 6.8	1.0	ɴɪɪɪɪ	000		3602	299,1070,1167	6.4,6.9,6.5	122	βαα	0ғғ	
3565	194, 310,1099 1118,1167	5.5,6.6,6.9 6.6,5.9	540 11	δββ ββ	20ғ 0ғ		3603 3604	1035,1071 300	7.0,7.1 6.9,6.7	23 11	κκ ββ	ɪɪɪɪ 00	
3566	194, 299,1118 1167	7.0,6.5,7.2 6.5	211 1	hκκ κ	0ɪɪɴ ɪɪ	ad	3605 3606	1035,1057 299,1070,1167	7.0,6.8 7.0,7.0,6.8	11 202	κκ ɴκκ	ɪɪɪɪ 0ɴн	nd

THE DRAPER CATALOGUE.

D. C.	Plate Numbers.	Observed Brightness.	Res.	End.	F.K.	R.	D. C.	Plate Numbers.	Observed Brightness.	Res.	End.	F.K.	R.
3607	194, 299,1070	7.0,7.1,7.3	233	ηκκ	0ιιιι	d	3644	194	6.5,6.5	00	αβ	00	
	1167	6.8	2	ρ	F		3645	194,1070,1167	6.6,6.9,6.9	322	ακκ	ιιιιιι	ad
3608	1167	6.9,6.8	10	πκ	0ιι		3646	194	6.5,6.5	00	βα	00	r
3609	1035,1057,1069	6.5,6.7,6.8	420	κκF	ιιιιF		3647	300, 310,1094	6.4,6.9,6.7	011	γαα	50ιι	
	1071,1119,1229	6.8,7.0,6.9	371	κιικ	ιι0ιι			1096,1105	7.0,6.6	22	ηα	0ιι	
3610	299	4.0,4.3	21	εδ	FF	n	3648	194, 311	6.6,6.7	22	ακ	0ιι	d
3611	194, 299,1070	6.0,5.9,6.1	211	κκκ	ηκιι	ar	3649	194,1070	7.1,7.0	11	ηκ	0ιι	
	1167	6.0	0	κ	H		3650	1070	7.0,7.2	11	κιι	ιι0	
3612	1035,1057,1229	6.9,6.9,6.5	043	κκκ	ιιιιιι		3651	1035,1057,1069	6.5,6.2,6.5	211	βββ	2FF	ad
3613	165, 166, 185	6.6,6.9,6.2	106	βαγ	4κ2	r		1071,1229	6.6,6.7	31	αη	00	
	1035,1069,1069	6.0 — 6.3	1.3	δχα	25ιι		3652	194	6.5,6.5	01	ββ	00	
	1071	6.0	3	γ	2		3653	185,1035,1071	6.8,6.5,6.6	405	βγβ	0F0	r
3614	1035	7.1,6.9	11	ηκ	0ιι		3654	194, 299,1099	6.3,6.5,7.1	243	βαιι	0ιιγ	
3615	300, 310,1093	5.3,6.0,5.8	141	κκκ	ιιιιιι	at	3655	194, 299	7.0,6.7	01	κκ	ιιιιι	ad
	1095	5.3	5	κ	ιι		3656	194	6.7,6.7	00	αα	00	
3616	300	6.9,6.8	10	ββ	00		3657	194, 299	6.5,6.9	44	βιι	00	r
3617	194	6.5,6.4	10	αγ	ηιι		3658	264, 300	6.9,6.1	21	ιιβ	02	
3618	1035,1071	6.8,7.0	33	κκ	ιιιι	a	3659	1035,1071	6.5,6.8	34	κκ	ηιι	a
3619	1094	6.9,7.0	10	κκ	ιιιι		3660	264,1095	5.9,6.2	11	κκ	ιιιι	a
3620	166, 185, 341	7.0,7.1,6.4	202	αβα	011	r	3661	311	6.7,6.7	00	κκ	ιιιι	
	353,1035,1057	6.7,6.2,6.2	322	αγγ	0F8		3662	194	6.4,6.5	01	κκ	ηιι	a
	1069,1071,1119	6.3,6.2,6.6	020	γγα	F00		3663	165, 166, 185	6.9,6.8,6.6	123	αβγ	000	r
	1229	6.5	2	β	0			275, 841, 353	7.0,6.3,5.8	414	βββ	010	
3621	299,1167	7.0,7.0	11	κκ	ηιι	a		446,1035,1057	6.0,6.0,6.0	022	αδβ	ιιFF	
3623	1071	7.0,6.9	01	ηκ	0ιι			1064,1069,1071	5.8,6.0,6.0	512	κβγ	ιιF2	
3624	1035	7.1,7.1	00	αη	00			1072,1112,1119	6.3,6.2,6.3	131	αββ	ιι10	
3625	166,1035,1071	7.4,6.4,5.8	202	ιιγβ	0FF	r		1229	6.3	2	α	F	
	1096	—		β	ιι		3664	1035,1057,1069	7.0,6.8,6.9	111	κκκ	ιιιιιι	d
3626	194, 299,1167	6.5,6.2,6.3	010	βκκ	0ιιιι	d		1112	7.0	2	κ	ιι	
3627	299,1070,1167	6.5,6.7,6.2	223	ιιακ	0ιιιι	ad	3665	264, 264, 300	— 5.2,4.4	.21	γεη	1FF	
3628	1035,1071	6.5,6.8	34	κκ	ιιιι			312,1093,1095	6.3,5.0,4.7	204	ρδη	ιιFF	
3629	299,1070	6.8,7.1	01	κκ	ηη			1104	5.2	1	γ	ιι	
3630	194, 299, 311	n, n, n	nnn	θδδ	FγH	ar	3666	194, 311	6.4,6.6	23	αη	00	
	1070,1099,1118	n, n, 4.0	nnn	τγδ	FFF		3667	194,1099,1132	5.6,6.2,5.8	210	γκγ	0ιιF	ad
	1167	n	n	ζ	F		3668	165, 185, 275	6.7,6.6,6.5	111	κδα	450	
3631	299,1070	6.8,6.8	11	βα	00			353,1035,1057	5.7,5.9,5.5	311	γδγ	022	
3632	300,1095	6.7,7.0	12	διι	8γ	d		1119,1229	6.4,5.8	21	βιι	52	
3633	194, 194, 299	5.4,5.5,5.1	122	γγβ	25ιι	r	3669	300,1096	6.4,6.9	01	βα	0F	
	1099,1118,1167	5.8,5.7,5.2	411	βεζ	55ι		3670	311	6.9,7.2	21	ηιι	00	
3634	194,1099,1167	6.3,7.1,6.8	124	βκιι	0ιιF	ad	3671	300,1096	6.5,7.0	10	βιι	00	
3635	1070,1167	7.1,6.6	32	κκ	ιιη		3672	300	6.8,6.7	01	ββ	00	
3636	1070,1167	7.4,6.9	23	κκ	ιιιι	ad	3673	194, 311,1099	4.4,4.6,5.5	321	θεε	F01	ar
3637	300,1093,1095	6.1,6.8,6.4	023	γκβ	0ηO		3674	1132	5.4	3	β	F	r
3638	194,1070,1167	6.8,6.7,6.8	101	κβκ	ιιFιι	d							
3639	194,1070,1167	6.6,6.8,6.6	220	κκF	ιιιιF		3675	2242	7.1,7.1	00	ηιι	00	
3640	194, 290,1070	6.5,6.8,7.2	524	ακκ	ηιιιι		3676	311	7.1,7.0	01	ηιι	00	r
3641	1167	6.5,6.7	11	κκ	πιι	at	3677	353,1035,1057	6.9,6.3,6.5	333	ιικκ	0ηιιι	ad
3642	194, 290, 311	6.5,5.9,6.4	113	ακκ	0ηιι	ad		1069,1071,1119	6.4,6.3,6.8	110	κκιι	ηη0	
	1070,1118,1167	6.4,6.3,6.0	212	βκβ	Fιιιι			1229	6.5	0	κ	ιι	
3643	1070	7.4,7.3	01	ιιιι	00	r	3678	1069	7.0,7.1	10	κκ	ιιη	

D. C.	Plate Numbers.	Observed Brightness.	Res.	End.	F.K.	R.	D. C.	Plate Numbers.	Observed Brightness.	Res.	End.	F.K.	R.
0070	300	7.0,6.0	01	β?	00			1072,1112,1119	5.5,5.3,5.7	212	κκκ	πнп	
3680	311	7.1,7.0	01	κκ	ιπι			1229	5.7	1	κ	ιι	
3681	311	6.9,7.0	01	ιπι	00		3716	166, 185,1035	6.8,7.0,6.5	213	ρββ	00ϝ	
3682	165, 185,1035	6.9,6.6,6.5	151	κκκ	ιπη	ad	3717	1071	5.8	0	δ	ϝ	
	1069,1071,1097	6.5,6.2,6.8	222	βγκ	ннн		3718	185,1035,1071	7.0,6.7,7.0	516	καα	1110	nd
	1119,1229	6.6,6.5	02	ακ	ηιι		3719	1071	7.0,7.1	01	κκ	нπ	
3683	185,1035	7.4,6.9	11	κκ	нιι		3720	1132	7.1,7.1	00	ιπι	00	
3684	194	6.7,6.9	11	κα	ιι0		3721	1035	7.0,7.2	11	ιπι	00	
3685	194, 264,1099	6.3,6.8,7.2	131	κκιι	ιιιι0	dr	3722	1071	7.0,7.3	21	κκ	нπ	
	1132	—	.	ιι	0		3723	1071	7.0,7.2	11	κκ	ιπι	
3686	300	6.8,6.8	00	δα	10		3724	1069,1071	6.9,6.9	21	κκ	ηιι	
3687	300	6.9,6.8	10	ακ	0ιι		3725	194, 311,1059	6.2,6.5,6.9	244	κhκ	ιι0ιι	nd
3688	1071	7.0,7.1	01	ιικ	0ιι			1132,1132	7.0,7.0	22	κκ	нιι	
3689	264, 300,1095	6.4,6.0,6.8	211	αγα	035		3726	311	6.3,6.5	11	κκ	нιι	а
	1105	6.8	3	ιι	0		3727	194, 311, 342	5.1,5.1,5.9	302	βγβ	ϝϝ1	r
3690	194, 311,1132	6.8,6.0,6.9	320	κκα	ιιιιϝ	ad		1099,1100,1132	6.4,7.0,5.8	110	γнγ	50ϝ	
3691	194, 264,1099	5.7,6.6,6.6	333	γαβ	2ιιδ		3728	185,1035,1071	6.8,6.6,6.5	414	ααβ	000	
	1104	6.7	1	α	0		3729	311	6.9,7.2	21	κκ	нιι	а
3692	311	7.0,7.0	00	ρκ	0н		3730	300,1096	6.7,7.1	00	βα	00	
3693	300,1104	6.4,7.0	11	κκ	ιπι	а	3731	300	7.1,7.0	10	αα	00	
3694	311	6.8,6.7	10	γγ	ιπι		3732	194,1099,1132	6.5,7.1,6.3	303	παγ	00ϝ	
3695	311, 311	6.0,6.1	01	κκ	ιπι		3733	264, 300,1096	5.6,5.4,5.7	210	διι	ϝϝϝ	а
3696	311,1132	6.2,7.1	11	κπ	π0			1105	5.9	2	γ	γ	
3697	264, 300,1095	7.0,6.7,6.8	023	αβα	000	r	3734	264, 300, 312	4.0 n, 4.8	κвр	θζ	2r2	r
3698	185,1035,1071	6.9,6.7,6.8	505	αβα	0ϝ5			1095,1099,1104	в — n	н.π	ζκι	γδγ	
3699	194, 311,1132	6.6 — 7.0	0.0	κнκ	ιι0ιι		3735	311,1132	6.3,6.8	11	κκ	ιπι	а
3700	1071	6.9,6.7	11	κκ	ιπι		3736	311	6.5,6.5	00	κκ	ιπι	
3701	1035,1071	6.8,6.6	11	κκ	нιι	α	3737	264, 300,1095	6.6,5.9,6.3	311	δγβ	00ϝ	
3702	194, 311, 342	5.3,5.3,5.9	140	γδβ	ϝϝϝ	а		1104	6.5	1	β	0	
	1099,1132	6.0,5.3	13	δε	ϝϝ		3738	1071	6.9,7.0	10	ακ	0ιι	
3703	194, 311, 342	4.8,4.7,5.9	420	δεα	ϝϝϝ	d	3739	300,1096,1105	6.4,6.4,6.8	131	hκκ	0ιπι	nd
	1099,1106.1132	6.2,7.0,5.5	131	γκε	ϝнϝ		3740	194, 311,1099	5.5,5.4,6.7	310	κκκ	ιιιιιι	nd
3704	311	6.9,7.2	21	ιιh	0			1132	6.4	2	κ	ιι	
3705	1071	7.2,7.2	00	κκ	нιι		3741	1071	6.9,6.9	00	κκ	ιιπ	
3706	185,1035,1071	6.9,6.6,6.8	515	hκκ	1ιιιι	d	3742	311,1132	6.5,7.0	11	κϝ	ιιϝ	
3707	194, 311,1099	5.5 — 6.3	0.1	διιγ	ϝ00		3743	1035	6.8,7.0	11	βιι	00	
	1132	6.0	1	β	ϝ		3744	311	7.2,7.2	00	ιιн	00	
3708	165, 185,1035	7.1,6.9,6.5	141	нκκ	0πιι	а	3745	311	6.7,6.8	01	нκ	0ιι	
	1071,1119,1229	6.7,6.5,6.6	531	κκκ	нннн		3746	264, 300,1095	6.5,6.0,6.5	001	γγβ	000	
3709	300	6.8,6.7	01	κα	ιπι			1104	6.7	1	α	0	
3710	1035,1057,1071	6.7,6.9,6.9	422	κκιι	ηιι0		3747	311	7.1,7.1	00	hн	00	
	1229	7.0	0	κ	ιι		3748	311	6.8,6.9	10	κιι	нπ	
3711	264, 300,1095	6.3,5.6,6.0	311	δκβ	020		3749	311	6.4,6.5	10	γβ	00	
	1104	6.1	2	β	γ		3750	311	6.6,6.7	10	κκ	ιπι	
3712	311	7.2,7.3	00	κκ	πн	а	3751	194, 311,1132	6.2,5.8,6.7	011	κκκ	ιπιπ	а
3714	1069	6.7.3	12	ακ	0ιι		3752	1057,1229	6.5,7.0	11	κπ	π0	d
3715	165, 166, 185	6.5, n, 6.2	2r2	κγκ	π0π	at	3753	194, 311,1132	6.7,5.8,7.2	243	αγιι	0γ0	
	275, 341, 353	6.6,5.6,5.2	535	κκκ	ιιιπ		3754	264,1104	6.6,6.8	10	αβ	50	
	446,1035,1057	5.6,5.5,5.6	123	κκκ	ιιвιι		3755	311	6.8,6.9	10	κκ	ιιιι	
	1064,1069,1071	5.7,5.6,5.3	100	κκκ	вввв								

THE DRAPER CATALOGUE.

D. C.	Plate Numbers	Observed Brightness	Res.	End.	F.K.	R.	D. C.	Plate Numbers	Observed Brightness	Res.	End.	F.K.	R.
3756	1071	7.0,6.9	01	ββ	00		3793	1063,1096,1105	6.0,7.0,6.7	230	κκκ	IIIII	
3757	311, 311,1132	6.6,6.2,7.2	221	κκF	IIHF	a	3794	311	6.0,6.8	11	κκ	IIII	a
3758	1063	6.8,6.5	12	κκ	IIII		3795	165, 166, 185	6.4,5.9,5.9	432	βδγ	II00	a
3759	311	6.4,6.3	10	ββ	00			353,1035,1071	5.7,5.2,4.4	326	βγθ	IIFO	
3760	311,1132	5.9,7.0	22	γκ	0II	d		1097,1110,1229	5.7,5.8,5.2	121	αβε	22ν	
3761	194, 342,1099	5.0,5.6,5.7	210	ηββ	0FF	a	3796	811	7.1,7.2	01	hII	00	
	1132	5.1	1	ε	F		3797	311, 342, 398	D, D, D	nBB	ικκ	FIH	at
3762	2242	7.0,7.2	11	κκ	IIII			1099,1132	D, D	DB	θη	FF	
3763	264, 300,1104	6.6,6.6,7.0	231	ρδα	002		3798	311, 342, 398	6.0,6.7,6.1	122	γκκ	0nII	ad
3764	1105	7.0,7.0	00	κκ	HII			1132	6.4	2	β	2	
3765	194, 311,1099	6.4,5.9,7.0	201	ακα	0n0	ad	3799	311	6.5,6.6	01	κκ	IIII	a
	1132	6.7	1	α	0		3800	311, 311, 342	5.7,5.7,6.6	001	γδβ	0F0	
3766	1063,1071	6.7,7.0	11	κκ	IIII			398,1099,1132	5.8,7.3,6.3	141	ρIIγ	002	
3767	311	7.1,7.0	01	κκ	IIII	a	3801	264,1104	6.6,6.9	00	ακ	0II	ad
3768	1063	6.7,6.7	00	βκ	FII		3804	311, 398,1132	5.8,6.2,6.5	131	δ77	FHF	
3769	311	7.0,6.7	12	κκ	IIII		3805	311	6.9,6.9	00	IIκ	0II	
3770	1035	7.0,6.9	01	IIα	00		3806	311,1132	6.5,6.9	21	κF	IIF	d
3771	264, 300,1095	6.0,5.7,6.3	111	γγα	2F0		3807	311, 342, 398	5.5,6.5,5.9	222	εββ	FF0	
	1104	6.2	2	γ	2			1099,1132	7.1,6.2	22	ιδ	0F	
3772	311,1132	6.3,6.9	01	hκ	FII	d	3808	311	6.8,6.8	00	κκ	IIII	r
3773	311	6.7,6.8	01	βα	00		3809						r
3774	1035	6.8,6.8	0	κκ	nII		3810	311, 398,1099	5.7,6.1,6.9	222	κκκ	HIIII	ad
3775	311	7.2,7.3	10	hII	II			1132	6.7	1	κ	II	
3776	311	6.6,6.5	10	κκ	IIII		3811	311	7.0,6.9	10	hII	00	
3777	1035,1064,1069	6.7,6.8,6.8	220	βκα	0IIF	ad	3812	311, 311, 398	— 6.1,6.5	22	κκκ	IIHII	ar
	1071,1072,1112	6.6,6.9,6.8	102	γIIII	γ00			1132	7.0	0	κ	II	
	1229	7.0	2	κ	II		3812a	311	6.3,6.2	01	IIκ	0II	r
3778	166, 185,1035	D, 5.8,5.8	n43	γβγ	015	r	3813	165, 166, 353	6.0,5.8,5.4	131	γεγ	100	
	1071	5.2	1	ζ	D			1035,1071,1097	4.9,4.8,5.8	413	εδδ	FFF	
3779	264, 300,1095	6.3,6.7 —	54.	β,II	000			1110,1229	5.7,5.1	21	δδ	FF	
	1105	6.7	0	β	II		3814	1063	6.7,6.7	00	κκ	IIII	a
3780	311	6.7,6.7	00	hII	00		3815	1062	6.7,6.6	10	κα	II0	
3781	264, 300,1095	5.7,5.5,5.4	252	κκκ	II2n	ad	3816	1062	6.6,6.6	00	κκ	IIII	
	1104	5.4	4	κ	II		3817	1062	6.4,6.6	11	γγ	F0	
3782	1071	6.3,6.1	11	κκ	nII		3818	1062	6.8,7.0	11	αβ	FII	
3783	264, 398,1099	6.5,6.4,6.7	054	κκκ	IIIIII	a	3819	311	6.8,7.0	11	αII	00	r
	1104	6.7	1	κ	H		3820	398,1132	6.3,6.8	11	κκ	IIII	ad
3784	311,1132	5.8,6.7	11	ακ	IIH	nd	3821	311	6.8,7.0	11	κκ	IIII	
3785	1063	6.5,6.5	00	γβ	γ0		3822	1063,1096	5.9,6.8	22	κκ	IIII	a
3786	1004,1071,1112	7.0,7.0,7.0	321	κκκ	IIIIII	ad	3823	311, 398,1132	6.3,6.1,6.9	170	nκκ	0IIII	ad
	1229	7.1	0	β	II		3824	1063	6.9,6.9	00	nκ	FII	
3787	1063	6.8,7.0	11	hII	F0		3825	264, 398,1062	6.1,6.0,6.3	324	γγα	F0II	
3788	1063	6.6,6.7	10	IIκ	FII			1104	6.4	3	β	0	
3789	264,1063,1006	6.7,5.6,6.4	230	κκκ	IIβII	a	3826	166,1071,1229	6.6,6.4,6.4	641	IIβα	II2II	ad
	1105	6.5	1	κ	II		3827	398,1132	6.2,6.5	22	βα	0γ	
3790	264, 398,1099	4.9,4.7,5.3	042	κκκ	IIIIII	a	3828	311, 311, 342	5.7,5.7,6.6	001	γγβ	0F0	a
	1104	5.0	2	κ	B			398,1132	5.8,6.2	12	γβ	FF	
3791	166,1063,1071	7.3,5.8,6.0	110	κκκ	IIIIII	at	3829	398	7.0,7.2	11	hh	00	
3792	1096	6.6	2	α	II	r	3830	1063	7.0,7.1	10	κκ	IIII	a
							3831	311, 398	7.0,6.5	32	hκ	0II	d

170   ANNALS OF HARVARD COLLEGE OBSERVATORY.

D.C.	Plate Numbers	Observed Brightness	Res.	End.	F. K.	R.	D.C.	Plate Numbers	Observed Brightness	Res.	End.	F. K.	R.
3832	1063	7.0,7.2	11	κκ	ημ			1100,1132,1132	— 7.0 —	.2	ηαα	000
3833	1071	7.0,7.1	01	κκ	ιππ	a	3873	1063	6.0,6.7	10	γβ	δμ
3834	160, 185, 353	6.5,6.8,6.0	221	κκκ	ιιπιι	ad	3874	264,1063,1063	6.5,5.9 —	00.	γγγ	0FF
	446,1035,1064	5.7,5.8,5.7	013	κκκ	ιιηβ			1105	6.4	0	β	0
	1069,1071,1072	5.8,5.5,5.7	002	κκκ	διιμ		3875	1063	7.0,7.2	11	κκ	ηιι	a
	1112,1119,1229	5.6,6.3,5.7	021	κκκ	βηη		3876	1062,1104	6.1,6.9	00	κη	ιιγ	ad
3835	1063	6.9,6.6	21	κκ	ιιη		3877	311,398	— 6.8,6.8	.00	ακ	0η	
3836	311	6.1,6.2	01	ακ	ηη		3878	311, 342, 398	5.4,6.1,5.5	122	καγ	ιιιιδ	ad
3837	1063	6.3,6.6	21	κκ	ηη	a		1100,1106,1132	6.0,7.0,5.8	112	γηδ	F0F	
3838	264, 332,1062	6.0,6.1,5.5	101	βjδ	1ιF		3879	311	6.6,6.6	00	αα	00	r
	1104	6.2	0	δ	2		3880	311, 398,1100	6.5,5.7,6.5	620	ββα	02η	
3839	264	7.1,6.8	21	ιικ	0η	ad		1132	6.8,6.7	2	γ	6	
3840	311, 398,1132	6.7,6.3,7.0	311	κκπ	πη0	ad	3881	1063	6.5,6.7	11	κκ	ηη	
3841	1063,1105	6.7,7.0	11	δh	50		3882	311, 811, 398	5.8,5.0,6.0	101	κκκ	ιιιιη	ad
3842	1062	6.5,6.6	10	ββ	η0			1100,1132	6.6,6.6	10	κF	ηF	
3843	311	6.5,6.8	21	εκ	πιπ	r	3883	1062	7.0,6.8	11	κκ	ηπ	
3844	1062	6.8,6.9	01	ικκ	ιιιιι		3884	398	6.8,6.8	00	κα	ιι0	
3845	311, 398,1132	6.3,6.4,7.1	100	ββκ	00π		3885	311,1132	6.3,7.1	01	κπ	ιι0	r
3846	311	6.7,6.9	11	κη	ιι0	r	3886	311,1132	6.0,6.7	00	κκ	ιιιι	ad
3847	1063,1105	6.1,7.0	22	κκ	ιιιι	a	3887	1035,1071,1097	6.1,6.8,6.8	500	κκη	διι0	
3848	264, 312, 312	4.5 — 5.6	2.2	εβγ	205			1110	6.5	3	κ	ιι	
	332,1062,1105	5.1,4.6,4.3	243	ζ0ι	022		3888	1062	7.0,7.0	00	ιικ	Fιι	
3849	1035	7.0,6.9	01	ηκ	0η		3889	311	6.8,6.8	00	ηη	00	a
3850	264,1063,1105	6.8,6.4,7.2	203	κκκ	8ιιιι	d	3890	1071	6.9,6.8	10	κκ	ιιιι	
3851	311, 398,1100	6.4,6.5,7.1	011	γακ	0Fη	a	3891	1062	7.1,7.3	11	εκ	ιιπ	a
	1132	6.9	2	α	0		3892	311, 398,1100	6.6,6.3,7.0	210	καα	ιιη0	
3852	311	6.9,6.9	00	κκ	ιιη			1132	7.0	1	α	0	
3853	311	6.0,6.1	10	αα	ιιιι	r	3893	1062	7.0,7.0	00	κκ	ηη	a
3854	398	6.8,6.8	00	κκ	ιιιι		3894	264, 312, 332	5.8,6.5,5.8	220	εβγ	000	
3855	1063	6.6,6.6	00	ββ	25			1063,1105	5.0,5.3	02	ηγ	F2	
3856	1063	6.5,6.5	00	γγ	r0		3895	1062	6.5,6.5	00	κκ	ηιι	
3857	264,1063,1105	6.3,6.1,6.6	311	δγιι	0F0		3896	311, 398,1100	6.3,6.5,6.6	023	ακα	ιιιιιι	
3858	1063	7.0,6.9	10	κκ	ιιπ	a		1132	7.0	0	h	0	
3859	311, 342, 398	6.3,7.1,6.2	170	κhκ	ιι0η	ad	3897	1064,1112	7.0,7.0	22	κκ	ιιπ	d
	1100,1132	6.9,6.8	11	ικκ	ηη		3898	1064,1071,1072	6.5,6.5,6.8	501	κκκ	ιιηη	ad
3860	1063	6.5,6.7	11	αβ	F0			1112,1119,1229	6.8,7.2,7.0	212	κκκ	ιιπιι	
3861	1062	6.1,6.4	12	γγ	FF		3899	1035,1071	6.9,6.9	22	κκ	ιιιι	
3862	1063,1063	— 6.7,6.8	.01	κκ	ιιιι		3900	1063	6.0,6.9	00	κπ	ηF	d
3863	264,1105	6.9,7.0	11	ιικ	0ιι	d	3901	1062	6.7,6.7	00	κκ	ιιιι	a
3864	311	6.6,6.6	11	ηκ	0ιι	r	3902	398,1100,1132	5.8,6.4,6.6	001	βjα	0FF	a
3865	1062	7.0,7.0	00	κκ	ιιη		3903	1062	7.0,7.2	11	ιιιι	00	
3866	1062	6.9,7.0	10	κκ	ιιη		3904	311, 342, 398	5.7,6.6,5.5	101	ακκ	ηιιιι	at
3867	160, 353,1071	6.3,5.8,5.6	302	κκκ	ιιιιιι	ad		1100,1132	6.2,6.4	01	ζκ	ιιιι	
	1097,1119,1229	5.9,6.1,5.8	111	κκκ	βηη		3905	311,1132	6.2,6.9	00	κκ	ιιιι	
3868	1062	6.9,7.0	10	κκ	ιιιι		3906	311, 342, 398	5.8,6.5,6.1	013	κκκ	ιιιιπ	ad
3869	1063	6.9,6.8	01	κιι	ιιιι			1100,1132	6.4,6.5	00	κα	ιιF	
3870	1062	6.4,6.4	00	κκ	ιιιι	a	3907	811, 342, 398	4.8,6.3,5.1	231	γκζ	FιιF	
3871	264, 398,1100	5.8,5.2,5.8	000	γγγ	332			1100,1132	5.4,5.6	21	δδ	F2	
	1104	6.0	1	β	6		3908	1063	6.8,6.9	10	κκ	ηιι	
3872	311, 398,1100	6.1,6.2,6.5	012	βκιι	0ιιF		3909	398,1100	6.0,7.0	11	ακ	ιιιι	d

THE DRAPER CATALOGUE. 171

D.C.	Plate Numbers.	Observed Brightness.	Res.	End.	F.K.	R.	D.C.	Plate Numbers.	Observed Brightness.	Res.	End.	F.K.	R.
3910	185,1035,1071	7.1,6.9,7.0	505	κκκ	ππн	d	3955	1062	6.4,6.7	21	αα	ғ0	
	1119,1229	7.0,7.0	12	πκ	0π		3956	1062	6.9,6.9	00	πκ	ғπ	
3911	1063	6.7,6.7	00	πκ	0π		3957	1062	7.0,7.0	00	κκ	πш	
3912	1062	6.9,6.9	00	ακ	ғπ		3958	1062	7.0,7.0	00	αα	0π	
3913	1062	6.4,6.5	01	κκ	ππ	a	3959	398,1132	6.7,7.3	01	κπ	π0	
3914	1071	6.9,6.9	00	αα	00		3960	1062,1104	5.3,6.9	21	κκ	ππ	d
3915	1063	6.0,6.1	10	εε	2ғ		3961	1062	6.9,6.8	10	απ	00	r
3916	1062	7.0,7.0	00	κκ	ππ		3962	398	6.8,6.9	10	κκ	ππ	
3917	311	7.1,6.7	22	κκ	ππ		3963	398	6.6,6.9	12	πκ	0π	
3918	1063	6.4,6.6	11	κκ	ππ		3964	398	6.7,7.0	21	κκ	ππ	ab
3919	264,1062,1062	7.3,6.7 —	01.	hκκ	0ππ	ad	3965	398	6.5,6.7	11	κκ	ππ	
3920	1063	6.7,6.7	00	κκ	ππ	ar	3966	1063	6.8,7.0	11	κκ	ππ	
3921						r	3967	398	7.0,6.9	10	κκ	ππ	r
3922	1063	6.7,6.9	11	κκ	πκ		3968	311, 342,1132	6.0,6.9,6.8	011	ακα	ππ0	
3923	398	6.4,6.6	11	αα	88		3969	1062	6.3,6.4	10	κκ	ππ	
3924	1035,1064,1071	6.7,6.8,6.9	333	βκα	0π0	d	3970	1063	7.0,6.8	11	κκ	ππ	a
	1112,1229	7.0,7.0	31	κπ	π0		3971	1062	7.0,7.1	01	κκ	ππ	
3925	1063,1071	6.0,6.5	22	γβ	ғғ	a	3972	332,1063,1071	6.6,5.9,6.5	214	βδα	1ғ2	
3926	264,1062,1062	6.6,6.5,6.0	132	αβγ	0ғғ	d	3973	264,1063,1105	6.8,5.8,6.8	041	αεκ	0ғπ	ad
	1104	6.8	2	κ	π			1111	6.7	4	κ	π	
3927	1100,1132	7.1,6.9	21	ρπ	π0		3974	311	6.2,6.0	11	κκ	ππ	r
3928	1063	7.0,7.3	12	κκ	ππ		3975	166, 185, 353	7.0,6.9,6.4	331	παα	0πш	r
3929	311,1132	6.1,6.9	01	κπ	πғ			446,1035,1064	6.4,6.3,6.2	124	κγα	π81	
3930	1063	6.7,6.9	11	ππ	ғ0			1069,1071,1072	6.5,6.4,6.6	131	αβκ	ππш	
3931	311	6.3,6.4	01	κʃ	π0	r		1112,1119,1229	6.3,6.7,6.6	102	βαα	ғ03	
3932	140,2242	6.4,5.8	00	πκ	0π	at	3976	398,1100,1132	5.9,6.0,6.8	101	ββκ	5ғπ	a
3933	342, 393,1100	7.4,6.3,7.1	011	hβκ	00π	d	3977	393, 398,1100	— 5.0,6.3	.34	αζπ	0ғғ	ar
	1132	7.0	1	ρ	0			1100,1132	5.0,6.0	30	βγ	ғғ	
3934	1063,1071	6.6,7.0	12	ακ	1π	d	3978	1062	7.1,7.0	10	κκ	ππ	a
3935	311, 342,1132	5.8,6.8,6.8	112	ρκπ	ғπғ		3979	398,1100	6.5,6.9	11	κκ	ππ	ad
3936	1071	6.8,6.7	01	κκ	ππ		3980	264, 312, 332	6.7,6.3,5.7	963	κκκ	ππB	at
3937	1062	6.5,6.6	10	;β	ғ0			1062,1104	5.2,6.1	10	κκ	Bπ	
3938	398	6.5,6.8	21	ϳϳ	00		3981	1062	6.7,6.7	00	αβ	ғғ	
3939	311, 342,1106	B — 5.4	B.B	κβα	π0ғ	at	3982	398	7.0,7.0	00	κκ	πн	
	1132	B	B	ε	ғ		3983	1062	7.1,7.3	11	κκ	ππ	
3940	1063	7.0,7.2	11	κκ	ππ	a	3984	311, 333, 398	4.2,5.2 —	15.	βαζ	ғғғ	at
3941	1063	7.0,7.1	10	κκ	ππ			1100,1106,1132	4.6,5.9,4.3	105	γκκ	2ππ	
3942	1062	6.5,6.4	10	κκ	ππ	a	3985	1062	7.1,7.2	10	κκ	ππ	
3943	1062	7.0,7.3	21	κα	π0		3986	398,1100	6.1,7.2	23	βπ	0ғ	
3944	1062	6.8,6.7	01	βδ	ғ0		3987	398	6.8,6.9	10	ππ	00	
3945	1062	6.8,6.9	01	απ	ғ0		3988	398,1100	6.4,7.1	10	αh	нғ	
3946	398	6.5,6.6	01	κκ	ππ	a	3989	333, 342, 398	5.3,6.0,4.6	031	εγη	000	
3947	398	6.8,7.0	11	κκ	ππ			1100,1132	5.0,5.3	31	εδ	ғғ	
3948	1063	6.8,6.8	00	πκ	0π		3990	1063	6.9,6.9	00	κκ	πн	
3949	398,1100	6.6,7.1	10	κκ	ππ	a	3991	1062	7.0,7.0	00	κκ	ππ	
3950	398	6.6,6.7	10	κκ	ππ		3992	332,1062,1104	6.5,5.9,6.9	102	αδα	0ғ0	r
3951	398,1100,1132	5.9,6.5,7.0	113	βακ	5ғ5		3993	1062	6.1,6.3	11	κκ	ππ	
3952	311, 398,1100	6.9,6.6,7.2	211	πκκ	0нπ	d	3994	1062	6.9,7.0	10	κκ	απ	
3953	1062	6.8,6.9	01	βα	ғғ		3995	1062	7.1,7.0	10	κκ	ππ	
3954	398	6.8,7.0	11	κκ	πш		3996	398	6.7,6.9	11	πκ	0π	

ANNALS OF HARVARD COLLEGE OBSERVATORY.

D.C.	Plate Numbers.	Observed Brightness.	Res.	End.	F.K.	R.	D.C.	Plate Numbers.	Observed Brightness.	Res.	End.	F.K.	R.
3997	1062	6.5,6.6	10	ββ	FF		4043	1063,1111	6.5,7.1	23	KK	IIII	ad
3998	1064,1229	6.8,7.1	32	IIK	0II	d	4044	1063	6.9,6.9	00	KK	IIII	
3999	1063	6.7,6.7	00	KK	IIII		4045	1062	7.0,7.1	01	KK	IIII	
4000	1062	6.7,6.8	10	KK	IIII		4046	1062,1110	5.9,6.8	32	δK	IIII	
4001	1062,1104	6.0,7.2	22	δII	F0		4047	333, 398,1100	6.3,5.9,6.7	202	KKβ	IIIIII	ad
4002	398	6.5,6.7	11	αH	0F			1228	6.5	2	K	II	
4003	1062	7.0,7.0	00	KK	IIH		4048	165, 166, 185	6.2 — 6.1	1.1	βββ	000	
4004	1062	6.9,6.9	00	KII	II0			358, 446, 458,	5.1 — 5.8	4.1	EIIγ	000	
4005	1063	6.8,6.8	00	KK	IIII	a		1085 1057,1071	5.5,5.3 —	02.	ζββ	FIIF	
4006	1063	6.8,6.8	00	KII	II0			1119,1229	5.8,5.3	11	δδ	0F	
4007	333, 398,1100	6.4,5.9,6.9	213	KδII	II00	ad	4049	1063	6.5,6.6	01	αα	II0	
4008	333, 398,1100	6.0,5.7,6.4	301	KKK	IIIIII	ad	4050	333, 398,1100	6.3,6.0,7.0	304	εδα	000	
	1228	6.5	0	K	II			1228	6.7	1	β	F	
4009	333, 398	7.0,6.5	10	KK	IIII	dr	4051	1062	6.5,6.4	10	γγ	FF	
4010	1064,1071,1119	6.8,6.9,6.9	242	KFF	IIFF		4052	1062	6.7,6.7	00	KK	IIH	a
	1229	6.9	1	II	0		4053	1062	6.5,6.5	00	βγ	F0	
4011	1063	7.0,7.0	00	KK	IIH		4054	333	7.3,7.1	11	KK	IIH	
4012	333	6.9,7.0	01	KK	IIH		4055	333, 398,1100	5.3,4.3,5.3	222	ζζe	FFF	
4013	1063,1111	6.3,6.9	23	γK	FII	ad		1228	5.1	2	δ	F	
4014	398,1062	6.3,6.8	22	KK	IIII	ad	4056	1063	6.4,6.6	11	αα	50	
4015	1062	6.9,7.0	10	KK	IIII		4057	333	6.8,6.8	00	IIII	00	
4016	398	6.7,6.8	01	IIII	00		4058	1062	6.9,6.9	00	KK	IIH	
4017	398	6.7,6.9	11	αII	00		4059	1071,1097,1119	6.6,6.6,6.5	423	KKK	IIIIII	a
4018	1036,1100	6.9,6.9	11	KK	IIII	dr		1229	6.5	0	K	II	
4019	1071,1119	7.0,7.2	22	bK	0H	d	4060	1062	7.0,6.6	22	KK	IIH	a
4020	1063	6.8,6.6	11	KII	II0		4061	333, 398,1036	6.3,6.4,6.9	430	Kβκ	H05	d
4021	1062	7.0,6.9	01	KK	IIII			1100	6.8	1	II	F	
4022	1064,1071	7.0,7.0	32	KK	IIH		4062	1062	6.6,6.5	01	ββ	FF	
4023	1062	6.8,6.8	00	αγ	F0		4063	1035,1064,1071	6.9,6.9,6.9	123	KKK	IIHH	ad
4024	1062	6.5,6.7	11	KK	HH			1112,1119	6.9,7.1	21	KK	III	
4025	1063	6.8,6.7	10	KK	IIII		4064	1062	6.8,6.7	01	KK	IIII	r
4026	333,1036,1228	4.5,4.0,4.5	341	KKK	BBB	ad	4065	333,1228	6.5,7.0	21	KK	IIII	dr
4027	333, 398	6.5,6.4	23	αK	FII	dr	4067	343,1063,1105	6.5,5.8,6.7	122	KKK	IIIIII	a
4028	1228	6.7,6.7	00	KK	IIII	r		1111	6.3	2	K	II	
4029	1063,1111	6.0,6.8	34	KF	IIF	a	4068	1063	7.0,6.8	11	KK	IIH	
4030	1063,1111	6.2,7.1	44	εα	F0		4069	1062	6.4,6.4	00	γγ	FF	
4031	1062	6.8,6.8	00	KK	IIII	a	4070	446,1035,1064	6.3 — 6.1	0.5	ββγ	000	
4032	1062,1110,1153	6.8,6.6,6.6	221	KKK	BIIH	ad		1071,1072,1097	6.3,6.4,6.9	212	γβK	00II	
4033	333, 398,1228	6.7,6.5,7.1	220	KKK	IIHH	d		1112,1119,1229	6.4,6.7,6.6	202	γαα	020	
4034	1063,1071	6.2,6.8	32	γα	F0		4071	1063	6.9,6.9	00	HK	0II	
4035	1062	6.7,6.8	10	KK	IIH		4072	398,1100	6.5,7.1	00	KF	IIF	a
4036	1062	7.0,7.0	00	KK	IIII	r	4073	333, 398,1228	7.0,6.8,7.1	132	KKK	IIIIII	d
4037	343,1062,1110	6.6,6.0,6.3	101	βδβ	05F	r	4074	333,1228	6.7,7.1	11	KK	IIII	dr
4038	333, 398,1100	6.3,6.1,7.0	314	KKK	IIHF		4075	1063	6.4,6.5	10	KK	IIII	a
	1228	6.6	2	K	II		4076	1062	6.7,6.6	10	ββ	FF	
4039	333	7.2,7.2	00	KK	IIII		4077	1062	6.9,6.8	10	KK	IIII	
4040	1063	6.4,6.5	10	KK	IIII	ar	4078	333, 398,1100	6.2,6.0,6.8	313	KKK	HIIII	
4041	333,1228	6.3,6.8	21	αK	FII	r		1228	6.6	1	K	II	
4042	1035,1064,1112	6.8,6.7,6.9	133	KKII	IIII0		4079	1063	6.9,6.8	01	KK	IIH	a
	1119,1229	7.0,6.9	11	IIK	0II		4080	1062	6.8,6.6	11	KK	IIH	

THE DRAPER CATALOGUE.

D. C.	Plate Numbers.	Observed Brightness.	Res.	End.	F.K.	R.	D. C.	Plate Numbers.	Observed Brightness.	Res.	End.	F.K.	R.
4081	165, 185, 353	6.6,6.5,5.4	204	πκн	0π0	at	4115	1062	6.7,6.7	00	κκ	нπ	a
	458,1035,1057	6.0,6.0,5.7	223	κκκ	πππ		4116	312, 332, 343	5.7,5.3,5.0	410	κβε	нπ11	ad
	1065,1119,1229	5.2,6.0,5.7	200	κκκ	нππн			1062,1110,1153	4.8,5.1,5.0	322	εδκ	π8π	
4082	1035,1071	6.9,7.0	32	ғκ	ғπ		4117	333, 398,1228	6.4,6.9,7.0	561	κκκ	нπн	a
4083	333,1036,1228	5.9,6.1,6.3	111	κβκ	πғн	nd	4118	1064,1071,1072	6.5,6.5,6.8	410	καн	пн0	dr
4084	1063	6.9,6.9	00	αα	0н		4119						r
4085	1062	6.8,6.8	00	κκ	нπ			1097,1112,1119	7.1,6.6,6.8	112	κκκ	πππн	
4086	1062	6.6,6.7	01	βγ	ғғ			1229	6.9	2	κ	π	
4087	333,1036,1228	5.5,5.3,5.6	221	κδγ	πғғ	ad	4120	398,1110	6.5,6.8	11	κπ	π1	r
4088	1063	7.0,7.2	11	κκ	ππ		4121	333,1036,1228	6.0,6.4,6.0	022	κκκ	ннн	
4089	312, 332, 343	6.5,5.8,5.3	314	αββ	01ғ		4122	333,1036,1228	5.4,5.5,5.7	011	κγκ	нғπ	ad
	415,1063,1105	5.7,5.2,5.9	113	αζα	ν2н		4123	1063,1111	6.5,7.2	33	ακ	π11	d
	1111	5.3	1	δ	2		4124	1062	6.7,6.6	10	αα	ғ0	
4090	1063	6.5,6.7	11	κκ	ππ	a	4125	1071	6.9,6.9	00	πκ	0π	
4091	166, 353, 446	7.4,6.7,6.6	101	καβ	ππ1	r	4126	166, 332, 415	6.8,5.8,5.5	411	αγβ	000	r
	1035,1064,1071	6.5,6.4,6.5	242	βαβ	ғғ2			1063,1071,1156	5.0,6.2,5.7	102	ζθβ	ғ0π	
	1072,1112,1119	6.5,6.4,6.9	200	αβκ	0ғπ		4127	1063	7.0,7.1	10	πκ	ғπ	
	1229	6.8	2	α	0		4128	333	6.8,7.0	11	ππ	00	
4092	343,1063,1111	6.7,5.7 —	04.	αγκ	02π		4129	1228	7.2,7.2	00	κκ	нπ	
	1111	6.5	3	α	π		4130	1071	6.9,7.1	11	πκ	0π	
4093	1062	6.3,6.3	00	γδ	ν0		4131	333,1228	6.2,7.0	33	κκ	ππ	ar
4094	333	6.7,7.0	21	κπ	π0		4132	1063	7.0,7.0	00	κκ	нπ	
4095	333	6.6,6.8	11	κα	π0	r	4133	1063,1111	6.2,6.4	10	κκ	нπ	d
4096	2242	6.6,6.6	00	κβ	π0		4134	333,1228	6.5,7.1	22	ακ	0π	d
4097	1063	7.0,7.2	11	κπ	π0		4135	1063	7.0,7.1	10	κκ	ππ1	
4098	333	6.9,7.0	01	ππ	00		4136	1063	6.7,6.8	01	αα	ғ0	
4099	1063	6.4,6.7	12	ακ	1π		4137	1062	6.2,6.5	21	κκ	ππ	ad
4100	343,1062,1110	6.6,5.9,6.5	131	κδπ	πғғ		4138	333,1228	6.5,7.0	21	κκ	пн	cd
	1111,1153	6.9,6.8	71	ππ	0r		4139	1035,1064,1071	6.4 — 6.4	1.3	κκκ	пппι	
4101	333, 398,1100	6.1,6.1,6.5	242	βιβ	π0ν	a		1112,1119,1229	— 6.5,6.5	.21	κκκ	1ιππ	
	1228	6.3	2	β	5		4140	1064,1071,1112	6.8,6.8,6.9	322	κακ	ппп	
4102	333,1228	6.5,6.9	11	γκ	0π		4141	1063	6.8,6.7	10	κα	πι	
4103	1063	6.9,7.0	01	κκ	π11		4142	333,1228	6.5,7.0	21	βκ	0π	d
4104	1228	6.9,6.8	01	κκ	ππ	a	4143	2242	7.0,7.0	00	ιн	00	
4105	312, 332, 343	5.6,5.5,4.6	443	βγζ	ғ52		4144	333,1228	6.6,7.0	11	κκ	πн	c
	398,1062,1110	— 4.7,4.8	.30	θππ	ν22		4145	333,1100,1228	6.2,6.8,6.5	241	δπκ	00π	ad
	1153	5.2	1	δ	3		4146	1064,1071,1112	6.9,6.9,7.0	322	κκκ	пппι	
4106	333,1036,1228	6.2,7.0,6.5	241	κκκ	нғπ	ad	4147	1063	6.5,6.5	00	πκ	ғн	
4107	333	6.8,7.1	12	ππ1	00		4148	1228	7.3,7.3	00	κκ	нπ	
4108	1064	6.9,7.2	21	κκ	ππ1		4149	1063,1111	6.2,6.8	32	κκ	πιι	a
4109	1062	6.6,6.8	11	ακ	нπ		4150	1062	7.2,7.2	00	κκ	ππ	a
4110	353,1071,1097	6.5,6.7,6.7	242	καβ	π10	r	4151	1228	7.0,6.9	10	κκ	πππ	r
	1119,1229	6.7,6.6	20	βκ	5π		4152	1062	6.8,6.8	00	κκ	πн	
4111	446,1064,1071	6.8,6.8,6.6	121	βαγ	0н0		4153	1062	6.8,6.7	01	βγ	п0	
	1072,1112,1119	6.9,6.7,7.0	011	αβπ	000		4154	333	6.7,6.7	00	πκ	ғπ	
	1229	7.0	2	π	0		4155	1035,1064,1071	6.9,6.8,6.9	153	κκκ	нпп	nd
4112	446,1064,1071	6.5,6.5,6.5	082	ββι	00ν			1112,1229	6.7,6.9	00	κκ	ιιн	
	1072,1112	6.7,6.5	01	ββ	00		4156	343,1062,1110	6.5,5.9,6.3	011	κκκ	нππ	d
4113	1063	6.7,6.8	01	κκ	пι			1153	7.0	3	κ	ιι	
4114	343,1063,1111	6.4,5.8,6.4	223	κζι	π8π		4157	333,1228	6.6,7.1	12	βн	π0	

D. C.	Plate Numbers.	Observed Brightness.	Res.	End.	F.K.	lt.	D. C.	Plate Numbers.	Observed Brightness.	Res.	End.	F.K.	R.
4158	166, 353, 440	7.5,6.7,6.0	223	ααγ	010	ar	4195	333,1036,1228	6.2,7.0,6.6	331	κακ	ΗFΙΙ	dr
	1064,1071,1072	6.4,6.2,6.1	214	βγβ	FF0		4196	343, 415,1063	5.8,6.0,5.5	300	γβε	0uI	
	1097,1097,1112	6.9 — 6.0	2.2	ααβ	u01			1111,1156	5.6,6.0	01	δβ	FF	
	1119,1119,1229	6.7 — 6.5	0.1	βIIα	0F0		4197	333	6.8,7.1	12	αβ	u0	b
	1229	—		α	5		4198	343,1062,1110	— 6.5,6.6	.34	ΗΚΚ	0III	at
4159	343,1062,1110	6.9,6.0,6.6	220	αγβ	0F5			1153	6.5	0	κ	Η	
	1153	6.9	0	α	0		4199	333, 344,1100	4.6,5.1,4.2	331	θδδ	FFF	
4160	333,1228	6.4,6.8	11	ακ	8II	ad		1228	4.0	5	η	F	
4161	1063	7.0,7.0	00	κκ	IIH		4200	1002	6.8,6.9	01	κκ	ΗΗ	a
4162	333, 333,1036	— 5.0,6.2	.21	βκβ	0IIF	ad	4201	1062	7.1,7.0	10	κκ	IIII	
	1100,1228,1228	6.3,6.5,6.2	221	βαβ	F02		4202	1002	7.1,7.2	10	κκ	ΗΗ	
4163	1064	7.0,7.2	11	κκ	ΗΗ		4203	415,1063,1111	6.0,5.7,6.3	314	ΚΚΚ	ΗΙΙΙΙ	a
4164	1062	6.7,6.8	10	αα	F0			1156	6.3	1	κ	II	
4165	343,1062,1110	6.5,6.2,6.6	20	αΚΚ	ΗΗΙΙ	ad	4204	1064,1071,1097	6.9,6.9,6.9	142	ΚΚΙΙ	ΠΗ0	
	1153	7.0	1	κ	II			1119,1229	6.9,6.9	21	κα	u5	
4166	1063,1111	6.3,6.6	11	δβ	III		4205	1062	7.0,7.0	00	κκ	IIII	
4167	343,1100,1110	6.3,6.9,6.6	331	αIIII	00F	ad	4206	333,1228	5.7,6.0	01	δβ	88	a
4168	1071,1112	6.9,7.0	00	αII	00		4207	343, 415,1062	5.6,5.4,5.0	100	γαδ	II HII	
4169	1062	6.9,6.7	11	Ηα	FII			1111,1153	5.3,5.2	36	δδ	88	
4170	312, 332, 343	5.0,5.7,4.9	333	ββε	00F	r	4208	333,1100,1228	6.5,6.9,6.9	220	ΚΚΚ	ΗΗΗ	ad
	415,1063,1111	5.2,4.9,4.8	131	δθε	FFF		4209	333,1228	6.4,6.5	10	ΚF	ΗF	ad
	1156	5.1	1	δ	F		4210	333,1036,1228	6.2,6.6,6.4	111	ΚΚΙΙ	ΗΙΙF	
4171	440,1064	6.8,6.6	23	κα	ΗΗ		4211	1064,1112	7.0,7.0	22	κII	Η0	d
4172	333, 343,1100	6.1,6.9,6.3	442	Ηαδ	F0r		4212	1229	7.0,7.0	00	κκ	ΠII	
	1110	6.4	0	γ	2		4213	1063	6.6,6.6	00	ακ	FΗ	
4173	1062	6.8,6.9	01	κκ	ΗΗ		4214	343, 415,1062	5.5,6.4,5.3	461	βαδ	F5F	
4174	343, 415,1062	5.3,6.0,5.4	442	ΚΚΚ	ΒΗΒ	ad		1110,1153	5.5,6.2	31	εβ	2F	
	1110,1153	5.3,6.1	52	κκ	IIH		4215	1063,1156	6.3,6.9	11	βκ	FΗ	d
4175	1063	6.8,6.8	00	αΙΙ	u0		4216	343,1110	6.8,6.6	10	αγ	00	
4176	1062	6.5,6.5	00	ββ	FII		4217	333,1228	6.6,7.0	11	ΚΚ	IIΠ	d
4177	1062	6.7,6.6	10	κκ	ΗII		4218	1063	6.3,6.5	11	αγ	Η0	
4178	333,1100,1228	6.0,6.7,6.4	341	εκγ	FΗF	d	4219	1063	7.0,6.9	10	ΚII	u0	
4179	333,1036,1228	6.5,7.0,6.8	120	ΚΚβ	ΗΗΙΙ	ad	4220	1036	7.1,6.9	11	Ηβ	00	a
4180	333,1100	6.4,6.8	22	κκ	ΠII	d	4221	343,1062,1110	6.5,6.2,6.5	110	ΚΚΚ	ΗΒΗ	d
4181	1036,1228	— 5.1,5.1	.00	II	11	a	4222	1063	6.9,7.1	11	ΚΚ	IIII	
4182	1064,1071,1072	6.3,6.3,6.5	411	ΚΚΚ	ΒΗ II	a	4223	333,1228	6.6,7.1	12	ΚΚ	IIu	d
	1097,1112,1119	6.3,6.4,6.7	011	ΚΚΚ	ΗIIIII		4224	1228	7.1,7.0	01	ΚΚ	IIII	ar
	1229	6.6	1	Κ	II		4225	1110	6.7,6.7	00	ΚΚ	ΠΗ	
4183	1063	7.1,7.2	01	ΚΚ	ΠII		4226	1063	6.8,6.8	00	ΚΚ	ΗII	
4184	333,1228	6.3,6.7	11	ΚΚ	IIII	a	4227	1228	7.1,7.2	01	ΚΚ	IIII	
4185	333	6.6,6.9	12	ΚΚ	IIII		4228	1228	7.0,7.0	00	ΚΚ	IIR	
4186	1063	7.0,7.1	10	ΚII	II0		4229	333	6.6,6.0	12	ΚΚ	ΠII	
4187	1063,1111	6.7,6.8	00	αα	08		4230	343,1063,1111	6.8,6.5,6.8	302	αγα	IIFII	
4188	333,1228	7.1,7.2	01	ΚΚ	IIII	d	4231	333	6.5,6.9	22	γβ	00	
4189	1002	6.6,6.6	00	ΚΚ	IIIF		4232	333,1036,1228	6.2,6.9,6.8	100	αγα	IIHF	
4190	333,1100,1228	6.4,7.0,6.9	330	δαα	00II		4233	1064,1071,1112	6.9,7.0,6.9	331	ΚΚΚ	IIIΠ	ad
4191	333,1228	6.5,6.8	01	βΚ	0II	ad	4234	1110	6.8,6.8	00	ΚΚ	IIF	
4192	1062,1110,1153	6.0,6.8,7.1	311	δαΚ	ΗΗΗ	ad	4235	333,1228	6.9,7.3	11	ΚΚ	IIII	r
4193	1036	7.3,7.2	01	ΙΙΙΙ	00		4236	1063	6.7,6.9	11	ΚΚ	IIII	
4194	333,1100,1228	6.5,6.8,6.7	121	γΚΚ	0ΗΙΙ	ad	4237	1064,1071,1112	6.9,6.9,6.9	321	ΚΚΚ	IIII	ad

THE DRAPER CATALOGUE. 175

D.C.	Plate Numbers.	Observed Brightness.	Res.	End.	F.K.	R.	D.C.	Plate Numbers.	Observed Brightness.	Res.	End.	F.K.	R.
4238	333	7.0,7.1	10	αk	5ιι		4278	333,1101,1101	6.4— 6.9	1.4	κκκ	ιιιιн	a
4239	333, 344,1101	6.4,6.9,6.2	111	γιια	ιιΟιι			1228	6.3	4	κ	ιι	
	1228	6.5	0	β	ιι		4279	333,1036,1101	6.5,6.8,6.4	011	κιικ	ικFιι	d
4240	1064	7.0,7.2	11	κκ	ιιιι			1228	6.7	0	ιι	0	
4241	333	7.0,7.0	00	κκ	ιιιι		4280	1228	7.4,7.1	12	κκ	ιιιι	a
4242	185, 353, 458	7.1,6.3,7.0	230	παπ	000		4281	1064	6.9,7.1	11	κκ	ππι	
	1035,1065,1119	6.6,6.4,6.9	021	ακн	FH0		4282	343, 415,1111	5.8,5.6,5.8	233	κκκ	ιιιιιι	ad
	1229	6.7	2	α	0			1153,1155	6.4,5.9	22	βκ	ιιιι	
4243	1063	6.7,6.7	00	κκ	ιιιι		4283	333	6.0,6.2	11	κκ	ιιιι	b
4244	333,1228	6.5,7.1	22	βh	00		4284	343, 415,1110	6.9,6.7,6.7	100	παγ	00F	
4245	343, 415,1101	6.0 — 6.6	2.4	βκα	0ιιιι			1155	6.9	0	κ	ιι	
	1110,1153	5.8 —	3.	γβ	F0		4285	333,1228	6.8,7.1	10	ιικ	0ιι	d
4246	333,1101,1228	6.5,6.5,6.8	001	καα	ιιΟιι	ad	4286	415,1156	7.0,6.9	00	κιι	ιι0	
4247	343, 415,1111	4.0, в, в	RBB	γιη	10F	r	4287	1064	7.4,7.4	00	πκ	0ιι	
4248						r	4288	1111	7.2,6.8	22	κκ	ιιιι	a
	1153,1155	в, в	вв	ηε	FF		4289	1112	7.0,7.0	00	ιικ	0π	
4249	333	6.5,6.8	21	γα	00		4290	1110	7.0,7.1	01	κκ	ιιιι	
4250	1063	6.3,6.5	11	κκ	ιιιι		4291	1111,1156	6.7,6.9	10	κκ	ιιιι	
4251	1064,1097,1112	6.8,6.8,6.9	233	κκκ	Rιιιι		4292	333, 344,1101	4.4, в, в	RBB	κκκ	Dιιιι	at
	1119,1229	7.0,6.9	11	ιια	00			1228	в	в	ι	ιι	
4252	415,1110,1153	6.8,6.9,6.9	012	κκκ	ιιιιιι	d	4293	333,1036,1228	6.1,6.0,6.2	120	βγα	ιιFιι	
	1155	6.9	1	κ	ιι		4295	1112	7.0,7.3	12	κκ	ιιιι	
4253	1228	6.9,6.8	01	κκ	ιιιι		4296	167, 353, 446	6.2,5.6,5.4	100	ββγ	25F	
4254	1111,1156	7.0,6.3	55	ακ	ιιιι	d		1064,1072,1097	5.7,5.6,5.4	004	γγδ	1F2	
4255	1228	6.8,6.7	10	αβ	00			1112,1119,1229	5.4,5.9,5.5	110	γδγ	1F1	
4256	1036,1228	7.1,7.1	00	ιιн	00		4297	1036,1228	5.2,5.5	12	δε	FF	r
4257	333,1101,1228	6.4,6.5,6.7	100	δββ	00F		4298						r
4258	333,1228	6.7,7.0	01	κκ	нн	r	4299	1101,1228	6.6,6.5	12	αα	00	
4259	1064,1112	7.0,6.9	12	κκ	ιιιι	d	4300	1228	7.2,7.2	00	κκ	ιιιιι	
4260	1064,1112	6.8,7.0	33	κκ	ιιιι	r	4301						r
4261	343,1111	7.2,7.3 .	33	κκ	ιιιι		4302	1036	7.0,7.0	00	ακ	0ιι	r
4262	333,1228	7.0,7.2	00	κκ	ιιιι	ad	4303	1101,1228	7.0,6.8	22	πκ	0ιι	b
4263	343, 415,1110	6.1,6.5,6.1	322	κκκ	ιιιιιι	nd	4304	1228	7.1,7.0	01	κκ	ιιιι	
	1153,1155	6.8,6.7	22	κκ	ιιιι		4305	1111	7.0,7.0	00	κκ	ιιιι	
4264	333,1036,1101	5.7,6.2,6.4	304	κκκ	ιιιιιι	ad	4306	344,1101,1228	6.9,6.5,6.8	101	нfκ	0Fιι	r
	1228	6.2	0	κ	ιι		4307	1064,1112	6.7,6.8	23	нκ	0ιι	d
4265	333,1228	6.7,7.1	11	βκ	ιιιι		4308	343, 415, 445	5.7,5.4,5.4	131	βγγ	ιιFF	a
4266	333,1036,1228	6.2,6.8,6.7	221	κκκ	ιιιιιι	a		1072,2111,1112	— 5.3 —	.0.	βδβ	0γ0	
4267	343, 415,1063	6.5,6.2,6.4	134	βαγ	0ιιιι			1156,1173	5.5,5.6	14	γγ	Fιι	
	1111,1156	6.2,6.5	11	γα	50		4309	344,1101,1228	6.6,5.8,6.1	210	κκκ	ιιιιιι	a
4268	1228	7.0,7.0	00	κκ	вιι		4310	1064,1112,1229	6.5,6.8,7.0	522	πβκ	0ιιιι	d
4269	415,1063,1156	6.5,6.0,6.8	113	καк	ιιJιι	r	4312	1064,1112,1110	6.7,7.0,7.2	430	κκκ	ιιιιιι	d
4270	1064,1112	6.9,7.0	23	ακ	ιιιι	d	4313	343, 415,1110	6.4,6.0,6.3	121	κκκ	ιιιιιι	a
4271	1110	7.0,7.2	11	κκ	ιιιι	a		1153,1155	6.5,6.4	00	κκ	нн	
4272	333,1101,1228	6.3,7.0,6.6	342	κκκ	ιιнιι	r	4314	1112	7.0,7.2	11	κκ	ιιιι	
4273	333,1036,1228	— 6.2,6.3	.10	κγκ	ιιFιι	ad	4315	1064,1072,1112	6.6,6.9,6.5	221	κκκ	ιιιιιι	ar
4274	1063	6.8,7.0	11	κκ	ιιιι		4316	167, 353, 446	7.2,6.7,6.5	111	αιικ	00ιι	r
4275	1228	6.9,6.7	11	κκ	ιιιι	r		1064,1072,1097	0.5,6.7,6.8	210	κκκ	ιιιι0	
4276						r		1112,1119,1229	6.6,6.7,6.7	312	βκιι	ιιιι0	
4277	1111	6.9,6.9	00	κκ	нιι	a	4317	167, 446,1064	7.3,6.5,6.5	103	ιιββ	000	r

176 ANNALS OF HARVARD COLLEGE OBSERVATORY.

D. C.	Plate Numbers.	Observed Brightness.	Res.	End.	F.K.	R.	D. C.	Plate Numbers.	Observed Brightness.	Res.	End.	F.K.	R.
	1072,1097,1112	6.7,6.9,6.4	000	βπβ	00H		4352	1173	7.1,7.1	00	кп	п0	c
	1119,1229	6.9,6.9	03	пк	0п		4353	445,1111,1173	6.4,6.9,6.4	231	ραα	п0ғ	
4318	1064,1112	7.0,7.0	22	кк	пп	d	4354	416,1120	6.8,6.8	33	кк	ппп	a
4319	415,1110,1153	5.2,5.8,5.6	241	ккк	нβв	ad	4355	416	7.0,7.1	01	кк	пп	a
	1155	5.4	2	к	п		4356	1101	6.8,7.0	11	кк	ппп	
4320	1065	6.7,6.7	00	пк	0п		4357	416,1120	5.9,6.2	12	кк	пп	ad
4321	1101	7.0,7.1	10	кк	пп	a	4358	1064,1112	7.0,7.1	32	кк	пп	
4322	343, 415, 445	4.4,4.0, D	ппв	ккк	ввн	at	4359	1064,1112	6.9,7.1	33	кк	пп	nd
	1110,1153,1155	в в в	пвв	укк	пвв		4360	458, 495,1057	6.8,6.5,6.5	223	паа	00ғ	
4323	1155	6.9,7.0	10	βα	0п			1065,1074,1119	6.0,6.6,6.5	243	βпа	000	
4324	1112	7.0,7.2	11	кк	пп			1229	6.5	0	а	5	
4325	1064	7.0,7.2	11	кк	пк		4361	1064,1112	6.9,7.0	23	кк	пп	a
4326	416,1036,1228	6.4,6.2,6.5	430	ккк	ппп	nd	4362	1064,1112,1119	6.9,6.9,7.1	221	апп	100	
4327	1064,1071,1072	5.9,6.4,6.7	732	ккк	ппп	ad	4363	1172	6.9,7.0	01	кк	пп	
	1112,1113,1119	6.2 — 6.5	0.2	ккк	ппн		4364	344, 416,1101	6.2,5.7,5.9	210	αδδ	γ2γ	
	1229	6.6	2	к	п			1120	6.5	3	β	ғ	
4328	1111,1173	6.9,6.5	12	ғк	ғп		4365	1173	6.7,6.7	00	хк	ппп	
4329	415,1110,1155	7.1,7.2,7.0	122	ккк	ппп		4366	1172	6.6,6.6	00	γδ	ғ0	
4330	416,1036,1228	6.7,6.8,6.6	313	ккк	ппп		4367	416,1101,1120	6.7,7.2,6.8	134	ккк	ппп	
4331	344, 416,1101	6.5,6.2,6.1	231	βγγ	ғ0ғ		4368	415, 445,1155	5.8,5.3,6.1	011	γδγ	022	
4332	400, 416,1101	6.7,6.6,6.7	011	кпп	н0ғ	dr	4369	1172	5.6	1	ε	2	
4333						r	4369	1111,1173	6.9,6.3	32	кк	ппп	a
4334	1173	6.8,6.8	00	кк	пп		4370	400, 416,1101	6.9,6.5,6.9	110	ккк	ппп	r
4335	400, 416,1101	6.5,6.4,6.5	011	ккβ	ппп	d	4371	416,1120	6.9,6.8	34	кк	пп	r
4336	167, 446,1064	7.2,6.9,6.7	332	пап	0п0		4372	446,1064,1071	6.3,6.3,6.4	142	ккк	ппп	ad
	1072,1097,1112	6.8,6.8,6.7	022	hпβ	00ғ			1072,1097,1112	6.6,6.9,6.2	011	кпк	п0п	
	1119,1229	6.8,6.8	21	ак	0п			1119,1229	6.7,6.5	10	кк	пп	
4337	416	6.6,7.0	22	пк	0п		4373	1172	6.8,7.0	11	пк	0п	
4338	1155	7.0,7.2	11	кк	ппп		4374	446,1064,1072	6.5,6.6,6.7	131	βδа	0x0	d
4339	400, 416,1101	6.6,6.6,6.9	111	кпк	п0н	d		1097,1112,1229	7.0,6.6,7.0	013	пβк	0ғп	
4340	1173	6.6,6.7	10	ак	ғпп		4375	165, 166, 185	5.9,6.0,5.6	321	γδγ	000	
4341	1035,1064,1071	6.9,6.8,6.9	133	ғкп	ғп0			353, 441, 446	4.8,5.6,4.6	222	δαε	0ғ1	
	1112,1113	6.7,7.2	11	ғк	пп			458,1035,1004	5.7,5.3,5.3	332	δδ'γ'	ғ2γ	
4342	415, 446,1064	6.5,6.5,6.5	203	ккк	ппп	a		1071,1072,1112	4.3,4.8,4.3	324	ε'γ'	γ2ғ	
	1072,1112,1156	6.7,6.4,6.9	003	ккк	п0н			1113,1119,1229	4.6,5.0,4.8	421	γδε	ғғғ	
4343	416,1101	6.7,6.9	10	кк	пп	dr	4376	1173	6.8,7.0	11	ппп	00	
4344	1064,1064,1112	6.9 — 6.8	1.2	ака	0п2	ad	4377	445,1173	6.4,6.3	00	кβ	пғ	
	1112,1119,1229	— 6.9,6.8	.20	акп	0п0		4378	415, 445,1155	5.6,5.4,6.0	200	γεγ	00ғ	
4345	1064	7.0,7.1	10	кк	пп			1172	5.8	3	ε	ғ	
4346	166, 353, 441	7.2,6.5,6.6	103	пап	0п0		4379	445,1155,1172	6.7,7.0,6.6	210	ακβ	ппғ	d
	446,1064,1071	6.0,6.5,6.4	313	βаδ	п55		4380	416,1101,1120	6.5,6.9,7.2	100	ккк	ннн	d
	1072,1112,1119	6.3,6.2,6.9	202	βγп	520		4381	446,1064,1072	6.5,6.7,6.9	121	кпк	п0п	a
	1229	6.6	2	к	п			1112	6.9	4	к	п	
4347	1172	7.0,7.1	10	кк	ппп		4382	1173	6.8,6.9	10	кк	пп	
4348	415, 445,1172	7.0,6.8,6.7	111	пкβ	0пғ	ad	4383	1173	6.7,6.8	01	кк	пп	
4349	416,1120	5.9,6.3	11	кк	пп		4384	1172	6.8,6.7	10	кк	пп	a
4350	415, 424, 446	6.4,6.5,6.1	132	βка	0п0	ad	4385	1173	6.7,6.8	01	кк	пп	
	1064,1072,1112	5.9,6.6,6.4	712	ββj	500		4386	416	7.1,7.3	11	hп	00	
4351	415, 445,1155	6.7,6.5,6.7	021	βаа	00ғ	ad	4387	1065,2242	— 6.8,6.9	.01	пк	0п	
	1173	6.2	0	к	п		4388	400, 416,1101	5.9,5.8,6.5	104	ккк	ппп	a

THE DRAPER CATALOGUE.

D. C.	Plate Numbers.	Observed Brightness.	Res.	End.	F.K.	R.	D. C.	Plate Numbers.	Observed Brightness.	Res.	End.	F.K.	R.
	1120	6.3	1	κ	π		4426	1072,1112	7.0,7.1	22	κκ	нп	d
4389	416	6.4,6.7	21	κα	п0		4427	401, 416,1101	6.5,6.2,6.4	201	κκκ	ппп	a
4390	1172	6.8,6.8	00	γκ	ғп			1120	6.9	1	κ	п	
4391	167, 446,1064	7.1,6.2,6.3	002	κακ	нпн	ad	4428	1112,1113	7.0,6.9	22	κκ	шп	d
	1072,1097,1112	6.5,6.5,6.3	112	κκκ	ннп		4429	445,1172	7.0,6.6	23	па	00	
	1119,1229	6.8,6.3	20	κκ	пн		4430	445,1155,1172	5.8,7.0,6.0	241	κκκ	ппв	ad
4392	165, 185, 275	6.5,6.6 —	22.	βγα	500		4431	446,1064,1072	6.7,6.5,6.8	231	καΚ	п8п	
	353, 435, 458	5.3,5.4,5.8	423	δγβ	212			1097,1112	6.8,6.6	12	κα	н5	
	495,1057,1065	5.8,5.8,5.2	051	αγβ	20ғ		4432	445,1173	6.7,6.6	00	пβ	00	a
	1074,1116,1119	5.9 — 5.5	6.4	βhβ	ғ02		4433	140,2242	6.5,5.9	00	γβ	55	
	1229,1233,1256	5.3,5.5 —	31.	γγh	22ғ		4434	1194	6.8,6.9	10	κκ	ш	
4393	167, 446,1064	6.8,6.4,6.1	324	αγβ	00ғ		4435	1172	7.0,7.2	11	κκ	ш	
	1072,1097,1112	6.5,6.4,6.3	122	αβγ	06ғ		4436	1064	7.2,7.3	10	κκ	шп	
	1119,1229	6.5,6.4	11	αα	0п		4437	1172	7.2,7.1	10	αα	00	r
4394	416,1101	6.7,6.8	11	κκ	пн		4438	1172	7.2,7.2	00	κκ	пш	
4395	416,1101	7.0,7.3	00	κκ	нп		4439	1194	7.0,7.3	12	κκ	ш	
4396	446,1064,1112	6.7,6.7,6.8	032	ακα	пп0	ad	4440	424, 445,1155	6.3,6.0,6.8	520	βγκ	0ғн	ad
4397	1064,1064,1112	6.9 — 7.2	4.3	κпк	н0п	d		1172	6.2	1	ε	ғ	
	1112	—		κ	п		4441	1112	7.1,7.4	21	κκ	пн	
4398	1064,1072,1097	6.5,6.8,6.7	221	κκκ	нпш	ad	4442	1064,1112	7.0,7.2	01	кк	нн	
	1112,1119,1229	6.5,6.6,6.6	221	κκκ	пнн		4443	401, 445,1101	5.8,5.2,6.3	033	βββ	ғ2ғ	
4399	1064	7.0,7.0	00	κκ	шп	a		1172	5.7	1	δ	ғ	
4400	1172	7.1,7.0	01	κκ	нп		4444	1173	6.9,6.9	00	κκ	шп	a
4401	446	6.9,7.1	11	нк	0п		4445	424, 445,1155	6.7,6.0,7.0	740	ακκ	пғп	d
4402	446,1064,1072	6.8,6.7,7.0	131	κκκ	пнп	a		1172	6.2	3	γ	ғ	
	1112	6.7	1	κ	н		4446	1064,1072,1112	6.7,6.9,6.6	211	κκκ	шпн	d
4403	1173	7.1,7.2]	01	κκ	шп	a		1119,1229	6.9,6.9	12	κκ	шп	
4404	445,1172	6.9,6.6	22	κα	пғ	ad	4447	416	7.0,7.2	11	κκ	00	
4405	445,1172	6.7,6.8	00	κκ	пн		4448	415, 424, 445	6.9,6.2,6.3	121	αββ	005	
4406	416	6.6,6.6	00	κκ	нп			1156,1173,1194	6.8,6.2,6.0	113	βδγ	000	
4407	1064,1112,1194	7.0,7.0,6.7	221	κнκ	п0п	d	4449	400, 401, 416	6.8,6.5,7.0	024	κκп	нп0	ad
4408	1172	6.9,7.0	01	αп	00			1101,1120	6.8,7.0	12	ғп	ғғ	
4409	1172	6.9,6.8	01	κε	ип		4450	445,1172	7.2,7.3	00	κκ	шп	r
4410	1172	6.6,6.6	00	κκ	ш		4451	401, 416	7.0,7.2	12	kh	п0	d
4411	1065	6.8,6.6	11	κκ	пн	a	4452	401	7.1,7.2	01	шп	00	
4412	1173	7.0,7.2	11	κκ	нн		4453	415, 424, 446	5.0,4.5,5.7	653	κγγ	ғ22	
4413	1172	7.0,7.1	10	ακ	0н			1064,1072,1112	5.9,5.9,5.5	232	βδγ	ғ0ғ	
4414	445,1172	6.7,6.7	10	κα	п0			1156,1194	5.3,4.9	22	ιδ	ғғ	
4415	344, 400, 401	6.4,5.7,6.0	013	αγβ	п2п		4454	1178,1194	6.7,6.6	01	пк	0п	
	416,1101,1120	5.8,5.8,5.9	213	δγγ	2ғ1		4455	1064,1065,1112	7.0,6.7,7.0	002	κκκ	ннн	d
4416	445,1155,1172	6.2,7.1,6.3	121	βпδ	00ғ			1113,1229	6.8,7.0	30	пк	0п	
4417	445,1155,1172	5.8,6.0,6.0	231	βαε	ғ00		4456	1173,1194	6.9,6.9	00	κκ	нн	a
4418	416,1120	6.0,7.1.	01	κκ	пп	dr	4457	1173	7.1,7.3	11	пк	0п	
4419	416,1101,1120	6.9,6.4,6.6	110	εγγ	08ғ		4458	446,1064,1072	6.7,6.8,6.9	020	κκκ	пғп	ad
4420	416,1101	6.4,6.8	01	κғ	пғ	d		1112,1194	6.7,6.4	10	ακ	0п	
4421	416	6.9,7.0	10	κκ	нн		4459	400, 401, 416	6.4,6.4,6.9	215	ακн	ғп0	
4422	446,1064,1112	6.9,6.9,7.0	032	пκκ	0нп	d	4460	416,1120	— 6.9	.1	αα	05	
4423	1064,1112,1194	6.9,6.9,6.5	220	κκκ	ннн		4461	1071,1112	6.9,7.2	11	κκ	пп	d
4424	1173,1194	6.9,6.9	00	пк	0п	d	4462	1112	6.8,6.8	00	кк	пп	
4425	1172	7.1,7.2	01	κκ	ш		4462	1173	6.9,7.1	11	αп	п0	

D. C.	Plate Numbers	Observed Brightness	Res.	End.	F.K.	R.	D. C.	Plate Numbers	Observed Brightness	Res.	End.	F.K.	R.
4463	424, 445,1150	6.3 — 6.5	3.0	κGκ	ΗΟΗ	ad		1194	6.2	3	κ	Η	
	1155,1172	6.5,6.5	50	κκ	ΗΗ		4499			RHR			r
4464	1112	7.2,7.3	10	κκ	ΗΗ	a	4500	424, 445,1150	5.6,5.5,6.0	231	κηκ	ΗΓΗ	ar
4465	1173,1194	7.0,6.5	32	κκ	ΠΗ		4501			RER			r
4466	446,1064,1072	6.0,6.2,6.4	121	κκκ	ΗΗΗ	a		1172	5.8	1	κ	Β	
	1097,1112,1119	6.6,6.1,6.5	110	κκκ	ΗΗΠ		4502	400, 401, 416	6.5,6.3,6.0	211	κπκ	ΥΠΠ	r
	1229	6.1	1	κ	Η			1120	6.5	2	κ	Η	
4467	400, 401, 416	6.2,5.9,6.4	133	ααα	2π0	d	4503	400, 401, 416	6.5,6.6,7.0	314	κκκ	ΗΗΠ	d
	1101,1120	6.6,6.8	21	κγ	ΗΓ		4504	401, 445,1172	6.8,6.6,6.6	010	κβα	ΠΠδ	
4468	1194	6.8,6.7	10	κκ	ΠΠ		4505	424, 445,1150	5.4,5.5,5.8	211	γζγ	F00	
4469	1172	6.6,6.8	11	κΕ	ΗΗ	a		1172	5.7	0	ε	F	
4470	1173	6.8,7.0	11	κκ	ΠΠ		4506	446, 458,1064	6.0,6.5,6.1	012	κκκ	ΗΗΗ	ad
4471	400, 401, 416	— — 5.0	..2	ββκ	11Η	at		1072,1097,1112	6.0 — 5.9	2.0	κΠκ	ΗΟΗ	
	1101,1120	— 5.1	.3	κκ	ΗΗ			1113,1119,1119	6.8,6.7 —	43.	κκκ	ΒΗΠ	
4472	1064,1112,1194	6.7,6.9,6.6	421	κκκ	ΗΗΗ	d		1229	6.4	3	κ	Η	
4473	1172	6.9,6.8	01	κπ	ΗΚ		4507	167, 446,1064	7.1,6.5,6.5	212	κακ	ΠΗΗ	
4474	1064,1112,1194	7.0,6.9,6.6	210	κκκ	ΗΗΠ	d		1072,1112	6.7,6.5	12	αγ	55	
4475	1065,1074,1229	6.5,6.8,7.0	210	κκκ	ΗΠΠ		4508	1172	6.7,6.7	00	κκ	ΗΠ	
	1233	7.0	2	κ	Η		4509	1064,1112	7.1,7.0	21	κκ	ΠΠ	
4476	1173	6.6,6.7	10	κκ	ΗΠ		4510	424, 445,1150	6.9,6.7,7.0	511	κκκ	ΗΠΠΠ	ad
4477	401, 416,1120	6.2,5.7,6.5	220	κκκ	ΗΠΗΠ	ad		1172	6.6	3	β	0	
4478	1172	7.1,7.3	11	κκ	ΗΠ		4511	424, 445,1173	6.7,6.7,6.5	510	ββα	ΠΠΓ	a
4479	400, 401, 416	6.8,6.5,6.6	111	κβα	Η00	ad		1194	6.1	4	β	0	
	1120	6.9	2	β	F		4511a	1112	7.0,7.3	12	κκ	ΠΠ	r
4480	1064,1112	7.0,7.1	32	κκ	ΠΠ		4512	1194	6.7,6.7	00	αα	00	
4481	1172	6.4,6.5	10	κκ	ΗΗ	a	4513	1194	7.0,7.0	00	κκ	ΗΗ	
4482	1172	7.2,7.2	00	κκ	ΒΗ		4514	424,445,1172	6.8,6.8,6.5	404	κκκ	ΗΠΠΠ	ad
4483	400, 401, 416	5.3,5.0,5.6	134	δγβ	FF0	a	4515	1172,1172	7.1,6.9	11	κκ	ΗΠ	
	416,1120,1120	— — 5.6	..2	δγγ	ΟFF		4516	401,416,1120	6.7,6.7,6.8	123	κκF	ΠΗF	
4484	1173,1194	6.8,6.7	10	κκ	ΗΠ		4517	1172	7.0,7.1	10	κκ	ΗΗ	
4485	1112	7.1,7.4	21	κκ	ΗΠ		4518	1172	6.7,6.8	01	βγ	00	
4486	1194	7.1,6.9	11	κκ	ΗΠ		4519	167, 446, 458	6.5,6.2,6.4	422	αγβ	23F	
4487	1173	7.0,7.0	00	ΠΠκ	0ΠΠ			1064,1072,1112	6.2,6.2,6.1	102	δγγ	222	
4488	400, 401, 416	6.2,6.5,6.0	131	καα	ΗΠF	d	4520	1194	6.8,7.0	11	πκ	ΠΗ	
	1120	6.5	2	κ	Η		4521	1173	7.1,7.4	21	κκ	ΠΗ	
4489	165, 167, 185	6.3,6.5,6.3	120	βαβ	000	r	4522	1064,1112,1119	6.8,6.7,6.9	121	κΗκ	ΠΟΗ	
	353, 435, 458	5.3,5.4,5.7	313	δβγ,	200		4523	1064,1072,1112	6.6,6.8,6.7	213	κκκ	ΠΠΠΠ	
	495,1035,1065	5.9,6.0,5.3	241	ββε	0Η0			1113,1119	6.4,7.0	31	κκ	ΠΗ	
	1074,1229,1233	5.3,5.3,5.0	623	αδγ	020		4524	1064,1072,1112	6.7,6.9,6.5	210	κκκ	ΠΗΗ	ad
4490	401, 445,1172	6.5,6.2,6.5	111	βδγ	00F		4525	1194	6.7,6.6	01	κκ	ΗΠ	
4491	1064,1072,1112	7.0,7.0,7.0	212	κΠκ	ΠΟn	d	4526	424, 446,1064	6.4,6.6,6.8	401	ααα	00Π	ad
4492	1173	7.0,7.1	10	κκ	ΗΗ			1072,1112,1194	6.8,6.6,6.2	011	κκβ	ΠΠΗ	
4493	446,1064,1072	6.5,6.9,6.8	100	κκκ	ΠΠΠΠ	d	4527	1112,1113	7.0,6.8	32	ΗΠ	00	
	1112	6.6	1	κ	Π		4528	401, 416,1120	5.4,5.9,6.5	422	κκκ	ΗΗΗ	ad
4494	401, 416,1120	6.1,6.6,6.9	330	γαβ	0FF			1157	5.8	0	κ	Η	
4495	400, 401, 416	6.7,6.8	.13	ηκκ	0ΠΠ		4529	1173,1194	6.8,6.9	10	κκ	ΠΠ	
	1120	6.8	3	κ	Η		4530	1112,1113	6.8,6.8	12	κκ	ΒΠ	
4496	1172	7.3,7.3	00	κκ	ΠΠ		4531	445,1172	7.1,6.9	12	αβ	00	
4497	446,1064,1112	6.9,6.9,6.8	121	ηκΠ	0Π0		4532	416	6.9,7.2	12	ΠΠ	00	
4498	424, 445,1173	6.5,6.5,6.4	311	βββ	0ΠΟ	ad	4533	446, 458,1064	6.3,6.9,6.3	112	βκκ	ΗΠΗ	ad

THE DRAPER CATALOGUE.

D. C.	Plate Numbers.	Observed Brightness.	Res.	End.	F.K.	R.	D. C.	Plate Numbers.	Observed Brightness.	Res.	End.	F.K.	R.
	1072,1112	6.5,6.2	11	κα	ηη		4574	401,1157	6.4,6.6	11	κκ	ηη	
4534	1194	6.9,6.9	00	κκ	ηη		4575	401,1157	6.7,6.9	11	ηκ	05	
4535	445,1172	6.7,7.1	12	ακ	0η	d	4576	1173,1194,1194	6.6 — 6.6	0.0	κκκ	ηηη	
4536	401, 416,1120	6.8,7.0,7.1	032	αηκ	η0η	ad	4577	424, 445,1150	5.7,5.9,6.2	111	γββ	0η2	
	1157	6.8	0	κ	η			1172	5.9	2	γ	F	
4537	424,1064,1072	6.4,6.6,6.9	431	κηκ	η1η	ad	4578	1150,1172	7.1,6.7	22	κκ	η11	ad
	1112,1194	6.6,6.0	13	κκ	η1η		4579	401, 401,1120	4.7,4.7,5.2	111	δee	FFF	
4538	1172	6.9,6.9	00	κη	ηη			1157,1157	5.0 —	2.	γγ	FF	
4539	401,1157	6.8,7.3	32	κκ	η11	d	4580	1157	7.1,7.4	21	κκ	η11	
4540	1173	6.9,7.1	11	κκ	ηη	a	4581	446, 458,1064	6.7,7.0,6.5	213	ααγ	0η0	
4541	1194	6.9,6.8	01	κκ	η11			1072,1112	6.6,6.6	12	αβ	00	
4542	401, 445,1172	6.8,6.8,6.5	122	ηκγ	0ηF		4582	1173,1194	7.2,6.8	22	κκ	ηη	a
4543	1120	7.2,7.3	01	κκ	ηη		4583	1064,1112,1194	6.9,7.0,6.5	230	κκκ	ηηη	
4544	1064,1072,1112	6.9,7.0,6.7	111	κηκ	η0η	ad	4584	401	7.0,7.1	10	κκ	ηη	a
4545	424, 445,1150	5.9,5.7,6.0	420	κκκ	ηβη	a	4585	401,1157	6.7,6.9	11	ηη	00	
	1172	5.9	1	κ	η		4586	1194	7.1,6.9	11	κα	ηη	
4546	1172	7.2,7.1	10	κκ	η11		4587	401,1157,1157	6.6,6.8 —	11.	γηη	000	
4547	1173,1194	6.8,6.6	11	ηκ	1η		4588	1173	7.1,7.3	11	κκ	ηη	
4548	1172	7.0,6.9	10	FK	γη	r	4589	167, 446, 446	5.7 — 4.9	1.0	κκκ	ηηη	ad
4549	401	6.8,7.0	11	κκ	η11	a		458,1064,1064	5.3 — 5.3	2.1	κκκ	Bδη	
4550	424, 445,1150	5.8,6.0,6.2	201	γδβ	FγO			1072,1072,1112	5.4 — —	3..	κκκ	ηBB	
	1172	6.0	1	δ	F			1112	4.6	2	κ	B	
4551	1065	7.0,6.8	11	κκ	η1η		4590	401	7.2,7.1	10	κκ	ηR	
4552	1064,1112	6.9,7.0	23	κκ	η1η	d	4591	1194	7.1,7.0	01	κκ	ηη	a
4553	424, 445,1173	5.8,5.7,5.8	320	ηκκ	FηH	ad	4592	424,1150,1172	6.5,6.7,6.5	302	αρα	η8η	
	1194	5.7	1	κ	η		4593	1157	6.9,7.0	01	η11	00	
4554	1194	6.5,6.5	00	κβ	η11		4594	424,1150,1173	6.7,7.0,7.0	121	ακα	0η0	d
4555	424, 446,1064	5.1,6.0,6.2	210	γγγ	23F	r	4595	1064,1112	6.9,7.0	23	κκ	Dη	
	1072,1112,1156	6.4,5.9,6.0	310	βγβ	221		4596	424, 446,1064	6.0,6.7,6.6	122	βββ	000	r
	1194	5.2	4	δ	2			1072,1112,1194	6.6,6.6,6.0	122	ααγ	0γO	
4556	1172	7.1,7.1	00	κκ	η1η	a	4597	401,1157	6.3,6.6	21	αα	η1	
4557	401,1157	6.8,7.0	11	κα	η0		4598	1064,1194	7.2,6.6	00	κα	η1η	d
4558	1072,1112,1113	7.0,6.9,6.8	022	κηκ	η0η	d	4599	446,1112	6.8,7.0	21	κκ	η1η	d
4559	401,1157	6.9,7.0	01	κκ	ηη	d	4600	1112	7.1,7.4	21	κκ	η1η	
4560	1064,1065,1072	6.7,6.7,7.0	321	κκκ	βηη	d	4601	1173	7.2,7.2	00	κκ	η1η	
	1112,1113,1229	6.7,6.7,6.8	120	κκκ	ηηη		4602	1194	7.0,7.0	00	κκ	ηη	a
4561	1064,1112,1194	7.0,7.0,6.8	311	κκκ	ηηB		4603	1157	6.8,7.0	11	κκ	η1β	
4562	401,1157	6.6,6.9	12	κκ	η11	d	4604	1072,1112,1113	7.0,6.7,6.6	113	ηκκ	0ηη	d
4563	424, 445,1150	6.1,6.4,6.7	102	γκβ	0η5			1229	7.0	2	κ	η	.
	1172	6.4	1	β	F		4605	1194	6.5,6.5	00	κκ	ηη	d
4564	1173,1194	7.0,6.5	32	κκ	ηη	b	4606	424,1173,1194	6.2,6.9,6.3	133	ρκγ	0η0	d
4565	1173	6.9,7.0	01	κκ	ηη		4607	1194	6.9,7.0	01	κκ	η1η	
4566	1172	7.3,7.3	00	κκ	ηα		4608	424, 456,1159	6.2,6.4,6.4	411	γγβ	050	r
4567	1194	6.8,6.7	10	ηκ	1η			1173,1194	6.0,6.0	11	αγ	FF	
4568	1120	7.2,7.1	01	κκ	η11	a	4609	1064,1112,1194	7.0,6.9,6.3	122	ηκκ	0η11	d
4569	1194	7.0,7.0	00	κκ	ηη		4610	441, 446, 458	6.5,5.9,6.5	222	αγα	000	a
4570	424,1172	6.9,6.5	54	κκ	ηη	a		1064,1072,1097	6.4,6.2,7.0	015	δβη	250	
4571	1064,1072,1112	6.6,6.6,6.3	100	κκκ	ηηη			1112,1113,1119	6.2,5.6,6.4	271	βδη	25η	
4572	1172	6.8,6.7	10	κκ	ηη			1229	6.7	5	η	0	
4573	1194	7.0,7.2	11	κκ	κη		4611	353,1065,1074	6.5,6.5,6.9	404	ηκκ	0η11	d

D. C.	Plate Numbers.	Observed Brightness.	Res.	End.	F.K.	R.	D. C.	Plate Numbers.	Observed Brightness.	Res.	End.	F.K.	R.
	1119,1229,1233	7.0,6.8,6.8	102	κκκ	ιιιιιι		4645	401, 440,1121	6.5,6.9,6.9	100	κκιι	n00
	2242	6.6	2	н	0			1157	6.4	0	к	н
4612	446, 458,1064	5.4,6.4,5.9	311	γβγ	02F		4646	1112,1176,1194	7.0,6.2,6.4	440	κκκ	ιιнιι
	1072,1112	6.0,5.6	10	γγ	0F		4647	1194	6.9,7.0	01	κκ	ιιιι
4613	424, 456,1150	6.2,6.6,6.5	270	κκα	ιιн8		4648	441, 458,1064	6.9,6.6,6.5	031	αβγ	01ιι
4614	424	7.0,6.8	11	κκ	ιιιι			1072,1112,1113	6.6,6.4,6.4	121	β;δ	001
4615	446, 458,1064	6.9,7.0,6.7	322	ααк	00ιι	ad	4649	401, 401, 440	— 5.3,5.6	.31	ββe	00F
	1072,1112	·	6.9,6.5	10	αβ	00		1121,1157,1157	5.3 — 4.7	2.3	eγδ	FιιF
4616	1194	7.1,7.2	01	hιι	00		4650	401, 440,1157	6.9,7.1,6.7	210	κκα	ιιн0
4617	1194	6.5,6.6	01	κκ	ιιιι	a	4651	1157	6.9,7.1	11	κκ	ιιн
4618	401	6.7,6.9	11	αβ	00		4652	1176	6.5,6.8	21	κκ	ιιιι
4619	1159,1194	7.0,6.8	11	κκ	ιιιι	a	4653	440,1121,1157	6.8,6.8,6.7	113	κκκ	ιιнιιн	a
4620	424,1150	6.6,6.9	11	κκ	ιιιι	d	4654	440,1121	6.6,6.7	01	αα	ιι0
4621	401, 440,1157	6.0,6.9,6.0	131	βκβ	γιιγ	d	4655	1065,1229	7.0,7.2	01	κκ	нн
4622	424	7.3,7.1	11	κκ	ιιιι		4656	424,1158	6.7,7.1	33	αα	00
4623	1194	7.0,7.0	00	ιιιι	00		4657	456,1159,1176	6.4,6.6,6.5	201	κκκ	ιιн в	ad
4624	401	6.6,6.7	10	κβ	ιι0			1176,1194,1194	— 6.4 —	.2.	κκκ	ιιнн
4625	424, 456,1159	6.5,6.5,7.0	432	βακ	0ιι5	r	4658	456,1150,1159	7.0,6.9,7.0	010	hκκ	0ιιιι	d
	1173,1194	6.3,6.3	11	αβ	γ0		4659	1150	7.3,7.5	11	κκ	ιιιι
4626	424, 456,1173	6.5,7.0,6.5	310	αιιк	ιι0ιι		4660	1194	6.8,6.9	10	ιιιι	00
	1194	6.1	4	α	0		4661	1150	6.9,7.0	01	ιικ	08	r
4627	424, 456,1159	5.8,6.2,6.0	213	ββγ	02F		4662						r
	1194	6.0	1	β	F		4663	424,1150,1158	6.7,6.8,6.9	404	ιιαα	000	r
4628	165, 185, 353	6.9,6.9,5.6	483	ικγ	0ιι0	r	4664	440,1121,1157	7.0,7.2,6.9	202	κκκ	ιιнιι	d
	435, 458, 495	5.5,5.9,6.0	340	γγα	002		4665	1150	7.2,7.4	11	κκ	ιιιι
	1065,1074,1119	5.5,5.6,6.4	013	γαγ	γιι1		4666	446,1064,1065	7.0,6.8,6.6	230	ιικκ	0ιιιι	ad
	1229,1233	6.0,5.7	21	γγ	00			1072,1112,1113	7.1,6.9,6.6	124	ιικκ	0ιιιι
4629	1194	7.0,6.9	10	κκ	ιιιι	a		1233	7.0	3	к	ιι
4630	1194	7.0,7.1	10	κκ	ιιιι		4667	441, 446, 458	7.1,6.8,7.0	122	ιιαα	000
4631	441,1064,1072	6.9,6.5,6.9	123	hκκ	0ιιιι	d		1064,1065,1072	6.8,6.5,6.8	110	ιιαα	005
	1112,1113	6.4,6.5	11	κκ	нн			1112,1113	6.6,6.6	12	γβ	05
4632	1157	6.7,6.8	01	κκ	ιιιι		4668	1150	7.2,7.5	12	κκ	ιιιι
4633	401, 440,1121	6.5,6.8,6.7	112	αιια	ιιιι0		4669	440	7.4,7.2	11	κκ	ιιιι
	1157	6.7	3	γ	8		4670	1065,1074,1119	6.4,6.7,7.1	120	κκκ	ιιιιιιιι	a
4634	1194	6.5,6.6	01	κκ	ιιιι	a		1233,1255	6.9,6.3	32	κκ	ιιιιι
4635	1150	7.1,7.3	11	ιιιι	00		4671	1176,1194	6.6,6.8	22	κκ	ιιιι
4636	167, 446, 458	6.7,6.0,6.7	201	βκκ	0ιιγ	ad	4672	1157	7.0,7.1	10	κκ	ιιιι
	1064,1072,1112	6.2,6.4,6.0	121	κκκ	нвн		4673	1176,1194	6.5,6.5	11	hιι	00	r
4637	440,1121	7.0,7.2	11	ιικ	0ιι	d	4674	1064,1112,1113	6.9,7.0,6.9	231	κκκ	ιιιιιι
4638	1194	6.9,7.0	01	κκ	ιιн		4675	1194	7.0,7.0	00	κκ	нн	a
4639	401,1121,1157	6.4,6.8,6.2	101	ααβ	0ιιF		4676	440,1157	7.0,7.0	23	κκ	ιιιι
4640	424,1064,1072	6.2,6.7,6.9	312	κκκ	нιιιι	ad	4677	402, 456,1150	5.6,5.5,5.2	121	γeγ	n2F
	1112,1176,1194	6.8,6.0,6.0	442	κκκ	ιιιιв			1158	5.4	2	γ	0
4641	446, 458,1064	6.9,6.5,6.4	553	ακn	120		4678	441,1064,1112	7.0,7.0,7.0	304	κκκ	ιιιιιι	at
	1072,1112	6.7,6.5	12	ββ	00		4679	418, 456,1157	6.8,6.4,6.7	021	αβκ	ιιнн	ad
4642	1194	6.8,6.8	00	κκ	ιιн			1158	7.0	1	к	ιι
4643	446, 458,1064	5.7,6.1,6.0	131	κκκ	ιιιιn	ad	4680	1159,1176,1194	7.2,6.6,6.7	221	κκκ	ιιιιιι	d
	1072,1112	6.3,5.8	31	κκ	ιιιι		4681	418, 440,1121	5.4,5.5,5.4	201	βδ"	F0F	a
4644	1064,1112,1176	7.0.6.9,6.5	122	ιικκ	0ιιιι	d		1157,1230	4.8,5.2	21	eγ	γιι
	1194	6.6	1	к	н		4682	1175	6.6,6.6	00	ακ	0ιι

THE DRAPER CATALOGUE.

D. C.	Plate Numbers.	Observed Brightness.	Res.	End.	F.K.	R.	D. C.	Plate Numbers.	Observed Brightness.	Res.	End.	F.K.	R.
4683	1194	7.0,6.8	11	κκ	нш		4714	1176	7.0,7.0	00	κκ	ιιιι	a
4684	1176,1194	6.5,6.6	21	βκ	0ιι	nd	4715	1272	7.0,7.0	00	βα	0ιι	
4685	440,1157	7.0,7.1	33	πκ	0ιι	d	4716	1175	6.9,6.9	00	κκ	нιι	a
4686	418, 440,1121	6.6,6.5,6.6	221	κκκ	ннιιι	ad	4717	1272	7.1,7.1	00	κκ	нιι	a
	1157,1230	6.4,6.5	20	κκ	ιιιι		4718	456,1158,1175	6.7,7.0,6.1	000	βββγ	000	a
4687	402, 456,1150	6.2,5.9,6.0	103	κκκ	ιιιιв	ad	4719	1175	6.8,6.8	00	κκ	ιιιι	
	1158	6.0	2	κ	ιι		4720	441, 458,1113	6.8,6.3,6.1	320	αγβ	нн5	
4688	1176,1194	6.5,6.7	22	κκ	ιιιι	a	4721	441, 458	6.9,6.7	11	κκ	ιιιι	a
4689	1175	6.5,6.5	00	κκ	ιιιι		4722	456,1159,1176	6.2,6.6,5.6	135	κκκ	ιιιιв	a
4690	418, 440,1121	6.4,6.6,6.7	010	βββ	ιι05	d		1194	6.2	3	κ	ιι	
	1157,1230	6.3,6.5	10	ακ	ιιιι		4723	1176,1194	6.5,6.9	33	κκ	нιι	
4691	440	7.2,7.0	11	κκ	ιιιι	a	4724	441,1064,1065	6.8,6.5,6.5	332	κκκ	ιιιιιι	ad
4692	441, 446, 458	6.4,5.8,6.5	001	γγβ	000	r		1072,1112,1113	6.7,6.6,6.4	023	ιικκ	0ιιιι	
	1064,1072,1112	6.2,6.0,5.8	101	γγβ	10f			1119,1220,1233	7.1,6.7,6.8	214	ιικκ	0ιιιι	
	1113	5.7	3	δ	F		4725	1176	6.7,6.8	01	κκ	ιιн	
4693	1176	7.3,7.4	01	κκ	ιιιι		4726	1176	6.4,6.5	10	κκ	ιιιι	
4694	402, 456,1150	5.5,5.4,5.6	213	κκκ	ιιιιιι	ad	4727	1176,1194	6.3,6.7	33	κκ	ιιιι	
	1158,1175	5.5,5.1	32	κκ	ιιιι		4728	1175	6.9,6.8	01	κκ	нιι	
4695	1175	6.6,6.6	00	ακ	5ιι		4729	1121	7.0,7.1	01	fκ	fιι	
4696	353, 435, 441	6.3,6.3,6.8	211	βαγ	ιι00		4730	402, 456,1159	6.4,6.3,6.5	102	ιι,β	ff5	
	446, 458, 495	6.6,6.8,6.7	311	ααα	00ιι			1175	5.5	2	ε	2	
	1064,1065,1072	6.5,6.3,6.7	122	αβιι	0f0		4731	1175	6.9,6.9	00	κκ	ιιιι	
	1112,1113,1119	6.4,6.4,6.7	210	ββα	025		4732	418, 440,1121	6.5,6.7,6.7	011	κκκ	ιιιιιι	r
	1229,1233	6.5,6.4	12	κβ	ιιιι			1230,1272	6.7,6.3	10	κβ	ιιf	
4697	1175	6.7,6.7	00	κκ	вιι		4733	1158,1175	7.0,6.2	01	κκ	ιιιι	
4698	418, 456,1157	6.6,6.8,6.4	222	κβα	в01	ad	4734	1176	6.8,6.7	10	κκ	ιιιι	a
	1158,1230	6.9,7.0	01	ακ	0ιι		4735	1175	6.8,6.9	10	κκ	ιιιι	a
4699	418, 440,1121	5.4,5.4,5.3	123	κκκ	ιιιιιι	a	4736	418, 440,1121	6.9,6.9,7.2	121	κκh	ιιιιf	ad
	1157,1230	5.5,5.2	42	κκ	нιι			1272	6.7	1	ιι	0	
4700	440	7.3,7.3	00	κκ	ιιιι		4737	1175	6.8,6.8	00	κκ	вιι	a
4701	418,1121	6.7,6.7	21	κκ	ιιн	d	4738	1176,1194	6.1,6.6	43	εκ	0ιι	ad
4702	1065,1074,1255	6.7,6.5,6.5	111	κκκ	ιιιιιι		4739	1176	6.8,6.9	10	κα	ιιιι	
4703	418, 440,1121	6.3,6.5,6.4	012	ββγ	ff2		4740	456,1159,1175	6.3,6.5 —	11.	βββ	22f	a
	1157,1230	6.3,6.4	20	ακ	fιι			1176	—	.	γ	0	
4704	1176	6.6,6.5	10	ββ	00		4741	1176	7.0,7.0	00	κκ	ιιιι	
4705	1065,1074,1119	6.5,6.4,7.1	010	ακκ	ιιιιιι	d	4742	441, 458,1072	6.8,6.5,6.7	033	ηκκ	ιιιιιιι	d
	1229,1233	6.9,6.8	12	κκ	ιιιι			1112,1113	6.4,6.0	34	κκ	ιιιι	
4706	1176	6.8,6.8	00	κκ	ιιιι	a	4743	1065,1074,2242	6.8,7.0,6.9	201	κκв	ιιιι0	d
4707	418, 418, 440	5.5 — 5.7	1.0	βββ	fff	r	4744	1158,1175	7.0,5.9	11	κκ	ιιιι	a
	1121,1157,1230	5.4 — 5.4	3.1	εβγ	fιf		4745	1175	6.7,6.7	00	κκ	ιιιι	
	1230,1272,1272	5.5.5.6 —	04.	βββ	fff		4746	1272	6.8,6.9	10	κκ	нιι	a
4708	1175	7.1,7.1	00	κκ	ιιιι		4747	1175	6.7,6.7	00	ββ	00	
4709	1194	6.9,6.9	00	κιι	ιι0	r	4748	1175	6.5,6.7	11	κκ	вιι	a
4710	1159,1175	7.1,6.3	10	κκ	ιιιι	ad	4749	1176	7.2,7.3	10	κκ	ιιιι	
4711	418, 440,1121	6.4,6.4,6.5	121	ββγ	00f	r	4750	1176	6.8,7.2	22	κκ	ιιιι	
	1230,1272	6.5,6.0	11	κβ	вf		4751	1176	6.9,6.8	01	κκ	ιιιιτ	
4712	1175	6.7,6.8	01	κκ	ιιιι		4752	1272	6.9,6.9	00	κκ	ιιιι	
4713	458,1065,1074	6.5,6.0,6.0	300	ιικκ	1ιιιι	ad	4753	1176	7.0,7.2	11	κκ	ιιιι	
	1119,1162,1229	6.4,6.4,6.3	220	κнκ	н0ιι		4754	1175	6.7,6.7	00	αα	00	
	1233,1255	6.4,5.7	33	κκ	ιιf		4755	441, 458,1113	6.9,7.1,6.5	111	κακ	ιι5f	

ANNALS OF HARVARD COLLEGE OBSERVATORY.

D.C.	Plate Numbers.	Observed Brightness.	Res.	End.	F.K	R.	D.C.	Plate Numbers.	Observed Brightness.	Res.	End.	F.K.	R.
4756	1158,1175	6.9,6.1	10	κκ	ин		4794	419, 456,1159	6.6,6.4,6.8	013	κβα	1150	
4757	1175	6.7,6.8	01	κκ	ιιн			1176,1176	— 6.0	3	γγ	02	
4758	1176,1176	6.7,6.5	11	κα	ιι8	ad	4795	1158,1175	7.1,6.3	10	ιιδ	0ғ	
4759	1176	7.1,7.3	11	κκ	пн		4796	1175	7.0,6.8	11	κιι	ιι0	
4760	1272	6.8,6.8	00	κκ	нιι		4797	418, 456,1158	5.2,5.6,5.5	240	δγδ	622	
4761	1176	7.1,7.3	11	ғκ	ғιι			1230,1272	5.3,5.1	21	γδ	22	
4762	1112,1113	6.9,6.6	33	пιι	0ғ		4798	418,1272	6.9,6.5	11	αα	00	
4763	1176	7.1,7.0	01	κκ	ιιп		4799	402, 456,1159	6.6,6.6,6.9	114	κκκ	ιιιιп	a
4764	1176	6.3,6.3	00	ββ	00			1175	5.7	2	κ	ιι	
4765	1159,1176,1176	7.0 — 6.3	3.2	κκκ	ιιιιв	ad	4800	441, 458,1065	6.4,6.6,6.1	203	κκκ	ιιнᴅ	at
4766	402, 456,1159	6.7,6.7,6.9	024	ακα	0нιι	ad		1113	3.1	1	κ	ιι	
	1176	5.8	5	κ	ιι		4801	1175	7.1,7.0	01	κκ	ιιп	
4767	418, 418, 440	5.3 — 5.7	1.0	κκκ	ᴅιιв	ad	4802	1272	7.1,6.9	11	κғ	ιιн	
	1121,1230,1230	5.5,5.5,5.4	201	κκκ	ввιι		4803	458,1065,1072	7.2,6.6,7.1	112	κκκ	ιιнιι	d
	1272,1272	5.5 —	3.	κκ	вᴅ			1113	6.8	1	κ	ιι	
4768	1175	6.6,6.7	10	κκ	ιιιι		4804	1175	6.6,6.6	00	κκ	ιιιι	
4769	1176	6.9,6.9	00	κκ	ιιιι		4805	1272	6.5,6.5	00	κκ	ин	
4770	1175	7.0,6.9	10	κιι	ιιιι		4806	402, 410, 456	5.4,5.3,5.0	220	κκκ	ιιнн	a
4771	418,1272	6.9,5.6	65	ιια	0ιι	r		1159,1176	4.9,4.4	14	κκ	ιιн	
4772	458,1113	6.9,6.6	10	αβ	пғ		4807	1176	6.8,6.8	00	κκ	ιιн	
4773	1175	7.1,7.0	01	κκ	ιιιι		4808	1175	7.0,6.9	10	κκ	пн	
4774	402, 456,1159	6.1,6.0,6.0	011	βγγ	552		4809	165, 185, 353	6.8,6.8,6.0	321	κιικ	ιι0н	ad
	1175	5.2	1	δ	2			435, 458, 495	5.4,6.0,5.7	433	ᴋγκ	ιιιιιι	
4775	1175	6.4,6.5	10	αα	ιιн			1065,1074,1116	5.4,5.8,6.2	135	κκα	8ιιн	
4776	1175	7.0,7.0	00	κκ	ιιιι			1119,1162,1229	6.0,6.0,5.4	134	βιιξ	ιι88	
4777	440,1121	6.7,6.9	11	κα	ιι2			1233,1255,2242	5.4,4.9,6.0	267	βαβ	ιιᴋн	
4778	1176	6.8,6.6	11	κκ	нιι		4810	1176	7.0,7.0	00	κκ	ιιн	
4779	1272	7.0,6.7	12	κκ	ᴌιι		4811	1176	6.4,6.6	11	κκ	ιιιι	a
4780	1272	6.9,6.3	35	нκ	0н	r	4812	1272	6.7,6.6	01	κκ	ιι	
4781	1113	6.9,6.8	10	κκ	ιιιι		4813	1159,1176	7.1,6.0	45	κκ	ιιн	a
4782	418, 456,1158	6.0,5.8,6.2	110	ββγ	552		4814	402, 456,1159	6.4,6.4,6.7	114	αββ	1150	
	1175,1230,1272	— 6.5,6.0	31	γαγ	00ғ			1175	5.4	3	δ	2	
4783	435, 441, 495	6.7,6.9,6.7	032	ιιнκ	ғ0п	d	4815	402, 456,1158	0.9,6.8,6.9	120	παιι	0ιι0	
	1064,1065,1074	6.6,6.7,6.3	331	ιιβα	00ιι			1175	5.8	2	β	2	
	1112,1113,1119	6.7,6.6,7.1	221	ααh	5ғ0		4816	402,1176	6.8,6.2	11	κβ	пғ	
	1229,1233	6.3,6.9	14	κκ	ιιιι		4817	1175	6.9,6.8	01	αα	00	
4784	402,1175	7.2,5.8	35	κκ	ιιн		4818	353, 441, 446	5.3 — —	1..	κκh	ιιн0	ad
4785	418, 456,1158	6.6,6.3,6.6	011	αβ3	ιιιιιι	ad		458, 495,1064	6.2,6.1 —	11.	γκb	ппғ	
	1175,1230,1272	6.2,6.8,6.2	412	γκκ	2нн			1065,1072,1074	5.5 — 5.4	0.1	ικκκ	ιιпᴅ	
4786	1272	7.1,7.0	01	ιια	00			1112,1113,1119	— 5.8,6.1	10	hβα	0ιιιι	
4787	456,1159,1175	6.5,6.8 —	12.	βαγ	025			1229	6.0	2	κ	ιι	
	1176	6.3	1	γ	0		4819	1113	7.1,7.2	10	κκ	пн	
4788	1176	7.2,7.3	10	κκ	ιιιι		4820	1176	7.0,7.2	11	κκ	пιι	
4789	1272	6.8,7.0	11	κκ	ιιн		4821	1065,1255	6.8,6.5	21	κα	ιι0	ad
4790	402, 419, 456	4.0,4.3,4.0	ᴋᴋᴋ	ηζι	555	r	4822	402, 441,1113	6.8,6.4,6.0	200	βγδ	000	
	1159,1176,1198	4.0, ᴅ,4.0	ᴋвᴋ	ηεγ	55ιι			1176	5.3	4	ε	2	
4791	1175	7.1,7.1	00	κκ	ιιн		4823	418,1272	7.2,7.8	44	κп	ιιғ	d
4792	1065,1074,1113	6.8,6.6 —	11.	κκκ	ιιпп		4824	402, 419, 456	4.1,4.4,4.0	221	ηη	202	
	1229	6.9	1	κ	п			1159,1176,1198	4.0, ᴅ,4.0	1n1	θθε	ғғιι	
4793	1112	7.0,7.1	10	κκ	ιιπ	d	4825	419, 456,1158	5.9,5.8,6.1	000	δδγ	ғғ0	

THE DRAPER CATALOGUE.

D. C.	Plate Numbers	Observed Brightness	Res.	End.	F.K.	R.	D. C.	Plate Numbers	Observed Brightness	Res.	End.	F.K.	R.
	1175	5.3	1	ζ	F		4870	1065,1113	7.0,7.0	22	кк	нн	d
4826	1272	6.0,6.5	10	кк	ııı	c	4871	1176	7.0,7.0	00	кк	ııı	
4827	1074	7.1,7.3	11	кк	ııı		4872	1272	7.0,7.0	00	ııı	00	
4828	1175	7.0,7.3	12	кк	нн	a	4878	1113	7.1,7.3	11	кк	ııı	a
4829	1176	6.8,6.8	00	кк	нıı		4874	403, 418, 419	6.7,5.7,6.5	054	кδα	нFн	
4830	1175	6.7,6.6	01	кк	Dıı			1158,1230,1272	6.5,5.9,5.7	243	βγζ	02F	
4831	458,1065,1113	7.1,6.7,6.7	131	καк	ннıı		4875	1065	6.8,7.0	11	кк	ııı	
4832	1176	7.0,7.2	11	кк	ııн	r	4876	441, 458,1065	5.7,5.7,6.3	113	δγβ	22н	ad
4833	1272	6.8,6.7	10	кк	ııı			1113	5.2	2	δ	2	
4834	1175	7.1,7.4	21	кк	нн		4877	456,1159,1175	6.7,7.0,6.0	031	ккк	ннв	a
4835	1176	6.7,6.8	01	кк	ııı			1198	6.5	0	к	н	
4836	456,1175	7.0,6.0	22	нγ	0F		4878	1112,1113	7.1,7.1	21	кк	DR	
4837	1176	6.0,6.2	11	кк	нн	a	4879	1176	7.0,7.0	00	кк	ııı	a
4838	402, 456, 419	6.3,6.2,6.0	012	ккк	нннı	a	4880	1176	6.8,6.8	00	кк	нıı	
	1159,1176,1198	6.3,5.6,6.1	232	ккк	нDıı		4881	1175,1197	6.2,6.8	12	кк	нн	a
4839	1076	6.9,7.0	01	нк	0ıı		4882	1074,1255	6.6,6.0	00	кк	Dıı	r
4840	1176	7.0,7.1	10	кк	ııн		4883	1113,1176	7.2,6.8	01	ııк	0ıı	ad
4841	1272	6.9,6.7	11	ββ	00		4884	1176	7.2,7.3	10	кк	ııı	
4842	402,1159,1175	7.2,7.1,6.0	123	ккβ	ııı6	d	4885	1175	7.1,6.9	11	кк	ııı	
4843	441, 458,1113	6.9,6.7,6.4	170	αβγ	00F		4886	1158,1175,1197	7.0,6.0,6.4	010	ккк	ннııı	a
4844	1175	7.0,7.0	00	кк	вıı		4887	458,1064,1065	7.0,6.7,6.7	223	нкн	0ıı0	ad
4845	1176,1198	6.8,6.9	10	кк	ııı	d		1074,1112,1113	6.3,6.7,6.7	121	ккк	ııııı	
4846	1198	6.8,6.8	00	кк	нı			1119,1233	7.0,6.9	04	ııк	0ıı	
4847	441,1065,1113	6.5,6.4,6.4	340	ккк	ııнıı	d	4888	403, 403, 418	6.3 — 6.3	0.1	βıβ	000	
4848	1175	7.1,7.3	11	кк	ııк			1122,1230,1272	6.9,6.5,6.1	301	βγγ	00v	
4849	1176	7.1,6.9	11	кк	вıı	a	4889	1065,1074,1255	6.8,6.9,6.8	010	кıк	n0н	
4850	1175	7.0,7.1	10	кк	нıı		4890	1065,1073,1113	6.4,6.9,6.8	222	ккк	ııнıı	d
4851	402, 456,1159	6.3,6.1,6.2	001	ккк	нннıı	at		1233	6.9	2	к	н	
	1170,1198	5.8,6.0	11	кк	ııı		4891	418,1197,1272	6.6,6.9,6.7	441	ρκк	0нıı	d
4852	1176	7.0,7.1	10	кк	ııı		4892	403,1272	7.0,6.8	01	кк	ııı	d
4853	1176,1198	6.4,6.7	12	кк	ııı	a	4893	1176	7.0,7.0	00	кк	ıı0	
4854	1175	7.0,7.0	00	кк	ııı		4894	403,1230,1272	6.5,7.0,6.3	122	ακβ	0ııF	
4855	1175	6.9,7.2	21	ακ	8ıı		4895	1175	6.9,6.8	01	кк	нıı	r
4856	418,1272	6.8,6.4	11	кк	ııı	a	4896	1175,1197	6.5,6.8	00	кк	ııı	d
4857	1175	7.2,7.0	11	кк	ııı		4898	1272	6.8,6.7	10	кк	нн	a
4858	1004,1065,1112	6.9,6.6,6.8	201	ακκ	ııнн	d	4890	441, 458,1065	7.1,6.9,6.5	022	кκγ	ııı0	r
	1113	7.0	0	к	н		4900	1113	6.7	0	β	0	r
4859	1176	6.9,6.9	00	кк	ııı		4001	1113	6.8,6.8	00	кк	нн	
4860	1113	7.1,7.2	10	кк	нн		4002	402, 419,1113	6.6,6.9 —	13.	ακα	0ııı	
4861	1175	7.1,7.0	01	кк	нн			1176,1198	5.9,6.5	42	γγ	F1	
4862	441, 458,1065	5.8,5.8,5.3	003	βκк	ııвD	a	4903	1113	6.7,6.8	10	кк	ııı	
	1113	4.9	5	к	D		4904	435, 441, 446	6.3,6.4,6.5	043	αββ	500	r
4863	1175,1197	6.3,6.9	21	кк	лıı	a		458, 495,1064	7.0,6.5,6.5	200	ααβ	ıı0r	
4864	402, 441,1113	5.2,6.0,5.7	523	ζγγ	22F			1065,1072,1112	6.0,6.4,6.3	002	γαβ	Fıı0	
	1176	4.7	4	ε	2			1113,1233	5.9,6.6	55	ββ	r0	
4865	1159,1175,1198	7.2,6.3,6.8	210	ккк	ııııı	a	4905	403	7.0,7.0	00	кк	нıı	a
4866	1175,1197	5.7,6.4	22	кк	лл	a	4906	1176	6.8,6.9	10	кк	ııı	
4867	1176	7.0,7.2	11	кк	ннн		4907	435, 441, 458	5.9,6.3,6.2	012	βγβ	r25	r
4868	1175,1175,1197	6.7 — 6.8	1.1	καıı	ıı00	ad		495,1064,1065	6.0,6.2,5.7	111	ακγ	1нн	
4869	1272	7.0,7.0	00	ııı	00								

D. C.	Plate Numbers	Observed Brightness.	Res.	End.	F.K.	R.	D. C.	Plate Numbers	Observed Brightness.	Res.	End.	F.K.	R.
	1072,1073,1112	6.0,5.0,5.8	011	ββα	5ιιιι		4949	1176	7.0,7.1	10	κκ	ιιιι	
	1113,1233	5.6,5.7	40	γβ	22		4950	1065,1074,1255	6.8,6.8,6.7	001	κκκ	ιιιιιι	a
4908	403,1272	7.0,6.9	00	hα	00		4951	435, 441,1064	6.5,7.0,6.9	331	βιιιι	000	ad
4909	1074	7.0,7.2	11	κκ	ιιιι			1065,1072,1112	6.8,7.0,6.9	313	κκιι	ιιιιF	
4910	1175,1197	6.4,6.6	10	γκ	0ιι	ad		1113	6.6	3	α	ιι	
4911	441, 458,1065	6.6,6.1,5.7	231	κκκ	ιιιιιι	a	4952	1175,1197	6.9,7.0	11	κκ	ιιιι	
	1113	6.0	0	κ	ιι		4953	1272	6.9,7.2	21	κκ	ιιιι	
4912	1065,1113	6.5,6.6	12	αβ	00		4954	1176	7.2,7.2	00	κκ	ιιιι	
4913	1272	6.6,6.6	00	κκ	ηιι	a	4955	403,1272	6.5,6.6	11	κκ	ιιιι	
4914	1197,1272	6.8,6.9	11	κF	ιιγ		4956	403	6.9,7.1	11	κκ	ιιιι	a
4915	1176	7.1,6.9	11	κκ	ιιιι		4957	1175,1197	6.7,6.8	11	κκ	ηιι	a
4916	403, 418,1122	6.8,6.5,6.9	220	κβα	ιιιι0		4958	403, 403, 418	6.2 — 6.5	1.1	ρβα	ιιFιι	
	1272	6.3	2	γ	F			1122,1230,1272	6.9,6.6,6.0	312	ραγ	0FF	
4917	402, 419, 456	5.4,5.2,5.7	342	γεδ	FFF	ar	4959	1064,1065,1112	7.0,6.8,6.9	122	κκιι	ιιιι0	d
	1159,1176,1108	5.7,5.0,5.6	233	βεε	FF1			1113	6.7	3	ιι	0	
4918	1272	6.8,6.8	00	κκ	ηιι		4960	1175	7.2,7.2	00	κκ	ιιιι	a
4919	1113,1176	6.9,6.6	00	ιιβ	00		4961	1272	7.0,7.0	00	ιικ	0ιι	
4920	403, 418,1272	6.7,7.0,6.5	021	ακκ	ιιιηι	d	4962	1175	7.0,6.9	10	κκ	ιιιι	
4921	1176	6.9,7.0	01	κκ	ιιη		4963	1176	7.3,7.4	01	κκ	ιιιι	a
4922	1065,1113	6.9,6.9	22	κιι	ηιι		4964	1176	7.2,7.3	10	κκ	ιιιι	
4923	1175,1197	6.0,6.5	11	βα	2ιι		4965	419,1175,1176	6.2,5.7 —	11.	δγγ	ιι51	
4924	1065,1113	6.6,7.0	00	κιι	η0			1108	6.0	0	β	ιι	
4925	1272	6.9,7.0	01	κκ	ηιι	a	4966	403	7.0,7.2	11	hιι	00	
4926	1065,1113	6.7,6.5	33	κκ	ιιιι		4967	418, 419,1197	6.8,7.1,6.7	222	κιι3	ιι05	
4927	1197	7.3,7.4	10	κκ	ηιι			1272	6.5	3	α	ιι	
4928	1176,1198	6.5,6.3	11	κκ	ηκ	a	4968	419,1176,1198	6.4,6.4,6.6	302	ββ3	01F	
4929	1176	7.0,6.9	10	κκ	ιιιι	a	4969	402, 419,1176	5.0,4.7,4.4	200	ργδ	52F	
4930	402, 411, 441	5.3,5.3,5.8	220	βγδ	Fιι2			1198	4.1	3	η	F	
	1086,1113,1176	4.9,5.4,4.9	002	αεδ	F22		4970	1175	7.1,7.3	11	κκ	ιιιι	
4931	1175,1198	6.5,6.7	11	κκ	ιιη	d	4971	1065,1113	7.0,7.1	21	κκ	ηιι	
4932	403, 418,1122	5.2,4.8,5.0	322	δεγ	0FF		4972	1175,1197	6.7,6.8	11	κκ	ιιιι	a
	1230,1272	5.0,5.0	12	γζ	FF		4973	441,1086,1113	7.1,6.5,6.5	141	ιιαγ	0η0	
4933	1176	6.9,7.3	22	κκ	ηιι			1176	6.0	3	γ	ιι	
4934	441,1064,1065	6.9,6.9,6.5	301	κκκ	ηηιι		4974	402, 411,1086	7.1,6.4,6.5	212	ιικκ	0ιιιι	ad
	1072,1073,1112	7.0 6.8,6.7	232	ιικκ	0ιιιι			1113,1176	6.9,6.0	15	κκ	ιιιι	
	1113	6.4	4	κ	ιι		4975	1065,1074,1113	6.8,6.7,6.9	102	κκκ	ηιιιι	
4935	1175	7.1,7.3	11	κκ	ηη		4976	1113	6.8,6.6	11	ιικ	0η	r
4936	1197,1272	6.7,6.6	22	κκ	ηκ	d	4977	1122	7.2,7.1	10	κκ	ιιιι	a
4937	1176	7.0,7.1	10	κκ	ιιιι		4978	419,1176,1198	6.7,5.8,6.3	241	κκκ	ιιηιι	ad
4938	1272	6.9,6.8	01	κα	η0		4979	1272	6.8,6.8	00	κκ	ιιιι	a
4939	1065,1074	6.9,6.8	10	κκ	ιιιι	a	4980	419,1176,1198	6.9,6.7,6.9	102	ιικκ	0ιιιι	d
4940	1176	7.0,7.2	11	κκ	ιιιι		4981	1255	6.9,6.8	10	κκ	ιιιι	
4941	1065	6.7,6.7	00	κκ	ηιι	a	4982	1176	6.9,6.8	01	κκ	ιιιι	a
4942	1272	7.2,7.3	10	κκ	ηιι		4983	402, 419,1175	6.0,5.2,5.1	251	κκκ	ιιιιΒ	a
4943	403,1122,1272	6.5,7.0,6.5	110	ααα	F0F			1198	5.5	1	κ	B	
4944	402, 419,1176	6.6,5.8,6.6	165	αγδ	0F0		4984	1175	7.1,7.4	21	κκ	ιιιι	a
4945	1175,1197	6.8,7.0	10	κκ	ιιιι	a	4985	403,1122,1272	6.2,6.5,6.5	113	κκκ	ιιιιιι	ad
4946	1175	7.3,7.4	01	κκ	ιιη		4986	1176,1198	6.5,7.0	23	ρκ	5ιι	d
4947	1175	6.8,6.9	10	ιικ	0ιι		4987	1175	7.1,7.0	01	κκ	ιιιι	
4948	1175	6.8,6.8	00	κκ	ιιιι		4988	1197	7.8,7.5	21	κκ	ιιιι	

THE DRAPER CATALOGUE. 185

D.C.	Plate Numbers.	Observed Brightness.	Res.	End.	F.K.	R.	D.C.	Plate Numbers.	Observed Brightness.	Res.	End.	F.K.	R.
4980	1175,1197	7.2,7.0	32	κκ	ιιιι	d	5033	1065,1113	6.8,6.7	23	κκ	ιιιι	ad
4990	1175,1198	6.5,7.0	01	κκ	ιιιι		5034	1176	7.1,7.3	11	κκ	ιιιι	
4991	1175,1198	6.4,6.9	10	ακ	FII	ad	5035	1065	7.0,6.9	01	κκ	ιιιι	
4992	403,1122,1272	6.4,6.9,6.3	111	κκκ	ιιιιιι	a	5036	403, 403, 449	5.0 — 5.1	1.2	κιικ	BFB	at
4993	411,1176,1198	6.7,6.1,6.6	241	κβα	ιιr0			1122	5.3	1	κ	ιι	
4994	1176,1198	6.8,7.2	22	κκ	ιιιι		5037	-441,1065,1073	7.0,6.5,6.7	301	ιιβκ	0Fιι	ad
4995	1175,1197,1272	6.7,6.5,6.7	412	αβG	5r0			1233	6.9	3	κ	ιι	
4996	1175	6.9,7.1	11	κκ	ιιιι		5038	441,1065,1086	7.0,6.6 —	13.	κκb	ιιι0	ad
4997	1175,1197	7.0,6.9	22	κκ	ιιιι	a		1113,1176	6.5 —	2.	κα	ιιιι	
4998	1197	6.9,6.8	10	κκ	ιιιι		5039	403,1122	6.6,6.6	21	κκ	ιιιι	a
4999	1272	7.0,7.0	00	κκ	ιιιι	a	5040	353, 435, 441	5.2,5.5 —	13	ιικιι	0ιι0	ad
5000	1175	7.3,7.5	11	κκ	ιιιι			458, 495,1065	5.5,5.5,5.2	213	κκκ	ιιιιιι	
5001	1176	7.0,7.2	11	κκ	ιιιι			1074,1116,1119	4.6,5.2,5.4	311	κκκ	ιιιιιι	
5002	403	6.9,7.1	11	κκ	ιιιι			1162,1220,1233	5.3,5.2,5.0	200	κκκ	ιιιιιι	
5003	1272	7.0,7.1	10	ιικ	0ιι			1255	5.0	1	κ	ιι	
5004	1065	6.6,6.6	00	κκ	ιιιι		5041	403,1122	6.5,7.0	11	κκ	ιιιι	a
5005	1175	6.9,7.0	01	κκ	ιιιι		5042	1122	7.0,7.0	00	κκ	ιιιι	
5006	1175,1198	6.9,7.1	11	ιικ	0ιι		5043	1065,1113	6.9,6.9	22	κκ	ιιR	d
5007	435, 441, 458	5.9,6.0,6.4	131	βγβ	522	r	5044	435, 441, 458	5.5,5.3,5.3	811	ικγ	ιι81	ad
	495,1065,1072	6.1,5.6,5.8	111	α,β	521			495,1065,1073	5.3,4.5,4.2	413	κβ8	ιιιιιι	
	1112,1113,1233	5.8,5.5 —	24.	βδα	ιι20			1113,1233	4.3,4.0	55	ηε	8ιι	
	1233	5.9	3	γ	0		5045	1065,1255	6.8,6.8	00	κκ	ιιιι	a
5008	1065,1113	6.8,6.8	22	κκ	ιιB		5046	403	7.0,6.9	01	κκ	ιι0	
5009	1175,1197	7.1,7.0	22	κιι	ιι0	d	5047	1065	7.2,7.1	01	κκ	Rιι	
5010	1176	6.6,6.6	00	κκ	ιιιι		5048	1176,1198	6.7,6.8	01	ιιιι	00	
5011	2242	6.7,6.7	00	κκ	ιιιι		5049	403, 449,1122	5.5,6.3,6.3	550	κκκ	ιιιιιι	a
5012	1272	6.8,6.9	10	ακ	0ιι		5050	403,1122	6.8,6.9	11	κιι	ιι0	
5013	1086,1113,1176	6.8,6.9,6.4	313	κκκ	ιιιιιι	ad	5051	1113,1176	7.2,7.0	01	κκ	ιι0	ad
5014	419,1176,1198	7.0,6.5,6.5	111	ιικκ	0ιιιι		5052	1085,1198	7.0,6.7	32	ιικ	0ιι	
5015	1175	7.1,7.0	01	κκ	ιιιι	a	5053	1197	7.0,7.0	00	κκ	ιιιι	
5016	1113,1176	6.8,6.5	00	βα	55		5054	435, 441, 458	6.0,6.5,6.4	001	κκκ	ιιιιιι	a
5017	419,1175,1197	6.2,5.9,5.0	221	κκκ	HBB	a		495,1065,1073	6.4,5.8,5.8	210	κκκ	ιιιιD	
5018	1175,1197	6.8,7.1	00	κκ	ιιιι			1113,1233	6.0,6.0	12	κκ	ιιιι	
5019	1197	7.2,7.4	11	κκ	ιιιι		5055	411, 419,1085	7.1,6.9,7.0	233	αβκ	0ιιιι	
5020	1113	7.0,6.9	01	κιι	ιι0			1197	6.4	4	α	ιι	
5021	1197	7.0,7.0	00	κκ	ιιιι		5056	1198	6.5,6.6	01	κκ	ιιιι	r
5022	1176	7.0,7.0	00	κκ	ιιιι		5057	435, 441, 458	5.7,5.9,5.6	214	κκκ	ιιιιB	ad
5023	1176,1198	6.7,7.0	21	κκ	ιιιι	d		495,1065,1073	5.8,5.5,5.3	130	κκκ	ιιBD	
5024	1065,1074,1116	6.2,6.2,6.2	111	κκκ	ιιRR	a		1113,1233	5.3,5.3	30	κκ	ιιD	
	1119,1162,1220	6.5,6.7,6.3	241	κκκ	ιιιιιι		5058	1176	7.0,7.1	10	κκ	ιιιι	
	1233,1255	6.4,5.8	23	κκ	ιι.ιι		5059	1065,1113	6.8,6.8	22	κκ	ιιιι	a
5025	1176	7.1,7.1	00	κκ	ιιιι		5060	1176	7.1,7.0	01	κκ	ιιιι	a
5026	1176,1198	6.9,6.8	01	κκ	ιιιι		5061	411, 419,1085	6.5,6.6,6.1	200	κκκ	ιιιιιι	ac
5027	1073	7.2,7.2	00	κκ	ιιιι			1197	6.0	2	κ	ιι	
5028	1197	7.0,7.1	01	κκ	ιιιι		5062	435, 441, 458	5.8,6.3,6.4	221	γγβ	0r0	r
5029	1113	7.0,7.2	11	κκ	ιιιι			495,1065,1073	6.1,5.8,5.8	110	βεγ	005	
5030	1176,1198	6.6,7.0	22	κκ	ιιιι	d		1074,1113,1233	6.4,5.8,5.8	730	αδε	Br0	
5031	1176	6.9,6.9	00	κκ	ιιιι		5063	402, 411, 441	4.9,4.3,5.5	074	κκκ	DHB	a
5032	410,1086,1086	6.2,6.9 —	29.	κκκ	ιιιιιι	ad		1086,1113,1176	4.0,4.8,4.0	214	κβκ	BDD	
	1176,1176,1198	6.2,6.0,6.0	022	κκκ	BBB		5064	458, 495,1065	6.0,6.5,6.0	311	ιιηβ	005	

186   ANNALS OF HARVARD COLLEGE OBSERVATORY.

D. C.	Plate Numbers.	Observed Brightness.	Res.	End.	F.K.	R.	D. C.	Plate Numbers.	Observed Brightness.	Res.	End.	F.K.	R.
	1074,1116,1119	6.1,6.4,6.6	011	βκκ	5ππ		5099	435,1065,1073	6.9,6.5,6.8	102	ααπ	0π0	
	1162,1229,1233	6.5,6.5,6.5	213	πκα	0ππ			1113	6.6	3	γ	0	
	1255	6.0	1	β	5		5100	1176	7.1,7.0	01	κκ	ιιιι	
5065	1074	7.0,7.2	11	κκ	ιιιι		5101	449,1197	6.7,6.8	12	αα	ιιη	
5066	411, 419,1086	6.5,6.9,6.7	014	βηπ	ιι00		5102	411, 419,1085	6.9,6.4 —	44.	κκκ	ιιιιιι	ad
	1176,1198	6.3,6.4	21	δκ	05			1086,1198	6.9,6.1	64	κκ	ιιη	
5067	1122,1160	7.2,7.4	34	κκ	ιιη		5103	435, 441, 458	6.4,7.0,7.2	320	καη	500	
5068	449,1160,1197	6.5,6.6,6.6	102	κκκ	ιιιιη	ad		495,1065,1073	6.6,6.5,6.4	311	ααα	055	
5069	1198	7.0,7.0	00	κκ	ιιιι			1113,1233	7.2,6.5	40	ββ	12	
5070	449	7.1,6.8	12	κκ	ιιιι		5104	435,1065,1073	6.8,6.5,6.7	001	κκκ	ιιιιη	ad
5071	1113,1176	7.2,6.6	21	κα	ιιιι			1113,1233	6.8,6.8	12	κκ	ιιιι	
5072	1197	7.0,7.2	11	κκ	ιιιι		5105	1064,1065,1074	7.1,6.8,6.8	111	κκα	ιιη0	at
5073	403, 449,1122	5.5,5.7,5.8	131	δδγ	FF2			1112,1113	7.2,6.8	43	κα	ιιιι	
	1160	5.4	0	γ	2		5106	419, 449,1160	6.8,6.4,6.9	023	καh	ιιη0	
5074	1176	6.9,6.8	01	κκ	πι			1197	6.2	2	κ	ιι	
5075	1198	6.9,6.9	00	κκ	ιιη		5107	1113	6.9,7.0	10	κκ	ιιιι	
5076	411, 419,1085	6.8,6.9,6.8	113	καα	ιι00		5108	1074	6.9,6.9	00	κκ	ιιη	r
	1197	6.5	1	α	2		5109	411	7.2,7.2	00	κκ	ιιιι	
5077	1198	7.0,7.0	00	κκ	πιι		5110	1197	7.1,7.3	11	κκ	πιι	
5078	1065,1073,1113	6.8,6.8,6.9	013	κκκ	ιιιιιι	ad	5111	449,1160	7.0,7.0	00	κκ	πκ	d
	1113,1233	— 7.1	.2	κκ	ιιιι		5112	1113	6.9,7.0	10	ηκ	0η	
5079	449,1160	6.5,6.6	10	κκ	ηη		5113	1065,1073,1113	6.5,6.6,6.6	003	κικκ	ιιιιιι	
5080	1086,1198	6.8,6.5	32	αβ	ιιη			1233	7.0	4	κ	ιι	
5081	1065,1073,1113	6.8,6.9,7.0	002	κκκ	ιιιιιι	ad	5114	1085,1197	7.0,6.9	11	πκ	0η	d
	1233	7.0	1	κ	ιι		5115	R	R, R	ηη	ηη	ηη	r
5082	1065,1113	6.9,6.9	22	κκ	πιι	ad	5116	1065,1113	6.7,7.1	00	κκ	ιιιι	a
5083	1065,1073,1113	6.5,6.7,6.7	103	κκκ	ιιη8	ad	5117	1197	6.5,6.7	11	κκ	ιιιι	
	1233	6.9	2	κ	η		5118	1122,1160	6.9,7.0	33	κκ	ιιιι	
5084	411, 441,1086	5.0,5.9,4.6	022	ηζ	20F		5119	1065,1073,1233	6.8,7.1,7.2	201	κκκ	ιιιιιι	ad
	1113,1176	5.2,4.9	11	δε	2F		5120	1197	6.7,6.8	10	κκ	ιιιι	
5085	411, 419,1086	6.0,5.8,6.0	234	κκκ	ιιηη	a	5121	411, 419, 419	5.4 — 6.2	2.3	δκβ	8η0	
	1198	5.6	2	κ	D			1086,1198	5.3,5.7	11	δβ	δη	
5086	1197	7.2,7.2	00	κκ	ιιιι		5122	1113	7.1,7.3	11	κκ	ιιιι	
5087	435, 441, 458	6.2,6.7,6.8	110	κβκ	ιιιιιι	ad	5123	1065,1074,1233	6.7,6.6,6.8	101	κκκ	ιιιιιι	d
	495,1065,1073	6.5,6.0,5.9	002	κββ	ιιπη			1255	6.5	1	κ	ιι	
	1113,1233	6.2,6.4	23	γβ	ιι8		5124	1197	7.0,7.2	11	κκ	ιιη	
5088	1065,1074,1113	6.7,6.8,6.3	236	κκκ	ηιιη		5125	1197	6.7,6.8	10	κκ	ηιι	n
	1233	6.8	2	η	0		5126	1197	7.1,7.1	00	κκ	ιιιι	a
5089	1073,1113	6.9,6.9	21	hα	00		5127	1198	7.0,7.0	00	κκ	ιιιι	
5090	1122,1160	7.1,7.1	23	ηκ	0η		5128	449,1160	6.7,6.8	10	αα	r0	
5091	1176	7.1,7.3	11	κκ	ηιι	n	5129	1113	6.9,6.9	00	κκ	ιιιι	
5092	411,1086,1198	5.8,6.2,5.8	242	κκκ	ιιπη	ad	5130	449,1122,1160	6.4,6.8,6.5	021	κκκ	κιιιι	d
5093	403, 449,1122	6.7,7.0,6.8	234	αιια	η00		5131	1085,1197	6.8,6.7	11	αικ	0η	
	1160	7.1	4	h	0		5132	1198	7.0,7.1	10	κκ	ιιιι	
5094	411,1086,1198	6.8,6.8,6.9	110	ιικκ	0ηιι	ad	5133	449,1197	6.8,6.8	11	ηκ	rιι	d
5095	1198	7.0,6.9	10	κκ	ιιη	ad	5134	1197	6.9,7.0	10	κκ	ιιιι	
5096	1197	6.9,7.0	10	κκ	πιι		5135	1073,1113	7.2,7.0	32	κα	ιιιι	d
5097	435,1065,1073	6.8,6.5,6.5	001	κκκ	ιιιιιι	ad	5136	1065,1073,1113	6.3,6.3,6.3	103	κκκ	ιιπιι	ad
	1113,1233	6.7,6.7	21	κκ	ιιιι			1233	6.5	2	κ	ιι	
5098	449,1160	7.3,7.3	00	κκ	ιιη	r	5137	435, 441, 495	6.0,6.5,6.0	002	κκκ	ιιιιιι	ad

THE DRAPER CATALOGUE. 187

D. C.	Plate Numbers.	Observed Brightness.	Res.	End.	F.K.	R.	D. C.	Plate Numbers.	Observed Brightness.	Res.	End.	F.K.	R.
	1065,1073,1113	5.8,5.8,6.0	101	ккк	нвн		5172	1197	6.9,7.3	22	кк	нн	
	1233	6.1	3	к	н		5173	435,1065,1073	6.8,6.3,6.8	113	ккк	ннн	
5138	1198	7.0,7.0	00	кк	нн			1113,1233	6.4,6.7	42	кк	нн	
5139	1065,1074,1112	6.5,6.3,6.5	110	ккк	нннн	а	5174	1122	7.0,7.0	00	hh	00	
	1113,1208,1233	6.3,6.4,6.8	503	ккк	нннн		5175	1198	7.2,7.2	00	кк	нн	
5140	1065,1113	6.9,6.9	22	кк	нн		5176	1065,1073,1113	7.0,7.0,7.0	212	ккн	ннг	
5141	441, 508,1065	6.9,7.0,6.2	110	ккк	пннн	ad	5177	411,1085,1114	4.9,4.5,5.0	113	ккк	вdн	ad
	1073,1074,1113	— 6.7,6.0	.56	ακβ	5н5			1197	5.0	3	к	н	
	1208,1233	6.2,6.6	03	γκ	нн		5178	1065,1073,1073	6.8,7.0,6.8	120	ккк	пннн	ad
5142	1255,2242	6.4,6.9	43	кп	п0	d		1113	6.7	4	к	н	
5143	449,1122,1160	6.0,6.5,6.0	000	ккк	нннн	п	5179	449,1160	6.3,6.2	10	кк	нн	ad
5144	449,1160	6.6,6.8	11	αа	F0		5180	1073	7.1,7.3	11	пк	0п	
5145	1073	7.2,7.2	00	пк	0п		5181	1073	7.1,7.3	11	кк	нн	а
5146	1197	7.1,7.2	10	кк	нн		5182	1065,1113	7.0,7.0	23	κа	нн	
5147	441, 446, 458	6.2,5.9,5.9	124	γкβ	4н8	r	5183	440	7.0,7.2	11	нн	00	
	495, 500, 508	5.9,6.6,6.6	214	γπβ	7нн		5184	449,1160	6.8,7.2	22	αк	0н	
	1064,1065,1072	6.2,5.4,6.3	214	κδα	нннн		5185	411, 419, 475	6.3,6.0,6.8	243	ккк	нннн	а
	1074,1112,1113	5.3,5.8,5.4	225	δαγ	ш:8			1073,1086,1096	6.4,6.0 —	31.	ккк	ннн	
	1162,1208,1233	5.0,5.5,5.5	701	κγβ	п63			1115,1198	6.3,6.0	01	кк	вн	
	1255	5.6	1	β	5		5186	435, 441,1065	6.5,6.6 —	13.	βκα	нннн	
5148	1065,1074,1208	7.0,7.0,7.0	000	ακκ	0нн	ad		1065,1073,1233	6.1,6.5 —	03.	βαβ	н5н	
5149	449,1160	6.7,6.9	11	кн	н0			1113,1233,1233	6.1,6.6 —	44.	ββн	нн0	
5150	449, 449,1122	— 5.8,6.3	.00	γγβ	пгг	а	5187	1113	7.2,7.2	01	кк	нп	
	1160,1160	— 5.7	.1	βγ	0г		5188	449	7.0,7.2	11	кк	нн	
5151	1113	7.2,7.2	00	кк	нн	а	5189	2242	6.9,7.1	11	кк	нн	
5152	1198	7.2,7.2	00	кк	нн		5190	435, 441, 495	5.4,5.6,5.3	522	κγγ	828	ad
5153	411,1086,1198	6.6,6.6,6.4	023	пкк	0нн	а		1065,1073,1113	4.9,4.6,4.3	317	βββ	нн5	
5154	449,1122,1160	4.8,5.2,5.2	123	ккк	нн8	ad		1233	4.3	4	γ	5	
5155	1197	6.9,7.0	10	кк	нн		5191	1085	6.9,6.9	00	кк	нн	а
5156	449	7.1,7.3	11	кк	нн	а	5192	1198	7.1,7.2	01	кк	нн	
5157	411, 419,1073	6.1,6.4,6.4	221	βργ	20г	а	5193	411,1085	6.7,6.5	00	κβ	н5	
	1086,1115,1198	6.0,6.6,6.3	110	γγβ	0г1		5194	1255	6.7,6.8	10	кк	нн	а
5158	411, 441,1073	6.6,6.8,6.5	322	ккβ	нн6		5195	435,1065,1073	6.8,6.6,6.6	101	ααα	000	
	1086,1113	6.2,6.4	12	ββ	2г			1074,1113,1233	6.5,6.9,6.8	111	пна	00п	
5159	1085,1198	6.7,6.5	22	кк	нн	d	5196	449,1160	7.0,7.1	01	кк	нн	а
5160	449,1122,1160	6.0,6.2,5.8	210	γβγ	гггг		5197	411, 441,1073	4.6,5.8,4.7	231	ζγδ	212	
5161	435, 441,1065	6.4,6.8,6.0	122	ккк	ннпп	ad		1086,1113	4.2,5.3	42	εδ	2г	
	1073,1073,1113	6.7,6.5,6.1	425	ακκ	пннн		5198	449,1160	6.8,7.3	23	κа	н0	ad
	1233	6.6	3	п	0		5199	1065,1074,1113	6.9,6.7,6.0	113	ккк	пннн	
5162	1113	7.2,7.2	00	кк	нн			1208	6.9	1	к	н	
5163	1198	7.1,7.2	01	кк	нн		5200	449, 449,1160	— 6.8,6.8	.00	ккк	ппнн	ad
5164	1085,1197	7.0,6.8	12	кк	нн			1160,1302	— 6.9	.1	пк	0п	
5165	1074	7.1,7.2	10	кк	нн		5201	1086,1115	6.8,7.1	10	па	05	
5166	2242	6.9,7.0	10	пк	0п		5202	441, 475,1085	6.2,7.0,5.8	111	αаγ	502	
5167	411,1085,1197	5.8,5.8,5.8	110	βγа	2г5			1114	6.8	2	α	п	
5168	1122,1160	6.7,6.7	23	кк	пн		5203	449, 474, 491	6.1,6.8,6.2	101	ккк	нннн	ad
5169	411,1086,1198	7.1,7.0,6.9	012	пкк	0нн	d		505,1160,1238	6.5,6.0,5.8	022	ккк	нвн	
5170	435, 441,1065	6.5,7.0,6.5	112	ακκ	нннн	ad		1302,1309	6.3,6.0	11	кк	нн	
	1073,1113,1233	6.3,6.4,6.7	153	γβк	пннн		5204	1065,1074,1208	6.9,6.8 —	10.	ккк	пппн	d
5171	449,1197	6.8,6.8	11	кк	нн	r	5205	1065	7.2,7.3	01	кк	нн	

188 ANNALS OF HARVARD COLLEGE OBSERVATORY.

D. C.	Plate Numbers.	Observed Brightness.	Res.	End.	F.K.	R.	D. C.	Plate Numbers.	Observed Brightness.	Res.	End.	F.K.	R.
5206	411, 475,1085	6.0,6.5,6.1	235	κκκ	ннн	ad	5241	1074	6.9,7.1	11	κκ	ιιн	
	1085,1114	— 6.0	.3	ιιк	ғιι		5242	449, 505,1160	6.7,7.0,7.1	222	κκκ	нιιн	at
5207	449,1160,1238	6.4,6.3,6.5	231	βηβ	000			1238,1302,1309	6.5,7.0,6.7	211	κκκ	ιιιιιι	
	1302,1309	6.8,6.6	23	αα	0ғ		5243	411,1085,1115	6.5,6.1,6.8	021	κκκ	ιιιιιι	d
5208	449, 505,1160	5.6,6.7,5.8	442	γκγ	2ιι0	r	5244	1073	7.3,7.3	00	ιιк	0н	
	1238,1302,1309	5.8,6.2,5.8	021	ββα	ғ0ғ		5245	1065,1073	6.9,7.0	00	κκ	ιιιι	d
5209	435,1065,1073	6.8,6.6,6.8	101	κκκ	ιιιιιι	a	5246	1065	7.0,7.2	11	κκ	ιιιι	
	1113	6.8	1	κ	ιι		5247	411,1085,1114	6.3,5.4,6.9	258	αδκ	ιιғιι	
5210	1065,1074,1113	6.8,6.8,6.9	112	ιιнκ	00ιι	d	5248	1088	7.1,7.3	11	κκ	ιιιι	
	1208	6.7	0	ιι	0		5249	1065,1074,1113	6.9,6.9,7.0	112	κκκ	ιιιιιι	d
5211	449	7.0,7.1	01	κκ	ιιн	r	5250	1073	6.9,7.3	22	κκ	ιιιι	
5212	1074	6.9,7.1	11	κκ	ιιιι		5251	1073,1086	7.0,7.3	32	κκ	ιιιι	d
5213	411, 475,1073	5.3,6.6,5.6	211	γβγ	252		5252	1115	7.2,7.2	00	κκ	ιιιι	
	1086,1115,1198	5.2,5.5,6.0	125	εηβ	2ғιι		5253	411, 494,1073	6.6,6.8,6.2	311	κιικ	ιι0н	ad
5214	435, 441, 495	6.5,6.8,6.5	022	κκκ	ιιιιн	ad		1086,1088	6.0,6.3	10	κκ	ιιιι	
	1065,1073,1074	6.5,6.0,6.2	330	κκκ	ннιι		5254	2242	6.7,6.8	10	ακ	ιιιι	
	1113,1208,1233	6.5,6.2,6.4	101	κκκ	ιιιιιι		5255	1073,1113	6.9,7.0	11	κκ	ιιιι	ad
5215	1073	6.8,6.9	10	ιικ	0ιι		5256	411, 494,1073	6.4,6.8,6.2	111	ααβ	н02	
5216	1238	6.7,6.7	00	κκ	ιιιι			1086,1088	6.2,6.5	12	βα	05	
5217	1160,1238	7.1,6.8	10	κκ	нн	a	5257	1238,1309	7.2,7.2	01	κκ	ιιιι	d
5218	435,1065,1073	6.6,6.4,6.6	101	κκκ	нғιι	ad	5258	1073	7.1,7.4	21	κκ	ιιιι	
	1113,1233	6.5,6.7	32	κκ	ιιғιι		5259	1073	7.0,7.2	11	αιι	00	
5219	1160	6.9,7.0	10	κκ	ιιιι		5260	1238	7.1,7.1	00	ιιιι	00	
5220	1302	7.3,7.2	10	ιικ	0ιι		5261	449,1160,1238	6.9,6.5,6.6	130	κβα	ιι00	
5221	1085	6.9,6.9	00	κκ	ιιιι	a		1302,1309	6.8,6.8	03	αα	00	
5222	449	6.8,7.1	21	κκ	ιιιι		5262	1074,1255	6.6,6.8	11	κκ	ιιιι	
5223	449	7.1,7.1	00	ιικ	0ιι	r	5263	1238,1302,1309	6.5,7.0,6.8	212	κκκ	ιιιιιι	ad
5224	1073	7.0,7.2	1	κκ	6.9,9.7.3		5264	1073,1074,1113	6.9,6.9,7.3	120	ιιιιιι	ιιιι0	d
5225	411,1086,1115	5.6,5.6,6.5	314	κκκ	ιιғιιιι	ad	5265	442, 449, 474	6.2,6.0,6.2	240	βλε	0ιιғ	r
	1115	—	.	κ	ιι			491, 499, 505	5.7,6.2,5.9	010	αβ	ғғғ	
5226	1115	7.2,7.2	00	κκ	ιιн			1160,1238,1302	5.5,5.8,5.3	143	γεδ	ғғғ	
5227	1073	7.0,7.3	12	ιικ	0ιι			1309	5.0	3	δ	ғ	
5228	1302,1309	7.2,7.0	01	κκ	ιιιι	d	5266	1113	7.0,7.1	01	κκ	ιιιι	
5229	411,1073,1086	6.6,6.4,6.2	111	βγγ	0ғ0		5267	1073	6.9,7.0	01	ακ	0ιι	
	1115	6.8	1	β	0		5268	1238	6.9,7.0	10	κκ	ιιιι	
5230	1065,1074,1116	6.1,6.4,6.6	211	κκπ	ιιιι0	a	5269	475, 494,1085	6.0,5.8,5.1	310	ρκγ	2ιιδ	r
	1233,1255	6.0,6.2	21	κκ	ιιιι			1086,1087,1088	5.5,5.4	— 41.	βββ	5ιιιι	
5231	1073,1113,1208	— 6.5,6.5	.40	κκκ	ннπ	d		1115	5.1	4	δ	2	
	1233	7.0	4	ιι	0		5270	1065,1074,1208	6.9,6.9,6.9	000	κκκ	ιιιιιι	
5232	1085	7.0,7.0	00	κн	н0			1233	7.0	0	κ	ιι	
5233	449, 475,1114	5.5,6.9,6.5	323	δβγ	ғιι0		5271	435	6.9,6.7	11	ακ	0ιι	
	1160	5.8	0	δ	0		5272	475, 494,1085	5.2,5.4,4.6	244	ζδ	0ιιι	
5234	435,1065,1073	6.6,6.6,6.8	123	κκπ	нιι0	d		1087,1114	4.0,4.7	42	γζ	ғ0	
	1113	6.6	2	κ	ιι		5273	1238	7.4,7.3	01	κκ	нιι	
5235	1073,1113,1208	7.1,7.1,6.9	120	κκκ	ιιππ	d	5274	1085,1087	6.5,7.0	21	κκ	ιιιι	a
5236	1074	7.0,7.2	11	κκ	πн		5275	442,1238,1302	6.6,6.4,6.7	401	κκκ	ιιιιιι	a
5237	1085	6.8,6.9	10	κκ	ππ			1309	6.7	4	κ	ιι	
5238	1085	7.0,6.8	11	ββ	00		5276	1065,1073,1113	6.8,6.9,6.8	113	ιιαα	005	
5239	449,1160	7.2,7.4	11	κκ	πн	r		1208,1233	6.5,7.0	22	ακ	ғιι	
5240	1160,1238,1309	7.2,6.5,6.8	231	κκκ	ιιιιв		5277	1073	7.0,7.3	12	κκ	ιιιι	

THE DRAPER CATALOGUE.

D. C.	Plate Numbers	Observed Brightness	Res.	End.	F.K.	R.	D. C.	Plate Numbers	Observed Brightness	Res.	End.	F.K.	R.
5278	442, 474, 499	5.7,6.0,5.9	122	δβ	0FF		5305	475, 494,1087	6.8,6.3,5.8	101	ββδ	0FF	
	505,1160,1238	5.8,5.2,4.6	304	δβς	FFF			1114	6.2	0	β	0	
	1302,1309	5.0,4.6	23	εζ	FF		5306	435, 495, 500	6.3,6.1,6.6	222	δβα	23н	r
5279	442, 475,1114	в, 4.2, в	BRB	ιγε	F0F	r		508,1065,1065	6.7 — 5.7	2.1	ββγ	н00	
	1160	D	B	γ	F			1073,1073,1074	6.0,5.8 —	11.	γγα	520	
5280	1073	6.9,7.1	11	KK	пш			1074,1208,1233	5.8,5.6,5.8	021	αγβ	н02	
5281	442, 505,1238	7.2,7.2,6.8	270	hнα	000	ac	5307	1087	7.0,7.2	11	KK	нн	
	1309	7.2	5	н	0		5308	1065,1073,1074	6.7,7.0,6.9	111	кнн	н00	d
5282	491, 505,1238	6.8,7.0,6.6	110	KKα	шнF			1113,1208,1233	7.0,6.6,7.0	221	IKKK	ннн	
	1302,1309	6.8,6.6	01	на	Cr		5309	443, 475, 494	4.8,5.3,4.5	313	ζεζ	022	
5283	1073	6.9,6.9	00	KK	ш			1088,1115	4.1,4.3	11	ηζ	2r	
5284	491,1238,1302	7.1,6.7,7.2	121	KKK	шнн	d	5310	475, 494,1087	5.7,5.2,4.3	212	KKδ	ннн	at
	1309	7.1	3	н	0		5311						r
5285	442,1238,1302	6.7,6.7,7.0	512	βαα	000			1114	5.1	1	β	н	
	1309	6.6	1	α	0		5312	435,1065,1074	6.9,6.8,6.6	111	hкβ	0н0	ad
5286	442, 474, 491	6.9,6.8,6.7	031	KKK	нннн	ad		1113,1255	6.9,6.8	21	кβ	н0	
	499, 505,1238	7.0,6.8,6.1	002	KKK	ннш		5313	1161	6.9,7.0	10	KK	шш	r
	1302,1309	6.7,6.4	22	KK	нн		5314	1065,1074,1116	6.5,6.2,6.5	210	KKK	шн//	ad
5287	1073	7.1,7.0	01	KK	шн			1162,1233,1255	6.5,6.5,6.4	011	нKK	0шн	
5288	435, 441, 458	6.0,6.3,6.6	211	ββ	C00	r		1256	6.1	0	н	0	
	495, 500, 508	6.3,6.9,6.8	102	βαα	551		5315	1073	7.2,7.4	11	KK	шн	
	1065,1074,1113	6.0,5.8,6.3	110	δγβ	122		5316	1087	6.9,6.8	01	KK	нн	
	1116,1162,1208	6.0,6.0,5.9	110	βαγ	F02		5317	1161	6.9,6.9	00	αK	0н	
	1233,1255	6.1,5.7	12	αγ	20		5318	1087,1114	6.9,7.1	21	γα	00	
5289	442, 474, 491	6.2,6.2,5.8	110	KKK	dшш	ad	5319	442, 499, 505	6.4,6.8,6.7	521	KKK	нн//	ad
	499, 505,1161	6.3,6.0,5.6	101	KKK	ннD			1161,1238,1302	6.3,6.3,6.7	002	γKK	ш///	
	1238,1302,1309	5.4,5.7,5.3	101	KKK	шнн			1309	6.5	3	к	н	
5290	1101	6.9,7.2	12	кн	н0		5320	1073,1088	6.8,7.0	11	KK	шн	ad
5291	442,1161,1238	6.8,6.2,6.7	352	ββα	000	a	5321	1088	7.3,7.3	00	KK	пн	
	1302,1309	7.0,6.7	33	Gα	00		5322	1073,1088,1115	6.6,7.0,7.1	221	KKK	н/////	
5292	1073	7.2,7.3	10	KK	нн	s	5323	1065,1074,1113	7.0,6.6,6.8	313	KKK	ннн//	
5293	435,1065,1073	6.7,6.5,6.6	100	βαγ	0н1	r		1208,1255	6.8,6.9	12	KK	нн	
	1074,1233	6.5,6.9	03	αα	FH		5324	435, 495, 500	6.3,6.2,6.7	211	γγα	5н1	
5294	1073,1080,1088	6.6,6.5,6.8	101	βαк	5нн	ad		508,1065,1073	6.7,5.9,5.8	211	Kεγ	н25	
	1115	7.1	2	α	н			1074,1113,1208	5.7,5.9,5.8	130	γβγ	5н5	
5295	1113	7.1,7.3	11	KK	шн			1233	5.7	2	γ	5	
5296	1238	7.0,6.8	11	KK	шн		5325	1302,1309	7.0,6.8	01	KK	шн	
5297	1161	7.0,7.0	00	KK	шн		5326	1087	7.1,7.3	11	KK	шн	
5298	1065,1073,1074	6.9,6.9,6.7	101	KKш	шн0		5327	1073,1088,1208	6.8,7.0,6.6	021	KKK	нн//	
5299	1087	7.7,7.0	00	KK	шн		5328	1073,1088,1208	6.7,7.0,6.5	122	KKK	н///	
5300	435,1065,1073	6.6,6.7,6.6	311	KKβ	нннн	ad	5329	494,1087,1114	6.4,5.7,6.4	011	KKK	нннн	a
	1074,1208,1233	6.4,6.8,6.8	221	KKK	ннп		5330	1161,1238,1302	6.8,6.8,7.1	110	αкh	нн0	ad
5301	435, 441, 495	6.5,6.9,6.5	101	кнα	н0н	ad		1309	7.0	2	к	н	
	1065,1073,1074	6.2,5.8,6.3	142	кγк	нн		5331	475, 494,1087	5.3,4.9, в	11в	KKK	нвn	at
	1113,1208,1233	6.5,6.2,6.4	012	γββ	шнн		5332						r
5302	435, 495,1065	6.2,6.3,6.1	012	ββγ	58н			1114	4.5	2	к	в	
	1073,1074,1113	6.0,5.6,6.4	031	αββ	8н2		5333	1255	6.8,7.1	21	KK	шн	
	1208,1233	6.4,5.9	51	ββ	15		5334	1065,1073,1208	7.0,7.1,6.9	001	KKK	шшш	d
5303	1074	7.1,7.2	10	шк	0н		5335	1255	6.9,7.2	12	KK	шн	
5304	1115	7.2,7.3	10	KK	нн		5336	1161	6.7,6.9	11	KK	шн	

D. C.	Plate Numbers.	Observed Brightness.	Res.	End.	F.K.	R.	D. C.	Plate Numbers.	Observed Brightness	Res.	End.	F.K.	R.
5337	494,1088	7.0,6.7	12	ııα	fıı			1255	6.3	2	κ	н	
5338	140, 167, 353	— 6.5,5.9	.07	ακγ	8н0	r	5370	1161	7.3,7.3	00	нн	00	
	435, 458, 495	4.8,5.3,5.4	331	βγε	2з8		5371	1161	6.9,7.1	11	hh	00	
	1065,1074,1116	4.6,4.9,4.5	215	ε;γ	5ııб		5372	1161	7.0,7.0	00	αβ	80	
	1119,1220,1233	— 5.3,4.4	.25	γαδ	255		5373	1161,1238	7.0,7.0	00	βh	00	
	1255,1256	4.3,4.7	51	εζ	55		5374	1073,1074	6.9,6.7	01	κκ	пıı	
5339	442,1161,1238	7.1,6.6,6.9	321	hнκ	00ıı	d	5375	442,1161,1238	6.4,5.7,6.2	341	κκκ	ıııн	ad
	1309	7.0	3	κ	ıı			1309	6.6	6	κ	ıı	
5340	1208	7.0,7.1	01	ııκ	0ıı		5376	1161	7.0,7.0	00	αn	00	
5341	1161	6.9,7.0	10	κκ	пıı	a	5377	1065	6.8,6.7	01	ακ	0ıı	
5342	494,1088,1115	6.8,6.5,7.0	303	κκκ	нııı	α	5378	443, 494,1115	7.0,6.5,6.7	351	пκα	0н0	
	1124	7.1	0	κ	ıı			1088,1124	6.3,7.0	10	αβ	2ıı	
5343	1161,1238	7.1,7.0	10	αп	00	d	5379	1073,1088,1115	6.7,6.7,7.1	111	κκκ	DНıı	d
5344	1161	7.0,7.1	01	κκ	пıı		5380	443, 475, 494	5.8,6.6,6.5	212	κκκ	ııııı	ad
5345	443, 494,1088	6.0,5.5,5.3	531	κκκ	ıııb	at		1088,1115,1124	5.7,5.7,6.3	020	κκκ	ınn	
	1115,1124	5.7,5.8	35	κκ	нıı		5381	442,1161,1238	6.7,6.2,6.6	213	ιδα	000	
5346	442,1114,1161	6.7,7.0,6.4	211	ζıııδ	C00		5382	1161	7.1,7.0	10	κα	ıı0	
5347	1074	7.0,7.1	01	κκ	ıııı		5383	1065,1073,1073	6.9,6.9 —	10.	κκκ	ıııııı	
5348	1238	7.1,7.0	10	ııκ	0ıı			1074,1074,1208	— 6.8,6.7	.01	пκκ	0ıııı	
5349	435, 435, 495	— 5.8 —	.5.	γδγ	2F0	a	5384	1065,1073,1074	7.0,6.9,6.9	201	κκκ	ıııııı	
	495, 500, 508	5.5,6.0,6.2	005	δβδ	20F			1113,1208,1233	7.0,6.7,7.1	212	ııκκ	0нııı	
	1065,1065,1073	5.3 — 5.2	3.1	δ;δ	F0F		5385	1065,1074,1116	6.6,6.5,6.7	011	κβκ	ıııııı	ad
	1073,1074,1074	—— 5.1	..1	εεδ	1Fıı			1233,1255,1256	6.9,6.5,6.7	213	κκκ	ııııııı	
	1208,1233,1233	4,7,5.0,4.5	316	εεε	F02		5386	1073,1208	7.1,7.1	01	κκ	ıııı	
5350	1161,1238	7.0,7.0	00	ııκ	0ıı	d	5387	1208	7.0,7.2	11	κκ	ıııı	
5351	1065,1074,1116	6.9,6.5,6.9	220	ıːκıı	0ıı0	at	5388	1281	6.9,7.0	01	κκ	ıııı	
	1255	6.8	1	κ	ıı		5389	1161	7.1,7.0	10	ııα	00	
5352	1161	7.0,7.0	00	κκ	ıııı	r	5390	435, 495, 500	6.3,6.5,6.9	001	βαα	35ıı	
5353	1161	7.0,7.2	11	пκ	0ıı			508,1065,1073	6.8,6.2 —	12.	ıκβ	ıııı	
5354	494,1087,1115	6.6,6.4,6.8	313	κ;α	ıı00			1073,1074,1208	6.1,6.0,5.9	001	γγδ	5ıı5	
5355	442,1161,1238	7.0,6.5,6.7	102	κ;α	ıı00			1233	6.3	2	β	2	
5356	1161,1238	6.9,6.9	00	κκ	ıııı		5391	1073,1113,1208	7.0,7.1,6.8	110	нκα	0ıı0	d
5357	1087,1115	7.1,7.1	11	κκ	ıııı		5392	1161,1304	6.8,6.5	22	δβ	0ıı	a
5358	499,1161,1161	6.6,6.5 —	51.	α;α	F00		5393	1073	7.0,7.3	12	κκ	ıııı	
	1238,1302,1309	6.3,6.7,6.5	112	γκα	0ıı0		5394	1073,1088,1208	6.7,6.9,6.8	111	κκκ	нııı	a
5359	2242	6.8,6.8	00	κκ	ıııı	a	5395	1065,1073,1074	6.9,6.9,6.9	101	κhıı	н00	ad
5360	167, 435, 458	6.5,4.5,5.0	p22	κ;δ	ıııııı	ad	5396	443, 494,1088	6.4,6.5,5.0	022	γκγ	0н0	r
	495,1065,1074	5.2,4.4,4.2	302	κβ̂β	вıın			1115,1124	6.4,6.9	12	αα	1ıı	
	1116,1162,1233	4.5,4.2,4.3	142	κκα	ıııııı		5397	435, 495, 500	6.0,6.2,6.5	002	κκκ	ııнıı	ad
	1255,1256	4.4,4.2	00	κβ	ıııı			508,1073,1074	6.3,6.0,5.7	120	κκκ	пDıı	
5361	1161	7.1,7.2	10	ııh	00			1088,1208,1233	— 5.7,5.8	.00	κκκ	ıııн	
5362	1161	7.2,7.2	00	ııh	00		5398	1088	7.2,7.3	10	κκ	пıı	
5363	2242	7.0,6.8	11	κκ	пıı		5399	1281	6.9,7.0	01	κκ	ıııı	
5364	1073	6.9,7.2	21	κκ	ıııı		5400	442, 477, 507	6.4,6.8,6.6	172	γκα	0ıı0	r
5365	1065,1255,2242	7.0 — 6.9	0.0	κıκ	n0ıı	d		1161,1304,1310	5.7,5.6,5.8	022	βββ	20F	
5366	1073,1208	7.2,7.0	10	κп	ıı0		5401	1161	7.2,7.2	00	ıııı	ıııı	
5367	1238	7.2,7.2	00	κκ	ıııı	r	5402	1161	7.2,7.5	21	κκ	ıııı	
5368	443, 475, 494	5.7,6.5,5.8	121	βββ	5ııı		5402	442, 477, 507	6.0,6.7,6.5	103	δκκ	FHн	
	1087,1115,1124	5.2,5.8,5.8	131	γββ	85ıı		5403	1161,1304,1310	5.5,5.6,5.4	000	γβγ	F00	
5369	1065,1074,1116	6.6,6.6,6.8	111	κκκ	ıııııı	ad							

THE DRAPER CATALOGUE. 191

D. C.	Plate Numbers.	Observed Brightness.	Res.	End.	F.K.	R.	D. C.	Plate Numbers.	Observed Brightness.	Res.	End.	F.K.	R.
5404	495,1065,1074	6.4,6.2,5.9	212	kkk	нин	ad	5434	1074,1208	6.9,6.9	00	kk	iiii	
	1113,1116,1162	— 6.3,6.2	.01	kkk	нвн		5435	1161	7.0,7.2	11	kk	iii	
	1208,1233,1255	6.5,6.4,6.1	420	kkk	нии		5436	507,1161,1304	7.2,6.8,7.0	212	kkk	iiiii	ad
5405	1074,1113	6.9,7.0	12	kk	iiii			1310	6.6	0	k	ii	
5406	477, 507,1161	7.0,6.9,6.2	311	nkδ	0ii0	d	5437	1281	7.0,7.0	00	kk	iii	
	1304,1310	6.1,6.0	10	βγ	0ν		5438	-435,1073,1074	6.9,6.8,6.4	103	kkk	iiiн	a
5407	1065,1073,1074	6.7,6.9,6.7	121	κβα	nii0	ad		1208,1233	6.9,6.9	21	kii	n0	
	1113,1162,1208	6.7,6.6,6.3	323	βαα	δii1		5439	1161	7.1,7.1	00	kk	iii	
	1233	6.9	2	α	ii		5440	1074	6.8,7.0	11	kk	iii	
5408	443, 494,1087	6.6,6.6,6.2	120	ακ3	iii0		5441	1281	7.2,7.3	10	kk	iii	
	1124	7.0	2	ii	0		5442	1065,1074	7.0,6.9	01	kii	н1	d
5409	435, 435, 441	5.9,5.9,6.0	113	kkk	iiiii	ad	5443	1065,1074,1113	6.7,7.0,6.9	123	ιιακ	00ii	ad
	495, 500, 508	6.0,6.4,6.3	011	kkk	ηвн			1208,1255	6.6,7.0	22	βα	00	
	1065,1065,1074	5.7 — —	2..	kiik	нγв		5444	443, 494,1087	6.5,6.3,5.9	320	kkk	iiiii	ad
	1074,1113,1116	6.0,5.4,5.3	554	kkk	ввii			1124	6.5	0	k	ii	
	1162,1208,1233	5.7,5.4,6.1	075	kkk	нинii		5445	1281	7.4,7.5	10	kk	iiii	
	1255,1255	5.7 —	2.	kg	n0		5446	1073,1208,1233	7.0,6.5,7.0	131	kkk	iiннв	d
5410	1281	6.7,6.8	01	kk	iiн		5447	1088,1124	6.9,7.2	21	kk	iin	ad
5411	1161,1281	6.9,6.5	12	kk	iiн		5448	1073,1088,1208	6.8,7.0,6.5	022	kkk	iiiiii	
5412	1073	7.2,7.1	10	kk	iii		5449	435, 441, 458	5.8 — 6.5	0.2	ρκα	2ii0	r
5413	500, 508,1073	7.0,7.0,6.5	212	kиδ	ii00	ad		405, 500, 508	5.9,6.9,6.6	144	γ̇β	202	
	1088,1208	6.3,6.3	01	γγ	0ν			509,1065,1074	— 5.7,5.1	.24	iiγγ	12ν	
5414	443, 443, 494	— 5.6,5.6	.03	γγβ	033			1113,1116,1162	— 5.8,5.4	.13	ργ̇β	0ν1	
	1088,1124,1124	5.3 — 6.0	0.1	γαβ̇	255			1208,1233,1255	5.8,5.7,5.3	312	δγ̇β	222	
5415	442, 477, 507	5.2,5.8,5.5	224	εκδ	fiiii	ad		1256,1314	5.0 —	3.	βα	10	
	1161,1304,1310	4.3,4.3,4.0	123	γ̇β̇δ	γfδ		5450	494,1281	6.4,6.7	56	kk	nii	d
5416	1255	6.7,6.7	00	iiк	0н		5451	1161,1304,1310	6.1,6.6,6.5	312	kkk	iiкii	a
5417	443, 494,1087	6.1,6.5,5.8	101	β̇βγ	0ii2		5452	507,1161,1304	7.0,6.5,6.5	110	kk	110ν	
	1124	6.6	1	β	ν			1310	6.5	2	β	0	
5418	1281	6.8,6.9	10	kk	iii		5453	435, 495,1065	6.4,6.9,6.5	301	ακα	010	
5419	1065,1074,1113	6.9,6.7,7.0	112	kkk	iiiiii	d		1074,1113,1116	6.4,6.4,6.8	042	γ̇βα	000	
	1208	6.9	1	k	ii			1208,1233,1255	6.4,6.9,6.5	041	ρκρ	0ii2	
5420	1281	7.0,6.9	10	kk	iiii			1314	6.5	0	k	ii	
5421	1065	7.0,7.3	21	kk	iin		5454	1281	7.1,7.2	01	kk	iii	a
5422	435, 495, 500	6.1,6.0,6.5	122	γkk	iiiiн	ad	5455	435,1073,1074	6.5,6.5,6.3	201	kkk	iiiiн	ad
	508,1073,1074	6.5,6.0,5.6	121	βκγ	kiiii			1116,1162,1208	6.6,6.5,6.5	011	iikii	0ii0	
	1208,1233	5.7,5.9	01	βγ·	8ii			1233,1255	6.6,6.3	11	kk	iн	
5423	1281	7.2,7.2	00	iiii	00		5456	1281	6.4,6.5	10	iik	fii	a
5424	1074	7.1,7.3	11	kk	iiii		5457	1088,1208	7.0,6.7	11	kk	iin	
5425	507,1161,1304	7.0,6.5,6.5	201	kkk	нии	a	5458	1281	7.5,7.4	01	kk	iii	
	1310	6.6	2	k	ii		5459	500, 508,1073	6.8,6.6,6.3	321	kkk	iiiiii	ad
5426	442, 507,1161	6.7,6.8,6.0	112	ακγ	iiif			1073,1074,1074	— — 6.0	..1	fkk	fii.ii	
	1304,1310	6.4,6.3	12	βγ	22			1208,1233,1233	6.0,6.6 —	14.	kkk	вiiii	
5427	1088,1208	7.2,6.7	22	κα	ii0	d		1255	6.3	2	k	ii	
5428	1161	7.0,7.2	11	kk	iii		5460	1281	6.8,7.2	22	kk	iii	a
5429	1088	7.3,7.4	01	kii	н0		5461	435, 495, 500	6.0,6.0,6.8	241	iiiк	f0ii	ad
5430	1281	7.1,7.2	01	iiк	0ii			508,1073,1074	6.7,6.2,5.7	122	kkk	иии	
5431	1113,1208	6.9,7.0	32	iii	00	r		1116,1162,1208	6.0,6.4,6.0	131	kkk	iiвв	
5432	1161	6.6,6.8	11	ακ	iii			1233,1255	6.2,5.9	20	kk	iн	
5433	1281	7.0,7.1	10	kk	iii		5462	1161,1310	7.1,7.3	12	кк	нк	

D. C.	Plate Numbers.	Observed Brightness.	Res.	End.	F.K.	R.	D. C.	Plate Numbers.	Observed Brightness.	Res.	End.	F.K.	R.
5463	1208	6.9,7.3	22	κκ	ιιιι		5498	443, 477, 507	6.7,7.0,6.5	500	βπα	000	
5464	1281	7.1,7.0	01	κκ	ππ			514,1123,1138	6.8,6.7,6.3	012	κβα	π0π	
5465	500, 508,1073	6.5,6.5,6.1	302	γγβ	002			1161,1281,1304	5.6,5.6,5.9	210	βγβ	002	
	1074,1208	5.8,5.8	00	εε	00			1310	5.4	3	γ	2	
5466	1281	7.1,7.0	01	κκ	ιιιι		5499	1281	7.1,7.2	01	κκ	ιιιι	
5467	1161	7.0,7.1	01	κκ	ιιιι		5500	1304,1310	7.1,7.0	01	hκ	0π	
5468	443,1087,1123	6.0,6.5,6.6	351	ααβ	5π0		5501	443,1178,1281	7.1,6.3,6.0	303	κκκ	ιιιιιι	ad
	1281	5.6	2	δ	5		5502	477, 507, 514	6.5,6.0,6.4	001	κκκ	ιιιιιι	at
5469	443,1088,1124	5.7,6.1,6.5	431	γββ	ππππ			1138,1161,1304	5.3,5.3,5.3	301	κκκ	ιιιιιι	
	1137	6.5	0	α	ιι			1310	5.3	1	κ	ιι	
5470	443, 494,1087	5.7,6.2,5.3	112	βαβ	2πι		5503	1074,1208	6.7,6.6	10	βα	00	
	1123,1281	6.3,5.2	11	βδ	2F		5504	1208	6.4,6.5	01	κκ	ππ	
5471	1161	7.3,7.1	11	κκ	ιιιι		5505	1178	6.9,7.0	01	κκ	ιιιι	
5472	508	7.0,7.2	11	κπ	π0		5506	1074,1208,1255	6.3,6.5,6.4	110	κκκ	ππππ	ad
5473	1281	7.0,6.8	11	κκ	πμ		5507	1178,1281	6.3,6.5	11	πκ	ιιιι	d
5474	443,1087,1281	7.2,7.0,6.0	235	ακβ	0ππ		5508	1138,1304,1310	6.9,6.5,6.8	023	κπα	ιιFι	ad
5475	1088	7.3,7.3	00	ιππ	00	r	5509	1074,1255	6.8,6.9	01	κπ	ιι0	
5476	1088	7.1,7.2	01	κκ	ππ		5510	1281	7.0,7.2	11	κκ	ιιπ	
5477	1074,1208	6.7,6.7	00	βκ	0π	ad	5511	1088,1208	7.0,6.6	12	κκ	ιιι	r
5478	1074	6.7,6.9	11	πκ	0π	r	5512						r
5479	443, 443, 494	6.3 — 6.3	3.0	βγγ	200		5513	1088,1208	7.1,6.7	21	κκ	ππ	
	1087,1123,1124	5.7 — —	0..	δδγ	000		5514	435,1073,1074	6.6,6.3,6.1	101	κκκ	ππππ	a
	1136,1178,1281	6.4,5.5 —	10.	αβγ	015			1116,1162,1208	6.2,6.4,6.4	202	κκκ	ππππ	
5480	1065,1074,1255	6.9,6.9 —	00.	κκκ	ππιι	d		1233,1255	6.4,6.3	11	κκ	ιπ	
	1256,2242	— 6.8	.0	κπ	π0		5515	1138,1304,1310	7.2,6.3,7.0	022	κκα	ιιπ8	
5481	1161	7.1,7.0	10	κκ	ππ			1310	—	.	h	0	
5482	1074,1113	7.2,7.2	22	κπ	π0		5516	1065,1074,1113	6.9,6.8,7.0	102	ππκ	00π	dr
5483	1208	6.8,6.8	00	κκ	ππ			1208	6.8	0	κ	ιι	
5484	1281	6.2,6.1	10	κκ	ιιιι	ad	5517	1281	7.0,6.8	11	κκ	ιπ	
5485	1281	6.5,6.6	01	αα	0ιι		5518	500,1088,1137	6.9,6.8,6.9	442	ιικκ	0ιιπ	a
5486	1074,1208	6.5,6.9	22	βκ	ππ	d		1208	6.5	2	κ	ιι	
5487	1161,1281	6.7,6.2	22	κκ	ππ		5519	443,1124,1136	5.6,6.0,6.1	010	κκκ	ππππ	ad
5488	507,1161,1304	6.9,5.8,6.4	041	κγκ	π0π			1178	5.2	1	κ	ιι	
	1310	6.2	1	β	2		5520	443, 460,1124	5.2,6.4,5.3	163	εγδ	FFF	
5489	495, 500, 508	6.6,6.7,6.8	040	γββ	010	r		1137	5.6	1	δ	F	
	1073,1073,1074	6.3,6.3,6.0	111	βββ	π0π		5521	1310	7.3,7.1	11	κκ	ιπ	
	1116,1116,1162	— 6.4,6.4	.11	αβα	π15		5522	507,1138,1310	7.0,6.7,6.5	102	κκκ	ππππ	dr
	1162,1208,1233	6.2,5.9,6.6	124	αγα	0r0		5523	1304,1310	7.0,6.7	10	πιι		
	1233,1255,1255	— 5.9,6.3	.22	αβα	π10		5524	1178,1281	7.1,7.2 —	01.	κκ	ιππ	d
5490	1074	7.1,7.3	11	κκ	ππι	a	5525	1178,1281	6.6,6.5	10	κκ	ππ	a
5491	1088	7.0,7.1	10	κκ	ππι		5526	1074,1110	6.9,7.0	10	κκ	ππ	a
5492						at	5527	1123,1178,1178	7.0 — 6.4	1.2	κκκ	0ππι	ad
5493	1161,1304,1310	6.8,6.9,6.8	001	ακκ	0ππι	r		1281	6.2	0	κ	π	
5494						r	5528	1304,1310	7.0,7.0	11	ππκ	0π	
5495	1074,1208	6.5,6.7	11	κκ	ππ	a	5529	1178	6.3,6.5	11	κκ	ιιιι	
5496	500, 508,1065	7.1,6.9,6.6	322	ππκ	00π	d	5530	508,1208	6.8,7.0	54	ιικ	0π	d
	1074,1113,1116	6.3,6.5,6.7	131	ααK	ππιι		5531	1124,1136,1178	7.1,7.1,6.0	201	κκκ	ππππ	ad
	1162,1208,1255	7.0,6.5,6.5	411	κββ	π2π		5532	443, 460,1123	4.8,5.5,5.4	201	εγδ	FFF	
	1314	6.3	2	β	5			1136,1178,1281	5.4,4.8,4.7	132	γδε	FFF	
5497	1178,1281	6.7,6.7	00	κκ	ππ		5533	1074,1208,1255	6.8,6.7,7.1	122	κκκ	ππππ	

THE DRAPER CATALOGUE.

D.C.	Plate Numbers.	Observed Brightness.	Res.	End.	F.K.	R.	D.C.	Plate Numbers.	Observed Brightness.	Res.	End.	F.K.	R.
5534	1065,1074,1113	6.6,6.5,6.7	102	ккн	нн0	ad	5571	1178	7.0,7.0	00	кк	нн	
	1116,1208,1233	6.5,6.7,6.8	222	ккк	ннн		5572	1281	7.3,7.4	01	кк	нн	
	1255,1256,1314	6.4,6.0,7.0	134	ккк	ннн		5573	1208	6.9,7.0	10	кк	нн	a
5535	1178,1281	7.1,7.3	11	кп	н0		5574	1178	7.2,7.3	10	кк	нн	
5536	1138,1310,1310	7.0,7.0,6.9	221	ккп	нн0	a	5575	1074,1255	6.9,7.1	11	кк	нн	d
5537	1178,1281	6.8,7.0	11	кк	пн		5576	1073,1074,1116	7.0,6.6,6.7	212	ккн	нн0	d
5538	1178,1178,1281	— 7.0,6.6	.22	ккк	ннн			1208,1255	6.8,6.5	12	кк	нн	
5539	1065,1074,1208	6.8 — 6.5	1.2	ккк	ннн		5577	1310	7.0,6.8	11	кк	нн	r
	1314	6.8	0	к	н		5578	1074,1255,2242	6.9 — 6.7	1.1	пaa	080	
5540	1281	7.3,7.4	01	кп	н0		5579	443, 460,1123	5.8,5.4 —	54.	γδj	FF0	
5541	1255	6.9,7.0	10	кп	н0			1123,1136,1178	5.6,5.8,4.5	103	γγδ	F2F	
5542	1065,1074,1116	7.1,6.9,7.0	201	ккк	ннн	a		1281,1281	— 4.9	.1	βγ	0F	
	1255	6.8	1	к	н		5580	500, 508,1074	5.0,5.2, в	14в	ккк	нн0	ad
5543	508,1065,1074	6.8,6.2,6.0	120	ккк	ннD	ad		1116,1162,1208	в, 4.0, D	в3в	ккк	ввв	
	1113,1116,1162	6.1,6.3,6.4	212	ккк	ннн			1255	D	в	к	в	
	1208,1233,1255	6.0,6.6,5.9	051	ккк	пнп		5581	507,1304	6.9,6.9	33	кк	нн	d
	1314	5.8	3	к	D		5582	1065,1074,1208	6.9,6.9,6.8	001	ккк	ннн	
5544	1074	7.0,7.3	21	кк	нн			1314	7.0	0	к	н	
5545	1065,1208	6.9,6.8	10	кк	нн	d	5583	1178,1281	7.0,7.0	00	кк	нн	
5546	1255	7.0,6.9	01	кк	нн		5584	1310	7.1,7.1	00	hh	00	
5547	1281	7.2,7.1	10	нк	0н		5585	1178,1178,1281	6.8 — 6.6	1.1	ккн	нн0	
5548	1281	7.2,7.3	10	кк	нн		5586	1255	6.8,6.8	00	кк	нп	
5549	1208	7.0,7.2	11	кк	нп		5587	1124,1137	7.1,7.0	11	кa	н0	d
5550	1074,1208,1255	6.7,6.8,6.7	010	ккк	нннд	d	5588	1178	6.9,7.1	21	кк	нн	
5551	1178	7.0,7.1	10	пк	0н		5589	1074,1116,1208	6.7,7.0,6.8	100	ккк	ннн	d
5552	1178	7.0,7.2	11	кк	нн		5590	1281	6.7,6.7	00	aa	нн	
5553	1074	6.9,7.0	10	кк	нн		5591	477, 507, 514	6.5,6.4,6.7	311	ккк	нннн	at
5554	1124,1124,1137	— 6.7,6.6	.12	ккк	ннн	a		1138,1304,1310	5.7,5.6,5.6	211	aкβ	нннн	
5555	1281	6.8,6.9	11	кк	нн	ac	5592	1074	6.9,7.0	10	нн	00	
5556	1208	6.8,7.0	11	кк	нн		5593	1304,1310	6.5,6.6	21	кa	пн	ad
5557	1137	7.1,7.3	11	кк	нп		5594	1281	7.1,7.2	01	кк	нн	
5558	1178	7.1,7.3	11	кк	нн		5595	1304,1310	6.7,6.8	21	нa	05	
5559	500, 508,1074	7.0,6.9,6.1	201	ккβ	нн0	r	5596	1178,1281	7.0,7.1	10	пк	FH	
	1116,1162,1208	6.3,6.5,6.2	110	βaβ	F2F		5597	1074,1116,1162	6.0,6.5,6.8	030	aнк	н0п	d
	1255	6.2	0	β	2			1208,1314	6.6,6.9	02	aк	нн	
5560	514,1138,1304	6.7,6.2,6.3	312	ккк	ннн	ad	5598	1178,1178,1281	— 7.0,6.7	.12	ккк	нппп	
	1310	6.2	3	к	н		5599	1310	6.9,6.7	11	aк	пн	
5562	443,1124,1137	6.3,6.4,6.3	202	aββ	нннн		5600	1065,1074,1116	6.5,6.3,6.6	110	ккк	DDH	
5563	1074	7.0,7.3	21	кк	пн	a		1162,1233,1255	6.4,6.8,6.3	231	ккк	пнн	
5564	507,1138,1304	6.9,7.1,6.6	330	ккк	ннн	a		1256	5.9	3	к	B	
	1310	6.5	1	к	н		5601	1178	6.7,6.8	01	aβ	00	
5565	1074,1255	6.7,7.1	22	ah	н0	r	5602	1208	7.0,7.2	11	кк	пн	
5566	477, 507, 514	6.5,6.4,6.8	312	aγк	нFH	d	5603	1178,1281	6.2,6.5	12	βa	00	
	1138,1304,1310	6.0,5.5,5.4	121	βaγ	нF2		5604	435,1065,1074	— — 6.4	..2	кнa	D00	d
5567	500, 508,1074	4.4,4.8,4.0	521	ηζe	12F	d		1116,1233,1255	— —		aкγ	0н8	
	1116,1162,1208	в, D, в	DDD	нθ	FFF			1256,2242	— 6.1	.1	hа	0н	
	1255	4.0	1	e	F		5605	1065,1074,1208	6.9,6.7,6.8	110	ккн	нн0	
5568	1208	6.7,7.0	12	кк	нн			1255	7.0	2	к	п	
5569	1281	7.1,7.2	01	кк	нн		5606	1065,1074,1255	6.8,6.4,6.8	131	ккк	ннн	ad
5570	1074,1208	6.9,7.0	10	кк	нн			1256	6.6	1	к	н	

D. C.	Plate Numbers	Observed Brightness	Res.	End.	F.K.	R.	D. C.	Plate Numbers	Observed Brightness	Res.	End.	F.K.	R.
5607	1074	6.9,7.1	11	κκ	ιιⱅ		5648	1178	7.1,7.1	00	κκ	ιιιι	
5608	1178	7.1,7.3	11	κκ	ηн		5649	460, 492, 492	4.3 — 4.6	2.1	ζγδ	522	
5609	500, 508,1074	6.7,6.8,5.8	221	ακγ	μιιη	r		1075,1075,1136	4.3 — 4.3	4.2	εγη	222	
	1116,1162,1208	6.0,6.2,6.0	111	γββ	255			1178	D	D	η	2	
	1255	5.7	2	γ	H		5650	1385	6.4,6.4	00	κκ	ιιк	a
5610	1074,1208	6.9,6.9	00	κη	ιιO		5651	1385	6.8,6.8*	00	κκ	ιιιι	α
5611	1178	7.0,7.2	11	κκ	ιιιι		5652	1065,1074,1116	6.7,6.5,6.9	020	κκн	ιιιιO	
5612	460, 492,1075	6.4,7.0,6.2	400	βκβ	νιιO			1208,1233,1255	6.6,7.0,6.7	120	ηικ	00н	
	1136,1178,1281	6.9,5.8,5.9	101	βγα	025			1256,1314	6.5,6.8	00	ιιιι	FO	
5613	1178	6.9,7.1	11	κκ	нн		5653	460, 492, 514	— 4.9,5.4	.24	δδβ	00F	a
5614	1074	7.0,7.2	11	κκ	ιιιι			1075,1136,1138	4.5 — 4.0	2.3	εγζ	1v2	
5615	1385	6.2,6.3	01	ββ	FO			1178	—	.	γ	2	
5616	1208	6.9,7.0	10	ση	0F		5654	1178	7.1,7.1	00	κκ	нιι	
5617	460,1076,1124	6.2,5.0,5.2	513	κκκ	ιιBB	a	5655	1385	7.2,7.2	00	κκ	ιιιι	
	1137	5.3	3	κ	B		5656	1385	7.0,7.0	00	κκ	ιιιι	
5618	1385	6.4,6.6	11	βα	Fп		5657	1208	7.0,7.3	21	ιικ	Oп	
5619	140,2242	6.8,6.0	11	ββ	00		5658	1075,1178	6.7,6.2	01	κκ	нн	at
5620	1178	7.0,7.2	11	κκ	нп		5659	1075,1178	7.0,6.7	10	κκ	нιι	ad
5621	1178	7.1,7.3	11	κκ	ιιн		5660	1074	6.9,7.2	12	ιιιι	00	
5622	1074	7.0,7.1	01	κκ	ιιн		5661	1208	6.7,7.0	12	Fκ	FH	
5623	1178	6.8,7.0	11	κκ	ιιιι		5662	1074	6.9,7.1	11	κκ	ιιιι	
5624	1385	6.9,7.0	10	κκ	нн		5663	1137,1208	7.1,6.5	11	κκ	ιιH	d
5625	1178	7.1,7.2	01	κκ	нн		5664	1385	6.7,6.7	00	αα	00	
5626	500,1137,1208	7.2,7.2,6.4	111	пκγ	0ιιιO	d	5665	1074,1116,1162	6.3,6.5,6.7	111	ββн	02F	
5627	500, 508,1074	6.9,6.8,5.7	022	αβγ	п00			1255	6.4	0	β	2	
	1116,1162,1208	6.3,6.0,5.9	210	βββ	222		5666	509,1208	7.0,6.9	06	κκ	нⱅ	ad
	1255	6.0	1	γ	2		5667	1075	6.7,6.6	01	κκ	нп	
5628	1116	7.1,7.3	11	κκ	ιιн	a	5668	1075	6.9,6.8	01	βα	0п	
5629	1074,1116,1208	6.5,6.9,6.8	201	βκκ	0ππн	d	5669	1385	6.8,6.8	00	κκ	ιιιι	a
5630	1075,1138	6.6,7.2	52	κιι	п0		5670	1074	7.1,7.4	12	κκ	нн	
5631	1074	7.0,7.1	01	κκ	ιιⱅ		5671	1076	6.9,7.0	01	κκ	ιιπ	
5632	454, 514,1138	6.2,6.0,5.5	222	βκδ	νιιO		5672	1385	6.7,6.6	10	κκ	нιι	
	1385	5.2	0	ε	F		5673	1385	6.4,6.6	11	пп	00	
5633	1074,1208,1255	6.8,6.6,6.7	110	κκκ	нвн		5674	1074	6.7,6.6	10	κκ	ιιιι	
5634	500, 508,1208	7.2,7.0,6.4	101	κιιβ	ιιιF		5675	454, 514,1138	5.8,6.5,5.6	211	γαα	8ⱅ5	
5635	1208	7.0,7.2	11	κκ	ιιιι			1385	5.2	0	ζ	5	
5636	1076,1178	7.0,7.2 —	11.	κκ	ιιιι		5676	454,1385	6.9,6.2	10	ιι,3	Oн	
5637	1385	7.1,7.2	10	κκ	нн	r	5677	1385	6.6,6.5	01	κκ	ιιιι	ar
5638	1138,1385	7.0,6.3	11	αβ	0F		5678	1075,1178	6.8,6.0	52	κα	ιιO	d
5639	1208	6.8,6.9	01	κκ	πн		5679	1075,1178	7.1,6.7	00	κκ	нн	ad
5640	1385	7.1,7.0	10	κκ	нп	a	5680	1208	7.0,7.0	00	κκ	ιιιι	
5641	1178	6.9,6.9	00	κκ	ηп		5681	1074,1116,1162	6.5,6.9,7.0	112	βακ	00ιι	d
5642	1385	6.9,6.9˙	00	κη	ιιO			1208,1255,1314	6.5,6.6,6.6	101	ααιι	150	
5643	1385	7.1,7.1	00	κκ	ιιн	r	5682	1074	7.0,7.1	01	κκ	ιιн	
5644	1074,1116,1162	6.5,6.6,6.7	121	αιιιι	000	a	5683	1178	7.0,7.0	00	κκ	ιιιι	a
	1208,1255,1314	6.7,6.4,6.9	122	κβκ	81ιι		5684	460,1076,1136	6.1,5.2,5.6	213	κκκ	ιιBB	ar
5645	1178	7.0,7.0	00	κκ	нн		5685	1178	4.8	1	κ	B	
5646	1208	6.8,7.0	11	пκ	0ιι		5686	1074	6.7,6.9	11	κκ	ιιн	
5647	454, 514,1138	6.5,6.5,6.0	311	αιιδ	ν00		5687	460,1076,1136	6.5,5.5,6.3	200	κκκ	ιιιιιι	ad
	1385	5.3	1	δ	F								

THE DRAPER CATALOGUE.

D. C.	Plate Numbers.	Observed Brightness.	Res.	End.	F.K.	R.	D. C.	Plate Numbers.	Observed Brightness.	Res.	End.	F.K.	R.
	1178	5.3	0	κ	*n*		5729	454,1138,1385	5.7,*5.2*,4.7	*111*	ββe	552
5688	1075	7.0,7.0	00	κκ	ιιιι		5730	1385	6.9,6.9	00	κκ	ιιιι	
5689	1385	7.1,7.1	00	πκ	0ιι		5731	1178	*7.1,7.2*	01	κκ	ιιιι	
5690	1385	7.2,7.3	01	κκ	ιιн	r	5732	454,1385	7.3,6.3	*11*	κκ	ιι*ιι*	a
5691	1076,1137	5.1,6.0	*11*	δα	22		5733	1385	7.0,7.0	00	κκ	ιιπ	a
5692	1075	7.0,7.0	00	κκ	ιιιι		5734	1075,1178	7.0,*6.7*	*10*	κκ	ιιк	a
5693	1385	6.7,6.8	*10*	κκ	*нιι*		5735	1116,1162,1255	*6.5,6.9,6.4*	*221*	κκκ	ιιπ*ιι*	
5694	1178	6.9,6.9	00	κκ	ιιιι		5736	1075,1178	*6.0,6.3*	*34*	аκ	нн	d
5695	1385	6.4,6.5	01	κκ	*ιιв*		5737	1075	7.0,7.0	00	κκ	ιιιι	ad
5696	454,1138,1385	5.7,5.8,5.2	*221*	κκκ	*вιιн*	a	5738	1385	6.3,6.5	*11*	βγ	F0	
5697	1074	*7.0,7.3*	*21*	ιιιι	00		5739	1074	6.7,6.8	*10*	κκ	нн	a
5698	1074	7.0,7.2	*11*	κκ	ιιιι		5740	454,1385	7.0,6.2	00	κκ	π*ιι*	ad
5699	1074,1116,1162	6.7,6.6,6.8	*211*	κκκ	ιιπ*ιι*		5741	1178	*7.0,7.1*	*10*	κκ	нн	
	1208,1255,1314	6.5,6.4,*6.4*	*012*	κκκ	*ιιπιι*		5742	1076,1178,1179	*6.8,6.6,6.5*	*111*	κκκ	*πιιιι*	a
5700	1076	6.6,6.6	00	κκ	*нιι*	a	5743	1385	6.8,6.8	00	на	00	
5701	1075,1178	6.9,6.9	*22*	κκ	нн	d	5744	1074	7.1,7.2	*10*	κκ	нн	
5702	1180	*6.8,6.8*	00	κκ	*ιιιι*		5745	1385	6.5,6.5	00	βγ	00	
5703	1385	7.3,7.3	00	κκ	нн	r	5746	1385	6.4,6.7	*21*	κκ	*нιι*	a
5704	1385	7.1,7.2	*10*	κκ	ιιιι		5747	1208	6.8,6.7	*01*	аκ	0ιι	
5705	1074	*7.3,7.4*	*10*	нκ	0π		5748	454,1385	7.2,5.9	*23*	bκ	0*ιι*	ad
5706	1385	6.8,6.8	00	κκ	*ιιιι*		5749	1076	7.0,7.1	*10*	κκ	нπ	
5707	1385	7.2,7.1	*01*	κκ	πя	a	5750	1076,1180	6.8,7.0	*32*	κκ	ιιιι	d
5708	509,1074,1162	7.4,6.6,7.0	*502*	πκκ	0*ιιιι*	ad	5751	1385	7.1,7.0	10	πκ	Fιι	r
	1208,1255,1256	6.4,6.7,*6.5*	*211*	κκκ	ιι*ιιв*		5752	454,1385	6.4,5.7	01	κκ	*ιιв*	a
	1314	6.7	0	κ	ιι		5753	1385	6.5,6.6	*10*	κκ	*ιιв*	
5709	455, 514, 514	4.8, *6.0* —	*35.*	ζκh	Fιιf		5754	1074	7.0,7.3	*21*	κκ	πκ	
	1138,1217,1385	*5.0*,6.6,6,4.0	*213*	γαδ	522		5755	1385	6.6,6.5	01	ββ	00	
5710	500,1116,1162	6.9,6.4,6.6	*411*	αγβ	02F		5756	1385	6.7,6.7	00	*ρβ*	н0	
	1208,1255	*6.5*,6.3	20	αβ	12		5757	1074	*7.0,7.2*	*11*	κκ	нн	
5711	1385	7.2,7.0	*11*	hh	00		5758	1385	7.0,7.0	00	κκ	πп	
5712	1385	6.7,6.6	10	κκ	ιιπ		5759	1116,1162,1208	6.1,6.3,*6.3*	*113*	*ββκ*	*ιιιιιι*	ad
5713	1385	6.6,6.5	*01*	*ββ*	00			1255,1314	5.8,*6.2*	*21*	κκ	*пιι*	
5714	500, 508,1074	6.6,6.7,5.8	*220*	βαα	0π1	r	5760	1074,1208,1314	*6.9*,6.9,6.9	*001*	κκκ	ιιιιπ	ad
	1116,1208,1255	5.9,5.8,5.8	*100*	γδδ	222		5761	528,1076,1126	5.8,5.5,5.7	*212*	βδα	F22	
	1314	*5.9*	0	γ	F			1137,1180	*6.4*,5.5	12	βγ	00	
5715	1076	*7.0,7.2*	*11*	κκ	пπ		5762	1075,1179	— 6.9,7.2	*.12*	κκ	нн	d
5716	1076,1137,1180	6.2,7.0,*6.3*	*212*	κκκ	*ιιιιιι*	ad	5763	1074	7.0,7.0	00	κκ	ιιπ	
5717	1385	*6.3,6.3*	00	κκ	ιιιι		5764	1116,1162,1255	6.5,6.5,6.3	000	ααβ	F02	
5718	1385	6.9,6.8	10	κκ	ιιπ		5765	1385	7.2,7.3	01	κκ	нн	
5719	1385	7.1,7.0	10	κκ	ιιπ		5766	1385	7.0,7.0	00	κκ	вιι	r
5720	1138,1385	6.6,*5.9*	*11*	κκ	ιι*ιι*	a	5767						r
5721	1076	7.0,6.8	*11*	κκ	ιιιι	a	5768	1065,1074,1116	6:8,6.6,6.8	200	πκκ	0ππ	ad
5722	1075,1178	6.8,*6.9*	*32*	аκ	0ιι	d		1255,1256	6.3,6.5	*31*	κκ	*ιιπ*	
5723	454, 492,1075	5.3 — *5.6*	*2.4*	κπκ	*н0ιι*	ad	5769	1075	6.9,7.0	*01*	Fκ	F*ιι*	
	1138,1217,1385	5.1,7.1,*4.7*	*100*	κκδ	*пπιι*		5770	1385	6.6,6.6	00	κκ	*ιιιι*	
5724	1385	*6.4,6.5*	01	κκ	*ιιιι*	a	5771	1180	6.8,6.7	*01*	κκ	нπ	
5725	1385	6.8,6.8	00	κκ	*ιιπ*		5772	1385	7.1,6.8	*12*	κκ	ιιιι	
5726	1074	7.0,7.4	*22*	κκ	вв		5773	454,1385	7.1,6.0	*12*	*вβ*	0F	r
5727	1385	6.0,6.1	01	κκ	*нιι*	a	5774	1385	7.1,7.2	*10*	κκ	*πιιι*	r
5728	1075	7.1,7.1 ·	00	нκ	π*ιι*		5775	1075,1179	6.9,6.7	01	κκ	ιι*ιι*	

D.C.	Plate Numbers	Observed Brightness	Res.	End.	F. K.	R.	D.C.	Plate Numbers	Observed Brightness	Res.	End.	F. K.	R.
5776	435, 495, 500	5.8,5.8 —	31.	ββα	n00	dr	5817	1179	6.9,7.3	22	κκ	ιιιι	
	1065,1074,1116	5.6,4.8,5.4	440	βδα	1F3		5818	1385	6.8,6.6	11	κκ	ΗΙΙ	
	1162,1233,1255	5.2,5.3,5.2	200	β,δ	222	r	5819	500, 509,1074	6.9,6.8,5.7	131	κκκ	ιιΗΒ	a
	1256	4.8	2	γ	2			1116,1162,1208	6.0,6.2,6.0	022	κκκ	ππιΗ	
5777	1076,1180	7.0,6.5	11	ββ	00			1255,1314	5.6,5.8	21	κκ	ΗΗ	
5778	1076	7.1,7.1	00	ΙΙΚ	0ΙΙ		5820	1075,1139,1385	7.0,7.2 —	11.	κκβ	ΙΙΙ2	d
5779	1116,1162	7.0,6.5	23	κκ	ΙΙΙΙ		5821	1385	6.9,6.8	10	κκ	ΙΙΠ	a
5780	1076,1126,1180	6.3,6.8,6.2	111	κκκ	ΗΙΙΗ	a	5822	492, 528,1075	7.0,6.8,6.3	130	κκβ	ΙΙΙ5	d
5781	454,1385	6.8,5.8	11	κκ	ΙΙΗ	ad		1179	6.0	0	β	Η	
5782	1075,1125,1179	6.7,7.2,6.6	111	κκκ	ΗΙΙΗ	a	5823	1385	7.1,7.0	10	κκ	ΙΙΙΙ	
5783	1385	7.1,7.1	00	κκ	ΙΙΙΙ	r	5824	1075,1179	7.0,7.0	12	ΚΙΙ	Π0	
5784	1076,1180	7.1,6.3	32	κκ	ΙΙΙΙ		5825	1074,1208,1255	6.6,6.5,6.8	012	κκκ	ΙΙΙΗΙΙ	·
5785	500, 508, 509	6.5,6.4,6.5	241	κΙΙκ	Π0ΙΙ	at	5826	1385	6.8,6.8	00	κκ	ΗΗ	
	1074,1116,1162	5.3,5.3,5.4	021	κκκ	ΛΗΙΙ		5827	1385	6.9,7.0	10	κκ	ΙΙΗ	
	1208,1255,1314	5.4,4.8,5.3	151	κκκ	ΗΙΙΗ		5828	1385	7.1,7.3	11	κκ	ΙΙΠ	
5786	1076,1180	7.0,6.9	11	κΙΙ	ΙΙF		5829	454, 501,1139	5.8,6.3,5.5	222	γδγ	0FF	
5787	1116,1162,1255	6.7,6.9,6.5	111	κκα	ΙΙΙΙ5			1385,1385	— 4.8	.0	δδ	0F	
5788	1076,1180	7.0,6.8	10	κκ	ΙΙΙΙ	d	5830	1180	7.0,7.1	01	κκ	ΗΙΙ	
5789	1179	7.0,7.2	11	κκ	ΙΙΙΙ		5831	454,1139,1385	6.4,6.3,5.2	203	κκκ	ΗΙΙΙΙ	a
5790	1385	6.9,7.0	10	κκ	ΗΙΙ	a	5832	1116,1162,1255	7.0,7.2,6.9	110	κκ	ΙΙΚΙΙ	ad
5791	1075,1179	6.8,6.9	22	ακ	1ΙΙ			1314	7.0	0	κ	ΙΙ	
5792	1076	7.2,7.3	10	κκ	ΙΙΙΙ		5833	1076	6.5,6.6	01	αγ	21	
5793	1075	6.8,6.8	00	κκ	ΙΙΙΙ		5834	1385	6.6,6.6	00	ββ	ΙΙΠ	
5794	1116,1162,1255	5.7,6.0,5.5	212	κκκ	ΙΙΙΙD	a	5835	1076,1180	— 6.3,6.5	.11	κκ	ΗΙΙ	
	1314	6.2	4	κ	ΙΙ		5836	1116,1162	7.0,6.9	01	κΙΙ	Η0	d
5795	1385	6.7,6.6	10	κκ	ΙΙΗ		5837	1179	6.9,6.9	10	κκ	ΙΙΙΙ	
5796	1076,1180	7.1,7.0	11	κκ	ΙΙΗ		5838	528,1076,1126	6.4,6.2,6.5	111	ββκ	ΗΙΙΗ	
5797	1385	6.6,6.6	00	βα	20	r		1180	5.6	2	δ	ΙΙ	
5798	1385	7.0,7.1	01	κκ	ΙΙΠ		5839	1385	6.8,6.8	00	κκ	ΙΙΠ	
5799	1385	6.2,6.4	11	κκ	ΙΙΗ	r	5840	1385	7.1,7.0	10	κκ	ΗΙΙ	
5800	1179	7.2,7.3	01	κκ	ΙΙΠ		5841	1076,1126,1180	6.4,7.2,6.1	232	κκκ	ΙΙΙΙΗ	a
5801	1385	6.8,6.7	01	κκ	ΙΙΙΙ		5842	1116,1162,1255	6.3,6.3,6.5	113	για	555	
5802	1074	7.1,7.4	12	κκ	ΙΙΙΙ			1314	6.3	0	β	2	
5803	1385	6.2,6.3	01	κκ	ΙΙΗ		5843	1179	7.0,7.0	00	κκ	ΙΙΙΙ	
5804	1074,1116,1255	6.5 — —	2..	κκκ	ΙΙΙΙΙΙ	a	5844	1385	6.5,6.5	00	κκ	ΙΙΙΙ	at
	1256,2242	— 6.2	.1	κκ	ΙΙΗ		5845	1385	6.8,6.7	01	κκ	ΙΙΗ	
5805	1208	7.0,7.2	11	κκ	ΙΙΠ		5846	1076,1180	6.7,6.8	22	κκ	ΗΙΙ	a
5806	1208	6.8,6.9	01	κκ	ΙΙΙΙ		5847	1208	7.0,7.2	11	κκ	ΙΙΙΙ	
5807	1076	7.0,7.2	11	κΕ	ΙΙΙΙ		5848	1180	7.4,7.3	01	κκ	ΙΙΗ	
5808	1075,1385	6.9,7.0 —	01.	κh	ιι0	ad	5849	454,1139,1385	6.8,7.2,5.9	122	ιικκ	0ΙΙΗ	ad
5809	1074	7.3,7.3	21	κκ	ΒΙΙ	r	5850	1116,1255,1314	6.8,6.9,7.1	212	κκκ	ΙΙΙΗ	d
5810	454,1139,1385	6.7,6.8,5.8	001	κκκ	ΙΙΙΗ	ad	5851	1385	7.1,7.1	00	κκ	ΙΙΙΙ	
5811	1385	6.4,6.4	00	κκ	ΙΙΙΙ	a	5852	509,1116,1162	6.9,6.2,6.4	313	βδα	00F	
5812	R	R, R	ΠΙΙ	RΙΙ	RR	r		1255	6.0,5.9	11	γγ	FF	
5813	492, 528,1075	6.8,6.9,5.9	253	ΙΙκγ	0ΗF	a	5853	1385	6.8,6.8	00	κκ	ΗΙΙ	r
	1125,1179	6.6,5.8	11	ΙΙβ	00		5854	1179	6.9,7.2	12	κκ	ΗΙΙ	
5814	528,1126,1180	6.5,6.7,5.7	213	κΙΙκ	ΙΙFΗ	ad	5855	1385	7.0,6.9	01	κκ	ΙΙΙΙ	
	1314	6.5	2	κ	Η		5856	1385	7.0,7.1	10	κκ	ΙΙΙΙ	
5815	1385	6.9,6.9	00	ββ	00		5857	454,1385	7.0,5.9	21	πγ	0F	
5816	1074	6.9,7.0	10	κκ	ΙΙΙΙ		5858	1385	6.9,7.1	11	κκ	ΙΙΗ	

THE DRAPER CATALOGUE.

D. C.	Plate Numbers.	Observed Brightness.	Res.	End.	F.K.	R.	D. C.	Plate Numbers.	Observed Brightness.	Res.	End.	F.K.	R.
5859	1074	6.8,6.9	01	кк	нш	a		1209	7.1	4	к	н	
5860	1075,1125,1179	7.0,7.3,6.8	001	ккк	нннн	ad	5901	528,1125,1179	5.6,5.8,5.2	100	ккк	н55	a
5861	1385	7.1,7.1	00	bн	00		5902	501, 529,1139	6.4,6.4,6.2	311	βα	Oғғ	
5862	1385	6.8,7.0	11	ан	00			1181	5.8	4	γ	н	
5863	1385	6.8,6.9	01	кк	нα		5903	1179	7.2,7.3	01	кк	нш	
5864	1385	7.2,7.3	01	кк	нп		5904	528,1075,1179	7.0,7.1,6.7	210	ккк	ннн	ad
5865	1075,1125,1179	6.9,6.8,6.1	312	ккк	ннв	ad	5905	1139	6.9,7.0	01	кα	00	
5866	528,1076,1125	6.6,6.2,6.7	111	ккк	нни	ad	5906	1162,1314	7.1,6.7	12	кк	нн	
	1179	5.7	3	к	н		5907	1181	6.8,6.7	01	кк	нн	
5867	1180	7.0,7.0	00	кк	нн		5908	501,1077,1139	4.5, в, п	ввв	ηδη	252	r
5868	528,1076,1125	6.3,6.7,6.9	352	ккк	ннш	a	5909	1125,1179	7.0,6.5	01	кα	нш	d
	1179	5.8	3	к	н		5910	1076,1078,1125	6.4,6.3,7.0	112	ккк	нннк	a
5869	1076,1180	7.0,6.7	00	кк	нн	ad		1179,1209	6.1,6.1	11	кк	нн	
5870	500, 509,1116	7.0,6.9,6.4	042	ккк	ннш	ad	5911	1065,1074,1116	6.8,6.9,7.0	121	икк	Oшш	d
	1162,1255,1314	6.5,6.2,6.0	321	ккк	нннн			1255,1256	6.5,6.5	20	αк	нш	
5871	1075	7.3,7.3	00	кк	нш		5912	1181	6.8,6.7	01	нк	Oш	
5872	1075,1125,1179	7.1,7.2,6.6	111	ккк	ннш	d	5913	1074,1208,1314	— 6.9,6.8	.11	ккн	ннO	d
5873	1385	7.0,7.0	00	кк	нш		5914	501, 529,1139	5.8,5.6,5.2	204	ккк	внв	a
5874	1385	7.0,6.9	01	кк	нп	r		1181	5.2	5	к	п	
5875	1385	7.0,7.1	01	кк	нн	a	5916	1181	7.1,7.0	10	кк	нн	
5876	1075,1179	7.0,6.9	11	кк	ннк		5917	1077	6.8,6.9	01	кк	нш	
5877	1385	6.8,6.9	01	αк	нн		5918	1181	6.4,6.5	01	кк	нн	
5878	1255	6.8,6.8	00	нк	Oн		5919	1116,1162,1255	6.7,6.8,6.5	010	кαβ	н55	ad
5879	1074,1255	6.8,6.8	00	кк	нн	d		1314	6.5	1	β	н	
5880	1179	7.2,7.3	01	кк	нш		5920	528,1078,1125	6.9,6.7,7.1	120	ккк	нннн	ad
5881	1180	6.7,6.6	10	кα	нн			1179,1209	6.2,6.8	33	кк	нш	
5882	1385	6.6,6.6	00	αβ	5н		5921	1181	6.9,7.0	10	кк	нш	a
5883	1385	6.5,6.8	11	кк	нн		5922	1181	6.8,6.7	01	ғк	ғн	
5884	1208,1255,1314	6.9,7.0,7.0	010	ккн	нп0		5923	1180	7.0,6.9	01	кк	нн	
5885	1075,1179	7.0,7.0	12	кк	нш		5924	1078,1209	7.0,6.8	11	кк	нн	d
5886	1385	7.0,7.0	00	αк	Oн		5925	1179	7.4,7.4	00	кк	нш	
5887	1074	7.1,7.1	00	кк	нш		5926	1179	6.9,7.0	10	кк	55	
5888	1116,1162,1255	6.9,7.0,6.7	101	нαн	08ғ		5927	1208	7.0,7.2	11	кк	нш	
	1314	6.9	0	п	0		5928	509,1074,1116	7.3,6.7,6.6	430	ккк	ншш	a
5889	528,1075,1179	7.1,6.9,6.7	001	нкα	Oнғ			1162,1208,1255	6.6,6.4,6.4	000	нкк	нш	
5890	1139,1385	6.6,6.0	12	кк	нн			1256,1314	6.2,6.4	01	кк	нн	
5891	454, 501,1139	6.2,6.3,5.9	222	αββ	н82		5929	503, 509, 528	в, 4.3, в	нOп	δηк	ғ11	
	1385	5.3	1	γ	ғ			1126,1128,1180	п, в, в	ппп	η,η	111	
5892	1255,2242	— 7.0,7.0	.00	кн	п0	d		1218,1314	5.2, п	Oп	γθ	21	
5893	1139,1385	6.7,5.6	11	кк	нн	ar	5930	1078,1179,1209	7.2,6.8,7.2	131	нOн	нOн	ad
5894	1180	6.8,6.5	21	кк	нш		5931	1181,1181	6.7,6.4	12	кк	нш	ad
5895	528,1076,1078	5.4,5.3,5.2	211	ккк	вви	ad	5932	1255,1256,1314	6.8,6.7,7.1	101	кнк	нOн	
	1126,1180,1209	5.7,4.9,4.9	202	ккк	ннD		5933	1180	7.2,7.2	00	кк	нш	
5896	1208	7.0,7.1	01	кк	нн	a	5934	1181	6.4,6.4	00	кк	нн	
5897	1116,1126,1162	6.6,7.0,6.9	112	ккн	нн0	ad	5935	1181	6.5,6.5	00	кк	нш	
	1180,1255,1314	— 6.5,6.4	.02	ккн	нн0		5936	528,1126,1180	7.0,7.0,6.1	121	αкα	Oп2	r
5898	1116,1255,1314	6.8,6.8,6.7	111	пккк	Oнн		5937	1209	6.0	4	β	0	r
5899	509,1116,1162	7.0,6.4,6.6	100	нOн	нOн		5938	1255,1314	7.0,6.9	11	кк	нн	d
	1255,1314	6.4,6.6	23	βп	50		5939	501, 528,1077	7.0 — 5.8	0.1	нββ	Oн5	
5900	528,1076,1180	6.9,6.9,6.3	312	кαα	н00								

ANNALS OF HARVARD COLLEGE OBSERVATORY.

D. C.	Plate Numbers	Observed Brightness.	Res.	End.	F.K.	R.	D. C.	Plate Numbers	Observed Brightness.	Res.	End.	F.K.	R.
	1125,1139,1179	6.7 — 5.8	2.1	ααβ	552		5976	520,1139,1181	6.7,6.5 —	11.	bγγ	0ғғ	
5940	1116,1162,1255	6.7,7.0,6.6	120	ннк	ғ0н			1181	5.6	1	β	0	
	1314	0.5	2	к	н		5977	1181	7.0,6.9	01	кк	ян	
5941	1180	7.0,7.3	21	кк	ни		5978	1077	6.8,6.8	00	кβ	пн	
5942	1078,1179,1209	6.8,6.3,7.0	111	ккк	ннн	a	5979	1074	6.9,7.0	10	кк	ни	
5943	501, 529,1139	6.9,6.5,6.2	112	καβ	нOғ		5980	1256	7.0,7.0	00	кк	ни	
	1181	5.5	0	δ	ғ		5981	1116,1255,1314	7.0,6.9,6.6	122	кка	ннн	ad
5944	1078,1179,1180	6.6 — 6.9	2.3	ккк	ипп	a	5982	1078,1180,1209	6.3,6.3,6.4	342	ккк	ннн	a
	1209	6.8	0	к	н		5983	1077,1179	7.1,6.8	12	кк	пп	ad
5945	1077,1179	6.9,6.9	00	кк	ни	d	5984	503, 528,1078	6.3,6.0,5.4	312	кγβ	н55	d
5946	1180	7.0,7.0	00	кк	ин			1126,1128,1180	6.3,5.3,5.5	321	ααγ	н112	
5947	1116,1314	6.9,6.6	11	кк	ни			1209	5.7	1	β	2	
5948	1116,1162,1255	6.7,6.8,6.7	101	ккк	пни		5985	1074,1256	7.1,7.1	11	кк	нн	
	1314	6.9	2	к	н		5986	1181	7.0,7.1	01	кк	нн	
5949	1181	6.7,6.7	00	кк	нп		5987	1074,1116,1255	6.7,6.8,6.7	010	ккк	ннни	d
5950	1181	6.9,6.8	10	кк	ин			1256	6.5	0	н		
5951	1181	7.0,6.9	01	кк	ни	r	5988	1256	6.7,6.8	10	кк	ни	
5952	528,1078,1180	7.0,7.1,6.6	330	ккк	пни	d	5989	1181	6.6,6.6	00	ββ	5н	
	1209	7.0	2	к	и		5990	529,1181	7.2,6.4	10	кк	ни	
5953	1181	7.1,6.8	12	ғк	ғн	r	5991	509,1074,1208	7.2,6.3,6.6	720	пак	0пп	ad
5954	1077,1179	6.9,6.9	00	нк	0н	d		1255,1256,1314	6.9,6.9,6.6	351	кка	ннни	
5955	1181	6.9,6.8	10	кк	нн		5992	1181	6.5,6.7	11	ββ	н0	
5956	1255,1256	6.9,6.8	10	кк	нн		5993	528,1077,1125	6.5,6.5,6.8	230	акк	ннн	
5957	1255	7.0,7.2	11	кк	нн			1179	6.1	1	α	1	
5958	528,1078,1125	7.0,6.6,7.2	100	ккк	ннн	ad	5995	1077	7.1,7.3	11	кк	ни	
	1179,1209	6.5,6.8	12	кк	пн		5996	1074,1116,1162	6.2 — —	2..	ккк	ни	a
5959	1181	6.7,6.7	00	кк	ни			1256,2242	— 5.8	.2	кк	нв	
5960	1209	6.6,6.8	11	кк	нн		5997	1074,1208,1242	6.6,6.5,6.3	011	кпк	п0п	a
5961	1181	6.5,6.4	10	αγ	68			1256,1314	6.7,6.5	32	кн	н0	
5962	1078,1179	7.0,6.7	21	кк	кп		5998	1179	7.2,7.4	11	кк	нн	
5963	1314	7.2,6.9	12	нн	00		5999	529,1139,1181	5.8,6.4,5.4	421	ккк	внв	ad
5964	2242	6.4,6.3	01	αβ	00	b	6000	509, 536,1074	6.6,6.8,5.9	541	ккк	ннн	ad
5965	1074,1116,1208	6.3,6.9,6.9	402	ккк	ннн			1116,1162,1208	6.0,6.4,5.9	041	ккк	ннн	
	1255,1256	6.8,6.6	11	кк	ни			1242,1255,1256	6.0,5.8,5.7	101	ккк	ннн	
5966	528,1078,1125	7.1,6.5,7.2	101	нβк	08н	ad		1314	5.6	3	к	н	
	1179,1209	6.4,6.6	11	ακ	нн		6001	1256	6.9,6.8	10	кк	ни	
5967	501, 529,1139	6.8,6.1,6.5	122	αγβ	0ғғ		6002	1180	6.7,6.8	10	кк	ин	
	1181	5.5	1	γ	ғ		6003	1116,1162,1255	7.0,7.0,6.7	110	нкн	0н0	
5968	1078,1180,1209	6.9,7.2,7.0	231	ккк	ннн	a		1314	6.7	1	к	н	
5969	1074,1116,1162	6.2,6.6,6.3	112	ккғ	ннғ	at	6004	1181	6.8,6.7	01	кк	пп	
	1233,1245,1255	6.7,6.2,6.3	300	кпк	п0н		6005	1116,1162,1255	6.9,6.9,6.7	000	ккк	ннн	a
	1256	6.0	1	к	н			1256,1314	6.4,6.8	10	кк	нн	
5970	1078,1180,1209	6.9,6.9,7.0	110	ккк	ннн	d	6006	1181	6.7,6.7	00	ка	ни	a
5971	1162,1255,1256	6.9,6.6,6.5	010	ккк	ннн	ad	6007	1181	7.0,6.9	01	кк	пн	
5972	1181	6.3,6.4	10	кк	нп		6008	1077	6.8,6.8	00	кк	ни	a
5973	509,1116,1162	7.0,6.2,6.4	302	αββ	пғ0		6009	1179	7.2,7.3	01	кк	ни	
	1255,1256,1314	5.8,6.0,6.3	222	γββ	0ғ2		6010	1181	7.1,7.3	11	кк	ни	
5974	1078,1179	7.2,7.2	00	кк	пп		6011	1181	6.8,6.8	00	нк	0н	r
5975	501, 529,1139	6.4,5.5,6.1	142	βγγ	050		6012	1181	7.2,7.4	11	кк	ни	
	1181	5.1	1	δ	2		6013	1181	7.1,6.9	11	кк	ни	

THE DRAPER CATALOGUE.

D. C.	Plate Numbers	Observed Brightness	Res.	End.	F.K.	R.	D. C.	Plate Numbers	Observed Brightness	Res.	Eud.	F.K.	R.
6014	1078	7.2,7.3	01	пк	Он		6050	1181	6.4,6.4	00	кк	ни	a
6015	1078,1180,1209	7.2,7.2,7.2	111	ккк	нпн	d	6051	1128,1180,1314	7.1,6.7,6.9	201	ккк	пнн	d
6016	1314	7.0,7.3	12	кк	пп	r	6052	1181	6.9,6.7	11	кк	ин	
6017						r	6053	1181	6.5,6.5	00	кк	нк	
6018	529,1129,1181	6.1 — 5.1	0.1	аκκ	ини	ad	6054	1078	7.1,7.1	00	кк	ни	ar
6019	1181	7.0,7.2	11	кк	ип		6055	1116,1162,1255	6.3,6.4,6.2	211	ккк	ипн	d
6020	1181	6.9,6.8	10	кк	пп	r		1256,1314	6.3,6.4	20	кк	ии	
6021	1078,1180,1209	7.1,7.2,7.3	210	ккк	ппп	d	6056	509, 546,1218	4.8,4.4,5.8	332	ζθβ	202	r
6022	1181	6.8,6.8	00	кк	ии			1256,1314	4.2,4.0	61	θθ	12	
6023	1181	6.9,6.9	00	кк	ии		6057	1181	6.7,6.7	00	гк	ги	ad
6024	509, 536,1116	6.8,6.8,6.5	523	ккк	ппн	a	6058	529, 545,1129	4.3,5.1, в	33в	ζηε	ггг	r
	1162,1255,1256	6.2,6.1,5.9	011	ккк	нин			1181	в		в	ζ	г	
	1314	5.9	2	к	и		6059	545,1077,1129	6.2,6.3,6.2	113	ρθ.1	гг0	
6025	529,1181	6.6,6.0	12	кк	ни	ad	6060	1162,1255,1256	6.9,6.3,6.2	221	пкк	0пп	
6026	1181	6.8,6.8	00	кк	ии	a		1314	6.6	0	к	и	
6027	529, 545,1129	6.0,6.0,6.0	022	ккк	инии	ar	6061	1255	7.0,7.0	00	кк	ни	
	1181	5.2	1	к	и		6062	1078,1128,1209	6.9,7.3 —	22.	ккк	нини	r
6028	1074,1208,1255	6.6,6.5,6.7	120	ккк	пнв		6063	1181	7.2,7.1	01	кк	ии	
	1256,1314	6.7,6.9	21	кк	ни		6064	1077,1127	6.2,6.0	33	кк	ни	a
6029	1181	6.5,6.5	00	иβ	00		6065	1078,1127,1209	6.2,7.0,6.5	221	ккк	инин	
6030	1181	6.9,7.0	10	кк	нв	r	6066	1078	6.9,6.9	00	кк	ии	
6031	1077,1127	6.5,6.8	10	βа	2н		6067	509, 536,1074	7.0,6.7,5.7	131	ккк	пнн	at
6032	1077,1127	6.0,6.9	23	βи	20		6068						r
6033	1078,1180,1209	6.8,6.7,7.1	102	ккh	пн0	ad		1116,1162,1208	6.0,5.9 —	01.	ккг	5иг	
6034	529,1129,1181	6.8,6.9,5.5	034	кκγ	ип2	ad		1242,1245,1255	— 5.5,5.8	.20	ααβ	н1п	
6035	1181	6.9,6.8	10	кк	ии	a		1314,1351	6.0,6.0	12	ак	ии	
6036	1181	7.0,6.8	11	пк	0н		6069	529, 545,1181	6.8,6.8,6.3	133	пαβ	005	c
6037	1065,1074,1116	6.4,6.0,6.3	221	кик	пгп	ab	6070	1128,1180,1314	7.3,6.8,6.8	303	пкк	0ип	
	1233,1245,1255	6.6,6.2,6.0	312	ккк	ннн		6071	1077,1127	5.8,6.7	23	αа	20	
	1256,1351	5.8,6.3	21	кк	ни		6072	1181	6.9,6.8	10	кк	ни	r
6038	1078	7.0,7.0	00	кк	нв		6073	1181	6.2,6.3	01	ак	ни	a
6039	1074,1255,1256	6.8,6.7,6.6	010	ппк	00н	d	6074	1077	7.3,7.4	10	кк	ии	
6040	1181	6.6,6.6	00	нк	0н	a	6075	1256	7.1,7.3	11	кк	ии	
6041	1077	6.9,6.8	10	кк	нп		6076	1181	7.2,7.1	01	кк	нп	
6042	1077	6.9,6.7	11	кк	ип	a	6077	1078,1209	6.7,6.9	11	кк	пп	d
6043	500, 509, 536	7.0,6.8,6.8	143	пαα	000		6078	1077,1078,1127	6.8 — 7.1	0.1	иик	00п	
	1074,1116,1162	5.9,6.5,6.3	042	βαα	п01		6079	529,1129,1181	6.9,7.1,6.3	221	кhγ	п00	
	1208,1242,1255	5.9,6.0,5.9	020	ββα	500		6080	140,2242	— 5.8,5.9	.01	кк	нк	a
	1256,1314	5.5,5.9	21	γα	22		6081	1181	7.1,7.0	10	кк	пи	
6044	1077,1077,1127	7.0 — 6.5	4.5	ккк	пнн		6082	1181	6.5,6.6	10	αβ	00	
6045	500, 508, 509	6.0,5.8,5.8	342	βαγ	ии5	r	6083	1077,1127	6.3,6.6	10	αα	0п	
	536,1074,1116	5.5,4.6,4.7	212	γβγ	2и0		6084	140,2242	6.3,5.7	00	ρδ	пи	
	1162,1208,1218	4.6,4.9,7.0	321	γγн	2и0		6085	509, 536,1116	6.0,5.8,5.2	520	βγγ	201	
	1242,1255,1256	4.7,5.0,4.5	330	γδε	и22			1116,1162,1162	5.4,5.8,5.2	200	ββγ	210	
	1314	4.6	2	δ	δ			1218,1242,1255	6.8,4.8,5.2	452	ββγ	010	
6046	529,1077,1129	6.9 — 6.9	1.1	кβα	п00			1255,1256,1314	— 4.8	.3	εγε	г12	
	1181	6.1	0	β	5		6086	1077	6.9,6.7	11	кк	ии	a
6047	1255,1256	6.9,6.8	10	кк	ии		6087	1181	7.0,6.9	01	кк	ни	
6048	1074	7.0,7.3	21	кк	ни	b	6088	529, 545,1129	5.1,5.8,5.1	321	γεδ	ггг	
6049	1314	6.9,7.2	21	кк	ин			1181	4.7	2	δ	г	

D. C.	Plate Numbers.	Observed Brightness.	Res.	End.	F.K.	R.	D. C.	Plate Numbers.	Observed Brightness.	Res.	End.	F.K.	R.
6089	1078,1128,1209	6.8,6.9,6.7	011	κκκ	ιιιιιι	r		1127	6.6	1	κ	μ	
6090	1077,1127	6.8,7.2	00	κκ	ιιιι	d	6134	503, 530,1077	6.7,5.6,6.5	002	αγγ	ιι05	
6091	1181	6.7,6.7	00	κκ	ιιιι			1127	6.4	3	β	5	
6092	1078,1209	7.2,7.1	01	κκ	ιιιι		6135	1116,1256,1314	6.8,6.1,6.7	121	κκκ	ιιιιιι	
6093	1077	6.5,6.5	00	κκ	ιιι		6136	1078,1209	7.2,7.1	01	κκ	ιιιι	
6094	1077	6.5,6.6	10	αα	5ιι		6137	1078,1128,1209	7.0,6.8,7.0	111	κκκ	ιιιιιι	d
6095	1181	6.1,6.0	10	κκ	ιιιι		6138	530,1077,1079	6.7,6.6,6.5	021	κκα	ιιιι0	at
6096	529, 545,1129	6.7,6.5,6.4	221	βαβ	0ιι2		6139	1079	6.8,6.8	00	ιιιι	00	
	1181	5.5	1	γ	F		6140	1314	6.9,6.9	00	κκ	ιιμ	r
6097	509,1256,1314	7.1,6.7,6.4	530	κβα	ιιF2		6141	545	7.1,7.1	00	κιι	ιι0	
6098	1077,1127	6.2,6.1	23	κκ	βιι	a	6142	1078,1209	7.0,7.0	00	κκ	ιιιι	d
6099	1077	6.6,6.6	00	κκ	μμ	a	6143	1077,1079	6.8,6.8	22	κκ	ιιιι	at
6100	1077	7.2,7.2	00	κιι	μ0		6144	1128	7.0,7.2	11	ιικ	0ιι	
6101	1181	6.0,6.2	11	κκ	ιιιι	a	6145	503, 503, 530	6.9— 5.5	2.1	ιιιι3	00r	r
6102	1256,1314	6.5,6.4	22	ιικ	0ιι			1077,1079,1127	5.3,5.3,6.5	404	βγβ	1r2	
6103	1077	7.0,7.2	11	κκ	ιιμ	a		1127	.		ιι	0	
6104	1256	6.7,6.6	10	ιικ	0ιι		6146	530,1079,1127	6.1,5.9,6.2	123	κκκ	ιιιιιι	a
6105	1256	7.0,7.1	01	κκ	ιιιι		6147	503, 530, 530	6.9,6.5—	34.	κκα	μιιιι	
6106	1078,1209	6.8,6.8	00	κκ	μιι			1079,1127	6.4,5.8	08	αβ	ιι2	
6107	1077	6.5,6.5	00	κκ	ιιιι	a	6148	545,1129,1140	4.9,4.0,4.9	055	ιδ̄	FFF	r
6108	1077,1127	6.2,6.5	01	ββ	ιι1		6149	1256	7.0,7.2	11	κκ	ιιιι	
6109	503,1077,1127	— 5.6,6.7	.43	καα	ιι15	d	6150	1074,1245,1255	6.5,6.8,6.5	131	κκκ	ιιιιιι	ad
	1127	—	.	α	5			1256	6.5	1	κ	ιι	
6110	1181	6.5,6.6	10	κκ	μιι		6151	509, 546,1256	6.0,6.6,5.3	220	γβγ	8r2	
6111	1256	6.8,6.9	01	κκ	ιιμ			1314	5.7	1	α	2	
6112	1181	7.1,7.0	10	κκ	μμ		6152	1128,1314	6.8,7.0	01	κκ	ιιιι	
6113	1181	7.0,7.1	01	κκ	ιιιι		6153	1256	6.4,6.4	00	κκ	ιιιι	
6114	1181	6.7,6.6	10	κκ	ιιιι		6154	1256,1314	6.0,6.2	01	κιι	μ0	at
6115	1181	7.0,7.0	00	κκ	ιιιι		6155	503, 530,1079	6.8,5.7,5.6	113	αγγ	0F	
6116	530,1078,1080	6.7,6.2,6.5	332	κκκ	ιιιιιι	ad		1127	5.6	5	γ	2	
	1128,1209	6.5,6.5	00	κκ	μι		6156	1128,1314	6.7,6.8	00	ιιιι	00	ad
6117	1077	6.8,6.7	01	αα	ιιιι		6157	509, 546,1256	7.0,7.1,6.5	505	κbκ	ιι05	
6118	503, 509,1128	6.5,6.9,6.0	322	κκκ	μRιι	a		1256,1314	— 6.5	.2	ιια	05	
	1314	6.0	1	κ	μ		6158	1256	6.4,6.6	11	ιικ	Fμ	
6119	503,1077,1127	— 5.5,6.6	.34	αββ	020		6159	545,1129,1140	5.9,5.9,6.3	405	καk	ιιιιιι	ad
6120	1077,1127	6.7,6.8 —	10.	κκ	μιι	d	6160	1129,1140	7.1,6.9	01	FK	Fμ	ad
6121	545,1129,1181	6.8,6.9,6.0	320	αιια	ιι05		6161	1256	6.6,6.7	01	κκ	μ1	
6122	1181	7.0,7.0	00	μh	00	r	6162	1256	6.7,6.6	10	κα	μιι	
6123	1077	7.0,7.0	00	κκ	μμ		6163	1256	6.9,6.8	10	μκ	0ιι	
6124	1256	6.9,7.0	10	ιικ	0ιι		6164	545	6.9,7.0	01	ιικ	0ιι	
6125	1314	7.0,7.2	11	κκ	ιιιι		6165	530,1079,1127	6.5,6.3,6.5	124	κβιι	μr0	
6126	1255	7.0,7.1	01	ιια	00	r	6166	545,1129,1140	6.5,6.4—	21.	βιικ	0Fιι	a
6127	509,1256,1314	7.5,6.5,6.6	320	ιικκ	0μμ	d		1140	6.4	2	β	0	
6128	1074,1255,1256	6.9,6.8,6.7	010	κκκ	Rιιιι		6167	1080	6.8,6.8	00	κκ	ιιιι	a
6129	1181	7.0,7.2	11	κκ	ιιιι		6168	503, 530,1080	6.4,5.4,5.5	013	κκκ	μμβ	a
6130	530,1078,1080	6.0,6.1,6.4	223	κκκ	μμμ	a		1128	5.2	2	κ	μ	
	1128,1209	6.4,6.2	11	κκ	μμ		6169	545,1129,1140	5.7,5.3,5.5	112	κκκ	μββ	ar
6131	530,1077,1127	5.7,5.6,6.5	023	ββα	μη8	r	6170	509, 536, 546	5.0,4.1,5.0	133	ζζγ	0rU	ar
6132	509,1128,1314	7.2,7.2,6.8	761	ιικιι	0μ0	d		1218,1218,1242	— 6.1 —	.1.	βαβ̄	0r1	
6133	530,1077,1079	5.9,5.9,5.9	122	κκκ	μμμ	a		1242,1256,1314	4.2, μ, 4.0	1n1	εηζ	Flr	

THE DRAPER CATALOGUE.

D. C.	Plate Numbers.	Observed Brightness.	Res.	End.	F.K.	R.	D. C.	Plate Numbers.	Observed Brightness.	Res.	End.	F.K.	R.
6171	1256	6.7,6.6	10	кк	нп		6211	1074,1116,1245	6.7,6.5,6.3	310	ккк	ипп	a
6172	503, 530,1079	6.3,5.2,5.3	115	γδδ	ΟπΟ			1255,1256,1328	6.2,6.0,6.5	221	ккк	ннн	
	1127	5.0	6	γ	F			1351	6.4	0	к	п	
6173	530,1079,1127	6.2,5.9,6.0	225	ккк	ннн	ad	6212	1079,1204	6.7,6.9	10	кк	нн	ad
6174	1079	7.0,7.1	01	кк	нп		6213	1256	6.6,6.6	00	кк	нп	
6175	1242,1256,1314	6.6,5.6,5.9	322	ккк	ннн	a	6214	1079,1204	6.2,7.0	48	кк	нн	ad
6176	545	7.1,7.1	00	нп	00		6215	1256	7.1,7.2	10	кк	пп	
6177	1080,1128	7.0,7.0	11	пк	Оп	ad	6216	1256,1314	7.0,7.0	21	кк	нн	d
6178	536,1074,1116	6.9,6.0,6.4	120	кка	нпп	ad	6217	1080	7.0,7.2	11	пк	Оп	
	1162,1242,1245	6.3,6.6,6.2	111	пкк	Опп		6218	530,1080,1128	6.7,6.8,7.1	201	пкк	Онн	d
	1255,1256,1314	6.3,6.0,6.6	103	βак	8нп		6219	1256	7.6,7.3	21	кк	пп	
	1351	6.3	1	к	п		6220	1080,1128	6.7,6.8	10	кк	нп	a
6179	1256	6.8,6.8	00	кк	пп		6221	530,1079	7.0,6.5	11	кк	пп	d
6180	545,1129,1140	6.7,6.9,7.0	513	βιβ	пп0		6222	1140	6.4,6.4	00	βα	52	
6181	1079	6.7,6.8	10	кк	нп		6223	1140	7.2,7.2	00	нн	пп	
6182	1256	6.5,6.6	10	пк	FII		6224	1079,1204	6.4,6.7	11	кк	нн	d
6183	545,1129,1140	6.9,7.1,7.0	422	ака	Οπ0	d	6225	509, 536,1074	6.9,6.2,4.9	334	αγβ	55п	
6184	1140	7.0,7.2	11	кк	пп	r		1116,1162,1242	5.7,5.2 —	23.	ββ	215	
6185	1129	7.2,7.2	00	кк	пп			1245,1255,1256	5.2,5.4,4.7	014	γ5δ	225	
6186	1080,1128	6.7,6.7	11	пк	Оп			1314,1351	— 5.2	.1	ββ	52	
6187	1079	7.0,7.2	11	кк	нн		6226	1140	6.9,7.0	10	ββ	Оп	r
6188	545,1129	6.7,6.9	33	кк	нп		6227	1079	7.0,7.1	01	кк	пп	
6189	1256	6.7,6.5	11	ββ	пп		6228	530,1079	6.8,6.3	11	ββ	05	
6190	1079,1127,1204	6.8,6.7,6.4	540	ккк	ннн		6229	1256	6.6,6.8	11	гк	γн	
6191	509, 536,1116	7.2,7.0,6.5	410	пкк	Опп	ad	6230	509, 536, 546	6.9,6.7,6.5	232	ааа	1п5	r
	1162,1242,1245	6.6,6.0,6.0	102	кнк	п0п			1242,1256,1314	6.3,5.0,5.9	200	αδα	п5п	
	1255,1256,1314	6.4,6.2,6.5	111	ккк	пвп		6231	530,1070	6.6,6.3	00	аа	п0	
	1351	6.4	1	к	п		6232	1242,1256,1314	6.7,6.5,6.5	121	ккк	ннн	a
6192	1256	7.1,7.3	11	пк	Оп		6233	1079,1204	6.7,6.6	11	кк	пп	
6193	530,1080,1128	6.3,6.5,6.8	212	ββк	00п	ad	6234	530,1070	6.0,5.4	12	βγ	50	
6194	1116,1255,1256	— — —	...	нку	0п2		6235	1256	6.9,6.9	00	нн	пп	
	1351,2242	— 6.2,6.6	.22	пк	Оп		6236	530,1080,1128	6.4,6.6,6.6	120	βак	ннпп	r
6195	1256	6.9,6.8	10	кк	нн		6237	536, 546,1256	6.9,6.8,6.1	131	ккк	ннв	ad
6196	1204	7.1,7.2	01	кк	пп		6238	530,1079,1204	5.9,5.4,6.0	241	γγγ	222	
6197	1256	6.8,6.9	01	кк	нн	a		1243	6.5	5	а	5	
6198	1256	7.0,7.2	11	кк	нп		6239	510	6.9,7.2	12	кк	пп	
6199	545,1129,1140	6.7,6.8,6.5	320	ккк	нннн	dr	6240	1256	6.9,6.9	00	кп	п0	
6200	1204	6.9,7.0	01	кк	пп		6241	1256	6.9,7.2	12	кк	нп	
6201	1079	6.9,6.7	11	на	Оп		6242	1079,1204	7.2,7.1	11	кк	нн	
6202	545,1129,1140	5.3,4.7,4.7	170	кке	нннн	at	6243	530,1080	5.9,6.0	11	βа	55	
6203						r	6244	1079	7.1,7.0	10	кк	нк	
6204	1129	7.1,7.3	11	кк	пп		6245	1210	6.9,6.9	00	кк	нп	
6205	1255	7.0,7.0	00	пп	11	a	6246	1255,1256	6.7,6.7	11	кп	п0	
6206	545,1079,1129	6.4 — 6.2	0.2	ββγ	000		6247	1256	6.6,6.6	00	кк	нн	a
	1140	5.8	1	γ	F		6248	530,1070,1204	5.8,5.5,6.0	222	ккк	пвп	a
6207	1129,1140	6.8,6.3	22	кβ	п0			1243	6.1	2	к	в	
6208	509, 546,1256	6.8,6.5,5.6	221	αγδ	052		6249	1079,1204	6.9,6.9	10	пк	Оп	d
	1314	6.1	3	γ	0		6250	1204	7.1,7.0	01	кк	нп	a
6209	1128	7.1,7.3	11	кк	нп		6251	1256	6.4,6.5	01	βγ	00	
6210	1255,1256	7.0,6.9	01	кк	нп		6252	1079,1204,1243	6.5,6.5,7.1	123	акн	2п1	d

ANNALS OF HARVARD COLLEGE OBSERVATORY.

D. C.	Plate Numbers.	Observed Brightness.	Res.	End.	P.K.	R.	D. C.	Plate Numbers.	Observed Brightness.	Res.	End.	F.K.	R.
6253	1140,1210	7.3,6.7	10	кп	п0		6292	1256	6.7,6.9	11	кк	нн
6254	435, 495, 550	5.0,5.1,6.1	541	γγγ	000	r	6293	1074,1116,1245	6.6,7.0,6.4	021	ккп	нп0
6255						r		1255,1256,1328	6.5,6.2,6.5	121	кпк	п0п
	560,1065,1074	5.2,4.6,4.1	341	γaγ	Fнг			1351	6.9	3	п	0
	1116,1162,1221	4.1,4.2,6.4	321	eδa	FF1		6294	1074,1255,1256	6.9,6.8,6.8	011	кhк	п0п	d
	1233,1245,1255	4.2,4.0,4.1	111	γδδ	FFF		6295	1256	6.5,6.6	10	кк	ннн	a
	1256,1328,1351	4.0, п, 4.0	0п2	ζγe	FFF		6296	1079,1204,1243	6.7,6.9,7.1	101	кпк	п0п	d
6256	407, 530,1079	6.9,6.4,6.3	224	ккк	нпн	d	6297	1079,1204	7.2,7.2	01	кк	ннн	d
	1204,1243	5.0,5.9	12	кк	нн		6298	1210	6.8,6.8	00	ак	ннн
6257	1079,1204,1243	7.0,6.9,7.0	111	ккк	ннн	d	6299	1079,1204,1243	6.0,6.4,6.7	202	ккр	ннг	at
6258	1210	6.8,6.7	10	кк	пн	ar	6300	1256	7.1,7.2	10	кк	ннн
6259						r	6301	1256	6.7,6.7	00	кк	ннн
6260	1204	7.0,7.1	10	кк	нн		6302	1256	7.0,7.2	11	пк	0п
6261	1079,1210	6.5,6.4	11	пк	0в	ad	6303	1140,1210	6.8,6.5	22	кj	ннн
6262	1256	6.5,6.4	10	aβ	5u		6304	1204	6.9,6.9	00	кк	ннн
6263	1140,1210	6.9,6.2	00	нк	0н		6305	1210	7.1,6.8	21	пк	0н
6264	1210	6.2,6.3	10	кк	нп	dr	6306	1210	7.1,7.0	01	кк	ннн
6265	1256	7.0,7.0	00	мк	0н		6307	1210	7.1,7.2	01	кк	ннн
6266	530,1080,1204	6.7,6.7,6.3	012	ака	н55		6308	1256	7.1,7.4	12	кк	ннн
	1243	6.5	1	β	0		6309	1116,1255,1256	7.0,6.6,6.4	111	ккк	нннн
6267	497, 503, 536	— — 4.0	..в	thγ	00F	r	6310	1256	6.8,6.8	00	кк	нн
	546,1142,1242	— — в	..в	ζhe	FF1		6311	530,1080,1141	6.5,6.9,6.6	161	ккк	ннн	a
	1256	в	в	ζ	F			1204,1243	6.1,6.1	13	кк	ннн
6268	1079	7.2,7.0	11	кк	ннн		6312	1210	6.9,7.0	01	кк	ннн
6269	530	7.3,7.2	01	кк	ннн		6313	1204	7.1,7.2	01	кк	ннн
6270	1210	7.2,7.0	11	кк	нк		6314	1079,1204,1243	6.5,6.6,6.7	000	ккк	нннн	a
6271	510,1140,1210	6.5,6.3,5.4	111	ккк	ннн	at	6315	509, 536,1242	7.0,6.7,6.3	401	ккк	нннн	d
6272	1140,1210	7.1,6.3	10	кj	н	d		1245,1256,1256	6.3,6.2,6.0	331	кпк	п0н
6273	1256,1314	6.5,6.9	10	кк	ннн			1314	6.3	1	к	н
6274	1210	6.8,6.8	00	кк	ннн	r	6316	1210	7.1,6.8	21	ан	50
6275	1210	7.2,7.0	11	кк	ннн		6317	536,1242,1256	6.8,6.3,6.4	133	ккк	ннн	a
6276	536	7.0,7.0	00	кк	ннн		6318	1079,1204,1243	6.5,6.8,7.0	201	ккк	ннн
6277	1210	6.8,6.8	00	пк	нн		6319	536, 546,1242	6.4,6.5,5.8	201	кaк	нннн	ad
6278								1256	5.3	1	γ	н
6279	497, 530,1080	4.2, п, в	ппв	ζη	F0F	r	6320	510, 530,1079	5.6,5.1,5.1	203	ккк	ппв	ad
	1142	4.0	п	e	F	r		1140,1210	— 4.6	.3	FK	FΠ
6280	536, 546,1242	6.0,6.4,5.5	012	γγγ	888		6321	536, 546,1242	6.8,6.8,6.4	120	кка	нпн	ad
	1256,1256	5.3,5.3	11	γδ	85			1256	6.0	1	к	п
6281	497, 536,1142	6.7,6.7,6.6	110	аак	u0п		6322	1079,1204,1243	6.8,6.7,6.8	111	ккв	нн0	d
	1242	6.4	1	п	0		6323	1210	6.2,6.2	00	кк	нн
6282	1080	6.9,7.0	10	пк	ян		6324	536, 546,1242	6.8,6.8,6.5	121	βаа	000
6283	1210	6.9,6.7	11	кк	ннн	a		1256	5.9	0	γ	2
6284	1210	6.6,6.5	10	кк	ннн	a	6325	1116,1162,1245	6.5,6.6,6.3	100	ккк	нннн
6285	1210	6.8,6.7	10	нк	0н			1255,1256,1351	6.5,6.0,6.7	123	ккк	ннн
6286	1080	6.8,7.0	11	кк	ннн		6326	1074,1245,1255	6.7,6.5,6.5	111	нпа	000
6287	1256	7.0,7.2	11	кк	нн			1256	6.2	2	а	2
6288	1210	7.2,7.1	10	кк	ннн		6327	1256,2242	— 6.6,7.0	.22	кп	п0	d
6289	1256	7.1,7.2	10	кк	нн		6328	1210	7.1,7.0	01	пк	0п
6290	1210	6.9,6.9	00	кк	пн		6329	1210	7.1,7.4	00	кк	ннн
6291	1256	6.6,6.7	01	aа	00		6330	1210	7.2,7.1	10	кк	ннн

THE DRAPER CATALOGUE. 203

D. C.	Plate Numbers	Observed Brightness	Res.	End.	F.K.	R.	D. C.	Plate Numbers	Observed Brightness	Res.	End.	F.K.	R.
6331	1256	6.7,6.5	11	αβ	25		6368	510, 525,1210	6.9,6.7,5.7	122	κκκ	πнн	a
6332	497, 497, 530	6.5,6.5,5.5	110	β,δ	000			1257	6.1	1	κ	π	
	1080,1141,1142	5.3 — 6.2	1.0	γγβ	ғ00		6369	1183,1204,1243	6.9,7.0,6.9	102	κκπ	ππ0	d
	1183,1204,1211	4.9,5.5,4.9	221	γγβ	0ғ0		6370	497,1141,1182	6.1,5.8,5.0	214	κκκ	ннв	a
	1243	—	.	γ	ғ			1204,1243	5.8,5.2	61	κκ	вв	
6333	1080,1183,1211	6.6,6.3,6.1	001	κκκ	ιιнн	a	6371	1182,1204,1243	6.9,7.1,7.0	220	κκκ	ιιнιι	
6334	1079,1141,1204	6.9,7.0,6.5	411	κκκ	ιιнн	ad	6372	1256	6.9,6.8	10	κκ	ιιн	
	1243	6.4	3	κ	ιι		6373	1210	6.7,6.6	01	κκ	ιιιι	
6335	1079,1141,1204	6.5,7.0,6.5	100	κκβ	ππ0		6374	1210	7.1,6.9	11	χκ	ιιιι	
	1243	6.5	1	ιι	0		6375	1182	6.9,7.1	11	κκ	ιιπ	r
6336	1243	6.0,6.9	00	κκ	ιιн	r	6376	1210,1257	6.2,6.9	21	βπ	ғ0	
6337	1204,1243	6.8,6.8	10	κκ	ιιιι	d	6377	1183,1211	7.1,6.8	11	κκ	ιιιι	ad
6338	509, 530,1242	6.9,6.5,6.3	410	α,β	ιι82		6378	1182,1204,1243	6.8,7.1,7.0	320	κκκ	ιιнн	
	1245,1256,1314	6.0,5.7,6.2	111	αγβ	ιι22		6379	1183,1211	6.8,6.7	00	κκ	ιιιι	
	1351	6.2	2	α	ιι		6380	1210,1257	6.2,6.8	12	κκ	ιιιι	d
6339	1210	6.9,7.0	01	κκ	ιιιι		6381	1210	7.1,7.1	00	κκ	ιιπ	
6340	1242,1256	7.1,6.3	21	κκ	ιιιι		6382	1183,1211,1243	7.1,6.9,7.0	212	κκκ	ιιιιн	d
6341	1079,1141,1182	6.3,7.1,6.5	112	κκκ	ιιιιιι	ad	6383	1210	7.0,7.0	00	χκ	ιιιι	r
	1204,1243	6.5,6.0	00	κκ	ιιιι		6384	497,1142,1183	7.0,6.8 —	22.	κκκ	ιιнπ	a
6342	1210	6.2,6.2	00	χκ	ιιιι			1183,1211,1211	6.0 — 6.1	1.3	κκκ	ιιнн	
6343	1079,1182	6.9,7.2	00	κκ	ιιιι		6385	1242,1256	7.1,6.8	11	ιικ	0ιι	
6344	1243	7.2,7.2	00	κκ	ιιιι		6386	1182,1210	6.9,6.6	01	κικ	πιι	
6345	1210	6.5,6.3	11	κιι	нн	a	6387	1256	6.7,6.8	10	ғκ	ғιι	r
6346	1210	6.6,6.4	11	κκ	ң ιι		6388	509, 536,1242	7.4,6.9,6.8	311	нακ	00ιι	d
6347	1210	7.0,6.8	11	κκ	ιιғιι			1256,1314	6.4,6.6	21	ακ	5ιι	
6348	1210	6.6,6.7	10	κκ	ιιπ		6389	1183,1211,1243	6.4,0.4,6.9	101	ιιαα	ιι6ιι	r
6349	1210	6.7,6.9	11	κκ	ιιιι		6390	1210,1257	6.3,6.8	11	κκ	ιιғ	
6350	1210	6.4,6.5	10	κκ	ιιғн		6391	536,1242,1245	6.7,6.3,5.8	101	γαβ	1ғ0	
6351	1210	6.5,6.5	00	ββ	1ιι	r		1256,1351	5.7,5.9	11	γγ	0ғ	
6352	1210	6.9,6.8	01	κκ	ιιιι		6392	1256	7.1,7.1	00	κπ	πιι	
6353	1204	7.1,7.1	00	κκ	ιιιι		6393	497,1142,1183	6.8,6.8,6.2	423	καιι	ιι50	ad
6354	510, 525,1210	5.8,5.5,4.6	112	δγδ	2ғ2			1183,1211,1211	— 6.0 —	.2.	һβα	v18	
	1257	5.1	0	β	ғ		6394	1182	7.0,7.0	00	κκ	ιιιι	a
6355	1183,1211	6.7,6.6	00	κκ	ιιιι		6395	1256	6.7,6.7	00	κκ	ғιι	
6356	536,1242,1256	7.0,7.0,6.4	210	ακβ	ιι50	d	6396	1210	6.8,6.8	00	κκ	ιιιι	a
	1314	6.9	2	κ	ιι		6397	1182,1243	7.1,7.1	01	κκ	ιιιι	
6357	497,1142,1183	7.0,6.8,6.0	112	πκ,β	0ιιғ	ad	6398	536,1116,1162	6.5,6.0,6.2	011	κκκ	ιιψн	a
	1211	5.7	0	γ	0			1242,1245,1255	6.3,5.7,6.0	111	ττκκ	0ιιв	
6358						ar		1256,1314,1351	5.7 — 5.9	0.0	κκτ	ιιιιв	
6359	497,1141,1182	6.2,5.9,5.1	214	κκκ	ιιнв	r	6399	1182,1243	6.6,6.7	11	ακ	0ιι	
	1204,1243	5.8,5.2	52	κκ	ιιв		6400	1182	7.2,7.2	00	κιι	ιιιι	
6360	1142,1183,1211	6.8,6.0,5.9	211	κκκ	ιιнιι	d	6401	525,1210,1257	6.6,5.6,6.0	221	κκκ	ιιπιιι	ad
6361	1210	7.1,7.1	00	ιικ	0ιι		6402	1210	6.9,7.0	01	κκ	ιι0	
6362	1210	6.9,6.8	01	ιικ	0ιι		6403	1182	7.0,7.0	90	κκ	ιιιι	
6363	536, 540,1242	6.8,6.8,6.4	120	γαβ	000		6404	1210,1257	6.8,7.1	00	βα	00	
	1256	6.0	1	δ	0		6405	1182,1210	6.5,6.4	01	ғκ	ιιπ	ad
6364	1204,1243	7.0,6.9	11	κκ	ιιв	a	6406	525,1210	7.0,6.4	00	ιιγ	0ιι	
6365	1183,1204	7.0,7.0	11	κιι	ιι0	d	6407	1210	7.1,7.1	00	κκ	ιιιι	
6366	1257	7.0,7.1	01	κκ	ιιιι		6408	1210,1210,1257	— 6.3,6.6	.00	κκκ	ιιιιιι	dr
6367	1204,1243	7.2,7.1	11	κικ	ιιн	d	6409	497,1142,1183	6.1,6.0,5.1	211	αββ	ιιιιιι	

ANNALS OF HARVARD COLLEGE OBSERVATORY.

D.C.	Plate Numbers	Observed Brightness	Res.	End.	F. K.	R.	D.C.	Plate Numbers	Observed Brightness	Res.	End.	F. K.	R.
	1183,1211,1211	4.9,5.0,5.3	114	γγγ	ии и			1210,1257	4.3, в	rи	ͷη	F1	
6410	536,1242,1245	6.0,5.8,5.5	101	δγβ	0F1	r	6451	497,1141,1182	6.9,6.7,5.8	133	нн β	002	
	1256,1351	5.3,5.7	02	γβ	0F			1243	6.0	0	β	0	
6411	510,1210,1257	6.9,5.7,6.4	122	ькк	0ни	ad	6452	1074,1116,1245	6.6,6.7,6.3	210	ккк	ннн	ad
6412	510, 525,1210	6.1,5.4,5.4	224	ккк	nвв	ar		1255,1256,1328	6.3,6.1,6.3	111	ккк	ншн	
	1219,1257	6.9,4.9	14	кк	нв		6453	525,1210,1257	6.7,6.5,6.3	132	ан β	n02	
6413	1256	6.9,6.8	10	кк	нн	a	6454	497, 536, 558	5.4,5.5,4.9	034	γeε	245	
6414	1210	7.0,7.0	00	нк	0ii			1142,1144,1242	4.8,5.2,4.7	402	γγε	222	
6415	1210	7.2,7.1	10	кк	ши		6455	1257	6.9,6.8	10	нк	0n	dr
6416	1210,1257	6.5,6.8	00	γα	00		6456	1183,1211	6.4,6.1	11	кк	ии	d
6417	1183,1211,1243	6.8,6.8,6.9	012	ккк	ннп		6457	1210,1257	6.2,6.3	11	кк	ни	r
6418	497, 558,1142	6.0,5.5,5.4	044	γββ	FFF		6458	536,1242,1256	7.0,6.8,6.5	102	ккн	ннО	d
	1144,1183,1211	5.3,4.7,4.8	002	βεε	1F0		6459	548,1182,1325	7.0,5.8,6.2	311	ккк	nии	a
6419	1141,1183,1211	7.0,6.0,5.8	212	кββ	н5н	ad	6460	1242,1245,1256	6.8,6.3,6.2	100	FKII	Fn0	at
	1243	6.5	1	β	ii			1351	6.5	1	к	ii	
6420	1210	7.0,7.0	00	нк	0н		6461						at
6421	1256	6.8,6.7	01	кк	нн		6462	536,1242,1245	6.6,6.4,6.5	323	ккк	ншн	r
6422	1183,1211	7.0,6.9	00	кк	ин			1256,1351	6.0,6.5	12	кк	ши	
6423	1210,1257	6.9,7.2	00	ик	0н	d	6463	536, 558,1142	6.9,6.4,6.9	111	кαк	ншн	c
6424	525,1210,1257	6.7,6.3,6.3	021	αβп	0F0			1242	6.8	1	α	2	
6425	1183,1211	6.7,6.9 —	21.	кк	нп		6464	1211	6.6,6.8	11	кн	n0	
6426	1210,1257,1257	6.3 — 6.7	0.1	βκα	0n0		6465	1183	6.8,6.9	10	кк	нн	ar
6427	1210	7.0,6.9	10	кк	ши		6466	1182,1257	6.9,7.2 —	21.	кк	нн	
6428	1183,1211	6.0,6.4	10	кк	ии	a	6467	1245,1256	6.8,6.5	11	кк	ши	a
6429	1245,1255,1256	6.5,6.9,6.6	210	ккк	ншн		6468	1183,1211	6.8,6.8	10	кк	нп	at
6430	1256	7.0,7.1	01	кк	нв	d	6469	536,1242,1351	5.8,5.7,5.4	111	εββ	220	
6431	1183,1211	6.9,6.6	11	кк	нн		6470	1183,1211	6.7,6.5	01	кк	ши	a
6432	510, 525,1210	6.8,6.3,5.9	020	αββ	000		6471	2242	6.8,6.8	00	кк	ши	
	1257	6.2	0	β	F		6472	525,1257,1325	7.0,6.5,7.2	022	ккк	ншн	dr
6433	1183,1211	6.9,6.9	01	кк	нп		6473	1256	6.7,6.8	10	FK	Fн	
6434	1182	7.1,7.1	00	кк	нн		6474	1257	7.3,7.0	12	кк	ши	
6435	1182	6.8,6.9	10	кк	ни	a	6475	1257	7.1,7.0	10	ша	00	
6436	525,1210,1257	6.5,6.1,6.2	111	αββ	000	a	6476	509, 536, 555	6.6,6.1,6.4	200	ккк	ннн	ad
6437	1210,1257	6.6,7.0	10	кк	нн	dr		1242,1245,1256	5.8,5.5,5.3	010	ккк	ннв	
6438	558,1183,1211	6.6,6.2,5.8	112	кβα	n22			1260,1314,1340	5.6,5.6,5.8	002	ккк	ивн	
6439	1210	7.1,7.0	01	кк	ши			1351	5.6	1	к	н	
6440	1210,1257	7.0,7.2	10	нк	0н	br	6477	1182,1205	7.0,7.1	11	кк	ши	a
6441	1074,1116,1245	6.5,6.8,6.4	121	ккк	ннн	a	6478	1242	7.1,7.2	01	кк	нн	d
	1255,1256,1328	— 6.1,6.3	.11	ккк	ивн		6479	1325	6.7,6.8	01	кк	нн	a
	1351,2242	6.5,6.4	11	кк	ни		6480	1074,1245,1255	6.6,6.0,6.0	323	ккк	ннн	ad
6442	1211	7.1,7.2	10	кк	ши	r		1256,1328,1351	5.9,6.4,6.4	211	ккк	ннн	
6443	1210	7.1,7.0	01	кк	ши		6481	2242	6.9,7.0	10	кк	нн	
6444	525,1210,1257	6.8,6.5,6.5	121	ккк	ннн		6482	1257	6.5,6.6	10	кк	нн	dr
6445	1211	6.9,6.9	00	кк	нп	r	6483	1183,1211	6.8,6.5	11	кк	ши	
6446	1182,1210	7.1,7.0	01	кк	ни		6484	1257	6.5,6.5	00	βп	00	
6447	1211	7.0,7.0	00	αα	ни		6485	1257	7.0,6.9	01	кк	ши	
6448						r	6486	1183,1211	6.6,6.4	10	кα	ши	
6449	497, 536, 558	в, 4.4, в	вrв	ζηθ	2FF	r	6487	1182	7.0,7.0	00	кк	ши	
	1142,1144,1242	в, в, в	nвн	εεζ	F21		6488	1257,1352	6.6,6.8	01	кк	ши	
6450	510, 525,1210	4.0, в, в	rив	кθн	иF0	at	6489	1183,1211	7.0,6.9	00	кк	ши	d

D. C.	Plate Numbers.	Observed Brightness.	Res.	End	F.K.	R.	D. C.	Plate Numbers.	Observed Brightness.	Res.	End.	F.K.	R.
6490	1182,1205	6.8,6.9	11	κκ	ιιιι	d	6525	1211	6.9,6.9	00	κκ	ιιιι	a
6491	1183,1205,1211	6.6,6.6,6.2	211	κκα	ηιιιι	ad	6526	536, 558,1144	6.4,5.3,6.0	222	ββή	222	
6492	1256	6.5,6.7	11	ιικ	0ιι	b		1242,1326	5.9,5.7	00	βα	FF	
6493	1256	6.8,6.8	00	κκ	ηα	a	6527	1211	7.0,7.0	00	κκ	ιιιι	
6494	1211	7.0,6.9	01	κκ	ιιιι		6528	558,1143,1182	5.8,6.7,5.6	121	βαβ	F22	
6495	525, 548, 553	5.7,6.5,6.4	042	γαα	Fιιιι			1205	5.6	0	γ	0	
	1145,1257,1325	6.8,5.1,5.5	232	αδγ	020		6529	1182,1205	7.2,6.9	11	κκ	ιιιι	
6496	525, 553,1257	6.6,7.0,6.3	121	βκγ	0ιι0	r	6530	1257	6.8,6.8	00	ββ	00	
	1325	7.1	4	κ	5		6531	1183,1211,1326	— 6.7,6.0	.21	κκκ	ιιιιιι	ar
6497	1183,1211	7.1,6.9	01	κκ	ιιιι	a	6532	558,1182,1205	6.6,6.8,6.2	023	κιικ	ιι1ιι	d
6498	525, 548, 553	4.7,5.4,5.3	120	ζδγ	222	r	6533	1257,1325	7.0,6.9	22	κF	FF	r
	1145,1219,1257	5.5,6.7,4.4	251	βγε	2ιι2		6534	1256	7.0,7.2	11	κιι	ιιιι	
	1325	4.5	3	ζ	2		6535	536,1242,1245	6.5,6.3,6.4	323	γβα	505	
6499	1183,1211	6.2,6.1	00	αιι	55			1351	6.5	3	β	0	
6500	497, 536, 558	6.7,5.8,5.4	252	ιιγγ	00F	r	6536	536,1242,1326	6.5,6.5,6.5	302	κκF	ιιιιF	dr
	1142,1144,1242	6.4,6.2,5.9	111	ααγ	02F		6537	1245,1256	7.0,7.0	10	κκ	ιιιι	
	1245,1326	5.9,5.9	31	αιι	1F		6538	553,1257,1325	7.2,6.6,6.9	111	κκκ	ιιιιιι	
6501	558,1144,1183	6.0,6.5,5.2	202	κακ	ηιιιι	ad	6539	1257,1325	6.6,6.7	11	ηκ	ιιιι	
	1211	5.3	0	κ	ιι		6540	1211	6.7,6.8	10	κκ	ιιιι	
6502	1257	6.9,6.8	10	κκ	ιιη		6541	1183,1211	6.8,6.4	12	κκ	ιιιι	
6503	497, 558,1142	6.1,5.2,5.6	221	ββ3	ιι2ιι		6542	536,1242,1245	6.2,5.9 —	00.	δγβ	225	
	1144,1183,1211	5.5,4.4,4.5	220	βδδ	222			1245,1351	5.6,5.7	11	γβ	00	
6504	1182,1205	6.9,6.8	00	κκ	ιιη	d	6543	1257	6.6,6.6	10	ιικ	0ιι	
6505	1257	7.1,7.2	10	κκ	ιιιι		6544	536,1242,1245	6.5,6.5,6.6	523	βαβ	101	d
6506	1183,1211	6.5,6.3	01	κα	η5	ad		1245,1351,1351	6.4 — 6.5	1.1	ηκβ	0ιι5	
6507	536,1242,1260	7.1,7.0,6.7	201	κκκ	ιιιιη	d	6545	1205	6.9,6.8	10	κκ	ιιιι	
	1340	7.0	2	κ	η		6546	1257	6.8,7.0	11	κκ	ιιιι	
6508	1257	6.2,6.3	01	ββ	δη		6547	1183,1211	7.0,6.9	00	κκ	ιιιι	
6509	1245,1256	6.9,6.8	00	κκ	ηκ		6548	1182,1205	7.0,6.9	00	κκ	ιιιι	a
6510	1205	6.7,6.8	10	κκ	ιιιι	r	6549	536, 555,1242	6.5,6.8,6.2	111	γβα	808	b
6511	1205,1256,1328	— 6.7,6.5	.22	ιικκ	0ιιιι	ad		1215,1256,1260	6.0,5.5,6.1	130	βαγ	86ιι	
	2242	6.6	0	κ	ιι			1340,1351	5.9,6.4	24	ββ	52	
6512	536,1245,1256	7.1,6.5,6.2	102	καβ	ιιιιι0		6550	1257	6.4,6.4	00	αβ	00	
	1351	6.7	1	ιι	0		6551	536, 558,1144	6.6,5.7,6.5	021	γδα	002	
6513	1183,1211	7.0,6.9	00	κκ	ιιη			1242,1320	6.5,6.0	21	ββ	00	
6514	536,1245,1256	7.0,6.9,6.7	332	κκιι	ιιιι0	d	6552	548, 553,1257	7.3,7.3,6.8	012	κιια	ιι00	
	1260,1340	6.5,6.8	30	κιι	η0			1325	6.8	1	ιι	F	
6515	558, 558,1144	5.4 — 6.2	1.2	ββα	ιιη5	ad	6553	536	7.5,7.2	12	hιι	00	
	1183,1211	4.8,4.8	10	γκ	25		6554	536,1245,1351	7.3,6.6,6.8	001	αaη	000	
6516	1257	7.2,7.2	00	ηκ	κιι	r	6555	1257,1325	6.6,7.0	01	κκ	ηιι	d
6517	1182	6.6,6.7	10	ιιβ	00		6556	536,1242	7.0,6.8	01	κκ	ηιι	a
6518	1205	7.1,7.1	00	κκ	ηιι		6557	1143,1205,1211	7.3,6.6,6.8	315	κκκ	ιιηιι	
6519	1242,1256,1260	7.0,6.8,7.0	210	κκιι	ιιιιη		6558	558,1144,1183	6.0,6.9,6.3	423	ακα	ιιιιιι	
	1340	7.0	0	η	0			1185,1211	6.7,6.2	03	κα	ιιιι	
6520	1245	6.5,6.6	01	ηκ	0ιι	b	6559	1183,1185,1211	6.6,7.1,6.6	112	κκκ	ιιιιιι	
6521	1205	7.0,7.0	00	κκ	ιιιι			1338	7.0	1	κ	ιι	
6522	1205	7.0,7.0	00	κκ	ιιιι		6560	558,1143,1182	6.4 — 6.5	1.5	κκκ	ιιιιη	ad
6523	1182,1257,1325	6.4,6.3,6.2	313	α3η	ηFιι			1184,1205,1205	6.9,6.6,6.4	020	κκκ	ηιιηιι	
6524	536,1242,1245	7.0,6.4,5.8	302	κκκ	ιιιιη	a	6561	536,1242,1245	6.5,6.0,6.2	133	κκκ	ιιιιιι	a
	1256,1351	5.8,6.1	10	κκ	ηιι			1256,1260,1328	5.8,6.1,5.8	002	κκκ	βιιιι	

206   ANNALS OF HARVARD COLLEGE OBSERVATORY.

D. C.	Plate Numbers	Observed Brightness	Res.	End.	F.K.	R	D. C.	Plate Numbers	Observed Brightness	Res.	End.	F.K.	R
	1340,1351	6.3,6.2	22	κκ	πιι		6595	558,1143,1184	6.0,7.0,6.4	111	ακh	ғπ0	d
6562	1245,1256	6.6,6.7	11	κκ	πн			1205	6.2	2	β	0	
6563	549, 558,1143	6.7,5.6,6.5	112	κκκ	πκπ	a	6596	558	6.4,6.8	22	κκ	нπ	
	1182,1184,1205	5.5,5.0,5.4	000	κκκ	πвв		6597	1205	7.2,7.2	00	κκ	πн	
6564	1183,1185,1211	6.3,6.8,6.2	111	κκκ	πвн	a	6598	563,1244,1325	6.4,7.1,6.6	132	κғн	нғv	
	1338	6.7	1	κ	π		6599	1325	7.1,7.3	11	πκ	0π	a
6565	536, 558,1144	6.2,5.2,6.2	030	βγα	0ғ0		6600	1245,1256,1328	6.6,6.4,6.8	021	πнκ	00π	
	1242,1326	6.0,5.8	11	γγ	ғ0		6601	1205	7.0,6.0	01	κκ	нπ	a
6566	549, 558,1144	в, в, в	вDв	η0ε	0ғғ	r	6602	549, 558,1143	4.8,4.3,4.0	023	κκκ	внв	nd
	1183,1185,1211	n, в, в	DDв	εε	1ғ1			1184,1205	4.5,4.0	00	κκ	вD	
	1326,1338	D, D	DD	εε	11		6603	536, 558,1144	6.3,5.2,6.2	130	γγβ	021	nd
6567	1325	7.2,7.2	00	κκ	πн	d		1147,1242,1326	7.0,5.0,5.7	100	κβγ	πғ0	
6568	1183,1211	7.2,7.1	00	κκ	πн		6604	536,1242,1245	6.8,6.0,6.3	402	κκκ	1ππ	ad
6569	1205	7.2,7.2	00	нκ	0н			1256,1260,1328	6.5,6.0,6.5	121	κπκ	π0D	
6570	558,1143,1205	6.4,7.3,6.2	213	κκκ	ππн			1340,1351	6.8,6.7	11	κғ	πғ	
	1211	6.7	6	κ	π		6605	1184	6.9,6.9	00	κκ	πн	a
6571	1325	6.5,6.7	11	κκ	нн	a	6606	1185,1205,1338	7.1,6.5,6.9	110	κκκ	нππ	a
6572	1183	7.0,7.0	00	κκ	πн		6607	548, 563, 563	6.9 — 6.4	0.2	παα	00ғ	
6573	548,1143,1184	6.4,7.0,6.2	331	κκκ	ππn	at		1325	6.4	1	κ	δ	
	1205,1325	6.1 —	3.	κκ	нн		6608	558,1205	6.6,6.7	11	αβ	н1	r
6574	553, 563,1325	7.2,6.7,6.8	120	ыκα	0н0	ad	6609	1184,1205	7.1,7.0	22	κκ	нπ	
6575	558,1143,1205	6.3,7.1,6.0	111	κκκ	ππғ	a	6610	1205	7.1,7.1	00	κκ	нп	
6576	1325	6.9,7.1	11	нκ	ғπ		6611	1184,1205	6.6,6.3	11	κκ	нπ	
6577	560,1110,1162	4.4,6.0,6.3	014	κκκ	нπп	a	6612	1245,1256,1328	6.3,6.3,6.3	011	κκκ	πвπ	d
	1245,1255,1256	5.2,5.4,5.3	432	κκκ	нDн			1351	6.5	1	κ	п	
	1328,1351,1354	5.4,5.8,6.3	314	κκκ	Dнн		6613	1205	7.2,7.0	11	κκ	нπ	
6578	558,1183,1185	6.8,6.3,7.0	100	пακ	0нп	ad	6614	553, 563	6.6,5.9	01	κγ	нғ	
	1211,1338	6.1,6.7	12	κh	н0		6615	1205	7.0,7.0	00	κκ	нπ	
6579	558,1205	7.0,6.7	11	hκ	0н	d	6616	1184	7.1,7.0	01	κκ	πн	
6580	1205	6.6,6.6	00	κκ	πн	r	6617	549, 558,1143	6.5,5.6,6.6	020	βδα	0ғ0	
6581						r		1184,1205	6.4,5.6	21	αγ	1ғ	
6582	1183,1211	6.8,6.8	10	κκ	нн		6618	1245	6.8,6.7	10	κκ	нκ	
6583	536	7.3,7.1	11	πκ	1π		6619	1244	6.3,6.3	00	αβ	00	
6584	536,1242,1245	7.0,6.9,6.3	111	πκκ	0пп	d	6620	1184,1205	7.0,7.3 —	12.	κκ	пн	d
	1351	6.5	0	κ	π		6621	1245,1256	6.8,6.8	10	κκ	пв	
6585	536,1143,1185	6.7,7.3,6.9	010	κκκ	пнн	d	6622	536,1242,1245	7.0,6.9,6.3	202	κκκ	ππн	a
	1205,1211,1338	6.4,6.5,6.5	143	πκα	0н0			1256,1260,1328	6.8,7.0,6.7	131	κππ	π0π	
6586	558,1205	7.0,6.5	22	κκ	1ιιι			1340,1351	6.7,6.9	03	πκ	0п	
6587	536,1242,1245	6.8,6.4,6.3	121	βαα	0ғ2		6623	558,1320	6.5,6.6	01	κα	нπ	
	1351	6.5	2	α	0		6624	1256,1340	6.6,7.0	01	κπ	π0	d
6588	536	7.2,7.1	00	пп	00		6625	548, 553, 563	6.8,7.0,6.2	100	απβ	π0ғ	
6589	558,1143,1185	6.2,7.2,6.8	112	κκκ	нвπ	d		1244,1325	6.8,6.5	30	αα	52	
	1205,1338	6.0,6.5	20	κκ	1111		6626	548, 553, 563	5.7,6.1,5.4	123	γβγ	ғ82	
6590	548,1184,1325	6.7,6.8,6.5	230	ααβ	0н5	r		563,1145,1244	— 6.4,5.3	.11	α,β	v02	
6591	1205	6.3,6.5	11	κκ	нιι			1325	5.2	2	γ	2	
6592	536,1242,1260	7.1,6.7,6.9	122	κκκ	ннπ		6627	1184,1205,1258	6.5,6.4,6.7	311	αβκ	0lπ	r
	1340	6.9	2	κ	π		6628	1205	7.0,7.0	00	κκ	11н	
6593	536,1242,1245	6.4,6.2,6.0	211	κκκ	нπн	at	6629	1205	6.9,6.9	00	κκ	πιι	
	1351	6.2	2	π	ғ		6630	563	6.7,6.7	00	κκ	нιι	a
6594	1245	6.6,6.7	10	κκ	1πι		6631	563,1244	6.5,6.7 —	11.	βα	00	

-THE DRAPER CATALOGUE. 207

D. C.	Plate Numbers	Observed Brightness	Res.	End.	F.K.	R.	D. C.	Plate Numbers	Observed Brightness	Res.	End.	F.K.	R.
6632	558,1184,1205	7.1,7.2,6.7	211	пкк	Онн	ad	6664	549,1184,1188	6.7,6.7,6.3	211	ккк	ншн	ad
6633	1244	7.1,7.1	00	кк	ш		6665	563	6.6,6.7	01	ш	00	r
6634	1245,1256,1328	6.7,6.6,7.0	111	каа	н00	r	6666	1258	7.0,7.0	00	кк	ш	
6635	549, 558,1144	6.7,5.9,6.8	102	αβн	020		6667	1258	7.0,6.9	10	кк	ш	ad
	1185,1259,1326	— 6.0,6.0	.31	βββ	002		6668	555, 558,1144	6.2,4.9,5.3	521	βδα	нбн
	1338	—		α	5			1147,1259,1326	6.0,5.0,4.7	112	βδδ	555	
6636	1245,1256,1328	— — —	...	кка	нвн	ad	6669	570,1188,1244	6.5,6.3,7.1	304	ккн	нν0	a
	1351,2242	6.6,6.3	21	кк	нв		6670	563, 570,1188	6.2,6.2,5.7	222	βγδ	ν0F	
6637	536	7.0,6.7	21	ак	Он			1244	6.6	3	β	2	
6638	1245	6.8,6.8	00	кк	нн		6671	1184,1258,1339	7.1,6.6,6.8	120	ккк	шнм	ad
6639	1205	7.0,7.0	00	кк	нн	d	6672	1242,1245,1260	6.5,6.1,6.6	112	FKF	FHF	at
6640	563	6.8,6.8	00	кк	нн			1340,1351	6.5,6.4	11	кк	нн	
6641	553, 563,1244	6.4,5.7,5.8	011	ккк	пнн	a	6673	1259,1338	7.1,7.2	21	кк	ш	
6642	563, 563,1325	— 6.6,7.0	.01	кακ	нOн		6674	1258	7.0,7.0	00	кк	ш	d
6643	563,1244,1244	6.3,6.8,6.6	020	ακκ	шнн	ad	6675	563, 570,1188	5.6,5.6,4.8	403	ккк	пшн	a
	1325	6.5	1	к	п			1244	5.6	1	к	n	
6644	536, 550, 555	4.2,5.8,4.7	311	δεζ	F2F		6676	549, 554,1146	в, 4.0, в	вив	ккк	ввв	at
	1221,1242,1245	6.5,4.1,4.0	312	γδδ	Oν1			1184,1258,1339	в, в, в	ввв	ккк	ввв	
	1260,1340,1351	4.2,4.0,4.0	201	εεη	FF1		6677	563, 570,1188	6.3,6.8,6.6	212	γββ	002	r
6645	563	6.0,6.8	11	кα	пн			1244	6.8	0	α	F	
6646	1185,1213,1338	6.8,6.7,6.8	110	ккк	пнн	r	6678	549,1184,1258	6.9,6.5,6.5	0ν1	нκα	Он2	
6647	1185,1213,1259	6.9,6.8,7.1	110	ккк	нннн	ad		1339	6.5	1	α	н	
6648	1185,1213,1259	7.1,6.7,6.8	212	ккк	нни	r	6679	563	6.8,6.7	01	кк	нν	
	1326,1338	6.5,6.8	30	FK	Fн		6680	1326	6.5,6.3	11	βγ	23	
6649	1188	7.2,7.1	10	hп	00		6681	1258,1339	6.9,7.0	01	кк	нн	d
6650	536,1242,1245	7.0,6.9,6.7	420	пккк	Окн	ad	6682	1188	7.0,7.0	00	кк	нн	a
	1256,1260,1328	6.7,6.9,7.0	102	кшн	н00		6683	1213	7.0,7.0	00	кк	нν	
	1340,1351	6.6,7.1	33	кк	ш		6684	1259,1338	6.7,6.9	22	кк	ш	a
6651	1188	6.8,6.8	00	кк	нν	dr	6685	1338	7.2,7.3	10	кк	ш	d
6652	1245	6.8,6.8	00	пк	Oν		6686	549, 554, 565	4.8,5.4,4.9	114	γγγ	OrO	
6653	563,1188	6.8,6.9	11	jα	00			1147,1147,1185	6.0 — 4.2	4.3	αhε	00F	
6654	549,1146,1184	6.1,7.1,5.8	141	ккк	пнв	ad		1213,1259,1259	4.2,4.9 —	03.	δγh	FFF	
	1258,1339	5.5,5.7	20	кк	ш			1326,1338	4.4,4.1	03	εε	FF	
6655	536, 550, 555	6.4,7.3,6.5	121	γпα	205		6687	549, 554, 555	5.7 — 6.4	1.3	ββγ	нш	
	1242,1245,1260	6.1,5.8,5.8	120	γβγ	252			565,1147,1259	— 6.5,5.2	.03	GKδ	Oнб	
	1340,1351	5.7,5.9	12	ββ	55			1260,1326,1340	5.7,4.9,5.6	443	α;β	нбн	at
6656	1188	6.9,6.9	00	кк	нн		6688	1245,1260,1340	6.6,6.6,6.5	112	ккк	нвн	r
6657	1258	7.1,7.1	00	кк	ш		6689						
6658	563, 570,1188	5.5,5.8,5.0	103	γδδ	FFF	r		1351	6.8	2	к	н	
	1244	5.7	0	γ	F		6690	563, 563, 570	6.5 — 6.5	1.3	αββ	r00	
6659	563, 570,1188	5.8,6.2,5.9	111	ккк	шнн	a		1188,1244	6.1,6.9	22	βп	20	
	1244	6.4	2	к	я		6691	1244	7.2,7.2	00	кк	ш	
6660	1242,1245,1260	6.7,6.3,6.8	112	καп	н00		6692	1260,1340	7.0,7.0	00	ш	00	
	1340,1351	6.7,6.6	11	αп	05		6693	563, 570, 570	5.3,5.9 —	11.	γγG	FFF	
6661	1245	6.7,6.9	11	пк	Oν			1188,1244	5.3,5.5	02	γβ	22	
6662	563,1188,1244	6.5,6.5,7.1	102	КFн	нF0	ad	6694	549,1259,1326	6.8,6.1,6.1	042	щββ	020	
6663	536, 560,1242	6.2,6.6,5.8	140	ккк	шнн	ad		1340	6.8	5	α	0	
	1245,1256,1260	5.5,5.0,5.9	133	ккк	нвн		6695	549,1185,1258	6.3,6.3,5.8	222	ккк	шнн	ad
	1328,1340,1351	5.5,5.3,5.6	031	ккк	внв			1259,1338,1339	— 6.1,6.0	.10	ккк	пшн	
							6696	1185,1213,1259	6.7,6.5,7.0	101	ккк	пшн	ad

208   ANNALS OF HARVARD COLLEGE OBSERVATORY.

D. C.	Plate Numbers.	Observed Brightness.	Res.	End.	F.K.	R.	D. C.	Plate Numbers.	Observed Brightness.	Res.	End.	F.K.	R.
	1326,1338	6.9,6.7	20	кк	нш		6733	1244	6.8,6.8	00	кк	пн	r
6697	549, 554, 570	6.6,6.9,6.0	123	ккr	нни	nd	6734	570,1188	6.2,6.1	22	кк	ни	dr
	1184,1188	6.5,5.9	31	кк	ни		6735	1245,1340	7.1,7.1	11	кк	пн	
6698	563,1188,1244	6.3,6.2,6.8	111	ккн	ниf	r	6736	1188	6.9,6.8	01	кк	нн	
6699	1245,1259,1260	— 6.7,6.8	.21	ааа	01n		6737	1187,1213,1259	7.1,7.0,6.8	224	ккк	пни	n
	1326,1340	6.7,6.8	01	βα	00		6738	1260,1340	7.0,7.1	10	вh	00	
6700	563, 570,1188	6.7,6.5,6.3	241	кка	пн1	r	6739	1186,1258,1339	6.5,6.8,6.7	110	ααα	050	r
	1244	7.2	4	а	н		6740						r
6701	1259,1326	6.8,6.8	11	ка	н0		6741	570,1188	6.3,6.1	12	βα	н2	
6702	549, 570,1258	6.7 — 6.6	3.1	ккк	пнн	d	6742	1188	7.2,7.3	10	кк	пп	
	1184,1339	6.6,6.9	14	кк	ни		6743	1185,1187,1213	6.7,6.7,6.2	022	пкк	0пн	d
6703	1213	6.8,6.9	10	пк	0п			1259,1326,1338	6.4,6.5,6.9	413	ккк	нкн	
6704	555,1259,1260	7.0,6.5,6.4	270	аак	п50		6744	565,1187,1258	6.8,6.3,5.9	414	кαа	п20	
	1326,1340	6.6,6.4	20	αα	51			1338,1339	6.4,6.2	11	αβ	п0	
6705	549,1185,1259	7.0,6.6,6.3	222	ааа	п02		6745	1187,1259	7.1,7.0	22	кк	нн	d
	1338	6.3	0	β	н		6746	1245	6.7,6.8	01	па	0п	
6706	1258,1339	6.6,6.8	11	αк	55		6747	1187,1213,1259	6.6,6.6,6.8	011	кка	п50	nd
6707	563,1188	6.6,6.9	22	ρк	нп	nt		1338	6.8	1	к	п	
6708	570,1188,1244	6.8,6.5,7.2	203	αακ	00н	d	6748	565,1146,1186	5.7,6.4,5.3	200	ккк	ннн	ad
6709	555,1245,1360	6.9,6.4,6.6	411	πβγ	000			1187,1258,1339	— 5.3,5.3	.11	ккк	ннн	
	1340,1351	6.6,6.5	11	βα	f1		6749	536, 555, 560	5.7.5.8 —	35.	ккh	вн0	ad
6710	1188	7.0,7.1	10	кк	пн			560,1242,1245	6.3,5.6,5.4	211	пкк	0вн	
6711	2242	7.1,7.0	10	ак	0п			1260,1328,1328	5.4,5.4 —	10.	ккк	нпн	
6712	1188	6.9,6.7	11	кк	пп			1340,1351,1351	5.4,5.6,5.6	122	ккк	пнн	
6713	563, 570,1188	5.7,5.7,5.3	310	βεγ	нf1		6750	565,1186,1258	6.7,6.3,6.9	132	как	н5н	
	1244	5.7	0	α	f			1339	6.7	0	к	н	
6714	563, 570,1188	6.8,6.7,6.7	232	кпк	н0п	d	6751	554, 565,1147	4.6,4.0,4.8	312	δηγ	525	
6715	1340	7.1,6.9	11	пк	0п	n		1187,1259,1338	4.0,4.2, в	32в	τη*	225	
6716	1184,1258,1258	6.8 — 6.7	1.0	ккк	ппн	d	6752	1186,1258,1339	6.6,6.6,6.5	101	ккк	ннн	n
	1339	6.9	2	н	0		6753	1242,1245,1260	6.7,6.5,6.7	200	ккк	нпн	a
6717	1245	7.0,7.0	00	кк	нн			1328,1340,1343	6.5,6.5,6.6	123	ккк	н/н	
6718	570,1188,1244	6.5,6.0,6.8	113	γαα	f00			1351	6.7	1	к	п	
6719	563,1244	6.4,7.3	33	кf	нf	r	6754	1245,1260,1340	6.2,6.3,6.2	011	ккк	нhп	a
6720	1245,1260,1340	6.6,7.0,6.9	110	кнα	000			1351	6.5	2	к	н	
	1351	6.7	1	α	0		6755	1259	7.0,7.1	10	кк	пн	
6721	1188	6.9,6.8	01	кк	пн		6756	1188	7.1,7.0	01	кк	пн	
6722	563, 570, 570	6.8 — 6.0	2.0	γπγ	н05		6757	555,1245,1260	6.9,6.3,6.5	311	кγβ	н55	a
	1188,1188,1244	— 6.5,5.9	.00	ββ β	221			1340,1351	6.4,6.3	00	βα	8н	
6723	1188	7.2,7.0	11	кк	пп		6758	1245	6.8,6.9	10	кк	ни	
6724	1259	7.0,7.1	10	кк	нн	d	6759	570,1188,1327	6.7,6.5,7.1	414	кпк	н0н	
6725	563, 570,1188	6.5,6.6,6.2	210	кββ	н00		6760	1187	6.8,6.9	01	кк	вн	
6726	1213	7.0,7.1	01	кк	пн		6761	1260,1340	6.9,7.0	01	fн	f0	
6727	1188	7.0,6.8	11	αβ	0п		6762	1187,1213,1259	7.0,6.7,7.0	112	ккн	пн0	d
6728	555,1147,1259	6.0,6.1,5.1	211	ккк	ннв	a		1338	7.2	2	к	н	
	1260,1326,1338	5.4,4.6,5.2	442	ккк	ввв		6763	1187,1258,1339	6.9,6.7,6.8	210	ккп	вн0	d
6729	554, 565,1146	6.6,6.5,7.2	453	ккк	пнн	d	6764	554, 565,1146	6.4,6.5,6.2	120	ккк	пнн	a
	1258,1339	5.8,5.8	11	γβ	55			1186,1259,1339	5.1,5.2,5.1	001	ккк	нннн	
6730	570,1188	6.5,6.3	12	βα	f0		6765	565,1187,1213	6.5,6.3,6.2	111	βαα	f02	
6731	1245,1340	7.0,7.2	00	кк	пн			1259,1338	6.9,6.5	20	αн	50	
6732	1188	7.1,7.0	01	ак	0н	d	6766	570,1188	7.0,6.9	22	пк	0п	r

THE DRAPER CATALOGUE.

D. C.	Plate Numbers.	Observed Brightness.	Res.	End.	F.K.	R.	D. C.	Plate Numbers.	Observed Brightness.	Res.	End.	F.K.	R.
6767	1340	7.1,7.3	11	кк	нн			1146,1186,1339	5.0,4.0, в	ккв	ккк	н2н	
6768	1245,1260,1340	6.8,6.9,6.5	213	ккк	ннн	a	6808	1187,1213	6.7,6.7	10	кк	нн	a
6769	1213	6.8,6.9	10	кк	нн		6809	1186,1339	6.9,7.1	10	кк	нн	d
6770	1245,1260,1340	6.9,6.9,6.7	202	нкк	0нн	a	6810	1189,1327	4.7,4.6	10	βe	12	r
6771	565	7.0,6.9	01	кк	нн		6811	1186	7.1,7.0	10	кк	нн	cr
6772	1327	6.9,7.2	12	кк	нн		6812	1327	6.3,6.3	00	αβ	00	
6773	570,1188	6.8,7.0	43	βк	0н	ad	6813	1260	7.1,7.3	11	кк	вн	
6774	1186	7.0,7.1	01	кк	нн		6814	1189,1327	6.7,7.0	32	нп	r0	d
6775	1188	7.1,6.8	21	нк	0н		6815	1327	6.8,6.7	01	нк	0н	
6776	1245,1256,1328	6.3,6.0,6.2	111	ккк	ннн	ad	6816	1327	6.4,6.4	00	αγ	r0	
	1340,1351,1354	— 6.4,6.7	.12	ккк	ннн		6817	1327	7.0,7.1	01	нн	00	
6777	1213,1259	6.8,7.0	11	кк	нн	d	6818	1260,1340	7.1,7.0	01	кн	нв	d
6778	1187	7.1,7.0	10	кк	нн		6819	1189,1327	6.2,6.3	21	αj	н0	
6779	1186,1339	7.0,7.2	01	кк	нн		6820	566,1189,1189	6.4,6.2,6.0	011	βαα	00u	
6780	1256	6.8,6.9	01	кк	нн	d		1327	5.9	0	β	2	
6781	1213	6.9,7.0	01	кк	нн		6821	565,1186	6.8,6.5	01	кк	нн	
6782	1247	7.2,7.0	11	кк	нн		6822	1327	7.4,7.2	01	кк	нн	d
6783	552, 555,1147	6.3,6.5,7.0	210	αγк	н0н	r	6823	1340	7.0,7.0	00	кк	нн	
	1247,1259,1260	5.8,5.8,5.7	121	αγγ	520		6824	1340	7.0,7.0	00	кк	нн	a
	1326,1340	6.0,5.6	22	αγ	01		6825	1327	6.7,6.7	00	кк	нн	
6784	552, 554, 565	6.2,6.6,5.7	401	βjδ	нг0		6826	565,1186	7.0,6.8	00	нα	00	
	1147,1187,1213	6.7,5.4,5.1	002	αγγ	0г0		6827	1189	7.1,7.0	10	нк	0к	
	1259	5.7	0	γ	0		6828	1187,1247	6.5,6.8	10	αк	0н	d
6785	1186,1339	6.8,6.8	01	кк	н11	a	6829	1186	7.1,7.1	00	кк	нн	
6786	570,1186,1188	6.5,6.4,6.5	202	αкн	н50		6830	1327	6.1,6.4	12	кк	нн	a
6787	554, 565, 570	6.4,5.0 —	22.	βеh	г2г	ar	6831	1245,1260,1328	6.7,7.1,6.8	020	ккα	нпп	ad
6788						r		1340	6.9	0	к	н	
	1146,1186,1339	6.6,4.8,5.0	521	αеβ	001		6832	566,1189,1327	4.1,4.1,4.2	303	нη	гг2	r
6789	554, 565, 570	5.5,4.8,4.9	121	γζη	г2г	r	6833	565,1186	6.8,6.4	11	αα	00	
6790						r	6834	1340	7.2,7.2	00	пк	0н	
	1186,1188	4.2,4.5	22	δj	22		6835	565,1186,1246	6.3,5.7,6.5	193	βγα	021	r
6791	1242,1245,1260	6.7,6.3,6.9	222	ккк	нjн11	a	6836	565,1187,1213	6.2,6.1,5.8	213	ккк	ннн	a
	1340,1343,1351	6.7,6.6,6.4	032	ккк	ннн			1247	6.9	5	к	н	
6792	570,1188,1327	6.4,6.5,6.0	242	ккк	днн	at	6837	565,1186	6.6,6.3	01	кк	нп	ad
6793	1186,1188	6.8,6.4	21	кк	пн		6838	566,1189,1327	6.4,6.2,6.5	214	ккк	ннв	a
6794	1186	6.6,6.8	11	кк	нн	a	6839	1189.	7.0,7.1	01	нк	0п	
6795	1327	6.2,6.2	00	αβ	гг		6840	1247,1259,1340	6.8,6.8,6.9	012	ккк	нннн	ad
6796	570,1188,1327	5.5,5.2,5.2	110	ккк	нвн	ar	6841	552,1187,1213	6.5,6.1,6.0	000	ккк	ннн	a
6797	1247,1259	7.1,7.1	10	кк	нн			1247,1259	6.3,6.5	01	кк	нн	
6798	1327	7.2,7.3	01	кк	нн		6842	1187,1247	6.5,7.0	12	кк	вп	a
6799	1339	7.1,7.0	01	кк	нн	r	6843	552, 565,1186	6.8,5.7,5.7	542	пкк	0нв	ad
6800	1188	7.1,7.1	00	кк	нн	r		1246	6.1	0	к	н	
6801	1245,1260 1340	6.4,7.0,6 6	131	кпк	н0н	ad	6844	1247	7.2,7.2	00	кк	нн	
	1351	6.4	2	к	н		6845	1186	7.0,6.8	11	нк	0н	
6802	1327	5.9,6.1	11	ββ	нн		6846	1245,1260,1328	6.8,6.5,6.9	252	нαк	05п	
6803	1327	7.0,7.0	00	нк	0п			1340,1343	6.6,6.5	21	αα	нн	
6804	1327,1327	6.4,6.0	22	ββ	22		6847	1186	6.9,6.7	11	кк	нн	a
6805	565,1186,1339	6.0,5.8,6.4	223	ккк	нннн	a	6848	1327	7.1,7.0	10	гк	гн	
6806	1188,1327	7.1,7.3	01	кк	нн		6849	1186	6.6,6.7	01	кк	нн	a
6807	552, 554, 565	5.2,5.4,4.4	ккк	ккк	нн5	at	6850	1246	7.1,7.1	00	кк	нн	d

D. C.	Plate Numbers	Observed Brightness	Res.	End.	F.K.	R.	D. C.	Plate Numbers	Observed Brightness	Res.	End.	F.K.	R.
6851	555,1260,1328	6.0,6.8,6.7	522	кнк	нг*ıı*	d		1256,1328,1351	4.6,4.7,5.2	341	ккк	nn*в*	
	1340	6.7	1	к	*н*			1354,1450	5.3,5.5	03	кк	*nıı*	
6852	1186	6.9,6.7	11	кк	*ıııı*		6887	566,1189	6.7,7.0	33	ııh	00	
6853	1327	6.9,7.0	10	гк	*vıı*		6888	552, 565, 572	6.8,6.0,6.3	240	кγβ	пг0	
6854	1328,2242	— 6.5,6.8	.12	кк	ııн	a		1187,1247,1262	6.1,6.5,6.3	110	β*ı*a	00f	
6855	1247,1260,1340	— 7.0,7.0	.00	кнн	ıı00	d	6889	1245,1328	6.8,7.0	10	кa	ıı0	ad
6856	1186	7.1,7.0	10	кк	ııı		6890	1260,1328,1340	6.7,6.7,7.0	211	ккк	ııııп	d
6857	555,1245,1260	7.3,6.6,7.0	302	кка	ııı0	d		1343	6.9	4	к	ıı	
	1328,1340,1351	6.7,6.6,6.8	021	a*ı*к	n011		6801	1247,1260	7.1,7.1	10	кк	ııн	d
6858	1186	7.1,7.0	10	ıııı	00		6892	1189	6.7,6.9	11	кβ	ıııı	
6859	566,1186,1189	6.8,6.8,6.7	230	кнк	uıп	r	6893	565,1186,1246	6.5,6.4,6.0	212	ккк	*ıııvıı*	d
6860	550, 555, 560	5.7,4.6,4.2	113	ккк	*nвв*	at	6894	566,1189,1327	5.9,5.6,6.4	337	ккк	*ıııнн*	a
	1221,1245,1260	6.2,4.0, в	13r	ккк	ıın*в*		6895	552, 565, 572	5.0,5.0,5.2	203	ккк	*вıı2*	ad
	1328,1340,1343	n, в, *в*	ввr	ккк	в*вв*			1187,1187,1223	— 4.8,6.7	.00	ккк	ıı*вн*	
	1351	n	8	к	в			1247,1262	4.7,5.2	33	кк	*nв*	
6861	1327	7.1,7.1	00	кк	ııı		6896	1340	7.0,7.0	00	ııк	0ıı	
6862	565, 566,1186	6.2,6.2,6.0	212	δγβ	гг0		6897	1327	6.0,5.9	01	кк	*нн*	ad
	1189	5.0	1	β	2		6898	1186	7.0,6.8	11	кк	ıııı	
6863	552, 565,1187	6.7,6.5,6.6	112	кaıı	nн0		6899	555, 560,1260	6.6,6.5 —	10.	βaıı	011	
	1246	6.6	0	a	5			1260,1328,1340	6.2,5.7,5.9	310	γβγ	02f	
6864	566,1189,1189	5.4 — 5.2	2.1	δββ	*ıı55*		6900	565,1187,1246	6.6,6.5,6.9	102	ккк	*ıııvıı*	
	1327	5.4	3	γ	н		6901	1189	6.9,6.8	10	кк	ııı	
6865	1247	7.3,7.3	00	кк	nıı		6902	1328	7.1,7.0	10	кк	ıııı	
6866	1189	7.1,7.1	01	кк	*нıı*		6903	565,1187,1247	6.8,6.8,6.8	111	ккк	ıııııı	ad
6867	552,1186,1246	7.1,6.7,6.9	000	aaıı	000			1262	6.8	0	к	ıı	
6868	1186	6.8,6.7	01	кк	*нн*		6904	1327	7.2,7.3	01	кк	ıııı	r
6869	1327	6.7,6.9	11	aк	0ıı		6905	1186	7.2,7.3	01	кк	нıı	
6870	566,1189,1327	6.8,6.7,7.0	314	кaa	ıı00		6906	1260,1328	7.0,7.0	12	ııк	0ıı	
6871	562,1187,1213	6.3,6.0,6.2	212	ккк	ıııııı	r	6907	565,1186,1246	6.0,5.8,6.5	223	ккк	*ıııнн*	a
	1247,1262	6.3,6.4	02	кк	*нıı*		6908	1245,1260,1328	6.4,7.0,6.4	321	ккк	нıııı	d
6872	1189,1327	7.1,7.2	12	кк	ııп			1340,1343	6.8,6.8	04	кк	нıı	
6873	1189,1327	6.9,6.9	11	кк	ııп	ad	6909	552, 565, 572	6.0,5.4,5.6	130	ккк	*ııııı*	ad
6874	1186	7.1,7.0	10	кк	*nıı*			1187,1247,1262	5.6,5.7,5.5	101	ккк	*nıın*	
6875	536, 555, 560	— 6.8,6.7	.01	кaβ	ıııı0		6910	566,1189	7.1,6.6	11	кк	ıı*ıı*	
	1245,1260,1328	5.7 — 5.7	1.2	ββ*β*	002		6911	566,1189	6.7,6.5	01	ııa	г0	
	1340,1351,1354	6.0,5.9,6.3	002	βna	220		6912	1340	7.0,6.8	11	ııк	0*ıı*	
6876	1260,1328,1340	6.7,6.7,6.6	211	ккк	*нııı*	a	6913	1245,1256,1328	6.5,6.5,6.6	101	ıкн	0н0	
	1343,1351	6.5,6.7	21	кк	*нıı*			2242	6.6	1	к	ıı	
6877	1247	6.9,6.9	00	кк	*нıı*		6914	1328	7.1,7.0	10	ııк	0ıı	
6878	566,1189,1327	6.1,6.0,6.3	111	βaβ	ггг	r	6915	552, 565, 572	5.8,5.5,5.6	021	β*γγ*	ггг	
6879	552, 565,1187	6.2,6.2,6.0	000	ккк	*ıııvıı*	ad		1187,1247,1262	5.7,5.5,5.5	310	γ*ββ*	02f	
	1247	6.1	1	a	*ıı*		6916	555, 560, 560	6.7 — 6.8	0.3	γ*ββ*	000	
6880	555,1260,1328	6.8,6.3,6.2	122	кнк	пгн	at		1260,1328,1328	5.9,6.0 —	02.	γββ	012	
	1328,1340	— 6.0	.1	ııн	0г			1340	5.6	3	β	2	
6881	1328,1340	6.8,6.9	00	кa	8ıı		6917	565,1187,1247	7.0,6.4,7.2	133	нкк	0ıııı	d
6882	1247,1260,1340	6.6,6.7,6.8	201	ккк	5ıı*ıı*	r		1262	6.8	0	к	ıı	
6883							6918	552, 572,1246	6.8,6.6,6.7	011	aaa	000	
6884	1189	7.0,7.0	00	кк	ııı			1352	6.8	0	a	ıı	
6885	566,1189,1327	6.6,6.6,7.0	415	кaк	n0п	d	6919	552, 572,1186	6.3,6.9,5.6	211	βкк	*ıııııı*	ad
6886	550, 587,1245	7.0,6.7,4.6	134	ккк	ııвв	ad		1246,1352	6.0,6.0	11	кк	нıı	

THE DRAPER CATALOGUE.

D. C.	Plate Numbers.	Observed Brightness.	Res.	End.	F.K.	R.	D. C.	Plate Numbers.	Observed Brightness.	Res.	End.	F.K.	R.
6920	555,1247,1260 1340	6.8,6.3,6.2 6.3	200 1	ккк к	ннн н	ad		1248,1248,1482 1482	— 4.0 — 4.2	.1. 0	ееδ δ	FF2 2	
6921	1189	6.9,7.0	10	пк	0п		6959	1482	7.3,7.2	01	кк	нп	
6922	1247,1262	7.2,7.1	00	rк	пн		6960	1247,1262	7.2,7.2 —	00.	кк	нн	d
6923	555,1260,1328 1340,1343	7.1,6.8,6.5 6.8,6.7	411 14	кβк ан	н0н н0		6961 6962	1482 555, 560,1260	7.2,7.2 6.0,6.0,5.7	00 312	кк ккк	нн нннь	а
6924	1247	7.3,7.3	00	кк	пн			1328,1340,1343	5.3,5.5,5.2	101	ккк	нвв	
6925	1260,1328,1340	7.0,6.8,7.0	010	кик	ннп	а	6963	1247	7.3,7.3	00	кк	нн	
6926	1328,1333,1340 1343	7.2,7.0,7.1 7.0	012 1	ккк к	ннн н	d	6964 6965	1246,1261,1352 1189	7.1,7.1,7.1 7.2,7.0	012 11	ккк нк	нннн он	
6927	1245,1328,2242	6.3,6.5,6.6	220	ккк	ннн	а	6966	555, 560,1260	6.8,6.6,6.3	112	каа	н150	
6928	1189	7.0,7.0	00	кк	нн			1328,1340,1343	6.0,6.1,6.0	003	ββα	021	
6929	556, 566,1189	6.0,5.3,4.9	212	βδδ	F2F		6967	1246	7.2,7.2	00	кк	нн	dr
	1248,1482	5.4,5.5	11	βα	FH		6968	572	7.1,7.1	00	hh	00	r
6930	1260	6.9,6.9	00	пк	0н	а	6969	566,1189,1248	6.2,5.8,6.4	122	ккк	ннн	а
6931	1189	6.7,6.7	00	βγ	00			1482	6.5	2	к	н	
6932	1189,1248	7.0,7.0	11	кк	нн	r	6970	1482	7.1,7.3	11	пк	0н	
6933	566,1189,1248 1482	6.5,6.5,7.1 6.9	413 0	βан н	000 0	d	6971	552, 572,1246 1202	7.0,6.7,6.8 6.9	000 2	ккн н	нн0 0	ad
6934	1189	6.9,7.0	10	нк	0к		6972	1482	7.3,7.5	11	кк	нн	d
6935	1340	7.1,7.0	01	пк	0н		6973	1189,1248,1482	7.0,7.0,7.0	201	нкк	0нн	
6937	1328,1343	6.5,6.8	33	ак	нн	d	6974	1482	7.0,7.0	00	пк	0н	
6938	1482	6.9,7.0	01	кк	нн	d	6975	1189,1248,1482	6.9,6.7,6.8	311	ккн	нн0	
6939	1189	7.1,7.2	10	кк	пн		6976	572,1246,1261	6.6,6.8,7.0	103	ккк	нннн	
6940	566,1189,1248 1482	6.5,6.5,6.8 7.0	301 2	аан к	н00 н	d	6977	1352 1189,1248,1482	6.8 6.6,7.0,7.0	2 110	к ккк	н нннн	
6941	572,1246,1261 1352	6.6,6.9,7.0 6.8	113 2	аак а	н05 0		6978 6979	1247,1262 1262	7.2,7.1 7.2,7.2	00 00	нн кк	00 нн	d
6942	1256,1328,2242	— 6.5,6.7	.12	ккк	ннн		6980	560,1260,1328	6.4,6.4,5.9	422	кнк	н0н	ad
6943	1189	7.0,7.0	00	кк	нн			1340,1343	6.4,6.0	22	кк	нп	
6944	2242	6.5,6.6	10	кк	нн	d	6981	1328	6.6,6.6	00	кк	нн	а
6945	555, 560,1260 1328,1340,1343	6.8,6.6,6.3 5.7,5.9,5.8	003 212	ааβ βγа	нн1 22н		6982	552, 567,1247 1342	6.0,5.6,5.5 5.7	102 2	βαγ β	бн2 F	
6946	1340	7.0,7.0	00	кк	нн	r	6983	1328	7.1,7.0	10	пк	0п	
6947						r	6984	552, 572,1247	6.7,6.4,6.7	111	нкк	0нп	ad
6948	1189,1248,1482	6.7,6.8,6.7	102	кпк	н0н			1202	6.5	0	а	н	
6949	1260,1340	7.2,7.2	00	пк	0н		6985	572,1352	7.0,7.2	10	нк	0н	d
6950	552, 572,1246 1261,1352	5.9,5.8,5.7 5.6,5.7	020 02	βγβ βγ	FF0 F2		6986	566, 572,1189 1261,1352	6.5,6.5,6.5 6.9,6.8	401 40	γка βа	нпн 00	а
6951	552, 572,1247 1262	6.8,6.9,6.8 6.8	220 1	аак н	00н 0		6987	552, 567, 572 1246,1262	5.8,5.7,5.8 5.7,5.7	201 10	βγα γγ	FHF 00	
6952	1189,1482	6.9,7.0	11	кп	н0		6988	1328	7.0,6.9	01	кк	нн	d
6953	1202	7.0,7.1	10	кк	нн		6989	1260,1328,1340	6.8,6.4,6.7	031	ккк	ннн	
6954	566,1189,1248 1248,1482	6.3,6.0 — 6.6,6.4	11. 30	ааа βк	220 0н	ad	6990	1343 1189,1248,1482	6.8 7.0,6.8,6.9	4 311	к кнк	н н0н	
6955	1482	7.2,7.3	10	пк	0н		6991	1247	7.3,7.8	00	кк	нн	
6956	572,1261,1352	6.8,7.0,7.1	111	кhн	н00		6992	552	6.7,6.8	10	кн	н0	
6957	552, 572,1246 1262	5.4,5.2,5.1 5.2	011 1	ккк к	ннн н	ac	6993	566,1189,1248 1482	6.8,6.5,6.4 6.4	221 2	ακβ н	нн5 1	ad
6958	556, 566,1189	4.6,4.2, в	00в	ηθε	FFF	r	6994	556, 566,1189	6.3,5.7,5.6	020	ккк	ннн	а

D. C.	Plate Numbers	Observed Brightness	Res.	End.	F K.	R.	D. C.	Plate Numbers	Observed Brightness	Res.	End.	F.K.	R.
6995	1248,1482	5.9,5.8	11	κκ	ηη		7033	572,1262	6.6,6.8	11	βα	00	
	1247,1262	7.1,7.2	11	κκ	ηπ		7034	2242	6.9,6.8	10	hπ	00	
6996	567, 572,1246	6.2,5.8,6.0	310	κκκ	ηηη	at	7035	1247,1262,1262	7.0 — 6.9	0.0	κκκ	ηηπ	
6997						r		1342	6.7	1	κ	η	
6998	1261,1352	5.9,6.1	01	κκ	ηη		7036	556, 585,1248	6.5,6.6,6.1	201	ααα	ηOγ	d
	1482	7.1,7.3	11	ηπ	00	r		1353,1482	6.5,6.2	21	ακ	Oη	
6999	1482	7.2,7.2	00	κκ	ηη		7037	1248,1482	7.0,6.9	11	κκ	ηκ	at
7000	560,1260,1328	6.2,6.0,5.6	312	βδγ	012		7038	1328	7.0,6.9	01	ηκ	Oη	
	1340,1343	5.9,5.8	03	ββ	00		7039	572,1262	6.6,6.9	12	κκ	ηη	a
7001	1262	7.0,6.9	10	κκ	ηη		7040	572,1261,1341	6.2,6.4,7.0	316	ααακ	FOη	d
7002	552, 567, 572	5.2,5.3,4.8	223	ρκκ	ηηη	ad		1352	6.5	3	α	1	
	1247,1262,1342	5.0,5.1,5.2	202	ακβ	ηηη		7041	1248,1482	6.8,6.8	01	κκ	ηη	
7003	555, 560,1200	4.4,4.0,4.0	ηηη	ηγε	521	r	7042	567, 572, 572	5.5,5.3 —	02	δδγ	220	
	1328,1340,1343	η, η, η	ηηη	ηεε	5FF			1247,1262,1262	5.7,5.6,5.4	111	αγγ	222	
7004	1328,1340,1343	6.9,6.9,6.5	100	ηκF	FηF			1342	5.3	1	γ	2	
7005	1352	7.0,7.0	00	κκ	ηπ	r	7043	1482	7.2,7.2	00	ηκ	Oη	
7006	1261,1352	7.1,7.1	21	κκ	ηη		7044	585,1248,1353	6.8,6.4,6.4	221	κκκ	ηηη	
7007	1262	7.0,6.9	10	κκ	ηκ			1482	6.0	3	κ	η	
7008	1260,1328,1340	7.1,6.8,6.9	022	κκκ	ηηη	a	7045	567, 572, 572	5.0,5.0,4.7	221	γεε	OγF	ad
	1343	7.0	3	κ	η			1224,1262,1341	6.8,6.0,4.5	222	κεζ	ηFF	
7009	1262	6.9,6.8	01	κκ	ηη		7046	1482	7.0,7.1	10	κκ	ηη	
7010	560,1328,1343	5.6,5.0,5.0	212	κκκ	ηηη	a	7047	556, 556, 585	— 6.4,6.3	.00	ηεβ	00F	ad
7011	572	7.2,7.0	11	κκ	ηη			1248,1248,1353	6.0,5.8,5.8	112	γγβ	000	
7012	556, 585,1248	6.8,6.7,6.1	211	καβ	η02	ad		1482,1482	6.2,6.0	20	κα	η	
	1353,1482	6.3,6.3	00	ακ	5η		7048	572,1261,1341	6.8,6.9,7.2	104	ηηκ	0Cη	d
7013	552, 567, 572	4.9,4.9,4.7	031	γεζ	η58	a		1352	7.1	1	κ	η	
	1246,1261,1341	4.4,4.6,4.5	300	γδγ	F5η		7049	1256,1328,1351	6.3,6.2,6.7	123	καη	η50	ad
	1352	4.7	2	δ	2			1354,1395,1450	6.6,6.4,6.7	012	ηκκ	1ηη	
7014	567,1247 1342	6.4,6.5,6.4	001	βαβ	F01			2242	6.4	2	κ	η	
7015	1482	7.2,7.2	00	κκ	ηη		7050	1482	7.2,7.2	00	κκ	ηη	
7016	1262	7.2,7.1	10	κκ	ηη	d	7051	1328,1343	6.2,6.4	23	κκ	ηη	a
7017	1247,1262,1342	7.1,7.0,7.2	112	κκκ	ηηη	ad	7052	556, 585,1248	5.9,6.5,5.6	432	κκκ	ηββ	a
7018	1248,1482	6.8,6.5	22	ακ	5η			1353,1482	6.3,5.9	40	κκ	ηη	
7019	1248,1482	7.0,7.1	00	κκ	ηη		7053	556, 585,1248	5.3,5.6,4.8	131	γδδ	585	r
7020	552, 567, 572	7.0,6.4,6.0	304	ακδ	Oη5		7054						r
	1247,1262,1342	6.8,6.1,6.5	352	ηβα	02η			1261,1352,1353	— — 5.0	..0	δγγ	555	
7021	560,1328,1343	6.7,6.2,6.4	314	κββ	52η			1482	4.8	2	γ	δ	
7022	1328	7.0,6.9	01	ηκ	Oη		7055	1482	7.2,7.2	00	κκ	ηη	
7023	1248,1482	7.1,6.6	33	αη	η0	d	7056	567, 567, 572	4.0 — 4.0	η.κ	ζ6η	FF2	r
7024	1482	6.9,6.9	00	κκ	ηη	a		1224,1261,1341	5.9, η, η	ηηη	βγδ	F11	
7025	572,1247,1262	6.6,7.1,6.5	223	ακβ	0η0			1352	η	η	η	η	
	1342	7.0	3	η	0		7057	1248,1482	6.3,6.4	00	κη	ηF	
7026	567,1247,1342	6.5,6.6,6.5	001	ααα	η22		7058	572	7.0,7.0	00	κκ	ηη	
7027	1262,1341	7.1,6.8	11	κη	η0	d	7059	1482	7.2,7.2	00	κκ	ηη	
7028	1482	7.1,7.1	00	κκ	ηη		7060	1262	6.7,6.8	01	κκ	ηη	
7029	1328	6.8,6.7	01	κκ	ηη		7061	1248,1482	6.8,6.5	22	ηκ	Fη	ar
7030	572	7.3,7.0	21	κκ	ηη		7062	1245,1328	6.7,6.7	01	κκ	ηη	
7031	560,1328,1343	6.8,6.3,6.6	315	καα	η50		7063	1248,1353,1482	6.7,6.7,6.8	010	κκκ	ηηη	
7032	556, 585,1248	6.8,6.8,6.6	102	υκα	0η5		7064	572	6.9,7.0	01	κκ	ηη	r
	1353,1482	6.7,6.3	22	αα	00		7065	572,1261,1341	6.3,6.6,7.0	305	κκκ	ηηη	a

THE DRAPER CATALOGUE.

D.C.	Plate Numbers.	Observed Brightness.	Res.	End.	F.K.	R.	D.C.	Plate Numbers.	Observed Brightness.	Res.	End.	F.K.	R.
	1352	6.7	2	κ	н			1341,1352	6.3,6 6	01	αβ	1ϝ	
7066	1482	6.7,7.0	21	κκ	нп		7105	1328	6.9,6.9	00	κκ	нн	
7067	1260,1328	6.7,7.1	23	κh	н0	d	7106	500,1245,1328	6.5,5.8,5.8	101	κκκ	нʃнʃ	ad
7068	1352	7.2,7.3	01	κκ	нıf	d		1351,1354,1395	6.1,5.9,6.0	220	κκκ	нʃнʃ	
7069	1328	7.0,7.0	00	εκ	нıı			1450	5.9	1	κ	ıı	
7070	1482	7.0,7.0	00	κκ	нк		7107	1328	7.1,7.0	10	κκ	нн	
7071	1247,1342,1343	7.2,7.0,6.9	111	κκκ	ннıı		7108	556, 585,1248	6.7,6.4,6.4	131	κκιι	н н 0	ad
7072	1261,1341	7.2,7.0	10	κκ	нп			1353,1452	6.7,6.3	31	κκ	нн	
7074	585,1248,1482	7.2,7.2,6.6	043	нκıı	0н0	d	7109	567, 567, 572	— 4.9,4.5	.31	ιζζ	22ϝ	d
7075	1353	7.0,7.0	00	κκ	нıı	a		1224,1261,1341	7.1,4.4,4.4	321	κδδ	нϝ2	
7076	1247,1342,1343	6.9,6.8,6.9	213	κнκ	н0ıı	d		1341,1352	— 4.6	.3	hδ	ϝϝ	
7077	552, 567,1247	6.4,5.6,6.0	321	αγα	02ıı		7110	1248,1353,1482	7.0,7.0,6.8	102	κκιι	нıı0	
	1342,1343	5.5,5.6	22	αϳ	20		7111	585, 585,1248	— 5.7,4.9	.22	κκκ	ᴅᴅᴅ	ad
7078	1248,1482	6.9,6.8	32	ακ	0ıı	ad		1353,1353,1482	5.0 — 5.3	2.1	κϝκ	ᴅϝᴅ	
7079	1328,1343	6.9,6.9	12	αα	00		7112	1262	7.0,7.1	10	κκ	нв	
7080	567, 572,1262	6.3,6.0,6.6	033	κκκ	нпн		7113	572,1352	6.9,6.8	22	ικ	0ιι	d
	1342	6.4	2	κ	н		7114	1262,1341	7.2,6.6	32	κκ	нıı	
7081	1248,1482	7.0,6.7	22	κκ	нн		7115	567,1342,1343	5.4,5.2,5.6	234	δδγ	ϝϝ0	
7082	555, 560,1260	6.3,6.7,5.9	511	κκιι	ııııϝ	ad	7116	567, 572,1261	6.6,6.2,6.5	130	κγβ	нϝ0	
	1328,1340,1343	5.9,6.0,5.8	002	κκκ	нıʃнʃ			1341,1352	6.8,6.7	41	βκ	0б	
	1354	6.4	3	κ	н		7117	585,1248,1353	6.7,6.3,6.5	001	βαβ	н10	
7083	1341	7.1,7.2	10	κκ	нıı			1482	6.3	1	α	б	
7084	1262,1341	7.1,7.2	11	κκ	нн		7118	585,1248,1353	6.5,5.9,6.1	110	καϳ	н00	ad
7085	1247,1342,1343	7.2,6.9,6.6	100	κκκ	ııııн	a		1482	6.0	1	κ	ıı	
7086	1262,1342	6.8,7.0	12	κκ	5н		7119	585,1261,1341	5.3,4.4 —	31.	ιγζ	212	
7087	500,1245,1260	6.4,5.7,6.0	210	κκκ	ннıı	ab		1352,1353	4.7,4.4	13	γδ	ϝ2	
	1328,1340,1343	5.7,6.0,6.0	204	κκκ	ııııнʃ		7120	585,1248,1353	6.0,5.7,5.9	321	κκκ	нᴅн	a
	1351,1354	6.1,6.1	20	κκ	нн			1482	6.0	0	κ	ıı	
7088	572,1262,1342	6.1,6.0,6.5	124	γβκ	нııнʃ		7121	1245,1351,1354	6.8,6.6,6.5	511	пκκ	0пн	r
7089	567, 567, 572	5.4 — 5.1	2.1	ζαζ	0ϝϝ	ar		1395,1450,2242	6.4,6.4,6.4	111	κκκ	ııııн	
7090						r	7122	1482	7.1,7.2	01	κκ	нıı	r
	1262,1342	5.1,5.0	11	δδ	0ϝ		7123	585,1261,1353	6.5,6.4,6.4	331	βнα	5н2	
7091	567,1262,1342	6.5,6.4,6.7	122	κκκ	нııн	a	7124	1245,1328,1343	6.5,6.3,6.8	035	κκκ	нʃнʃʃ	a
7092	1482	7.1,7.0	01	нκ	0ıı	a		1351,1354	6.4,6.7	21	κιı	нϝ	
7093	1261	7.2,7.3	10	κκ	нп		7125	585, 585,1353	— 6.7,6.5	.10	нαα	000	
7094	1245,1328,1343	6.4,6.3 —	02.	κκκ	нʃʃн			1353,1505	— 7.1	.2	αıı	50	
	1351,1354	6.7,6.8	21	κκ	нʃʃ		7126	1262	7.2,7.3	10	κκ	нıı	
7095	1248,1482	7.1,6.6	33	κıı	н0		7127	585	6.9,7.1	11	κh	н0	
7096	1342,1343	7.2,6.7	11	κα	н0	d	7128	1343	7.0,6.8	11	нκ	0н	
7097	1261	7.0,7.0	00	κκ	нıı		7129	567,1261,1329	6.2,6.5,6.3	121	κκκ	нʃʃнʃ	at
7098	555,1260,1328	7.0,6.5,6.8	413	αʃʃα	000			1341	6.2	0	κ	ıı	
	1340,1343	6.7,6.5	13	κα	п0		7130	1328,1343	6.7,6.7	12	пκ	0н	
7099	572,1262	6.9,6.9	00	нн	00		7131	585, 585,1353	5.5 — 4.6	5.1	βγδ	ϝϝϝ	
7100	1342	7.2,7.3	01	κκ	нıı			1480,1505	5.1,4.8	13	γγ	1ϝ	
7101	567, 572,1261	5.3,5.3,4.9	229	δγγ	2ϝϝ		7132	567	7.0,7.0	00	пıı	00	at
	1341,1352	4.7,5.4	30	γγ	2ϝ		7133	1480,1482,1505	6.3,6.0,6.9	223	нκκ	0нıı	d
7102	572, 585,1261	5.9,6.4,5.8	110	ϳββ	000		7134	560,1245,1260	6.7,5.9,6.4	112	κκκ	ᴅнıı	ad
	1352,1353	6.3,5.8	24	βα	02			1328,1933,1340	6.0 — 6.3	1.1	γκκ	нııн	
7103	1328,1343	6.5,6.5	12	κκ	нıı	nd		1343,1351,1354	6.0,5.9,6.3	220	βκκ	ııпıʃ	
7104	567, 572,1261	6.4,6.3,6.4	010	αβα	005		7135	560,1328,1343	5.9,4.8,4.9	131	δδϳ	122	

214 ANNALS OF HARVARD COLLEGE OBSERVATORY.

D. C.	Plate Numbers.	Observed Brightness.	Res.	End.	F.K.	R.	D. C.	Plate Numbers.	Observed Brightness.	Res.	End.	F.K.	R.
7136	567,1342,1343	6.2,6.1,5.7	001	βγγ	522		7173	1353,1353,1480	— 6.3,5.9	.43	βjк	ғ1н	nd
7137	585,1353	6.8,6.7	11	кк	нн			1505	6.3	0	α	0	
7138	567, 586,1261	6.0,6.6,6.0	111	ккк	ннн	ad	7175	1480	6.2,6.6	22	пк	0н	
	1329,1341,1341	— 6.4 —	.4.	ккк	ннн		7176	590,1480,1505	6.8,4.9,4.8	024	кеδ	н00	nd
7139	585, 590,1353	5.2,6.6,4.6	124	γкδ	2н2		7177	1328,1343,1354	6.7,6.6,6.7	022	ккн	нн0	a
	1480,1505	5.7,5.3	41	αβ	нғ		7178	567, 586,1249	6.2,6.5,6.3	212	ккк	ннн	a
7140	585,1353,1480	6.8,6.1,6.3	312	παβ	0ғ1			1341	6.1	2	к	н	
	1505	6.7	1	к	п		7179	560, 587,1245	6.9,7.3,5.3	112	кпα	п0п	
7141	1328,1343	6.8,6.8	21	αк	5н			1328,1354,1395	6.1,6.3,6.0	002	αкн	250	
7142	567,1329,1341	6.6,6.5,6.5	000	ккк	ппн	nd		1450,2242	6.1,6.3	15	кк	пн	
7143	1328	7.1,7.1	00	кк	ппι	ad	7180	560,1328,1343	6.8,6.5,6.2	311	πβδ	00ғ	
7144	567, 586,1250	6.4,6.8,6.3	110	ккк	ннн	a	7181	585	7.1,7.3	11	пп	00	
	1341	6.2	0	к	н		7182	585, 590,1353	4.8,5.8, в	32в	δjδ	ғ0ғ	ar
7145	585,1353,1480	6.0,6.1,6.6	402	βjк	ғ0н			1480,1505	в, 4.0	n6	δζ	1ғ	
	1505	6.8	3	α	0		7183	585,1353,1480	6.8,7.0,6.7	142	нкк	0нп	d
7146	555, 560, 587	4.7,4.4,5.4	231	δεδ	12н	d	7184	1328,1354,1450	6.8,7.0,6.9	000	αкк	пιнп	d
	601,1260,1328	5.7, в, в	3пп	γεη	8ғ1		7185	1250	7.1,7.3	11	кк	пп	
	1333,1340,1343	4.0,4.0, в	31в	εεη	ғ11		7186	1250	7.1,7.1	00	кк	пιι	
	1354	в	в	δ	2		7187	585,1353,1480	6.4,6.3,6.7	201	βjн	000	
7147	1480,1505	6.2,6.8	23	кк	нн	ad	7188	567, 611,1330	5.3,6.7,5.3	220	γ	8нδ	
7148	1480	6.3,6.5	11	αк	1н			1342,1343	5.2,5.2	21	βγ	68	
7149	585,1353,1480	— 7.0,6.5	.44	ккк	пιпп	d	7189	567,1250,1330	6.5,6.3,6.2	170	кβк	п2п	ad
7150	585,1353,1480	6.3,6.2,6.4	312	ккк	ннн			1342	6.2	1	α	п	
	1505	7.1	4	h	1		7190	1249,1329,1341	7.0,6.5,6.7	102	ккк	ннн	
7151	567,1342,1343	6.6,6.7,6.5	201	ααα	05ғ		7191	567,1250,1341	6.5,6.5,6.5	001	ккк	нн	a
7152	1480	6.7,7.0	12	кк	нп	r	7192	140, 560, 587	— 6.4,6.0	.12	кαн	н5п	
7153	1245,1328,1343	6.8,6.7,7.0	133	пβк	01п			1245,1328,1354	6.0,5.3,5.9	361	βγδ	255	
7154	1328,1343	6.7,6.6	11	αα	05			1395,1450,2242	6.2,5.7,6.0	323	αβδ	п28	
7155	567, 586,1250	5.3,6.8,5.6	451	ккк	ннн	a	7193	1343	6.7,6.8	01	кк	нн	
	1342	5.4	2	к	н		7194	1250,1342	6.8,7.0	12	αп	00	
7156	585,1353	6.7,7.0	33	кα	н0	ad	7195	567, 586,1249	5.4,6.0,5.8	001	δγγ	0ғғ	
7157	1480	6.8,6.8	00	кк	нп	a		1341	5.5	2	γ	ғ	
7158	1353,1480	7.1,7.1	21	пк	0н	d	7196	567, 586,1249	5.3,6.4,5.9	231	γβ3	ғ20	
7159	1342,1343	6.9,6.5	10	кк	нв	a		1329,1341	5.3,5.4	10	6δ	2ғ	
7160	1329,1341	7.1,7.1	00	кк	нιι		7197	1329	7.0,6.9	01	пк	0н	
7161	1480,1505	5.9,6.8	44	кк	нн	dr	7198	1480	7.2,7.2	00	кк	нп	
7162	1328	7.0,6.9	01	пк	0н		7199	1328	7.0,7.0	00	кк	нн	d
7163	1480	6.9,6.8	10	пк	0ιι		7200	585, 590,1353	6.5,7.1,5.7	411	кпк	н0в	at
7164	1250,1341	7.2,7.1	00	пх	0п	d	7201						
7165	567,1249,1329	6.5,7.2,6.2	022	αкβ	0п0	d	7202	1480,1505	5.9,6.0	22	кк	нн	
	1341	6.5	1	β	0			567, 567, 586	— 5.1,5.3	.04	δεγ	пғғ	
7166	1250,1342	7.1,7.2	11	кк	нп	r		611, 611,1250	— 6.3,4.9	.21	αβε	000	
7167	1245,1328,1450	6.4,6.7,6.9	201	ккк	ннн			1330,1330,1342	5.0 — 5.0	1.0	δγγ	ғғ1	
7168	585, 586,1249	5.7,5.9,5.6	120	ккк	пнв	a		1342	5.0		γ	ғ	
	1329,1341,1353	— 5.2	1	ккк	нпв		7203	1250,1330,1342	6.6,7.0,7.1	422	кпк	н0п	ad
7169	585,1353,1480	6.8,7.0,6.9	231	кпк	н0п	ad	7204	585, 590,1353	4.7,5.9,4.2	230	εjδ	ғ0ғ	ar
7170	567, 586,1250	6.0,6.5,6.0	121	γкβ	ιιιιн		7205						r
	1342	6.3	3	α	ιι			1480,1505	4.4,4.1	15	δδ	15	
7171	567,1250,1343	5.5,6.0,5.8	321	δγβ	ғ0ғ		7206	1250	7.1,7.0	01	кк	ιιιι	r
7172	1343	6.9,6.8	01	пк	0н		7207	1328,1450	6.8,6.9	00	кк	вн	

THE DRAPER CATALOGUE. 215

D. C.	Plate Numbers.	Observed Brightness.	Res.	End.	F.K.	R.	D. C.	Plate Numbers.	Observed Brightness.	Res.	End.	F.K.	R.
7208	1343	7.0,7.0	00	кк	нп		7245	610,1249,1329	6.8,6.8,6.6	022	ηβн	050	
7209	1328,1343	6.7,6.5	10	αк	55			1329	6.6	2	α	0	
7210	1328,1343	5.0,4.5	11	кк	πн	a	7246	1343	7.0,6.9	10	кк	нн	a
7211	1328,1450,2242	6.6,6.8,6.8	212	ккн	ппО	d	7247	1328	6.9,6.8	10	кк	пн	
7212	1480	6.5,6.6	10	кк	ππ	ar	7248	1329	6.9,6.7	11	кк	нπ	a
7213	1250,1341	6.9,7.1	21	αк	Oπ		7249	1450	7.1,7.0	01	кк	нп	
7214	1480	7.2,7.3	01	кк	нп		7250	1343,1354	5.9,6.5	01	βα	20	
7215	1480	7.0,6.9	01	кк	нп	a	7251	1480	7.0,6.9	01	αк	Oπ	
7216	560,1245,1328	6.7,6.2,6.0	121	кка	пп5	at	7252	1343,1354	6.6,6.8	12	αн	нО	
	1351,1354,1395	6.5,6.2,5.9	413	каα	пδπ		7253	1343,1354	6.4,6.5	22	βπ	50	
	1450,2242	5.8,6.3	45	кβ	ππ		7254	1480	7.1,7.2	10	πк	Oн	
7217	585,1353,1480	6.0,5.3,5.6	400	αβγ	πFF	a	7255	1480	7.1,7.0	10	πк	Oπ	
	1505	5.5	2	γ	0		7256	1249	7.1,7.3	11	кк	пп	
7218	1480	7.1,7.1	00	πк	Oπ	a	7257	1329,1329	6.8,6.8	00	кк	пπ	
7219	1353,1480,1505	6.7,6.3,7.1	252	ккк	ппнπ		7258	1480	6.8,7.0	11	кк	нн	dr
7220	1480	6.9,6.9	00	кк	ππ	dr	7259	500, 596,1301	6.6,6.4,5.4	353	ккк	нππ	at
7221	1480,1505	6.3,7.1	34	απ	пО			1301,1480,1505	— 5.6,5.8	.21	ккк	нвн	
7222	1245,1328,1450	6.5,6.6,7.0	112	каπ	ппО	d	7260	1250	7.0,7.1	10	кк	пп	a
7223	1480	6.4,6.6	11	αβ	00	r	7261	1391,1480	6.7,7.1	21	кп	пО	ad
7224	1450	6.7,6.8	10	кк	ππ		7262	596,1480	7.0,7.0	10	нπ	00	
7225						r	7263	586, 610,1250	7.1,6.6,6.3	200	кнк	нОπ	at
7226	586,1249,1329	6.8,6.4,6.3	141	ккк	вππ	r		1329,1481	5.7,6.8	51	кк	нπ	
	1329	6.5	3	к	π		7264	1329	7.0,7.1	01	кк	пп	
7227	1480	7.0,7.2	11	πк	Oπ		7265	1480	7.1,7.2	10	кк	Oπ	
7228	1250,1330,1342	6.5,6.7,6.9	312	ααh	000		7266	1480	7.0,7.0	00	кк	пπ	
7229	1480	7.0,7.2	11	πh	00	r	7267	1328	7.0,6.9	01	αα	00	
7230	586,1249,1329	7.1,6.8,6.5	021	hαα	005	d	7268	1343	6.5,6.6	01	кк	ππ	a
	1329	6.5	1	α	π		7269	1480	6.8,6.9	01	нπ	00	
7231	1328	7.1,7.3	11	кк	ππ		7270	1245,1328,1354	6.6,6.5,7.0	021	ккк	нπн	
7232	1480	7.0,7.1	01	кк	ππ			1450,2242	6.6,6.6	22	кк	ππ	
7233	560,1328,1343	6.8,6.2,6.4	214	παβ	015	r	7271	610,1249,1329	6.6,6.7,5.9	102	βαβ	052	
	1354	6.5	0	α	F			1481	6.8	2	π	0	
7234	586,1250,1330	6.7,6.2,6.6	433	ккк	нπн	ad	7272	590, 596,1301	6.7,5.7,5.2	112	ккк	нππ	ad
	1342	6.6	2	к	н			1480,1505	5.8,5.8	10	кк	нн	
7235	1328,1343,1354	6.5,6.6,6.8	220	ккк	πjπ	ad	7273	1330,1343	7.0,7.0	11	кк	ππ	a
7236	567, 586, 611	4.8,4.9,5.6	230	βεδ	πОF	r	7274	560, 560, 587	— 5.9 —	.2.	γγh	000	
	1250,1330,1342	4.4,4.6,4.5	220	εδγ	FFF			587, 601,1328	6.4,6.5,5.1	111	γγδ	00F	
7237	560, 587,1328	5.8,6.8,5.0	132	γδγ	000			1328,1333,1343	— 4.5,4.5	.22	αεε	OFF	
	1343,1354	4.8,5.4	10	δγ	00			1354,1354	5.2,5.2	00	εδ	00	
7238	1480	7.1,7.2	10	πк	Oπ	r	7275	1329	7.2,7.1	01	кк	нπ	
7239	596,1391,1480	6.2,4.8 —	42.	кγк	нFн	ad	7276	1391,1480	— 6.3,6.8	.32	кπ	πО	d
	1480,1505	5.7,5.7	01	αγ	51		7277	1333,1343	6.3,6.6	21	кк	нπ	a
7240	1480,1505	6.5,6.8	11	кπ	πО	ad	7278	590,1480,1505	6.8,5.3,5.0	404	кγβ	нFF	
7241	596,1391,1480	6.5,5.4,6.3	10	αββ	π00		7279	1343,1354	6.9,6.8	33	кF	πF	r
	1505	6.6	2	α	5		7280	610,1329,1329	7.1,7.0,7.1	212	ккк	ппнн	
7242	1391,1480	6.9,7.2	22	кк	ππ	d	7281	1328,1450	7.0,7.1	00	кк	пв	
7243	596,1391,1480	6.7,5.9,6.8	111	παπ	000		7282	560,1328,1333	6.4,5.4,5.5	122	βγβ	011	r
7244	560, 587, 601	5.9,6.7,6.7	021	βδγ	220			1343,1354	5.3,5.5	03	γβ	22	
	1260,1328,1333	5.5,5.3,4.7	212	βδγ	52r		7283	1330	7.0,7.0	00	кк	ππ	
	1340,1343,1354	5.3,4.8,5.3	011	βδγ	522		7284	586, 611,1250	7.2,6.8,6.1	530	hкк	Oнн	ad

216   ANNALS OF HARVARD COLLEGE OBSERVATORY.

D. C.	Plate Numbers.	Observed Brightness.	Res.	End.	F.K.	R.	D. C.	Plate Numbers.	Observed Brightness.	Res.	End.	F.K.	R.
	1330	5.9	0	κ	н		7320	1329	7.2,7.1	01	αα	нн	d
7285	586, 599, 611	4.5,5.2—	22.	εγγ	ғғ0	a	7321	1250,1330	6.9,6.4	21	κғ	пғ	at
	611,1250,1330	5.2,4.0,4.1	112	ιζι	ғғғ		7322	596,1391	6.6,5.7	10	κκ	нн	a
	1330,1356	— 4.2	.0	βζ	ғғ		7323	596, 615,1391	5.6,5.9,4.2	145	δβι	2ғ2	
7286	596,1391,1480	0.4,5.4,7.0	354	κβκ	пнн	ad	7324	610,1329,1355	5.3,4.4,4.8	322	κκκ	bbb	a
	1480	6.8	2	κ	н			1481	5.0	1	κ	b	
7287	586, 610,1249	5.7,5.4,5.3	330	δγγ	пиб		7325	1330	6.9,7.0	01	κκ	нп	
	1329,1329,1481	4.5,4.4,5.2	230	γζβ	иби		7326	610,1329,1481	6.7,6.5,6.0	110	κκκ	ппп	a
7288	1391,1480	6.6,7.2	10	κκ	пп	d	7327	596, 615,1391	6.5,6.1,5.2	312	ααβ	8пβ	
7289	1330,1343	6.2,6.6	33	пп	10		7328	1333	7.0,7.0	00	κκ	пп	
7290	1328	7.1,7.0	10	κκ	нн		7329	1329	7.0,7.2	11	κκ	пп	
7291	610,1249,1329	0.4,6.9,5.9	122	bκκ	ғнв	ad	7330	1250,1330,135.6	6.5,6.2,6.7	021	αββ	1r0	r
	1481	6.6	0	κ	н		7331	596, 615,1391	6.8,6.5,6.0	145	βαα	000	
7292	596,1391,1480	6.8,6.0,6.6	001	κκκ	ипп	a	7332	1329	7.2,7.3	01	κκ	пп	
7293	1250,1329	6.9,6.8	00	пκ	0п	dr	7333	1391	6.5,6.6	01	пκ	0п	a
7294	1250,1329	6.9,6.8	00	пκ	1н	dr	7334	587, 601,1333	6.0,6.5,5.0	224	γαε	111	r
7295	610,1250,1329	6.8,6.9,6.3	132	ппβ	012			1343,1354	4.5,4.7	14	α	ғ1	
	1481	7.0	0	п	0		7335	599, 611,1250	7.0,6.9,6.1	121	αεβ	000	
7296	1391,1480	6.3,6.6	22	βα	00			1330,1356	5.8,5.8	03	βα	22	
7297	1328,1354,1395	6.4,6.9,6.7	210	иκκ	0нн	d	7336	1329	6.9,6.8	10	κπ	пп	a
	1450	6.7	0	κ	н		7337	615,1499	5.5,4.8	00	ββ	r5	
7298	1391,1480,1505	5.7,6.3,6.8	122	ппκ	10п	at	7338	1328,2242	6.7,6.9	22	пκ	0п	
7299						r	7339	1330,1356	7.2,7.2	12	κκ	нп	
7300	1343	7.0,6.9	10	κκ	пп		7340	1330	7.1,7.2	00	κκ	пп	
7301	560, 560, 587	— 5.9,6.4	.21	αβα	ннн	ad	7341	599, 611,1250	5.8,5.5,5.3	226	βδγ	ғғ1	
	601,1328,1328	6.3,5.3 —	13.	βγβ	нии			1330,1356	4.3,4.6	22	εδ	22	
	1333,1343,1354	4.3,4.4 —	43.	εαγ	инн		7342	610,1251,1329	6.3,6.3,6.7	013	αпп	000	
	1354	5.2	0	γ	п			1355	6.6	2	α	η	
7302	1249,1391	5.7,4.8	22	γγ	ғғ		7343	587,1343,1343	6.8,6.2,5.9	463	βββ	02ғ	
7303	596,1391,1480	6.3,5.3,6.9	245	κκп	вн0	ar		1354	5.7	4	β	2	
7304	1391	6.9,6.9	00	пκ	0н		7344	560, 587, 601	5.5,6.4,6.5	211	γββ	885	r
7305	1330,1343	6.4,6.6	22	αα	00			617,1328,1333	6.7,4.9,4.8	511	κγγ	п25	
7306	586, 611,1250	7.0,7.1,6.0	301	hпβ	001			1343,1354,1395	4.5,4.8,5.1	240	δγγ	δδr	
	1330,1356	5.9,6.2	00	βα	22			1450	5.1	0	β	δ	
7307	1343,1354	6.3,6.3	23	κκ	ин	a	7345	1343,1354	7.1,7.1	23	κκ	пп	d
7308	611,1330,1343	6.7,5.5,5.5	111	ββγ	020		7346	596, 615,1391	4.8,4.5, b	03п	δεγ	ғғғ	
7309	596	7.3,7.3	00	κκ	пп	r		1499	4.3	2	γ	1	
7310	1330	7.2,7.2	00	κκ	ип		7347	1354	6.8,6.9	01	bπ	00	
7311	596,1391	6.0,5.2	00	αβ	52		7348	1251,1355	6.3,6.7	00	βα	00	
7312	587,1343,1354	5.5, в, 4.0	rbr	κκκ	ввв	ar	7349	1251	6.8,6.8	00	κκ	нп	a
7313	1328,1333,1343	6.7,6.2,6.2	111	αβκ	п05		7350	596,1391,1499	7.0,6.7,6.9	412	ипп	000	
	1354,1354	7.0 —	2.	нα	п		7351	1333,1343,1354	6.6,6.9,6.8	033	κκκ	нин	
7314	1250	7.2,7.2	00	κκ	нн	r	7352	1251	7.0,6.9	01	κκ	пп	
7315	1328	7.0,7.0	00	пκ	0п		7353	1356	7.0,7.0	00	κκ	нп	
7316	615,1480	5.3,5.2	00	κκ	нн	at	7354	560, 587,1245	6.7,7.1,6.1	113	ακκ	5ии	
7317	560,1245,1328	7.0,6.5,6.3	121	ακβ	ad			1328,1351,1354	5.5,6.3,5.9	442	γвп	50δ	
	1351,1354,1395	6.6,6.4,6.5	220	нκп	0н0			1395,1450,2242	5.8,5.7,6.1	235	καγ	п51	
	1450	6.3	2	κ	н		7355						r
7318	596	7.4,7.3	10	κκ	нп		7356	611, 613,1330	5.7,6.0,4.4	110	βββ	000	ar
7319	615	6.4,6.5	10	κα	п0		7357						r

THE DRAPER CATALOGUE.

D. C.	Plate Numbers.	Observed Brightness.	Res.	End.	F.K.	R.	D. C.	Plate Numbers.	Observed Brightness.	Res.	End.	F.K.	R.
	1343,1393	R, 4.7	R0	IIγ	0F		7394	1333	7.1,7.1	00	κκ	IIII	
7358	2242	6.8,6.8	00	ακ	0II		7395	615,1499	6.3,5.5	01	βγ	00	
7359	1328,1333,1343	6.9,6.0,6.4	422	κκκ	HIII		7396	1499	6.6,6.6	00	αβ	IIII	
	1354,1395,1450	6.7,6.5,6.5	011	κκκ	IIIII		7397	1354	7.1,7.1	11	HK	0II	
7360	1329	7.2,7.2	00	κκ	IIH		7398	587,1354	6.8,5.8	10	κγ	IIII	r
7361	615	7.1,7.1	00	IIK	0II	r	7399	1328,1333,1343	6.7,6.3,6.4	212	κκκ	IIII II	a
7362	596, 615,1391	6.8,6.6,6.4	133	κκα	IIγ0	at		1354,1395,1450	6.6,6.3,6.6	130	κκκ	IIHH	
7363						r	7400	1499	7.2,7.3	01	κκ	IIII	r
	1499	6.3	1	β	0		7401	1499	6.6,6.8	11	FK	FII	a
7364	1391,1499	6.5,6.9	21	κκ	IIII	a	7402	1333,1343,1354	6.0,6.2,6.4	021	βαα	555	
7365	1354	7.1,7.2	10	IIK	0H		7403	615,1392,1499	6.4,5.9,5.6	132	κκκ	IIIIII	ad
7366	1330,1354,1393	6.5 — 7.0	1.1	κκκ	HHII		7404	1251,1355,1392	6.1,6.6,6.4	102	βαII	000	
7367	615,1391	7.5,7.2	23	IIK	0II	ad	7405	1499	6.5,6.8	12	κκ	IIII	
7368	596,1391,1499	7.0,6.6,7.0	403	κHH	II00	ad	7406	1251	7.0,7.2	11	κκ	IIII	
7369	1330,1356,1393	6.4,6.8,7.1	212	κκκ	βIIII	dr	7407	615,1392,1499	6.4,6.5,5.7	373	κκβ	HH2	
7370	596,1251,1355	6.9,6.6,6.9	421	κβII	H00		7408	599, 613,1330	6.3,6.7,5.4	022	βII3	000	
	1391	6.4	1	β	0			1330,1332,1356	5.5,5.1,5.2	313	βββγ	FF2	
7371	1499	7.2,7.3	01	κκ	IIII	d		1393,1393	— 5.3	.2	αβ	22	
7372	1391,1499,1499	6.5,6.8 —	11.	αIIK	II0κ	d	7409	607, 615, 615	6.8 — 6.9	1.0	βIIκ	00II	ad
7373	598, 599, 610	— — 5.3	..7	κκκ	HIII	ad		1392,1499,1499	6.0,6.5 —	03.	ααα	102	
	612,1329,1355	5.4, B, —	1B.	κκF	II BF		7410	1251	6.8,7.0	11	IIK	0II	
	1356,1481	4.2,4.5	22	κκ	BB		7411	1499	7.1,7.2	10	κκ	HH	ar
7374	1329,1355,1481	7.0,6.8,7.2	330	κκκ	IIIIII	ad	7412	1331	7.0,7.2	11	κκ	IIII	
7375	1328,1333,1343	6.2,6.5,6.5	244	κκκ	κIIIII	ad	7413	587, 601,1328	6.9,6.8,5.8	022	IIκκ	0HH	ad
	1395,1450	6.1,6.2	43	κκ	IIII			1333,1343,1354	5.3,5.6,5.9	031	κκκ	IIHH	
7376	1333,1343,1354	6.4,6.5,7.0	011	βκII	5II0	d		1395,1450	5.6,5.7	10	κκ	BII	
	1395,1450	6.6,6.7	21	κα	IIII		7414	1331,1355	6.9,6.8	22	κκ	HII	
7377	1499	6.9,6.9	00	ακ	0II	d	7415	1251,1355	6.4,7.0	11	βH	60	
7378	1499	7.3,7.2	10	κκ	IIII	r	7416	1333,1343,1354	6.5,6.8,7.0	121	βIIκ	00II	
7379	1343	7.1,7.0	01	κκ	IIII		7417	1331	7.3,7.2	01	κκ	HH	
7380	599, 611, 613	5.8,6.2,6.4	121	κκκ	IIII II	ad	7418	1251	7.1,7.1	00	κκ	IIII	d
	1330,1332,1356	5.0,5.0,4.9	222	κκκ	BBB		7419	1251	7.0,7.2	11	ακ	1II	
	1393	5.0	1	κ	B		7420	1499	6.4,6.7	21	κκ	IIII	
7381	1328,1333,1343	7.0,6.3,6.4	401	κκκ	IIII II	ad	7421	1499	6.2,6.7	23	IIK	0II	
	1354,1395,1450	6.9,6.4,6.6	131	κκκ	IIIIII		7422	1331,1356	5.9,6.7	43	γκ	II8	
7382	1330	6.9,6.8	01	κκ	IIII	a	7423	1499	6.3,6.6	12	HK	FH	
7383	1354	7.0,6.9	01	IIK	0H		7424	607, 615,1392	5.7,5.8,4.7	011	βδδ	F0F	
7384	1333	7.2,7.2	10	κκ	IIII			1499	5.2	2	ε	F	
7385	1320,1356,1481	6.5,6.8,7.2	101	κκκ	IIIIII	d	7425	1251	7.0,7.3	21	κκ	nII	
7386	587,1333,1343	7.0,5.8,5.8	311	κκκ	IIHH	ad	7426	1251,1331	6.7,6.7	10	κκ	IIII	d
	1354	6.1	1	κ	II		7427	1251	6.8,6.7	01	κκ	IIII	a
7387	1245	6.9,6.9	00	HK	0II	br	7428	607, 615,1499	6.8,6.6,6.2	021	κIIK	H05	
7388	596, 615,1391	6.9,7.0,6.4	320	κIIβ	II00	d	7429	1251,1331	6.8,7.1	11	κκ	IIII	
	1499,1499	6.9,6.6	41	κα	II0		7430	607,1499	7.0,7.1	44	HK	0II	
7389	1330,1393	6.4,6.8	10	ακ	0II		7431	1356	7.1,7.0	10	IIII	00	
7390	1251	7.0,7.0	00	κκ	IIII		7432	1251	7.0,7.2	11	HK	0II	ad
7391	1499	6.5,6.7	11	κκ	IIK	r	7433	1333,1354	6.6,7.2	10	IIK	0II	d
7392	1328,1333,1343	6.9,6.8,7.0	202	κκκ	IIHII	d	7434	1333,1343	6.7,7.0	21	κκ	IIII	d
	1354	7.3	2	κ	II		7435	607, 615,1392	5.8,6.0,5.0	110	κκκ	IIIIII	a
7393	1499	6.7,6.8	10	κκ	IIII			1499	5.2	0	κ	H	

218   ANNALS OF HARVARD COLLEGE OBSERVATORY.

D.C.	Plate Numbers.	Observed Brightness.	Res.	End.	F. K.	R.	D.C.	Plate Numbers.	Observed Brightness.	Res.	End.	F. K.	R.
7436	1499	6.8,6.8	00	κκ	ιιιι		7476	1251,1331	6.5,6.6	00	αβ	ν0	
7437	1499	6.5,6.8	12	κκ	ιιιι	r	7477	607,1392,1499	6.8,6.3,6.3	220	καк	ιι0ιι	d
7438	1328,1333,1343	6.8,6.6,6.8	124	κκκ	ηιιη		7478	1499	7.0,7.0	00	κκ	ηιι	r
	1354,1384,1395	7.0,6.6,6.5	133	ιικκ	0ιιι		7479	607,1251,1355	6.1,5.7,6.3	324	βγιι	ν00	
	1450	6.9	1	κ	ιι			1392	5.3	2	γ	2	
7439	1251	7.2,7.2	00	πκ	(ιι		7480	601,1333,1343	6.3,5.6,5.8	413	ργβ	020	
7440	1333,1333,1354	— 6.1,6.4	.11	αγκ	105			1354,1384,1395	6.3,5.0,5.7	342	βββ	00F	
7441	587, 601,1333	6.7,6.5,5.0	211	κκκ	ιιιιβ	a		1450	6.0	1	γ	0	
	1354	5.3	1	κ	ιι		7481	1333,1354	6.4,6.8	10	κκ	ιιιι	
7442	1333,1354	6.4,6.6	12	ιιιι	00		7482	1499	6.8,6.8	00	κκ	ιικ	a
7443	1499	6.8,6.8	00	κκ	ιιιι	a	7483	1333	7.2,7.2	00	ακ	0ιι	
7444	601,1333,1354	7.2,6.0,6.7	413	ιιβα	020		7484	1332,1345,1356	6.5,6.6,6.9	110	βαιι	0ιι0	
7445	1499	6.5,6.6	10	κκ	ιιιι	r		1393	7.0	1	α	0	
7446	1333,1354	6.4,6.6	12	ρκ	ιιιι		7485	1331	7.0,7.2	11	κκ	ιιιι	
7447	1333,1343,1450	6.2,6.1 —	10.	αβκ	ιι0π	d	7486	1392,1499	6.7,6.2	34	αα	ιι0	
	1450	6.5	0	κ	ιι		7487	601, 613,1333	6.8,6.9,5.6	233	κκκ	ιιιιβ	nt
7448	560, 587, 617	5.0,5.3,5.5	030	κκκ	ηπβ	nt	7488						r
	682,1328,1354	6.0, η, 4.2	3ιι3	κκκ	ηπβ			1393	5.8	0	κ	ιι	
	1395,1450,1519	4.9,4.0,4.9	541	κκκ	βηη		7489	1333,1343,1395	6.3,6.5,6.4	023	κκκ	ιιιιι	ar
7449	1333,1343,1354	6.6,7.1,7.3	230	κιικ	ιι0ιι	a		1450	6.9	2	κ	ιι	
7450	598, 612,1331	6.0,5.6,4.2	011	ηηγ	00F		7490	1499	7.0,7.1	01	πκ	0ιι	
	1355,1356	4.6 —	0.	γγ	FF		7491	1392,1499	6.5,6.2	32	κκ	ιιιι	a
7451	1251	7.0,7.1	01	ιιιι	00		7492	1332,1345,1356	6.5,6.5,7.1	102	ρκκ	0ιιιι	d
7452	1331	7.1,7.1	00	κκ	ιιιι			1393	6.7	2	α	0	
7453	1333,1343,1395	6.4,6.5,6.6	012	ακκ	8ιιιι	d	7493	1331,1332,1345	6.0 — 6.0	1.2	αηβ	515	
	1450	7.0	2	κ	ιι			1393	—	.	ιι	0	
7454	607,1251,1355	6.9,6.3,6.9	302	κβκ	ιι0ιι	nd	7494	616,1357,1392	4.8, β, β	3ιιβ	γδη	2F2	r
7455	1499	6.3,6.5	11	αβ	115			1499	4.2	4	ζ	7	
7456	1333	6.7,6.7	00	κκ	ιιιι		7495	1328,1333,1343	6.3,6.3 —	03.	κκη	ιιιι0	a
7457	1499	6.9,7.0	10	κκ	πιιι	ar		1354,1395,1450	6.5,6.0,6.3	041	κκκ	ιιιιιι	
7458	612,1331,1356	7.1,5.4,5.7	320	αββ	020		7496	601,1333,1343	6.0,5.5,5.6	301	κβ	115η	
7459	1333,1354	6.5,7.1	01	βα	80			1354,1450	6.0,6.0	01	ββ	5ιι	
7460	1331	7.2,7.2	00	κκ	ιιιι		7497	1499	7.0,7.0	00	κκ	ιιιι	a
7461	1251	7.1,7.1	00	ιικ	0ιι		7498	1333	7.1,7.2	01	κκ	ιιιι	
7462	587, 601,1333	7.0,7.2,5.7	211	κκγ	ιιιι8	r	7499	650,1333,1345	6.9 — 6.6	2.1	κβα	ιι00	d
	1343,1354,1450	6.0,5.9,6.0	420	ββα	1185			1393	6.6	3	α	0	
7463	1499	7.2,7.2	00	κκ	ιιιι	dr	7500	1499	6.8,7.1	21	ακ	0ιι	dr
7464	1251	6.6,6.6	00	κκ	πιι	dr	7501	1499	7.0,6.9	01	ιικ	0ιι	r
7465	1499	6.9,6.8	10	κκ	ιιιι	a	7502	1332,1345,1393	6.5,6.6,6.6	023	κκκ	ιιιιιι	ad
7466	1251	7.0,7.3	21	κκ	ιιιι		7503	1354	7.1,6.9	11	κκ	ιιιι	a
7467	1333,1343,1354	6.3,6.7,7.1	κκκ	ιιιιιι	ad		7504	1331,1344	6.9,6.8	00	κιι	ιι0	
7468	1333,1393	6.6,7.1	00	ρκ	0ιι		7505	1499	7.2,7.2	00	πκ	0ιι	
7469	607,1251,1355	6.9,6.3,6.7	211	κγα	ιι00		7506	1333,1359,1393	6.3,6.1,6.5	221	βαα	010	
	1392	6.2	0	β	0		7507	587, 601,1333	4.8,5.0, β	10η	εζ0	2FF	
7470	1333,1354	6.3,6.7	01	κκ	ιιιι	ad		1354,1354	· — β	. β	δζ	0F	
7471	1333	6.8,6.8	00	κκ	ιιιι		7508	1333,1359	7.0,6.6	33	κκ	5ιι	
7472	1333,1354	6.9,6.9	23	κκ	ιιιι		7509	650,1345,1356	6.3,6.4,7.0	213	αιικ	ιι0ιι	d
7473	607,1499	7.4,7.3	33	κκ	ιιιι			1393	6.5	2	κ	ιι	
7474	1499	6.5,6.8	12	κκ	ιιιι		7510	1333	6.7,6.6	01	κκ	ιιιι	a
7475	1331,1356	6.6,6.7	00	κκ	ιιιι		7511	1357,1499	6.3,6.2	11	κκ	ιιιι	a

THE DRAPER CATALOGUE.

D. C.	Plate Numbers.	Observed Brightness.	Res.	End.	F.K.	R.	D. C.	Plate Numbers.	Observed Brightness.	Res.	End.	F.K.	R.
7512	1333	7.0,6.9	10	κκ	ππ		7552	1345,1359,1359	7.2,7.0—	21.	κκκ	ππн	dr
7513	589, 607,1344	6.3,5.8,5.4	232	κκκ	нππ	at	7553	1359	7.2,7.2	00	κιc	ππ	
	1392	5.3	1	κ	н		7554	1344	7.3,7.2	01	пк	1п	r
7514	1345	7.3,7.2	10	κκ	ππ		7555	1357	7.2,7.2	00	κκ	ππ	
7515	1333,1359	6.7,6.4	23	ακ	5н	at	7556	1331,1344	7.2,7.2	10	κκ	ππ	
7516	1333	6.7,6.7	00	κα	пн		7557	649,1344	7.0,7.1	01	пк	Оп	d
7517	1333,1450	7.0,7.0	22	пк	Оп	d	7558	650,1345,1359	6.6,6.8,6.6	221	κκκ	нππ	a
7518	589, 612, 649	4.8,5.2,4.5	224	δγε	2ғғ		7559	1333	6.7,6.6	01	αβ	55	
	1331,1344	4.1,4.0	11	ζε	22		7560	609,1332,1345	7.0,6.6,6.5	222	нкк	Оππ	ad
7519	1357,1392	7.2,6.7	22	κκ	пн	ad		1359,1393	6.3,6.8	21	κκ	нн	
7520	589, 650,1332	6.2,5.3,5.3	001	κκκ	пнн	ad	7561	1392	7.1,7.2	10	κκ	ππ	
	1345,1393	5.0,5.3	12	κκ	нн		7562	1384	6.9,7.1	11	κκ	ππ	
7521	607,1357,1392	7.0— 6.3	1.1	κκβ	пппп	at	7563	1357	7.2,7.3	10	κε	пн	
7522	1357,1392	6.4,6.4	10	κκ	пн	a	7564	1333,1359	6.9,6.5	33	κκ	пн	
7523	587, 601,1333	6.9,7.1,5.5	012	παγ	005		7565	649,1331,1344	6.4,6.5,6.2	111	κκα	п85	
	1354	5.7	1	β	2		7566	649,1331,1344	6.7,6.7,6.0	324	γпβ	ғ02	
7524	1357	6.7,6.7	00	κκ	ғп	r		1392	—	.	κ	п	
7525	1331,1344	7.3,7.1	01	κκ	ππ	d	7567	649,1344	6.3,6.4	10	γβ	ғ0	
7526	1328,1354,1450	6.0,6.5,6.4	411	απα	000	d	7568	1333,1333,1354	— 6.4,6.6	30	αβα	220	
	1519,2242	6.9,6.5	03	κγ	п1			1450	6.3	2	α	0	r
7527	1344	7.1,7.1	00	κκ	пн		7569	589, 609, 613	5.1,5.6,6.5	433	εβα	2ғн	r
7528	589, 612, 650	6.3,6.5,5.3	312	βγδ	Оп0	a	7570	650,1332,1345	4.6,4.4,4.3	011	θεζ	00ғ	
	1331,1345	4.8,4.8	41	εδ	ғ0			1359,1393	4.8,4.8	30	γδ	2ғ	
7529	1331,1345	7.0,7.2	32	κн	п0		7571	607, 616,1357	6.5,6.6,5.3	321	κпα	п02	ad
7530	649,1331,1344	6.1,6.7,6.1	232	ραβ	ғ00		7572	1333	7.2,7.0	11	пк	Оп	
7531	1357,1392	7.3,7.0	11	ππ	00		7573	1359	7.0,7.0	00	κκ	ππ	
7532	1333	6.8,6.7	10	ππ	00		7574	1357	7.2,7.3	10	пк	Оп	r
7533	1357	7.3,7.3	00	κκ	пп		7575	1357	7.3,7.3	00	пк	Оп	
7534	1357,1392	7.1,6.7	21	κκ	ππ	ad	7576	1333	6.9,6.9	00	κκ	ππ	
7535	589, 613, 650	5.8,6.7,5.2	112	βαδ	20ғ		7577	1345,1359	7.2,7.1	11	пк	1u	
	1332,1345,1393	4.8,4.9,5.3	111	δδβ	222		7578	649,1344	6.0,7.0	55	кк	н11	ad
7536	1333,1354	6.7,6.9	21	пк	Оп	ad	7579	616,1357,1392	6.5,5.3,5.8	315	κκκ	ннн	ad
7537	1331,1344	7.2,6.7	22	κκ	п11		7580	1357	7.2,7.2	00	пк	Он	
7538	1332,1345	7.2,7.2	10	κκ	ππ		7581	1333,1384	7.0,6.8	34	κκ	ππ	d
7539	616,1357,1392	6.8,5.3,5.8	124	пкк	Онн	ad	7582	1357	7.1,7.1	00	кк	н11	d
7540	607, 616,1357	6.4,6.2,5.0	531	βαδ	н52			1392	4.9	1	α	ғ	a
	1392	4.9	1	α	ғ		7583	1357	6.5,6.6	01	κκ	ππ	
7541	1333	6.8,6.9	10	пк	Оп		7584	1333	6.4,6.2	11	αγ	55	
7542	649,1331,1344	6.8,7.1,7.1	201	пкп	Оп0	d	7585	1359	7.1,7.2	01	κκ	нн	
7543	607, 616,1357	5.3,5.4,4.3	230	γβη	Оғғ	a	7586	1359	7.2,7.1	10	κκ	пн	d
7544	649,1331,1344	6.7,7.3,6.8	231	κκκ	пнн		7587	649,1344	6.5,6.5	00	κβ	п0	
7545	649,1331,1344	5.7,5.9,5.5	012	εββ	ғ22		7588	1359	7.1,7.2	01	κκ	ππ	
7546	589, 649,1331	6.5,5.6,5.5	111	κδβ	пғғ		7589	589, 608, 649	6.9,6.5,5.7	231	καδ	п0ғ	a
	1344	5.8	2	γ	ғ			1331,1344,1358	6.0,5.5,5.9	132	βγβ	Оғғ	
7547	1345	7.3,7.3	00	κκ	пн	d	7590	1344	7.2,7.2	00	κκ	ππ	
7548	1331,1345	6.2,6.2	12	κκ	пн		7591	1333,1359	7.0,6.5	34	κκ	н11	
7549	1333	7.0,6.9	10	κκ	ππ	d	7592	608, 650, 658	6.7,6.0,6.5	122	αγβ	нғ0	
7550	650,1332,1345	6.8,7.1,7.0	311	ακκ	Oκll	d		1331,1345,1358	6.5,5.8,6.5	220	βγα	1ғн	
	1359	7.0	0	κ	н			1394	6.5	0	α	2	
7551	1331	6.9,7.0	01	κκ	пн		7593	1357,1376	6.2,6.3	12	ακ	5п	

D. C.	Plate Numbers.	Observed Brightness.	Res.	End.	F K.	R.	D. C.	Plate Numbers.	Observed Brightness.	Res.	End.	F.K.	R.
7594	589, 609, 650	7.0,6.6,5.8	201	παε	0ᶜ11		7632	649,1344	6.5,7.0	32	κκ	ⁿ11	a
	1345,1359	5.7,5.8	00	γγ	52		7633	1333,1359	5.3,5.4	01	γδ	25	r
7595	601, 617,1333	6.5,6.6,5.5	413	βαε	212		7634	1333,1359	5.3,5.4	01	βδ	25	r
	1450	5.8	2	γ	F		7635	650,1359	7.1,7.0	00	κκ	ⁿπ	bd
7596	601,1333	7.3,6.4	44	κγ	n2		7636	589, 614, 649	4.3,4.7, D	11b	γ⁵η	253	a
7597	1357	7.2,7.3	10	πκ	0ᴋ			1344,1376	D, D	DB	ζθ	22	
7598	1357	6.5,6.6	01	κκ	ᴵᴴ	a	7637	650,1345,1359	7.0,7.3,6.5	054	κκα	ⁿⁿ5	nd
7599	1333,1395,1450	6.3,6.5,7.0	023	κнк	π0n	a	7638	649	7.0,6.9	01	ακ	0n	
7600	1357	5.5,5.8	21	αβ	FF	r	7639	1333,1384	7.1,6.3	44	κn	n0	
7601	1333,1384,1450	6.5,6.5,6.9	232	ακ	n0n	d	7640	650,1345	6.7,7.1	33	κκ	ⁿⁿⁿ	nd
7602	1333,1343,1354	6.1,6.4,6.4	141	βαα	2n1		7641	650,1359	7.2,6.6	23	κⁿ	n0	d
	1384,1395,1450	6.3,6.2,6.3	221	αβα	ⁿ08		7642	1328,1354,1450	6.6,7.0,6.7	111	κκκ	ⁿⁿⁿ	d
7603	649,1344	6.7,6.9	11	κn	n0			2242	—		n	0	
7604	1344	7.2,7.2	00	κκ	ⁿⁿⁿ		7643	608, 649, 658	6.7,6.4,6.8	101	αβn	000	d
7605	1359	7.0,7.0	00	κκ	ⁿⁿⁿ			1344,1344,1358	— 6.7,6.6	.31	κακ	ⁿⁿⁿⁿ	
7606	1357	7.1,7.2	01	κκ	ⁿⁿⁿ			1394	6.7	0	κ	ⁿ	
7607	1359	6.5,6.6	01	κκ	ⁿπ	a	7644	614, 610,1357	6.3,6.2,4.5	212	βγγ	ⁿ55	
7608	1333	6.9,6.7	11	κκ	ⁿⁿ	a		1376	4.8	2	γ	5	
7609	649,1344,1358	6.0,6.1,6.6	211	κκκ	ⁿⁿⁿⁿ	ad	7645	1333,1450	6.3,6.9	11	απ	ⁿF	d
	1358,1394,1394	6.6,6.5,6.7	102	κκκ	ⁿⁿⁿⁿ		7646	649,1344	6.6,7.1	23	κκ	ⁿⁿⁿ	ad
7610	1344,1345,1358	7.0,7.0,6.8	243	κκκ	ⁿⁿⁿⁿ		7647	650,1345	6.8,7.3	43	κκ	ⁿⁿⁿ	d
	1394	6.8	3	κ	ⁿⁿ		7648	601,1333,1295	6.8,5.6,5.8	320	κκκ	ⁿⁿⁿⁿⁿ	a
7611	1333,1343,1354	6.3,6.5,6.3	570	κκκ	ⁿⁿⁿ	ar		1450	6.0	2	κ	ⁿ	
	1384,1395,1450	5.7,6.0,6.0	632	κκκ	ⁿⁿⁿⁿⁿ		7649	614,1357,1376	6.8,5.5,5.8	100	κβ3	ⁿⁿ0	
7612	1333	7.0,6.8	11	κκ	ⁿⁿⁿ		7650	2242	6.6,6.7	01	κκ	ⁿⁿⁿ	ab
7613	1345,1359	7.2,6.7	33	κκ	πⁿ		7651	1328,1354,1395	6.5,7.0,6.5	031	κκκ	ⁿⁿⁿⁿⁿ	
7614	649,1344	6.5,6.8	12	κⁿ	n0	ad		1450	6.5	1	κ	ⁿ	
7615	589, 608, 649	6.8,6.5,5.9	020	καγ	ⁿⁿⁿ2		7652	608, 649, 658	6.8,6.3,6.5	103	αακ	ⁿⁿⁿⁿⁿ	
	658,1344,1358	6.6,5.7,6.1	221	βγα	002			1344,1345,1358	6.4 — 6.5	.1	ααα	ⁿⁿ0	
	1394	6.3	1	β	F			1394	6.6	0	κ	5	
7616	601, 609, 613	6.3,5.2,5.3	621	κκκ	ⁿⁿⁿⁿ	a	7653	1333	7.3,7.1	11	κκ	ⁿⁿⁿ	
	1333,1359,1393	4.1,4.0,4.1	124	κκκ	ⁿⁿⁿ		7654	608, 649, 658	6.0,5.8,6.7	131	β7β	0ᵣ11	
7617	1357,1376	6.5,7.1	21	αℳ	10			1344,1358,1394	6.6,6.4,6.4	100	β3α	202	
7618	650,1345	6.7,7.1	33	ακ	0n	d	7655	1347,1359	6.7,6.8	33	αⁿ	2F	
7619	649,1344	6.8,7.1	21	κκ	ⁿⁿⁿ		7656	1333,1395,1450	5.8,6.2,6.0	111	κκκ	ⁿⁿⁿⁿⁿ	a
7620	1328,1354,1450	6.4,6.9,6.5	212	κκκ	ⁿⁿⁿH	d	7657	650,1345,1347	6.3,6.5,5.8	221	κκκ	ⁿⁿⁿⁿ	
	2242	6.6	2	κ	ⁿ		7658	1347,1359	7.1,6.9	54	κκ	ⁿⁿ	d
7621	1333	7.0,6.8	11	κκ	ⁿⁿⁿ		7659	649,1344	6.7,7.1	22	κκ	ⁿⁿⁿ	
7622	649,1344,1358	6.3,6.4,6.8	101	κκκ	ⁿⁿⁿⁿ	a	7600	1357	7.2,7.2	00	κκ	ⁿⁿⁿ	d
	1394	6.7	0	κ	ⁿ		7661	650,1347,1359	6.0,6.5,6.6	342	ⁿκβ	0ⁿⁿ5	
7623	649,1344	6.4,7.0	33	κκ	ⁿⁿⁿ		7662	1347	6.9,7.0	10	κκ	ⁿⁿⁿ	
7624	1357,1376	6.1,6.6	11	βα	00		7663	1333,1350	7.1,7.2	01	κⁿ	n0	
7625	1328,1354,1450	6.3,7.0,6.8	004	ⁿⁿⁿα	001	d	7664	1384	6.7,6.9	11	ⁿⁿⁿ	0ⁿⁿ	
	1519	7.2	1	κ	ⁿ		7665	1347	7.0,6.9	01	κκ	ⁿⁿⁿ	d
7626	609,1333,1359	7.2,6.7,6.5	231	ⁿ3ᵤ	0ᵣ11		7666	616,1357,1376	6.5,5.0,5.5	011	κγ3	ⁿ22	
7627	1357	7.2,7.3	01	κκ	ⁿⁿⁿ	d	7667	1347	7.2,7.1	01	κκ	ⁿⁿⁿ	
7628	1344	7.2,7.3	01	κκ	ⁿⁿⁿ		7668	609, 650,1345	7.0,6.5,7.0	534	ⁿⁿαα	0ⁿⁿ0	
7629	1357,1376	6.0,6.3	00	βκ	0ⁿ			1347,1359	6.4,6.6	41	β3	ⁿ0	
7630	1359	7.2,7.3	10	κκ	ⁿⁿⁿ		7669	1359	7.0,6.9	10	κκ	ⁿⁿ	a
7631	609,1345,1359	7.0,7.2,6.6	561	ⁿⁿⁿκ	ⁿ0ⁿⁿ		7670	589, 609, 650	4.9,4.7,4,0	111	δεη	ⁿFF	a

THE DRAPER CATALOGUE.

D. C.	Plate Numbers	Observed Brightness	Res.	End.	F.K.	R.	D. C.	Plate Numbers	Observed Brightness	Res.	End.	F.K.	R.
	1345,1347,1359	4.0, *B* —	1в.	ζεζ	ᴦнO		7708	1347	7.0,6.8	11	кк	*II*н	
	1359	4.2	2	ζ	ꜰ		7709	1357,1382	6.9,5.7	55	кк	п*II*	dr
7671	649,1344	6.3,6.6	*12*	βα	ꜰп		7710	1347,1359	7.1,7.0	44	нк	Oɪɪ	d
7672	1384	6.7,6.9	11	ꜱк	и*II*		7711	601, 609,1333	7.1,6.5,6.0	*105*	кββ	п52	
7673	1333,1359	7.3,7.2	*21*	кк	нɪɪɪ			1359	5.4	*3*	δ	2	
7674	609, 650,1345	6.8,6.4,6.6	*304*	κβα	ɴ05		7712	1359	7.1,7.2	01	кк	ɪɪп	
	1347,1359	5.9,6.1	*32*	ββ	ꜰ2		7713	608, 649, 658	6.6,6.8,6.5	*335*	ɪɪкк	ꜰнн	d
7675	649,1344,1358	6.1,6.3 —	*31.*	ккк	ꜱнɪɪ	ad		1345,1347,1358	6.8,6.0,6.5	*533*	ккк	ɪɪ*II*ɪɪ	
	1376,1394	7.2 —	4.	ɪɪк	Oɪɪ			1394	6.6	*2*	β	н	
7676	1357,1376	6.3,6.6	00	кк	*II*ɪɪ	ad	7714	1376,1382	7.3,6.2	*33*	кп	ɪɪɪɪ	
7677	601, 617,1333	6.7,6.6,4.7	*122*	ккк	нн*II*	ʜ	7715	1333,1450	6.6,6.7	*12*	кк	ɪɪɪɪ	
	1305,1450	5.2,5.3	*10*	кк	ɪɪ*II*		7716	1347	7.3,7.2	10	кк	ɪɪɪɪ	
7678	1333,1305,1450	6.2,6.5,6.5	100	ккк	*II*нɪɪ	ad	7717	1347,1359	6.8,6.9	*33*	кк	н*II*	a
7679	1359	7.0,7.0	00	кк	ɪɪɪ		7718	1347,1359	6.5,6.9	*12*	кк	*III*	
7680	608, 649,1344	7.3,6.6,7.0	*031*	ɪɪкк	Oɪɪɪɪ	ad	7719	589, 608, 649	5.9,5.4,4.7	330	ɪɪкк	ɪɪɪɪн	ad
	1358	7.3	1	к	н			651, 658,1344	4.5,5.4,4.5	*322*	ккк	ᴅвʀ	
7681	649	6.9,6.9	00	ɪɪк	Oɪɪ			1346,1358,1394	5.2,4.9,4.7	*413*	ккк	ɴвᴅ	
7682	1333,1384	6.7,6.7	*23*	ακ	Oɪɪ		7720	649	6.9,6.8	10	кк	ɪɪɪɪ	
7683	1345,1347,1359	7.2,6.5,6.7	*214*	ккк	ɪɪ*II*ɪɪ	d	7721	1347,1359	7.0,7.0	*43*	кк	н*II*	
7684	649	6.7,6.7	00	кк	ɪɪɪɪ		7722	649,1344,1346	5.9,6.1,6.4	*311*	γββ	ꜰ05	
7685	1333,1384,1450	6.8,6.9,6.6	*313*	пɪɪα	002	d		1358,1394	6.8,6.6	31	βα	00	
7686	614, 616,1357	6.0,6.3,4.9	*122*	ккк	*II*ᴜᴅ	a	7723	614,1376,1382	5.7,4.5,4.5	*123*	βδδ	ꜰ2ꜰ	
	1376	4.9	*1*	к	ʙ		7724	608, 649, 658	7.1,6.5,7.1	*021*	κβɪɪ	ɪɪ00	
7687	649	7.1,7.1	00	нк	Oн			1358,1394	7.2,7.0	20	кɪɪ	нO	
7688	1333,1384,1450	6.9,6.8,7.1	*391*	ккк	ɪɪнɪɪ	d	7725	1376,1382	7.1,6.9	*12*	кк	ɪɪн	d
7689	1347,1359	7.2,7.0	*45*	кк	ɪɪн		7726	1347	7.1,7.0	10	кк	*II*п	
7690	649,1344,1358	6.7,7.1,7.1	*130*	ккк	*II*нɪɪ	ad	7727	649	7.1,7.1	00	нɪɪ	00	
	1394	7.0	*1*	к	ɪɪ		7728						
7691	649,1344	6.6,7.0	*22*	кк	нʙ		7729	601, 617, 628	6.4,5.7,6.0	*412*	ккк	пппн	at
7692	1333,1450	7.0,7.1	*12*	кк	нα			1333,1384,1395	4.1,4.6,4.7	*220*	ккк	ᴋн*II*	r
7693	1333,1354,1384	6.3,6.4,6.1	*313*	ккк	н*II*ɪɪ	a		1450	4.4	*3*	к	н	
	1305,1450	6.5,6.3	*11*	кк	ɪɪɪɪ		7730	1359	6.9,7.0	01	кк	ɪɪɪɪ	
7694	1359	6.4,6.3	10	κꜱ	*II*н		7731	1347	6.9,7.0	10	кк	н*II*	d
7695	649,1344,1358	6.5,6.9,7.0	*220*	ккк	*II*ᴜ*II*	d	7732	608, 649,1358	7.2,6.8,6.9	*002*	ʙкк	Oɪɪн	d
	1394	6.9	*1*	к	ɪɪ			1394	7.2	1	к	н	
7696	1357,1376	6.2,6.4	10	кк	ɪɪ5	r	7733	1333,1354,1384	6.4,7.0,6.5	*232*	ккк	ꜱ*III*ɪɪ	at
7697						r		1395,1450,1519	6.4,6.5,7.0	*210*	ккк	ɴᴅɪɪ	
7698	1333,1450	6.8,6.8	*22*	кк	*II*н	a	7734	608, 650, 658	6.7,6.2,6.8	*121*	αακ	Oɪɪɪɪ	ad
7699	1347	7.3,7.0	*12*	кк	пɪɪ	d		1345,1347,1358	6.6,5.8,6.7	*420*	βχκ	нOɪɪ	
7700	1347	7.2,7.0	*11*	нʙ	00			1394	6.7	0	ɪɪ	0	
7701	649,1344,1376	6.5,6.8,7.2	*211*	αнк	κOн	d	7735	1347	7.3,7.2	10	кк	ɪɪɪɪ	
7702	649	6.8,6.9	01	κꜱ	нɪɪ	a	7736	2242	7.0,7.1	01	ʜɪɪ	00	
7703	1347,1359	6.9,7.2	*22*	кк	ɪɪн		7737	1333,1384,1450	6.7,6.6,6.6	*421*	βɴк	00ɪɪ	
7704	608, 650, 658	7.0,6.6,7.2	*332*	нɪɪн	000		7738	1333,1359	7.0,6.8	*22*	кк	ɪɪɪɪ	ad
	1345,1347,1358	7.1,6.2,7.1	*411*	ккк	ɪɪ*II*н		7739	609, 650,1345	7.2,6.5,6.6	*112*	пβα	000	
	1394	7.3	*1*	к	ɪɪ			1347,1359	5.9,6.2	*13*	ββ	*22*	
7705	1333,1450	6.7,6.7	*22*	кк	н*II*	a	7740	1347	6.8,6.8	00	кк	ɪɪɪɪ	a
7706	1347	7.3,7.4	10	нα	000		7741	1347	7.0,6.9	01	кк	ɪɪα	
7707	609, 650,1345	6.8,6.3,6.6	*423*	βγɪɪ	000		7742	608, 649, 651	6.7,6.2,6.4	*121*	αβα	Oꜰꜰ	r
	1347,1359	6.0,6.4	30	ρβ	ꜰ5			658,1344,1346	6.6,6.7,6.6	*331*	βɪɪρ	000	

D. C.	Plate Numbers.	Observed Brightness.	Res.	Eud.	F.K.	R.	D. C.	Plate Numbers.	Observed Brightness.	Res.	End.	F.K.	R.
	1358,1394	6.7,6.7	00	пβ	00		7784	609, 652,1347	6.7,6.6,5.8	432	ккк	нии	a
7743	649, 651,1344	6.2,6.0,6.7	253	ккк	ини			1359	6.2	1	к	н	
	1346,1358,1394	6.4,6.9,6.7	120	ккк	нин		7785	1347	7.2,7.3	01	кк	нн	
7744	1347	6.9,6.8	10	кк	нн		7786	1382,1382	— 6.9,7.2	.21	кп	п0	d
7745	1347	7.2,7.0	11	кк	нп		7787	1346	7.3,7.3	00	кк	нн	
7746	1347,1359	6.8,7.1	22	кк	нн		7788	1382	7.1,6.9	11	кк	нп	
7747	1347,1359	6.8,7.3	11	кк	нн		7789	1382	6.8,6.7	10	пк	Оп	
7748	1347	7.3,7.3	00	кк	нн		7790	1376,1382	7.1,6.0	33	кβ	п0	
7749	649,1346,1358	6.8,7.0,7.3	101	ккк	нни	d	7791	1347	7.2,7.1	01	кк	нп	
7750	1333,1384	7.1,7.0	33	кк	нн	a	7792	1333,1395,1450	6.5,6.7,6.5	202	ана	805	
7751	1347	7.0,7.0	00	кк	нп	r	7793	1376,1382	6.8,6.5	71	нп	00	
7752	608, 649, 651	7.1,6.6,6.3	015	пак	Онн	d	7794	649, 651,1346	6.1,5.8,6.1	041	ккк	нвн	a
	1358,1394	7.2.7.2	22	кк	нн			1358,1358,1394	— 6.7 —	.3.	ккк	нин	
7753	1347	7.3,7.3	00	кк	нн			1394	6.8	4	к	н	
7754	1333	7.2,7.0	11	пк	Он		7795	1346	7.3,7.3	00	кк	нп	
7755	649,1346,1394	6.7,7.1,6.9	122	ккк	пнн	a	7796	1382	6.9,6.9	00	кк	нн	
7756	608, 649, 658	6.8,6.6,6.9	111	кка	нн0	ad	7797	1346,1358,1394	7.1,7.2,7.3	010	кки	пп1	
	1346,1358,1394	6.8,6.6,6.7	221	акк	н/п		7798	1347	7.3,7.1	11	кк	нн	
7757	589, 609, 650	6.7,5.7,5.5	532	аδγ	02ν		7799	601, 609, 617	6.8 — 6.5	0.1	пкк	Онц	a
	1333,1345,1347	— 5.0,4.7	.12	βjδ	0ν2			1333,1395,1450	5.0,5.5,5.8	103	ккк	вин	
	1359	4.9	3	ε	2		7800	1347	7.2,7.0	11	кк	нн	
7758	1347	7.2,7.1	01	кк	нн		7801	1347,1358	6.5,7.3	12	ак	5н	
7759	609,1333,1359	6.8,6.5,6.4	430	прα	0н5		7802	1347	6.8,6.7	01	кк	нн	
7760	1347	6.8,6.8	00	кк	нн		7803	1376,1382	6.9,6.7	12	на	00	
7761	608, 651, 658	7.3,6.9,7.0	103	нна	000	ad	7804	1347	7.4,7.3	01	кк	нн	
	1346,1358,1394	7.1,7.0,7.0	211	кки	нн0		7805	1382	6.7,6.7	00	βα	ε8	
7762	609, 650,1345	7.0,6.5,6.7	204	пкк	Онн	d	7806	1347	7.2,7.2	00	кк	нн	
	1347,1359	5.7,6.2	02	βγ	5ν		7807	651	6.9,6.8	01	кк	нн	
7763	1347	6.8,6.6	11	на	0ν		7808	1382	6.9,6.9	00	пк	Он	
7764	1346	7.1,7.0	01	кк	нп		7809	1333,1384	7.0,6.8	34	кк	нн	
7765	1347,1359	6.6,6.7	33	кк	нн		7810	609, 650, 652	6.5,5.8,5.6	001	ккк	ннв	ad
7766	1346	7.3,7.1	11	кк	нп	a		1347,1359	5.3,5.6	31	кк	вн	
7767	1347,1359	6.6,7.0	21	кк	нн	nd	7811	1346,1376	— 7.1,7.3	.11	ак	Он	a
7768	1333,1450	6.8,6.9	12	на	Он		7812	1346	6.9,7.0	01	кк	нн	
7769	1333,1450	6.8,6.5	34	кк	нн	a	7813	614, 625,1376	6.6,5.8,5.3	200	ккк	нин	a
7770	1382	6.4	00	кк	нн	a		1382,1509	4.8,6.2	00	ки	вн	
7771	1347	6.5,6.5	00	ак	Оп		7814	609,1333,1359	7.1,6.4,6.1	123	кβа	нн3	d
7772	1346	7.4,7.2	11	кк	вп			1383	6.9	1	к	н	
7773	1382	6.2,6.5	12	кк	пн	r	7815	2242	6.8,6.8	00	кк	нн	
7774	1347,1359	6.6,6.9	22	кк	нн		7816	1347	7.1,6.9	11	кк	нн	
7775	1347,1359	6.5,7.0	11	кк	нн	a	7817	625,1376,1382	6.4 — 4.8	.3.3	аку	Онг	
7776	1347,1359	6.6,6.9	22	ак	Он		7818	650,1347,1359	6.5,6.1,6.5	221	βаа	нг0	
7777	1333,1384,1450	6.9,6.8,7.0	330	ака	5н0	d	7819	1347	6.8,6.7	01	кк	нн	
7778	1346	7.2,7.3	01	кк	нп	r	7820	1347	6.7,6.8	10	кк	нп	
7779	1333,1384	7.0,6.7	44	кк	нон	nd	7821	608, 651, 658	5.9,5.0,5.7	421	ккк	нон	nd
7780	1333,1359	6.6,6.6	11	аа	нн			1346,1358,1394	5.3,5.3,5.2	112	ккк	внн	
7781	1347,1359	6.5,7.0	11	пк	Он	d	7822	1346	7.2,7.3	10	кк	нн	
7782	1333,1384,1395	6.3,6.6,6.6	110	акβ	Онп		7823	587, 601, 628	6.8,6.6,5.9	414	ккк	нпв	ar
	1450	6.5	1	α	н			1333,1354,1384	4.4,5.3,5.1	402	ккк	нин	
7783	1347,1359	6.9,7.0	33	кк	нн			1395,1450,1519	5.3,5.5,5.9	133	ккк	нин	

THE DRAPER CATALOGUE.

D. C.	Plate Numbers.	Observed Brightness.	Res.	End.	F.K.	R.	D. C.	Plate Numbers.	Observed Brightness.	Res.	End.	F.K.	R.
7824	1347	6.7,6.8	10	кк	нн	n	7859	1382	7.2,7.0	11	кк	IIII	
7825	1347	7.3,7.3	00	кк	III		7860	1382	5.8,6.2	22	кк	III	n
7826	1333,1384,1395	5.9,6.0,6.6	043	ββк	IIIII	ad	7861	617, 628,1333	6.7,6.9,5.4	022	ккк	IIIII	ad
	1450	6.3		β	II			1384,1395,1450	5.6,5.7,5.4	112	ккк	IIIII	
7827	609, 627, 650	5.0,5.2,5.0	334	ккк	DHH	ad	7862	1347	6.9,6.8	10	пк	OII	
	660,1333,1347	4.7,4.8,4.5	157	ккк	DBB		7863	1347	6.8,6.8	00	кк	III	a
	1359,1383	4.0,4.5	54	кк	BB		7864	1382	7.0,6.8	11	кк	III	
7828	1347,1359	6.3,7.0	00	кк	III	n	7865	1347,1359	6.4,7.0	01	кк	IIК	a
7829	1347,1394	6.5,7.3	12	IIК	OII	d	7866	608, 651, 651	6.2 — 5.3	6.0	δкγ	OII5	at
7830	1450	6.8,6.8	00	αα	IIII		7867						r
7831	608, 651, 658	5.8,5.0,5.7	412	ккк	HHH	n		658,1346,1346	5.8,5.4 —	11.	кδк	II2II	
	1346,1358,1394	5.3,5.0,5.0	233	ккк	IIIII			1358,1394	5.2,5.1	34	βα	22	
7832	1347	7.3,7.2	10	кк	КН		7868	1382	7.2,7.3	10	кк	III	d
7833	609, 650,1347	7.2,6.6,6.0	102	αIIγ	OOF		7869	1346	7.2,7.2	00.	кк	III	
	1359	6.4	1	α	F		7870	1333,1384,1450	6.4,6.0,6.7	362	кIIК	IIFH	a
7834	1347	7.2,7.2	00	кк	III		7871	1347,1359	7.0,6.9	44	кк	IIП	d
7835	1347	6.9,6.9	00	кк	III		7872	1376,1382	6.2,5.5	11	кк	IIК	ar
7836	1382	7.2,6.9	12	IIК	OII		7873						r
7837	1382	6.9,6.9	60	кк	III		7874	1382	5.8,6.2	22	αα	HII	
7838	625,1376,1376	6.3,6.6 —	26.	ккк	IIHH	ad	7875	1347	6.9,6.8	10	кк	III	
	1382	5.2	3	к	II		7876	1382	7.3,7.0	21	кк	HII	dr
7839	1347,1359	6.2,6.9	00	кк	III		7877	1347	7.3,7.3	00	кк	BII	
7840	625,1376,1382	6.1,5.8,5.2	201	βγγ	000	ad	7878	608, 651, 658	6.1,5.6,6.2	111	αεγ	FF0	a
	1509	6.8	1	к	II			1346,1346,1358	— 5.7,5.8	.01	IIδγ	OFF	
7841	1333,1450	6.8,6.9	12	кк	IIII	dr		1394	5.7	2	γ	F	
7842						r	7879	1359	7.1,7.3	11	кк	IIН	
7843	1347	7.3,7.3	00	кк	III		7880	1347	6.9,6.8	10	кк	IIН	
7844	651,1346,1358	6.0,6.2,7.0	424	ккк	IIIIII	ad	7881	1382	7.2,6.9	22	кк	IIН	
	1394	6.8	2	к	II		7882	1347	6.6,6.5	01	кβ	5ν.	
7845	1333,1354,1384	6.5,7.0,6.1	445	кIIК	IIОII	ad	7883	608, 651,1346	6.8,6.5,6.5	111	θкβ	OIIF	ad
	1395,1450	6.3,6.6	21	Кα	BII			1358,1394	6.5,6.6	10	кк	III	
7846	614, 625,1376	6.2,5.7,5.1	6.2,5.7,5.1	βββ	IIOF	a	7884	1347,1359	6.7,7.1	12	кк	III	d
	1382,1509	4.5,5.9	11	εα	1н		7885	1346	7.3,7.3	00	кк	III	
7847	1359	6.9,6.9	00	кк	III		7886	1347	7.1,6.9	11	кк	IIН	
7848	1382	5.5,5.7	11	кк	III	a	7887	1347	7.2,7.2	00	кк	HII	
7849	1333,1354,1384	6.4,7.0,6.5	345	ккк	IIIII	a	7888	1333,1384,1450	6.5,6.6,6.6	221	ккк	IIII	d
	1395,1450	6.3,6.6	21	кн	II0		7889	1346,1358,1394	7.2,7.2,7.2	111	ккк	IIНН	d
7850	609, 650, 660	7.1,6.2,6.9	023	IIαК	OFH	ad	7890	608, 651,1346	7.3,6.4,6.5	421	IIβ3	OF0	
	1347,1359	5.7,6.2	11	γβ	I2			1358,1394	6.9,6.8	10	Кα	II0	
7851	1382	6.5,6.6	01	пк	НК	a	7891	1347,1359	6.9,7.2	22	кк	III	
7852	1333,1384	6.5,6.3	43	αII	IF	d	7892	1347	7.2,7.2	00	кк	III	
7853	1384,1450	6.9,7.2	22	Кα	II0	d	7893	1384	6.9,7.0	10	кк	II//	
7854	608, 651, 658	7.2,6.5,7.1	220	пβп	000		7894	1347,1359	6.5,7.0	11	кк	III	ad
	1346,1358,1394	6.7,6.9,6.8	001	αкк	0пк		7895	1382	7.0,6.9	10	кк	OII	
7855	1347	7.2,7.4	11	III	00		7896	1359	7.0,6.9	10	кк	III	
7856	1346	7.0,7.0	00	кк	III	d	7897	1346	7.3,7.0	21	кк	III	a
7857	1347,1359	6.8,7.2	21	кк	HII		7898	1347,1359	7.3,7.3	34	кк	НН	
7858	614, 625, 625	6.5 — 6.0	0.1	αεγ	F02	r	7899	1346,1394	7.2,7.2	11	кк	НН	
	1376,1382,1382	5.2,5.2 —	23.	γβδ	F22		7900	1347	7.3,7.3	00	кк	III	
	1509	6.2	1	β	0		7901	1333,1384,1395	6.5,6.8,6.5	341	ккк	IIIIII	r

224   ANNALS OF HARVARD COLLEGE OBSERVATORY.

D. C.	Plate Numbers	Observed Brightness	Res.	End.	F.K.	R.	D. C.	Plate Numbers	Observed Brightness	Res.	End.	F.K.	R.
	1450	6.8	2	к	н		7946	651, 659,1346	5.3,6.5,5.4	605	γβγ	202	r
7902	625,1382	6.6,5.3	12	кк	нн	a	7947						r
7903	609, 660,1347	6.8,6.5,5.4	110	ακε	ιιн2	r		1367,1367,1394	6.1,6.2,6.3	232	ααк	нн ιι	
	1359,1383	5.9,6.8	23	βα	28			1394	6.2	1	н	1	
7904	651,1346,1394	6.6,6.7,7.2	212	ακн	0н0		7948	1347	6.7,6.8	10	кк	нн	a
7905	1346	7.1,7.0	01	кк	ιιιι	a	7949	651,1346,1377	6.5,6.6,6.8	102	каκ	ιιнн	at
7906	1382,1382	7.0,7.0 —	00.	кк	ιιιι	d	7950	2242	6.7,6.8	01	кн	ιι0	
7907	652,1347,1359	7.3,6.6,6.9	113	ιιнк	00ιι	d	7951	1347,1367	— 7.1,7.1	.00	кк	ιιιι	
7908	1382	6.8,7.0	11	кк	ιιн		7952	626, 651, 659	5.5,4.8,5.5	201	γεδ	0rг	a
7909	1395,1450	6.6,6.6	00	кк	ιιιι			714,1346,1346	5.5 — 4.6	1.2	δηζ	r00	
7910						r		1367	5.1	3	a	r	
7911	1346	7.1,7.1	00	кк	ιιιι	r	7953	140, 587, 617	4.9 — 4.8	3.4	εδε	122	
7912	1384,1450	6.8,7.2	23	кιι	н0			682,1395,1450	— — —	...	εγε	2r2	
7913						dr		1519,2242	— 4.2	.2	hζ	r2	
7914	1359,1450	— 7.0,7.2	.11	кк	нιι	r	7954	1347,1359	6.5,6.5	34	кк	нн	a
7915	1347	7.2,6.9	21	кк	нн		7955	660,1347,1359	6.3,5.2,5.8	101	ккк	ιιвιι	a
7916	1347	7.4,7.3	01	кк	ιιιι			1383	6.5	2	к	н	
7917	1382	6.5,6.6	01	кк	ιιιι		7956	660,1347,1359	6.6,5.6,6.0	003	βγα	021	
7918	1383	6.8,6.7	10	кк	ιιιι	a		1383	6.9	2	β	0	
7919	1347	7.4,7.3	01	кк	ιιιι		7957	652,1347,1367	6.5,6.0 —	11.	ккк	ιιнιι	
7920	1347	7.2,7.5	21	кн	н0	d	7958	651, 659, 714	5.4,6.5,7.2	505	γκк	3ιιιι	r
7921	1347,1359	6.3,6.6	22	кк	нн			1346,1367	5.7,5.9	20	γβ	21	
7922	1384	7.0,7.2	11	ιιк	0н		7959	1377,1382	6.7,6.6	01	кк	ιι ιι	a
7923	1347,1359	6.5,6.9	00	ακ	0н		7960	1359	7.1,7.0	01	кк	ιιн	r
7924	1346,1394	6.9,6.8	21	кк	нн	r	7961	1347	7.3,7.2	10	кк	нн	
7925	1382	6.2,6.5	12	кк	ιιн		7962	651,1346	6.5,6.7	11	αβ	r0	
7926	660,1347,1359	6.9,6.2,6.5	122	к, к	ιιнп		7963	1377,1382	6.4,6.9	34	кк	ιιк	a
7927	1347,1367,1394	6.5,6.8,7.3	330	ккк	ιιιιн		7964	1347	7.0,7.0	00	кк	ιιп	
7928	1382	7.0,6.9	10	кк	ιιιι		7965	1333,1384,1450	6.4,6.5,6.5	221	ββα	ιι05	
7929	1347,1359	6.8,7.0	23	кк	нιι	d	7966	1333,1384,1395	6.8,6.5,6.9	350	ккк	ιιнн	d
7930	625,1382	6.7,5.9	11	кк	ιιп	a		1450	7.1	2	к	ιι	
7931	625,1377,1382	4.9,5.0,4.2	542	γβδ	552		7967	1377,1382	7.1,7.1	11	кh	ιι0	d
	1509	6.0	2	a	2		7968	1347,1359	6.4,7.0	01	кк	нн	
7932	1347,1359	7.2,7.3	35	кк	нιι		7969	1367	7.2,7.1	00	кк	ιιιιι	
7933	651,1346	6.7,7.2	23	ка	н0		7970	1367	7.2,7.1	10	кк	ιιιι	
7934	1346	7.3,7.4	01	кк	ιιн	d	7971	1347	7.0,7.0	00	кк	ιιιι	d
7935	1377	6.9,6.8	01	кк	ιιιι		7972	1377,1382	6.7,7.0	23	ιιн	00	
7936	1347	7.3,7.0	12	кк	ιιп		7973	1382	5.7,6.0	21	кк	ιιп	a
7937	1359	7.0,6.9	10	кк	ιιп		7974	1382	7.2,7.2	00	кк	нн	dr
7938	1347,1359	6.6,7.0	21	ακ	0ιι		7975	651,1346	6.5,6.8	21	кк	нн	a
7939	651, 659,1346	5.7,6.7,6.0	310	ккк	ιιнн	a	7976	1347	7.2,7.0	11	кк	ιιп	
	1367,1394	6.0,6.2	00	кк	ιιн		7977	1384,1450	6.7,6.9	12	кк	нн	
7940	1346,1377	7.0,6.7	12	ακ	1н	ad	7978	2242	6.0,6.7	01	ββ	00	
7941	1359	7.0,7.2	11	кк	нп		7979	1347	6.5,6.5	00	кк	ιιιι	
7942						ar	7980	651	7.2,7.1	10	аιι	r	
7943	1347,1359	5.6,6.9	33	кк	нв		7981	652,1347,1367	6.4,5.8 —	10.	ккк	ннιι	a
7944	626, 651, 659	5.4,4.2,6.5	034	γηε	020	r	7982	601, 628,1383	7.3,7.0,5.9	122	ιικβ	0ιι2	
	714,1346,1367	5.5,4.1,6.1	046	γζδ	01r			1384,1450	5.9,6.4	33	γβ	02	
	1394	4.4	3	β	2		7983	1347	7.3,7.2	10	кк	ιιп	d
7945	1347,1359	6.8,7.0	23	кк	вн	d	7984	1347	7.2,7.1	01	кк	ιιιι	

THE DRAPER CATALOGUE. 225

D. C.	Plate Numbers.	Observed Brightness.	Res.	End.	F.K.	R.	D. C.	Plate Numbers.	Observed Brightness.	Res.	End.	F.K.	R.
7985	1333, 1384	6.9,7.0	22	кн	пО	d	8024	1347	7.1,7.0	10	кк	нп	
7986	1347	6.8,6.6	11	кк	нп	a	8025	1333,1384	6.8,6.5	44	кк	пн	d
7987	1347	6.9,6.9	00	пк	Он		8026	1347	7.3,7.4	10	кк	нп	
7988	1328,1354,1450	6.8,6.6,6.2	314	ннх	00н	ad	8027	1367	7.3,7.4	01	кк	нн	
	1519,2242	6.9,6.4	10	нβ	Он		8028	1347,1367	7.1,7.2	14	кк	ппн	d
7989	1347,1359	6.5,6.7	32	aк	нп	d	8029	1347	7.2,7.0	11	кк	нп	
7990	1347	7.2,7.0	11	кк	пп		8030	1384,1450	6.9,7.0	21	пк	Oп	d
7991	587, 601, 628	6.4,6.4,6.1	210	ккк	DНН	ar	8031	1347	7.2,7.0	11	кк	пп	d
	682, 738,1333	6.5,5.5,4.7	211	ккк	пDH		8032	1377,1382	7.0,6.8	00	пк	Oп	d
	1354,1384,1395	4.8,5.0,4.8	312	ккк	DHH		8033	1346,1367	7.0,6.9	10	кк	HH	a
	1450,1519	5.0,5.3	01	кк	Dп		8034	1347	7.3,7.3	00	кк	нп	
7992	1367	7.2,7.0	11	кк	пн		8035	1333,1395,1450	7.1,6.8,7.1	430	кпк	пОп	d
7993	140, 617, 682	6.0 — —	1..	δah	200		8036	1382	7.1,7.0	01	кк	пп	
	2242	5.6	1	β	2		8037	1382	7.2,7.3	01	кк	пн	r
7994	n	R	n	к	в	r	8038	1377	7.0,7.0	00	aк	Oв	d
7995	1347	6.8,6.3	00	нa	00		8039	1382	6.8,6.8	00	пк	Oн	
7996	1377,1382	6.8,7.2	33	кн	пО	d	8040	1346,1367	7.4,6.8	33	кп	пО	d
7997	625,1377,1382	5.7,5.4,4.5	143	ккк	ННН	a	8041	1377,1382	6.9,7.3	33	кн	пО	d
	1506,1509	5.8,6.0	22	кк	нп		8042	1377	7.1,7.0	01	кa	пО	d
7998	1847	6.8,6.6	11	кк	нн		8043	1347	7.0,7.0	00	кк	нн	
7999	652,1347	7.0,6.0	12	γβ	Fδ		8044	1377	7.1,7.2	01	пк	Oн	
8000	1382	7.1,7.2	01	пк	Oн		8045	1384	6.7,6.8	10	кк	нп	
8001	1384	7.1,7.3	11	кк	нп		8046	627, 660,1347	6.5,5.0,5.2	024	aδδ	Oрl	
8002	652, 650,1347	6.3,6.6,5.4	321	γβγ	05F			1383	5.6	3	δ	0	
	1367	6.1	1	δ	F		8047	1347	5.9,6.0	10	кк	нн	a
8003	1377	6.9,6.8	01	кa	пп		8048	1347	6.7,6.6	10	кк	пн	a
8004	1346,1347,1367	— 6.3,6.5	.34	ккк	пнп	at	8049	1450	6.7,6.9	11	кк	пн	
8005	1359,1383,1384	6.4,7.1,6.7	121	ккк	нпп		8050	1347	7.0,7.0	00	кк	нн	
8006	1354,1450,1519	6.9,6.6,7.0	111	ккн	нпО		8051	1377	6.8,6.8	00	кк	нн	a
	2242	—	.	к	н		8052	617, 628,1384	6.0,6.5,5.4	501	ккк	впн	a
8007	1346	7.2,7.0	11	кк	пн	a		1395,1450	5.8,5,4	40	кк	пн	
8008	1377	6.7,6.9	11	кк	нн	a	8053	1347	7.2,7.2	00	кк	пп	
8009	1384,1450	7.0,7.0	01	кк	пп	d	8054	651,1346,1377	6.5,6.0,6.3	012	γaп	пδv	ad
8010	1384	7.0,7.0	00	кк	пп	a	8055	1347	6.5,6.4	10	δδ	00	
8011	1347	6.8,6.7	01	кк	нн		8056	1384	7.1,7.3	11	кк	пп	
8012	1367	7.1,7.2	01	кк	пп		8057	1347	7.0,7.0	00	кк	нн	
8013	1377,1382	6.8,6.3	12	кк	пп	d	8058	651,1346,1367	6.3,6.4,6.3	010	γβa	FFн	
8014	625,1377,1382	7.0,6.4,5.5	134	нкн	OнF	ad	8059	651,1346,1377	6.8,7.1,6.6	032	aкп	OпО	
	1506,1509	7.1,7.0	43	ке	пн		8060	1384	6.7,6.7	00	пк	Oн	
8015	1333,1384,1450	7.0,7.0,7.0	321	ккн	ппО	d	8061	1347	6.9,6.9	00	кк	пп	
8016	1346	7.2,7.4	11	кк	нп		8062	1347	6.5,6.6	10	кк	нн	
8017	1347,1347	— 6.5,6.8	.12	хк	нн		8063	1347	7.1,7.1	00	кк	ппп	
8018	1347	7.1,7.0	10	кк	кп		8064	1377,1382	6.9,7.0	21	кп	пО	
8019	1347	7.0,6.9	01	кк	нп		8065	1377	6.8,6.9	10	кк	ппп	a
8020	1377,1382,1382	6.8,6.9 —	12.	ккк	ннн	d	8066	652,1347	7.4,6.6	10	ha	02	
8021	652, 660,1347	5.8,6.4,5.4	300	γβγ	001		8067	1377	7.0,7.1	10	aк	Oк	
	1383	6.7	2	γ	0		8068	1346	7.2,7.2	00	кк	нп	
8022	617,1384,1395	6.9,6.2,6.5	304	ннβ	000		8069	1354,1384,1395	6.9,6.6,6.2	303	кпк	пОн	at
	1450	6.2	1	γ	F			1450,1519	6.6,7.0	11	кп	нО	
8023	1347	6.9,6.8	10	пк	Oн		8070	1346,1367	6.7,6.5	11	кк	ппп	

D. C.	Plate Numbers	Observed Brightness	Res.	End.	F.K.	R.	D. C.	Plate Numbers	Observed Brightness	Res.	End.	F.K.	R.
8071	1347	6.6,6.6	00	кк	пи	a	8114	626, 651, 659	6.4 — 5.9	1.3	ккк	ннв	nd
8072	1333,1395,1450	6.6,6.6,6.5	312	прп	000			714,1346,1367	6.5,6.0,5.6	140	ккк	ннд	
8073	1377	6.9,6.7	11	кк	un	r	8115	1377	6.7,6.7	00	кк	nк	
8074	1347	6.9,6.7	11	кк	нн		8116	1347	7.4,7.4	00	кк	нн	
8075	1384,1395,1450	6.4,6.5,6.6	201	ккк	ппн		8118	1367	7.1,7.1	00	кк	нп	d
8076	1377,1382,1506	5.8,6.6,6.9	550	ккк	нпн	a	8119	660,1347,1383	6.4 — 7.2	4.3	аhк	Огн	d
8077	1346,1367	7.3,7.1	11	кк	пи			1384	7.0	2	к	п	
8078	1367	7.3,7.0	21	кк	пн	d	8120	1367	6.7,6.6	01	кк	пи	a
8079	1346,1367	6.8,6.5	12	кк	ин	d	8121	1377	6.8,6.7	10	кк	нн	a
8080	625,1377,1382	5.8,5.4,6.0	220	ккк	нвв	a	8122	1384	7.0,7.2	11	пк	Он	
	1506,1509	5.8,6.5	01	кк	пн		8123	1347	7.3,7.3	00	пк	1н	
8081	1367	7.3,7.2	01	кк	пи		8124	1367	7.3,7.3	00	кк	ни	
8082	1347	7.1,7.0	10	кк	нв		8125	1450	7.2,7.0	11	пк	Он	
8083	652, 659,1347	5.7,6.4,5.3	013	ккк	дпв	ad	8126	1347	6.5,6.5	00	кк	нн	a
	1367	5.9	0	к	в		8127	1347	6.9,6.8	10	кк	пш	a
8084	659,1346,1367	6.8,6.9,6.4	341	кка	нв0	nd	8128	660, 652,1347	6.8,6.9,6.4	133	ааа	н05	
8085	1377,1382,1506	6.4,6.6,7.2	220	аик	00п	ad	8129	1347	7.3,7.0	12	кк	пи	
8086	1347	7.2,7.2	00	кк	ип		8130	1347	7.2,7.2	00	кк	нн	
8087	651,1346,1367	6.8,6.7,6.4	212	как	п0и	nd	8131	1384,1384,1450	6.5,6.5,6.7	112	ккк	вип	a
8088	1347	7.0,7.0	00	кк	нн	d	8132	1347	7.3,7.0	12	кк	нн	a
8089	1346,1367	7.3,6.7	33	кк	пн	a	8133	1377	6.8,6.8	00	кк	ип	
8090	651, 659,1346	6.2,6.6,6.2	111	ββа	00ғ		8134	619, 627, 652	6.5,6.4,5.3	001	ааγ	R2ғ	
	1367	5.9	2	γ	2			660,1347,1383	5.5,5.1,5.7	241	δγγ	212	
8091	626, 651, 659	6.5,5.6,6.5	003	αγβ	055			1551	6.2	1	γ	ғ	
	1346,1367	5.6,5.5	01	γγ	25		8135	651, 659, 660	6.6,7.0,6.7	111	апа	н0н	
8092	651, 659,1346	6.6,6.8,6.9	134	βкп	0п0	ad		1346,1367	6.5,6.4	01	αβ	0ғ	
	1367	6.5	0	к	п		8136	1377	7.0,6.9	10	кк	ип	a
8093	1377	6.7,6.7	00	аа	δн		8137	1347	7.2,7.2	00	кк	нн	
8094	628,1384,1395	7.0,6.2,6.3	311	βап	0ғ0		8138	660,1347,1383	6.5,6.4,7.2	541	βак	нғи	r
	1450	6.4	2	γ	ғ		8139	659,1367	6.8,6.4	11	пк	ғи	ad
8095	1347	6.9,6.5	22	кк	пн		8140	651,1377	6.6,6.3	12	αβ	пв	
8096	1367	7.2,7.0	11	кк	ип		8141	1450	7.0,6.9	10	кк	нн	
8097	1346,1367	7.1,6.6	23	кк	ип	a	8142	660,1383,1384	6.2,6.5,6.5	201	βиβ	00ғ	
8098	1377,1382,1506	6.6,5.7,7.0	341	βак	δип	d	8143	1367	7.3,7.4	01	кк	пи	
8099	1347	7.2,7.0	11	кк	ин		8144	625,1451	6.1,5.4	01	кк	ин	a
8100	1346,1367	7.3,6.6	43	кк	ин		8145	1367	7.3,7.4	01	кк	пн	
8101	651,1346,1377	6.7,6.7,6.1	224	как	пп5	d	8146	652,1347	7.2,6.5	00	ка	ип	d
	1506	6.9	2	к	п		8147	1333,1384,1395	6.9,6.4,6.5	553	ккк	п/1н	ad
8102	1377,1506,1509	6.0,6.1,6.9	320	ккк	ипв			1450,1519	6.9,7.2	10	кк	ин	
8103	1346,1367	6.6,6.6	00	кк	ии		8148	651, 659,1346	6.3,6.5,6.3	202	αββ	055	
8104	1347	6.5,6.6	10	кк	ип			1367	5.9	2	2	
8105	1367	7.3,7.3	00	кк	ии		8149	1377,1506	5.9,6.6	01	βк	δи	
8106	651,1346	6.7,7.0	21	кп	п0		8150	1377	6.6,6.8	11	кк	ни	a
8107	1506	6.9,7.0	10	нк	0п	r	8151	617, 628, 628	4.9 — 5.5	3.3	εδˇ	000	
8108	1347,1383	6.1,7.0	11	кк	ни	dr		682,1333,1384	5.2,4.0 —	23	γγε	0ғ1	
8109	1450	7.2,7.2	00	кк	ии			1384,1395,1450	4.2,4.1,4.2	001	δεˇ	ғғғ	
8110	1347	7.1,7.2	10	кк	пи			1519	4.0	1	δ	1	
8111	1347	7.0,7.0	00	кк	ии	a	8152	1347	7.2,7.1	01	кк	ни	d
8112	1367	7.3,7.1	11	кк	ии		8153	1367	7.3,7.3	00	кк	ни	
8113	1377	6.6,6.7	10	ββ	00		8154	1367,1367	6.9,6.8	01	кh	n1	d

THE DRAPER CATALOGUE. 227

D. C.	Plate Numbers.	Observed Brightness.	Res.	End.	F.K.	R.	D. C.	Plate Numbers.	Observed Brightness.	Res.	End.	F.K.	R.
8155	1450	7.0,7.0	00	нк	0ιι		8196	1333	7.0,6.8	11	пк	0ιι	
8156	1519	7.2,7.3	10	кк	нн		8197	1347	6.5,6.6	10	аα	00	
8157	1333	7.0,7.0	00	нк	0ιι		8198	1377,1451,1506	6.5,6.5,7.0	001	ккк	ннн	
8158	617, 628,1384	6.1,6.0,5.3	230	αγγ	52r		8199	1367	7.0,7.0	00	кк	нн	d
	1395,1450	5.4,5.3	21	βγ	0г		8200	1347	7.1,7.2	10	кк	нιι	
8159	1347	6.6,6.7	01	αβ	пп		8201–	2242	7.0,6.9	01	ιικ	0п	
8160	1347	7.3,7.1	11	кк	нн		8202	1377	7.1,7.0	01	нα	00	
8161	1347	7.0,7.1	01	кк	пи		8203	1384,1450	7.0,7.0	01	пк	0ιι	
8162	666,1367,1367	6.7,6.7 —	10.	кαп	н00		8204	1384	7.0,7.2	11	кк	нн	a
8163	617, 628, 682	5.0,5.3,5.4	210	ккк	ннв	ad	8205	1367	7.1,6.9	11	кк	пн	
	1333,1384,1395	в, 4.2,4.2	н01	ккк	пнв		8206	1347	7.1,6.9	11	кк	ни	
	1450,1519	в, 4.6	п1	кк	пп		8207	659, 666,1367	6.8,6.3,6.1	001	αδγ	пг2	
8164	1451	6.8,6.9	10	кк	пи	r		1525,1550	6.7,6.8	21	βα	00	
8165	696,1354,1395	6.9,6.0,5.9	100	кββ	н00		8208	1451	6.7,6.8	01	нк	0ιι	
	1450,1519	6.0,6.5	12	βα	00		8209	1377,1451	6.3,6.0	21	βк	5и	ad
8166	1347	7.3,7.2	10	кк	пιι		8210	1367	0.9,6.9	00	кα	нн	
8167	1367	7.3,7.2	01	кк	ни		8211	1451	7.0,6.9	10	кк	нп	r
8168	1377	7.2,7.2	00	пк	0н	r	8212	1377,1451	6.3,6.7	22	γк	5м	ad
8169	1377,1377,1506	— 6.1,6.7	.00	βγп	050		8213	1367	7.2,7.0	11	кк	пн	a
8170	631,1377,1451	6.8,5.5,5.8	112	кγγ	н50		8214	1367	6.8,6.7	10	вβ	0ιι	
	1506,1509	6.1,6.5	13	αα	55		8215	1384,1450	6.7,6.9	12	кк	ниι	
8171	1347	6.9,7.0	10	кк	нн	b	8216	1377	6.0,6.8	11	пα	00	
8172	659,1367	7.2,6.5	10	пα	01		8217	1451	7.1,7.3	11	пк	0н	
8173	1377	7.2,7.2	00	кк	пн	r	8218	1347	7.0,7.1	01	кк	нн	a
8174						r	8219	1377,1451	6.4,6.0	22	кα	н0	
8175	1333,1384	6.7,6.6	33	αα	05		8220	1451	6.5,6.5	00	αβ	00	
8176	1377,1451	7.0,6.6	22	нк	0и	d	8221	1367	7.1,7.0	01	кк	нн	
8177	1377	7.2,7.2	00	нк	0ιι		8222	1377,1451	6.7,6.5	11	кк	нн	a
8178	1377,1451	6.7,6.7	00	кк	ƶιι		8223	626, 659, 666	6.4,6.4,6.0	301	βδδ	0г0	a
8179	1328,1354,1395	6.4,6.6,6.1	222	ккк	иинн	ad		714,1367,1550	6.6,5.7,6.4	011	αеβ	0г1	
	1450,1519,2242	6.0,6.7,6.4	304	βкк	пιιн		8224	1333,1384,1395	6.8,6.5,6.6	442	ккк	нвн	
8180	1384	6.6,6.7	01	кк	нн			1450	7.0	2	к	и	
8181	1384	6.9,6.8	10	пк	0в		8225	1367	7.3,7.3	00	кк	ιιп	
8182	1384	6.8,6.8	00	кк	п11		8226	1367	7.1,7.0	01	кк	нιι	
8183	1347	6.9,6.8	10	кк	нι		8227	1377,1451	7.3,7.0	21	кк	вн	
8184	666,1367	6.9,6.5	12	αн	00		8228	1377,1451	6.7,6.5	11	кк	нн	
8185	1377	6.5,6.8	21	кк	нιι		8229	666,1367	6.5,6.2	11	кβ	нг	a
8186	1367	7.2,7.3	10	кк	пп		8230	1451	7.1,7.0	10	нк	0н	r
8187	1377	7.0,7.0	00	αк	0ιι	d	8231	631,1377,1451	6.6,5.5,6.1	224	ккк	нιιн	at
8188	1347	6.9,7.0	10	ικ	ιιв			1506	6.2	1	к	в	
8189	1347	7.0,6.7	21	кк	пн	a	8232	660,1383,1384	6.3,6.7,6.6	211	βпк	00н	
8190	1367	7.2,7.2	00	кк	вн		8233	618, 659, 666	7.1,6.8,7.1	226	пβк	00ιι	
8191	626, 659, 714	7.0,6.4,7.0	021	нγн	0н0	d		1367	6.3	1	β	н	
	1367,1550	5.9,6.8	22	βк	гιι		8234	1377,1451	6.5,6.7	01	αβ	50	
8192	1377	7.2,7.3	10	кк	ιιπ		8235	1367	7.3,7.0	21	кк	пιι	a
8193	1377,1451,1451	5.8,6.0 —	02.	βαα	011		8236	1384,1450	6.9,7.0	11	кк	пιι	
	1506,1509	6.5,6.7	13	αβ	н0		8237	1367	7.1,7.1	00	кк	ιιп	
8194	628,1384,1395	6.6,5.7,6.4	435	ккк	нпιι	ad	8238	1367	6.8,6.7	10	вβ	0ιι	
	1450	5.9	0	к	н		8239	1377,1451	6.7,6.5	11	αк	05	
8195	1377	6.9,6.9	00	пк	0п		8240	1333,1384,1395	6.2,6.2,5.9	324	ккк	пвπ	

228 ANNALS OF HARVARD COLLEGE OBSERVATORY.

D. C.	Plate Numbers.	Observed Brightness.	Res.	End.	F.K.	R.	D. C.	Plate Numbers.	Observed Brightness.	Res.	End.	F.K.	R.
	1450,1519	6.5,7.0	23	кк	пп		8282	660,1383	6.6,7.1	22	αн	нв	
8241	1367	6.8,6.9	10	кк	нп	ad	8283	1384	6.7,6.6	10	пα	Оп	
8242	618, 659, 666	7.2,6.5,6.2	290	ιγδ	ОгО		8284	666,1377	6.7,6.8	11	γιι	00	d
	1367,1525,1550	6.2,6.9,6.7	111	γαα	F00		8285	1451	7.2,7.0	11	кк	нп	d
8243	628, 660,1384	6.3 — 5.6	5.2	кккк	пвп	ad	8286	666,1367	6.6,6.6	01	кк	пн	
	1395,1450	6.0,6.2	35	кк	нн		8287	1367	7.3,7.4	01	кк	вп	
8244	1384,1450	6.4,6.9	33	кα	ип	ad	8288	1384	6.8,6.9	01	кк	нп	
8245	660,1551	7.1,7.0	34	αк	Оп	ad	8289	628, 738,1333	6.7,6.0,6.0	533	пкк	Он н	a
8246	1367	7.2,7.2	00	кк	пн	d		1384,1395,1450	5.7,6.2,6.5	514	ккк	нпн	
8247	1367	6.5,6.6	01	кк	нн			1519	7.0	5	к	н	
8248	666,1367	6.6,6.9	22	кк	пп		8291	1451	7.2,7.2	00	кк	пп	
8249	1383,1384	6.7,6.6	00	кп	нғ	a	8292	1367	7.3,7.4	01	кк	пп	
8250	619, 659,1367	7.3,6.7,5.9	213	пβγ	ОоF		8293	1367	7.2,7.1	10	кк	нц	
	1551	7.0	1	α	0		8294	1367	7.3,7.2	01	кк	пп	
8251	1367	7.0,7.0	00	пп	00	b	8295	1377,1451	7.2,7.1	10	пп	00	d
8252	689,1377,1451	6.7,6.0,5.9	212	ккк	пнп		8297	1377,1451	7.0,7.0	00	кк	пп	d
	1506	7.0	3	к	и		8298	1451	6.5,6.6	01	кп	нн	a
8253	689,1377,1451	6.8,6.5,5.8	143	ккк	пвн	ad	8299	628,1384,1395	6.9,5.9,6.7	336	βακ	1нп	
8254	1451	7.2,7.3	10	нк	Ог			1450	6.3	2	к	п	
8255	1377,1451	7.0,6.2	44	кк	пн	ad	8300	1384	7.0,7.3	21	кк	пп	
8256	1333,1384	6.8,6.4	54	ни	00		8301	1367	7.3,7.3	00	кк	пп	
8257	1377	7.1,7.1	00	нк	Ог		8302	1451	7.2,7.1	10	кк	пп	
8258	1451	7.0,7.0	00	кк	нп		8303	1384	6.9,6.9	00	кк	пп	
8259	1367	7.3,7.2	01	кк	нн		8304	1367	7.0,6.9	10	нк	ғп	b
8260	659,1367	7.1,6.6	01	кβ	нО		8305	1367,1550	— 7.0,7.3	.21	кк	пп	ad
8261	1451	7.1,7.2	01	кк	пп	a	8306	656, 660,1383	6.1,6.5,6.8	111	ββα	ОпО	
8262	1451	6.7,6.5	11	кк	ип	a		1551	6.9	3	п	0	
8263	1451	5.9,6.1	11	αβ	1п		8307	1384	7.1,7.1	00	кк	пп	
8264	1367	7.2,7.3	10	кк	нн		8308	1367	7.3,7.4	01	кк	пп	
8265	1377,1451	6.7,6.7	00	ги	00		8309	628,1384,1395	6.7,5.9,6.1	312	βδα	ОгО	
8266	689,1377,1451	6.9,6.2,6.0	102	παβ	052			1450	6.0	1	α	1	
	1506	7.2	4	н	0		8310	1367	7.1,6.9	11	пк	Оп	
8267	1384	6.9,6.8	10	кк	пп		8311	660,1551	6.9,7.2	12	пк	Оп	d
8268	1377,1451	6.9,6.8	01	нп	00		8312	1367	7.2,7.1	10	кк	пп	d
8269	1384,1450	6.9,7.1	12	кп	нО	d	8313	631, 689,1377	6.7,6.5,5.7	011	αβк	Оннн	ad
8270	619, 626, 659	6.7,6.4,6.3	120	к,ββ	нОғ	at		1451,1506	5.5,5.9	13	кк	нп	
	714,1367,1551	6.7,5.7,6.6	202	αγ	ОгО		8314	1384	6.8,6.8	00	кк	пп	
8271	1451	6.6,6.5	10	кк	пп		8315	1384,1450	6.7,7.0	22	ακ	Он	
8272	1451	6.7,6.5	11	кк	ни		8316	1384,1450	6.9,6.9	10	кк	пп	a
8273	1451	7.0,7.0	00	кк	пн	г	8317	587, 617, 682	6.5,6.6,6.7	021	ααα	п22	
8274	660	6.7,6.8	10	αα	00			606, 800,1354	6.1,6.9,4.9	335	γпβ	20ғ	
8275	1384	7.0,7.0	00	ακ	Оп	d		1395,1450,1519	5.4,5.2,5.5	112	γγγ	222	
8276	1451	7.1,6.9	11	кк	пп			1520	5.7	0	β	2	
8277	738,1333,1384	6.4,6.5,6.0	255	пкк	Опп	cd	8318	1367	7.2,7.0	11	кк	нн	
	1395,1450,1519	6.2,6.5,7.0	212	ккк	Опп		8319	627, 628, 656	6.7,7.1,5.5	100	αβ	пп	
8278	1377	7.1,7.1	00	ακ	Оп			660,1383,1384	5.7,6.0,6.4	423	β,β	г22	
8279	1333,1384	6.9,6.9	23	к п	пО			1568,1569	6.7,6.7	32	αα	00	
8280	619, 627, 660	п, п, в	ппв	λθη	γғ1	г	8320	1384	6.7,6.8	10	кк	пп	
	1383,1551	в, в	пв	00	11		8321	1384	7.0,6.9	01	кк	пп	
8281	1367	7.3,7.3	00	кк	пп		8322	659, 660,1367	6.7,6.0,6.2	221	αγβ	002	

THE DRAPER CATALOGUE.   229

D. C.	Plate Numbers.	Observed Brightness.	Res.	End.	F.K.	R.	D. C.	Plate Numbers.	Observed Brightness.	Res.	End.	F.K.	R.
8323	1384	6.8,6.7	11к	01	0н		8367	689,1451	6.8,6.0	00	нβ	02	
8324	666	6.6,6.8	11	βα	00		8368	656, 660,1383	6.0,6.3,6.5	121	δпα	2н5	
8325	1377,1451	6.5,6.6	01	кк	нн			1384,1568,1569	6.4,6.8,7.1	102	βкh	Fн0	
8326	666	6.8,7.0	11	нк	0н		8369	618, 659, 666	6.3,6.9,5.7	012	ккк	ннв	ad
8327	1451	6.9,7.0	01	кк	нп			706,1367,1525	6.0,5.3,6.4	313	ккк	нвн	
8328	656, 660	6.9,6.8	84	кк	нн		—	1550	5.8	1	к	н	
8329	619, 659,1367	7.4,7.0,6.1	212	hнβ	000	b	8370	1367	6.9,6.9	00	hп	10	
	1551	7.1	1	п	0		8371	666,1367	6.8,7.0	21	αк	0п	bd
8330	1367	7.2,7.2	00	кк	нп		8372	1367	7.2,7.3	10	кк	1111	
8331	1384	7.0,7.3	21	кк	нн		8373	1451	5.7,5.2	23	кк	нн	
8332	1451	6.2,6.2	00	кα	нн		8374	660,1367,1550	6.2,6.4,6.8	210	ккк	ншн	a
8333	1384	7.0,7.3	21	кк	1111		8375	1451	6.9,6.8	01	11к	0п	
8334	1367	7.1,7.2	01	кк	нп		8376	1451	6.6,6.5	10	кк	нн	dr
8335	666,1367	6.8,7.2	23	αк	0п	d	8377	1367	6.9,6.8	01	11к	0п	
8336	1451	7.1,7.0	01	11к	0п		8378	628, 738,1333	7.1,6.4,6.0	311	ккк	нпп	ad
8337	1367	7.2,7.0	11	αк	0н			1384,1395,1450	6.0,6.2,6.5	412	ккк	11111	
8338	1451	7.2,7.2	00	кк	нп			1519	7.1	4	н	0	
8339	1451	6.8,6.8	00	кк	нн		8379	618, 666, 706	5.7,5.3,6.2	223	γεα	020	r
8340	689,1451	5.1,4.6	21	δ̈	FF			1367,1525,1550	5.2,5.7,5.1	204	βγδ	122	
8341	689, 689,1377	6.7,6.0,5.4	213	ββα	005		8380	1384	6.7,6.8	10	кк	111	
	1451,1506	5.6,6.2	11	γк	22		8381	666	6.7,6.8	10	кк	нп	a
8342	1451	7.0,6.8	11	кк	нп		8382	1451	7.0,7.0	00	кк	пн	
8343	1367	7.3,7.3	00	кк	нп		8383	656, 660,1383	5.7,6.3,6.6	002	γβα	F05	
8344	1384,1450	6.5,6.8	22	нк	0н			1551,1569	6.7,6.7	20	αα	00	
8345	655, 666,1367	6.2,6.5,6.1	212	ккβ	нн11	ad	8384	1384	6.9,6.9	00	кк	нп	
8346	1451	7.1,7.2	01	кк	11н		8385	1384	7.0,7.0	00	кк	111	
8347	1451	6.8,6.7	10	кк	1111		8386	1451	6.7,6.7	00	кα	нп	
8348	1367	6.8,6.7	10	кк	111	a	8387	1367	7.2,7.1	10	hп	00	
8349	689,1451	6.6,5.8	00	αJ	02		8388	1384	7.1,7.2	10	нк	0н	
8350	627, 628, 656	6.0,5.9,4.7	043	βδε	00F	d	8389	1451	7.2,6.9	12	кк	нп	a
	660,1383,1384	5.5,5.0,5.3	240	δβγ	FFF		8390	1384,1450	6.9,6.9	10	нк	0п	
	1500,1568,1569	7.0,5.8,5.8	421	кγβ	н00		8391	666	6.7,6.9	11	αк	1111	
8351	1367	7.2,7.2	00	кк	нп	r	8392	1451	6.9,6.8	01	кк	нн	r
8352						r	8393	1384	7.0,7.3	21	кк	пп	
8353	1384	7.0,6.8	11	кк	п11		8394	1367	7.0,6.9	10	кк	111	
8354	1383,1551,1569	5.3,5.5,5.3	211	γнα	210	r	8395	656,1551	6.5,6.9	44	αн	н0	
8355						r	8396	655, 666,1367	5.9,6.6,6.1	122	кγк	н0п	ad
8356	1383,1551,1569	5.3,5.5,5.3	211	βнα	210	r		1550	—	.	к	н	
8357						r	8397	1384,1450	7.0,6.7	11	11к	0п	
8358	666	6.6,6.8	11	кк	нн	a	8398	627, 628, 656	6.9,7.1,5.7	102	нhδ	00F	ad
8359	1451	7.1,7.1	00	нк	0н	r		1383,1384,1500	6.0,6.2,7.3	211	βJк	0Fн	
8360	1384	6.8,7.0	11	кк	нн	d		1568,1569	6.3,6.7	12	нк	0н	
8361	1367	7.3,7.3	00	кк	нн		8399	1451	6.2,6.4	11	βγ	00	
8362	1451	7.0,7.1	10	кк	нн		8400	738,1384,1519	6.3,6.5,7.2	304	ккн	0нп	d
8363	1451	6.2,6.3	10	кк	нп	a	8401	655	6.9,6.9	00	нн	00	
8364						r	8402	655, 666,1525	6.0,6.2,7.1	021	βδα	δн11	
8365	619, 627, 656	5.3,6.3,5.2	746	αкδ	δн5	r		1550	6.7	1	β	0	
	660,1383,1551	5.4,5.2,5.3	215	βγδ	н22		8403	666,1550	6.0,7.2	11	кк	нп	ad
	1569	5.4	2	α	н		8404	1451	6.6,6.6	00	кк	11н	a
8366	666,1367	—6.7,6.5	.11	αк	0н	ad	8405	660	6.8,6.9	01	кк	нп	u

230   ANNALS OF HARVARD COLLEGE OBSERVATORY.

D.C.	Plate Numbers.	Observed Brightness.	Res.	End.	F.K.	R.	D.C.	Plate Numbers.	Observed Brightness.	Res.	End.	F.K.	R.
8406	656,1551	6.4,7.2	22	αк	5п	ad	8445	617, 628, 682	6.8,5.7,6.5	560	αγγ	120	
8407	666	6.7,6.8	10	ρκ	0ιι			693, 738, 742	6.3,5.3,6.2	413	γεα	2r0	
8408	1525	7.3,7.3	00	кк	ιιι			770,1384,1395	6.4,4.7,5.5	163	ρδβ	0r0	
8409	1451	6.6,6.5	10	кк	ιιн	a		1450,1519,1570	5.4,5.5,6.2	211	γγα	0r5	
8410	1451	7.0,7.2	11	кк	ιιιι		8446	1451	7.2,7.2	00	кк	нн	
8411	619, 656, 660	7.1,6.2,6.6	320	кγα	ππ0	ad	8447	1384,1450	6.5,7.1	34	нн	00	
	1383,1551,1568	6.9,6.8,7.1	242	кπк	н0н		8448	628,1384,1519	6.5,6.0,6.4	412	ккк	ιιπн	a
8412	656	7.1,7.0	10	hιι	00		8449	1451,1567	6.5,7.2	21	кн	n0	
8413	1367	7.1,7.0	01	кк	ιιιι	a	8450	1451	6.2,6.1	10	кк	нн	a
8414	1451	7.0,6.8	11	кк	нв		8451	1450	7.1,6.9	11	кк	ιιιι	a
8415	666	6.8,7.0	11	кк	нн	a	8452	655	6.6,6.7	01	кк	πιι	a
8416	655, 666	6.4,7.0	11	αβ	н0		8453	619, 655, 656	6.4 — 5.8	4.4	кγβ	н5r	ad
8417	706,1551,1622	7.0,6.9,6.9	101	ηкн	0н0	ad		1551,1569	6.1,6.7	53	ρκ	0ιι	
8418	1451	6.2,6.2	00	кк	нн	a	8454	655,1550,1622	5.5,6.5,6.1	023	ккк	ιιιιιι	d
8419	1451	6.5,6.7	11	ιιβ	0π		8455	1384,1519	6.8,6.9	11	αιι	00	d
8420	619, 655, 706	6.7,5.3,6.5	111	ηγβ	0r0		8456	1451	6.5,6.6	01	кк	нн	
	1551,1622	6.7,6.3	30	βα	08		8457	656,1383,1500	5.7,6.4,7.2	222	ккк	нн ιι	ad
8421	1450	7.1,7.0	01	кк	ιιιι	a		1551,1568,1569	6.5,6.5,6.6	211	ккк	ιιнн	
8422	619, 655, 706	5.3,4.0,4.7	105	ккк	ин8	ar	8458	1551,1569	6.7,7.0	32	кк	нιι	dr
	1367,1551,1622	4.7,4.8,5.0	421	ккк	и8ιι		8459	1451	7.1,6.8	21	кк	нιι	
8423	1451	7.0,7.2	11	кк	нιι	r	8460	619, 655	7.1,6.3	22	ιικ	0ιι	
8424	628,1384,1395	7.3,6.5,6.7	421	ιιβα	10ιι	d	8461	680, 701,1451	5.8,5.6,5.1	100	βγγ	582	r
	1450,1519	7.0,7.2	42	кк	ιιнι		8462						r
8425	1384	7.0,7.0	00	нк	0н			1567	5.5	0	γ	2	
8426	2242	6.9,7.0	10	кк	нιι		8463	1451	6.2,6.5	12	αβ	52	
8427	666,1550	6.7,7.2	10	γκ	fιι	d	8464	1451	7.2,7.3	10	кк	ιιιι	
8428	1451	6.9,6.8	01	кк	ιιπ	a	8465	701,1451,1567	6.6,5.7,6.7	133	кβк	н2н	ad
8429	2242	6.6,6.6	00	кк	ιιιι		8466	656,1569	6.4,7.2	11	кк	нк	d
8430	1384	7.1,7.3	11	кк	ιιιι		8467	666,1550	6.5,6.9	00	αк	fιι	d
8431	1451	7.2,7.2	00	кк	ιιιι		8468	1451,1567	6.5,7.0	01	ιικ	0ιι	
8432	655, 666, 666	5.6 — 6.1	0.1	δαδ	000	r	8469	1451	7.1,7.2	01	кк	нιι	
	706,1525,1550	6.5,6.9 —	33.	ααн	000		8470	689, 701,1451	6.2,6.3,5.5	312	ккк	ннв	a
	1550,1622	6.3,6.5	10	αβ	00			1567	6.4	3	к	н	
8433	1451	6.9,7.0	01	вк	πιι		8471	1384	7.0,7.0	00	πк	0н	
8434	619, 655, 656	7.1,6.3 —	13.	ιιγк	00ιι	ad	8472	656,1551,1568	6.2,6.9,7.0	231	ккк	ιιπн	ad
	1551,1569	6.6,7.2	44	αк	5н			1569	7.1	1	к	π	
8435	1451	6.6,6.8	12	кк	нк		8473	656	6.7,6.5	11	αα	53	
8436	628, 682, 738	6.8,7.0,6.1	111	ккк	нιιιι	ad	8474	1384,1519	6.9,6.9	12	кк	ιιв	
	1384,1395,1450	5.5,5.9,6.0	412	кιικ	н0н		8475	656,1500,1551	5.6,7.0,6.6	230	ккк	ιιιιιι	at
	1519	6.2	0	к	ιι			1569	6.7	3	к	н	
8437	656,1384	6.8,6.9	23	кπ	н0	d	8476	701,1451,1567	6.5,6.2,6.3	021	δκα	н'0	a
8438	656	6.8,6.8	00	βγ	00		8477	1451	6.9,6.9	00	кк	нπ	a
8439	656,1500,1569	5.8,7.3,6.8	131	γκιι	0π0	d	8478	1451	6.4,6.3	10	кα	вн	
8440	689, 701,1451	6.7,6.6,5.8	203	αкк	0н5	ad	8479	628, 693, 696	6.7,7.0,6.9	341	ккк	ιιнн	ad
	1567	6.9	4	к	ιι			738,1333,1384	5.9,5.8,5.7	233	βαγ	ιιιι5	
8441	1451	6.5,6.4	01	кк	нн			1395,1450,1519	5.7,5.9,6.5	202	αγα	π8π	
8442	680,1451	4.1,4.0	43	ηζ	ff	a		1520,1570	6.5,7.0	22	ιικ	0н	
8443	656,1383,1384	5,9,7.0,6.5	131	ккк	нιιв	ad	8480	1384	7.1,7.0	10	кк	ιιιι	ad
	1568,1569	6.8,6.9	11	кк	нιι		8481	656	6.5,6.6	10	αк	нιι	
8444	1451	7.0,6.9	10	кк	нπ		8482	655,1421,1551	5.7,6.6,6.9	101	ккк	мн ιι	ad

THE DRAPER CATALOGUE. 231

D. C.	Plate Numbers.	Observed Brightness.	Res.	End.	F.K.	R	D. C.	Plate Numbers.	Observed Brightness.	Res.	End.	F.K.	R.
	1622	6.9	2	к	н			1450,1450,1519	— 6.0,6.3	.21	ββ	002	
8483	1451	7.1,7.2	01	нк	Oн		8521	656	7.0,6.9	01	нк	Oн	
8484	1451	6.6,6.6	00	кк	нн		8522	1421	7.3,7.3	00	кк	ннн	
8485	1451	7.0,7.2	11	кк	нн		8523	655,1421	6.5,7.0	12	кк	ннн	d
8486	656, 656	— 7.2,7.1	.01	ка	н0		8524	1451	6.8,6.9	10	кк	нв	
8487	655,1525	6.5,7.1	22	кк	нп	a	8525	655, 666, 706	6.0,6.0,7.2	222	γγπ	000	ad
8488	1451	5.7,5.7	00	аβ	ff			1421,1421,1550	— 6.6,6.4	.02	βκα	п11	
8489	656	7.1,6.9	11	аβ	00			1622	6.7	0	и	0	
8490	701,1525	6.7,7.3	22	кк	нн	ad	8526	1384,1519	6.6,7.0	01	βκ	Oн	d
8491	1451	7.2,6.8	22	кк	пн	r	8527	656	6.9,6.9	00	кк	нн	a
8492	655	6.5,6.6	10	γα	00		8528	1421	7.1,7.0	10	кк	нн	
8493	1384	6.7,6.8	10	кк	нп		8529	1384	7.3,7.1	11	кк	нн	
8494	1384,1384,1395	6.5 — 6.5	1.0	ккк	δнн	ad	8530	1421	7.0,7.0	00	кк	нп	
	1450,1519	6.5,6.8	01	αα	δн		8531	655,1421	6.3,7.0	10	кк	нп	d
8495	655, 666,1622	6.3,6.7,7.2	000	βκκ	Oнн	d	8532	656	7.2,6.9	21	bк	Oн	
8496	666, 701,1525	6.7,7.1,7.2	001	ккк	ннн	d	8533	655,1421	6.4,6.9	21	ακ	нн	
	1550,1567	7.2,6.8	12	кк	нп		8534	689, 701,1451	6.5,6.7,5.8	522	αβγ	п01	
8497	619, 656,1500	7.0,5.8,7.0	134	нγк	00п	d		1567	6.6	2	к	н	
	1551,1569	6.5,6.7	22	βα	00		8535	656,1500,1502	5.0,7.0,6.3	012	εκκ	fнн	ad
8498	1384	6.7,6.4	12	пк	Oп			1551,1568,1569	5.9,5.7,6.0	520	γββ	000	
8499	656	6.8,7.0	11	аβ	00		8536	1421	6.9,7.1	11	кк	нн	
8500	618, 666, 701	6.8,6.3,6.4	030	ккк	ннн	a	8537	1451	7.1,7.1	00	кк	н11	
	1525,1550,1567	6.7,6.3,6.1	112	ккк	ннн		8538	1451	7.1,7.1	00	кк	нн	d
8501	619, 655, 706	5.1, в, 4.2	3н6	δκζ	f02	r	8539	655,1421	5.9,6.7	00	δκ	fн	d
	1421,1542,1551	4.9,5.1,4.7	511	εγγ	fff		8540	656	6.9,6.9	00	ка	н0	
	1622	4.2	3	η	f		8541	656	7.4,7.1	21	bн	00	
8502	655	6.7,6.6	10	ка	нп		8542	701,1451,1567	6.6,6.6,6.7	230	ккк	ннн	
8503	1384	6.8,6.8	00	кк	нн		8543	619, 656, 656	6.3 — 5.3	2.2	αγγ	н58	
8504	619, 656,1500	6.6,5.8,7.3	331	δεκ	00н	d		691,1502,1551	6.2,6.1,5.8	216	βαβ	н05	
	1569	6.6	1	α	0			1568,1569,1569	6.5,6.5 —	54.	αβн	нн0	
8505	1421	7.3,7.2	10	кк	нп		8544	689, 701,1451	6.4,6.5,5.5	221	ккк	ннн	a
8506	628, 682,1384	6.8,7.0 —	00.	пhк	00н	ad		1567	6.4	2	к	н	
	1384,1395,1450	5.7,5.7,5.8	101	ккк	нвd		8545	656,1384,1568	6.1,6.5,7.2	022	ккк	ннн	
	1519	6.1	0	к	н		8546	655	7.0,6.8	11	нα	00	
8507	1384	6.8,6.8	00	кк	н11		8547	655,1421	6.5,7.2	10	кк	1нн	ad
8508	1384,1519	6.5,7.0	11	βκ	Oн		8548	628,1384,1519	6.8,6.1,6.6	502	αγδ	0r0	
8509	656,1551,1569	6.1,7.0,7.0	120	βпк	00н	d	8549	1451	6.6,6.5	10	кк	нн	
8510	655, 666,1550	6.5,6.6,7.2	120	ββк	00п	d	8550	1384	7.0,7.2	11	кк	нв	
8511	1384,1519	6.2,6.7	11	кк	нп		8551	701,1451,1567	6.8,6.4,6.9	101	ккп	нн0	
8512	656,1551	6.4,7.3	21	ακ	δп		8552	1451	7.0,7.1	10	кк	нн	d
8513	1384	6.4,6.5	01	кк	пч	d	8553	1421	7.3,7.3	00	кк	нн	
8514	1384	6.7,6.7	00	ακ	Oп	d	8554	655	6.8,6.8	00	кк	н11	a
8515	656	6.8,6.8	00	αγ	Oп		8555	1451	5.6,6.3	11	кк	нн	d
8516	655,1421	6.2,6.6	22	кк	нн		8556	618, 701,1525	5.0,4.4,5.1	023	βδγ	ff1	
8517	701,1451,1567	6.3,5.9,6.1	011	ккк	ннн	a		1550,1567	4.8,4.0	25	βε	ff	
8518	656	7.0,7.1	01	пп	00		8557	689, 701,1451	5.6,4.7,4.7	352	βζγ	fff	r
8519	656	7.0,7.0	00	нн	00			1567	4.5	4	ζ	f	
8520	628, 682, 693	6.5,7.0,6.7	412	γκβ	0п0	ad	8558	738,1384,1450	6.5,6.3,6.7	232	κακ	пнп	ad
	738, 742, 770	5.9,6.6,7.0	111	γβα	000			1519	7.0	1	к	п	
	1384,1395,1395	5.6 — 6.3	3.5	ββα	200.		8559	1421	6.7,6.9	11	кк	нн	

D. C.	Plate Numbers.	Observed Brightness.	Res.	End.	F.K.	R.	D. C.	Plate Numbers.	Observed Brightness.	Res.	End.	F.K.	R.
8560	1451	6.5,6.7	11	gк	0ιι	dr	8595	656	6.7,6.6	10	кк	ιιιιι	a
8561	656,1569	6.7,7.2	32	ακ	Fπ	d	8596	656,1568	6.6,7.3	11	βκ	0ιι	d
8562	1384	7.0,7.1	01	кк	ιιιι	r	8597	1452	7.0,7.0	00	кк	ιιιι	
8563	1384	6.9,7.1	11	кк	ππ		8598	1384	7.0,7.1	01	кк	ιιιι	
8564	656	6.9,6.8	10	ββ	00		8599	1452	6.6,6.8	11	кк	ιιιι	r
8565	655, 706,1421	5.8,7.3,6.8	121	γιιιι	200	c	8600	656	6.8,6.7	01	ιια	00	
	1548,1622	6.4,6.6	02	αα	π5		8601	701,1567	6.4,6.4	01	γα	00	
8566	1451,1452	6.7,6.5	00	κH	ιι0	r	8602	735	6.3,6.5	11	кк	нιι	a
8567	693, 738, 742	7.2,6.1,6.9	241	ккк	ιιιιιι	a	8603	656	7.0,6.8	11	αα	0ιι	
	1384,1395,1450	5.8,6.4,6.7	614	кhκ	ιι1H		8604	655, 706, 735	6.0,7.2,6.3	002	δκγ	0ιι0	ad
	1519	6.9	2	κ	н			1542,1548,1622	7.3,6.5,6.8	301	кιιн	н00	
8568	701,1567	5.8,5.6	01	γβ	FF			1694	7.0	0	κ	ιι	
8569	1384	7.0,7.0	00	ιικ	0н		8605	656,1500,1569	6.0,7.2,6.6	430	ρκκ	0ιιιι	d
8570	701,1451,1452	6.5,6.5,5.9	231	ρκκ	0ιιH	d	8606	655, 735,1421	6.7,6.3,7.1	321	ραк	0ιιιι	d
	1567	6.5	1	ιι	F		8607	1452	6.7,6.8	01	кк	ιιιι	
8571	628, 656,1384	6.9,5.0,6.0	122	αεβ	00F		8608	655, 735, 735	6.1 — 6.5	0.3	γιι,3	000	
	1500,1568,1569	7.2,5.9,6.1	121	ααβ	512			1421,1548,1622	6.7,6.5,6.9	211	кιικ	ιι0ιι	
8572	1452	6.8,6.6	11	кк	ιιιι	nr	8609	1548	7.3,7.2	01	кк	ιιιι	
8573	655, 706, 735	5.8,7.0,5.8	001	βιι,3	н08	nd	8610	1384	6.7,6.8	10	ακ	0ιι	d
	1421,1622	6.5,7.1	14	κιι	н0		8611	656	7.1,7.1	00	αιι	00	
8574	655	7.2,7.1	01	нπ	00		8612	701,1567	6.0,6.1	11	γγ	F0	
8575	1384,1519	6.6,7.1	11	ακ	Fιι	d	8613	656	6.8,6.8	00	ιια	00	
8576	656,1569	6.1,6.9	11	γк	0ιι	d	8614	655,1421	6.7,7.1	22	ρκ	0ιι	d
8577	665	7.2,7.1	01	γκ	ιιπ	a	8615	655,1421	6.6,7.2	11	ακ	ιιιι	d
8578	735,1421	6.7,7.3	01	кк	нιι	d	8616	1384	6.7,6.7	00	кк	ιιH	a
8579	655, 691, 706	5.3,6.3,6.4	011	δββ	F05	ad	8617	628,1384,1519	6.9,6.0,6.6	212	αωβ	5F0	
	1421,1502,1542	5.9,6.3,6.9	210	δβκ	π0π		8618	1452	6.5,6.6	01	ιικ	FH	
	1548,1551,1622	6.0,6.2,6.4	212	κβα	н00		8619	1452	5.6,5.8	11	κк	ιιH	a
8580	655, 706,1421	5.4,6.7,6.6	212	ккк	нκн	ad	8620	656,1502,1568	6.1,7.2,7.1	001	ккк	н0ιι	
	1542,1548,1622	7.0,6.3,6.5	220	ккк	нн ιι		8621	1384	7.0,7.1	01	кк	ιιιι	
8581	655,1421,1548	6.4,7.0,7.0	342	ккк	нιιιι	d	8622	656,1384,1519	6.4,6.0,7.0	461	ккк	нιιιι	a
8582	701, 707,1451	4.8,5.4,4.7	202	καк	нΗβ	at		1568,1569	— —	..	кк	πιιι	
	1452,1567,1597	4.1,4.7,5.2	225	ккк	нιιβ		8623	735,1421	6.6,7.0	12	αк	ιιιι	d
8583	1421	7.3,7.3	00	кк	ιιн		8624	655,1548	6.8,7.3	00	нκ	0ιι	d
8584	655, 735,1421	6.2,6.6,6.9	122	ααк	FFн	d	8625	655	7.2,6.8	22	кιι	ιιιι	a
8585	682, 696, 753	6.9,6.7,6.3	111	нβιι	150	d	8626	1384	7.0,7.3	21	ιικ	0ιι	
	800,1354,1395	7.4,6.0,5.6	421	ιιαβ	015		8627	656, 691,1500	4.6,5.4,5.9	323	ζδδ	FFF	a
	1450,1519,1520	5.6,6.0,6.2	111	βαα	255			1502,1569	5.4,5.3	00	εε	0F	
	1521	6.4	4	h	0		8628	1421,1548	7.2,6.9	00	кr	ιιιι	
8586	738,1450	7.0,6.7	10	кк	ιιR		8629	735	6.7,6.6	01	кк	ιιιι	
8587	656	6.7,6.7	00	αβ	00		8630	1421	7.4,7.4	00	кιι	ιιιι	
8588	701,1567	6.6,6.6	00	ιικ	0н	ad	8631	655, 735,1421	6.6,6.5,7.0	202	каκ	ιι0ιι	d
8589	696,1395,1450	6.8,5.7,5.7	111	βββ	000		8632	655, 735,1421	5.8,6.1,6.5	021	γγκ	258	
	1519,1520	6.3,6.4	12	αα	52			1542,1548,1622	7.2,6.3,6.6	201	ιιιιιι	000	
8590	701,1567	7.1,7.0	00	κιι	ιι0	ad	8633	1384	7.0,7.0	00	ιικ	0ιι	
8591	655,1421,1548	6.3,7.0,7.0	012	διικ	00ιι	bd	8634	655	7.2,6.9	21	кк	нιι	
8591a	1452	7.2,7.2	00	кк	ιιπ	r	8635	701, 707,1567	6.7,7.1,6.4	111	кhα	ιι00	
8592	1384	6.9,6.9	00	ιικ	0ιι		8636	1395,1450,1519	6.5,6.4,7.0	011	ккκ	ιιнιι	
8593	655, 735,1421	6.2,7.0,6.9	253	ккιι	ιιι0	ad	8637	656	7.0,6.9	01	кк	ιιπ	a
	1548	7.0	1	κ	ιι		8638	1384	6.7,6.8	10	кк	ιιιι	

THE DRAPER CATALOGUE.   233

D. C.	Plate Numbers	Observed Brightness	Res.	End.	F.K.	R.	D. C.	Plate Numbers	Observed Brightness	Res.	End.	F.K.	R.
8639	1452,1567	6.0,7.2	33	κκ	*н*п			1548	6.7	0	κ	*н*	
8640	735,1421,1548	6.3,6.8,7.1	133	ρhκ	п0п	d	8674	701, 707,1452	6.8,6.7,6.9	140	ααk	пFп	d
8641	655, 690, 706	5.0,6.2,5.8	014	γβα	00ғ			1567,1597	6.6,6.8	04	βп	00	
	735,1421,1542	5.1,6.0,6.4	022	αββ	ғ00		8675	738, 800,1384	6.4,7.3,6.2	132	απп	500	
	1548,1622,1689	5.6,5.4 —	15.	γγπ	000			1305,1450,1519	6.3,6.4,6.9	012	βпп	000	
	1689,1694,1694	6.7,6.4,6.3	442	κββ	п0ғ			1520	6.8	1	п	0	
8642	690, 701, 735	6.8,6.9,5.8	131	ακγ	пшғ	d	8676	656, 691,1502	6.3,7.0,6.9	421	δпп	000	
	1567,1689,1694	6.3,7.2,7.0	212	ακн	0п0		8677	1421,1548	6.8,7.0	23	κκ	*н*п	d
8643	735,1421,1548	6.5,6.9,7.0	122	κκκ	*н*пп	d	8678	2242	6.8,6.8	00	αα	00	
8644	1384,1519	6.4,6.9	11	κκ	нн		8679	656	6.5,6.5	00	ββ	00	
8645	655,1421,1548	6.4,6.9,7.0	122	κκκ	*н*нκ		8680	1452	5.9,6.1	11	ββ	5ғ	
8646	1421	7.2,7.2	00	κκ	пп		8681	1384	7.0,6.8	11	κκ	пн	
8647	656	7.2,7.0	11	па	00		8682	701, 707,1452	5.6,6.5,6.0	412	γκβ	пп1	a
8648	1452	6.9,6.8	01	нκ	0п			1567,1597	5.4,6.4	57	βα	8п	
8649	628, 682, 693	5.6,5.8,5.5	221	κκκ	вдв	ad	8683	701, 707,1452	6.3,6.0,6.2	120	κκκ	*н*пп	dr
	738, 742, 770	4.9,5.4,5.7	001	κκκ	ADB			1567,1597	6.2,6.5	14	κκ	*н*п	
	1384,1519	5.0,5.2	21	κκ	пβ		8684	1452	6.8,6.8	00	κκ	пш	r
8650	628, 682, 682	6.0 — 6.5	3.0	γhβ	30п	r	8685	1384	6.8,6.8	00	пκ	0п	a
	693, 738, 742	6.0,4.8,5.6	163	βδβ	*н*нн		8686	656	7.2,7.0	11	κκ	пш	ad
	770,1384,1395	6.2,5.0,5.3	131	ββα	*н*δп		8687	1384	7.0,7.0	00	пκ	0п	
	1450,1478,1519	5.6,6.3,6.2	446	βαβ	*н*пн		8688	735,1421,1548	— 6.7,6.9	.32	ακп	0*н*0	ad
	1519,1570	— 6.2	.1	βп	н0		8689	655, 735, 735	6.4,6.6 —	01.	γпα	ғ00	d
8651	701,1567	7.1,6.9	10	пκ	0п			1421,1548	7.1,6.7	12	κκ	п5	
8652	656, 691,1500	5.9,6.3,7.0	404	κκκ	*н*нн	ad	8690	1384	6.9,7.1	11	нκ	0н	
	1502,1569	6.5,6.8	13	κκ	*м*ш		8691	1519	7.0,7.3	12	κп	п0	
8653	1384	7.0,7.1	01	κκ	пп	a	8692	1452	7.0,7.1	10	пκ	0п	
8654	1421	7.2,7.0	11	κκ	пш		8693	655,1421,1502	0.0,6.6,7.0	112	γпκ	00п	ad
8655	701, 735,1567	6.7 — 6.3	1.2	αββ	п00			1548	6.3	1	α	0	
8656	1452	7.2,7.3	01	ακ	0п	d	8694	1421	7.2,7.3	01	κκ	пп	d
8657	735	6.9,6.9	00	κα	п0		8695	738,1384	7.1,6.8	11	пκ	0п	ad
8658	655,1421,1548	6.5,7.0,7.0	121	κнκ	п0н	d	8696	656, 669,1568	5.9,6.3,6.8	131	γβκ	0ғп	
8659	655, 706, 735	5.6,7.0,5.5	022	γκκ	0п*н*	ad		1601	7.0	3	h	0	
	1421,1542,1548	6.4,7.0,5.8	023	κκκ	*н*пш		8697	735	6.8,6.0	10	κκ	пп	
	1622,1689,1694	6.3,6.9,6.9	203	κhп	*н*00		8698	628, 682, 738	6.5,6.6,5.8	121	κκκ	пш*н*	ad
8660	1567	7.1,7.1	00	κκ	пп			770,1384,1519	6.8,5.4,5.9	220	hκκ	0*н*п	
8661	738,1384	6.4,6.5	11	ββ	20			1570	6.5	1	п	0	
8662	656,1502	6.9,7.4	33	κκ	пш	dr	8699	655, 735	6.9,6.8	11	ακ	0п	d
8663	1384	6.8,6.9	01	κκ	пш.	a	8700	735	7.2,6.9	12	αα	0п	
8664	655, 735,1421	6.3,6.7,7.0	122	βακ	п0п	d	8701	1452	6.5,6.6	01	κκ	*н*п	
	1548	7.0	1	п	0		8702	1384	6.8,6.8	00	κκ	пп	r
8665	738,1384	6.9,6.5	21	нκ	0п		8703	735	6.5,6.5	00	ακ	пп	
8666	2242	6.7,6.8	10	κκ	пн		8704	655, 690, 706	5.5,6.1,6.7	323	γβп	ғғ0	ad
8667	655, 735,1421	6.3,6.6,7.0	021	κβκ	п0п	ad		735,1421,1542	5.0,6.2,7.0	232	δακ	ғ*н*п	
8668	1452	5.7,5.6	01	κκ	*пн*	a		1548,1622,1689	5.7,6.3,6.2	023	γββ	00ғ	
8669	656, 660,1500	4.5,5.4,6.7	211	κκκ	*в*н*н*	a		1604	5.8	4	β	ғ	
	1568,1569,1601	5.7,5.8,5.4	112	κκκ	*н*пп		8705	1548	7.0,7.0	00	κκ	пш	
8670	735,1507	5.3,6.5	10	3п	00			738,1384,1519	6.2,6.9,6.5	100	βпα	п00	
8671	701, 735,1567	7.1 — 6.9	1.0	пκп	0п0	d	8707	1452	7.1,7.2	01	пκ	0п	r
8672	701,1567	7.1,7.3	12	κκ	пш		8708	656	6.6,6.7	01	κκ	*н*п	
8673	655,1421,1502	6.2,6.6,7.3	042	ακκ	0*п*п	d	8709	707,1452,1597	7.0,5.5,7.0	156	κγп	п30	

D. C.	Plate Numbers.	Observed Brightness.	Res.	End.	F.K.	R.	D. C.	Plate Numbers.	Observed Brightness.	Res.	End.	F.K.	R.
8710	1452	6.4,6.5	10	πκ	0π	r	8747	1384	6.8,6.9	01	κκ	ιιπ	
8711	655, 735,1421	6.2,6.3,6.8	002	κβπ	ΠF0	ad	8748	655, 668, 691	5.3,5.8,6.0	115	ρβγ	ΠFF	ad
	1548,1622	6.8,7.1	10	κκ	πn			706,1421,1502	6.6,6.1,6.0	013	ααγ	0ΠF	
8712	1384	7.1,7.1	00	κκ	ιπ	a		1542,1548,1552	7.0,5.7,6.0	020	κβα	ΠV1	
8713	656, 669	6.6,6.9	23	ακ	5H			1601,1622,1624	— 6.5,6.5	.25	ρΠα	00ΙΙ	
8714	1421	7.3,7.2	10	κκ	ΗΗ		8749	1452	7.0,6.8	11	κκ	ιιπ	
8715	655, 690, 735	6.8,7.1,6.0	534	πκβ	0ΠF		8750	735	6.0,6.3	12	βγ	08	
	1421,1548	7.2 —	1.	βπ	00		8751	735,1421,1548	6.8,7.3,6.8	202	αΠκ	ΠOπ	d
8716	628, 682, 693	5.9,6.2,5.5	010	γγδ	022		8752	735,1548	6.8,7.2	00	ακ	0π	d
	738, 742, 770	4.8,5.7,6.8	221	εββ	F12		8753	1452	6.4,6.7	12	πκ	0π	r
	1384,1519,1570	5.2,5.0,5.9	322	γδj	122		8754	1452	7.2,7.1	01	κκ	κπ	
8717	655, 690, 706	5.0,5.9,6.2	020	δja	κF0	ad	8755	1519	7.0,7.0	00	πκ	0π	
	735,1421,1542	5.0,5.7,6.7	111	δκβ	FH0		8756	656,1502	6.5,6.9	34	κκ	ιιπ	
	1548,1552,1622	5.7,6.0,6.0	241	αββ	000		8757	738,1450	6.7,6.9	22	κκ	5π	
	1689,1694	6.2,5.7	13	βγ	F0		8758	656	7.2,7.2	00	ιπ	00	
8718	735,1548	6.5,6.8	01	αιι	Η0		8759	690, 735,1421	6.8,5.7,6.9	123	κκκ	ΠΗΠ	at
8719	1567	6.9,7.0	01	κκ	ΗΗ			1548,1552,1689	6.4,6.8,6.7	144	κκκ	ΠΙΙΗ	
8720	1450	7.2,7.1	10	κκ	ιιπ			1694	6.9	1	κ	ιι	
8721	1384	7.0,7.0	00	κκ	ιιπ		8760	1689	7.4,7.4	00	κκ	ιιΗ	
8722	1421	7.2,7.3	01	κκ	ιπ		8761	656, 669,1500	5.4,6.0,7.3	020	εβκ	02ιι	d
8723	735,1421,1548	6.9,6.9,6.7	432	ακΗ	FΠ0	d		1568,1569,1601	6.3,6.6,6.2	021	ααα	000	
	1694	7.3	1	h	a		8762	668, 735,1421	6.5,6.1,6.9	110	αjκ	0Fιι	nd
8724	735	7.0,6.9	10	ακ	0Η			1548,1552	6.5,7.2	15	κιι	ιι0	
8725	1452	6.3,6.4	01	κκ	ιιΗ		8763	1452	5.9,5.9	00	κα	55	
8726	707,1567	5.4,5.1	11	γβ	ιιΗ	r	8764	1384	6.9,7.0	10	κκ	ιιπ	
8727	1452	6.5,6.4	10	κκ	πΗ	a	8765	738	6.9,7.1	11	κπ	ιι0	b
8728	738,1384,1519	6.5,6.4,6.8	001	πκκ	0ΗΠ	at	8766	738,1384,1450	6.6,6.7,7.1	314	κΠκ	ΠΗΠ	d
8729	656, 669,1502	6.2,6.5,7.1	230	βγκ	F0Π	ad	8767	735	6.9,6.8	01	ακ	ιιΗ	
	1568,1569	7.0,7.2	12	κκ	πιι		8768	735	7.0,6.8	11	ακ	0π	
8730	656	6.6,6.7	01	κκ	ΗΗ		8769	1452	6.7,6.8	01	κκ	ιιΗ	
8731	1452	6.9,6.9	00	κκ	ΗΗ	r	8770	1548	7.3,7.2	01	κκ	ιιΗ	
8732	655, 735,1421	6.2,6.1,6.9	021	βγΗ	0F0	ad	8771	668, 690, 735	5.2,5.0,4.3	352	κκε	ΠΗ5	at
	1548,1622	6.7,7.3	02	κκ	Ηπ		8772						r
8733	655, 735,1421	6.0,6.3,6.7	112	κκκ	ΠΗΗ	d		1421,1501,1542	5.5,7.0,6.2	352	κκκ	ΠΠΠ	
	1548	6.7	1	κ	Η			1548,1552,1624	5.5,2.5,3.5,1	331	κκκ	ΠΗ5	
8734	1421,1548	7.2,6.9	00	κκ	πΗ			1689,1694	5.3,5.0	44	ΠΚ	11	
8735	1384	6.6,6.6	00	κκ	ιιΗ	a	8773	668, 691,1421	6.6,7.1,6.8	011	βιιιι	000	
8736	707,1452,1597	6.9,6.8,6.8	214	κκκ	ΗΗπ	ad		1548	6.7	1	Η	0	
8737	735	6.8,6.9	10	αιι	0π		8774	656, 669, 691	4.0,4.9,5.2	011	εjδ	225	
8738	735	7.0,6.9	10	πκ	0π			1500,1502,1568	6.3 — 4.8	4.1	αεγ	552	
8739	735	6.1,6.3	11	κκ	πΗ	a		1569,1601	5.0,4.4	05	δδ	22	
8740	655, 690, 735	5.8,5.7,5.8	110	γαγ	F0F	d	8775	735,1548	6.4,7.2	22	κκ	ιιπ	
	1421,1548,1552	6.4,6.0,6.7	124	ββα	00Η		8776	668,1421,1548	6.9,7.1,6.9	010	ακΠ	0Π0	d
	1622,1689,1694	6.7,7.0,6.7	100	ακβ	0ιι0		8777	735	7.1,7.0	01	ακ	0π	
8741	1384	6.9,6.8	10	κκ	ιιπ		8778	628, 682, 693	6.6,6.8,6.4	002	γκδ	022	r
8742	1548	7.1,7.2	01	κκ	ΗΗ			606, 738, 742	6.4,5.1,6.3	261	αδj	322	
8743	735,1421	6.5,7.0	11	βκ	0π			770, 800,1384	6.5,7.0,5.5	121	βαγ	201	
8744	1548	7.2,7.1	10	κκ	πn			1395,1450,1478	5.4,5.7,6.5	122	αβj	2F0	
8745	1421	7.3,7.2	10	κκ	ιΗ	d		1519,1520,1570	5.8,5.7, r	12r	βαβ	2F0	
8746	2242	6.5,6.3	11	κκ	ιΗ	dr	8779	1548	6.9,7.0	01	κκ	ιιΗ	r

THE DRAPER CATALOGUE.

D.C.	Plate Numbers.	Observed Brightness.	Res.	End.	F.K.	R.	D.C.	Plate Numbers.	Observed Brightness.	Res.	End.	F.K.	R.
8780	R	R, R	RR	IIR	RR	r	8816	668, 735,1421	6.5,6.0,6.8	121	γaII	FF0	ad
8781	668, 735,1421	7.0,6.8,7.2	021	aαк	00II	d		1548,1552,1624	6.4,6.8,7.3	216	кaII	II00	
8782	617, 682, 696	7.0,6.9,6.5	302	IIaβ	015	r		1689	7.3	1	к	II	
	753, 774, 800	6.3,6.9,6.9	020	aaa	000		8817	1452	6.8,6.9	01	кк	IIH	
	1354,1395,1450	5.7,5.7,5.4	012	aβa	202		8818	668, 669,1502	6.5 — 6.6	2.1	γaк	005	
	1519,1520,2242	5.8,5.9 —	21.	aγβ	25F		8819	682, 693, 738	6.9,6.2,5.2	105	кккк	IIIIH	ad
8783	1421,1548	7.3,7.2	11	кк	IIII			742, 770,1519	6.3,6.0,5.8	101	hкк	0IIII	
8784	668, 691,1421	5.3,5.6,5.8	123	δγβ	FFF	ar		1570	6.5	1	к	II	
	1502,1542,1548	5.3,6.5,5.4	322	βββ	003		8820	669	7.1,7.0	10	кк	IIII	
	1552,1624	5.3,5.3	00	γγ	FF		8821	1421,1548	7.3,7.3	12	кк	IIII	
8785	735	6.9,6.9	00	кк	IIII		8822	683,1452	7.1,7.2	12	IIII	00	d
8786	669, 738	6.9,6.4	22	кγ	IIII		8823	668,1548	7.0,7.2	11	aк	0II	d
8787	669	7.0,7.0	00	IIII	00		8824	735,1548	6.4,7.1	12	кк	HП	
8788	656, 669, 738	6.8,6.5,6.5	743	aβa	IIFII	d	8825	668, 735,1421	6.8,6.0,6.7	222	aβк	IIFH	d
8789	738,1384	6.8,6.8	10	aк	0II	d		1548,1689,1694	6.7,7.3,7.2	111	ккк	IIHK	
8790	669	6.7,6.7	00	кк	HH		8826	693, 738	6.6,6.9	44	кк	HH	ad
8791	668,1421	7.0,6.9	22	кк	IIII	d	8827	669,1502	6.6,6.9	00	βк	0II	d
8792	707	7.0,7.0	00	кII	II0	r	8828	735	7.0,6.9	10	кк	IIII	
8793	1452	6.9,7.1	11	кк	IIH		8829	669,1502,1601	6.2,6.7,6.8	203	ккк	IIIIII	a
8794	1421,1548	7.2,7.1	11	кк	IIII		8830	735	6.5,6.4	01	кк	IIH	a
8795	1452	6.7,6.7	00	кк	IIH		8831	669, 685, 691	5.5,6.6,6.2	151	кaк	β0II	ad
8796	735	6.8,6.8	00	IIк	0II			1500,1502,1504	6.8,5.6,6.2	134	ккк	IIIIII	
8797	1452,1597	6.9,6.8	00	βa	II0	r		1601	5.3	4	к	II	
8798	669,1502	6.9,7.2	00	aII	00		8832	2242	7.1,7.0	10	кк	HH	br
8799	668, 690, 735	5.6,6.3,5.1	011	εβe	00F	d	8833	1502	7.4,7.2	11	кк	IIK	
	1421,1501,1548	6.0,7.1,5.7	111	βкβ	IIH0		8834	1452	6.0,6.1	10	IIa	0II	
	1552,1624,1689	5.9,5.8,6.5	211	γγβ	000		8835	738	6.6,6.7	10	кк	IIII	a
	1694	6.0	1	γ	0		8836	788	7.0,7.1	10	IIк	0II	
8800	1450	7.2,7.0	11	кк	IIII		8837	1452	6.6,6.7	10	кк	IIH	
8801	1452	6.2,6.3	10	кк	IIH	a	8838	1452	7.0,7.0	00	кк	IIII	
8802	707,1452	6.6,5.0	23	βa	FF		8839	738,1384	6.3,6.2	00	кк	IIII	a
8803	735	7.3,7.0	21	кк	IIII		8840	683, 707, 788	6.6,6.9,6.5	212	aIIγ	II00	ad
8804	668, 735,1421	6.6,5.9,6.6	122	aкII	FIIF	ad		1580,1672	6.8,6.5	32	кк	IIII	
	1548,1552,1624	6.5,6.9,6.7	031	кккк	IIIIH		8841	1452	7.2,7.3	01	IIк	0II	
	1689,1694	7.2,6.9	11	IIII	00		8842	738	7.0,6.9	10	кк	IIII	
8805	735	6.4,6.5	10	кк	IIH	a	8843	668,1421	7.2,7.1	22	IIк	0II	ad
8806	669,1502	6.5,7.3	32	βк	0II	d	8844	1452	7.2,7.2	00	кк	HH	
8807	669	7.0,6.9	01	aa	0II		8845	1421	7.2,7.3	01	IIII	00	
8808	669, 691,1500	5.9,6.7,7.1	211	δaк	20II		8846	738, 738,1519	— 6.4,7.0	.22	IIкII	IIII0	d
	1502,1601	6.7,5.9	33	β7	20		8847	668, 735,1421	6.2,5.8,6.5	111	ккк	IIHII	ad
8809	669,1502	6.5,7.1	12	βк	IIII	d		1548,1552,1624	6.3,6.2,6.7	023	ккк	IIIIк	
8810	683, 707, 788	6.3,6.8,6.2	414	ккγ	HII0	ad		1689,1694	7.1,6.9	01	кп	II0	
	1452,1580,1597	6.9,6.3,6.6	416	ккII	IIII0		8848	1384,1519	6.5,7.2	22	IIII	00	d
8811	683, 707, 788	6.0,5.7,6.2	142	γγγ	FF0	nr	8849	668, 690, 735	6.0,6.7,5.3	013	ккк	HIIB	ad
	1452,1580,1597	6.2,5.7,5.4	310	γβγ	100			1501,1548,1552	7.2,6.0,6.3	402	ккк	HIIH	
	1672	5.7	1	к	II			1624,1689,1694	6.5,6.6,6.3	422	ккк	HHH	
8812	1548	7.3,7.0	21	кк	HII		8850	788,1452,1580	7.0,7.3,7.0	220	кIIII	0III	ad
8813	1421	7.2,7.3	01	кк	IIII		8851	668,1421,1502	6.4,6.8,6.9	100	aкII	5II0	
8814	738	6.6,6.6	00	кк	кII			1518,1552,1624	6.5,6.6,6.9	003	aккк	0IIII	
8815	669,1502,1601	6.3,7.0,6.7	221	ккк	IIIIII	ad	8852	1548	7.3,7.2	01	кк	IIII	

236   ANNALS OF HARVARD COLLEGE OBSERVATORY.

D. C.	Plate Numbers.	Observed Brightness.	Res.	End.	F.K.	R.	D. C.	Plate Numbers.	Observed Brightness.	Res.	End.	F.K.	R.
8853	669, 691,1502 1601	5.6,6.6,6.6 5.8	324 2	δββ β	r05 0		8800 8801	668,1502,1504	6.3,6.8,6.7	100	βπκ	00π	at r
8854	1452	6.9,6.7	11	πκ	rн	r		1552,1624	6.5,6.7	02	нa	05	
8855	669, 738,1570 1601	6.3,6.2,6.7 7.0	113 5	κκκ κ	ππн π	ad	8892 8893	668 669	6.9,6.8 7.1,7.0	01 10	πκ нκ	0π 0π	b
8856	668,1548,1624	6.7,6.8,7.3	213	βκκ	0нπ	d	8894	668,1502,1504	6.2,6.6,6.7	002	κκκ	ннн	a
8857	668, 735,1548 1552,1624,1689 1694	6.3,5.4,6.0 6.7,7.0,6.7 6.5	142 473 2	κκκ κκκ κ	ннн πнн π	a	8895	1552,1624 668, 684,1552 1624,1604	5.4,5.6 5.9,6.6,6.3 6.2,6.6	30 231 00	κκ κκκ κκ	ππκ ππππ нπ	at
8858	735, 788,1580 1672	6.0,6.7,6.4 6.0	301 3	βaκ κ	ππππ π	ad	8896 8897	2242 668	6.8,6.9 7.2,7.2	01 00	κκ κκ	πвκ πнκ	ad a
8859 8860	788,1452,1597 1384	6.7,6.6,7.1 6.9,6.9	515 00	aκπ κκ	πв0 ππ	d	8808	669, 685,1502 1601	6.2,7.0,6.6 6.8	211 3	γκa β	0π0 0	
8861	788,1580	7.0,6.9	10	aκ	ππι	d	8899	1584	6.8,6.9	01	κa	πι	
8862	669, 685, 691 1502,1504,1601	5.8,7.2,6.6 6.8,6.5,6.2	451 211	κнκ κκκ	π0н πιгн	ad	8900 8901	1580 682, 693, 738	7.0,7.2 7.0,6.5,5.7	11 012	нκ aβγ	0н 522	
8863	1548	7.0,7.2	11	πιι	00			742, 770,1519	6.4,6.7,6.4	013	βaβ	522	
8864	668, 735,1548	6.9,6.3,7.2	023	aκκ	0πιι	d		1570	6.7	1	a	0	
8865	788,1452	7.0,6.8	12	πκ	0н	d	8902	668, 684,1552	5.7,6.2,5.7	031	δaγ	rπ2	
8866	668, 735,1548	7.0,6.8,7.2	111	κaн	π00			1624	5.7	1	β	2	
8867	683, 788,1580 1672	7.0,6.9,6.7 7.0	111 4	κκκ π	ππιιι 0	d	8903	749, 780, 788 1580	6.9,7.0,7.1 7.2	211 2	нпκ π	00π 0	ad
8868	738	6.9,6.8	01	aκ	0π		8904	738	6.9,6.7	11	hα	00	
8869	669	7.0,6.8	11	κα	πιι		8905	669,1504	6.7,7.3	22	нκ	πκ	ad
8870	738	7.2,7.0	11	hκ	0π		8906	668, 684,1503	6.8,7.3,6.7	213	κππ	π00	ad
8871	669,1502,1601	6.4,7.2,7.0	322	βκκ	rππ	ad		1552,1624	7.1,7.3	02	πκ	0π	
8872	738, 742, 770 1519,1570	6.5,6.6,7.1 6.8,6.9	221 31	aπκ κh	514 π0	r	8907	683, 749, 780 788,1580,1625	в, 4.0, в 4.0, в, в	ввв ввв	κη θη	552 55r	r
8873	668, 735,1548	7.0,6.8,7.0	111	κκκ	ππιιι	d		1672	в	в	θ	5	
8874	668,1502,1548 1552,1624	6.5,7.2,6.5 6.4,6.8	121 31	γκικ aκ	5ππι ππι	ad	8908	780, 788,1580 1672	6.8,6.9,6.8 7.0	021 3	κκκ κ	ππιπ π	ad
8875	738	6.9,6.9	00	πκ	0н		8909	738	6.5,6.6	01	aa	8π	
8876	668,1548	6.8,6.9	10	βκ	0π	d	8910	668	6.8,6.8	00	ββ	πιι	
8877 8878	669,1502,1504 1601	6.1,7.0,7.0 6.8	512 1	κκκ κ	ππππ κ	at r	8911 8912 8913	738,1519 668 749	6.8,7.2 7.0,6.9 7.2,7.2	11 10 00	πκ нκ κκ	0π 0π нн	d
8879	668, 735,1548 1552,1624,1694	6.3,6.2,6.6 6.5,6.7,7.1	211 111	βδн πκκ	r00 0нπ		8914	693, 738, 742 1519,1570	7.0,6.3,6.5 6.9,7.0	114 31	κγκ κκ	ннн πвκ	d
8880	669	6.5,6.7	11	ββ	r0		8915	669, 738	6.5,6.8	22	aa	0π	
8881	668,1552	6.8,7.1	11	κκ	нιι	d	8916	668, 684,1503	5.3,6.6,6.1	474	δaγ	rιιιι	a
8882	735, 788	6.5,6.9	33	κa	π0			1552,1624	5.4,5.6	42	γγ	00	
8883	668,1502,1548 1552,1624	6.3,6.8,6.6 6.6,6.8	211 02	βκh κκ	5π0 ππι	d	8917 8918	669 669,1504,1601	7.1,6.9 6.0,6.9,6.3	11 341	κκ βπh	πвκ π00	r
8884	1452	6.0,6.0	00	κκ	πιι		8919	749, 780, 788	6.2,6.4,6.5	042	κвκ	ππн	at
8885	669,1502,1504	6.3,6.8,6.8	001	κκκ	πнπ	d		1580,1625,1672	5.6,6.1,5.7	532	κκκ	πιнн	
8886	738,1570	6.5,7.0	11	κπ	π0	d	8920	1503,1552,1624	6.9,7.0,7.3	112	κκκ	ππнн	d
8887	683, 788,1672	5.8,5.8,6.1	325	κκκ	ππιιн	a	8921	1503	6.7,6.8	01	κκ	κιι	
8888	738	6.6,6.8	11	πκ	πιιι	a	8922	749, 780	6.7,6.8	12	κκ	ππι	nd
8889	669, 685, 691 1502,1504,1601	4.0,4.7,4.2 4.0,4.0,4.0	132 210	ηζθ ζζη	2r0 rrr		8923 8924	669, 738,1601 682, 693, 696	6.5,6.6,6.8 6.0,5.7,5.8	111 212	κκκ κκκ	ιιππιι ввв	nd ad

THE DRAPER CATALOGUE.

D.C.	Plate Numbers.	Observed Brightness.	Res.	End.	F.K.	R.	D.C.	Plate Numbers.	Observed Brightness.	Res.	End.	F.K.	R.
	738, 742, 770	5.0,5.7,6.0	110	κκκ	πв4			1552,1624	5.5,5.6	32	κκ	пн	
	800,1478,1519	6.5,5.8,5.2	321	πκκ	ғнн		8954	668	6.4,6.5	10	βα	0п	
	1520,1570	5.2,5.8	10	κκ	вн		8955	780	7.0,6.9	01	κκ	пн	
8925	738,1519	6.9,7.2	01	κκ	нн	ad	8956	669, 693, 695	5.5,6.5,6.3	241	δδα	220	
8926	669, 669, 685	6.4,6.2,6.5	202	κκκ	ннн	ad		738, 742, 770	5.7,6.4,6.9	134	εκκ	2нн	
	1502,1504,1601	6.3,6.1,6.6	233	κκκ	ннп			779,1570,1601	6.5,6.4,5.4	414	αβγ	п22	
8927	668	6.8,6.8	00	κκ	пп	αr	8957	668, 685,1504	6.5,7.1,6.5	003	βμα	000	ad
8928						r		1552,1624	6.7,6.9	13	κκ	пн	
8929	669,1502,1504	5.8,6.5,6.3	401	κκα	нн0	ad	8958	1503,1552	6.8,6.9	00	нκ	0п	
	1601	6.7	4	κ	н		8959	668, 683, 684	— 6.9,6.2	.13	γαα	000	d
8930	668, 684,1503	5.2,5.5,5.5	102	ζγγ	ғғғ			1503,1552,1624	6.1,6.7,6.9	235	γβп	050	
	1552,1624	5.4,5.3	01	δγ	00		8960	738	6.5,6.5	00	κκ	нп	
8931	738	6.5,6.5	00	κα	нп		8961	669, 685,1504	5.8,6.8,6.3	320	γαβ	⋎н0	
8932	683, 749, 780	6.7,6.7,0.7	113	пκκ	0пп	d		1601	6.2	0	β	0	
	788,1580,1625	6.6,6.4 —	11.	αγκ	00п		8962	1503,1624	7.0,7.3	11	κκ	пн	d
	1672	6.4	1	α	0		8963	1503	7.1,6.9	11	пκ	0п	
8933	749, 780,1580	6.0,6.7,7.0	411	κκκ	ннп		8964	1450,2242	7.0,6.6	10	пκ	0п	d
	1625	7.0	4	п	0		8965	1503	7.3,7.2	01	κκ	пп	
8934	669	7.1,7.0	10	κα	пн		8966	669,1504	7.0,7.1	01	κκ	пн	d
8935	683, 749, 780	6.8,6.6,6.6	220	пκα	0пп	d	8967	669,1504,1601	6.4,7.1,7.0	322	γκh	0п0	ad
	788,1580,1672	6.8,7.0,6.9	134	ακκ	0пп		8968	738, 742,1570	6.3,6.7,6.9	100	κκκ	пппп	ad
8936	1625	6.8,7.1	21	пκ	пн		8969	669, 693, 738	6.4,6.9,6.1	012	βαδ	202	d
8937	749, 780	6.9,6.9	11	αα	00			742, 770,1519	6.7,7.4,6.9	224	γпκ	00п	
8938	1504	7.2,7.4	11	κκ	пп			1570,1601	6.4,6.7	62	αп	10	
8939	1502,1504,1601	7.0,6.7,6.9	021	κκκ	пппп	dr	8970	668, 684,1503	5.9,6.4,5.6	124	κκκ	ннн	ad
8940	669	6.6,6.8	11	κκ	пп			1552,1624	6.4,6.2	31	κκ	нн	
8941	668, 684,1503	6.0,6.5,6.5	302	δαγ	ғн0		8971	749	6.9,7.0	10	αн	00	
	1552,1624	6.3,6.4	10	γα	ғ2		8972	1504	7.3,7.2	10	κκ	пп	
8942	683, 749, 780	6.4,5.8,5.7	132	κrκ	ннн	ad	8973	668, 684,1503	6.0,6.5,5.8	032	γαγ	ғ0ғ	
	788,1580,1580	6.3 — 6.1	1.1	κκκ	ннп			1552,1624	5.9,6.3	22	ββ	00	
	1025,1672,1672	5.6 — 6.0	1.2	κпκ	п0н		8974	668,1503,1552	6.4,6.9,6.7	321	ακκ	ннн	ad
8943	668,1503,1552	6.7,6.7,7.3	223	ααr	00п	d		1624	6.9	1	κ	н	
	1624	7.2	2	κ	п		8975	669,1504	6.6,6.6	11	κα	п0	d
8944	693, 738, 742	6.1,5.4,5.9	200	ϵϵδ	00ғ	α	8976	668,1503,1552	6.7 — 7.3	3.2	βαh	000	d
	770,1519,1570	6.4,6.0,5.6	145	δβϵ	0ғ0			1624	7.3	2	κ	п	
8945	683, 749, 780	6.5,6.6,6.5	212	κδα	0ғ0		8977	1450	7.0,6.9	10	κκ	пп	
	788,1503,1580	6.5 — 6.2	1.2	δβϯ	000		8978	1503	7.4,7.3	10	κκ	пн	
	1625,1672	6.3,6.3	21	αα	00		8979	669, 685,1504	6.6,7.0,6.6	012	καβ	п08	
8946	1384	6.6,6.8	11	пκ	0п			1601	6.9	2	п	0	
8947	693, 738, 742	6.6,6.0,6.6	010	βδγ	022	r	8980	668, 669, 685	— 6.4,6.1	.53	βαγ	00ғ	α
	770,1519,1570	6.9,6.5, r	12r	пαα	000			1504,1601	5.6,6.3	53	βα	00	
8948	738	6.8,6.7	10	ακ	0п		8981	1503	7.2,7.2	00	κκ	пн	ad
8949	669	7.2,7.2	00	пп	00		8982	749, 780,1625	7.7,6.7,6.7	202	κκп	п110	
8950	669	7.1,7.0	10	κκ	пн	b	8983	669, 738,1488	6.0 — 7.1	2.2	β⋎κ	⋎0п	d
8951	669, 685,1504	5.7,6.0,5.4	203	ϵγδ	ғғғ			1601	6.4	1	α	0	
	1601	5.7	1	β	п		8984	738	6.5,6.5	00	αα	нп	
8952	683, 749, 780	6.8,6.5,6.0	011	κββ	п50	αr	8985	749	7.3,7.2	10	пп	00	
	788,1580,1625	6.7,6.5,6.3	001	βпκ	00п		8986	668,1503	6.8,6.9	10	κκ	нп	
	1672	6.2	1	α	δ		8987	668, 684,1503	6.1,5.4,5.4	453	γγϵ	185	
8953	668, 685,1504	5.8,6.5,6.0	120	κκκ	ннн	ad		1552,1624	5.8,6.0	02	ββ	п5	

ANNALS OF HARVARD COLLEGE OBSERVATORY.

D. C.	Plate Numbers	Observed Brightness	Res.	End.	F.K.	R.	D. C.	Plate Numbers	Observed Brightness	Res.	End.	F.K.	R.
8988	693	7.0,7.1	01	ик	Oн	r	9028	669, 693, 695	6.5,7.1,7.2	020	ккп	ннО	ad
8989	668,1504	6.9,7.1	01	кн	00	b		738,1488,1570	6.1,7.3,6.8	313	ккк	пнн	
8990	693, 738, 742	6.8,6.1,6.8	020	αεβ	F22			1601	7.0	4	к	н	
	770,1478,1519	7.3,7.1,6.6	131	hκα	Oн5		9029	1504	6.9,6.8	10	ек	ннн	d
	1570	6.6	4	α	н		9030	780	7.1,7.0	10	пк	Oн	
8991	668, 684,1503	6.3,6.5,6.4	221	βκβ	Oну	ad	9031	738, 738	— 6.5,6.4	.01	кк	ннн	ad
	1552,1624	6.8,6.9	23	ακ	пп		9032	669	6.8,6.8	00	αα	00	
8992	668, 684,1503	6.2,6.4,6.3	221	ккк	нпн	ad	9033	1503	7.4,7.4	00	ек	ннн	a
	1552,1624	6.7,6.9	24	кк	ни		9034	738	6.9,6.8	01	αα	00	
8993	668,1503,1624	6.5,6.8,7.0	212	βκκ	Oнп	ad	9035	1503	7.2,7.0	11	кк	ннн	a
8994	1552	7.3,7.1	11	hн	00		9036	738,1570	6.6,7.1	11	απ	10	
8995	738	6.9,6.7	11	кα	нп		9037	738	6.7,6.8	01	ββ	00	
8996	738	6.7,6.7	00	кк	нн		9038	685, 695, 778	5.8 —6.1	4.2	γнα	гOн	ad
8997	669,1601	6.2,7.0	43	кк	нн			1487,1488.1504	— 7.0,5.8	.61	кку	ннн0	
8998	1503	7.0,6.8	11	кк	ннн	a		1635	5.8	0	к	н	
8999	738	7.2,7.2	00	hн	00		9039	678	6.8,7.0	11	кк	ннн	
9000	684,1503	6.5,6.2	01	αδ	F0		9040	693, 738, 742	7.0,6.4,7.0	101	αγα	000	d
9001	738,1519,1520	6.4,7.2,7.1	421	ккн	ппО			1570	7.0	1	н	0	
9002	738	6.9,6.9	00	кк	нн		9041	678, 686, 749	5.0,4.6,4.8	231	γδ̃	FFF	
9003	749	7.0,7.0	00	кк	ннн	d		780,1581,1625	4.5,4.8,4.4	211	γδδ	20F	
9004	749	7.2,7.2	00	кн	н0			1672	4.8	2	γ	F	
9005	1503,1552	6.9,7.3	21	кк	пн		9042	738	7.0,7.0	00	кк	пн	
9006	738	6.5,6.4	01	αβ	02		9043	1503	7.2,7.2	00	кк	ннн	a
9007	738	6.8,6.8	00	βα	00		9044	1503	7.3,7.0	21	кк	ннн	
9008	1503	6.9,6.8	01	кк	пн		9045	684,1503	6.3,6.0	01	βγ	02	
9009	1504	7.2,7.0	11	пк	Oн	b	9046	1503	7.3,7.2	01	кк	нп	
9010	738	6.9,6.8	01	кк	нп		9047	1503	6.8,6.9	10	кк	ннн	a
9011	749,780	6.9,7.1	22	hн	00		9048	1503,1503	7.0,7.2 —	11.	кк	ннн	
9012	668,1503	7.0,7.1	10	кк	нп	d	9049	738	6.0,6.6	00	кк	ннн	
9013	738, 742,1519	6.3,7.0,7.1	313	ккп	нн0	at	9050	696, 738, 738	7.1 —6.5	1.2	нγβ	000	
9014	1504,1552	7.2,7.1	01	пк	Oн	d	9051	678	7.0,7.3	12	кп	нO	
9015	1503	6.6,6.7	10	кк	ннг	a	9053	678, 749	7.0,6.9	11	αα	нO	
9016	738	6.3,6.7	22	ακ	1н		9054	738,1384,1519	6.4,6.2,7.1	233	ккк	ннн	
9017	738,1519	6.4,7.2	33	кн	нО			1520	7.0	2	н	0	
9018	669, 685,1504	6.5,7.0,6.5	111	ακα	Oн0		9055	1503	6.8,6.8	00	кк	ннн	a
9019	738	7.0,7.1	10	нн	00		9056	1503	7.0,7.1	10	кк	ннн	a
9020	1504	7.0,6.8	11	кк	нп	at	9057	1503	6.8,7.3	32	кк	ннн	
9021						r	9058	684,1503	6.7,6.3	11	κδ	н0	
9022	693, 738, 742	6.5,5.7,6.3	032	ккк	ннк	ad	9059	1503	7.3,7.3	00	кк	ннн	
	770,1478,1519	7.0,6.4,6.5	113	hкк	Oнп		9060	1504	7.2,7.0	11	ип	0F	
	1520,1570	6.5,6.4	33	кп	нF		9061	1503	7.1,7.0	01	пк	O1F	
9023	684, 694,1503	6.0,6.0,6.0	032	βββ	F01	a	9062	678, 684, 686	6.1,6.0,6.3	100	δβγ	0FF	
	1624	6.0	1	β	0			1503,1581	5.9,6.0	11	γβ	20	
9024	2242	7.0,7.0	00	кк	нн		9063	738	6.8,6.8	00	ακ	нп	
9025	669, 693, 738	6.0,7.0,6.4	410	ккк	нннн	ad	9064	696, 738, 738	6.9 —6.4	3.1	ккк	нпнн	a
	742,1570	7.0,6.6	16	нк	Oн			1520	6.6	1	к	н	
9026	749, 780	6.8,7.1	23	ннн	00		9065	1450	6.9,6.9	00	нк	Oн	
9027	693, 696, 738	6.8,6.8,6.2	041	βнγ	50F	d	9066	738	6.9,6.9	00	кк	ннн	
	742,1478,1520	6.8,7.2,6.7	042	βкк	Oнн		9067	738	6.8,6.8	00	κα	н0	
	1570	6.6	4	к	п		9068	738	7.0,7.0	00	αα	00	

THE DRAPER CATALOGUE. 239

D. C.	Plate Numbers	Observed Brightness	Res.	End.	F.K.	R.	D. C.	Plate Numbers	Observed Brightness	Res.	End.	F.K.	R.
9069	685, 695, 779	5.9,6.3,6.4	113	γβα	555		9101	682, 696, 753	7.0,6.8,6.2	002	ππκ	005	r
	1488,1488,1504	6.6,6.4,5.6	421	παδ	055			774, 800,1395	7.0,7.0,5.7	200	ηδιι	010	
	1636	—	.	h	0			1450,1519,1520	5.7,6.2,6.0	011	ααα	253	
9070	1503	7.2,7.0	11	hκ	0ιι			1521,1564,2242	6.0,6.3,6.0	026	γαδ	000	
9071	684,1487,1503	6.5,6.8,5.7	115	κηγ	π08	ad	9102	1503	7.1,7.0	01	κκ	ιιιι	a
	1635	6.7	3	κ	ιι		9103	1488,1504	7.0,6.2	12	κκ	ιιιι	at
9072	1503	7.2,7.2	00	κκ	ιιιι		9104	1519	7.1,7.3	11	κκ	ιιιι	
9073	1504	7.0,6.9	01	πα	00		9105	1488	7.1,7.1	00	κκ	ιιιι	
9074	738	6.4,6.2	11	βα	8ιι		9106	1504	7.3,7.3	00	κκ	ηιι	
9075	685, 695,1488	5.9 — 6.8	4.3	κακ	π0π	ad	9107	685,1487,1488	6.5 — 7.2	4.1	βιιh	000	
	1488,1504,1636	6.4,5.9,7.0	111	κκκ	ιιιιιι			1504,1635	6.6,6.9	01	βκ	5ιι	
9076	685, 694, 695	5.9,6.5 —	61.	γβιι	ϝ00		9108	694,1487,1504	7.3,7.3,6.8	112	hκκ	0ιιιι	ad
	778,1487,1488	6.5 — 6.9	1.2	βαιι	000			1635	7.0	1	κ	ιι	
	1504,1635	5.9,6.5	34	βκ	2ιι		9109	678, 686	6.9,7.0	00	αιι	ιι0	
9077	749	6.9,7.1	11	ακ	0ιι		9110	1581	6.9,7.2	12	ιικ	0ιι	
9078	738	6.8,6.8	00	ββ	00		9111	678, 678, 686	6.5 — 6.6	2.2	γδβ	000	
9079	684, 694, 778	5.5,6.2,6.0	131	γγγ	ϝ00	a		686, 749, 780	6.6,6.1,6.0	232	βργ	0ϝϝ	
	1487,1503,1635	5.8,5.1,5.7	131	αδβ	10ϝ			1581,1625	6.4,5.7	23	αβ	00	
9080	669, 693, 695	5.5,5.6,5.7	411	γδβ	532	r	9112	749	7.0,7.0	00	κκ	ιιιι	at
	696, 738, 742	— 4.8,5.3	.22	γϵγ	222		9113	1503	6.9,6.9	00	κκ	ηιι	d
	770, 779,1478	5.9,6.1,5.3	022	δβδ	352		9114	678, 686, 749	5.3,5.8,5.9	223	κκκ	ιιιιιι	at
	1488,1520,1570	5.3,5.3,5.3	504	βαγ	552			780,1581,1625	5.3,5.2,5.3	121	κκκ	555	
	1601,1636	5.6,6.6	44	αιι	10		9115	1519	7.0,7.3	12	κκ	ιιιι	
9081	1503,1635	6.8,7.1	10	κκ	ηη		9116	685,1504	7.3,6.8	11	αιι	00	d
9082	738	6.5,6.4	01	κκ	ιιιι	a	9118	1503	6.9,6.8	01	κκ	ιιιι	a
9083	738	6.8,6.9	10	κκ	ιιιι	d	9119	1503	7.1,7.0	01	κκ	ιιιι	
9084	1504	7.3,7.3	00	κκ	ιιιι		9120	693, 695, 738	6.6,6.9,5.6	223	βαδ	5ιι2	r
9085	684,1487 503	6.8,7.2,6.1	015	κκκ	ιιιιιι	a		742, 770,1478	6.4,7.0,6.5	021	βαα	ϝ50	
	1635	7.2	4	κ	η			1488,1570	7.0,6.3	33	κα	ιι5	
9087	1504	7.3,7.3	00	κκ	πιι		9121	738, 742, 770	5.9,6.9,7.5	413	κκιι	ιιιι0	ad
9088	749, 780,1625	6.5,6.5,6.8	314	κκιι	ιιιι0	at		1478,1570	7.1,6.6	34	κιι	ιι0	
9089	682, 693, 696	5.4,4.6,5.5	132	γδ	ϝϝϝ		9122	695,1504	7.4,6.8	10	ηκ	0ιι	
	720, 738, 742	5.2,4.3,4.7	012	ϵαγ	1ϝ2		9123	678,1503	7.2,7.0	11	κκ	ιιιι	
	770, 800, 803	4.7,5.7,5.3	621	ϵδϵ	22ν		9124	1504	7.0,6.8	11	ιια	0ιι	
	1478,1519,1520	4.6,4.9,4.8	332	δδϵ	ϝϝ1		9125	1503	7.1,7.1	00	κκ	ιιιι	
	1570,1584	5.4,4.0	33	γϵ	ϝϝ		9126	694, 778,1487	6.7,6.8,6.8	011	καιι	ιι00	ad
9090	685,1504	6.7,6.2	11	κκ	ιιιι	ad		1503,1635	6.2,6.5	01	βα	00	
9091	1503	6.6,6.7	10	αα	0ιι		9127	738	6.8,6.8	00	κα	ιιιι	
9092	1504	6.9,6.8	10	αβ	05		9128	693, 696, 738	6.9,6.4,6.3	362	βγγ	001	ad
9093	1503,1635	6.7,7.2	21	κκ	ηη			738, 742, 770	— — —	...	βαα	205	
9094	678, 678, 686	6.4 — 6.4	2.1	κϭκ	ηϝιι	ad		800,1478,1520	7.0,6.8,6.3	220	ιικβ	0ηϝ	
	749, 780,1581	5.9,6.5,6.3	442	κκκ	ιιηιι			1570	6.8	0	κ	ιι	
	1625	5.4	5	κ	ιι		9129	738	6.7,6.8	01	κκ	ιιιι	a
9095	1503	7.1,6.9	11	αη	00		9130	685, 695, 719	5.1,4.2,4.5	831	ηκκ	ϝϝϝ	ad
9096	1504	7.1,7.0	10	ιικ	0ιι			779,1488,1504	4.8,4.0,4.6	256	κκκ	ϝϝϝ	
9097	1488,1504	7.3,7.0	11	κκ	ηη	d		1583,1636	4.0,4.3	30	κκ	ϝϝ	
9098	1504	7.0,6.9	01	κκ	ιιπ		9131	1504	7.4,7.2	11	κκ	ιιιι	
9098a	738	7.0,7.0	00	κκ	ιιιι	ar	9132	1504	7.2,7.1	01	κκ	ιιιι	
9099	1503	7.1,7.2	01	κκ	ιιιι		9133	1504	7.3,7.2	10	κκ	ιιιι	b
9100	1504	7.2,7.0	11	κκ	ηιι	d	9134	678, 686,1581	6.6,6.7,6.0	113	καιι	ιι00	r

240   ANNALS OF HARVARD COLLEGE OBSERVATORY.

D. C.	Plate Numbers.	Observed Brightness.	Res.	End.	F.K.	R.	D. C.	Plate Numbers.	Observed Brightness.	Res.	End.	F.K.	R.
9135	1520	7.0,7.3	12	κκ	nπ	r	9168	1582	7.2,7.2	00	κκ	nπ	
9136	738	6.6,6.7	10	κκ	nπ	d	9169	1635	7.1,7.2	01	bκ	0π	
9137	694, 778,1487	6.6,7.0,7.0	311	κκκ	нпп	ad	9170	693, 696, 738	5.8,5.4,4.8	352	γεδ	233	
	1504,1635	7.1,6.5	41	κκ	нн			742, 770, 800	5.9,6.5,5.9	402	βγα	526	
9138	738	6.9,6.9	00	αα	10			1478,1520,1570	5.4,4.8,6.0	143	δγβ	228	
9139	1488,1504	7.3,6.5	21	κα	н0	d	9171	678, 686, 703	5.1,5.0,5.4	024	ζεδ	0fff	r
9140	693, 696, 738	6.9,6.8,5.8	501	αβδ	21ғ	d		1489,1581,1602	5.2,4.8,5.1	122	βεγ	10ғ	
	742, 753, 770	6.5,6.5,6.9	111	κβα	n02		9172	738, 753,1519	— 6.8,6.9	.22	κпκ	н0п	ad
	803,1384,1478	6.4,5.6,7.2	328	βпκ	20п			1520,1521	6.7,6.6	00	κκ	нп	
	1519,1520,1521	5.8,5.9,6.0	390	βαα	201		9173	678, 686,1581	6.3,6.3,6.4	230	γαα	0ғ0	r
	1570,1584	7.0,5.4	44	κα	н0			1582	6.7	4	п	1	
9141	693, 738,1478	7.2,6.5,7.0	111	пκп	0п0	d	9174	738	7.0,7.0	00	пκ	0п	
9143	1635	7.3,7.4	01	κκ	пн		9175	1583	7.3,7.3	00	κκ	нп	
9144	678, 686, 749	6.2,6.5,6.9	204	γαп	0ғ0		9176	1521	7.1,7.1	00	пκ	0п	
	1581	6.1	2	α	0		9177	694	7.1,7.1	00	bн	00	
9145	695, 738,1488	7.2,6.6,7.3	021	nγh	000		9178	678	6.9,7.1	11	κп	н0	
	1570	6.8	3	κ	п		9179	1583,1635	7.1,7.3	00	κκ	пн	
9146	738,1520	6.6,7.2	22	βп	п0	d	9180	1583	7.3,7.2	01	κκ	nπ	
9147	738	6.1,6.7	33	αα	00		9181	696, 738, 753	7.0,6.3,6.9	421	κpп	н00	ar
9148	696, 738,1478	6.9,6.4,6.7	220	α3п	n50			1519,1520,1521	7.0,6.7,6.7	301	κκп	nп0	
	1520,1570	6.7,6.8	31	пα	00			1584	6.8	4	п	0	
9149	678, 686,1581	6.1,6.5,6.3	211	βκκ	нпн	ad	9182	695, 719,1488	7.1,6.8,6.8	201	пαн	000	
9150	678	6.9,6.9	00	pα	00			1583	6.2	0	β	0	
9151	738	7.0,7.0	00	κα	нн		9183	678, 686, 718	6.0,6.0,6.3	012	γγβ	220	
9152	695,1488,1504	6.8,7.0,6.5	200	αпп	п00			1581,1582	5.8,5.8	10	βα	22	
	1583	6.5	3	β	0		9184	738	6.9,7.0	01	пκ	0π	
9153	693, 738, 742	6.9,6.2,7.0	203	αγп	500		9185	738,1520	— 7.2,7.3	.10	κπ	n0	d
	1478,1570	6.7,6.6	03	пα	08		9186	696, 738, 800	7.0,6.3,7.0	022	κγπ	n00	
9154	695,1488,1583	7.0,7.2,6.7	203	пκн	0п0	d	9187	1520	6.5	2	п	0	
9155	678, 686,1581	6.4,6.9,6.7	311	γαп	0π0			678,1581	6.6,7.1	33	κп	n0	ad
9156	696,1395,1450	7.0,6.3,6.4	312	пκκ	0ππ	ad	9188	693, 696, 720	5.8,6.2,6.0	112	εγγ	320	
	1519,1520,1521	6.7,6.6,6.5	100	κκκ	нпн			738, 742, 770	5.9,6.0,6.5	512	ζβ̃β	292	
	1564,2242	6.6,6.3	04	κβ	п0			800, 803,1478	7.0,6.3,6.1	512	γδβ	00ғ	
9157	1519,1520,1521	6.8,6.6,6.6	170	пκκ	0ππ	a		1519,1520,1570	5.3,5.3,6.0	331	βγ̃c	н2ғ	
	1564,2242	6.7,6.2	02	κκ	нн			1584	5.2	1	δ	ғ	
9158	694, 718, 778	5.4,5.9,5.7	231	κκκ	нн̃н	a	9189	718,1487,1582	6.9,7.2,6.2	034	αкβ	0π0	
	1487,1582,1635	5.4,5.4,5.1	212	κκκ	нπн			1635	6.8	2	н	0	
9159	1583	7.1,7.1	00	κκ	nπ		9190	678, 686, 718	5.7,5.6,5.8	202	κκκ	ннн	a
9160	678, 686,1581	6.8,6.6,6.8	122	пph	0π0			1581,1582	5.1,5.2	31	κκ	пв	
9161	1570	7.1,7.3	11	κκ	нн		9191	678, 686, 703	6.6,6.5,6.7	022	ββ̃3	000	
9162	693, 696, 738	6.9,7.2,6.3	100	пαγ	012	d		1581,1602	6.4,6.5	11	αα	00	
	1520,1570	6.7,6.8	22	πκ	0π		9192	738,1519,1520	6.5,6.9,7.1	311	κпн	n00	d
9163	695	6.9,6.9	00	αα	00			1521,1584	6.8,6.9	12	пн	00	
9164	695, 719, 779	6.0,6.2,6.5	121	γγβ	ғ00	a	9193	703,1489,1581	6.4,6.8,6.7	102	κпκ	n0н.	
	1488,1504,1583	6.0,5.6,5.4	101	ββ̃γ	ғ50			1602	6.4	0	п	0	
	1636	6.8	3	κ	н		9194						dr
9165	693, 738, 770	6.8,5.8,6.9	411	γεβ	010		9195	694,1487,1582	6.9,7.1,6.9	201	αкκ	0ппп	r
	1478,1488,1570	6.3,6.8,6.4	112	βκγ	0π0			1635	6.9	1	κ	0	
9166	678	6.9,7.0	01	κκ	пп		9196	696, 703,1489	6.9,6.3,6.7	310	αβн	0ғ0	ad
9167	1520	7.0,7.2	11	пκ	0п			1581,1602	6.5,6.1	12	κα	п5	

THE DRAPER CATALOGUE.

D. C.	Plate Numbers.	Observed Brightness.	Res.	End.	F.K.	R.	D. C.	Plate Numbers.	Observed Brightness.	Res.	End.	F.K.	R.
9197	694, 718, 778	6.0,6.0,6.2	111	γππ	020		9227	693, 696, 738	6.7,6.8,5.8	123	πκδ	Oн1	ad
	1487,1582,1635	5.3,5.6,5.3	103	αββ	Oғғ			753, 770, 800	6.5,7.1,7.4	112	κππ	п00	
9198	1602	7.1,7.2	01	bп	00			803,1478,1519	6.9,7.2,5.9	064	κκα	нн0	
9199	694, 718, 778	6.5,6.5,6.5	220	βγβ	000			1520,1521,1570	6.4,6.2,6.8	100	пкк	1нп	
	1487,1582,1635	6.4,5.8,5.9	121	βββ	0ғ0			1584	6.3	3	ɢ	0	
9200	678,1581	6.7,7.1	23	пп	00	d	9228	−738,1584	6.5,7.0	33	βн	н0	d
9201	678	7.2,7.0	11	κκ	пн		9229	703,1489,1602	6.3,6.5,6.0	101	κκκ	нпп	ar
9202	1519,1520	6.7,6.9	11	нп	00		9230	703	6.8,6.9	01	aκ	Oп	
9203	1627	7.3,7.3	00	κκ	нн		9231	696, 800,1478	6.9,7.0,6.6	120	aнк	10п	
9204	678,1582	5.6,6.9	78	δa	ғп			1520	6.5	2	κ	5	
9205	682, 696, 738	7.0,6.4,5.6	132	κκκ	нпн	ad	9232	1582,1635	6.9,7.3	22	κκ	нп	a
	753, 770, 774	6.3,6.8,6.8	011	кhк	п0п		9233	1478	6.7,6.8	10	κκ	нп	d
	800,1478,1519	6.7,7.0,5.9	271	hκк	Oпн		9234	1478	7.1,7.0	10	κκ	пп	
	1520,1521,1570	6.2,5.2,7.0	275	κғκ	нlп		9235	738,1584	6.6,6.8	12	βκ	Oн	
	1584	5.8	1	κ	н		9236	718, 801,1487	6.8,6.6,6.8	111	κκκ	нпн	ad
9206	1487,1582	7.1,7.1	12	κκ	п5	d		1582,1626,1635	6.0,6.8,6.4	410	κκκ	нпн	
9207	686, 718,1581	5.3,4.7,5.0	332	δeγ	ɣOɣ		9237	693, 696, 720	6.7,6.7,6.5	312	aaa	5н1	r
	1582	4.5	2	γ	2			738, 770, 800	5.7,6.9,7.0	210	eκн	пн0	
9208	696, 738, 753	6.8,6.1,6.4	313	пκк	Oнн	a		803,1478,1520	6.7,6.3,6.5	014	βκβ	258	
	1519,1520,1570	6.5,6.5,7.1	112	κκκ	нғп			1520,1570,1584	6.4,6.5,6.9	311	βпβ	808	
	1584	6.5	4	п	ғ		9238	718,1582	6.3,5.5	32	κκ	нн	at
9209	800	6.9,7.0	10	нκ	Oп		9239						r
9210	695,1488,1583	6.9,7.0,6.6	213	αhα	000	ad	9240	694, 719, 745	5.3,5.2,5.0	300	κκκ	ʙʙ2	ad
9211	1583	7.0,7.0	00	πκ	Oн			778, 801,1487	5.4,4.8,4.7	213	κκк	ʙdʙ	
9212	738	6.7,6.8	01	ββ	00			1583,1626,1635	4.4,4.9,4.6	111	κκκ	ʙdʙ	
9213	1478	7.0,6.9	01	κκ	нп			1637	4.5	3	κ	ʙ	
9214	1582	7.1,7.3	11	κκ	пп		9241	703,1489,1602	4.8,5.0,4.5	101	eγδ	222	
9215	1582	7.3,7.4	01	κκ	пп		9242	696,1478,1520	6.6,6.0,6.0	021	κκκ	ннн	a
9216	1582,1635	6.8,7.0	11	βп	00		9243	703,1489,1602	6.4,6.7,6.5	111	βκα	Oн0	
9217	1635	7.3,7.3	00	κп	п0		9244	696, 720, 800	5.5,6.0,5.9	004	κκκ	ʙdн	a
9218	1583	6.9,7.0	01	нκ	Oп			803,1478,1478	6.4,6.0	−	43.	κκκ	нѢн	
9219	1582	7.3,7.2	01	κκ	нп			1520,1584,1584	5.1,5.6	−	35.	κκн	ʙнғ	
9220	695, 719, 746	ʙ, ʙ, ʙ	ппʙ	λλη	225	ar	9245	1583	7.0,6.9	10	κκ	пп	r
	770, 802,1488	ʙ, ʙ, ʙ	ппʙ	θeθ	ғғғ		9246	694, 719, 745	6.0,5.6,5.6	331	βγα	Oғғ	ad
	1555,1583,1627	ʙ, ʙ, ʙ	пнʙ	ζθθ	1ɣғ			778, 801,1488	5.3,5.8	−	12.	βδκ	п0п	
	1636,1638	ʙ, ʙ	ʙп	θη	нп			1487,1555,1583	5.7 − 5.0	0.2	αβδ	01ғ	
9221	1478,1520	7.0,6.7	00	κκ	нп	a		1626,1627,1635	5.8 − 5.7	1.3	βaa	Oнн	
9222	695, 779, 802	6.8,7.2,6.6	231	aпκ	ғOн	ad		1636,1637,1638	− 5.4 −	.1.	κβα	пғ1	
	1488,1555,1583	6.7,6.4,6.7	305	aκβ	Oп0		9247	1520	7.2,7.3	10	нκ	Oн	
	1583,1627,1636	6.4,6.9,7.3	221	aκκ	1пп		9248	802,1488,1555	6.7,6.9,6.4	010	aκκ	Oпн	ad
9223	718,1581,1582	5.9,5.9,5.7	111	aκβ	нн4	r		1583,1627,1638	6.7,6.5,6.8	520	κκκ	пнпп	
9224	695, 719, 746	6.6,6.5,6.5	000	ββh	000	ad	9249	802,1488,1555	6.9,7.3,6.4	103	aκa	Oн0	d
	802,1488,1555	6.3,6.5,6.1	011	aββ	ғOɣ			1583,1627,1638	− 7.2,7.1	.20	пnκ	00п	
	1583,1627,1638	5.6,6.3,6.6	322	γaп	000		9250	1582	7.1,7.2	01	bп	00	
9225	682, 696, 774	6.8,6.1,6.5	231	aβa	025	r	9251	1583	6.7,6.8	01	нa	Oп	
	800, 834, 928	6.5,6.5,5.9	23	паa	OпF		9252	1555	7.2,7.3	10	κκ	нп	
	1395,1450,1510	5.3,5.5,5.5	022	κββ	нп2		9253	719, 746, 779	6.6,6.1,7.2	141	aβn	5п0	r
	1520,1521,1564	5.5,5.3,5.6	231	βββ	22γ			802,1488,1555	6.5,6.6,6.0	27	βпa	502	
	2242	5.8	0	γ	ғ			1583,1627,1638	5.8,6.3,6.6	002	βaп	200	
9226	1582	7.3,7.3	00	κκ	пп		9254	703, 724,1489	6.5,6.7,6.8	111	βзκ	00н	at

D.C.	Plate Numbers.	Observed Brightness.	Res	End.	F.K.	R.	D.C.	Plate Numbers.	Observed Brightness.	Res.	End.	F.K.	R.
	1598,1602	7.0,6.5	40	пк	0н			1555,1584,1627	6.7,6.0 —	22.	кик	п0п	
9255	1520	6.8,6.8	00	κα	нп		9290	1554	7.3,7.4	01	кк	пп	
9256	1554,1582,1637	6.7,7.1,7.2	111	ккк	нип	d	9291	724,1598	6.9,7.1	22	кк	ин	
9257	703, 724,1489	6.6,6.6,6.7	200	βкн	пц0		9292	1555,1583	6.9,7.2	23	кк	ни	
	1598,1602	6.5,6.0	13	кк	пи		9293	746,1555,1583	6.0,6.5 —	10.	каκ	п0п	d
9258	1584	7.1,7.2	10	пк	0н		9294	1554	7.3,7.2	01	ни	00	
9259	803,1520,1584	7.3,6.6,6.6	012	ккк	ннн	d	9295	719, 746, 772	6.9,6.5,6.9	220	пкβ	0н0	ad
9260	1584	7.2,7.3	01	кк	иц			802, 823,1555	6.3,6.8,6.0	202	γкγ	0пF	
9261	801,1554,1582	7.0,6.3,6.3	213	ккк	ннн	a		1583,1627,1638	5.8,6.4,6.5	211	γβα	000	
	1637,1637	6.8 —	1.	кк	пн			1645	6.8	4	к	н	
9262	801	6.9,7.0	01	rк	нн	d	9296	1555,1583	6.8,7.1	32	ακ	0п	d
9263	1520	7.3,7.5	11	ακ	0н	d	9297	1521,1584	6.9,6.4	12	кк	пн	
9264	1555	7.2,7.1	10	кк	нп		9298	719, 746, 772	6.4 — 6.3	0.3	αпβ	п0r	ad
9265	719, 746, 802	6.2,5.7,5.8	321	γβγ	00r	a		802, 802, 823	6.5 — 6.4	3.1	αβк	н0н	
	1555,1583,1627	5.3,5.4,5.4	123	εδβ	0r0			1555,1583,1627	5.8,5.3,6.4	142	βhк	0rн	
	1638	5.7	1	β	1			1638,1645	6.3,6.2	01	нк	0н	
9266	682, 696, 720	6.3,5.6 —	14.	βγ☉	п20		9299	1584	6.8,6.8	00	кк	пн	
	738, 753, 774	— 5.8,6.2	.22	αγγ	0r2		9300	719, 746, 772	6.5,6.5,6.5	111	кβα	п00	ad
	800, 803, 928	6.4 — 6.5	2.3	αhβ	201			802,1555,1583	6.4,5.9,5.5	202	βγα	пlF	
	1519,1520,1521	4.8,5.4,5.0	512	βδδ	22r			1627,1638,1645	6.2,6.4,6.2	011	αпα	п00	
9267	1555,1583	7.3,7.1	00	кк	пн		9301	1555	7.3,7.2	01	кк	пн	
9268	1555	7.3,7.2	01	кк	пп		9302	703, 724,1489	6.9,6.7,6.8	400	кαн	п50	ad
9269	1554,1582	6.8,6.9	10	кк	пп	d		1598,1602,1673	6.1,6.5,6.6	410	нпк	00п	
9270	1554,1582	6.9,7.1	00	кк	нн		9303	1519,1520,1521	6.9,6.8,6.6	210	кип	н00	d
9271	1555,1583	7.2,7.3	12	кк	пп	a		1564	6.4	3	н	0	
9272	1554,1582	7.1,7.3	00	кк	пн		9304	803,1478,1520	7.2,6.9,7.0	113	пкп	0п0	d
9273	724,1554,1582	6.8,6.7,6.9	311	αβп	0н5		9305	1584	6.8,6.8	00	пк	0п	
9274	1584	7.0,7.2	11	αп	00		9306	1555,1583,1645	7.0,6.9,7.3	100	пкк	0пн	d
9275	1583	7.2,7.1	10	hп	00		9307	720, 802, 803	6.6,6.7,6.7	221	βαγ	050	
9276	1555	7.2,7.2	00	кк	пι			1478,1520,1555	6.2,6.6,6.4	342	ппβ	000	
9277	1583	6.7,6.7	00	кк	пн			1584,1627,1638	5.8,6.7,6.7	121	βαh	000	
9278	724	7.2,7.2	00	кк	нн		9308	1555	7.2,7.0	11	пк	0п	b
9279	696, 720, 738	6.7,6.8,5.9	312	ккк	нип	ad	9309	1583	7.1,7.1	00	пк	0п	
	770, 800, 803	7.0,6.9,6.8	031	икк	0нп		9310	703, 724,1489	6.3,5.4,6.0	741	αβα	п2н	
	1478,1519,1520	6.9,6.3,6.2	301	ккк	ннн			1598,1602,1673	5.2,5.7,5.6	421	βαβ	252	
	1521,1570,1570	5.8,7.1,6.6	432	ккк	ннн		9311	1584	6.8,6.8	00	кк	ин	
	1584	6.1	1	к	п		9312	1555	7.2,7.2	00	кк	пн	
9280	1555	7.3,7.3	00	bк	0н		9313	1554	7.2,7.2	00	кк	ив	
9281	738,1520,1584	6.5,6.9,6.6	111	апк	п0н	d	9314	746, 802,1555	6.7,6.5,6.2	111	ккк	инп	ad
9282	1555	7.2,7.2	00	ин	00			1583,1627,1638	6.3,6.4,6.6	221	ккк	нвп	
9283	1555,1583	6.9,6.9	11	βв	00			1645	6.8	3	к	п	
9284	746, 802,1555	7.1,7.1,6.8	200	пнк	00п	d	9315	738,1584	6.7,7.1	23	αп	00	
	1583,1627,1638	6.5,7.2,7.2	110	кпк	нпп		9316	1555,1583	6.8,7.0	22	кк	нп	r
9285	802,1555,1583	7.2,6.7,6.9	022	пкк	0нп	d	9317	1584	7.0,7.3	21	нк	0н	r
9286	1583	7.3,7.3	00	кк	нι		9318	1554	6.9,7.3,7.0	201	ппк	00н	ad
9287	2242	6.9,6.9	00	пк	0п		9319	1554,1626,1637	7.0,7.3,7.0	201	ппк	00н	ad
9288	719, 746, 802	5.3,5.1,5.4	114	δδπ	222		9320	839,1598,1603	6.5,7.0,6.7	222	βкп	0н0	ad
	823,1555,1583	5.6,4.8,4.3	312	γεε	н22			1673	7.1	2	к	п	
	1627,1638	4.7,4.6	35	δδ	22		9321	1554	7.2,7.3	10	кк	пп	d
9289	803,1478,1520	6.9,6.6,6.7	222	пкк	0пп	ad	9322	1555,1583	7.1,6.6	21	кп	п1	

THE DRAPER CATALOGUE.   243

D. C.	Plate Numbers	Observed Brightness	Res.	End.	F.K.	R.	D. C.	Plate Numbers	Observed Brightness	Res.	End.	F.K.	R.
9323	1554	7.0,7.0	00	πα	Oπ			1598,1603,1673	5.8,5.5,5.7	131	αακ	55π	
9324	1584	7.2,7.1	01	κκ	ππ		9352	738, 753, 803	6.4,7.1,7.2	202	βπα	000	d
9325	839,1598,1673	6.6,7.0,7.0	210	κκπ	ππ0			1520,1584	6.9,6.6	11	κн	π0	
9326	745, 801, 845	6.8,6.5,6.7	020	κγα	π0н	ad	9353	1554	7.4,7.4	00	hπ	00	
	1490,1554,1626	7.0,6.2,6.8	210	κβα	π00		9354	1520,1584	7.0,6.9	11	πн	00	d
	1637,1687	6.4,7.2	20	βκ	2н		9355	1555,1645	7.1,7.2	01	κн	π0	d
9327	1520,1521	7.2,7.0	10	πκ	Oπ	ad	9356	724, 790, 839	6.6,7.0,6.5	111	κнπ	F00	
9328	724, 790, 839	6.3,6.6,6.2	121	βκβ	ππF			1598,1673	6.5,6.6	00	κн	π0	
	1598	6.4	2	κ	π		9357	1584	7.0,7.0	00	κκ	ππ	
9329	724,1603,1673	0.8,6.1,5.9	513	ακα	Oππ		9358	839,1598,1603	6.6,7.2,7.2	321	βhπ	000	d
9330	696, 753, 800	6.8,6.3,6.9	233	κκπ	ππ0	ad	9359	720, 803,1584	7.3,7.0,6.5	122	κββ	π00	
	803,1520,1521	6.9.6.4,6.3	011	κκκ	ππн		9360	746, 772, 802	5.6,5.7,5.8	123	βγγ	F2F	
	1584	6.4	4	κ	π			823,1555,1627	5.9,5.5,5.6	131	βδβ	F30	
9331						r		1638,1645,1674	5.4,5.4,5.6	201	αββ	45F	
9332	801,1554	7.1,6.8	01	πκ	Oπ	r	9361	746, 802,1555	7.3,6.9,6.6	111	hαα	000	
9333	803,1520,1584	7.1,7.0,0.6	321	ακα	πππ			1627	7.0	0	π	0	
9334	1555,1583,1645	6.9,7.1,7.3	220	πκн	Oπ1	d	9362	738, 753, 803	6.3,7.0,7.0	112	βπα	001	ad
9335	720, 746, 802	6.9,6.6,6.3	112	βκβ	OπF	ad		1520,1521,1570	6.6,6.8,7.0	031	hκн	1н0	
	803,1555,1584	6.9,6.0,6.0	121	ββγ	OF0			1584	6.3	0	π	0	
	1627,1638	6.6,6.7	11	αα	00		9363	772, 801, 823	5.8,5.5,6.0	112	δζκ	00π	ad
9336	1583,1645	6.9,7.3	00	hπ	01	d		1626,1637,1645	5.3,5.1,5.6	222	βδβ	101	
9337	1520,1584	6.6,6.6	12	βπ	00			1674	5.4	1	α	2	
9338	693, 696, 720	6.2,6.5,6.2	102	γββ	020	r	9364	1584	7.2,7.4	11	πκ	Oπ	
	738, 742, 753	5.4,6.3,6.2	221	γαβ	210		9365	720, 802, 803	7.3,7.1,7.0	013	πκβ	Oπ1	at
	770, 774, 787	6.8,6.3,6.4	331	βββ	000			1555,1584,1605	6.6,6.4,6.5	100	αβγ	000	
	795, 803,1478	5.7,6.3,6.3	112	πεα	00F			1627,1638	7.1,7.3	12	bκ	Oн	
	1520,1521,1570	5.8,5.8,6.3	010	αβα	2F5		9366	1554	7.1,7.1	00	κκ	нπ	d
	1576,1584	6.0,5.3	12	αδ	0F		9367	803,1520,1584	7.1,7.0,6.5	320	hππ	000	d
9339	696, 738, 753	6.0,6.4,6.8	401	κβα	ππ1		9368	1554	7.2,7.3	10	κκ	πn	
	1519,1520,1521	6.7,6.0,6.5	100	κκπ	πε0		9369	746, 772, 802	6.3,6.6,6.3	012	κκβ	ππ0	ad
	1584	6.7	4	κ	π			1555,1627,1638	5.6,5.8,5.9	233	βαα	000	
9340	1555	7.2,7.2	00	hκ	Oπ			1645,1674	6.0,6.3	02	κκ	πH	
9341	745, 801, 822	5.5,5.3,5.5	142	κκκ	ππD	ad	9370	1555	7.0,6.8	11	κκ	πH	
	824, 845,1490	6.2,5.0,5.5	211	κκκ	ππH		9371	1555	7.2,7.1	10	ακ	Oπ	
	1554,1626,1637	5.0,5.4,5.0	124	κκκ	DBB		9372	828	7.1,7.1	00	ππ	00	
	1679,1687,1692	6.0,6.2,5.8	321	κκπ	HHF		9373	1555	7.2,7.1	10	κκ	πH	
9342	1554	6.8,6.7	10	αβ	ππ		9374	801,1554,1637	7.0,7.0,7.0	221	πκκ	Oππ	ad
9343	1584	7.0,6.9	01	πκ	Oπ		9375	772, 802, 828	6.9,6.7,6.8	201	βακ	Oπн	ad
9344	696, 720, 803	6.7,6.8,6.8	200	παα	000	r		1555,1605,1627	6.3,6.0,7.0	123	ααα	F00	
	1520,1584	6.1,6.0	11	hγ	FF			1638,1645,1674	6.8,6.6,6.7	000	καα	π00	
9345	1645	7.3,7.3	00	κκ	ππ		9376	696, 720, 720	4.2,4.5 —	RR.	δζh	23F	at
9346	724, 790, 839	6.5,6.5,6.0	131	κκκ	нн	a		800, 803, 803	5.4,5.1 —	RR.	δεβ	246	
	1598,1603,1673	6.6,6.0,6.2	431	κκκ	ππн			1520,1584	4.0, в	RD	ζζ	52	
9347	1554	7.0,7.3	12	ακ	πH		9377	1555	7.3,7.3	00	κн	00	
9348	1520,1584	7.1,6.7	01	πκ	Oπ		9378	2242	6.9,7.0	10	κκ	πππ	d
9349	1554	7.3,7.2	01	κκ	πн	d	9380	1584	6.8,6.9	01	πκ	Oπ	
9350	746, 772, 802	5.7,5.6,5.3	124	κκβ	ππн	ad	9381	1554	7.2,7.3	10	κκ	πH	
	823,1555,1627	5.7,5.1,5.2	002	κκκ	ππн		9382	696, 738, 753	7.0,6.5,6.7	403	κκπ	π0π	ad
	1638,1645,1674	5.3,5.3,5.3	201	κκκ	ππн			1520,1521,1584	6.7,6.9,6.7	033	κκπ	ππ0	
9351	724, 790, 839	5.8,6.3,6.0	104	γαα	5π2		9383	724,1598,1603	6.8,6.6,7.0	003	hκκ	Oнπ	cd

244   ANNALS OF HARVARD COLLEGE OBSERVATORY.

D. C.	Plate Numbers.	Observed Brightness.	Res.	End.	F.K.	R.	D. C.	Plate Numbers.	Observed Brightness.	Res.	End.	F.K.	R.
	1673	6.5	2	к	11		9415	772,1555,1555	6.8,7.0,7.0	722	αhh	н00	d
9384	1520,1521,1576	7.1,7.2,6.9	023	кник	н0н			1605,1605,1645	7.0 — 7.1	4.1	ккк	ншн	
	1584	6.7	1	π	11			1674	7.0	1	к	11	
9385	801,1637	6.9,6.8	00	αβ	00		9416	1637,1645,1674	7.0,7.2,6.9	122	пнк	01н	d
9386	696, 720, 753	6.4,6.3,6.1	821	αγα	00н	ad	9417	1490,1679	7.3,7.3	10	кк	пп	
	774, 800, 803	6.6,7.0,6.4	021	икδ	0н0		9418	1584	7.1,7.2	10	пк	0н	a
	1520,1521,1584	5.7,5.5,5.4	232	βπδ	00ғ		9419	1584	7.0,7.2	11	ακ	0н	d
9387	801, 822, 845	6.7,6.2,6.5	301	ккк	пнн	ad	9420	803,1520,1521	7.0,6.6,6.8	312	ακκ	0нн	ad
	1490,1554,1626	6.5,6.0,6.8	003	ккк	ннп			1584	6.5	1	β	0	
	1637,1679,1687	6.4,6.2,6.8	141	ккк	шп		9421	795, 928,1564	— 7.0,6.8	.21	βкп	0н0	d
	1692	6.8	0	к	н			1584	—	.	к	11	
9388	693, 696, 720	6.8,6.1,6.7	652	αδβ	052	ar	9422	1564	6.8,6.7	10	кк	нн	
	738, 753, 770	5.5,6.0,6.9	223	γδα	120		9423	790, 839,1603	6.9,6.5,6.2	032	ккк	ннн	d
	774, 787, 795	6.4,6.6,5.9	200	βιδ	510		9424	772, 823, 827	6.4,6.7,6.3	400	βρκ	0нш	ad
	800, 803, 834	6.7,6.5,6.6	101	αδβ	501			1605,1638,1645	6.3,7.1,6.3	460	ακβ	пп0	
	1478,1519,1520	6.7,5.7,5.7	522	καβ	н22			1674	6.1	3	α	5	
	1521,1570,1576	5.4,6.8 —	44.	γκα	2н1		9425	696, 720, 753	7.0,6.7 —	02.	кακ	п0н	d
	1584	5.8	2	γ	2			753, 787, 795	6.5,6.9,6.4	111	ααα	000	
9389	738, 753,1520	6.3,7.0,6.7	311	βш	011	b		803,1520,1521	6.7,6.6,6.7	235	βαα	200	
	1521,1584	7.0,6.6	31	κα	н5			1576,1584	6.4,6.1	01	αβ	02	
9390	1520,1584	7.2,6.9	00	пк	0н	d	9426	772, 802, 823	6.7,6.7,6.7	221	αακ	8ш	
9391	790, 839,1603	6.5,6.2,6.2	220	βρκ	025			828,1555,1605	7.1,6.1,5.8	412	παβ	055	
9392	1584	6.6,6.8	11	пк	0н	r		1627,1638,1645	6.8,6.8,6.2	322	пκα	0н5	
9393	1555	7.3,7.3	00	кк	нш			1674	6.3	2	к	5	
9394	1584	7.2,7.2	00	пк	0н		9427	822, 845,1490	5.9,6.4,6.2	414	αβ	r55	
9395	790, 839	6.8,6.8	40	кк	нн	d		1554,1637,1679	6.3,7.0,6.9	262	βш	000	
9396	1520	7.2,7.3	10	кк	пш			1687,1692	6.9,6.8	11	пк	0н	
9397	1555	7.3,7.2	01	нш	00		9428	720, 802, 828	7.2,6.8,6.8	102	ααα	1нп	ad
9398	1490,1554,1637	7.2,6.5,7.0	020	кнк	н0н	ad		1555,1584,1605	6.4,6.3,6.1	112	βββ	000	
	1679	7.4	1	к	11			1627,1658	7.2,7.1	42	кк	нп	
9399	1584	7.3,7.3	00	кк	нн		9429	1584	6.8,6.8	00	кк	пн	
9400	140, 753,1521	6.8,6.6 —	13.	ακκ	5н5		9430	1490,1604,1637	— 7.2,7.2	.00	κκh	пп0	ad
	2242	6.4	3	γ	0		9431	753	6.9,7.0	10	кк	нн	n
9401	1490,1554	7.3,6.5	12	кп	п0	d	9432	1584	7.2,7.2	00	кк	пн	r
9402	839	7.0,7.0	00	αн	00		9433	1555,1584	7.3,7.0	00	кп	п0	d
9403	822, 845,1490	6.9,6.8,7.1	120	αпκ	00п	ad	9434	1584	7.2,7.3	01	пк	0н	
	1554,1679,1692	6.5,7.4,7.3	121	ккк	пнн		9435	1605	7.4,7.3	10	пк	0н	
9404	839	7.1,7.1	00	нш	00		9436	720, 803,1555	7.0,7.0,6.7	221	αβк	00н	
9405	1490	7.4,7.3	01	кк	пп			1584,1605	6.2,6.7	13	βп	ғ0	
9406	1605	7.2,7.3	10	пн	00		9437	1605,1645,1674	6.9,7.2,7.3	100	ккк	ншп	
9407	1554	7.0,7.0	00	кк	пн		9438	720, 753, 753	6.3 — 6.6	2.1	γαγ	0н0	
9408	839	7.1,7.1	00	βп	00			774, 774, 803	— 6.0,6.4	.01	αβι	п00	
9409	845	7.1,7.1	00	кк	пп	a		1520,1521,1521	6.2,6.0,5.8	320	κβγ	нғп	
9410	790, 839,1603	6.4,6.2,5.6	326	ккк	ннн	ad		1584	5.3	3	γ	ғ	
	1673	6.8	6	к	11		9439	829,1639,1679	6.7,6.4,7.3	111	βακ	00н	d
9411	1520,1521,1584	6.8,7.1 —	22.	ппα	000	d	9440	1605,1639,1673	5.6,5.9,5.5	323	ккк	внд	ad
9412	1584	6.8,7.0	11	пк	0н	a		1603,1639,1673	5.4,5.1,5.5	021	ккк	нлш	
9413	1521,1564	7.0,6.7	22	пк ·	0п		9441	1584	7.3,7.3	00	пк	0н	
9414	1555,1605,1645	7.0,7.2,7.3	130	кнш	п00	d	9442	720, 803, 828	7.4,7.1,7.1	121	κακ	п0н	ad
	1674	7.3	1	к	11			1584,1605,1638	6.5,6.2,7.2	131	дк	05п	

THE DRAPER CATALOGUE.

D. C.	Plate Numbers.	Observed Brightness.	Res.	End.	F.K.	R.	D. C.	Plate Numbers.	Observed Brightness.	Res.	End.	F.K.	R.
9443	696, 720, 753	4.5,4.7,4.2	415	δηε	ғ1ғ	a	9479	1522,1639	6.9,6.9	11	нк	Oп	
	774, 800, 803	5.1,5.2,4.5	213	ηδς	ғғғ		9480	1584	7.1,7.0	10	кк	пп	
	1520,1521,1584	в, в, в	вво	εεζ	111		9481	790, 831, 839	6.3,6.0,6.2	238	βδκ	нни	ad
9444	803,1584	7.1,6.6	22	αβ	00	d		1522,1603,1639	5.2,5.7,4.6	115	βαγ	нғ8	
9445	696, 803,1520	6.8,7.3,6.4	421	кнк	нoи	ad	9482	720, 720, 753	— 6.5,5.9	.12	κββ	inн0	
	1521,1576,1584	6.2,6.7,6.4	212	ккк	ннн			774, 803, 803	6.5 — 6.7	0.3	ααβ	Oн0	
9446	1520	7.1,7.3	11	пк	Oн			1521,1584,1584	5.2,5.8 —	63.	αиβ	Oгн	
9447	1584	7.0,6.8	11	пк	Oи		9483	1584	7.2,7.4	11	нк	Oп	
9448	1584	7.2,7.2	00	пк	Oи		9484	1564	6.6,6.8	11	кк	пп	
9449	1605,1645,1674	6.5,7.4,7.4	321	γκκ	Oпп	d	9485	720, 803,1521	6.6,6.8,6.7	315	αпп	100	dr
9450	720, 803,1521	6.7,6.8,6.1	100	ααн	001			1584	5.8	2	α	1	
	1584	5.9	0	α	8		9486	1522,1639	7.1,6.9	00	кк	пп	r
9451	1584	7.2,7.4	11	нк	Oн		9487	1605	7.3,7.2	01	кк	пп	r
9452	1605,1645,1674	6.7,7.3,7.3	110	βκκ	Oпп	d	9488	831,1522,1603	6.9,6.3,7.0	404	пкк	Oпп	ad
9453	1584	7.0,7.2	11	кк	пп			1639	6.2	1	к	п	
9454	803,1520,1521	7.0,7.1,7.0	522	ακκ	Oнп	d	9489	831	7.3,7.0	12	кк	нп	dr
	1584	6.5	1	α	0		9490	1584	7.0,7.1	01	пк	Oп	
9455	839	7.1,7.3	11	пп	00		9491	828	6.8,6.7	01	ακ	Oп	
9456	839,1639	6.9,6.8	11	кк	пп		9492	1605,1074	6.6,7.0	10	αи	00	b
9457	772, 828,1605	7.1,7.0,6.0	012	ακβ	Oн0		9493	1584	7.3,7.4	10	кк	пп	
	1645,1074	6.5,6.8	11	βи	00		9494	839,1522,1639	7.0,6.5,6.2	312	καβ	п00	
9458	1520,1521,1584	6.3,6.6,6.7	012	кан	нн0		9495	1522	7.2,7.3	01	пк	Oн	
9459	1584	7.2,7.3	00	пк	Oп		9496	1522,1639	7.2,6.5	23	кн	п0	d
9460	772, 823, 828	6.5,6.7,6.4	031	ккк	нпп	ad	9497	828,1605,1645	7.1,6.2,7.2	153	иαн	000	
	1605,1645,1674	5.4,5.9,6.0	211	ккк	ннн			1674	6.9	1	п	0	
9461	1645,1674	7.2,6.9	22	кк	нн		9498	772, 823, 828	6.2,6.4,5.7	251	777	000	a
9462	1490	7.3,7.3	00	кк	пп			841,1557,1605	5.4,5.3,4.8	233	δγδ	Oғ1	
9463	1490	7.3,7.3	00	нк	нв			1645,1674	5.4,5.7	11	ββ	00	
9464	828,1584,1605	7.2 — 6.3	0.2	кпα	п00	d	9499	1522,1639	7.2,6.6	22	кк	нп	d
	1645	7.2	3	h	0		9500	790, 831, 839	6.4,6.0,5.8	425	ккк	ннн	at
9465	790, 831, 839	6.4,6.4,5.9	113	ακγ	ии0	at		1522,1603,1639	5.0,5.3,5.0	220	ккк	пппп	
	1522,1603,1639	5.7,5.3,5.2	251	καβ	н25		9501	1639	7.2,7.3	01	ακ	Oи	d
9466	1584	7.2,7.3	01	кк	пп		9502	1584	6.7,6.6	10	нк	ғн	
9467	831, 839,1639	7.2,6.8,7.0	505	кαh	н00		9503	841,1605,1645	6.5,6.4,6.9	223	ααк	п56	
9468	831, 839	6.4 — 6.2	5.2	βαα	ипп			1674	6.5	2	α	0	
	1522,1603,1639	5.5,6.7,5.7	450	ακβ	5п5		9504	1564	6.8,6.8	00	пк	Oп	
9469	1605	7.2,7.2	00	ακ	Oн		9505						at
9470	831, 839,1639	7.0,6.7,7.2	717	пβк	00п	ad	9506	845,1490,1604	6.3,6.2,6.2	121	ккк	ннн	r
9471	772, 823, 828	6.9,7.1,6.7	141	αнα	000			1675,1687,1692	6.9,6.9,6.4	122	ккh	ниғ	
	1605,1645,1674	5.6,6.3,6.2	302	αβп	300		9507	1522,1639	7.0,6.9	01	пп	00	
9472	845,1490,1604	7.0,6.9,7.0	112	кhк	н0н	d	9508	1584	7.1,7.0	10	нк	Oп	
	1670	7.0	1	к	п		9509	1490,1679,1692	6.7,6.6,7.1	021	ккк	ннн	
9473	839,1522,1603	6.8,6.9,7.1	201	ккп	нп0	ad	9510	1522,1639	7.2,7.0	00	пк	Oп	
	1639	6.3	к	н			9511	827, 845,1490	6.4,6.7,6.1	170	ккк	ннн	at
9474	720, 753, 803	7.0,6.7,6.8	113	κββ	п00			1604,1675,1679	5.8,6.3,6.4	132	ккк	пппп	
	1521,1584	6.7,6.2	30	иβ	00			1687,1692	6.6,6.2	12	кк	нн	
9475	1605,1674	7.0,7.3	11	пк	Oн	d	9512	720, 753, 774	6.7,6.3,6.5	102	ккк	пнп	ad
9476	1605	7.3,7.1	11	кк	нп			803,1520,1521	6.7,6.0,5.5	104	ккк	пнн	
9477	1584,1605	6.8,7.3	22	кп	н1			1584	5.9	2	к	н	
9478	1604	7.2,7.1	01	кк	нк	d	9513	803,1521,1584	7.0,6.8,6.2	231	ккп	пнғ	at

246   ANNALS OF HARVARD COLLEGE OBSERVATORY.

D. C.	Plate Numbers.	Observed Brightness.	Res.	End.	F.K.	R.	D. C.	Plate Numbers.	Observed Brightness.	Res.	End.	F.K.	R.
9514	841	7.3,7.2	10	πIII	00			1584,1605	5.6,5.3	13	γγ	F0	
9515	831	7.1,7.0	10	ΚΚ	πH	d	9550	840,1556,1604	6.6,6.4,6.5	020	βγII	000	ad
9516	831,1522,1639	7.1,6.8,6.5	432	αHα	000			1675	7.0	2	Κ	π	
9517	831,1522,1603	5.5,4.5,5.2	004	εκβ	55II	at	9551	1585	7.2,7.3	10	πΚ	0H	
	1639	4.0	3	δ	5		9552	803,1521,1584	7.0,6.7,6.5	311	παII	0II0	
9518	753, 774,1520	6.3,6.8,6.2	210	ΚΚΚ	ΗΗΗ	ad	9553	1584	7.0,7.3	21	πΚ	0H	
	1521,1584	6.0,6.5	16	ΚII	π0		9554	1584	7.2,7.3	01	ΗΚ	0II	
9519	1039	7.0,7.1	01	ΗΚ	0H		9555	1585	7.1,7.1	00	ΚΚ	ΗII	
9520	753,1521,1584	6.4,6.5,6.7	504	ΚΚΚ	ΗΗII	d	9556	1522,1639	7.0,6.8	00	ΚΚ	IIII	a
9521	831,1522,1639	6.8,6.4,6.2	422	βαβ	000		9557	1605	7.3,7.3	00	ΠΚ	0II	
9522	1605	7.3,7.4	01	ΚΚ	ΠΗ		9558	1564	7.0,6.9	10	ΚΚ	ΗΗ	
9523	831	7.3,7.2	10	ΠΗ	00		9559	928, 929,1519	5.9,6.9,6.7	562	αΠΚ	50Η	d
9524	720, 753, 774	6.3,5.7,6.2	210	γγγ	008	ad		1520,1521,1564	6.6,6.3,6.3	112	ΠΗα	00Π	
	803,1521,1584	6.4,5.2,5.3	321	βΚγ	18F		9560	753,1521,1584	6.9,6.7,7.1	315	ΚΠΗ	Π00	d
9525	772, 828, 841	5.6,5.4,5.2	000	γεε	F0F	a	9561	1521,1584	7.0,7.0	11	ΠΚ	0Π	d
	1557,1605,1645	4.7,4.7,4.9	102	εεδ	FF2		9562	1584	7.0,7.0	00	ΚΚ	ΗII	d
	1674	5.0	2	γ	1		9563	899,1639	6.8,7.2	22	ΗII	0	
9526	1584	7.0,7.2	11	ΗΚ	0II		9564	1521,1584,1605	— 6.4 7.2	.43	ΚΚΚ	ΗΗΗ	d
9527	1585	7.1,7.1	00	hII	00		9565	720, 753, 774	7.5,6.5,7.2	252	πβΚ	00Π	r
9528	841,1557,1605	6.6,6.6,6.7	422	αΠΚ	FΗ5			795, 803,1521	6.8,7.1,6.5	121	αIIII	000	
	1674	7.2	2	Κ	Η			1576,1584	7.1,6.5	31	ΠJ	00	
9529	1521,1584	7.1,6.8	10	ΠΚ	0Η	r	9566	753,1521,1576	6.8,6.6 —	31.	ααΠ	000	d
9530	1584	7.2,7.2	00	ΗΚ	0Π			1584	6.8	3	Κ	Η	
9531	1556,1604	7.0,7.2	10	ΗΚ	ΗΗ		9567	831, 849,1522	7.0,6.8,6.0	202	γIIα	000	
9532	720, 753, 774	7.0,6.4,7.1	030	Πβx	000			1556,1585,1639	6.6 — 6.0	5.0	ααβ	002	
	803,1521,1584	6.9,6.3,6.3	102	βαα	020		9568	899	6.8,6.9	01	αΚ	0Η	
9533	827, 840,1490	6.8,6.2,6.6	103	αββ	000	r	9569	1584	7.0,6.9	01	ΚΚ	ΗΗ	a
	1556,1604,1675	5.8,5.6,6.5	053	βαΚ	Η0II		9570	1521,1584	7.2,7.0	00	hΚ	0Η	d
	1692	7.1	5	h	0		9571	720, 753, 774	7.0,6.4,6.8	211	αγα	100	a
9534	840,1556	6.6,6.4	11	ΚΚ	ΠΗ	a		803,1521,1584	6.9,6.0,5.9	110	ααα	0FF	
9535	1521	7.2,7.3	01	ΠΚ	0Π		9572	899,1585	6.9,7.3	10	ΗΗ	00	d
9536	831,1639	7.2,7.0	55	ΗΗ	00	d	9573	1585	7.3,7.3	00	ΚII	ΠII	
9537	2242	6.9,6.9	00	αΚ	0Η		9574	841,1557,1605	6.8,6.4,6.9	313	ΚΚΚ	ΠΠΠ	d
9538	696, 720, 753	7.0,7.3,6.7	312	ΚIIα	Π10		9575	1521,1564,1576	7.1,6.7,7.2	140	ΠΚΚ	0ΠΠ	r
	795, 803,1520	6.3,7.0,6.8	322	ααΚ	00II			1584	7.1	3	Κ	II	
	1521,1576,1584	6.7,6.7,6.4	201	ΗΠβ	000		9576	1521,1584	6.8,6.8	11	ΗΚ	0Π	d
9539	803,1521,1584	7.2,6.8,6.6	211	ΠΚΚ	0ΗII	d	9577	1564	6.8,6.8	00	ΚΚ	ΗΠ	
9540	840,1556,1604	6.8,6.5,6.6	120	hγΗ	000	d	9578	1585	7.2,7.2	00	ΠΚ	0II	r
	1675	7.2	1	Κ	Π		9579	1521,1584	6.8,6.7	01	ΚΚ	ΗII	r
9541	841,1557,1605	6.8,6.8,6.8	421	αΚα	0Π0	ad	9580	1584	7.0,7.2	11	ΠΚ	0Η	
9542	1585	6.9,6.8	01	ΠΚ	0Η		9581	1521,1584	7.0,6.8	00	ΚΚ	ΠΠ	
9543	1584	6.9,7.0	10	ΠΚ	0Π		9582	720, 803,1521	7.1,6.9,6.5	021	ΧΠα	Π00	d
9544	740, 831, 899	6.6,6.9,6.5	253	ΚIIΚ	Η0Η	ad		1576,1584	6.5,6.2	10	αII	0r	
	1522,1585,1639	6.9,6.3,6.0	522	ΚΚα	ΠΗΠ		9583	740, 849,1522	6.9,6.9,7.1	244	ΧhIII	Π00	ad
9545	840,1556,1604	6.8,6.4,7.2	223	ΚΚΚ	ΠΗΠ	d		1585,1639	6.5,7.2	37	ΚΚ	ΗII	
9546	1585,1639	7.2,7.2	12	ΗΚ	00	d	9583a	1585	6.9,6.9	00	ΠΚ	0II	r
9547	1564	6.9,6.8	01	ΚΚ	ΗII		9584	1556	7.4,7.3	10	ΚΚ	ΠΠ	
9548	827, 840,1556	6.7,6.2,5.5	221	β;β	0FF	a	9585	1557	7.3,7.3	00	ΠΚ	1Π	
	1604,1675	5.7,6.5	21	βΗ	F0		9586	1521,1564,1584	7.2,7.0,7.0	121	ΠΠΠ	000	r
9549	720, 803, 828	6.4,6.7,6.3	030	ββγ	000		9587	1521	7.2,7.1	01	ΠΠ	00	

THE DRAPER CATALOGUE.   247

D. C.	Plate Numbers.	Observed Brightness.	Res.	End.	F.K.	R.	D. C.	Plate Numbers.	Observed Brightness.	Res.	End.	F.K.	R.
9588	1585	7.1,7.2	01	пк	0н		9625	1585	7.1,7.2	01	ак	0н	d
9589	831, 840,1522	7.1,7.1,6.4	431	нпн	000	ad	9626	841,1557,1605	6.9,6.7,7.3	405	аак	00п	d
	1556,1639	6.8,6.2	41	кн	п0		9627	1557	6.7,6.9	11	кк	пн	
9590	1585	7.1,7.0	01	пк	0н		9628	720, 875, 928	— 6.5,6.1	.11	gкк	0нп	at
9591	1556	7.3,7.2	01	кк	пн		9629						r
9592	1584	7.2,7.3	01	пк	0н			1520,1521,1564	6.5,6.4,6.1	222	ккк	нпн	
9593	899	6.8,6.9	01	пк	0н	r	9630	1521	6.8,6.8	00	нк	0н	d
9595	1522,1585,1639	6.9,7.0,6.7	000	ккк	пмн	d	9631	841,1557	6.6,6.3	21	аβ	п0	
9596	1521	6.8,6.9	01	пк	0н		9632	753, 774,1521	6.0,6.4,5.3	003	βαγ	fнf	a
9597	720, 753, 774	6.6,6.0,6.6	120	ккк	нн ц	ad		1576	6.3	5	н	0	
	787, 795, 803	6.6,5.9,6.8	003	ккк	нвн		9633	841,1557,1605	6.7,6.5,7.3	516	аак	0fн	d
	1521,1576,1584	5.3,6.3,5.7	531	ккк	нпн		9634	1585	7.0,7.0	00	нβ	00	
9598	1556	7.3,7.4	01	пк	0н		9635	840,1556,1586	5.5,4.9,6.4	021	ккк	ннн	a
9599	840,1556	7.3,6.8	01	нн	00			1604,1666,1675	5.3,5.0,6.5	124	ккк	ннн	
9600	899,1585	6.8,7.1	00	кк	кн	ad	9636	1585	7.2,7.2	00	кп	п0	
9601	740, 849,1522	6.0,6.0,6.0	133	δкβ	0н0	ad	9637	833,1605	7.3,7.0	21	пβ	00	
	1585,1639	5.6,5.8	23	еа	f0		9638	840,1556,1666	6.7,6.5,6.9	203	аак	пнн	d
9602	828, 833, 901	6.8,6.7,6.6	001	ккα	пн0	ad	9639	1557,1605	7.3,7.4	00	кк	нп	d
	1605,1640	6.0,6.3	11	βα	00		9640	840,1556,1556	6.6,6.0,6.5	221	γβ3	000	
9603	1556	7.3,7.3	00	кк	пп			1666	8.5	0	к	п	
9604	831, 849,1522	7.1,6.9,6.5	311	пнн	000		9641	840,1556	7.4,7.2	11	пн	00	
	1585,1639	6.8,6.4	32	βα	00		9642	899	6.2,6.4	11	αγ	00	
9605	753, 774,1521	6.5,7.0,6.3	101	кнп	п00	ad	9643	840,1556	7.2,6.6	11	ак	0н	
9606	828, 833, 841	7.1,6.9,6.4	322	нαα	0пн		9644	1556	7.2,7.4	11	кк	пн	
	1557,1605,1640	5.8,6.0,6.5	213	γβγ	000		9645	1605	7.2,7.1	10	кк	пн	d
9607	1585	6.9,6.8	01	кк	пн	a	9646	860	7.0,7.0	00	кк	нп	ar
9608	2242	6.8,6.9	01	кк	пн		9647	841,1557	7.3,6.8	10	кк	пн	
9609	1557	7.2,7.2	00	нк	0н		9648	1557	5.6,5.7	01	кк	пп	a
9610	740, 849,1522	6.6,6.9,6.6	321	кнк	н0н	at	9649	1521	6.7,6.7	00	αα	55	
	1585,1639	6.4,6.8	25	βк	пп		9650	841,1557,1640	6.8,6.9,7.2	523	ккк	пнн	
9611	841	7.2,7.3	01	нк	0н		9651	1521,1576	6.8,6.9	01	кh	п0	ad
9612	1556	7.2,7.2	00	кк	пн	d	9652	841,1557	6.0,6.8	32	кк	пн	
9613	1557,1605	6.8,7.4	23	пк	0н	d	9653	740, 849, 860	5.3,5.1,5.2	263	γγγ	2ff	r
9614	1521,1576,1584	6.8,6.6,6.7	132	пак	00н	ar		899,1523,1585	6.5,4.7,4.7	p15	β3е	0г2	
9615	1556	7.1,7.2	01	кк	пн		9654	1585	6.9,6.8	01	αβ	00	
9616	1585	6.9,6.8	01	кк	нн		9655	740, 849, 899	6.3,6.8,6.2	213	βпе	н00	a
9617	740, 849,1522	5.6,5.7,5.3	011	ккк	нпн	ad		1585	5.9	3	γ	0	
	1585,1639	5.1,5.4	24	кк	нн		9656	753,1576	6.8,6.9	21	кн	п0	
9618	1521,1576	7.0,6.8	22	кк	нн	dr	9657	1521	7.0,6.9	01	βα	1п	
9619	720, 753, 774	6.0,5.8,6.3	101	αβ3	п55	ar	9658	1585	7.2,7.3	10	кк	пп	
	787, 795, 803	6.0,5.5,6.4	203	ααβ	fпп		9659	1556	7.3,7.3	00	кк	пп	
	1521,1576,1584	5.0,5.4,5.3	421	β3γ	515		9661	832, 841, 856	6.2,6.2,6.1	224	ккк	пнн	ad
9620	840,1556,1604	6.6,5.9,7.0	144	βγк	0fпн	d		900,1586,1666	п, 6.7,5.2	п04	ρкк	пн//	
	1666,1675	6.6,7.3	20	кк	пнн			1675	6.5	0	к	н	
9621	740, 831, 849	5.6,6.3,6.1	330	δкβ	0п0	d	9662	1556	7.0,7.1	10	αα	пн	
	860, 899,1522	6.5,5.0,5.7	032	β3β	нff		9663	1585	7.1,7.0	01	кк	нп	
	1585,1639	5.4,5.2	21	еβ	f//		9664	1523	6.9,7.0	01	пк	0п	
9622	1585	7.3,7.3	00	пк	0н		9665	1557	7.2,7.3	01	кп	00	
9623	928,1521,1564	6.5,7.0,6.4	143	пкк	1нн	ad	9666	840,1556,1666	7.2,6.8,7.1	111	как	п5н	d
9624	1585	7.2,7.3	10	пк	0н		9667	840,1556,1666	7.3,6.9,7.0	000	пак	0нн	

D. C.	Plate Numbers.	Observed Brightness.	Res.	End.	F.K.	R.	D. C.	Plate Numbers.	Observed Brightness.	Res.	End.	F.K.	R.
9668	1521,1576	6.9,7.0	10	ακ	5π	d		1557,1640	6.4,6.3	30	ββ	50	
9669	1556	7.3,7.3	00	ηπ	00		9707	753, 774,1521	6.5,7.0,6.3	101	ααγ	500	
9670	1585	7.1,7.2	01	πκ	0η			1576	6.4	0	β	0	
9671	841,1557	6.8,6.4	11	βα	πιι		9708	740, 856,1523	7.3,6.8,6.7	1 12	η,ββ	000	
9672	1523,1556	6.9,7.3	11	κκ	ιιπ			1585	6.6	3	β	5	
9673	899,1585	6.7,6.9	10	κκ	ηκ	ar	9709	753,1521,1576	6.5,6.4,6.3	411	κηκ	ιιΟιι	a
9674	833, 841, 901	6.6,6.4,6.3	013	αββ	ιιFΟ			1584	6.7	4	κ	ιι	
	1557,1605,1640	6.0,6.0,6.3	102	γβκ	400		9710	1523	6.8,7.0	11	ιιιι	00	
9675	1585	7.0,7.0	00	ακ	0η	d	9711	1576	7.2,7.1	01	κκ	ιιιι	d
9676	753, 774, 787	6.2,6.7,6.2	123	κκκ	ηιιιι	ad	9712	753, 774, 787	— — 5.6	..3	γγγ	η52	r
	795,1521,1576	5.8,5.8,5.9	010	κκκ	ιιβη			795, 833, 901	5.5,5.6,5.7	301	γδγ	885	
9677	1585	6.9,6.9	00	ηκ	0ιι	d		1521,1576,1605	— 5.3 —	.0.	γδh	520	
9678	1576	7.1,7.1	00	κκ	πη	a		1640	—	.	β	ιι	
9679	753, 774, 787	6.1,6.8 —	12.	κκκ	ηπη	ad	9713	740,1523,1585	7.1,7.1,6.6	254	κκα	ηιι5	
	787, 795, 795	— 5.9 —	.n.	ιιηκ	0ηη		9714	1585	6.8,6.8	00	πκ	0ιι	
	1521,1576,1576	5.5,6.3 —	33.	κκκ	ηηη		9715	860, 899,1523	6.5,5.9,6.1	330	κκκ	ηηη	ad
	1584	6.2	6	κ	ιι			1585,1585	6.9 —	4.	κG	ηΟ	
9680	1521	7.1,7.2	10	κκ	πη	a	9716	832, 841,1557	— 6.5,6.2	.30	ηκκ	0ιιη	ad
9681	1557	7.3,7.3	00	κκ	ιιη			1640	6.7	3	κ	π	
9682	841,1557	7.1,6.8	12	κη	ιι0		9717	1585	7.2,7.2	00	κκ	πη	
9683	753, 774, 787	6.2,6.8,6.4	131	κβh	η00	d	9718	1576	6.8,6.8	00	πκ	0ιι	
	1521,1576	5.7,5.8	01	αη	FΟ		9719	1576	6.9,7.1	11	κκ	ηκ	a
9684	1585	6.8,6.9	10	κα	ηη	d	9720	1556,1605	7.2,7.2	10	GK	0ιι	d
9685	795, 833, 901	6.6,7.0,7.0	000	ιιηκ	0ιιη	ad	9721	899,1523,1585	7.0,7.0,7.1	012	ιιηκ	0ηιι	d
	1521,1576,1605	— 6.1 —	.6.	κκκ	ηηη		9722	1556	7.3,7.4	01	κκ	ιιιι	
	1640	6.9	4	κ	ιι		9723	1523	7.0,7.2	11	hκ	00	
9686	753, 774,1521	6.4,6.3,6.0	222	γκα	05γ		9724	2242	7.0,7.0	00	ιικ	0ιι	
	1576,1576,1584	6.7,6.3,6.6	316	ιιαγ	000		9725	1576	6.5,6.8	12	ππ	00	
9687	720, 753, 774	6.9,6.3,6.8	210	ιιαα	00η	ad	9726	1523,1585	7.0,7.1	12	κκ	ηη	
	787, 795, 803	6.5,6.2,6.8	311	ακκ	κηη		9727	1521	7.1,7.2	10	κκ	ιιιι	
	1521,1576,1584	5.7,6.0,5.9	321	κβκ	ιιιιη		9728	1523	7.1,7.0	01	κκ	ιιη	r
9688	1666	7.0,7.0	00	κκ	πη		9729	1576	6.8,6.9	01	ηκ	0ιι	b
9689	1523	7.2,7.3	10	κκ	ιιπ		9730	928	7.0,6.9	01	αα	55	
9690	753,1576	7.1,7.0	10	ιιη	10	d	9731	1585	7.2,7.3	10	κκ	ιιιι	
9691	1585	7.2,7.1	10	πκ	0η		9732	1523,1556	6.7,7.0	01	ηα	00	
9692	1585	6.8,6.8	00	αα	0η		9733	1521,1576	7.0,6.8	22	ηα	00	
9693	1521,1576	6.6,6.6	11	κκ	ηιι		9734	1523	7.2,7.2	00	πκ	0ιι	
9694	1556	7.3,7.3	00	ηκ	1η		9735	841,1557	7.1,6.7	11	κκ	ιιιι	ad
9695	899,1523,1585	6.7,7.0,7.0	131	κηκ	η0η	dr	9736	1521	6.9,6.9	00	ηκ	0ιι	
9696	928,1564	6.5,6.5	10	βη	10		9737	860, 899,1523	6.5,6.1,6.2	311	αεγ	500	
9697	1556	7.0,7.1	10	κκ	πιι			1585,1585	6.8 —	3.	αG	00	
9698	1585	7.2,7.3	10	ηκ	0ιι	r	9738	740, 860,1523	6.6,6.6,5.7	111	ηβγ	001	
9699	1521	7.1,7.0	10	ιικ	0ιι			1585	6.2	0	F		
9700	1523,1585	6.8,6.9	12	κκ	ιιιι	a	9739	1523	7.1,7.2	01	ηκ	0π	
9701	841,1557,1640	6.6,6.5,6.8	412	κκκ	ηββ	a	9740	1557	7.3,7.2	10	κκ	ιιιι	
9702	1576	7.0,7.2	11	πιι	00		9741	1523,1585	6.9,7.0	21	κκ	ιιιι	d
9703	833, 841, 901	6.4,6.4,6.6	101	κγβ	500		9742	1523,1585	7.2,7.0	33	ηκ	0ιι	
	1557,1640	5.6,6.3	23	γγ	00		9743	753	6.6,6.7	01	αα	00	
9705	1576	6.8,6.9	01	αα	0ιι		9744	1576	7.3,7.2	10	πκ	0η	
9706	833, 841, 901	6.7,6.9,6.6	122	βββ	000		9745	1521,1576	— 6.4,6.5	.01	ηβ	00	

THE DRAPER CATALOGUE.

D. C.	Plate Numbers.	Observed Brightness.	Res.	End.	F.K.	R.	D. C.	Plate Numbers.	Observed Brightness.	Res.	Eud.	F.K.	R.
9746	740, 849, 856	5.4,5.9,5.0	031	βγε	FF0		9779	140, 682, 696	5.5 — 5.5	5.2	εβε	101	
	860,1523,1585	5.3,4.5,5.1	120	δεε	VFF			753, 774, 800	5.4,5.4,5.8	131	εεγ	11F	
9747	1523	6.5,6.7	11	κκ	нп			834, 835, 875	5.5,5.5,4.7	124	δηη	F2F	
9748	840, 856, 860	— 6.3,6.0	.38	αγγ	000	a		879, 928, 929	5.8,4.7 —	22.	δ*ε̈*	FF0	
	1523,1556	5.2,6.2	44	βκ	FH			1520,1521,1564	4.5,4.0,5.1	521	δ*ε̈*ε	IVF	
9749	1523	7.3,7.3	00	ПК	Он			2242	4.9	5	ε	0	
9750	832, 840, 856	6.6,5.9,5.7	200	βδγ	0F0	a	9780	1523	7.3,7.3	00	кк	НІІІ	
	900,1550,1586	6.2,5.3,6.8	121	βεα	VFH		9781	1523	7.2,7.3	10	пк	Он	
	1605,1665,1666	5.6,5.4,5.6	020	γγδ	FF0		9782	1586	7.3,7.4	01	кк	нн	
9751	833, 841, 901	5.8,5.6,5.5	102	ε*̈*ε	FFF	a	9783	1523	6.5,6.5	00	кк	нп	a
	1557,1575,1640	5.0,5.3,5.1	011	εγε	FF0		9784	1564,2242	6.7,6.6	32	нк	Он	
9752	1576	7.0,7.0	00	пк	Он		9785	1521,1576	7.0,6.8	22	нп	00	
9753	196, 720, 753	6.7,7.1,6.8	111	кκα	нн0	ad	9786	1576	7.2,7.0	11	пк	Он	
	787, 795, 803	6.9,6.5,6.9	211	αβα	000		9787	841, 900,1557	7.1 — 6.9	2.2	кнн	н00	d
	834, 928,1521	6.9,6.7,6.4	141	αββ	000			1575	6.9	0	к	н	
	1564,1564,1576	6.4 — 6.5	0.0	кκκ	нн*H*		9788	1576	7.2,7.3	01	пк	Он	
	1584	6.1	0	β	F		9789	196, 720, 787	6.6,7.1,6.8	213	γκκ	Он8	
9754	840,1523	7.4,6.1	34	нβ	00	a		795, 803, 834	6.3,6.9,6.0	111	α*ρ̈*κ	20н	
9755	833, 901,1557	7.2,7.2,7.0	223	ακκ	0нп	ad		928,1521,1564	6.4,6.5,6.2	122	γβγ	010	
	1640	7.0	1	κ	н			1576,1584	6.5,6.2	01	нβ	05	
9756	1523	7.3,7.3	00	кк	пп		9790	915,1523	6.6,6.2	21	кк	нп	a
9757	1575,1584	7.1,6.8	10	кк	пп	a	9791	833, 841, 901	7.3,6.9,7.1	032	ннн	000	d
9758	1576	7.0,7.2	11	bп	00			1557,1575,1640	6.9,6.9,6.8	310	нκн	Он0	
9759	1523	7.3,7.3	00	кк	нп	d	9792	795,1576,1640	6.9,6.5,7.3	055	нβ̈к	00н	d
9760	1523	7.0,7.0	00	кк	нн	d	9793	1523	7.2,7.3	10	пк	Он	
9761	1584	7.1,7.3	11	кк	пн		9794	928	7.1,7.1	00	пп	00	
9762	1521,1576	6.8,7.0	00	пh	00		9795	1521,1576	6.5,6.4	12	кк	нн	a
9763	1576	6.8,6.8	00	кк	пп	d	9796	1521,1576	7.1,6.7	33	нп	00	
9764	1665,1666	7.2,7.3	01	пк	Он	d	9797	832, 900,1665	7.4,7.4,7.0	301	ппк	00п	ad
9765	860, 899,1523	6.8,6.5,6.3	210	β*β̈*β	0v0			1666	7.1	2	к	н	
	1585	6.8	1	β	0		9798	753, 875, 928	6.8,6.9,6.5	120	κFκ	н*F*н	ad
9766	1584	7.1,7.3	11	пк	Он			1521,1564,1584	6.6,6.2 —	14.	ккк	кнн	
9768	1523,1556	6.3,7.1	33	βh	00		9799	786, 856, 860	5.8,5.4,5.6	110	βκκ	ннн	at r
9769	753, 787, 795	— 7.0,6.5	.21	ііαн	000	ad	9800	915,1523	5.4,4.7	42	кк	нн	
	833,1521,1576	7.0,6.7,6.1	244	ακδ	0н0		9801	196,1564,1576	7.3,6.6,7.0	121	нкк	Онп	at
9770	1557	6.9,7.1	11	нк	Оп			1584	6.6	1	н	0	
9771	753, 774,1521	6.4,7.0,6.2	200	δ*α̈*ε	00F		9802	774, 787, 795	7.4,6.8,6.0	512	нακ	00н	d
	1576	6.5	1	β	0			1521,1576	6.0,6.3	10	пк	FH	
9772	795, 833, 901	— 6.4,6.4	.11	ккк	пнн	ad	9803	915,1523	7.0,7.1	11	кн	н0	
	1557,1576,1640	— 6.1,6.4	.14	ккк	нн*H*		9804	140,2242	6.8,6.1	01	αα	5F	
9773	1576	7.0,7.0	00	нк	Он	ad	9805	1523	7.3,7.3	00	нк	Он	
9774	856, 860,1523	5.9,5.9,5.2	033	кнк	н*F*н	a	9806	856, 915,1523	7.2,6.5,6.0	404	hκκ	Он*H*	at
	1585	6.5	6	κ	н		9807	915,1523	6.5,6.7	12	κα	нн	
9775	833, 841, 901	6.2,5.8,5.8	301	ε*̈*δ	000		9808	1576	7.0,7.1	01	пк	Он	
	1557,1575,1640	5.0,5.2,5.4	220	δδβ	F00		9809	1665	6.9,6.9	00	кк	нн	
9776	1585	7.1,7.1	00	ακ	Он	d	9810	1523	7.2,7.2	00	нк	Он	
9777	753, 834, 928	6.8,6.9,6.8	024	βнδ	000		9811	900,1575	7.2,6.8	10	ακ	Он	d r
	029,1520,1521	6.7,6.5,6.4	400	βнε	100		9812	786, 860, 915	6.5,6.5,5.6	212	β*β̈*β	0FF	
	1564	6.2	3	β	0			1523,1606	5.8,6.2	11	δκ	05	
9778	899,1523	6.8,6.7	00	кп	н*F*	d							

D. C.	Plate Numbers.	Observed Brightness.	Res.	End.	F.K.	R.	D. C.	Plate Numbers.	Observed Brightness.	Res.	End.	F.K.	R.
9813	753, 774, 787	5.5,6.0,5.9	161	κκκ	ΗΒΗ	at	9845	196, 753, 774	6.7,6.5,7.0	010	κβα	н00	ar
9814						r		787, 795, 834	6.8,6.2,6.9	210	βαβ	000	
	795,1521,1576	4.7,5.2,5.6	602	κκκ	ΗΙΙΒ			858, 928,1521	6.3,6.2,6.2	100	βγβ	00F	
9815	833, 841,1557	— 7.0,6.4	.11	ΗΚΚ	0ΗΗ	d		1564,1576	6.4,6.3	11	αβ	Η0	
	1575,1640	6.6,6.9	12	κκ	ΗΠ		9846	196, 720, 753	6.4,6.5,6.2	100	γβγ	020	r
9816	1576	6.7,6.6	10	ΙΙγ	00			774, 787, 795	6.7,6.1,5.7	152	βΒγ	22F	
9817	832, 856, 900	6.6,6.5,6.4	241	ββγ	F0F	r		803, 834, 928	6.5,6.6 —	01.	γγγ	1ΙΙ1	
	1586,1665,1666	7.0,6.0,6.2	102	ΙΙγα	110			928,1521,1564	5.6,5.5,6.2	233	γγβ	Η10	
9818	1665,1666	7.0,7.2	11	κh	Η0	ad		1576,1584	5.9,5.7	11	βγ	20	
9819	795	6.7,6.7	00	αα	ΗΙΙ		9847	1523	7.0,7.0	00	κκ	ΗΙΙ	a
9820	196, 720, 753	6.4,6.6,6.2	110	εαβ	020	ar	9848	833, 901,1575	6.6,6.2,5.7	311	κββ	Η00	ad
	787, 795, 803	5.8,5.8,6.7	812	γγβ	221			1640	5.9	1	β	0	
	834, 843, 928	6.5,6.4,5.6	022	ββδ	2F2		9549	915,1523	6.6,6.3	11	βα	05	
	950,1521,1564	6.0,5.8,5.9	300	γβγ	FF0		9850	1575,1640	6.5,6.9	22	ΙΙΙ	00	
	1576,1584	6.2,5.7	21	αγ	02		9851	1523	7.2,7.2	00	ΙΙΚ	0ΙΙ	
9821	1520,1521,1564	7.2,6.9,6.4	315	κκκ	ΙΙΙΙΗ		9852	795, 833,1576	6.7,7.1,6.4	113	ΙΙΙγβ	002	
	1584	6.9	3	ΙΙ .	0		9853	1523	7.1,7.2	01	ΙΙΚ	0ΙΙ	
9822	833, 841, 901	5.3,5.9,5.4	433	δκθ	FΗ0	ad	9854	915,1523,1606	6.5,7.0,7.0	331	κΙΙΙΙ	Η00	
	1557,1575,1640	5.3,5.3,4.9	313	γβγ	052		9855	1665	7.3,7.2	10	κκ	ΙΙΙ1	
9823	915	7.1,7.2	10	ΙΙh	00		9856	1576	7.0,7.0	00	hκ	0ΙΙ	
9824	1523	7.0,7.0	00	κκ	ΙΙΗ	r	9857	1575	7.2,7.3	01	κκ	ΙΙΙ1	
9825	915	6.6,6.7	01	κκ	ΠΙΙ		9858	196, 196, 753	6.7,6.4,6.1	520	κακ	ΙΙΙΙΙΙ	at
9826	1521,1576	6.9,6.8	12	ΙΙΚ	0ΙΙ	d		774, 787, 795	6.6,6.5,5.7	101	ακκ	ΙΙΙΙΒ	
9827	1521,1576	7.0,6.0	21	κΙΙ	Η0			834, 858, 928	6.2,5.9,5.5	202	κκκ	ΙΙΙΙΒ	
9828	1523	7.2,7.2	00	ΙΙΚ	0Η			1521,1564,1576	5.3,5.7,6.0	411	κκκ	ΗΙΙΗ	
9829	1523	7.3,7.3	00	ΗΚ	0ΙΙ		9859	833, 857, 862	6.0,5.7,5.9	101	γαβ	5Β5	r
9830	1521	6.8,7.0	11	κκ	ΙΙΗ	a		901,1575,1629	6.3,5.3,6.5	232	δγΙΙ	550	
9831	856,1665,1666	7.0,7.1,7.1	111	ΙΙΚΙΙ	0ΙΙ0			1640	5.7	1	β	5	
9832	833, 841, 901	5.1,5.0,5.3	113	ζζ	2F2		9860	928	6.9,7.0	10	κκ	ΠΗ	b
	1557,1575,1640	4.6,4.0,4.2	353	γεγ	Η22		9861	915,1523	6.9,6.8	00	κΙΙ	Η0	
9833	1521,1576	6.9,6.7	22	hΙΙ	00		9862	1575	7.3,7.4	10	κκ	ΙΙΙ1	
9834	1521,1564	6.8,6.7	11	κκ	ΗΙΙ		9863	928,1521	7.0,7.1	01	ΙΙΙΙ	00	d
9835	1523	6.8,6.7	10	κκ	ΙΙΗ	a	9864	1576	6.9,7.0	10	ΙΙα	0ΙΙ	
9836	1523	7.2,7.2	00	ΙΙΚ	0ΙΙ		9864a	1564	7.0,7.0	00	κκ	ΙΙΙ1	r
9837	833, 901,1575	7.4,7.2,6.8	110	ΙΙΙΙΙΙ	000		9865	1575	7.1,6.9	11	κκ	ΙΙΙ1	a
	1640	6.8	0	κ	Η		9866	1576	6.5,6.4	10	κκ	ΗΗ	at
9838	1523	7.0,7.0	00	κκ	ΙΙΙ1		9867	833, 901,1575	6.4,6.2,5.2	314	βγβ	001	a
9839	196, 720, 753	6.2,6.3,6.0	211	βββ	122	r		1640	5.6	0	β	0	
	774, 787, 795	6.6,5.5,5.2	384	γβγ	F22		9868	1576	6.9,7.0	10	κκ	ΙΙΙΙ	
	803, 834, 843	6.5,6.3,6.0	311	γγγ	222		9869	1574,1666	7.0,7.1	01	κh	Η0	
	928, 950,1521	5.4,5.6,5.3	122	δβγ	2ΙΙ2		9870	928,1521,1564	6.8,6.7,6.7	101	ΙΙΚΙΙ	Η0Η0	
	1564,1576,1584	5.7,5.9,5.3	120	βΒγ	222		9871	1575	7.2,7.2	00	κκ	ΙΙΠ	
9840	915,1523,1606	6.4,6.7,7.2	312	κκκ	ΙΙΗΗ	ad	9872	753, 774, 787	6.4,6.5,6.5	300	ββγ	Η22	
9841	1576	6.5,6.5	00	κκ	ΙΙΙ	d		795, 858,1521	5.9,6.1,5.4	123	γββ	202	
9842	753, 787, 795	6.6,6.6,6.4	041	ΙΙΚΚ	0ΙΙΙΙ	ad		1576	5.9	0	γ	2	
	834, 928,1521	7.0,6.4,6.2	120	βγκ	ΗΙΙΙΙ		9873	786, 915,1606	6.6,5.3,5.6	311	βεα	00F	
	1564,1576	6.5,6.3	21	κκ	ΙΙΙΙ		9874	1575	7.3,7.4	10	κκ	ΙΙΙ1	
9843	786, 856, 860	5.5,5.4,5.7	411	δδδ	0FF		9875	915	6.8,6.8	00	ΙΙΚ	FΙΙ	
	915,1523,1606	5.1,4.4,5.7	154	δεγ	FFF		9876	1523,1574	6.5,7.0	11	κκ	ΙΙΙ1	ad
9844	753,1521,1576	6.9,6.6,6.6	011	ββγ	150		9877	833, 901,1575	6.8,6.9,6.4	100	ΙΙΚΚ	ΙΙΙΙΙΙ	ad

THE DRAPER CATALOGUE. 251

D. C.	Plate Numbers.	Observed Brightness.	Res.	End.	F.K.	R.	D. C.	Plate Numbers.	Observed Brightness.	Res.	End.	F.K.	R.
	1640	6.6	2	к	н		9911	196, 787, 843	7.0,7.0,6.9	141	αβγ	00f	d
9878	1576	6.8,6.9	01	кк	пн			928, 950,1521	6.7,6.6,6.8	112	β3α	050	
9879	786, 856, 860	5.2,5.2,5.3	153	ζζθ	00f	r		1564,1576,1584	6.5,6.9,6.7	213	αкк	0пп	
	915,1523,1606	4.5,4.0,4.4	153	ζζε	FFF		9912	2242	6.6,6.6	00	ак	0н	
9880	915	7.0,6.9	01	пн	00	r.	9913	1576	6.6,6.5	01	βγ	00	
9881	833, 862, 901	6.5,6.2,6.2	201	βκβ	ғпғ	ad	9914	915,1606	6.1,6.5	10	δα	f0	
	1575,1640	5.6,6.0	22	βγ	00		9915	915	6.8,6.8	00	кк	пн	a
9882	832, 856, 871	6.5,5.9,6.2	120	βδγ	003	r	9916	1564	6.7,7.0	21	пн	00	
	900,1574,1586	5.9,5.6,6.5	202	γγκ	f2н		9917	1576	7.3,7.2	10	αн	00	
	1665,1665,1666	5.4,5.8,5.5	221	δγγ	f0f		9918	1564	6.9,7.1	11	пк	0н	
	1684	5.7	1	γ	2		9919	903,1576	7.2,6.8	44	кн	н0	
9883	1523	6.8,6.8	00	кк	пн		9920	915	6.7,6.6	10	ак	нн	
9884	1576	7.0,7.1	01	ак	0н		9921	1521,1564	7.2,6.9	22	пн	00	r
9885	915,1523	6.8,7.0	21	ак	0н	d	9922	795,1576	6.1,6.3	01	βγ	00	
9886	915	6.8,6.8	00	нн	00		9923	1575	7.2,7.3	01	кк	пн	
9887	915,1523	6.6,7.0	23	кн	н0	ad	9924	1665	7.4,7.3	01	кк	нн	
9888	915,1523	6.6,6.8	21	кк	пн	d	9925	753, 834, 875	6.8,6.8,6.9	142	καg	н00	d
9889	1576	6.9,6.9	00	αβ	00			928, 929,1520	6.5,6.4,6.9	003	γγн	220	
9890	832, 856, 861	6.0,5.6,5.5	364	ккк	внн	ad		1521,1564	6.6,6.3	13	αβ	80	
	871, 900,1574	5.5,5.3,4.7	012	ккк	ннн		9926	1576	6.8,6.8	00	кк	пн	
	1586,1647,1665	5.9,5.5,4.4	115	ккк	пнн		9927	915,1606	5.8,6.5	22	кк	нн	at
	1666,1684	4.6,4.8	33	кк	нн		9928	928	7.0,6.9	01	нк	0н	
9891	1576	7.1,7.2	10	кк	нн	n	9929	787, 795, 862	7.1,6.5,6.5	012	пγα	00н	ad
9892	1575	6.6,6.7	01	кк	нн	n		901, 903,1576	6.8,6.0,6.2	013	кγβ	нf0	
9893	1575	6.8,7.1	21	кк	пн	a		1029,1640,1685	7.2,6.9,6.4	260	нкβ	нн0	
9894	915,1523	6.9,6.8	00	кк	пп	d	9930	861, 871, 900	5.8,5.7,6.2	142	ккк	DНН	ad
9895	928	6.8,6.8	00	ββ	00			902,1574,1628	5.8,5.5,6.0	201	ккк	ннн	
9896	928, 950,1564	7.0,6.9,6.8	112	нaк	00н	ad		1647,1665,1684	5.7,5.8,5.9	322	ккк	ннн	
9897	843, 928, 929	6.8,6.6,6.5	111	ккк	нпн	ad	9931	196, 787, 928	6.8,7.0,6.6	122	пкк	0нн	ad
	1564,1576	6.5,6.9	12	кк	нн			1521,1564,1576	6.6,6.7,6.5	221	ккк	ннн	
9898	1576	7.2,7.0	11	пк	0н		9932	795	7.0,6.8	11	кк	нн	
9899	1576	6.8,6.7	01	ка	нн		9933	1576	6.9,7.0	10	нн	00	
9900	1521,1576	6.9,6.4	34	кк	нн	d	9934	857, 862, 903	6.8,6.5,6.3	151	ак,β	0н0	ad
9901	1575,1640	6.7,6.8	10	кк	пн	n		1640,1685	6.9,6.8	31	кк	нн	
9902	795, 843, 928	6.9,7.0,6.5	023	нпк	00н	d	9935	795,1576	6.9,6.7	21	ка	н8	
	950,1521,1564	6.3,7.1,6.7	132	δaк	н0н		9936	196, 787, 795	5.7,5.7,5.2	142	ккк	2нв	ad
	1584	6.9	3	к	н			834, 928, 928	6.3 — 5.5	3.2	ккк	нвн	
9903	915	6.7,6.9	21	кк	нн	r		1521,1564,1576	5.4,5.0,5.3	122	ккк	внн	
9904	1575	7.3,7.2	10	кк	нн		9937	903	7.1,6.9	11	αα	0н	
9905	1576	6.6,6.5	01	кк	нн	a	9938	1575	6.7,6.8	10	нк	0н	
9906	915	6.9,7.0	10	кк	пн	a	9939	915	7.0,7.0	00	кк	нн	a
9907	786, 856, 915	6.3,6.5 —	44.	ккғ	нн0	ar	9940	1576	7.2,7.3	01	кк	пн	
	1523,1574,1606	5.0,6.0 —	70.	ккк	нн8		9941	1575	7.0,6.8	11	пк	0н	
	1684	6.8	6	к	н		9942	903,1575	7.2,7.2	11	пк	0н	d
9908	833, 862, 903	6.9,7.2,6.9	403	ккк	нвн	d	9943	928,1576	6.9,7.2	10	ак	0н	d
	1575,1640,1685	6.5,7.2,7.0	341	пнк	00н		9944	196, 928,1564	6.9,6.4,6.5	111	ккк	нпп	ad
9909	832, 861, 871	6.8,6.5,6.7	120	пкк	0нн	ad		1576	6.3	2	к	н	
	900,1574,1665	6.5,6.2,5.7	114	ккк	ннн		9945	786, 915,1606	6.6,6.0,6.5	120	нкк	0нн	ad
	1684	6.7	4	к	н			1608	6.5	2	к	н	
9910	1523	6.9,7.0	01	нк	0н		9946	850, 915,1606	6.8,6.1,6.6	211	кки	пн0	at

D. C.	Plate Numbers.	Observed Brightness.	Res.	End.	F.K	R.	D. C.	Plate Numbers.	Observed Brightness.	Res.	End.	F.K	R.
	1608	6.3	0	F	F		9986	861,1574	7.1,7.1	11	κκ	ιιιι	d
9947	1576	6.9,7.0	10	ιικ	0ιι		9987	857, 862, 903	5.4,6.0,5.5	301	βκδ	υδF	ad
9948	903	7.0,6.9	01	αιι	00			1575,1629,1685	5.3,6.7,6.0	343	βκγ	1ιιF	
9949	903, 1685	6.9,6.9	12	κκ	ιιιι		9988	196,1564,1576	7.3,7.0,6.9	011	hκβ	0ιι0	d
9950	915	6.6,6.9	21	αα	ιιιι		9989	1576	7.1,7.2	10	ιικ	0ιι	a
9951	140, 196, 696	6.6,6.6,6.4	p41	κιικ	ιι0ιι	a	9990	928	6.7,6.6	10	γα	55	
	753, 774, 834	6.1,6.5,6.4	000	κκκ	ιιιιιι		9991	857, 862, 903	6.2,6.7,6.6	314	ακα	0ιι0	
	835, 875, 879	6.3,5.6,6.2	232	κκκ	ΗΗΗ			1575	6.6	2	α	0	
	928, 929,1520	5.5,5.3,5.6	232	κκκ	ΛΗΗ		9992	915	6.7,6.8	10	κκ	Ηιι	
	1521,1564	5.5,5.5	23	κκ	ιιιι		9993	1576	7.2,7.3	01	ιικ	0ιι	
9952	915,1606,1608	6.0,6.3,6.8	225	γαΗ	F00		9994	915	6.7,6.8	10	κκ	ιιιι	d
9953	843	7.0,7.2	11	ιικ	0ιι		9995	835, 844, 875	6.6,6.7,6.4	212	κκκ	ιιιιιι	a
9954	1576	7.0,7.1	01	κκ	ιιιι			928, 929,1019	6.1,6.6 —	33.	κκκ	ιιΗΗ	
9955	1575	6.9,7.0	10	κκ	ιιΗ	a		1520,1521,1564	6.9,6.4,6.0	405	κκκ	ιιιιΗ	
9956	843,1521,1564	6.9,7.1,6.5	243	κΗΗ	ιι00		9996	915,1606	6.5,7.0	11	γκ	Fιι	
9957	857, 862, 903	6.8,6.7,6.5	131	βκβ	0ιι0		9997	928, 929,1564	6.9,6.6,6.8	111	κγα	ιι50	
	1575,1685	6.5,6.9	12	ιια	00		9998	903	6.9,7.1	11	κκ	ιιιι	
9958	1564	6.5,6.5	00	ιικ	0Η		9999	915,1608	6.3,6.5	22	κκ	ιιΗ	d
9959	857, 903,1575	6.7,6.6,6.7	110	αβΗ	000		10000	1608	6.8,7.0	11	ιικ	0ιι	
9960	1576	7.2,7.2	00	ιικ	0ιι		10001	915	7.2,7.3	01	κκ	ιιιι	
9961	928,1576	7.0,6.9	21	κκ	ιιιι	a	10002	928,1521,1564	6.7,7.0,7.0	210	κΗιι	ιι00	
9962	862, 903,1575	7.1,6.3,6.5	200	ααK	0Fιι			1576	7.2	1	κ	ιι	
	1685	6.5	1	α	ιι		10003	1564	7.2,7.1	10	ιικ	0ιι	
9963	786, 850, 878	5.4,5.6,6.2	124	γεδ	222	r	10004	903	7.0,7.0	00	κιι	ιι0	
	915,1606,1608	4.8,4.7,4.4	223	ηδδ	F22		10005	862,1576	7.4,6.7	23	hκ	0ιι	
9964	915	6.6,6.9	21	κκ	ιιΗ		10006	196, 795, 928	7.3,6.6,6.7	211	κβγ	ιι00	ad
9965	915,1608	6.7,6.6	11	αιι	ιι0			1564,1576	6.6,6.5	13	αβ	00	
9966	928,1521,1564	7.0,6.9,6.4	324	βιικ	00ιι	d	10007	140, 696, 753	6.4,6.3,5.9	911	ΗΗκ	00ιι	ad
9967	915	6.5,6.6	10	ιικ	0ιι			774, 834, 835	6.5,6.3,6.1	101	κκκ	ιιΗΗ	
9968	1576	6.9,6.9	00	ιικ	0ιι			844, 875, 879	6.1,5.5,6.2	331	κκκ	ιιιιιι	
9969	786, 915,1606	6.4,5.6,5.5	013	αγγ	1v2			928, 929,1019	5.3,5.3,5.6	321	κκκ	ιιιιιι	
	1608	5.7	1	β	0			1520,1564	5.7,5.4	03	κκ	ιιιι	
9970	1575	6.7,6.8	10	κιι	ιιιι	a	10008	1576	7.0,7.0	00	ακ	0ιι	d
9971	861, 902,1575	7.0,6.7,6.2	204	ακγ	0ιιF	a	10009	196, 795, 862	6.8,6.6,7.2	312	ιικιι	0ιι0	ad
	1628	7.0	0	κ	ιι			903,1564,1576	6.7,6.9,6.4	324	ακκ	ιιΗιι	
9972	1576	7.0,7.0	00	ιικ	0ιι			1685	7.0	3	Η	0	
9973	928, 950	7.0,7.0	01	κκ	ιιιι		10010	861	7.4,7.3	01	ιιΗ	00	
9974	928	6.9,6.7	11	κκ	ιιιι	a	10011	903,1685	7.1,7.2	11	κh	ιι0	
9975	1564	7.1,7.1	00	ιικ	0ιι		10012	915	6.7,6.9	11	κκ	ιιιι	
9976	915	6.9,6.9	00	αιι	00	r	10013	857,1685	6.8,7.0	11	Ηκ	0ιι	d
9977	1564	6.9,7.0	11	κκ	ιιιι	a	10015	915	7.0,7.2	11	κκ	ιιιι	
9978	928,1564,1576	6.9,7.0,6.6	223	ααα	000		10016	1576	6.9,7.0	10	ιικ	0ιι	
9979	857, 862, 903	6.0,6.0,6.0	142	βγγ	002	ad	10017	857, 862, 874	4.7,4.7 —	03.	ηηh	FF0	a
	1575,1629,1685	6.0,6.6,6.2	011	ακγ	ιιιιF			903,1575,1580	4.5,4.5,5.2	114	θηβ	F05	
9980	928	6.8,6.9	01	ιικ	0ιι			1606,1629,1685	5.3,4.5,4.6	531	βδζ	5r1	
9981	1576	6.9,7.0	10	κκ	ιιιι		10018	1564	6.7,6.7	00	ιιΗ	0ιι	
9982	915	6.9,6.9	00	κκ	ιιιι	dr	10019	857, 862, 903	5.9,5.9,5.6	141	βββ	523	
9983	1575,1685	6.9,7.3	12	κιι	ιι1			1575,1589,1609	6.3,6.3,6.6	425	αβκ	55ιι	
9984	1564	7.0,7.3	12	κκ	ιιιι			1629,1685	6.5,5.9	11	αβ	02	
9985	1576	7.2,7.3	01	ιικ	0ιι		10020	862, 903, 944	7.0,6.5,6.3	212	κβκ	ιι0ιι	d

THE DRAPER CATALOGUE.

D. C.	Plate Numbers.	Observed Brightness.	Res.	End.	F.K.	R.	D. C.	Plate Numbers.	Observed Brightness.	Res.	End.	F.K.	R.
	1575,1685	7.0,6.6	23	κп	н0		10049	857, 862, 903	6.3,6.9,6.7	413	αнк	ғ0п	ad
10021	196, 928,1564	7.4,6.8,6.8	101	пβα	000			944,1575,1589	6.4,6.8,6.9	021	кпк	н0п	
	1576	6.8	2	α	п			1609	6.9	1	к	н
10022	928, 950,1576	— 7.0,7.2	.10	αβκ	00п	d	10050	903, 944,1575	6.6,6.9,7.2	212	ααп	пп0
10023	862, 903,1576	6.9,6.6,6.4	033	κβα	пг0			1685	6.9	2	п	0
	1685	6.5	1	α	п		10051	1608	6.6,6.8	11	кк	пп
10024	196, 928	7.4,7.2	12	кп	п0	d	10052	196, 795, 834	6.9,6.6,6.7	123	ηαβ	000	а
10025	168, 878, 915	6.9,6.5,5.5	302	пγγ	00п			858, 928,1564	6.8,6.2,6.3	311	κδγ	н0н	
	1606,1608	5.3,5.1	33	γδ	00			1576	6.2	3	α	0
10026	928	7.0,7.0	00	κα	н0		10053	928,1564,1576	6.8,6.8,6.3	324	βпβ	005
10027	861, 871, 902	6.2,6.0,5.7	511	κκκ	пппп	at	10054	1564,1576	7.0,7.0	10	нк	0п	d
	1574,1628,1647	5.4,5.0,6.5	135	κκκ	нпп		10055	169, 842, 916	6.3,6.6,5.4	023	κκκ	нпн	ad
	1684	5.4	3	κ	п			1608	6.0	1	κ	н
10028	196, 834, 928	6.9,7.2,6.6	10	пhγ	001	at	10056	1700	6.6,6.7	10	пκ	0п	dr
	1564,1576	6.7,6.5	12	κκ	пп		10057	916	6.6,6.7	10	κκ	пп
10029	1576	6.9,6.9	00	κκ	пκ		10058	169, 842, 916	6.5,6.8,6.2	310	αкκ	0нн	ad
10030	196, 753, 795	6.7,6.5,6.1	012	βαα	пппп	r		1608	6.7	3	κ	п
	834, 835, 843	6.8,6.7,6.6	110	ακγ	пп3		10059	186, 196, 774	6.2,6.5,6.6	242	κκκ	нппп	ad
	875, 928, 929	6.4,5.8,5.8	043	εγγ	582			787, 795, 829	5.9,5.5,6.0	522	κκκ	нпн
	1521,1564,1576	6.2,6.0,6.4	030	βγκ	5пн			834, 843, 858	6.4,5.9,6.5	117	κκκ	нвн
	1584	6.7	7	κ	п			875, 928, 950	5.8,5.5,5.3	012	κκκ	нпв
10031	196, 795, 928	7.1,6.5,7.0	024	κκκ	пппп	ad		1521,1564,1576	5.5,5.6,5.7	111	κκκ	пппг
	1564,1564,1576	6.7 — 6.5	0.3	κκн	пппп		10060	857, 862, 903	7.2,7.1,7.0	041	пκκ	0пп	d
10032	857, 862, 903	6.2,6.3,6.4	134	κκκ	пгпп	ad		1575,1609,1685	7.1,7.4,7.3	011	пκκ	0нн
	1575,1589,1609	6.0,6.4,6.7	203	κκκ	нпн		10061	169, 842, 916	6.4,6.6,5.9	100	ακδ	0пғ
	1629,1685	7.0,6.3	10	κκ	пн			1608,1700	5.9,6.7	23	βα	00
10033	168, 871, 878	5.3,4.9,4.8	пнк	δεζ	ғг2	r	10062	1685	7.1,7.3	11	κκ	пп	а
	1574,1608,1684	4.0, в, 4.0	κпн	δηε	ғғғ		10063	834, 928,1564	6.9,6.5,6.7	212	βγα	000	а
10034	850,1608	7.0,6.4	01	пα	0п			1576	6.6	0	β	0
10035	903,1576	6.9,6.6	34	αγ	00		10064	928	7.2,7.2	00	αα	0п
10036	1576	7.0,7.2	11	пκ	00		10065	944	7.1,6.9	11	пп	00
10037	915,1606	6.0,6.6	21	κн	п0		10066	929,1521	6.5,7.0	22	βп	50	a
10038	1608	6.7,6.9	11	пκ	0п	ar	10067	196, 787, 795	6.5,6.8,6.5	222	γκκ	1ппп
10039	928	7.0,7.2	11	пп	00			834, 858, 928	6.7,6.4,6.2	200	αβε	8п5
10040	1564,1576	7.0,7.0	10	пп	00			1564,1576	6.4,6.3	11	βγ	н5
10041	196, 787, 795	5.7,6.1,5.7	212	δγγ	0ғғ	a	10068	196, 753, 834	6.0,6.5,6.8	211	βκα	нп0	r
	834, 858, 928	6.2,5.3,5.6	132	γγε	0ғғ			843, 875, 928	6.5,6.5,5.9	113	γκδ	ғ52
	1564,1576	5.7,5.6	20	γδ	00			929,1521,1564	6.4,6.0,6.0	343	βαγ	10п
10042	861, 902,1589	6.7,6.6,7.0	221	καh	п00	d	10069	916,1608	6.9,7.1	00	κh	н0
	1628	7.3	2	κ	п		10070	928,1576	6.8,7.2	11	κн	п0	a
10043	861, 902	6.8,6.8	01	пп	00		10071	862, 903, 944	7.0,6.5,7.0	214	пκκ	0нн	ad
10044	903, 944,1575	6.8,6.6,6.9	110	ακκ	пппп	d		1589,1685	7.0,6.9	00	κκ	пп
	1589,1609,1685	7.0,7.3,7.1	121	κκκ	нκнп		10072	196, 787, 795	7.4,7.2,6.8	321	αпβ	000
10045	1576	7.0,7.2	11	пκ	0н			834, 928,1564	7.1,6.6,6.7	200	κβκ	п0п
10046	196, 795, 834	6.7,6.8,6.8	233	κнκ	н0п	ad		1564,1576	— 6.6	.2	нγ	05
	928,1564,1576	6.5,6.6,6.5	111	δαγ	000		10073	1564,1576	7.0,7.2	10	κн	п0	d
10047	1589,1575,1685	7.0,7.0,7.3	200	βпβ	005	d	10074	1685	7.3,7.3	00	нк	0н
10048	196, 795, 834	6.8,6.8,6.8	133	βпβ	005	d	10075	168, 169, 842	7.0,6.4,6.8	312	пαγ	00ғ
	843, 928, 950	6.6,6.4,6.3	200	δδγ	ғ00			916,1608,1700	5.8,6.2,6.5	110	δβα	050
	1521,1564,1576	6.7,6.6,6.8	312	καп	пн0		10076	1564	6.8,6.8	00	пκ	0п

254   ANNALS OF HARVARD COLLEGE OBSERVATORY.

D.C.	Plate Numbers.	Observed Brightness.	Res.	End.	F.K.	R.	D.C.	Plate Numbers.	Observed Brightness.	Res.	End.	F.K.	R.
10077	928,1564,1576	6.0,6.9,6.9	532	βııı	000	d	10107	944,1589,1609	6.6,6.8,6.8	111	κκκ	ιιιιι	dr
10078	857, 862, 903	5.2,6.3,5.9	351	δβγ	8ιι8	a		1685	7.0	2	κ	ιι	
	944,1575,1589	5.1,5.4,5.4	102	γκγ	ιιιι8		10108	753, 834, 844	6.8,6.9,6.9	023	fκf	0ιιf	d
	1609,1629,1685	5.4,6.0,5.5	210	γαβ	58ιι			875, 928, 929	6.8,6.4,6.4	201	κγγ	ιι10	
10080	196,1564,1576	7.0,7.0,6.5	133	ιιικ	f0ιι	a		1019,1521,1564	6.3,6.7,6.2	033	βιια	η00	
10081	1576	6.9,7.1	11	κκ	ιιιι		10109	944,1589,1609	6.4,6.9,7.0	101	fιιιι	000	d
10082	1608	7.2,7.3	10	ιικ	0ιι			1685	6.9	1	κ	ιι	
10083	916,1608,1700	6.4,6.4,7.2	022	κιιιι	ιιr0	at	10110	196, 795, 843	7.3,6.9,6.8	004	ειιβ	00ιι	ad
10084	1564	7.2,7.2	00	κκ	ιιιι			928, 950,1564	7.0,6.9,6.7	222	ιικκ	05π	
10085	857, 862, 903	6.5,6.6,6.4	240	ααβ	fιι0		10111	857, 862, 903	7.0,6.7,6.4	330	εκκ	0ιιιι	ad
	944,1575,1589	6.3,6.9,7.0	432	ιιιβ	000			944,1589,1609	— 6.9,7.1	.13	κιικ	ιι0ιι	
	1609,1685	6.9,6.7	10	ββ	00			1685	6.6	1	κ	ιι	
10086	843, 929,1521	7.0,6.8,7.0	123	κβπ	ιι00	dr	10112	168, 169, 842	6.7,6.1,6.2	311	ηβε	00r	
	1564	6.4	4	κ	ιι			850, 878, 916	6.6,7.0,5.7	111	βαε	(ιιf	
10087	944	7.0,6.9	01	ιιιι	00			1630,1683,1700	7.0,6.6,6.2	330	ιιββ	000	
10088	169, 842, 916	6.6,6.5,6.0	020	ααγ	00r		10113	916	6.9,7.1	11	κιι	ιι0	
	1608,1683,1700	6.3,6.7,6.7	101	εικ	00ιι		10114	169, 916,1608	6.6,6.1,6.9	215	ακκ	0ιιιι	d
10089	169, 842, 850	6.6,6.6,6.9	121	κκκ	ιιιιιι	a		1683,1700	6.9,6.8	00	ιιιι	00	
	878, 916,1608	7.0,6.0,6.2	411	κκκ	ιιηη		10115	186, 196, 787	6.8,6.6,6.7	302	αββ	ιι00	
	1683,1700	7.1,7.0	33	ιικ	0ιι			795, 820, 834	6.3,6.7,6.6	102	κγγ	2rι	
10090	1564	7.0,7.1	10	κκ	ιιιι			843, 928, 950	6.4,6.0,6.1	111	ζδε	222	
10091	1576	7.2,7.2	00	κκ	ιιιι	a		1564,1576	6.3,6.4	11	βα	00	
10092	196, 196, 787	6.5,6.5,6.7	110	γγα	000		10116	842, 916,1608	6.9,6.3,6.9	213	κκh	ιιιι0	ad
	795, 834, 858	6.6,6.4,6.4	023	βββ	100			1700	7.1	1	κ	ιι	
	875, 928, 950	6.3,5.7,5.7	221	γζη	ιι0r		10117	903, 944,1609	6.8,6.7,7.2	010	καιι	5ιι0	d
	1564,1576	5.9,6.4	13	ββ	10			1685	7.3	2	ιι	1	
10093	834, 928,1564	7.0,6.6,6.9	302	κγιι	ιιιι0	d	10118	196, 787, 795	6.1,6.7,6.0	300	κκκ	ιιηιιι	ad
	1576	6.8	0	ιι	ιι			834, 843, 858	6.8,6.1,5.8	223	κκκ	ιιηη	
10094	1576	7.0,7.2	11	κκ	ιιιι			928, 950,1564	6.0,5.8,6.2	102	κκκ	βδιι	
10095	916,1608	— 7.1,7.3	.11	κκ	ιιιι	r		1576	6.0	1	κ	ιι	
10096	196, 787, 795	6.2,6.5,6.0	111	δακ	78η	r	10119	1589,1609	7.0,7.1	01	κκ	ιιιι	d
	834, 843, 858	6.5,6.4,5.7	023	βγβ	8r8		10120	874, 944,1589	7.4,6.4,6.8	000	ηγα	000	d
	928,1564,1576	5.7,5.8,6.4	114	δαγ	8ιιη			1609	7.0	2	κ	ιι	
10097	916	7.0,7.2	11	κκ	ιιιι		10121	944,1589,1609	6.5,6.7,6.9	131	κκκ	ιιιιιι	
10098	169, 842, 878	6.4,6.7,6.6	243	κκκ	ιιηη	ad		1685	7.2	3	κ	ιι	
	916,1608,1683	5.6,5.3,6.5	052	κκκ	ηιιιι		10122	186, 196, 753	7.4,6.9,6.9	601	ιιαα	0ιι0	d
	1700	6.2	0	κ	η			787, 795, 834	6.8,6.5,6.9	402	ιιαα	0ιι0	
10099	862, 903,1683	6.7,6.3,6.8	202	κκκ	ιιηη	ad		835, 843, 875	6.8,6.5,6.8	032	κββ	η2f	
10100	196, 834, 928	6.9,7.1,6.5	001	ιιιhβ	000	d		928, 929, 950	6.3,6.0,6.5	132	γβδ	20f	
	1564	6.5	0	ιι	0			1521,1564	6.5,6.2	13	αβ	ιι0	
10101	916	6.8,6.8	00	κκ	ιιιι		10123	916	6.4,6.4	00	κκ	ηιι	
10102	1576	7.1,7.1	00	πκ	0ιι		10124	1564	7.2,7.4	11	ιικ	0ιι	
10103	169, 842, 916	7.0,7.0,6.5	011	ιικβ	0ιι0		10124α	929	6.9,7.1	11	αιι	00	r
10104	903	6.6,6.7	01	ββ	00		10125	196, 928,1564	6.9,6.6,6.7	111	ιιρκ	00ιι	ad
10105	928, 929, 950	6.0,6.3,6.0	011	ββγ	00r	d	10126	861, 874, 902	6.1,6.3,5.9	221	βαγ	5ιι1	
	1521,1564	7.0,6.6	23	ιια	00			943, 948,1588	5.7,5.3,6.8	110	γγγ	f23	
10106	168, 169, 842	6.2,5.8,5.7	311	βαζ	0ιι0	a		1628,1708,1647	6.1,5.9,6.0	002	ωβκ	ιι2ιι	
	850, 878, 916	6.0,6.5,5.3	012	γβζ	0ff			1686,1699,1714	6.5,5.6,6.2	301	αγα	532	
	1608,1630,1683	5.2,6.5,5.7	131	δαα	r0r		10127	1564,1576	7.0,7.0	10	κκ	πιι	
	1700	5.6	1	γ	f		10128	928	6.9,6.8	10	ιια	8ιι	

THE DRAPER CATALOGUE.

D. C.	Plate Numbers.	Observed Brightness.	Res.	End.	F.K.	R.	D. C.	Plate Numbers	Observed Brightness.	Res.	End.	F.K.	R.
10129	916	7.0,6.8	1*1*	κκ	ιιιι		10163	169, 842, 916	6.5,6.4	20.	αγζ	00ғ	
10130	196, 928,1564	7.3,6.9,6.9	010	πκκ	Oιιιι	ad		916,1683,1700	5.6,6.5,6.0	113	ζαα	ғ00	
10131	857, 862, 903	7.3,7.1,6.6	321	ιιιιβ	000		10164	196, 834, 928	6.9,6.9,6.5	021	ακβ	Oιι2	ad
	944,1609,1685	6.7,7.1,6.8	002	βκα	Oιιιι			1564	6.7	2	н	0	
10132	903, 944,1589	7.2,6.1,6.6	654	πκκ	Oнιι	ad	10165	916	7.1,7.1	00	κκ	ιιιι	
	1609,1685	6.9,7.1	12	κκ	ιιн		10166	857, 862, 893	7.1,6.8,6.0	602	ιιιιβ	000	
10133	916	6.7,6.8	01	βκ	Oιι			903, 905, 944	6.3,6.0,5.9	113	βγγ	00ғ	
10134	903,1685	6.9,7.1	10	ακ	Oιι			1563,1589,1609	6.4,6.5,6.6	110	ββιι	ғ00	
10135	928,1564	6.9,7.1	10	αιι	00	d		1685	6.5	0	γ	0	
10136	861, 874, 902	6.2,7.1,6.3	210	βιιβ	ғ00	ad	10167	874, 910, 943	6.8,6.6,6.8	631	κγβ	ιι00	
	944,1588,1589	—6.5	.2.	δδκ	015			948,1588,1686	6.4,6.8,6.9	112	βκh	080	
	1609,1628,1647	—6.5,7.1	.14	κακ	ιιιιιι			1699,1708,1714	6.5,6.8,6.9	001	βκκ	Oιιιι	
	1686,1699,1708	6.7 — —	0..	πγκ	05ιι		10168	169, 842, 916	6.3,6.5,5.9	101	κκκ	ιιιιιι	ad
	1714	6.5	1	κ	ιι			1683,1700	6.5,6.5	01	κκ	ιι*ι*	
10137	843	7.1,7.0	10	πκ	Oιι		10169	196, 787, 795	6.0,6.5,6.0	311	δβα	450	
10138	874	7.5,7.5	00	ιιιι	00			834, 843, 858	6.5,6.4,5.8	022	γεα	815	
10139	169, 842, 916	6.6,6.7,6.1	001	κκγ	πκ5	d		928, 950,1564	5.7,6.3,5.8	161	εαβ	4ιι2	
	1608,1683,1700	6.5,6.7,6.4	302	κπκ	ιι0ιι			1576	6.3	3	α	5	
10140	861,1588	7.1,7.0	00	πκ	Oιι	ad	10170	928,1564	7.0,7.0	01	αιι	00	d
10141	169, 169, 842	6.3,6.7,6.3	223	κρκ	πγιι	at	10171	843, 928, 950	6.8,6.7,7.0	304	κριι	ιιιι0	d
	850, 910,1608	6.8,5.8,6.3	012	πκκ	Oнιι			1564	6.8	0	κ	ιι	
	1683,1700	6.6,6.5	00	κκ	ιι*ι*		10172	1564	6.6,6.7	10	κκ	ιιιι	a
10142	916	7.0,6.9	10	πκ	Oιι		10173	196, 843, 928	7.1,6.8,6.7	021	ιι;β	0ғ1	ad
10143	929,1564	6.9,6.8	21	κκ	ιιιι	a		929,1564	6.8,6.6	31	ακ	ιιιι	
10144	196, 928,1564	7.2,6.9,6.9	110	κκκ	ιιιιιι	a	10174	157, 169, 948	6.3,6.6,6.5	232	κғκ	ιιγιι	d
10145	169, 916	7.2,6.8	11	ιικ	Oн			1588,1686,1699	6.7,7.0,6.8	013	κκκ	нηιι	
10146	893, 905,1563	6.7,6.8,7.0	111	κακ	ιι0ιι	ad		1708,1714	7.0,7.2	22	κιι	н0	
10147	916	6.9,6.9	00	κκ	ιιιι	a	10175	140, 173, 753	6.4 — 6.2	1.4	δκα	ιιιιιι	ad
10148	843,1564,1576	7.0,6.9,7.0	111	κκκ	ιιιιιι	ad		774, 834, 835	7.0,6.6,6.7	031	κακ	κιιιι	
10149	196, 928,1564	7.2,7.0,7.1	211	ακιι	0ιι0	d		844, 875, 928	6.7,6.0,6.5	343	αγγ	ιιπιι	
10150	1589,1609	7.2,7.3	01	κκ	ιιιι	d		929,1521,1564	6.3,6.1,6.1	212	ξαα	50ιι	
10151	944,1589,1609	6.6,7.2,7.3	201	ακκ	ιιιιιι	d		2242	5.9	2	κ	ιι	
10152	861, 902, 944	6.5,6.3,6.0	011	βββ	000	ad	10176	916	7.3,7.0	21	κκ	ιιιι	
	1588,1589,1609	—6.5,6.6	.01	αβι	ι00		10177	928	6.9,7.1	11	κκ	ιιιι	a
	1628,1642	6.8,6.0	13	κκ	ιι*ι*		10178	944,1589,1609	6.9,7.3,7.3	0C0	ακb	01.0	d
10153	1564	7.1,7.3	11	πκ	Oιι		10179	928	7.2,7.1	01	ιικ	Oιι	
10154	928	7.0,7.0	00	κκ	ιιιι	ar	10180	186, 196, 196	6.7,6.9	12.	ββq	000	
10155	196, 834, 928	6.8,6.9,6.5	012	πκκ	Oιιιι	at		787, 795, 829	7.1,6.5,6.8	120	καα	ιι15	
	1564	6.4	0	ιι	0			834, 843, 928	6.8,6.5,6.1	111	βιβδ	022	
10156	861, 874, 902	6.5,6.8,6.3	120	κκκ	ιιιιιι	ad		950,1564,1576	6.1,6.4,6.6	012	διη	100	
	943, 948,1588	6.2,5.6,6.2	131	κκκ	ιιнн		10181	1562	6.9,6.7	11	κα	ιι*ι*	
	1628,1686,1699	6.0,6.8,6.1	010	πκκ	Oιιιι		10182	1562	7.4,7.4	00	ιιιι	00	
	1708,1714	6.3,6.6	10	κκ	ιιπ		10183	196, 834, 858	5.9,6.4,5.5	122	εδδ	00ғ	a
10157	169, 842, 916	6.6,6.9,6.4	311	κκκ	ιιιιιι	ad		928,1564	5.5,5.8	02	ζε	ғ0	
	1683,1700	7.2,7.2	23	ιιιι	00		10184	1562	7.4,7.3	01	ιικ	Oιι	
10158	944	6.9,6.7	1*1*	αβ	01		10185	1562	7.2,7.2	00	πκ	Oιι	a
10159	1576	7.0,7.3	21	κκ	ιιιι		10186	944	6.9,6.8	10	κκ	ιιιι	
10160	1564	7.2,7.3	10	πκ	Oιι		10187	928	6.9,6.8	10	αγ	ιι8	
10161	916	7.0,7.0	00	κκ	ιιιι	a	10188	928	6.9,6.8	10	βι	00	
10162	196, 928,1564	6.8,6.6,6.7	211	κγα	ιι68	ad	10189	1564	6.7,7.1	22	ιικ	Oιι	

ANNALS OF HARVARD COLLEGE OBSERVATORY.

D. C.	Plate Numbers.	Observed Brightness.	Res.	End.	F.K.	R.	D. C.	Plate Numbers.	Observed Brightness.	Res.	End.	F.K.	R.
10190	905, 944,1563	6.7,6.5,6.8	302	κκκ	ππμ	d	10221	874, 893, 905	7.2,6.3,6.2	122	α;δ	000	
	1589,1609	6.5,6.7	42	κκ	πι			944,1563,1589	6.0,6.2,6.2	103	γεβ	0ϝ0	
10191	1564	7.2,7.2	00	ιικ	0ι			1609,1685	6.2,6.6	52	γκ	δι	
10192	916,1590	6.7,7.1	01	ιικ	0ι	d	10222	910,1562	6.5,6.5	01	κκ	πη	a
10193	948	7.3,7.4	01	κκ	ιπ		10223	843, 928, 950	7.1,6.8,7.1	218	κγκ	π8η	d
10194	910, 948,1562	6.8,6.7,6.8	211	ββη	050	ad		1564,1576	7.0,6.9	03	ιικ	0η	
	1588,1609,1708	6.9,6.6,7.2	121	κκη	ηη0		10224	905	7.1,7.1	00	ιιι	00	
10195	186, 196, 795	7.0,7.3,6.7	020	ηβα	000		10225	910,1562	7.0,7.2	10	ρη	00	
	843, 875, 928	6.8,7.3,6.7	251	ενβ	000		10226	1562	7.2,7.0	11	κκ	ηη	n
	929, 950,1564	6.5,6.2,6.5	032	γζβ	0ϝ0		10227	140, 834, 844	6.7,6.7,6.6	240	ααχ	78η	d
	1576	6.9	1	h	0			875, 928, 929	6.4,6.6,6.4	221	βγγ	ϝ23	
10196	169	7.1,7.0	01	κκ	ηπ	ar		1019,1521,1564	— 6.5,6.2	.13	αηα	50η	
10197	928, 929,1564	6.0,6.9,6.6	123	ηρη	000		10228	910,1562	7.2,7.1	11	κκ	ιιι	d
10198	140, 835, 928	7.4,6.8,6.9	531	κκκ	ηκη	ad	10229	157	7.2,7.3	10	ιιπ	00	
	929,1564,2242	6.8,6.6,6.3	130	κκκ	ηπη		10230	893, 905.1563	7.1,6.8,7.1	110	α,η	η0η	
10199	910, 944,1562	6.5,6.6,6.7	001	εγκ	20η	ad	10231	910	7.1,7.2	01	κκ	ιπι	
	1589,1609,1642	7.0,7.0,7.0	002	κκη	ηη0		10232	928	6.7,6.6	10	κκ	ιπι	
10200	1562	7.4,7.3	01	ιικ	0ι		10233	1562	7.5,7.2	12	κα	η0	
10201	140, 753, 774	5.8,6.8,6.5	121	δγβ	885		10234	157, 863, 916	6.7,7.0,6.5	010	κκκ	πιηι	ad
	834, 835, 875	6.5,6.0 —	20.	γεε	883			1590	6.7	1	κ	0	
	879,1564,2242	— — 5.3	..0	βαδ	ηη8		10235	910,1562	6.5,6.6	00	κκ	ηπ	a
10202	196, 834, 843	7.1,7.0,6.8	032	ακα	0η0	ad	10237	1562	7.2,7.2	00	κη	η0	
	928, 950,1564	6.6,6.8,6.7	030	γκκ	η8η		10238	196, 843, 928	7.3,7.0,7.0	131	α,α	005	
10203	916	7.0,7.1	10	κκ	ιπι			950,1564	6.9,7.1	11	δη	ϝ0	
10204	186, 196, 795	6.7,7.0,6.6	200	αγα	00η	d	10239	905	7.2,7.2	00	αα	00	
	843, 928, 929	6.8,6.6,6.4	110	βββ	022		10240	1562	7.2,6.9	21	ιικ	0η	
	1564,1576	6.5,6.9	12	ρκ	0η		10241	169, 916	7.0,6.6	11	κκ	ιιη	d
10205	169, 916	7.2,6.9	12	ηκ	0η		10242	893, 905, 944	5.4,5.5,5.2	022	κκκ	ηββ	a
10206	157, 169, 169	6.3,5.8,6.7	454	γγα	0ϝ0			1563,1589,1609	5.8,5.6,5.7	321	κκιι	ηηη	
	842, 916,1590	6.5,5.5,6.0	120	βεβ	0ϝ0		10243	948,1562,1588	6.8 — 6.8	1.3	ααχ	η0η	
	1641,1683,1700	6.4,6.4,6.2	301	καα	η00			1699,1708	7.0,7.1	11	ιιιι	00	
10207	196	7.5,7.3	11	ιπι	00		10244	893, 905, 944	5.9,6.0,6.2	201	δδγ	00ϝ	
10208	196, 834, 858	6.8,6.8,6.9	242	γακ	08η			1589,1609	6.5,6.5	00	γα	00	
	875, 928, 950	6.9,6.4,6.8	214	αδβ	η45		10245	904, 910, 948	6.7,6.1,5.8	112	β,β	00ϝ	
	1564,1576,1576	6.3,6.9 —	52.	ρκη	2η0			1562,1588,1642	6.2,6.3,6.5	112	γγκ	ϝϝ8	
10209	910	7.1,6.8	21	γη	10			1686,1699,1708	6.6,6.2,6.2	203	α,ιι	000	
10210	910,1562	7.0,6.6	32	κκ	ηη	r		1709,1714,1715	7.0,6.6,7.1	113	ρκκ	ηηη	
10211	1562	7.1,7.3	11	κκ	ιηι		10246	929,1564	6.7,6.8	01	κκ	ηιι	
10212	1562	7.4,7.2	11	κκ	ηη		10247	175, 893, 905	5.2,5.0,5.0	323	δνθ	ϝ00	a
10213	1562	7.3,7.2	10	κκ	ιπι	a		944,1563,1589	4.6,4.9,5.0	202	ζδδ	ϝϝ2	
10214	1563,1589	7.3,7.3	21	κκ	ιηι			1609	5.0	2	δ	0	
10215	1562	6.8,7.2	22	κκ	πιι		10248	910,1562	7.0,7.1	00	κκ	ιηι	d
10216	196, 928,1564	7.0,6.9,7.0	111	πακ	0η η	ad	10249	893, 005,1563	6.8,6.6,6.8	100	ββκ	00η	ad
10217	910,1562,1699	6.0,6.6,7.0	012	κκκ	ηηη	ad	10250	910,1562	6.7,6.8	00	εκ	2ιι	
10218	157, 169, 842	7.0,6.7,7.0	342	πκη	0η0	d	10251	929,1564	7.0,6.8	22	ιηι	00	a
	916,1590,1683	6.3,7.0,7.2	220	αιη	η00		10252	910,1562	7.0,7.0	11	κα	ηη	
	1700	7.1	0	η	0		10253	196, 928,1564	7.3,6.7,6.9	010	ρκ	08η	ad
10219	893, 905, 944	6.9,6.6,6.9	111	βμα	00η	d	10254	175, 893, 905	5.8,5.5,5.6	171	βεε	000	r
	1563,1589	6.8,7.2	10	βη	0η			944, 960, 974	5.8,5.5,5.7	232	β,β	ϝηη	
10220	893	7.0,7.0	00	ιικ	0ιι			1563,1589,1609	5.7,5.6,5.8	042	εγγ	0ϝ0	

THE DRAPER CATALOGUE.

D.C.	Plate Numbers	Observed Brightness	Res.	End.	F.K.	R.	D.C.	Plate Numbers	Observed Brightness	Res.	End.	F.K.	R.
	1685	6.4	5	α	II			1589,1609	6.7,6.7	11	κπ	нО	
10255	157, 169, 169	6.5,6.9,6.5	222	αιια	и00	ad	10281	1562	7.1,6.9	11	κιι	п0	
	842, 863, 916	6.6,6.8,6.2	211	κκα	нии		10282	157, 169, 863	6.4,6.7,6.8	000	ιιιικ	00ιι	d
	1590,1630,1641	6.3,6.8,6.8	143	ακα	ни0			1590,1641	6.4,6.8	12	κп	п0	
	1683,1700	6.7,6.4	13	ιιπ	00		10283	843	7.0,7.2	11	πκ	Oн	
10256	910,1562	6.7,7.0	11	γκ	рп	d	10284	169, 842, 916	6.7,6.9,6.4	102	ί'κγ	Oн0	ad
10257	157, 169, 842	6.0,6.1,6.3	210	εκκ	ииH	ar		1700	6.8	0	н	0	
	863, 916,1590	6.3,5.8,5.8	121	εκκ	ииB		10285	1562	7.3,7.2	10	κκ	пш	
	1641,1683,1700	6.1,5.8,5.9	153	εκκ	иив		10286	157, 842, 863	5.5,6.5,6.0	322	γβγ	5п5	ad
10258	196	7.6,7.3	12	пш	00			916, 916,1590	6.0,5.8,5.8	421	κβ	пш5	
10259	157, 169, 916	6.6,6.6,6.6	042	ααβ	000	d		1641,1683,1700	5.8,6.4 —	21.	αпκ	50п	
	1700	7.1	1	н	0			1700	6.2	0	κ	н	
10260	186, 196, 787	6.5,6.5,6.7	210	γγн	200		10287	893, 905, 944	6.8,7.2,6.9	202	αнн	000	d
	795, 820, 834	6.2,6.6,6.5	201	αδγ	п55			1563,1589	7.0,7.3	11	κκ	пш	
	835, 843, 875	6.1,6.3,6.3	202	δеβ	п25		10288	157,1590	7.0,6.7	22	пш	00	
	928, 920, 950	5.8,6.1,5.5	133	еβε	202		10289	157, 169, 169	5.8,6.5,5.8	252	βαγ	000	
	1564,1576	6.0,6.3	02	βα	55			842, 863, 916	6.2,6.0,5.5	101	γγγ	н0г	
10261	186, 834, 835	7.4,6.7,6.8	551	κκδ	ιιιιн	ad		1590,1630,1641	5.3,6.0,5.4	414	δнγ	000	
	843, 875, 928	6.7,6.9,6.4	221	κhκ	лin			1683,1700	5.9,5.8	22	αβ	г0	
	929, 950,1564	6.6,6.5,6.4	212	ιικα	0н0		10290	829	6.7,6.5	11	αα	Iн	
	1576	6.9	2	κ	н		10291	1564	7.0,7.3	12	κκ	нш	
10262	910, 944,1563	— 6.7,7.2	.22	hκκ	Iшн	d	10292	1588	7.3,7.4	01	κκ	нш	
10263	186, 196, 787	5.5,5.4,4.9	203	κκκ	ппв	ad	10293	928	7.0,6.9	01	αα	00	
	795, 829, 834	4.7,5.5,5.9	303	κκκ	внв		10294	905	6.6,6.7	10	βα	Oп	
	834, 835, 843	— 5.6,5.5	.32	κκκ	еиш		10295	1562	7.5,7.3	11	шκ	Oн	
	875, 879, 928	5.4,5.4,4.9	320	κκκ	вив		10296	905,1563	6.9,7.1	00	κκ	ш	
	929, 950,1564	4.8, в,5.2	0в2	κ¨κ	вин		10297	843, 893, 905	7.0,6.5,6.1	103	β¨β	г00	ad
	1576	5.1	0	κ	в			950,1563	6.9,6.5	31	κγ	ин	
10264	196, 834, 843	7.6,6.9,6.9	541	αпβ	00п		10298	157	7.0,7.1	10	κκ	шш	r
	928, 950,1564	6.5,6.9,6.5	142	βακ	568		10299	905	7.2,7.3	10	κш	п0	
10265	944,1589	7.0,7.3	01	βκ	0ш	d	10300	1564	7.2,7.3	10	шκ	Oш	
10266	1562	7.4,7.3	01	hш	00		10301	196, 843, 875	7.5,6.8,7.0	321	κκκ	00г	
10267	175, 803, 905	5.1,4.9,1.7	321	γγη	00г			928, 929,1521	6.5,6.5,6.9	272	αδн	500	
	944, 900, 974	4.9,4.6,4.9	231	ееγ	гп5			1564	6.5	3	β	0	
	1563,1589,1609	5.0,4.7,4.9	242	γδδ	гг0		10302	904, 910,1562	6.7,6.4,6.4	321	κκκ	иии	a
10268	843, 928, 950	7.0,6.9,7.0	302	κκκ	вв//	a		1588,1642,1708	6.8,6.4,6.7	210	κκκ	ннн	
10269	910, 944,1562	6.8,6.9,6.6	112	γκκ	шшн	ad		1709,1715	7.0,7.2	32	κκ	пш	
	1609	7.2	0	κ	п		10303	1562	7.5,7.4	10	шκ	Oн	
10270	843, 929,1564	7.0,7.0,6.8	231	нακ	00н		10304	157, 169, 169	6.0,6.6,6.6	311	γна	000	d
10271	169	7.0,7.1	10	hн	00	r		842, 863, 916	7.0,6.5,6.5	224	κββ	п00	
10272	905	7.1,7.0	01	αα	00			1590,1641,1700	6.1,6.4,7.0	313	γακ	00н	
10273	910	7.0,6.9	10	γα	п8		10305	843	7.0,7.2	11	κκ	нш	
10274	916	7.0,6.9	10	κκ	пш		10306	960	7.0,7.2	11	κκ	шш	
10275	843, 950,1564	7.1,7.1,7.2	321	шшκ	00п	d	10307	893, 905, 944	6.8,6.5,7.2	024	αβκ	00н	
10276	910,1562	6.9,7.1	01	ακ	нв	d		1563	6.8	1	α	н	
10277	157,1590	7.2,7.2	10	κш	н0		10308	910	6.9,7.5	33	κh	н0	
10278	944	7.2,7.0	11	αш	00		10309	1562	7.2,7.0	11	κκ	пп	
10279	1563	7.3,7.2	01	κκ	шш		10310	196, 843, 928	7.0,6.7,6.7	191	γκβ	0н0	ad
10280	803, 905, 944	6.6,6.3,6.5	201	αγα	55н	d		950,1564	6.7,6.8	21	γκ	Oп	
	960, 974,1563	6.5,6.9,6.5	120	ααβ	нин		10311	157	6.9,6.9	00	ан	00	

D. C.	Plate Numbers	Observed Brightness	Res.	End	F.K.	R.	D. C.	Plate Numbers	Observed Brightness	Res.	End	F.K.	R.
10312	1562	7.0,6.9	01	κιι	н0			843, 928, 950	6.6,6.4,6.6	114	γδβ	ғ0ғ	
10313	843	7.0,7.1	01	нк	1н	a		1564	6.4	0	β	0	
10314	910,1562	6.8,6.9	00	κκ	2н	ad	10346	196, 843, 928	6.8,6.8,6.8	322	κβκ	пнн	nd
10315	157, 169, 863	6.4,7.0,6.6	113	αhβ	н0н	ad		950,1564	6.6,6.7	10	hκ	0н	
	910,1590,1641	6.7,6.3,6.8	431	ккh	пн0		10347	910,1562	6.7,6.6	11	γβ	00	
10316	928	6.8,6.7	01	αα	1н		10348	157, 863,1590	6.5,6.8,6.5	100	ακα	0нн	
10317	905, 944, 960	6.6,6.3,6.2	403	κκκ	пнн	a	10349	929	7.2,6.9	12	нк	0н	
	974,1563,1589	6.6,6.8,6.6	041	κκκ	нпн		10350	910, 944, 960	6.7,7.0,6.9	112	κhκ	н0н	at
	1609	6.6	1	κ	н			1562	7.0	1	κ	н	
10318	928	7.0,7.0	00	αβ	00		10351	904, 910, 959	6.9,6.5,6.5	311	αγκ	03н	ad
10319	929	7.1,7.0	01	βн	00			973,1562,1642	6.5,6.5,6.7	200	αβн	н00	
10321	186, 196, 834	6.4,6.4,7.1	232	βγκ	00н	ad	10352	1562	7.5,7.3	11	κκ	пн	
	843, 875, 928	6.4,6.7,6.5	233	γαγ	2н0		10353	157	7.4,7.5	10	hκ	0н	
	928, 950,1564	— 5.6 —	.5.	δδκ	0ғн		10354	910,1562	7.0,6.8	12	κπ	пн	d
	1564	6.4	1	γ	0		10355	893, 905, 960	6.9,6.4,7.1	131	κκκ	пннн	a
10322	843	7.2,7.3	01	πκ	пн			1563	6.8	1	κ	н	
10323	893, 905	6.9,7.0	11	αα	00		10356	959,1562	7.1,7.5	21	κκ	пн	
10324	893, 905	7.2,6.7	22	κβ	п0	d	10357	1590	7.2,7.2	00	пκ	0н	
10325	186, 196, 834	6.5,6.5,6.9	120	κκκ	нпн	ad	10358	905	7.2,7.4	11	пα	00	
	843, 928, 950	6.5,6.4,6.2	121	κhκ	н0в		10359	893, 905,1563	7.2,6.0,7.1	111	κκκ	нннн	d
	1564	6.4	1	κ	н		10360	186, 834, 843	6.6,7.0,6.8	321	ακιι	1нғ	
10326	1590	7.1,7.2	10	κκ	пн			928, 950,1564	6.6,6.8,6.7	141	βγβ	050	
10327	843	6.8,7.0	11	κκ	нн		10361	905,1563	6.8,7.1	10	κκ	пн	d
10328	928, 929,1521	6.8,6.0,7.0	012	αγм	п80		10362	157, 863, 949	6.6,6.3,6.0	013	δβκ	00п	ad
	1564	6.7	2	п	0			1500,1641	6.0,6.2	10	γп	00	
10329	910	7.0,6.8	11	αα	00		10363	893, 905,1563	7.2,6.9,7.1	121	пнннн	000	
10330	1562	7.2,7.0	11	κκ	пн		10364	905	7.1,7.0	01	κκ	пн	
10331	893, 905, 944	6.1,6.6,6.2	150	γαβ	0пн	ad	10365	905	7.0,7.0	00	пα	00	
	960, 974,1563	6.4,6.4 —	01	γκκ	ғнн		10366	157, 949,1590	7.2,7.0,7.2	011	κκп	нн0	d
	1563,1589,1609	6.7,6.4,6.5	421	γκα	1нн		10367	186, 196, 795	6.9,6.7,6.7	122	κκh	нн0	ad
10332	2242	7.0,7.0	00	κκ	пп			843, 928, 929	6.5,6.6,6.4	321	κκκ	нннн	
10333	1562	7.6,7.5	01	κκ	нн	ar		950,1564,1576	6.2,6.4,6.7	111	κκκ	нннн	
10334						r	10368	910	7.3,7.2	01	ακ	нн	
10335	1590	7.1,7.3	11	κκ	нг		10369	928, 929,1564	6.9,7.0,6.9	021	αβн	0н0	d
10336	186, 186, 196	5.9 — 5.8	0.2	δβε	000	r	10370	910,1562	7.2,7.0	12	κκ	пн	
	829, 834, 834	6.4,6.5 —	33.	γγG	200		10371	910,1562	6.9,6.6	22	κκ	пн	dr
	843, 858, 875	5.9,5.4,5.9	032	δαβ	2ғғ		10372	843, 950,1564	6.6,6.6,6.8	322	κκп	нн0	
	928, 950,1564	5.7,5.0,5.8	242	δδ	ғ20		10373	157, 949,1590	6.2,5.8,6.7	123	γγκ	3ғн	
10337	843, 928,1564	7.0,6.9,6.9	210	αα β	000			1641	6.6	1	п	н	
10338	910,1562	7.1,7.0	11	κκ	нн		10374	1590	6.8,7.0	11	κκ	нн	
10339	928, 929,1564	7.0,7.0,6.9	012	ппκ	00н	ad	10375	910,1562	7.2,7.0	12	κκ	нн	d
10340	157, 949	7.3,6.3	43	κγ	нн	d	10376	1590	7.0,7.1	01	пκ	0н	
10341	196, 196, 843	6.9 — 6.5	0.5	αпε	00ғ		10377	960	7.1,7.2	10	κκ	нн	
	928, 950,1564	6.6,6.2,6.5	210	βγα	0ғ0		10378	1562	7.5,7.3	11	κκ	нн	
10342	910,1562	7.3,7.3	01	κп	п0	a	10379	910,1562	7.0,7.0	00	κκ	пн	
10343	929,1564	6.9,6.7	22	κп	н0		10380	157, 863, 949	6.5,7.0,6.7	213	βακ	00п	ad
10344	196, 834, 843	6.9,6.7 —	04.	пкh	0н0	ad		1590	6.9	1	κ	н	
	843, 875, 928	6.7,6.8,6.2	122	κκκ	нпн		10381	929,1564	7.0,6.9	12	ακ	0н	d
	950,1564	6.6,6.4	31	κн	н0		10382	910	7.2,7.1	10	κκ	пн	a
10345	186, 196, 834	7.0,6.5,6.8	332	αγβ	000		10383	949	7.2,7.0	11	κκ	нн	

THE DRAPER CATALOGUE.

D. C.	Plate Numbers.	Observed Brightness.	Res.	End.	F.K.	R.	D. C.	Plate Numbers.	Observed Brightness.	Res.	End.	F.K.	R.
10384	1563	7.1,7.2	01	кк	пп			928, 950,1564	6.5,6.5,6.6	010	βαβ	0r0	
10385	1562	7.4,7.4	00	пк	0п		10418	928	7.0,7.4	22	кк	пп	
10386	193, 843,1564	7.6,7.2,7.2	121	пкк	0нп		10419	910, 959, 973	6.3,6.5,6.5	112	ккк	пнп	d
10387	1563	7.2,7.2	00	кк	пп			1562	6.4	1	к	п	
10388	910,1562	7.3,7.5	01	βα	00		10420	843	7.0,7.2	11	к	0п	
10389	186, 196, 829	6.3,6.3,6.7	230	кhк	п0п	ad	10421	157, 176, 949	6.9,7.0,6.9	441	ппк	00п	
	834, 843, 928	6.9,6.4,6.6	115	ккк	ннп		10422	960,1563	7.1,7.2	11	кк	нп	
	1564	6.5	3	к	н		10423	157	7.4,7.6	11	hп	00	
10390	196	8.0,7.4	33	bп	00		10424	910, 960,1562	6.6,7.2,7.0	211	βкк	2пп	d
10391	910,1562	7.1,7.0	11	кн	н0		10425	1562	7.5,7.4	10	кк	нп	
10393	904, 910, 959	7.2,6.8,6.8	311	кδк	п0н	d	10426	1563	7.2,7.3	10	кк	пн	at
	973,1562	6.8,6.8	20	βα	п5		10428	157, 176, 949	7.0,5.9,6.5	311	кка	пнн	d
10394	1590	7.0,7.3	01	пк	0н			1590	6.7	1	к	п	
10395	186, 196, 196	6.8,7.3,6.8	041	акп	050	ad	10429	904, 910, 960	6.9,6.4,7.0	412	βук	01п	d
	829, 834, 835	6.9,6.8,6.6	132	паβ	10н			974,1562,1709	7.1,6.6,7.5	201	hак	0пп	
	843, 875, 928	6.5,6.7,6.4	310	δaε	1r0		10430	905, 960, 974	6.8,6.7,6.8	311	аιк	0пп	d
	929, 950,1564	6.3,6.4,6.3	012	γεα	0r0		10431	175, 186, 196	5.4,5.6,6.0	030	γδβ	100	a
10396	157, 949	7.3,6.3	43	hy	0r			829, 843, 893	6.5,6.0,5.4	411	δβζ	rr0	
10397	196, 843, 928	6.8,6.6,6.8	233	пкк	0нп	d		905, 907, 950	5.3,5.2,5.4	110	ζβζ	0rr	
	1564	6.7	1	к	п			1563	5.3	1	e	0	
10398	1563	7.2,7.0	11	кк	пп		10432	950	7.1,7.3	11	βк	0п	
10399	157, 949	7.2,6.8	10	hк	0н	d	10433	893, 905,1563	6.7,6.6,7.0	171	αβα	п0н	
10400	960	7.1,7.1	00	кк	нп		10434	157, 157, 176	6.8,6.2,5.1	322	кβк	ннв	ad
10401	893, 905, 960	6.9,7.0,6.9	022	кaк	п0п	d		868, 949,1590	6.2,5.3 —	24.	ккк	п/п	
10402	1564	6.9,6.9	00	пк	0п			1590,1641,1641	5.8 — 6.0	3.2	ккк	пп/	
10403	904, 910, 973	7.1,6.7,7.1	105	пук	0пп	ad	10435	1562	7.2,7.1	01	кк	пп	
	1562	6.7	1	к	н		10436	843, 950	7.0,7.0	23	αα	02	
10404	910,1562	7.1,7.4	11	кн	н0	d	10437	904, 910, 960	6.9,6.4,6.6	210	ккк	пнп	at
10405	910, 960,1562	6.6,7.6,6.8	342	γкα	0н0		10438						r
10406	910,1562	7.3,7.0	22	кк	п//			1562,1709	6.5,7.4	10	кк	нн	
10407	196, 753, 774	7.2,6.5,6.9	933	αβп	0п0		10439	893, 905, 960	7.1,6.7,6.9	212	αβк	п0п	d
	834, 835, 844	6.6,6.5,6.0	130	αδα	52v			1563	7.0	0	к	п	
	875, 879, 928	6.2,6.4,5.5	213	γαδ	222		10440	140, 173, 753	6.3 — 6.5	1.1	γαβ	200	
	929,1019,1521	4.9,5.6,5.7	311	ζβJ	2r0			834, 835, 844	6.7,6.5,6.6	212	αγβ	пптt	
	1564	5.6	3	β	2			875, 928, 929	6.2,6.4,6.4	223	γεγ	222	
10408	157, 949	7.3,7.1,	01	пк	0п			1019,1521,1564	— 6.2,6.0	.03	αβγ	r25	
10409	893, 905, 960	6.8,6.5,7.2	022	ккк	нпп	ad		2242	5.8	0	β	1	
	974,1563	7.3,6.6	23	кк	пп		10441	157, 176, 949	7.0,7.1,6.8	352	ккк	нппп	d
10410	196, 843, 893	7.0,6.6,6.4	031	акк	0нн	a	10442	905, 960,1563	6.7,6.9,6.9	010	βку	0пш	ad
	905, 907, 950	6.0,6.5,6.3	221	ккк	нпп		10443	960	7.0,7.0	00	βα	п0	
	1563	6.6	2	к	п		10444	959, 973,1562	6.7,6.9,7.5	215	ккк	ннн	d
10411	843, 928, 950	6.8,6.9,6.9	412	ккп	пп0	d		1562	6.7	3	к	п	
	1564	6.8	1	к	п		10445	1562	7.1,6.9	11	пк	0п	
10412	1562	7.0,7.2	11	кк	пп		10446	843,1564	6.7,6.9	.72	кп	п0	
10413	960	7.2,7.2	00	кк	пп		10447	196, 843	6.9,6.7	01	ку	пн	
10414	843, 929	7.0,7.1 —	01.	ββ	00	a	10448	175, 893, 905	6.4,6.4,6.3	100	βγγ	000	
10415	928	6.9,7.1	11	ак	0п			960, 974,1563	6.5,6.6,6.7	112	δγα	ffн	
10416	928	7.2,7.2	00	ка	н0		10449	843	7.2,7.6	22	пн	00	
10417	186, 186, 196	6.8,6.9,6.7	103	пкβ	100	d	10450	928	7.0,7.2	11	пн	00	
	834, 843, 875	7.0,6.7,7.0	223	hβк	02п		10451	843, 928, 929	7.0,7.0,7.1	313	наβ	000	d

260   ANNALS OF HARVARD COLLEGE OBSERVATORY.

D. C.	Plate Numbers	Observed Brightness	Res.	End.	F.K.	R	D. C.	Plate Numbers	Observed Brightness	Res.	End.	F.K.	R
	1564	7.0	0	κ	н			1564	6.6	2	κ	ιι	
10452	196, 928,1564	7.8,6.9,7.0	311	hαιι	000		10475	1563	6,8,6.8	00	αα	н0	
10453	960,1563	7.0,7.2	21	κκ	ιιιι		10476	910	7.2,7.3	10	κκ	ιιιι	
10454	186, 196, 829	6.8,7.5,7.0	060	βιιγ	ιι0н	r	10477	176, 949,1590	6.8,7.3,6.9	235	κκκ	ιιιιιι	d
	834, 835, 843	6.9,6.7,6.6	212	ακγ	8н8		10478	893, 905, 960	6.6,6.5,7.5	225	βγκ	00н	dr
	875, 928, 929	6.7,6.4,6.1	102	hδδ	F20			974	7.2	1	κ	ιι	
	950,1564	6.4,6.3	12	δн	F0		10479	1562	7.2,7.2	00	κκ	ιιн	
10455	928, 950	7.2,6.5	33	κγ	ιι2	d	10480	196, 835, 843	7.5,7.0,7.1	310	ιικιι	0н0	d
10456	186, 186, 196	6.4,6.9,6.6	231	βκβ	8ιιιι	ad		928, 929, 950	6.6,6.7,6.7	111	βδα	31п	
	834, 843, 875	6.9,6.6,6.5	001	κδγ	н55			1564	6.8	0	ιι	0	
	928,1564	6.3,6.4	11	γβ	ιιιι		10481	196, 834, 843	7.0,7.1,6.9	010	ιιhκ	00ιι	ad
10457	903	7.1,7.2	10	ικ	0ιι			875, 928,1564	6.9,6.5,6.5	201	κκκ	нιιιι	
10458	175, 893, 905	6.2,6.3,6.0	202	γδγ	000	a	10482	1562	7.4,7.2	11	κκ	нп	
	960, 974,1563	6.9,6.3,6.4	420	βαβ	ιιн5		10483	928	7.0,7.4	22	ιιιι	00	
10459	1562	7.3,6.9	22	κκ	ιιн		10484	905, 960, 974	6.7,6.9,7.1	010	αδκ	0ιιι	d
10460	843	6.9,6.8	10	κκ	ιιн	a		1563	7.0	1	κ	ιι	
10461	843	6.9,7.3	22	κκ	ιιιι		10485	905	7.2,7.0	11	κκ	пιιι	
10462	157, 157, 176	6.9,6.7,5.0	646	κκε	пн0	ad	10486	157, 176, 176	6.0,5.4 —	23.	δγβ	000	
	863, 949,1590	6.2,5.7,6.4	130	ιιεα	0F0			863, 949,1590	6.1,5.4,5.3	111	βδδ	0F0	
	1590,1641	6.2 —	2.	ακ	0ιι			1641	5.8	3	α	0	
10463	910, 959, 973	6.9,6.5,6.6	131	κκκ	нвιι	d	10488	186, 196, 834	6.5,6.7,7.1	320	ακιι	1н0	d
	1562,1562	7.2 —	3.	κκ	ιιн			843, 875, 928	— 6.8,6.5	.21	αιιγ	0F1	
10464	157, 176, 949	7.0,6.8,6.6	051	κκκ	ιιпн	r		950,1564	6.7,6.2	43	κβ	н0	
	1590	6.7	4	ιι	0		10489	1590	7.3,7.1	11	κκ	ιιн	
10465	196, 843, 928	7.4,6.8,7.0	233	αγιι	0F0	d	10490	176,1590	6.7,7.0	32	κιι	н0	r
	950,1564	6.5,6.9	11	βп	F0		10491	186, 196, 843	6.7,6.6,6.5	022	κнκ	ιι0н	ad
10466	176	6.8,6.7	01	κκ	нв			950,1564	6.6,6.5	41	κιι	н0	
10467	140, 2242	7.6,6.6	22	αн	00		10492	893, 905, 960	6.5,6.3,7.1	123	γδβ	500	
10468	905	6.9,6.7	10	κιι	нκ			960, 974 974	— 6.8 —	.1.	ιικн	0ιι0	
10469	157, 176, 949	7.3,6.4,6.5	203	нαδ	00ιι			1563	6.6	1	β	5	
10470	959	6.8,6.9	10	κκ	ιιιι		10493	1562	7.5,7.2	12	κκ	пп	
10471	157, 176, 949	7.1,6.1,6.1	304	пγκ	00н	ad	10494	910, 960,1562	6.9,7.4,6.7	023	κκκ	ιιпιιι	ad
10472	186, 196, 843	6.7,6.8,6.5	224	αнκ	н0н	ad	10495	186, 843, 950	6.8,6.7,6.5	012	κδ"	н2F	ad
	928, 929, 950	6.7,6.6,6.5	221	κнκ	ιι0ιι		10496	1562	7.3,7.0	12	пκ	0н	
	1564	6.6	0	κ	ιι		10497	186, 196, 829	6.7,6.5,6.7	210	βγα	00н	r
10473	834, 835, 844	6.9,6.8,6.5	110	ακβ	0нι	d		843, 875, 928	6.5,6.4,6.2	011	εδγ	2F0	
	875, 928, 929	6.9,6.0,5.8	434	κγε	522			1564	6.2	0	β	1	
	1019,1521,1564	5.9,6.5,6.0	724	βαα	F05		10498	973	7.3,7.2	10	κκ	ιιпι	
10474	196, 843, 929	7.5,6.9,6.8	322	пκα	0н0	d							

THE DRAPER CATALOGUE. 261

Further information regarding the stars of the Draper Catalogue will be found in the following remarks. Results not derived from a single plate are usually placed first. The number in the Argentine General Catalogue preceded by the letters A. G. C. is inserted in the remarks as a designation for all stars not contained in the Durchmusterung or Harvard Photometry. Numbers designating the stars in these last two catalogues are given in Table I. As is fully explained in Volume XXVI., a second examination was made of those spectra which gave discordant results. A special examination was also made of the spectra of stars of the third type. In the latter case, when a star is contained in the Catalogue of Dunér (Sur les Etoiles à Spectres de la Troisième Classe, par N. C. Dunér, Stockholm, 1884), its number in that catalogue is given preceded by the word Dunér. The remarks contain various results derived from these examinations.

Results derived from a single plate are preceded by the number of that plate. Whenever the observed class of spectrum differs from that given in Table I., this fact is stated in the remarks. Since each spectrum was examined independently and the results brought together later, it is natural that many slight discrepancies should appear, especially when the spectrum is faint. These variations do not generally appear to represent real changes in the star. As stated on page 113, two images of the same star sometimes appear from different exposures of the same plate. In this case the photograph taken in the northern of the two exposures is designated as the first image. The presence of the lines due to hydrogen, and of the K line is shown in Table II. When other lines are visible they are enumerated in the remarks. Each line is described by its approximate wave-length expressed in millionths of a millimetre, followed by its intensity on a scale such that the H line is regarded as 10. This is the same scale as that described on page 115 for the K line. When the line is bright instead of dark, this number is placed in Italics. When numerous additional lines were visible, too close to be readily located, the letter a is used. Thus 397 a 401 denotes that several lines appear between the H and h lines; a 394 denotes that several lines were visible of shorter wave-length than K. In this last case if the hydrogen lines are seen, the line of shortest wave-length is specified in the remarks. The observation "410 and 434 double" in the spectra of classes C or F is sometimes due to the images being out of focus. It is however inserted, since this appearance cannot be distinguished from an actual doubling of the lines. In other classes of spectra the G line often appears double, owing to the presence of the band of wave-length 431, called G by Fraunhofer. The expression "images poor and faint" relates only to the plates specified in the remark following it. When all the images of the star are referred to, the remark "image poor and faint on all plates" is used.

REMARKS.

4. Plate 1562; image poor and faint; on first examination spectrum E.
5. Plate 949; 434 double.
7. Plate 973; image very poor and faint; on first examination spectrum H?
9. Plates 843 and 950; images poor and faint; on first examination spectrum H. Plate 186; 410, 5; 434, 5.
10. Plate 928; spectrum C.
13. A. G. C. 7.
16. Plate 949; on first examination spectrum H.
20. DM. magn. 2.0, H. P. magn. 2.1. Measures of brightness obtained on three plates. Images too dense to determine magnitude with accuracy. Magn. 2.79, resid. 120.
23. Plate 960; 410, 5; 434, 5.
24. Beyond the limits within which accurate measurement can be made.
28. Plates 835 and 879; images poor; near edge of plates; on first examination spectrum A? Plate 186; a 394; 410, 5; 434, 5. Plate 829; a 394, 410, 3; 434, 3. Plate 875; a 394; 410, 5; 434; 5. Plate 950; a 394; 410, 2? 434, 2?
38. Plate 907; on first examination spectrum A?
39. Plate 905; on first examination spectrum A? Plate 175; a 394; 410, 5; 434, 5. Plate 893; 410, 5; 434, 5. Plate 907; 410, 3; 434, 3; 434 double? Plate 960; a 394; 410, 5; 434, 5. Plate 974; a 394; 410, 5; 434, 5. Plate 1563; 410, 5; 434, 5.
43. Plate 843; 391, 8; 402, 8.
47. Plate 176; limit of spectrum β. 410, 3; 434, 3; 410 and 434 double. Plate 197; 410, 3; 434, 3.
48. Plate 843; image very poor and faint; on first examination spectrum A?
49. Plate 950; image very poor and faint; on first examination spectrum F; 410, 5? 434, 5?
55. Plate 907; image very poor and faint; on first examination spectrum A.
58. Plate 960; image very poor and faint; on first examination spectrum F? 410, 5? 434, 5?
59. Magnitude 9 on DM. chart. First measure 6.05, resid. 29045. Plate 835; second measure gives residual 1; first measure rejected.
60. A. G. C. 114.
61. Plate 960; image poor; on first examination spectrum E.
62. Plate 864; 381, 2? 392, 2; 402, 2; 453, 2. Plate 973; 382, 3; 453, 1.
65. Image poor on all plates. Plate 175; on first examination spectrum C. Plates 907, 960, and 974; on first examination spectra A. Plate 177; 410, 5; 434, 5.
67. Plate 176; image very poor and faint; on first examination spectrum H.
68. A. G. C. 123.
70. Plate 894; image poor and faint; on first examination spectrum E.
72. Plate 894; a 394; 410, 5; 434, 5.
74. Plate 959; 448, 3; 461, 2.
75. Dunér 1.
80. Dunér 2. Plate 176; 397 a 434; 443, 1; 448, 3; 458, 1; 461, 2; 468, 1.
82. Plate 176; on second examination spectrum H?
83. U. A. magn. 6.9. A. G. C. magn. 7.
89. Plate 1564; first image spectrum C?
90. Plate 929; on second examination spectrum F? 410, 5; 434, 5.
91. Plate 949 dark; image poor and faint; on first examination spectrum H.
92. Beyond the limits within which accurate measurement can be made.
95. Images very poor. Plates 894 and 949; on first examination spectrum H. Near edge of Plate 894. Plate 949 dark. Plate 176; 410, 5; 434, 5.
96. A. G. C. magn. 8.
97. Spectrum of DM. + 80° 752, magn. 9.0 superposed. Plate 929; on first examination spectrum E.
99. Plate 949; on first examination spectrum H.
107. Plates 177, 960, and 974; on first examination spectrum E. Plate 907; hydrogen lines narrow. Plate 950; only a small portion of spectrum visible. Plate 974; image poor and faint.
108. Plate 176; image very poor and faint; on first examination spectrum H.
110. Plate 928; second image spectrum C. Plate 1564; image very poor and faint; near edge of plate; on first and second examinations spectrum E.
111. Plate 843; image very poor; on first examination spectrum H. Plate 929; 410, 5; 434, 5; 410 and 434 double.
117. Plate 894; 410, 5; 434, 5; on re-examination 410, 5; 434, 5.
118. Plate 177; Spectrum C?
124. A. G. C. magn. 7. Image poor on all plates. Plates 176 and 949; on first examination spectrum H. Plate 894; on first examination spectrum E.
127. Plate 197; on special examination spectrum M? Plate 176; 397 a 434; 448, 3; 453, 1; 456, 1; 458, 2; 461, 2; 466, 1; 468, 1; 471, 1. Plate 197; 397 a 434; 448, 3; 456, 1; 458, 1; 2; 466, 1; 468, 1. Plate 894; 397 a 434; 448, 1; 448, 1; 456, 1; 458, 1; 461, 1; 468, 1. Plate 949; 448, 3; 456, 1; 458, 2; 461, 2; 466, 1; 468, 1; 471, 1.

131. Plate 907; 410, 5; 434, 5. Plate 960; 410, 5; 434, 5.
134. On special examination spectrum M? Plate 176; 448, 2.
136. Plate 170; 410, 5; 434, 5. Plate 907; a 394; 410, 5; 434, 5. Plate 960; a 394; 410, 5; 434, 5; 434, double. Plate 974; 410, 2; 434, 2; 434 double.
138. Plate 949; image very poor and faint; on first examination spectrum H.
141. Plate 929; image poor and faint; on first examination spectrum A.
142. The letter t stands for dr. U. A. magn. 6.5. Var. in A. G. C. Plate 176; on first examination spectrum A. Plate 894; image very poor and faint; on first examination spectrum I; 448, 3. On special examination of the I Plate 2905, spectrum Q; well marked.
143. Plate 906; on second examination spectrum F. 410, 5; 434, 5.
146. Plate 973; image very poor and faint; on first examination spectrum H?
150. Plates 835 and 843; images very poor and faint; on first and second examinations spectrum H. Plate 929; image good; lines well defined; 410, 5; 434, 5.
154. Plate 907; on first examination spectrum B; 402, 2.
157. Plate 960; image very poor and faint; near edge of plate; on first examination spectrum E?
161. Plate 196; on first examination spectrum A. Plates 843, 928, 929, and 1564; on first examination spectrum A? Plate 929; on second examination spectrum F; image good; lines well defined.
162. Plate 176; 448, 3.
164. Plate 186; 402, 3.
172. Plate 906; 410, 5; 434, 5.
173. Plate 843; on first examination spectrum H.
175. Plate 917; image poor; near edge of plate; on first examination spectrum F? 410, 5; 434, 5.
176. A. G. C. magn. 8.
177. Plate 894; a 394; 410, 5; 434, 5.
178. Duner 5. Plate 906; 448, 3.
181. Plate 177; image very poor and faint; on first examination spectrum H. Plate 918, spectrum C?
182. Plate 197; image very poor and faint; on first examination spectrum H. Plate 176; 410, 5; 434, 5. Plate 894; 410, 2; 434, 2.
184. Images very poor and faint. Plate 176; on first examination spectrum E. Plate 894; on first examination spectrum H.
185. A. G. C. magn. 7. Plate 894; on second examination spectrum F; 410, 5; 434, 5.
189. The letter t stands for dr. Spectrum of DM. + 66° 20, magn. 7.0, superposed. Measured also on Plate 1564, spectrum H, observed brightness 6.8, resid. 2, limit H, K line 0. Image poor on all plates. Plate 929; on first examination spectrum B; on second examination spectrum F; near edge of plate. Plate 950; on first examination spectrum H? on second examination spectrum F? Plate 843; 443, 2; 453, 2. Plate 950; 448, 5; 458, 4; 468, 4.
191. Plate 918; on second examination spectrum F? 410, 5; 434, 5.
192. Plates 186, first and second images, 835, 843, 875, 929, and 950; on first examination spectrum A. Plate 829; 410, 3; 434, 3.
194. A. G. C. magn. 8. Plate 894; on second examination spectrum F? 410, 5? 434, 5?
195. Image poor on all plates. Plate 176; on first examination spectrum H? Plate 197; on first examination spectrum F? 410, 5; 434, 5; 410 and 434 double. Plate 894; on first examination spectrum F? 410, 3; 434, 3. Plate 986; on first examination spectrum E; near edge of plate.
196. Plate 894; 410, 3; 434, 3; on re-examination 410, 5; 434, 5.
198. Plate 835; on first examination spectrum F? 410, 5; 434, 5.
205. Plate 920; 402, 2.
207. Plate 894; a 394; 410, 5; 434, 5; on re-examination, a 394; 410, 5; 434, 5.
212. Magn. 9.0 on DM. chart.
213. Plate 894; 410, 5; 434, 5; on re-examination 410, 5; 434, 5.
214. Plate 986; on first examination spectrum F? 410, 5; 434, 5.
216. Plate 929; on first examination spectrum F? 410, 5; 434, 5. Plate 950; image very poor and faint; on first examination spectrum H.
218. Plate 960; image very poor and faint; near edge of plate; on first examination spectrum E. On second examination spectrum E?
220. Plate 843; image poor; near edge of plate; on first examination spectrum E; on second examination spectrum E? Plate 186; 403, 2; 410 double; 458, 4. Plate 835; 448, 2; 453, 2; 468, 1. Plate 875; 392, 1; 403, 1; 407, 3. Plate 929; 456, 1; 458, 2; 468, 2. Plate 950; 402, 2.
223. Plate 918; 410, 5; 434, 5; 410 and 434 double; on re-examination 410, 5? 434, 5?
224. Plate 906; 405, 3; 419, 2.
226. Plate 918; on second examination spectrum F; 410, 5; 434, 5.
229. Plate 917; 410, 5; 434, 5; on re-examination 410, 5; 434, 5.
232. Plate 986; limit of spectrum β; 410, 3? 434, 3.
235. Plate 843; image very poor and faint; on first examination spectrum F; 410, 2; 434, 2.
238. Plate 929; 410, 5; 434, 5.
239. Images poor and faint. Plate 894; on first examination spectrum L? 410, 5; 434, 5. Plate 986; on first examination spectrum E?
240. Plates 835, 844, and 1521; image poor and faint. Plates 835 and 844; on first examination spec-

trum A. Plate 1521; on first examination spectrum H. Plate 140; 410, 5; 434, 5. Plate 928; 410, 2; 434, 2. Plate 929; 410, 2; 434, 2. Plate 1019; 410, 5; 434, 5; 410 and 434 double.
245. Plate 197; 410, 2; 434, 2. Plate 894; a 394; 410, 2; 434, 2. Plate 975; 410, 3; 434, 3.
246. Plate 906; image very poor and faint; on first examination spectrum E ?
248. Plate 894; on second examination spectrum F; 410, 5; 434, 5.
249. Images poor and faint. Plate 197; on first examination spectrum E. Plate 975; on first examination spectrum H. Plate 894; a 394; 410, 3; 434, 3.
250. Plate 843; spectrum C.
251. The spectrum measured on Plate 186 was supposed to be that of DM. +56° 91. On re-examination the star was found to be DM. +75° 59, and the measures have accordingly been added to the latter star, which equals D. C. 719.
255. Plate 875; on first examination spectrum F; 410, 5; 434, 5.
260. Plate 829; 372, 1; 402, 2; 448, 2. Plate 907; 382, 4; 402, 1.
262. Images very poor. Plates 284, 914, and 950; on first examination spectrum A. Near edge of Plate 914. Plate 929; on first examination spectrum B. Plate 843; 410, 3; 434, 3. Plate 929; 392, 2; 402, 2.
263. Plate 198; 402, 1; 403, 1.
264. Plate 917; 410, 5; 434, 5; on re-examination 410, 5; 434, 5.
269. Plate 918; image poor and faint; on first examination spectrum E; limit of spectrum γ.
271. Plate 986; image very poor and faint; on first examination spectrum H.
272. Plate 986; limit of spectrum β; 410, 2; 434, 2.
273. Image poor on all plates except 929, where the lines are well defined. Plate 196; on first examination spectrum C. Plates 835 and 844; on first examination spectrum I. Plate 843; on first examination spectrum E. Plate 879; on first examination spectrum A ? Plate 835; 448, 3; 468, 2. Plate 844; 448, 3. Plate 875; 410, 2; 434, 2; 434 double. Plate 928; 410, 2; 434, 2; 410 and 434 double. Plate 929; a 394; 410, 2; 434, 2; 434 double. Plate 1019; a 394; 410, 2; 434, 2. Plate 1564; 410, 2; 434, 2.
276. DM. +25° 88, magn. 9.0, follows 0".9, south 0'.8.
281. Plate 198; on first examination spectrum F; 410, 5; 434, 5. Plate 906; a 394; 397 a 434; 448, 2; 463, 2. Plate 917; limit of spectrum γ.
286. Image poor and faint. Plate 894; on first examination spectrum F; a 394; 410, 3; 434, 3. Plate 975; on first examination spectrum H ?
287. Plates 177, 198, and 917; on special examination spectrum M ? Plate 177; 397 a 434; 443, 1;

448, 3; 456, 1 458, 2; 461, 2; 466, 1; 468, 1. Plate 198; limit of spectrum β; 397 a 434; 448, 3; 451, 1; 453, 2; 456, 1; 458, 2; 461, 2; 468, 2; 471, 1. Plate 906; a 394; 397 a 434; 438, 1; 443, 1; 448, 3; 453, 1; 456, 1; 458, 2; 461, 1; 468, 2. Plate 917; limit of spectrum β; 397 a 434; 434 double; 448, 3; 456, 1; 458, 2; 461, 2; 466, 1; 468, 1.
293. Plate 906; 397 a 434; 448, 3.
294. Plate 197; on second examination spectrum F ? 410, 5 ? 434, 5 ?
295. Var. in DM. First measure 3.95, resid. 2 0 5 2 2. 7 3. Plate 950; second measure gives residual 2; first measure rejected. Plate 177; limit of spectrum a; 397 a 434; 443, 1; 448, 3; 456, 1; 458, 3; 461, 2; 466, 1; 468, 2. Plate 186; a 394; 410 bright; 397 a 434; 438, 5; 443, 2; 458, 5; 468, 5. Plate 829; 397 a 434; 448, 4; 456, 2; 458, 2; 461, 1; 468, 3. Plate 907; numerous bright and faint lines. Plate 909; a 394; 397 a 434; 448, 3; 458, 2. Plate 929; a 394; 397 a 434; 443, 1; 448, 2; 458, 1; 461, 1; 466, 1; 468, 3; 471, 1. Plate 950; a 394; 397 a 434; 448, 2; 456, 1; 458, 3; 461, 1; 468, 3. Plate 975; a 394; 397 a 434; 448, 3; 458, 1; 461, 1.
299. Plate 909; on second examination spectrum F ? 410, 5 ? 434, 5 ?
305. Plate 907; 397 a 434; 448, 3; 456, 2.
306. Images very poor and faint. Plate 894; on first examination spectrum E ? Plate 986; on first examination spectrum H ?
309. Plate 917; on second examination spectrum F. 410, 5; 434, 5.
310. Images very poor and faint. Plate 894; on first examination spectrum H. Plate 986; on first examination spectrum F ? 410, 5; 434, 5.
313. The spectrum measured on Plate 835 was supposed to be that of DM. +73° 30. On re-examination the star was found to be DM. +73° 1047, and the measures have accordingly been added to the latter star, which equals D. C. 10261.
315. Plate 974; a 394; 410, 5; 434, 5; on re-examination 410, 5; 434, 5.
317. Plate 918; 392, 1; 402, 1; 419, 2; 443, 1. Plate 976; 402, 2.
318. Plate 918; on second examination spectrum F; 410, 5; 434, 5.
321. Beyond the limits within which accurate measurement can be made.
322. Plate 929; 410, 5; 434, 5; on re-examination 410, 5; 434, 5.
323. Plate 909; image poor and faint; on first examination spectrum E.
324. Plate 2242; 410, 5; 434, 5; on re-examination 410, 5; 434, 5.
325. Plate 986; on first examination spectrum A ?
328. Images very poor and faint. Plate 894; on first

THE DRAPER CATALOGUE.

examination spectrum H. Plate 986; on first examination spectrum E?

333. DM. magn. 2. Plate 197; a 394; 397 a 434; 448, 3; 458, 5; 468, 2. Plate 864; 397 a 434; 443, 1; 448, 3; 456, 1; 458, 2; 461, 1; 468, 1. Plate 894; 397 a 434; 448, 3; 456, 2. Plate 975, first image; a 394; 397 a 434; 448, 3; 456, 1; 458, 2; 461, 2; 466, 1; 468, 1. Plate 975; second image; a 394; 397 a 434; 448, 3; 456, 2; 458, 1; 461, 2; 468, 1. Plate 986, first image; a 394; 397 a 434, 448, 3; 458, 1; 461, 2; 466, 1. Plate 986; second image; 397 a 434; 448, 3; 456, 2; 458, 1; 461, 2; 468, 1.

336. Plate 283; on first examination spectrum F? a 394, 410, 5; 434, 5. Plate 907; 402, 1.

340. Plate 198; 402, 2. Plate 918; 382, 3; 419, 1? Plate 976; 402, 2.

343. Plates 197 and 975; on first examination spectrum A. Near edge of Plate 197. Plate 894; 410, 5; 434, 5. Plate 986; a 394; 410, 5; 434, 5.

344. Plate 909; on first examination spectrum H?

345. Plate 917; 419, 2.

346. A. G. C. magn. 8. Plate 986; 410, 4; 434, 4; on re-examination 410, 5; 434, 5.

348. Plate 284; on first examination spectrum C. Plate 914; 410, 2; 434, 2. Plate 929; 410, 5; 434, 5.

350. Plate 986; on second examination spectrum F; 410, 3; 434, 3.

351. Plate 907; 405, 4; 417, 4.

355. Plate 843; 401, 2.

357. Dunér 6. Plate 917; on first examination spectrum H; on special examination spectrum M.

359. Plate 929; 448, 3; 458, 2.

361. Plates 177 and 906; image poor and faint; on first examination spectrum A? Near edge of Plate 906. Plate 917; limit of spectrum γ; 410, 5; 434, 5.

363. Plate 198; 397 a 434; 438, 1; 448, 3; 456, 2; 461, 2. Plate 906; limit of spectrum β; 397 a 434; 448, 3; 458, 1; 461, 1; 468, 1. Plate 917; limit of spectrum β; 397 a 434; 448, 3; 456, 1; 458, 2; 461, 1; 468, 1.

364. A. G. C. 714.

366. Plate 918; image poor and faint; on first examination spectrum E.

367. Plate 917; 410, 5? 434, 5? on re-examination 410, 5; 434, 5.

374a. DM. +55° 166, R. A. 0ʰ 42ᵐ.9, Dec. +55° 16'. Entered erroneously in Table I. See 998.

375. Plate 186; first image 410, 2; 434, 2. Second image 410, 2; 434 2. Plate 829; a 394; 410, 1; 434, 4. Plate 835; a 394; 410, 2; 434, 5. Plate 875; a 394; 410, 2; 434, 5. Plate 879; 410, 2; 434, 5. Plate 929; a 394; 410, 2; 434, 5.

376. Plate 1002; on first examination spectrum F? 410, 5? 434, 5? near edge of plate.

379. Plate 918; 382, 3; 387, 3.

380. Plate 835; image very faint; on first and second examinations spectrum H? Plate 929; image good; lines well defined; spectrum A.

381. Dunér 7. Plate 986; shows that the spectrum is not banded like that of a third type star, but is nearly the same as that of α Cassiopeiæ. Too faint on Plate 975 to show any peculiarity. Plate 975; 448, 3.

382. Images poor. Plates 186, 196, 284, 844, 848, 914, 929, and 1019; on first examination spectrum A. Plate 928; on first examination spectrum C. Plate 186; lines well defined. Plate 843; 410, 5; 434, 5. Plate 1564; 410, 5? 434, 5.

383. Plate 843; image very poor and faint; on first and second examinations spectrum F; 410, 5; 434, 5. Plate 929; image good; lines well defined.

385. Plates 198 and 880; on first examination spectrum A? Plate 805; 410, 5; 434, 5. Plate 917; limit of spectrum a; 410, 2; 434, 2. Plate 1002; 410, 5; 434, 5.

388. Plate 909; on first examination spectrum E.

390. Plate 198; 392, 1; 402, 2; 448, 2. Plate 918; 382, 2; 402, 2. Plate 976; 402, 2.

395. The letter t stands for dr. Combined with 396. Plate 908; on first examination spectrum A? near edge of plate. Plate 917; limit of spectrum γ; 410, 5; 434, 5.

396. See 395.

397. Plate 186; on first examination spectrum B; 434 double. Plates 829, 875, 879, and 929; images poor and faint; on first examination spectrum A. Plate 835; a 394; 410, 5; 434, 5.

398. A. G. C. 749.

400. Plate 928; spectrum C.

402. Plate 895; a 394; 410, 2; 434, 2. Plate 975; 410, 5; 434, 5. Plate 986; a 394; 410, 2; 434, 2. Plate 1002; 410, 5; 434, 5.

403. Plate 177; on first examination spectrum F; 410, 5; 434, 5. Plate 918; image poor and faint; near edge of plate; on first examination spectrum E.

406. Plate 835; image very poor and faint; on first examination spectrum A.

407. Plate 884; spectrum C. Plate 898. spectrum C?

411. Plate 909; image very poor and faint; on first examination spectrum E?

414. Plate 986; on first examination spectrum H? 410, 5; 434, 5; on re-examination 410, 5; 434, 5.

416. Plate 917; 410, 5; 434, 5.

419. A. G. C. magn. 7. Plate 986; image very poor and faint; on first examination spectrum E.

421. Image poor on all plates. Plate 186; on first examination spectrum A? Plates 829 and 848; on first examination spectrum H? Plate 835; 410, 2; 434, 2; 434 double. Plate 875; 410, 2; 434, 2; 434 double. Plate 879; 410, 1; 434, 1.

Plate 914, first image; 410, 2; 434, 2. Plate 914; second image; 410, 2; 434, 2. Plate 929; a 394; 410, 2; 434, 3; 434 a 486.

422. Plate 909; image very poor and faint; on first examination spectrum E?

424. Plate 1002; image poor and faint; on first examination spectrum E?

431. Plate 986; on second examination spectrum I; 448, 3.

433. Plate 986; 448, 3.

440. Plate 986; on second examination spectrum F? 410, 5? 434, 5?

441. A. G. C. 799.

447. Plate 929; 448, 3; 458, 1; 468, 2.

448. Plate 909; image poor; on first examination spectrum H? Plate 918; image poor; spectrum narrow; on first examination spectrum E?

450. Images poor and faint. Plate 895; on first examination spectrum E. Plate 1002; on first examination spectrum H.

452. Plates 283 and 908; on first examination spectrum H? Plate 917; on first examination spectrum K; 448, 3; 456, 1; 458, 1; 461, 1; 468, 1. Plates 908 and 917; on special examination spectrum M.

454. Plate 1019; on first examination spectrum H?

461. Images very poor and faint. Plates 835 and 848; on first examination spectrum H. Plates 914 and 929; on first examination spectrum A. Plate 186; 410, 2; 434, 2.

466. DM. magn. 2.3. H. P. magn. 2.3. Measures of brightness obtained on ten plates; images too dense to determine magnitude with accuracy. Magn. 3.38, resid. 2 6 4 4 2 2 0 3 5 1. Plate 186, first and second images; too near edge of plate to measure additional lines. Plate 284; image too dense to measure lines. Plate 829; 486 bright. Plate 835; 486 bright. Plate 848; 486 bright. Plate 875; 486 bright. Plate 876; image too dense to show any lines. Plate 879; 486 bright. Plate 914; 486 bright. Plate 929; 486 bright.

467. Plate 929; 448, 2; 456, 1; 458, 1; 461, 1; 466, 1; 468, 1.

469. Plate 1019; spectrum C.

478. Plate 875; on first examination spectrum E.

482. Plate 917; on special examination spectrum M? Plate 198; 448, 3. Plate 908; limit of spectrum β; 397 a 434; 448, 3; 456, 1; 458, 2; 461, 2; 466, 1; 468, 1. Plate 917; limit of spectrum β: 397 a 434; 448, 3; 458, 1; 461, 1.

483. A. G. C. 867.

484. Plate 918; 410, 5; 434, 5; on re-examination 410, 5; 434, 5.

485. Image poor on all plates. Plates 835 and 843; on first examination spectrum H? Plate 844; on first examination spectrum C. Plates 928 and 939; on first examination spectrum A? Plate 895; 410, 2? 434, 2? Plate 914; limit of spectrum β; 410, 5; 434, . Plate 929; 410, 4; 434, 4. Plate 1019; a 394; 410, 5; 434, 5. Plate 1564; 410, 5; 434, 5.

486. On first examination of Plate 929, DM. +65° 113, magn. 9.5, was measured by mistake for +65° 115. Identification revised and spectrum re-measured. Last measure 5.8 adopted in taking mean.

487. Plate 283; image poor and faint; on first examination spectrum E? 410, 5; 434, 5.

488. Plates 908 and 917; on first examination spectrum I? Plate 917; on special examination spectrum M? Plate 908; 448, 3.

489. Plate 908; image very poor and faint; near edge of plate; on first examination spectrum E?

490. Plate 918; on second examination spectrum F? 410, 5; 434, 5.

493. A. G. C. magn. 7. Plate 1002; image poor and faint; on first examination spectrum E?

497. Plate 898; spectrum C?

500. Images poor and faint. Plate 198; on first examination spectrum F? 410, 5; 434, 5. Plate 917; on first examination spectrum C?

501. Images poor and faint. Plate 908; on first examination spectrum E? Plate 917; on first examination spectrum H?

506. Plate 986; on second examination spectrum F? 410, 5? 434, 5?

509. Plate 1002; image very poor and faint; on first examination spectrum E?

516. Plate 835; on first examination spectrum H.

517. Images very poor and faint. Plate 908; on first examination spectrum A? Plate 918; on first examination spectrum F? 410, 5; 434, 5.

518. Plate 173; on special examination spectrum M? Plate 140; a 394; 397 a 434; 438, 1; 443, 1; 448, 3; 453, 1; 456, 1; 458, 2; 461, 2; 466, 1; 468, 2; 471, 1. Plate 173; 403, 4; 417, 3; 441, 2; 448, 3; 458, 2; 468, 2. Plate 753; 434 double; 448, 3; 458, 2. Plate 774; 448, 4; 458, 2; 468, 2. Plate 834; 397 a 434; 448, 5; 468, 2. Plate 835; 448, 3; 458, 2; 461, 1; 468, 2; 471, 1. Plate 844; 397 a 434; 448, 3; 456, 1; 458, 2; 461, 1; 466, 1; 468, 2. Plate 875; 397 a 434; 443, 1; 448, 3; 456, 1; 458, 3; 461, 1; 468, 3. Plate 879; 397 a 434; 448, 4; 456, 2; 458, 2; 461, 2; 468, 3. Plate 884; 448, 3; 458, 2. Plate 898; limit of spectrum α; 397 a 434; 443, 2; 448, 3; 458, 2; 468, 2. Plate 928; 397 a 434; 441, 1; 448, 3; 456, 2; 458, 2; 461, 1; 468, 2. Plate 929; 397 a 434; 443, 1; 448, 4; 458, 2; 461, 1; 468, 2. Plate 1019; a 394; 397 a 434; 448, 3; 456, 1; 458, 3; 461, 1; 466,

1; 468, 3. Plate 1564; 397 a 434; 443, 1; 448, 3; 456, 1; 458, 2; 461, 2; 466, 1; 468, 1. Plate 2242; a 394; 397 a 434; 448, 3.

519. Plate 848; on first and second examinations spectrum F? 410, 3; 434, 3.
527. Plate 846; on first examination spectrum E.
529. Plate 173; on first examination spectrum H.
530. Plate 908; on first examination spectrum H?
534. Image poor and faint on 918 and 976; near edge of Plate 931. Plates 918 and 931; on first examination spectrum E? Plate 976; on first examination spectrum H?
536. Image poor on all plates; near edge of Plate 909. Plates 283, 909, and 931; on first examination spectrum A? Plate 918; 410, 5; 434, 5.
540. Plates 284, 848, and 929; on first examination spectrum A? Plate 835; 410, 2; 434, 2. Plate 914; 410, 5; 434, 5. Plate 929; on second examination spectrum F; image good; lines well defined.
543. Plate 875; image very poor and faint; on first examination spectrum H; on second examination spectrum E?
544. Plate 895; a 394; 397 a 434; 438, 1; 448, 3; 458, 2; 466, 2. Plate 1002; limit of spectrum β; 397 a 434; 448, 3.
545. Plate 908; on first examination spectrum H?
546. Plate 895; 448, 3.
547. Plate 846; on first examination spectrum H? Plate 835; 410, 3; 434, 3. Plate 929; 410, 2; 434, 2.
550. Plate 909, first image; on first examination spectrum A? Plate 909, second image; 410, 5; 434, 5. Plate 918; 410, 5; 434, 5. Plate 931; 410, 5; 434, 5.
553. Images very poor and faint. Plate 909; on first examination spectrum F? 410, 5; 434, 5. Plate 914; on first examination spectrum H?
557. Plate 986; image poor and faint; near edge of plate; on first examination spectrum E.
558. Plate 986; 419, 2.
558a. DM. +54° 215, R. A. 0h 58m.9, Dec. +55° 15'. Entered erroneously in Table I. See 1158.
559. Plate 918; on first examination spectrum E? Plate 976; image poor and faint; on first examination spectrum H?
560. Place 283; 410, 5; 434, 5. Plate 908; limit of spectrum β; 410, 3; 434, 3. Plate 917; 410, 5? 434, 5?
561. Images poor and faint. Plate 918; on first examination spectrum E. Plate 931; on first examination spectrum H. Near edge of plate.
564. The letter t stands for dr. First measure 5.61, resid. 8 1 2 3 3 3. Plate 178; second measure gives residual 5; first measure rejected. Plate 880; image very poor and faint; on first examination spectrum A? Plate 178; a 394; 410, 5; 434, 5. Plate 283; limit of spectrum β; 410, 5;

434, 5. Plate 895; limit of spectrum β; 410, 3; 434, 3; 434 double.
565. Plate 875; on first examination spectrum H.
566. Plate 284; spectrum C.
567. Plate 929; 410, 5; 434, 5.
569. Plate 908; on second examination spectrum F; 410, 5; 434, 5.
570. Combined with 571, DM. magns. 5.0 and 6.0.
571. See 570.
572. Plate 1019; on second examination spectrum F; 410, 5; 434, 5.
573. Plate 918; on first examination spectrum H?
575. Plate 1019; on first and second examinations spectrum E. Plate 929; 448, 4.
578. Plate 880; on first examination spectrum H? Plate 178; 410, 5; 434, 5. Plate 895; a 394; 410, 3; 434, 3. Plate 1002; 410, 5; 434, 5.
582. Plate 909; image very poor and faint; on first examination spectrum E?
583. Plates 848, 909, and 914; image very poor and faint. Plates 284, 848, 909, and 914; on first examination spectrum E? Plate 284; image good and lines well defined; on second examination spectrum I? Plate 909; a 394.
585. Plate 895; 448, 3.
586. A. G. C. 1017.
589. U. A. Pisces 107, magn. 6.9, has the same right ascension, and is 17' north; there is no star in the place of Pisces 107 on plates or on DM. chart. DM. +7°169, magn. 8.2, follows 14s.8, north 17'.7.
593. Plate 895; image very poor and faint; on first examination spectrum H?
594. Plate 918; image very poor and faint; near edge of plate; on first examination spectrum E?
596. A. G. C. 1036.
597. Plate 835; image poor and faint; on first examination spectrum A? Plate 914; 410. 5; 434, 5.
600. Plate 931; 410, 5; 434, 5.
603. Plate 930; spectrum C.
604. Plate 1002; on first examination spectrum A? Plate 895; limit of spectrum β; 410, 3; 434, 3; 410 and 434 double? Plate 988; 410, 5; 434, 5.
605. Plate 909; a 394; 410, 5; 434, 5; on re-examination 410, 5; 434, 5.
606. Plate 895; on second examination spectrum F; 410, 5; 434, 5.
606a. DM. +84° 18, R. A. 1h. 3.2m; Dec. +84° 34'. Entered erroneously in Table I. See 10487.
607. The letter t stands for dr. Measured also on Plates 988 and 1002. Values in successive columns of Table II. 6.2, 6.2, 11; кδ; нн. Images very poor and faint. Plates 178 and 988; on first examination spectrum F. Plate 880; on first examination spectrum H? Plate 178; a 394; 410, 5; 434, 5. Plate 988; a 394; 410, 2; 434, 2.

610. Plate 880; on special examination spectrum M? Plate 178; limit of spectrum α; 397 a 434; 448, 3; 456, 1; 458, 1; 458, 2. Plate 880; 448, 3. Plate 895; a 394; 397 a 434; 443, 1; 448, 3; 456, 2; 458, 2; 461, 2; 466, 1; 468, 1. Plate 988; a 394; 397 a 434; 448, 3; 456, 1; 458, 1. Plate 1002; limit of spectrum β; 438, 1; 443, 1; 448,3; 456, 1; 458, 2; 461, 2; 466, 1; 468, 1.

611. Plate 196; spectrum C. First measure 5.50, resid. 4 1 4 4 3 1 2 2 1 1 1 5 4 5 1 2 m 3 2 1 3. Plate 929; first measure gives residual 11, second measure gives residual 4; first measure rejected.

615. Plate 988; on first examination spectrum H?

617. First measure 6.09, resid. pn. Plate 909; first measure gives residual 11; second measure gives residual 11. Plate 914; first measure gives residual 11; second measure gives residual 5; first measure related to DM. +74° 27, and was rejected. Plate 909; image very poor and faint; on first examination spectrum H?

618. Plate 929; image poor; on first examination spectrum A? Plate 914; 410, 5; 434, 5.

623. Plate 283; on special examination spectrum Q? Plate 908; on special examination spectrum M? Plate 172; 448, 3; 461, 2; 471, 1. Plate 283; 397 a 434; 448, 3; 456, 1; 458, 1; 461, 2; 466, 1; 468, 1; 471, 1. Plate 908; limit of spectrum γ; 397 a 434; 434 double? 436, 1; 438, 1; 443, 1; 448, 3; 451, 2; 453, 1; 456, 2; 458, 2; 461, 2; 466, 1; 468, 2; 471, 1. Plate 918; a 394; 397 a 434; 448, 3; 456, 1; 458, 1. Plate 931; limit of spectrum γ; 397 a 434; 438, 1; 443, 1; 448, 3; 453, 1; 456, 1; 458, 2; 461, 2; 466, 1; 468, 1; 471, 1.

624. Plate 908; spectrum of DM. +33° 181, magn. 7.0, superposed; observed brightness 6.5.

626. The spectrum measured on Plate 1019 was supposed to be that of DM. +56° 211. On re-examination the star was found to be DM. +56° 438, and the measures have accordingly been added to the latter star, which equals D. C. 1215.

627. Plate 909; limit of spectrum γ; 410, 2; 434, 2.

629. Plate 931; 410, 2; 434, 2.

634. Plate 976; 453, 2.

639. Plate 909; image very poor and faint; on first examination spectrum E?

641. Plate 988; on second examination spectrum F; 410, 5; 434, 5.

642. Plate 987; on first examination spectrum F? limit of spectrum β; 410, 5? 434, 5?

645. Plate 283; limit of spectrum α; 397 a 434; 448, 3; 461, 2. Plate 908; limit of spectrum α; 397 a 434; 448, 3; 456, 1; 458, 2; 461, 2; 468, 1. Plate 930; 397 a 434; 448, 3. Plate 987; 397 a 434; 448, 3.

646. Plate 908; limit of spectrum α; 397 a 434; 448, 3; 456, 1; 458, 2; 461, 2; 466, 1. Plate 930; 448, 3.

650. Plate 908; image very poor and faint; on first examination spectrum II?

652. First measure 5.96, resid. 6 1 5 1 0 4 2. Plate 284; second measure gives residual 4; first measure rejected.

656. Images very poor and faint. Plates 178 and 895; on first examination spectrum E? Plate 1002; on first examination spectrum H?

662. Images poor and faint. Plates 844, 875, and 877; on first examination spectrum A? Plate 835; on second examination spectrum H. Plate 843; 410, 5; 434, 5. Plate 914; 410, 4; 434, 4. Plate 929; 410, 3; 434, 3. Plate 1019; a 394; 410, 2; 434, 2.

663. Plate 835; on first examination spectrum E.

666. Plate 283; 448, 3. Plate 908; limit of spectrum β; 397 a 434; 438, 1; 443, 1; 448, 3; 456, 2; 458, 2; 461, 2; 466, 1; 468, 1. Plate 987; limit of spectrum β.

669. Combined with 670. DM. magns. 5.2 and 7.7. Plates 178, second image, 918, and 988; on first examination spectrum F? Plate 178; a 394; 410, 5? 434, 5? Plate 919; 410, 5; 434, 5. Plate 988; a 394; 410, 5; 434, 5.

670. See 669.

672. Plate 880; image poor and faint, on first examination spectrum E?

673. Plate 895; on first examination spectrum H.

675. Plate 829; spectrum C?

677. DM. +73° 60, magn. 8.5, precedes this star 4', south 2'; spectrum superposed, and combined light measured. Plates 284 and 1019; on first examination spectrum A? Plate 929; on first examination spectrum C?

678. U. A. Cetus 118, magn. 5.3, var? Plate 178; a 394; 410, 3; 434, 3. Plate 895; a 394; 410, 4; 434, 4. Plate 988; first image; a 394; 410, 5; 434, 5. Plate 988; second image, 410, 5; 434, 5. Plate 1002; limit of spectrum β; 410, 5? 434, 5?

683. Plate 919; on first examination spectrum A? Plate 895; a 394; 410, 2; 434, 2; 410 and 434 double? Plate 988; a 394; 410, 5; 434, 5.

686. The letter t stands for dr. Plates 196 and 843; on first and second examinations spectrum F; spectrum of D. C. 681 superposed, and combined light measured on both plates; observed brightness 6.7 and 6.3. Plate 196; 410, 2; 434, 2; 410 and 434 double. Plate 843; 410, 5; 434, 5.

689. Plate 988; on second examination spectrum F; 410, 5; 434, 5.

693. Plate 909; image very poor and faint; on first examination spectrum H?

696. A. G. C. 1181.
700. Plate 1019; spectrum C.
703. Plate 919; image very poor and faint; on first examination spectrum A?
704. Plate 284; on first examination spectrum B? 403, 10. Plate 1000; on first examination spectrum H?
705. Plate 283; on first examination spectrum E?
707. Plate 988; on first examination spectrum E.
708. Images poor and faint. Plate 929; on first and second examinations spectrum F; 410, 5; 434, 5. Plate 1019; on first and second examinations spectrum F.
712. Plate 895; 410, 5; 434, 5.
715. Plate 843; image very poor and faint; on first examination spectrum E?
716. Plate 909; 410, 5; 434, 5.
718. A. G. C. 1224.
719. The letter t stands for dr. First measure 6.12, residuals 0 3 2 0 0 0 4 2 0 . 1 6 . 1. Plate 950; second measure gives residual 1; first measure rejected. Plate 848; image very poor and faint; on first examination spectrum F? 410, 2; 434, 2.
720. Plate 835; image very poor and faint; on first examination spectrum II? Plate 844; image poor and faint; on first and second examinations spectrum F? 410, 5; 434, 5.
721. Plate 835; image very poor and faint; on first examination spectrum II? Plate 284; limit of spectrum β; 406, 4; 410, 2; 419, 4; 426, 1; 434, 2; 438, 2; 443, 3; 448, 2. Plate 848; 410, 2; 434, 2. Plate 914; a 394; 410, 5; 419, 3; 434, 5; 443, 5. Plate 929; a 394; 410, 5; 434, 5.
724. Plate 1000; image poor; near edge of plate; on first examination spectrum F? 410, 5; 434, 5.
732. Plate 988; a 394; 410, 3; 434, 3.
733. Plates 909 and 1000; on first examination spectrum F? Plate 909; 410, 5; 434, 5. Plate 1000; image poor; near edge of plate; 410, 5; 434, 5.
734. Images poor. Plate 829; on first examination spectrum H? Plates 844, 875, 877, 914, and 929; on first examination spectrum A. Plate 186; 410, 3; 434, 3.
735. Plate 988; image very poor and faint; on first examination spectrum II.
738. Plate 987; 448, 3.
745. Plate 909; 448, 3. Plate 931; 397 a 434; 448, 3; 456, 1; 458, 2; 461, 2; 466, 1; 468, 1.
746. Plate 931; 402, 2.
747. Images very poor and faint. Plate 835; on first and second examinations spectrum H. Plate 929; on first and second examinations spectrum F; 410, 5; 434, 5.
750. Plate 284; 410, 3; 434, 3. Plate 929; 410, 5; 434, 5.

754. U. A. Cetus 132, magn. 6.7, var. ?
758. Images poor and faint. Plate 895; on first examination spectrum H. Plates 988 and 1002; on first examination spectrum E?
759. Plate 1019; 410, 2; 434, 2; on re-examination 410, 5; 434, 5.
762. Plate 908; image poor and faint; on first examination spectrum II?
764. Plate 1000; on first examination spectrum II.
766. Plate 283; on first examination spectrum F; 410, 5; 434, 5.
767. Plates 908 and 987; images very poor and faint; on first examination spectrum F? Plate 908; 410, 3; 434, 3. Plate 987; 410, 3; 434, 3.
769. Plate 1000; image very poor and faint; on first examination spectrum H?
770. Plates 284; 421, 1; 448, 3. Plate 844; 448, 4; 458, 2; 468, 2. Plate 876; 448, 4; 458, 2; 468, 3. Plate 914; 448, 3; 456, 1; 458, 1; 461, 1; 468, 1. Plate 929; 397 a 434; 448, 2; 458, 1; 468, 1. Plate 1019; limit of spectrum β; 397 a 434; 448, 4; 458, 1; 468, 2.
771. The spectrum measured on Plate 1019 was supposed to be that of DM. +57° 280. On re-examination the star was found to be DM. +57° 566, and the measures have accordingly been added to the latter star, which equals D. C. 1362. Plate 1019; on first examination spectrum C?
772. A. G. C. 1320. Plate 988; image very poor and faint; on first examination spectrum E?
773. Plate 178; limit of spectrum α; 397 a 434; 448, 3; 458, 1. Plate 253; limit of spectrum α; 434; 448, 3; 458, 1; 461, 1. Plate 895; a 394. Plate 919, first image; a 394. Plate 988, first image; a 394; 397 a 434; 448, 3. Plate 988; second image; a 394; 397 a 434; 448, 3; 461, 2. Plate 1002; 397 a 434; 448, 3.
774. Plate 284; only a small portion of spectrum visible on plate.
775. Plates 178, 895, and 988; image poor and faint on Plate 178; on first examination spectrum F? 410, 3; 434, 3. Plates 253 and 919; on first examination spectrum H? Plates 895 and 988; on first examination spectrum E.
776. Plate 987; 410, 5; 434, 5.
782. Plate 919; image poor and faint; on first examination spectrum II?
783. Plates 283; 410, 5; 434, 5. Plate 987; a 394; 410, 5; 434, 5.
784. Plate 909; 410, 3? 434, 3? Plate 931; 410, 5; 434, 5. Plate 1000; a 394; 410, 2, 434, 2.
785. Plate 931; image poor and faint; on first examination spectrum F? 410, 5; 434, 5.
786. Plate 988; on second examination spectrum F? 410, 5? 434, 5?
789. Plate 1000; image poor and faint; near edge of plate; on first examination spectrum H?

790. Plate 909; image very poor and faint; on first examination spectrum E?
791. Plate 172; 410, 5; 434, 5. Plate 283; 410, 3; 434, 3. Plate 908; limit of spectrum β; 410, 5; 434, 5. Plate 930; limit of spectrum γ; 410, 5; 434, 5. Plate 987; limit of spectrum ε; 410, 5; 434, 5.
795. Plate 987; 448, 3.
796. Plate 999; image poor; near edge of plate; on first examination spectrum H.
798. Plate 882; image poor; on first examination spectrum A. Plate 172; a 394; 410, 5; 434, 5; 410 and 434 double. Plate 283; a 394; 410, 3; 434, 3. Plate 909; a 394; 410, 5; 434, 5. Plate 931; limit of spectrum γ; 410, 5; 434, 5. Plate 976; 410, 5; 434, 5. Plate 1000; limit of spectrum β; 410, 5; 434, 5.
800. Images very poor and faint. Plate 253; on first examination spectrum F? 410, 5; 434, 5. Plate 919; on first examination spectrum E?
801. R. A. $2^h 22^m.2$, Dec. $+60°\, 12'$. See 1400a in Table II. and remarks.
803. Plate 253; limit of spectrum β; 410, 5? 434, 5? Plate 919; a 394; 410, 2; 434, 2. Plate 988; a 394; 410, 5; 434, 5.
804. DM. magn. 2.0. H. P. magn. 2.2. Measure of brightness obtained on Plate 140. Image too dense to determine magnitude with accuracy. Magn. 4.40, resid. 0 0. Plate 140; numerous lines; 410, 2; 434, 2; 410 and 434 double? Plate 2242; a 394.
805. Plate 931; 402, 2.
810. Plate 1000; image very poor and faint; on first examination spectrum E.
812. Plate 999; on second examination spectrum F? 410, 2? 434, 2?
818. A. G. C. magn. 8.
822. Plates 835 and 876; image very poor and faint on Plate 835; on first examination spectrum H. Plate 876; on first examination spectrum A. Plate 844; 410, 5; 434, 5. Plate 914; 410, 2; 434, 2. Plate 929; 410, 2; 434, 2. Plate 1019; 410, 2; 434, 2.
823. Plate 919; 410, 5? 434, 5? Plate 988; a 394; 410, 5; 434, 5.
824. Plate 929, second image; spectrum C.
825. Plate 1000, first image; near edge of plate; on first examination spectrum F? 410, 5; 434, 5. Plate 172; 448, 3. Plate 931; 448, 3; 456, 1; 458, 2; 461, 2; 466, 1; 468, 1. H. P. resid. 10; omitted in Table III.
826. Plate 911; on second examination spectrum F? 410, 5? 434, 5?
830. The letter t stands for dr. First measure 5.03, resid. 9 9 4 2 1 2. Plate 178; second measure gives residual 11. Plate 253; second measure gives residual 4; first measure rejected. Plate 830; image poor and faint; on first examination spectrum F? 410, 5; 434, 5.
832. Plate 988; 410, 5; 434, 5; on re-examination 410, 5; 434, 5.
833. Plate 835; on first examination spectrum H? on second examination spectrum E?
836. R. A. $1^h 36^m.3$, Dec. $+57°\, 37'$. See 934a in Table II. and remarks.
839. Plate 159; image very poor; on first examination spectrum E? on second examination spectrum A? Plate 172; on special examination spectrum M. Plate 172; on special examination spectrum M. Plate 172; limit of spectrum β; 397 a 434; 438, 1; 448, 3; 456, 2; 458, 1; 461, 1. Plate 830; 448, 2. Plate 930; limit of spectrum β; 397 a 434; 448, 3; 456, 1; 458, 2; 461, 2; 468, 1. Plate 987; limit of spectrum γ; 438, 1; 448, 3; 458, 2; 461, 1; 468, 1; 486 double? Plate 987; on re-examination 486 proved to be a defect in plate.
840. Plate 931; 448, 2.
843. A. G. C. 1456 follows $5^s.0$, south $37''$, magn. 7½. Plate 988; image very poor and faint; on first examination spectrum E?
845. DM. $+78°\, 50$, magn. 9.3 in same right ascension, south 1''.
846. Plates 929 and 1019; image very poor. Plate 929; on first examination spectrum F; 410, 5; 434, 5; near edge of plate. Plate 1019; on first examination spectrum E. Plate 844; 448, 3.
849. Plate 284; 408, 4; 421, 4; 448, 3. Plate 844; 408, 3; 458, 2; 463, 2. Plate 848; 408, 2.
851. Images very poor and faint. Plate 844; on first and second examinations spectrum H. Plate 1019; on first examination spectrum F; 410, 2; 434, 2; on second examination spectrum E?
853. Plate 830; image very poor and faint; on first examination spectrum H?
855. A. G. C. 1492.
857. Plate 253; 410, 5; 434, 5.
858. Plate 914 dark; on first examination spectrum F? 410, 5; 434, 5.
859. Plate 914 dark; on first and second examination spectrum F; 410, 2; 432, 2.
861. Plate 929; image poor and faint; near edge of plate; on first examination spectrum E.
864. Plates 835 and 877; on first examination spectrum E? Plate 843; on first examination spectrum F; 410, 5; 434, 5. Plate 1564; on first examination spectrum F; 410, 5; 434, 5. Plates 835, 843, 844, 875, 877, 884, 898, 929, 939, and 1564; on second examination spectrum F? Plate 1019; image good; lines well defined; spectrum A.
868. Plate 1019; image very poor and faint; on first examination spectrum E.

874. Plate 909; image poor and faint; near edge of plate; on first examination spectrum H?
878. Plate 930; on first examination spectrum F? 410, 5; 434, 5. Plate 159; on second examination spectrum E? Plates 911 and 930; on second examination spectrum F. Plate 987; image good; lines well defined; spectrum A.
879. Plate 284; numerous faint lines. Plate 914; 448, 3; 458, 1; 468, 2. Plate 929; 448, 3; 468, 2. Plate 1019; 448, 3; 458, 2.
885. Plate 882; on first examination spectrum H? Plate 172; a 394; 410, 3; 434, 3. Plate 254; a 394; 410, 3; 434, 3. Plate 931, first image; a 394; 410, 3; 434, 3; 434 double. Plate 931; second image; limit of spectrum ε; 410, 3; 434, 3; 434 double; other lines. Plate 1000; a 394; 410, 2; 434, 2.
889. Plate 988; on second examination spectrum F? 410, 5? 434, 5?
890. Plate 876; image very poor and faint; on first and second examinations spectrum F? 410, 5; 434, 5.
892. Images very poor and faint. Plate 931; on first examination spectrum E? Plate 1000; on first examination spectrum H?
893. Plates 172 and 291; on special examination spectrum M? Plates 254 and 1000; on special examination spectrum M. Plate 172; limit of spectrum α; 397 a 434; 448, 3; 453, 1; 456, 1; 458, 2; 461, 2; 466, 1; 468, 1; 471, 1. Plate 254; 397 a 434; 448, 3; 456, 1; 458, 2; 461, 2. Plate 291; a 394; 397 a 434; 448, 3; 461, 2. Plate 882; 448, 3. Plate 931; limit of spectrum β; 397 a 434; 438, 1; 443, 1; 448, 3; 456, 1; 458, 2; 461, 2; 466, 1; 468, 2. Plate 1000; limit of spectrum δ; 397 a 434; 438, 1; 443, 1; 448, 3; 456, 1; 458, 2; 461, 2; 466, 1; 468, 1; 471, 1.
894. The letter t stands for dr. First measure 5.89, resid. 6 0 1 4 2. Plate 159; second measure gives residual 1; first measure rejected. Plates 830, 911, 930, and 987; on second examination spectrum A? Plate 159; image good; lines well defined; spectrum F; limit of spectrum β; 410, 5; 434, 5. Plate 911; limit of spectrum δ; 410, 4; 434, 4. Plate 930; image very poor; near edge of plate. Plate 987; 410, 5; 434, 5.
899. Images very poor and faint. Plate 159; on first examination spectrum E. Plate 911; on first examination spectrum F? 410, 3; 434, 3. Plate 988; on first examination spectrum H?
903. Plate 1000; image poor; on first examination spectrum F? 410, 5; 434, 5.
905. Plate 931; on special examination spectrum M? Plate 931; limit of spectrum α; 397 a 434; 448, 3; 456, 1; 458, 2; 461, 2; 466, 1; 468, 1. Plate 1000; a 394; 397 a 434; 448, 3.

908. Plate 844; on first and second examinations spectrum F? 410, 5; 434, 5.
909. Plates 284 and 914; on first examination spectrum E.
914. The spectrum measured on Plate 173 was supposed to be that of DM. $+66°$ 145. On re-examination the star was found to be DM. $+85°$ 399, and the measures have accordingly been added to the latter star, which equals D. C. 10175.
915. Images poor. Plate 253; on first examination spectrum F? limit of spectrum β; 410, 5? 434, 5? Plates 830, 919, and 988; on first examination spectrum E?
917. A. G. C. 1593. Plate 253; image good; lines well defined; spectrum A. Plate 988; on first examination spectrum E.
918. Plate 987; 448, 3.
919. Plate 882; spectrum C.
922. First measure 5.32, resid. 5 9 0 5 5 2 3 p 4. Plate 284; second measure gives residual 0; first measure rejected. Plate 929; first measure gives residual 1; second measure gives residual 2; first measure rejected.
923. Plate 939; image poor and faint; near edge of plate; on first and second examinations spectrum A.
925. Plates 830 and 988; images poor and faint; on first examination spectrum H?
927. Plate 882; image very poor and faint; on first examination spectrum A? Plate 254; 410, 5; 434, 5. Plate 931; limit of spectrum γ; 410, 3; 434, 3. Plate 1000; a 394.
929. Plates 284 and 914; on first examination spectrum A. Plate 844; on first examination spectrum H? Plate 939; on first examination spectrum E?
930. Plate 173; 410, 3; 434, 3; on re-examination 410, 3; 434, 3.
931. Plates 987 and 999; images very poor and faint; on first examination spectrum H?
932. Images poor. Plates 284 and 844; on first examination spectrum F. Plate 848; on first examination spectrum C? Plates 284, 844, 848, and 914; first and second images; on second examination spectrum F. Plate 1019; image good; lines well defined; spectrum A. Plate 284; 410, 5; 434, 5. Plate 844; 410, 4; 434, 4.
934. Measured also on Plates 911, 919, and 988. Values in successive columns of Table II. 6.4, 6.8, 6.5; 012; KKK; HHH. Plate 911; 397 a 434; 448, 3.
984a. DM. $+57°$ 373, R. A. 1^h $36^m.3$, Dec. $+57°$ 37'. Entered erroneously in Table I. See 836.
935. Plate 999; 443, 2.
938. Plate 284; 405, 2.
939. Plate 1019; 410, 5, 434, 5; on re-examination 410, 5; 434, 5.
940. Entered erroneously; observation added to D. C. 926.

942. Plate 159; 410, 3; 434, 3. Plate 253; 410, 3; 434, 3. Plate 911; a 394; 410, 5; 434, 5.

944. Plate 930; image poor and faint; on first examination spectrum H? Plate 999; image good; lines well defined; spectrum F; 410, 3; 434, 3; 434 double? Plate 987; 410, 5; 434, 5.

946. Plate 914; image poor and faint; on first examination spectrum F; 410, 5; 434, 5.

947. Plate 1007; on first examination spectrum F? a 394; 410, 5? 434, 5? Plate 254; 392, 3; 402, 1; 453, 1. Plate 284; 403, 2. Plate 882; a 394; 397 a 434; 492 seen; spectrum peculiar, probably the spectrum of another star superposed. Plate 882; on re-examination 492 proved to be a defect in plate.

950. Plate 844; spectrum C?

951. Plate 1000; image poor and faint; on first examination spectrum E.

952. Plate 911; 397 a 434; 448, 3; 461, 2.

956. Plate 882; image very poor and faint; on first examination spectrum E?

958. Combined with 959. DM. magn. 8.7 and 8.4.

959. See 958.

960. Plate 1000; image very poor and faint; on first examination spectrum E?

961. Plate 999; limit of spectrum β; 410, 5; 434, 5; on re-examination 410, 2; 434, 2.

965. Plate 999; on second examination spectrum F; 410, 5; 434, 5.

967. The letter t stands for dr. DM. magn. 3. Plates 159 and 911; on first examination spectrum K. Plates 160 and 830; on first examination spectrum H. Plate 253; on first examination spectrum I. Plates 919 and 988; on first examination spectrum F? Plate 150; a 394; several bright and dark lines in spectrum. Plate 253; a 394; 397 a 434; 448, 3; 456, 1; 458, 2; 461, 1. Plate 919; a 394; 410, 2; 434, 2. Plate 988; a 394; 410, 2; 434, 2.

969. Plate 835; image very poor and faint; on first and second examinations spectrum H.

970. Plate 911; image very poor and faint; on first examination spectrum E. On second examination spectrum F?

972. Plate 159; on special examination spectrum M? Plate 919; image poor and faint; near edge of plate; on first examination spectrum E? On second examinations spectrum A? Plate 159; limit of spectrum β; 397 a 434; 448, 3, 456, 1. Plate 253; 448, 3. Plate 911; 448, 3.

975. The letter t stands for bd. DM. +63° 240, magn. 9.4, follows 13', south 1'.1. Plate 844; on first examination spectrum H. Plate 1019; on first examination spectrum I. Plate 914; on special examination spectrum Q. Plate 284; 410, 2;

434, 2; 410 and 434 double. Plate 173; 410, 5; 434, 5; 410 and 434 double. Plate 914; 403, 5; 421, 5; 448, 3; 458, 2. Plate 1019; 408, 2.

978. Plate 911; 410, 5; 434, 5; on re-examination 410, 5; 434, 5.

980. Plate 911; 448, 3; on re-examination 448, 3.

981. The letter t stands for dr. First measure 5.57, resid. 6 2 5. Plate 253; second measure gives residual 1; first measure rejected. Images poor. Near edge of Plates 932 and 988. Plates 253 and 932; on first examination spectrum F? Plate 253; limit of spectrum β; 410, 5? 434, 5? Plate 932; 410, 5; 434, 5.

986. Plate 1007; 410, 3; 434, 3.

987. Plate 999; on second examination spectrum F? 410, 3; 434, 5.

988. Plate 291; image poor; near edge of plate; on first examination spectrum F? a 394; 410, 5; 434, 5.

991. Plate 253; image poor; on first examination spectrum H?

994. Plate 914; on first examination spectrum H. Plates 939 and 1019; on first examination spectrum A. Plate 939; image very poor.

995. Plate 1007; image poor and faint; near edge of plate; on first examination spectrum H?

997. Plate 999; limit of spectrum β; 410, 3; 434, 3; on re-examination limit of spectrum β; 410, 2; 434, 2.

998. R. A. 0h 42m.9, Dec. +55° 16'. See 374a in Table II. and remarks.

999. Plate 1000; 453, 2.

1000. Plates 159 and 911; image very poor and faint; on first examination spectrum H. Plate 159; on second examination spectrum A?

1002. Plate 999, first image poor; near edge of plate; on first examination spectrum E?

1007. Plates 254, 284, 914, and 1007; on first examination spectrum A? On second examination spectrum F. Plate 1000; image good; lines well defined; spectrum F. Limit of spectrum γ; 410, 2; 434, 2. Plate 1007; only a small portion of spectrum visible.

1009. Plate 999; limit of spectrum β; 410, 5; 434, 5; on re-examination 410, 2; 434, 2; 410 double.

1011. Plates 159, 255, 314, first image, and 830; on first examination spectrum F? Near edge of Plates 253 and 314. Plate 159; a 394; 410, 5? 434, 5? Plate 255; 410, 5? 434, 5? Plate 314; 410, 5; 434, 5. Plate 830; 410, 5? 434, 5?

1013. Plate 1000; on first examination spectrum F? 410, 5; 434, 5.

1015. Plate 1000; 410, 5; 434, 5; on re-examination 410, 5; 434, 5.

1016. Plate 911; 410, 5; 434, 5; on re-examination 410, 5; 434, 5.

1018. Plate 284; 402, 2. Plate 876; 402, 5. Plate 1000; 382, 4; 392, 2; 402, 2; 453, 2.
1021. Plate 830; image very poor and faint; on first examination spectrum E? Plate 911; on first examination spectrum F; 410, 5; 434, 5.
1024. Plate 999; on second examination spectrum F; 410, 5; 434, 5.
1027. Images poor. Plates 173, 284, 929, 939, and 1019; on first examination spectrum A? Plate 877; on first examination spectrum C. Plate 844; 410, 4; 434, 4. Plate 914; 410, 5; 434, 5.
1029. Plate 1000; 402, 2.
1031. Plate 932; image very poor and faint; on first examination spectrum E?
1033. Plates 159 and 160; on special examination spectrum M? Plate 159; limit of spectrum α; 397 a 434; 448, 3; 453, 1; 458, 1; 461, 1; 468, 1. Plate 160; 448, 3. Plate 830; 448, 3; 461, 2. Plate 911; a 394; 397 a 434; 438, 1; 443, 1; 448, 3; 456, 1; 458, 2; 461, 2; 466, 1; 468, 1. Plate 932; limit of spectrum α; 397 a 434; 448, 3; 458, 1; 461, 1.
1036. Plate 848; on first examination spectrum L? 410, 2; 434, 2; on second examination spectrum F. Plate 914; on second examination spectrum F. Plate 1019; image good; lines well defined; spectrum A.
1040. First measure 4.19, resid. 6 4 1 3 1. Plate 254; second measure gives residual 0; first measure rejected. Plate 254; a 394; 410, 3; 434, 3; 434 double. Plate 291; a 394; 410, 3; 434, 3; 434 double. Plate 881; limit of spectrum β; 410, 3; 434, 3; 410 and 434 double. Plate 999; limit of spectrum θ; 410, 2; 434, 2. Plate 1006; a 394; 410, 3; 434, 3.
1041. Combined with 1042. Plate 881; 443, 2.
1042. See 1041.
1043. Plates 830 and 932; image very poor and faint; on first examination spectrum H? Plate 911; on first examination spectrum F? 410, 5? 434, 5?
1046. Plate 159; limit of spectrum β; 443, 1; 448, 3; 456, 1; 458, 1. Plate 830; 434 double? 456, 2; 458, 2. Plate 911; a 394; 397 a 434; 448, 3; 461, 2.
1048. Plate 914; on first examination spectrum E. Plate 1019; on first examination spectrum F; 410, 5; 434, 5.
1050. Plate 1019; 406, 3; 426, 3.
1051. Plate 1019; image very poor and faint; on first examination spectrum A? Plate 844; 410, 2; 434, 2.
1052. The letter t stands for cd. This star is entered on DM. chart as fourth magnitude. Plate 848; image very poor and faint; on first examination spectrum F? 410, 5; 434, 5; on second examination spectrum H?
1056. Plate 844; on first examination spectrum E.

1059. Plates 914 and 921; images poor; near edge of plates; on first examination spectrum F? Plate 914; 410, 2; 434, 2. Plate 921; 410, 5; 434, 5.
1060. Plate 1006; image very poor and faint; on first examination spectrum E?
1066. Entered erroneously. Observation added to D.C. 1056.
1067. Plates 830 and 932; image poor and faint; on first examination spectrum A? Plate 159; 410, 3; 434, 3.
1073. Plate 284; 448, 10.
1077. Plate 1000; spectrum C? Plate 1007; image very poor and faint; on first examination spectrum F? 410, 5; 434, 5.
1079. Plate 291; on first examination spectrum H? Plate 999; image poor; on second examination spectrum A? Plate 999; 410, 5? 434, 5? Plate 1006; 410, 3; 434, 3.
1080. Plate 1000; on second examination spectrum F; 410, 5; 434, 5.
1087. Plate 1007; 448, 3.
1088. Plate 1000; image very poor and faint; on first examination spectrum E?
1090. Plate 1006; image very poor and faint; on first examination spectrum E?
1091. Plate 999; on first examination spectrum F? limit of spectrum e; 410, 5? 434, 5.
1093. Plate 929; 448, 4; 458, 2; 468, 2. Plate 939; 448, 3. Plate 1019; 448, 2; 474, 2.
1095. Plate 830; image poor and faint; on first and second examinations spectrum E.
1097. Entered erroneously. Observation added to D. C. 490.
1098. Plate 314; on first examination spectrum F? 410, 5; 434, 5.
1099. Plate 1000; on first examination spectrum F? 410, 5; 434, 5.
1101. Plate 161; spectrum C.
1103. Plate 999; 410, 5; 434, 5; on re-examination 410, 3? 434, 3?
1104. Plate 830; image very poor and faint; on first examination spectrum E?
1105. Plate 876; image very poor and faint; spectrum narrow; on first and second examinations spectrum E?
1106. Plate 1000; image very poor and faint; on first examination spectrum F? 410, 5; 434, 5.
1108. Plate 932; on second examination spectrum F? 410, 5? 434, 5?
1110. The letter t stands for bd. DM. +76° 62, magn. 9.5, precedes 0ᵐ.2, south 1′.0. Plate 876; on first and second examinations spectrum F? 410, 5; 434, 5; spectrum very narrow. Plate 929; spectrum C.
1111. U. A. Pisces 135, magn. 6.0, var.?
1112. Dunér 13.

1114. The letter t stands for dr. Dunér 14. Plates 160 and 830; on first examination spectrum H. Plate 911; on first examination spectrum I. Plate 932; on first examination spectrum K. Plate 160; on special examination spectrum M. Plate 911; 448, 3; 458, 2. Plate 932; 397 a 434; 448, 3; 456, 1; 458, 2; 463, 2; 468, 1; 471, 1.
1116. First measure 5.68, resid. 7 3 1 1 1 1 p. Plate 173; second measure gives residual 8. Plate 1019; first measure gives residual 11; second measure gives residual 1; first measure rejected.
1117. Dunér 15. Plate 911; image very poor and faint; on first examination spectrum E ?
1118. Images very poor and faint. Plate 848; on first examination spectrum E. Plate 876; on first examination spectrum H.
1120. Plate 848; spectrum C ?
1124. Plate 929; image poor; near edge of plate; on first examination spectrum F; 410, 5; 434, 5. Plate 939; on first examination spectrum E ? Plate 914; 448, 1; 448, 2; 458, 2; 461, 1; 468, 1. Plate 1019; 397 a 434; 448, 3; 456, 1; 458, 1; 461, 1; 466, 1; 468, 1.
1125. Plate 1019; 410, 5; 434, 5.
1126. Plate 1000, second image; on first examination spectrum E ?
1130. Plate 1000; 410, 5; 434, 5; on re-examination 410, 3; 434, 3.
1131. Plate 1019; 392, 2; 402, 1.
1132. Combined with 1133.
1133. See 1132.
1134. Plate 921; image very poor and faint; on first examination spectrum F ? 410, 5; 434, 5.
1135. Plate 186; image very poor and faint; near edge of plate; on first and second examinations spectrum F; 410, 8; 434, 8.
1136. Plate 284; spectrum C.
1139. Plate 1019; 410, 5; 434, 5; on re-examination 410, 5; 434, 5.
1142. Combined with 1143. Plate 201; a 394; 397 a 434; 438, 1; 443, 1; 448, 3; 456, 1; 458, 2; 461, 1; 468, 1. Plate 254; a 394; 397 a 434; 448, 3; 456, 1; 458, 2; 461, 1; 468, 2. Plate 291; a 394; 397 a 434; 448, 3; 456, 1; 458, 1; 461, 1. Plate 315; a 394; 397 a 434; 448, 3; 458, 2. Plate 882; limit of spectrum γ; 397 a 434; 438, 1; 443, 1; 448, 3; 456, 1; 458, 2; 461, 2; 466, 1; 468, 2; 471, 1. Plate 921; a 394; 397 a 434; 448, 3; 456, 1; 458, 2; 468, 2. Plate 1000; several bright and faint lines; a 394. Plate 1007; a 394; 397 a 434; 438, 1; 443, 1; 448, 3; 456, 1; 458, 2; 461, 2; 466, 1; 468, 2; 471, 1.
1143. See 1142.
1144. Plate 844; image very poor and faint; on first and second examinations spectrum F; 410, 5; 434, 5.
1146. Plate 835; image very poor and faint; on first and second examinations spectrum H ?
1147. Plates 844, 877, 898, 914, and 1019; image poor; on first examination spectrum A ? Near edge of Plate 898. Plate 929; 410, 5; 434, 5; 410 and 434 double. Plate 939; 410, 4; 434, 4.
1149. Plate 291; 410, 5; 434, 5 Plate 999; 410, 5; 434, 5. Plate 1006; limit of spectrum γ; 410, 3; 434, 3.
1154. Plate 932; 410, 2; 434, 2.
1156. Images poor. Plates 835 and 2242; on first examination spectrum A. Plates 898 and 1019; on first examination spectrum E ?
1157. Plate 1000; on first examination spectrum E. Plate 1007; on first examination spectrum H ?
1158. R. A. $0^h 58^m.9$, Dec. $+55° 15'$. See 558a in Table II. and remarks.
1161. Spectrum of DM. $+75°$ 69, magn. 81, superposed; combined light measured.
1166. U. A. Fornax 15, magn. 4.9, var. ? Plate 314; on second examination spectrum F ? 410, 5 ? 434, 5 ?
1167. Images poor and faint. Plate 173; on first examination spectrum A. Plate 284; on first examination spectrum H ?
1168. Plate 1007; on second examination spectrum F; 410, 5; 434, 5.
1172. Plate 1006; 401, 2.
1173. See 1182.
1176. Plate 999; on first examination spectrum F ? 410, 5; 434, 5.
1180. Plate 898; 448, 3; 458, 2. Plate 929; 448, 3; 458, 2; 468, 2.
1182. The letter t stands for dr. DM. magn. 6.7. Combined with D. C. 1173, DM. magn. 7.3. Measured separately on Plates 844, 914, and 1019. Observed brightness 6.1, 6.0, and 6.0. Magnitude 6.02. Residuals 1 1 1. Plate 848; image poor and faint; on first examination spectrum F; 410, 5; 434, 5.
1183. Plate 201; limit of spectrum β; 397 a 434; 448, 3. Plate 254; a 394; 397 a 434; 448, 3; 456, 1; 458, 2; 461, 2; 468, 1. Plate 291; a 394; 397 a 434; 448, 3; 456, 1; 458, 1; 461, 1. Plate 315; a 394; 397 a 434; 443, 1; 448, 3; 456, 1; 458, 2; 461, 1; 468, 1. Plate 920; a 394; 397 a 434; 434 a 486. Plate 999; a 394; 397 a 434; 438, 1; 443, 1; 448, 3; 456, 1; 458, 2; 461, 2; 468, 1. Plate 1006; a 394; 397 a 434; 438, 1; 443, 1; 448, 3; 451, 1; 453, 1; 456, 2; 458, 2; 461, 2; 466, 1; 468, 2; 471, 1.
1184. Plate 844; image poor and faint; on first examination spectrum H ?
1185. Plates 920 and 999; image poor and faint; near edge of plates; on first examination spectrum E ?
1193. The spectrum measured on Plate 1019 was supposed to be that of DM. $+58°$ 384. On re-

1195. examination the star was found to be DM. +78° 71, and the measures have accordingly been added to the latter star, which equals D. C. 1173.
1195. A. G. C. magn. 7. Plate 981; image very poor and faint; on first examination spectrum E?
1199. Plate 981; image poor; on first examination spectrum F.
1200. Images very poor and faint. Plate 173; on first examination spectrum F; 410, 5; 434, 5. Plate 844; on first examination spectrum E?
1202. Plate 981; image poor and faint; near edge of plate; on first examination spectrum E?
1205. Plate 999; spectrum C.
1206. Plate 920; image very poor and faint; on first examination spectrum E?
1207. Plates 201 and 920; on first examination spectrum A? Plate 291; a 394; 410, 5; 434, 5. Plate 1006; limit of spectrum δ; 410, 5; 434, 5.
1208. Plate 1006; 410, 3; 434, 3.
1209. Plate 921; image very poor and faint; on first examination spectrum E.
1210. Plate 1019; 448, 3; 468, 2.
1215. Plate 1019; on first examination spectrum E; on second examination spectrum F; 410, 5; 434, 5.
1216. Plate 921; 410, 5; 434, 5; on re-examination 410, 5; 434, 5.
1217. Plate 844; spectrum C?
1218. Plate 981; image very poor and faint; on first examination spectrum F; 410, 5; 434, 5.
1221. Dunér 17.
1224. Plate 932; a 394; 410, 3; 434, 3.
1226. Plate 981; image very poor and faint; on first examination spectrum F? 410, 5; 434, 5.
1228. U. A. magn. 5.9; A. G. C. magn. 7½. Plate 932; 410, 3; 434, 3.
1229. Plate 314; image very poor and faint; on first examination spectrum F? 410, 5; 434, 5.
1231. Images poor and faint. Plates 173, 939, and 1019, second image; on first examination spectrum A. Plate 844; 410, 3; 434, 3; 410 double. Plate 1019; 410, 4; 434, 4.
1232. Plate 844; image very poor and faint; on first examination spectrum H.
1234. Plate 920; limit of spectrum α; 410, 3? 434, 3?
1236. The spectrum measured on Plate 844 was supposed to be that of DM. +72° 120. On re-examination the star was found to be DM. +72° 121, and the measures have accordingly been added to the latter star, which equals D. C. 1258.
1237. Plate 921; a 394; 492 seen; on re-examination 492 proved to be a defect in plate. Plate 1000; 448, 2. Plate 1007; 448, 3.
1238. Plate 921; 448, 3. Plate 1007; 448, 2.
1241. Plate 844; image very poor and faint; on first examination spectrum H? Plate 1019; 410, 3; 434, 3.

1242. Plate 920; 410, 5; 434, 5. Plate 1006; limit of spectrum γ; 410, 3; 434, 3.
1243. Plate 921; on first examination spectrum F? 410, 5; 434, 5.
1245. Plate 1000; image poor and faint; on first examination spectrum A? on second examination spectrum E? Plate 921; 410, 5; 434, 5; 410 and 434 double. Plate 1007; limit of spectrum β; 410, 2; 434, 2.
1247. Plate 921; on second examination spectrum F; 410, 5; 434, 5.
1248. Plates 256 and 314; image poor; near edge of plates. Plate 256; on first examination spectrum E? Plate 314; on first examination spectrum F? 410, 5; 434, 5. Plate 160; on special examination spectrum M? Plate 932; limit of spectrum γ; 408, 1; 424, 1; 448, 3; 458, 1; 461, 1. Plate 981; a 394.
1249. The letter stands for dr. U. A. magn. 5.8. A. G. C. magn. 6. Plate 314; image poor and faint; on first examination spectrum A? Plate 932; limit of spectrum β; 410, 3; 434, 3. Plate 981; a 394; 410, 3; 434, 3; 434 double.
1253. Plate 921; second image poor; near edge of plate; on first examination spectrum F? 410, 5; 434, 5.
1255. Plate 981; image poor; on first examination spectrum F; 410, 5; 434, 5.
1258. Plate 844; on first examination spectrum E; on second examination spectrum F; 410, 5; 434, 5.
1267. Plate 920; image very poor and faint; on first examination spectrum H.
1274. Plate 920; on first examination spectrum A. Plate 1006; 410, 5; 434, 5.
1275. Plate 291; 410, 5; 434, 5. Plate 920; limit of spectrum β; 410, 3; 434, 3. Plate 1006; 410, 2; 434, 2; 486 double? on re-examination the doubling of 486 proved to be a defect in plate.
1277. Plate 1019; 410, 5; 434, 5; on re-examination 410, 5; 434, 5.
1279. Plate 981; image poor; on first examination spectrum F; a 394; 410, 5; 434, 5.
1280. Plate 291; on first examination spectrum H. Plate 920; limit of spectrum γ; 410, 3; 434, 3. Plate 1007; limit of spectrum β; 410, 2; 434, 2.
1283. Plate 844; image very poor and faint; on first examination spectrum E.
1288. DM. +75° 91 follows 9ˢ, south 0′.9, magn. 9.2.
1291. Plate 981; on second examination spectrum F; 410, 5; 434, 5.
1293. Plate 981; on second examination spectrum F; 410, 5; 434, 5.
1294. Images poor and faint. Plate 314; on first examination spectrum E. Plates 932 and 981; on first examination spectrum H?
1298. Plate 920; 410, 5; 434, 5; on re-examination 410, 5; 434, 5.

1299. Combined with 1300. DM. magns. 6.7 and 6.7.
1300. See 1299.
1302. Plate 921; image very poor and faint; on first examination spectrum E?
1303. Plate 1006; 402, 1.
1306. Plate 256; on first and second examinations spectrum A? Plate 981; on first examination spectrum H. Plate 932; 410, 5; 434, 5.
1307. Plate 1000; image poor and faint; near edge of plate; on first examination spectrum E?
1308. Plate 921; limit of spectrum β; 410, 2; 434, 2. Plate 1007; 410, 5; 434, 5.
1310. Plate 920; spectrum C?
1313. Images poor. Plate 920; on first examination spectrum E? Plate 1006; on first examination spectrum H?
1318. Measured also on Plate 1007. Values in successive columns of Table 11. 6.0, *1*, *ε*, F.
1319a. DM. +73° 131, R. A. 2ʰ 14ᵐ.3, Dec. +73° 21'. Entered erroneously in Table I. See 1499.
1320. Plate 921; 410, 3; 434, 3; on re-examination 410, 3; 434, 3.
1321. The letter t stands for dr. Dunér 18. Var. in DM. U. A. Cetus 233, magn. var. 2-9. Var. in H. P. Plates 932 and 981; on first examination spectrum G. Plate 932; on special examination spectrum M? Plate 932; spectrum peculiar; bright lines; a 394; 397 a 434; 434 a 486; 384, *1*; 389, *3*; 410, *10*; 434, *3*. Plate 981, first image; spectrum peculiar; a 394; 397 a 434; 434 a 486; 410, *10*. Plate 981; second image; spectrum peculiar; 397 a 434; 434 a 486; 410, *10*.
1326. Plate 844; image very poor and faint; on first examination spectrum I; 448, 3.
1335. Plates 921, 939, and 1000; image poor; on first examination spectrum F? Plate 921; a 394; 410, 5; 434, 5. Plate 939; 410, 5; 434, 5. Plate 1000; 410, 5; 434, 5; near edge of plate.
1336. Plate 1019; on second examination spectrum F; 410, 5; 434, 5.
1337. Plate 981; on second examination spectrum F; 410, 5; 434, 5.
1344. Dunér 19.
1345. Plate 921; 410, 3; 434, 3.
1347. Plate 921; image poor and faint; on first examination spectrum F? 410, 5; 434, 5.
1349. Plates 256 and 932; on first examination spectrum A? Plate 981; a 394; 410, 5; 434, 5.
1350. Plates 256 and 981; on first examination spectrum F. Plate 256; image very poor; 410, 5?; 434, 5? Plate 981; a 394; 410, 5; 434, 5.
1355. Plate 921; on special examination spectrum M? Plate 934; image poor; near edge of plate; on first examination spectrum E? on second examination spectrum A? Plate 315; 448, 3. Plate 921; 448, 3; 461, 2. Plate 1007; 397 a 434; 448, 3.

1356. Plate 932; 410, 2; 434, 2; on re-examination 410, 3? 434, 3?
1358. Plate 921; 410, 5; 434, 5; on re-examination 410, 5; 434, 5.
1361. Plate 921; image very poor; near edge of plate; on first examination spectrum F; 410, 5; 434, 5.
1365. Plate 844; image poor and faint; on first and second examinations spectrum E.
1368. Plate 921; on special examination spectrum M? Plate 315; 448, 3; 458, 2. Plate 921; 397 a 434; 448, 3; 456, 1; 458, *2*; 461, 2; 466, 1; 468, *1*; 471, 1. Plate 1007; 448, 2.
1372. Plate 981; 410, 5; 434, 5; on re-examination 410, 5; 434, 5.
1376. Plate 1019; on second examination spectrum F? 410, 5? 434, 5?
1381. Plate 929; 448, 3; 458, 2; 468, 2.
1382. First measure 4.86, resid. *61...381*. Plate 161; second measure gives residual 7. Plate 939; second measure gives residual *5*; first measure rejected.
1383. Plate 1007; image very poor and faint; on first examination spectrum F? 410, 2? 434, 2?
1385. Plate 844; on first examination spectrum H?
1386. Plate 921; 410, 5; 434, 5; on re-examination 410, 5; 434, 5.
1388. Plate 981; 410, 5; 434, 5; on re-examination 410, 5; 434, 5.
1392. Plate 315; 410, 4; 434, 4. Plate 921; limit of spectrum γ; 410, 3; 434, 3. Plate 1007; 410, 5; 434, 5.
1396. Plate 920; 448, 3.
1397. Plate 921; 410, 5; 434, 5; on re-examination 410, 5; 434, 5.
1399. Images very poor and faint. Plate 920; on first examination spectrum E? Plate 981; on first examination spectrum H?
1400a. DM. +60° 487, magn. 8.1, R. A. 2ʰ 22ᵐ.2, Dec. 60° 12'. Entered erroneously in Table I. See 801.
1401. Plate 877; image very poor and faint; on first and second examinations spectrum E?
1407. Images poor. Plate 1027; on first examination spectrum A; near edge of plate. Plate 920; 410, 2; 434, 2; 486 double? which may be due to defect in plate. Examined on Plate 1869, Class I; spectrum G; hydrogen lines 410, 434, and 486, narrow and hazy.
1408. Plate 921; image very poor and faint; on first examination spectrum F? 410 5; 434, 5.
1410. Plate 933; spectrum C?
1412. Plate 1019; on first examination spectrum H?
1414. Plate 981; 410, 5; 434, 5.
1420. Plate 921; second image poor; on first examination spectrum H?
1421. Plate 981; on first examination spectrum E.
1422. Plate 1027; image very poor and faint; near edge of plate; on first examination spectrum A? Plate

286; limit of spectrum α; 410, 5; 434, 5. Plate 920; limit of spectrum γ; 410, 5; 434, 5. Plate 933; 410, 3; 434, 3; 410 and 434 double.
1424. Plate 920; 453, 2.
1425. Plate 1019; on second examination spectrum F; 410, 5; 434, 5.
1426. Plate 939; image very poor and faint; on first and second examinations spectrum A? Plate 921; limit of spectrum γ; 410, 3; 434, 3.
1428. Plate 921, second image poor; near edge of plate; on first examination spectrum H?
1433. Plate 292; image poor; near edge of plate; on first examination spectrum E?
1440. Plate 1019; 410, 5; 434, 5; on re-examination 410, 5; 434, 5.
1443. Plate 292; image very poor and faint; on first examination spectrum A?
1452. Plate 981; image poor and faint; on first and second examinations spectrum E?
1453. Plates 844 and 877; image very poor and faint; on first examination spectrum A. Plate 939; limit of spectrum α; 410, 5; 434, 5. Plate 1019; 410, 5; 434, 5.
1454. Plate 150; 410, 5; 434, 5. Plate 256; a 394; 410, 5; 434, 5. Plate 890; 410, 5; 434, 5. Plate 897; a 394; 410, 5; 434, 5. Plate 981; a 394; 410, 3; 434, 3.
1455. Plate 933; 410, 5; 434, 5.
1457. Plate 920; 410, 5; 434, 5; on re-examination 410, 5; 434, 5.
1458. Plate 1019; 410, 5; 434, 5.
1462. Plate 920; image very poor and faint; on first examination spectrum F? 410, 5; 434, 5; 434 double.
1464. Plate 898; on first and second examinations spectrum E? near edge of plate. Plate 1019; on special examination spectrum M? Plate 173; 408, 2; 448, 2. Plate 844; 448, 3; 458, 2. Plate 939; 448, 3; 458, 1.
1470. Plate 981; image poor and faint; on first examination spectrum E?
1472. Plate 286; 402, 2.
1478. Dunér 22. Plate 286; on first examination spectrum H; on special examination spectrum M?
1480. Plate 934; on first examination spectrum E?
1481. Beyond the limits within which accurate measurement can be made.
1482. Plate 1019; image very poor and faint; on first examination spectrum A? Plate 939; 410, 2; 434, 2.
1487. Plate 920; image poor; on first examination spectrum E.
1492. Plate 150; image very poor and faint; on first examination spectrum A? on second examination spectrum E? Plate 981; a 394.
1493. Plate 286; 410, 5; 434, 5. Plate 921; 410, 3;

434, 3. Plate 934; limit of spectrum α; 410, 3; 434, 3.
1496. Plate 981; on second examination spectrum F. 410, 5; 434, 5.
1499. R. A. $2^h 14^m.3$, Dec. $+75° 21'$. See Table II. 1319a and remarks.
1502. Plate 920; 410, 3; 434, 3.
1503. Plate 933; image very poor and faint; on first examination spectrum A?
1504. The letter t stands for dr. Combined with 1505. DM. magns. 7.5 and 7.0. Plate 286; on first examination spectrum A? Plate 920; limit of spectrum α; 410, 5; 434, 5. Plate 933; limit of spectrum β; 410, 3; 434, 3. Plate 1027; 410, 5; 434, 5.
1505. See 1504.
1506. Plate 1027; image very poor and faint; on first examination spectrum A? Plate 933; 410, 5; 434, 5.
1509. A. G. C. magn. 7.
1511. Plate 921; 410, 5; 434, 5. Plate 934; 410, 3; 434, 3.
1513. DM. $+76°$ 96, magn. 9.2, follows $0^m.2$, north $1'.0$.
1516. Plate 921; 410, 5; 434, 5; on re-examination 410, 5; 434, 5.
1521. Plate 1027; image very poor and faint; near edge of plate; on first examination spectrum H?
1522. Plate 898; on special examination spectrum M? Plate 898; on first examination 448, 3; 458, 2; 468, 2. Plate 914; 397 a 434; 448, 3; 458, 2. Plate 929; 448, 3; 468, 2. Plate 1019; 448, 3; 458, 2.
1532. Plate 150; 402, 2; 453, 1. Plate 256; 402, 2. Plate 897; 392, 1; 402, 1; 453, 2.
1535. Plate 921; 410, 5; 434, 5; on re-examination 410, 5; 434, 5.
1538. Plate 256; a 394; 410, 3; 434, 3. Plate 292; a 394; 410, 2; 434, 2. Plate 897; a 394; 410, 4; 434, 4. Plate 981; a 394; 410, 2; 434, 2.
1539. Plate 939, second image very poor and faint; near edge of plate; on first examination spectrum H.
1541. Beyond the limits within which accurate measurement can be made.
1542. Plate 981; image very poor and faint; on first examination spectrum H.
1547. Images very poor and faint. Plates 292 and 981; on first examination spectrum H. Plate 897; on first examination spectrum A?
1548. Plate 1009; spectrum C? Plate 921; 453, 2.
1549. Plate 1009; 448, 3; 480, 1.
1550. Plate 315; on first examination spectrum H. Plate 286; a 394; 410,.2; 434, 2. Plate 921; limit of spectrum γ. Plate 934; limit of spectrum β; 410, 3; 434, 3.
1552. Assumed to be H. P. 426, Cum.

1553. DM. +39° 611, magn. 8.7, precedes 1ˢ.3, north 0'.4. Should be entered in D. C. as companion to 1555.
1554. Plate 897; 410, 5; 434, 5.
1559. Plates 292 and 897; image very poor and faint; on first examination spectrum E. Plate 292; on second examination spectrum F?
1560. Plate 1009; 410, 5 ? 434, 5 ? on re-examination 410, 2; 434, 2.
1563. Plate 286; on second examination spectrum G. Plate 208; a 394; 410, 2; 434, 2; 410 and 434 double? Plate 286; spectrum G; a 394; 410, 4; 434, 4; 434 double; 458, 1. Plate 315; a 394; 410, 2; 434, 2; 434 double. Plate 921; spectrum G; a 394; 410, 3; 431, 5; 434, 3. Plate 934; limit of spectrum e; 410, 3; 434, 3; 434 double. Plate 1009; a 394; 410, 3; 434, 3; 410 and 434 double.
1565. Plate 286; on first examination spectrum H. Plate 921; 410, 2; 434, 2. Plate 1009; 410, 5; 434, 5.
1566. Plate 201; 402, 2.
1573. Plate 933; image very poor and faint; on first examination spectrum H?
1578. Plate 921; 410, 5; 434, 5.
1580. Plate 939; 410, 5; 434, 5; on re-examination 410, 5; 434, 5.
1581. Plate 897; image very poor and faint; on first examination spectrum F; 410, 5; 434, 5.
1583. Plate 201; on first examination spectrum F? a 394; 410, 5; 434, 5; 410 and 434 double.
1584. Plate 1019; on second examination spectrum F? 410, 5 ? 434, 5 ?
1588. Plate 897; 410, 5; 434, 5.
1589. Plate 1019; on second examination spectrum F; 410, 5; 434, 5.
1590. Plate 150; a 394; 410, 2; 434, 2. Plate 256; a 394; 410, 3; 434, 3. Plate 292; a 394; 410, 2; 434, 2. Plate 890; 410, 5; 434, 5. Plate 897; 410, 5; 434, 5. Plate 981; a 394.
1593. Plate 981; image very poor; near edge of plate; on first examination spectrum H? on second examination spectrum F; 410, 5; 434, 5.
1595. Plate 286; on first examination spectrum A? Plate 1008; image very poor and faint; near edge of plate; on first and second examinations spectrum A? Plate 934; limit of spectrum β; 410, 5; 434, 5.
1596. DM. +85° 48, magn. 8.8, precedes 1ᵐ.5, south 1', and should be entered in D. C. as companion to 1596.
1597. Plate 921; on second examination spectrum F; 410, 5; 434, 5.
1598. Plate 921; image very poor and faint; on first examination spectrum E?
1603. Plate 1009; image very poor and faint; on first examination spectrum E?
1607. Plate 844; image very poor and faint; near edge of plate; on first and second examinations spectrum F; 410, 5; 434, 5.

1608. Plate 286; on special examination spectrum M? Plate 286; 397 a 434; 448, 3; 458, 3. Plate 933; limit of spectrum a; 397 a 434; 448, 3; 456, 1; 458, 2; 461, 2; 466, 1; 468, 1; 471, 1. Plate 1008; 448, 3. Plate 1027; 448, 3.
1609. Plate 921; on first examination spectrum H.
1618. Plates 173 and 898; on first examination spectrum A? Plate 844; image poor and faint; near edge of plate; on first examination spectrum H. Plate 161; 410, 5; 434, 5. Plate 939; a 394; 410, 2; 434, 2.
1619. Plate 1008; spectrum C?
1620. Plate 934; limit of spectrum a; 410, 5; 434, 5; on re-examination 410, 5; 434, 5.
1621. Plate 292; image very poor and faint; on first examination spectrum F? 410, 5; 434, 5.
1622. Plate 934; image very poor and faint; on first examination spectrum H? Plate 1008; spectrum C?
1623. The spectrum measured on Plate 258 was supposed to be that of DM. +73° 158; on re-examination the star was found to be DM. +63° 390, magn. 6.0, and the measures have accordingly been added to the latter star, which equals D. C. 1749.
1625. Plates 161 and 877; on special examination spectrum M? Plate 161; 406, 5; 408 a 414; 443, 1; 448, 2; 458, 1; 463, 2; 474, 2. Plate 208; 448, 3; 461, 2. Plate 877; 448, 2; 456, 1; 458, 1; 461, 2; 468, 1. Plate 921; limit of spectrum a; 397 a 434; 448, 3; 453, 1; 458, 1; 461, 1; 468, 1. Plate 939; 397 a 434; 448, 3; 456, 2; 458, 2; 461, 2; 468, 2; 471, 1. Plate 1009; limit of spectrum β; 397 a 434; 443, 1; 448, 3; 456, 2; 458, 2; 461; 2; 466, 1; 468, 1.
1626. Plate 921; image very poor and faint; on first examination spectrum F; 410, 5; 434, 5.
1629a. D. M. +29° 481, R. A. 2ʰ 44ᵐ.1 +30° 6'. Entered erroneously in Table I. See 2191.
1632. Plates 286 and 315; on first examination spectrum A? Plate 315; image poor; near edge of plate. Plate 151; a 394; 410, 5; 434, 5. Plate 201; a 394; 410, 5; 434, 5; 410 and 434 double. Plate 208; a 394; 410, 5; 434, 5; 410 and 434 double. Plate 934; limit of spectrum ζ; 410, 5; 434, 5. Plate 1009; a 394; 410, 5 ? 434, 5 ?
1634. Plate 934; on second examination spectrum F. 410, 3; 434, 3.
1637. Plate 934; on second examination spectrum A? Plate 1009, first image poor; near edge of plate; on first examination spectrum E?
1642. DM. +75° 114, magn. 9.0, follows 17ˢ, north 0'.5. Should be entered in D. C. as companion to 1642.
1643. Plate 151; on first examination spectrum H. Plates 286, 934, and 1008; on first examination spectrum I. Plates 151 and 1008; on special examination spectrum M? Plate 286; 448, 3. Plate 934; 448, 3. Plate 1008; 448, 3.

THE DRAPER CATALOGUE.

1647. Plate 921; image poor; near edge of plate; on first and second examination spectrum F? limit of spectrum α; 410, 5; 434, 5.
1648. Plate 933; 402, 2; 453, 2.
1652. Plate 952; image very poor and faint; on first examination spectrum F? 410, 5; 434, 5.
1653. Plates 161, 939, and 1009; on first examination spectrum F. Plate 315; image poor; near edge of plate; on first examination spectrum H. Plate 877; on first examination spectrum I. Plate 161; 410, 2; 434, 2. Plate 208; a 394; 410, 3; 434, 3; other lines seen. Plate 877; 406, 2; 409, 2; 448, 3; 468, 3. Plate 921; a 394; 410, 3; 434, 3; 434 double; other lines. Plate 939; a 394; 410, 2; 434, 2. Plate 1009; a 394; 410, 2; 434, 3; 438, 2.
1655. Plate 934; image very poor and faint; on first examination spectrum F? limit of spectrum β; 410, 5; 434, 5.
1656. Plate 1009; on first examination spectrum E?
1657. Plate 286; on first examination spectrum A? Plate 934; limit of spectrum δ; 410, 5; 434, 5. Plate 1009; limit of spectrum β; 410, 3; 434, 3.
1658. Plate 1008; 410, 5; 434, 5.
1662. Plate 286; limit of spectrum β; 410, 2; 434, 2. Plate 933; limit of spectrum α; 410, 5; 434, 5. Plate 1027; 410, 5; 434, 5.
1665. Plates 877 and 984; image very poor and faint; on first and second examinations spectrum A? Plate 161; 410, 5; 434, 5; 434 double. Plate 898; 410, 5? 434, 5? Plate 939, first image; a 394; 410, 5; 434, 5; 410 and 434 double. Plate 939; second image, a 394; 410, 3; 434, 3.
1671. Plate 1009; 410, 5; 434, 5.
1676. Plate 1009; image very poor and faint; on first examination spectrum H?
1678. Dunér 25.
1679. Plate 1008; image very poor and faint; on first examination spectrum E?
1680. Plate 897, first and second images; near edge of plate; on first examination spectrum A?
1681. Plate 933; limit of spectrum γ; 410, 5; 434, 5; 434 double. Plate 1008; limit of spectrum β; 410, 2; 434, 2. Plate 1027; 410, 5; 434, 5.
1682. Plate 292; image very poor and faint; on first examination spectrum H?
1685. Plate 150; 448, 3; 461, 2. Plate 324; 448, 3; 458, 1; 461, 1. Plate 897; 397 a 434; 448, 3; 456, 1. Plate 952; 397 a 434; 448, 3; 458, 1; 461, 1.
1691. Plate 1027; image very poor and faint; on first and second examinations spectrum A? Plate 286; a 394; 410, 5; 434, 5. Plate 933; limit of spectrum γ; 410, 5; 434, 5; 410 and 434 double. Plate 1008; limit of spectrum β; 410, 2; 434, 2.

1694. The letter t stands for dr. Dunér 27. Images poor. Bands very faintly marked. Plates 844, 877, 898, 914, 939, and 1019; on first examination spectrum H. Plate 954; on first examination spectrum I. Plates 914, 939, and 954; on special examination spectrum M? Plate 1019; 448, 3; 468, 2.
1695. Plates 151 and 1008; on special examination spectrum M? Plate 151; 448, 3; 461, 2. Plate 934? 448, 3; 456, 1; 461, 2. Plate 1008; 397 a 434; 448, 3; 456, 1; 458, 1; 461, 2; 468, 1.
1697. DM. +50° 581, magn. 8.7, precedes 6ʰ.0, south 1'.0.
1700. Plate 933; image very poor and faint; on first examination spectrum E.
1703. Combined with 1704.
1704. See 1703.
1708. Plate 292; on first examination spectrum F? limit of spectrum β; 410, 5; 434, 5.
1710. Plate 952; on first examination spectrum A. Plate 897; 410, 5; 434, 5.
1711. Images very poor and faint. Plate 844; on first examination spectrum A. Plates 898 and 1019; on first examination spectrum H.
1715. Plate 292; on first examination spectrum F? 410, 5; 434, 5.
1720. Plate 1008; 410, 5; 434, 5.
1721. Plate 208; image poor and faint; on first examination spectrum F? a 394; 410, 5; 434, 5.
1726. Beyond the limits within which accurate measurement can be made. Plate 1008; image very poor and faint; near edge of plate; on first examination spectrum E.
1728. Plate 934; image very poor and faint; on first examination spectrum E?
1731. The letter t stands for dr. Dunér 28. Plate 150; on first examination spectrum I. Plates 292, 324, 897, and 952; on first examination spectrum K. Plates 292, 324, and 897; on special examination spectrum M? Plate 952; on special examination spectrum Q. Plate 150; 448, 3; 461, 2. Plate 292; 448, 3; 458, 1. Plate 324; 397 a 434; 434 double; 448, 3; 456, 1; 458, 1; 461, 2; 466, 1; 468, 1; 471, 1. Plate 897; 397 a 434; 448, 3; 456, 2; 458, 1; 461, 2; 466, 1; 468, 1. Plate 952; 397 a 434; 438, 2; 443, 1; 448, 3; 451, 1; 453, 2; 456, 1; 458, 1; 461, 2; 466, 1; 468, 2; 471, 1.
1732. Plate 952; 410, 5? 434, 5?
1735. Plate 161; a 394; 410, 3; 434, 3; 434 double. Plate 208; a 394; 410, 4; 434, 4; 434 double; other lines. Plate 877; a 394; 410, 4; 434, 4; 434 double; 458, 3; 468, 1. Plate 939; a 394; 410, 3; 434, 3; 410 and 434 double. Plate 1009; a 394; 410, 5; 434, 5; 434 double.
1737. Plate 1008; image very poor and faint; on first examination spectrum E?

1739. Plate 161; 448, 2. Plate 939; 397 a 434; 443, 4; 458, 2. Plate 1009; 397 a 434; 448, 3; 456, 1; 458, *2*; 461, 1; 468, *1*.
1748. The letter t stands for dr. Dunér 29. Var. in DM. Plates 151, 208, 286, and 1009; on first examination spectrum K. Plate 934; on first examination spectrum I? On special examination of plates spectrum M. Plate 151; spectrum peculiar; several bright and faint lines. Plate 208; 397 a 434; 448, 3; 453, 1; 456, 2; 458, *1*; 461, 2; 466, 2; 468, *1*; 471, 2. Plate 286; 448, 2; 458, *2*. Plate 934; 448, 3. Plate 1009; 397 a 434; 448, 3; 451, *2*; 461, 2; 466, 1; 468, 2; 471, 1; 474, 2; 486 double?
1753. Plate 292; image poor; near edge of plate; on first examination spectrum F? 410, 5; 434, 5.
1754. Combined with 1755.
1755. See 1754.
1758. Plate 1010; image very poor and faint; near edge of plate; on first examination spectrum E?
1760. Plate 939; image poor and faint; on first examination spectrum E?
1762. Plate 1008; 410, 5; 434, 5; on re-examination 410, 5; 434, 5.
1763. Plate 208; 402, 2.
1765. Plate 1019; spectrum C.
1767. Beyond the limits within which accurate measurement can be made.
1771. Var. in DM. H. P. magn. 2.3. Measure of brightness obtained on two plates. Images too dense to determine magnitude with accuracy. Magn. 3.70, resid. *3* 2.
1773. Plate 208; a 394; 410, 3; 424, *1*; 434, 3; 443, *1*; 448, 2. Plate 286; a 394; 410, 3; 434, 3. Plate 287; 410, 5; 434, 5. Plate 934; limit of spectrum y; 410, 3; 434, 3. Plate 1009; a 394; 410, 2; 434, 5; 438, 2; 443, 2. Plate 1010; 410, 2? 434, 2?
1774. Plate 953; on first examination spectrum E? Plates 953 and 1027; image very poor and faint; on second examination spectrum F? Near edge of Plate 1027. Plate 1008; hydrogen lines narrow.
1777. The letter t stands for dr. Plate 1009; on special examination spectrum M? Plate 151; numerous bright and faint lines; spectrum peculiar. Plate 208; limit of spectrum δ; 397 a 434; 438, 1; 443, *1*; 448, 3; 456, 1; 458, *1*; 461, 1; 466, 1; 468, *1*. Plate 286; a 394; 397 a 434; 448, 2; 458, *2*. Plate 934; 397 a 434; 448, 3; 456, 1; 458, *2*; 461, 2; 466, 1; 468, *1*. Plate 1010; limit of spectrum β; 397 a 434; 448, 3; 456, *1*.
1793. Plates 151 and 1009; on special examination spectrum M? Plate 151; 397 a 434; 448, 3. Plate 208; 397 a 434; 448, 3; 461, 2. Plate 1009; 397 a 434; 448, 3.

1797. Plate 151; 402, 2. Plate 208; 402, 2.
1799. Plate 151; 448, 3. Plate 208; 397 a 434; 448, 3; 456, 1; 458, *1*. Plate 1008; limit of spectrum β; 397 a 434; 448, 3; 458, *1*; 461, 1; 468, *1*.
1802. Plate 1008; 453, 2.
1803. Images very poor and faint. Plate 1009; on first examination spectrum H. Plate 1010; on first examination spectrum E.
1813. Plate 247; 410, 3; 434, 3. Plate 952; a 394; 410, 5; 434, 5.
1814. Plate 247; 410, 2; 434, 2; on re-examination limit of spectrum β; 410, 2; 434, 2.
1817. Plate 898; 410, 5; 434, 5. Plate 939; 410, 5; 434, 5.
1818. Images poor. Plate 140; on first examination spectrum E? Plate 275; on second examination spectrum F? Plate 173; 448, 2. Plate 898; 448, 3; 456, 1; 458, *2*; 468, *2*. Plate 1019; 448, 3; 458, 2; 468, 1.
1819. Plate 1009; 448, 3.
1820. Plate 954; 402, 2.
1821. The spectrum measured on Plate 161 was supposed to be that of DM. +56° 800; on re-examination the star was found to be DM. +56° 798, and the measures have accordingly been added to the latter star, which equals D. C. 1817.
1822. DM. +50° 724, magn. 9.5, precedes 0ˢ.7, north 1′.4.
1823. DM. +83° 78, magn. 9.0, precedes 8ˢ.0, north 0′.3, and should be entered in D. C. as companion to 1823.
1826. Plate 939; image very poor and faint; on first examination spectrum E.
1828. Plate 1009; on first examination spectrum E? Plate 1010; 448, 3.
1831. Beyond the limits within which accurate measurement can be made.
1833. Plates 208 and 1010; on first examination spectrum A. Plate 1010; image poor; on second examination spectrum A. Plate 1008; limit of spectrum y; 410, 3; 434, 3.
1840. Plate 247; on second examination spectrum F; 410, 5? 434, 5?
1843. Plate 1009; image very poor and faint; on first examination spectrum E.
1848. Plate 258, first image; 402, 2; 403, 2. Plate 258, second image; 402, 3. Plate 884; 402, 2; 453, 2. Plate 898; 392, 2; 402, 2; 453, 2.
1852. Plate 295; spectrum C? Plate 1009; 453, 2.
1853. Plate 1008; 410, 3; 434, 3.
1856. Plate 952; 410, 5; 434, 5.
1860. Plate 287; image very poor and faint; on first examination spectrum A? Plate 1008; limit of spectrum β; 397 a 434; 448, 3; 456, 1; 358, *1*; 461, 1; 468, *1*. Plate 1010; 448, 3; 456, 1; 458, *1*; 461, 2; 468, *1*.

THE DRAPER CATALOGUE.

1863. Plates 877 and 898; on first examination spectrum A. Plate 877; image very poor and faint. Plate 954; 410, 2; 434, 2; 410 and 434 double.
1864. Plate 1010; image poor; on first and second examinations spectrum A. Plate 1009; limit of spectrum γ; 410, 3; 434, 3.
1869. Plate 939; 410, 5; 434, 5; on re-examination 410, 5; 434, 5.
1871. Plate 953; image very poor and faint; on first examination spectrum E?
1873. Plate 247; 410, 3; 434, 3.
1875. Plate 208; 448, 3. Plate 953; 397 a 434; 448, 3; 456, 1; 458, *2*; 461, 2; 468, *1*. Plate 1008; 397 a 434; 448, 3; 456, 1; 458, *1*; 461, 2.
1881. Plate 954; on first examination spectrum A. Plate 1019; 410, 5; 434, 5.
1882. Plate 927; 410, 5; 434, 5. Plate 1009; 410, 5; 434, 5. Plate 1010; limit of spectrum α; 410, 2; 434, 2.
1886. Plate 247; on special examination spectrum M? Plate 247; 448, 3; 456, 2; 458, *1*; 461, 2; 466, 2; 468, *1*; 471, 2. Plate 1028; 434 double? 458, 3; 461, *1*; 463, 1.
1888. Dunér 30.
1891. Plate 953; 402, 2; 453, 2.
1894. Plate 927; on first examination spectrum F? a 394; 410, 5; 434, 5; near edge of plate. Plate 1010; 402, ?; 453, 2.
1896. Plate 939; image poor and faint; on first examination spectrum E?
1904. DM. magn. 2.0. H. P. Magn. 1.9. Measures of brightness obtained on two plates; image too dense to determine magnitude with accuracy. Magn. 3.88, resid. 5 *S*. Plate 163; a 394; 410, 2; 434, 2. Plate 203; a 394; 410, 2? 434, 2? Plate 208; a 394; 397 a 410; 410, 2; 414, *2*; 419, 1; 434, 2. Several of the lines between 397 and 410 are bright. Plate 287; a 394; 410, 3; 434, 3. Plate 295; a 394. Plate 927; a 394; 410, 3? 434, 3? Plate 1009; a 394; 410, 3; 434, 3; 492 seen. Plate 1010; a 394; 410, 2; 434, 2.
1905. Plate 953; image poor; on first examination spectrum F? 410, 5; 434, 5.
1910. Plate 1009; 434 double?
1922. Plate 953; 402, 2?
1924. Plate 1008; 402, 2.
1925. Plate 208; 402, 2.
1926. Plate 927; image very poor and faint; on first examination spectrum F? 410, 5; 434, 5.
1927. First measure 7.07, resid. *56*. Plate 1009; second measure gives residual *4*; first measure rejected.
1929. Plates 324 and 952; on first examination spectrum E? near edge of plates. Plate 247; a 394; 397 a 434; 448, 3; 456, 1; 458, *1*; 461, 1; 468, *1*. Plate 1028; limit of spectrum β; 397 a 434; 448, 3; 456, 2; 458, *2*; 461, 1.

1937. First measure 6.23, resid. *9 4 2 2 1*. Plate 208; second measure gives residual 2; first measure rejected.
1940. Plate 1010; 402, 1; 453, 1.
1945. Plate 953; image poor; on first examination spectrum F? 410, 5; 434, 5.
1947. Plate 1010; 402, 2.
1949. Plate 1010; 402, 2; 453, 2.
1951. First measure 4.21, resid. *2747*. Plate 287; second measure gives residual 6. Plate 1028; second measure gives residual *1*; first measure rejected.
1952. Plate 898; 448, 2.
1954. Plate 1008; spectrum C.
1956. Plate 203; 402, 1. Plate 1010; 382, 3; 402, 2; 453, 1.
1959. Plate 1010; a 394; 410, 5; 434, 5.
1961. Plates 927 and 1009; image near edge of plates; on first examination spectrum F? 410, 5; 434, 5. Plate 1009; 410, 5; 434, 5.
1964. Plate 939 on first examination spectrum H? Plate 939; 410, 5; 434, 5; on re-examination 410, 5; 434, 5.
1972. Plate 1009; spectrum C.
1973. Plates 208, 287, and 295; on first examination spectrum A? Plate 927; on first examination spectrum H? Plate 1010; on first examination spectrum K? Plate 1009; 410, 5; 434, 5. Plate 1010; 448, 3; 456, 1; 458, *1*; 461, 1; 468, *1*.
1974. Plate 927; image very poor and faint; on first examination spectrum F? 410, 5; 434, 5.
1975. Plate 1010; on second examination spectrum H?
1976. Plate 1010; image poor; on first and second examinations spectrum A? Plate 1009; 410, 5; 434, 5.
1978. Plate 927; image very poor and faint; on first examination spectrum F? 410, 3; 434, 3.
1980. Plate 877; image very poor and faint; on first and second examinations spectrum H.
1985. Plate 1009; 410, 5; 434, 5.
1991. Combined with 1992. DM. magns. 8.0 and 8.0.
1992. See 1991.
1994. Plate 1028; 419, 3.
1998. Plate 953; on first examination spectrum M? Plate 182; 448, 3; 461, 2. Plate 940; limit of spectrum α; 397 a 434; 448, 3; 456, 1; 458, *1*; 461, 1. Plate 953; 397 a 434; 448, 3; 451, 2; 461, 2; 466, 1; 468, 1.
2001. Plate 203; image poor; on first examination spectrum A. Plate 151; 410, 3? 434, 3? Plate 295, a 394; 410, 5; 434, 5. Plate 927; limit of spectrum β; 410, 5; 434, 5. Plate 1009; limit of spectrum α; 410, 5; 434, 5. Plate 1010; a 394; 410, 3; 434, 3.
2004. Plate 898; 410, 3; 434, 3; on re-examination 410, 5; 434, 5.

2006. Plate 927; image poor and faint; on first examination spectrum E ?
2009. A. G. C. magn. 7.
2010. Plate 927; image very poor and faint; on first examination spectrum I; 448, 3; on second examination spectrum A ? Plate 1010; limit of spectrum β; 410, 3; 434, 3.
2012. Plate 287; image very poor and faint; on first examination spectrum E ?
2018. Plate 1010; 438, 5.
2020. A. G. C. 3802.
2021. Plate 274; on first examination spectrum F ? a 394; 410, 5; 434, 5; near edge of plate. Plate 182; limit of spectrum β; 397 a 434; 448, 3; 456, 1; 458, 1; 461, 1. Plate 247, first image; 397 a 434; 448, 3; 458, 1. Plate 247; second image; 448, 3. Plate 940; limit of spectrum β; 397 a 434; 456, 1; 458, 2; 461, 1.
2022. Plate 927; on first examination spectrum F; 410, 5; 434, 5; on re-examination spectrum F; 410, 5; 434, 5.
2024. Plate 927; image poor; on first examination spectrum A. Plate 1009; limit of spectrum α; 410, 5 ? 434, 5 ?
2025. Entered erroneously. Observation added to D. C. 2022.
2027. Images very poor and faint. Plate 927; on first examination spectrum F ? 410, 5; 434, 5. Plate 1010; on first and second examinations spectrum H ?
2028. Images very poor and faint. Plate 926; on second examination spectrum A ? Plate 1010; on first examination spectrum A ? near edge of plate.
2031. Plate 1009; spectrum C ? Plate 203; 402, 1. Plate 1010; 382, 3; 402, 1; 453, 1.
2037. Plate 274; image very poor and faint; on first examination spectrum H ?
2052. Plate 247; image very poor and faint; on first examination spectrum E ?
2055. Combined with 2056. DM. magus. 8.0 and 8.0.
2056. See 2055.
2058. Plate 182; a 394; 410, 3; 434, 3. Plate 247; 410, 3; 434, 3. Plate 274; a 394. Plate 940; limit of spectrum β; 410, 2; 434, 5. Plate 1028; 410, 3; 434, 3.
2060. Images very poor and faint. Plate 927; on first examination spectrum F ? 410, 5; 434, 5. Plate 1010; on first examination spectrum H.
2062. Plate 954; spectrum C ?
2065. Plate 954; image very poor and faint; on first and second examinations spectrum H.
2070. The letter t stands for dr. Dunér 32. Plate 898; on first examination spectrum K ? Plate 954; on first examination spectrum H. Plate 898; on special examination spectrum M. Plate 898; 448, 4; 458, 2; 463, 2; 466, 2; 468, 1; 471, 2.

2071. Plates 173, 275, 1019, and 2242; on first examination spectrum A. Plate 140; 410, 5; 434, 5. Plate 844; 410, 5; 434, 5. Plate 884; 410, 5; 434, 5. Plate 898; a 394; 410, 2; 434, 2. Plate 1057; 410, 3; 434, 3.
2072. Images poor and faint. Plate 182; on first examination spectrum E ? Plate 247; on first examination spectrum A ?
2078. Plate 247; image poor and faint; on first examination spectrum II.
2079. Plate 927; 410, 5; 434, 5; on re-examination 410, 5; 434, 5.
2087. Plate 1057; spectrum C ?
2090. Plate 1026; image poor and faint; on first examination spectrum F ? 410, 5; 434, 5.
2091. DM. magn. 3.5. H. P. magn. 3.2. Measures of brightness obtained on five plates; images too dense to determine magnitude with accuracy. Magn. 4.03, resid. 4 0 3 1 1.
2092. Plate 287; image very poor and faint; on first examination spectrum F ? a 394; 410, 5; 434, 5. Plate 203; 402, 2; 443, 1. Plate 295; 402, 2; 448, 1.
2093. Plate 1010; image very poor and faint; on first examination spectrum E.
2095. Plates 217, 258, and 898, first and second images; on first examination spectrum A; images poor and faint. Plate 954; image good; lines well defined; spectrum F; a 394; 410, 5; 434, 5.
2098. Plate 1057; image very poor and faint; near edge of plate; on first and second examinations spectrum E.
2101. Plate 940; on first examination spectrum F ? 410, 5; 434, 5.
2104. Plate 884; on first and second examination spectrum H. Plate 898; image good; lines well defined; spectrum F. Plate 954; on first examination spectrum I. Plate 258; 410, 2; 434, 2; 434 double. Plate 898; a 394; 410, 3; 434, 3; 434 double. Plate 954; 448, 2; 458, 1.
2107. Images very poor. Plate 287; on first examination spectrum H ? Plate 305; on first examination spectrum F ? Plate 305; limit of spectrum γ; 410, 5; 434, 5; 410 and 434 double.
2108. Plate 287; on first examination spectrum F ? a 394; 410, 5; 434, 5. Plate 203; 382, 2; 392, 2; 402, 2; 453, 2. Plate 295; 392, 1; 402, 1; 453, 1.
2114. Plate 203; on special examination spectrum Q. Plate 163; a 394; 410, 5; 434, 5. Plate 203; a 394; 410, 4; 434, 4; 453, 2. Plate 287; a 394; 410, 3; 434, 3; 410 and 434 double. Plate 295; a 394; 410, 5; 434, 5. Plate 305; a 394; 410, 3; 434, 3; 410 and 434 double. Plate 927; a 394; 410, 3; 434, 3; bright lines. Plate 1010; limit of spectrum ε; 410, 5; 434, 5. Plate 1012; limit of spectrum δ; 410, 3; 434, 3.

2116. Plate 182; a 394; 397 a 434; 448, 3; 456, 1; 458, 2; 461, 2; 466, 1; 468, 1. Plate 247; 397 a 434; 448, 3; 461, 2. Plate 940; limit of spectrum β; 397 a 434; 448, 3.
2118. Plate 305; image poor; on first examination spectrum E?
2120. Plate 898; image very poor and faint; on first examination spectrum A?
2121. Plate 939; spectrum C.
2124. Plate 305; 402, 2.
2125. First measure 4.13, resid. 0 5 1 . 6 n 2 0. Plate 295, second image; second measure gives residual 0; first measure rejected.
2132. DM. +70° 260, magn. 8.5, follows 23¹, north 0.2′.
2135. Plate 182; 410, 5; 434, 5.
2137. Combined with 2139 on Plate 953; limit e; observed brightness 6.6.
2138. See 2137.
2139. Plate 927; image poor; spectrum C? Beyond the limits for measurement on Plates 1010 and 1012. Second measure of brightness on 927, 6.7, resid. 1.
2140. Plate 182; 392, 1; 402, 2.
2141. The letter t stands for dr. Dunér 33. Plate 217; on first examination spectrum H. Plate 898; on first examination spectrum I. Plate 954; on first examination spectrum K. Plates 217, 898, and 954; on special examination spectrum M? Plate 898; 441, 1; 448, 3; 453, 2; 458, 2; 463, 2; 468, 2. Plate 954; 448, 3; 456, 1; 458, 2; 461, 2; 466, 2; 468, 2; 471, 1.
2143. Plate 926; on first examination spectrum E?
2144. Plate 295; 402, 2; 448, 2.
2148. Plate 927; 410, 5? 434, 5? Plate 1010; 410, 5; 434, 5.
2153. Dunér 34.
2154. Combined with 2155. DM. magns. 8.0 and 8.0
2155. See 2154.
2156. Plate 1010; on first and second examinations spectrum F? 410, 5; 434, 5. Plate 203; on second examination spectrum F?
2157. Plate 305; a 394; 410, 5; 434, 5. Plate 1010; limit of spectrum a; 410, 5; 434, 5.
2160. DM. magn. 3.2. H. P. magn. 3.0. Measures of brightness obtained on six plates; images too dense to determine magnitude with accuracy. Magn. 3.63, resid. 3 3 4 3 3 2. Plate 1011; spectrum C?
2162. Plate 927; 410, 5 ; 434, 5; on re-examination 410, 5; 434, 5. Plate 954; 410, 2; 434, 2.
2165. Entered erroneously. Observation added to D. C. 1609.
2167. Plate 1012; on first examination spectrum F? limit of spectrum γ; 410, 5; 434, 5.
2169. Plate 305; image poor; on first examination spectrum F? a 394; 410, 5; 434, 5. Plate 926; 402, 1; 453, 2.

2171. Plate 274; on first examination spectrum H? Plate 940; limit of spectrum β; 410, 3; 434, 3. Plate 1028; 410, 5? 434, 5?
2173. Plate 954; on first examination spectrum E? on second examination spectrum A?
2175. Plate 927; on first and second examinations spectrum H. Plate 305; on second examination spectrum H? Plate 1010; 410, 2? 434, 2? Plate 1012; 410, 2; 434, 2.
2179. Plate 1011; spectrum C?
2181. Plate 1012; on first examination spectrum F? 410, 5? 434, 5? Plate 927; 402, 2; 453, 2.
2186. Plates 1010 and 1012; on first examination spectrum A. Plate 926; 410, 5; 434, 5.
2191. R. A. 2ʰ 44ᵐ.1, Dec. +30° 6′. See 1629a in Table II. and remarks.
2192. Plate 203; 419, 2; 453, 2.
2193. Plate 305; on first examination spectrum H?
2201. The letter t stands for dr. First meas. 5.58, resid. 3 . 7 2 1 2. Plate 305; second measure residual 1; first measure related to DM. + 43° 818, and was rejected. Plate 305; image poor; on first examination spectrum F? limit of spectrum β; 410, 5; 434, 5.
2207. Images poor; near edge of plates. Plate 844; on first examination spectrum H. Plate 1019; on first examination spectrum A? Plate 898; 410, 5; 434, 5.
2208. Plate 884; image very poor and faint; on first examination spectrum E.
2210a. DM. +24° 587, magn. 7.5, R.A. 3ʰ 46ᵐ.2, Dec. +24° 53′. Entered erroneously in Table I. See 2708.
2212. Plate 1012; on first examination spectrum E? Plate 927; 448, 3.
2213. Plate 940; first image; 402, 3.
2214. Plates 182, 305, and 1011; on first examination spectrum A? Plate 295; a 394; 410, 5; 434, 5.
2216. A. G. C. magn. 7. Plate 182; on second examination spectrum F; 410, 5; 434, 5.
2219. Plates 163 and 926; on first examination spectrum B. Plate 203; on first examination spectrum D; on special examination spectrum Q. Plates 295, 305, 1011, and 1012; spectrum A? Plate 163; 381, 3; 382, 4; 402, 1; 453, 1. Plate 203; 403, 3? Plate 926; 414, 2.
2220. Plate 898; 448, 2.
2222. Plate 927; hydrogen lines 410 and 434 narrow. Plate 954; image very poor and faint; on first examination spectrum A?
2223. Plate 927; on first and second examinations spectrum H?
2224. Plate 305; image very poor and faint; on first examination spectrum F? 410, 5; 434, 5.
2230. Plate 274; image very poor and faint; on first examination spectrum E?
2232. Plate 305; image very poor; on first examination spectrum A?

2233. First measure 7.26, resid. 6 4 3. Plate 939; second measure gives residual 3; first measure rejected.
2234. Plate 163; image poor; on first and second examinations spectrum A? Plate 203; limit of spectrum β; 410, 5; 434, 5; 434 double. Plate 217; 410, 5; 434, 5; 434 double. Plate 295; a 394; 410, 8; 434, 5. Plate 927; limit of spectrum β; 410, 2; 434, 2. Plate 1010; limit of spectrum β; 410, 5; 434, 5. Plate 1012; limit of spectrum γ; 410, 5? 434, 5?
2235. The letter t stands for dr. Combined with 2236. Plate 182, first image; on first examination spectrum A? Plate 182, second image; a 394; 410, 5; 434, 5. Plate 274, first image; a 394; 410, 5; 434, 5. Plate 274, second image; 410, 5; 434, 5. Plate 940; limit of spectrum β; 410, 3; 434, 3.
2236. See 2235.
2238. Plate 203; 402, 2. Plate 926; 402, 2. Plate 1012; 402, 1; 453, 1.
2240. Plate 954; 410, 2.
2248. Plate 1012; 410, 5; 434, 5.
2249. DM. magn. 3.2. II. P. magn. 3.0. Measures of brightness obtained on three plates; images too dense to determine magnitude with accuracy. Magn. 3.91, resid. 5 1 1. First measure 8.71, resid. 7 3 3. Plate 163; second measure gives residual 1; first measure rejected.
2254. Plate 274; on first examination spectrum E.
2256. Plate 1012; image very poor and faint; on first examination spectrum E?
2257. First measure 4.28, resid. 7 0 3 1 0 3. Plate 163; second measure gives residual 1; first measure rejected. Plate 1012; hydrogen lines narrow.
2263. Plates 217, 258, and 1069; on first examination spectrum A. Plates 877 and 884; on first examination spectrum C. Plate 161; 410, 3; 434, 3. Plate 173; a 394; 410, 5; 434, 5; 410 and 434 double. Plate 275; a 394; 410, 4; 434, 4; 434 double. Plate 341; 410, 2; 434, 2. Plate 898; a 394; 410, 3; 434, 3. Plate 939; a 394; 410, 6; 434, 6. Plate 954; a 394; 410, 5; 434, 5. Plate 1019; a 394; 410, 5; 434, 5; 410 and 434 double. Plate 1057; 410, 5; 434, 5; 410 and 434 double.
2266. The letter t stands for dr. Dunér 36. DM. magn. 3. Plates 182, 940, and 1054; on first examination spectrum K. Plates 274 and 940; on first examination spectrum I. Plates 182 and 274; on special examination spectrum M? Plate 182; 448, 3; 456, 1; 458, 1; 461, 1; 466, 1; 468, 1; 471, 1. Plate 274; 448, 3; 461, 2. Plate 940, first image; 448, 3; 461, 2. Plate 940, second image; 397 a 434; 448, 3; 456, 1; 458, 1; 461, 1. Plate 1054; 448, 3; 456, 2; 458, 1; 461, 2.

2270. Images very poor and faint. Plate 274; on first examination spectrum E? Plate 940; on first examination spectrum F? 410, 5; 434, 5.
2272. Plate 1069; image very poor and faint; near edge of plate; on first examination spectrum F; 410, 5; 434, 5; 410 and 434 double.
2273. Plate 954; 410, 2; 434, 2.
2274. Plate 927; image very poor and faint; on first examination spectrum H? Plate 1012; 410, 5; 434, 5.
2278. Plate 954; 410, 4; 434, 4; 410 and 434 double.
2280. Plate 1011; 402, 2; 453, 2.
2281. Plate 926; image very poor; on first examination spectrum A? Plate 1011; image good; lines well defined; spectrum F; limit of spectrum γ; 410, 5; 434, 5. Plate 305; 410, 3; 434, 3.
2283. Var. in DM. Plate 182; 402, 2. Plate 1011; 402, 2; 453, 2.
2291. Plate 217; on first examination spectrum A? Plate 898; on first examination spectrum C? Plate 258; 410, 3; 434, 3; 410 and 434 double. Plate 954; a 394; 410, 6; 434, 6.
2296. Plate 954; 410, 2; 434, 2.
2297. Plate 927; 410, 5; 434, 5; on re-examination 410, 5; 434, 5.
2299. Plate 940; 410, 5? 434, 5?
2302. Plate 182; 410, 5; 434, 5.
2303. Plate 954; 410, 2; 434, 2.
2307. Plate 1012; 410, 5? 434, 5?
2310. Plates 305 and 1012; image very poor and faint; on first examination spectrum F? Plate 305; 410, 5; 434, 5. Plate 1012; 410, 3? 434, 3?
2311. Images poor. Plate 305; on first examination spectrum E? Plate 1011; on first and second examinations spectrum E?
2312. Plate 274; image poor and faint; on first examination spectrum E?
2313. Plate 940; image poor and faint; near edge of plate; on first examination spectrum F? 410, 5; 434, 5.
2314. Plate 203; 448, 3. Plate 305; limit of spectrum β; 397 a 434; 448, 3; 458, 1; 468, 1. Plate 1011; limit of spectrum β; 397 a 434; 448, 3; 456, 2; 458, 1; 461, 1.
2317. Plate 940; 410, 3; 434, 3.
2319. Plate 940; on first examination spectrum A?
2320. Assumed to be H. P. 673. Plate 898; image very poor and faint; near edge of plate; on first examination spectrum A.
2322. Plate 926; image very poor and faint; on first examination spectrum H? on second examination spectrum A. Plate 1012; image good; limit of spectrum β; 410, 3; 434, 3.
2323. Image poor and faint on all plates. Plate 926; on first examination spectrum H? near edge of plate. Plate 305; limit of spectrum β.

2326. Images very poor and faint. Plate 926; on first examination spectrum E. Plate 1012; on first examination spectrum F; limit of spectrum a; 410, 5; 434, 5.
2328. Images very poor. Plate 305; on first examination spectrum E? Plate 926; on first examination spectrum H.
2330. Plate 203; limit of spectrum β; 410, 5; 434, 5. Plate 305; limit of spectrum β; 410, 5; 434, 5. Plate 1011; limit of spectrum δ; 410, 5; 434, 5.
2333. Plate 877; image very poor and faint; on first examination spectrum H.
2334. Plate 274; 410, 5; 434, 5; on re-examination limit of spectrum a; 410, 5; 434, 5.
2335. Combined with 2336. DM. magns. 6.7 and 6.5.
2336. See 2335.
2337. Plate 289; on first examination spectrum E?
2338. Plate 203; 402, 2. Plate 1056; 402, 2.
2339. Plate 217; 410, 3; 434, 3. Plate 927; 410, 5; 434, 5.
2341. Plate 1012; image very poor and faint; on first examination spectrum E?
2343. Plate 927; 410, 5; 434, 5. Plate 1012; limit of spectrum δ; 410, 2; 434, 2.
2345. Plate 1035; spectrum C.
2349. Plate 1011; 410, 5; 434, 5; on re-examination 410, 5? 434, 5?
2353. Plate 1011; image very poor and faint; on first examination spectrum F? 410, 3; 434, 3.
2354. Plate 1011; limit of spectrum a; 410, 3; 434, 3; on re-examination a 394; 410, 3; 434, 3.
2355. Plate 1011; 448, 3; on re-examination 448, 3.
2357. Plate 1035; spectrum C?
2358. Plate 1012; image very poor and faint; near edge of plate; on first examination spectrum F? 410, 2; 434, 2.
2360. Plate 954; image very poor and faint; on first examination spectrum F; 410, 5; 434, 5.
2363. Plate 1012; 448, 3; on re-examination 448, 3.
2365. Plate 305; on first and second examinations spectrum A? Plate 1011; limit of spectrum γ; 410, 5; 434, 5; 486 double?
2366. Plate 164; image very poor; near edge of plate; on first examination spectrum F; 410, 5; 434, 5.
2370. Plate 1119; spectrum F.
2371. Plate 173; on first examination spectrum A? Plates 844 and 884; images very poor and faint; on first examination spectrum H? Plate 140; 410, 2; 434, 2. Plate 898; 410, 3; 434, 3; 434 double. Plate 1019; 410, 2; 434, 2. Plate 1057; a 394; 410, 2; 434, 2.
2374. Plate 191; image very poor and faint; near edge of plate; on first examination spectrum E?
2376. R. A: 5^h 5^m.8, Dec. +44° 27'. See 2896a in Table II. and remarks.
2377. Plate 941; 410, 5; 434, 5.
2385. Plate 289; image very poor; on first examination spectrum F? 410, 5; 434, 5.

2386. Plate 1054; on first and second examinations spectrum A? Plate 164; limit of spectrum β; 410, 5; 434, 5. Plate 191; a 394; 410, 5; 434, 5. Plate 941; a 394; 410, 5; 434, 5.
2389. Plate 1012; 410, 2? 434, 2? on re-examination 410, 2? 434, 2?
2391. Plates 289 and 305; on first examination spectrum E? Plate 927; 448, 3; 456, 1; 458, 2; 461, 2; 468, 1. Plate 1012; a 394; 397 a 434; 438, 1; 443, 1; 448, 3; 456, 2; 458, 1; 461, 1; 468, 1. Plate 1056; a 394; 397 a 434; 448, 2; 451, 2; 456, 1; 458, 1; 461, 1.
2392. Plate 173; image poor; on first examination spectrum E? Plate 898; 397 a 434; 443, 1; 448, 3; 456, 1; 458, 2; 461, 1; 468, 2.
2395. Plate 289; on first examination spectrum H? Plate 305; on first examination spectrum A? Plate 1012; limit of spectrum β; 397 a 434; 448, 2; 456, 1; 458, 1; 461, 1; 468, 1.
2396. Plate 305; image very poor; near edge of plate; on first examination spectrum F? 410, 5; 434, 5.
2403. Plate 305; on first examination spectrum A? Plate 1054; image very poor and faint; on first examination spectrum H? on second examination spectrum A? Plate 941; 410, 1; 434, 5.
2409. Plate 898; 397 a 434; 448, 4; 456, 1; 458, 2; 468, 2. Plate 954; 397 a 434; 448, 3; 456, 2; 458, 1; 461, 1; 466, 1; 468, 2; 471, 1. Plate 1035; 397 a 434; 448, 3; 458, 2; 468, 2. Plate 1069; 448, 4; 458, 2.
2413. Plate 941; on first examination spectrum A? Plate 305; on second examination spectrum A? Plate 305; 410, 5; 434, 5. Plate 1011; limit of spectrum β; 410, 5; 434, 5; 486 double?
2414. Plate 1054; 392, 2; 402, 1.
2415. Combined with 2416. DM. magns. 7.5 and 8.5. U. A. magns. 7.2 and 6.5; combined magn. 6.4.
2416. See 2415.
2418. Plate 941; on first examination spectrum E. Plate 164; image poor; on second examination spectrum A? Plate 191; 448, 3.
2420. Plate 191; image very poor and faint; on first examination spectrum E?
2421. Plates 217 and 954; on first examination spectrum H? Plate 275; on first examination spectrum A?
2433. Plate 289; on first examination spectrum A. Plate 1056; on first examination spectrum B? Plate 1012; limit of spectrum γ; 410, 5; 434, 5. Plate 1056; 392, 2; 402, 2.
2434. Plate 1012; limit of spectrum a; 410, 5; 434, 5; on re-examination 410, 3; 434, 3.
2436. Combined with 2437. DM. magns. 8.0 and 8.0.
2437. See 2436.
2444. Plates 289 and 305; on first examination spectrum A? Near edge of Plate 289; image very poor. Plate 1055; 448, 3.

2445. The letter t stands for dr. Plate 191; on special examination spectrum M? Measure of brightness on Plate 191 rejected on account of width of spectrum. Plate 191; 448, 3. Plate 289; limit of spectrum β; 397 a 434; 448, 2. Plate 941; a 394; 397 a 434; 448, 3. Plate 1011; limit of spectrum δ; 397 a 434; 448, 3; 456, 1; 458, 1; 461, 1; 468, 1.
2448. Plate 1056; 402, 2; 453, 2.
2452. Plate 1012; 410, 2; 434, 2; on re-examination 410, 2; 434, 2.
2453. Plate 289; 410, 5; 434, 5; 410 and 434 double. Plate 1011; 410, 5; 434, 5.
2455. In DM. 11ᵐ, should be 10ᵐ. See list of errata, Bonn Observations, Vol. VI. p. 379.
2458. Plate 1011; 410, 5; 434, 5.
2462. Plate 289; on second examination spectrum F; 410, 3 ? 434, 3 ?
2464. Plate 289; 410, 5; 434, 5.
2468. Plate 941; 402, 1.
2481. Plate 289; limit of spectrum β. Plate 1011; limit of spectrum β; 397 a 434; 448, 2. Plate 1055; 397 a 434; 448, 3; 461, 1.
2483. Plate 1055; 402, 2.
2487. Plate 1055; 402, 2; 453, 1.
2488. Plate 1011; image poor and faint; on first examination spectrum F? 410, 5; 434, 5.
2489. Plate 1012; 410, 5; 434, 5. Plate 1055; 410, 5; 434, 5.
2494. Plate 1011; image poor and faint; on first and second examinations spectrum A? Plate 289; 410, 5; 434, 5.
2495. Plate 1035; spectrum C?
2498. Plate 289; spectrum of D. C. 2499 superposed; spectrum A, observed brightness 5.0, limit η, κ line 3.
2499. See 2498.
2500. Plate 1011; on first and second examinations spectrum E. Plate 1012; image very poor and faint; near edge of plate; on first examination spectrum A.
2502. Plate 1011; image poor and faint; near edge of plate; on first examination spectrum F? 410, 5; 434, 5.
2505. Plates 955 and 1011; spectrum C?
2506. Measure of brightness on Plate 191 rejected on account of width of spectrum.
2508. Plate 1011; on first examination spectrum F? 410, 2; 434, 2; on second examination spectrum E; near edge of plate. Plate 289; 397 a 434; 448, 3; 461, 2. Plate 941; 448, 3.
2512. Plate 289; 410, 5; 434, 5; on re-examination 410, 5; 434, 5.
2513. First measure 5.68, resid. 6 1 2 5. Plate 289; second measure gives residual 3; first measure rejected. Plates 955 and 1011; spectrum C? Plate 1055; 402, 2.

2517. Plate 275; spectrum A.
2521. Plate 1011; image poor and faint; on first examination spectrum A.
2522. Plate 1012; 410, 5; 434, 5; on re-examination 410, 5; 434, 5.
2523. Plate 941; 410, 5; 434, 5; on re-examination 410, 5; 434, 5.
2526. Images poor. Plates 289, 941, and 955; on first examination spectrum A? Plate 164; on second examination spectrum A.
2527. Plate 289; a 394; 397 a 434; 448, 3; 456, 1; 458, 1; 461, 1. Plate 955; 397 a 434; 448, 3. Plate 1011; limit of spectrum β; 397 a 434; 448, 3. Plate 1055; limit of spectrum α; 397 a 434; 448, 3; 456, 1; 458, 2; 461, 2; 466, 1; 468, 1; 471, 1.
2528. Plates 941 and 955; on second examination spectrum A.
2529. Measure of brightness on Plate 191 rejected on account of width of spectrum. Plate 289; spectrum of D. C. 2528 superposed; observed brightness 4.7. Plate 955; spectrum C?
2532. Images poor; near edge of plates. Plate 955; on first examination spectrum E? Plate 1011; on first and second examinations spectrum F? Plate 1011; a 394; 410, 5; 434, 5.
2533. Plate 955; spectrum C?
2534. Plate 941; 402, 1.
2538. Plate 954; on first and second examinations spectrum A? Plate 1056; on first examination spectrum B; 402, 2; 453, 2.
2539. Plate 1055; 402, 2; 453, 2.
2542. Plate 955; on first examination spectrum F? limit of spectrum α; 410, 5? 434, 5? several bright and faint lines.
2543. Plate 941; 410, 5; 434, 5.
2544. Plate 1012; on first examination spectrum F? limit of spectrum β; 410, 5; 434, 5.
2546. Measure of brightness on Plate 191 rejected on account of width of spectrum.
2551. The letter t stands for b dr. Plate 289; spectrum of DM. +42° 989 superposed; observed brightness 6.5. Plates 289 and 1012; image very poor; on first examination spectrum F? Plate 1012; on second examination spectrum F? near edge of plate. Plate 289; 410, 5; 434, 5. Plate 1012; limit of spectrum α; 410, 5; 434, 5.
2553. Plate 217; image poor and faint; on first examination spectrum F; 410, 2; 434, 2.
2557. Plate 941; 448, 3; 456, 2; 461, 2; 466, 2; on re-examination 448, 3.
2558. A. G. C. magn. 7.
2560. Plate 954; image very poor and faint; on first examination spectrum A. Plate 1057; 410, 5; 434, 5.
2570. Plate 941; 410, 5; 434, 5.
2576. Plate 191; on first examination spectrum E?

THE DRAPER CATALOGUE.

2578. Plate 954; 410, 5; 434, 5. Plate 1057; 410, 5; 434, 5.
2579. Plate 1037; 410, 5; 434, 5; on re-examination 410, 5; 434, 5.
2580. Plate 278; on first exmaination spectrum F? a 394; 410, 5; 434, 5.
2581. Dunér 38.
2583. Plate 192; on special examination spectrum M? Plate 289; image poor; on first examination spectrum F? Plate 192; 397 a 434; 448, 2; 456, 1; 458, 1; 461, 1; 466, 1. Plate 289; 410, 5; 434, 5. Plate 956; 397 a 434; 448, 3; 461, 2; 466, 2. Plate 1056; 397 a 434; 438, 1; 443, 1; 448, 3; 456, 1; 458, 2; 461, 2; 468, 1; 471, 1.
2585. The letter t stands for dr. Plate 191; on special examination spectrum M? Measure of brightness on this plate rejected on account of width of spectrum. Plate 164; limit of spectrum a; 397 a 434; 448, 3; 461, 2. Plate 191; 397 a 434; 448, 3; 456, 1; 458, 1; 461, 2; 466, 1; 468, 1; 471, 1. Plate 192; a 394; 397 a 434; bright lines. Plate 289; a 394; 397 a 434; 448, 3; 451, 1; 456, 1; 458, 1; 461, 1; 466, 1; 468, 1; 471, 1. Plate 941; a 394; 397 a 434; 443, 1; 448, 3; 451, 1; 456, 1; 458, 2; 461, 2; 466, 1; 468, 2; 471, 1. Plate 955; a 394. Plate 1055; a 394; 397 a 434; 434 double? 436, 1; 438, 1; 443, 1; 448, 3; 451, 1; 453, 1; 456, 2; 458, 2; 461, 2; 466, 1; 468, 2; 471, 2; 486 double?
2587. Plate 1057; 410, 2; 434, 2.
2588. Plate 1057; 410, 5; 434, 5.
2590. Plate 278; image poor; on first examination spectrum E?
2595. The letter t stands for dr. First measure 4.45, resid. 4.5 p 3.7. Plate 278; first measure gives residual 17; second measure gives residual 6; first measure related to DM. −3° 830 and was rejected. Plate 1068. Second measure gives residual 4. Plate 164, second image; on first examination spectrum F? a 394; 410, 5; 434, 5. Plate 191; 402, 2.
2599. Plate 1014; spectrum C?
2600. Plate 217; on first examination spectrum E? Plate 1056; 448, 3.
2602. Plate 341; image poor and faint; on first examination spectrum A. Plate 954; limit of spectrum γ; 410, 3; 434, 3; 434 double. Plate 1069; a 394; 410, 2; 434, 2; 434 double.
2604. Plate 955; image poor and faint; on first examination spectrum F? 410, 5; 434, 5.
2607. Plate 289; on first and second examinations spectrum F? limit of spectrum β; 410, 5; 434, 5.
2608. Measure of brightness on Plate 191 rejected on account of width of spectrum.
2610. Images poor and faint. Plate 1055; on first examination spectrum E? Plate 289; on second examination spectrum F?
2611. Plate 1019; spectrum C.
2617. Plates 164 and 941; on special examination spectrum M? Plate 191; 448, 3. Plate 278; 397 a 434; 448, 3; 458, 1; 461, 2; 466, 1; 468, 1. Plate 941; 448, 3.
2620. Plate 1057; image very poor; on first examination spectrum F; 410, 2; 434, 2.
2623. Plate 1014; on first examination spectrum C.
2625. Plate 1068; 397 a 434; 448, 3; 456, 1; 458, 1.
2626. Plate 192; 410, 5; 434, 5. Plate 956; 410, 2; 434, 2.
2630. Plate 1014; on first examination spectrum F; 410, 3; 434, 3.
2633. The letter t stands for dr. Dunér 39. Plates 191 and 278; on first examination spectrum II. Plate 941; on first examination spectrum I; 448, 3; on special examination spectrum M?
2634. Plate 955; 402, 1 453, 1. Plate 1055; 392, 1; 402, 1; 453, 1.
2636. Plate 289; 410, 5; 434, 5.
2639. Plate 1014; 402, 1; 453, 1.
2642. Plate 289; on first and second examinations spectrum F? limit of spectrum a; 410, 5; 434, 5. Plate 192; 392, 2; 402, 2.
2646. Plate 278; 410, 5; 434, 5; on re-examination 410, 5; 434, 5.
2647. Plate 164; on first examination spectrum F? 410, 5; 434, 5.
2649. Plate 278; on first examination spectrum F? 410, 5; 434, 5. Plate 941; on first examination spectrum E?
2653. Plate 1014; 410, 5; 434, 5; on re-examination 410, 5; 434, 5.
2655. Plate 1014; on first examination spectrum E?
2656. Plate 955; image poor; on first examination spectrum B? 402, 2; on second examination spectrum A?
2658. Plate 1014; limit of spectrum β; 410, 5; 434, 5; on re-examination limit of spectrum β; 410, 3; 434, 3.
2661. Plate 1014; on first examination spectrum F? 410, 5; 434, 5. Near edge of plate.
2662. Plate 1014; 410, 5; 434, 5; on re-examination 410, 5; 434, 5.
2665. Plate 278; 392, 1; 402, 1; 453, 1. Plate 1068; 392, 2; 402, 1; 453, 2.
2668. Plate 275; on special examination spectrum M. Plate 165; 448, 4. Plate 898; 397 a 434; 448, 1; 448, 3; 456, 1; 458, 2; 461, 1; 468, 1. Plate 954; 448, 3; 456, 1; 458, 2; 461, 2; 468, 2; 471, 1. Plate 1035; 397 a 434; 448, 3; 456, 1; 458, 2; 461, 2; 468, 1. Plate 1057; 397 a 434; 448, 3; 456, 1; 458, 1; 461, 1; 466, 1; 468, 1. Plate 1069; 397 a 434; 448, 5; 453, 1; 458, 1; 461, 3; 468, 1; 471, 1.

2674. Duńer 40.
2675. Plate 1055; 403, 5; 419, 5.
2676. Plate 955; image very poor; near edge of plate; on first examination spectrum A.
2677. Plate 192; 410, 5; 434, 5; on re-examination 410, 5; 434, 5.
2679. Plate 1034; image poor; near edge of plate; on first examination spectrum A.
2680. Plate 192; on special examination spectrum M? .Plate 192; 448, 3; 456, 1; 458, *1*; 461, 2. Plate 956; 448, 3; 461, 1.
2682. Plate 278; image very poor; on second examination spectrum E?
2683. Plate 278; on first examination spectrum E? Plate 1066; on first examination spectrum H?
2684. Plate 1057; 410, 3; 434, 3.
2685. Plate 192; image poor; on first examination spectrum F? 410, 5? 434, 5? Plate 1014; 397 a 434; 448, 3.
2686. Plate 307; image very poor; near edge of plate; on first examination spectrum A.
2689. Plate 217; on first examination spectrum E? spectrum peculiar; 434 not visible.
2690. The letter t stands for dr. U. A. Orion 6, magn. 3.1, var. ? U. A. Standard 163 magn. 3.2. Plate 1068; on special examination spectrum Q? Plate 278; a 394; 410, 2; 434, 2; 434 double. Plate 307; a 394; 410, 5; 434, 5. Plate 1068; a 394; 410, 5; 429, *I*; 430, 3; 434, 5; 453, *I*.
2697. Plate 278; 410, 5; 434, 5; on re-examination 410, 4; 434, 4.
2700. Entered erroneously. Observation added to D. C. 2198.
2701. Plate 1013; spectrum C?
2703. Plate 278; 443, *I*; 448, 3; 456, 2; 458, *I*.
2705. Plate 956; 434 double? 448, 3; 456, 1; 458, *I*; 461, 2.
2706. Plate 307; image poor; on first examination spectrum F? a 394; 410, 5; 434, 5. Plate 278; 382, 3; 392, 1; 402, 1; 453, 1. Plate 1068; 382, 2; 392, 1; 402, 2; 453, 2.
2708. R. A. 3^h 46^m.2, Dec. +24° 53'. See 2210a in Table II. and remarks.
2712. Plates 955 and 1013; image poor and faint; on first examination spectrum F? Plate 955; limit of spectrum β; 410, 5; 434, 5. Plate 1013; 410, 3; 434, 3.
2713. Plate 1056; spectrum C?
2714. Duner 41.
2715. Plate 278; on first examination spectrum E?
2717. Plate 289; image poor near edge of plate; on first examination spectrum F? 410, 5; 434, 5.
2719. Plate 1014; 402, 2.
2721. Plate 278; on first examination spectrum F? a 394; 410, 5; 434, 5.
2725. Images very poor. Plate 955; on first examination spectrum E? Plate 1013; on first examination spectrum F? 410, 5; 434, 5.

2726. Plate 278; 392, 1; 402, 1; 453, 2. Plate 1068; 382, 4; 392, 2; 402, 2; 414, 2; 426, 2; 443, 2; 453, 2.
2728. Plates 340 and 341; spectrum C. Plate 289; 403, 6; 443, 5.
2732. U. A. Orion 15, magn. 6.0, var. ?
2734. Plate 954; on special examination spectrum M?
2736. Plate 1013; 410, 5; 434, 5.
2738. Plate 955; 410, 3; 434, 3; on re-examination 410, 2; 434, 2.
2740. Plates 192 and 1013; on special examination spectrum M? Plate 192; 397 a 434; 434 double; 438, 1; 443, *I*; 448, 3; 451, 1; 453, 1; 456, 1; 458, *2*; 461, 2; 466, 1; 468, *2*; 471, 1. Plate 340; 397 a 434; 438, 1; 443, *I*; 448, 3; 451, 1; 453, 1; 456, 1; 458, *2*; 461, 2; 466, 1; 468, *2*; 471, 1. Plate 956; 397 a 434; 434 double? 448, 3; 456, 1; 458, *2*; 461, 2; 466, 1; 468, *2*. Plate 1013; limit of spectrum γ; 397 a 434; 443, *I*; 448, 3; 456, 1; 458, *2*; 461, 1; 466, 1; 468, *2*.
2743. Plate 192; 448, 3; 456, 1; 458, *I*; 461, 2. Plate 955; 397 a 434; 448, 3; 456, 1; 458, *I*; 461, 2.
2744. DM. +72° 247, magn. 8.9, precedes 4', north 2'.4; should be entered in D. C. as companion to 2744.
2745. Plate 278; image poor; on first examination spectrum E?
2746. Var. in A. G. C. U. A. magn. 5.4.
2749. Plate 1014; on first examination spectrum C?
2750. Plate 307; first image poor and faint; near edge of plate; on first and second examinations spectrum E?
2753. Plate 1014; image poor and faint; on first examination spectrum E.
2756. Plate 1014; 448, 3.
2757. Plate 1057; 410, 5; 434, 5.
2762. Plate 1069, first and second images poor; near edge of plate; on first examination spectrum A. Plate 275; 434, 2; 434 double. Plate 1057; 410, 3; 434, 3.
2763. Plate 341; 410, 2; 434, 2. Plate 1069; a 394; 410, 2; 434, 2; 434 double.
2764. Plate 307; image very poor and faint; on first examination spectrum E?
2766. Plate 340; image very poor; on first and second examinations spectrum A? Plate 192; 410, 5; 434, 5. Plate 956; 410, 5? 434, 5? Plate 1013; 410, 3; 434, 3. Plate 1014; limit of spectrum β; 410, 2; 434, 2.
2768. Plate 278; 443, *I*; 448, 3; 456, 1; 458, *I*. Plate 1034; 448, 3; 461, 1.
2771. A. G. C. magn. 7.
2772. DM. +48° 1197 magn., 9.2, follows 0^s.3, south 1'.1. Plate 1014; 410, 2; 434, 2; on re-examination 410, 5? 434, 5?
2775. Combined with 2776. DM. magns. 8.5 and 8.5.
2776. See 2275.
2778. Plate 341; on first examination spectrum E?

THE DRAPER CATALOGUE.

Plate 275; 405, 2; 413, 3. Plate 1057; 397 a 434; 443, 2; 446, 1; 448, 2; 456, 1; 458, 1; 461, 1; 468, 1. Plate 1069; 448, 1; 458, 1; 461, 1.

2779. Images poor. Plate 278; on first examination spectrum H ? Plate 307; on first examination spectrum E ?

2780. Var. in DM. Plate 192; a 394; 410, 2; 434, 2. Plate 298; a 394; 410, 2; 434, 2; 434 double. Plate 340; a 394; 410, 2; 434, 2; bright lines; spectrum peculiar. Plate 956; a 394; 410, 2; 434, 2. Plate 1013; a 394; 410, 3; 434, 3. Plate 1014; a 394; 410, 2; 434, 2.

2783. U. A. Orion 23, magn. 6.2, var. DM. +3° 737, magn. 7.8, follows 1°.0, in same declination; should be entered in D. C. as companion to 2783.

2784. Var. in A. G. C. Var. in U. A. 4¾-5¾.

2785. Plates 275, 1057, and 1069; image very poor and faint; on first examination spectrum A.

2787. Plate 192; on special examination spectrum M ? Plate 340; on first examination spectrum G ? Plates 340 and 956; on second examination spectrum A. Plates 1013 and 1014; on first examination spectrum F. Plate 192; limit of spectrum β; 397 a 434; 448, 3; 451, 1; 453, 1; 456, 1; 458, 1; 461, 1. Plate 340; a 394; 410, 3; 434, 3; bright lines; spectrum peculiar. Plate 956; limit of spectrum β; 397 a 434; 448, 3. Plate 1013; limit of spectrum γ; 410, 2; 434, 2. Plate 1014; limit of spectrum β; 410, 3; 434, 3; spectrum peculiar.

2789. Plate 1014; on first examination hydrogen lines narrow.

2790. Plate 1014; 410, 5; 434, 5; on re-examination 410, 5; 434, 5.

2792. Plate 275; additional lines.

2793. Plate 1014; on first examination spectrum C ?

2796. DM. +75° 205, magn. 93, precedes 8ˢ, north 0′.3. First measure 6.74, resid. 6 0 1 1. 2 ¼. Plate 217; second measure gives residual 2; first measure rejected.

2797. Plate 278; 392, 1; 402, 1; 453, 2. Plate 307; 392, 1; 402, 2; 453, 2. Plate 1034; 392, 2; 402, 2; 453, 2. Plate 1068; 402, 1.

2798. U. A. Orion 27, magn. 6.6, var.

2799. Combined with 2800. DM. magns. 9.4 and 9.2.

2800. See 2799.

2803. Plate 956; image poor; on first examination spectrum E ?

2808. Combined with 2809; DM. magns. 6.0 and 6.5. H. P. magns. 5.1 and —. Plate 1057; 402, 2.

2809. See 2808.

2815. Plate 1013; image very poor; on first examination spectrum F ? limit of spectrum γ; 410, 5; 434, 5.

2819. Plate 278; on special examination spectrum Q ? Plate 278; 458, 1 ?

2826. Printed in DM. catalogue, magn. 5.9. Magn. 9.5, according to a correction in Bonn Obs., Vol. VI. p. 378. On DM. chart, magn. 6.5. Examined on Plate 1822, Class I., magn. about 6.5. Confirmed by chart photographed March 3, 1890. Perhaps the type of 6 was inverted in printing errata. Assumed to be magn. 6.5, and so entered in D. C.

2828. Plate 1014; 410, 2; 434, 2; on re-examination 410, 3; 434, 3.

2831. Plate 307; on first examination spectrum E ?

2832. Plate 278; 410, 5; 434, 5.

2833. DM. magn. 3.4. H. P. magn. 3.3. Measures of brightness obtained on five plates; images too dense to determine magnitude with accuracy. Magn. 3.77, resid. 1 0 1 1 2. Plate 340, 362, 4; 402, 2; 453, 2. Plate 1091, first and second images; spectrum C ?

2835. Plate 1013; image poor; on first examination spectrum F ? limit of spectrum a; 410, 5; 434, 5.

2840. Plates 298 and 340; image very poor; on first examination spectrum A ? Plate 1013; 410, 5; 434, 5. Plate 1014; limit of spectrum β; 410, 2; 434, 2.

2841. Plate 1013, second image very poor and faint; on first examination spectrum F; 410, 5; 434, 5.

2843. Plate 307; on first examination spectrum F ? 410, 5; 434, 5.

2844. Plate 275; on first examination spectrum C ? Plate 341; on first examination spectrum A ? Plate 1057; a 394; 410, 2; 434, 2. Plate 1069; 410, 3; 434, 3.

2845. Plate 954; on first examination spectrum H ?

2848. Plate 1013; 410, 3 ? 434, 3 ?

2849. The letter t stands for dr. U. A. Lepus 12, magn. 3.1, var. ? Plate 278; on special examination spectrum M ? Plate 278; 397 a 434; 448, 3; 456, 1; 458, 1; 461, 1. Plate 307; limit of spectrum β; 397 a 434; 448, 3; 451, 1; 453, 1; 456, 1; 458, 2; 461, 2; 466, 1; 468, 1; 471, 1. Plate 345; 448, 3; 456, 1; 458, 1; 461, 2. Plate 1034; 448, 3; 456, 2; 458, 1; 461, 2; 466, 1; 468, 1. Plate 1068; 448, 3; 456, 1; 461, 2; 471, 2.

2853. Plate 192; limit of spectrum a; 410, 5; 434, 5.

2864. U. A. Eridanus 289, magn. 6.9, var. ?

2866. DM. magn. 3.

2868. Plates 298 and 340; on first examination spectrum A ? Plate 340; on second examination spectrum A ? Plate 956; 410, 3; 434, 3. Plate 1014; limit of spectrum β; 410, 5; 434, 5. Plate 1091; 410, 5; 434, 5.

2869. Plate 1013; 410, 2; 434, 2; on re-examination 410, 5; 434, 5.

2871. Plates 298 and 1014; image poor and faint; on first examination spectrum A ?

2878. Plate 341, first image; 406, 4; 421, 4.

2879. Plate 1014; on second examination spectrum F; 410, 5; 434, 5.
2884. Plate 1057; 410, 5; 434, 5.
2885. Plate 307; 392, 2; 402, 2.
2892. Images very poor. Plate 954; on first examination spectrum II? Plates 1057 and 1069; on first examination spectrum A?
2894. Plate 1057; on first examination spectrum F; 410, 3; 434, 3; 410 and 434 double.
2895. Plate 1013; on first examination spectrum E?
2896a. DM. +44° 1128. R. A. 5ʰ 5ᵐ.8, +44° 27'. Entered erroneously in Table I. See 2376.
2897. Plate 217; spectrum C.
2900. The letter t stands for bd. DM. +79° 168, magn. 9.0, precedes 1ˢ, north 0'.4. Plate 808; on first examination spectrum A? near edge of plate. Plate 165; 410, 2; 434, 2; 434 double. Plate 185; 410, 2; 434, 2; 410 and 434 double. Plate 217; a 394; 410, 5; 434, 5. Plate 275; a 394; 410, 2; 434, 2; 434 double. Plate 341; a 394; 410, 2; 434, 2; 434 double. Plate 954; a 394; 410, 2; 434, 2. Plate 1035; a 394; 410, 2; 434, 2; 434 double. Plate 1057; a 394; 410, 2; 434, 2; 434 double. Plate 1069; a 394; 410, 2; 434, 2; 434 double. Plate 1071; a 394; 410, 2; 434, 2; 434 double.
2902. Plate 1014; 402, 2.
2908. U. A. Orion 43, magn. 7.0, var. ?
2911. Dunér 44.
2912. Plate 1014; on first examination spectrum C? Plate 1091; on first examination spectrum F? 410, 5; 434, 5.
2913. Plate 307; 402, 2.
2914. Plate 1013; limit of spectrum a; 410, 5; 434, 5; on re-examination 410, 5; 434, 5.
2916. Plate 1014; 410, 5; 434, 5; on re-examination 410, 5; 434, 5.
2917. U. A. Orion 46, magn. 5.1, var. Plate 345; 448, 3; 461, 2. Plate 1034; 397 a 434; 448, 3; 461, 1.
2920. DM. magn. 3.
2930. The letter t stands for dr. DM. magn. 1.0. H. P. magn. 0.2. Brightness could not be measured on account of the density of the images. Plate 840, first image; on first examination spectrum B; additional lines. Plate 840, first image; on first examination spectrum A? only a small portion of spectrum visible on plate; a 394. Plate 840, second image; on first examination spectrum K? a 394; 397 a 434; 448, 3; 456, 1; 458, 2; 461, 1; 468, 1. Plate 192; a 394. Plate 1013; a 394; 410, 2; 434, 2; 492 seen. Plate 1014, first image; a 394; 410, 2? 434, 2? Plate 1014, second image; a 394; 410, 2; 434, 2. Plate 1091; a 394; 410, 2? 434, 2?
2934. Plates 340 and 1091; on first examination spectrum E? Plate 298; hydrogen lines narrow.

2935. The letter t stands for dr. DM. magn. 1. A. G. C. magn. 1.0. H. P. magn. 0.3. Brightness could not be measured on account of the density of the images. Plates 345, first image, 1034 and 1092; on first examination spectrum A? Plate 345, second image; on first examination spectrum B; 392, 1; 402, 2; 453, 2. Plate 276; a 394; 410, 5? 434, 5? Plate 307; a 394; 410, 5? 434, 5?
2938. Plate 1071; 434 double? 448, 2.
2940. Plate 340; image very poor; on first examination spectrum E?
2941. Plate 1092; 419, 3.
2944. Dunér 46. Plate 340; on first examination spectrum A?
2950. A. G. C. 6045.
2952. Plate 298; on special examination spectrum M? Plate 298; 448, 3; 456, 2; 461, 2. Plate 340; 448, 2; 458, 1; 468, 1. Plate 1013; 397 a 434; 448, 3; 458, 1; 461, 2.
2953. Plates 353 and 1229; spectrum C?
2956. Plate 298; 410, 2; 434, 4. Plate 340; limit of spectrum β; 410, 2; 434, 2. Plate 1013; limit of spectrum β; 410, 2; 434, 2. Plate 1014; limit of spectrum γ; 410, 2; 434, 2. Plate 1091; 410, 5? 434, 5?
2960. Plate 1013; image poor; on first examination spectrum E?
2961. Plate 307; spectrum C.
2962. Plate 1013; image poor; on first examination spectrum F? limit of spectrum β; 410, 2; 434, 2.
2963. Plates 275, 1035, and 1057; on first examination spectrum A. Plate 341; 410, 2; 434, 2; 410 and 434 double. Plate 954; 410, 4; 434, 4; 410 and 434 double. Plate 1069; 410, 6; 434, 6. Plate 1071; 410, 5; 434, 5; 410 and 434 double?
2969. Plate 340; on first examination spectrum A? Plate 1042; image poor and faint; on first examination spectrum E?
2973. Plate 1013; limit of spectrum a; 410, 2; 434, 2.
2976. Plate 1071; spectrum C.
2978. Plates 298, 1014 and 1091; image poor and faint; on first examination spectrum E?
2979. The letter t stands for dr. U. A. Orion 55, magn. 5.8, var. ? Plate 345; on first examination spectrum F? 410, 3; 434, 3.- Plate 1034; spectrum C?
2980. The spectrum on Plate 298 was supposed to be that of DM. +24° 818; on re-examination the star was found to be DM. +44° 1182, and the measures have accordingly been added to the latter star, which equals D. C. 2989.
2986. Plate 298; 392, 1; 402, 1.
2991. Combined with 2992. DM. magns. 7.3 and 7.0. A. G. C. magns. 6¾ and 7. Combined in U. A., magn. 6.1. Plates 307 and 1092; image poor; on first examination spectrum E?

THE DRAPER CATALOGUE. 291

2992. See 2991.
2993. Plate 276; 392, 2; 402, 2; 453, 2.
2994. Plate 1057; 410, 5; 434, 5.
2996. Plate 345; image poor and faint; on first examination spectrum F; 410, 5; 434, 5.
3004. Plates 276 and 1034; image very poor and faint; on first examination spectrum E.
3006. Plate 307; image poor; on first examination spectrum E?
3007. Plate 307; image very poor; on first examination spectrum E? Plate 345; 402, 2.
3008. DM. +79° 172, magn. 9.5, precedes 12ʳ, north 0ʹ.2.
3009. Plate 307; on first examination spectrum F? a 394; 410, 5? 434, 5? Plate 276, second image; 392, 2; 402, 1; 453, 2. Plate 345; 382, 4; 392, 2; 402, 2; 453, 2.
3012. Plate 345; image very poor and faint; on first examination spectrum E.
3013. Plate 1014; on first examination spectrum F? 410, 5? 434, 5?
3015. Plate 345; 402, 2.
3016. Plate 345; image very poor and faint; on first examination spectrum H? Plate 276; 410, 5; 434, 5.
3017. Plate 298; on special examination spectrum M. Plate 298; 448, 3; 461, 2.
3020. Combined with 3021. DM. magns. 6.6 and 6.4. H. P. magns. 6.4 and 5.9.
3021. See 3020.
3023. Plate 1071; spectrum C.
3024. Plate 345; image very poor; near edge of plate; on first examination spectrum E?
3026. Plate 298; a 394; 410, 2; 434, 2; 434 double. Plate 1013; 410, 2? 434, 2? Plate 1042; 410, 2; 434, 2.
3027. Plate 1092; on first examination spectrum E? Plate 345; 402, 2; 453, 2.
3029. Plate 276; 392, 1; 402, 2; 453, 2.
3030. Plate 276; 448, 3; 461, 2.
3035. Plates 307 and 309; on first examination spectrum F? a 394; 410, 5? 434, 5? Near edge of Plate 307. Plate 276; 402, 2; 453, 2. Plate 309; a 394; 410, 5; 434, 5. Plate 345; 382, 4. Plate 1034; 382, 4; 402, 1; 453, 2.
3036. Entered erroneously. Observation added to D. C. 3640.
3037. Plate 1092; image poor; on first examination spectrum E. Plate 345, first image; 392, 2; 402, 2. Plate 345, second image; 402, 2.
3038. The letter t stands for dr. DM. magn. 2.0. U. A. magn. 1.7, var.? H. P. magn. 1.9. Brightness could not be measured on account of the density of the images. Plates 309 and 1034; on first examination spectrum E? Near edge of Plate 1034. Plate 276; 392, 1; 402, 1. Plate 309; a 394. Plate 345; 382, 4; 392, 1; 402, 2; 453, 2.
3040. DM. magn. 2.0. H. P. magn. 1.9. Brightness could not be measured on account of the density of the images.

3043. Plate 1042; image very poor and faint; on first examination spectrum F? 410, 5; 434, 5. Plate 1092; on first examination spectrum E?
3045. Plate 340; 410, 5; 434, 5.
3047. Plate 276; image very poor and faint; on first examination spectrum E?
3049. Plate 345; 402, 2.
3050. Plates 1013 and 1042; image very poor and faint; on first examination spectrum F? Plate 1013; limit of spectrum δ; 410, 5; 434, 5. Plate 1042; 410, 5; 434, 5.
3051. Plate 1057; spectrum C?
3052. Plate 298; on special examination spectrum M? Plate 298; 448, 3. Plate 1013; 448, 3.
3055. Plate 1042; 402, 2. Plate 1092; 414, 2.
3058. Plate 298; 392, 2; 402, 2; 453, 2. Plate 1042; 402, 2.
3060. Plate 276; 402, 2. Plate 345; 382, 2; 392, 2; 402, 2; 453, 2. Plate 1092; 402, 2.
3062. Plate 1014; image very poor and faint; on first examination spectrum E?
3064. Plate 345; image poor and faint; on first examination spectrum F? 410, 3; 434, 3.
3066. Plate 309; on first examination spectrum E?
3067. Plate 1057; on first examination spectrum C? Plate 1069; 410, 5; 434, 5.
3069. Plate 1069; on first examination spectrum A. Plate 1035; 410, 4; 434, 4. Plate 1057; 410, 3; 434, 3.
3074. Plate 1013; spectrum C? Plate 1025; spectrum C.
3075. Plate 309; image very poor and faint; on first examination spectrum E?
3076. Plate 1013; 410, 2; 434, 2.
3079. Combined with 3080. DM. magns. 7.7 and 6.5. Plate 1014; on first examination spectrum A? Plate 1026; on first examination spectrum H?
3080. See 3079.
3082. Plate 309; image very poor and faint; on first examination spectrum E?
3083. Plate 1057; on first examination spectrum F? 410, 5; 434, 5.
3084. Plate 1057; image faint; on first examination spectrum A?
3085. DM. magn. 3. Plate 276, first image; a 394. Plate 276, second image; 468, 1. Plate 309; limit of spectrum β; 397 a 434; 448, 1; 456, 1; 458, 1; 461, 1. Plate 345; a 394; 397 a 434; 438, 1; 443, 1; 448, 3; 456, 1; 458, 1; 461, 1; 468, 1; 471, 1. Plate 1092; a 394; 397 a 434; 438, 1; 443, 1; 448, 3; 456, 2; 458, 2; 461, 2; 466, 1; 468, 1.
3092. Plate 1014; 410, 5; 434, 5; on re-examination 410, 5; 434, 5.
3093. Plate 1108; image very poor and faint; on first examination spectrum E?
3094. Plate 1108; on first examination spectrum E; near edge of plate.

3095. Var. in A G. C. U. A. Orion 81, magn. var. 4¾–6. Plate 345; 448, 3.
3096. Plate 165; on first examination spectrum F ? 410, 5; 434, 5. Plate 1069; on first examination spectrum H.
3100. Plate 276; 402, 2. Plate 345; 402, 1; 453, 1.
3101. Plate 1014; spectrum C ?
3106. Plate 1108; on first examination spectrum F ? 410, 5 ? 434, 5 ? near edge of plate. Plate 276; 402, 2; 419, 2; 448, 2.
3108. Plates 208 and 1025; on first examination spectrum F. Plate 1091; on first examination spectrum E. Plate 298; a 394; 410, 5; 434, 5. Plate 1025; limit of spectrum β; 410, 5 ? 434, 5 ?
3109. Plate 1071; spectrum C.
3110. Dunér 48. Plate 1042; image very poor and faint; on first examination spectrum A ?
3111. Plate 1069; 410, 5; 434, 5; on re-examination a 394; 410, 5; 434, 5.
3112. Plate 1013; on first examination spectrum E ? Plate 1117; on first examination spectrum F ? 410, 5; 434, 5.
3113. Plate 277; image very poor and faint; near edge of plate; on first examination spectrum E ?
3116. DM. magn. 9.5. On chart magnitude 6 or 7. Perhaps the type of G has been inverted in printing the magnitude in the catalogue. Plate 1025; spectrum C ?
3120. The letter t stands for dr. DM. magn. 2.0. A. G. C. magn. 2.3. H. P. magn. 2.4. U. A. Orion 88, magn. 2.3, var. ? Measure of brightness obtained on Plate 276, first image; image too dense to determine magnitude with accuracy. Plate 276, second image; on first examination spectrum F ? a 394; 410, 2 ? 434, 2 ? Plate 345; 402, 1; 453, 1.
3124. Plate 276; 402, 2. Plate 345; 392, 1; 402, 2; 453, 1. Plate 1092; 392, 1; 402, 1; 443, 2; 453, 2.
3127. Plate 185; on first examination spectrum F; 410, 3; 434, 3. Plate 1057; on first examination spectrum C.
3129. Plate 1057; spectrum C.
3130. Plate 1025; on first examination spectrum F; limit of spectrum β; 410, 5; 434, 5.
3133. Plate 1108; image poor and faint; on first examination spectrum F; 410, 5; 434, 5.
3137. Plate 298; 397, 5; 402, 1. Plate 1042; 402, 2; 453, 2.
3138. Plate 276; a 394; 410, 5 ? 434, 5 ? Plate 309; a 394; 410, 5; 434, 5; 410 and 434 double. Plate 345; a 394; 410, 3; 434, 3. Plate 1092; a 394; 410, 4; 434, 4. Plate 1108; a 394; 410, 5; 434, 5. DM. magn. 3.
3140. Plate 309; on first examination spectrum F ? a 394; 410, 5 ? 434, 5 ?

3141. Plate 1026; on first examination spectrum F; 410, 5; 434, 5.
3145. A. G. C. magn. 7.
3147. Plate 309; image poor and faint; on first examination spectrum F ? 410, 5; 434, 5.
3148. Plate 298; 402, 1; 453, 1. Plate 1042; 402, 2.
3150. Plate 276; 402, 2. Plate 345; 402, 2. Plate 1092; 402, 1; 453, 1.
3152. Combined with 3153. U. A. Orion 101, magn. 3.5, var. ? Plate 298; 392, 1; 402, 2; 419, 1; 453, 2. Plate 345; 402, 2.
3153. See 3152.
3159. The letter t stands for br. U. A. Orion 103, magn. 5.8, var. ? U. A. Orion 102, magn. var. 5½·7¼ precedes 1ˢ, south 0′.5. DM. –6° 1233, magn. 6.8, precedes 0ˢ.9, in same declination. This star should have been entered in D. C. as companion to 3159. Plate 309; 402, 2; 453, 2.
3160. Plate 1035; image faint; on first and second examinations spectrum F; 410, 3; 434, 3.
3163. Combined with 3164 on Plates 276, 309, first and second images, and 345. Photographic magn. 5.09. Values in successive columns of Table II. 5.2 5.9 – 5.3, 24.3, 8aay, 0000. Plate 1092; on first examination spectrum E ? Plates 276 and 345; on special examination spectrum Q ? spectrum of nebula superposed, making it hard to determine the class. Plate 276; spectrum peculiar; bright lines ? spectrum of nebula superposed. Plate 309, first image; spectrum peculiar; bright lines ? spectrum of nebula superposed. Plate 309, second image; spectrum peculiar; bright lines, spectrum of nebula superposed. Plate 345; spectrum peculiar; bright lines ? spectrum of nebula superposed. Plate 1092; 402, 1. Plates 1092 and 1108, on second examination several bright bands; 409 ? bright band; 431 ? bright band. These bands are very hazy, and do not resemble bright lines. They may be in the nebulosity surrounding the star.
3164. See 3163. Plate 1092; spectrum peculiar; 402, 1; 453, 1. Plate 1108; 402, 2 ? 421, 3; 431, 3.
3165. The letter t stands for bdr. DM. –4° 1183, magn. 7.0, in same R. A. north 4′.9, superposed. Should be entered in D. C. as companion to 3165. Plate 345; on first examination spectrum F ? a 394; 410, 5; 434, 5.
3166. U. A. Orion 109, magn. 5.5, combined in U. A. with 110, magn. 6.1; combined magnitude 5.1, var. ? Plate 276; 392, 1; 402, 2; 453, 1. Plate 345; 402, 1. Plate 1092; 402, 1; 453, 2.
3167. A. G. C. magn. 7.
3168. The letter t stands for dr. DM. magn. 3; A. G. C. magn. 2.9; H. P. magn. 3.0. Measures of brightness obtained on three plates; images too dense to determine magnitude with accuracy. Magn. 3.45; resid. 5 2 4. Plate 276; on first examina-

THE DRAPER CATALOGUE. 293

tion spectrum F? a 394; 410, 5; 434, 5. Plates 309, first and second images, 345, 1092, and 1108; on first examination spectrum A?

3169. The letter t stands for dr. U. A. Orion 111, magn. 6.8, var.? Plates 1092 and 1108; image poor and faint. Plate 1092; on first examination spectrum E? Plate 1108; on first examination spectrum H. Plate 276; 402, 2.

3170. Plate 1026; 410, 3; 434, 3. Plate 1069; 410, 3; 434, 3.

3175. The letter t stands for dr. DM. magn. 2.0. A. G. C. magn. 1.8. H. P. magn. 1.8. Brightness could not be measured on account of the density of the images. Plate 309; on first examination spectrum E? Plate 345; 392, 1; 402, 2; 453, 1.

3177. A. G. C. magn. 7. Plate 345; image poor and faint; on first examination spectrum E?

3179. Plate 345; 448, 3; 456, 2; 461, 2. Plate 1108; 397 a 434; 448, 2; 456, 2.

3180. Plate 1042, second image; spectrum C? Plate 1092; 402, 1; 453, 1.

3181. Plate 276; 402, 2.

3188. Plate 1035; image very poor and faint; on first and second examinations spectrum F? 410, 5? 434, 5?

3189. Plate 1108; image very poor and faint; on first examination spectrum F; 410, 5; 434, 5.

3193. Plates 309 and 1108; image very poor and faint; on first examination spectrum F?

3194. Plate 1042; image very poor and faint; on first examination spectrum H?

3195. Plate 1014; 448, 3.

3197. Plate 1069; on second examination spectrum F? 410, 5; 434, 5.

3200. Plate 277; 392, 2; 402, 2; 419, 2; 453, 2.

3204. Plate 309; 402, 2.

3205. Plate 345; on first examination spectrum F? 410, 5, 434, 5. Plate 1108; image very poor and faint; on first examination spectrum F? 410, 5; 434, 5.

3207. Plate 276; 402, 2. Plate 309; 402, 2. Plate 1108; 392, 1; 402, 2; 443, 5; 468, 2.

3208. Plate 309; 410, 5? 434, 5?

3211. Plate 1091; on first examination spectrum E? Plate 298; 403, 6; 419, 6.

3218. Plate 1092; image very poor and faint; on first examination spectrum H?

3222. Images very poor and faint. Plate 309; on first examination spectrum F? 410, 5; 434, 5. Plate 1108; on first examination spectrum H?

3224. Combined with 3225. DM. magns. 7.5 and 7.0.

3225. See 3224.

3226. Plate 1026; 410, 5? 434, 5? on re-examination 410, 5? 434, 5?

3228. Plate 345; on second examination spectrum E?

3231. Plate 1042; 402, 2; 453, 1. Plate 1108; 392, 1; 402, 2.

3234. Plate 309; on first examination spectrum F? limit of spectrum β; 410, 5; 434, 5. Plate 1108; on first examination spectrum E?

3236. Plate 309; 392, 1; 402, 2. Plate 345; 392, 1; 402, 2; 453, 1. Plate 1108; 402, 2; 453, 2.

3237. The letter t stands for dr. Combined with 3238. DM. magn. 2. U. A. magn. 1.8. H. P. magn. 1.9. Brightness could not be measured on account of the density of the images. Plate 276; on first examination spectrum F? a 394; 410, 5; 434, 5. Plate 1092; on first examination spectrum E? Plate 345; 392, 1; 402, 2; 453, 1.

3238. See 3237.

3239. Plate 309; on first examination spectrum A? Plate 309; 410, 5; 434, 5.

3245. Plate 1069; on first examination spectrum E? Plate 1071; image poor; near edge of plate; on first examination spectrum H; on second examination spectrum F?

3246. Plate 309; 410, 5; 434, 5; on re-examination 410, 5; 434, 5.

3250. Plate 1042; image very poor and faint; on first examination spectrum E? Plate 1025; 402, 2; 448, 2.

3255. Plate 1069; on first examination spectrum H? Plate 1069; 410, 5; 434, 5; on re-examination 410, 5; 434, 5.

3256. Plate 1108; on first examination spectrum A? on second examination spectrum F?

3258. Plate 1035; spectrum C?

3266. Plate 1025; 410, 5; 434, 5; on re-examination 410, 5? 434, 5?

3268. Plate 1117; image very poor and faint; on first examination spectrum E?

3272. Plate 1108; image very poor and faint; on first examination spectrum F; 410, 5; 434, 5.

3278. Plate 309; 410, 5; 434, 5.

3279. The spectrum measured on Plate 277 was supposed to be that of DM. +32° 1083. On re-examination the star was found to be DM. +40° 1403, and the measures have accordingly been added to the latter star, which equals D. C. 3268.

3281. Plate 898; 410, 5; 434, 5.

3283. Plate 276; a 394; 410, 2; 434, 2. Plate 309; a 394; 410, 3; 434, 3; 410 and 434 double. Plate 345; 410, 3; 434, 3. Plate 1092; a 394; 410, 2; 434, 2; 410 and 434 double. Plate 1108; limit of spectrum δ; 410, 4; 434, 4; 410 and 434 double.

3287. Plate 1069; on second examination spectrum F; 410, 5; 434, 5.

3288. Plate 1092; on first examination spectrum E?

3295. Plate 1108; 402, 2; 453, 1.

3298. Plate 1094; on first examination spectrum A? Plate 277; 397 a 434; 448, 3; 461, 1. Plate

1026; 397 a 434; 448, 2; 458, *1*; 461, 1. Plate 1117; 448, 3; 456, 2.
3304. Plate 277; 397 a 434; 448, 2. Plate 1025; 448, 3.
3306. DM. magn. 2.5. U. A. Orion 141, magn. 2.3, var. ? II. P. magn. 2.2. Measure of brightness obtained on one plate. Image too dense to determine magnitude with accuracy. Plate 1108; on re-examination 492 seen.
3309. Plate 309 ; 410, 5 ; 434, 5.
3312. Plate 341 ; spectrum C.
3313. Plate 309 ; image poor and faint; on first examination spectrum E? Plate 1167; on first examination spectrum H? near edge of plate.
3314. Plate 1093 ; spectrum C?
3315. Dunér 49.
3317. Plate 310 ; on special examination spectrum M? Plate 277 ; 397 a 434 ; 448, 3 ; 456, 2 ; 461, 2. Plate 310 ; 397 a 434 ; 448, 3 ; 461, 2. Plate 1026; limit of spectrum β; 397 a 434; 448, 3; 456, 1; 458, *1*; 461, 1; 468, *1*. Plate 1091; 448, 3. Plate 1094; 397 a 434; 448, 3; 461, 2. Plate 1117; 397 a 434; 448, 3; 456, 1; 458, *1*; 461, 2; 468, *1*.
3319. Beyond the limits within which accurate measurement can be made.
3321. Images poor. Near edge of Plates 1070 and 1167. Plates 309 and 1070 ; on first examination spectrum E? Plate 1167; on first examination spectrum II?
3328. Plate 341 ; spectrum C.
3330. Plates 341 and 1069; spectrum C?
3332. Plate 299; image poor on first examination spectrum F? 410, 5; 434, 5. Plate 1167; on first examination spectrum E? a 394; 410, 5; 434, 5. Plate 1108; 402, 2; 443, 2.
3334. Images poor. Plate 1070 ; on first examination spectrum E? Plate 1167; on first examination spectrum II; near edge of plate.
3335. Plate 1069 ; 410, 2 ; 434, 2.
3337. Plate 309 ; 448, 3 ; 456, 1 ; 458, *1* ; 461, 1. Plate 1070 ; 448, 3. Plate 1108 ; 448, 3. Plate 1118 ; 448, 3. Plate 1167 ; a 394 ; 397 a 434 ; 448, 3.
3338. Plate 1026 ; on second examination spectrum F ; 410, 5 ; 434, 5.
3340. U. A. Orion 147, magn. 5.5, var. Plate 309; 448, 3.
3342. Plate 1167, second image ; spectrum C ?
3347. Plate 1117 ; image poor and faint; on first examination spectrum F? 410, 5 ; 434, 5.
3349. Plate 277; a 394; 410, 3; 434, 3; 434 double. Plate 310; 410, 1; 434, 4. Plate 1025; limit of spectrum δ; 410, 3; 434, 3. Plate 1093; 410, 3; 434, 3.
3351. Plate 1026 ; limit of spectrum α; 410, 5 ; 434, 5; on re-examination limit of spectrum α; 410, 5; 434, 5.

3358. Images very poor and faint. Plate 299; on first examination spectrum F? 410, 5; 434, 5. Plates 1070 and 1167; on first examination spectrum E?
3360. Plate 1035 ; a 394 ; 410, 2 ; 434, 2 ; 434 double; on re-examination 410, 3 ? 434, 3 ?
3361. The letter t stands for dr. Dunér 50. Var. in DM. U. A. Orion 152. Var. 1.0-1.4. H. P. magn. 0.9. Measures of brightness obtained on three plates; images too dense to determine magnitude with accuracy. Magn. 3.32, resid. 1 *5* 3. On first examination of all plates spectrum K. Plates 1108 and 1118; on special examination spectrum M. Plate 299 ; a 394 ; bright lines ; 397 a 434 ; 448, 2. Plate 309 ; a 394 ; 397 a 434 ; 448, 3 ; 458, *2* ; 461, 2 ; 466, 1; 468, *1*. Plate 1108 ; a 394 ; 397 a 434 ; 448, 3 ; 456, 2 ; 458, *2* ; 461, 2 ; 468, *2* ; 471, 1 ; 492 seen; on re-examination 492 proved to be a defect. Plate 1118 ; a 394 ; 397 a 434 ; 438, 1 ; 443, *1*; 448, 3; 453, 2; 456, 1; 458, *2*; 461, 2; 466, 1; 468, 2; 471, 1; 480, 3. Plate 1167; a 394? 397 a 434; 438, 1; 443, *1*; 448, 3; 453, 2; 456, 1; 458, *2*; 461, 2; 466, 1; 468, *1*; 471, 2.
3364. Plate 1093 ; image very poor and faint ; on first examination spectrum H ?
3369. A. G. C. 6964.
3371. Plate 1025 ; image very poor and faint ; on first examination spectrum E?
3373. Plate 309 ; 448, 3.
3374. Plate 165 ; image very poor and faint ; on first examination spectrum F ; 410, 5 ; 434, 5.
3375. Plate 1096 ; image poor ; near edge of plate ; on first examination spectrum F? Plate 277 ; on special examination spectrum M. Plate 277; 397 a 434; 448, *1*; 448, 3; 456, 2; 458, *2*; 461, 2; 466, 1. Plate 300; 397 a 434; 448, 3; 458, 2; 468, 2. Plate 1026; limit of spectrum δ; 397 a 434 ; 448, 3; 456, 1; 458, *2*; 461, 2; 466, 1; 468, *1*. Plate 1096; 410, 3? 434, 3? Plate 1117; limit of spectrum β; 397 a 434; 436, 1; 448, 3; 456, 1; 458, *2*; 461, 2; 466, 1; 468, *1*.
3378. Plate 1069 ; spectrum C ?
3381. Plate 310 ; 402, 1.
3382. Plates 309 and 1108, first and second images poor; on first examination spectrum A? Plate 299; a 394; 410, 5; 434, 5; 410 and 434 double. Plate 1070 ; a 394 ; 410, 5? 434, 5? Plate 1118; a 394; 410, 5? 434, 5? Plate 1167; a 394; 410, 5? 434, 5?
3385. Plate 1069 ; on second examination spectrum F ; 410, 5 ; 434, 5.
3390. Plate 1071 ; 410, 5 ; 434, 5.
3391. The letter t stands for dr. Dunér 51. Plates 310 and 1026 ; on first examination spectrum I. Plate 1094 ; on first examination spectrum K. Plates 310, 1026, and 1094 ; on special examination spectrum M? Plate 310 ; 448, 3. Plate 1026 ; 448,

THE DRAPER CATALOGUE.

3; 461, 2. Plate 1094; 443, 1; 448, 2; 456, 2; 461, 1; 468, 1.
3392. Plate 1094; 448, 2.
3395. A. G. C. magu. 7.
3402. Plate 1118; 453, 2.
3404. Plate 309; spectrum C ?
3408. Plate 309; image very poor and·faint; on first examination spectrum E ?
3409. Images very poor and faint. Plate 1094; on first examination spectrum H ? Plate 1025; spectrum C ?
3414. U. A. Orion 161, magn. 5.2, var. ? Plate 1070; 448, 3; 461, 2. Plate 1167; 448, 3; 461, 2.
3418. Plate 1070; 410, 5; 434, 5; 410 and 434 double. Plate 1167; a 394; 410, 5; 434, 5.
3419. Plate 1096; 410, 5; 434, 5.
3423. Plate 1096; image very poor and faint; on first examination spectrum E ?
3424. Plate 1167; 410, 5; 434, 5.
3420. Plate 299; 402, 2; 453, 2. Plate 1070; 402, 2; 453, 1. Plate 1118; 402, 2. Plate 1167; 392, 1; 402, 1; 419, 1; 453, 2.
3433. A. G. C. magn. 8.
3437. Plate 1025; on first examination spectrum E ? Plate 310; a 394; 397 a 434; 448, 3; 456, 2; 461, 2. Plate 1093; 448, 3.
3438. Plate 1025; on first examination spectrum E ? Plate 1093; hydrogen lines narrow ? on first examination spectrum F ? Plate 310; hydrogen lines narrow. Plate 1025; a 394. Plate 1093; limit of spectrum β; 410, 5; 434, 5.
3440. Plate 1094; image very poor and faint; on first examination spectrum E ?
3442. DM. −16° 1342, magn. 9.1, precedes 2ˢ.2, north 1ʹ.0.
3447. Plate 1108; on first examination spectrum E ? near edge of plate. Plate 1167; on second examination spectrum E ? Plate 299; 402, 2. Plate 1118; 402, 2.
3448. Plate 300; spectrum C ? Plate 1026; image poor; on first examination spectrum F ? 410, 2; 434, 2.
3449. Plate 1167; 410, 3; 434, 3.
3457. Plate 1108; on first and second examinations spectrum F ? 410, 5; 434, 5; near edge of plate.
3460. Plate 299; on first examination spectrum F ? 410, 3; 434, 3.
3462. Plate 1035; on special examination spectrum M ?
3464. Plate 1070; 453, 2. Plate 1167; 392, 1; 402, 1.
3466. Plate 1108; on first examination spectrum E; near edge of plate. Plate 310; 402, 2; 453, 2. Plate 1093; 382, 3; 392, 2; 402, 2; 453, 2.
3467. Plate 299; image poor; on first examination spectrum F ? 410, 5; 434, 5.
3470. Plate 1070; image poor and faint; on first examination spectrum F ? a 394; 410, 5; 434, 5.
3471. Plate 1069; on first examination spectrum A ?

Plate 1229; on first examination spectrum H. Plate 1071; 410, 5; 434, 5.
3472. Plate 1118; on first examination spectrum F ? 410, 5; 434, 5.
3475. A. G. C. 7298.
3477. Dunér 52. Photometric magnitude 6.25. See Annals of H. C. O., Vol. XIV. p. 411.
3479. Plate 299; image very poor; on first examination spectrum E ?
3480. Dunér 53.
3486. Plate 299; image very poor and faint; on first examination spectrum E ?
3491. Plate 1167; image very poor and faint; on first examination spectrum H.
3493. Plates 299 and 1167; image poor; on first examination spectrum F. Plate 299; 410, 5 ? 434, 5 ? Plate 1167; 410, 2; 434, 2.
3499. Plate 1069; on first examination spectrum A.
3500. Plates 194 and 1118; image very poor and faint; on first examination spectrum A ? Plate 1070; 410, 5; 434, 5. Plate 1167; a 394; 410, 2; 434, 2.
3506. Plate 1099; on first examination spectrum F ? 410, 5; 434, 5. Plate 1093; 402, 2; 453, 2.
3507. Plate 194; 402, 2; 453, 2. Plate 310; 402, 2; 453, 2. Plate 1093; 402, 2; 453, 1.
3511. Plate 310; on second examination spectrum F ? 410, 5; 434, 5.
3512. U. A. Lepus 100, magn. 6.0, var. ?
3513. Plate 1035; on special examination spectrum M ?
3517. Plate 1099; on first examination spectrum F. ? near edge of plate. Plate 299; 392, 1; 402, 2; 453, 2. Plate 1070; 302, 1; 402, 2; 453, 2. Plate 1118; 392, 2; 402, 2. Plate 1167; 392, 4; 402, 2.
3521. Plate 1093; image very poor and faint; on first examination spectrum E ?
3522. Plate 341; spectrum C.
3524. Plate 299; image very poor and faint; on first examination spectrum E ?
3526. Plate 1167; image very poor and faint; near edge of plate; on first and second examinations spectrum E ?
3527. Plate 194; on first examination spectrum E ? Plate 1167; image very poor and faint; on first examination spectrum F ? 410, 5; 434, 5.
3529. Plate 1071; 410, 5; 434, 5.
3531. Beyond the limits within which accurate measurement can be made.
3532. Dunér 54.
3534. Images very poor and faint Plate 1035; on first examination spectrum F ? Plate 1071; on first examination spectrum H ?
3535. The letter t stands for dr. Dunér 55. On first examination of plate spectrum K. Plates 300, 310, and 1095; on special examination spectrum M. Plate 1093; on special examination spectrum M ? Plate

300; 397 a 434; 434 double ? 448, 3; 456, 1; 458, 2; 461, 3; 466, 1; 468, 1; 471, 3; 474, 2. Plate 310; limit of spectrum a; 397 a 434; 443, 1; 448, 3; 453, 1; 456, 1; 458, 2; 461, 2; 466, 1; 468, 1; 471, 1. Plate 1093; 397 a 434; 434 double ? 448, 3; 456, 1; 458, 1; 461, 2; 466, 1; 468, 1; 471, 1. Plate 1095; 397 a 434; 434 double ? 448, 3; 451, 1; 456, 1; 458, 1; 461, 2; 466, 1; 468, 1; 471, 1.

3536. Plate 1167; image very poor and faint; on first examination spectrum H ?

3537. Plate 300; limit of spectrum β; 448, 3; 456, 1; 461, 1. Plate 1093; 448, 3; 456, 1; 458, 1; 461, 1. Plate 1095; limit of spectrum a; 397 a 434; 438, 1; 443, 1; 448, 3; 456, 2; 458, 2; 461, 2; 466, 1; 468, 1.

3538. Plate 1093; on first and second examinations spectrum A. Plate 300; image good; lines well defined; a 394; 410, 2; 434, 2. Plate 1095; 410, 5; 434, 5.

3543. Plate 1099; on first examination spectrum E ? Plate 310; hydrogen lines narrow.

3546. Plate 1095; image poor and faint; on first examination spectrum E ?

3547. Plate 1099; image very poor and faint; on first examination spectrum E ? on special examination spectrum M ? Plate 194; 448, 3; 456, 1; 458, 2; 461, 2; 468, 1. Plate 299; 397 a 434; 443, 1; 448, 3; 456, 1; 458, 1; 461, 2; 468, 1. Plate 1070; limit of spectrum a; 397 a 434; 448, 3; 456, 1; 458, 2; 461, 2; 468, 1. Plate 1167; 448, 2.

3548. Plate 310; image poor and faint; on first examination spectrum E ?

3549. Plate 1093; 402, 2; 468, 5.

3553. Plate 1118; image poor and faint; on first examination spectrum E ? Plate 1167; on second examination spectrum F ?

3554. Plate 299; on first examination spectrum A ? only a small portion of spectrum visible on plate. Plate 194; 410, 5; 434, 5. Plate 1070; 410, 5; 434, 5.

3556. Plate 194; on first examination spectrum E ? Plate 1167; image very poor and faint; on first examination spectrum H ?

3557. Plate 1070; 402, 2.

3559. Plate 194; image good; lines well defined; on first and second examinations spectrum F; a 394; 410, 5; 434, 5. Plate 1099; image very poor; on first examination spectrum E ? Plates 310 and 1093; image poor; on first and second examinations spectrum A ?

3566. Image poor and faint on all plates. Plates 299 and 1118; on first examination spectrum E ? Plate 1167; on first examination spectrum F ? a 394; 410, 5; 434, 5.

3567. Plate 1118 ; image poor and faint; on first examination spectrum E ? Plate 299; hydrogen lines narrow. Plate 1070; 402, 2; 453, 2.

3569. U. A. Orion 182, magn. 6.2, var. ? Plate 299; on first examination spectrum E ? Plate 1167; on first examination spectrum H ?

3570. Plate 1070 ; on first examination spectrum F ? 410. 5; 434, 5. Plate 1167; image very poor and faint; on first examination spectrum H. A.G.C. magn. 7.

3571. Plate 300 ; 402, 3.

3573. Plate 1167; image poor and faint ; on first examination spectrum H ?

3575. A. G. C. magn. 7.

3582. Plate 194 ; on first examination spectrum F ? 410, 5 ; 434, 5.

3584. Plate 299; on first examination spectrum F ? 410, 5 ? 434, 5 ? Plate 1167; on first examination spectrum H ?

3586. Plate 1071 ; 410, 3; 434, 3; 434 double. Plate 1096 ; limit of spectrum β; 410, 5 ; 434, 5.

3587. Combined with 3588. DM. magns. 8.5 and 7.5.

3588. See 3587.

3589. Plate 1099; on first examination spectrum E. Plate 1167 ; image poor; on second examination spectrum F. Plate 1070 ; 402, 2.

3595. Plates 299, 1099, and 1118 ; on first examination spectrum E ? Plate 1167 ; image very poor and faint; on first examination spectrum F ? a 394; 410, 5 ; 434, 5.

3597. Plate 194 ; on first examination spectrum F ? 410, 5 ; 434, 5.

3598. Plate 1099 ; image very poor; on first examination spectrum F ? Plate 194; 392, 1; 402, 2. Plate 1070 ; 402, 2. Plate 1099 ; 410, 5; 434, 5.

3599. U. A. Orion 185, magn. 5.5, var. ?

3606. Plate 1070; on first examination spectrum E. Plate 1167 ; image very poor and faint; on first examination spectrum F ? 410, 5 ; 434, 5.

3607. Plate 299 ; on first examination spectrum E ? Plate 1167 ; on first examination spectrum H.

3610. Plate 299 ; 402, 2 ; 453, 2 ; on re-examination 402, 2; 453, 2.

3611. A. G. C. magn. 7. U. A. magn. 6.1. Plate 194; limit of spectrum β; 410, 3; 434, 3. Plate 299; 410, 5; 434, 5. Plate 1070; several dark lines between 397 and 486.

3613. Plate 166 ; spectrum C.

3615. The letter t stands for dr. Dunér 57. Plates 300, 1093, and 1095 ; on first examination spectrum K. Plate 310 ; on first examination spectrum I. Plates 300, 310, 1093, and 1095; on first examination spectrum M. Plate 300; 397 a 434; 438, 1; 443, 1; 446, 3; 448, 2; 451, 1; 453, 3; 456, 2; 458, 1; 466, 1; 468, 2; 471, 2; 474, 1; 477, 2; 480, 1. Plate 310; 434 double ? 448, 3; 461, 2. Plate 1093; 397 a 434; 448, 2; 453, 3; 468, 5; 471, 1. Plate 1095; 397 a 434; 438, 1; 443, 1; 448, 3; 451, 1; 456, 1; 458, 2; 461, 2; 466, 1; 468, 2; 471, 1.

3618. Plate 1035; 410, 2; 434, 2. Plate 1071; 410, 2; 434, 2.
3620. Plate 341; spectrum C.
3621. Plate 299; 410, 5; 434, 5.
3622. The spectrum measured on Plate 1035 was supposed to be that of DM. +58° 924. On re-examination the star was found to be DM. +58° 923, and the measures have accordingly been added to the latter star, which equals D. C. 3618.
3625. Plate 166; spectrum C.
3626. Plates 299 and 1167; image poor; on first examination spectrum E?
3627. Plate 1167; image very poor and faint; on first examination spectrum F? a 394; 410, 5; 434, 5.
3630. DM. magn. 3. A. G. C. magn. 2.2. H. P. magn. 2.0. Measure of brightness obtained on Plate 1118; image too dense to determine magnitude. Plate 1099; 382, 4; 402, 1; 453, 2. Plate 1167; 402, 1.
3632. Plate 1055; image very poor and faint; on first examination spectrum E?
3633. Plate 1167; spectrum C?
3634. Plate 1099; image very poor; on first examination spectrum E. Plate 1167; image poor; near edge of plate; on first examination spectrum F? 410, 5; 434, 5.
3636. Plate 1167; image poor; near edge of plate; on first examination spectrum F; 410, 5; 434, 5.
3638. Plates 194 and 1167; on first examination spectrum E? Plate 1167; image very poor; near edge of plate.
3641. U. A. Monoceros, magn. 28, var. 6–7½. Plate 1167; image very poor; near edge of plate; on second examination spectrum F? 410, 5; 434, 5. Plate 1109, Class I; on special examination spectrum H.
3642. Images poor; near edge of plates. Plates 299 and 311; on first examination spectrum F? Plate 1118; on first examination spectrum E? Plate 299; a 394; 410, 5; 434, 5. Plate 311; 410, 5; 434, 5.
3643. A. G. C. magn. 7.
3645. Plates 1070 and 1167; images poor; near edge of plates; on first examination spectrum F? Plate 1070; 410, 5; 434, 5. Plate 1167; 410, 5; 434, 5.
3646. Assumed to be H. P. 1206. Cum.
3648. Plate 311; image poor; near edge of plate; on first examination spectrum E?
3651. Plate 1057; image poor and faint; near edge of plate; on first examination spectrum F; 410, 5; 434, 5.
3653. Plate 1071; spectrum C?
3655. Plate 299; image poor; near edge of plate; on first examination spectrum F? 410, 5? 434, 5?
3657. A. G. C. magn. 7.

3659. Plate 1071; 434 double; 444, 4.
3660. Plate 264; 410, 5; 434, 5. Plate 1095; limit of spectrum β; 410, 3; 434, 3.
3662. Plate 194; 448, 3; on re-examination 448, 3.
3663. Plates 341, 1057, and 1112; spectrum C.
3664. Plates 1035, 1057, and 1112; on first examination spectrum E? Plate 1057; image poor; near edge of plate.
3667. Plate 1099; on first examination spectrum F.
— _ Plate 194; 402, 2; 419, 1; 453, 2. Plate 1099; a 394; 410, 5; 434, 5. Plate 1132; 402, 2; 453, 2.
3673. Combined with 3674. DM. magns. 5.5 and 5.5. Plate 194; 392, 1; 402, 2; 453, 2. Plate 1099; 392, 1; 402, 3; 453, 2. Plate 1132; 402, 2.
3674. See 3673.
3676. Beyond the limits within which accurate measurement can be made.
3677. Plate 353; on first examination spectrum A. Plates 1035 and 1071; on special examination spectrum M? Plate 1035; 448, 4; 458, 2. Plate 1071; 397 n 434; 448, 4; 458, 2; 468, 2. Plate 1229; 448, 4.
3682. Plates 1071 and 1119; on first examination spectrum A? Plate 165; 410, 4; 434, 4. Plate 185; 410, 5; 434, 5. Plate 1035; 410, 2; 434, 2. Plate 1069; 410, 5; 434, 5; 410 and 434 double?
3685. DM. +11° 1205, magn. 9.2 follows 0s.1, north 0'.6. Images very poor and faint. Plate 194; on first examination spectrum E? Plate 264; on first examination spectrum H?
3690. Plate 194; image very poor and faint; on first examination spectrum F? 410, 5; 434, 5.
3693. Plate 300; limit of spectrum a; 410, 4; 434, 4.
3697. First measure 5.99, resid. 2 46. Plate 1095; second measure gives residual 1; first measure rejected.
3701. Plate 1035; 410, 5; 434, 5. Plate 1071; 410, 5; 434, 5; 434 double.
3702. Plate 311; 402, 2.
3703. Plate 1106; image very poor and faint; on first examination spectrum E?
3706. Plate 185; on first examination spectrum A? Plate 1035; image very poor and faint; on first and second examination spectrum H?
3708. Plate 1071; 448, 3; 458, 2; 468, 2.
3712. Plate 311; on second examination spectrum F? 410, 5; 434, 5.
3713. The spectrum measured on Plate 311 was supposed to be that of H. P. 1240. On re-examination the star was found to be H. P. 1228, and the measures have accordingly been added to the latter star, which equals D C. 3696.
3715. The letter t stands for dr. Plate 166; spectrum of D. C. 3778 superposed, and combined light measured; observed brightness 5.6. On first and second examinations spectrum A? Plate 165;

410, 2; 434, 2; 410 and 434 double. Plate 185; a 394; 410, 2; 434, 2; 434 double. Plate 275; 410, 2; 434, 2; 410 and 434 double. Plate 341; 410, 1; 434, 1. Plate 353; 410, 2; 434, 2. Plate 446; 410, 2; 434, 2. Plate 1035; a 394; 410, 3; 434, 3; 410 and 434 double. Plate 1057; a 394; 410, 2; 434, 2. Plate 1064; 410, 2; 434, 2. Plate 1069; 410, 3; 434, 3; 410 and 434 double. Plate 1071; a 394; 410, 2; 434, 2; 434 double. Plate 1072; 410, 2; 434, 2. Plate 1112; 410, 2; 434, 2. Plate 1119; a 394; 410, 2; 434, 2; 434 double. Plate 1229; a 394; 410, 2; 434, 2; 434 double.

3718. Plates 185 and 1071; image faint; on first examination spectrum A? Plate 1035; 410, 3; 434, 3; 410 and 434 double.

3725. Plate 194; on first examination spectrum F? limit of spectrum β; 410, 5; 434, 5. Plate 1132, first image; on first examination E? near edge of plate.

3726. Plate 311; 410, 5; 434, 5; on re-examination 410, 5? 434, 5?

3729. Plate 311; 410, 5; 434, 5.

3733. Plate 300; 402, 2; 453, 1. Plate 1105; 392, 2; 402, 2; 424, 2.

3734. DM. magn. 2.1. H. P. magn. 2.0. Measures of brightness obtained on two plates; images too dense to determine magnitude with accuracy. Magn. 2.04, resid. 1.2.

3735. Plate 311; 410, 5? 434, 5?

3739. Plate 1096; on special examination spectrum M? Plate 300; 448, 3; 461, 2. Plate 1096; 448, 3.

3740. Plate 311; on special examination spectrum M? Plate 194; 397 a 434; 448, 3; 456, 1; 458, 1; 461, 2; 466, 2; 468, 1; 471, 1. Plate 311; 397 a 434; 448, 3; 456, 1; 458, 1. Plate 1099; 448, 3. Plate 1132; 448, 3.

3751. Plate 311; 448, 3; 461, 2.

3752. Plate 1057; image very poor and faint; on first examination spectrum H.

3757. Plate 311; 448, 3; 461, 2. Plate 1132; 448, 3.

3760. Plate 1132; image very poor and faint; on first examination spectrum E?

3761. Plate 1132; 392, 3; 402, 2.

3765. Plate 194; image poor and faint; near edge of plate; on second examination spectrum F. Plate 311; on first examination spectrum F? a 394; 410, 5; 434, 5.

3767. Plate 311; 410, 5; 434, 5.

3772. Plate 1132; image very poor; on first examination spectrum E?

3777. Images very poor and faint. Plate 1064; on first examination spectrum E? on second examination spectrum F? near edge of plate. Plate 1229; on first examination spectrum F; 410, 5; 434, 5; on second examination spectrum E?

3778. See 3715.

3781. Plate 300; on special examination spectrum M. Plate 264; 397 a 434; 438, 1; 443, 1; 448, 3; 456, 2; 458, 1; 461, 1; 468, 1. Plate 300; 397 a 434; 438, 1; 443, 1; 448, 3; 453, 1; 456, 2; 458, 3; 461, 2; 466, 1; 468, 1; 471, 2. Plate 1095; 397 a 434; 434 double; 448, 3; 451, 1; 456, 1; 458, 2; 461, 2; 466, 1; 468, 2; 471, 1. Plate 1104; limit of spectrum α; 397 a 434; 436, 1; 438, 1; 443, 1; 448, 3; 456, 2; 458, 2; 461, 2; 466, 2; 468, 2.

3783. Plate 264; 448, 3; 456, 2.

3784. Plate 1132; on first examination spectrum F? 410, 5; 434, 5.

3786. Images very poor and faint. Plates 1064 and 1112; on first examination spectrum H? near edge of plates. Plate 1071; on first examination spectrum F? 410, 5; 434, 5. Plate 1229; on first examination spectrum E?

3789. Plate 1063; limit of spectrum β; 410, 2; 434, 2. Plate 1096; 410, 5; 434, 5.

3790. Plate 264; a 394; 410, 3; 434, 3; 434 double. Plate 398; a 394; 410, 3; 434, 3; 410 and 434 double. Plate 1099; a 394; 410, 5; 434, 5. Plate 1104; limit of spectrum δ; 410, 5; 434, 5; 434 double?

3791. The letter t stands for dr. Combined with 3792. Plates 166 and 1096; images very poor and faint. Plate 166; on second examination spectrum A? Plate 1071; on first and second examination spectrum A? Plate 166; 410, 5; 434, 5. Plate 1063; 410, 3; 434, 3. Plate 1071; a 394; 410, 2; 434, 2; 434 double.

3792. See 3791.

3794. Plate 311; 410, 5; 434, 5; on re-examination 410, 5; 434, 5.

3795. Plate 1071; 402, 2; 453, 2.

3797. The letter t stands for dr. DM. magn. 1. A. G. C. magn. 1. H. P. magn. −1.4. Brightness could not be measured on account of the density of the images. Plate 398; on first examination spectrum E? Plates 311, 1099, and 1132; lines on spectrum burned out; on second examination spectrum F? Plate 342; lines well defined; on second examination spectrum A. Plate 398; a 394.

3798. Plates 342 and 398; image poor and faint; on first examination spectrum F? Plate 342; 410, 5; 434, 5. Plate 398; limit of spectrum β; 410, 5; 434, 5.

3799. Plate 311; 410, 5; 434, 5; on re-examination 410, 5; 434, 5.

3800. Plate 311; 402, 2.

3801. Plate 1104; image very poor; on first examination spectrum F? 410, 5; 434, 5.

3802. R. A. $6^h 42^m.9$, Dec. $-21° 0'$. See 3812a, Table II. and remarks.

3803. The spectrum measured on Plate 311 was supposed

THE DRAPER CATALOGUE.

to be DM. −20° 1555. On re-examination the star was found to be DM. −20° 1576, and the measures have accordingly been added to the latter star, which equals D. C. 3812.

3806. Plate 311; on special examination spectrum M?
3808. Combined with 3809. DM. magns. 8.9 and 9.0.
3809. See 3808.
3810. Plate 311; on special examination spectrum M? Plate 311; 397 a 434; 448, 3; 461, 2. Plate 1132; 397 a 434; 448, 3.
3812. Plate 311; 410, 5; 434, 5. See D. C. 3812a.
3812a. DM. −20° 1577, magn. 8.1, R. A. 6^h 42^m.9, Dec. −21° 0′. Entered erroneously in Table 1. See 3802. Spectrum superposed on that of D. C. 3812.
3814. Plate 1063; 410, 2; 434, 2.
3819. U. A. magn. 8.
3820. Plate 398; on first examination spectrum F? 410, 5; 434, 5.
3822. Plate 1063; limit of spectrum α; 397 a 434; 448, 3; 456, 2; 461, 2.
3823. Plate 398; on first examination spectrum F? 410, 5? 434, 5? Plate 1132; image poor; on first examination spectrum E?
3826. Plates 166 and 1229; on first examination spectrum A. Near edge of Plate 1229. Plate 1071; 410, 5; 434, 5; 434 double.
3828. Plate 311; 402, 2. Plate 398; 402, 2.
3830. Plate 1063; on second examination spectrum F; 410, 5; 434, 5.
3831. Plate 398; on first examination spectrum E?
3833. Plate 1071; 410, 5; 434, 5; 434 double.
3834. Plates 166, 446, 1035, and 1112; on special examination spectrum M? Plate 166; 448, 2; 463, 2. Plate 185; 448, 4; 458, 4; 468, 4. Plate 446; 406, 2; 426, 3; 448, 3; 458, 2; 468, 2. Plate 1035; 397 a 434; 448, 5; 458, 3, 463, 1; 468, 2. Plate 1064; 397 a 434; 434 double? 448, 2; 448, 2. Plate 1069; 397 a 434; 448, 6; 458, 2; 468, 2. Plate 1071; 397 a 434; 448, 4; 453, 2; 456, 1; 458, 1; 461, 5; 463, 1; 466, 1; 468, 3; 471, 1. Plate 1072; 448, 3; 458, 1. Plate 1112; 397 a 434; 448, 3; 456, 1; 458, 1; 461, 2; 463, 1; 466, 1; 468, 1. Plate 1110; 448, 3; 458, 2; 461, 1; 463, 3; 468, 1. Plate 1229; 397 a 434; 448, 4; 456, 1; 458, 1; 461, 3; 466, 1; 468, 1; 471, 1.
3837. Plate 1063; 410, 3; 434, 3.
3839. Plate 264; on first examination spectrum A? on re-examination 410, 5? 434, 5?
3840. Plates 311 and 398; image very poor; on first examination spectrum F? Plate 311; 410, 5; 434, 5. Plate 398; 410, 5; 434, 5.
3843. A. G. C. magn. 7.
3846. U. A. Canis Major 80, magn. 7.0, var.?
3847. Plate 1063; limit of spectrum β; 410, 2; 434, 2.
3850. Image very poor on all plates. Plate 1105; on first examination spectrum H?

3851. Plate 1132; 402, 5; 453, 5.
3853. A. G. C. 8522.
3858. Plate 1063; on second examination spectrum F? 410, 2? 434, 2?
3859. Plate 398; on first examination spectrum F? 410, 5; 434, 5.
3863. Plate 1105; image very poor and faint; on first examination spectrum H?
3864. A. G. C. magn. 8.
3865. Plate 1062; on second examination spectrum F; 410, 5; 434, 5.
3867. Plate 353; image poor; on first examination spectrum E? Plate 1119; on first examination spectrum G? near edge of plate. Plate 1071; a 394; 397 a 434; 441, 1; 446, 1; 448, 4; 456, 1; 458, 2; 461, 2; 468, 2. Plate 1119; 397 a 434; 448, 2; 463, 3.
3870. Plate 1062; limit of spectrum γ; 410, 3; 434, 3; on re-examination limit of spectrum β; 410, 3; 434, 3.
3875. Plate 1063; 410, 5; 434, 5; on re-examination 410, 5; 434, 5.
3876. Plate 1104; image very poor and faint; on first and second examinations spectrum A? Plate 1062; 410, 3; 434, 3.
3878. Plate 311; on first examination spectrum F? a 394; 410, 5? 434, 5? Plate 1132; 402, 2; 453, 2.
3879. A. G. C. 8607.
3882. Plates 311, first and second images, and 1100; on first examination spectrum H. Plates 398 and 1132; on first examination spectrum I. Plates 311, first and second images, and 398; on special examination spectrum M. Plate 398; 448, 3; 456, 2; 461, 2. Plate 1132; 448, 3; 461, 2.
3885. A. G. C. 8624, magn. 7.
3886. Plate 311; on first examination spectrum H; on special examination spectrum M? Plate 1132; on first examination spectrum I; 448, 3; 461, 2; 471, 2.
3889. Plate 311; spectrum peculiar; bright lines.
3891. Plate 1062; 410, 5; 434, 5; on re-examination 410, 5; 434, 5.
3893. Plate 1062; 410, 5; 434, 5; on re-examination 410, 5; 434, 5.
3897. Plate 1112; on first examination spectrum H?
3898. Plate 1064; on first examination spectrum H? Plate 1071; 410, 2; 434, 2; 434 double.
3900. Plate 1063; on first examination spectrum H?
3901. Plate 1062; 410, 5; 434, 5; on re-examination 410, 5; 434, 5.
3902. Plate 1100; 402, 2; 410, 2.
3904. The letter t stands for dr. U. A. magn. 4.9. A. G. C. magn. 5. Plate 398; on first and second examinations spectrum F? limit of spectrum γ; 410, 5; 434, 5; 410 and 434 double.

3906. Plates 342 and 1100; image poor; on first examination spectrum F? Plate 398; on first examination spectrum E? Plate 342; 410, 5; 434, 5. Plate 1100; 410, 5; 434, 5.
3909. Plate 1100; image poor; on first examination spectrum E?
3910. Plate 185; on first examination spectrum H?
3913. Plate 1062; limit of spectrum α; 410, 5? 434, 5? on re-examination 410, 3; 434, 3.
3919. Plate 1062, first image; on first examination spectrum F? 410, 5; 434, 5. Plate 1062, second image; on first examination spectrum E?
3920. Combined with 3921. D.M. magns. 7.5 and 7.7. Plate 1063; 410, 5; 434, 5; on re-examination limit of spectrum β; 410, 5; 434, 5.
3921. See 3920.
3924. Images poor. Plates 1064 and 1112; on first examination spectrum H? Plate 1229; on first and second examinations spectrum E. Plate 1035; image good.
3925. Plate 1003; 402, 1; 419, 2.
3926. Plate 1104; image very poor and faint; on first examination spectrum E?
3931. A. G. C. 8732.
3932. The letter t stands for dr. Dunér 59. Plates 140 and 2242; on first examination spectrum I?_Plate 2242; on special examination spectrum M. Plate 140; 448, 3; 458, 2; 468, 2. Plate 2242; 448, 3; 456, 2; 461, 2; 466, 2.
3933. Plate 1100; on first examination spectrum E.
3934. Plate 1071; image poor and faint; on first examination spectrum E.
3939. The letter t stands for dr. A. G. C. magn, 1.8. H. P. magn. 1.5. Measure of brightness obtained on one plate; image too dense to determine magnitude. Plate 311; on first and second examinations spectrum F? a 394; 410, 5? 434, 5?
3940. Plate 1063; on second examination spectrum F; 410, 5; 434, 5.
3942. Plate 1062; limit of spectrum β; 410, 5; 434, 5; on re-examination limit of spectrum γ; 410, 5; 434, 5.
3946. Plate 398; 410, 5; 434, 5; on re-examination 410, 5; 434, 5.
3949. Plate 398; 410, 5; 435, 5.
3952. Plate 1100; image poor; on first examination spectrum E?
3960. Plate 1062; on first examination spectrum E? Plate 1104; image poor; on second examination spectrum A?
3961. Dunér 60.
3964. D.M. +12° 1394, magn. 8.0, precedes 2°.0, south 0.′2. Plate 398; 410, 5; 434, 5; on re-examination 410, 5; 434, 5.
3967. Dunér 62.
3970. Plate 1063; 410, 5; 434, 5; on re-examination 410, 5; 434, 5.

3973. Plate 1105; on first examination spectrum E. Plate 1111; on first examination spectrum F? 410, 5; 434, 5.
3974. U. A. Canis Major 114, magn. 3.6, var. ?
3975. Plate 1064; spectrum C? Plate 1112; spectrum C.
3976. Plate 398; 438, 2.
3977. U. A. Monocerus 108, magn. 5.5, var. ? First measure 4.44, resid. . 1 8 1 4. Plate 1100; second measure gives residual 8; first measure related to H. P. 1337, and was rejected. Plate 1100, first image; 392, 2; 402, 2; 453, 2. Plate 1100, second image; 392, 2; 402, 1; 453, 2.
3978. Plate 1062; 410, 5; 434, 5; on re-examination 410, 5; 434, 5.
3979. Plate 398; on special examination spectrum M? Plate 398; 397 a 434; 443, 1; 448, 3; 456, 1; 458, 2; 468, 1.
3980. The letter t stands for dr. Var. in DM. Plate 264; on first examination spectrum E; on second examination spectrum A? Plate 312; on special examination spectrum M? Plate 1062; image good; lines well defined; on first examination spectrum G? on second examination spectrum K? on special examination spectrum Q. Plate 332; 448, 2. Plate 1062; a 394; several bright and dark lines. Plate 1104; 448, 2.
3984. The letter t stands for dr. First measure 3.82, resid. 2 . p 3 8. Plate 1100; first measure gives residual 13; second measure gives residual 4; first measure related to DM. −4° 1788, and was rejected. Plate 1132; second measure gives residual 5. Plate 1106; on first examination spectrum F? a 394; 410, 2; 434, 2. Near edge of Plates 1106 and 1132. Plate 1106; hydrogen lines narrow.
3992. Plate 332; spectrum C.
3998. Plate 1229; image very poor; on first examination spectrum E.
4005. Plate 1063; 410, 5; 434, 5; on re-examination 410, 5; 434, 5.
4007. Plate 333; on first examination spectrum F? a 394; 410, 5; 434, 5.
4008. Plate 1110; image very poor and faint. Plates 333 and 1100; on first examination spectrum E. Plates 398 and 1228; on first examination spectrum F? Plate 398; on second examination spectrum F? Plates 333, 1100, and 1228; on second examination spectrum A? Plate 398; a 394; 410, 5; 434, 5. Plate 1228; 410, 5; 434, 5.
4009. A. G. C. magn. 7. Image poor on all plates. Plate 398; on first examination spectrum A?
4013. Plate 1111; image very poor and faint; near edge of plate; on first examination spectrum F? 410, 5; 434, 5.
4014. Plate 398; on first examination spectrum I? 448,

THE DRAPER CATALOGUE. 301

3. Plate 1062; on first examination spectrum F? 410, 5; 434, 5.

4018. A. G. C. 8991. Images very poor and faint; near edge of plates. Plate 1036; on first examination spectrum E? Plate 1100; on first examination spectrum H?

4019. Plate 1119; image very poor and faint; on first examination spectrum E?

4026. Plate 333; image poor; on second examination spectrum H? Plate 1036; on first examination spectrum E? on second examination spectrum K? Plate 1228; on first examination spectrum I? on second examination spectrum K? Plate 333; a 394; bright and dark lines seen. Plate 1036; spectrum peculiar; a 394; 397 a 434; 434 a 486; Plate 1228; spectrum peculiar; a 394; 397 a 434; 438, 1; 448, 3; 461, 3; 471, 2.

4027. A. G. C. magn. 7. Plate 398; image poor; on first examination spectrum E?

4028. A. G. C. 9031.

4029. Plate 1063; 397 a 434; 438, 1; 443, 1; 448, 3; 456, 1; 458, 1; 461, 2; 466, 1; 468, 1; 471, 1.

4031. Plate 1062; on second examination spectrum F? 410, 5; 434, 5.

4032. Plate 1062; on first examination spectrum K. Plate 1110; on first examination spectrum I. Plate 1153; on first examination spectrum H. Plates 1062, 1110, and 1153; on special examination spectrum M? Plate 1062; limit of spectrum a; 397 a 434; 448, 3; 451, 1; 461, 2; 466, 2; 468, 1. Plate 1110; 448, 3.

4033. Plates 398 and 1228; image poor; on first examination spectrum E?

4036. Plate 1062; on first examination spectrum C.

4037. Plate 1110; spectrum C?

4040. Dunér 64. Plate 1063; 448, 3.

4041. A. G. C. 9037.

4043. Plate 1111; image very poor and faint; on first examination spectrum F? 410, 5; 434, 5.

4047. Plates 333 and 398; on first examination spectrum F? Plate 333; limit of spectrum β; 410, 5; 434, 5. Plate 398; a 394; 410, 5? 434, 5?

4052. Plate 1062; 410, 5; 434, 5; on re-examination 410, 5; 434, 5.

4059. Plate 1071; 448, 4. Plate 1097; 448, 3; 458, 2.

4060. Plate 1062; image very poor; 410, 5? 434, 5? 486 double? On re-examination 410, 5; 434, 5; the doubling of 486 is probably a defect in plate.

4061. Plate 333; on first examination spectrum E.

4063. Plate 1112; image poor and faint, on first examination spectrum H? Plate 1035; 410, 2; 434, 2.

4064. Dunér 65.

4065. A. G. C. 9123. Plate 1228; image very poor and faint; on first examination spectrum E.

4066. R. A. 8ʰ 8ᵐ.1, Dec. +57° 24'. See 4511a in Table II. and remarks.

4067. Plate 343; 410, 5; 434, 5. Plate 1063; 410, 5; 434, 5. Plate 1105; 410, 5? 434, 5?

4072. Plate 398; 448, 3.

4073. Images very poor and faint. Plate 398; on first examination spectrum E? Plate 1228; on first examination spectrum H.

4074. A. G. C. 9168. Image very poor and faint on all plates. Plate 1228; on first examination spectrum H?

4075. Plate 1063; 448, 3.

4079. Plate 1063; 410, 5; 434, 5; on re-examination 410, 5; 434, 5.

4081. The letter t stands for dr. Dunér 66. Plate 165; on first examination spectrum I. Plate 185; on first examination spectrum L. Plates 353, 1057, and 1065; on first examination spectrum H. Plates 458, 1119, 1035, and 1229; on first examination spectrum K. Plate 165; 421, 10. Plate 185; 421, 5; 458, 3; 463, 3; 468, 3. Plate 458; 448, 2; 458, 2; 463, 1; 468, 2. Plate 1035; 434 double? 448, 3; 453, 1; 456, 2; 458, 1; 461, 3; 463, 1; 466, 1; 468, 1; 471, 1. Plate 1119; 397 a 434; 443, 1; 446, 1; 448, 2; 456, 1; 458, 1; 461, 1; 463, 2; 466, 3; 468, 1; 471, 2. Plate 1229; 446, 4; 451, 1; 456, 1; 458, 1; 461, 3; 463, 1; 466, 2; 468, 2; 471, 3.

4083. Plate 1228; image very poor and faint; on first examination spectrum F? limit of spectrum β; 410, 5; 434, 5.

4087. Plate 333; on first examination spectrum F? 410, 5; 434, 5. Plate 1228; image good; spectrum B? 402, 2; 453, 2. Plate 1036; 392, 2; 402, 2.

4090. Plate 1063; 448, 3.

4091. Plate 446; spectrum C?

4095. A. G. C. 9226.

4101. Plate 1100; 409, 2; 453, 3.

4104. Plate 1228; 410, 5; 434, 5; on re-examination 410, 5? 434, 5?

4106. Plate 333; on first examination spectrum F? 410, 5; 434, 5. Plate 1036; on first examination spectrum H? Plate 1228; on first examination spectrum H.

4110. Plate 1071; spectrum C?

4115. Plate 1062; 410, 5; 434, 5; on re-examination 410, 5; 434, 5.

4116. Plates 312 and 1153; on first examination spectrum F? Plate 312; a 394; 410, 5; 434, 5. Plates 1062 and 1110; 410 and 434 narrow? Plate 1153; limit of spectrum γ; 410, 5; 434, 5; 410 and 434 double? on re-examination 410 and 434 narrow and double?

4117. Plate 333; 410, 5; 434, 5.

4118. Combined with 4119. DM. magns. 7.2 and 7.8. Plates 1064, 1097, and 1229; image poor and faint; on first examination spectrum E.

4119. See 4118.

4120. Plate 1110; spectrum C?

4122. Images poor. Plate 333; on first examination spectrum E? Plate 1228; on first examination spectrum F? a 394; 410, 3; 434, 3.
4123. Plate 1111; image very poor and faint; on first examination spectrum E?
4126. First measure 5.38, resid. $1\frac{4}{4}4$ p 1. Plate 1071; first measure gives residual 11; second measure gives residual 3; first measure rejected.
4131. Plate 333; 410, 5; 434, 5. Plate 2392; Class I; on special examination spectrum F; 410, 7; 434, 7.
4133. Plate 1063; image very poor; on first examination spectrum E? on second examination spectrum A? Plate 1111; image good; lines well defined; spectrum H.
4134. Plate 1228; image very poor and faint; on first examination spectrum E.
4137. Plate 1062; on special examination spectrum M? 410, 3; 434, 3.
4138. This star is U. A. Canis Major 156, magn. 6.2, but is not in the A. G. C. Plate 1228; image very poor and faint; on first examination spectrum H.
4142. Plate 1228; on first examination spectrum E.
4144. A. G. C. 9374.
4145. Plate 1228; on first examination spectrum F? a 394; 410, 5; 434, 5.
4149. Plate 1063; 448, 3.
4150. Plate 1062; on second examination spectrum F? 410, 5; 434, 5.
4151. Beyond the limits within which accurate measurement can be made.
4155. Images poor and faint. Plates 1035 and 1071; on first examination spectrum F. Plates 1064 and 1112; on first examination spectrum H. Plate 1229; on first examination spectrum E? Plate 1035; 410, 3; 434, 3; 410 and 434 double. Plate 1071; 410, 5? 434, 5?
4156. Plate 1153; image poor; on first examination spectrum E? Plate 1062; on special examination spectrum M?
4158. Plate 1064; spectrum C? Plate 1112; 414, 2; 443, 2.
4160. Plate 1228; on first examination spectrum F? 410, 2; 434, 2; on second examination spectrum F.
4162. Plate 333, second image; on first examination spectrum F? 410, 5; 434, 5. Plate 1036; 392, 1; 402, 2. Plate 1100; 402, 2; 414, 2; 426, 2; 463, 2. Plate 1228; 419, 2; 453, 2.
4165. Plate 1110; on first examination spectrum F? limit of spectrum a; 410, 5; 434, 5.
4167. Plate 1110; on first examination spectrum F; 410, 5; 434, 5.
4170. Plate 332; spectrum C?
4174. Plates 343, 415, and 1153; on first examination spectrum I. Plates 1062 and 1110; on first examination spectrum K? Plates 343, 415, and 1110; on special examination spectrum M? Plate 343; a 394; 397 a 434; 448, 3; 461, 1. Plate 415; 448, 3. Plate 1062; limit of spectrum β; 397 a 434; 448, 3; 456, 1; 458, 1; 461, 1; 468, 1. Plate 1110; limit of spectrum β; 397 a 434; 448, 3; 456, 1; 458, 2; 461, 2; 466, 1; 468, 1. Plate 1153; 397 a 434; 448, 3; 461, 2.
4178. Plate 1100; image very poor and faint; on first examination spectrum E.
4179. Plate 333; image poor; on first examination spectrum F; 410, 5; 434, 5. Plate 1036; on first examination spectrum E?
4180. Plate 333; image good; lines well defined; on first examination spectrum E? Plate 1100; image very poor and faint; near edge of plate; on second examination spectrum A?
4181. Plate 1036; 382, 4; 393, 2; 402, 2; 453, 2. Plate 1228; 402, 2; 453, 2.
4182. Plate 1071; 434 double? 448, 3.
4184. Plate 333; 410, 5; 434, 5.
4188. Images poor and faint. Plate 333; on first examination spectrum E? Plate 1228; on first examination spectrum H.
4191. Plate 1228; image poor and faint; on first examination spectrum F? 410, 5; 434, 5.
4192. Plate 1153; image poor and faint; on first examination spectrum F; 410, 5; 434, 5.
4194. Plates 1100 and 1228; image very poor and faint; near edge of plates; on first examination spectrum F? Plate 1100; 410, 5; 434, 5. Plate 1228; limit of spectrum β; 410, 5? 434, 5?
4195. A. G. C. 9514. Plate 333; image poor and faint; on first examination spectrum E?
4197. DM. $-0°$ 1722, magn. 9.3, follows $3^s.8$, north $0'.1$.
4198. The letter t stands for c. R. A. in DM. should be 19^m, instead of 18^m. Plates 1062, 1110, and 1153; on first examination spectrum F. Plate 1062; limit of spectrum β; 410, 5; 434, 5; on re-examination spectrum A? 310 and 434 narrow? Plate 1110; limit of spectrum a; 410, 5; 434, 5; 486 double? on re-examination the doubling of 486 proved to be a defect. Plate 1153; 410, 5; 434, 5.
4200. Plate 1062; 410, 5; 434, 5; on re-examination 410, 5; 434, 5.
4203. Plate 415; 410, 5; 434, 5. Plate 1063; limit of spectrum γ; 410, 5; 434, 5. Plate 1111; limit of spectrum β; 410, 5; 434, 5. Plate 1156; limit of spectrum β; 410, 5; 434, 5.
4206. Plate 1228; 453, 2.
4208. Plate 333; on first examination spectrum F? 410, 5; 434, 5. Plate 1228; image poor and faint; near edge of plate; on first examination spectrum H.
4209. Plate 333; on special examination spectrum M? Plate 333; 448, 3. Plate 1228; 448, 3; 461, 2.

4211. Plate 1064; image very poor and faint; on first and second examinations spectrum E.
4215. Plate 1156; image poor; on first examination spectrum H?
4217. Plate 333; image poor; on first examination spectrum E?
4220. Plate 1036; 402, 2.
4221. Plate 343; on special examination spectrum M?
4223. Plate 333; image very poor and faint; on first examination spectrum E?
4224. A. G. C. 9589. Plate 1228; 410, 5? 434, 5?
4233. Plates 1071 and 1112; image very poor and faint; on first examination spectrum H. Plate 1064; 410, 3; 434, 3.
4235. U. A. Monoceros 139, magn. var. 6-7. Plate 2355, Class I; on special examination spectrum K.
4237. Plate 1112; image very poor and faint; on first examination spectrum H. Plate 1064; 410, 2; 434, 2.
4246. Plate 333; on first examination spectrum F? a 394; 410, 5; 434, 5.
4247. Combined with 4248. DM. magn. 1.7. H. P. magn. 1.6. Measure of brightness obtained on one plate; image too dense to determine magnitude.
4248. See 4247.
4252. Plates 415, 1110, and 1153; on first examination spectrum H? Plate 1110; image very poor and faint; near edge of plate. Plate 1155; on first examination spectrum E? Plate 415; on second examination spectrum H.
4254. Plate 1156; on first examination spectrum E.
4258. Dunér 69.
4259. Plate 1064; image poor and faint; on first examination spectrum H.
4260. First measure 6.67, resid. 6.5. Plate 1064; second measure gives residual I; first measure rejected.
4262. Images very poor and faint. Plate 333; on first examination spectrum F? 410, 5; 434, 5. Plate 1228; on first examination spectrum H?
4263. Plates 343 and 1155; on first examination spectrum I. Plates 415 and 1153; on first examination spectrum H. Plate 1110; on first examination spectrum K; on special examination spectrum M? Plate 343; on special examination spectrum M. Plate 343; 448, 3. Plate 1110; 397 a 434; 434 double? 448, 3; 456, 2; 458, 1; 461, 2; 466, 1; 468, 1; 471, 1. Plate 1155; 448, 3.
4264. Plate 333; on second examination spectrum A? Plate 1101; on first and second examinations spectrum A? Plate 333; 410, 5; 434, 5. Plate 1036; 410, 5; 434, 5. Plate 1228; a 394; 410, 2; 434, 2.
4266. U. A. magn. 5.7. A. G. C. magn. 6⅜. Plate 333; 410, 5; 434, 5. Plate 1036; 410, 5; 434, 5.
4269. Plate 1063; spectrum C?
4270. Plate 1064; on first examination spectrum A? Plate 1112; on first examination spectrum E?

4271. Plate 1110; 410, 5; 434, 5.
4272. One of a group of stars.
4273. Plate 333; image poor; near edge of plate; on first examination spectrum F? 410, 5; 434, 5.
4275. Combined with 4276. DM. magns. 8.0 and 8.0. U. A. 7.0 and 7.3. A. G. C. 7¼ and 7⅜.
4276. See 4275.
4277. Plate 1111; 448, 2.
4278. Plate 333; 410, 5; 434, 5. Plate 1101, first image; 410, 5; 434, 5. Plate 1101, second image; 410, 5; 434, 5. Plate 1228; a 394; 410, 5; 434, 5; 410 and 434 double.
4279. Images very poor and faint. Plates 333, 1101, and 1228; on first examination spectrum E? Plate 1036; on first examination spectrum H.
4280. Plate 1228; on second examination spectrum F? 410, 5? 434, 5?
4282. Plates 1153 and 1155; on first examination spectrum A? Plate 343; 410, 5; 434, 5. Plate 415; a 394; 410, 5; 434, 5. Plate 1111; limit of spectrum β; 410, 5; 434, 5; 410 and 434 double.
4283. Spectrum of A. G. C. 9825, magn. 7.2, superposed.
4285. Plate 1228; image very poor and faint; on first examination spectrum E?
4288. Plate 1111; 410, 5; 434, 5; on re-examination 410,5; 434, 5.
4292. The letter t stands for dr. DM. magn. 1.0. U. A, magn. 1.2. H. P. magn. 0.5. Measure of brightness obtained on one plate; image too dense to determine magnitude. Plate 1228; on first and second examinations spectrum A? near edge of plate. Plate 333; limit of spectrum β; 410, 2; 434, 2; 410 and 434 double. Plate 344; a 394; 410, 3? 434, 3? Plate 1101; a 394; 410, 5; 434, 5; 492 seen. Plate 1228; 492 seen.
4294. The spectrum measured on Plate 353 was supposed to be that of DM. +62° 950. On re-examination the star was found to be DM. +63° 733, and the measures have accordingly been added to the latter star, which equals D. C. 4316.
4297. Combined with 4298.
4298. See 4297.
4300. A. G. C. 9900. Combined with 4301. A. G. C. magns. 6.9 and 7.2.
4301. A. G. C. 9902. See 4300.
4302. A. G. C. magn. 8.
4303. DM. −7° 2116 and 2117, magns. 9.3 and 9.2, precede 5".2 and 2".4 south, 0'.3 and 2'.2.
4306. U. A. Canis Minor 29, magn. 6.4, var. ?
4307. Plate 1064; on first examination spectrum H?
4308. Plate 1112; 407, 7.
4309. Plate 1101; 448, 3.
4310. Plates 1112 and 1229; on first examination spectrum E.
4311. The spectrum measured on Plate 1228 was supposed to be that of A. G. C. 9944. On re-examination the star was found to be DM. −7° 2118, and the

measures have accordingly been added to the latter star, which equals D. C. 4303.

4312. Plate 1110; image very poor and faint; on first examination spectrum E ?
4313. Plate 415; 397 a 434; 448, 3; 456, 2; 461, 2. Plate 1110; 448, 3. Plate 1153; 448, 3. Plate 1155; 448, 3.
4315. Plate 1112; one of a group of three stars. Additional lines seen, but difficult to measure on account of superposition of spectra. Plate 1064; 434 double.
4316. Plate 353; on first examination spectrum C. Plate 1064; spectrum C ?
4317. Plate 1229; spectrum C ?
4318. Plate 1064; on first examination spectrum H ?
4319. Plate 415; on special examination spectrum M ? Plate 1110; on first examination spectrum E ? Plate 415; limit of spectrum α; 397 a 434; 448, 3; 453, 2; 456, 1; 458, 1; 461, 1; 468, 1. Plate 1153; limit of spectrum α; 397 a 434; 448, 3; 456, 1; 461, 1. Plate 1155; limit of spectrum β; 397 a 434; 438, 1; 448, 3; 456, 2; 458, 2; 461, 2; 468, 1.
4321. Plate 1101; 410, 5; 434, 5; on re-examination 410, 5; 434, 5.
4322. The letter t stands for dr. DM. magn. 1.3. H. P. magn. 1.1. Measures of brightness obtained on two plates; images too dense to determine magnitude with accuracy. Magn. 3.41, resid. 1 β. Plate 343; on first and second examinations spectrum F ? a 394; 410, 3; 434, 3. Plate 445; on first examination spectrum E ? Plate 1153; on second examination spectrum A ? Plate 415; a 394; 397 a 434; 448, 3; 456, 1; 458, 2; 468, 2. Plate 445; a 394. Plate 1110; a 394; 394 double ? several bright and dark lines; on re-examination 394 distinctly double and well separated. May be due to bad focus. Plate 1153; a 394. Plate 1155; a 394.
4326. Images poor; near edge of plates. Plate 416; on first examination spectrum F ? 410, 5; 434, 5. Plate 1228; on first examination spectrum E ?
4327. Plates 1072 and 1119; image poor and faint. Plates 1071 and 1072; on first examination spectrum E ? Plate 1229; on first examination spectrum F. Plate 1064; 448, 2. Plate 1112; 448, 2; 458, 1. Plate 1113; 448, 2; 458, 1. Plate 1119; 410, 5 ? 434, 5 ? Plate 1229; 410, 3; 434, 3.
4332. Combined with 4333. DM. magns. 7.0 and 7.0. A. G. C. magns. 8 and 7½. Plate 400; image poor and faint; on first examination spectrum H ?
4333. See 4332.
4335. Plate 400; image very poor and faint; on first examination spectrum E ?
4339. Plate 1101; image very poor and faint; on first examination spectrum E ?

4342. Plate 446; 410, 5; 434, 5. Plate 1072; 410, 2; 434, 2. Plate 1112; 410, 2; 434, 2; 434 double.
4343. U. A. magn. 5.9. A. G. C. magn. 6. Plate 1101; image very poor and faint; on first examination spectrum H.
4344. Plate 1064; second image poor and faint; near edge of plate; on first and second examinations spectrum F ? 410, 5; 434, 5.
4348. Plate 445; on first examination spectrum F ? 410, 5; 434, 5. Plate 1172; spectrum C ?
4350. Plate 1064; on first and second examinations spectrum F ? 410, 3; 434, 3. Class of spectrum uncertain on account of darkness of plate. Plate 1112; image good; lines well defined; spectrum A.
4351. Plate 1173; on first examination spectrum F ? 410, 5; 434, 5.
4352. R. A. in DM. should be 41^m, instead of 40^m. See Bonn Obs. Vol. VII. p. 519.
4354. Plate 416; 410, 5; 434, 5. Plate 1120; 410, 5; 434, 5.
4355. Plate 416; on second examination spectrum F; 410, 5; 434, 5.
4357. Plate 416; on first examination spectrum K; on special examination spectrum M ? Plate 1120; on first examination spectrum Q. Plate 416; 397 a 434; 448, 2; 456, 1; 458, 1; 461, 1. Plate 1120; 448, 3; 461, 2.
4359. Plate 1064; on first examination spectrum C ? Plate 1112; on first examination spectrum F ? 410, 3; 434, 3.
4361. Plate 1064; 410, 5; 434, 5.
4369. Plate 1173; 448, 3.
4370. U. A. Monoceros, 156, magn. 6.4, var. ?
4371. First measure 6.26, resid. 9 β. Plate 416; second measure gives residual 1; first measure rejected. Plate 1120; second measure gives residual 6.
4372. Plate 1112; on special examination spectrum M ? Plate 1112; 448, 3.
4374. Plate 1229; image very poor and faint; near edge of plate; on first and second examinations spectrum E ?
4379. Plate 1155; image very poor and faint; on first examination spectrum E ?
4380. Images very poor and faint. Plate 1101; on first examination spectrum E. Plate 1120; on first examination spectrum H ?
4381. Plate 446; 410, 5; 434, 5. Plate 1064; 410, 5; 434, 5. Plate 1072; 410, 5; 434, 5.
4384. Plate 1172; 448, 3.
4388. Plate 2242; on first examination spectrum H.
4388. Plate 400; on second examination spectrum G. Plate 400; 429, 10; 446, 1; 448, 1; 456, 1; 458, 1. Plate 1220; a 394; 410, 3; 434, 3; 410 and 434 double.
4391. Plate 446; on first examination spectrum A. Plate

THE DRAPER CATALOGUE.

167; 410, 2; 434, 2. Plate 1064; a 394; 410, 5; 434, 5. Plate 1072; 410, 5; 434, 5. Plate 1097; 410, 5; 434, 5. Plate 1112; 410, 5; 434, 5. Plate 1119; 410, 5; 434, 5. Plate 1229; 410, 5; 434, 5; 410 and 434 double.

4396. Plates 446 and 1112; on first examination spectrum A. Plate 1064; 410, 5; 434, 5.

4397. Images very poor and faint; near edge of plates. Plates 1064 and 1112, first image; on first examination spectrum E ? Plate 1112, second image; on first examination spectrum H ?

4398. Image poor and faint on all plates. Plates 1064, 1097, 1119, and 1229; on first examination spectrum H. Plate 1072; 410, 2; 434, 2; 434 double.

4399. Plate 1064; 410, 5; 434, 5.

4402. Plate 446; 410, 3; 434, 3. Plate 1072; 410, 2; 434, 2.

4403. Plate 1173; on second examination spectrum F ? 410, 5 ? 434, 5 ?

4404. Plate 445; on first examination spectrum F ? 410, 5; 434, 5.

4407. Plate 1112; on first examination spectrum A. Plate 1194; on first examination spectrum C ?

4411. Plate 1065; on second examination spectrum F; 410, 5; 434, 5.

4418. A. G. C. magn. 7. Images very poor and faint. Plate 416; on first examination spectrum E ? Plate 1120; on first examination spectrum H ?

4420. Plate 416; on special examination spectrum M ?

4422. Plate 1064; image very poor and faint; on first and second examinations spectrum F.

4424. Plate 1194; image very poor and faint; on first examination spectrum E ?

4426. Images very poor and faint. Plate 1072; on first examination spectrum H. Plate 1112; on first examination spectrum E ?

4427. Plate 416; 448, 3. Plate 1101; 448, 3.

4428. Plate 1112; image very poor and faint; near edge of plate; on first examination spectrum A ?

4430. Plate 445; on special examination spectrum M ? Plate 445; 397 a 434; 448, 3; 461, 2. Plate 1172; 448, 3; 461, 2.

4432. Plate 445; 402, 2; 419, 2.

4437. Beyond the limits within which accurate measurement can be made.

4440. Plate 1155; on first examination spectrum F · 410, 5; 434, 5.

4444. Plate 1173; 410, 5; 434, 5.

4445. Plate 1155; on first examination spectrum E ?

4446. Plates 1112 and 1119; on first examination spectrum H.

4449. Plate 401; on first examination spectrum F ? 410, 5; 434, 5.

4450. Dunér 75.

4451. Plate 401; image very poor and faint; on first examination spectrum E ?

4455. Plates 1064, 1065, 1112, and 1229; image very poor and faint; on first examination spectrum E ?

4456. Plate 1173; 410, 5; 434, 5.

4458. Plates 446 and 1112; on first examination spectrum A ? Plate 1064; 410, 5; 434, 5. Plate 1072; 410, 5; 434, 5.

4460. Plate 1071; on first examination spectrum E.

4463. Plate 445; only a small portion of spectrum visible; on first and second examinations spectrum A ? Plate 1155; on second examination spectrum A ? Plate 424; 410, 5; 434, 5.

4464. Plate 1112; 410, 5 ? 434, 5 ? on re-examination 410, 5; 434, 5.

4466. Plate 446; 406, 2; 417, 3; 448, 2. Plate 1112; 448, 3; 456, 1; 458, 1; 461, 1; 468, 1.

4467. Plate 1101; on first examination spectrum E.

4469. Plate 1172; 410, 5; 434, 5; on re-examination limit of spectrum α; 410, 5; 434, 5.

4471. Plates 400 and 401; only a small portion of spectrum visible; on first and second examinations spectrum E ? Near edge of Plates 400, 401, and 1101. Plate 416; on first examination spectrum F; on second examination spectrum G ? Plate 1101; on first examination spectrum A. Plate 1120; on first and second examinations spectrum G ? Plate 416; a 394; 410, 3; 434, 3; bright lines between 434 and 486. Plate 1120; spectrum peculiar; a 394; 401, 1; 403, 2; 406, 1; 410, 5; 412, 2; 414, 1; 417, 3; 428, 1; 434, 5; 456, 2; 458, 1; spectrum of a faint star of Class A superposed.

4472. Plates 1112 and 1194; image very poor and faint. Plate 1064 and 1112; on first examination spectrum H. Plate 1194; on first examination spectrum E ?

4474. Plate 1064; image very poor and faint; on first examination spectrum H ?

4477. Plate 1120; image poor; on first examination spectrum F; 410, 3; 434, 3. Plate 416; 397 a 434; 438, 1; 443, 1; 448, 3; 456, 2; 458, 2; 461, 2; 466, 1; 468, 1.

4479. Plate 400; on first examination spectrum F ? 410, 5; 434, 5.

4481. Plate 1172; on second examination spectrum F ? 410, 5; 434, 5.

4483. Plate 416, first image; 402, 2. Plate 416, second image; 302, 2; 402, 2. Plate 1120, first image; 402, 2; 453, 2. Plate 1120, second image; 392, 1; 402, 2; 453, 1.

4488. Plate 1120; image poor. Plates 400 and 1120; on first examination spectrum E ?

4489. Plate 1074; spectrum C ?

4491. Plate 1112; image very poor and faint; on first examination spectrum A ?

4493. Plate 1064; on first and second examinations spectrum E ?

4495. Plates 401 and 416; on first examination spectrum E?
4498. Plate 1194; image poor; on first examination spectrum F? limit of spectrum β; 410, 5 ? 434, 5.
4499. See 4500.
4500. Combined with 4499 and 4501. Plate 424; a 394; 410, 3; 434, 3. Plate 445; spectrum G? a 394; 410, 3; 434, 3; 434 double; bright lines seen. Plate 1150; limit of spectrum β; 410, 3; 434, 3. Plate 1172; limit of spectrum γ; 410, 3; 434, 3.
4501. See 4500.
4502. U. A. Puppis 263, magn. 5.2. Not in A. G. C.
4503. Image very poor on all plates. Plates 401 and 416; on first examination spectrum E?
4506. Plate 1064; on first and second examinations spectrum F? Plate 446; 403, 2; 448, 3. Plate 1064; a 394; 410, 1; 434, 1. Plate 1072; 448, 3; 458, 1; 468, 1.
4510. Plate 445; on first examination spectrum F? limit of spectrum α; 410, 5; 434, 5.
4511. Plate 1173; 402, 2.
4511a. DM +57° 1128, R. A. 8h 8m.1, Dec. +57° 24'. Entered erroneously in Table I. See 4066.
4514. Image poor on all plates. Plate 1172; on first examination spectrum F? limit of spectrum β; 410, 3; 434, 3.
4524. Plate 1112; image poor; on first examination spectrum F; on second examination spectrum A? Plate 1064; 448, 2. Plate 1112; 410, 3; 434, 3.
4526. Plate 1112; on first examination spectrum F? limit of spectrum β; 410, 5; 434, 5.
4528. Plate 416; on special examination spectrum M. Plates 401 and 1120; on special examination spectrum M? Plates 401, 416, and 1120; on first examination spectrum K. Plate 1157; on first examination spectrum I. Plate 401; 397 a 434; 438, 1; 443, 1; 448, 3; 451, 1; 456, 1. Plate 416; 397 a 434; 448, 3; 456, 1; 458, 1; 461, 1; 468, 1. Plate 1120; 448, 3; 458, 1; 466, 2; 468, 1; 471, 1. Plate 1157; 448, 3; 461, 2.
4533. Plates 458, 1064, and 1072; on first examination spectrum F. Plate 1072; on second examination spectrum F? Plate 458; 410, 5; 434, 5; 410 and 434 double. Plate 1064; a 394; 410, 5; 434, 5. Plate 1072; 410, 2; 434, 2; 410 and 434 double.
4535. Plate 1172; image very poor and faint; on first examination spectrum E?
4536. Images very poor and faint. Plate 1120; on first examination spectrum E? Plate 1157; on first examination spectrum F; 410, 5; 434, 5.
4537. Plates 1064, 1072, and 1112; image poor. Plates 424 and 1064; on first examination spectrum A. Plate 1112; on first examination spectrum B. Plate 1072; 410, 5 ? 434, 5 ? Plate 1112; 410 double? Plate 1194; limit of spectrum β; 410, 5; 434, 5.

4539. Plate 1157; image very poor and faint; on first examination spectrum E?
4540. Plate 1173; on second examination spectrum F? 410, 5; 434, 5.
4544. Images poor and faint. Plate 1072; on first examination spectrum H? Plate 1112; on first examination spectrum A? Plate 1064; 410, 2; 434, 2.
4545. Plate 424; limit of spectrum β; 410, 5; 434, 5. Plate 445; 410, 3; 434, 3. Plate 1150; limit of spectrum α; 410, 3; 434, 3. Plate 1172; limit of spectrum γ; 410, 2; 434, 2.
4548. Beyond the limits within which accurate measurement can be made.
4549. Plate 401; 410, 5; 434, 5; on re-examination 410, 5 ? 434, 5 ?
4552. Image very poor and faint; on first examination spectrum E?
4553. Plates 424 and 1194; on first examination spectrum K. Plates 445 and 1173; on first examination spectrum I. Plates 424 and 445; on special examination spectrum M? Plate 1173; on special examination spectrum M. Plate 424; 448, 3; 456, 1; 458, 1; 461, 2; 468, 1; 471, 1. Plate 445; 448, 3; 461, 2. Plate 1173; 448, 3. Plate 1194; limit of spectrum α; 448, 3; 456, 2; 461, 1; 468, 1.
4555. Plate 1156; spectrum C?
4556. Plate 1172; on second examination spectrum F; 410, 5; 434, 5.
4558. Plates 1112 and 1113; image very poor and faint; on first examination spectrum A?
4559. Plates 401 and 1157; image very poor and faint. Plate 401; on first examination spectrum E?
4560. Plate 1113; on first examination spectrum E?
4562. Plate 1157; image very poor and faint; on first examination spectrum E.
4564. DM. +42° 1860, magn. 8.6, follows 1h.1, in same declination.
4568. Plate 1120; on second examination spectrum F; 410, 5; 434, 5.
4570. Plate 424; 410, 5; 434, 5.
4578. Plate 1172; image poor; near edge of plate; on first examination spectrum F; 410, 3; 434, 3.
4582. Plate 1194; 410, 5 ? 434, 5 ?
4584. Plate 401; on second examination spectrum F; 410, 5; 434, 5.
4589. Plate 446; on special examination spectrum M? Plate 167; 448, 4; 458, 2; 468, 2. Plate 446, first image; 406, 2; 427, 2; 468, 2. Plate 446, second image; 417, 2; 448, 2; 458, 4. Plate 458; a 394; 421, 1; 448, 1; 458, 4; 468, 3. Plate 1064, first image; a 394; 448, 2. Plate 1064, second image; a 394; 448, 2; 456, 1; 458, 1; 461, 1; 468, 1. Plate 1072, first image; a 394; 397 a 434; 446, 3; 451, 1; 458, 2. Plate 1072, second image; a 394; 397 a 434; 446, 3; 451, 3; 458, 2. Plate 1112, first

image; a 394; 397 a 434; 448, 3; 456, 1; 458, 1; 461, 2; 466, 1. Plate 1112, second image; a 394; 397 a 434; 448, 3; 456, 1; 458, *3*; 461, 1; 468, *1*.
4590. U. A. Puppis 308, magn. 5.9, var. ?
4591. Plate 1194; 410, 5; 434, 5.
4594. Plate 1150; image very poor and faint; on first examination spectrum E.
4596. First measure 6.36, resid. *1 0 4 3 0 6*. Plate 1194; second measure gives residual *4*; first measure related to DM. +54° 1233, and was rejected.
4598. Plate 1064; on first examination spectrum E.
4599. Plate 1112; on first examination spectrum H.
4602. Plate 1194; on second examination spectrum F ? 410, 5 ? 434, 5 ?
4604. Plate 1229; on first examination spectrum H ?
4605. Plate 1194; 410, 5; 434, 5; on re-examination 410, 3; 434, 3.
4606. Plate 1173; on first examination spectrum E ?
4608. Plate 1173; on first examination spectrum C ?
4609. Plate 1064; image very poor and faint; on first examination spectrum E ? on second examination spectrum A ? Plates 1112 and 1194; on first and second examinations spectrum H.
4610. Plate 1229; image very poor and faint; near edge of plate; on first and second examinations spectrum E ?
4611. Image poor on all plates. Plates 353, 1233, and 2242; on first examination spectrum A ?
4615. Plate 1064; on first and second examination spectrum F; 410, 5; 434, 5.
4617. Plate 1194; 448, 3.
4619. Plate 1150; 410, 5 ? 434, 5 ? Plate 1194; 410, 5; 434, 5.
4620. Plate 424; on special examination spectrum M ?
4621. Plate 440; image very poor and faint; on first examination spectrum E ?
4625. Plates 1173 and 1194; on first examination spectrum C ?
4628. Plates 165, 185, 1119, 1229, and 1233; on first examination spectrum C.
4629. Plate 1194; on second examination spectrum F; 410, 5; 434, 5.
4631. Plates 441 and 1064; on first examination spectrum A.
4634. Plate 1194; 410, 5 ? 434, 5 ? on re-examination limit of spectrum *a*; 410, 5; 434, 5; 410 and 434 double.
4636. Plate 167; image poor and faint; near edge of plate; on first examination spectrum A. Plate 446; 410, 2; 434, 2.
4637. Plate 1121; image very poor and faint; on first examination spectrum E.
4640. Plates 1064, 1072, 1112, and 1176; image poor; near edge of plates. Plate 424; on special examination spectrum M ? Plate 1072; on first examination spectrum A ? Plate 1112; 397 a 434; 434 double. Plate 1194; 448, 3.

4643. Plates 446, 458, and 1072; on special examination spectrum M ? Plates 446 and 1064; on first examination spectrum H. Plates 458 and 1112; on first examination spectrum K. Plate 1072; on first examination spectrum I. Plate 458; 397 a 434; 443, 4; 453, 1; 458, *1*; 463, 2; 468, *1*. Plate 1072; 448, 2; 458, 2. Plate 1112; 397 a 434; 448, 2; 458, *2*; 461, 2; 468, *1*.
4644. Plate 1064; image poor and faint; near edge of plate; on first examination spectrum E.
4653. Plate 1121; 448, 3. Plate 1157; 448, 3.
4657. Plate 1176, first image; near edge of plate; on first examination spectrum E ? Plate 1194, first image; 448, 2. Plate 1194, second image; 448, 2.
4658. Plates 1150 and 1159; image very poor and faint; on first examination spectrum E ?
4661. Combined with 4662. DM. magns. 7.0 and 7.3.
4662. See 4661.
4663. One of a group of stars. Assumed to be II. P. 1392, Cum.
4664. Plates 440 and 1157; on first examination spectrum F.
4666. Image poor on all plates. Plates 446, 1064, 1065, 1072, and 1113; on first examination spectrum A ? Plate 1112; 410, 2; 434, 2.
4670. Plate 1255; 410, 5; 434, 5; 410 and 434 double.
4673. Plate 1176; on first examination spectrum C ?
4675. Plate 1194; 410, 5 ? 434, 5 ?
4678. The letter t stands for dr. Duncr 78. Plate 441; on first examination spectrum F; 410, 5; 434, 5.
4679. Plates 1157 and 1158; image faint; on first examination spectrum F ? Plate 1157; 410, 5; 434, 5. Plate 1158; a 394; 410, 5; 434, 5.
4680. Plates 1159 and 1176; on first examination spectrum E. Plate 1194; image very poor and faint; on first examination spectrum H ?
4681. Plate 1121; 392, 1; 402, 2. Plate 1157; 402, 2; 453, 1.
4684. Plate 1194; on first examination spectrum F ? 410, 5 ? 434, 5 ?
4685. Plate 1157; image poor and faint; on first examination spectrum E ?
4686. Plate 1121; on first examination spectrum F ? 410, 2; 434, 2.
4687. Plate 402; on first examination spectrum H. Plates 456 and 1158; on first examination spectrum K. Plate 1150; on first examination spectrum I. Plates 402 and 1150; on special examination spectrum M ? Plate 456; limit of spectrum *β*; 397 a 434; 448, 3; 456, 1; 458, *1*; 461, 1; Plate 1150; 397 a 434; 448, 3; 461, 2. Plate 1158; 397 a 434; 448, 3; 456, 1; 458, *2*; 463, 2; 466, 1.

4688. Plate 1176; 410, 5; 434, 5.
4690. Plate 1230; image poor; on first examination spectrum E.
4691. Plate 440; 410, 5; 434, 5; on re-examination 410, 5; 434, 5.
4692. Plate 1064; on first examination spectrum C?
4694. The letter t stands for dr. Plate 402; on first examination spectrum F; 410, 2; 434, 2. Plate 456; 397 a 434; 438, 1; 443, 1; 448, 3; 456, 2; 458, 2; 466, 1; 468, 1. Plate 1150; 448, 2. Plate 1158; limit of spectrum β; 397 a 434; 448, 3; 456, 1; 458, 2; 461, 1; 468, 1. Plate 1175; a 394; 394 double? 448, 3.
4698. Plate 1157; on first examination spectrum C. Plate 1230; on first examination spectrum F? 410, 5; 434, 5.
4699. Plate 418; a 394; 410, 3; 434, 3; 434 double. Plate 440; limit of spectrum β; 410, 3; 434, 3; 434 double. Plate 1121; a 394; 410, 2; 434, 2; 434 double. Plate 1157; 410, 5? 434, 5? Plate 1230; limit of spectrum β; 410, 2; 434, 2.
4701. Plate 418; on first examination spectrum H? on second examination spectrum F. Plate 1121; on first examination spectrum E? on second examination spectrum G.
4705. Plates 1074 and 1119; image very poor; on first examination spectrum E. Near edge of Plate 1074.
4706. Plate 1176; 410, 5; 434, 5; on re-examination 410, 5; 434, 5.
4707. First measure 4.62, resid. $1.25.32$ p. Plate 1272, first image; first measure gives residual 1 2; second measure gives residual 2; first measure rejected.
4709. Plate 1194; on first examination spectrum C?
4710. Plate 1175; on first examination spectrum F; 410, 3; 434, 3.
4711. Plate 1272; second measure of brightness 5.6.
4713. Plates 458, 1074, and 1162; on first examination spectrum A. Plate 1229; 410, 3; 434, 3; 410 and 434 double. Plate 1233; 410, 5; 434, 5. Plate 1255; limit of spectrum a; 410, 5; 434, 5; 410 and 434 double.
4714. Plate 1176; on second examination spectrum F; 410, 5; 434, 5.
4716. Plate 1175; 410, 5? 434, 5?
4717. Plate 1272; on second examination spectrum F; 410, 5; 434, 5.
4718. Plate 1158; 402, 3.
4721. Plate 441; 410, 2; 434, 2. Plate 458; 410, 2; 434, 2; 410 and 434 double.
4722. Plate 456; 448, 3. Plate 1176; 448, 3; 456, 2. Plate 1194; 448, 3.
4724. Plates 1072, 1119, and 1229; image poor; on first examination spectrum A. Near edge of Plates 1119 and 1229. Plate 441; a 394; 410, 3; 434, 3; 410 and 434 double. Plate 1064; 410, 3;

434, 3. Plate 1065; a 394; 410, 3; 434, 3; 410 and 434 double? Plate 1112; 410, 3; 434, 3. Plate 1113; a 394; 410, 5; 434, 5.
4732. U. A. Hydra 70, magn. 6 0, var. ?
4734. Plate 1176; on second examination spectrum F? 410, 5? 434, 5?
4735. Plate 1175; limit of spectrum a; 410, 5; 434, 5; 410 double? on re-examination 410, 5; 434, 5.
4736. Plates 418 and 440; on first examination spectrum F? Plate 418; 410, 5; 434, 5. Plate 440; 410, 5; 434, 5; image very poor and faint.
4737. Plate 1175; 410, 5; 434, 5; on re-examination 410, 3; 434, 3.
4738. Plate 1194; image poor; near edge of plate; on first examination spectrum F? 410, 5? 434, 5?
4740. Plate 456; 401, 2; 417, 2.
4742. Plates 1072 and 1112; image poor; near edge of plates; on first examination spectrum E. Plate 1113; image good; spectrum I.
4743. Plates 1065 and 1074; image very poor and faint; on first examination spectrum E.
4744. Plate 1175; 448, 3.
4746. Plate 1272; 410, 5; 434, 5; on re-examination 410, 5; 434, 5.
4748. Plate 1175; 410, 5; 434, 5; on re-examination 410, 5; 434, 5.
4758. Plate 1176, first image; on first examination spectrum F? 410, 5; 434, 5.
4765. Plate 1176, second image; on special examination spectrum M? Plate 1176; 397 a 434; 448, 3; 456, 2; 461, 2.
4766. Plates 402, 456, and 1159; image poor; on first examination spectrum A? Plate 1176; image good; spectrum F; limit of spectrum β; 5; 434, 5.
4767. Plates 418 and 440; on special examination spectrum M? Plate 418, first image; limit of spectrum β; 397 a 434; 448, 3; 456, 1; 458, 2; 461, 2; 468, 1. Plate 418, second image; a 394; 397 a 434; 448, 3; 456, 1; 458, 2; 461, 1; 468, 1. Plate 440; limit of spectrum β; 448, 3; 456, 1; 458, 1; 461, 2; 466, 1. Plate 1121; limit of spectrum a; 397 a 434; 443, 1; 448, 3; 456, 1; 458, 2; 461, 2; 466, 1; 468, 1; 471, 1. Plate 1230, first image; 397 a 434; 448, 3; 461, 2. Plate 1230, second image; 397 a 434; 456, 2; 461, 2. Plate 1272, first image; limit of spectrum β; 397 a 434. Plate 1272, second image; a 394; 397 a 434; 448, 3; 456, 1; 458, 2; 461, 1.
4771. A. G. C. magn. 7.
4780. A. G. C. 12138.
4783. Plate 1229; image very poor and faint; near edge of plate; on first examination spectrum E.
4785. Plate 1230; image very poor and faint; on first examination spectrum E. Plate 1272; 402, 1; 419, 2.

4790. DM. magn 3.1. H. P. magn. 3.2. Measures of brightness obtained on five plates; images too dense to determine magnitude with accuracy. Magn. 3.56, resid. β 2 0 0 2.
4793. Plate 1112; on first examination spectrum II ?
4799. Plate 1175; 448, 2.
4800. The letter t stands for dr. Dunér 82. Plate 441; on first examination spectrum H. Plate 1065; on first examination spectrum I. Plates 458 and 1113; on first examination spectrum K. Plates 441 and 1113; on special examination spectrum M. Plate 458; 448, 4; 463, 2; 468, 1. Plate 1065; 448, 2; 458, 2. Plate 1113; 397 a 434; 434 double; 448, 3; 456, 1; 458, 1; 461, 3; 466, 1; 468, 1; 471, 1.
4803. Plate 1072; image very poor and faint; near edge of plate; on first and second examination spectrum E ?
4806. Plate 402; a 394; 410, 3; 434, 3. Plate 419; a 394; 410, 5; 434, 5; 410 and 434 double. Plate 456; a 394; 410, 3; 434, 3; 434 double. Plate 1159; limit of spectrum γ; 410, 3; 434, 3; 410 and 434 double. Plate 1176; limit of spectrum η; 410, 3; 434, 3.
4809. Plates 165, 185, 458, 1116, 1119, 1162, 1229, 1233, 1255, and 2242; on first examination spectrum A. Near edge of plates 1255 and 2242. Plate 353; 410, 5; 434, 5; 410 and 434 double. Plate 435; 410, 5; 434, 5. Plate 495; 410, 5; 434, 5. Plate 1065; a 394; 410, 5; 434, 5. Plate 1074; a 394; 410, 5; 434, 5; 410 and 434 double.
4811. Plate 1176; 410, 5; 434, 5; on re-examination 410, 3; 434, 3.
4812. Plate 1272; 410, 3; 434, 3; on re-examination 410, 3; 434, 3.
4813. Plate 1159; 410, 5; 434, 5. Plate 1176; limit of spectrum δ; 410, 5? 434, 5?
4818. Plates 441, 446, 458, 1064, 1112, 1113, and 1119; image poor; on first examination spectrum A? Near edge of Plates 441, 446, 1064, 1112, and 1113. Plates 441 and 446; on second examination spectrum A? Plate 458; on second examination spectrum C. Plate 353; 410, 2; 434, 2. Plate 495; 410, 5; 434, 5. Plate 1065; a 394; 410, 2; 434, 2. Plate 1074; 410, 3; 434, 3. Plate 1229; 410, 3; 434, 3.
4821. Plate 1065; on first examination spectrum F? 410, 5; 434, 5; 410 and 434 double.
4823. Plate 418; image very poor and faint; on first examination spectrum E?
4826. U. A. Hydra 92, magn. 6.2. Not in A. G. C.
4828. Plate 1175; 410, 5; 434, 5.
4832. Dunér 83.
4837. Plate 1176; on second examination spectrum F? limit of spectrum β; 410, 2; 434, 2.

4838. Plate 402; 410, 5; 434, 5; 434 double. Plate 419; 410, 3; 434, 3. Plate 456; a 394; 410, 3; 434, 3; 434 double; 463, 5. Plate 1159; limit of spectrum β; 410, 5; 434, 5; 410 double? Plate 1176; limit of spectrum β; 410, 5; 434, 5; 434 double.
4842. Plates 402 and 1159; on first examination spectrum E? Plate 1159; image very poor and faint.
4845. Plate 1198; image poor; on first examination spectrum E?
4847. Plates 441, 1065, and 1113; on first examination spectrum II. Plates 441 and 1113; on special examination spectrum M?
4849. Plate 1176; 410, 5; 434, 5; on re-examination 410, 5; 434, 5.
4851. First measure 5.44, resid. 1 1 2 6 2. Plate 1176; second measure gives residual 0; first measure rejected. Plate 456; on special examination spectrum M? Plate 402; 448, 3. Plate 456; 397 a 434; 448, 3; 461, 2. Plate 1159; 448, 3. Plate 1176; limit of spectrum β; 397 a 434; 448, 3; 450, 1; 458, 2; 461, 1; 468, 1.
4853. Plate 1176; limit of spectrum β; 410, 2; 434, 2.
4856. Plate 1272; 448, 3; 461, 2.
4858. Plate 1064; image very poor and faint; near edge of plate; on first examination spectrum A? on second examination spectrum F? Plate 1112; on first examination spectrum E.
4862. Plate 441; 410, 2; 434, 2; 434 double. Plate 458; 410, 3; 434, 3. Plate 1065; a 394; 410, 2; 434, 2; 434 and 434 double. Plate 1113; a 394; 410, 2; 434, 2; 434 double.
4863. Plate 1175; limit of spectrum β; 410, 5; 434, 5.
4865. Plate 1175; 410, 3; 434, 3.
4866. Plate 1175; limit of spectrum α; 394 double? 448, 3.
4868. Plate 1175, first image; on first examination spectrum F? 410, 5? 434, 5?
4870. Plate 1113; image very poor and faint; on first and second examinations spectrum H?
4873. Plate 1113; on second examination spectrum F; 410, 5; 434, 5.
4876. Plate 458; on special examination spectrum Q. Plate 458; 402, 1; 412, 2; 419, 2; 423, 1; 426, 1; 448, 1; 453, 1; 458, 2. Plate 1065; spectrum C. Plate 1113; 401, 1; 453, 2.
4877. Plate 1175; limit of spectrum β; 394 double? 410, 5; 434, 5.
4879. Plate 1176; 410, 5? 434, 5?
4881. Plate 1175; 410, 5? 434, 5?
4882. Plate 1074; image poor and faint; on first examination spectrum F?
4883. Plate 1176; on first examination spectrum F; 410, 5; 434, 5.
4886. Plate 1175; several bright and dark lines.

4887. Image poor on all plates. Plates 458, 1065, 1112, and 1233; on first examination spectrum A ? Plate 1074; 410, 5 ? 434, 5 ?
4890. Plate 1073; image very poor and faint; near edge of plate; on first examination spectrum E; on second examination spectrum F ?
4891. Plate 1197; image very poor and faint; on first examination spectrum E ? Plate 1272; on first examination spectrum E ?
4892. Plate 403; image very poor and faint; on first examination spectrum H ? Plate 1272; on first examination spectrum E.
4895. Dunér 86.
4896. Plate 1197; on first examination spectrum E.
4897. The spectrum measured on Plate 458 was supposed to be that of DM. +62° 1053. On re-examination the star was found to be DM. +62° 1054 and 1055, and the measures have accordingly been added to these stars, which equal D. C. 4899 and 4900.
4898. Plate 1272; 410, 3; 434, 3.
4899. Combined with 4900. DM. magns. 7.6 and 7.6.
4900. See 4899.
4904. Plate 458; spectrum C.
4905. Plate 403; on second examination spectrum F ? 410, 5 ? 434, 5 ?
4907. Plates 495 and 1072; spectrum C.
4910. Plate 1197; image poor and faint; on first examination spectrum F ? 410, 5; 434, 5.
4911. Plate 441; 410, 2; 434, 2. Plate 458; 410, 2; 434, 2. Plate 1065; a 394; 410, 2; 434, 2. Plate 1113; 410, 2; 434, 5.
4913. Plate 1272; limit of spectrum β; 410, 5; 434, 5; on re-examination 410, 5 ? 434, 5 ?
4917. Plate 419; spectrum D ? 402, 1; 419, 2; 453, 1.
4920. Plate 418; image poor and faint; on first examination spectrum E ?
4925. Plate 1272; on second examination spectrum F; 410, 5; 434, 5.
4928. Plate 1176; limit of spectrum β; 410, 2 ? 434, 2 ?
4929. Plate 1176; on second examination spectrum F; 410, 5; 434, 5.
4931. Plate 1198; on first examination spectrum E.
4936. Plate 1197; image poor and faint; on first examination spectrum E ?
4939. Plate 1065; 410, 5, 434, 5.
4941. Plate 1065; on second examination spectrum F; 410, 3; 434, 3.
4945. Plate 1175; 410, 2; 434, 2; on re-examination 410, 5 ? 434, 5 ?
4950. Plate 1065; 410, 3; 434, 3.
4951. Images very poor and faint. Plate 1064; on first examination spectrum F ? 410, 2 ? 434, 2 ? near edge of plate. Plate 1072; on first examination spectrum E ?
4956. Plate 403; 410, 5; 434, 5; on re-examination 410, 5 ? 434, 5 ?
4957. Plate 1197; 410, 5; 434, 5.

4958. U. A. magn. 6.0. A. G. C. magn. 6.
4959. Plates 1064 and 1065; image poor; near edge of plates; on first examination spectrum E ?
4960. Plate 1175; on second examination spectrum F; 410, 5; 434, 5.
4963. Plate 1176; on second examination spectrum F ? 410, 5 ? 434, 5 ?
4972. Plate 1197; 410, 5; 434, 5.
4974. Plate 402; image very poor and faint; on first and second examinations spectrum A. Plate 411; 410, 5; 434, 5. Plate 1086; 410, 3; 434, 3. Plate 1113; 410, 5; 434, 5. Plate 1176; limit of spectrum β; 410, 5; 434, 5.
4976. Dunér 87.
4977. Plate 1122; 410, 5; 434, 5; on re-examination 410, 5; 434, 5.
4978. Plate 1176; on first examination spectrum F; limit of spectrum β; 410, 3; 434, 3. Plate 1198; on first examination spectrum E.
4979. Plate 1272; 410, 5; 434, 5; on re-examination 410, 5; 434, 5.
4980. Plate 419; image poor and faint; on first examination spectrum A ?
4982. Plate 1176; on second examination spectrum F; 410, 5; 434, 5.
4983. Plate 402; 448, 3; 458, 1; 461, 1; 468, 1. Plate 419; 397 a 434; 448, 3; 453, 1; 456, 1; 458, 2; 461, 2; 466, 1; 468, 1; 471, 1. Plate 1175; 397 a 434; 448, 3; 451, 1; 456, 1; 458, 1; 461, 2; 466, 1; 468, 1; 471, 1. Plate 1198; limit of spectrum β; 397 a 434; 448, 3; 456, 1; 458, 2; 461, 2; 466, 1; 468, 1; 471, 1.
4984. Plate 1175; on second examination spectrum F ? 410, 5 ? 434, 5 ?
4985. Plate 1272; image poor; on first examination spectrum E; on second examination spectrum A ? Plate 403; limit of spectrum α; 448, 3.
4986. Plate 1198; image poor; on first examination spectrum H ?
4989. Images very poor and faint. Plate 1175; on first examination spectrum E. Plate 1197; on first examination spectrum H ?
4991. Plate 1198; on first examination spectrum F ? 410, 5 ? 434, 5 ?
4992. Plate 403; 448, 3.
4997. Plate 1175; 410, 5; 434, 5.
4999. Plate 1272; 410, 5; 434, 5; on re-examination 410, 5; 434, 5.
5007. Plate 1072; spectrum C. Plate 1112; spectrum C ?
5009. Plate 1175; image very poor and faint; on first examination spectrum E ?
5013. Plate 1086; on first examination spectrum K ? Plate 1113; image very poor and faint; on first examination spectrum H ? Plate 1176; on first examination spectrum E ? Plate 1086; 466, 1; 468, 5; 471, 1.
5015. Plate 1175; on second examination spectrum F; 410, 5; 434, 5.

THE DRAPER CATALOGUE. 311

5017. Plate 1175; 448, 3. Plate 1197; 448, 3.
5023. Plate 1198; on first examination spectrum E?
5024. Plate 1074; 410, 2; 434, 2. Plate 1229; 410, 5; 434, 5. Plate 1233; 410, 5; 434, 5. Plate 1255; 410, 5; 434, 5; 410 and 434 double.
5030. Plate 1198; on first examination spectrum H?
5032. Plate 1086, first image; on first examination spectrum A? Plate 1176, first image; 448, 3. Plate 1176, second image; 448, 3.
5033. Plate 1065; on first examination spectrum A? Plate 1113; 410, 2; 434, 2.
5036. The letter t stands for dr. DM. magn. 2. Plate 1122; on special examination spectrum M? Plate 403, first image; limit of spectrum β; 397 a 434; 438, 1; 443, 1; 448, 3; 456, 2; 458, 3; 461, 2; 468, 2; 471, 1. Plate 403, second image; 397 a 434; 443, 1; 448, 3; 456, 1; 458, 2; 461, 1; 468, 2. Plate 449; limit of spectrum β; 448, 3; 456, 1; 458, 1; 468, 1. Plate 1122; 397 a 434; 438, 1; 443, 1; 448, 3; 453, 1; 456, 1; 458, 2; 461, 2; 466, 1; 468, 2; 471, 1.
5037. Images very poor and faint. Plate 1078; on first examination spectrum F; 410, 3; 434, 3. Plate 1233; on first examination spectrum H.
5038. Plates 441, 1086, and 1176; image poor; on first examination spectrum A? Near edge of Plates 1086 and 1176. Plate 1065; limit of spectrum β; 410, 3; 434, 3; 410 and 434 double? Plate 1113; limit of spectrum α; 410, 5; 431, 5.
5039. Plate 403; 448, 3. Plate 1122; 448, 3.
5040. Plate 353; on special examination spectrum M? Plate 435; 406, 1; 410 bright? 426, 2; 443, 2; 448, 2; 458, 2; 461, 1; 468, 3. Plate 441; 397 a 434; 448, 3; 463, 2. Plate 458; 424, 2; 426, 1; 438, 2; 443, 2; 453, 2; 458, 4; 461, 2; 468, 5. Plate 493; 407, 2; 410 bright? 426, 1; 443, 3; 448, 2; 458, 3; 461, 2; 468, 4. Plate 1065; a 394; 397 a 434; 446, 1; 448, 2; 456, 1; 458, 2; 461, 2; 463, 2; 466, 1; 468, 2. Plate 1074; limit of spectrum γ; 397 a 434; 410, 2; 456, 1; 458, 1; 461, 2; 468, 1. Plate 1119; 448, 4; 456, 1; 458, 1; 461, 1; 466, 1; 468, 1; 471, 1. Plate 1229; 397 a 434; 448, 3; 456, 1; 458, 2; 461, 1; 466, 1; 468, 2; 471, 1. Plate 1233; 397 a 434; 443, 1; 448, 3; 456, 1; 458, 2; 461, 2; 466, 1; 468, 2; 471, 1. Plate 1255; limit of spectrum α; 397 a 434; 434 double? 448, 3; 456, 1; 458, 1; 461, 2; 466, 1; 468, 2.
5041. Plate 403; 410, 5; 434, 5.
5043. Plate 1065; image very poor and faint; on first examination spectrum E?
5044. Plates 435 and 1233; on first examination spectrum A. Plates 458 and 1078; on first examination spectrum C? Plate 441; a 394; 410, 5; 434, 5. Plate 495; 410, 5; 434, 5; 410 and 434 double. Plate 1065; a 394; 410, 3; 434, 3. Plate 1113; a 394; 410, 5; 434, 5.

5045. Plate 1255; 410, 4; 434, 4.
5049. Plate 403; a 394; 410, 5; 434, 5. Plate 449; 410, 3; 434, 3. Plate 1122; a 394; 410, 3; 434, 3.
5051. Plate 1113; on first examination spectrum F? 410, 5; 434, 5.
5054. Plate 435; 410, 2; 434, 2. Plate 441; 410, 1; 434, 1. Plate 458; 410, 2; 434, 2; 410 and 434 double. Plate 495; 410, 5; 434, 5. Plate 1065; a 394; 410, 2; 434, 2; 434 double. Plate 1073; 410, 2; 434, 2. Plate 1113; a 394; 410, 2; 434, 2; 434 double. Plate 1233; a 394; 410, 3; 434, 3; 410 and 434 double.
5056. Dunér 89.
5057. Plate 1233; on first examination spectrum E? on second examination spectrum L. Plate 441; 410, 1; 434, 4. Plate 458; 407, 1; 410 bright; 443, 1; 458, 2. Plate 1065; 448, 2; 458, 1; 468, 1. Plate 1073; a 394; 446, 2. Plate 1113; a 394; 397 a 434; 441, 1; 446, 1; 448, 3; 456, 1; 458, 2; 461, 3; 463, 1; 466, 1; 468, 1.
5059. Plate 1065; 410, 5; 434, 5.
5060. Plate 1176; on second examination spectrum F; 410, 5; 434, 5.
5061. DM. Dec. should be 36'.2 instead of 53'.6. Plate 1085; 448, 3; 461, 2. Plate 1197; 448, 3.
5062. Plate 1074; spectrum C?
5063. Plate 402; a 394; 410, 3; 434, 3. Plate 411; a 394; 410, 2; 434, 2. Plate 441; a 394; 410, 2; 434, 2; 434 double. Plate 1086; a 394; 410, 2; 434, 2; 434 double? Plate 1113; a 394; 410, 2; 434, 2; 434 double. Plate 1176; limit of spectrum γ; 410, 5; 434, 5.
5068. Plate 1197, very dark; spectrum poor; on first examination spectrum F? 410, 5; 434, 5.
5078. Plate 1113, first image very poor and faint; near edge of plate; on first examination spectrum H. Plate 1113, second image; 410, 5; 434, 5.
5081. Images very poor and faint. Plate 1065; on first examination spectrum F? 410, 5; 434, 5. Plate 1073; on first examination spectrum H? Plates 1113 and 1233; on first examination spectrum E?
5082. Plate 1065; image very poor and faint; on first examination spectrum F; 410, 3; 434, 3. Plate 1113; spectrum C?
5083. Plate 1065; on first examination spectrum F; 410, 5; 434, 5; 410 and 434 double. Plate 1073; on first examination spectrum E? Plate 1233; spectrum C?
5085. Plate 411; 448, 3; 456, 2. Plate 419; 448, 3; 461, 1. Plate 1086; limit of spectrum α; 448, 3. Plate 1198; limit of spectrum β; 397 a 434; 448, 3.

5087. Plates 435 and 495; on first and second examination spectrum F. Plate 435; 410, 5; 434, 5. Plate 495; 410, 5; 434, 5.
5091. Plate 1176; on second examination spectrum F; 410, 5; 434, 5.
5092. Plate 1086; on first examination spectrum F; 410, 2; 434, 2.
5094. Plate 1086; on first examination spectrum F ? 410, 3 ? 434, 3 ? 486 double ? On second examination image poor; doubling of 486 probably a defect in plate. Plate 1108; image very poor and faint; on first examination spectrum E.
5095. Plate 1108; on first examination spectrum H. Plate 1198; 410, 5; 434, 5; on re-examination 410, 5; 434, 5.
5097. Plates 435, 1073, and 1233; on first examination spectrum A. Plates 1073 and 1233; on second examination spectrum A. Plate 1065; 410, 2; 434, 2. Plate 1113; 410, 3; 434, 3; 410 and 434 double.
5098. U. A. 6.0. A. G. C. magn. 6.
5102. Plates 1085 and 1086; on first examination spectrum E ? Plate 1086; image poor. Plate 1198; on first examination spectrum F; 410, 5; 434, 5.
5104. Plates 435, 1113, and 1233; image very poor and faint; on first and second examinations spectrum H ? Plate 1065; image good; on first examination spectrum E ? on second examination spectrum F. Plate 1073; spectrum F; 410, 5; 434, 5.
5105. The letter t stands for dr. First measure 7.15, resid. 11448. Plate 1113; second measure gives residual 3; first measure rejected. Plate 1074; image very poor and faint; on first examination spectrum C ? Plate 1113; on first examination spectrum A. Plate 1065; 410, 5; 434, 5.
5108. Combined with 5115. DM. magns. 8.3 and 8.7. DM. $+84°$ 217, magn. 8.7, follows 5115, 47°, south 1ʹ.5; spectrum not seen on plates.
5111. Plate 1160; image very poor and faint; on first examination spectrum E.
5114. Plate 1197; on first examination spectrum E ?
5115. See 5108.
5116. Plate 1065; 410, 5; 434, 5; 410 and 434 double.
5119. Plate 1073; image very poor and faint; near edge of plate; on first and second examinations spectrum A ? Plate 1055; 410, 5; 434, 5.
5123. Plates 1074 and 1233; image very poor and faint; on first examination spectrum E ?
5125. Plate 1197; on second examination spectrum F; 410, 5; 434, 5.
5126. Plate 1197; on second examination spectrum F; 410, 5; 434, 5.
5130. Plate 449; on special examination spectrum M ?
5133. Plate 1197; image poor and faint; on first examination spectrum E ?
5135. Plate 1073; image very poor and faint; on first examination spectrum H ?
5136. Plate 1233; on special examination spectrum M ? Plate 1065; 448, 2; 458, 2. Plate 1113; 397 a 434; 448, 2; 458, 1; 468, 1.
5137. Plates 495 and 1233; on special examination spectrum M ? Plate 435; 426, 2; 448, 2; 456, 1; 458, 1. Plate 441; 403, 1; 417, 2; 448, 2. Plate 1065; 448, 1; 456, 1; 458, 1; 466, 1; 468, 1. Plate 1073; 448, 1; 458, 1. Plate 1113; limit of spectrum β; 397 a 434; 448, 3; 458, 2; 438, 2. Plate 1233; 397 a 434; 441, 2; 448, 3; 456, 1; 458, 1; 461, 1; 468, 1.
5139. Plate 1113; 448, 3; 458, 1; 468, 1
5141. Plate 441; on first examination spectrum F; 410, 2; 434, 2; 434 double. Plate 1065; on first and second examinations spectrum F; a 394; 410, 3; 434, 3; 410 and 434 double ? Plate 1074; image very poor and faint; on first examination spectrum E ? on second examination spectrum F.
5142. Images poor. Plate 1255; on first examination spectrum E. Plate 2242; on first examination spectrum H; near edge of plate.
5143. Plate 449; 397 a 434; 448, 3; 456, 1; 458, 1; 461, 1; 468, 1. Plate 1122; 448, 3. Plate 1160; 397 a 434; 448, 3; 456, 1; 458, 1; 461, 2; 466, 1.
5147. Plates 1064, 1072, and 1112; spectrum C ?
5148. Images very poor. Plate 1065; on first examination spectrum A ? Plate 1208; on first examination spectrum H; near edge of plate. Plate 1074; 410, 5; 434, 5.
5150. Plate 1160, first image; 402, 2. Plate 1160, second image; 402, 2.
5151. Plate 1113; 410, 5; 434, 5; on re-examination 410, 5; 434, 5.
5153. Plate 1086; 448, 3.
5154. Plate 1160; on special examination spectrum Q ? Plate 449; a 394; 410, 5; 434, 5; bright lines. Plate 1122; a 394; 410, 5; 434, 5; 410 and 434 double. Plate 1160; a 394; 410, 5; 434, 5; 434 double; other lines seen.
5156. Plate 449; 410, 5; 434, 5.
5159. Plate 1058; on first examination spectrum E.
5161. Plate 1073, first image very poor and faint; on first examination spectrum A. Plate 435; 410, 2; 434, 2; 434 double. Plate 441; 410, 2; 434, 2. Plate 1065; 410, 3; 434, 3; 410 and 434 double. Plate 1073, second image; 410, 5; 434, 5. Plate 1113; limit of spectrum β; 410, 5; 434, 5. Plate 1233; 410, 5; 434, 5.
5169. Plate 1065; on first examination spectrum E ? Plate 1198; image very poor and faint; on first examination spectrum H ?
5170. Plate 435, 1073, and 1233; on first examination spectrum A. Plate 1233; image very poor and faint. Plate 441; 410, 5; 434, 5. Plate 1065;

410, 5; 434, 5; 410 and 434 double. Plate 1113; a 394; 410, 5; 434, 5.

5171. Dunér 90.

5177. Plates 1114 and 1197; on first examination spectrum E? near edge of plates. Plate 1197; on second examination spectrum F? Plate 411; a 394; 397 a 434; 438, 1; 443, 1; 448, 3; 456, 2; 458, 2. Plate 1085; a 394; 397 a 434; 438, 2; 443, 2; 448, 3; 456, 2; 458, 2; 461, 1; 468, 1. Plate 1197; a 394.

5178. Plate 1073; first image very poor and faint; on first examination spectrum A. Plate 1065; 410, 5; 434, 5. Plate 1073, second image; 410, 4; 434, 4.

5179. Plate 1160; on first and second examinations spectrum F? limit of spectrum β; 410, 5; 434, 5.

5181. Plate 1073; 410, 5; 434, 5.

5185. Plate 411; a 394; 410, 2; 434, 2. Plate 419; 410, 2; 434, 2. Plate 475; 410, 5; 434, 5. Plate 1073; 410, 1; 434, 3. Plate 1086, first image; 410, 3; 434, 3. Plate 1086, second image; 410, 5; 434, 5. Plate 1115; limit of spectrum α; 410, 2; 434, 2.

5190. Plates 441, 495, and 1113; on first examination spectrum A. Plate 435; a 394; 410, 5; 434, 5. Plate 1065; a 394; 410, 5; 434, 5. Plate 1073; 410, 5; 434, 5. Plate 1233; a 394; 410, 5; 434, 5.

5191. Plate 1085; on second examination spectrum F; 410, 5; 434, 5.

5194. Plate 1255; 410, 5; 434, 5; on re-examination 410, 5; 434, 5.

5196. Plate 449; 410, 5; 434, 5.

5198. Plate 449; on first examination spectrum F? 410, 5; 434, 5.

5200. Plate 449, first image; on first examination spectrum E? Plate 1160; first image very poor and faint; on first examination spectrum F? 410, 5; 434, 5.

5203. Plate 449; on special examination spectrum M? Plate 474; image very poor and faint; on first examination spectrum A? Plate 449; 397 a 434; 448, 3; 456, 1; 458, 1; 461, 1. Plate 1160; 448, 3; 456, 2; 461, 2. Plate 1302; 397 a 434; 434 double; 448, 2; 461, 2. Plate 1309; 397 a 434; 448, 3; 456, 1; 458, 1; 461, 2.

5204. Plate 1208; image poor and faint; near edge of plate; on first and second examinations spectrum H?

5206. Plates 411, 1085, first and second images, and 1114; on special examination spectrum M? Plate 411; 397 a 434; 448, 3; 461, 2. Plate 1085, first image; 397 a 434; 448, 3; 456, 2; 458, 2; 461, 2; 466, 1; 468, 1; 471, 2. Plate 1085, second image; 397 a 434; 448, 3; 456, 1; 458, 2; 461, 2; 466, 1; 468, 1; 471, 2. Plate 1114; 397 a 434; 448, 3; 458, 1; 461, 1; 468, 1.

5208. Plate 1238; spectrum C?

5209. Plate 435; spectrum L? 410, 5; 434, 5.

5210. Plates 1065, 1113, and 1208; image very poor and faint; on first examination spectrum H.

5211. A. G. C. magn. 7.

5214. Plates 441, 495, 1073, 1074, and 1113; on first examination spectrum H. Plates 435, 1065, 1208, and 1233; on first examination spectrum I. Plates 441, 1113, and 1233; on special examination spectrum M? Plate 435; on special examination spectrum M. Plate 435; 403, 2; 417, 2; 443, 2; 468, 3. Plate 1065; 397 a 434; 448, 2; 458, 1; 468, 1. Plate 1208; 448, 2; 458, 2; 468, 2. Plate 1233; 448, 4; 458, 2; 468, 2.

5217. Plate 1238; 410, 3; 434, 3.

5218. Plate 435; on first examination spectrum E? on second examination spectrum F. Plate 1065; 448, 3.

5221. Plate 1085; 410, 5; 434, 5; on re-examination 410, 5; 434, 5.

5223. Plate 449; on second examination spectrum C?

5225. Plate 1115; second image; on first examination spectrum A? Plate 411; a 394; 410, 3; 434, 3. Plate 435; limit of spectrum β; 410, 5; 434, 5; 434 double? Plate 1115, first image; a 394; 410, 3; 434, 3.

5228. Images very poor and faint. Plate 1302; on first examination spectrum E? Plate 1309; on first examination spectrum H?

5230. Plate 1255; 448, 2; 458, 2.

5231. Plate 1113; on first examination spectrum E? on second examination spectrum A?

5234. Plate 435; on special examination spectrum M?

5235. Plate 1113; image very poor and faint; on first examination spectrum H?

5236. Plate 1074; on second examination spectrum F? 410, 5? 434, 5?

5239. U. A. Sextans 21, magn. 6.8, var. ?

5242. The letter t stands for dr. Dunér 94. Plates 449, 505, 1160, 1238, and 1302; on first examination spectrum H. Plate 1309; on first examination spectrum I. Plate 1238; on special examination spectrum M. Plate 1309; 448, 3.

5243. Plate 411; on first examination spectrum H? Plates 1085 and 1115; on first examination spectrum E? Plate 1085; image poor.

5245. Plate 1073; image very poor and faint; on first examination spectrum E; on second examination spectrum F?

5249. Plate 1074; image very poor and faint; near edge of plate; on first examination spectrum E? on second examination spectrum A?

5251. Plate 1073; on first examination spectrum H? Plate 1086; image very poor and faint; on first examination spectrum E?

5253. Plate 494; image very poor and faint; on first examination spectrum A. Plate 411; 410, 5; 434. 5. Plate 1073; a 394; 410, 2; 434, 2; 434 double. Plate 1086; limit of spectrum β; 410, 5; 434, 5. Plate 1088; 410, 3; 434, 3.
5255. Plate 1073; image very poor and faint; on first examination spectrum H? Plate 1113; on first examination spectrum F; 410, 5; 434, 5.
5257. Images very poor and faint. Plate 1238; on first examination spectrum E. Plate 1309; on first examination spectrum H?
5263. Plate 1238; on first examination spectrum F; a 394; 410, 5; 434, 5. Plate 1302; image very poor and faint; on first examination spectrum E.
5264. Plate 1113; image very poor and faint; on first examination spectrum A? on second examination spectrum F?
5265. U. A. Hydra 194, magn. 4.6, var.?
5269. Plate 494; spectrum C?
5274. Plate 1085; 410, 5; 434, 5.
5275. Plate 1238; 448, 3. Plate 1302; 448, 3. Plate 1309; 397 a 434; 448, 3; 461, 2.
5279. DM. magn. 1.3. II. P. magn. 1.4. Measure of brightness obtained on Plate 475; image too dense to determine magnitude.
5281. U. A. Sextans 29, magn. 6.6. Not in A. G. C. U. A. magn. used to obtain residual given in Table I. Plate 1238; 405, 3.
5284. Images very poor and faint. Plate 491; on first examination spectrum E. Plate 1302; on first examination spectrum H.
5286. Plate 474; image poor; on first examination spectrum H? Plate 409; on first examination spectrum A? Plate 442; 410, 5; 434, 5. Plate 505; 410, 5; 434, 5. Plate 1238; a 394; 410, 5; 434, 5. Plate 1309; limit of spectrum β; 410, 5; 434, 5.
5288. Plate 1162; spectrum C.
5289. Plates 442, 505, and 1309; on special examination spectrum M? Plate 442; 397 a 434; 448, 3; 458, 1. Plate 491; 397 a 434; 448, 3. Plate 505; limit of spectrum α; 397 a 434; 448, 3; 456, 1; 458, 1; 461, 1. Plate 1161; 397 a 434; 448, 3; 461, 2. Plate 1238; 397 a 434; 438, 1; 443, 1; 448, 3; 453, 1; 456, 1; 458, 2; 461, 2; 466, 1; 468, 2. Plate 1302; 397 a 434; 448, 3; 456, 1; 458, 2; 461, 2; 466, 1; 468, 1. Plate 1309; limit of spectrum β; 397 a 434; 438, 1; 443, 1; 456, 2; 458, 2; 461, 2; 466, 1; 468, 1.
5291. Plate 1238; 419, 3.
5292. Plate 1073; 410, 3?; 434, 3? on re-examination 410, 5; 434, 5.
5293. Plate 1074; spectrum C?
5294. Plate 1088; on first examination spectrum F?; 410, 5; 434, 5.

5300. Plates 1065 and 1073; on first examination spectrum A. Plate 1233; image poor and faint; on first examination spectrum C? Plate 435; 410, 2; 434, 2.
5301. Plates 441, 495, 1073, 1074, 1208, and 1233; on first examination spectrum A. Plate 1113; spectrum C? Plate 435; 410, 5; 434, 5. Plate 1065; 410, 5; 434, 5; 410 and 434 double?
5306. Plate 1074, second image; spectrum C.
5308. Plate 1074; image very poor and faint; on first examination spectrum E.
5310. Combined with 5311. DM. magn. 7.0 and 3.5. Plate 1087; on first examination spectrum A? Plate 475; a 394; 410, 5; 434, 5. Plate 494; a 394; 410, 5; 434, 5.
5311. See 5310.
5312. Plate 1065; image very poor and faint; on first examination spectrum F? 410, 5; 434, 5.
5313. Dunér 96.
5314. Plate 1255; on special examination spectrum M? Plate 1255; 448, 2; 458, 2.
5319. Plate 499; image poor; on first examination spectrum E? Plates 1302 and 1309; on first examination spectrum F? Plate 1302; 410, 5; 434, 5. Plate 1309; a 394; 410, 5?; 434, 5?
5320. Plate 1073; image very poor and faint; on first examination spectrum F; 410, 5; 434, 5; 410 and 434 double. Plate 1088; on first examination spectrum H.
5329. Plate 494; a 394; 410, 2; 434, 2. Plate 1087; limit of spectrum β; 410, 3; 434, 3; 410 and 434 double. Plate 1114; 410, 5; 434, 5.
5330. Plate 1309; on first examination spectrum F? 410, 5; 434, 5.
5331. The letter t stands for dr. Combined with 5332. Plate 475; on special examination spectrum M? Plate 475; limit of spectrum β; 397 a 434; 448, 3; 456, 1; 458, 2; 461, 1. Plate 494; a 394; 397 a 434; 448, 3; 456, 1; 458, 2; 461, 1; 468, 1. Plate 1087; a 394; several bright and dark lines. Plate 1114; limit of spectrum α; 394 double? 397 a 434; 448, 3; 458, 2; 461, 2; 468, 2; 471, 1.
5332. See 5331.
5334. Plates 1065, and 1208; on first examination spectrum H. Plate 1073; image very poor and faint; on first examination spectrum E.
5338. Plate 1074; spectrum C?
5339. Plate 1309; on first examination spectrum E?
5341. Plate 1161; 410, 5; 434, 5; on re-examination 410, 5; 434, 5.
5342. Plate 494; 410, 3; 434, 3.
5343. Plate 1238; image very poor and faint; on first examination spectrum E?
5345. The letter t stands for dr. Dunér 97. Plate 443; on first examination spectrum I. Plates 494, 1088, 1115, and 1124; on first examination spec-

trum K. Plates 443, 494, 1088, and 1115; on special examination spectrum M? Plate 443; 448, 3. Plate 494; 397 a 434; 438, 1; 443, *1*; 448, 3; 453, 1; 456, 2; 458, *2*; 461, 2; 466, 1; 468, *1*; 471, 1. Plate 1088; 397 a 434; 434 double? 436,1; 438, 1; 443, *1*; 448, 3; 451, 2; 456, 2; 458, *1*; 461, 2; 466, 1; 468, *2*; 471, 1. Plate 1115; 397 a 434; 443, *1*; 448, 3; 456, 1; 458, *2*; 461, 2; 468, *2*; 471, 2. Plate 1124; 448, 3; 456, 1; 458, *2*; 461, 2; 466, 1; 468, *1*.
5349. Plate 495; 393, 1; 403, 1; 421, 1.
5350. Plate 1238; image very poor and faint; on first examination spectrum E?
5351. The letter t stands for dr. First measure 7.22, resid. *8* 3 8 1 *2*. Plate 495; second measure gives residual *10*. On comparison of Plate 495 with DM. chart this observation was found to be a measure of DM. +71° 534, and has been added to D. C. 5302. Plate 1074; second measure gives residual 2; first measure related to DM. +82° 301, and was rejected. Plate 1116; on first examination spectrum A. Plate 1255; 410, 2; 434, 2.
5352. A. G. C. magn. 7.
5359. Plate 2242; on second examination spectrum F; 410, 5; 434, 5.
5360. Plates 167, 435, 458, 495, and 1256; on first examination spectrum A. Plate 1074; on first examination spectrum C? Plate 495; a 394; 410, 3; 434, 3. Plate 1065; a 394; 410, 3; 434, 3. Plate 1116; a 394; 410, 5; 434, 5. Plate 1162; 410, 4; 434, 4. Plate 1233; a 394; 410, 3; 434, 3. Plate 1255; a 394; 410, 3; 434, 3.
5365. Images very poor and faint. Plates 1065 and 2242; on first examination spectrum H. Plate 1255; on first examination spectrum E.
5367. Dunér 99.
5369. Images very poor. Plate 1116; on first examination spectrum H? Plate 1255; on first examination spectrum I? 448, 3; 458, 2; 468, 2.
5375. Plate 442; on special examination spectrum M? Plate 442; 397 a 434; 448, 3; 456, 1; 458, *1*; 461, 2. Plate 1161; 397 a 434; 443, *1*; 448, 3; 456, 1; 458, 2; 461, 2; 466, 1; 468, *1*; 471, 1. Plate 1238; 448, 3. Plate 1309; 448, 3.
5379. Plates 1073 and 1088; on first examination spectrum E?
5380. Plates 494 and 1088; on special examination spectrum M? Plate 443; 448, 3. Plate 1088; 397 a 434; 434 double? 448, 3. Plate 1115; 448, 3.
5385. Image very poor and faint on all plates. Plate 1065; on first examination spectrum F; 410, 5; 434, 5; 410 and 434 double. Plates 1116, 1233, and 1256; on first examination spectrum E?
5391. Image very poor and faint on all plates. Plate 1073; on first examination spectrum H. Plate 1208; on first examination spectrum A.

5392. Plate 1161; 424, 3.
5394. Plate 1073; 410, 2; 434, 2.
5395. Plates 1073 and 1074; image very poor and faint. Plate 1073; on first examination spectrum A. Plate 1074; on first examination spectrum H. Plate 1208: 410, 5; 434, 5; 410 and 434 double.
5396. Plate 1115; spectrum C?
5397. Plate 435; on first examination spectrum C? Plate 495; 410, 5; 434, 5. Plate 500; 410, 2; 434, 2. Plate 1073; a 394; 410, 1; 434, 1. Plate 1074; a 394; 410, 2; 434, 2. Plate 1088; 410, 5; 434, 5. Plate 1208; a 394; 410, 2; 434, 2. Plate 1233; a 394; 410, 2; 434, 2; 410 and 434 double.
5400. DM. −1° 2395, magn. 5.0, equals DM. −2° 3155, magn. 6.0.
5404. Plates 1065 and 1162; image very poor and faint; on first examination spectrum E? Plate 1065; on second examination spectrum E? Plate 1255; 448, 3; 458, 1.
5406. Plate 507; on first examination spectrum E?
5407. Images very poor and faint. Plate 1065; on first examination spectrum F; 410, 5; 434, 5; 410 and 434 double. Plates 1073, 1113, and 1162; on second examination spectrum E?
5409. Plates 1065, second image, and 1233; on first examination spectrum E? Near edge of Plate 1065. Plate 1255, second image; on first examination spectrum A? Plate 435, first image; 403, 2; 421, 2; 448, 2; 458, 2. Plate 435, second image; 421, 2; 448, 2; 458, 2. Plate 500; 448, 2; 456, 1; 463, *1*. Plate 1065; a 394; 397 a 434; 448, 3; 458, 2; 468, 2. Plate 1074; 448, 3. Plate 1113; limit of spectrum α; 397 a 434; 456, 2; 458, *1*; 461, 2. Plate 1162; 448, 3. Plate 1208; a 394; 397 a 434; 448, 3; 456, 1; 458, *2*; 461, 1; 466, 1; 468, *2*; 471, 1. Plate 1255, first image; 397 a 434; 456, 1; 458, *1*; 461, 2; 466, 1; 468, *1*; 471, 1.
5413. Plate 500; image very poor and faint; on first examination spectrum F; 410, 2; 434, 2.
5415. Plate 477; on first examination spectrum F? 410, 5; 434, 5. Plate 442; hydrogen lines narrow. Plate 1161; 382, 2; 402, 1; 438, 1; 453, 2; 468, 2.
5419. Plates 1065 and 1208; image very poor and faint; on first examination spectrum H?
5422. Plates 435, 500, 508, 1074, 1208, and 1233; on first examination spectrum A. Plate 495; 410, 5; 434, 5; 410 and 434 double. Plate 1073; a 394; 410, 4; 434, 4; 434 double.
5425. Plate 1161; 448, 3.
5427. Plate 1088; image very poor and faint; on first examination spectrum E?
5431. Plate 1208; spectrum C?
5436. Plate 507; on first examination spectrum A? Plate 1304; image very poor and faint; on first

examination spectrum H? on second examination spectrum A? Plate 1161; 410, 2; 434, 2.
5438. Plate 1074; a 394.
5442. Plate 1074; image very poor and faint; on first examination spectrum C?
5443. Plate 1113; on first and second examinations spectrum F? 410, 2; 434, 2.
5444. Plate 443; on first examination spectrum E? Plates 443 and 494; on second examination spectrum G? Plate 1087; 448, 2.
5446. Plate 1233; image very poor and faint; on first examination spectrum H.
5447. Plate 1088; image very poor and faint; on first examination spectrum F? 410, 5; 434, 5.
5449. First measure 6.17, resid. $1.1233.12.04208\frac{1}{4}$. Plate 1255; second measure related to DM. +61° 1126, and was rejected.
5450. Plate 1281; image poor; on first examination spectrum E.
5451. Plate 1161; limit of spectrum a; 397 a 434; 448, 3; 456, 1; 458, 1; 468, 1; 471, 1. Plate 1310; 448, 3; 461, 2.
5454. Plate 1281; on second examination spectrum F? 410, 5? 434, 5?
5455. Plate 435; on special examination spectrum M? Plate 1208; 448, 3; 458, 2; 468, 2.
5456. Plate 1281; limit of spectrum a; 410, 5? 434, 5? on re-examination limit of spectrum β; 410, 5; 434, 5.
5457. Plate 1088; 410, 5; 434, 5. Plate 1208; 410, 5; 434, 5; 410 and 434 double.
5459. Plates 500 and 508; on special examination spectrum M? Plate 1074, second image; 448, 4. Plate 1208; 397 a 434; 448, 2; 458, 2.
5460. Plate 1281; on second examination spectrum F; 410, 5; 434, 5.
5461. Plates 1162, 1233, and 1255; on special examination spectrum M? Plate 1073; 448, 3; 458, 2. Plate 1074; 397 a 434; 448, 3; 458, 2; 468, 2. Plate 1162; 448, 3. Plate 1208; 448, 3; 456, 1; 458, 1; 461, 2; 466, 1; 468, 2. Plate 1233; 443, 1; 448, 2; 453, 1; 458, 1; 463, 3. Plate 1255; 448, 3.
5475. Beyond the limits within which accurate measurement can be made.
5477. Plate 1074; image very poor and faint; on first examination spectrum A? Plate 1208; 410, 5; 434, 5; 410 and 434 double.
5478. Dunér 101.
5480. Images very poor and faint. Plate 1065; on first examination spectrum H? Plate 2242; on first examination spectrum A.
5484. Plate 1281; on special examination spectrum M? Plate 1281; 448, 3.
5486. Plate 1208; image very poor and faint; on first examination spectrum H?
5489. Plate 1255, second image; spectrum C.

5490. Plate 1074; 410, 5; 434, 5.
5492. The letter t stands for dr. Combined with 5493 and 5494. DM. magns. 7.0, 7.5, and 7.2. A. G. C. magns. $7\frac{3}{8}$, 6.7, and $7\frac{1}{4}$. Plate 1304; on first examination spectrum E? Plate 1310; on first examination spectrum F? 410, 5; 434, 5.
5493. See 5492.
5494. See 5492.
5495. Plate 1074; 448, 3.
5496. Plate 1162; image very poor and faint; on first and second examinations spectrum H?
5501. Plate 443; image very poor and faint; on first and second examinations spectrum A? Plate 1178; 410, 5; 434, 5. Plate 1281; 410, 5; 434, 5.
5502. The letter t stands for dr. DM. magn. 3. Plate 507; on special examination spectrum M? Plate 477; 397 a 434; 448, 3; 461, 1; 468, 1. Plate 507; limit of spectrum β; 397 a 434; 448, 2; 456, 1; 458, 2; 461, 1; 468, 1. Plate 514; 448, 3. Plate 1138; 397 a 434; 448, 3; 461, 1. Plate 1161; 397 a 434; 434 double? 448, 3; 458, 1; 461, 2. Plate 1304; 397 a 434; 438, 1; 443, 1; 448, 3; 456, 1; 458, 2; 461, 2; 466, 1; 468, 1; 471, 1. Plate 1310; a 304; 397 a 434; 438, 1; 443, 1; 448, 3; 453, 1; 456, 1; 458, 2; 461, 1; 466, 1; 468, 2.
5506. Plate 1074; on special examination spectrum M? Plate 1074; 397 a 434; 448, 3. Plate 1208; 448, 3.
5507. Plate 1281; image poor; on first examination spectrum E.
5508. Plate 1138; image very poor; near edge of plate; on first examination spectrum F; 410, 5; 434, 5.
5511. Combined with 5512. DM. magns. 6.2 and 6.0. H. P. magns. 6.6 and 6.5.
5512. See 5511.
5514. Plate 1162, second image; 448, 3; 458, 2.
5516. Dunér 102. Plate 1074; image very poor and faint; on first and second examinations spectrum E?
5518. Plate 1208; 448, 3.
5519. Plate 1178; on special examination spectrum M? Plate 443; limit of spectrum β; 397 a 434; 448, 3; 456, 1; 458, 1. Plate 1124; 397 a 434; 448, 3; 456, 1; 458, 1; 461, 2. Plate 1136; 448, 3. Plate 1178; limit of spectrum a; 397 a 434; 448, 3; 456, 2; 458, 2; 461, 2.
5522. U. A. Hydra 257, magn. 5.4, var.? Plate 1138; on first examination spectrum E; on second examination spectrum A.
5524. Plate 1281; image very poor and faint; near edge of plate; on first and second examinations spectrum I?
5525. Plate 1281; 410, 5; 434, 5.
5526. Plate 1116; image very poor and faint; on first and second examinations spectrum H.
5527. Plate 1123; second image very poor and faint; on first and second examinations spectrum A. Plate

1178, first image; 410, 5; 484, 5. Plate 1281; 410, 5; 434, 5.
5530. Plate 508; on special examination spectrum M ?
5531. Plate 1178; on special examination spectrum M ? Plate 1178; 448, 3.
5534. Images very poor and faint. Plate 1113; on first examination spectrum A. Plate 1208; on first examination spectrum H ? Plate 1255; 410, 4; 434, 4.
5536. Plate 1138; 410, 5; 434, 5. Plate 1310; 410, 5; 434, 5.
5542. Plate 1255; 410, 5; 434, 5.
5543. Plates 1065 and 1074; image very poor and faint. Plate 1065; on first examination spectrum E. Plate 1074; on first examination spectrum F; limit of spectrum β; 410, 4; 434, 4. Plate 1255; 397 a 434; 448, 2; 456, 1; 458, 1; 461, 1; 468, 1.
5545. Plate 1208; image very poor and faint; on first examination spectrum H ?
5550. Images very poor and faint. Plate 1074; on first examination spectrum E. Plate 1255; on second examination spectrum A ?
5554. Plate 1124; 410, 5; 434, 5. Plate 1137; 410, 3; 434, 3.
5555. U. A. standard 329. Dec. in U. A. should be +12° 22'.4, instead of +12° 12'.4. Position verified from Plate 2357, Class I. Plate 1281; 410, 5; 434, 5; on re-examination 410, 5; 434, 5.
5559. Plate 1074; spectrum C.
5560. Plate 1310; on special examination spectrum M. Plate 1138; 397 a 434; 448, 3; 461, 2. Plate 1310; 397 a 434; 448, 3; 471, 2.
5561. The spectrum on Plate 1065 was supposed to be that of DM. +76° 410. On re-examination the star was found to be DM. +67° 658, and the measures have accordingly been added to the latter star, which equals D. C. 5395.
5563. Plate 1074; on second examination spectrum F; 410, 5; 434, 5.
5564. Plate 1304; 448, 3. Plate 1310; 448, 3.
5565. First measure 6.22, resid. p 9. Plate 1074; first measure gives residual 10; second measure gives residual 11. Plate 1255; second measure gives residual 7; first measure rejected. Plate 1074; spectrum C ?
5566. Plate 514; image poor; on first examination spectrum E ?
5567. Plate 1162; on first examination spectrum E.
5573. Plate 1208; on second examination spectrum F; 410, 5; 434, 5.
5575. Plate 1255; image very poor and faint; on first examination spectrum H ?
5576. Plate 1116; image very poor and faint; on first examination spectrum E ?
5577. Dunér 107.

5580. Plates 1074, 1162, and 1255; on first examination spectrum F. Plate 1116; on first examination spectrum E ? Plate 500; a 394; 397 a 434; 405, 2; 407, 2; 410 bright ? 443, 2; 458, 3; 461, 1; 468, 5. Plate 508; a 394; 424, 2; 443, 2; 458, 1; 463, 2. Plate 1074; a 394; 410, 5 ? 434, 5 ? Plate 1116; a 394. Plate 1162; a 394; 410, 2 ? 434, 2 ? Plate 1208; a 394. Plate 1255; a 394; 410, 2 ? 434, 2 ?
5581. -Plate 1304; image very poor and faint; on first examination spectrum H.
5587. Plate 1124; image very poor and faint; on first examination spectrum E ?
5589. Plate 1074; image very poor and faint; on first examination spectrum A.
5591. The letter t stands for dr. First measure 4.90, resid. 1 3 9 0 1 3. Plate 514; second measure gives residual 3; first measure rejected. Plate 477; image poor. Plates 477 and 1310; on first examination spectrum A ? Plate 507; 410, 5 ? 434, 5 ? Plate 514; 410, 3 ? 434, 3 ? Plate 1138; limit of spectrum β; 410, 5; 434, 5; 410 and 434 double. Plate 1304; limit of spectrum β; 410, 5; 434, 5; 410 and 434 double.
5593. Plate 1304; on first examination spectrum F ? 410, 5; 434, 5; 410 and 434 double.
5597. Plates 1074, 1116, and 1208; image very poor and faint; on first examination spectrum A ?
5604. Images poor; near edge of plates. Plates 1065, 1255, and 1256; on first examination spectrum E. Plate 1233; on first examination spectrum H.
5606. Plate 1074; image poor; on first examination spectrum H. Plate 1255; 410, 2; 434, 2; 410 and 434 double.
5609. Plate 1162; spectrum C ?
5617. Plate 1076; limit of spectrum γ; 397 a 434; 448, 3; 456, 1; 458, 2; 461, 1; 468, 2. Plate 1124; limit of spectrum a; 397 a 434; 448, 3; 456, 1; 458, 1; 461, 1; 468, 1. Plate 1137; limit of spectrum a; 397 a 434; 438, 1; 443, 1; 448, 3; 456, 2; 458, 2; 461, 2; 466, 2; 468, 2.
5626. Plate 1137; image very poor and faint; on first examination spectrum E ?
5628. Plate 1116; on second examination spectrum F; 410, 5; 434, 5.
5629. Plate 1116; image very poor and faint; on first examination spectrum E. Plate 1208; spectrum C ?
5637. A. G. C. 15324.
5640. Plate 1385; on second examination spectrum F ? 410, 5 ?. 434, 5 ?
5643. A. G. C. 15354, magn. 8.
5644. Plate 1162; 403, 3. Plate 1255; 393, 1; 403, 1.
5650. Plate 1385; 448, 3; 468, 2; on re-examination 448, 3.
5651. Plate 1385; 410,5; 434, 5; on re-examination 410, 5; 434, 5.

5653. Plate 1138; spectrum peculiar; 392, 2?
5655. A. G. C. magn. 7.
5658. Dunér 109. The letter t stands for dr. Plate 1075; on first examination spectrum I; 448, 3. Plate 1178; on first examination spectrum H; on special examination spectrum M?
5659. Plate 1075; on first examination spectrum F? 410, 5; 434, 5. Plate 1178; image very poor and faint; on first and second examinations spectrum H?
5663. Plate 1137; image very poor and faint; on first examination spectrum H? on second examination spectrum A?
5666. Plate 1208; image very poor and faint; on first and second examinations spectrum H? Plate 509; 410, 5; 434, 5; 410 and 434 double.
5669. Plate 1385; 410, 5; 434, 5; on re-examination 410, 5; 434, 5.
5677. Dunér 110. Plate 1385; 448, 3; on re-examination 448, 3.
5678. Plate 1075; on first examination spectrum E.
5679. Plate 1178; image very poor and faint; on first examination spectrum F? 410, 5; 434, 5.
5681. Plate 1162; image very poor and faint; on first examination spectrum E; on second examination spectrum F? Plate 1208; spectrum C?
5683. Plate 1178; on second examination spectrum F; 410, 5; 434, 5.
5684. Combined with 5685. Plate 460; 410, 2; 434, 2. Plate 1076; limit of spectrum δ; 410, 2; 434, 2; 458 bright? other lines seen. Plate 1136; limit of spectrum β; 410, 2; 434, 5. Plate 1178; limit of spectrum δ; 410, 2; 434, 3; other lines seen.
5685. See 5684.
5687. Plates 1136 and 1178; on special examination spectrum M? Plate 1076; limit of spectrum γ; 397 a 434; 448, 3; 456, 2; 458, 2; 461, 2; 466, 2; 468, 1, Plate 1136; 397 a 434; 448, 3; 456, 1; 558, 2; 461, 2; 468, 1. Plate 1178; limit of spectrum β; 397 a 434; 438, 1; 443, 1; 448, 3; 456, 1; 458, 2; 461, 2; 466, 1· 468, 2; 471, 2.
5690. A. G. C. 15479.
5696. Plate 454; 397 a 434; 448, 3; 456, 1; 458, 2; 461, 1; 468, 1. Plate 1138; 397 a 434; 448, 3; 461, 1. Plate 1385; 394; 397 a 434; 448, 3; 456, 1; 458, 2; 461, 2; 466, 1; 468, 1.
5700. Plate 1076; 410, 5; 434, 5; on re-examination 410, 5; 434, 5.
5701. Plate 1075; on first examination spectrum E?
5703. A. G. C. 15511.
5707. Plate 1385; on second examination spectrum F? 410, 5? 434, 5?
5708. Plates 509 and 1162; image very poor and faint. Plate 509; on first examination spectrum A. Plate 1162; on first examination spectrum H. Plate 1255; 410, 2; 434, 2. Plate 1314; 410, 5; 434, 5.

5714. Plate 1074; spectrum C?
5716. Images very poor and faint. Plate 1180; on first examination spectrum F; 410, 5; 434, 5; near edge of plate. Plate 1137; on second examination spectrum A? Plate 1076; 448, 3.
5720. Plate 1385; a 394; 410, 3; 434, 3.
5721. Plate 1076; on second examination spectrum F; 410, 5; 434, 5.
5722. Plate 1178; image very poor and faint; near edge of plate; on first examination spectrum E.
5723. Plate 492; on first examination spectrum A? near edge of plate. Plate 454; a 394; 410, 5; 434, 5; 434 double. Plate 1075; limit of spectrum δ; 410, 5; 434, 5; 410 and 434 double. Plate 1138; a 394; 410, 5; 434, 5; 410 and 434 double. Plate 1385; spectrum G, very well marked; a 394; 410, 4; 434, 4; 434 double? 417, 1; 429, 1; 448, 1; 453, 1.
5724. Plate 1385; 397 a 434; 448, 2; 456, 2; on re-examination 397 a 434; 448, 3.
5727. Plate 1385; 448, 3; on re-examination 448, 3.
5732. Plate 1385 a 394; 410, 5? 434, 5?
5733. Plate 1385; on second examination spectrum F? 410, 5? 434, 5?
5734. Plate 1075; 410, 5; 434, 5.
5736. Plate 1075; on first examination spectrum A?
5737. Plate 1075; on first examination spectrum H? Plate 1075; 410, 5; 434, 5; on re-examination 410, 5; 434, 5.
5739. Plate 1074; 410, 5; 434, 5; on re-examination 410, 5; 434, 5.
5740. Plate 454; image very poor and faint; on first and second examinations spectrum A. Plate 1385; a 394; 410, 5; 434, 5.
5742. Plate 1179; 410, 5; 434, 5.
5746. Plate 1385; 448, 3; on re-examination 448, 3.
5748. Plate 454; image very poor and faint; on first and second examinations spectrum A? Plate 1385; 410, 2; 434, 2.
5750. Plate 1180; image poor and faint; on first examination spectrum E.
5751. A. G. C. 15660.
5752. Plate 1385; limit of spectrum γ; 397 a 434; 448, 3; 456, 1; 458, 1; 461, 1.
5759. Plates 1116 and 1162; on first examination spectrum A? Plate 1208; 410, 2; 434, 2. Plate 1255; a 394; 410, 5; 434, 5. Plate 1314; 410, 5; 434, 5; 410 and 434 double.
5760. Plate 1208; image very poor and faint; on first examination spectrum A. Plate 1314; 410, 5; 434, 5.
5762. Images poor and faint. Plate 1075; on first examination spectrum H; near edge of plate. Plate 1179; on first examination spectrum E.
5765. A. G. C. magn. 8.
5766. Combined with 5767. DM. magus. 8.8 and 8.8.
5767. See 5766.

5768. Plate 1065; image very poor and faint; on first examination spectrum A? Plate 1255; 448, 3; 458, 2; 468, 2.
5773. A. G. C. magn. 6. U. A. magn. 5.9.
5774. A. G. C. 15710.
5776. First measure 5.69, resid. 4 2 . 5 0 1 *8 1 2 1*. Plate 1162; second measure gives residual *1*; first measure rejected. Plate 1065; spectrum C? Plate 1255; on first examination spectrum E.
5780. Plate 1076; limit of spectrum β; 410, 2; 434, 2. Plate 1180; limit of spectrum β; 410, 5; 434, 5.
5781. Plate 1385; on special examination spectrum M? Plate 1385; 397 a 434; 448, 3; 456, 1; 458, *2*; 461, 2; 468, *2*.
5782. Plate 1075; 448, 3.
5783. A. G. C. 15720.
5785. The letter t stands for dr. Dunér 111. Plates 500, 509, 1074, 1116, 1162, 1208, and 1255; on first examination spectrum K. Plates 508 and 1314; on first examination spectrum H. Plates 500, 1162, and 1208; on special examination spectrum M? Plates 509 and 1314; on special examination spectrum M. Plate 500; 456, *1*; 458, 4; 468, *1*. Plate 509; 448, 3; 458, 2. Plate 1074; 397 a 434; 448, 3; 456, 2; 458, *1*; 461, 4; 466, 1; 468, *1*. Plate 1116; 397 a 434; 448, 3; 456, 1; 458, *1*; 461, 2; 466, 1; 468, *2*. Plate 1162; 397 a 434; 448, 3; 451, 1; 453, 1; 456, 1; 458, *1*. Plate 1208; 397 a 434, 448, 2; 456, 1; 458, *1*; 461, 2, 466, 1; 468, *1*; 471, 1. Plate 1255; 397 a 434; 448, 3; 456, 1, 458, *2*; 461, 2; 466, 1; 468, *3*.
5788. Images very poor and faint. Plate 1076; on first examination spectrum E? Plate 1180; on first examination spectrum H?
5790. Plate 1385, 410, 5; 434, 5.
5794. Plate 1116; a 394; 410, 2; 434, 2; 434 double. Plate 1162; a 394; 410, 2; 434, 2; 434 double. Plate 1255; a 394; 410, 3; 434, 3; 434 double. Plate 1314; 410, 5; 434, 5; 410 and 434 double.
5797. A. G. C. magn. 8.
5799. A. G. C. magn. 6. U. A. magn. 5.2.
5804. Plate 2242; 410, 5; 434, 5.
5808. Plate 1075; image very poor and faint; on first examination spectrum F? 410, 5; 434, 5.
5809. Combined with 5812. DM. magus. 9.0 and 9.0.
5810. Plate 1385; on first and second examinations spectrum F; a 394; 410, 2; 434, 2.
5811. Plate 1385; limit of spectrum α; 410, 5; 434, 5; on re-examination limit of spectrum α; 410, 5; 434, 5.
5812. See 5800.
5813. Plate 1179; 392, 2; 402, 2; 453, 2.
5814. Plate 1314; on first examination spectrum E; on second examination spectrum H; near edge of plate. Plate 1180; 402, 2; 421, 2.

5819. Plate 1162; 448, 3; 458, 1; 468, *2*. Plate 1255; 448, 3; 458, *1*; 461, 1; 466, 1; 468, *1*. Plate 1314; 448, 3; 458, 2; 468, 2.
5820. Images very poor and faint. Near edge of Plate 1385. Plate 1075; on first examination spectrum E. Plate 1139; on first examination spectrum H.
5821. Plate 1385; on second examination spectrum ·F; 410, 5; 434, 5.
5822. Plate 492; image poor; on first examination spectrum E?
5831. Plate 1139; 448, 3. Plate 1385; a 394; 397 a 434; 448, 3; 456, 2; 458, *2*; 461, 2; 466, 1; 468, *1*.
5832. Images very poor and faint. Plates 1162 and 1314; on first examination spectrum H. Plate 1255; on first examination spectrum A? Plate 1116; 410, 5? 434, 5?
5836. Image very poor and faint on all plates. Plate 1116; on first examination spectrum H.
5841. Plate 1076; limit of spectrum γ; 410, 3; 434, 3. Plate 1180; a 394; 410, 5; 434, 5.
5844. The letter t stands for dr. Dunér 112. Plate 1385; on first examination spectrum I; 448, 3; 456, 2; 461, 2; 468, 2; on special examination spectrum M.
5846. Plate 1076; 410, 3; 434, 3. Plate 1180; 410, 3; 434, 3.
5849. Images poor. Plate 454; on first and second examinations spectrum A? Plate 1139; on second examination spectrum A? Plate 1385; image good; on second examination spectrum F; 410, 2; 434, 2.
5850. Plate 1116; image very poor and faint; on first examination spectrum H.
5853. A. G. C. 15913.
5859. Plate 1074; on second examination spectrum F; 410, 5; 434, 5.
5860. Images very poor and faint. Plate 1075; on first examination spectrum F? 410, 5; 434, 5. Plate 1125; on first examination spectrum E?
5865. Plate 1075; image very poor and faint; on first examination spectrum F? 410, 5? 434, 5? on second examination spectrum A? Plate 1179; 448, 3.
5866. Plate 1075; on first and second examinations spectrum I? Plate 1125; image poor and faint; on first examination spectrum A? Plate 1179; on special examination spectrum M? Plate 528; 410, 3; 434, 3. Plate 1076; 448, 3. Plate 1179; bright lines between 397 and 434; 410, 2; 434, 2.
5868. Plate 528; 410, 3; 434, 3. Plate 1076; limit of spectrum β; 410, 5; 434, 5. Plate 1125; 410, 5; 434, 5. Plate 1179; limit of spectrum β; 410, 2; 434, 2.
5869. Images poor and faint. Plate 1076; on first examination spectrum H? Plate 1180; on first examination spectrum F; 410, 2; 434, 2.

5870. Plate 509; on special examination spectrum M ? Plate 1116; 434 double; 448 2. Plate 1255; 448, 3. Plate 1314; 397 a 434; 448, 3; 458, 2; 468, 3; 474, 2.
5872. Images very poor and faint. Plates 1075 and 1079; on first examination spectrum E. Plate 1125; on first examination spectrum H ?
5874. A. G. C. 15989.
5875. Plate 1385; on second examination spectrum F; 410, 5; 434, 5.
5879. Image very poor and faint on all plates. Plate 1074; on first examination spectrum E ?
5892. Plate 1255; image poor; near edge of plate; on first and second examinations spectrum H.
5893. Dunér 113. Plate 1385; 448, 3; 456, 1; 458, 1; 463, 2; 468, 1; 471, 1.
5895. Plates 1126 and 1209; on special examination spectrum M ? Plate 528; limit of spectrum α; 397 a 434; 448, 3; 456, 1; 458, 2; 461, 2; 466, 1; 468, 1. Plate 1076; limit of spectrum β; 397 a 434; 448, 3; 456, 1; 458, 3; 461, 2; 468, 2. Plate 1078; 397 a 434; 448, 3. Plate 1126; limit of spectrum α; 397 a 434; 448, 3; 456, 1; 458, 2; 461, 2; 468, 1. Plate 1180; limit of spectrum γ; 397 a 434; 448, 3; 456, 1; 458, 3; 461, 2; 466, 1; 468, 2. Plate 1209; limit of spectrum β; 397 a 434; 448, 3; 458, 2; 461, 1; 468, 1.
5896. Plate 1208; 410, 5; 434, 5; on re-examination 410, 5; 434, 5.
5897. Plate 1314; on special examination spectrum M ? Plate 1180; 397 a 434; 448, 3; 456, 2; 461, 2. Plate 1314; 397 a 434; 448, 3; 456, 1; 458, 1; 461, 2; 456, 1; 468, 1.
5901. Plate 528; limit of spectrum γ; 410, 3; 434, 3. Plate 1125; limit of spectrum β; 410, 5; 434, 5. Plate 1179; limit of spectrum γ; 410, 5; 434, 5; 434 double.
5904. Plate 1075; image very poor; near edge of plate; on first examination spectrum F; 410, 5; 434, 5.
5908. DM. magn. 2.0. H. P. magn. 2.2. Measure of brightness obtained on one plate; image too dense to determine magnitude.
5909. Plate 1125; image very poor and faint; on first examination spectrum E ?
5910. Plate 1076; 410, 2; 434, 2. Plate 1078; limit of spectrum β; 410, 2; 434, 2. Plate 1179; limit of spectrum β; 410, 2; 434, 2.
5911. Plates 1074 and 1116; image very poor and faint; on first examination spectrum E.
5913. Plates 1208 and 1314; image very poor and faint; on first examination spectrum A.
5914. Plate 501; limit of spectrum α; 410, 3; 434, 3; 434 double. Plate 529; limit of spectrum α; 410, 5; 434, 5. Plate 1139; a 394; 410, 3; 419, 1; 421, 1; 423, 1; 424, 1; 434, 3; 434 double ? 456, 1; 458, 1; 461, 1. Plate 1181; a 394; 410, 2; 434, 2; 492 seen.

5915. The spectrum on Plate 509 was supposed to be that of DM. +52° 1590. On re-examination the star was found to be DM. +62° 1198, and the measures have accordingly been added to the latter star, which equals D. C. 5899.
5919. Plate 1116; on first and second examinations spectrum F ? 410, 5; 434, 5.
5920. Images poor and faint. Plates 1078 and 1179; on first examination spectrum F. Plate 1125; on first examination spectrum H. Plate 1078; 410, 2; 434, 2. Plate 1179; limit of spectrum β; 410, 5; 434, 5.
5921. Plate 1181; 410, 5; 434, 5; on re-examination 410, 5; 434, 5.
5924. Images poor and faint. Plate 1078; on first examination spectrum H ? Plate 1209; on first examination spectrum E.
5928. Plate 509; 410, 2; 434, 2. Plate 1208; 410, 2; 434, 2. Plate 1255; 410, 2; 434, 2. Plate 1256; 410, 5; 434, 5.
5930. Plates 1078 and 1209; image very poor and faint; on first examination spectrum E ? Plate 1179; 402, 2.
5931. Plate 1181, second image; on first examination spectrum F; 410, 5; 434, 5.
5936. Combined with 5937. DM. magns. 7.3 and 7.3. Measured separately on Plate 1078. Result for 5936; spectrum A; values in successive columns of Table II. 6.3, n, β, 0. Result for 5937; spectrum A; values in successive columns of Table II. 6.6, n, a, 0.
5937. See 5936.
5938. Images very poor and faint. Plate 1255; on first examination spectrum H ? Plate 1314; on first and second examinations spectrum E ?
5942. Plate 1078; 410, 5 ? 434, 5 ? Plate 1209; 410, 5 ? 434, 5 ?
5944. Plate 1078; limit of spectrum α; 410, 5; 434, 5. Plate 1209; 410, 5; 434, 5.
5945. Images poor and faint. Plate 1077; on first examination spectrum E ? Plate 1179; on first examination spectrum H.
5951. A. G. C. magn. 7.
5952. Images poor. Plates 1078 and 1180; on first examination spectrum E ? Plate 1209; on first examination spectrum H.
5953. A. G. C. 16318.
5954. Plate 1179; image very poor and faint; on first examination spectrum H ?
5958. Images very poor and faint. Plates 528, 1078, and 1179; on first examination spectrum F. Plate 1209; on first examination spectrum A; on second examination spectrum F ? Near edge of plate. Plate 1125; on first examination spectrum H. Plate 528; 410, 3; 434, 3. Plate 1078; 410, 3; 434, 3. Plate 1179; 410, 5 ? 434, 5 ?

THE DRAPER CATALOGUE. 321

5964. DM. +87° 100, magn. 9.0, precedes 0˚.4 in same declination.
5966. Plate 1209; on first examination spectrum F? 410, 5; 434, 5.
5968. Plate 1078; 410, 5; 434, 5. Plate 1209; 410, 5; 434, 5.
5969. The letter t stands for dr. Dunér 116. Plate 1074; on first examination spectrum I. Plates 1116, 1162, 1233, 1245, and 1256; on first examination spectrum H. Plate 1255; on special examination spectrum M? Plate 1074; 448, 3; 458, 2; 468, 2. Plate 1255; 448, 3; 458, 2; 468, 2.
5970. Plate 1078; image very poor and faint; on first examination spectrum E.
5971. Images very poor and faint. Plate 1162; on first examination spectrum H. Plate 1255; on first examination spectrum F; 410, 5; 434, 5. Plate 1256; on first examination spectrum E; near edge of plate.
5981. Images very poor and faint. Plate 1116; on first examination spectrum II. Plate 1255; on first examination spectrum F; 410, 3? 434, 3? near edge of plate.
5982. Plate 1078; 448, 3. Plate 1209; 448, 3; 456, 2; 461, 2.
5983. Plate 1077; image poor and faint; on first and second examinations spectrum II. Plate 1179; 410, 5; 434, 5.
5984. Plate 503; image poor and faint; on first examination spectrum E?
5987. Plate 1074; image very poor and faint; on first examination spectrum E.
5991. Plate 1208; spectrum C? Plate 1256; image very poor and faint; on first and second examinations spectrum F; 410, 5; 434, 5.
5994. The spectrum on Plate 509 was supposed to be DM. +67° 730. On re-examination the star was found to be DM. +76° 439, and the measures have accordingly been added to the latter star, which equals D. C. 5991.
5996. Plate 1074; 410, 2; 434, 2. Plate 1256; a 394; 410, 1; 434, 1. Plate 2242; a 394; 410, 2; 434, 2.
5997. Plate 1242; 410, 5; 434, 5.
5999. Plate 1139; image poor; near edge of plate; on first examination spectrum F; 410, 3; 434, 3. Plate 529; 397 a 434; 448, 3; 456, 1; 458, 1. Plate 1181; a 394; 397 a 434; 448, 3; 458, 1; 461, 2; 402 seen.
6000. Plate 509; image poor; on first examination spectrum A? Plate 536; spectrum L? 410, 2; 434, 2. Plate 1242; 448, 2. Plate 1250; 448, 3; 458, 2; 468, 2. Plate 1314; 397 a 434; 448, 456, 1; 458, 1; 461, 2; 466, 1; 468, 1.
6005. Plate 1256; 410, 2; 434, 2.
6006. Plate 1181; 401, 3.
6008. Plate 1077; 410, 5? 434, 5; on re-examination 410, 5; 534, 5.
6011. A. G. C. 16558.
6015. Images poor and faint. Plates 1078 and 1180; on first examination spectrum E? Plate 1209; on first examination spectrum II.
6016. Combined with 6017. DM. magns. 8.0 and 8.3.
6017. See 6016.
6018. Plate 529; on first examination spectrum A? Plate 1129; 410, 5; 434, 5. Plate 1181; a 394; 410, 5? 434, 5?
6020. A. G. C. magn. 7.
6021. Images poor and faint. Plate 1078; on first examination spectrum H? Plate 1180 and 1209; on first examination spectrum E?
6024. Plate 536; 410, 2; 434, 2. Plate 1162; 410, 5; 434, 5; 410 double. Plate 1255; 410, 5; 434, 5. Plate 1256; 410, 3; 434, 3; 410 and 434 double. Plate 1314; 410, 3; 434, 3.
6025. Plate 1181; on first and second examinations spectrum F; a 394; 410, 2; 434, 2.
6026. Plate 1181; on second examination spectrum F; 410, 5; 434, 5.
6027. U. A. Corvus 12, magn. 3.3, var. Plate 529; 397 a 434; 448, 3; 456, 1; 458, 2; 461, 2; 466, 1; 468, 1. Plate 1129; 397 a 434; 448, 3. Plate 1181; a 394; 397 a 434; 438, 1; 443, 1; 448, 3; 458, 1; 456, 1; 458, 2; 461, 2; 466, 1; 468, 1; 471, 1.
6030. A. G. C. 16620.
6033. Images poor and faint. Plate 1078; on first examination spectrum F? 410, 2; 434, 2. Plate 1180; on first examination spectrum E?
6034. Plate 529; on first and second examinations spectrum F? 410, 5; 434, 5.
6035. Plate 1181; on second examination spectrum F; 410, 5; 434, 5.
6037. DM. +82° 357, magn. 8.9, follows 33*, north 0'.3. Plate 1255; 397 a 434; 448, 3; 456, 2; 458, 1; 461, 3; 466, 1; 468, 1; 471, 1. Plate 1256; 448, 2; 456, 1; 458, 1; 461, 2; 466, 1; 468, 1; 471, 1.
6039. Plate 1074; image poor; on first examination spectrum H?
6040. Plate 1181; limit of spectrum β; 410, 5; 434, 5; on re-examination 410, 5; 434, 5.
6042. Plate 1077; on second examination spectrum F; 410, 5; 434, 5.
6045. Plate 1208; spectrum C?
6048. DM. +79° 380, magn. 9.2, precedes 3*.0, south 3'.2.
6050. Plate 1181; a 394; 410, 5; 434, 5; on re-examination limit of spectrum γ; 410, 5? 434, 5?
6051. Plate 1180; image very poor and faint; on first examination spectrum E?
6054. One of a group of stars. Assumed to be H. P. 2075, cum. Plate 1078; on second examination spectrum F; 410, 5; 434, 5.

6055. Plate 1256; on special examination spectrum M?
6056. First measure 3.93, resid. 5 6 4 4 1. Plate 546; second measure gives residual 5; first measure rejected. Adopting second measure of Plate 546 gives a residual of 6 on Plate 1256. Plate 1256; second measure gives residual 4. The image is near the edge of the plate, and is too dense to be measured with accuracy.
6057. Plate 1181; on first examination spectrum H? Plate 1181; 410, 5; 434, 5; on re-examination 410, 5; 434, 5.
6058. DM. magn. 2. U. A. Corvus 16, magn. 2.5, var.
6062. Dunér 117. The two measures from which the magnitude was derived were obtained from Plate 1128, the images on 1078 and 1209 being too near the edge of plates for accurate measurement.
6064. Plate 1077; 397 a 434; 448, 3.
6067. The letter t stands for dr. Combined with 6068. DM. magns. 8.4 and 8.3. Plates 509, 536, 1116, 1242, 1245, 1255, 1314, and 1351; on first examination spectrum A. Plate 1074; 410, 5; 434, 5; 410 and 434 double. Plate 1162; 410, 5; 434, 5. Plate 1208; 410, 3; 434, 3.
6068. See 6067.
6069. A. G. C. 16752, R. A. 12^h 9^m.6, Dec. —16° 0', magn. 6.2, equals U. A. Corvus 19, R. A. 12^h 10^m.6, Dec. —16° 0', magn. 6.2. Assumed to be a mistake of 1^m in the A. G. C.
6072. A. G. C. 16775.
6073. Plate 1181; a 394; 410, 5; 434, 5; on re-examination limit of spectrum β; 410, 5?; 434, 5?
6077. Plate 1209; image poor and faint; on first examination spectrum H?
6080. Plate 140; 410, 5; 434, 5. Plate 2242; a 394; 410, 3; 434, 3.
6086. Plate 1077; 410, 5; 434, 5; on re-examination 410, 5; 434, 5.
6089. Dunér 120.
6090. Plate 1127; image very poor and faint; on first examination spectrum H?
6098. Plate 1077; 434 double? 448, 3. Plate 1127; 448, 3.
6099. Plate 1077; 410, 3; 434, 3; on re-examination 410, 2; 434, 2.
6101. Plate 1181; 397 a 434; 448, 3.
6103. Plate 1077; on second examination spectrum F; 410, 5; 434, 5.
6107. Plate 1077; 410, 5; 434, 5; on re-examination limit of spectrum α; 410, 3; 434, 3.
6109. Plate 503; image very poor and faint; near edge of plate; on first examination spectrum E?
6116. Plates 1078, 1080, and 1209; on first examination spectrum F. Plate 1078; 410, 5; 434, 5. Plate 1080; image very poor; near edge of plate; 410, 5; 434, 5. Plate 1209; 410, 5; 434, 5.
6118. Plate 509; spectrum L? 410, 5; 434, 5. Plate 1128; 397 a 434; 438, 1; 448, 3; 458, 1; 461, 1. Plate 1314; 397 a 434; 448, 3.

6120. Plate 1127; on first examination spectrum E?
6122. A. G. C. 16925.
6126. Beyond the limits within which accurate measurement can be made.
6127. Plate 509; image very poor and faint; on first examination spectrum A?
6130. Plate 1078; 448, 3. Plate 1209; 397 a 434; 434 double? 448, 3.
6131. Plate 1077; spectrum C?
6132. Plate 1128; image poor and faint; on first examination spectrum II?
6133. Plate 530; 448, 3. Plate 1077; 397 a 434; 448, 3; 461, 1. Plate 1079; 397 a 434; 448, 3.
6137. Images very poor and faint. Plates 1078 and 1128; on first examination spectrum E? Plate 1200; on first examination spectrum II?
6138. The letter t stands for cd. In DM. R. A. 20^m should be 21^m. Plate 1077; on first examination spectrum F; 410, 5; 434, 5.
6140. Dunér 121.
6142. Images very poor and faint. Plate 1078; on first examination spectrum E? Plate 1209; on first examination spectrum H?
6143. The letter t stands for dr. Combined in H. P. with 6145, magn. 5.2. Plate 1079; on first examination spectrum F; 410, 5; 434, 5.
6145. See 6143.
6146. Plate 530; 410, 5; 434, 5. Plate 1079; 410, 5; 434, 5. Plate 1127; 410, 5; 434, 5.
6148. DM. magn. 3. U. A. Corvus 28, magn. 3.0, var.
6150. Plate 1074; image poor and faint; on first examination spectrum H? Plate 1255; 410, 2; 434, 2; 434 double.
6154. The letter t stands for dr. Dunér 124. Plates 1256 and 1314; on special examinations spectrum M? Plate 1256; on first examination spectrum K; 448, 3; 456, 2; 458, 1; 461, 1; 466, 1; 468, 1; 471, 1. Plate 1314; on first examination spectrum H.
6156. Plate 1128; on first examination spectrum H? Plate 1314; on first examination spectrum F; 410, 3; 434, 3.
6159. Plates 545 and 1140; on first examination spectrum F. Plate 545; a 394; 410, 5; 434, 5. Plate 1140; 410, 5; 434, 5.
6160. Images poor and faint. Plate 1129; on first examination spectrum II? near edge of plate. Plate 1140; on first examination spectrum F; 410, 5; 434, 5.
6166. Plate 1129; 405, 1; 419, 1; 424, 2; 453, 1.
6167. Plate 1080; 410, 5; 434, 5; on re-examination 410, 5?; 434, 5?
6168. Plate 503; 410, 2; 434, 5. Plate 530; limit of spectrum γ; 410, 3; 434, 3. Plate 1060; limit of spectrum β; 410, 5; 434, 5.
6169. DM. Corvus 36, magn. 2.6, var. Plate 1129; limit of spectrum β; 397 a 434; 438, 1; 448, 3; 456, 1; 458, 2; 461, 2; 466, 1; 468,

THE DRAPER CATALOGUE.   323

1; 471, 1.   Plate 1140; limit of spectrum β; 397 a 434; 448, 3; 456, 2; 458, *1*; 461, 1; 466, 1.
6170. Plate 1218, second image; spectrum C ?   Plate 509; 393, 1; 421, 1.
6173. Plate 1079; on first examination spectrum E ?   Plate 1127; 448, 3.
6175. Plate 1256; 397 a 434; 446, *1*; 448, 1; 456, 1; 458, *1*; 461, 2; 466, 1; 468, *1*; 471, 1.   Plate 1314; 448, 3; 458, 2.
6177. Plate 1128; on first examination spectrum F ? 410, 5; 434, 5.
6178. Plates 1116, 1255, 1256, and 1351; on first examination spectrum A.   Plate 536; 410, 5; 434, 5.   Plate 1074; 410, 2; 434, 2.
6183. Plate 1129; image very poor and faint; on first examination spectrum H.
6184. Dunér 126.
6191. Plates 509 and 536; image very poor and faint; on first examination spectrum A.   Plate 1255; 410, 2; 434, 4.   Plate 1256; 410, 2; 434, 2.
6193. Plate 1128; image very poor and faint; near edge of plate; on first examination spectrum F ? 410, 5; 434, 5.
6197. Plate 1256; on second examination spectrum F; 410, 5; 434, 5.
6199. A. G. C. 17271 and 17272, magns. 6½ and 6½, equal U. A. Corvus 43 and 44, magns. 6½ and 6½; combined magn. 5.7.   Plate 545; on first examination spectrum A ?
6202. The letter t stands for dr.   Combined with 6203.   A. G. C. magns. 5½ and 5½.   U. A. combined magn. 3.1.   Plate 1140; on first examination spectrum A.   Plate 545; a 394; 410, 5; 434, 5.   Plate 1129; a 394; 410, 5; 434, 5; 492 acon.
6203. See 6202.
6205. Plate 1256; on second examination spectrum F; 410, 5; 434, 5.
6211. Plate 1255; 410, 3; 434, 3.   Plate 1256; 410, 2; 434, 2.
6212. Image very poor and faint.   Plate 1079; on first examination spectrum F ? 410, 5; 434, 5.   Plate 1204; on first examination spectrum H ?
6214. Images very poor and faint.   Plate 1079; on first examination spectrum F ? 410, 5 ? 434, 5 ?   Plate 1204; on first examination spectrum H ? near edge of plate.
6216. Plate 1314; image very poor and faint; near edge of plate; on first examination spectrum H ?
6218. Plates 1080 and 1128; image very poor and faint; on first examination spectrum E ?
6220. Plate 1080; 410, 5; 434, 5.
6221. Plate 1079; image poor; on first examination spectrum E.
6224. Plate 1079; on special examination spectrum M ?
6226. U. A. Virgo 83, magn. 6.5, var. ?

6230. Plate 509; spectrum C.
6232. Plate 1256; 448, 3; 458, 2; 468, 2.
6233. Plate 1204; on first examination spectrum H; near edge of plate.
6236. Plate 1128; spectrum C ?
6237. Plate 546; image very poor and faint; on first examination spectrum A.   Plate 536; 410, 5; 434, 5; 410 double.   Plate 1256; a 394; 410, 3; 434, 3; 434 double.
6247. Plate 1256; 410, 4; 434, 4; on re-examination limit of spectrum β; 410, 3; 434, 3.
6248. Plate 1079; limit of spectrum γ.   Plate 1243; 410, 3; 434, 3.
6249. Plate 1204; on first examination spectrum H ?
6250. Plate 1204; on second examination spectrum F; 410, 5; 434, 5.
6252. Plate 1243; image very poor and faint; near edge of plate; on first and second examinations spectrum E ?
6254. Combined with 6255.   DM. magns. 6.5 and 5.5.   Plate 1074; spectrum C ?
6255. See 6254.
6256. Plates 497, 1204, and 1243; on first examination spectrum E ?   Plate 497; image very poor and faint.
6257. Plate 1204; on first examination spectrum E ?
6258. Combined with 6259.   DM. magns. 9.0 and 7.0.   A. G. C. magns. 7⅔ and 7¼.   Plate 1210; on second examination spectrum F; 410, 5; 434, 5.
6259. See 6258.
6261. Plate 1210; on first examination spectrum F; 410, 5 ? 434, 5 ?
6264. Dunér 130.   Plate 1210; on first examination spectrum H; on special examination spectrum M.
6267. DM. magn. 2.0.   H. P. magn. 1.8.   Measure of brightness obtained on one plate; image too dense to determine magnitude.
6271. The letter t stands for dr.   Dunér 131.   Plate 510; on first examination spectrum H.   Plates 1140 and 1210; on first examination spectrum K; on special examination spectrum M.   Plate 1140; 397 a 434; 448, 3; 456, 1; 458, *1*; 461, 2; 466, 1; 471, 1.   Plate 1210; 397 a 434; 448, 3; 456, 1; 471, 1.
6272. Plate 1140; image very poor and faint; on first examination spectrum E ?
6274. A. G. C. magn. 7.
6278. Combined with 6279.   DM. magn. 3.0.   H. P. magn. 3.0.   Measures of brightness obtained on two plates; images too dense to determine magnitude with accuracy.   Magn. 3.14, resid. 0 0.
6279. See 6278.
6283. Plate 1210; on second examination spectrum F; 410, 5; 434, 5.
6284. Plate 1210; 410, 5; 434, 5; on re-examination 410, 5; 434, 5.

6294. Plate 1014; image very poor and faint; near edge of plate; on first examination spectrum E?
6295. Plate 1256; 410, 4; 434, 4; on re-examination limit of spectrum β; 410, 5; 434, 5.
6296. Plate 1243; image very poor and faint; on first examination spectrum E.
6297. Images very poor and faint. Plate 1070; on first examination spectrum H. Plate 1204; on first examination spectrum E.
6299. The letter t stands for dr. Dunér 132. Plate 1079; on first examination spectrum K; on special examination spectrum M? Plates 1204 and 1243; on first examination spectrum H. Plate 1079; 448, 3; 458, 1; 461, 2; 466, 1; 468, 1.
6311. Plate 1243; 448, 3; 456, 2; 461, 2.
6314. Plate 1079; 410, 5; 434, 5.
6315. Plate 1256, first image very poor and faint; near edge of plate; on first examination spectrum E?
6317. Plate 1256; 448, 2.
6319. Plates 546 and 1256; on first examination spectrum A. Near edge of Plate 546. Plate 536; a 394; 410, 5; 434, 5. Plate 1242; a 394; 410, 5; 434, 5; 410 and 434 double.
6320. Plate 1140; on first examination spectrum A? near edge of plate; only a small portion of spectrum visible. Plate 510; limit of spectrum a; 397 a 434; 438, 1; 443, 1; 448, 3; 456, 1; 458, 2; 461, 2; 466, 1; 468, 1. Plate 530; limit of spectrum β; 397 a 434; 448, 3; 456, 2; 458, 1. Plate 1079; limit of spectrum a; 397 a 434; 448, 3; 453, 2; 456, 2; 458, 2; 461, 2. Plate 1210; a 394; 397 a 434; 438, 1; 443, 1; 448, 3; 456, 1; 458, 2; 461, 2; 466, 1; 468, 1; 471, 1.
6321. Plates 546 and 1242; image poor and faint; on first examination spectrum A. Plate 536; 410, 2; 434, 2. Plate 1256; a 394; 410, 5; 434, 5; 434 double.
6322. Plates 1079 and 1204; image very poor and faint; on first examination spectrum E.
6327. Plate 1256; image poor; near edge of plate; on first examination spectrum E.
6333. Plate 1183; 448, 3.
6334. Plate 1141; image poor and faint; on first examination spectrum H? Plate 1243; on special examination spectrum M? Plate 1204; 410, 5; 434, 5. Plate 1243; limit of spectrum a; 410, 5; 434, 5.
6336. Dunér 133.
6337. Plate 1204; image very poor and faint; on first examination spectrum E?
6341. Plate 1079; on special examination spectrum M? Plate 1079; 448, 3; 458, 1; 461, 2; 466, 2; 468, 1. Plate 1182; 448, 3. Plate 1243; 448, 3.
6345. Plate 1210; 448, 3.
6351. Plate 1210; on first examination spectrum C?
6356. Plate 1314; image very poor and faint; near edge of plate; on first examination spectrum E?
6357. Plate 1142; on first examination spectrum F? 410, 5; 434, 5.
6358. Combined with 6359. Plate 497; 410, 3; 434, 3. Plate 1141; limit of spectrum β; 410, 5; 434, 5; 410, and 434 double. Plate 1182; limit of spectrum δ; 410, 5; 434, 5. Plate 1204; limit of spectrum γ; 410, 2; 434, 2. Plate 1243; a 394; 410, 3; 434, 3; 434 double.
6359. See 6358.
6360. Plate 1142; on first examination spectrum E.
6364. Plate 1243; 410, 5; 434, 5.
6365. Plate 1204; image poor and faint; on first examination spectrum A.
6367. Images very poor and faint. Plate 1204; on first examination spectrum E. Plate 1243; on first examination spectrum H?
6368. Plate 1210; a 394; 410, 2; 434, 2. Plate 1257; 410, 5; 434, 5.
6369. Images very poor and faint. Plate 1183; on first examination spectrum H? Plate 1204; on first examination spectrum E?
6370. Plate 497; limit of spectrum β; 410, 2; 434, 2. Plate 1141; limit of spectrum β; 410, 2; 434, 5. Plate 1182; limit of spectrum β; 410, 2; 434, 5. Plate 1243; spectrum G; a 394; 410, 2; 434, 5; other bright and dark lines.
6375. Not observed in the Harvard Photometry on account of the proximity of H. P. 2235.
6377. Plate 1183; images poor and faint; on first examination spectrum F; 410, 5; 434, 5.
6380. Plate 1257; image poor and faint; on first examination spectrum E?
6382. Plate 1183; image very poor and faint; on first examination spectrum E.
6383. A. G. C. 18011. Beyond the limits within which accurate measurement can be made.
6384. Plate 1142; 448, 3. Plate 1183; 397 a 434; 448, 3. Plate 1211; 448, 3.
6387. No magnitude in the Harvard Photometry. See Vol. XIV. pp. 299, 412.
6388. Plate 1314; image poor; on first examination spectrum E?
6389. Plate 1183; spectrum C?
6393. Plate 497; on first examination spectrum F? 410, 5; 434, 5.
6394. Plate 1182; 410, 5; 434, 5; on re-examination 410, 5; 434, 5.
6396. Plate 1210; 410, 3; 434, 3.
6398. Plate 1255; 448, 3; 458, 1; 468, 1.
6401. Plate 525 · on first examination spectrum A? Plate 1210; a 394; 410, 2; 434, 2; 434 double.
6405. Plate 1210; on special examination spectrum M? Plate 1182; 448, 3. Plate 1210; 448, 3.
6408. Dunér 136. Plates 1210, first and second images, and 1257; on first examination spectrum H; on special examination spectrum M.
6410. Plate 1245; spectrum C?

6411. Plate 510; on first examination spectrum A. Plate 1210; a 394.
6412. DM. magn. 3. Plate 525; limit of spectrum a; 397 a 434; 448, 2; 456, 1; 458, 1; 461, 1. Plate 1210; a 394; 397 a 434; 448, 3; 461, 1. Plate 1257; limit of spectrum β; 397 a 434; 448, 3; 456, 1; 458, 2; 461, 1; 468, 1.
6413. Plate 1256; on first examination spectrum E; on re-oxamination 410, 5; 434, 5.
6419. Plate 1141; image poor and faint; on first examination spectrum F ? 410, 5 ? 434, 5 ?
6423. Images poor and faint. Plate 1210; on first examination spectrum H ? Plate 1257; on first examination spectrum E ?
6428. Plate 1183; 410, 5; 434, 5. Plate 1211; limit of spectrum β; 410, 5; 434, 5.
6430. Plate 1256; on first examination spectrum H.
6435. Plate 1182; on first examination spectrum E ? on re-examination 410, 5; 434, 5.
6436. Plate 1210; 402, 2.
6437. U. A. Virgo 139, magn. 5.5, var. Plate 1210; image poor and faint; on first examination spectrum E ?
6440. DM. +3° 2766, magn. 8.5, follows 0ˢ.8, north 0'.4, and should be entered in D. C. as companion to 6440.
6441. Plate 1245; 410, 2; 434, 2. Plate 1255; 410, 3; 434, 3. Plate 1328; 410, 5; 434, 5.
6442. Dunér 137.
6445. Dunér 138.
6448. Combined with 6449. DM. magn. 2.0. H. P. magn. 2.4. Measure of brightness obtained on one plate; image too dense to determine magnitude.
6449. See 6448.
6450. The letter t stands for dr. DM. magn. 1. A. G. C. magn. 1.5. H. P. magn. 1.2. Measures of brightness obtained on two plates; images too dense to determine magnitude with accuracy. Magn. 2.44, resid. 4.4. Plate 510; on first examination spectrum F ? a 394; 410, 5; 434, 5.
6452. Plates 1074 and 1116; image poor and faint; on first examination spectrum E ? Plates 1255, 1256, and 1328; on first examination spectrum F ? Plate 1255; 410, 3; 434, 3. Plate 1256; 410, 3; 434, 3. Plate 1328; 410, 3; 34, 3.
6455. Dunér 139. Plate 1257; on first examination spectrum H; on special examination spectrum M.
6456. Plates 1183 and 1211; on special examination spectrum M ?
6457. U. A. Virgo 148, magn. 5.0, var. ?
6458. Images poor and faint. Plate 536; on first examination spectrum A ? Plate 1256; on first examination spectrum E; near edge of plate.
6459. Plate 548; 410, 5; 434, 5.
6460. The letter t stands for dr. Dunér 140. Plates 1242, 1245, and 1351; on first examination spectrum H. Plate 1256; on first examination spectrum I; 448, 3; 458, 2; 468, 2; on special examination spectrum M.
6461. Combined with 6462. DM. magns. 6.7 and 6.7. Plate 1256; on first examination spectrum A. Plate 536; 410, 2; 434, 2. Plate 1242; 410, 3; 434, 3; 434 double. Plate 1245; 410, 5; 434, 5. Plate 1351; 410, 5 ? 434, 5 ?
6462. See 6461.
6463. In DM. 21ᵐ should be 22ᵐ. See Vierteljahrsschrift, Vol. VIII. p. 284.
6465. Plate 1183; 410, 5; 434, 5; on re-examination 410, 5; 434, 5. Beyond the limits within which accurate measurement can be made.
6467. Plate 1245; 410, 5; 434, 5.
6468. The letter t stands for dr. Beyond the limits within which accurate measurement can be made. Images poor and faint. Plate 1211; on first examination spectrum A; near edge of plate. Plate 1183; 410, 5; 434, 5.
6470. Plate 1211; 410, 3; 434, 3.
6472. U. A. Virgo 154, magn. 6.7, var. ? Plates 525 and 1325; image very poor and faint; on first examination spectrum E ? Near edge of Plate 1325.
6476. Plates 1242 and 1256; on first examination spectrum E. Plate 1260; on first examination spectrum F; 410, 2; 434, 2. Plate 536; 441, 2; 448, 3; 456, 2; 461, 1. Plate 1245; 448, 2.
6477. Plate 1182; 410, 5; 434, 5.
6478. Plate 1242; on first examination spectrum E ?
6479. Plate 1325; 410, 5; 434, 5; on re-examination 410, 5; 434, 5.
6480. Plate 1074; image poor; near edge of plate; on first examination spectrum H ? Plate 1351; on first examination spectrum A. Plate 1255; 410, 3; 434, 3; 434 double.
6482. Dunér 142. Plate 1257; on first examination spectrum H; on special examination spectrum M.
6489. Plate 1211; image very poor and faint; on first examination spectrum E; on second examination spectrum A.
6490. Plate 1205; on first examination spectrum E ?
6491. Images poor and faint. Plate 1183; on first examination spectrum F ? 410, 5; 434, 5. Plate 1205; on first examination spectrum E.
6492. Spectrum of DM. +72° 600, magn. 7.0, superposed.
6493. Plate 1256; on first examination spectrum E; on re-examination 410, 5; 434, 5.
6496. Var. in A. G. C. U. A. Virgo 165, magn. var. 5½–6½.
6497. Plate 1211; 410, 2; 434, 2.
6498. First measure 4.14, resid. 7 1 1 3 4 9 4. Plate 525; second measure gives residual 2; first measure rejected.
6500. Plate 1245; spectrum C ?
6501. Plate 1146; on first examination spectrum A; Plate 558; a 394; 410, 3; 434, 3. Plate 1183;

limit of spectrum *e*; 410, 5; 434, 5. Plate 1211; limit of spectrum δ; 410, 5; 434, 5.

6504. Images very poor and faint. Plate 1182; on first examination spectrum E. Plate 1205; on first examination spectrum H.

6506. Plate 1183; on first examination spectrum F ? 410, 5; 434, 5.

6507. Plates 536 and 1340; image very poor and faint; on first examination spectrum E. Plate 1340; on second examination spectrum F ?

6510. Dunér 144.

6511. Images very poor. Plates 1255 and 1256; on first examination spectrum E. Plate 1328; on first examination spectrum F; 410, 5; 434, 5. Plate 2242; on first examination spectrum H.

6514. Plate 1256; on first examination spectrum E ?

6515. Plate 1211; on first examination spectrum F ? limit of spectrum δ; 410, 5; 434, 5.

6516. Beyond the limits within which accurate measurement can be made.

6520. Spectrum of D. C. 6388 superposed, and combined light measured.

6524. Plate 1245; 448, 2. Plate 1351; 448, 3; 458, 2; 468, 2.

6525. Plate 1211; 410, 5; 434, 5; on re-examination 410, 5; 434, 5.

6531. The measures from which the magnitude of this star is derived are obtained from Plate 1236, the star being beyond the limits-for measurement on Plates 1183 and 1211. It is beyond the limit for accurate measurement on 1326. Plate 1183; 410, 5; 434, 5. Plate 1211; 410, 5; 434, 5.

6532. Plate 1182; on first examination spectrum E ?

6533. Dunér 145.

6536. Dunér 146. Plates 536, 1242 and 1326; on first examination spectrum H. Plates 536 and 1322; on special examination spectrum M ?

6544. Plate 1351; image poor and faint; near edge of plate; on first examination spectrum H.

6548. Plate 1205; 410, 5; 434, 5.

6549. DM. +77° 518, magn. 9.0, precedes 17ˢ, north 1'4.

6555. Plate 1325; image poor and faint; on first examination spectrum E ?

6556. Plate 536; 410, 2; 434, 2.

6560. Plate 1143; image very poor and faint; near edge of plate; on first examination spectrum H ? on second examination spectrum A ? Plate 558; 410, 5; 434, 5. Plate 1182; 410, 5; 434, 5. Plate 1205, first image; 410, 5; 434, 5.

6561. Plate 536; 397 a 434; 434 double ? 448, 4; 456, 1; 458, 2; 461, 1; 468, 2. Plate 1242; 448, 3; 458, 2; 468, 2. Plate 1245; 448, 2. Plate 1328; 448, 3. Plate 1340; 448, 3. Plate 1351; 448, 3; 458, 2; 468, 2; 474, 1.

6563. Plate 558; a 394; 410, 2; 434, 2; 434 double. Plate 1143; limit of spectrum a; 410, 3; 434, 3. Plate 1182; 410, 3; 434, 3; 410 and 434 double.

Plate 1184; limit of spectrum β; 410, 3; 434, 3. Plate 1205; a 394; 410, 2; 434, 2; 434 double.

6564. Plate 1336; 448, 3.

6566. DM. magn. 2.0. II. P. magn. 2.0. Brightness could not be measured on account of the density of the images.

6567. Plate 1325; on first examination spectrum E ?

6571. Plate 1325; 448, 3; on re-examination 448, 3.

6573. The letter t stands for dr. Dunér 147. Plates 548 and 1205; on first examination spectrum I. Plates 1143 and 1184; on first examination spectrum H. Plate 1325; on first examination spectrum K; on special examination spectrum M ? Plate 548; 448, 3; 456, 1; 461, 2. Plate 1205; 448, 3. Plate 1325; 448, 3; 456, 1; 461, 2; 466, 1; 468, 1.

6574. Plate 563; on first and second examinations spectrum F ? 410, 5; 434, 5.

6575. Plate 558; 448, 3.

6577. Plate 1245; 448, 2; 458, 1. Plate 1255; 397 a 434; 448, 3; 458, 1; 468, 2. Plate 1256; 448, 3; 458, 2; 468, 2. Plate 1328; limit of spectrum a; 458, 2; 434; 434 double ? 443, 1; 448, 2; 456, 1; 458, 2; 461, 2; 466, 1; 468, 1; 471, 1. Plate 1351; 397 a 434; 448, 3; 458, 2; 468, 2.

6578. Images very poor. Plate 1185; on first examination spectrum H ? Plate 1211; on first examination spectrum F ? a 394; 410, 5; 434, 5; near edge of plate.

6579. Plate 558; image very poor and faint; on first and second examinations spectrum A ?

6580. Combined with 6581. DM. magn. 7.5 and 7.4.

6581. See 6580.

6584. Plate 536; image poor; on first examination spectrum A.

6585. Plate 1143; image very poor and faint; on first examination spectrum E ?

6589. Plate 558; on special examination spectrum M ?

6590. Plate 1184; spectrum C ?

6593. The letter t stands for dr. Dunér 149. Plate 536; on first examination spectrum H. Plates 1242 and 1245; on first examination spectrum I. Plate 1351; on first examination spectrum K. Plates 536, 1242, 1245, and 1351; on special examination spectrum M. Plate 1242; 448, 3; 458, 2; 468, 2. Plate 1245; 448, 2; 458, 2; 468, 2. Plate 1351; 397 a 434; 448, 3; 456, 2; 461, 3; 466, 1; 474, 2.

6595. Plate 1143; image poor and faint; on first examination spectrum E ? on second examination spectrum F ?

6599. Plate 1325; on first examination spectrum E; on re-examination 410, 5; 434, 5.

6601. Plate 1205; 410, 5? 434, 5? on re-examination 410, 5; 434, 5.

6602. Plate 558; on special examination spectrum Q. Plate 549; limit of spectrum a; 410, 1; 434, 3;

THE DRAPER CATALOGUE.

bright lines seen. Plate 558; a 394; 410, 2; 434, 2; other lines; bright lines seen. Plate 1143; a 394; 410, 2; 434, 5; bright lines ? Plate 1184; a 394; 410, 2; 434, 3. Plate 1205; limit of spectrum ϵ; 410, 2; 434, 2; bright lines seen.

6603. Plate 1147; image very poor and faint; near edge of plate; on first examination spectrum E ? Plate 1144; 392, 2; 402, 2; 453, 2.

6604. Plate 1256; image poor and faint; on first examination spectrum E? Plate 1328; 448, 3.

6605. Plate 1184; on first examination spectrum E ? on re-examination 410, 5 ? 434, 5 ?

6606. Plate 1338; 410, 5 ? 434, 5 ?

6608. Plate 1205; spectrum C ?

6612. Plate 1328; on special examination spectrum M ?

6620. Images very poor and faint. Plate 1184; on first examination spectrum H ? Plate 1205; on first examination spectrum E ? near edge of plate.

6622. Plate 536; 410, 5; 434, 5. Plate 1328; 410, 5; 434, 5.

6624. Plate 1340; image very poor and faint; on first examination spectrum H; on second examination spectrum F ?

6627. Plate 1205; spectrum C ?

6630. Plate 563; on first examination spectrum E ? on re-examination 410, 2; 434, 2.

6632. Images very poor and faint. Plate 558; on first and second examinations spectrum A ? Plate 1184; on first examination spectrum H ? Plate 1205; 410, 3; 434, 3.

6634. Plate 1256; spectrum A.

6636. Plate 1328; image very poor; near edge of plate; on first and second examinations spectrum A ? Plate 2212; 410, 5; 434, 5.

6639. Plate 1205; on first examination spectrum H.

6641. Plate 563; 397 a 434; 448, 3; 456, 1; 458, *2*; 461, 1; 468, *1*. Plate 1244; 397 a 434; 448, 3; 458, *1*; 461, 2; 466, 1; 468, *1*.

6643. Plates 1244, first image, and 1325; image very poor and faint; on first examination spectrum F ? Plate 1244; 410, 5; 434, 5. Plate 1325; 410, 5; 434, 5.

6646. Dunér 152.

6647. Plates 1213 and 1259; image very poor and faint; on first examination spectrum H ? Plate 1213; on second examination spectrum H ? Plate 1338; 410, 5; 434, 5.

6648. Dunér 153.

6650. Images very poor and faint. Plate 1245; on first examination spectrum F ? 410, 5; 434, 5. Plate 1351; on first examination spectrum E ?

6651. Dunér 154. Plate 1188; on first examination spectrum H; on special examination spectrum M.

6654. Plate 549; on first examination spectrum H. Plate 1146; 410, 5; 434, 5. Plate 1184; limit of spectrum y; 410, 2; 434, 2. Plate 1258; limit of spec-

trum β; 410, 2; 434, 2. Plate 1339; 410, 3; 434, 3.

6658. U. A. Virgo, 222, magn. 5.4, var.

6659. Plate 563; 448, 3; 461, 2. Plate 570; 448, 3. Plate 1244; 448, 3; 456, 2; 461, 2.

6662. Plate 1244; image very poor and faint; on first examination spectrum H ? on second examination spectrum A ? Plate 563; limit of spectrum β; 410, 5; 434, 5.

6663. Plate 536; on special examination spectrum M ? Plate 536; 397 a 434; 448, 4; 456, 2; 458, *1*; 461, 2; 466, 1; 468, *2*. Plate 560; 448, 4; 458, 2. Plate 1242; 397 a 434; 448, 3; 456, 2; 458, *2*; 461, 2; 466, 1; 468, *2*; 471, 1. Plate 1245; 448, 2; 458, 2; 468, 2. Plate 1256; 448, 3; 458, *1*; 463, 2; 468, *2*. Plate 1260; 397 a 434; 436, 1; 443, 1; 448, 3; 451, 1; 456, 1; 458, *1*; 461, 2; 466, 1; 468, *1*; 471, 1. Plate 1328; 397 a 434; 436, 1; 443, *1*; 448, 3; 451, 1; 456, 1; 458, *1*; 461, 2; 466, 1; 468, *1*; 471, 1. Plate 1340; 397 a 434; 436, 1; 443, *1*; 448, 3; 456, 1; 458, *1*; 461, 2; 466, 1; 468, *1*; 471, 1. Plate 1351; 397 a 434; 448, 3; 456, 1; 458, *1*, 461, 2; 466, 1; 468, *1*; 471, 1.

6664. Plate 549; image very poor and faint; on first examination spectrum H ? Plate 1184; 410, 2; 434, 2. Plate 1188; 410, 3; 434, 3.

6665. Plate 563; only a small portion of spectrum visible.

6667. Plate 1258; on first examination spectrum H. Plate 1258; 410, 5; 434, 5; on re-examination 410, 5; 434, 5.

6669. Plate 570; 448, 3.

6671. Plate 1184; image very poor and faint; on first examination spectrum F ? 410, 5; 434, 5.

6672. The letter t stands for dr. Dunér 155. Plates 1242 and 1260; on first examination spectrum H. Plates 1245, 1340, and 1351; on first examination spectrum I. Plates 1260, 1340, and 1351; on special examination spectrum M ? Plate 1245; 448, 3; 458, 2; 468, 2. Plate 1340; 448, 3; 458, 2. Plate 1351; 448, 2; 458, 2; 468, 2.

6674. Plate 1258; on first examination spectrum H.

6675. Plate 563; a 394; 410, 3; 434, 3; 410 and 434 double. Plate 570; a 394; 410, 2; 434, 2; 434 double. Plate 1188; a 394; 410, 2; 434, 2; 410 and 434 double. Plate 1244; a 394; 410, 2; 434, 2; 434 double.

6676. The letter t stands for dr. DM. magn. 1.0. H. P. magn. 0.03. Measure of brightness obtained on one plate; image too dense to determine magnitude. Plates 549 and 1184; on first examination spectrum E ? Plate 1146; on first examination spectrum F ? 410, 1; 434, 2. Plate 549; a 394. Plate 554; a 394; 397 a 434; 448, 2; 458, *2*. Plate 1184; 394 double ? Plate 1258; 397 a 434; 448, 3; 456, 1; 458, *2*; 461, 2; 466, 1; 468, *1*. Plates 1146, 1184, and 1339; several

6677. U. A. Virgo 230, magn. 6.5, var. bright and dark lines of shorter wave length than 394.
6681. Plate 1339; image poor and faint; on first examination spectrum H?
6682. Plate 1188; 410, 5; 434, 5; on re-examination 410, 5; 434, 5.
6684. Plate 1259; 410, 5; 434, 5.
6685. Plate 1338; on first examination spectrum E?
6688. The letter t stands for dr. Combined with 6889. DM. magns. 6.5 and 6.5. H. P. magns. 6.5 and —. Plate 1246; on first and second examinations spectrum A. Plate 1351; on second examination spectrum A? Plate 1260; 410, 5; 434, 5. Plate 1340; 410, 5; 434, 5.
6689. See 6688. Not observed in the Harvard Photometry on account of the proximity of H. P. 2405.
6695. Plates 549 and 1338; on special examination spectrum M? Plate 1185; 448, 3; 461, 3. Plate 1258; 397 a 434; 448, 3. Plate 1259; 448, 3. Plate 1338; 448, 3; 461, 2. Plate 1339; 397 a 434; 448, 3.
6696. Plate 1185; image very poor and faint; on first examination spectrum H; on second examination spectrum A? Plate 1259; 410, 3; 434, 3. Plate 1326; 410, 2; 434, 2; 410 and 434 double.
6697. Plate 554; image very poor and faint; on first examination spectrum A? Plate 570; limit of spectrum β; 410, 3; 434, 3. Plate 1184; 410, 5; 434, 5. Plate 1188; limit of spectrum β; 410, 5; 434, 5.
6698. U. A. Virgo 238, magn. 5.6, var.?
6700. U. A. Virgo 239, magn. 6.5 var.?
6702. Plate 1184; on special examination spectrum M?
6707. The letter t stands for dr. U. A. magn. 6.9. A. G. C. magn. 7. Plate 563; image poor and faint; near edge of plate; on first and second examinations spectrum A. Plate 1188; 410, 5; 434, 5.
6708. Plate 1244; image very poor and faint; on first examination spectrum H?
6714. Plate 563; image poor; near edge of Plate; on first examination spectrum E?
6715. Plate 1340; 410,5; 434, 5.
6716. Images very poor and faint. Plates 1184 and 1258, first image; on first examination spectrum H? near edge of Plate 1258.
6717. Plate 1245; on first examination spectrum E.
6724. Plate 1259; on first examination spectrum H?
6728. Plate 555; 410, 2; 434, 2; 410 and 434 double. Plate 1147; limit of spectrum β, 410, 2; 434, 2. Plate 1259; limit of spectrum ε; 410, 2; 434, 2; 434 double. Plate 1260; 410, 2; 434, 2; 434 double? Plate 1326; a 394; 410, 2; 434, 2; 434 double. Plate 1340; a 394; 410, 2; 434, 2; 434 double.
6729. Plate 1146; image very poor and faint; on first examination spectrum E?

6732. Plate 1188; on first examination spectrum H?
6733. Beyond the limits within which accurate measurement can be made.
6734. U. A. Virgo, 246, magn. 5.4, var. Plate 570; on first examination spectrum H. Plate 1188; on first examination spectrum E?
6737. Plate 1259; 410, 5; 434, 5.
6739. Combined with 6740. DM. magns. 7.5 and 7.0.
6740. See 6739.
6743. Plate 1185; on first and second examinations spectrum A? Plates 1187, 1213, and 1259; image poor; on first examination spectrum H?
6745. Image very poor and faint. Plate 1187; on first examination spectrum H? Plate 1259; on first examination spectrum E?
6747. Plates 1187 and 1338; on first examination spectrum F? Plate 1187; 410, 5? 434, 5? Plate 1338; 410, 5; 434, 5.
6748. Plates 565, 1146, and 1186; on special examination spectrum M? Plate 565; 397 a 434; 448, 3. Plate 1146; 448, 3. Plate 1186; 397 a 434; 448, 3; 456, 1; 458, 1; 461, 1; 468, 1. Plate 1187; 397 a 434; 448, 3; 456, 1; 458, 2; 461, 1. Plate 1258; 397 a 434; 448, 3; 456, 2; 458, 2; 461, 2; 466, 1; 468, 1. Plate 1339; 397 a 434; 438, 1; 443, 1; 448, 3; 456, 1; 458, 2; 461, 1; 466, 1; 468, 2.
6749. Plates 560, first and second images, and 1351, first and second images; on first examination spectrum I. On other plates, on first examination spectrum K. Plate 1351, first image; on special examination spectrum M? Plates 1260 and 1340; on special examination spectrum Q. Plate 536; 397 a 434; 448, 4; 456, 1; 458, 1; 461, 2; 468, 1. Plate 555; 397 a 434; 448, 4; 456, 2; 458, 3; 463, 3; 466, 2; 468, 2; 471, 3; 474, 1. Plate 560, first image; 448, 4; 463, 2. Plate 560, second image; 448, 3; 453, 2; 463, 2. Plate 1242; 397 a 434; 448, 3; 456, 1; 458, 1; 461, 2; 466, 1; 468, 2; 471, 1. Plate 1245; 397 a 434; 448, 3; 456, 1; 458, 1; 461, 3; 466, 1; 468, 1. Plate 1260; 397 a 434; 436, 1; 443, 1; 448, 3; 451, 2; 456, 1; 458, 1; 461, 2; 466, 1; 468, 1; 471, 1. Plate 1328, first image; 397 a 434; 436, 1; 443, 1; 448, 3; 451, 1; 456, 1; 458, 1; 461, 2; 466, 1; 468, 1; 471, 1. Plate 1328, second image; 397 a 434; 448, 3; 456, 1; 458, 1; 461, 2; 466, 1; 468, 1; 471, 1. Plate 1340; 397 a 434; 436, 1; 443, 1; 448, 3; 453, 2; 456, 1; 458, 1; 461, 2; 466, 1; 468, 1; 471, 1. Plate 1351, first image; 397 a 434; 448, 3; 458, 1; 468, 1. Plate 1351, second image; 397 a 434; 448, 3; 458, 1; 468, 3.
6752. Plate 1186; 410, 5; 434, 5. Plate 1258; 410, 3; 434, 3. Plate 1339; 410, 5; 434, 5.
6753. Plate 1245; 410, 5; 434, 5. Plate 1260; 410, 5; 434, 5. Plate 1328; 410, 5; 434, 5.

THE DRAPER CATALOGUE.

6754. Plate 1245; 410, 5; 434, 5. Plate 1260; 410, 2; 434, 2; 434 double. Plate 1340; 410, 4; 434, 4; 434 double. Plate 1351; 410, 5; 434, 5.
6757. Plate 1245; 434 double.
6762. Images poor and faint. Plate 1187; on first examination spectrum E ? Plates 1213 and 1338; on first examination spectrum H ? Near edge of Plate 1338.
6763. Plates 1187 and 1258; image poor and faint; on first examination spectrum F.
6764. Plate 554; 410, 5; 434, 5. Plate 565; a 394; 410, 5; 434, 5. Plate 1146; 410, 5; 434, 5; 410 and 434 double. Plate 1186; limit of spectrum β; 410, 5 ?; 434, 5 ? 410 and 434 double. Plate 1258; limit of spectrum γ; 410, 5; 434, 5. Plate 1339; limit of spectrum γ; 410, 5; 434, 5.
6766. A. G. C. magn. 8.
6768. Plate 1245; 410, 5; 434, 5. Plate 1260; 410, 5; 434, 5.
6770. Plate 1260; 410, 5; 434, 5. Plate 1340; 410, 5; 434, 5.
6773. Plate 1188; image poor and faint; on first examination spectrum F ? 410, 5; 434, 5.
6776. Plates 1245, 1256, and 1354; image poor and faint; on first examination spectrum E ? Near edge of Plate 1354. Plate 1328; 448, 3; 458, 1. Plate 1351; 448, 2; 458, 2.
6777. Images very poor and faint. Plate 1213; on first examination spectrum E ? Plate 1259; on first examination spectrum H ?
6780. Plate 1256; on first examination spectrum H.
6783. Plate 1326; spectrum C ?
6785. Plate 1339; 410, 5; 434, 5.
6787. Combined with 6788. Plate 565; 382, 4.
6788. See 6787.
6789. Combined with 6790.
6790. See 6789.
6791. Plate 1245; 448, 3.
6792. The letter t stands for dr. U. A. Bootes 6, magn. 5.4, var. ? Plate 570; on first and second examinations spectrum F ? 410, 3; 434, 3. Plate 1188; on first examination spectrum E ? on second examination spectrum F ? Plate 1327; 397 a 434; 448, 3; 456, 1; 458, 1; 463, 1; 468, 1.
6794. Plate 1186; 410, 5; 434, 5; on re-examination 410, 5; 434, 5.
6796. First measure 4.35, resid. 8 4 3. Plate 570; second measure gives residual ?; first measure rejected. Plate 570; a 394; 410, 5; 434, 5. Plate 1188; limit of spectrum β; 410, 3; 434, 3; 410 and 434 double. Plate 1327; 410, 5; 434, 5.
6799. Dunér 160. Plate 1339; spectrum H. Plate 2421, Class I; on special examination spectrum M.
6800. A. G. C. magn. 7.
6801. Images poor and faint. Near edge of Plates 1245, 1340, and 1351. Plates 1260 and 1340; on first examination spectrum A. Plate 1245; on second examination spectrum A ? Plate 1245; 410, 2; 434, 2; 410 and 434 double. Plate 1351; 410, 2; 434, 2.
6805. Plate 565; 397 a 434; 448, 3; 456, 2; 461, 2. Plate 1186; 397 a 434; 448, 3; 456, 1; 458, 1. Plate 1339; 448, 3; several bright and dark lines.
6807. The letter t stands for dr. DM. magn. 2.3. H. P. magn. 2.6. Measures of brightness obtained on five plates; images too dense to determine magnitude with accuracy. Magnitude 3.88, resid. 6 0 0 3 2. Plate 554; on first examination spectrum H. Plates 565, 1146, and 1339; on first examination spectrum K ? Plate 1146; on special examination spectrum M ? Plate 565; a 394; 397 a 434; 438, 1; 443, 1; 448, 2; 456, 2; 458, 2; 461, 1; 468, 2. Plate 1146; limit of spectrum β; 397 a 434; 448, 3; 456, 1; 458, 1; 461, 1. Plate 1186; a 394; 410, 2; 434, 2; bright lines ? Plate 1339; a 394.
6808. Plate 1213; 410, 5 ? 434, 5 ?
6809. Images very poor and faint. Plate 1188; on first examination spectrum E ? Plate 1339; on first examination spectrum H; near edge of plate.
6810. Plate 1189; spectrum C ?
6811. Dunér 161. R. A. 14^h 41^m.0, should be 14^h 41^m.4.
6814. Plate 1189; image poor; near edge of plate; on first examination spectrum E.
6818. Plate 1340; image very poor and faint; on first examination spectrum H.
6822. Plate 1327; on first examination spectrum H ?
6824. Plate 1340; 410, 5; 434, 5; on re-examination 410, 5; 434, 5.
6828. Plate 1247; image very poor; on first examination spectrum E ?
6830. Plate 1327; a 394; 410, 3; 434, 3; on re-examination 410, 3; 434, 3.
6831. Plate 1260; image very poor and faint; on first examination spectrum F ? 410, 4; 434, 4.
6832. DM. magn. 3. U. A. magn. 3.0. A. G. C. magn. 3.
6835. Plate 1246; spectrum C ?
6836. Plate 565; 410, 2; 434, 2. Plate 1187; limit of spectrum a; 410, 2; 434, 2.
6837. Plate 565; on first examination spectrum H. Plate 1186; image good; lines well defined; limit of spectrum a; 410, 2; 434, 2.
6838. Plate 1327; 448, 3; 456, 2; 461, 2.
6840. Plate 1259; image poor and faint; on first examination spectrum A ? Plate 1247; 410, 5; 434, 5. Plate 1340; 410, 5; 434, 5.
6841. Plate 552; 410, 5; 434, 5. Plate 1247; limit of spectrum a; 410, 3; 434, 3.
6842. Plate 1187; 448, 3.
6843. Plate 552; image poor; on first examination spectrum A. Plate 565; on first examination spectrum I. Plate 1186; on first examination

spectrum K. Plate 565; 448, 2. Plate 1186; limit of spectrum β; 397 a 434, 448, 3; 456, 1; 458, 2; 461, 2.

6847. Plate 1186; 410, 5; 434, 5; on re-examination 410, 2; 434, 2; 410 and 434 double ?

6849. Plate 1186; 410, 5; 434, 5; on re-examination 410, 2; 434, 2.

6850. Plate 1246; on first examination spectrum II ?

6851. Plate 555; on special examination spectrum M ?

6854. Plate 1328; 448, 3.

6855. Images very poor and faint. Plate 1247; on first examination spectrum E. Plate 1260; on first examination spectrum H ?

6857. Plate 1351; image very poor; on first examination spectrum E.

6859. Plate 1186; spectrum C ?

6860. The letter t stands for dr. First measure 4.35, resid. 2 4 7 2 0 ʙ ᴅ ɴ ᴅ ʙ. Plate 560; second measure gives residual 6; first measure rejected. On first examination of all plates, spectrum K. Plate 550; on special examination spectrum M ? Plate 550; 397 a 434; 448, 3; 458, 4; 468, 3. Plate 555; a 394; 397 a 434; 443, 2; 453, 1: 458, 4; 461, 1; 463, 4; 474, 5. Plate 560; limit of spectrum β; 397 a 434; 434 double ? 448, 3; 453, 1: 456, 1; 458, 2; 461, 1: 468, 2. Plate 1245; a 394; 397 a 434; 448, 2. Plate 1260; a 394; 397 a 434; bright lines. Plate 1328; a 394; numerous dark lines. Plate 1340; a 394; 397 a 434. Plate 1343; limit of spectrum a; 409 bright; numerous dark lines. Plate 1351; a 394; 397 a 434; 448, 3; 458, 1.

6871. Plate 552; 410, 5; 434, 5. Plate 1187; 410, 2; 434, 2. Plate 1262; 410, 3; 434, 3.

6873. Plate 1180; image very poor and faint; on first examination spectrum II ? Plate 1327; 410, 5; 434, 5.

6876. Plate 1328; 434 double ? 448, 2.

6878. Var. in DM. U. A. Libra 38, magn. var. 5–6. Var. in A. G. C.

6879. Plates 565 and 1247; on first examination spectrum A ? Plate 1187; on second examination spectrum A ? Plate 552; 410, 5; 434, 5. Plate 1187; 410, 5; 434, 5.

6880. The letter t stands for dr. Dunér 162. Plates 1260 and 1340; on special examination spectrum M ? or Q ? Plate 1260; 448, 3; 458, 1; 468, 2; 471, 2. Plate 1328; 448, 3; 458, 2; 468, 2. Plate 1340; spectrum peculiar; 397 a 434; 448, 2; 456, 1; 468, 2; 471, 3; 474, 3; 477, 2.

6882. Combined with 6883. DM. magns. 7.5 and 7.5.

6883. See 6882.

6885. Plate 1327; image very poor and faint; on first examination spectrum H.

6886. Plate 587; on first examination spectrum L. Plates 1245 and 1256; on first examination spectrum II. Plate 1328; on first examination spectrum I ? on

second examination spectrum H ? Plate 587; 410, 2; 434, 2. Plate 1328; numerous faint lines. Plate 1354; a 394; 410, 2; 434, 3.

6889. Plate 1245; image poor and faint; on first examination spectrum F ? 410, 3; 434, 3.

6890. Plate 1340; image poor and faint; on first examination spectrum E; on second examination spectrum F ?

6891. Plate 1247; image very poor and faint; on first examination spectrum E ?

6893. Plate 1186; on special examination spectrum M ?

6894. Plate 566; 397 a 434; 448, 3; 456, 1; 458, 1; 461, 2; 466, 1; 468, 2. Plate 1189; 397 a 434; 448, 3; 456, 1; 458, 1; 461, 1; 468, 1.

6895. Plate 565; on special examination spectrum M ? Plate 552; limit of spectrum β; 397 a 434; 438, 1; 443, 1; 448, 3; 456, 1; 458, 2; 461, 1. Plate 565; a 394; 397 a 434; 448, 3; 456, 2; 458, 1; 461, 2; 466, 1. Plate 572; 397 a 434; 448, 3; 461, 2. Plate 1187, first image; 397 a 434. Plate 1187, second image; limit of spectrum β; 397 a 434; 448, 3; 456, 1; 458, 2; 461, 1; 466, 1; 468, 1. Plate 1247; limit of spectrum a; 397 a 434; 438, 1; 443, 1; 456, 1; 458, 3; 461, 1; 466, 1; 468, 2. Plate 1262; 397 a 434; 448, 2.

6897. Plate 1327; on first examination spectrum K; on special examinations spectrum M ? 448, 3; 456, 1; 461, 2; 466, 1; 468, 1; 471, 1; bright and dark lines.

6903. Images very poor and faint. Plates 565 and 1187; on first examination spectrum II ? Plates 1187 and 1247; on second examination spectrum A ? Plate 1262; 410, 2; 434, 2.

6904. A. G. C. 20471.

6907. Plate 1186; 448, 3. Plate 1246; 448, 3; 456, 1; 458, 1; 461, 1.

6908. Plate 1343; image poor; near edge of plate; on first examination spectrum A.

6909. Plate 565; on first examination spectrum II ? Plate 1247; on special examination spectrum M. Plate 552; 410, 3; 434, 3. Plate 1247; 410, 2; 434, 5.

6917. Plate 1187; on first examination spectrum II. Plates 1247 and 1262; on first examination spectrum F ?

6919. Plate 552; image poor; on first examination spectrum A. Plate 572; a 394; 410, 2; 434, 2. Plate 1186; limit of spectrum β; 410, 2; 434, 2; 410 and 434 double. Plate 1246; limit of spectrum β; 410, 5; 434, 5; 410 and 434 double. Plate 1352; limit of spectrum a; 410, 5; 434, 5; 410 and 434 double.

6920. Plate 555; image very poor; on first examination spectrum A ? on second examination spectrum F. Plate 1247; 448, 3. Plate 1340; 448, 2.

6925. Plate 1260; 410, 5 ? 434, 5 ? Plate 1328; 410, 5; 434, 5.

6926. Plate 1328; on first examination spectrum H. Plates 1333, 1340, and 1343; image very poor and faint; on first examination spectrum E.
6927. Plate 1328; 410, 5; 434, 5.
6930. Plate 1260; 410, 5; 434, 5; on re-examination 410, 5; 434, 5.
6932. A. G. C. 20623.
6933. Plate 1482; image very poor; near edge of plate; on first examination spectrum H ? on second examination spectrum F ?
6936. The spectrum measured on Plate 1248 was supposed to be that of DM. $-13°$ 3407. On re-examination the star was found to be A. G. C. 20623, and the measures have accordingly been added to the latter star, which equals D. C. 6932.
6937. Plate 1343; image poor and faint; near edge of plate; on first and second examinations spectrum E ?
6938. Plate 1482; on first examination spectrum E.
6940. Plate 1482; image very poor and faint; on first examination spectrum E.
6944. Plate 2242; on special examination spectrum M ?
6946. Combined with 6947. DM. magns. 7.5 and 7.5.
6947. See 6946.
6954. Plate 1482; image poor; near edge of plate; on first and second examinations spectrum F ? 410, 5 ? 434, 5 ?
6957. In DM. R. A. $15^h 8^m 39^s.6$, should be $15^h 0^m 39^s.6$. See Bonn Obs., Vol. VI. p. 378. Plate 552; limit of spectrum β; 397 a 434; 448, 3; 456, 1; 458, 1; 461, 1. Plate 572; a 394; 397 a 434; 448, 3; 456, 1; 458, 1; 461, 1. Plate 1246; limit of spectrum α; 397 a 434; 438, 1; 443, 1; 448, 3; 456, 1; 458, 2; 461, 2; 466, 1; 468, 1. Plate 1262; limit of spectrum β; 397 a 434; 448, 3; 456, 1; 458 2; 461, 1; 468, 1.
6958. DM. magn. 2.
6960. Plate 1262; on first examination spectrum H; near edge of plate.
6962. Plate 555; 410, 2; 434, 2. Plate 560; 410, 2; 434, 2; 410 and 434 double. Plate 1260; 410, 2; 434, 2; 434 double. Plate 1328; a 394; 410, 2; 434, 2; 434 double. Plate 1340; 410, 2; 434, 2; 434 double. Plate 1343; a 394; 410, 2; 434, 2.
6967. Plate 1246; spectrum H ? Plate 2420, Class I; on special examination spectrum A.
6968. No magnitude in the Harvard Photometry. See Vol. XIV. pp. 301, 412.
6969. Plate 566; a 394; 410, 3; 434, 3; 434 double. Plate 1189; limit of spectrum β; 410, 2; 434, 2. Plate 1248; 410, 3; 434, 3.
6971. Plate 572; image poor; on first and second examination spectrum F; 410, 5; 434, 5.
6972. Plate 1482; on first examination spectrum E.
6978. Plate 1247; image very poor and faint; on first examination spectrum H ?

6980. Plates 560, 1340, and 1343; on special examination spectrum M. Plate 1328; on special examination spectrum Q ? Plate 560; 448, 4; 458, 1; 463, 1; 468, 2; 474, 1. Plate 1260; 448, 3; 458, 2; 468, 2. Plate 1328; 397 a 434; 436, 1; 443, 1; 448, 3; 451, 1; 453, 2; 456, 1; 458, 2; 461, 2; 466, 1; 468, 1, 471, 1. Plate 1340; 448, 3; 458, 2; 468, 2. Plate 1343; 448, 3; 458, 2; 468, 2.
6981. Plate 1328; 410, 5; 434, 5; on re-examination 410, 5; 434, 5.
6984. Plate 1247; image poor; on first examination spectrum F ? 410, 5; 434, 5.
6985. Plate 1352; image very poor and faint; on first examination spectrum H.
6986. Plate 572; 402, 2.
6988. Plate 1328; on first examination spectrum E.
6993. Plates 1189 and 1482; image poor; on first examination spectrum F. Plate 1189; 410, 5; 434, 5; near edge of plate. Plate 1482; 410, 5; 434, 5.
6994. Plate 556; limit of spectrum β; 410, 3; 434, 3. Plate 566; 410, 3; 434, 3. Plate 1189; 410, 4; 434, 4. Plate 1248; limit of spectrum β; 410, 5; 434, 5; 410 and 434 double. Plate 1482; 410, 2; 434, 2.
6996. The letter t stands for dr. Combined with 6997. Plate 572; on special examination spectrum M ? Plate 567; 410, 3; 434, 3. Plate 572; 410, 2; 434, 2. Plate 1246; 410, 2; 434, 5. Plate 1261; limit of spectrum β; 410, 3; 434, 3. Plate 1352; limit of spectrum β; 410, 2; 434, 2.
6997. See 6996.
6998. A. G. C. magn. 8.
7002. Plates 567, 572, and 1262; on first examination spectrum F. Plates 552, 572, and 1247; on second examination spectrum A. Plates 567, 1262, and 1342; on second examination spectrum B. Plate 567; a 394; 410, 5 ? 434, 5 ? Plate 572; a 394; 410, 5; 434, 5. Plate 1262; limit of spectrum e; 410, 5 ? 434, 5 ?
7003. DM. magn. 2.8. H. P. magn. 3.2. Measures of brightness obtained on three plates; images too dense to determine magnitude with accuracy. Magnitude 3.77, resid. $1 \cdot 3 \cdot 3$.
7005. Dunér 167.
7008. Plate 1328; 410, 5; 434, 5. Plate 1343; 410, 5; 434, 5.
7010. Plate 560; 397 a 434; 443, 4; 458, 5; 461, 1; 468, 4. Plate 1328; limit of spectrum β; 397 a 434; 448, 3; 456, 1; 458, 2; 461, 2; 466, 1; 468, 2. Plate 1343; 397 a 434; 448, 3; 458, 1; 468, 1.
7012. Plate 1482; image poor; on first and second examinations spectrum F ? 410, 5 ? 434, 5 ?
7013. Plate 572; several bright and dark lines seen.
7016. Plate 1262; on first examination spectrum H ?

7017. Plate 1342; image very poor and faint; on first examination spectrum H? on second examination spectrum A? Plate 1262; 410, 5; 434, 5.
7023. Plate 1248; image very poor; on first examination spectrum A.
7024. Plate 1482; on first examination spectrum E; on re-examination 410, 3; 434, 3.
7027. Plate 1262; image very poor and faint, near edge of plate; on first examination spectrum E; on second examination spectrum F?
7036. Plate 1482; image poor; on first examination spectrum E.
7037. The letter t stands for dr. A. G. C. 21063. Images very poor and faint. Plate 1248; on first examination spectrum F; 410, 3; 434, 3. Plate 1482; on first examination spectrum H?
7039. Plate 572; 410, 5; 434, 5.
7040. Plate 1341; image very poor; near edge of plate; on first examination spectrum E? on second examination spectrum F?
7045. Plate 1224; image very poor; on first examination spectrum E? Plate 567; 382, 4? Plate 1262; 402, 1; 453, 1.
7047. Plate 1482, first image very poor; near edge of plate; on first examination spectrum F? 410, 5; 434, 5. Plate 1482, second image; 402, 2.
7048. Plates 1341 and 1352; image very poor; on first examination spectrum E?
7049. Plates 1328, 1351, 1354, and 2242; on first examination spectrum A. Plate 1395; on second examination spectrum A? Plate 1256; 410, 5? 434, 5?
7051. Plate 1328; 448, 3; 458, 2; 468, 2.
7052. Plate 556; 448, 3. Plate 1248; 448, 3; 456, 1; 458, 1; 461, 1; 468, 1. Plate 1353; 448, 3. Plate 1482; 448, 2.
7053. Combined with 7054.
7054. See 7053.
7056. DM. magn. 2.0. H. P. magn. 2.4. Measures of brightness obtained on three plates; images too dense to determine magnitude with accuracy. Magnitude 3.45, resid. 1.3 $\not{z}$.
7057. Plate 1248; 448, 3; 456, 2.
7061. A. G. C. 21162. Plate 1248; 410, 5; 434, 5.
7064. Dunér 168.
7065. Plate 572; limit of spectrum β; 410, 2; 434, 2. Plate 1261; limit of spectrum a; 410, 5? 434, 5? Plate 1352; 410, 5; 434, 5.
7067. Plate 1328; image poor and faint; on first examination spectrum A.
7068. Plate 1352; on first examination spectrum H.
7073. The spectrum measured on Plate 1482 was supposed to be that of DM. −22° 3993. On re-examination the star was found to be DM. −22° 3996, and the measures have accordingly been added to the latter star, which equals D. C. 7078.

7074. Plates 1248 and 1482; image poor and faint; near edge of plates; on first examination spectrum H.
7075. Plate 1353; 410, 5; 434, 5; on re-examination 410, 5; 434, 5.
7076. Images poor; near edge of plates. Plate 1247; on first examination spectrum H? Plate 1343; on first examination spectrum E?
7078. Plate 1482; on first examination spectrum E; on re-examination 410, 5; 434, 5.
7082. Plates 1328, 1340, 1343, and 1354; on special examination spectrum Q? Plate 560; 448, 4; 453, 3; 463, 2. Plate 1260; 434 double? 446, 2; 448, 2; 458, 2; 468, 2. Plate 1328; 434 double? 448, 4; 453, 2; 458, 3; 463, 1; 468, 2. Plate 1340; 397 a 434; 448, 3; 456, 1; 458, 1; 461, 3; 466, 1; 468, 1; 471, 1. Plate 1343; 397 a 434; 436, 1; 443, 1; 448, 3; 453, 1; 456, 1; 458, 2; 461, 3; 466, 1; 468, 1; 471, 1. Plate 1354; 397 a 434; 443, 1; 448, 3; 453, 1; 456, 1; 458, 1; 461, 2; 466, 1; 468, 1; 471, 1.
7085. Plate 1342; 448, 3.
7087. DM. +80° 481, magn. -8.3, follows 13ˢ in same declination. Plate 1328; numerous dark lines. Plate 1343; 410, 5; 434, 5. Plate 1354; 410, 2; 434, 5.
7089. Combined with 7090. Plate 567, first image; 402, 1; 453, 2. Plate 1342; 402, 2.
7090. See 7089.
7091. Plate 1342; 448, 3.
7092. Plate 1482; on first examination spectrum E? on re-examination 410, 5; 434, 5.
7096. Plate 1342; image very poor and faint; near edge of plate; on first examination spectrum E? Plate 1343; image good.
7103. Plate 1328; on special examination spectrum M? Plate 1328; 448, 3; 458, 2; 468, 2. Plate 1343; 448, 4.
7106. Plates 560 and 1395; image poor; on first examination spectrum A. Near edge of Plate 1395. Plate 1245; 410, 5; 434, 5. Plate 1328; a 394; 410, 5; 434, 5. Plate 1351; 410, 5; 434, 5. Plate 1354; limit of spectrum β; 410, 2; 434, 5. Plate 1450; 410, 3; 434, 3.
7108. Plate 1482; image very poor; on first and second examinations spectrum F? 410, 5; 434, 5.
7109. Plate 1224; image very poor and faint; near edge of plate; on first examination spectrum E?
7111. Plates 1248 and 1353; on special examination spectrum M? Plate 585, first image; 397 a 434; 448, 3; 458, 1; 461, 1. Plate 585, second image; 397 a 434; 448, 3; 456, 1; 458, 1; 461, 1. Plate 1248; limit of spectrum β; 397 a 434; 448, 3; 458, 2; 461, 1; 468, 2. Plate 1353, first image; 397 a 434; 448, 3; 451, 1; 453, 1; 456, 1; 458, 2; 461, 2; 468, 1; 471, 1. Plate 1482; limit of spectrum a; 397 a 434; 448, 3; 456, 1; 458, 2; 461, 2.

THE DRAPER CATALOGUE.

7113. Plate 1352; image poor; near edge of plate; on first examination spectrum H.
7118. Plate 1482; image poor; near edge of plate; on first examination spectrum F ? limit of spectrum β; 410, 5; 434, 5.
7120. Plate 585; 410, 3; 434, 5.
7121. First measure 7.12, resid. 7 3 1 1 1 3. Plate 1245; second measure gives residual 6; first measure rejected.
7122. A. G. C. 21408.
7124. Plate 1328; 448, 3; 458, 2.
7129. The letter t stands for dr. Dunér 169. Plates 1261 and 1329; on first examination spectrum H. Plate 1341; on first examination spectrum K. Plates 1329 and 1341; on special examination spectrum M. Plate 1341; 448, 3; 458, 2; 461, 1; 468, 1.
7132. The letter t stands for dr. Var. in DM. Var. in H. P. Plate 2732, Class I; on special examination spectrum M. Plate 567; on first examination spectrum F; 410, 3 ? 434, 3 ?
7133. Plates 1460 and 1505; image poor; near edge of plates; on first examination spectrum H.
7134. Plates 1328, 1340, 1343, and 1354; on first examination spectrum A. Plate 560; 410, 2; 434, 2. Plate 1245; 410, 2; 434, 2. Plate 1260; 410, 5 ? 434, 5 ? Plate 1351; 410, 5 ? 434, 5 ? 410 and 434 double ?
7138. Plate 567; image poor; on first examination spectrum H ? Plate 1329; 410, 5; 434, 5.
7142. Plate 1341; on special examination spectrum M ? Plate 1329; 448, 3. Plate 1341; 448, 3.
7143. Plate 1328; on first examination spectrum H ? Plate 1328; 410, 5; 434, 5; on re-examination 410, 5; 434, 5.
7144. Plate 567; 448, 3. Plate 1250; 397 a 434; 448, 3; 461, 2. Plate 1341; 397 a 434; 448, 3; 458, 1; 461, 1.
7146. Plate 1328; on first examination spectrum E.
7147. Plate 1505; image poor; on first examination spectrum A. Plate 1480; 410, 5 ? 434, 5 ?
7149. Plate 585; image poor; only a small portion of spectrum visible on plate; on first examination spectrum H ? on second examination spectrum A ?
7152. A. G. C. 21546.
7153. Plates 1328 and 1343; image very poor and faint; on first examination spectrum A.
7155. Plate 567; a 394; 410, 2; 434, 2; 434 double. Plate 586; 410, 3; 434, 3. Plate 1250; limit of spectrum β; 410, 2; 434, 5. Plate 1342; limit of spectrum β; 410, 2; 434, 5.
7156. Plate 585; image poor; on first and second examinations spectrum F; 410, 5; 434, 5.
7157. Plate 1480; 410, 5; 434, 5.
7158. Plate 1480; image very poor and faint; on first examination spectrum H ?

7159. Plate 1342; 448, 3.
7161. Beyond the limits within which accurate measurement can be made. Plate 1480; on first examination spectrum E ? near edge of plate. Plate 1505; on first examination spectrum H.
7164. Plate 1341; image very poor and faint; on first examination spectrum H.
7165. Plate 1249; image very poor and faint; on first examination spectrum H.
7166. Dunér 171.
7168. Plate 585; 410, 5; 434, 5. Plate 586; limit of spectrum β; 410, 2; 434, 2; 434 double. Plate 1249; limit of spectrum β; 410, 3; 434, 3; 410 and 434 double. Plate 1329; limit of spectrum β; 410, 5; 434, 5; 410 and 434 double. Plate 1341; limit of spectrum γ; 410, 3; 434, 3; 434 double. Plate 1353; a 394; 410, 3; 434, 3; 434 double.
7169. Plate 1480; on first examination spectrum H. Plate 585; 410, 5; 434, 5.
7173. Plate 1480; image poor; on first examination spectrum F ? a 394; 410, 5; 434, 5. Plate 1353; first and second images; on second examination spectrum B.
7174. The spectrum measured on Plate 1480 was supposed to be that of DM. —20° 4368. On re-examination the star was found to be DM. —20° 4364, and the measures have accordingly been added to the latter star, which equals D. C. 7109.
7176. Plate 590; on first examination spectrum F ? 410, 5; 434, 5. Plate 1505; 402, 2; 453, 2.
7177. Plate 1328; 410, 2; 434, 2.
7178. Plate 567; 448, 3. Plate 1249; 397 a 434; 448, 3; 461, 2. Plate 1341; 448, 3; 461, 2.
7182. DM. magn. 2. Plate 585; 402, 2; 453, 2.
7183. Images poor. Plate 585; on first examination spectrum A ? Plate 1353; on first examination spectrum H ? on second examination spectrum A ?
7184. Plates 1354 and 1450; image poor; on first examination spectrum E. Plate 1354; on second examination spectrum E. Plate 1450; on second examination spectrum F.
7189. Plate 567; image poor; on first examination spectrum F ? 410, 5; 434, 5.
7191. Plate 567; 410, 3; 434, 3. Plate 1341; 410, 2; 434, 2.
7199. Plate 1328; on first examination spectrum H.
7200. The letter t stands for dr. Combined with 7201. DM. magn. 4.4. U. A. magn. 4.6. Measured separately in the A. G. C., magns. 4¾ and 7¾. H. P. magn. 4.1. Plate 590; image very poor and faint; on first and second examinations spectrum A. Plate 585; 410, 3; 434, 3. Plate 1353; limit of spectrum γ; 410, 3; 434, 3; 410 and 434 double. Plate 1480; a 394; 410, 5; 434, 5. Plate 1505; limit of spectrum a; 410, 5; 434, 5; 434 double.

7201. See 7200.
7203. Plate 1330; image poor; near edge of plate; on first examination spectrum A ? Plate 1250; limit of spectrum α; 410, 3; 434, 3.
7204. Combined with 7205. DM. magns. 6.0 and 2. A. G. C. magns. 7½ and 2½. U. A. magns. 7¾ and 2¼. Plate 1480; 382, 4; 401, 2; 402, 2; 453, 2. Plate 1505; 382, 4; 392, 1; 402, 2; ·453, 2.
7205. See 7204.
7206. Dunér 172.
7210. Plate 1328; 410, 2; 434, 2; 434 double. Plate 1343; a 394; 410, 2; 434, 2; 434 double.
7211. Plate 2242; image very poor; on first examination spectrum A.
7212. A. G. C. 21816. Plate 1480; 410, 5; 434, 5; on re-examination 410, 5; 434, 5.
7215. Plate 1480; 410, 5; 434, 5; on re-examination limit of spectrum α; 410, 3; 434, 3.
7216. Plates 560 and 1450; on first examination spectrum F. Image narrow on all plates; spectrum A; confirmed from Plate 1881, Class I. Plate 2242; image very poor. Plate 560; 410, 5; 434, 5. Plate 1450; 410, 5; 434, 5.
7217. Plate 1505; 392, 2; 402, 2; 453, 2.
7218. Plate 1480; on first examination spectrum E ? on re-examination 410, 5; 434, 5.
7220. A. G. C. 21856. Plate 1480; on first examination spectrum E ?
7222. Plates 1245 and 1450; on first examination spectrum E. Plate 1245; image poor; near edge of plate; on second examination spectrum F ?
7223. A. G. C. 21871.
7225. Combined with 7226. DM. magns. 5.5 and 7.0. H. P. magns. 4.8 and 4.8.
7226. See 7225.
7229. A. G. C. 21902.
7230. Plate 1329, second image poor; on first examination spectrum II ?
7233. Plate 560; spectrum C.
7234. Plate 586; on special examination spectrum M ? Plate 1250; 397 a 434; 448, 3; 458, 2; 461, 1.
7235. Plate 1354; image poor and faint; on first and second examinations spectrum A. Plate 1328; 410, 3; 434, 3. Plate 1343; 434, 3; 434 double.
7236. First measure 4.44, resid. 1 4 I 3 p I. Plate 1330; first measure gives residual 11; second measure gives residual 1; first measure rejected.
7238. U. A. Scorpius 36, magn. 6.1, var. ?
7239. Plates 596 and 1480, first image; on first examination spectrum F ? Plate 1480; only a small portion of spectrum visible. Plate 596; 410, 5; 434, 5. Plate 1480, first image; 410, 5; 434, 5. Plate 1480, second image; 402, 2. Plate 1505; 392, 2; 402, 3; 453, 3.
7240. Plate 1505; image poor; on first examination spectrum H ? Plate 1480; 410, 3; 434, 3.

7242. Plate 1480; image very poor and faint; on first examination spectrum H ?
7246. Plate 1343; 448, 5.
7248. Plate 1329; 410, 5; 434, 5; on re-examination 410, 5; 434, 5.
7258. A. G. C. 22004. Plate 1480; on first examination spectrum H.
7259. The letter t stands for dr. Dunér 176. DM. magn. 3. Plate 590; on first examination spectrum H. Plate 596; on first examination spectrum I. Plates 1391, first and second images, 1480, and 1505; on first examination spectrum K. Plates 1480 and 1505; on special examination spectrum M. Plates 1391, first and second images; on special examination spectrum M ? Plate 596; 448, 3. Plate 1391, first image; 448, 3; 456, 1; 461, 2; 468, I. Plate 1391, second image; 397 a 434; 448, 3; 456, 1; 461, 2; 468, I. Plate 1480; 397 a 434; 448, 3; 456, 1; 461, 2; 468, I. Plate 1505; 397 a 434; 448, 3; 466, 1; 468, 2; 458, 2; 461, 2; 466, 1; 468, 2; 471, 1.
7260. Plate 1250; on first examination spectrum E ? on re-examination 410, 5; 434, 5.
7261. Plate 1480; image very poor and faint; on first examination spectrum II ? on second examination spectrum A ? Plate 1391; 410, 5; 434, 5.
7263. The letter t stands for dr. U. A. Scorpius 48, magn. 6.3, var. Plate 586; image very poor and faint; on first and second examinations spectrum A ? Plate 1329; 410, 3; 434, 3.
7268. Plate 1343; 448, 3; on re-examination 448, 3.
7272. Plates 1891 and 1505; on special examination spectrum M ? Plate 596; 448, 3. Plate 1391; 397 a 434; 448, 3; 456, 1; 458, I; 461, 1; 468, 1. Plate 1480; 448, 3; 456, 1; 458, I; 461, 1; 468, I. Plate 1505; 397 a 434; 448, 3; 456, 1; 458, 2; 461, 2; 468, I.
7273. Plate 1343; 410, 5; 434, 5.
7276. Images very poor. Plate 1480; on first examination spectrum E ? near edge of Plate 1391.
7277. Plate 1333; 448, 3.
7279. Dunér 177.
7282. Plate 560; spectrum C.
7284. Plate 586; image very poor and faint; on first and second examinations spectrum A ? Plate 611; . 410, 5; 434, 5. Plate 1250; 410, 5; 434, 5; 410 and 434 double. Plate 1330; limit of spectrum β; 410, 2; 434, 2.
7285. Plate 586; 402, 2; 453, 2. Plate 611; 402, 2; 453, 2. Plate 1330, second image; 402, 2; 453, 2.
7286. Plate 1391; on first examination spectrum A. Plate 1480, first image; on first examination spectrum H; too near edge of plate to determine spectrum with certainty. Plate 596; 410, 5; 434, 5. Plate 1480, second image; 410, 5; 434, 5.

7288. Plate 1480; image very poor and faint; on first examination spectrum H? on second examination spectrum E?
7291. Plate 610; image very poor and faint; on first and and second examinations spectrum A? Plate 1329; 397 a 434; 448, 3; 456, 1; 458, 1; 461, 1; 466, 1; 468, 1.
7292. Plate 1391; 448, 3.
7293. Dunér 179. Plates 1250 and 1329; on first examination spectrum H. Plate 1329; on special examination spectrum M?
7294. Dunér 180. Plates 1250 and 1329; on first examination spectrum H. Plate 1329; on special examination spectrum M?
7297. Plate 1395, dark; image poor and faint; on first and second examinations spectrum E?
7298. Combined with 7299. A. G. C. magn. 5½ and 5¾. Plates 1480 and 1505; image very poor; near edge of plates; on first examination spectrum E? Plate 1391; 402, 3.
7299. See 7298.
7301. Plates 500, first and second images, 587, 601, 1328, first and second images, 1333, and 1354, first and second images; on first examination spectrum A; on second examination spectrum F. Plate 601; focus poor. Plate 1343; a 394; 410, 5; 434, 5.
7303. U. A. Ophiuchus 15, magn. 4.6, var.? Plate 596; 410, 5; 434, 5. Plate 1391; 410, 4; 484, 2.
7307. Plate 1354; 397 a 434; 448, 3; 458, 2; 468, 2.
7309. Dunér 182.
7310. Plate 1330; on first examination spectrum H.
7312. DM. magn. 2.5. H. P. magn. 2.8. Measures of brightness obtained on two plates; images too dense to determine magnitude with accuracy. Magn. 3.90, resid. 2 2. Plate 587; a 394; 397 a 434; 448, 4; 456, 1; 458, 2; 461, 1; 466, 1; 468, 2. Plate 1343; a 394; numerous dark lines. Plate 1354; a 394; several dark lines.
7314. Beyond the limits within which accurate measurement can be made.
7316. The letter t stands for dr. Dunér 183. Plate 615; on first examination spectrum K. Plate 1480; on first examination spectrum H; on special examination spectrum M. Plate 615; 468, 1.
7317. Plate 1245; image poor and faint; near edge of plate; on first and second examinations spectrum F? 410, 5; 434, 5.
7320. Plate 1329; on first examination spectrum E?
7321. The letter t stands for dr. Dunér 184. Plate 1250; on first examination spectrum E. Plate 1330; on first examination spectrum G; on special examination spectrum M? or Q? Plate 2748, Class I; on special examination spectrum Q. Plate 1330; 419, 3; 424, 1? 442, 3; 480, 2?
7322. Plate 1391; 397 a 434; 438, 1; 443, 1; 448, 3; 456, 1; 458, 2; 461, 2; 466, 1; 468, 1.

7324. Plate 610; limit of spectrum β; 397 a 434; 438, 1; 443, 1; 448, 2; 456, 1; 458, 1; 461, 1; 466, 1; 468, 1. Plate 1329; a 394; 397 a 434; 436, 1; 438, 1; 443, 1; 448, 3; 456, 1; 458, 3; 461, 2; 466, 1; 468, 2. Plate 1355; limit of spectrum α; 397 a 434; 448, 3; 456, 1; 458, 2; 461, 1. Plate 1481; limit of spectrum α; 397 a 434; 438, 1; 443, 1; 448, 3; 456, 1; 458, 2; 461, 1; 468, 1.
7326. Plate 1329; 448, 3; 461, 2.
7330. Plate 1250; spectrum C?
7333. Plate 1391; 448, 3; on re-examination 448, 3.
7334. Plate 1333; spectrum C?
7336. Plate 1329; 410, 5? 434, 5? on re-examination 410, 5? 434, 5?
7344. Plate 617; spectrum C.
7345. Images very poor and faint. Plate 1343; on first examination spectrum E? Plate 1354; on first examination spectrum H?
7349. Plate 1251; 410, 5; 434, 5.
7355. Combined with 7356 and 7357. DM. magn. 5.8. H. P. magn. 5.6.
7356. Combined with 7355 and 7357. 7356 and 7357 combined in DM. and in H. P. DM. magn. 5.0. H. P. magn. 5.2. First measure 4.57, resid. 1 3 2 8 2. Plate 1343; first measure 5.2; second measure 5.0; both measures rejected, since the spectrum is too near the edge of this plate. Plate 611; the spectrum of 7355 being superposed, gives the appearance of additional lines. Plate 1343; 400,10, 414,10, 443,10; these lines probably belong to spectrum of 7355.
7357. See 7356.
7361. A. G. C. 22576.
7362. The letter t stands for dr. Combined with 7363. DM. magns. 6.1 and 7.5. U. A. magns. 6.0 and 7.5. Combined magn. 5.0. H. P. magns. 5.7 and 6.6. Plate 615; image very poor and faint; on first and second examination spectrum F? 410, 5; 434, 5.
7363. See 7362.
7364. Plate 1499; 448, 3.
7367. Plate 1391; on first examination spectrum F? 410, 5; 434, 5.
7368. Images very poor and faint. Plate 596; on first examination spectrum F? 410, 5; 434, 5. Plate 1499; on first examination spectrum H?
7369. Dunér 189. Plates 1330, 1356, and 1393; on first examination spectrum H. Plates 1330 and 1356; on special examination spectrum M.
7371. Plate 1499; on first examination spectrum E.
7372. Spectra very poor. Plate 1499, first image; on first examination spectrum E? Plate 1499, second image; on first examination spectrum H?
7373. Plate 610; on first examination spectrum H? Plate 1481; on first examination spectrum I? Plate 599; 410, 2; 434, 5. Plate 610; a 394.

Plate 612; limit of spectrum β; 410, 2; 434, 4. Plate 1329; a 394; 410, 2; 434, 2. Plate 1355; bright and dark lines seen. Plate 1356; 410, 2; 434, 5; several bright and dark lines seen. Plate 1481; a 394; 397 a 434; 448, 3.

7374. Plate 1481; on first examination spectrum H; on second examination spectrum A? Plate 1329; 410, 5? 434, 5?

7375. Plate 1343; image very poor and faint; on first and second examinations spectrum H? Plate 1328; 410, 2; 434, 2; 434 double.

7376. Plate 1395 dark; image very poor and faint; near edge of plate; on first examination spectrum E; on second examination spectrum F?

7377. Plate 1499; on first examination spectrum H?

7378. A. G. C. 22624.

7380. Plate 1332; on first examination spectrum E? on second examination spectrum G; near edge of plate. Plate 599; 448, 3. Plate 1330; limit of spectrum β; 397 a 434; 448, 3; 456, 1; 458, 2; 461, 1; 468, 1. Plate 1332; bright and dark lines seen. Plate 559; limit of spectrum β; 397 a 434; 448, 3; 456, 2; 461, 2. Plate 1393; limit of spectrum a; 397 a 434; 448, 3; 456, 1; 458, 2; 461, 1.

7381. Plate 1328; on first examination spectrum A? Plate 1450; on first examination spectrum H. Plate 1333; 410, 2; 434, 2.

7382. Plate 1330; on first examination spectrum E; on re-examination 410, 5? 434, 5?

7385. Plate 1481; image very poor and faint; on first examination spectrum E?

7386. Plate 1343; on special examination spectrum M? Plate 1333; 448, 3; 458, 2. Plate 1343; 397 a 434; 448, 3; 456, 2; 458, 1; 461, 1; 466, 1; 468, 1; 471, 1. Plate 1354; 397 a 434; 436, 1; 443, 1; 448, 3; 453, 1; 456, 1; 458, 2; 461, 2; 466, 1; 468, 1; 471, 1.

7387. D.M. +84° 366, magn. 9.3, follows 13¹, south 0ˢ.7, and should be entered in D. C. as companion to 7387.

7388. Plate 1499, first image poor and faint; on first examination spectrum E?

7391. Dunér 100.

7392. Images very poor and faint. Plate 1328; on first examination spectrum II. Plate 1343 and 1354; on first examination spectrum E.

7398. Plate 587; spectrum C?

7399. Plate 1328; 448, 3. Plate 1333; 448, 3; 458, 1; 468, 1. Plate 1343; 448, 4. Plate 1354; 448, 3.

7400. A. G. C. 22733.

7401. Plate 1499; 410, 5; 434, 5; on re-examination 410, 5; 434, 5.

7403. Plate 615; image poor; on first examination spectrum A? Plate 1392; 410, 5; 434, 5. Plate 1499; 410, 2; 434, 2.

7409. Plate 615, second image very poor; on first examination spectrum F? 410, 5; 434, 5.

7411. A. G. C. magn. 7. Plate 1499; on first examination spectrum E? on re-examination 410, 5; 434, 5.

7413. Plate 587; image poor and faint; on first and second examinations spectrum A? Plate 601; 410, 5; 434, 5; 434 double. Plate 1328; 410, 3; 434, 3. Plate 1333; a 394; 410, 3; 434, 3. Plate 1343; 410, 5; 434, 5; 410 and 434 double. Plate 1354; a 394; 410, 3; 434, 3; 434 double. Plate 1395; 410, 3; 434, 3; 410 and 434 double? Plate 1450; limit of spectrum β; 410, 5; 434, 5; 434 double.

7418. Plate 1251; on first examination spectrum H?

7426. Plate 1331; image very poor and faint; on first examination spectrum H?

7427. Plate 1251; 410, 5; 434, 5; on re-examination 410, 5; 434, 5.

7432. Plate 1251; on first examination spectrum II? Plate 1251; 410, 5; 434, 5; on re-examination 410, 5; 434, 5.

7433. Plate 1354; image very poor and faint; on first examination spectrum A.

7434. Plate 1333; image very poor and faint; on first examination spectrum A.

7435. Plate 615; 397 a 434; 448, 3; 456, 1; 458, 1; 461, 2. Plate 1392; 397 a 434; 448, 3; 456, 1; 458, 2; 461, 1; 468, 2. Plate 1499; limit of spectrum β; 397 a 434; 438, 1; 448, 3; 456, 2; 458, 2; 461, 2; 466, 1; 468, 2.

7437. A. G. C. 23000.

7441. Plate 587; 410, 2; 434, 2. Plate 601; 410, 2; 434, 2; 434 double. Plate 1333; a 394; 410, 3; 434, 3; 434 double. Plate 1354; a 394; 410, 5; 419, 1? 434, 5; 434 double.

7443. Plate 1499; 410, 5; 434, 5; on re-examination 410, 5; 434, 5.

7445. U. A. Ophiuchus 70, magn. 5.5, var.?

7447. Plate 1450, first and second images poor; near edge of plates; on first examination spectrum E? on second examination spectrum F.

7448. The letter t stands for dr. First measure 5.06, resid. 1 9 1 2 n 4 4 5 0. Plate 587; second measure gives residual 4; first measure rejected. Plate 1328; on first examination spectrum F? Plate 587; 397 a 434; 448, 4; 456, 1; 458, 3; 461, 1; 468, 1. Plate 617; 397 a 434; 448, 3; 456, 2; 458, 3; 461, 1; 468, 2. Plate 1328; a 394; 410, 2; 434, 3. Plate 1354; a 394; several dark lines. Plate 1395; a 394; 397 a 434; 448, 2; 458, 2. Plate 1519; 448, 3.

7449. Plate 1333; 410, 3? 434, 3?

7453. Plates 1395 and 1450; image very poor and faint; on first examination spectrum E. Plate 1395; on second examination spectrum E.

7454. Plates 607 and 1355; image poor; on first examination spectrum F. Plate 607; 410, 5; 434, 5. Plate 1355; 410, 5; 434, 5.

7457. A. G. C. 23092. Plate 1499; on first examination spectrum E, on re-examination 410, 5; 434, 5.
7462. Plate 1343, spectrum C?
7463. A. G. C. 23106. Plate 1499; on first examination spectrum H.
7464. Dunér 193. Plate 1251; on first examination spectrum H; on special examination spectrum M.
7465. Plate 1499; 410, 5; 434, 5; on re-examination 410, 5; 434, 5.
7467. Plate 1354; image very poor and faint; on first examination spectrum H? Plate 1333; 410, 3; 434, 3. Plate 1343; 410, 3; 434, 3.
7470. Plate 1354; image very poor and faint; on first examination spectrum H. Plate 1333; 410, 5; 434, 5.
7477. Plates 607 and 1499; image poor; on first examination spectrum E?
7478. A. G. C. 23154.
7482. Plate 1499; 410, 5; 434, 5; on re-examination 410, 5; 434, 5.
7487. The letter t stands for dr. Combined with 7488. Plate 613; image very poor and faint; on first examination spectrum A? Plate 601; 410, 2; 434, 2. Plate 1333; a 354; 410, 3; 434, 3; 434 double. Plate 1393; limit of spectrum β 410, 5; 434, 5; 434 double.
7488. See 7487.
7489. First measure, 6.75, resid. 2484. Plate 1395; second measure gives residual 1; first measure rejected. Plate 1333; a 394; 410, 3; 434, 3. Plate 1395; 410, 5? 434, 5?
7491. Plate 1392; 410, 5; 434, 5. Plate 1499; 410, 5; 434, 5.
7492. Plate 1356; image poor; near edge of plate; on first examination spectrum E?
7494. DM. magn. 2.
7495. Plate 1354; 448, 3.
7497. Plate 1499; 410, 5; 434, 5; on re-examination 410, 5; 434, 5.
7499. Plate 650; image poor; near edge of plate; on first examination spectrum E?
7500. A. G. C. 23275. Plate 1499; on first examination spectrum E?
7501. A. G. C. 23276.
7502. Plates 1332 and 1393; on special examination spectrum M? Plate 1332; 448, 3.
7503. Plate 1354; on first examination spectrum E; on re-examination 410, 5; 434, 5.
7509. Plate 1356; image very poor; near edge of plate; on first examination spectrum E?
7510. Plate 1333; on first examination spectrum E; on re-examination 410, 3; 434, 3.
7511. Plate 1357; 448, 3.
7513. The letter t stands for dr. Dunér 196. Var. in DM. Plate 589; image very poor and faint; on first examination spectrum A? on second examination spectrum E? Plate 607; on first examination spectrum E? Plates 1344 and 1392; on first examination spectrum G? on special examination spectrum M. Plate 1344; several bright and dark lines. Plate 1392; several bright and dark lines; spectrum peculiar?
7515. The letter t stands for bd. DM. +54° 1868, magn. 8.9, precedes 9ʰ.0, in same declination. Plate 1359; image poor; near edge of plate; on first examination spectrum F? 410, 5; 434, 5.
7517. Plate 1333; image very poor and faint; on first examination spectrum H; on second examination spectrum A?
7519. Images very poor and faint. Plate 1357; on first examination spectrum H? Plate 1392; on first examination spectrum F? 410, 5; 434, 5.
7520. Plate 589; on special examination spectrum M? Plate 589; 448, 3; 456, 2; 458, 1; 461, 2; 466, 1; 468, 1; 471, 1. Plate 650; 397 a 434; 448, 3; 456, 1; 458, 1, 461, 1; 468, 1. Plate 1332; 397 a 434; 438, 4; 443, 1; 448, 3; 456, 1; 458, 2; 461, 2; 466, 1; 468, 2. Plate 1345; 397 a 434; 438, 1; 443, 2; 448, 3; 451, 1; 456, 1; 458, 2; 461, 1; 468, 2. Plate 1393; limit of spectrum α; 397 a 434; 448, 3; 456, 1; 458, 2; 461, 2; 466, 1; 468, 3; 471, 1.
7521. The letter t stands for dr. U. A. Ophiuchus 110, magn. 6.47, var.? Plates 607 and 1357; image very poor; on first examination spectrum E? Plate 1392; on first examination spectrum A; on second examination spectrum F. Plate 1373; Class I; on special examination spectrum B; 402, 2.
7522. Plate 1392; 448, 3.
7524. U. A. Ophiuchus 112 and 113, combined magn. 5.5. A. G. C 23419 and 23420. Magns 6 and 7.
7525. Images very poor and faint. Plate 1331; on first examination spectrum H. Plate 1344; on first examination spectrum E.
7526. Plate 1519; image very poor and faint; on first examination spectrum E? on second examination spectrum F?
7528. Plate 1331; 382, 4; 392, 2; 402, 2; 453, 2. Plate 1345; 392, 1; 402, 2; 453, 2.
7534. Plate 1357; image very poor and faint; on first examination spectrum F? 410, 5; 434, 5.
7536. Plate 1333; spectrum C? Plate 1354; 410, 5; 434, 5; 410 and 434 doublo.
7539. Plate 1357; on first examination spectrum F? limit of spectrum γ; 410, 5; 434, 5.
7542. Plate 1331; image very poor and faint; on first examination spectrum H?
7543. Plate 616; 402, 2; 453, 2. Plate 1357; 382, 4; 392, 1; 402, 2; 453, 2.
7547. Plate 1345; on first examination spectrum E.
7549. Plate 1333; on first examination spectrum H?

7550. Plate 1332; on first examination spectrum H? Plate 1345 and 1359; on first examination spectrum E? Plate 1345; on second examination spectrum F?
7552. Dunér 198. On first examination of all plates spectrum H. Plate 1345; on special examination spectrum M.
7554. Beyond the limits within which accurate measurement can be made.
7557. Plate 1344; image very poor and faint; on first examination spectrum H?
7558. Plate 650; 410, 5; 434, 5. Plate 1359; 410, 5; 434, 5.
7560. Plate 609; image very poor and faint; near edge of plate; on first examination spectrum A? Plate 1332; 410, 2; 434, 2. Plate 1345; 410, 3; 434, 3.
7569. Combined with 7570.
7570. See 7569.
7571. Plate 607; image poor; near edge of plate; on first and second examinations spectrum F? 410, 5; 434, 5.
7574. A. G. C. 23621.
7578. Plate 1344; image very poor and faint; on first examination spectrum H. Plate 649; 410, 5; 434, 5.
7579. Plates 616 and 1392; on first examination spectrum A. Plate 1392; on second examination spectrum A? too near edge of plate to determine class of spectrum satisfactorily. Plate 1357; a 394; 410, 5; 434, 5.
7581. Plate 1333; image poor and faint; on first examination spectrum A.
7582. Plate 1357; on first examination spectrum H.
7583. Plate 1357; 448, 3; 456, 2; on re-examination 448, 3.
7586. Plate 1359; on first examination spectrum E?
7589. Plate 1344; 402, 2; 453, 2.
7598. Plate 1357; 410, 5; 434, 5; on re-examination 410, 3; 434, 3.
7599. Plate 1333; 448, 3.
7600. U. A. Ophiuchus 149, magn. 5.2, var. ?
7601. Plate 1384; image poor; near edge of plate; on first examination spectrum E; on second examination spectrum F?
7607. Plate 1359; 410, 5; 434, 5; on re-examination limit of spectrum β; 410, 5; 434, 5.
7608. Plate 1333; on first examination spectrum E? on re-examination 410, 5; 434, 5.
7609. Plate 1344; on special examination spectrum M. Plate 649; 448, 3; 458, 1; 461, 1; 468, 1. Plate 1344; 397 a 434; 448, 3; 456, 1; 458, 1; 461, 2; 466, 1; 468, 1. Plate 1358; 448, 3.
7611. Plate 1343; second measure gives residual 8. Plate 1384; second measure gives residual 1; second measure wrong; see Vol. XXVI. p. 108. Plate 1333; 397 a 434; 448, 3; 458, 1; 468, 2. Plate

1354; 448, 4; 458, 2; 468, 3. Plate 1395; 448, 3. Plate 1450; 448, 2, 458, 2; 468, 2.
7614. Plate 649; image poor; on first examination spectrum F? 410, 5; 434, 5.
7616. Plate 601; 397 a 434; 438, 1; 448, 3; 458, 2; 463, 1; 468, 1. Plate 609; limit of spectrum β; 397 a 434; 438, 1; 443, 1; 448, 2; 456, 1; 458, 2; 461, 2; 466, 1; 468, 1. Plate 1333; a 394; 397 a 434; 438, 1; 443, 1; 448, 3; 453, 1; 456, 1; 458, 2; 461, 2; 466, 1; 468, 1; 471, 1. Plate 1359; a 394; 397 a 434; 438, 1; 443, 2; 456, 1; 458, 2; 461, 2; 466, 1; 468, 2. Plate 1393; limit of spectrum β; 397 a 434; 448, 3; 456, 1; 458, 2; 461, 1; 468, 1.
7618. Images very poor and faint. Plate 650; on first and second examinations spectrum A? Plate 1345; on first examination spectrum H?
7620. Plate 2242; on special examination spectrum M?
7622. Plate 649; 410, 3; 434, 3. Plate 1344; 410, 3; 434, 3. Plate 1358; 410, 3; 434, 3. Plate 1394; 410, 5; 434, 5.
7625. Plate 1519; image very poor and faint; on first examination spectrum H; on second examination spectrum F?
7627. Plate 1357; on first examination spectrum H.
7632. Plate 649; 410, 5; 434, 5. Plate 1344; 410, 5; 434, 5.
7633. Spectrum of 7634 superposed on that of this star on Plates 601, 609, 613, and 1393. Spectrum A; photographic magnitude 4.88; values in successive columns of Table II. 4.8, 4.6, 4.7, 4.2; 2 0 1 4; aβκβ; 00Hβ.
7634. See 7633.
7635. DM. +48° 2533, magn. 9.3, follows 1ˢ.8, north 0′.5. Plate 1359; on first examination spectrum E.
7636. Plate 649; 492 seen.
7637. Images poor and faint. Plate 650; on first examination spectrum F? 410, 5; 434, 5. Plate 1345; on first examination spectrum E.
7640. Plates 1345; image very poor and faint; on first examination spectrum F; 410, 5; 434, 5.
7641. Plate 650; image very poor and faint; on first examination spectrum E.
7642. Plate 1354; image poor and faint; on first examination spectrum E? on second examination spectrum F.
7643. Plate 1344, first image poor; near edge of plate; on first examination spectrum E?
7645. Plate 1333; on first examination spectrum A.
7646. Images very poor and faint. Plate 649; on first examination spectrum F? 410, 5; 434, 5. Plate 1344; on first examination spectrum H.
7647. Images very poor and faint. Plate 650; on first examination spectrum H. Plate 1345; on first examination spectrum E.
7648. Plate 1333; limit of spectrum α; 397 a 434; 443, 1; 448, 3; 453, 1; 456, 1; 458, 2; 461, 2; 466,

THE DRAPER CATALOGUE. 339

1; 468, *1*; 471, 1. Plate 1395; 397 a 434; 448, 3; 458, 2. Plate 1450; 448, 3.

7650. DM. +86° 263, magn. 9.2, precedes 0ᵐ.5, in same declination. Plate 2242; 410, 5; 434, 5; on re-examination 410, 5; 434, 5.

7655. Plate 1359; image poor and faint; on first examination spectrum E; on second examination spectrum F?

7656. Plate 1333; 410, 2; 434, 3; 434 double. Plate 1395; 410, 2; 434, 2. Plate 1450; 410, 1; 434, 1.

7658. Images very poor and faint. Plate 1347; on first examination spectrum H? Plate 1359; on first examination spectrum E.

7660. Plate 1357; on first examination spectrum E?

7663. Plate 1333; image very poor and faint; on first examination spectrum H?

7665. Plate 1347; image very poor; near edge of plate; on first examination spectrum?

7669. Plate 1359; 410, 5; 434, 5; on re-examination 410, 5? 434, 5?

7670. Plate 589; 402, 2; 453, 2. Plate 609; 382, 4; 402, 2; 403, 5; 417, 2; 426, 1; 438, 1; 448, 3. Plate 650; 382, 4; 392, 1; 402, 2; 453, 2.

7675 Plates 1376 and 1394; image very poor and faint; near edge of plates; on first examination spectrum H; on second examination spectrum A? Plate 649; image good; lines well defined; spectrum F; a 394; 410, 3; 434, 3. Plate 1344; limit of spectrum a; 410, 5; 434, 5.

7676. Plate 1376; image very poor and faint; on first examination spectrum H? on second examination spectrum A? Plate 1357; 410, 3; 434, 3.

7677. Plate 601; 410, 2; 434, 2. Plate 617; 410, 5; 434, 5. Plate 1333; a 394; 410, 5; 434, 5. Plate 1395; a 394; 410, 4; 434, 4; 410 and 434 double. Plate 1450; a 394; 410, 3; 434, 3.

7678. Plate 1395; on first examination spectrum H. Plate 1450; image very poor and faint; on first examination spectrum B? Plate 1333; 410, 4; 434, 4. Plate 1450; 448, 3.

7680. Plate 608; image poor; on first examination spectrum A? Plate 649; 410, 3; 434, 3.

7683. Plate 1345; image very poor and faint; on first examination spectrum H?

7685. Plate 1384; image poor and faint; near edge of plate; on first and second examinations spectrum E?

7686. Plate 614; 397 a 434; 438, 1; 443, *1*; 448, 3; 456, 1; 458, *2*; 461, 2; 466, 1; 468, *1*; 471, 1. Plate 1357; limit of spectrum a; 397 a 434; 448, 3; 456, 1; 458, *2*; 461, 1; 468, *1*. Plate 1376; limit of spectrum a; 397 a 434; 438, 1; 443, *1*; 448, 3; 456, 1; 458, *2*; 461, 2; 466, 1; 468, *2*.

7688. Plates 1333 and 1450; image very poor and faint; on first examination spectrum H. Plate 1450; on second examination spectrum A.

7690. Images very poor and faint. Plate 649; on first examination spectrum F; 410, 5; 434, 5. Plates 1344 and 1358; on first examination spectrum H. Plate 1394; on first examination spectrum E.

7693. Plate 1333; 448, 3. Plate 1450, 448, 3; 458, 2.

7695. Plates 1358 and 1394; image very poor and faint; on first examination spectrum H.

7696. Combined with 7697. DM. magns. 6.5 and 6.5. U. A. magns. 6.4 and 6.4.

7697. See 7696

7698. Plate 1450; 410, 3; 434, 3.

7699. Plate 1347; on first examination spectrum E?

7701. Plate 1376; image very poor and faint; on first examination spectrum H?

7702. Plate 649; 410, 5; 434, 5; on re-examination 410, 5; 434, 5.

7704. Images very poor and faint. Plate 1347; near edge of plate; on first examination spectrum F? 410, 5; 434, 5. Plate 1358; on first examination spectrum E? Plate 1394; on first examination spectrum H?

7705. Plate 1333; 410, 5; 434, 5.

7709. U. A. Sagittarius 2, magn. var. 4-6. Var. in A. G. C. Plate 1357; on first examination spectrum 11; on second examination spectrum A? near edge of plate. Plates 1357 and 1382; image very poor; on special examination spectrum H? Plate 869 Class I; on special examination spectrum K.

7710. Plate 1359; image very poor and faint; on first examination spectrum E?

7713. Plates 649, 658, and 1347; image poor and faint; on first examination spectrum E; near edge of Plate 1347.

7717. Plate 1347; 410, 3; 434, 3.

7719. Plate 608; on first examination spectrum F? Plate 1346; on first examination spectrum E? on special examination spectrum Q. Plate 1358; on first and second examinations spectrum G; Plates 608 and 658; on special examination spectrum M? Plate 589; 448, 2. Plate 608; 410, 3; 434, 3. Plate 649; a 394; 397 a 434; 436, 1; 438, 1; 448, 3; 456, 1; 458, *1*; 461, 2; 466, 1; 468, *1*. Plate 658; limit of spectrum β; 397 a 434; 448, 3; 456, 1; 461, 2. Plate 1344; limit of spectrum β; 397 a 434; 448, 3; 456, 1; 458, *2*; 461, 1. Plate 1346; limit of spectrum β; 394 double? 448, 2. Plate 1358; 410, 2; 434, 5; several bright and dark lines. Plate 1394; limit of spectrum β; 397 a 434; 448, 3; 456, 1; 458, *2*; 461, 1; 468, *1*.

7725. Plate 1382; image poor; near edge of plate; on first examination spectrum E?

7728. The letter t stands for dr. Combined with 7729. DM. magns. 6.2 and 4.8. Plate 628; on first examination spectrum A? Plate 1384; on first examination spectrum L? Plate 601; 410, 5;

434, 5. Plate 617; 410, 2; 434, 2. Plate 1333; a 394; 410, 5; 434, 5; 410 and 434 double ? Plate 1384; a 394; 410, 5; 434, 5. Plate 1395; a 394; 410, 3; 434, 3. Plate 1450; a 394; 410, 3; 434, 3.

7729. See 7728.
7731. Plate 1347; on first examination spectrum H.
7732. Plate 608; image very poor and faint; on first and second examinations spectrum A ?
7733. The letter t stands for dr. Images poor and faint. First measure 6.87, resid. 3 4 6 1 0 1. Plate 1384; second measure gives residual 1; first measure rejected. Plate 1384; on first examination spectrum A ? Plates 1450 and 1519; on first examination spectrum H. Plates 1384 and 1519; on second examination spectrum H ? near edge of Plate 1519. Plate 3313; 410, 5; 434, 5.
7734. Images poor. Plates 658 and 1345; on first examination spectrum F ? Near edge of Plate 1345. Plate 1358; on first examination spectrum E ? Plate 658; 410, 5; 434, 5. Plate 1345; 410, 5; 434, 5.
7735. Plate 1359; image very poor and faint; on first examination spectrum F ? 410, 5; 434, 5.
7740. Plate 1347; 410, 5; 434, 5; on re-examination 410, 5; 434, 5.
7741. Dunér 205.
7742. Plate 1344; spectrum C.
7749. Plate 1358, image very poor and faint; on first examination spectrum H.
7750. Plate 1333; 448, 3.
7751. Beyond the limits within which accurate measurement can be made.
7752. Plates 1358 and 1394; image very poor; on first examination spectrum E.
7755. Plate 1394; 448, 3.
7756. Plate 649; image poor; near edge of plate; on first and second examinations spectrum F ? 410, 5; 434, 5.
7761. Plate 1358; image very poor and faint; on first examination spectrum F ? 410, 5; 434, 5.
7762. Images poor. Plates 650 and 1345; on first examination spectrum E. Near edge of Plate 1345. Plates 609 and 650; on second examination spectrum F ?
7766. Plate 1346; on first examination spectrum E ? on re-examination 410, 5; 434, 5.
7767. Images poor. Plate 1347; on first examination spectrum F; 410, 5; 434, 5. Plate 1359; on first examination spectrum H.
7769. Plate 1450; 410, 5; 434, 5.
7770. Plate 1382; 410, 5; 434, 5; on re-examination 410, 2; 434, 2.
7773. A. G. C. 24312.
7775. Plate 1347; 448, 3.
7777. Plate 1384; image very poor and faint; near edge of plate; on first examination spectrum E ? on second examination spectrum H ?
7778. Beyond the limits within which accurate measurement can be made.
7781. Plate 1359; image very poor and faint; on first examination spectrum H ?
7784. Plate 1347; 448, 3. Plate 1359; 448, 3.
7786. Plate 1382, first image very poor; near edge of plate; on first examination spectrum H ?
7794. Plate 1346; limit of spectrum β; 410, 2; 434, 2. Plate 1358; 410, 2; 434, 2. Plate 1394, second image; 410, 3; 434, 3.
7799. Plate 609; 397 a 434; 448, 3; 456, 2; 461, 2. Plate 617; 438, 5; 453, 4; 468, 2. Plate 1333; a 394; 397 a 434; 456, 1; 458, 2; 461, 2; 466, 1; 468, 1; 471, 1. Plate 1395; 397 a 434; 443, 1; 448, 3; 456, 1; 458, 1; 461, 2; 466, 1; 468, 1; 471, 1. Plate 1450; 397 a 434; 438, 1; 443, 1; 448, 3; 453, 1; 456, 1; 458, 2; 461, 2; 466, 1; 468, 1; 471, 1.
7810. Plate 652; on special examination spectrum M ? Plate 650; 448, 3; 456, 1; 461, 1. Plate 652; 397 a 434; 438, 1; 443, 1; 448, 3; 456, 1; 458, 2; 461, 2; 466, 1; 468, 1. Plate 1347; 397 a 434; 438, 1; 443, 2; 448, 3; 451, 2; 456, 2; 458, 3; 461, 2; 466, 2; 468, 2; 471, 1. Plate 1359; 397 a 434; 448, 3; 456, 1; 458, 2; 461, 2; 468, 1; 471, 1.
7811. Plate 1376; image very poor and faint; on first examination spectrum E; on second examination spectrum F ?
7813. Plate 625; 448, 3. Plate 1376; 397 a 434; 448, 3; 456, 1; 458, 1; 466, 1. Plate 1382; limit of spectrum a; 397 a 434; 448, 3; 458, 1; 468, 1. Plate 1509; 434 double; 448, 3.
7814. Plate 1383; image very poor and faint; near edge of plate; on first examination spectrum H.
7821. Plate 608; on special examination spectrum M ? Plate 608; 397 a 434; 448, 3. Plate 651; limit of spectrum γ; 397 a 434; 448, 3; 456, 1; 458, 1; 461, 2. Plate 658; 397 a 434; 448, 2. Plate 1346; limit of spectrum γ; 397 a 434; 438, 1; 443, 1; 448, 3; 456, 1; 458, 1; 461, 2; 466, 1. Plate 1358; 397 a 434; 448, 3; 456, 1; 458, 2; 461, 1; 468, 1. Plate 1394; limit of spectrum a; 397 a 434; 448, 3; 456, 1; 458, 2; 461, 1; 466, 1; 468, 1.
7823. First measure 5.60, resid. 3 0 5 5 p 3 0 2 2. Plate 1354; first measure gives residual 10; second measure gives residual 1; first measure rejected. Plate 587; image poor; near edge of plate; on first examination spectrum C ? Plate 601; 410, 2; 434, 2; 434 double. Plate 625; 410, 2; 434, 2; 434 double. Plate 1333; a 394; 410, 3; 434, 3; 434 double. Plate 1354; a 394; 410, 3; 434, 3; 434 double. Plate 1384; a 394; 410, 2; 434, 2. Plate 1395; a 394; 410, 2;

THE DRAPER CATALOGUE.

434, 2. Plate 1450; a 394; 410, 3; 434, 3; 434 double.

7824. Plate 1347; limit of spectrum β.
7826. Plate 1395; image poor and faint; on first and second examinations spectrum F? 410, 5? 434, 5?
7827. Plate 609; on special examination spectrum M. Plate 609; 397 a 434; 436, 1; 438, 1; 443, 1; 448, 3; 451, 2; 453, 1; 456, 2; 458, 2; 461, 2; 463, 1; 466, 1; 468, 2; 471, 1. Plate 627; 397 a 434; 448, 3; 456, 1; 458, 2; 461, 2; 468, 1. Plate 650; a 394; 397 a 434; 448, 3; 456, 2; 458, 2; 461, 2; 468, 2; 471, 1. Plate 660; limit of spectrum β; 397 a 434; 448, 3; 456, 1; 458, 2; 461, 1; 468, 1. Plate 1333; 397 a 434; 448, 3; 458, 1; 466, 2. Plate 1347; a 394; 397 a 434; 438, 1; 443, 2; 448, 3; 451, 1; 456, 1; 458, 2; 461, 2; 466, 1; 468, 2; 471, 1. Plate 1359; limit of spectrum β; 397 a 434; 436, 1; 438, 1; 443, 1; 448, 3; 451, 1; 456, 1; 458, 2; 461, 2; 466, 1; 468, 2; 471, 1. Plate 1383; 397 a 434; 448, 3; 451, 1; 456, 1; 458, 2; 461, 2; 466, 1; 468, 2.
7828. Plate 1347; limit of spectrum α, 410, 2; 434, 2.
7829. Plate 1394; image very poor and faint; on first examination spectrum H?
7831. Plate 608; a 394; 410, 3; 434, 3. Plate 651; a 394; 410, 3; 434, 3. Plate 658; a 394; 410, 5; 434, 5. Plate 1346; limit of spectrum ζ; 410, 5? 434, 5? Plate 1358; limit of spectrum β; 410, 5; 434, 5. Plate 1394; limit of spectrum β; 410, 5; 434, 5.
7838. Plate 1376, second image near edge of plate; on first and second examinations spectrum A. Plate 625; limit of spectrum β; 410, 5; 434, 5. Plate 1376, first image; 410, 5; 434, 5. Plate 1382; a 394; 410, 5; 434, 5.
7840. Plate 1509; image poor; near edge of plate; on first examination spectrum E? Plate 1382; 392, 2; 402, 2; 453, 2.
7841. Combined with 7842. DM. magns. 7.2 and 7.0. Plate 1333; image poor and faint; on first examination spectrum H?
7842. See 7841.
7844. Plate 1346; on special examination spectrum M? Plate 1346; 397 a 434; 448, 3; 456, 1; 458, 2; 461, 2; 466, 1; 468, 1.
7845. Images poor and faint. Plates 1354 and 1450; on first examination spectrum A. Plate 1384 dark; on first examination spectrum H. Plate 1333; 410, 5; 434, 5. Plate 1395; 410, 5? 434, 5?
7846. Plate 625; 402, 2; 453, 3. Plate 1382; 392, 1; 402, 1; 453, 2.
7848. Plate 1382; 410, 5 ? 434, 5? on re-examination 410, 5; 434, 5.
7849. Plate 1333; 448, 3; 458, 2; 468, 2.

7850. Plate 660, on first examination spectrum F; 410, 5; 434, 5.
7851. Plate 1382; 410, 5? 434, 5? on re-examination 410, 5; 434, 5.
7852. Plate 1384; on first examination spectrum E.
7853. Plate 1384; image very poor; on first examination spectrum H.
7856. Plate 1346; on first examination spectrum H.
7858. U. A. Ophiuchus 193, magn. 5.1, var. ?
7860. Plate 1382; 410, 5; 434, 5; on re-examination 410, 5; 434, 5.
7861. Plate 617; on first and second examinations spectrum A. Plate 628; 410, 5; 434, 5. Plate 1333; a 394; 410, 5; 434, 5; 410 and 434 double. Plate 1384; a 394; 410, 5; 434, 5. Plate 1395; a 394, 410, 5; 434, 5. Plate 1450; 410, 7; 434, 7.
7863. Plate 1347; on first examination spectrum E; on re-examination 410, 5; 434, 5.
7865. Plate 1347; 448, 3.
7866. The letter t stands for dr. Combined with 7867. First measure 4.92, resid. p . I 0 0 . 4 5. Plate 608; first measure gives residual 10; second measure gives residual 5; first measure rejected. Plates 651 and 658; on first examination spectrum F? Plate 651, first image; limit of spectrum β; 410, 5; 434, 5. Plate 658; a 394; 410, 5; 434, 5.
7867. See 7866.
7868. Plate 1382; on first examination spectrum E.
7870. Plate 1333; 448, 3; 458, 1; 468, 1.
7871. Images very poor and faint. Plate 1347; on first examination spectrum E; on second examination spectrum F? Plate 1359; on first examination spectrum H?
7872. Combined with 7873. Plate 1376; 410, 5; 434, 5. Plate 1382; 410, 5; 434, 5; 410 and 434 double.
7873. See 7872.
7876. A. G. C. magn. 8. Plate 1382; on first examination spectrum E?
7878. Plate 651; 402, 2. Plate 1358; 402, 2.
7883. Plate 651; on first examination spectrum E? Plates 1358 and 1394; on first examination spectrum F? Plate 1358; 410, 3; 434, 3. Plate 1394; 410, 5; 434, 5.
7884. Images very poor and faint. Plate 1347; on first examination spectrum H. Plate 1359; on second examination spectrum A?
7888. Images poor and faint. Plate 1384; on first examination spectrum H; near edge of plate. Plate 1450; on first examination spectrum A.
7889. Plates 1358 and 1394; image poor and faint; on first examination spectrum H? Plate 1394; on second examination spectrum A?
7894. Plate 1359; image very poor and faint; on first examination spectrum H? Plate 1347; limit of spectrum β; 410, 3; 434, 3.

7897. Plate 1346; on first examination spectrum E ? on re-examination 410, 5 ? 434, 5 ?
7901. Plate 1383; image poor; near edge of plate; on first examination spectrum C ?
7902. Plate 1382; 397 a 434; 448, 3; 456, 2; 458, 2; 461, 2.
7903. Magn. 6.10, in H. C. Annals, Vol. XIV. p. 412.
7905. Plate 1346; on first examination spectrum E; on re-examination 410, 5; 434, 5.
7906. Plate 1382; second image very poor; near edge of plate; on first examination spectrum E ?
7907. Plate 1359; image very poor and faint; on first examination spectrum E.
7910. Combined with 7911. DM. magns. 7.6 and 7.5.
7911. See 7910.
7913. Combined with 7914. DM. magns. 8.0 and 7.2. Plate 1450; image very poor and faint; near edge of plate; on first examination spectrum E; on second examination spectrum F ?
7914. See 7913.
7918. Plate 1383; 410, 5; 434, 5; on re-examination 410, 5; 434, 5.
7924. Dunér 207.
7929. Plate 1359; image very poor and faint; on first examination spectrum E ?
7930. Plate 1382; 448, 3.
7934. Plate 1346; on first examination spectrum E ?
7939. Plate 651; limit of spectrum β; 410, 2; 434, 2. Plate 659; 410, 5; 434, 5. Plate 1346; limit of spectrum a; 410, 3; 434, 3; 434 double. Plate 1367; a 394; 410, 2; 434, 2. Plate 1394; 410, 3; 434, 3.
7940. Plate 1346; image very poor and faint; on first examination spectrum A. Plate 1377; 410, 5; 434, 5.
7942. Combined with 7943. DM. magns. 7.7 and 7.3. Plate 1347; 410, 5; 434, 5.
7943. See 7942.
7944. Plate 1367; spectrum C ?
7945. Plate 1359; image very poor and faint; on first examination spectrum E ?
7946. Combined with 7947.
7947. See 7946.
7948. Plate 1347; 410, 3; 434, 3; on re-examination 410, 3; 434, 3.
7949. The letter t stands for bd. DM. +14° 3428, magn. 8.9, follows 1ʰ.3, south 2'. Plate 651; on first examination spectrum F; limit of spectrum β; 410, 5; 434, 5. Plate 1377; on first examination spectrum E ?
7952. Plate 651; 382, 5 ? 392, 3; 401, 2; 402, 2; 414, 1; 448, 2. Plate 1346; 382, 4; 402, 2; 453 2.
7954. Plate 1347; 448, 3.
7955. Plate 1347; limit of spectrum β; 448, 3.
7958. Plate 1367; spectrum C.
7959. Plate 1377; 410, 5; 434, 5. Plate 1382; 410, 5; 434, 5.

7960. Dunér 210.
7963. Plate 1377; 410, 5; 434, 5.
7966. Images poor and faint. Near edge of Plates 1395 and 1450. Plate 1384; on first examination spectrum H. Plate 1395; on first and second examinations spectrum A. Plate 1450; on second examination spectrum A.
7967. Plate 1377; image poor; on first examination spectrum H.
7971. Plate 1347; image poor; on first examination spectrum E ?
7973. Plate 1382; 448, 3; on re-examination 448, 5.
7974. A. G. C. 24751. Plate 1382; image poor; near edge of plate; on first examination spectrum H ?
7975. Plate 651; 410, 3; 434, 3. Plate 1346; 410, 3 ? 434, 3 ?
7981. Plate 1347; 448, 3.
7983. Plate 1347; on first examination spectrum H.
7985. Plate 1384; on first examination spectrum H.
7986. Plate 1347; 410, 3; 434, 3; on re-examination 410, 2; 434, 2.
7988. Plate 1354; on first examination spectrum F ? 410, 5; 434, 5. Plate 1519; on first examination spectrum E ?
7989. Plate 1359; image poor; near edge of plate; on first examination spectrum E ? on second examination spectrum F ?
7991. Combined with 7994. DM. magns. 6.5 and 6.5. Combined in H. P. magn. 5.2. Plate 587; 410, 5; 434, 5. Plate 601; 410, 2; 434, 2. Plate 628; 410, 2; 434, 2; 434 double. Plate 682; 410, 2; 434, 2. Plate 738; 410, 2; 434, 2. Plate 1333; a 394; 410, 5; 434, 5; 434 double. a 394; 410, 3; 434, 3; 434 double; 486 double ? on re-examination doubling of 486 proved to be a defect; lines do not run parallel. Plate 1384; a 394; 410, 5; 434, 5; 434 double. Plate 1395; a 394; 410, 3; 434, 3; 434 double. Plate 1450; a 394; 410, 3; 434, 3; 434 double. Plate 1519; limit of spectrum β; 410, 3; 434, 3; 434 double.
7994. See 7991.
7996. Images very poor and faint. Plate 1377; on first examination spectrum E ? Plate 1382; on first examination spectrum H.
7997. Plate 625; 410, 5; 434, 5. Plate 1382; a 394; 410, 5; 434, 5. Plate 1509; 410, 5; 434, 5.
8004. The letter t stands for dr. Dunér 211. Plates 1346 and 1367; on first examination spectrum H. Plate 1347; on first examination spectrum I; 448, 3. Plate 1367; on special examination spectrum M.
8007. Plate 1346; on first examination spectrum E ? on re-examination 410, 5; 434, 5.
8008. Plate 1377; 410, 5; 434, 5; on re-examination 410, 5; 434, 5.
8009. Plate 1450; image very poor and faint; on first examination spectrum H.

THE DRAPER CATALOGUE. 343

8010. Plate 1384; on first examination spectrum E ; on re-examination 410, 5; 434, 5.
8013. Images very poor. Plate 1377; on first examination spectrum H. Plate 1382; on first examination spectrum E.
8014. Images very poor and faint. Plate 1377; on first examination spectrum E ? Plates 1382 and 1509; on first examination spectrum F ? Plates 1506; on first examination spectrum H ? Plate 8231; 410, 5 ? 434, 5 ? Plate 1509; 410, 3; 434, 3.
8015. Plates 1333 and 1384; image very poor and faint; on first examination spectrum E. Near edge of Plate 1333. Plate 1384 dark. Plate 1450; on first examination spectrum H.
8020. Plate 1382, second image very poor; near edge of plate; on first examination spectrum H; on second examination spectrum A ?
8025. Plate 1384 dark; image very poor and faint; on first examination spectrum H ?
8028. Images very poor. Plate 1367; on first examination spectrum H. Plate 1347; on second examination spectrum A ? near edge of plate.
8030. Plate 1384; image very poor and faint; on first examination spectrum H.
8031. Plate 1347; on first examination spectrum H.
8032. Plate 1377 ; image very poor; near edge of plate ; on first examination spectrum H ?
8033. Plate 1367; 410, 3; 434, 3.
8035. Images very poor and faint. Plate 1333 ; on first examination spectrum E. Plate 1395; on first examination spectrum H.
8037. A. G. C. magn. 7. Beyond the limits within which accurate measurement can be made.
8038. Plate 1377; on first examination spectrum H.
8040. Plate 1346 ; image very poor and faint ; on first examination spectrum E.
8041. Images very poor and faint. Plate 1377; on first examination spectrum H ? Plate 1382; on first examination spectrum E ?
8042. Plate 1377 ; on first examination spectrum E.
8047. Plate 1347; 410, 2; 434, 2; on re-examination a 394; 410, 5; 434, 5.
8048. Plate 1347; 410, 5; 434, 5; on re-examination 410, 5; 434, 5.
8051. Plate 1377; on first examination spectrum E ? on re-examination 410, 3; 434, 3.
8052. Plate 617; 410, 2; 434, 2. Plate 628; 410, 2; 434, 2; 434 double. Plate 1384 ; a 394 ; 410, 3; 434, 3. Plate 1395; 410, 5 ? 434, 5 ? Plate 1450; a 394; 410, 5; 434, 5; 434 double.
8054. Plate 1377; on first examination spectrum F ? 410, 5; 434, 5.
8065. Plate 1377; on first examination spectrum E; on re-examination 410, 5; 434, 5.
8069. The letter t stands for bdr. DM. +81° 618, magn. 9.4, precedes 3ˢ, south 0'.3, and should be entered in D. C. as companion to 8069. Plate 1354; on first and second examinations spectrum A. Plate 1395; 410, 5; 434, 5. Plate 1450 ; 410, 3; 434, 3.
8071. Plate 1347; 410, 5; 434, 5; on re-examination limit of spectrum α; 410, 5; 434, 5.
8073. Plate 1377; spectrum H ? on special examination spectrum F ? Plate 3696, Class I; on special examination spectrum G.
8076. Plate 1377 ; 448, 3.
8078. Plate 1367; image poor; on first examination spectrum H ?
8079. Plates 1346 and 1367 ; on first examination spectrum H. Plate 1367; on special examination spectrum M ?
8080. Plate 625 ; 397 a 434 ; 448, 3 ; 456, 1; 458, 1; 461, 1. Plate 1377 ; 397 a 434; 448, 3 ; 456, 1; 458, 1 ; 461, 1. Plate 1382; limit of spectrum β; 397 a 434; 448, 3; 456, 1; 458, 2; 461, 1; 468, 1; 492 seen; on re-examination 402 proved to be a defect in plate. Plate 1506 ; 397 a 4 3 ; 448, 3; 456, 1; 458, 1; 461, 2. DM. magn. 3.
8083. Plates 652 and 1367 ; on special examination spectrum M ? Plate 652 ; 397 a 434 ; 448, 3 ; 456, 1; 458, 1; 461, 2; 466, 1 ; 468, 1. Plate 659; 448, 3. Plate 1347; limit of spectrum α; 397 a 434 ; 448, 3; 456, 1; 458, 2; 461, 2; 468, 1. Plate 1367; 397 a 434; 448, 3; 456, 1; 458, 2; 461, 2; 468, 1; 471, 1.
8084. Plate 1346 ; image very poor and faint; on first examination spectrum F ? 410, 5; 434, 5.
8085. Images very poor. Plate 1382 ; on first examination spectrum F ? 410, 5; 434, 5; near edge of plate. Plate 1506 ; on first examination spectrum E ?
8087. Plates 651 and 1346 ; image poor and faint; on first examination spectrum A. Plate 1367 ; a 394; 410, 5; 434, 5.
8088. Plate 1367; on first examination spectrum H.
8089. Plate 1367; 448, 2.
8092. Plates 659 and 1367 ; image very poor and faint ; on first examination spectrum F ? Plate 659 ; 410, 5; 434, 5. Plate 1367 ; a 394 ; 410, 5 ? 434, 5 ?
8097. Plate 1367; 410, 5 ? 434, 5 ?
8098. Plate 1506 ; image very poor and faint; on first examination spectrum E ?
8101. Plate 651 ; on first examination spectrum E.
8107. Beyond the limits within which accurate measurement can be made.
8108. Dunér 213. Plates 1347 and 1383; on first examination spectrum H. Plate 1347 ; on special examination spectrum M ?
8111. Plate 1347; on first examination spectrum E ? on re-examination 410, 5 ? 434, 5 ?
8114. Plate 1346 ; on special examination spectrum M ? Plate 626 ; 397 a 434 ; 448, 3; 456, 1; 458, 1; 461, 1. Plate 659 ; 448, 3; 456, 1; 461, 2. Plate 1346 ; 448, 3 ; 456, 1 ; 458, 2 ; 461, 2. Plate 1367; a 394; 397 a 434 ; 448, 3; 456, 1; 458, 2; 461, 2; 466, 1 ; 468, 1.

8117. The spectrum measured on Plate 660 was supposed to be that of DM. +48° 2683. On re-examination the star was found to be DM. +3R° 3159, and the measures have accordingly been added to the latter star, which equals D. C. 8128.
8118. Plate 1367; on first examination spectrum H.
8119. Images very poor. Plate 1383; on first examination spectrum H ? Plate 1384 ; on first examination spectrum E ? near edge of plate.
8120. Plate 1367; 410, 5; 434, 5; on re-examination 410, 5; 434, 5.
8121. Plate 1377; 410, 5; 434, 5; on re-examination 410, 5; 434, 5.
8126. Plate 1347; 410, 5; 434, 5; on re-examination 410, 5; 434, 5.
8127. Plate 1347; 410, 5; 434, 5; on re-examination 410, 5; 434, 5.
8131. Plate 1450; 410, 5; 434, 5.
8132. Plate 1347; on first examination spectrum E ? on re-examination 410, 5 ? 434, 5 ?
8136. Plate 1377; on first examination spectrum E ? on re-examination 410, 3; 434, 3.
8138. Plate 1347; spectrum C.
8139. Plate 1367; image poor; on first and second examinations spectrum F ? limit of spectrum β; 410, 5; 434, 5.
8144. Plate 625 ; 448, 3. Plate 1451 ; 448, 3; 456, 1 ; 458, 1 ; 461, 2; 466, 1; 468, 1.
8146. Plate 652 ; image poor; on first examination spectrum E ?
8147. Plates 1333 and 1519; image very poor and faint ; on first examination spectrum H; on second examination spectrum A ? Plate 1395; 410, 3; 434, 3.
8150. Plate 1377; 410, 5; 434, 5; on re-examination 410, 5; 434, 5.
8152. Plate 1347; image poor ; on first examination spectrum H.
8154. Plate 1367, first image poor; near edge of plate; on first examination spectrum E ?
8163. Plate 1384; on first examination spectrum L. Plate 617; 410, 2; 434, 2; 434 double. Plate 628; a 394; 410, 2; 434, 2; 434 double. Plate 682; 410, 2; 434, 2; 434 double. Plate 1333 ; a 394 ; 410, 2; 434, 2. Plate 1384; a 394 ; 410, 5; 434, 5; 434 double. Plate 1395 ; a 394; 410, 3; 434, 3; 434 double. Plate 1450; a 394; 410, 2; 434, 2. Plate 1519; 410, 3; 434, 3; 434 double.
8164. A. G. C. 25197, magn. 7.
8168. U. A. Serpens Cauda 42, cum. Assumed to be H. P. 3117, cum.
8171. DM. +46° 2489, magn. 9.3, precedes 1ˢ.9, south 0′.4.
8173. Combined with 8174. DM. magns. 7.5 and 8.5.
8174. See 8173.
8176. Plate 1451; on first examination spectrum E ? near edge of plate.
8179. Plate 1450 ; image poor; on first examination spectrum A. Plate 2242 ; 410, 5; 434, 5.

8187. Plate 1377 ; image poor; on first examination spectrum H.
8189. Plate 1347; on first examination spectrum E ? on re-examination 410, 5; 434, 5.
8191. Plate 1550; image very poor; near edge of plate ; on first examination spectrum E.
8194. Plate 628; on special examination spectrum M ? Plate 1450; 448, 3.
8199. Plate 1367; image poor; on first examination spectrum H.
8204. Plate 1384; 410, 5; 434, 5; on re-examination 410, 5 ? 434, 5 ?
8209. Plate 1451; image poor; near edge of plate; on first examination spectrum F ? a 394; 410, 5; 434, 5.
8211. A. G. C. 25329.
8212. Plate 1451 ; image very poor; near edge of plate ; on first examination spectrum F ? 410, 5; 434, 5.
8213. Plate 1367; on first examination spectrum E ? on re-examination 410, 5; 434, 5.
8218. Plate 1347; 410, 5; 434, 5 ; on re-examination 410, 5; 434, 5.
8222. Plate 1377 ; 410, 5; 434, 5. Plate 1451; 410, 5 ; 434, 5.
8223. Plate 1550 ; 402, 2.
8229. Plate 1367; 402, 2; 453, 2.
8230. Beyond the limits within which accurate measurement can be made.
8231. The letter t stands for dr. U. A. Scutum 14, magn. 3.6, var. ? Plate 1377; on special examination spectrum M. Plate 631; 448, 3. Plate 1377; 397 a 434; 448, 3; 456, 1; 458, 1; 461, 1; 468, 1. Plate 1451; 448, 3; 461, 2. Plate 1506; 397 a 434; 448, 3; 456, 2; 458, 1; 461, 2.
8235. Plate 1367; on first examination spectrum E ? on re-examination 410, 5 ; 434, 5.
8241. Plate 1367; image poor ; on first examination spectrum F ; 410, 5; 434, 5.
8243. Plate 628; on special examination spectrum Q ? Plate 628 ; 436, 5; 443, 2; 458, 2; 463, 1. Plate 660; 410, 2; 434, 2. Plate 1395 ; 410, 1; 434, 1. Plate 1450; 410, 1; 434, 1.
8244. Plate 1450 ; image very poor and faint; on first examination spectrum A. Plate 1384; 410, 5; 434, 5.
8245. Plate 1551; image very poor and faint; on first examination spectrum F ? 410, 5; 434, 5.
8246. Plate 1367; on first examination spectrum H.
8249. Plate 1383 ; 448, 3.
8251. DM. +22° 3417, magn. 9.5, precedes 2ˢ.6, south 0′.3.
8252. Plates 689 and 1506; image poor and faint. Plate 689; on first examination spectrum A. Plate 1506; on first examination spectrum H ? on second examination spectrum A ? Plate 1377; 410, 5; 434, 5. Plate 1451; limit of spectrum β; 410, 3, 434, 3.

8253. Plates 689 and 1377; image very poor. Plate 689; on first and second examinations spectrum A? Plate 1377; on second examination spectrum A? Plate 1377; 410, 5; 434, 5. Plate 1451; a 394; 410, 5; 434, 5.
8255. Plate 1377; image very poor and faint; on first and second examinations spectrum A? Plate 1451; 410, 5? 434, 5?
8261. Plate 1451; on first examination spectrum E; on re-examination a 394; 410, 5; 434, 5.
8262. Plate 1451; on first examination spectrum E; on re-examination 410, 5; 434, 5.
8269. Images very poor and faint. Plate 1384; on first examination spectrum E. Plate 1450; on first examination spectrum H.
8270. The letter t stands for dr. First measure 5.40, resid. $1\overline{4}2070$. Plate 1367; second measure gives residual $\overline{2}$; first measure related to DM. +23° 3385, and was rejected. Plate 619; on first examination spectrum F? 410, 5; 434, 5.
8273. A. G. C. 25456, magn. 7.
8275. Plate 1384; image very poor; on first examination spectrum H.
8277. Omitted in DM. Magn. 7.5. See list of errata, Bonn Obs., Vol. VI. p. 380. Plate 1384 dark; image poor; on first examination spectrum E.
8280. DM. magn. 1.0. H. P. magn. 0.2. Brightness could not be measured on account of the density of the images.
8284. Plate 1377; on first examination spectrum II?
8285. Plate 1451; image very poor; on first examination spectrum H.
8289. Plate 628; 468, 5; 474, 5. Plate 738; 448, 4; 458, 2; 468. 2. Plate 1333; 397 a 434; 448, 3; 458, 1; 468, 1. Plate 1395; 448, 3. Plate 1450; 448, 3.
8290. The spectrum measured on Plate 666 was supposed to be that of DM. +18° 3767. On re-examination the star was found to be DM. +28° 3037, and the measures have accordingly been added to the latter star, which equals D. C. 8286.
8295. Images very poor and faint. Plate 1377; on first examination spectrum H. Plate 1451; on first examination spectrum E?
8296. The spectrum measured on Plate 660 was supposed to be that of DM. +53° 2108. On re-examination the star was found to be DM. +43° 3027, and the measures have accordingly been added to the latter star, which equals D. C. 8282.
8297. Plate 1377; image very poor and faint; on first examination spectrum II?
8298. Plate 1451; 410, 5; 434, 5; on re-examination 410, 5; 434, 5.
8304. DM. +30° 3261, magn. 9.5, precedes 5ˢ.8, south 0′.8.
8305. Images very poor and faint. Plate 1367; on first examination spectrum F? 410, 5; 434, 5. Plate

8311. Images very poor and faint. Plate 660; on first examination spectrum A. Plate 1551 on first examination spectrum II?
8312. Plate 1367; image very poor; on first examination spectrum II.
8313. Plates 631 and 689; on first and second examinations spectrum A? Plate 1451; on second examination spectrum G. Plate 1377, 410, 5; 434, 5; 410 and 434 double. Plate 1451; a 394; 410, 5; 434, 5. Plate 1506; 410, 5; 434, 5.
8316. Plate 1450; 410, 5; 434, 5.
8329. DM. +34° 3286, magn. 8.5, follows 2ˢ.0, in same declination.
8335. Plate 1367; image poor; on first examination spectrum E.
8345. Plate 1367; on first examination spectrum A. Plate 666; 410, 5; 434, 5.
8348. Plate 1367; on first examination spectrum E; on re-examination 410, 5; 434, 5.
8350. Plate 1500; image poor; near edge of plate; on first examination spectrum E?
8351. Combined with 8352. DM. magns. 8.6 and 8.0.
8352. See 8351.
8354. Combined with 8355. Combined also with 8356 and 8357 on Plates 619, 627, 656, and 660. Magn. 4.94. Values in successive columns of Table II. 6.2, 6 4, 6.7, 5.2; 0312; aaeβ; 5HFH.
8355. See 8354.
8356. Combined with 8357.
8357. See 8356.
8358. Plate 666; 410, 2; 434, 2; on re-examination 410, 2; 434, 2.
8359. Beyond the limits within which accurate measurement can be made.
8360. Plate 1384; on first examination spectrum H?
8363. Plate 1451; 410, 5; 434, 5; 410 double; on re-examination 410, 5; 434, 5; 410 double.
8364. Combined with 8365. DM. magns. 4.5 and 5.5. H. P. magns. 4.3 and 5.9.
8365. See 8364.
8366. Plate 1367; on first examination spectrum F; 410, 5; 434, 5.
8369. Plate 618; on first examination spectrum A? Plate 659; 410, 3; 434, 3. Plate 666; a 394; 410, 3; 434, 3; 434 double. Plate 706; 410, 2; 434, 2. Plate 1367; limit of spectrum γ; 410, 3; 434, 3; 434 double. Plate 1525; 410, 3; 434, 3. Plate 1550; limit of spectrum β; 410, 5; 434, 5; 434 double.
8371. DM. +18° 3815, magn. 9.2, follows 1ˢ.8, north 0′.1. Plate 1367; image very poor; near edge of plate; on first examination spectrum E.
8374. Plate 666; 448, 3. Plate 1367; 448, 3
8376. Var. in DM. Var. in A. G. C. U. A. Scutum 25,

magn. var. 5–9. Plate 1451; on first examination spectrum H; on special examination spectrum F? On Plate 1476, taken with the 11 inch Draper Telescope, spectrum K.

8378. Plates 628 and 1450; image very poor; on first examination spectrum A. Plate 1450; on second examination spectrum A? Plate 738; 410, 3; 434, 3; 410 and 434 double. Plate 1333; 410, 5; 434, 5. Plate 1384; 410, 5; 434, 5. Plate 1395; 410, 5; 434, 5.

8379. Plate 1367; spectrum C?

8381. Plate 666; 410, 5; 434, 5; on re-examination 410, 5; 434, 5.

8389. Plate 1451; 410, 5; 434, 5; on re-examination 410, 5; 434, 5.

8392. U. A. Sagittarius 104, magn. 5.5, var. ?

8396. Images very poor. Plate 655; on first examination spectrum E? Plate 1367; on first examination spectrum F? limit of spectrum γ; 410, 2; 434, 2; near edge of plate. Plate 1550; on first examination spectrum H.

8398. Images poor. Plate 627; on first examination spectrum C. Plate 1500; on first examination spectrum H? Plate 1569; on first examination spectrum E? Plate 1384; 401, 3; 448, 3.

8400. Plate 1519; image very poor and faint; on first examination spectrum H?

8403. Images very poor and faint. Plate 666; on first examination spectrum F? 410, 5; 434, 5. Plate 1550; on first examination spectrum H.

8404. Plate 1451; on first examination spectrum E? on re-examination 410, 5; 434, 5.

8405. Plate 660; 410, 5; 434, 5; on re-examination 410, 5; 434, 5.

8406. Plate 1551; image poor and faint; on first examination spectrum F; 410, 5; 434, 5.

8409. Plate 1451; on first examination spectrum E? a 394; on re-examination limit of spectrum a; 410, 5; 434, 5.

8411. Plate 1568; image very poor and faint; on first examination spectrum F? 410, 5? 434, 5?

8413. Plate 1367; on first examination spectrum E? on re-examination 410, 5; 434, 5.

8415. Plate 666; on first examination spectrum E? re-examination 410, 2; 434, 2.

8417. Plate 1551; on first examination spectrum F? 410, 5; 434, 5.

8418. Plate 1451; 410, 5; 434, 5; on re-examination limit of spectrum a; 410, 5; 434, 5.

8420. Plate 1622; 402, 2.

8421. Plate 1450; on first examination spectrum E? on re-examination 410, 5; 434, 5.

8422. Var. in DM. Plate 619; a 394; 410, 2; 434, 2. Plate 655; a 394. Plate 706; a 394; 410, 5; 434, 2. Plate 1367; limit of spectrum γ; 410, 5; 434, 5. Plate 1551; limit of spectrum η; 410, 5; 434, 5. Plate 1622; several bright and dark lines.

8423. A. G. C. 25810.

8424. Images poor and faint. Plate 1450; on first examination spectrum E? on second examination spectrum F; near edge of plate. Plate 1519; on first examination spectrum H.

8427. Plate 1550; image very poor and faint; on first examination spectrum E?

8428. Plate 1451; 410, 5; 434, 5; on re-examination 410, 5; 434, 5.

8432. First measure 5.30, resid. 1.224.06. Plate 1622; second measure gives residual 1; first measure rejected.

8434. Images very poor. Plate 656; on first examination spectrum F? 410, 5; 434, 5. Only a small portion of spectrum on plate. Plate 1569; on first examination spectrum H.

8436. Plate 738; on first examination spectrum E; on second examination spectrum F? near edge of plate. Plate 1384; 397 a 434; 434 double? 448, 3; 456, 1; 458, 1; 468, 1. Plate 1450; 448, 3; 458, 2. Plate 1519; 448, 3; 458, 2.

8437. Plate 1384; image very poor and faint; on first examination spectrum E.

8439. Plate 1500; image very poor and faint; on first examination spectrum H?

8440. Images very poor and faint. Plate 701; on first examination spectrum E. Plate 1451; on first examination spectrum F? a 394; 410, 5; 434, 5.

8442. Plate 689; 382, 3; 392, 2; 402, 2; 453, 2.

8443. Plate 1384; on special examination spectrum M? Plate 656; 448, 3. Plate 1384; 448, 3; 458, 2.

8448. Plate 1519; 448, 3; 458, 2.

8450. Plate 1451; limit of spectrum a; 410, 5? 434, 5? line recorded at 492; on re-examination limit of spectrum β; 410, 5; 434, 5; 492 proved to be a defect in plate.

8451. Plate 1450; on first examination spectrum E; on re-examination 410, 5; 434, 5.

8452. Plate 655; 410, 5; 434, 5; on re-examination 410, 3? 434, 3?

8453. Plate 1569; image poor and faint; on first examination spectrum E? Plate 1551; 402, 2.

8454. Plates 1550 and 1622; on first examination spectrum H.

8455. Plate 1519; image very poor; near edge of plate; on first examination spectrum E?

8457. Plate 1500; image very poor and faint; on first examination spectrum E? Plate 1383; 448, 3. Plate 1568; 448, 3.

8458. Dunér 216. Plates 1551 and 1569; on first examination spectrum H. Plate 1551; on special examination spectrum M.

8461. Combined with 8462. DM. magns. 4.0 and 4.3. U. A. magns. 4.5 and 4.7; combined 4.2, var.? U. A. Standard 542, magn. 4.4.

8462. See 8461.

THE DRAPER CATALOGUE.

8465. Plate 1567; image poor; on first and second examinations spectrum F? 410, 5; 434, 5.
8466. Plate 656; on special examination spectrum M?
8467. Plate 1550; image very poor and faint; on first examination spectrum H.
8470. Plate 1451; 397 a 434; 448, 3; 456, 1; 458, 2; 461, 2; 468, 1. Plate 1567; 448, 3.
8472. Plate 1569; image very poor and faint; on first examination spectrum H; on second examination spectrum A? Plate 656; 410, 5; 434, 5.
8475. The letter t stands for dr. Var in DM. Dunér 217. Plate 656; on first examination spectrum K; on special examination spectrum M. Plates 1500, 1551, and 1569; on first examination spectrum H. Plate 656; spectrum peculiar; 397 a 434; 438, 2; 443, 2; 448, 2; 458, 2; 461, 2; 468, 3; 471, 2; 474, 1, 477, 2; 492 seeu.
8476. In H. P. magn. 7.2; DM. +2° 3756, magn. 7.3, was measured by mistake. Plate 1451; image poor; on first examination spectrum F? 410, 5; 434, 5.
8477. Plate 1451; on first examination spectrum E? on re-examination 410, 5; 434, 5.
8479. Images poor and faint. Plates 696 and 1333; on first examination spectrum C? Plate 1395; on first examination spectrum F? a 394; 410, 5? 434, 5? 410 and 434 double. Plate 1570; on first examination spectrum E. Plate 628; 403, 5.
8480. Plate 1384; on first examination spectrum H. Plate 1384; 410, 5; 434, 5; on re-examination 410, 5; 434, 5.
8482. Plate 1551; image very poor and faint; on first examination spectrum H; on second examination spectrum A? Plate 655; a 394; 410, 2; 434, 2. Plate 1622; 410, 5; 434, 5.
8487. Plate 655; 410, 3; 434, 3.
8490. Images very poor and faint. Plate 701; on first examination spectrum F? 410, 5; 434, 5. Plate 1525; on first examination spectrum H?
8491. A. G. C. 25986.
8494. Images very poor; near edge of plates. Plate 1384, second image; on first examination spectrum E. Plate 1395; on first and second examinations spectrum F; 410, 5; 434, 5.
8495. Plate 1622; image very poor and faint; on first examination spectrum H?
8496. Images very poor. Plates 1525 and 1550; on first examination spectrum H. Plate 1567; on first examination spectrum E?
8497. Plate 1500; image very poor and faint, on first examination spectrum H?
8500. Plate 666; 448, 3. Plate 701; 448, 3. Plate 1525; 448, 3. Plate 1550; 448, 3. Plate 1567; 448, 3; 456, 1; 458, 1.
8501. First measure 3.64, resid. 1 n 8 p 315. Plate 706; second measure gives residual 4. Plate 1421;

first measure gives residual 13; second measure gives residual 3; first measure rejected.
8504. Plate 1500; image very poor and faint; on first examination spectrum H.
8506. Plate 1519; on special examination spectrum M? Plate 628; 448, 5. Plate 1384; 448, 3. Plate 1395; 448, 3; 458, 2. Plate 1450; 448, 3. Plate 1519; 397 a 434; 443, 1; 448, 3; 456, 1; 458, 2; 461, 2; 466, 1; 468, 1.
8509. Plate 1569; on first and second examinations spectrum E?
8510. Plate 1550; image very poor and faint; on first examination spectrum H?
8512. Plate 1551; image very poor and faint; on first examination spectrum H?
8513. Plate 1384; on first examination spectrum E?
8514. Plate 1384; image poor; on first examination spectrum H?
8517. Plate 707; 448, 3; 456, 1; 458, 1; 461, 1. Plate 1451; 397 a 434; 448, 3. Plate 1567; 448, 3; 456, 2; 458, 1.
8523. Images very poor. Plate 655; on first examination spectrum E. Plate 1421; on first examination spectrum H?
8525. Plate 1421, second image poor; near edge of plate; on first and second examinations spectrum F? 410, 5; 434, 5. Plate 1622; spectrum C?
8526. Plate 1519; image very poor and faint; on first examination spectrum E?
8527. Plate 656; on first examination spectrum E; on re-examination 410, 5; 434, 5.
8531. Plate 1421; image poor; on first examination spectrum H.
8535. Plate 1500; image very poor and faint; near edge of plate; on first examination spectrum F? 410, 5; 434, 5. Plate 656; 402, 2; 453, 2. Plate 1568; 402, 2; 453, 2.
8538. Plate 1451; on first examination spectrum A?
8539. Plate 1421; on first examination spectrum E?
8544. Plate 689; 448, 3. Plate 1451; 448, 3. Plate 1567; 448, 3.
8547. Plate 1421; image poor; on first examination spectrum H? on second examination spectrum A? Plate 655; 410, 5; 434, 5.
8552. Plate 1451; on first examination spectrum H? Plate 1451; 410, 5; 434, 5; on re-examination 410, 5; 434, 5.
8554. Plate 655; on first examination spectrum E? on re-examination 410, 3; 434, 3.
8555. Plate 1451; on special examination spectrum M?
8557. DM. magn. 3.
8558. Plate 1384 dark; on first and second examinations spectrum A. Plate 738, 410, 5; 434, 5.
8560. U. A. magn. 6.0. A. G. C. magn. 6. Plate 1451; on first examination spectrum E?
8561. Plate 1569; image very poor and faint; on first examination spectrum H?

8562. Beyond the limits within which accurate measurement can be made.
8565. The right ascension here given is derived from the B. A. C. which depends upon Lacaille. According to Weisse and Lalande it should be 19^h 2^m.4. This value is confirmed by the photograph.
8566. A. G. C. 26182.
8567. Plate 693; 410, 5; 434, 5. Plate 738; 410, 2; 434, 2. Plate 1450; 410, 5; 434, 5.
8570. Plates 1451 and 1452; image very poor; near edge of plates; on first examination spectrum E ?
8572. A. G. C. 26193. Plate 1452; on first examination spectrum E ? on re-examination 410, 5; 434, 5.
8573. Plate 1421; image very poor; on first and second examinations spectrum F ? 410, 5 ? 434, 5 ?
8575. Plate 1519; image very poor; on first examination spectrum H ?
8576. Plate 1569; image very poor and faint; on first examination spectrum E ?
8577. Plate 655; 410, 5; 434, 5; on re-examination 410, 5; 434, 5.
8578. Plate 1421; image very poor and faint; on first examination spectrum H.
8579. Plates 1542 and 1548; image very poor; near edge of plates; on first and second examinations spectrum F ? Plate 655; 392, 1; 402, 1; 453, 1. Plate 1421; 402, 2. Plate 1542; 410, 5; 434, 5. Plate 1548; limit of spectrum β; 410, 5 ? 434, 5 ?
8580. Plates 706 and 1622; image very poor; on first examination spectrum A. Plate 706; on second examination spectrum A ? Plate 655; a 394; 410, 5; 434, 5. Plate 1421; 410, 5 ? 434, 5 ? Plate 1542; 410, 5; 434, 5. Plate 1548; 410, 5 ? 434, 5 ?
8581. Plates 1421 and 1548; image very poor and faint; on first examination spectrum H.
8582. The letter t stands for dr. DM. magn. 3. Plate 707; on first examination spectrum A ? near edge of plate. Plate 701; a 394; 410, 5; 434, 5. Plate 1451; 410, 5; 434, 5. Plate 1452; a 394; 410, 5; 434, 5; bright lines ? Plate 1567; a 394; 410, 5 ? 434, 5 ? bright lines. Plate 1597; 410, 5; 434, 5; 410 and 434 double.
8584. Plate 1421; image poor; on first examination spectrum H ?
8585. Plate 800; image poor and faint; on first examination spectrum E.
8588. Plate 701; image very poor and faint; on first and second examinations spectrum A. Plate 1567; 410, 5 ? 434, 5 ?
8590. Plate 701; image very poor and faint; on first examination spectrum F; 410, 5; 434, 5.
8591. DM. +34° 3436, magn. 8.5, precedes 2^s.1 in same declination. Plate 1548; image very poor; on first examination spectrum E ? on second examination spectrum F ?

8591a. DM. −20° 5428, magn. 7.8, R. A. 19^h 5^m.4, Dec. −20° 31'. Entered erroneously in Table 1. See 8594.
8593. Images poor. Plate 735; on first examination spectrum F ? 410, 5, 434, 5. Plate 1548; on first examination spectrum E ?
8594. R. A. 19^h 5.^{m}4. Dec. −20° 31'. See 8591a in Table II. and remarks.
8595. Plate 656; 448, 3; on re-examination 448, 3.
8596. Plate 1568; image very poor; on first examination spectrum E ?
8599. A. G. C. 26309.
8602. Plate 735; 410, 5; 434, 5; on re-examination 410, 3; 434, 3.
8604. Images very poor and faint. Plate 1542; on first examination spectrum F; 410, 5; 434, 5. Plate 1694; on first examination spectrum E ?
8605. Plate 1500; image very poor and faint; on first examination spectrum H ?
8606. Plate 1421; image very poor and faint; on first examination spectrum E ?
8610. Plate 1384; image poor; near edge of plate; on first examination spectrum H ?
8614. Plate 1421; image very poor and faint; on first examination spectrum H.
8615. Plate 1421; image very poor and faint; on first examination spectrum H ?
8616. Plate 1384; on first examination spectrum E ? on re-examination 410, 5; 434, 5.
8619. Plate 1452; limit of spectrum β; 410, 3; 434, 3; on re-examination limit of spectrum α; 410, 3; 434, 3.
8622. Plate 656; 448, 3.
8623. Plate 1421; image very poor and faint; near edge of plate; on first examination spectrum H.
8624. Plate 1548; image very poor and faint; on first examination spectrum H.
8625. Plate 655; on first examination spectrum E ? on re-examination 410, 5; 434, 5.
8627. Plate 656; 392, 1; 401, 2; 402, 2; 414, 1; 448, 2. Plate 691; 402, 2; 453, 2. Plate 1569; 402, 2.
8631. Images very poor and faint. Plate 655; on first examination spectrum E ? Plate 1421; on first examination spectrum H ?
8637. Plate 656; on first examination spectrum E ? on re-examination 410, 5 ? 434, 5 ?
8640. Images very poor. Plate 1421; on first examination spectrum H ? Plate 1548; on first examination spectrum E.
8642. Plate 1089; image very poor and faint; on first examination spectrum H ?
8643. Plates 1421 and 1548; on first examination spectrum H.
8649. Plate 738; on first examination spectrum G ? near edge of plate. Plates 628, 682, 693, 738, 742, 770, 1384, and 1519; on first examination spectrum K. Plate 682; on special examination spectrum M ? Plate 628; 397 a 434; 443, 4; 456, 2; 458, 3; 461, 2; 466, 1; 468, 2. Plate

682; 397 a 434; 448, 5; 456, 3; 458, 4; 461, 3; 466, 2; 468, 3. Plate 693; 397 a 434; 436, 2; 443, 2; 458, 3. Plate 738; a 394; 410 bright ? 446, 2; 458, 3; 468, 3. Plate 742; 434 bright ? 453, 5; 474, 3. Plate 770; 448, 4; 456, 1; 458, 3; 468, 2. Plate 1384; a 394; 397 a 434; 410 bright ? 448, 3; 458, 2. Plate 1519; a 394; 443, 1; 448, 3; 456, 1; 458, 2; 461, 2; 466, 1; 468, 1; 471, 1.

8650. Plate 1395; spectrum C ?
8652. Plate 656; on special examination spectrum M ? Plate 656; 397 a 434; 448, 3; 456, 1; 461, 2. Plate 1502; 448, 3.
8653. Plate 1384; on first examination spectrum E; on re-examination 410, 5; 434, 5.
8656. Plate 1452; on first examination spectrum H ?
8658. Images very poor. Plate 655; on first examination spectrum H. Plate 1421; on first examination spectrum A ? Plate 1548; on second examination spectrum A ?
8659. Plate 655, 1689, and 1694; image poor and faint; on first and second examinations spectrum A ? Plate 735; limit of spectrum γ; 410, 3; 434, 3. Plate 1421; 410, 5; 434, 5. Plate 1548; limit of spectrum β; 410, 5; 434, 5.
8662. First measure 6.56, resid. 5 6. Plate 1502; second measure gives residual 1; first measure rejected. Images very poor and faint. Near edge of Plate 656. Plate 1502; on first and second examinations spectrum A ?
8663. Plate 1384; 410, 5; 434, 5; on re-examination 410, 5; 434, 5.
8664. Plate 1421; image very poor and faint; on first examination spectrum H.
8667. Images poor. Plate 655; on first and second examinations spectrum F; limit of spectrum β; 410, 5; 434, 5. Plate 1421; on first examination spectrum H ?
8668. Plate 1452; 410, 5; 434, 5; on re-examination 410, 5; 434, 5.
8669. Plate 656; limit of spectrum β; 397 a 434; 438, 1; 443, 1; 448, 3; 456, 1, 458, 2; 461, 2; 466, 1; 468, 1. Plate 669; a 394; 397 a 434; 448, 3; 456, 1; 458, 1; 461, 1. Plate 1500; 448, 3. Plate 1568; 397 a 434; 436, 1; 438, 1; 443, 1; 448, 3; 453, 2; 456, 1; 458, 2; 461, 2; 466, 1; 468, 1. Plate 1569; 448, 3. Plate 1601; 397 a 434; 448, 3.
8671. Plate 735; on first examination spectrum H; only a small portion of spectrum visible on plate.
8673. Plate 1421; on first examination spectrum H ? Plates 1502 and 1548; on first examination spectrum E ? Plate 1548; on second examination spectrum F ?
8674. Plate 1452; image very poor and faint; on first examination spectrum E.

8677. Plate 1421; image very poor; on first examination spectrum E ?
8682. Plate 1452; 394 double ?
8683. Plates 701 and 707; image very poor; on first examination spectrum A. Plate 707; on second examination spectrum A ? hydrogen lines narrow.
8684. Beyond the limits within which accurate measurement can be made.
8685. Plate 1384; on first examination spectrum E; on re-examination 410, 5; 434, 5.
8686. Plate 656; on first examination spectrum H ? Plate 656; 410, 5; 434, 5; on re-examination 410, 5; 434, 5.
8688. Plate 1421; image poor and faint; on first and second examinations spectrum F; 410, 5; 434, 5.
8689. Plate 1421; image very poor and faint; on first examination spectrum E ?
8693. Plate 1502; image poor; on first examination spectrum F; 410, 2 ? 434, 2 ?
8694. Plate 1421; on first examination spectrum H.
8695. Plate 1384, dark; image very poor; on first examination spectrum F; 410, 5; 434, 5.
8698. Plates 628, 682, and 770; on first examination spectrum L. Plates 738, 1384, and 1519; on first examination spectrum K. Plate 1570; on first examination spectrum H. Plate 628; on special examination spectrum M ? Plate 738; on special examination spectrum M. Plate 1519; on special examination spectrum Q. Plate 628; 448, 4; 458, 2. Plate 682; 448, 5; 461, 2; 468, 3. Plate 738; 397 a 434; 438, 1; 443, 2; 448, 4; 456, 2; 458, 3; 461, 2; 468, 2; 471, 1. Plate 770; 448, 4; 458, 2; 468, 2. Plate 1384; 397 a 434; 443, 1; 448, 3; 456, 1; 458, 1; 461, 2; 466, 1; 468, 1; 443, 1; 448, 3; 451, 1; 453, 2; 456, 1; 458, 2; 461, 2; 466, 1; 468, 1; 471, 1.
8699. Plate 655; image very poor and faint; on first and second examinations spectrum A.
8702. Beyond the limits within which accurate measurement can be made.
8704. Plate 1542; image very poor and faint; on first examination spectrum F ? 410, 5; 434, 5. Plate 1548; 402, 2; 453, 2.
8707. A. G. C. 26590.
8710. U. A. Sagittarius 182, magn. 5.6, var. ?
8711. Images very poor; near edge of plates. Plate 655; on first examination spectrum F ? limit of spectrum β; 410, 5; 434, 5. Plate 1622; on first examination spectrum H.
8712. Plate 1384; on first examination spectrum E; on re-examination 410, 5; 434, 5.
8717. Plate 1421; on first examination spectrum F ? 410, 5; 434, 5. Plate 735; 382, 3; 392, 1; 402, 2; 453, 2. Plate 1622; 402, 2; 453, 2. Plate 1689; 402, 2. Plate 1694; 402, 2; 453, 2.

8725. Plate 1421; image poor; on first examination spectrum E ? on second examination spectrum F ?
8726. Plate 1567; spectrum C ?
8727. Plate 1452; 410, 5; 434, 5; on re-examination 410, 3; 434, 3.
8728. The letter t stands for cd. Entered erroneously on DM. chart; 20^m.7 should be 21^m.7. Plate 1384; on first examination spectrum F ? 410, 5; 434, 5; 434 double.
8729. Images very poor and faint. Plate 1502; on first examination spectrum F; 410, 5; 434, 5. Plates 1568 and 1569; on first examination spectrum II.
8731. A. G. C. 26629. Magn. 8.
8732. Images poor. Plate 1548; on first examination spectrum F ? 410, 5; 434, 5. Plate 1622; on first examination spectrum E ? near edge of Plate 1622.
8733. Plate 735; on special examination spectrum M ?
8735. Plate 1384; on first examination spectrum E; on re-examination 410, 5; 434, 5
8736. Plate 707; image very poor and faint; on first and second examinations spectrum A ? Plate 1597; 410, 5; 434, 5.
8739. Plate 735; on first examination spectrum E; on re-examination 410, 5; 434, 5.
8740. Plate 1689; image very poor and faint; on first examination spectrum E ?
8745. Plate 1421; image very poor; on first examination spectrum H.
8746. Dunér 226. Plate 2242; on first examination spectrum H; on special examination spectrum M ?
8748. Plate 1542; image very poor; near edge of plate; on first and second examinations spectrum F; 410, 5; 434, 5.
8751. Plate 1548; image very poor and faint; on first examination spectrum H ?
8752. Plate 1548; image poor; on first examination spectrum H.
8753. U. A. magn. 5.6. A. G. C. magn. 6.
8759. The letter t stands for dr. Dunér 227. Plates 690, 1421, 1548, 1552, and 1689; on first examination spectrum II. Plates 735 and 1694; on first examination spectrum I. Plates 1421 and 1548; on special examination spectrum M. Plate 735; 448, 3. Plate 1694; 448, 3.
8761. Plate 1500; image very poor and faint; on first examination spectrum H.
8762. Plate 1548; image very poor and faint; on first examination spectrum F ? 410, 5; 434, 5.
8765. DM. +3° 4040, magn. 9.5, follows 5^s.8, north 0'.2.
8766. Plate 738; image poor; on first examination spectrum A.
8771. The letter t stands for dr. Combined with 8772. DM. magns. 3.0 and 6.5. The spectrum of 8771 and 8772 entered in the catalogue is taken from an examination of Plate 748, Class I. Plates 668, 1421, 1548, and 1552; on first examination spec-

trum F ? Plate 735; on first examination spectrum A ? Plate 1624; on first examination spectrum G. Plates 1542 and 1624; on special examination spectrum M ? Plate 668; 410, 3; 434, 3. Plate 690; 397 a 434; 436, 1; 438, 1; 443, 1; 448, 3; 453, 1; 456, 1; 458, 2; 461, 2; 468, 1. Plate 735; several bright and dark lines; spectrum peculiar ? Plate 1421; limit of spectrum γ; 410, 3; 434, 3. Plate 1542; 397 a 434; 448, 3. Plate 1548; limit of spectrum β; 410, 5; 434, 5. Plate 1552; limit of spectrum β; 410, 5; 434, 5. Plate 1624; 410, 2; 434, 5; bright and dark lines seen. Plate 1689; several bright and dark lines. Plate 1694; several bright and dark lines.
8772. See 8771.
8776. Plate 1421; image very poor and faint; on first examination spectrum II.
8778. Plate 1570; spectrum of 8947 superposed on that of 8778; combined light measured; observed brightness 6.3.
8779. Combined with 8780. DM. magns. 7.9 and 8.0. Beyond the limits within which accurate measurement can be made.
8780. See 8779.
8781. Plate 1421; image very poor and faint; on first examination spectrum H.
8782. Plates 753 and 774; spectrum C.
8784. First measure 4.74, resid. 0 δ p ≠ 1 1 1 1. Plate 1421; first measure gives residual 1 0; second measure gives residual 2; first measure rejected. Plate 1542; 402, 2 ? Plate 1552; 402, 2; 453, 2. Plate 1624; 402, 2.
8789. Plate 1384; image very poor; on first examination spectrum II.
8791. Plate 1421; image very poor and faint; on first examination spectrum H.
8792. U. A. Aquila 58, magn. 5.3, var.
8797. U A. Sagittarius 204, var. 5¼-6¾. Var. in A. G. C.
8799. Plate 1501; image very poor and faint; on first examination spectrum II ? on second examination spectrum F ?
8801. Plate 1452; 410, 5 ? 434, 5 ? on re-examination 410, 5 ? 434, 5 ?
8804. Plates 668, 1421, 1624, 1689, and 1694; on first examination spectrum A. Plate 735; limit of spectrum β; 410, 5; 434, 5; 434 double. Plate 1548; 410, 5; 434, 5; 486 double ? Plate 1552; 410, 5; 434, 5.
8805. Plate 735; 410, 5; 434, 5; on re-examination 410, 5; 434, 5.
8806. Plate 1502; image very poor and faint; on first examination spectrum II ?
8809. Plate 1502; image very poor and faint; on first examination spectrum F ?
8810. Images very poor and faint. Plates 683 and 707;

THE DRAPER CATALOGUE.

on first examination spectrum F ? Plate 1580 ; on first examination spectrum E ; on second examination spectrum F ? near edge of plate. Plate 683 ; 410, 5 ; 434, 5. Plate 707 ; 410, 5 ; 434, 5.

8811. U. A. Aquila 64, magn. 4.6, var. ? Plate 683 ; 402, 2.

8815. Plate 1601 ; image very poor and faint ; on first examination spectrum H ? on second examination spectrum A ? Plate 669 ; 410, 3 ; 434, 3.

8816. Images very poor and faint. Plate 1548 ; on first examination spectrum F ; 410, 5 ; 434, 5. Plate 1689 ; on first examination spectrum H ?

8819. Plate 1570 ; on first examination spectrum F ? 410, 5 ; 434, 5 ; 434 double ; on second examination spectrum A. Plate 738 ; image good ; lines well defined ; on second examination spectrum G ? Plate 682 ; 448, 5. Plate 693 ; 403, 5 ; 448, 4 ; 463, 3. Plate 738 ; a 394 ; 397 a 434 ; 448, 3 ; 456, 1 ; 461, 1. Plate 742 ; 448, 5 ; 453, 2. Plate 1519 ; 397 a 434 ; 448, 3 ; 458, 2 ; 468, 1.

8822. Images very poor and faint. Plate 683 ; on first and second examinations spectrum A ? Plate 1452 ; on first examination spectrum H ?

8823. Plate 1548 ; image very poor ; on first examination spectrum E ?

8825. Images very poor. Plates 1421, 1548, and 1694 ; on first examination spectrum E ? Plate 1421 ; on second examination spectrum F ? near edge of plate. Plate 1689 ; on first examination spectrum H.

8826. Plate 693 ; on first examination spectrum I ; on special examination spectrum M. Plate 738 ; image poor ; on first examination spectrum F ; 410, 5 ; 434, 5 ; on second examination spectrum E ? Plate 698 ; 443, 5 ; 453, 2.

8827. Plate 1502 ; image very poor and faint ; on first examination spectrum E.

8829. Plate 1502 ; 448, 3.

8830. Plate 735 ; 410, 5 ; 434, 5 ; on re-examination 410, 5 ; 434, 5.

8831. Plates 685, 1500, 1502, and 1504 ; image very poor ; near edge of plates. Plates 685 and 1504 ; on first and second examinations spectrum A. Plate 1500 ; on first examination spectrum H ; on second examination spectrum A ? Plate 1502 ; on second examination spectrum A ? Plate 669 ; a 394 ; 410, 5 ; 434, 5 ; 434 double. Plate 691 ; 410, 5 ; 434, 5. Plate 1502 ; limit of spectrum e ; 410, 5 ; 434, 5. Plate 1601 ; limit of spectrum β ; 410, 5 ? 434, 5 ? 434 double.

8832. DM. +85° 330, magn. 8.9, follows 1ᵐ 45ˢ, south 0′.3, and should be entered in D. C. as companion to 8832.

8835. Plate 738 ; on first examination spectrum E ; on re-examination 410, 2 ? 434, 2 ?

8839. Plate 738 ; 410, 5 ; 434, 5.

8840. Plate 1580 ; on first examination spectrum E ; on second examination spectrum F ? Plate 1672 ; on first examination spectrum F ? 410, 5 ; 434, 5.

8843. Plate 1421 ; on first and second examinations spectrum F ? 410, 3 ; 434, 3 ; near edge of plate.

8846. Plate 738, second image ; on first examination spectrum A.

8847. Plate 1694 ; image very poor and faint ; on first and second examinations spectrum A ? Plate 735 ; 448, 3. Plate 1552 ; 448, 3. Plate 1624 ; 448, 3.

8848. Plate 1519 ; image very poor and faint ; on first examination spectrum H.

8849. Plates 668, 1501, and 1624 ; on first examination spectrum H ? Plate 690 ; on first examination spectrum A ? Plate 1552 ; limit of spectrum β.

8850. Images poor and faint. Plate 1452 ; on first examination spectrum E ? Plate 1580 ; on first examination spectrum F ? 410, 5 ; 434, 5.

8854. A. G. C. 26977.

8855. Plates 1570 and 1601 ; image very poor and faint ; on first examination spectrum H ; on second examination spectrum A ? Near edge of Plate 1075. Plate 669 ; limit of spectrum β ; 410, 3 ; 434, 3.

8856. Images very poor. Plate 1548 ; on first examination spectrum E. Plate 1624 ; on first examination spectrum H.

8857. Plate 668 ; 448, 3. Plate 1552 ; 397 a 434 ; 448, 3.

8858. Images poor. Plate 1580 ; on first examination spectrum F ? 410, 5 ; 434, 5. Plate 1672 ; on first examination spectrum E ?

8859. Images very poor and faint. Plate 1452 ; on first examination spectrum E. Plate 1597 ; on first examination spectrum H ?

8861. Plate 1580 ; image very poor and faint ; on first examination spectrum E ?

8862. Plates 1502, 1504, and 1601 ; image poor. Plates 685 and 1601 ; on first and second examinations spectrum A. Plates 1502, and 1504 ; on second examination spectrum A ? Near edge of Plate 1504. Plate 669 ; image good ; spectrum F ; a 394 ; 410, 5 ; 434, 5. Plate 691 ; 410, 5 ; 434, 5. Plate 1502 ; 410, 5 ; 434, 5. Plate 1504 ; 410, 5 ; 434, 5 ; 410 and 434 double.

8864. Plate 1548 ; image very poor and faint ; on first examination spectrum E.

8865. Plate 1452 ; image very poor ; near edge of plate ; on first examination spectrum E.

8867. Plate 683 ; on first and second examinations spectrum A ? Plate 1672 ; on first examination spectrum H ? on second examination spectrum A ?

8871. Plate 1502 and 1601 ; on first examination spectrum F. Plate 1502 ; 410, 3 ; 434, 3. Plate 1601 ; 410, 5 ; 434, 5.

8872. Plate 742 ; spectrum C ?

8873. Plate 1548 ; image very poor ; near edge of plate ; on first examination spectrum H ?

8874. Images very poor ; near edge of plates. Plate 1502 ; on first examination spectrum E. Plate

1548; on first examination spectrum F ; 410, 5 ; 434, 5.
8876. Plate 1548; image very poor and faint; near edge of plate; on first examination spectrum E ?
8877. The letter t stands for dr. Combined with 8878. DM. magns. 6.3 and 6.2. Plates 1504 and 1601; image very poor and faint; on first examination spectrum H. Plate 669; 410, 3; 434, 3.
8878. See 8877.
8881. Images very poor and faint. Plate 668 ; on first examination spectrum H ? Plate 1552; on first examination spectrum E.
8885. Plate 669; on first examination spectrum E ? on second examination spectrum A ?
8886. Plate 1570 ; on first examination spectrum H ?
8887. Plate 683; 397 a 434; 438, 1; 443, 1; 448, 3; 453, 2 ; 456, 1 ; 458, 2 ; 461, 2 ; 466, 1 ; 468, 2 ; 471, 1. Plate 788 ; 397 a 434 ; 438, 1 ; 443, 1 ; 448, 3 ; 456, 1 ; 458, 2 ; 461, 2 ; 466, 1 ; 468, 2. Plate 1672; 397 a 434; 448, 3; 451, 1; 456, 1; 458, 2; 461, 2; 468, 2.
8888. Plate 738; 410, 5; 434, 5; on re-examination 410, 5; 434, 5.
8890. The letter t stands for dr. Combined with 8891. DM. magns. 7.0 and 8.0. Plate 1504; image very poor; near edge of plate; on first and second examinations spectrum F ? 410, 5 ; 434, 5.
8891. See 8890.
8892. DM. +34° 3702, magn. 9.0, follows 1ˢ.0 north, 0′.6.
8894. Plate 668 ; a 394 ; 410, 3; 434, 3 ; 434 double. Plate 1552; 410, 3; 434, 3. Plate 1624 ; 410, 5 ; 434, 5; 434 double.
8895. The letter t stands for dr. Dunér 237. Plates 668, 684, and 1604; on first examination spectrum H. Plate 1552; on first examination spectrum K. Plate 1624; on first examination spectrum I. Plates 668 and 1552; on special examination spectrum M. Plate 1552; 397 a 434 ; 448, 3 ; 456, 2 ; 458, 1; 461, 2; 468, 1. Plate 1624 ; 448, 3.
8896. Plate 2242; on first examination spectrum H. Plate 2242; 410, 5 ; 434, 5; on re-examination 410, 5; 434, 5.
8897. Plate 668 ; 410, 5 ; 434, 5 ; on re-examination 410, 5; 434, 5.
8903. Images very poor and faint. Plates 749 and 780 ; on second examination spectrum F ; near edge of plates. Plate 788 ; on first examination spectrum F ? 410, 5 ? 434, 5 ? Plate 1580; on first examination spectrum E ?
8905. Images very poor and faint. Plate 669 ; on first examination spectrum F ? 410, 5 ; 434, 5. Plate 1504 ; on first examination spectrum H.
8906. Images very poor and faint. Plate 668 ; on first examination spectrum F ? 410, 5 ; 434, 5. Plate 1624 ; on first examination spectrum H ?
8907. DM. magn. 1.2. U. A. magn. 1.1. H. P. magn. 1.0. Measures of brightness obtained on two plates;
images too dense to determine magnitude with accuracy. Magn. 2.71, resid. 0 1.
8908. Images very poor and faint. Plate 1580; on first examination spectrum H; on second examination spectrum A ? Plate 780 ; on second examination spectrum A ? Plate 780; 410, 5; 434, 5.
8911. Plate 1519 ; image poor; on first examination spectrum H.
8914. Plates 1519 and 1570; image very poor; on first examination spectrum E.
8916. Plate 668; 402, 2. Plate 1552; 402, 2; 453, 2. Plate 1624 ; 402, 2 ; 453, 2.
8917. Dunér 240.
8919. The letter t stands for dr. Var. in DM. U. A. Aquila 89, magn. var. 8½–4⅜. Plate 780; on first examination spectrum f ? Plate 1625 ; on first examination spectrum H. Plates 780 and 1625 ; image very poor and faint ; on second examination spectrum A ? Plates 1580 and 1672; on second examination spectrum Q ? Plate 749 ; 410, 3; 434, 3. Plate 780 ; 448, 3. Plate 788 ; 434 double ? Plate 1580; 419, 2 ; 434 double. Plate 1672; 434 double.
8920. Plate 1624 ; image very poor and faint; on first examination spectrum H ? on second examination spectrum A ?
8922. Plate 780 ; image poor ; on first examination spectrum A. Plate 749 ; 410, 5 ; 434, 5.
8923. Plate 738; on special examination spectrum M. Plate 669 ; 397 a 434 ; 448, 3 ; 456, 1 ; 458, 1 ; 461, 1. Plate 738 ; 448, 4 ; 458, 2.
8924. Plate 800 ; image poor; near edge of plate ; on first and second examinations spectrum A. Plate 682 ; 443, 2 ; 453, 2 ; 463, 2. Plate 693; 397 a 434; 441, 2; 448, 5; 456, 2; 458, 3; 461, 3; 466, 2 ; 468, 2. Plate 696; 443, 1, 459, 2. Plate 738 ; a 394; 397 a 434 ; 441, 1 ; 443, 2 ; 448, 3 ; 456, 1 ; 458, 3; 461, 1; 466, 1 ; 468, 3; 471, 1. Plate 742 ; 397 a 434; 441, 2; 448, 3; 456, 2; 458, 3 ; 461, 2 ; 468, 3. Plate 770 ; 397 a 434 ; 448, 4 ; 456, 2 ; 458, 3; 461, 2 ; 468, 2. Plate 1478 ; 397 a 434 ; 448, 3 ; 456, 1 ; 458, 1 ; 461, 1 ; 468, 1. Plate 1519 ; 397 a 434 ; 443, 1 ; 448, 3 ; 456, 1 ; 458, 2 ; 461, 2 ; 466, 1 ; 468, 1. Plate 1520 ; 397 a 434 ; 443, 1 ; 448, 3 ; 456, 1 ; 458, 2 ; 461, 1 ; 468, 1.
8925. Plate 1519 ; image very poor and faint ; on first examination spectrum H. Plate 738 ; 410, 5 ; 434, 5.
8926. Plate 1601 ; image poor and faint; on first examination spectrum H ? Plate 669, first image; 410, 5 ; 434, 5. Plate 669, second image ; 410, 5 ; 434, 5. Plate 1502; 410, 2; 434, 2. Plate 1504 ; 410, 3; 434, 3.
8927. Combined with 8928. DM. magns. 7.2 and 7.5. Plate 668; 410, 5 ; 434, 5; on re-examination 410, 5; 434, 5.

8928. See 8927.
8929. Plates 669 and 1601; on first examination spectrum F? Plate 1502; on first examination spectrum E. Plate 669; a 394; 410, 5; 434, 5. Plate 1601; 410, 3; 434, 3.
8932. Plate 1625; image very poor; near edge of plate; on first examination spectrum E? on second examination spectrum F?
8935. Plate 1580; image very poor and faint; on first examination spectrum E.
8939. Images very poor. Plates 1502 and 1504; on first examination spectrum E. Near edge of Plate 1502. Plate 1601; on first examination spectrum H. Plate 1504; hydrogen lines narrow.
8942. Plates 749, 780, and 788; on special examination spectrum M? Plate 683; 448, 3; 461, 2. Plate 780; 448, 3; 456, 1; 458, 1. Plate 788; 448, 3. Plate 1580; 448, 3. Plate 1625; 401, 3; 448, 3. Plate 1672, second image; 448, 3.
8943. Plates 1552 and 1624; image very poor and faint; on first examination spectrum H.
8944. Plate 742; 402, 2.
8947. See 8778.
8950. DM. +3949, magn. 9.1, follows 6ˢ.8, in same declination.
8952. First measure 5.11, resid. 1 0 2 1 1 2 6. Plate 1672; second measure gives residual 0; first measure rejected. Plate 1580; 410, 2.
8953. Plates 668 and 1504; on special examination spectrum M? Plate 1624; on special examination spectrum M. Plate 668; 448, 3; 456, 2; 461, 1. Plate 685; 448, 3. Plate 1504; 397 a 434; 448, 3; 456, 2; 458, 1; 461, 1; 468, 1. Plate 1552; 397 a 434; 448, 3; 456, 1; 458, 2; 461, 2; 466, 1; 468, 2. Plate 1624; 397 a 434; 448, 3; 456, 1; 458, 2; 461, 1; 468, 1.
8957. Images very poor and faint. Plate 1552; on first examination spectrum F; 410, 5? 434, 5? Plate 1624; on first examination spectrum E?
8959. Plate 1552; images very poor and faint; on first examination spectrum H?
8962. Plate 1624; image very poor and faint; on first examination spectrum H?
8964. Plate 1450, dark; image poor; on first examination spectrum E.
8966. Plate 669; image poor and faint; on first examination spectrum E?
8967. Plate 1504; image poor and faint; on first examination spectrum F? 410, 5; 434, 5.
8968. Plate 738; on special examination spectrum M? Plate 738; 448, 4; 458, 1; 461, 3; 468, 1.
8969. Plate 1519; image very poor and faint; near edge of plate; on first examination spectrum E?
8970. Plates 668, 684, 1503, and 1552; on special examination spectrum M? Plate 668; 397 a 434; 448, 3; 456, 1; 458, 1; 461, 2. Plate 684; 448, 3; 456, 2; 458, 2; 461, 2; 466, 1; 468, 1.

Plate 1503; 397 a 434; 448, 3; 456, 1; 458, 2; 461, 1; 468, 1. Plate 1552; 448, 3; 456, 1; 458, 1; 461, 2; 468, 1. Plate 1624; 448, 3; 461, 2; 466, 1.
8974. Images poor. Plate 1503; on first and second examinations spectrum F? 410, 5; 434, 5. Plate 1624; on first and second examinations spectrum E?
8975. Plate 669; image very poor and faint; on first examination spectrum E?
8976. Plate 1624; image very poor and faint; on first examination spectrum H.
8980. Plate 1504; 402, 2. Plate 1601; 402, 2; 453, 2.
8981. Plate 1503; on first examination spectrum II. Plate 1503; 410, 5; 434, 5; on re-examination, 410, 5; 434, 5.
8983. Plate 1488; image very poor; near edge of plate; on first examination spectrum E.
8988. Beyond the limit within which accurate measurement can be made.
8989. DM. +36° 3815, magn. 8.7, precedes 2ˢ.3, south 1′.1.
8991. Plates 684 and 1624; image poor; on first examination spectrum F? Plate 684; 410, 5; 434, 5. Plate 1624; 410, 3; 434, 3.
8992. Plates 684 and 1503; on first examination spectrum F? Plate 1624; on first examination spectrum E? Plate 684; 410, 5; 434, 5. Plate 1503; 410, 5; 434, 5.
8993. Images poor. Plate 1503; on first examination spectrum F? 410, 5; 434, 5. Plate 1624; on first examination spectrum H?
8998. Plate 1503; 410, 5; 434, 5; on re-examination 410, 5; 434, 5.
9003. Plate 749; image poor; on first examination spectrum II?
9009. DM. +35° 3929, magn. 9.4, precedes 1ˢ.8, north 0′.2.
9012. Plate 668; on first examination spectrum E. Plate 1503; image very poor; on first examination spectrum H?
9013. The letter t stands for dr. Dunér 243. Plates 742 and 1519; on first examination spectrum H. Plates 738; on first examination spectrum K; 448, 4; 456, 2; 458, 1; 461, 3; 466, 1; 468, 1; 471, 1; on special examination spectrum M?
9014. Plate 1504; image poor and faint; near edge of plate; on first and second examinations spectrum A?
9015. Plate 1503; 448, 3; 461, 1; on re-examination 448, 3.
9020. The letter t stands for dr. Combined with 9021. DM. magns. 7.0 and 8.0. Plate 1504; on first examination spectrum II? Plate 1504; 410, 5; 434, 5; on re-examination 410, 5; 434, 5.
9021. See 9020.
9022. Plates 738, 742, 1478, 1519, 1520, and 1570; on special examination spectrum M? Plate 693;

397 a 434; 446, *3*; 448, 4; 458, 2; 463, 2; 474, *3*. Plate 738; 397 a 434; 441, 1; 443, 1; 446, *1*; 448, 4; 456, 2; 458, *3*; 461, 2; 466, 1; 468, *3*; 471, 2. Plate 742; 443, 5; 458, 2. Plate 770; 448, 5; 458, 2; 468, 2. Plate 1478; 448, 3; 458, 2. Plate 1519; 448, 3. Plate 1520; 448, 3.

9023. Plate 684; 402, 3. Plate 1503; 402, 3.

9025. Plate 742; image poor; on first and second examinations spectrum A? Plate 693; 410, 5; 434, 5. Plate 738; 410, 3; 434, 3; 410 double.

9027. Plate 1478; image very poor and faint; on first examination spectrum H.

9028. Images very poor. Plates 669 and 693; on first examination spectrum F. Near edge of Plates 669, and 1488. Plate 738; on first examination spectrum E? Plates 1488, 1570, and 1601; on first examination spectrum H. Plate 669; 410, 5; 434, 5. Plate 693; 410, 5; 434, 5.

9029. Plate 1504; on first examination spectrum E.

9031. Plate 738, second image; on special examination spectrum M? Plate 738, first image; 448, 4. Plate 738, second image; 448, 4; 458, 2; 463, 2; 474, 2.

9033. Plate 1503; on first examination spectrum E? on re-examination 410, 5; 434, 5.

9035. Plate 1503; on first examination spectrum E? on re-examination 410, 5; 434, 5.

9038. Plates 1488 and 1635; image very poor and faint; near edge of plates. Plate 1488; on first examination spectrum E. Plate 1635; on first examination spectrum F? 410, 5? 434, 5? Plate 1504; 392, 2; 402, 2; 453, 2.

9040. Plate 1570; on first and second examinations spectrum E?

9043. Plate 1503; on first examination spectrum E? on re-examination 410, 5; 434, 5.

9047. Plate 1503; 410, 5; 434, 5; on re-examination 410, 5; 434, 5.

9052. The spectrum measured on Plate 695 was supposed to be that of DM. +42° 3624. On re-examination the star was found to be DM. +52° 2623, and the measures have accordingly been added to the latter star, which equals D. C. 9028.

9055. Plate 1503; 410, 5; 434, 5; on re-examination 410, 5; 434, 5.

9056. Plate 1503; 410, 3; 434, 3; on re-examination 410, 3; 434, 3.

9064. Plate 696; 410, 2; 434, 2. Plate 738, first image; 410, 5; 434, 5. Plate 738, second image; 410, 3; 434, 3; 410 and 434 double. Plate 1520; 410, 3; 434, 3.

9071. Plate 1635; on first examination spectrum F? 410, 5? 434, 5?

9075. Plate 695; image poor; near edge of plate; on first and second examinations spectrum A. Plate 1504; on special examination spectrum M. Plate

1504; a 394; 397 a 434; 438, 1; 443, *1*; 448, 2; 453, 2; 456, 1; 458, *2*; 461, 1; 468, *2*; 471, 1.

9079. Plate 1503; 402, 2; 453, 2.

9080. Plate 1601; spectrum C?

9082. Plate 738; on first examination spectrum E; on re-examination limit of spectrum a; 410, 2, 434, 2.

9083. Plate 738; on special examination spectrum M?

9085. Plate 1503; 448, 3; 456, 1; 461, 2.

9086. The spectrum measured on Plate 803 was supposed to be that of DM. +75° 726. On re-examination the star was found to be DM. +56° 2515, and the measures have accordingly been added to the latter star, which equals D. C. 9289.

9088. The letter t stands for bdr. DM. −12° 5682, magn. 9.1, precedes 1ʰ.1, south 0′.5. First measure 5.20, resid. *1 6 6*. Plate 780; second measure gives residual 1; first measure related to DM. −12° 5685 and was rejected. Plate 1625; second measure gives residual 8. Plate 749; on first and second examinations spectrum E? Plate 780; on special examination spectrum M? Plate 780; 448, 3; 461, 2.

9090. Plate 1504; on special examination spectrum M? Plate 1504; 397 a 434; 438, 1; 443, *1*; 448, 3; 456, 1; 458, *2*; 461, 2; 466, 1; 468, 2.

9094. Plate 678, second image; on first examination spectrum A? on second examination spectrum F? only a small portion of spectrum visible on plate. Plate 678, first image; 448, 3. Plate 749; 448, 2. Plate 1581; 448, 3. Plate 1625; 448, 3.

9097. Images very poor and faint. Plate 1488; on first examination spectrum H? Plate 1504; on first examination spectrum E?

9098a. DM. +51° 2813, magn. 7.5, R. A. 20ʰ 13ᵐ.4, Dec. +51° 33′. Entered erroneously in Table I. See 9117. Beyond the limits within which accurate measurement can be made. Plate 738; on first examination spectrum E? on re-examination 410, 5; 434, 5.

9100. Plate 1504; on first examination spectrum H.

9101. First measure 5.13, resid. 0 0 *2 2* n 0 0 *1 3* 2. Plate 800; first measure gives residual *10*; second measure gives residual 0; first measure related to DM. +74° 872, and was rejected.

9102. Plate 1503; 410, 3? 434, 3?

9103. The letter t stands for dr. P Cygni; spectrum nearly continuous, traversed by bright hydrogen lines. Plate 1488; on first examination spectrum E? Plate 1504; on first examination spectrum G? on special examination spectrum Q. Plate 1504; 434, 2?

9108. Images very poor and faint. Plate 694; on first examination spectrum A. Plate 1504; on first examination spectrum F? 410, 2; 434, 2.

9112. The letter t stands for dr. Not observed in the Harvard Photometry on account of the proximity

THE DRAPER CATALOGUE.

of H. P. 3554. Plate 749; on special examination spectrum M ? Plate 749; 410, 5; 434, 5; on re-examination 410, 5; 434, 5.

9113. Plate 1503; on first examination spectrum H.
9114. The letter t stands for dr. DM. magn. 3. Plate 780; on first examination spectrum H. Plate 1625; on first examination spectrum K. Plate 1581; on special examination spectrum Q. Plate 678; a 394; 410, 5; 434, 5; 434 double; bright lines; spectrum peculiar. Plate 686; limit of spectrum γ; 410, 5; 434, 5; 434 double; bright lines. Plate 749; 410, 5; 434, 5. Plate 1581; a 394; 410, 3; 434, 3; 434 double; spectrum peculiar ? Plate 1625; limit of spectrum β; 397 a 434; 438, 2; 443, 2; 448, 2; 458, 1; 461, 2.
9116. Plate 1504; on first examination spectrum H. Plate 685; on second examination spectrum F?
9117. R. A. 20ʰ 13ᵐ.4. Dec. +51° 33'. See 9098a in Table II. and remarks.
9118. Plate 1503; 410, 5 ? 434, 5 ? on re-examination 410, 5; 434, 5.
9120. First measure 5.71, resid 0 0 8 ≠ 0 1 1 5. Plate 738; second measure gives residual 5; first measure rejected.
9121. Plates 770 and 1570; image poor. Plate 770; on first examination spectrum A; on second examination spectrum A ? Plate 1570; on first and second examinations spectrum H. Plate 742; 410, 2; 434, 2.
9126. Plate 694; on first examination spectrum F ? 410, 5; 434, 5.
9128. Plate 1478; image very poor and faint; on first examination spectrum F; 410, 5; 434, 5.
9129. Plate 738; on first examination spectrum E; on re-examination 410, 2 ? 434, 2 ?
9130. Plate 719; on first examination spectrum I ? Plate 1504; on first examination spectrum K. Plate 685; spectrum peculiar; several bright and dark lines. Plate 695; several bright and dark lines. Plate 779; spectrum peculiar; a 394; several bright and dark lines. Plate 1488; spectrum peculiar; a 394; 410, 2; 434, 2; several bright and dark lines. Plate 1504; several bright and dark lines; 394 double ? Plate 1583; a 394; 410, 2; 434, 2. Plate 1636; spectrum peculiar; a 394; 410, 2; 434, 2; several bright and dark lines. On special examination of all plates spectrum Q.
9133. DM. +38° 4050, magn. 8.9, precedes 4ˢ.5, south 0'.1.
9134. U. A. Aquila 135, magn. 6.4 var ?
9135. Dunér 246.
9136. Plate 738; on first examination spectrum H.
9137. Plate 1635; on special examination spectrum M ? Plate 1635; 448, 3.
9139. Plate 1488; image very poor and faint; on first examination spectrum H.

9140. Plates 1478 and 1570; image very poor and faint; on first examination spectrum E.
9141. Plate 1478; image very poor and faint; on first examination spectrum E ?
9142. The spectrum measured on Plate 1520 was supposed to be that of DM. +79° 670. On re-examination the star was found to be DM. +79° 675, and the measures have accordingly been added to the latter star, which equals D. C. 9181.
9146. Plate 1520; image very poor and faint; on first examination spectrum H ?
9149. Plate 1581; on first examination spectrum F ? 410, 5; 434, 5.
9154. Plate 1488; image very poor and faint; on first examination spectrum E ?
9156. Plates 696, 1564, and 2242; image very poor; on first and second examinations spectrum A. Near edge of Plate 1564. Plate 1450; 410, 5; 434, 5. Plate 1520; 410, 5; 434, 5. Plate 1521; 410, 5 ? 434, 5 ?
9157. Plate 2242; 410, 3; 434, 3.
9158. Plate 694; a 394, 410, 4; 434, 4. Plate 718; limit of spectrum β; 410, 5; 434, 5. Plate 778; limit of spectrum γ; 410, 5; 434, 5. Plate 1487; limit of spectrum β; 410, 5; 434, 5. Plate 1582; 410, 5; 434, 5; 410 and 434 double. Plate 1635; limit of spectrum β; 410, 3; 434, 3.
9162. Plate 1570; on first examination spectrum H.
9164. Plate 1583; 402, 2.
9171. Plate 1489; spectrum C ?
9172. Plate 753; image poor; on first and second examinations spectrum A. Plate 738; 410, 2; 434, 2.
9173. Plate 1582; spectrum C ?
9181. Plate 696; spectrum C. Plate 1520; 410, 5; 434, 5; on re-examination 410, 5; 434, 5.
9185. Images very poor; near edge of plates. Plate 738; on first examination spectrum E. Plate 1520; on first examination spectrum H ?
9187. Plate 1581; image poor and faint; on first examination spectrum H. Plate 678; 410, 5; 434, 5.
9190. Plate 678; limit of spectrum β; 410, 5; 434, 5; 434 double. Plate 686; limit of spectrum γ; 410, 5; 434, 5; 434 double. Plate 718; a 394; 410, 3; 434, 3. Plate 1581; a 394; 410, 5; 434, 5; 410 and 434 double. Plate 1582; a 394; 410, 3; 434, 3; 434 double.
9192. Plate 1520; image very poor and faint; on first examination spectrum E ? on second examination spectrum A ?
9194. Combined with 9195. DM. magns. 6.2 and 6.4. H.P. magns. 6.3 and 6.4. Images very poor and faint. Plate 1487; on first examination spectrum H ? Plate 1635; on first examination spectrum E ?
9195. See 9194.
9196. Plate 1581; on first examination spectrum F; limit of spectrum β; 410, 5; 434, 5.

9200. Plate 1581; image very poor and faint; on first examination spectrum E.
9205. Plate 1570; image very poor and faint; near edge of plate; on first examination spectrum E? on second examination spectrum A? Plate 738; 441, 1; 448, 4; 456, 1; 458, *2*; 461, 1; 466, 1; 468, *2*; 471, 1. Plate 753; 448, 3. Plate 1519; 448, 3; 458, 2; 468, 2. Plate 1520; 397 a 434; 443, *1*; 448, 3; 456, 1; 458, *2*, 461, 2; 468, *1*. Plate 1584; 448, 3; 458, 2.
9206. Plate 1487; image very poor and faint; on first examination spectrum H?
9208. Plate 753; 410, 5; 434, 5. Plate 1519; 448, 3; 458, 2; 468, 2. Plate 1520; 448, 3.
9210. Plate 1488; image very poor and faint; on first examination spectrum F? 410, 5; 434, 5.
9220. DM. magn. 1.7. H.P. magn. 1.5. Brightness could not be measured on account of the density of the images. Plate 802; spectrum C? Plate 695; 376, 3? Plate 719; 376, 4.
9221. Plate 1478; 410, 5; 434, 5.
9222. Images very poor and faint. Plate 1583, second image; on first examination spectrum G; 402, 2; 453, 2; near edge of plate. Plate 1627; on first examination spectrum F? 410, 5? 434, 5? Plate 1636; on first examination spectrum E.
9223. Plate 1581; spectrum C.
9224. Plate 746; image poor; on first examination spectrum F? 410, 5? 434, 5? Plate 1583; 402, 2.
9225. . Plate 834; spectrum C. Plate 1564; spectrum C?
9227. Images very poor and faint. Plates 696, 803, and 1521; on first and second examinations spectrum F. Near edge of Plate, 1521. Plate 1478; on first examination spectrum H. Plate 1570; on first examination spectrum E; on second examination spectrum F? Plate 696; 410, 2; 434, 2; 434 double. Plate 803; 410, 5; 434, 5. Plate 1521; 410, 3; 434, 3. Plate 1584; image good; 426, 3.
9228. Plate 738; on first examination spectrum A.
9229. Plate 1602; image poor; on first examination spectrum C? Plate 703; 410, 5; 434, 5.
9232. Plate 1582; 448, 3.
9233. Plate 1478; on first examination spectrum E.
9236. Plate 1582; on special examination spectrum M. Plate 801; 448, 3. Plate 1582; 397 a 434; 448, 3; 456, 1; 461, 1.
9237. Plates 693, 720, and 1520, first image; spectrum C.
9238. The letter t stands for dr. Combined with 9239. Plate 1582; on special examination spectrum M? Plate 1582; 397 a 434; 438, 1; 443, *1*; 448, 3; 456, 1; 458, *1*; 461, 1; 466, 1; 468, *1*.
9239. See 9238.
9240. Plate 745; on special examination spectrum M? Plate 694; limit of spectrum β; 397 a 434; 443, *1*; 448, 3; 458, *1*; 461, 1. Plate 719; limit of spectrum β; 397 a 434; 448 3; 456, 1; 458, *2*;

461, 2; 466, 1; 468, *1*. Plate 745; limit of spectrum a; 397 a 434; 448, 3; 456, 1; 458, *1*. Plate 778; 397 a 434; 448, 3; 456, 1; 458, *2*; 461, 1. Plate 801; limit of spectrum β; 397 a 434; 448, 3; 456, 2; 458, *2*; 461, 2; 466, 1; 468, *1*. Plate 1487; limit of spectrum a; 397 a 434; 448, 3; 456, 1; 458, *3*; 461, 2; 468, *2*. Plate 1583; limit of spectrum β; 397 a 434; 448, 3; 456, 1; 458,*3*; 461, 2; 466, 1; 468,*2*. Plate 1626; 397 a 434; 448, 3; 456, 1; 458, *3*; 461, 1; 468, *2*. Plate 1635; 397 a 434; 448, 3; 456, 1; 458, *2*; 461, 1; 468, 2. Plate 1637; 397 a 434; 448, 3; 456, 1; 458, *3*; 461, 2; 468, *2*.
9242. Plate 696; 410, 2; 434, 2; 434 double. Plate 1478; 410, 3; 434, 3; 434 double. Plate 1520; limit of spectrum a; 410, 3; 434, 3; 434 double.
9244. Plate 696; 397 a 434; 446, 4; 453, 2; 458, 4; 461, 3; 463, *2*; 468, *2*. Plate 720; 448, 4; 458, 2; 468, 2. Plate 800; 397 a 434; 448, 5, 456, 2; 458, *3*; 461, 3; 463, 2; 468, *2*. Plate 803; 448, 2. Plate 1478, first image; 448, 3. Plate 1478, second image; 397 a 434; 443, *1*; 448, 3; 456, 1; 458, *2*; 461, 2; 466, 1; 468, *1*. Plate 1520; limit of spectrum a; 397 a 434; 448, 1; 448, 3; 456, 1; 458, *2*; 461, 2; 466, 1; 468, *1*. Plate 1584, first image; 397 a 434; 448, 3. Plate 1584, second image; 397 a 434; 448, 2; 468, 2.
9245. Plate 1583; spectrum H. Spectrum K on examination of Plate 739, Class I.
9246. Plate 1636; image very poor; near edge of plate; on first examination spectrum E? Plate 1487; 402, 2. Plate 1583; 402, 2; 448, 2.
9248. Images very poor. Plate 802; on first and second examinations spectrum A. Plates 1627 and 1636; on first examination spectrum H? Plate 1638; on second examination spectrum A? Plate 1555; image good; 410, 5; 434, 5.
9249. Images very poor and faint. Plate 1488; on first examination spectrum E? Plate 1638; badly stained; on first examination spectrum H?
9253. Plate 1488; spectrum C?
9254. The letter t stands for dr. U. A. Aquarius 13, magn. 5.8, var.? Plate 1489; image poor; on first examination spectrum F; 410, 5; 434, 5.
9256. Plate 1554; image very poor; on first examination spectrum E? on second examination spectrum A? Plates 1582 and 1637; spectrum H. Plate 1582; on second examination spectrum A? Spectrum F on examination of Plate 1815, Class I.
9259. Images poor. Plate 1520; on first examination spectrum E. Plate 1584; on first examination spectrum H? On second examination spectrum E?
9261. Plate 1582; 448, 3.
9262. Plate 801; on first examination spectrum E?
9263. Plate 1520; on first examination spectrum E?

THE DRAPER CATALOGUE.

9265. Plate 719; 402, 2. Plate 1555; 402, 2; 453, 2. Plate 1627; 402, 2; 453, 2. Plate 1638; 402, 2.

9269. Plate 1554; image very poor; on first examination spectrum E.

9271. Plate 1555; 410, 5; 434, 5.

9279. Plate 1570; badly stained; image very poor and faint; on first examination spectrum E? or second examination spectrum F? Plate 696; 448, 5. Plate 738; 448, 5; 456, 1; 458, 2; 461, 1. Plate 1519; 448, 3. Plate 1520; 397 a 434; 443, 1; 448, 3; 456, 1; 458, 1, 461, 2. Plate 1521; 448, 3; 458, 2. Plate 1584; 448, 3; 458, 2.

9281. Plate 1520; image very poor and faint; on first examination spectrum E.

9284. Images very poor and faint. Plates 1555, 1583, and 1627; on first examination spectrum E. Plate 1638; on first examination spectrum H?

9285. Plate 1583; image poor; on first examination spectrum E.

9289. Plates 1520, 1555, and 1627; image poor and faint; near edge of plates. Plates 1478 and 1555; on first examination spectrum E? Plate 1520; on first examination spectrum F? 410, 5; 434, 5. Plate 1627; on first examination spectrum H?

9293. Plate 746; image poor; on first examination spectrum H?

9295. Plates 746 and 823; image poor; on first examination spectrum F. Plate 746; limit of spectrum β; 410, 5; 434, 5. Plate 823; 410, 5; 434, 5. Plate 1583; 402, 2; 453, 2.

9296. Plate 1583; image very poor and faint; on first examination spectrum H?

9298. Plates 719, 746, 772, 802 first and second images, 1555 and 1638; on first examination spectrum A? Plate 823; 410, 5; 434, 5. Plate 1583; hydrogen lines narrow; a 394; 410, 5; 434, 5. Plate 1627; 410, 3; 434, 3. Plate 1645; 410, 3; 434, 3.

9300. Plate 719; image poor; near edge of plate, on first examination spectrum F; 410, 5, 434, 5. Plate 1555; 402, 2; 453, 2. Plate 1645; spectrum C?

9302. Plate 1602? spectrum C? Plate 1673; image poor; on first and second examinations spectrum F? 410, 5? 434, 5?

9303. Images poor. Plate 1519; on first examination spectrum H. Plates 1521 and 1564; on first examination spectrum E.

9304. Plate 803; on first examination spectrum A. Plate 1520; on first and second examinations spectrum H.

9306. Plate 1555; on first and second examinations spectrum A. Plate 1645; on first and second examinations spectrum H.

9308. DM. +41° 3986, magn. 9.0, precedes 1ʰ.2, south 0.′6.

9314. Plates 746, 802, 1555, 1583, and 1627; on special examination spectrum M? Plate 802; 438, 1; 443, 1; 448, 3; 456, 1; 458, 1; 461, 1; 466, 1; 468, 1; 471, 1. Plate 1555; 397 a 434; 438, 1; 443, 1; 448, 3; 456, 2; 458, 3; 461, 2; 466, 1; 468, 2. Plate 1583; 448, 3; 456, 1; 458, 1; 461, 1; 468, 1. Plate 1627; 438, 1; 443, 1; 448, 3; 456, 2; 458, 2; 461, 2; 466, 1; 468, 3; 471, 1. Plate 1638; 438, 1; 443, 1; 448, 3; 456, 2; 458, 2; 461, 2; 466, 1; 468, 2.

9316. Combined with 9317. DM. magus. 5.0 and 5.3.

9317. See 9316.

9319. Plates 1554 and 1626; image very poor and faint; on first examination spectrum A? Plate 1637; 410, 5; 434, 5.

9320. Plate 1598; image very poor and faint; on first and second examinations spectrum F? 410, 5; 434, 5.

9321. Plate 1554; image very poor; on first examination spectrum H?

9326. Images very poor and faint. Plates 745 and 1490; on first and second examination spectrum F? Plate 1687; on first examination spectrum H? on second examination spectrum F? near edge of plate. Plate 745; 410, 3; 434, 3. Plate 1490; 410, 5? 434, 5?

9327. Plate 1520; image very poor and faint; on first examination spectrum H. Plate 1521, 410, 5? 434, 5?

9330. Plates 753, 800, 1520, and 1521; image poor; on first examination spectrum A. Plate 696; 410, 2; 434, 2. Plate 803; 410, 5; 434, 5; 410 and 434 double.

9331. Combined with 9332. DM. magus. 7.5 and 6.5.

9332. See 9331.

9334. Images poor and faint; near edge of plates. Plate 1583; on first examination spectrum E? Plate 1645; on first examination spectrum H?

9335. Plate 746; image poor; on first examination spectrum F? 410, 5? 434, 5?

9336. Plate 1645; image very poor; on first examination spectrum H.

9338. Plate 787; spectrum C?

9341. Plates 775 and 1490; on special examination spectrum M. Plates 801, 1626, 1637, and 1687; on special examination spectrum M? Plate 745; 448, 3; 456, 1; 458, 1. Plate 801; 397 a 434; 448, 3; 456, 2; 458, 1; 461, 1; 468, 1. Plate 824; 397 a 434; 448, 3; 456, 2; 461, 1. Plate 845; 397 a 434; 448, 3. Plate 1490; 397 a 434; 448, 3; 458, 2; 461, 1; 468, 2. Plate 1554; limit of spectrum α; 397 a 434; 448, 3; 456, 2; 458, 2; 461, 2; 466, 1; 468, 2. Plate 1626; 397 a 434; 448, 3; 456, 1; 458, 3; 461, 2; 466

1; 468, *2*. Plate 1637; 397 a 434; 438, 1; 443, *1*; 448, 3; 456, 1; 458, *3*; 461, 2; 466, 1; 468, *2*. Plate 1679; 448, 3. Plate 1687; 448, 3; 461, 2. Plate 1692; 448, 2.

9344. Plate 1584; hydrogen lines narrow.
9346. Plate 724; limit of spectrum β; 410, 2; 434, 2. Plate 790; 410, 5; 434, 5. Plate 839; a 394; 410, 2; 434, 2. Plate 1598; 410, 5; 434, 5. Plate 1603; 410, 5? 434, 5. Plate 1673; 410, 2; 434, 2; 434 double.
9349. Plate 1554; image very poor; on first examination spectrum H?
9350. Plate 802; on first examination spectrum A? Plate 746; a 394; 410, 5; 434, 5. Plate 772; a 394, 410, 5; 434, 5. Plate 823; a 394; 410, 5; 434, 5. Plate 1555; limit of spectrum γ; 410, 5? 434, 5? Plate 1627; limit of spectrum β; 410, 5; 434, 5. Plate 1638; limit of spectrum β; 410, 5? 434, 5? Plate 1645; limit of spectrum β; 410, 5; 434, 5. Plate 1674; limit of spectrum β; 410, 5? 434, 5?
9352. Plate 1520; image poor and faint; on first examination spectrum E?
9354. Images very poor and faint. Plate 1520; on first examination spectrum H. Plate 1584; on first examination spectrum E.
9355. Plate 1645; image very poor and faint, on first and second examinations spectrum A?
9358. Plate 1603; image poor and faint; on first examination spectrum H?
9362. Plates 1521 and 1570; image very poor and faint; on first examination spectrum E. Plate 1584; hydrogen lines narrow; 446, 5; 458, 1.
9363. Plate 823; on first examination spectrum F; a 394; 410, 5; 434, 5. Plate 1626; 392, 2; 402, 2; 453, 2. Plate 1637; 392, 2; 402, 2; 412, 1; 438, 1; 453, 2. Plate 1645; 392, 2; 402, 2; 448, 2. Plate 1674; 402, 2; 453, 2.
9365. The letter t stands for dr. Images very poor and faint. First measure 5.97, resid. 1 7 *2* 0 1 1 2 3. Plate 802; second measure gives residual 2; first measure rejected; on first examination spectrum F; 410, 2; 434, 2. Plate 1638; on first examination spectrum H?
9366. Plate 1554; image very poor; on first examination spectrum H?
9367. Images very poor and faint. Plate 1520; on first examination spectrum H; near edge of plate. Plate 1584; on first examination spectrum E; on second examination spectrum F?
9369. Plates 746 and 1674; image poor. Plate 746; on first examination spectrum E; on second examination spectrum F? Plate 1674; on first and second examinations spectrum F? 410, 5? 434, 5? Plate 1555; 392, 2; 402, 2; 453, 2.
9374. Plates 801 and 1554; image poor and faint. Plate 801; on first examination spectrum A? Plate

1554; on first examination spectrum H; on second examination spectrum A? near edge of plate. Plate 1637; 410, 5? 434, 5?

9375. Plate 828; image very poor and faint; near edge of plate; on first and second examinations spectrum F? 410, 5; 434, 5.
9376. The letter t stands for dr. DM. magn. 3.0. H. P. magn. 2.6. Measures of brightness obtained on five plates; images too dense to determine magnitude with accuracy. Magn. 3.58, resid. *6 2* 4 4 1. Plate 720, second image; 466, *4*; 468, *2*; on special examination spectrum Q.
9378. Plate 2242; image poor; on first examination spectrum H?
9379. The spectrum measured on Plate 803 was supposed to be that of DM. +67° 1303. On re-examination the star was found to be DM. +78° 742, and the measures have accordingly been added to the latter star, which equals D. C. 9352.
9382. Plates 696, 738, 753, and 1584; image poor; on first examination spectrum A. Plate 1520; 410, 5; 434, 5. Plate 1521; 410, 5? 434, 5?
9383. U. A. Capricornus 86, magn. 4.4. Not in A. G. C. Residual from U. A. magnitude entered in Draper Catalogue. Plate 724; image poor; near edge of plate; on first examination spectrum A? on second examination spectrum F?
9386. Plate 696; spectrum C? Plate 800; badly stained; image very poor; on first and second examinations spectrum E. Plate 720; 403, 2; 458, 2. Plate 803; 402, 3. Plate 1520; 402, 4. Plate 1584; hydrogen lines narrow; 402, 2.
9387. Plates 1554 and 1687; on special examination spectrum M? Plate 845; 448, 3. Plate 1490; 448, 3. Plate 1554; 448, 3; 456, 1; 461, 1. Plate 1626; 448, 3. Plate 1637; 448, 3; 456, 1; 458, *1*; 461, 1. Plate 1679; 448, 3; 456, 2; 461, 2.
9388. Plate 770; spectrum C? Plate 720; 419, 2; 424, 2. Plate 795; 403, 2.
9389. DM. +77° 812, magn. 9.5, follows 6*s*, north 0′.2.
9390. Images poor and faint. Plate 1520; on first examination spectrum H; near edge of plate. Plate 1584; on first examination spectrum E.
9392. Not observed in the Harvard Photometry on account of the proximity of H. P 3768.
9395. Plate 790; on first examination spectrum A.
9398. Plates 1490 and 1679; on first examination spectrum E? Plate 1637; on first examination spectrum F? 410, 5? 434, 5?
9401. Plate 1490; image very poor and faint; on first examination spectrum E?
9403. Plates 822, 845, and 1490; on first examination spectrum A? Plate 1692; on first examination spectrum H. Plate 1554; 410, 5; 434, 5.
9409. Plate 845; on first examination spectrum E? on re-examination 410, 5; 434, 5.

9410. Plate 839; on special examination spectrum M? Plate 1603; 397 a 434; 448, 3; 456, 1; 458, 1.
9411. Plate 1521; image very poor and faint; on first examination spectrum E.
9412. Plate 1584; 410, 3? 434, 3? on re-examination 410, 5? 434, 5?
9414. Plate 1674; image very poor and faint; on first examination spectrum H?
9415. Images very poor and faint. Plates 1605 second image, and 1645; on first examination spectrum E? Plate 1674; on first examination spectrum H?
9416. Images very poor and faint. Plate 1645; on first examination spectrum H? Plate 1674; on first examination spectrum E?
9418. Plate 1584; on first examination spectrum E; on re-examination, 410, 5; 434, 5.
9419. Plate 1584; image poor; on first examination spectrum H.
9420. Plates 1520 and 1521; image poor and faint; on first examination spectrum F? Plate 1520; 410, 5? 434, 5? Plate 1521; 410, 5? 434, 5?
9421. Plates 1564 and 1584; image very poor and faint; near edge of plates; on first and second examinations spectrum H?
9423. Plate 790; image poor; on first examination spectrum E? Plate 839; on special examination spectrum M?
9424. Plates 827 and 1638; image very poor; near edge of plates; on first examination spectrum E? Plate 1638; on second examination spectrum F? Plate 1645; 402, 2. Plate 1674; 402, 2; 453, 2.
9425. Plate 753; image poor; near edge of plate; on first examination spectrum E?
9428. Images poor. Plate 1627; on first examination spectrum E? on second examination spectrum F? near edge of plate. Plate 1638; on first examination spectrum F? 410, 5? 434, 5?
9430. Plate 1637; image very poor and faint; near edge of plate; on first and second examinations spectrum A? Plate 1490; 410, 5? 434, 5?
9431. Plate 753; 410, 2; 434, 2; on re-examination 410, 3? 434, 3?
9432. Duner 264.
9433. Plate 1555; image very poor and faint; on first examination spectrum H.
9439. Plates 839 and 1639; on first examination spectrum A. Plate 1679; image very poor; near edge of plate; on first examination spectrum H.
9440. Plate 831; on first examination spectrum E; on second examination spectrum F; near edge of plate. Plate 790; limit of spectrum β; 397 a 434; 438, 1; 443, 1; 448, 3; 456, 1; 458, 2; 461, 1. Plate 839; limit of spectrum β; 397 a 434; 448, 3; 456, 1; 458, 1; 461, 1. Plate 1603; 397 a 434; 438, 2; 443, 2; 448, 2; 456, 1; 458, 2; 461, 1; 468, 1. Plate 1639; 397 a

434; 443, 1; 448, 2; 458, 2. Plate 1673; 443, 1; 448, 3; 458, 2.
9442. Plate 1638; image very poor; near edge of plate; on first examination spectrum F? 410, 5? 434, 5?
9443. Plate 803; 382, 4; 403, 2; 406, 3; 448, 3; 468, 2.
9444. Plate 803; on special examination spectrum Q.
9445. Plate 803; image very poor and faint; on first and second examinations spectrum A? Plate 1584; on special examination spectrum M? Plate 1521; 448, 3; 458, 2.
9449. Images very poor and faint. Plate 1645, on first examination spectrum H. Plate 1674; on first examination spectrum E.
9452. Plates 1645 and 1674; on first examination spectrum H.
9454. Images very poor and faint. Plate 1520; on first examination spectrum E. Plate 1521; on first examination spectrum H? near edge of plate.
9460. Plate 823, on first examination spectrum H. Plates 772, 828, and 1645; on first examination spectrum I. Plates 1605 and 1674; on first examination spectrum K. Plate 1605; on special examination spectrum L. Plate 1645; on special examination spectrum M? Plate 772; 448, 3. Plate 828; 448, 3. Plate 1605; 397 a 434; 448, 3; 456, 1; 458, 2; 461, 2. Plate 1645; 448, 3; 456, 2. Plate 1674; 397 a 434; 448, 3; 456, 1; 458, 2; 461, 1.
9464. Images very poor and faint. Plate 828; on first examination spectrum H? Plate 1584; on first examination spectrum E? near edge of plate.
9465. The letter t stands for bd. DM. −20°, 6253, magn. 9.4, follows 3°.5, north 0'.9. Plate 831; image poor; on first examination spectrum E? on second examination spectrum F? Plate 1522; on first examination spectrum F? limit of spectrum β; 410, 5? 434, 5?
9470. Plate 1639; image very poor and faint; on first and second examinations spectrum F? 410, 5; 434, 5.
9472. Plates 1604 and 1679; image poor; on first examination spectrum E?
9473. Plate 1003; image very poor and faint; near edge of plate; on first examination spectrum H; on second examination spectrum A? Plate 839; 410, 3; 434, 3. Plate 1522; 410, 5; 434, 5. Plate 1639; 410, 3; 434, 3.
9475. Plate 1674; image very poor and faint; on first examination spectrum H.
9478. Plate 1604; image very poor; on first examination spectrum H?
9481. Plates 790, 831, 1522, 1603, and 1639; on first examination spectrum A. Plates 831 and 839; on second examination spectrum G. Plate 839; image poor; near edge of plate; 410, 5; 434, 5.
9485. Images very poor and faint. Plates 720 and 803; on first examination spectrum A. Plate 1521; on

first examination spectrum H. Plate 1584; image good; hydrogen lines narrow.
9486. First measure 5.46, resid. 7.6. Plate 1522; second measure gives residual 7. Plate 1639; second measure gives residual 7; first measure rejected.
9487. Dunér 267.
9488. Plate 831; image very poor and faint; on first and second examinations spectrum A ? Plate 1639; 448, 3; 461, 2.
9489. Dunér 268. Plate 831; on second examination spectrum A ?
9492. DM. +40° 4610, magn. 9.3; precedes 3'.6, south 0'.7.
9496. Plate 1522; image very poor and faint; on first examination spectrum E ?
9498. Plate 828; 402, 2. Plate 1557; 402, 2. Plate 1605; 382, 4; 392, 2; 402, 2; 412, 1; 453, 2. Plate 1645; 402, 2. Plate 1674; 402, 2; 453, 2.
9499. Plate 1522; image very poor and faint; on first examination spectrum H ?
9500. The letter t stands for dr. U. A. Pegasus 11, magn. 2.3, var ? Plates 831 and 1639; on special examination spectrum M ? Plate 831; 397 a 434; 448, 3; 456, 1; 458, 2; 461, 2; 466, 1; 468, 1. Plate 839; 448, 3; 461, 1. Plate 1522; 397 a 434; 443, 1; 448, 3; 456, 2; 458, 2; 461, 2; 468, 2. Plate 1603; 397 a 434; 448, 3; 458, 2; 461, 2; 466, 1; 468, 1. Plate 1639; 397 a 434; 438, 1; 443, 1; 448, 3; 451, 1; 453, 1; 456, 2; 458, 2; 461, 2; 466, 1; 468, 2.
9501. Plate 1639; image poor; on first examination spectrum H.
9505. The letter t stands for dr. Combined with 9506. Plates 845 and 1692; image poor; on first examination spectrum A; near edge of plate 845. Plate 1490; limit of spectrum β; 410, 5; 434, 5; 434 double. Plate 1604; 410, 5; 434, 5. Plate 1687; 410, 5; 434, 5.
9506. See 9505.
9511. The letter t stands for dr. First measure 4.90, resid. 1 7 0 7 3 2 1 2. Plate 845; second measure gives residual 4. Plate 1604; second measure gives residual 1; first measure rejected. Plate 1675; image poor; on first examination spectrum C ? on second examination spectrum A ? Plate 827; 410, 5; 434, 5. Plate 1490; limit of spectrum β; 410, 5; 434, 5. Plate 1604; limit of spectrum β; 410, 5; 434, 5. Plate 1679; 410, 2; 434, 2. Plate 1687; 410, 5; 434, 5. Plate 1692; 410, 5 ? 434, 5 ?
9512. Plates 803, 753, 774, and 1584; on special examination spectrum M ? Plate 720; 434 double; 448, 5; 458, 2; 468, 2. Plate 753; 397 a 434; 448, 5; 456, 2; 458, 2; 461. 2; 468, 2. Plate 774; 448, 5; 458, 2; 468, 2. Plate 803; 448, 5; 458, 2; 468, 2. Plate 1520; 397 a 434; 448, 3; 458, 2. Plate 1521; 397 a 434; 438, 1; 443, 1; 448, 3; 453, 1; 456, 1; 458, 2; 461, 2; 466, 1; 468, 1 ; 468, 1 ; 471, 1. Plate 1584; 397 a 434; 443, 1; 448, 3; 456, 2; 458, 2; 461, 2; 466, 1; 468, 1; 471, 1.
9513. The letter t stands for dr. Var. in DM. Dunér 269. Plates 803 and 1521; on first examination spectrum II. Plate 1584; on first examination spectrum I; 448, 3; 458, 2; on special examination spectrum M.
9515. Plate 831; image poor; on first examination spectrum H ?
9517. The letter t stands for dr. DM. magn. 3. Plate 1522; on first examination spectrum F ? hydrogen lines narrow ? a 394; 410, 5; 434, 5.
9518. Plate 753; on special examination spectrum M. Plate 753; 397 a 434; 448, 5; 458, 3; 468, 2. Plate 774; 448, 4; 458, 2; 468, 2. Plate 1521; 448, 3; 458, 2; 468, 2.
9520. Plate 1584; image very poor; on first examination spectrum H; on second examination spectrum A ?
9524. Plate 1521; on first examination spectrum F ? 410, 5; 434, 5.
9525. Plate 828; 392, 2; 402, 2. Plate 841; 382, 3. Plate 1557; 392, 2; 402, 2; 453, 2. Plate 1605; 392, 2; 402, 2; 453, 2. Plate 1645; 392, 2; 402, 2; 453, 2. Plate 1674; 402, 2; 414, 2; 438, 2; 453, 2.
9529. Dunér 271.
9533. Plate 1675; spectrum C ?
9534. Plate 840; 410, 3; 434, 3. Plate 1556; 410, 2; 434, 2.
9536. Images very poor and faint. Plate 1639; on first examination spectrum H. Plate 831; on second examination spectrum F ?
9539. Plate 1521; image poor and faint; near edge of plate; on first examination spectrum E; on second examination spectrum F ?
9540. Plate 1675; image very poor and faint; on first examination spectrum E.
9541. Plate 1557; image poor; on first examination spectrum F ? 410, 5; 434, 5.
9544. Plates 831 and 899; image poor; on first examination spectrum A. Near edge of Plate 899. Plate 831; on second examination spectrum A ? Plate 740; 410, 5; 434, 5. Plate 1585; limit of spectrum γ; 410, 5; 434, 5. Plate 1639; 410, 5 ? 434, 5 ?
9545. Plate 1556; image very poor; on first examination spectrum A ?
9546. Plate 1639; image poor and faint; on first examination spectrum H; on second examination spectrum F ?
9548. Plate 1556; 402, 2; 453, 2.
9550. Plate 1675; image very poor and faint; on first examination spectrum F; 410, 5; 434, 5.
9556. Plate 1522; 410, 5; 434, 5. Plate 1639; 410, 5 ? 434, 5 ?

THE DRAPER CATALOGUE. 361

9559. Plate 1519; image very poor; near edge of plate; on first examination spectrum E?
9560. Plate 1584; image very poor and faint; on first examination spectrum H.
9561. Images poor. Plate 1521; on first examination spectrum H? Plate 1584; on first examination spectrum E?
9562. Plate 1584; image poor; on first examination spectrum H?
9563. Images very poor and faint. Plate 899; on first examination spectrum A? Plate 1639; on first examination spectrum H.
9564. Images very poor and faint. Plates 1521 and 1584; on first examination spectrum E; near edge of plates. Plate 1584; on second examination spectrum F? Plate 1605; on first examination spectrum H.
9565. First measure 6.49, resid. 1 6 3 0 5 1 7 0. Plate 753; second measure gives residual 7. Plate 1576; second measure gives residual 2; first measure rejected.
9566. Plate 1584; image very poor and faint; on first examination spectrum H.
9569. Plate 1584; on first examination spectrum E; on re-examination 410, 5; 434, 5.
9570. Plate 1584; image poor; near edge of plate; on first examination spectrum E.
9571. Plate 753; 403, 3; 421, 2; 458, 2.
9572. Plate 899; image very poor; on first examination spectrum A?
9574. Plate 841; image very poor and faint; on first examination spectrum E? on second examination spectrum F?
9575. Dunér 272.
9576. Plate 1584; image poor; near edge of plate; on first examination spectrum E.
9578. A. G. C. 30067.
9579. Dunér 273.
9581. Images very poor. Plate 1521; on first examination spectrum E. Plate 1584; on first examination spectrum H; near edge of plate.
9583. Images very poor and faint. Plates 740 and 849; on first examination spectrum A? Plates 1522 and 1639; on first examination spectrum H. Plate 1639; on second examination spectrum A? Plate 1585; image good; limit of spectrum a; 410, 3; 434, 3.
9583a. A. G. C. 30101. R. A. 21ʰ 55ᵐ.1. Dec. —28° 56'. Entered erroneously in Table I. See 9594.
9586. Dunér 274. First measure 7.10, resid. 5 6 2. Plate 1564; second measure gives residual 1; first measure rejected.
9589. Plate 1639; spectrum C? Plate 1522; on first examination spectrum F? Plate 1556; on first and second examinations spectrum F? 410, 5? 434, 5?

9593. A. G. C. magn. 7.
9594. R. A. 21ʰ 55ᵐ.1. Dec. —28° 56'. See 9583a, Table II., and remarks.
9595. Plates 1522 and 1639; image poor; on first examination spectrum E.
9597. Plate 720; image poor; on first examination spectrum A. Plate 753; 410, 3; 434, 3; 410 and 434 double. Plate 774; 410, 5; 434, 5; 434 double. Plate 787; 410, 5; 434, 5; 410 and 434 double. Plate 795; 410, 2; 434, 2; 434 double. Plate 803; 410, 3; 434, 3; 410 and 434 double. Plate 1521; 410, 5; 434, 5; 434 double. Plate 1576; 410, 5; 434, 5; 434 double. Plate 1584; a 394; 410, 3; 434, 3; 434 double.
9600. Images poor. Plate 899; on first examination spectrum F? 410, 5; 434, 5. Plate 1585; on first examination spectrum H.
9601. Plate 849; image poor; on first and second examinations spectrum F? limit of spectrum β; 410, 5; 434, 5. Plate 1639; spectrum C?
9602. Images very poor and faint. Plate 828; on first examination spectrum E; on second examination spectrum F? Plate 833; on first and second examinations spectrum F? 410, 5; 434, 5.
9605. Plate 753; image poor; on first and second examinations spectrum F? 410, 5; 434, 5.
9607. Plate 1585; on first examination spectrum E; on re-examination 410, 5; 434, 5.
9610. The letter t stands for dr. First measure 5.48, resid. 2 1 2 6 6. Plate 1585; second measure gives residual 1; first measure rejected. Plate 1639; second measure gives residual 7. Plates 1522 and 1639; image poor and faint; near edge of plates; on first examination spectrum F? Plate 1639; on second examination spectrum F? Plate 1522; 410, 5; 434, 5. Plate 1639; 410, 5; 434, 5.
9612. Plate 1556; on first examination spectrum E?
9613. Plate 1605; image poor; on first examination spectrum E?
9614. First measure 5.79, resid. m 3 6. Plate 1521; first measure gives residual 10; second measure gives residual 10. First measure related to D.M. +85° 383, and was rejected. Plate 1584; second measure gives residual 8. Plate 1521; 448, 1.
9617. Plate 849; on special examination spectrum M? Plate 1585; on special examination spectrum Q. Plate 740; 397 a 434; 438, 1; 443, 1; 448, 3; 456, 1; 458, 1; 461, 1. Plate 849; 448, 3; 456, 1; 458, 1; 461, 1. Plate 1522; 397 a 434; 448, 3; 458, 2; 461, 2. Plate 1585; limit of spectrum β; 397 a 434; 438, 1; 443, 2; 448, 2; 456, 1; 458, 2; 461, 2; 460, 1; 468, 1; 471, 1. Plate 1639; 397 a 434; 448, 2; 458, 2.
9618. Dunér 277. Plates 1521 and 1576; on first exam-

9619. ination spectrum H. Plate 1521; on special examination spectrum M.
9619. Plate 720; spectrum C. Plate 795; spectrum C? Plate 1521; 448, 1.
9620. Images very poor and faint; near edge of plates. Plate 1604; on first examination spectrum H? Plate 1675; on first examination spectrum H.
9621. Plate 831; image very poor; near edge of plate; on first examination spectrum H?
9623. Plates 1521 and 1564; on first examination spectrum F. Plate 1521; a 394; 410, 4; 434, 4; 434 double. Plate 1564; 410, 5; 434, 5.
9625. Plate 1585; image poor; on first examination spectrum H.
9626. Plate 1605; image very poor and faint; near edge of plate; on first examination spectrum E?
9628. The letter t stands for dr. Combined with 9629. DM. magns. 7.5 and 8.0. Plates 720 and 875; image poor; near edge of plates; only a small portion of spectrum visible. Plate 720; on first and second examinations spectrum A? Plates 875 and 1520; on first examination spectrum H? Plate 875; on second examination spectrum A? Plate 928; 410, 2; 434, 2.
9629. See 9628.
9630. Plate 1521; on special examination spectrum M?
9632. Plate 1521; 402, 2.
9633. Plate 1605; image very poor and faint; near edge of plate; on first examination spectrum E?
9635. Plate 840; a 394; 410, 3; 434, 3; 434 double. Plate 1556; limit of spectrum γ; 410, 5; 434, 5; 434 double. Plate 1604; limit of spectrum a; 410, 5; 434, 5. Plate 1606; limit of spectrum β; 410, 5; 434, 5; 410 and 434 double? Plate 1675; 410, 5; 434, 5.
9638. Plate 1666; image poor and faint; near edge of plate; on first examination spectrum H; on second examination spectrum F?
9639. Images very poor and faint; near edge of plates. Plate 1557; on first examination spectrum E? Plate 1605; on first examination spectrum H?
9645. Plate 1605; image poor; on first examination spectrum E?
9646. A. G. C. 30207. Plate 869; 410, 5; 434, 5.
9648. Plate 1557; limit of spectrum γ; 410, 3; 434, 3; 434 double; on re-examination limit of spectrum γ; 410, 2; 434, 2; 434 double.
9651. Plate 1521; image very poor and faint; on first and second examinations spectrum F? 410, 5? 434 5?
9653. U. A. Pegasus 25, magn. 3.6 var?
9655. Plate 1585; 453, 2.
9660. The spectrum measured on Plate 1521 was supposed to be that of DM. +63° 1812. On re-examination the star was found to be DM. +63° 1815, and the measures have accordingly been added to the latter star, which equals D. C. 9668.

9661. Plate 900; on first examination spectrum A. Plate 832; limit of spectrum β; 410, 3; 434, 3. Plate 841; limit of spectrum γ; 410, 5; 434, 5. Plate 856; limit of spectrum β; 410, 5; 434, 5. Plate 1586; 410, 5? 434, 5? Plate 1666; limit of spectrum β; 410, 5; 434, 5. Plate 1675; 410, 5? 434, 5?
9662. Plate 1556; image poor; on first examination spectrum H?
9666. Plate 1606; image very poor and faint; on first examination spectrum E?
9668. Plate 1576; image poor; on first examination spectrum H?
9673. U. A. Aquarius 120, magn. 6.4, var? Plate 899; 410, 5; 434, 5. Plate 1585; 410, 5; 434, 5.
9675. Plate 1585; on first examination spectrum H.
9676. Plate 774; on special examination spectrum M? Plate 1521; on special examination spectrum Q? Plate 753; 397 a 434; 448, 4; 458, 2; 468, 3. Plate 774; 443, 2; 448, 3; 458, 2; 466, 3; 468, 2. Plate 787; 448, 4; 468, 2. Plate 795; 448, 4; 456, 1; 458, 1; 461, 1; 468, 2. Plate 1521; 397 a 434; 438, 1; 443, 1; 448, 3; 451, 1; 453, 1; 456, 1; 458, 2; 461, 2; 466, 1; 468, 1; 471, 1. Plate 1576; 397 a 434; 443, 1; 448, 3; 456, 1; 458, 2; 461, 2; 466, 1; 468, 1.
9677. Plate 1585; on first examination spectrum H?
9678. Plate 1576; 410, 5? 434, 5? on re-examination, 410, 5? 434, 5?
9679. Plate 753; on special examination spectrum M? Plate 753; 443, 2; 448, 3; 458, 2. Plate 774; 448, 4; 458, 2; 466, 2. Plate 787, first image; 397 a 434; 448, 4; 458, 5; 468, 5. Plate 787, second image; 448, 4; 458, 3. Plate 795, first image; 448, 3; 458, 3. Plate 795, second image; 434 double? 448, 2; 458, 2; 468, 5. Plate 1521; 397 a 434; 438, 1; 443, 1; 448, 3; 453, 1; 456, 1; 458, 1; 461, 1; 468, 1. Plate 1576; 448, 3.
9680. Plate 1521; on first examination spectrum E? on re-examination 410, 5? 434, 5?
9683. Plates 753 and 1576; image poor; on first examination spectrum E; on second examination spectrum F? Near edge of Plate 1576.
9684. Plate 1585; on first examination spectrum H.
9685. Plates 795 and 833; image poor; on first examination spectrum A. Near edge of Plate 795. Plate 1521; 410, 5; 434, 5. Plate 1576; 410, 2; 434, 2. Plate 1605; 410, 5? 434, 5? Plate 1640; 410, 5? 434, 5?
9687. Plates 720, 774, 787, and 1576; image very poor; on first examination spectrum A. Near edge of Plate 720. Plates 720, 787, and 1576; on second examination spectrum A? Plate 753; 410, 7; 434, 7. Plate 795; 410, 5; 434, 5. Plate 803; 410, 5; 434, 5. Plate 1521; 410, 5? 434, 5? Plate 1584; 410, 5; 434, 5.

9690. Plate 1576; image poor; on first and second examinations spectrum H.
9695. U. A. magn. 5.8. A. G. C. magn. 6. Images poor and faint. Plate 899; on first and second examinations spectrum A? Plate 1585; on first examination spectrum E?
9698. A. G. C. 30300.
9700. Plate 1523; 410, 5; 434, 5. Plate 1585; 410, 5; 434, 5.
9701. Plate 841; 448, 3. Plate 1640; 448, 3.
9704. The image here measured on Plate 1585 was at first identified with DM. $-2°$ 5720, but on subsequent examination proved to be a defect in the plate.
9709. Plate 753; 410, 5; 434, 5.
9711. Plate 1576; image poor; on first examination spectrum E.
9712. First measure 4.88, resid. ..6 0 3 2 . 3.. Plate 787; second measure gives residual 6; first measure rejected.
9715. Plate 1585, second image; on first examination spectrum A? on second examination spectrum F; near edge of plate; only a small portion of spectrum visible. Plate 1523; 448, 3.
9716. Plate 832; on first and second examinations spectrum A? only a small portion of spectrum visible on plate. Plate 841; 448, 3. Plate 1557; 448, 3; 456, 2; 458, 1.
9719. Plate 1576; 410, 5; 434, 5; on re-examination 410, 5; 434, 5.
9720. Plate 1665; image very poor and faint; on first examination spectrum E.
9721. Plate 899; image very poor and faint; on first and second examinations spectrum A?
9729. DM. $+55°$ 2713, magn. 8.4, precedes $5^s.5$, south $0'.9$, and should be entered in D. C. as companion to 9729.
9735. Plate 1557; image poor; on first examination spectrum F? 410, 5? 434, 5?
9741. Plate 1523; image poor; on first examination spectrum H.
9748. Plate 860; 453, 2. Plate 1523; 382, 4; 402 2; 453, 2.
9750. Plate 1665; 402, 1; 453, 1.
9751. Plate 1640; 402, 2; 453, 2.
9753. Plates 1564 first image, and 1576; image poor; on first and second examinations spectrum F. Plate 1564, second image; on first and second examinations spectrum F, near edge of plate. Plate 1564; first image; 410, 5; 434, 5. Plate 1576; a 394; 410, 5; 434, 5.
9754. Plate 1523; 402, 1; 443, 2.
9755. Images poor. Plate 901; on first examination spectrum E. Plate 1557; on first examination spectrum H? near edge of plate. Plate 1640; on first examination spectrum F? 410, 5; 434, 5.
9757. Plate 1584; 410, 5? 434, 5?

9759. Plate 1523; image poor; on first examination spectrum H.
9760. Plate 1523; image poor; on first examination spectrum H?
9763. Plate 1576; image poor; on first examination spectrum H?
9764. Plate 1666; image very poor and faint; on first examination spectrum H; on second examination spectrum F.
9767. The spectrum measured on Plate 1576 was supposed to be DM. $+69°$ 1245. On re-examination the star was found to be DM. $+69°$ 1257, and the measures have accordingly been added to the latter star, which equals D. C. 9833.
9769. Plate 1521; image poor; on first and second examinations spectrum F; 410, 5? 434, 5?
9772. Plate 901; image poor; on first examination spectrum E? Plate 1576; 448, 3; 458, 2; 468, 2. Plate 1640; 448, 3; 461, 2.
9773. Plate 1576; on first examination spectrum H. Plate 1576; 410, 5; 434, 5; on re-examination 410, 5; 434, 5.
9774. Plate 860; spectrum peculiar; several dark lines. Plate 1523; a 394; 402, 2; 410, 5; 414, 2; 434, 5. Plate 1585; 410, 3; 434, 3.
9776. Plate 1585; image poor; on first examination spectrum H.
9778. Plate 1523; on first examination spectrum H. Plate 899; image very poor and faint; on second examination spectrum A?
9779. First measure 5.34, resid. 6 . 1 2 2 0 0 3 3 3 1 . 4 8 2 6. Plate 140; second measure gives residual 5. Plate 1521; second measure gives residual 1; first measure rejected. Plate 2242; second measure gives residual 7.
9783. Plate 1523; 410, 5; 434, 5; on re-examination limit of spectrum β; 410, 5; 434, 5.
9787. Images poor; near edge of plates. Plate 841; on first examination spectrum E? Plate 1575; on first examination spectrum H?
9790. Plate 1523; 448, 3; 458, 1; 461, 1.
9791. Plate 1575; image very poor; near edge of plate; on first examination spectrum E?
9792. Plate 1010; image very poor and faint; on first examination spectrum H?
9795. Plate 1576; 448, 3.
9797. Images poor and faint. Plate 1665; on first and second examinations spectrum F? 410, 5; 434, 5. Plate 1666; on first examination spectrum E?
9798. Plates 875 and 1521; image very poor and faint. Plate 875; on first and second examinations spectrum A. Plate 1521; on first examination spectrum H? on second examination spectrum A? Plate 928; 410, 5; 434, 5. Plate 1504; 410, 3; 434, 3. Plate 1584; 410, 5; 434, 5.
9799. The letter t stands for dr. Combined with 9800. Combined in U. A., magn. 3.5. A. G. C. magn.

4½ and 4⅜. Plate 786; image poor; near edge of plate; on first examination spectrum A ? Plate 856; limit of spectrum γ; 410, 5; 434, 5; 443, 1; 448, 2; 453, 1. Plate 860; a 394; 410, 5; 434, 5; 434 double. Plate 915; limit of spectrum γ; 410, 3; 434, 3. Plate 1523; a 394; 410, 3; 434, 3.

9800. See 9799.
9801. The letter t stands for cd. Entered erroneously on DM. Chart. R. A. 22ᵐ.4 should be 23ᵐ.4. Plates 1564 and 1576; image poor. Plate 1584; on first and second examinations spectrum F; 410, 5; 434, 5. Plate 1576; on first examination spectrum H; on second examination spectrum F ? Plate 1584; 402, 3; 453, 3.
9802. Plates 774, 787, 1521, and 1576; on first examination spectrum A ?
9806. The letter t stands for dr. First measure 6.00, resid. 7 2 6. Plate 856; second measure gives residual 2; first measure rejected. Plate 1523; second measure gives residual 3. Plate 856; image poor; on first and second examinations spectrum A ? Plate 915; 410, 5; 434, 5. Plate 1523; 410, 5; 434, 5.
9811. Images very poor. Plate 900; on first examination spectrum A. Plate 1575; on first examination spectrum H ? near edge of plate.
9812. Plate 1606; spectrum C ? near edge of plate.
9813. The letter t stands for dr. Combined with 9814. DM. magns. var. and 7.5. Plate 1576; on special examination spectrum Q. Plate 753; 410, 2; 434, 2; 410 and 434 double. Plate 774; 410, 2; 434, 2. Plate 787; 410, 3; 434, 3. Plate 795; 410, 2; 434, 2. Plate 1521; a 394; 410, 3; 434, 3; 434 double. Plate 1576; 410, 5; 434, 5; 441, 2; 448, 3; 453, 1; 458, 2; spectrum peculiar; other lines seen.
9814. See 9813.
9815. Images poor; near edge of plates. Plate 833; on first and second examinations spectrum A ? Plate 1557; on first examination spectrum E ? on second examination spectrum F ?
9817. Plate 1586; spectrum C ?
9818. Plate 1665; image very poor and faint; on first examination spectrum F ? 410, 5; 434, 5.
9820. Plate 843; spectrum C. Plate 1521; 402, 2.
9822. Plate 841; image poor; near edge of plate; on first examination spectrum F; limit of spectrum β; 410, 5; 434, 5. Plate 833; 401, 2; 402, 2. Plate 1575; 402, 2. Plate 1640; 382, 4; 392, 402, 2; 453, 2.
9824. U. A. Aquarius 157, magn. 6.2. Not in the A. G. C. Residual in Draper Catalogue taken from U. A. magn.
9826. Plate 1521; image very poor and faint; near edge of plate; on first examination spectrum H.

9830. Plate 1521; 410, 5; 434, 5; on re-examination 410, 5 ? 434, 5 ?
9835. Plate 1523; on first examination spectrum E ? on re-examination, 410, 5; 434, 5.
9839. Plate 843; spectrum C.
9840. Plate 1606; image very poor and faint; on first examination spectrum H. Plate 915; 410, 5; 434, 5. Plate 1523; 410, 5; 434, 5.
9841. Plate 1576; on first examination spectrum H; on special examination spectrum M ?
9842. Plate 1521; on first and second examinations spectrum F ? 410, 5 ? 434, 5 ? Plate 928; spectrum C.
9845. Plate 196; spectrum C. Plate 928; 402, 2.
9846. Plate 928, second image; spectrum C.
9847. Plate 1523; 410, 5 ? 434, 5 ? on re-examination 410, 5; 434, 5.
9848. Plate 833; image poor; on first examination spectrum E; on second examination spectrum F. Plate 1640; 402, 2; 453, 2.
9858. The letter t stands for dr. First measure 5.62, resid. 4 1 1 0 1 2 6 1 3 2 2 0. Plate 834; second measure gives residual 3; first measure rejected. Plates 196 and 774; image poor. Plate 196, second image; on first examination spectrum C. Plate 774; on first examination spectrum A. Plate 196, first image; 410, 5; 434, 5; 410 and 434 double. Plate 753; 410, 5; 434, 5; 410 and 434 double. Plate 787; 410, 5; 434 double. Plate 795; 410, 5; 434, 5. Plate 834; 410, 3; 434, 3. Plate 858; 410, 5; 434, 5. Plate 928; 410, 5; 434, 5; 410 and 434 double. Plate 1521; 410, 5; 434, 5. Plate 1564; a 394; 410, 3; 434, 3. Plate 1576; a 394; 410, 5; 434, 5; 410 and 434 double.
9859. Plate 1629; spectrum C ?
9860. DM. +72° 1051, magn. 8.7, follows 6ˢ, south 0′.8.
9863. Plate 1521; image very poor and faint; on first examination spectrum H.
9864a. DM. +77° 866. R. A. 22ʰ 34ᵐ.4. Dec. +77° 43′. Entered erroneously in Table I. See 10014.
9865. Plate 1575; 410, 5; 434, 5; on re-examination 410, 5; 434, 5.
9866. The letter t stands for dr. Dunér 278. Plate 1576; on first examination spectrum I; on special examination spectrum M. Plate 1576; 448, 2; on re-examination 448, 3; 471, 2.
9867. Plate 1575; 392, 2; 402, 2. Plate 1640; 402, 2.
9876. Images very poor. Plate 1574; on first examination spectrum H. Plate 1523; on second examination spectrum H ? Plate 1523; 410, 5; 434, 5.
9877. Plate 1640; on special examination spectrum M ? Plate 1575; 448, 3. Plate 1640; 448, 3; 456, 1; 458, 1; 461, 1.
9879. First measure 3.71, resid. 6 5 3 1 3 3. Plate 786; second measure gives residual 1; first measure rejected.

9880. A. G. C. magn. 8.
9881. Plate 862; image poor; near edge of plate; on first examination spectrum E? on second examination spectrum F. Plate 1575; 402, 2; 406, 2. Plate 1640; 402, 2.
9882. Plate 1586; spectrum C?
9885. Images very poor. Plate 915; on first examination spectrum A. Plate 1523; on first examination spectrum II?
9887. Plate 915; image very poor; on first examination spectrum F? 410 5; 434, 5.
9888. Plate 915; on special examination spectrum M?
9890. Plates 856, 871, 1574, 1647, 1665, 1666, and 1684; on first examination spectrum K. Plate 856; limit of spectrum β; 397 a 434. Plate 861; limit of spectrum β; 410, 2; 434, 2. Plate 871; limit of spectrum β; 397 a 434; 438, 2; 448, 3; 456, 1; 458, 2; 461, 2; 466, 1; 468, 1. Plate 900; a 394. Plate 1574; 448, 3; 456, 1; 458, 2; 461, 2; 468, 1. Plate 1647; 448, 3; 456, 1; 458, 1; 461, 2. Plate 1665; limit of spectrum α; 397 a 434; 438, 1; 443, 1; 448, 3; 456, 1; 458, 3; 461, 1; 468, 1. Plate 1666; limit of spectrum β; 397 a 434; 448, 3; 456, 1; 458, 2; 461, 2; 468, 1. Plate 1684; limit of spectrum α; 397 a 434; 438, 1; 443, 1; 448, 3; 456, 1; 458, 3; 463, 2; 466, 1; 468, 2.
9891. Plate 1576; on first examination spectrum E; on re-examination 410, 5; 434, 5.
9892. Plate 1575; 410, 5; 434, 5; on re-examination 410 5; 434, 5.
9893. Plate 1575; 410, 5; 434, 5; on re-examination 410, 5; 434, 5.
9894. Plate 915; image very poor; on first examination spectrum II?
9896. Plate 1564; image very poor; on first and second examinations spectrum F; 410, 5; 434, 5.
9897. Plates 843, 1564, and 1576; on first examination spectrum H. Plate 928; 410, 2; 434, 2; 434 double. Plate 929; 410, 2; 434, 2.
9900. Plate 1521; image poor; near edge of plate; on first examination spectrum H.
9901. Plate 1640; 448, 3.
9902. Plate 1564; image very poor and faint; on first examination spectrum E.
9903. A. G. C. 30985.
9905. Plate 1576; 410, 3; 434, 3; on re-examination 410, 3; 434, 3.
9906. Plate 915; on first examination spectrum E; on re-examination 410, 5? 434, 5?
9907. Plate 786; limit of spectrum β; 410, 5; 434, 5. Plate 1523; a 394; 410, 2; 434, 2. Plate 1574; 410, 5? 434, 5? Plate 1606; 410, 3; 434, 3; 434 double. Plate 1684; 410, 5? 434, 5?
9908. Plates 862 and 1685; image very poor and faint; on first examination spectrum E; on second examination spectrum F? Near edge of Plate 1685.
9909. Plate 832; image poor; near edge of plate; on first and second examinations spectrum A? Plate 861; 448, 3. Plate 900; 448, 3. Plate 1665; 397 a 434; 448, 3; 456, 1; 458, 1; 461, 1. Plate 1684; 448, 3; 456, 1; 458, 1; 461, 1.
9911. Plate 1576; image very poor and faint; on first examination spectrum E.
9915. Plate 915; 410, 5; 434, 5; on re-examination 410, 2? 434, 2?
9921. First measure 6.98, resid. 6 δ. Plate 1521; second measure gives residual 5. Plate 1564; second measure gives residual 1; first measure rejected.
9925. Plate 1520; image very poor and faint; on first and second examinations spectrum E. Plate 929; spectrum C?
9927. The letter t stands for dr. Dunér 279. Plate 915; on first examination spectrum K? Plate 1606; on first examination spectrum H; on special examination spectrum M? Plate 915; 448, 3; 456, 2; 458, 1.
9929. Images very poor and faint. Plate 1629; on first examination spectrum H. Plate 1640; on first and second examinations spectrum F? 410, 5? 434, 5?
9930. Plates 900 and 902; image poor; near edge of plates. Plate 900; on first examination spectrum E? on second examination spectrum F? Plate 902; on first and second examination spectrum F? Plates 871, 1574, and 1684; on special examination spectrum M. Plate 861; 397 a 434; 448, 3; 456, 1; 458, 1; 461, 2. Plate 871; 448, 3. Plate 902; 410, 4; 434, 4. Plate 1574; 397 a 434; 448, 3; 456, 1; 458, 2; 461, 2. Plate 1628; 397 a 434; 448, 3. Plate 1647; 448, 3; 461, 2. Plate 1665; 448, 3. Plate 1684; 397 a 434; 448, 3; 456, 1; 458, 2; 461, 2.
9931. Plates 196 and 1521; image poor; on first examination spectrum II; near edge of Plate 196. Plate 787; 410, 5; 434, 5. Plate 928; 410, 5; 434, 5; 410 and 434 double. Plate 1576; limit of spectrum α; 410, 3; 434, 3.
9934. Plate 1640; image very poor and faint; near edge of plate; on first examination spectrum F? 410, 5; 434, 5.
9936. Plate 196; on special examination spectrum M? Plate 787; 397 a 434; 448, 4; 456, 1; 458, 2; 461, 3; 468, 2. Plate 795; 397 a 434; 448, 4; 456, 1; 458, 3; 461, 2; 468, 3. Plate 834; 397 a 434; 448, 4; 453, 2; 463, 3. Plate 928, first image; 448, 4; 458, 1; 468, 2. Plate 928, second image; 397 a 434; 448, 3; 468, 2. Plate 1521; 397 a 434; 448, 3; 458, 2; 468, 2. Plate 1564; 397 a 434; 448, 3; 461, 2. Plate 1576;

397 a 434; 438, 1; 443, 1; 448, 3; 453, 1; 456, 2; 458, 2; 461, 2; 466, 1; 468, 1; 471, 1.

9939. Plate 915; 410, 5; 434, 5; on re-examination 410, 5; 434, 5.

9942. Plate 903; image very poor; on first examination spectrum A ?

9943. Plate 1576; image very poor; on first examination spectrum H.

9944. Plates 196 and 1576; image poor. Plate 196; on first examination spectrum A; near edge of plate. Plate 1576; on first examination spectrum H. Plate 928; 410, 2; 434, 2.

9945. Plate 786; image poor; on first examination spectrum A ? Plate 1606; limit of spectrum β; 410, 5; 434, 5. Plate 1608; 410, 5; 434, 5.

9946. The letter t stands for dr. Dunér 280. Plates 850, 915, and 1606; on first examination spectrum H. Plate 1608; on first examination spectrum K ? Plate 915; on special examination spectrum M ? Plate 1608; on special examination spectrum M. Plate 1608; 448, 3; 458, 1; 461, 2; 468, 1.

9951. Plate 140; a 394; 397 a 434; 448, 5. Plate 753; 397 a 434; 443, 4; 458, 3; 461, 2. Plate 774; 448, 4; 458, 2; 468, 2. Plate 834; 397 a 434; 448, 4; 456, 1; 458, 1; 461, 2; 468, 1. Plate 875; 397 a 434; 448, 4; 456, 1; 458, 3; 461, 2; 466, 1; 468, 3. Plate 928; 397 a 434; 448, 4; 456, 2; 458, 3; 461, 2; 466, 2; 468, 3. Plate 929; 448, 1; 458, 2; 468, 2. Plate 1520; 397 a 434; 448, 3; 456, 1; 458, 2; 461, 2; 466, 1; 468, 1. Plate 1521; 397 a 434; 436, 1; 438, 1; 443, 1; 448, 3; 451, 2; 453, 1; 456, 2; 458, 2; 461, 2; 466, 1; 468, 1; 471, 1. Plate 1564; 397 a 434; 438, 1; 443, 1; 448, 3; 453, 1; 456, 2; 458, 2; 461, 2; 466, 1; 468, 1; 471, 1.

9955. Plate 1575; 410, 5; 434, 5; on re-examination 410, 5; 434, 5.

9961. Plate 928; 410, 5; 434, 5. Plate 1576; 410, 3; 434, 3.

9963. DM. magn. 3.

9966. Plate 928; image poor; on first and second examinations spectrum A.

9970. Plate 1575; 410, 5 ? 434, 5 ? on re-examination 410, 5; 434, 5.

9971. Plate 1575; 402, 2.

9974. Plate 928; 410, 2; 434, 2; on re-examination 410, 2; 434, 2.

9976. Beyond the limits within which accurate measurements can be made.

9977. Plate 1564; on first examination spectrum E; on re-examination 410, 5, 434, 5.

9979. Plate 1629; image very poor and faint; on first and second examinations spectrum F ? Plate 903; 402, 2. Plate 1629; 410, 3 ? 434, 3 ? Plate 1685; 402, 2.

9982. A. G. C. magn. 7. Plate 915; on first examination spectrum E ?

9986. Images very poor and faint. Plate 861; on first examination spectrum E ? on second examination spectrum F ? Plate 1574; on second examination spectrum A ?

9987. Plates 862 and 1629; image very poor and faint; on first examination spectrum F ? Plate 1629; on second examination spectrum F ? Plate 862; limit of spectrum β; 410; 5; 434, 5. Plate 1575; 392, 2; 402, 2; 453, 2. Plate 1629; 410, 5 ? 434; 5 ? Plate 1685; 402, 1; 453, 2.

9988. Plate 1564; image very poor; near edge of plate; on first examination spectrum E; on second examination spectrum F ?

9989. Plate 1576; on first examination spectrum E; on re-examination 410, 5; 434, 5.

9994. Plate 915; on first examination spectrum E ?

9995. Plate 928; 448, 4; 456, 2; 458, 2; 461, 2; 468, 1. Plate 929; 448, 2.

9999. Plate 915; image very poor and faint; on first examination spectrum E ?

10006. Plate 196; image very poor and faint; on first and second examinations spectrum F; 410, 5; 434, 5.

10007. Plate 753; on special examination spectrum M ? Plate 140; 397 a 434; 448, 3; 458, 2; 468, 2. Plate 753; 448, 3; 458, 2. Plate 774; 397 a 434; 443, 2; 448, 5; 456, 2; 458, 2; 461, 3; 466, 2; 468, 2. Plate 834; 397 a 434; 443, 1; 446, 1; 451, 2; 456, 1; 458, 1; 461, 4; 466, 3; 468, 2; 471, 2. Plate 875; 397 a 434; 443, 1; 448, 4; 456, 1; 458, 3; 461, 2; 466, 1; 468, 3; 471, 1. Plate 928; 397 a 434; 448, 4; 456, 1; 458, 3; 461, 2; 468, 3. Plate 929; 448, 2; 458, 2; 468, 2. Plate 1019; 448, 3; 458, 2. Plate 1520; 448, 3; 458, 2. Plate 1564; 397 a 434; 443, 1; 448, 3; 456, 2; 458, 2; 461, 2; 466, 1; 468, 1; 471, 1.

10008. Plate 1576; image poor; on first examination spectrum H ?

10009. Images poor. Plates 196, 795, and 1564; on first examination spectrum H; near edge of Plate 1564. Plates 862, 903, and 1685; on first examination spectrum A. Plate 1576; image good; 421, 3; 443, 3.

10013. Plate 1685; image very poor and faint; on first examination spectrum E.

10014. R. A. 22ʰ 34ᵐ.4. Dec. +77° 43'. See 9864a in Table II., and Remarks.

10017. Plate 857; 382, 3; 402, 2. Plate 862; 382, 2; 402, 2. Plate 903; 382, 2; 402, 2; 441, 2; 453, 2. Plate 1575; 402, 1. Plate 1629; 382, 4; 402, 2; 453, 2.

10020. Plate 1575; image very poor; on first examination spectrum H ?

10022. Plate 1576; image very poor and faint; on first examination spectrum E.

10024. Plate 196; image very poor and faint; on first examination spectrum E?

10027. The letter t stands for dr. Var. in DM. Dunér 281. Plate 861; on first examination spectrum H. Plates 871, 902, 1574, 1628, 1647, and 1684; on first examination spectrum K. Plates 861, 871, 902, 1574, 1628, and 1684; on special examination spectrum M. Plate 871; 397 a 434; 448, 3; 461, 2; 463, 1; 466, 1; 468, 1; 471, 2. Plate 902; 397 a 434; 434 double? 448, 3; 458, 1; 463, 4; 466, 2; 468, 2; 471, 1; 474, 1. Plate 1574; several bright and dark lines. Plate 1628; 438, 1; 443, 1; 448, 3; 456, 2; 458, 3; 461, 3; 463, 2; 466, 2; 468, 2; 471, 2. Plate 1647; 397 a 434; 448, 3; 456, 2; 458, 3; 461, 3; 463, 2; 466, 2; 468, 1; 471, 1. Plate 1684; 397 a 434; 434 double; 436, 1; 438, 1; 443, 1; 448, 3; 451, 2; 453, 1; 456, 1; 458, 3; 461, 2; 463, 2; 466, 1; 468, 2; 471, 1; 474, 1.

10028. The letter t stands for bd. DM. +59° 2630, magn. 9.2, precedes 5ˢ.6, in same declination. Plates 1564 and 1576; image poor; on first and second examinations spectrum F? Plate 1576; 410 and 434 narrow. Plate 928; 402, 3. Plate 1564; 410, 5? 434, 5? Plate 1576; 410, 5; 434, 5.

10030. Plate 753; spectrum C.

10031. Plate 1576; on special examination spectrum M? Plate 795; 448, 5; 458, 2. Plate 928; 434 double; 448, 4; 458, 2; 466, 2. Plate 1576; 448, 3.

10032. Plate 862; on special examination spectrum M? Plate 857; 448, 3. Plate 862; 448, 3. Plate 903; 397 a 434; 448, 3; 456, 1; 461, 2. Plate 1575; 448, 3. Plate 1589; 448, 3. Plate 1685; 448, 3.

10033. DM. magn. 2.0. H. P. magn. 2.6. Measures of brightness obtained on five plates; images too dense to determine magnitude with accuracy. Magn. 3.21, resid. 2 3 2 0 n 2.

10038. Dunér 282. Plate 1608; 448, 3.

10041. Plate 834; 392, 1; 402, 1. Plate 928; 402, 2; 453, 2. Plate 1564; hydrogen lines narrow. Plate 1576; 402, 2.

10042. Plate 1628; image very poor and faint; on first examination spectrum H?

10044. Images very poor and faint. Plate 1575; on first and second examinations spectrum E? Plates 1609 and 1685; on first examination spectrum H? Plate 1589; on second examination spectrum E? Plates 1609 and 1685; first examination related to D. C. 10047.

10046. Images poor and faint. Plates 196 and 1564; on first and second examinations spectrum F. Plate 834; on first examination spectrum H. Plate 196, 410, 2; 434, 2. Plate 1564; 410, 5; 434, 5.

10048. Plates 196, 795, and 1564; spectrum C. Plate 1521; image very poor and faint; on first examination spectrum H?

10049. Plates 857, 862, and 1575; image very poor and faint; on first examination spectrum A. Plates 857 and 862; on second examination spectrum A? Plate 944; 410, 5; 434, 5. Plate 1609; 410, 3; 434, 3.

10052. Plate 928; 392, 1; 402, 2.

10054. Plate 1564; image very poor and faint; on first examination spectrum H.

10055. Plate 916; on special examination spectrum M? Plate 916; 448, 3. Plate 1608; 448, 3; 458, 1; 461, 1; 468, 1.

10056. Dunér 283. Plate 1700; on first examination spectrum H; on special examination spectrum M.

10058. Images very poor and faint. Near edge of Plates 169 and 916. Plate 169; on first examination spectrum A. Plates 842 and 1608; on first examination spectrum H. Plate 916; on second examination spectrum H? Plate 916; 410, 5; 434, 5.

10059. Plates 843 and 928; on special examination spectrum M? Plate 795; 443, 3; 456, 1; 458, 2; 461, 1; 468, 2. Plate 834; a 394; 397 a 434; 441, 2; 446, 2; 448, 2; 456, 2; 458, 1; 461, 3; 466, 1; 468, 1. Plate 928; a 394; 397 a 434; 441, 2; 446, 1; 448, 4; 456, 1; 458, 2; 461, 1; 468, 2. Plate 950; a 394; 443, 2; 446, 3; 448, 2; 458, 2; 461, 2. Plate 1576; 397 a 434; 441, 2; 448, 3.

10060. Images very poor and faint. Plates 862, 903, and 1609; on first examination spectrum H? Plate 1685; on first examination spectrum E? Plates 857, 1609, and 1685; on second examination spectrum F?

10062. Plate 1685; on first examination spectrum E; on re-examination 410, 5; 434, 5.

10063. Plate 928; 402, 2.

10066. Plate 1521; on first and second examinations spectrum E?

10068. Plate 843; spectrum C.

10070. Plate 928; 397 a 434; 434 double; 448, 4; 458, 2; 468, 2.

10071. Images very poor and faint. Plate 903; on first examination spectrum F; 410, 5; 434, 5. Plate 944; on first examination spectrum E? Plate 1589; on first examination spectrum H?

10073. Plate 1576; image very poor and faint; on first examination spectrum H.

10077. Plates 1564 and 1576; image very poor and faint; on first examination spectrum E.

10078. Plate 1589; 402, 2.

10079. The spectrum measured on Plate 929 was supposed to be DM. +81° 811. On re-examination the star was found to be DM. +81° 814, and the measures have accordingly been added to the latter star, which equals D. C. 10086.

10080. Plate 1576; 448, 3.
10083. The letter t stands for dr. Dunér 285. Plates 916 and 1700; on first examination spectrum H. Plate 1608; on first examination spectrum I? 448, 3; on special examination spectrum M.
10086. When transferring the measures referred to under D. C. 10079 it was found that another image had been erroneously identified as DM. +81° 814. It actually represents DM. +81° 816, and the measures have accordingly been entered in Table II. under D. C. 10124a. Plates 843, 1521, and 1564; image poor and faint; on first examination spectrum H.
10089. Plate 916; 448, 3. Plate 1608; 448, 3.
10091. Plate 1576; on first examination spectrum E; on re-examination 410, 5; 434, 5.
10093. Images very poor and faint. Plate 834; on first examination spectrum E. Plate 1576; on first examination spectrum H?
10095. Dunér 286.
10096. Plate 795; spectrum C.
10098. Plate 169; on first examination spectrum F? Plate 842; on first examination spectrum E? Plates 169, 842, and 878; image poor; on second examination spectrum A? Plate 169; 410, 5; 434, 5. Plate 916; 448, 3. Plate 1608; limit of spectrum β; 397 a 434; 448, 2; 458, 1. Plate 1683; 448, 3. Plate 1700; 448, 3.
10099. Plate 862; image very poor; on first examination spectrum A? Plate 903; 410, 2; 434, 2.
10100. Plate 1564; image very poor and faint; on first examination spectrum E.
10105. Plate 1521; image very poor and faint; on first examination spectrum H. Plate 929; spectrum C.
10106. Plate 1608; 458, 2.
10107. Dunér 287. On first examination of plates spectrum H. Plate 1589; on special examination spectrum M?
10108. Plate 844; image very poor and faint; on first examination spectrum E?
10109. Plate 1685; image very poor and faint; on first examination spectrum H?
10110. Plate 1564; on first and second examinations spectrum F; 410, 5; 434, 5.
10111. Plate 1609; on first and second examinations spectrum F? 410, 3; 434, 3.
10112. Plate 1630; image very poor and faint; on first examination spectrum H.
10114. Plate 169; image very poor and faint; on first and second examinations spectrum A?
10116. Plates 842 and 1700; on first examination spectrum H? Plate 1608; on first and second examinations spectrum A. Plate 916; 410, 5; 434, 5.
10117. Plate 1685; image very poor and faint; on first examination spectrum E?
10118. Plates 196 and 1564; on first examination spectrum

E. Plate 950; on first examination spectrum F. Plate 196; on second examination spectrum E. Plate 834; on second examination spectrum F. Plate 928; a 394; 397 a 434; 441, 1; 448, 3; 456, 2; 458, 1; 461, 2. Plate 950; 410, 2; 434, 2. Plate 1576; 397 a 434; 448, 3; 458, 2.
10119. Plate 1589; image very poor and faint; on first examination spectrum E?
10120. Plate 1609; on first examination spectrum E?
10122. Plate 835; image very poor; on first examination spectrum H?
10124a. DM. +81° 816. R.A. 23ʰ 15ᵐ.5. Dec. +81° 47ʹ. Measured on one plate, spectrum A? magn. 7.28, resid. 8. . See Remark on D. C. 10086.
10125. Plate 1564; image poor; on second examination spectrum E? Plate 928; 402, 2.
10127. Plate 1576; on first examination spectrum H.
10130. Images very poor and faint. Plate 928; on first examination spectrum F; 410, 5; 434, 5. Plate 1564; on first examination spectrum E. Plate 196; on second examination spectrum F.
10132. Plates 903 and 1609; image very poor and faint; on first examination spectrum A? Plate 944; 410, 5; 434, 5. Plate 1589; 410, 3? 434, 3? Plate 1685; 410, 5? 434, 5?
10135. Plate 1564; image very poor and faint; on first examination spectrum H.
10136. Plate 1647; image very poor and faint; on first examination spectrum E? Plate 1589; 402, 2.
10139. Plate 842; on first examination spectrum E.
10140. Plate 1588; on first examination spectrum F? 410, 5? 434, 5?
10141. The letter t stands for dr. First measure 4.95, resid. 0 8 1 2 1 4 2 2. Plate 169, second image; second measure gives residual 3; first measure rejected. Plate 850; image poor; on first examination spectrum A? on second examination spectrum M? Plate 916; on special examination spectrum M? Plate 916; 397 a 434; 448, 3. Plate 1608; 448, 3. Plate 1700; 448, 3.
10143. Plate 929; 410, 5; 434, 5.
10144. Plate 928; 448, 3.
10146. Plate 1563; image poor and faint; on first examination spectrum F? 410, 5; 434, 5.
10147. Plate 916; on first examination spectrum E; on re-examination 410, 5; 434, 5.
10148. Images very poor and faint; near edge of Plates 843 and 1576. Plate 843; on first examination spectrum F; 410, 5; 434, 5. Plates 1564 and 1576; on first examination spectrum H. Plate 1564; on second examination spectrum F.
10149. Plates 196 and 928; image very poor and faint; on first examination spectrum A.
10150. Images very poor and faint. Plate 1589; on first examination spectrum E? Plate 1609; on first examination spectrum H?

THE DRAPER CATALOGUE. 369

10151. Plates 1589 and 1609; image very poor and faint; on first examination spectrum II.

10152. Plate 1642; on first examination spectrum F? 410, 5; 434, 5.

10154. DM. magn. 9.2, giving residual of 24. At first identified with DM. +60° 2535, neb, whose position for 1900 is in R.A. 23ʰ 20ᵐ.3, Dec. +61° 5′. Plate 928; 410, 5; 434, 5; on re-examination 410, 5; 434, 5.

10155. The letter t stands for dr. Dunér 289. Plates 196 and 1564; on first examination spectrum H. Plate 834; on first examination spectrum I. Plate 928; on first examination spectrum K. Plates 196 and 928; on special examination spectrum M? Plate 1564; on special examination spectrum M. Plate 834; 448, 4; 458, 2; 468, 2. Plate 928; 397 a 434; 441, 2; 446, 1; 448, 4; 456, 2; 458, 1; 461, 3; 466, 1; 468, 1.

10156. Plates 874, 1628, and 1686; image poor. Plate 874; on first examination spectrum H? on second and third examinations spectrum A? Plates 1628 and 1686; on first examination spectrum A? near edge of Plate 1628. Plate 861; 410, 2; 434, 2. Plate 902; 410, 2; 434, 2. Plate 948; 410, 3; 434, 3. Plate 1588; 410, 2; 434, 5. Plate 1699; 410, 5; 434, 5; 410 and 434 double. Plate 1708; 410, 2; 434, 2. Plate 1714; 410, 3; 434, 3.

10157. Plate 842; on special examination spectrum M? Plate 916; on special examination spectrum M. Plate 916; 448, 3.

10161. Plate 916; 410, 5; 434, 5; on re-examination 410, 5; 434, 5.

10162. Images poor and faint. Plate 1564; on first examination spectrum F; 410, 5; 434, 5. Plate 196; on second examination spectrum F?

10164. Plate 834; image very poor and faint; on first and second examinations spectrum F; 410, 2; 434, 2.

10168. Plate 916; on special examination spectrum M? Plate 169; 397 a 434; 448, 3. Plate 916; 448, 3. Plate 1700; 448, 3; 456, 1; 461, 2.

10170. Plate 1564; image very poor and faint; on first examination spectrum H.

10171. Plates 843 and 1564; image very poor and faint; on first examination spectrum E? on second examination spectrum F?

10172. Plate 1564; 410, 5; 434, 5; on re-examination 410, 5; 434, 5.

10173. Plate 1564; image very poor and faint; on first examination spectrum F; 410, 5; 434, 5. Plate 843; spectrum C.

10174. Plate 169; on first and second examinations spectrum A? only a small portion of spectrum visible on plate.

10175. Plate 2242; on first examination spectrum F? a 394; 410, 5; 434, 5.

10177. Plate 928; 410, 4; 434, 4; on re-examination 410, 3? 434, 3?

10178. Plate 1589; image very poor and faint; on first examination spectrum E? on second examination spectrum F?

10183. Plate 196; 448, 1. Plate 834; 392, 1; 402, 1. Plate 928; 392, 1; 402, 1; 453, 1.

10185. Plate 1562; on first examination spectrum E; on re-examination 410, 5; 434, 5.

10190. Plate 944; on special examination spectrum M?

10192. Plate 1590; image poor and faint; on first examination spectrum E.

10194. Plate 1562; image poor; on first and second examinations spectrum F? 410, 5? 434, 5?

10196. A. G. C. magn. 7. Plate 169; on first examination spectrum E; on re-examination 410, 5; 434, 5.

10198. Plates 835 and 1564; images very poor and faint; on first examination spectrum II? Plate 928; 410, 5; 434, 5. Plate 929; a 394; 410, 2; 434, 2.

10199. Images very poor and faint. Plate 1589; on first and second examinations spectrum F? 410, 5; 434, 5. Plates 1609 and 1642; on first examination spectrum H? Plate 1609; on second examination spectrum F?

10202. Plate 1564; image very poor and faint; on first and second examinations spectrum F? a 394; 410, 5; 434, 5.

10204. Plate 1576; image very poor and faint; on first examination spectrum E.

10210. Dunér 291.

10213. Plate 1562; on first examination spectrum E? on re-examination 410, 5; 434, 5.

10216. Plate 1564; image very poor and faint; on first and second examinations spectrum F; 410, 5; 434, 5. Plate 928; spectrum C.

10217. Plate 1562; on special examination spectrum M? Plate 910; 448, 3; 458, 2.

10218. Images very poor and faint. Plates 169 and 1700; on first examination spectrum E? Plates 1590 and 1683; on first examination spectrum H.

10219. Plate 1589; image very poor and faint; on first examination spectrum E?

10222. Plate 910; 448, 3; 468, 2.

10223. Plate 950; image very poor and faint; on first examination spectrum E?

10226. Plate 1562; on first examination spectrum E? on re-examination 410, 5; 434, 5.

10227. Plate 844; image very poor and faint; on first examination spectrum H.

10228. Images very poor and faint. Plate 910; on first examination spectrum A? Plate 1562; on first examination spectrum H?

10234. Images very poor and faint. Plates 863 and 916; on first examination spectrum A. Plate 1590; on first examination spectrum H. Plate 157; 410, 5; 434, 5.

10235. Plate 910; 410, 3; 434, 3. Plate 1562; 410, 5; 434, 5; 410 and 434 double?

10236. The spectrum measured on Plate 1562 was supposed to be that of DM. +21° 4958. On re-examination the star was found to be DM. +31° 4932, and the measures have accordingly been added to the latter star, which equals D. C. 10225.

10241. Images very poor and faint. Plate 169; on first examination spectrum E? Plate 916; on first examination spectrum H?

10242. Plate 893; 397 a 434; 448, 3; 456, 2; 461, 2. Plate 905; 448, 3; 453, 1; 461, 2. Plate 944; a 394; 397 a 434; 448, 3; 456, 1; 458, 1; 461, 1. Plate 1563; 448, 3; 456, 2; 461, 2. Plate 1589; 397 a 434; 438, 1; 443, 1; 448, 3; 456, 1; 458, 2; 461, 2. Plate 1609; 397 a 434; 448, 3; 456, 1; 458, 2; 461, 2; 466, 1; 468, 1.

10247. Plate 1609; 402, 2.

10248. Images very poor and faint. Plate 910; on first examination spectrum H? Plate 1562; on first examination spectrum E?

10249. Plate 1563; image very poor and faint; on first examination spectrum F; 410, 5; 434, 5.

10251. Plate 929; image very poor and faint; on first examination spectrum A.

10253. Images very poor and faint. Plate 1564; on first and second examinations spectrum F; 410, 2; 434, 2. Plate 196; on second examination spectrum F?

10254. Plates 175, 893, and 974; spectrum C? Plate 960; spectrum C.

10255. Plate 1630; image very poor and faint; on first examination spectrum F? 410, 5; 434, 5.

10256. Plate 1562; image poor; on first examination spectrum E?

10257. First measure 5.08, resid. 2101p1153. Plate 916; first measure gives residual 10; second measure gives residual 2; first measure rejected. Plate 157; 410, 5; 434, 5; 410 and 434 double. Plate 169; limit of spectrum β; 410, 2; 434, 2. Plate 842; 410, 5, 434, 5. Plate 863; 410, 2; 434, 2. Plate 916; limit of spectrum β; 410, 3; 434, 3; 434 double. Plate 1590; a 394; 410, 3; 434, 3. Plate 1641; 410, 3; 434, 3; 434 double. Plate 1683; limit of spectrum β; 410, 2; 434, 2. Plate 1700; limit of spectrum β; 410, 2; 434, 2; 410 and 434 double.

10259. Plate 1700; image very poor and faint; on first examination spectrum H?

10261. Images poor. Plate 186; on first examination spectrum A. Plates 834, 843, 875, and 950; on first examination spectrum H. Plate 928; on first examination spectrum I. Plates 929, 950, and 1564; on second examination spectrum A? Plates 843, 875, and 1576; on second examination spectrum F? Plates 834 and 928; on second examination spectrum E? Plate 929; on second examination spectrum G? near edge of plate. Plate 928; 448, 5; 458, 2; 468, 2.

10262. Plate 1563; image very poor and faint; on first examination spectrum E?

10263. Plate 950; on first examination spectrum E. Plates 834, 843, and 875; on special examination spectrum M? Plate 186; a 394; 417, 3; 443, 3; 448, 1; 453, 3; 458, 2; 463, 2; 468, 3. Plate 196; 403, 2; 417, 2; 426, 2; 443, 3; 458, 2; 468, 3. Plate 787; 397 a 434; 448, 4; 456, 2; 458, 4; 461, 2; 466, 2; 468, 3. Plate 795; 397 a 434; 448, 4; 456, 1; 458, 3; 461, 1; 468, 2. Plate 829; 397 a 434; 448, 4; 456, 1; 458, 2; 461, 1; 468, 3. Plate 834, first image; a 394; 397 a 434; 441, 1; 448, 4; 456, 2; 458, 1; 461, 2; 466, 2; 468, 1. Plate 834, second image; a 394; 441, 1; 448, 5; 456, 2; 458, 3; 461, 3; 463, 1; 466, 2; 468, 3. Plate 835; 397 a 434; 446, 4; 453, 3; 458, 4; 471, 3. Plate 843; a 394; 397 a 434; 441, 1; 448, 4; 456, 1; 458, 2; 461, 2; 466, 1; 468, 4. Plate 875; 397 a 434; 441; 448, 4; 456, 1; 458, 3; 461, 2; 466, 1; 468, 3; 471, 1. Plate A79; 397 a 434; 434 double; 448, 4; 456, 1; 458, 3; 461, 1; 468, 2; 471, 1. Plate 928; a 394; 397 a 434; 448, 4; 456, 1; 458, 3; 461, 2; 466, 1; 468, 3. Plate 929; a 394; 397 a 434; 443, 1; 448, 3; 456, 1; 458, 3; 461, 1; 468, 2. Plate 950; a 394; 397 a 434; several bright and dark lines. Plate 1564; a 394; 397 a 434; 443, 1; 448, 3; 456, 2; 458, 2; 461, 2; 466, 1; 468, 1. Plate 1576; 397 a 434; 438, 1; 443, 1; 448, 3; 453, 1; 456, 1; 458, 2; 461, 2; 466, 1; 468, 2; 471, 1.

10265. Plate 1589; image very poor and faint; on first examination spectrum H.

10268. Plate 928; 410, 5; 434, 5. Plate 950; 410, 5; 434, 5.

10269. Plates 910 and 944; on first examination spectrum A? Plate 1562; 416, 5? 434, 5?

10271. A. G. C. magn. 7.

10275. Plate 1564; image very poor and faint; on first examination spectrum H.

10276. Plate 910; image very poor and faint; on first examination spectrum A.

10280. Plate 960; spectrum C. Plate 1589; on first examination spectrum E.

10282. Images very poor and faint. Plate 157; on first examination spectrum E; on second examination spectrum F. Plate 169; on first and second examinations spectrum A.

10284. Plate 842; image very poor and faint; on first examination spectrum F? 410, 5; 434, 5. Plate 1700; spectrum C?

10286. Plate 916; first image poor; near edge of plate; on first and second examinations spectrum F? 410, 5; 434, 5. Plate 1683; spectrum C?

10287. Images poor and faint. Plate 1563; on first examination spectrum H. Plate 1589; on first examination spectrum E?

THE DRAPER CATALOGUE.

10297. Plate 950; image poor; on first examination spectrum F; 410, 5; 434, 5.
10298. Dunér 292.
10302. Plate 910; 448, 3. Plate 1588; 448, 3.
10304. Plates 842 and 1700; image very poor; near edge of plates; on first examination spectrum E? Plate 1700; on second examination spectrum F?
10310. Plate 843; image poor and faint; on first examination spectrum F; 410, 5; 434, 5. Plate 928; 402, 1; 429, 1.
10313. Plate 843; 410, 5; 434, 5; on re-examination 410, 5; 434, 5.
10314. Plate 1562; on first examination spectrum F; 410, 5 ? 434, 5 ? on re-examination 410, 5; 434, 5.
10315. Plate 916; image poor; near edge of plate; on first and second examinations spectrum F? 410, 5; 434, 5. Plate 1590; 406, 2; 453, 3.
10317. Plate 905; 448, 3. Plate 944; 448, 3. Plate 1563; 448, 3; 461, 2. Plate 1609; 448, 3.
10320. The spectrum measured on Plate 1562 was supposed to be DM. +22° 4902. On re-examination the star was found to be DM. +32° 4703, and the measures have accordingly been added to the latter star, which equals D. C. 10314.
10321. Plate 1564; first image poor; near edge of plate; on first and second examinations spectrum F; 410, 5; 434, 5. Plate 186; 403, 4. Plate 928, first image; 402, 3. Plate 928, second image; 392, 2; 402, 3. Plate 950; 392, 2; 402, 2; 453, 1.
10324. Plate 893; on first examination spectrum E.
10325. Plate 928; on special examination spectrum M? Plate 843; 448, 3; 458, 2; 468, 2. Plate 928; 441, 2; 448, 4; 456, 2; 458, 2; 461, 2; 468, 1. Plate 1564; 448, 3.
10331. Plate 1563; first image poor; near edge of plate; on first examination spectrum F; 410, 5; 434, 5. Plate 893; 402, 3.
10333. Combined with 10334. DM. magns. 7.8 and 8.0. Plate 1562; on first examination spectrum E? on re-examination 410, 5; 434, 5.
10334. See 10333.
10336. Plate 186, second image; spectrum C.
10339. Plate 1564; image very poor and faint; on first examination spectrum F; 410, 5; 434, 5.
10340. Plate 157; image vey poor and faint; on first examination spectrum E?
10342. Plate 910; 410, 5; 434, 5.
10344. Images very poor and faint. Plates 834 and 843, first image; on first examination spectrum A. Near edge of Plate 843. Plate 875; on first examination spectrum H? Plate 928; image good; 410, 1; 434, 1. Plate 950; 410, 2; 434, 2.
10346. Plate 196; on first examination spectrum F. Plate 928; on first examination spectrum F. Plate 1564; on first examination spectrum H? Plates 196, 928, and 1564; image poor and faint; on second examination spectrum F. Plate 843; spectrum C. Plate 928; 410, 5; 434, 5.
10350. The letter t stands for dr. First measure 6.58, residual. $5\,1\,4\,7$. Plate 1562, second measure gives residual l; first measure rejected. Images very poor. Plates 944 and 960; on first examination spectrum A; near edge of plates. Plate 1562; on first examination spectrum H? Plate 910; image good; 410, 2; 434, 2; 434 double.
10351. Plate 959; on first examination spectrum F; a 394; 410, 5; 434, 5; near edge of plate. Plate 973; on first examination spectrum E?
10354. Images poor and faint. Plate 910; on first examination spectrum H. Plate 1562; on first examination spectrum A.
10355. Plate 893; 410, 5; 434, 5. Plate 905; 410, 2; 434, 2. Plate 1563; 410, 2; 434, 2.
10356. Plate 959; on first examination spectrum A? near edge of plate.
10359. Images poor and faint. Plate 905; on first examination spectrum A? Plate 1563; on first examination spectrum H?
10361. Plate 905; on first examination spectrum A?
10362. Plate 949; on first examination spectrum F? a 394; 410, 5; 434, 5; 410 and 434 double; near edge of plate.
10366. Plate 949; on first examination spectrum E; on second examination spectrum F; near edge of plate. Plate 1590; on first examination spectrum H.
10367. Plates 186, 795, 1564, and 1576; image very poor and faint. Plates 186, 795, and 1564; on first examination spectrum A. Plate 1576; on first examination spectrum H? Plates 186, 1564, and 1576; on second examination spectrum? Plate 196; 410, 1; 434, 1. Plate 843; 410, 2; 434, 2. Plate 928; 410, 2; 434, 2. Plate 929; 410, 5; 434, 5. Plate 950; a 394; 410, 5; 434, 5.
10369. Plate 1564; image very poor and faint; on first examination spectrum E.
10371. Dunér 294. Plates 910 and 1562; on first examination spectrum H. Plate 1562; on special examination spectrum M?
10375. Plate 910; on first examination spectrum A? Plate 1562; on first examination spectrum H.
10380. Plates 949 and 1590; image poor; on first examination spectrum F? Plate 949; 410, 5; 434, 5; near edge of plate. Plate 1590; 410, 3; 434, 3.
10381. Plate 1564; image very poor and faint; on first examination spectrum E.
10382. Plate 910; 410, 5; 434, 5; on re-examination 410, 5; 434, 5.
10389. Plate 829; on first examination spectrum H; near edge of plate. Plate 843; on special examination spectrum Q. Plate 186; 443, 2; 448, 2.

Plate 834; 410, 2; 434, 2. Plate 843; 448, 1; 458, 1; 468, 1. Plate 928; 410, 2; 434, 2. Plate 1564; 410, 5; 434, 5.

10392. The spectrum measured on Plate 1564 was supposed to be that of DM. +56° 3112. On re-examination the star was found to be DM. +76° 10, and the measures have accordingly been added to the latter star, which equals D. C. 189.

10393. Plate 959; image poor; on first examination spectrum H?

10395. Plate 835; image very poor and faint; on first examination spectrum F; 410, 5; 434, 5. Plate 196; 421, 7. Plate 843; 401, 3.

10397. Plate 1564; image very poor and faint; on first examination spectrum H.

10399. Plate 949; on first examination spectrum E; on second examination spectrum F? near edge of plate.

10401. Plate 960; image poor; on first examination spectrum E.

10403. Plates 904 and 910; on first examination spectrum A. Plate 910; on second examination spectrum A? Plate 1562; 410, 2; 434, 2.

10404. Images very poor and faint. Plate 910; on first examination spectrum H. Plate 1562; on second examination spectrum A?

10409. Plates 974 and 1563; image poor and faint; on first examination spectrum H. Plate 893; 410, 5; 434, 5. Plate 960; 410, 5; 434, 5.

10410. Plate 843; 410, 2; 434, 2. Plate 893; limit of spectrum β; 410, 3; 434, 3; 434 double. Plate 905; 410, 3; 434, 3. Plate 907; 410, 5; 434, 5. Plate 950; a 304; 410, 3; 434, 3. Plate 1563; 410, 2; 434, 2.

10411. Plates 843, 950, and 1564; on first examination spectrum H. Plate 928; on first examination spectrum A.

10414. Plate 929; 419, 3.

10417. Plate 875; image very poor and faint; on first examination spectrum E; on second examination spectrum F?

10419. Plate 910; on special examination spectrum M?

10424. Plate 1562; image poor; on first examination spectrum H?

10426. The letter t stands for dr. Var. in DM. Var. in H.P. Plate 1563; on first examination spectrum H? on re-examination 410 bright; spectrum peculiar.

10427. The spectrum measured on Plate 905 was supposed to be DM. +45° 4376. On re-examination the star was found to be DM. +45° 4381, and the measures have accordingly been added to the latter star, which equals D. C. 10430.

10428. Images poor and faint. Plates 157 and 1590; on first examination spectrum H. Plates 176 and 949; on first examination spectrum A. Near edge of Plate 176. Plate 949; very dark; on second examination spectrum A?

10429. Images very poor and faint. Plate 960; on first examination spectrum H? Plates 974 and 1709; on first examination spectrum E? Plate 974; on second examination spectrum F?

10430. Plate 974; image poor; on first examination spectrum H.

10431. Plate 893; 403, 3. Plate 950; 402, 2; 453, 2. Plate 1563; 392, 2; 402, 2.

10434. Plates 157, 863, and 1641; image poor. Near edge of Plates 157 and 1641. Plates 157 first and second images, and 863; on first examination spectrum A. Plate 1641, second image; spectrum C? Plate 176; a 304; 410, 3; 434, 3. 410 and 434 double. Plate 949; a 394; 410, 3; 434, 3. Plate 1590, first image; 410, 3; 434, 3. Plate 1590, second image; a 394; 410, 5; 434, 5. Plate 1641, first image; 410, 3; 434, 3; 434 double.

10437. The letter t stands for dr. Combined with 10438. Plate 960; image very poor and faint; on first examination spectrum H. Plate 904; 410, 5; 434, 5. Plate 910; 410, 5; 434, 5. Plate 1562; 410, 5; 434, 5.

10438. See 10437.

10439. Plates 960 and 1563; image very poor and faint; on first examination spectrum E.

10441. Plate 949; image very poor and faint; on first examination spectrum H.

10442. Plate 960; on first and second examinations spectrum F; 410, 5; 434, 5.

10444. Plate 1562; second image very poor and faint; on first examination spectrum H.

10451. Plate 1564; image very poor and faint; on first examination spectrum H.

10454. Plates 875 and 929; spectrum C?

10455. Plate 928; image very poor and faint; on first examination spectrum E?

10456. Plates 186 second image, and 834; image poor; near edge of plate; on first and second examinations spectrum F. Plate 186; 410, 5; 434, 5; Plate 834; 410, 2; 434, 2.

10458. Plate 960; 419, 3.

10460. Plate 843; 410, 5; 434, 5; on re-examination 410, 5; 434, 5.

10462. Images poor; near edge of plates. Plate 157, first image; on first examination spectrum F? Plate 1641; on first examination spectrum F? on second examination spectrum F? Plate 157, first image; 410, 5? 434, 5?

10463. Images very poor and faint. Plate 910; on first examination spectrum A. Plate 1562, second image; on first examination spectrum H?

10464. Dunér 297.

10465. Plate 1564; image very poor and faint; on first examination spectrum H?

THE DRAPER CATALOGUE. 373

10471. Plates 157 and 176; on first examination spectrum A ? Plate 949; 410, 5; 434, 5.

10472. Images poor and faint. Plate 186; on first examination spectrum C. Plate 196; on first examination spectrum A. Plates 843 and 928; on first examination spectrum I. Plate 929; on first examination spectrum II ? near edge of plate. Plate 843; 448, 2; 468, 3. Plate 928; 448, 3. Plate 950; 410, 4; 434, 4. Plate 1564; 410, 3 ? 434, 3 ? A. G. C. magn. 7.

10473. Plate 835; image very poor and faint; on first examination spectrum E. Plate 844; spectrum C.

10474. Images very poor and faint. Plate 843; on first examination spectrum E. Plate 1564; on first examination spectrum II.

10477. Images very poor and faint. Plates 170 and 1590; on first examination spectrum II ? Plate 949; on first examination spectrum E ?

10478. A. G. C. magn. 7. Plates 960 and 974; image very poor and faint; on first examination spectrum E.

10480. Plate 835; image very poor and faint; on first examination spectrum II ?

10481. Images poor and faint. Plates 196 and 834; on first and second examinations spectrum A. Plate 875; on second examination spectrum A ? Plate 843; 410, 2; 434, 2.

10484. Plate 974; image very poor and faint; on first examination spectrum E ?

10487. R. A. 1^h 3^m.2. Dec. +84° 34'. See 606a in Table II. and Remarks.

10488. Plate 950; image poor; on first examination spectrum E ?

10490. U. A. Cetus 8, magn. 5.3, var ?

10491. Plate 186; on special examination spectrum M ? Plate 186; 410, 5; 434, 5. Plate 950; 448, 4.

10494. Plate 1562; image very poor and faint; on first examination spectrum II ? Plate 910; 410, 5; 434, 5.

10495. Plates 843 and 950; image poor. Plate 843; on first examination spectrum A. Plate 950; on first examination spectrum B; on second examination spectrum A. Plate 186; 410, 5; 434, 5. Plate 950; 402, 2; 438, 2; 458, 1.

10497. Plates 196, 843, 875, and 928; spectrum C.

The wave-lengths in the above remarks are found by estimating the tenths of the interval between the adjacent hydrogen lines. The line 447 was often estimated six instead of seven-tenths from F towards G. Its wave-length then appears as 453 instead of 447. The remark 410 bright under D. C. 5040, 5580 and 8643 does not refer to the hydrogen line h, but to the adjoining portion of the spectrum of slightly shorter wave-length which appears bright by contrast.

The exact values of the large residuals of the last column of Table I. are given in Table III. The D. C. number is followed by the three residuals taken from the Durchmusterung, Uranometria Argentina, and Harvard Photometry, negative quantities being indicated by Italics. The meaning of the letters F and R is explained on page 5. The final column gives the class to which the spectrum belongs, taken from the seventh column of Table I.

TABLE III.

CATALOGUE RESIDUALS EXCEEDING 0.

D C	DM	U.A.	H.P.	Cl	D.C.	DM	U.A.	H.P.	Cl.	D.C.	DM	U.A.	H.P.	Cl.	D.C.	DM	U.A.	H.P.	Cl.	D.C.	DM	U.A.	H.P.	Cl.
5	7	11	13	H	207	8	11	.	F	400	10	.	.	A	753	14	.	.	E	972	10	12	11	I?
11	10	.	.	A	210	10	.	.	H	407	11	.	1	A	755	11	.	.	A	973	10	.	.	A
12	11	.	.	H	214	10	5	.	A	409	10	.	.	H	760	11	.	.	E?	976	10	4	.	A
14	12	.	.	H	226	11	.	.	E	410	10	.	.	A?	773	18	18	12	I	978	10	4	.	F
16	10	7	6	A	230	16	.	.	A	420	13	.	.	A	777	10	F	.	E	987	16	.	.	E?
17	.	0	14	A	232	10	13	.	E	430	10	.	.	E	778	10	F	.	A?	988	7	10	.	A
28	14	.	12	F	237	14	.	.	A	433	8	8	10	H	790	13	.	.	A	989	15	.	.	A
32	11	.	.	A	239	10	1	.	A?	439	10	.	.	A	792	11	.	.	H	990	12	.	.	E?
35	.	10	13	E	244	10	.	.	A	446	16	.	.	A	808	16	F	.	A?	992	15	.	.	A
40	13	.	.	E	252	12	.	.	E?	454	15	.	.	E	812	11	.	.	E	1003	15	F	.	A
43	13	.	.	A	261	11	.	11	H	455	12	.	.	E?	814	10	4	.	H	1004	14	.	.	A
44	11	.	.	A	264	10	.	.	F?	469	13	.	.	A	815	12	F	.	H	1015	13	.	.	F
45	11	.	.	A	267	11	.	.	A	471	11	.	.	A	819	15	.	.	A	1016	10	5	.	F
48	12	.	.	E	276	14	.	.	A	477	10	.	.	A	823	11	5	.	F	1019	10	.	.	E?
51	10	.	2	H	277	10	.	.	A	479	14	.	.	H	832	7	15	.	F?	1025	15	.	.	A
54	7	10	12	H	284	13	.	.	A	481	10	.	.	A	836	10	.	.	.	1026	13	.	.	A
57	10	.	8	E	287	15	.	14	K	489	10	.	.	A	839	10	.	13	K	1033	14	14	11	K?
62	10	.	5	A	295	R	.	17	K	492	13	F	.	A	842	14	5	.	A	1036	12	.	.	A?
72	12	F	.	F	297	14	.	.	A	493	10	R	.	A	845	13	.	.	A	1047	13	.	.	A
74	11	9	12	H	299	10	.	.	E?	503	12	.	.	A	851	13	.	.	E?	1048	10	.	.	A
75	8	12	12	H	307	14	.	.	E	513	8	.	13	K	852	10	5	.	A	1050	12	.	.	B
76	2	10	.	E	309	13	.	.	E?	529	16	.	.	A	858	10	.	.	A	1051	13	.	.	F
80	10	17	14	K	315	13	.	.	F	544	14	14	11	H	861	10	.	.	A	1052	10	.	.	A
84	10	4	1	A	316	10	.	.	A?	552	10	.	.	A	864	10	.	.	A	1054	12	10	9	A
88	11	.	.	A	319	15	.	.	A	576	12	.	.	A	866	11	F	.	E	1059	12	.	.	A
92	12	F	.	H?	321	11	.	.	E?	581	15	.	.	A	873	15	.	.	A	1060	11	.	.	A
101	10	.	.	A?	322	10	.	.	F	590	11	.	.	A	884	16	.	.	A	1061	14	F	.	A?
104	14	.	.	H	325	11	F	.	E	597	16	.	.	F	892	11	.	.	A?	1068	17	.	.	A
106	13	.	.	A	327	10	.	.	H	610	15	15	14	K?	893	15	.	14	K	1069	10	.	.	A
109	10	.	.	E	330	10	5	.	E	619	14	.	.	A	896	14	.	.	A	1070	10	.	.	A
112	14	.	.	A	331	15	.	.	H	623	24	.	24	K?	897	13	.	.	A?	1071	15	.	.	A
127	11	15	14	K	333	R	16	18	K	631	16	.	.	A	900	11	.	.	A	1072	14	.	.	A
134	2	11	8	I	339	10	.	.	A	645	15	.	10	I	904	10	.	.	A	1076	13	.	.	A
142	13	R	.	M	347	10	.	.	H	646	10	.	8	H	908	12	.	.	A	1084	10	.	.	A
148	10	.	.	A	349	16	.	.	A	649	11	.	.	E	909	12	.	.	A	1088	11	.	.	A
150	13	.	.	F?	351	11	.	.	A	658	10	.	.	A	912	15	.	.	A	1090	13	.	.	A
151	13	F	.	A?	357	13	.	6	M	666	11	.	11	I	930	13	.	.	F	1092	11	F	.	A
158	10	6	.	H	360	12	.	7	H	667	14	.	.	A	934	.	9	14	12	H	1099	11	.	.	A
163	10	.	.	H	363	14	.	9	K	695	17	.	.	A	937	10	.	.	A	1100	13	.	.	E
164	10	.	.	A	364	.	13	.	H	704	10	.	.	E	943	13	.	.	A	1107	15	.	.	A
167	12	6	.	A	366	11	.	.	A	707	10	9	.	A	954	20	.	.	A	1114	14	16	17	M
178	10	10	10	I	369	17	.	.	A	714	11	.	.	A	955	12	.	.	A	1115	15	.	.	A
183	12	.	.	H?	375	9	.	11	F	715	13	.	.	A	961	11	.	.	F	1120	10	.	.	A
197	10	5	3	H	381	11	12	10	I	716	11	.	.	F?	962	11	.	.	A	1121	13	.	.	A
198	12	.	.	A	389	17	.	.	A	718	.	10	.	H?	964	12	.	.	A	1128	12	.	.	A
200	13	.	.	E	393	12	.	.	H	738	14	.	6	H	965	10	.	.	E	1139	15	.	.	F
204	10	F	.	A	394	11	.	.	E?	745	7	.	10	H	967	R	12	10	G?	1140	15	.	.	E

THE DRAPER CATALOGUE. 375

D.C.	DM	U.A.	H.P.	Cl.	D.C.	DM	U.A.	H.P.	Cl.	D.C.	DM	U.A.	H.P.	Cl.	D.C.	DM	U.A.	H.P.	Cl.	D.C.	DM	U.A.	H.P.	Cl.
1142	20	. 19		K	1301	11	.	.	A	1485	13	.	.	A	1702	14	.	.	E	1885	11	.	.	A
1143					1311	10	.	.	A	1486	12	.	.	A	1706	.	11	10	E?	1886	15	21	17	K
1144	10	.	.	A	1313	10	.	.	A	1488	10	10	.	H	1709	13	.	2	A	1890	15	.	.	A
1150	12	12	.	A	1315	12	F	.	E	1496	22	F	.	E?	1711	11	.	.	F	1893	6	.	10	H
1154	11	3	2	F	1322	10	.	.	A	1497	10	.	.	A	1718	10	.	.	A	1897	12	.	.	A
1161	25	.	.	A	1325	10	.	.	A	1499	12_	. _	.		1722	13	.	.	A	1902	11	.	9	H
1168	15	.	.	E?	1327	12	10	.	A	1506	10	2	5	F	1727	11	.	.	E?	1907	10	.	.	A
1170	14	.	.	F?	1329	12	.	.	A	1508	12	F	.	A	1730	17	8	.	A	1915	10	1	.	A
1177	10	.	.	H	1333	11	.	.	A	1509	16	R	.	E	1731	21	22	19	M	1929	10	14	10	K
1181	10	0	.	H?	1343	10	F	.	H	1510	17	F	.	E	1742	12	.	.	H	1934	10	.	.	A
1183	21	.	21	K	1346	12	.	.	A	1512	10	.	.	E	1744	12	.	.	A	1935	16	.	.	A
1187	12	.	.	A	1354	10	.	.	H	1516	11	.	.	F	1745	15	.	.	A	1937	13	.	.	A
1188	10	.	.	E	1359	13	.	.	A	1517	15	.	.	A	1746	11	.	.	A	1939	16	.	.	A
1192	10	.	.	A	1362	14	.	.	A	1524	11	4	.	H?	1748	R	.	15	M	1940	10	.	0	A
1195	10	R	.	A	1366	14	13	.	E	1526	12	F	.	E	1751	10	.	.	A	1941	12	.	.	A
1196	11	.	.	H	1367	11	.	.	A	1529	11	11	.	E?	1756	16	.	.	A	1943	15	.	.	A
1198	10	.	.	A	1368	13	.	13	I?	1541	10	.	.	A?	1758	11	.	.	A	1947	10	.	.	A
1199	15	.	.	A	1370	14	F	.	A?	1545	10	.	.	A	1759	12	.	.	A	1948	13	.	.	A
1204	13	.	.	A	1371	16	F	.	E	1546	14	F	.	H	1762	11	.	.	F	1950	11	6	.	A
1205	10	.	9	A	1374	13	.	.	H	1553	15	.	.	A	1764	10	2	3	H	1965	16	.	.	A
1206	12	.	.	A	1375	15	.	.	A	1554	4	14	.	E	1770	11	.	.	A	1966	13	.	.	A
1209	14	.	.	A	1376	16	.	.	E	1560	14	.	.	F	1776	13	.	.	A	1968	13	.	.	A
1213	12	.	.	E	1379	10	.	.	A	1562	10	5	3	A	1777	6	.	11	K	1970	12	.	.	A
1216	11	.	.	F	1381	11	.	.	H	1584	14	.	.	E	1779	12	.	.	A	1972	14	.	.	A
1227	12	.	.	R	1384	10	.	.	E	1585	11	.	.	A	1780	13	.	.	H	1973	8	.	12	E
1228	10	20	5	F	1387	12	.	.	E?	1588	12	3	.	E	1783	13	.	.	A	1979	11	.	.	E
1229	12	5	.	A	1388	14	8	.	F	1596	15	.	.	A	1788	10	.	.	A	1982	14	.	.	A
1238	9	.	10	I	1389	15	F	.	E	1599	12	.	.	E	1792	11	F	.	H	1984	10	.	.	A
1244	12	.	.	A	1391	11	.	.	A	1601	12	.	.	A?	1798	14	.	.	A	1993	10	.	.	A
1247	10	.	.	E?	1395	11	8	.	E?	1608	5	.	11	K?	1799	11	.	8	K	1996	12	.	.	A
1251	11	.	.	E	1400	15	9	.	E	1621	10	F	.	A	1801	10	.	.	A	1998	11	8	8	K?
1252	18	.	.	A?	1407	12	.	.	F	1625	19	.	15	K?	1808	11	.	.	A	2000	10	.	.	A
1255	14	9	.	A	1409	15	.	.	A	1633	13	.	.	A	1810	10	.	.	A	2005	11	.	.	A
1258	14	.	.	A	1418	14	.	.	E	1639	11	.	.	A	1812	13	.	.	A	2010	10	.	.	E?
1260	11	.	.	A	1427	12	.	.	A	1640	10	.	.	A	1814	.	13	11	F	2011	13	.	.	A
1263	13	F	.	H?	1431	17	F	.	A	1641	19	.	.	A	1815	11	.	.	A	2015	12	7	.	A
1264	12	.	.	A	1436	12	.	.	A	1642	16	.	.	A	1823	10	.	.	A?	2021	15	12	11	K
1266	19	.	.	A	1439	12	F	.	A	1643	16	.	10	M?	1826	12	.	.	H	2030	12	.	.	A
1273	15	.	.	A?	1440	12	.	.	F?	1649	14	.	.	A	1831	12	.	.	A	2045	13	.	.	E
1276	11	7	.	A	1444	17	F	.	A	1650	10	.	.	A	1832	10	.	.	A	2048	11	.	.	A
1278	13	.	.	A	1448	11	.	.	E	1652	8	9	10	H	1843	11	.	.	A	2050	10	.	.	A
1279	12	6	.	A	1453	13	.	.	F	1659	15	F	.	A	1847	17	.	.	A	2066	15	.	.	A
1285	14	.	.	A	1459	18	.	.	E	1677	12	7	.	H	1850	13	.	.	A	2068	11	.	.	A
1287	17	10	.	A?	1466	11	F	.	H	1678	8	.	10	E?	1851	10	.	.	A	2070	17	.	15	M?
1288	24	.	.	A	1467	13	.	.	A?	1680	14	4	.	F	1855	15	.	.	A	2074	18	8	.	A
1289	10	.	.	H	1472	10	.	.	A	1683	10	.	.	A	1859	13	.	.	A	2080	9	.	10	H
1291	17	F	.	E	1474	11	.	.	A	1685	12	12	9	I	1860	11	.	13	K	2113	13	.	.	A
1293	12	F	.	E	1476	10	.	.	A	1688	16	.	.	A	1867	12	.	.	A	2115	15	.	.	A
1295	12	.	.	A	1480	14	.	.	A	1693	15	.	.	A	1875	6	.	11	K	2116	15	15	11	I
1298	10	.	.	F	1484	12	.	.	A	1696	18	.	.	A	1880	11	.	.	E	2119	11	.	.	A

376 ANNALS OF HARVARD COLLEGE OBSERVATORY.

D.C.	D.M.	U.A.	H.P.	Cl.	D.C.	D.M.	U.A.	H.P.	Cl.	D.C.	D.M.	U.A.	H.P.	Cl.	D.C.	D.M.	U.A.	H.P.	Cl.	D.C.	D.M.	U.A.	H.P.	Cl.	D.C.	D.M.	U.A.	H.P.	Cl.
2120	10	.	.	E	2322	10	.	.	A?	2581	17	9	7	H	2789	16	.	.	A	2978	10	.	.	A
2123	11	.	.	A	2329	15	.	.	E?	2582	11	6	3	H	2790	12	.	.	F	2981	12	.	.	H
2127	13	.	.	A	2332	11	.	.	E?	2583	8	.	14	H?	2794	14	5	.	A?	2997	11	6	1	A
2134	18	.	.	A	2349	12	.	.	F?	2585	28	.	29	K?	2807	15	.	.	A	3004	10	F	.	A
2135	11	3	.	E	2352	13	.	.	A	2587	10	.	.	F	2811	18	F	.	A	3007	7	10	.	A
2137	13	.	.	A	2354	18	.	.	F	2591	10	.	.	A	2814	14	.	.	A	3008	12	.	.	A
2141	16	.	15	M	2357	11	.	.	A	2597	14	.	.	A	2817	11	.	.	A	3013	16	.	.	A
2149	12	.	.	A	2359	11	.	.	A	2598	.	18	17	H?	2818	15	.	.	A	3014	13	F	.	A
2150	10	.	.	A	2367	15	.	.	A	2601	12	10	.	E	2820	11	.	.	A	3019	14	F	.	A
2153	15	11	14	H	2372	12	.	.	A	2612	10	.	.	A	2821	10	.	.	A	3029	10	9	3	A
2158	13	.	.	A	2381	11	.	.	A	2617	12	11	13	I?	2827	10	.	.	A	3030	10	9	10	H
2159	12	.	.	A	2384	12	.	.	A	2620	16	.	.	A	2835	14	.	.	A	3031	15	.	.	A
2169	18	.	.	A	2387	11	.	.	A?	2633	15	14	16	M?	2839	11	.	.	E	3032	10	.	.	E
2170	15	.	.	A	2391	10	.	10	K	2637	17	.	.	A	2845	13	.	.	A	3033	12	8	.	A
2171	.	11	7	F	2392	10	.	2	H	2638	12	F	.	A?	2849	11	17	16	K?	3034	2	6	10	H
2174	11	.	.	A	2393	11	.	.	A	2643	13	.	.	H	2860	15	.	.	A	3043	11	.	.	A
2179	15	.	.	A	2395	12	.	11	F	2645	10	.	.	A	2864	13	7	.	A	3044	11	.	.	E
2180	.	3	10	A	2396	10	3	.	A	2651	14	.	.	A	2867	18	.	.	A	3047	16	F	.	A
2182	14	.	.	A	2403	12	7	9	A?	2667	11	7	.	A	2870	12	.	.	A	3049	12	9	.	B
2185	10	.	.	A	2404	13	8	.	E	2669	11	8	.	A	2873	17	12	.	A	3054	10	9	.	A
2187	16	.	.	A	2407	12	.	.	A	2678	12	.	.	A?	2875	10	8	.	A	3056	14	F	.	A
2188	15	.	.	A	2411	13	9	12	H	2681	19	13	.	A	2882	11	.	.	A	3058	10	.	0	B
2190	16	.	.	A	2423	12	.	.	A	2682	11	F	.	A?	2883	12	.	.	A	3059	17	F	.	A
2194	13	.	.	A	2435	10	4	.	A	2684	10	.	.	F	2886	13	.	.	H	3066	12	9	.	A
2196	12	.	.	A	2445	10	.	9	I?	2687	16	7	.	A	2887	15	.	.	A	3068	16	F	.	A
2198	15	.	.	A	2447	10	.	.	E	2691	13	F	.	A	2894	11	.	.	A	3072	10	6	2	A
2201	11	.	3	A	2454	10	7	.	A	2693	13	.	.	A?	2898	12	.	.	A	3078	13	.	.	E
2204	3	.	12	H?	2455	11	.	.	A	2699	13	.	.	A	2899	7	.	11	H	3082	8	12	.	A
2205	12	6	2	A	2467	11	.	.	E?	2702	11	7	.	A	2901	13	.	.	A	3085	R	12	11	K
2210	14	.	.	A	2469	11	.	.	A	2705	10	.	10	H	2903	12	.	.	E	3087	12	.	.	A
2224	11	.	.	A	2478	11	7	.	A	2714	13	.	9	H	2908	18	10	.	A	3094	15	7	1	A
2226	8	10	.	A	2480	13	.	.	H	2719	11	.	.	B?	2915	11	.	.	A	3095	5	n	11	I
2228	4	.	11	H	2481	13	.	10	I	2720	11	.	.	A	2916	14	.	.	F	3096	12	.	.	A
2240	13	.	.	A	2496	15	F	.	A	2722	10	.	4	A	2917	8	5	11	I	3097	14	.	.	A
2242	12	.	.	A	2500	11	.	7	H?	2723	13	.	.	A	2921	15	.	.	E	3098	12	.	.	H
2244	12	.	.	A	2503	14	.	.	C	2724	14	8	.	A	2925	12	10	.	A	3099	11	.	.	A
2250	13	.	.	A	2507	18	F	.	A	2739	11	.	.	A	2933	16	.	.	A?	3100	13	6	1	A
2258	10	.	.	A	2509	11	.	.	H	2740	19	.	22	K	2934	11	.	3	A	3101	13	.	.	A
2259	15	.	.	A	2512	12	.	.	F	2741	12	6	.	A	2940	11	.	.	A	3104	16	.	.	A
2264	10	.	.	A	2525	13	.	10	H	2743	6	.	13	K	2945	12	.	.	E	3106	14	9	4	A
2265	11	.	.	A	2527	11	.	11	K	2744	17	.	.	E	2947	16	.	.	A	3109	13	.	.	A
2266	R	22	20	M?	2528	16	.	17	E?	2747	13	F	.	E	2949	12	9	.	A	3110	16	.	14	H
2271	10	.	.	A	2540	10	.	.	A	2757	12	.	.	E	2950	.	10	.	A	3114	11	.	.	A
2272	12	.	.	A	2541	10	.	.	E	2762	10	.	.	F	2954	13	.	.	A	3116	R	.	.	A
2273	13	.	.	F	2550	12	.	.	A	2772	15	.	.	F	2957	13	10	.	A	3128	11	.	.	A
2275	16	.	.	A	2555	10	.	.	E	2774	14	.	.	A	2958	11	.	2	A	3131	12	.	.	A
2277	11	.	.	A	2556	13	.	.	A	2777	10	.	.	A	2959	17	.	.	C	3133	8	13	0	A
2280	17	.	.	A	2557	.	9	5 10	I	2778	2	.	10	K	2960	12	.	.	A	3134	13	.	.	E?
2299	12	3	.	E?	2564	15	F	.	A	2782	11	.	.	A	2962	10	.	.	A	3136	15	F	.	A
2305	16	.	.	A	2579	10	.	.	F	2787	17	.	13	I?	2974	14	.	.	A	3140	23	10	.	A

THE DRAPER CATALOGUE. 377

D.C.	DM	U.A.	H P	Cl.	D.C.	DM	U.A.	H P	Cl.	D.C.	DM	U.A.	H P	Cl.	D.C.	DM	U.A.	H P	Cl.	D.C.	DM	U.A.	H P	Cl.
3142	10	6	.	A	3262	10	.	.	H	3424	13	F	.	F	3566	13	6	.	A	3755	10	F	.	A
3145	17	R	.	A	3265	12	.	.	E	3428	12	6	.	A	3567	13	9	4	A	3756	11	.	.	A
3146	10	3	.	A	3275	15	F	.	A	3432	12	.	.	E	3577	11	.	.	A	3759	10	9	.	A
3147	17	F	.	A	3276	13	.	.	A?	3441	11	8	.	E?	3582	14	.	.	A	3760	.	11	3	A
3149	13	9	.	A	3282	13	.	.	E	3442	16	F	.	H	3585	20	.	.	A	3763	14	.	.	A
3154	14	F	.	A	3283	5	10	7	F	3444	.	5_10	.	H	3590	10	.	.	E	3764	9	.	12	H
3156	12	.	8	H	3286	17	.	.	E	3445	12	.	.	E	3599	7	8	11	H	3767	10	7	.	F
3158	10	.	.	A	3297	10	.	.	A	3450	12	9	.	H	3600	17	8	.	A	3770	10	.	.	A
3161	11	.	.	A?	3299	15	.	.	A	3452	12	7	.	A	3601	10	7	.	A	3772	14	8	.	A
3162	12	.	.	E	3300	14	.	.	A	3453	17	F	.	A	3614	11	.	.	E	3774	10	.	.	E
3165	14	13	.	A	3303	11	12	.	A	3463	13	F	.	A?	3615	18	.	16	M	3775	11	F	.	A
3167	12	R	.	A	3307	16	.	.	A	3468	12	.	.	A	3617	10	.	.	A	3780	13	V	.	A?
3172	10	.	.	A	3308	20	.	.	A	3470	11	10	.	A	3618	14	.	.	F	3781	15	.	15	K
3173	16	F	.	A?	3309	14	.	.	F	3474	14	.	.	A	3619	6	.	16	H	3783	5	4	10	H
3177	18	R	.	A	3315	12	.	10	H	3476	7	.	11	H	3620	11	.	.	A	3794	17	F	.	F
3181	9	11	.	A	3316	12	F	.	A?	3478	18	F	.	H	3623	12	.	.	A	3796	10	F	.	A?
3183	10	.	.	H	3317	12	.	10	I?	3479	14	7	.	A	3624	13	.	.	A	3798	5	10	1	A
3186	11	12	.	A	3322	14	F	.	A	3481	11	F	.	A	3626	16	5	2	A	3799	15	F	.	F
3190	27	F	.	A	3323	10	.	.	A	3485	10	3	0	A	3627	12	10	.	A	3802	24	R	.	A
3191	12	12	.	A?	3324	11	.	.	A	3489	15	.	.	A	3629	13	8	.	E	3805	14	8	.	A
3196	19	F	.	A?	3325	15	2	.	H	3490	16	F	.	A	3635	11	15	.	A	3806	7	7	10	H
3198	14	.	.	A	3326	12	.	.	A	3491	11	6	.	A	3637	11	.	.	A	3807	10	3	3	A
3199	10	F	.	A	3337	5	11	8	I	3492	13	F	.	E	3638	10	13	.	A	3811	14	9	12	A
3201	10	.	.	A	3338	13	.	.	E?	3494	10	7	3	A	3641	11	R	1	H	3817	15	.	.	A
3203	12	.	.	H	3341	12	.	.	A	3497	10	0	3	H	3644	18	12	:	A	3818	10	.	.	A
3205	10	10	.	A	3346	18	.	.	A	3498	14	6	.	A	3646	16	.	R	A	3821	5	10	.	E
3206	17	.	.	A	3351	12	.	.	F	3499	13	.	.	F	3650	14	F	.	A	3822	8	.	10	H
3210	13	.	.	E	3352	10	.	.	A	3501	13	10	.	A	3652	10	11	.	A	3823	12	8	.	A
3212	12	.	.	H?	3353	16	F	.	A	3508	5	10	.	A	3653	11	.	.	A	3825	10	.	1	A
3213	15	.	.	E	3362	11	12	.	A	3509	12	F	.	E?	3656	16	10	.	A	3829	13	F	.	A?
3214	13	.	.	E	3367	13	10	.	A	3510	12	.	.	A	3666	11	8	.	A	3831	11	6	.	A
3220	17	.	.	A	3370	14	F	.	A	3517	4	10	2	B	3680	15	F	.	E	3832	11	.	.	E
3221	17	F	.	E?	3375	8	.	10	K?	3519	13	.	.	A	3685	13	.	.	A	3834	11	.	12	I?
3223	15	.	.	A	3376	12	.	.	A	3520	10	.	.	A	3694	10	F	.	A	3835	12	.	.	A
3226	15	.	.	F	3379	11	.	.	E	3529	11	.	.	F	3707	11	9	2	A	3836	.	11	7	A
3228	13	13	.	A	3383	10	.	.	A	3531	17	.	.	A	3714	13	.	.	A	3837	11	.	.	F
3229	10	.	.	C	3386	15	.	14	A	3533	11	.	.	A	3720	15	9	.	A	3839	13	.	.	F?
3233	10	.	.	A	3387	13	F	.	H	3535	18	.	16	M	3721	11	.	.	A	3843	12	R	.	A
3234	15	8	.	A	3389	15	F	.	A	3539	13	.	.	A	3726	15	F	.	F	3849	13	.	.	A
3235	13	8	2	B	3391	8	.	11	M	3540	14	F	.	A	3728	11	.	.	A	3851	10	7	.	A
3239	22	F	.	F?	3399	13	.	.	A	3541	13	F	.	H?	3729	15	F	.	F	3853	.	12	.	A?
3240	14	.	.	A	3401	10	.	.	A	3542	1	11	.	A	3733	10	.	0	B	3855	10	.	.	A
3241	12	4	.	A	3403	14	.	.	A	3543	9	12	3	A	3738	11	.	.	A	3860	10	.	.	A
3243	13	0	.	A	3406	11	.	.	A?	3547	8	10	13	K?	3739	12	.	8	I?	3861	11	.	.	A
3246	13	5	.	F?	3407	14	F	.	A	3550	16	8	.	A	3742	10	5	.	E?	3864	11	R	.	A?
3247	11	.	.	A	3408	12	6	0	A	3551	15	F	.	A	3743	11	.	.	A	3865	11	.	.	E
3249	16	6	.	A	3411	16	F	.	H	3552	14	F	.	A	3747	15	9	.	A	3870	14	.	.	F
3251	13	F	.	A	3414	0	5	10	H	3557	7	11	5	A	3748	12	F	.	E?	3873	14	.	.	A
3254	19	.	.	E	3415	12	.	.	H	3561	10	F	.	A	3749	14	10	.	A	3875	14	.	.	F
3259	10	0	.	H?	3421	17	.	.	A	3562	14	22	.	E	3754	14	.	.	A	3879	.	12	.	A

D. C.	DM	U.A.	H.P.	Cl.	D. C.	DM	U.A.	H.P.	Cl.	D. C.	DM	U.A.	H.P.	Cl.	D. C.	DM	U.A.	H.P.	Cl.	D. C.	DM	U.A.	H.P.	Cl.
3882	14	10	12	M?	4029	8	.	10	K	4165	11	.	.	A	4299	20	11	.	A	4589	14	.	13	I?
3886	.	15	14	M?	4032	9	.	10	M	4166	14	.	.	A	4302	24	R	.	A	4596	10	.	.	A
3888	13	.	.	A	4035	14	.	.	E	4167	18	.	.	A	4306	15	9	.	A	4602	12	.	.	E
3889	.	10	2	O	4036	15	.	.	A	4169	11	.	.	A	4313	5	.	14	I	4614	9	.	11	H
3893	11	.	.	F	4039	9	17	.	E	4171	13	.	.	A	4319	9	.	10	H?	4616	12	.	.	A
3894	12	.	1	A	4041	.	11	.	A?	4178	10	.	.	E	4321	11	8	.	F	4618	14	.	.	A
3896	11	8	2	A	4045	13	.	.	E	4175	11	.	.	A	4325	12	.	.	E?	4620	9	.	10	H
3901	15	.	.	F	4049	11	.	.	A	4176	10	.	.	A	4328	12	.	10	H	4632	10	5	2	H?
3907	15	4	0	A	4053	10	.	.	A	4179	13	13	.	A	4329	12	.	12	H	4638	11	.	.	E
3910	10	.	.	F	4057	13	11	.	A?	4181	.	6	11	B	4330	.	10	0	E	4650	14	.	.	A
3912	13	.	.	A?	4059	11	.	8	H	4184	12	11	.	F?	4334	13	.	12	H	4653	8	8	13	I
3913	11	.	.	F	4060	14	.	.	F	4185	18	F	.	A	4348	10	.	.	A	4684	11	.	.	A
3923	12	16	.	A	4062	15	.	.	A	4190	12	.	.	A	4354	11	10	.	F?	4685	15	8	.	A
3924	15	.	.	A	4065	.	11	.	A	4191	19	13	.	A	4357	.	13	14	Q?	4687	8	14	10	K?
3927	10	6	.	A	4069	13	.	.	A	4193	11	8	.	A	4369	10	.	7	H	4691	12	8	.	F?
3931	.	10	.	A	4074	.	13	.	A	4194	11	.	.	A	4372	12	.	8	H?	4693	15	.	.	E
3932	13	.	15	M?	4076	17	.	.	A	4195	.	12	.	A	4378	10	.	3	A	4699	8	10	7	F
3933	10	8	3	A	4078	10	9	5	E	4197	20	9	.	A	4380	11	6	.	A	4701	7	11	11	G
3937	18	.	.	A	4079	10	.	.	F	4200	11	.	.	F	4395	12	7	.	E?	4706	10	.	.	F
3938	12	.	.	A	4080	14	.	.	E	4205	10	.	.	H	4406	10	3	8	H	4709	13	.	.	A
3940	15	.	.	E	4084	10	.	.	A	4206	12	11	5	A	4411	10	.	.	E	4715	15	8	.	A
3943	15	.	.	A	4086	12	.	.	A	4213	10	.	.	A	4413	18	.	.	A	4729	.	10	11	H
3944	14	.	.	A	4094	11	F	.	A	4214	10	.	1	A	4414	12	.	.	A	4736	14	9	.	A
3946	16	8	.	F	4095	.	13	.	A	4216	12	.	.	A	4416	11	.	.	A	4737	10	.	.	F
3947	14	.	.	E	4098	13	F	.	A	4220	14	11	.	A	4418	10	R	.	A	4738	11	.	.	A
3948	10	.	.	A	4099	14	.	.	A	4223	11	13	.	A	4419	12	7	3	A	4741	11	.	.	E
3953	11	.	.	A	4102	13	13	.	A	4226	13	.	.	E	4427	6	7	10	H	4748	11	.	.	F
3956	15	.	.	A	4104	17	F	.	F	4229	10	10	.	A?	4429	11	.	.	A	4750	13	.	.	H
3958	13	.	.	A	4107	14	F	.	A?	4231	21	F	.	A	4436	18	.	.	E	4753	17	.	.	A?
3964	15	.	.	F	4108	13	.	.	E?	4232	11	8	1	A	4438	10	.	.	H	4759	16	.	.	H
3965	10	4	.	H	4112	11	.	.	A	4238	13	F	.	A	4440	11	.	.	A	4761	10	.	.	H
3967	15	9	11	H	4115	12	.	.	F	4244	20	12	.	A	4441	10	.	.	E	4764	12	.	.	A
3974	.	18	19	H	4117	15	4	.	E	4249	13	10	.	A	4445	14	.	.	A	4767	14	13	11	K
3978	13	.	.	F	4124	12	.	.	E	4253	12	F	.	E	4449	7	10	.	A	4771	10	R	.	A
3979	11	.	9	K?	4128	11	12	.	A?	4257	16	9	.	A	4451	13	F	.	A	4786	10	7	.	A
3982	16	F	.	A	4134	18	12	.	A	4259	12	.	.	E	4466	12	.	5	H	4788	16	.	.	E
3985	17	.	.	E?	4135	10	.	.	E	4261	8	.	10	H	4482	12	.	.	A	4793	10	.	.	H
3991	16	.	.	H	4136	11	.	.	A	4262	11	F	.	A	4509	13	.	.	A	4794	12	.	.	A
3992	15	.	2	A	4137	0	.	10	I	4263	14	.	14	M?	4514	10	.	.	A	4798	17	10	.	A
3994	16	.	.	A	4142	14	13	.	A	4265	15	11	.	A	4518	13	.	.	A	4802	12	F	.	E?
3995	11	.	.	E?	4144	.	13	.	E	4266	.	16	0	F	4520	12	.	.	A?	4808	11	.	.	E
4003	13	.	.	E	4145	16	9	.	A	4271	17	.	.	F	4528	14	16	13	K?	4810	15	.	.	E
4016	12	F	.	A	4148	21	F	.	E	4272	14	5	.	E	4533	11	.	.	E	4811	15	.	.	F
4017	10	9	.	A	4149	5	.	10	E	4277	12	.	10	I	4539	16	F	.	A	4816	12	.	.	A
4019	10	.	.	A	4150	17	.	.	E?	4280	14	F	.	E?	4542	13	.	.	A	4820	12	.	.	E
4023	16	.	.	A	4151	9	10	5	E	4283	17	18	.	E?	4546	15	.	.	A	4821	12	.	.	A
4025	11	.	.	E	4153	13	.	.	A	4284	10	.	.	A	4552	11	.	.	A	4827	11	.	.	E
4026	.	8	11	G?	4157	18	12	.	A?	4285	17	17	.	A	4553	7	.	13	M?	4834	10	.	.	E?
4027	11	R	.	A	4162	10	7	1	B	4287	12	.	.	A	4567	11	.	.	A?	4835	17	.	.	F
4028	.	17	.	E?	4164	16	.	.	A	4290	8	.	10	H	4573	10	.	.	E					

THE DRAPER CATALOGUE. 379

D.C.	DM	U.A.	H.P.	Cl.	D.C.	DM	U.A.	H.P.	Cl.	D.C.	DM	U.A.	H.P.	Cl.	D.C.	DM	U.A.	H.P.	Cl.	D.C.	DM	U.A.	H.P.	Cl.
4837	10	.	.	E	4977	11	6	.	F?	5275	10	15	14	I	5648	10	.	.	E	5897	7	.	11	II?
4840	13	.	.	II	4983	19	.	16	K	5289	14	15	10	K	5658	10	.	11	M	5905	12	.	.	A
4846	10	.	.	E	4999	10	8	.	F	5291	12	3	.	A	5660	15	.	.	A	5914	11	7	7	G
4850	10	.	.	E	5003	10	F	.	H	5295	12	.	.	H	5662	12	.	.	E	5968	10	.	.	F
4852	13	.	.	H	5010	11	.	.	H	5331	17	.	15	K	5672	13	5	.	E	5974	11	.	.	H
4853	10	.	.	F	5016	12	.	.	A	5332					5684	10	.	9	G	5979	11	.	.	E
4857	12	.	.	E	5017	14	.	10	I	5334	12	.	.	A?	5685					5985	12	.	.	E
4859	11	.	.	II	5020	16	.	.	C	5335	10	.	.	H?	5687	18	.	14	K?	5990	11	6	.	E
4860	20	.	.	A	5022	13	.	.	A	5345	18	.	18	M	5689	4	10	.	II?	5996	13	.	6	F
4869	11	6	.	A	5029	10	.	.	H	5372	11	F	.	A	5692	11	4	.	A	6008	11	4	.	F
4870	11	.	.	A	5036	R	21	22	K	5375	15	15	14	K?	5694	11	.	.	H	6010	11	F	.	II
4872	15	F	.	A	5040	12	.	9	K?	5378	10	.	.	A	5695	8	13	.	II	6027	21	13	15	K
4873	10	.	.	E	5061	13	.	14	I	5380	13	.	9	I?	5706	17	F	.	E	6030	.	21	.	A
4875	15	.	.	E	5062	13	.	.	A	5381	11	5	0	A	5707	11	F	.	E	6040	10	7	.	F
4879	10	.	.	E?	5063	11	.	9	F	5389	12	.	.	A	5711	12	17	.	A	6043	10	.	.	A
4880	12	.	.	E	5065	12	.	.	E	5402	5	15	.	E	5712	11	4	.	E	6048	15	.	.	E
4882	10	.	.	F	5067	4	8	10	H?	5412	10	.	.	E?	5713	11	4	.	A	6062	13	.	8	II
4883	14	.	.	A	5071	10	.	.	A	5424	12	.	.	E	5726	13	.	.	E	6063	10	F	.	E
4884	13	.	.	E	5077	10	.	.	II	5430	14	.	.	A?	5727	12	3	7	I	6065	11	.	10	II
4886	12	.	8	II	5082	12	.	.	A?	5431	12	.	.	A	5730	13	F	.	H	6069	11	6	.	A
4889	13	.	.	A	5086	11	.	.	H	5455	10	.	6	II?	5732	11	7	.	E?	6081	10	F	.	E
4891	10	6	.	E	5090	10	4	8	H	5458	11	.	.	E?	5738	12	8	.	A	6087	11	F	.	H
4901	12	.	.	E	5091	12	.	.	E	5459	10	.	12	H?	5739	12	.	.	F	6088	10	2	2	A
4903	13	.	.	A	5096	11	.	.	E	5461	13	.	8	I?	5740	11	6	.	F?	6089	9	.	10	II
4905	12	12	.	E	5098	1	R	10	H	5467	11	1	.	H	5745	10	9	.	A	6093	12	.	4	H
4906	11	.	.	H	5109	15	.	11	H	5481	6	13	.	E	5746	12	2	2	I	6098	11	5	7	I
4909	13	.	.	E	5112	12	.	.	H	5483	10	.	.	E	5747	14	.	.	A	6133	11	.	11	I
4912	14	.	.	A	5118	2	6	10	H	5502	R	17	14	K?	5755	14	7	.	A	6141	16	12	.	A
4913	12	8	.	F	5122	13	.	.	H	5517	13	.	.	II	5758	15	F	.	A?	6154	16	.	10	M
4916	15	7	.	A	5124	11	.	.	H	5519	10	.	11	K?	5763	11	.	.	E	6167	13	.	14	F
4919	11	.	.	A	5133	14	.	.	A	5520	12	.	.	E	5770	11	5	.	E	6169	R	16	14	K
4921	13	.	.	H	5135	11	.	.	A	5546	12	.	.	A	5774	.	12	.	H	6173	14	3	7	II
4925	15	F	.	E	5143	13	14	11	K	5547	11	.	.	H	5785	21	.	13	M?	6175	13	.	10	K
4926	13	.	7	II	5162	13	.	.	E	5560	14	10	13	I?	5790	14	F	.	F	6176	12	9	.	A
4928	10	.	.	F	5165	13	.	.	E	5564	15	7	10	I	5791	11	.	.	A	6181	10	.	12	H
4929	11	.	.	E	5173	14	.	8	H	5567	15	.	12	A	5797	14	R	.	A	6189	11	.	.	A
4937	14	.	.	A	5177	11	.	12	K	5509	12	.	.	H	5802	12	.	.	E	6190	7	.	10	H
4938	10	6	.	A	5182	11	.	.	A	5572	10	.	.	E	5805	15	.	.	A?	6192	10	.	.	E
4940	18	.	.	E	5192	12	.	.	E?	5574	10	.	.	H	5815	16	F	.	A	6197	12	.	.	E
4943	12	9	.	A	5203	4	14	11	H?	5577	14	12	16	H	5821	10	F	.	E	6202	10	R	10	F
4950	10	.	.	E	5206	14	.	13	K?	5580	21	.	21	K	5834	11	4	.	A	6203				
4954	14	.	.	E	5227	11	.	.	H	5582	12	.	.	E	5851	14	F	.	H	6210	12	.	.	E
4956	11	8	.	F	5234	14	.	7	H	5592	11	.	.	A	5850	11	.	.	E	6219	12	.	.	A
4959	12	.	.	A	5235	11	.	.	E	5593	.	10	6	A	5861	11	F	.	A	6221	14	.	.	A
4901	13	F	.	E?	5242	12	10	12	M?	5594	10	.	.	II	5863	17	F	.	A	6224	13	9	12	H
4963	15	.	.	E?	5250	10	.	.	H	5617	11	.	15	K	5873	10	F	.	II	6232	13	.	8	H
4964	12	.	.	E?	5258	10	.	.	E?	5618	13	7	.	A	5887	14	.	.	E	6239	.	7	12	A
4965	11	.	.	A	5266	15	.	.	A	5629	12	.	.	A	5893	11	14	12	K	6251	11	.	.	A
4967	10	.	.	A	5267	13	.	.	A	5631	11	.	.	E	5895	9	.	10	K?	6262	10	.	.	A
4968	11	.	.	A	5273	14	7	6	II	5640	5	11	.	E	5896	12	.	.	F	6264	7	8	10	M

D.C.	DM	U.A.	H.P.	Cl.	D C.	DM	U.A.	H.P.	Cl.	D.C.	DM	U.A.	H.P.	Cl.	D C.	DM	U.A.	H.P.	Cl.	D C.	DM	U.A.	H.P.	Cl.
6269	14	.	11	H	6565	10	.	1	A	6893	14	.	12	H?	7155	10	.	8	F	7410	10	.	.	A
6271	24	19	17	M	6567	11	5	.	A	6895	16	.	10	K?	7157	.	11	3	F?	7414	9	.	10	H
6276	14	.	.	E	6568	10	.	8	H	6897	.	17	20	M?	7158	10	4	.	A	7419	11	.	.	A
6277	11	1	.	E	6573	14	14	15	M	6907	9	.	11	K	7163	12	9	.	H	7421	8	10	.	A
6285	11	3	.	E	6575	9	.	10	I	6911	12	13	.	A	7166	14	.	14	H	7429	17	5	10	H
6290	10	.	.	E	6588	11	.	.	A	6931	10	.	.	A	7169	10	9	.	F	7430	11	10	.	A
6291	10	.	.	A	6589	4	.	12	H	6938	11	F	.	A?	7175	.	12	5	E	7435	16	12	12	K
6294	10	.	.	A	6590	10	.	3	A	6943	4	15	.	A	7178	16	.	15	I	7464	14	.	11	M
6299	15	.	13	M?	6593	12	.	13	M	6957	17	.	12	K	7181	4	11	.	A?	7502	12	.	13	I?
6306	13	F	.	H	6611	11	.	10	H	6967	11	.	.	A	7190	11	.	8	H	7513	R	.	16	M
6309	11	.	.	E	6619	.	10	6	A	6972	10	22	.	A?	7207	10	.	.	E	7516	11	.	.	A
6311	10	.	11	H	6639	11	.	.	A?	6980	8	.	12	K?	7210	13	.	6	F	7520	20	.	16	K?
6320	17	.	17	K	6641	.	12	13	K	6992	13	.	.	A	7212	.	12	.	F	7521	2	10	1	B
6326	11	.	.	A	6645	4	14	.	A	6995	12	.	8	H	7215	11	8	.	F	7522	16	8	9	I
6329	10	F	.	E?	6646	12	.	10	H	6998	15	R	.	A	7218	13	11	5	F?	7526	10	.	.	A?
6331	11	.	.	A	6648	10	.	10	H	6999	13	F	.	E	7220	.	13	.	A?	7531	17	10	12	H
6341	13	.	15	K?	6649	12	.	.	A?	7004	8	.	11	H	7223	.	13	.	A	7538	11	.	12	H
6346	11	8	10	H	6651	13	7	11	M	7005	14	.	7	H	7227	14	F	.	H	7544	10	.	14	H
6348	6	11	.	H	6659	14	12	11	I	7010	20	.	16	K	7229	.	13	.	H	7552	15	.	12	M
6349	11	F	.	E?	6663	9	.	10	K	7012	10	2	2	A?	7234	11	.	9	K?	7557	10	.	.	A
6361	12	20	.	E?	6672	12	.	12	M?	7018	12	10	.	A	7247	11	.	.	E	7560	11	.	5	F
6384	12	.	12	I	6682	11	F	.	F	7023	9	10	.	F	7251	9	14	.	A	7583	20	15	16	I
6408	9	7	11	M	6702	7	.	11	H	7024	8	10	.	F	7258	.	10	.	E?	7606	11	7	10	H?
6409	10	.	6	A	6718	12	8	.	A	7028	14	16	.	A?	7250	R	18	17	M	7609	9	.	16	K?
6412	R	14	12	K	6725	13	11	.	A	7035	20	.	14	H	7265	11	13	.	H	7616	12	.	12	K
6415	14	F	.	H?	6729	10	.	0	A	7036	11	6	2	A	7266	3	11	.	H?	7622	10	.	4	F
6420	10	4	.	A	6738	12	.	.	A?	7037	.	.	14	A?	7272	11	11	10	K?	7623	13	.	8	H
6424	10	7	.	A	6748	10	.	14	K?	7049	11	.	.	F?	7279	14	.	15	H	7625	11	.	.	A?
6425	16	.	15	H	6749	7	.	14	Q?	7050	13	8	.	H	7281	10	.	.	H	7629	12	3	4	A
6429	10	.	.	E	6755	12	.	.	H	7057	.	12	12	I	7287	13	6	5	A	7631	11	.	7	H
6434	14	.	.	E?	6767	10	.	.	H	7060	14	.	10	H	7291	7	.	13	K?	7638	12	.	.	A
6437	10	8	8	H	6769	11	.	10	H	7061	.	12	.	F	7293	13	.	14	M	7680	12	.	.	F
6440	17	0	.	H	6780	11	.	.	E?	7069	10	.	.	A	7294	12	.	15	M	7686	12	14	13	K
6445	12	.	8	H	6791	8	.	10	H	7071	10	.	9	H	7297	13	.	.	A?	7687	13	.	.	A
6453	10	2	.	A	6794	12	.	.	F?	7075	10	8	4	F?	7307	10	.	11	I	7715	10	.	.	E
6455	11	6	8	M	6799	8	.	17	M	7078	14	12	.	A?	7315	11	.	.	A	7721	12	.	7	H
6457	3	8	10	H	6805	11	.	8	K	7080	10	.	6	H	7316	.	22	25	M	7726	11	.	.	H
6466	3	7	10	H	6811	11	.	4	H?	7082	13	.	10	L?	7317	10	.	.	A?	7741	10	.	.	A
6471	10	.	.	E	6817	11	F	.	A	7092	12	18	.	F	7321	15	.	13	M	7753	10	.	.	H
6482	5	9	11	M?	6818	15	.	.	A	7106	10	.	.	F	7324	17	.	14	K	7784	11	.	8	I
6492	11	.	.	E	6819	10	6	.	A	7111	20	16	15	K?	7326	0	.	13	I	7785	11	.	.	H
6509	10	.	.	E	6825	.	11	9	H	7113	11	.	.	A	7333	8	.	10	H	7787	12	.	.	H?
6519	12	.	4	H	6827	10	.	.	E	7117	13	7	.	A	7347	12	.	.	A	7795	10	.	.	H?
6527	13	.	12	E?	6838	11	3	4	H	7122	.	10	.	E	7366	12	.	.	H	7707	16	.	8	H
6533	10	6	10	H	6857	11	.	.	A	7127	12	.	.	A?	7369	15	.	13	M?	7799	13	.	14	K
6536	6	.	13	M	6860	20	.	20	L?	7129	19	15	17	M?	7377	11	F	.	A?	7810	20	.	15	K?
6540	11	.	7	E	6861	10	8	7	H	7138	12	.	11	F	7380	16	.	9	K?	7816	12	.	.	H
6544	11	.	.	A	6880	16	.	13	M?	7142	11	.	13	I?	7385	10	.	10	K?	7824	10	.	.	H?
6553	10	.	.	A?	6880	16	.	13	M?	7144	9	.	12	I	7388	12	6	.	A	7827	22	.	20	K
6559	8	.	10	H	6887	11	8	.	A	7152	.	14	.	E?	7390	5	5	10	H	7844	10	6	14	K?

THE DRAPER CATALOGUE.

D.C.	DM	U.A.	H.P.	Cl.	D.C.	DM	U.A.	H.P.	Cl.	D.C.	DM	U.A.	H.P.	Cl.	D.C.	DM	U.A.	H.P.	Cl.	D.C.	DM	U.A.	H.P.	Cl.
7848	10	13	8	F	8169	10	5	2	A	8448	*13*	.	*10*	I	8658	13	.	.	F?	8875	12	.	.	A
7862	*13*	.	*12*	H	8175	10	.	.	A	8450	.	11	6	F	8660	*11*	4	7	H	8887	*17*	.	*19*	K
7864	10	7	2	E?	8180	18	.	.	E?	8451	11	.	.	F?	8661	12	.	.	A	8895	*14*	.	*17*	M?
7865	*9*	.	*10*	I	8181	14	.	.	II	8458	*14*	.	*14*	M	8668	14	9	7	F?	8905	12	.	.	A
7875	*13*	.	*9*	II	8186	12	.	.	II	8459	*12*	F	.	E?	8669	.	*4*	.	*10*	K	8909	19	.	.	A
7881	13	4	.	II	8192	14	.	.	II	8460	10	.	−0	A?	8672	*11*	*5*	*9*	II?	8910	14	.	.	A
7902	*11*	*9*	*10*	K	8199	16	.	.	A?	8466	*10*	.	*11*	II	8677	10	.	.	A?	8912	12	.	.	A
7912	10	.	.	H	8202	5	10	.	A	8470	*9*	*14*	*14*	K	8680	11	11	.	A	8913	*12*	*8*	.	E?
7920	*11*	.	.	II	8209	11	7	.	A	8475	R	.	*12*	M?	8685	13	.	.	F	8919	R	R	*11*	G?
7922	17	.	.	A	8210	12	.	.	A	8476	4	6	R	A	8686	*10*	.	*8*	F	8923	*8*	.	*11*	K?
7924	*11*	.	*9*	II	8211	.	11	.	E	8477	*17*	*14*	.	F?	8687	13	.	.	H	8924	*12*	.	*11*	K
7933	10	.	.	A	8216	14	F	.	C?	8478	*14*	*10*	.	A	8688	10	.	.	A?	8932	*9*	*11*	*0*	A?
7961	*10*	.	.	E?	8219	12	9	3	A	8480	10	.	.	F?	8694	15	.	.	A	8937	*12*	*8*	.	A
7962	13	.	.	A	8225	13	.	.	II	8482	10	.	*4*	F?	8698	*12*	.	*11*	M?	8950	11	.	.	F
7978	14	.	.	A	8229	16	.	.	B	8493	15	.	.	A?	8707	.	13	.	H	8953	*9*	.	*11*	I?
7992	10	.	.	E	8230	17	F	.	A?	8494	10	.	.	A?	8712	12	.	.	F	8954	10	.	.	A
8004	*14*	.	*15*	M?	8231	*8*	*15*	*10*	K?	8500	*15*	.	*13*	I	8721	17	.	.	E	8958	10	.	.	A
8017	*14*	.	*6*	II	8238	12	.	.	A	8505	19	.	.	A?	8727	11	5	3	F	8962	12	.	.	F
8038	15	.	.	A	8239	10	7	.	A	8506	*5*	.	*10*	I?	8728	10	.	.	A	8965	14	.	.	E?
8039	.	*10*	*14*	H	8241	13	.	.	A	8510	18	.	.	A?	8730	*12*	.	*8*	E?	8970	*15*	.	*17*	K
8040	10	.	.	A	8251	10	.	.	A	8517	*5*	*14*	*12*	K	8738	13	.	.	A	8971	14	14	.	A
8044	14	F	.	II?	8256	15	.	.	A	8518	*11*	.	.	A?	8745	14	.	.	A?	8984	14	.	.	A
8062	*11*	.	*10*	II	8262	11	7	.	F	8529	17	.	.	E	8749	13	10	.	II?	8988	12	.	.	A
8069	15	.	.	F?	8264	17	.	.	A?	8536	19	.	.	A	8751	11	.	.	A	9002	16	.	.	A
8070	*2*	.	*14*	M?	8288	13	.	.	A	8538	11	F	.	E	8754	9	10	.	E?	9006	15	.	.	A
8080	R	*11*	*12*	K	8292	16	.	.	A?	8539	13	.	3	A?	8750	*15*	.	*10*	M	9007	13	.	.	A
8081	14	.	.	II?	8293	10	.	.	H	8544	*8*	*12*	*11*	I	8762	10	.	.	A	9011	5	10	8	A
8083	*9*	.	*13*	K?	8300	12	.	.	H	8555	.	*9*	*10*	H	8763	12	9	.	A	9012	10	.	.	A?
8084	12	.	.	A	8308	14	.	.	H	8562	13	.	.	E?	8765	14	7	.	A	9013	*13*	.	*9*	M?
8088	10	.	.	A?	8310	11	.	.	A?	8572	.	10	.	F?	8769	11	16	.	A?	9016	11	.	.	A
8092	14	.	.	A	8329	10	.	.	A	8583	11	.	.	II	8771	R	.	.	Q?	9019	12	.	.	A
8095	*12*	.	*11*	II	8331	10	.	.	H	8586	10	.	.	A	8772	R	.	*13*	A?	9022	*7*	.	*12*	K?
8097	11	.	.	F?	8333	13	.	.	II	8590	10	6	.	A	8777	14	.	.	A	9031	*11*	.	*5*	I
8108	*15*	.	*15*	M?	8337	13	.	.	A?	8594	12	12	.	A?	8785	13	.	.	H?	9033	10	.	.	F?
8109	10	.	.	E?	8343	11	.	.	H	8598	11	.	.	E	8807	11	.	.	A	9036	11	.	.	A
8110	*10*	.	.	II	8349	11	7	5	A	9002	12	.	.	F	8813	13	.	.	E?	9051	9	11	.	A
8112	13	.	.	E?	8353	11	.	.	H	9007	11	F	.	H	8821	14	.	.	II	9053	12	9	5	A
8113	14	.	.	A	8360	12	.	.	E?	8609	10	.	.	H	8824	*10*	.	*6*	II	9059	13	.	.	II
8114	*6*	.	*12*	K?	8372	11	.	.	II	8616	13	.	.	F?	8826	13	.	.	M?	9060	12	.	.	A?
8115	*5*	*8*	*10*	H	8375	9	17	.	E	8617	10	.	.	A	8834	.	13	8	A	9063	11	.	.	A
8118	18	.	.	A?	8385	11	.	.	H	8621	15	.	.	E	8836	13	7	.	A	9065	10	.	.	E
8124	11	.	.	II?	8386	11	9	.	A	8622	*8*	.	*11*	H	8841	10	7	.	H	9067	13	.	.	A
8129	*12*	.	.	II	8388	12	.	.	II	8634	*11*	.	*7*	II	8842	14	.	.	A	9072	15	.	.	A
8131	11	.	.	F	8390	11	.	.	II	8638	15	.	.	E?	8843	11	.	.	A?	9075	*12*	.	*14*	K?
8137	*11*	.	.	II	8404	11	9	3	F?	8646	13	.	.	H	8845	16	.	.	A?	9077	12	12	.	A
8139	17	.	.	A	8414	10	12	.	E	8648	17	7	.	E?	8848	17	.	.	A	9082	12	.	.	F
8143	13	.	.	II	8419	10	12	.	A	8649	*13*	.	*15*	L?	8849	*10*	.	*10*	G?	9085	*12*	.	*12*	II
8144	.	*18*	*14*	K	8430	12	.	.	II	8652	*11*	.	*14*	I?	8857	*13*	.	*11*	II	9090	*5*	.	*14*	H?
8165	10	.	.	A	8431	14	F	.	II	8654	12	.	.	II	8861	12	.	.	A	9091	11	.	.	A
8168	21	R	R	A?	8444	11	12	.	A?	8657	12	.	.	A	8870	11	.	.	A?	9094	*11*	*13*	*11*	I

D. C.	DM	U.A.	H.P.	Cl.	D. C.	DM	U.A.	H.P.	Cl	D. C.	DM	U.A.	H.P.	Cl.	D C	DM	U.A.	H.P	Cl.	D. C.	DM	U.A.	H.P.	Cl.
9005	13	.	.	A	9440	7	16	11	K?	9696	10	.	.	A	9894	10	.	.	F	10098	12	14	12	I
9106	16	.	.	A?	9455	11	5	.	A	9700	14	7	.	F?	9896	12	.	.	A?	10101	4	17	.	E?
9110	4	16	.	E	9460	10	.	9	L?	9701	10	.	13	I	9901	9	.	10	I	10106	11	2	.	A
9112	14	11	.	F?	9461	10	.	10	H	9702	11	.	.	A	9907	4	9	10	F	10107	12	.	12	M?
9114	R	10	8	G	9479	11	6	7	H	9707	12	.	.	A	9909	14	.	11	K?	10108	12	.	.	A
9137	8	.	12	H?	9484	17	.	.	E	9708	11	4	.	A	9913	13	.	.	A	10113	9	12	.	A
9146	11	.	.	A	9487	15	.	14	H	9710	10	.	.	A	9917	11	.	.	A	10122	14	.	.	A
9155	18	9	3	A	9491	14	.	.	A?	9711	13	.	.	A?	9924	12	.	.	H?	10124	12	.	.	H
9161	12	.	.	H	9500	21	21	20	K	9715	14	11	11	H?	9925	13	.	.	A?	10128	11	.	.	A
9176	12	.	.	A	9504	14	.	.	E	9716	9	.	16	I?	9927	12	10	11	M?	10137	14	.	.	H
9179	11	.	17	H	9509	15	7	11	H	9718	14	.	.	A	9928	14	.	.	A	10141	6	12	10	H?
9193	7	9	10	H	9513	R	.	21	M?	9719	15	.	.	F	9930	8	.	10	I?	10142	14	6	.	A
9209	15	.	.	A	9515	16	13	11	A?	9720	16	.	.	A	9933	18	.	.	A	10143	15	.	.	F
9226	11	.	.	H?	9523	9	12	.	A	9732	13	.	.	A	9936	12	.	14	I?	10147	15	F	.	F?
9232	5	.	11	I	9526	11	.	.	H	9743	13	.	.	A	9937	14	.	.	A	10157	1	12	12	H?
9236	12	.	12	I?	9529	6	.	10	H	9744	13	.	.	H	9938	10	.	.	A	10158	11	.	.	A
9238	13	.	6	K?	9535	12	.	.	E	9749	13	F	.	H	9940	18	.	.	E	10168	6	11	9	I
9239					9542	12	9	.	A	9754	11	.	.	B	9943	10	.	.	A	10170	14	.	.	A
9240	12	.	11	K	9543	13	.	.	H	9756	12	F	.	A?	9946	12	18	16	M?	10172	14	.	.	F
9244	12	.	13	K	9547	14	.	.	E	9759	15	F	.	A?	9949	13	.	12	H	10174	10	11	12	H?
9245	4	.	12	K	9558	11	.	.	E	9760	11	F	.	A?	9951	9	.	11	K	10177	12	.	.	F
9261	7	.	10	H	9568	14	6	.	A	9762	11	.	.	A	9953	14	.	.	A	10179	10	.	.	A
9263	11	.	.	A	9573	11	10	.	H	9772	8	.	10	I	9958	13	.	.	H	10182	11	.	.	A?
9267	4	.	10	H	9577	14	.	.	E	9773	13	.	.	F?	9974	15	.	.	F	10188	18	.	.	A
9270	10	.	12	H	9579	8	.	13	H	9780	12	.	.	H?	9977	16	.	.	F?	10192	10	3	.	A
9272	8	8	10	H	9584	10	.	.	E	9782	12	.	.	H?	9983	19	.	13	H	10197	13	.	.	A
9290	16	.	9	E?	9591	12	.	.	E?	9788	11	.	.	A	9986	12	.	6	H	10200	15	.	.	H
9293	12	.	.	A	9598	13	.	.	A?	9790	10	8	8	K	9989	10	.	.	F?	10207	16	.	.	A
9299	10	.	8	H	9611	14	.	.	A	9794	11	.	.	A	9990	10	.	.	A	10211	14	.	.	H
9312	11	.	4	H?	9612	10	.	.	A?	9796	12	.	.	A	9993	11	.	.	H	10217	12	.	10	H
9314	16	.	19	K?	9616	9	6	11	H	9799	11	R	6	F	9996	13	6	.	A	10224	10	.	.	A
9315	12	.	.	A	9617	16	17	12	K?	9800					9997	10	.	.	A	10225	11	.	.	A
9316	R	.	11	H	9618	5	.	10	M?	9805	14	.	.	H	10014	16	.	.	E	10237	12	.	.	A
9317	R				9623	13	.	.	A	9807	10	5	.	A	10026	10	.	.	A	10242	15	.	10	K
9322	17	.	12	H	9624	12	7	.	H	9810	11	12	.	H	10027	R	.	22	M?	10251	14	.	.	F?
9323	14	6	.	A?	9627	17	.	11	H	9815	13	.	15	H?	10030	10	.	.	A	10258	15	.	.	A
9325	5	10	11	H	9630	4	.	10	H?	9828	11	.	.	H?	10038	9	16	15	I	10263	14	.	15	K?
9327	12	.	.	F	9634	11	10	.	A	9829	10	.	.	H	10048	10	.	.	A	10268	12	.	.	F
9328	12	8	4	A	9643	10	.	.	A	9849	13	5	.	A	10055	5	11	13	H?	10270	11	.	.	A
9329	11	11	8	A	9646	.	.	11	F?	9851	10	F	.	H?	10059	9	.	10	H?	10271	12	R	.	A?
9341	14	.	9	K?	9649	7	.	.	A	9856	10	.	.	A	10064	15	.	.	A	10272	11	.	.	A
9372	14	.	.	A	9654	10	7	0	A	9857	14	.	.	H	10068	12	.	.	A	10273	14	.	.	A
9380	10	.	9	E	9661	11	.	5	F	9877	10	.	11	H	10076	12	.	.	H	10282	12	5	7	H?
9383	12	10	10	H?	9670	17	8	.	H	9875	R	.	.	A	10083	8	17	16	M?	10283	14	.	.	H
9387	9	.	10	I?	9676	11	.	17	K?	9884	17	.	.	H	10084	14	.	.	E	10290	4	.	13	A
9393	11	.	8	H	9678	11	.	.	F?	9886	14	F	.	A	10086	8	.	.	A	10293	12	.	.	A
9409	12	.	.	F?	9680	12	.	.	F?	9888	8	10	11	H?	10089	4	13	9	H	10298	13	10	9	H
9410	.	11	10	H?	9682	10	.	.	A	9889	11	.	.	A	10090	11	.	.	E	10301	10	.	.	A
9431	11	.	.	F?	9689	15	.	.	A?	9890	10	.	11	G	10004	12	.	.	E?	10303	10	.	.	A
9437	9	.	10	H	9691	20	F	.	A	9891	14	.	.	F?	10005	9	11	12	H	10305	13	.	.	H

THE DRAPER CATALOGUE.

D.C.	DM	U.A.	H.P.	Cl.	D.C.	DM	U.A.	H.P.	Cl.	D.C.	DM	U.A.	H.P.	Cl	D.C.	DM	U.A.	H.P.	Cl.	D.C.	DM	U.A.	H.P.	Cl
10308	14	.	.	A	10349	11	.	.	A	10397	15	.	.	E	10420	15	.	.	A	10449	12	.	.	A?
10313	20	.	.	F	10366	13	1	.	A?	10402	15	.	.	H	10425	13	.	.	H	10450	12	.	.	A
10314	11	.	.	A	10371	*12*	.	*10*	M?	10411	10	.	.	F	10434	8	*12*	*10*	F	10461	12	.	.	H
10316	13	.	.	A	10374	16	11	.	II	10412	13	.	.	II	10435	11	.	.	E?	10464	*12*	*18*	*16*	H
10328	11	.	.	A	10380	13	5	4	A	10414	12	.	.	B	10436	10	.	.	A	10475	10	.	.	A
10329	10	.	.	A	10381	13	.	.	A	10415	10	–	–	A	10440	12	.	.	A	10483	11	.	.	A
10337	14	.	.	A	10388	10	.	.	A	10418	10	.	.	E	10445	10	.	.	E	10487	14	.	.	E
10339	13	.	.	A	10389	7	.	*11*	G?	10419	17	.	*14*	H	10447	13	.	.	E	10490	8	*10*	*11*	H
10340	.	*12*	*12*	A	10391	13	.	.	A															

The most common designation of the brighter stars consists of the letters assigned to them by Bayer, followed by the names of the constellations. Table XXX. of Volume XIV. of these Annals serves to identify these stars with those of the Harvard Photometry. Table IV., given below, serves a similar purpose for the Draper Catalogue. The same stars and the same order of arrangement are used in both tables. The constellations are arranged alphabetically, and the letters of Bayer are arranged in order in the first column. The corresponding number of the Draper Catalogue is given in the second column, and the class of spectrum in the third column. This is taken from the seventh column of Table I. A double star is designated simply by the number of its preceding component, which is placed in Italics.

TABLE IV.

INDEX TO LETTERS EMPLOYED BY BAYER.

Letter	D.C.	Sp.	Letter	D.C.	Sp.	Letter	D.C	Sp.	Letter	D.C.	Sp	Letter	D.C.	Sp.	Letter	D.C.	Sp.
ANDROMEDA.			ANDR.—*Con.*			AQUARIUS.			AQUAR.—*Con.*			AQUAR.—*Con.*			AQUILA.		
α	20	A	o	10017	A	α	9617	K?	o	9001	A?	b¹	10141	H?	α	8907	A
β	623	K?	π	263	A	β	9440	K?	π	9774	F	b²	10157	H?	β	8942	I?
γ	*1142*	K	ϱ	136	F	γ	9746	A	ϱ	9737	A	b³	10206	A	γ	8887	K
δ	287	K	σ	118	H	δ	9963	A	σ	9812	A	c¹	10037	H	δ	8726	A
ε	281	H	τ	919	H?	ε	9241	A	τ	9927	M?	c²	10055	H?	ε	8500	I
ζ	363	K	υ	885	E	ζ	*9799*	F	υ	9840	F	c³	10058	F?	ζ	8556	A
η	482	K	φ	612	A	η	9843	A	φ	10083	M?	d	9479	H	η	8919	G?
θ	103	A	χ	905	E	θ	9715	H?	χ	10095	H	e	9655	A	θ	9041	A
ι	10247	A	ψ	10317	I	ι	9621	A	ψ¹	10089	H	f	9778	F?	ι	8811	A
χ	10267	A	ω	798	F	χ	9854	H	ψ²	10100	A	g	9888	H?	χ	8810	A?
λ	10242	K	A	825	H	λ	9946	M?	ψ³	10112	A	h	10034	A	λ	8557	A
μ	475	A	b	1238	I	μ	9257	A	ω¹	10255	A	i¹	10304	A?	μ	8702	A?
ν	390	B	c	1304	A	ν	9325	H	ω²	10289	A	i²	10362	A	ν	8736	F?
ξ	745	H				ξ	9468	A	A	10282	H?				ξ	8933	H

Letter	D.C.	Sp.	Letter	D.C.	Sp.	Letter	D.C.	Sp.	Letter	D.C.	Sp.	Letter	D.C.	Sp.	Letter	D.C.	Sp.
AQUILA.—*Con.*			ARIES.—*Con.*			BOOTES.—*Con.*			CANCER.—*Con.*			C. MIN.—*Con.*			CASS.—*Con.*		
o	8908	F?	π	1628	A	ζ	6780	A	ϱ¹	4733	H	ε	4180	H?	π	329	A
π	8900	H?	ϱ	1681	F	η	6602	G	ϱ²	4756	H	ζ	4364	A	ϱ	10389	G?
ϱ	9002	A	σ	1648	A	θ	6728	F	σ¹	4730	A	η	4206	A	σ	10431	A
σ	8840	A?	τ	1891	A	ι	6687	A	σ²	4774	A				τ	10325	I?
τ	9003	A				x	6668	A	σ³	4799	H	CAPRICORNUS.			υ¹	447	H
φ	8945	A	AURIGA.			λ	6686	A	τ	4866	H?				υ²	467	H
χ	8867	E				μ	7002	B	υ¹	4613	A	α¹	9088	H?	φ	721	G
ψ	8882	A				ν	7035	H	υ²	4622	H?	α²	9094	I	χ	840	I
ω	8655	A	α	2930	F	ξ	6843	G	φ¹	4572	H	β	9114	G	ψ	770	I
Λ	8670	A	β	3346	A	o	6805	K	φ²	4577	A	γ	9481	G?	ω	1044	A
b	8719	H	δ	3375	K?	π	6787	A	χ	4545	F	δ	9517	A	A	1101	A
d	8674	A	ε	2780	F	ϱ	6748	K?	ψ	4481	E	ε	9465	A?	R	10426	M
f	8672	H?	ζ	2787	I?	σ	6764	F	ω	4405	H?	ζ	9410	H?			
g	8584	A	η	2833	A	τ	6563	F	Λ¹	4679	A	η	9302	A?	CEPHEUS.		
h	8540	H	θ	3392	A	υ	6573	M	Λ²	4698	A	θ	9810	A			
			ι	2740	K	φ	7080	H	b	4690	A	ι	9383	H?	α	8376	A
ARGO.			κ	3537	K	χ	6950	A	c	4645	A	x	9488	H?	β	9443	A
			λ	2956	F	ψ	6907	K	d¹	4563	A	λ	9516	A	γ	10263	K?
			μ	2907	A	ω	6893	H?	d²	4570	F	μ	9544	F?	δ	9813	F?
ι	4471	G	ν	3317	I?	A	6695	I?				ν	9111	A	ε	9712	A
x	4297	A	ξ	3330	A	c	6919	F	CANIS MAJOR.			o	9155	A	ζ	9676	K?
ξ	4357	Q?	ο	3260	A	d	6654	F				π	9144	A	η	9244	K
o	4319	E	π	3391	M	e	6575	I				ϱ	9149	A	θ	9170	A
π	4293	A	ϱ	2986	A	f	6720	A	α	3797	A?	τ	9196	A	ι	9956	I?
ϱ	4273	A	σ	3017	H?	g	6743	F?	β	3690	H	υ	9320	A?	x	9080	A
τ	4326	A	τ	3298	I	h	6836	F	γ	3989	A	ψ	9229	F	λ	9683	A?
θ	4388	G?	υ	3315	H	i	6909	F?	δ	4026	G?	b	9423	H?	μ	9513	M?
o³	4729	H	φ	3052	I	k	6915	A	ε	3939	A?	c	9507	II	ν	9524	A
o⁴	4777	A	χ	3108	A				ζ	3610	B				ξ	9619	A
			ψ¹	3619	H	CANCER.			η	4181	B	CASSIOPEIA.			o	10118	H?
ARIES.			ψ²	3730	I?				θ	3882	M?				π	10059	H?
			ψ³	3733	B				ι	8007	A				c	9839	A
			ψ⁴	3764	H	α	4707	A	μ	3905	H?	α	295	K			
α	1183	K	ψ⁵	3780	F	β	4528	K?	ν¹	3740	K?	β	28	F			
β	1054	A	ψ⁶	3793	H	γ	4677	A	ν²	3751	H				CETUS.		
γ	1041	A	ψ⁷	3822	H	δ	4687	K?	ξ¹	3708	A	γ	466	Q			
δ	1799	K	ψ⁸	3850	A	ε	4663	A	ξ²	3727	A	δ	774	A			
ε	1703	A	ψ⁹	3874	A	ζ	4499	n	o¹	3886	M?	ε	1038	A	α	1731	M
ζ	1830	A	ψ¹⁰	3894	A	η	4620	H	o²	3984	A	ζ	260	A	β	333	K
η	1242	F				θ	4614	H				η	375	F	γ	1571	A
θ	1303	A				κ	4694	K				θ	634	A	δ	1532	B
ι	1079	F?	BOOTES.			λ	4874	A	CANIS MINOR.			ι	1382	A	ε	1588	F
x	1172	A				λ	4550	A				x	220	B	ζ	1033	K?
λ	1091	A	α	6676	K	μ	4463	F?	α	4292	F	λ	211	A	η	610	K?
μ	1557	A	β	6895	K?	ν	4825	A	β	4199	A	μ	583	H	θ	773	I
ν	1521	A	γ	6751	A	ξ	4886	H	γ	4209	I	ν	379	A	ι	127	K
ξ	1373	A	δ	6957	K	o	4782	A	δ¹	4239	A	ξ	317	A	x	1873	E
o	1575	A	ε	6807	G?	π	4986	H	δ²	4246	A	o	340	A	λ	1713	A

THE DRAPER CATALOGUE. 385

Letter	D.C.	Sp.	Letter	D.C.	Sp.	Letter	D.C.	Sp.	Letter	D.C.	Sp.	Letter	D.C.	Sp.
Cetus.	—	*Con.*	**Corvus.**	—	*Con.*	**Cygnus.**	—	*Con.*	**Draco.**	—	*Con.*	**Erid.** — *Con.*			**Herc.** — *Con.*		
μ	1583	A	ε	6027	K	b²	9038	A	χ	8163	F	ψ	2797	B	ε	7450	A
ν	1492	H?	ζ	6096	A	b³	9076	A	ψ	7728	F	ω	2721	A	ζ	7373	G
ξ¹	1248	I?	η	6159	A	c	8877	F	ω	7677	F	A	2411	H	η	7380	K?
ξ²	1404	A				d	8923	K?	A	7334	A	b	2750	A	θ	7810	K?
o	1321	M	**Crater.**			e	8997	H	b	8158	A	c	2609	A	ι	7670	B
π	1579	A				f¹	9298	F	c	8350	A	d	2468	A	κ	7225	H
ρ	1390	A				f²	9322	H	d	8243	G?				λ	7609	K?
σ	1454	F	α	5560	I?	g	9437	H	e	9013	M?	**Gemini.**			μ	7719	I?
τ	967	G?	β	5632	A	P	9103	Q	f	7648	I				ν	7831	F
υ	1114	M	γ	5729	A	T	9245	K	g	7386	K?				ξ	7821	K?
φ¹	341	H	δ	5696	K				h	7441	F	α	4247	A	o	7944	A
φ²	402	F	ε	5727	I	**Delphinus.**			i	6593	M	β	4585	A	π	7520	K?
φ³	474	H	ζ	5890	H							γ	3734	A	ρ	7569	A
φ⁴	507	H	η	5943	A	α	9207	A	**Equuleus.**			δ	4116	A	σ	7341	A
χ	1011	A	θ	5829	A	β	9190	F				ε	3781	K	τ	7285	B
			ι	5849	F?	γ	9238	K?	α	9351	A	ζ	3080	H?	υ	7202	A
Corona Bor.			κ	5748	F?	δ	9223	A	β	9391	A	η	3535	M	φ	7236	A
			λ	5720	E	ε	9171	A	γ	9328	A	θ	3848	A	χ	7155	F
α	7056	A				ζ	9183	A	δ	9346	F	ι	4174	M?	ω	7302	A
β	7013	A	**Cygnus.**			η	9173	A				κ	4319	H?	A	8004	M?
γ	7109	A				ι	9191	A	**Eridanus.**			λ	4105	A	b	7939	F
δ	7138	F	α	9220	A	κ	9200	A				μ	3615	M	c	7493	A
ε	7178	I	β	8771	Q?							ν	3605	A	d	7458	A
ζ	7039	B	γ	9130	Q	**Draco.**			β	2866	A	ξ	3760	F	e	7535	A
η	6996	F	δ	8880	A				γ	2266	M?	o	4282	F	f	7784	I
θ	7045	B	ε	9240	K				δ	2116	I	π	4334	H	g	7321	M
ι	7195	A	ζ	9341	K?	α	6644	A	ε	2021	K	ϱ	4207	A	h	7333	I
κ	7144	I	η	8953	I?	β	7616	K	ζ	1846	A	σ	4313	I	i	7391	H
λ	7170	A	θ	8831	F?	γ	7827	K	η	1685	I	τ	4032	M	k	7407	A
μ	7060	H	ι	8774	A	δ	8649	L?	λ	2885	A	υ	4203	M?	l	7395	A
ν	7293	M	κ	8609	K	ε	8924	K	μ	2665	B	φ	4308	A	m	7302	A?
ξ	7291	K?	λ	9240	A	ζ	7507	A	ν	2505	A	χ	4430	I?	n	7331	A
o	6976	H	μ	9505	F	η	7312	K	ξ	2493	A	ψ	4505	A	o	7296	A
π	7114	H	ν	9288	A	θ	7210	F	o¹	2386	F?	ω	3960	H?	q	7245	A
ρ	7191	F	ξ	9314	K?	ι	7010	K	o²	2418	H?	A	4156	H?	r	7190	H
σ	7263	E	o¹	9069	A	κ	6170	A	π	2153	H	b	4221	H	s	7326	I
τ	7234	K?	o²	9090	H?	λ	5785	M?	ϱ	1738	H	d	3838	A	t	8091	A
υ	7271	A	π¹	9498	B	μ	7487	F	τ¹	1590	F	e	3871	A	u	7528	B
R	7132	M	π²	9525	B	ν	7633	A?	τ²	1652	H	f	4200	H	w	7548	E
			ϱ	9460	L?	o	7799	K	τ³	1741	A	g	4329	H	x	7594	A
			σ	9360	A	o	8448	I	τ⁴	1886	K?				y	7657	H
Corvus.			τ	9350	F	π	8716	A	τ⁵	2033	A	**Hercules.**			z	7702	B?
			υ	9363	B	ϱ	9022	K?	τ⁶	2171	F						
α	6018	F	φ	8847	I?	σ	8819	I?	τ⁷	2180	A	α	7513	M	**Hydra.**		
β	6169	K	ψ	8956	A	τ	8098	M?	τ⁸	2237	A	β	7324	K			
γ	6058	A	ω¹	9164	A	υ	8506	I?	τ⁹	2288	A	γ	7287	A	α	5036	K
δ	6148	A	Λ	9360	A?	φ	8151	A	υ²	2598	H?	δ	7518	A	γ	6412	K

Letter	D. C.	Sp.	Letter	D C.	Sp.	Letter	D C.	Sp.	Letter	D. C.	Sp	Letter	D. C.	Sp.	Letter	D. C.	Sp.
HYDRA.—Con.			LEO.—Con.			LIBRA.—Con.			OPH.—Con.			ORION.—Con.			PERSEUS.		
δ	4649	A	ν	5831	K	ε	6994	F	θ	7543	B	χ¹	3349	F	α	1904	F
ε	4699	F	φ	5675	A	ζ	7036	A	ι	7424	A	χ²	3438	A	β	1771	A
ζ	4767	K	χ	5591	F	η	7108	A?	κ	7435	K	ψ	3060	B	γ	1735	G
η	4681	A	ψ	5171	H?	θ	7150	H	λ	7323	A	ω	3207	B	δ	2091	A
θ	4932	A	ω	5042	E	ι	6929	A	μ	7649	A	A	3100	A	ε	2249	A
ι	5143	K	A	5275	I	κ	7095	H	ν	7813	K	b	3253	H	ζ	2219	A?
κ	5150	A	b	5579	A	λ	7145	A	ξ	7583	I	c	3166	B	η	1625	K?
λ	5289	K?	c	5566	A	μ	6820	A	τ	7872	F	d	3209	A	θ	1563	G
μ	5375	K?	d	5564	I	ν	6910	H	υ	7311	A	e	3030	H	ι	1773	F
ν	5502	K?	e	5781	K?	ξ	6861	H	φ	7322	I	f¹	3506	A	κ	1777	K
π	6641	K	f	5167	A	ο	6978	A	χ	7303	F	f²	3544	A	λ	2321	A
ρ	4707	A	g	5202	A				ψ	7292	H	g	2729	A	μ	2391	K
σ	4653	I	h	5067	H?	LYRA.			ω	7327	A	h	2877	A	ν	2114	G?
τ¹	5049	F	k	5487	H				c	7531	H	i	2863	A	ξ	2257	A
τ²	5073	A	l	5498	A	α	8280	A	f	7029	A	k	3550	F?	ο	2108	A
υ¹	5203	II?	m	5484	I	β	8422	G				l	3565	A	π	1692	A
υ²	5265	A	n	5607	H	γ	8501	A	ORION.			m	3015	A	ϱ	1748	M
φ	5451	K	o	5939	A	δ¹	8453	A				n¹	3106	A	σ	1973	E
χ	5593	A	p¹	5523	H	δ²	8458	M	α	3361	M?	n²	3144	A	τ	1653	G
ψ	6346	H	p²	5577	H	ε	8354	A	β	2935	F	o	3009	B	υ	893	K
ω	4856	H	p⁴	5599	A	ζ	8364	A	γ	3038	B	p	3034	H	φ	947	B
A	5098	H	p⁶	5647	A	η	8627	B	δ	3120	B				ψ	2031	A
b¹	5488	A				θ	8652	I?	ε	3175	A	PEGASUS.			ω	1793	I?
b²	5522	H?	LEPUS.			ι	8579	B	ζ	3237	A				A	2234	F
						κ	8083	K?	η	3035	B	α	10033	A	b	2417	A
LEO.			α	3138	F	λ	8516	H	θ	3163	D?	β	10027	M?	c	2338	A
			β	3085	K	μ	8134	A	ι	3168	B	γ	62	A	d	2448	A
α	5279	A	γ	3283	F	ν	8420	A	κ	3306	A	ε	9500	K	e	2583	H?
β	5008	A	δ	3337	I	R	8475	M?	λ	3152	A	ζ	9870	A	f	2395	F
γ	5331	K	ε	2849	K?				μ	3425	A	η	9890	G	g	1110	A
δ	5049	A	ζ	3301	A	MONOCEROS.			ν	3466	A	θ	9658	A	i	1335	A
ε	5177	K	η	3382	F				ξ	3507	B	ι	9635	F	k	1739	I
ζ	5310	F	θ	3465	A				ο¹	2714	H	κ	9511	F?	l	1883	A
η	5272	A	ι	2913	A	S	3761	A	ο²	2743	K	λ	9009	K?	m	2551	A?
θ	5653	A	κ	2922	A	T	3641	H	π¹	2731	A	μ	9030	I?	n	2177	A
ι	5723	G	λ	2993	A	U	4235	K	π²	2696	A	ν	9016	H	o	2092	A
κ	5017	I	μ	2920	A				π³	2690	F?	ξ	9007	F			
λ	5061	I	ν	2997	A	OPHIUCHUS.			π⁴	2706	B	ο	9882	A	PISCES.		
μ	5206	K?							π⁵	2726	B	π	9661	F			
ν	5233	A	LIBRA.			α	7636	A	π⁶	2768	K	ϱ	9969	A	ν	1132	A
ξ	5068	H				β	7686	K	ϱ	2017	I	σ	9045	F	β	10025	A
ο	5154	G?	α	6832	A	γ	7723	A	σ	3204	A	τ	10126	A	γ	10098	I
π	5242	M?	β	6958	A	δ	7259	M	τ	2961	A	υ	10156	F	δ	881	A
ϱ	5415	A	γ	7052	I	ε	7272	K?	ν	3124	B	φ	10371	M?	ε	544	H
σ	5709	A	δ	6878	A	ζ	7346	A	φ¹	3150	B	χ	74	II	ζ	669	A
τ	5752	H				η	7494	A	φ²	3179	H	ψ	10419	H	η	839	K

THE DRAPER CATALOGUE.

Letter	D.C.	Sp.	Letter	D.C.	Sp.	Letter	D.C.	Sp.	Letter	D.C.	Sp.	Letter	D.C.	Sp.	Letter	D.C.	Sp.
Pisces.—*Con.*			Sag.—*Con.*			Scutum.			Taurus.—*Con.*			Triang.—*Con.*			U. Min.—*Con.*		
θ	10168	I	η	9015	I	R	8376	K?	ε	2527	K	δ	1280	F	η	7301	F
ι	10257	F	θ	9035	F?				ζ	3180	A	ε	1137	A	θ	7082	L?
κ	10215	H				Serpens.			τ	2160	A						
λ	10280	A?	Sagittarius.						θ¹	2528	E?	Ursa Major.					
μ	831	H				α	7111	K?	θ²	2529	A				Virgo.		
ν	934	H	λ	8144	K	β	7119	A	ι	2804	A	α	5580	K			
ξ	1046	I	μ	7997	F	γ	7168	F	κ	2498	A	β	5567	A	α	6450	A
ο	972	I?	ν¹	8435	H	δ	7053	A	λ	2283	B	γ	5929	A	β	5914	G
π	894	F?	ν²	8441	H	ε	7139	A	μ	2414	A	δ	6056	A	γ	6202	F
ρ	791	F	ξ	8470	K	ζ	7838	F?	ν	2306	A	ε	6267	A	δ	6271	M
σ	538	A	ο	8544	I	η	8080	K	ξ	1951	A	ζ	6448	A	ε	6320	K
τ	645	I	π	8582	F	θ	8461	A	ο	1920	K	η	6566	A	ζ	6498	A
υ	723	A	ρ	8682	A	ι	7101	A	π	2508	H?	θ	5063	F	η	6088	A
φ	666	I	σ	8442	B	κ	7129	M?	ρ	2571	A	ι	4790	A	θ	6354	A
χ	646	H	τ	8555	H	λ	7120	F	σ¹	2613	A	κ	4824	A	ι	6675	F
ψ¹	570	A	υ	8083	F?	μ	7131	A	σ²	2615	A	λ	5309	A	κ	6659	I
ψ²	603	A	φ	8340	A	ν	7540	A	τ	2634	B	μ	5345	M	λ	6093	A
ψ³	625	E	χ	8709	A?	ξ	7644	A	υ	2504	H	ν	5687	K?	μ	6796	F
ω	10434	F	ψ	8619	F	ο	7666	A	φ	2446	H	ξ	5684	G	ν	5898	K
A	10051	H	ω	8936	H	π	7196	A	χ	2475	A	ο	4589	I?	ξ	5891	A
b	10123	H	A	8955	H	ρ	7142	I?	ψ	2330	F	π¹	4636	F	ο	5999	A
c	10471	F	d	8639	H	σ	7286	A	ω	2426	A	π²	4643	K?	π	5975	A
d	134	I	e	8859	A	τ¹	7005	H	A	2314	K	ρ	4800	M	ρ	6200	A
e	607	A	f	8884	H	τ²	7040	A?	b	2533	A	σ¹	4847	M?	σ	6408	M
f	711	A	g	8952	A	τ³	7058	H	c	2608	A	σ²	4862	F	τ	6626	A
g	642	A	h	8802	A	τ⁴	7064	A	d	2586	A	τ	4876	D	υ	6698	H
h	488	M?	X	7709	K	τ⁵	7065	F	e	2172	A	υ	5190	F	φ	6734	G
i	305	F				τ⁶	7097	H?	f	1998	K?	φ	5197	A	χ	6188	H
k	464	A	Scorpius.			τ⁷	7104	A	h	2449	A	χ	5895	K?	ψ	6264	M
l	738	H	α	7310	M	τ⁸	7116	A'	i	2701	A	ψ	5617	K	ω	5844	M?
			β	7204	B	ν	7123	A	k	2759	A	ω	5520	A	A¹	5002	A
			γ	6897	M?	χ	7102	A	l	2855	A	A	4612	A	A²	5935	E
Piscis Aust.			δ	7192	B	ψ	7110	H	m	2853	E	b	4720	A	b	5907	A
			ε	7239	B	ω	7137	H	n	2969	H	c	4911	F	c	6095	H
ε	9873	A	ξ	7200	F?	A¹	7041	H	o	3058	B	d	5057	H	d¹	6207	A
λ	9692	A	π	7176	B	A²	7118	A	p	2365	F?	e	4930	A	d²	6222	A
			ρ	7161	A?	b	7140	A	q	2128	A	f	4864	A	e	6401	F
			σ	7278	A	c	8178	H	r	2491	A	g	6454	A	f	6180	A
Sagitta.			τ	7337	A	d	8149	A	s	1994	A	h	5044	F	g	6345	I
			χ	7255	H	e	8266	A	t	2017	A				h	6488	H
			ψ	7241	A				u	2140	A	Ursa Minor.			i	6455	M
α	8849	G?	ω¹	7217	A	Taurus.									k	6303	A
β	8857	H	ω²	7219	H				Triangulum.			β	6860	L?	l	6482	M?
γ	8970	K	A	7147	F	α	2585	K?				γ	7003	A	m	6533	H
δ	8895	M?	b	7133	F	β	3040	A	α	1040	F	δ	7953	A	o	6495	A
ε	8824	H	c¹	7240	F	γ	2445	I?	β	1205	A	ε	7448	K	p	6598	H
ζ	9002	A	c²	7269	A	δ	2481	I	γ	1286	A	ζ	7146	A	q	6166	A

Stars in Table XXX. of Volume XIV. not contained in the Draper Catalogue are omitted in Table IV.

The actual number of stars whose spectrum is given in Table I. is less than 10,498, the number of lines in that table. The difference is partly due to double stars occupying two lines but observed as one object, and partly to corrections given in Table II. and the following Remarks. Table V. gives the number of stars in each hour of right ascension. From this it appears that the total number of stars in the Draper Catalogue is 10,351.

TABLE V.

NUMBER OF STARS IN DRAPER CATALOGUE.

R. A.	No.	R. A.	No.	R. A.	No.	R. A.	No.
h.		h.		h.		h.	
0	561	6	535	12	326	18	641
1	589	7	443	13	308	19	455
2	585	8	401	14	259	20	290
3	560	9	414	15	293	21	300
4	512	10	321	16	261	22	418
5	601	11	400	17	419	23	459

END OF VOLUME XXVII.

www.ingramcontent.com/pod-product-compliance
Lightning Source LLC
Chambersburg PA
CBHW032015220426

43664CB00006B/252